Les Jungles Moï

DU MÊME AUTEUR :

Les Régions Moï du Sud indochinois

Le Plateau du Darlac

Un volume in-16 avec un portrait et une carte. . . . . 4 fr.

(PLON, Editeur)

MISSION Henri MAITRE
(1909-1911)

Indochine Sud-Centrale

Les Jungles Moï

Par Henri MAITRE
DES SERVICES CIVILS D'INDOCHINE

*Exploration et histoire des hinterlands moï du Cambodge, de la Cochinchine,
de l'Annam et du bas Laos*

PRÉFACE de M. Stéphen PICHON
Sénateur — Ancien Ministre des Affaires Etrangères

Ouvrage honoré d'une subvention des Gouvernements locaux du Cambodge,
de l'Annam et de la Cochinchine

Orné de 43 dessins et plans dans le texte d'après les croquis
originaux de l'auteur,
de 145 phototypies hors texte et de 9 cartes

PARIS
EMILE LAROSE, LIBRAIRE-ÉDITEUR
11, Rue Victor-Cousin, 11,

1912

A

Monsieur PAUL LUCE
Officier de la Légion d'honneur
Résident supérieur de la République française
au Cambodge

Mars 1911.

Ceci est le récit de cette mission de l'Est-Cambodgien que vous avez bien voulu me confier et que, durant deux ans, j'ai menée dans tout l'hinterland moï de l'Indochine sud centrale, du grand Fleuve aux monts d'Annam, des rivages du Binh-Thuân aux confins du Laos.

Pendant ces deux années de découvertes captivantes, de courses incessantes et opiniâtres, je me suis enivré sans mesure du charme profond des jungles insondables; sur les marais et dans les chaînes abruptes, dans l'immensité des forêts-clairières sans bornes, sur les hauts plateaux que fouette la brise effrénée, j'ai connu la liberté absolue, infinie, le pénétrant orgueil qui dilate l'âme des découvreurs.

A celui qui me permit de réaliser ce rêve, à celui qui fut, aux temps épiques de la conquête, l'un de mes aînés vénérés, à celui qui a compris la beauté des vies de jungles et qui m'a dit, en me montrant les derniers blancs de la carte, « allez », à celui-là — à vous — j'offre ce livre de souvenirs.

Et je voudrais que ces quelques lignes vous portent toute la reconnaissance que j'éprouve si fort et que je traduis si mal, cette reconnaissance dont cette œuvre ne sera jamais qu'un très faible et très imparfait hommage.

Henri MAITRE.

PRÉFACE

M. H. Maitre, qui appartient aux services civils de l'Indochine, a rempli, du mois de février 1909 au mois de mars 1911, une importante mission d'exploration dans l'une des régions les plus curieuses et les moins connues de cette colonie. Il a parcouru près de 5.800 kilomètres en prenant comme point de départ et de retour Saïgon et comme ligne principale de son trajet Kratié, le Darlac, les sources du Plai et du Song Bé, les massifs montagneux du Donnaï, le plateau central de l'Indochine méridionale, le Cambodge, Phanthiet, Kontum, Moulapoumok, le Mékong, le Lang-Biang et Djiring. Il a rendu compte de cet important voyage dans une conférence organisée sous les auspices de la Société de géographie et qui a obtenu le plus vif succès. Aujourd'hui, il le décrit dans un volume, qui trouvera, je n'en doute pas, auprès des lecteurs désireux de s'instruire des questions coloniales, le même succès que le récit oral et succinct qui l'a précédé.

Car, non seulement cette exploration est intéressante en elle-même par son objet, ses difficultés, ses péripéties et ses résultats, mais en outre elle est excellemment racontée par son auteur.

M. Henri Maitre écrit dans un style sans prétention, clair et précis, avec le souci de ne rien dire qui ne soit conforme à ce qu'il a vu et aux impressions qu'il a ressenties et avec la préoccupation de renseigner sur tout ce qu'il importe de savoir dans ce qu'il a — souvent pour la première fois — constaté.

On le suit avec une attention toujours soutenue dans ses pérégrinations pittoresques et mouvementées sur les lacs, les fleuves et leurs affluents, dans la brousse, les lianes, les forêts et les clairières, à travers les vallées et les montagnes, sous le soleil et sous la pluie, dans la chaleur torride du jour ou le repos mouillé de la nuit. Qu'il soit sur un bateau, une pirogue ou une charrette, à dos de cheval ou d'éléphant, qu'il navigue ou qu'il chemine, il est toujours instructif et attrayant. Ce n'est pas un « pèlerin » comme Loti, qui note des impressions d'art, éternelles, d'ailleurs, quand elles tombent de la plume d'un grand écrivain comme celui qui vient de nous conduire aux ruines d'Angkor. C'est un explorateur, qui visite un pays pour en fixer la situation, en déterminer la frontière et nous renseigner sur ses habitants.

Mais le voyage, même réduit à ce caractère en quelque sorte officiel qui lui ôte une part de sa poésie, n'en conserve pas moins la séduction qui s'impose à ceux qui l'accomplissent, comme à ceux auxquels on le raconte, surtout lorsqu'il s'agit de ces pays d'Extrême-Orient qui vous prennent et ne vous lâchent plus, quand on pénètre dans leur civilisation éteinte, leur langueur morbide et leur assoupissement immémorial. Vous trouverez çà et là dans le livre de M. Henri Maitre, au milieu d'indications techniques, des notes qui révèlent une sensibilité mise en éveil par la beauté de la nature, le souvenir toujours vivant de la patrie lointaine, le goût de l'indépendance et de la solitude, une imagination qui s'enveloppe de douceur et de tristesse sans cesser d'être attirée par le spectacle changeant qu'elle aperçoit.

« On a la sensation, dit-il, d'être ignoré, oublié, dans un pays de rêve d'où l'on ne sortira peut-être jamais. »

Quoi donc alors? Serait-ce le regret d'y être? Mais non. « Pendant quelque temps encore, dit ailleurs M. Maitre, je vais vivre cette vie nomade et délicieuse, seul au milieu des forêts et de leurs hôtes, cette vie forte et saine, loin des mesquineries d'une civilisation frelatée. » Mais, parfois, l'idée de la patrie le reprend : « Les plis du drapeau de France claquent doucement à la brise qui passe dans le ciel pur d'hiver ».

La France ! C'est pour elle que travaillent tous ces explorateurs qui, depuis des années, ont parcouru les régions les plus éloignées, au prix des dangers les plus grands, des plus grosses difficultés vaincues et qui ont augmenté son domaine et fait rayonner le prestige de son nom. A n'envisager que le côté pratique, la mission de M. Henri Maitre aura produit des résultats utiles pour notre colonie d'Indochine. En sillonnant dans tous les sens l'hinterland moï, il aura permis d'établir la frontière du Cambodge oriental et nord-oriental, de la Cochinchine au Laos par l'Annam. Il indique lui-même dans son volume les conséquences de ses constatations et de ses découvertes. J'ai simplement voulu signaler dans cette préface le mérite de son entreprise, la façon remarquable dont il l'a conduite, la conscience avec laquelle il en a relevé, pendant dix-huit mois, la marche quotidienne et le récit charmant qu'il en fait.

S. Pichon.

PREMIÈRE PARTIE

LE PLATEAU CENTRAL

SUD-INDOCHINOIS

1. — Route de Kratié au barrage. — Passage du D. Krieng.

CHAPITRE PREMIER

DU CAMBODGE AU DARLAC

(280 kilomètres — 7-18 février 1909)

De Saïgon à Kratié. — Organisation de la Mission. — De Kratié au Darlac.

I

1909, 13 janvier, à bord du *Polynésien*, retour de France ; sur le paquebot bondé, après un voyage insipide, énervant, les coloniaux regardent, émus, la lueur de Saïgon qui monte dans la lourde nuit des tropiques, notre beau Saïgon, trempé de lumière électrique, joyeux, animé, jetant l'éclat de ses musiques aux cafés grouillant d'uniformes blancs. Et j'y serai resté huit jours, dans la ville enivrante, tout entier à jouir de la vie coloniale retrouvée, en ce décor violent, avivé par la saison sèche ; huit jours, envolés comme un rêve, à délicieusement flâner au jardin botanique, le long du tour d'Inspection, au bord des arroyos placides bordés de la végétation tropicale que dominent les grandes palmes sous un ciel d'un bleu profond, intense, incendié, le soir, de la pourpre royale des couchants glorieux...

Maintenant, c'est l'embarquement pour le Cambodge, le long des quais, en bas de la grande rue Catinat où les boules blanches des grands globes électriques jettent leur aveuglante lumière où danse le tourbillon des insectes nocturnes. Un vapeur quelconque encombré de caisses et de gens ; un dernier adieu vivement jeté à ceux qui restent ; il est 9 heures, les amarres sont larguées ; peu à peu, sur l'appontement, les uniformes blancs se fondent dans la pénombre ; le *Mékong* remonte lentement la rivière ; à notre bâbord défilent les sampans et les jonques, puis l'antique *Redoutable*, le *d'Entrecasteaux*, battant pavillon de l'amiral, le *d'Iberville,* contre-torpilleur, yacht du gouverneur, des torpilleurs ; la rivière est d'encre sous le ciel clouté d'étoiles ; et, lentement, l'on vire de bord, l'étrave à toucher la rive de boue que couvre une végétation épaisse et noire.

Avec le courant, nous descendons à présent vers la mer ; de nouveau, nous défilons devant Saïgon flambant de lumière électrique ; des vapeurs disparaissent à notre arrière, le rayonnement de la ville s'affaiblit ; la brise s'est élevée, exquise et fraîche, balayant le pont noyé de nuit ; des steamers nous croisent, tigrés de feux.

Pendant la nuit, nous avons gagné la mer, passé devant le cap Saint-Jacques et après quelques instants de roulis et de tangage, doublé la pointe de Go-Công pour pénétrer dans un bras du Mékong. L'aube nous trouve glissant sur le fleuve brun, aux rives brunes, simples cordes de terre boueuse que pique le plumeau des palmiers. Et tôt dans la matinée, nous abordons à My-Thô, l'une des plus riches villes franco-annamites de Cochinchine ; un petit appontement auquel nous nous rangeons près d'une minuscule chaloupe qui fait le service des arroyos secondaires.

My-Thô est le type des villes cochinchinoises; coquette et propre, elle étale la gaieté claire de ses villas ocre clair semées dans la verdure, en arrière de la rive, l'animation de son marché et de sa ville indigène ; peuplée de 7.000 habitants, c'est un centre important pour le commerce du riz, du maïs, du tabac, de l'indigo ; à 71 kilomètres de Saïgon, elle est reliée à la capitale par le chemin de fer dont la gare est au bord même du fleuve.

La fête du Têt — nouvel an annamite — bat son plein et toutes les boutiques sont closes ; des bordées de pétards éclatent à toute minute ; des troupes d'indigènes en habits de fête déambulent dans les rues ; un moment, devant l'hôtel — un gentil hôtel de province — une bande d'Annamites sont venus, au charivari du tam-tam et des cymbales, faire danser le grand dragon traditionnel à la gueule menaçante qu'un adolescent, vêtu d'un maillot multicolore, la tête engagée dans celle du monstre, fait bizarrement contorsionner.

Nous avons attendu deux heures la poste qu'amène, avec les derniers passagers, le train de la capitale et le vapeur reprend sa marche ; quelques jonques passent, leur grande voile tendue à la brise chaude ; des sampans glissent sous l'effort de leurs rames, des chaloupes filent vers les arroyos de l'intérieur ; mais tout ce mouvement est bien maigre et l'éclat des pétards et des cymbales indique assez que les fêtes retiennent nombre de nautoniers ; en temps ordinaire, l'animation est tout autre.

Situé en effet, au confluent du fleuve Antérieur et d'arroyos transversaux, My-Thô est en communication directe avec Saïgon : un peu en aval, s'ouvre en outre le fameux arroyo de Cho-Gao où l'activité commerciale est énorme ; les vapeurs et chaloupes des Messageries fluviales ainsi que de nombreuses chaloupes chinoises battant pavillon français assurent les relations entre My-Thô et les villes de l'intérieur, Bêntré, Travinh, Soctrang, Bac-Liêu...

Des loques de verdure arrachées par le fleuve à ses rives descendent le courant ; des îles nombreuses rétrécissent le lit dont les berges se rapprochent et s'éloignent, frangées de plaques de riz ; à travers la verdure, des huttes montrent leur chaume fripé ; des bois d'aréquiers érigent leur plumeau frêle au-dessus des cocotiers tordus. Mais le fleuve est fort bas en cette saison et avant Vinh-Long, brusquement un violent coup de roulis bouscule le vapeur, l'hélice tourne au milieu de courtes vagues brunes et le *Mékong* s'arrête, fiché sur un banc de sable, résistant à tous les efforts ; il faut patiemment attendre la marée qui ne montera pas avant une heure ; repos forcé après lequel l'on reprend la marche au milieu des débris qui se font plus nombreux ; des îles verdoyantes rompent l'éclat du fleuve qui luit comme un miroir d'étain.

Nous serons arrivés à Vinh Long avec un beau retard ; aussi l'arrêt est-il bref ; le temps de prendre la poste et nous repartons. La ville, d'ailleurs, est toute à la fête, pavoisée et morne ; les bâtiments sont fermés, quelques Annamites en riches robes de soie se pavanent dans les rues jonchées du papier des pétards ; des sampans dorment au pied des cases branlantes où sèchent, tendus sur leurs pieux, de grands filets de pêche.

Avec ses constructions en briques disséminées dans les jardins, Vinh-Long a l'aspect de n'importe quelque autre ville de Cochinchine ; sise à l'entrée du splendide réseau fluvial des trois branches du fleuve Antérieur, au milieu d'un filet serré d'arroyos et de canaux — les « rach » — la ville est le centre d'une magnifique région à riz dont l'exportation sur la Chine est extrèmement importante et active.

C'est à Pnom-Penh que le Mékong se partage en deux grands bras principaux, le fleuve Antérieur et le fleuve Postérieur, celui-ci le plus méridional, plus connu sous le nom de Bassac. Le fleuve Antérieur, un peu en amont de Vinh-Long, se divise à son tour en un certain nombre de bras secondaires parallèles entre eux et formant les doigts d'une vaste patte d'oie ; les grandes îles comprises entre ces branches sont elles-mêmes sillonnées en tous sens par d'innombrables arroyos et canaux. C'est dans ce merveilleux delta que se pressent les chefs-lieux des provinces de la Cochinchine orientale. Deux heures après Vinh-Long, nous abordons à l'appontement du port de Sadec, la ville étant à quelque distance dans l'intérieur ; des jonques pavoisées se dandinent le long de la rive : un arroyo secondaire s'ouvre dans la verdure d'une exquise beauté ; c'est ici que débouche la principale voie de communication transversale entre le fleuve Antérieur et le Bassac, le canal de Lap-Vo, récemment creusé par la compagnie des dragages et qui met en relations Sadec avec les provinces occidentales.

Mais le fleuve s'élargit ; des plaques de verdure et de nénuphars aux fleurs violettes voguent au gré des eaux brunes que rasent les vols d'aigrettes ; des voiles triangulaires se tendent dans le soir qui tombe, frais et limpide sur la majesté du fleuve grandiose et calme. La nuit s'est faite, très claire ; la cheminée crache des tourbillons d'étincelles et, sur les rives, entre les arbres, des feux clignotent à hauteur des villages.

Le lendemain, peu après l'aube, nous sommes en vue de Pnom Penh ; le fleuve extrêmement large, ouvert en l'X gigantesque de ses quatre bras, coule lentement entre des rives lointaines et plates et sur la berge du Tonlé-Sap — l'exutoire du Grand lac — s'allonge, blanche dans la lumière bleue, la capitale khmer.

Le fleuve, très bas, est à 6 ou 7 mètres en contre-bas des quais et à l'un des appontements flottants, en amont du fouillis des chaloupes chinoises et de la batellerie indigène, le *Mékong* va s'amarrer au pied du quai français.

Pnom-Penh, où je ne vais passer que quelques jours, est une charmante et coquette cité, l'une des plus agréables de notre empire indochinois ; il n'y a plus à vanter sa merveilleuse situation géographique et commerciale, à ce splendide carrefour fluvial menant au nord vers le Laos, à l'ouest vers le Grand Lac et Battambang, au sud-est vers la Cochinchine ; la nappe d'eau étalée devant la capitale en cette immense plaine jaune ne mesure pas moins de 3 kilomètres d'étendue et nous sommes à 175 milles de la mer.

Mais je n'ai guère loisir de muser en la ville ; le courrier du Grand Fleuve part dans six jours et mes promenades en la capitale ne peuvent qu'être fort hâtives ; six jours pour organiser une mission, c'est peu et le plus clair de mon temps passe à la Résidence supérieure dans la ruche bourdonnante des bureaux.

II

Durant mes trente-deux mois de séjour au Darlac, j'avais réussi par d'incessantes tournées à lever presque en entier la carte de cette province et une partie des régions adjacentes, reliant mes nombreux itinéraires du plateau proprement dit à une série de points excentriques déjà connus ou d'importance topographique essentielle qui étaient :

à l'Est, la délégation de Ninh-Hòa, à 35 kilomètres au Nord de Nhatrang, sur la grande route mandarine côtière ;

au Sud, la délégation de Dalat sur le plateau du Lang-Biang ;

au Nord, le poste de milice de Plei-Tour, à peu de distance de l'ancien village du Sadet du Feu — Pàtau-Puy —, visité par le capitaine Cupet de la mission Pavie et, où, en avril 1904, était assassiné l'administrateur Odend'hal.

En juin 1907, je complétais ces travaux (1) en les prolongeant dans l'Ouest par un itinéraire de longue haleine sur la Résidence de Kratié que j'atteignais, en compagnie du marquis de Barthélémy et du comte de Houdetot, par la route basse charretière traversant le cours inférieur des affluents de la moyenne Srépok pour pénétrer sur le versant du Mékong par les bassins du Prek Krieng et du Kampi (Dak Kbir des Mnong). Je revenais sur le Darlac, mais seul cette fois, par une route très détournée, beaucoup plus méridionale, partant du cours inférieur du P. Té, atteignant, sur le P. Tchlong, la sous-préfecture de Sré-Ktoum, dernier village cambodgien de la région, remontant vers le Nord-Est par les affluents du P. Té et rejoignant, par la haute Tioba, les cours supérieurs de ces mêmes affluents de la moyenne Srépok que je traversais quelques semaines auparavant en mon voyage d'aller. Je rentrais au Darlac, malgré la saison des pluies qui battait son plein, après un dur voyage de près de trois semaines.

Durant cette longue excursion, j'avais pu apercevoir et relever à distance plusieurs hauts massifs montagneux qui, par leur position méridionale et suivant les renseignements obtenus des naturels, me parurent être les massifs de faîte des bassins du Mékong, de la moyenne Srépok, du Krong Knô (branche « mâle » de la haute Srépok) et du D. Deung (Donnaï).

Ils formaient, de toute évidence, la barrière de cette vaste zone, alors inconnue, où nul Européen n'avait encore pu pénétrer et qui constituait la dernière forteresse que n'avaient pu forcer nos efforts.

Ce vaste carré, borné au Nord et au Sud par les 11°40' et 12°35' lat. Nord et, dans l'Est et l'Ouest, par les 105°30' et 104°30' lg. Est Paris, avait bien été côtoyé par divers

---

(1) Le récit de ces explorations a été publié sous le titre « Les régions moï du sud indochinois. Le plateau du Darlac ». Paris, Plon-Nourrit et Cie, 1909.

2. — Halte en forêt-clairière.

3. — Le convoi en forêt-clairière.

voyageurs ; au Sud, les explorations de Néis en 1881, de Néis et Septans en 1881, du lieutenant Gautier en 1882 et de Nouet en 1882, avaient fait connaître les districts du haut et du bas Donnaï ainsi qu'une faible partie des cantons au Sud du moyen P. Tchlong ; les nombreuses missions d'études des chemins de fer avaient bien sillonné et levé les cantons du haut Donnaï et les plateaux de Djiring et du Lang-Biang où notre administration était même assise depuis une bonne décade ; le plateau du Darlac, dans l'Est, était province constituée, sinon géographiquement reconnue, dès la même époque (1899-1900) mais, au Nord du cours du moyen Donnaï, aucun explorateur n'avait pu pénétrer ; sur la bordure septentrionale de ce carré, les seules reconnaissances avaient été les voyages du lieutenant Oum, en 1900, et du capitaine Cotte en 1904, et qui tous s'étaient bornés à longer rapidement ces régions inconnues.

Dans le Sud, le marquis de Barthélémy, en 1900, avait bien essayé, en partant de la Cochinchine, d'atteindre le mystérieux pays mais, attaqué sur le moyen S. Bé, au Nord de la Yumbra et rejeté sur la Cochinchine, il avait dû renoncer à son projet ; enfin, en 1904, la mission P. Patté réussissait à s'établir au pied de la Yumbra et à reconnaître le secteur environnant mais son action ne dépassa pas ce district restreint.

Dans l'Est, le réseau de mes nombreux levers, débordant le plateau du Darlac, venait effleurer le secteur vierge. Mais entre les lignes isolées et clairsemées de ces rares itinéraires, le centre de l'Indochine sud-centrale restait une région mystérieuse, absolument ignorée et sur laquelle n'existait aucun renseignement ; sur les cartes les plus complètes, elle ne figurait que par un blanc zébré du cours pointillé de quelques rivières, le tout recouvert de la mention « Stiengs indépendants ».

Une réputation de belliquosité ardente défendait contre l'intrus les tribus qui l'habitait tandis que la nature même du sol, déjà si difficile et montagneuse le long de la bordure méridionale, contribuait encore à valoir à ce secteur un de ces renoms qui pendant longtemps protègent comme une invulnérable muraille.

Et pourtant, ce canton devait se révéler l'un des plus intéressants de l'Indochine sud-centrale, constituant le plateau des sources de tout ce faisceau de rivières qui descendent, au Nord à la moyenne Srépok, à l'Ouest au Mékong, au Sud au Donnaï, à l'Est au Krong Knô, branche « mâle » de la haute Srépok, recélant la source du Song Bé, ce gros tributaire cochinchinois du Donnaï et dont le cours n'était alors connu que jusqu'au piton de la Yumbra.

C'est ce vaste espace que M. le Résident supérieur du Cambodge me charge d'explorer tant géographiquement qu'ethnographiquement ; devant mettre à profit ce qui reste de saison sèche, je dois pousser le plus avant possible la première reconnaissance du secteur et choisir l'emplacement où sera créé un centre administratif destiné à asseoir de manière définitive notre domination sur ces populations moï encore insoumises et rétives.

C'est de Kratié qu'il me faut partir mais la mission ne pourra s'organiser qu'au Darlac où je vais aussitôt me rendre pour recruter les éléphants de bât, acheter les chevaux de selle et réunir mes anciens guides et interprètes radé qui m'ont autrefois suivi en mes incessantes courses sur le plateau et me rendront encore d'inappréciables services.

Les détails administratifs enfin réglés, il ne me reste plus qu'à boucler mon léger bagage ; la saison sèche bat son plein, je n'ai pas un jour à perdre, aussi ne serai-je resté à Pnom-Penh que le temps strictement nécessaire et aujourd'hui, 29 janvier, dans la gloire d'un matin très bleu, je m'embarque à bord du *Vien-Tiane* qui va nous emporter sur le Mékong.

..

Le service postal est assuré en Cochinchine et au Cambodge par la compagnie des Messageries fluviales de Cochinchine dont les vapeurs sillonnent les grandes artères de navigation. L'une des lignes les plus importantes et surtout la plus intéressante est certainement celle du bas Mékong qui se prolonge au-delà des rapides du grand fleuve jusqu'au cœur même du Laos.

En cette saison des basses eaux, la navigation sur le bas fleuve s'arrête à quelques kilomètres au nord de Kratié, aussi le service n'est-il assuré que par ce *Vien-Tiane* à bord duquel je viens d'embarquer ; ce vapeur n'est d'ailleurs guère qu'une chaloupe à fond plat — 105 tonnes et 32 mètres de long — ; la chambre des machines est ouverte en plein air au milieu du pont inférieur qui est à 0 m. 50 ou 0 m. 60 au-dessus de l'eau ; le pont supérieur disparaît sous l'entassement des colis et des indigènes ; le reste du pont inférieur est occupé par les agrès de l'avant, la salle à manger-salon, l'unique cabine du bord, la cuisine et les dépendances ; aussi le malheureux voyageur en est-il réduit à une gymnastique d'obstacles entre les coussins de la salle à manger et l'escalier du pont supérieur où s'ouvrent à ses pas dévorants deux mètres carrés au plus de terrain libre, ménagé entre la cabine du capitaine, le bordage et l'espace réservé à l'avant pour le pilote indigène.

Muni d'une puissante machine à deux hélices qui lui permet, aux hautes eaux, de remonter jusqu'à Khône, le vapeur tressaute agréablement et, sur sa chaise, le patient sautille sans discontinuer.

Après avoir doublé la pointe de Chruoi-Chong-Va qui sépare le Tonlé-Sap du Mékong proprement dit, nous voguons sur le Tonlé-Thom — le « Grand Fleuve » — ; les rives taillées à pic, bordées de leur haie de verdure, se rapprochent et s'éloignent; notre première escale, peu après le départ, est Ksach Kandal, sur la rive droite ; pas d'appontement, un simple arrêt postal ; le vapeur pique du nez sur la berge contre laquelle il vient heurter de l'étrave et l'on saute du bord sur la rive.

La navigation est d'une désespérante monotonie sur ces eaux brunes bordées de rives toujours semblables, à l'immuable horizon terreux tendu d'une ligne verte. Nous longeons le plus souvent les berges qui, surplombant de 6 à 10 mètres, ne laissent rien apercevoir que la cime des arbres qui les couvrent.

Dans la soirée, nous arrivons à Kompong-Cham, sur la rive droite, première résidence du fleuve, l'une des plus importantes du Cambodge : un gros marché, une agglomération chinoise et, en arrière, à plus de 1.500 mètres de la berge, la nouvelle résidence en briques qui a remplacé l'antique bâtiment en bois, sur pilotis, en façade sur le fleuve et analogue à toutes les anciennes résidences du Cambodge.

Kompong-Cham est le débouché d'une province essentiellement agricole et qui

4. — B. Lombaki (moyenne Tioba).

5. — Le Plai, au passage de la sente basse charretière de Kratié au Darlac.

6. — Camp en forêt-clairière.

7. — En forêt-clairière.

produit du riz, du maïs, du coton, du mûrier, de l'indigo et du bétel ; son industrie se borne au tissage de la soie et des nattes ; c'est l'un des plus importants marchés du Mékong.

En amont, la rive droite se relève en falaises rouges, en partie drapées de verdure ; c'est ici que le fleuve atteint sa plus petite largeur, 650 à 700 mètres, et sa plus grande profondeur qui dépasse, en certains endroits, 80 et même 100 mètres.

Il est trois heures du matin lorsque nous accostons à Kratié ; pas de coolies naturellement et 18 mètres de berge à peu près à pic que gravit une manière d'escalier atrocement raide, branlant, coupé d'un précipice qu'enjambent quelques planches minces.

III

La résidence de Kratié ne possède que quatre éléphants et comme, pour le long voyage du Darlac, elle n'en peut mettre que deux à ma disposition, je vais être forcé de louer des charrettes à bœufs ; en fait d'escorte, l'on ne peut disposer que de quatre miliciens sous les ordres d'un caï. Je vais donc me diriger droit sur le Darlac ; des éléphants de cette province ont déjà dû d'ailleurs partir à ma rencontre et je compte les avoir à la Tioba d'où je renverrai les charrettes sur Kratié.

Malheureusement je vais perdre en période d'organisation définitive de mon convoi tout ce qui reste encore de la précieuse saison sèche, cet itinéraire sur le Darlac par la sente basse charretière étant celui que j'ai déjà suivi et levé lors de mon voyage de juin 1907 (1).

Dimanche 7 février 1909 — (28 kilomètres).

De bonne heure, ce matin, les éléphants se dandinent dans le jardin de l'ancienne résidence et les charrettes arrivent en criant.

L'arrimage des caisses est toujours chose délicate et longue, chacun se précipitant sur les plus légers colis en abandonnant les lourdes charges à leur sort ; de plus, j'ai maintenant affaire avec ces indolents et paresseux Cambodgiens contre la mollesse desquels se brisent les plus impatients efforts. Aussi est-il fort tard — plus de 9 heures — quand je serre une dernière fois la main au charmant résident et à son personnel qui ont tenu à assister au départ.

Tintinnabulant, cahotant et grinçant, les cinq charrettes à bœufs s'engagent sur la grande route, en bordure du fleuve ; les éléphants suivent pesamment en dodelinant de la trompe ; en serre-file, le béret crânement posé sur l'oreille, le cuivre des carabines luisant au soleil, les cinq miliciens ferment la marche ; un épais nuage de fine poussière soulevée par le sabot des bœufs, les roues des véhicules et le pied des pachydermes, enveloppe la caravane ; sur les portes des boutiques, les badauds massés assistent à notre passage.

Au sortir de Kratié, l'on quitte la route de la berge pour s'engager sur la route coloniale de Cochinchine que nous laissons bientôt elle-même pour prendre une piste

---

(1) Voir *Les régions moï du Sud-Indochinois*.

charretière ouverte vers le Nord-Est et l'Est ; la forêt-clairière s'étend autour de nous.

La poussière voltige en tourbillons ; au passage des ponts, les charrettes tressautent ; des troupes de buffles, des charrettes nous croisent, en marche vers Kratié ; un moment, nous croisons un curieux convoi de bœufs porteurs chargés, sur le garrot, d'un double panier très haut, allongé en forme de huche.

Il faut avoir vu une charrette à bœufs pour se rendre compte de ce que peut bien être cet instrument bizarre ; composée d'une légère claie qui est le coffre, surmontée de cloisons et d'un toit en feuilles de latanier, elle repose sur deux roues très grandes, assez épaisses et largement écartées ; le timon, démesurément allongé, se recourbe élégamment en une corne joliment décorée, laquée et peinte chez les riches ; mais en ces véhicules de charge, tout l'assemblage ne tient que par des rotins, des cordes, des pièces ajoutées, rafistolées et surtout par un vieux reste d'habitude qui fait résister la machine aux invraisemblables chocs qui la bousculent à tout instant ; chargée à 120 ou 150 kilogrammes, la charrette, traînée par deux robustes bœufs trotteurs, est dirigée par un conducteur accroupi à la naissance du timon sous l'avancée du toit.

Véhicule léger, passant partout en saison sèche, la charrette est le plus précieux et le plus commun moyen de transport au Cambodge où, dans les immenses plaines, les pistes charretières se croisent à l'infini, faisant communiquer entre eux les plus insignifiants villages.

Nous marchons dans la monotone forêt-clairière qui refoule contre le fleuve la galerie de végétation tropicale et la bande étroite des cultures ; au milieu de ces étendues arides, sablonneuses, roussies par le soleil, les charrettes s'avancent, bondissant sur les ornières desséchées, penchant, se redressant, s'inclinant, escaladant chaque bosse, chaque talus dans le tintement des sonnailles et l'affreux grincement des roues. Les feuilles sèches tapissent la terre et les arbres, espacés, rabougris, au-dessus du sol ravagé par l'incendie, se dressent, gris et racornis comme des squelettes aux bras décharnés ; parfois, à l'orée de rizières gercées par la chaleur, quelques huttes cambodgiennes montrent leur chaume branlant ; vers midi, nous nous arrêtons en l'un de ces pauvres hameaux puis la marche reprend ; des étendues d'herbes jaunies, poussiéreuses, cassantes, encore échappées aux flammes, rompent seules la monotonie de la forêt-clairière ; le lit des ruisseaux s'ouvre à sec dans la terre surchauffée, crevasses béantes entre les rideaux des bambous flétris.

Le jour baisse ; depuis longtemps, les charrettes ont disparu à notre arrière ; les éléphants avancent pesamment et la nuit tombe, une nuit gris perle au ciel jonché d'étoiles. Quelque temps, les cornacs tournent, ahuris, dans une grande clairière herbeuse ; la lune va se lever ; son disque cuivré se dérobe encore derrière quelques nuages noirs ; et il est 9 heures 1/2 quand nous nous arrêtons à deux misérables huttes en ruines, abandonnées, en avant d'une ligne de bambous.

La lune, maintenant, bleuit la forêt de sa laiteuse lueur ; les lucioles clignotent, un cerf brame dans les fourrés ; dans l'abri sans toit, je m'endors ; pas un moustique, une température exquise. Minuit ! Des clochettes, des grincements ; ce sont les charrettes qui arrivent, exténuées, et encore deux d'entre elles sont-elles restées en arrière, les roues brisées.

8. — Camp en forêt-clairière.

9. — Camp en forêt-clairière.

8-12 février — (107 kilomètres)

Il a fait une nuit délicieuse, douce et pure; à l'aube, je constate que nous sommes sur la berge du P. Kampi; la rivière, en contre-bas, encombrée de bancs de sable, n'est qu'un mince filet d'eau reliant entre elles des chapelets de mares. Force nous est d'attendre les véhicules retardataires; tard dans la matinée, le premier finit par arriver; l'une de ses roues a vu ses rayons sauter en partie et il a fallu en confectionner d'autres; quant à l'autre, à la suite d'une série d'avaries successives, il a été laissé en brousse sous la garde de son conducteur et d'un milicien.

Voilà donc une journée perdue et nous n'en sommes qu'au début même du voyage; les bœufs, la sonnaille au cou, paissent ou se reposent; le camp est établi autour des feux qui fument; il est une heure de l'après-midi lorsqu'apparaît enfin la dernière charrette; sa roue gauche n'est plus qu'un amas informe de rayons brisés retenus par des liens de bambou; un arc de jante fait complètement défaut et le reste du véhicule n'est pas en meilleur état; impossible donc de partir et tout le monde se met aussitôt au travail; les roues, retirées de leur moyeu, reprennent enfin forme sous le marteau et le coin; munis de cordes, de coupes-coupes et de rotin, mes Cambodgiens parent au plus pressé afin de nous permettre de gagner au moins Sré-Sap sur le D. Krieng.

Le 9, nous reprenons la route; au milieu des herbes fripées, les mares ne montrent plus que leur argile gercée, grise, disloquée par la chaleur; pas une goutte d'eau; un instant, dans la forêt aride, un feu de brousse menace de nous barrer la route; les flammes hurlent dans les dernières herbes sèches; du sol noir montent des colonnettes de fumée, des flocons de cendre légère. Sur ce sol raviné, les charrettes, cahotant et grinçant, n'avancent qu'avec lenteur; à la nuit close, les éléphants s'arrêtent auprès d'une mare fangeuse mais il est 10 heures quand les véhicules apparaissent à leur tour.

Ce misérable point d'eau ne renferme qu'une sorte de boue liquide, infecte; en cette saison, il faut savoir s'en contenter; en cet immense désert qu'est la forêt-clairière, les rivières les plus importantes ne sont plus occupées que par de l'eau croupissante et les nombreuses mares qui, en saison des pluies, s'ouvrent au milieu des herbes vertes et grasses, sont presque toutes desséchées. Aussi la marche est-elle pénible sous les troncs grêles, aux branches grises à peu près dépourvues de leurs grandes feuilles glauques; le soleil inonde à flots le sol roussâtre, poussiéreux et rôti où craquent les feuilles sèches et que saupoudre la cendre fine, impalpable, s'envolant à la moindre brise et se mêlant à la poussière en fins tourbillons sur le passage des voyageurs.

Pour celui qui a connu la forêt-clairière verdoyante et giboyeuse de la saison des pluies, ce nouvel aspect des mornes étendues a je ne sais quoi d'infiniment triste, de désolé; au lieu de la frondaison brillante, c'est la désolation des branches pointant comme des bras morts, et d'où s'envolent à la brise les dernières feuilles, roussies et cassantes.

Éléphants et bœufs, privés d'eau et d'herbes, ne tardent pas à donner des signes de fatigue évidente et le 10, après une courte étape, nous devons nous arrêter à Sré-Sap, sur la rive droite du D. Krieng. La rivière, très large, n'a plus que quelques flaques d'eau séparées par les assises de ses puissantes roches noires; les charrettes passent, bien en amont, en un endroit où de vastes bancs de sable s'étalent entre deux chenaux libres ; le gué est affreux ; de l'eau jusqu'au moyeu, des rocs encore submergés sur lesquels les véhicules pensent culbuter ; l'escalade de la haute berge sablonneuse, terriblement escarpée, est encore plus dure ; trois ou quatre de mes gens poussent les véhicules que les bœufs tirent, arc-boutés du genou, du sabot, sur la déclivité dont le sable coule en cascade ; la traversée du D. Krieng a pris un grand moment ; les bœufs sont rendus ; l'un d'eux a les naseaux en sang et je donne l'ordre de coucher à Sré-Sap.

C'est ici que, dans les premiers jours de juin 1907, j'arrivais du Darlac avec de Barthélémy et de Houdetot, en marche sur Kratié. Ma première traversée de l'Indochine ! Que ces souvenirs si précis sont loin cependant ! Et comme je reconnais avec émotion ce pauvre hameau au bord de ses rizières, la maison où nous déjeunâmes avant de passer la rivière pour aller bivouaquer en brousse !

Jusque tard dans la nuit, la rive gauche du D. Krieng s'éclaire du reflet violent des incendies. L'étape du 11, fort longue, s'accomplit en entier dans la forêt-clairière brûlée ; nulle trace de vie en ces solitudes ; une forte brise soulève les cendres ; pas une goutte d'eau jusqu'au D. Khoïgne où quelques mares croupissent entre les rocs surchauffés ; nos malheureuses bêtes, exténuées par le manque de pâturage et d'eau, suffoquées par la cendre et la poussière, s'arrêtent tristement aux rares mares boueuses ; les éléphants y barbotent mélancoliquement de la trompe, seringuant la fange le long de leurs flancs ridés ; au pied des arbres secs, les grandes termitières jaunâtres hérissent de leur cône le sol cailouteux et calciné.

Ce soir, à la tombée de la nuit, nous marchons encore mais les éléphants butent ; des plaques d'herbes rases flambent au pied des arbres en crépitant à peine et dans la nuit qui tombe, ces brasiers silencieux d'où surgissent les troncs sanglants rappellent les salles de bal où dansent les lutins des légendes allemandes ; et l'on se prend à chercher parmi les touffes de flammes basses, alentour des fûts fantastiques, les inquiétants gnômes qui hantent les forêts du Hartz.

Les bosquets de bambous nains roussis ou jaunes se brisent comme verre à notre passage et nous campons au bord d'une mare noire parmi des herbes fripées que creusent d'énormes empreintes desséchées d'éléphants ; tout autour, en ceinture, les bambous nains en bouquets jaunis.

Le lit supérieur du D. Krieng où nous déjeunons le lendemain, garde cependant encore de l'eau entre ses blocs de grès ; à mesure que l'on approche du versant de la Tioba, la forêt est enfin moins désolée ; de grands carrés encore à peu près verts donnent asile à quelques cerfs qui s'enfuient à notre approche. Vers le soir, à peu de distance de la Tioba, brusquement en émergeant des hautes herbes d'un vaste marais à sec, nous donnons sur quatre éléphants entravés auprès de leurs cages ; les éléphants du Darlac ! Et soudain, l'émotion me gagne à la vue des cornacs mnong et du guide laotien qui me remet le laisser-passer officiel ; ma jonction est accomplie avec le convoi de renfort et mon cher Darlac me semble maintenant tout près.

Toute la nuit, un vent violent et presque frais mugit à travers la forêt sans bornes.

13-18 février — (145 kilomètres).

Nous serons restés toute la matinée au campement afin de permettre aux éléphants de se reposer et de préparer le courrier que les charrettes vont emporter sur Kratié ; c'est d'ailleurs sans le moindre regret que je vois s'éloigner les lents et incommodes véhicules. Cinq kilomètres à peine nous séparent de la Tioba et de B. Tchékam ; la rivière est passée à sec sur les rocs chevelus d'arbustes qui bloquent son lit et c'est avec joie que je pénètre à nouveau en ce village où, par deux fois, j'ai déjà passé lors de mes précédents itinéraires. Le Chinois trafiquant est toujours là mais les huttes qui entouraient la sienne ont disparu pour aller s'établir à B. Nom ; la case d'où, il y a près de deux ans, nous partions par un matin bas et pluvieux en route sur le Mékong, n'existe plus ; une hutte neuve a remplacé l'ancienne baraque ; mais le propriétaire, lui, n'a pas changé ; un peu plus vieux peut-être, il voit monter sans peine le flot grandissant des jours ; rien ne vient troubler sa quiétude et depuis mon dernier passage nul Européen n'a visité son chaume ; les chasseurs laotiens ont terminé leur saison de chasse depuis deux mois environ ; les marais sont à sec et le gibier a émigré vers les ravins plus frais ; dans les cimes géantes, au bord de la rivière, le vent hurle avec fracas.

De Tchékam, nous rejoignons la route ordinaire des charrettes à bœufs ; notre convoi, homogène, fort de six éléphants, ne connaîtra plus les retardataires ; les grandes mares de ce district ne sont d'ailleurs pas complètement desséchées et la forêt-clairière est plus verdoyante ; elle n'est plus, d'ailleurs, exclusivement composée, comme à l'ouest de la Tioba, des éternels diptérocarpés mais, à mesure que l'on approche de la Tiamat, d'un grand nombre d'arbres verts, de taille moyenne et d'arbrisseaux rabougris, épineux ; les cyccas apparaissent également.

Nous établissons notre camp sur la rive droite de la Tiamat; nous y trouvons celui de la vieille commerçante cambodgienne du Darlac qui se rend à Kratié ; elle a quatorze charrettes, une vingtaine de chevaux, juments et poulains et une suite nombreuse ; c'est avec joie que je puis enfin parler du Darlac, apprendre les menus faits, les mille riens qui, en un instant, me font revivre trois années de vie exquise.

Et puis, au crépuscule, le convoi de la vieille s'ébranle pour franchir la rivière ; des souhaits d'heureux voyage et les charrettes dégringolent la pente abrupte au pied de laquelle la Tiamat étale ses filets d'eau entre les rocs couverts d'arbustes.

Aujourd'hui, 17, est notre onzième jour de route ; la rencontre de bœufs sauvages, de cerfs, de buffles sauvages, a seule rompu, ces derniers jours, la morne et chaude tristesse du voyage ; mes miliciens commencent à traîner la jambe ; la fraîcheur des nuits succédant brusquement à l'étouffante chaleur du jour, éprouve tout mon monde ; mais le Darlac n'est plus loin et, dans l'après midi, nous atteignons enfin la Srépok ; sur l'autre rive, les huttes de B. Don, la palissade du poste que dominent les miradors. A la détonation qui signale mon arrivée, c'est un brouhaha et un effarement ; les linhs sortent comme les abeilles d'une ruche heurtée et les pirogues arrivent lentement, drossées par le courant ; et je les reconnais tous, les braves petits miliciens d'Annam, la mine un peu plus tirée par la fièvre des hauts plateaux ; et leur figure s'éclaire d'un bon sourire alors que, tout de suite, je demande des nouvelles de leurs camarades, de tous ceux qui m'ont suivi par monts et par vaux, au gré de mes courses vagabondes...

Les chefs indigènes, eux aussi, ont tenu à venir me souhaiter la bienvenue ; dans la grande cour du poste, ils arrivent tous, conduits par le vieux Khun-Yonob ; les jarres se remplissent ; sur le feu, un cochon grésille et l'orchestre des gongs bat son rythme rapide ; mon cher Darlac, ses mille souvenirs m'enveloppent, me percent d'une émotion très douce et profonde...

Et le lendemain, au galop des chevaux qui sont venus m'attendre, suivi de mon caï cambodgien d'escorte, c'est le départ sur Ban Mé-Thuôt où nous arrivons après cinq heures et demie de vive allure.

∴

B. Mé-Thuôt, la résidence et son chef, mon ami ! En cette parcelle de brousse, en ce poste européen, chaque coin, pour moi, se peuple de souvenirs ; ces allées vertes, ces pelouses en fleurs, ces jeunes manguiers plus hauts, plus vigoureux et aussi cette maison qui fut mienne, les visages amis, les saluts et les sourires de tous ces compagnons d'antan, — indigènes et miliciens — tout cela remue en moi un chaos de choses qui, maintenant, montent à flot, me donnant envie de pleurer ; je reconnais tout et tous me reconnaissent en ce poste perdu au-dessus duquel les plis du drapeau de France claquent doucement à la brise qui passe dans le ciel pur d'hiver.

10. — Un coin de forêt-clairière.

11. — B. Mé-Thuot. — Le camp de la milice.

CHAPITRE II

DU DARLAC AUX SOURCES DU PLAI ET DU SONG BÉ

(373 kilomètres. — 15 mars-4 avril)

Les Pih rebelles du bas Krong Knô. — Embuscade de B. Drô. — Les premiers villages mnong. — Le massif du Nam-Lyir. — Soumission de B. Pou-Srà — Découverte du Plateau Central sud-indochinois. — Reconnaissance des sources du Plai et du Song Bé. — Le L. Rlû. — Fondation du poste de B. Pou-Srà.

I

Mon séjour au Darlac se sera prolongé bien au-delà des limites que je lui avais assignées. L'enveloppant accueil des amis, le charme des souvenirs et du cadre familier, les habitudes anciennes reconquises, tout cela m'a fait remettre de jour en jour un départ qui, maintenant, s'impose : la saison sèche va bientôt finir et j'aurai gaspillé cette précieuse époque en organisation et en lenteurs. Mais ce temps de repos n'aura pas été inutile à ma petite troupe que le voyage de Kratié a fortement éprouvée : l'un de mes miliciens cambodgiens, malade depuis l'avant-dernière étape, est mort, huit jours après son arrivée, d'une sorte de pneumonie devant laquelle ont échoué tous les soins. On l'a enterré là-bas, tout en haut de la route du lac, en ce coin triste, déjà si peuplé et où j'ai conduit — il y a des mois qui, bientôt feront des années — d'autres linhs avec le même morne décor. Derrière le cercueil, une vingtaine des miliciens annamites, en blanc, fusil renversé ; le reste de mes Cambodgiens, en kaki, la tête couverte du béret ; en avant-garde, le clairon sonnant lugubrement ; derrière la boîte, le garde principal m'accompagnant.

Mon escorte, déjà si faible, se trouve ainsi réduite à quatre hommes dont un caporal ; cette force sera totalement insuffisante pour assurer le service chez les populations insoumises et hostiles au milieu desquelles je vais m'enfoncer ; aussi dois-je faire demander à l'Annam un renfort de quelques linhs du Darlac : quatre hommes — deux Annamites et deux Moï — et un caï annamite sont mis à ma disposition ; les éléphants de bât, recrutés à B.Don, sont arrivés ; mes Radé — guides et interprètes de mnong — sont prêts ; il ne me reste plus qu'à partir.

Chaque milicien est armé d'une carabine Gras 1874 et de 120 cartouches ; avec mon armement personnel, nous disposons de 10 fusils de guerre, un fusil de chasse et de quelque 2.000 cartouches ; chaque groupe de cornacs — chacun de mes six éléphants possède deux conducteurs — a reçu une grande lance radé. Cinq fortes juments constituent la cavalerie. Ainsi formée, la mission est prête à s'enfoncer vers les hauts plateaux inconnus du Sud-Ouest, chez les Mnong insoumis habitant la région d'où s'élèvent ces montagnes qui, de B. Tour, barrent la vue de leur muraille puissante et inexplorée. Mon intention est de pénétrer par l'Est en ces cantons redoutés ; tandis qu'une partie des éléphants et l'escorte rejoindront directement B. Plau-Sieng, sur le bas Krong Knô, par le petit poste de B. Tour, j'atteindrai, de mon côté, ce point en passant par le lac que je désire revoir. Mon charmant collègue et successeur du Darlac m'accompagnera jusque-là ; de B. Plau-Sieng, je me dirigerai sur B. Rbout, point extrême atteint par mes itinéraires dans le Sud-Ouest ; j'attaquerai alors la zone inconnue en coupant en écharpe son angle oriental pour aller ressortir sur le haut D. Pour dont je descendrai la vallée à la recherche de « pierres » signalées par un chasseur laotien et qui me semblent pouvoir être une ruine cham ; je continuerai ensuite l'exploration des secteurs ignorés en guidant ma marche sur les événements.

15-20 mars — (105 kilomètres).

Il y a trois ans, jour pour jour — le 15 mars 1906 — je quittais B. Mé-Thuot pour mon premier voyage de reconnaissance, en marche sur le Lang-Biang ; en compagnie de mon ami, je reprends aujourd'hui cette même route du lac par laquelle je m'éloignais également alors. C'est avec peine que je laisse à nouveau derrière moi mon ami, le résident Besnard, vétéran de ce Darlac qui est en partie son œuvre et où se sont écoulées sept années de sa vie.

Sur la grande route baignée d'un éclatant soleil, nos chevaux nous emportent au grand trot ; au tram de Mé-Loup, au bord du Krong Hana, le temps d'avaler une bouchée, de prendre quelque repos et, de l'autre côté de la rivière que nous passons en pirogue, nous remontons sur des chevaux de relai ; il est deux heures et demie quand les pirogues, venues nous chercher au village de Krong-Lang — sur la rive orientale du lac — nous débarquent au poste.

La journée entière du lendemain se passe à muser et à chasser sur la nappe d'eau libre ; les oiseaux aquatiques abondent ; par bandes épaisses blotties dans les nymphéas et les herbes bordant les rives, se lèvent des poules sultanes au plumage violacé et au bec rouge ; à l'aube et au crépuscule, leur cri plaintif résonne dans la brume laiteuse qui descend des montagnes sur les eaux ; par vols épais, les petits canards siffleurs, les sarcelles viennent s'abattre sur les eaux calmes ; le long des rives, de glorieux martins-pêcheurs à l'opulent plumage bleu, orange et or, au bec rouge énorme, passent dans un éclaboussement de lumière ; des palmipèdes, des échassiers logent dans les lotus et les herbes ; haut dans l'air, tournoie l'aigle roux et sur cette nappe enchâssée entre les montagnes, c'est un continuel et changeant voyage de toute cette gent aquatique qui passe sur les eaux et s'en va gîter dans les baies aux rives de lotus et de nénuphars. Comme un étau, la barrière des montagnes enserre le lac et

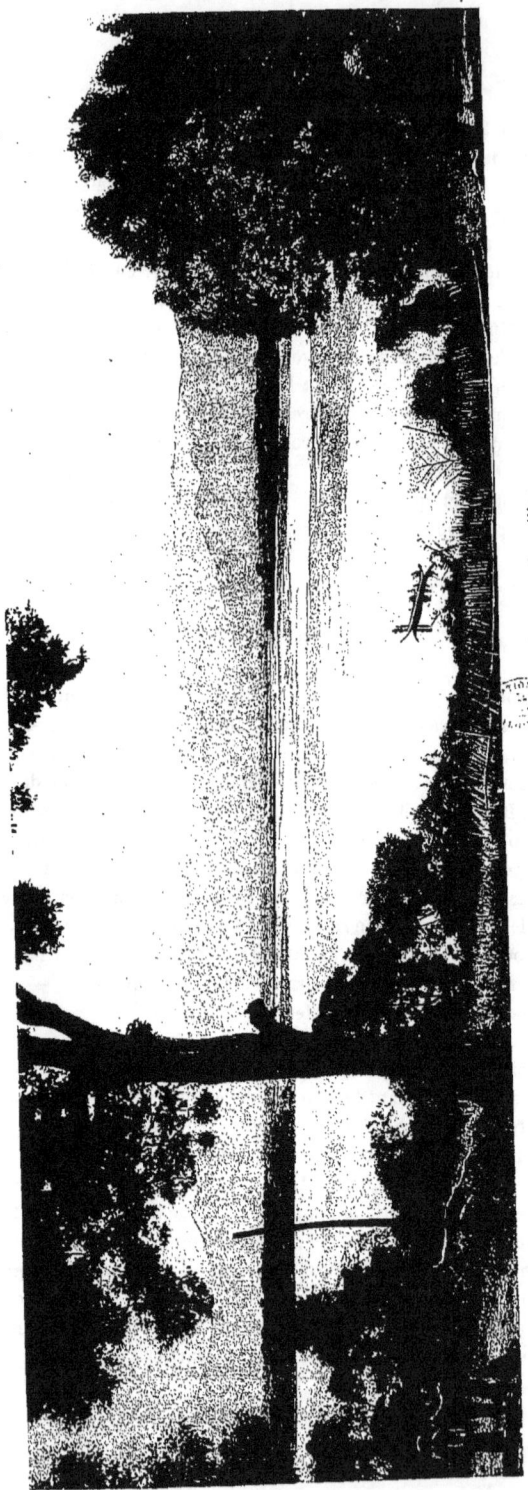

12. — Panorama du lac Tak-lak, depuis le poste de milice.

s'y mire, la tête en bas, en lignes tremblantes ; et l'on ne sait plus où commence le mirage, où finissent les flancs violets ; la ligne verte des rives s'estompe entre ces deux masses et les pirogues glissent, fines et grêles, un indigène debout à la poupe manœuvrant la pagaie à long manche. Dans l'Est, le grand pic, pointu comme une canine de fauve, domine la masse des hauteurs ; les baies se creusent entre des caps boisés qui sont des collines et qui semblent des îles posées sur l'eau dormante. Mais, l'après-midi, le vent se lève et toute cette eau déferle, soulevée en vagues violentes et brunes ; et, le soir, le grand manteau de pourpre et d'or des soleils couchants drape de son velours impérial la cime tourmentée des monts, incendiant les eaux tandis que le soleil, escarboucle énorme, agrafe éblouissante et rare posée sur l'épaule des collines, glisse vite, vite, en ramenant la somptueuse et sanglante chlamyde.

Oh ! Ces journées sur le lac ! Quelles impressions de paix infinie et profonde, quelle sensation de repos absolu elles procurent ! Avec quelle joie je reviens sur ces rives enchanteresses goûter l'enivrant oubli de tout !

Le 17 au matin, nous repartons en pirogue ; la brume épaisse qui ouate le lac se déchire lentement et, bientôt, nous glissons sur les eaux calmes que j'ai déjà si souvent sillonnées ; peu à peu, les collines s'abaissent à notre arrière ; le Yang La qui domine de sa masse toute la dépression lacustre et les montagnes de pourtour, se violace lentement dans l'éloignement croissant ; maintenant, nous suivons l'étroit lit du déversoir que surplombent les herbes géantes des marais à sec. Dans l'après-midi, nous atteignons B. Tiet au fond de sa poche lacustre ; mais l'étang est aujourd'hui à peu près libre des herbes que j'y ai toujours rencontrées les années dernières ; le chef me dit qu'elles ont été emportées par une grosse inondation. Quant au hameau, il est désert ; quelques villages pih du voisinage, menés par les groupes de B. Plau-Sieng, se sont dernièrement livrés à toute une série de méfaits et le secteur est actuellement en proie à un malaise causé par ces troubles. Le village de B. Toung, au fond de la poche et en face de B. Tiet, a suivi B. Plau-Sieng dans sa révolte et les huttes sont désertes. Nous pénétrons dans la zone dissidente.

Mes éléphants et mon escorte ont été dirigés de B. Mé-Thuot sur B. Tour pour, de là, gagner B. Plau Sieng où ils doivent se rencontrer avec le convoi et les miliciens de mon ami auquel je me suis joint personnellement ; de B. Toung, nous gagnerons en effet B. Plau-Sieng par la sente qui escalade le massif montagneux séparant les vallées du Krong Hana et du Krong Knô ; dans B. Toung désert, aux huttes vides d'où les fugitifs ont emporté jusqu'aux moindres ustensiles, les éléphants sont chargées ; le soleil n'a pas encore percé la brume blanche dont la nappe baigne les rizières au pied du mamelon ; la caravane s'ébranle lorsque, soudain, d'une hutte, une épaisse colonne de fumée jaillit ; bousculés sur leurs claies disjointes, les tisons du foyer ont communiqué le feu aux lattes de bambou sec et le village est en flammes ; dans le brouillard épais et laiteux, des gerbes rouges s'élancent ; B. Toung brûle ; les bambous éclatent avec fureur, détonations répercutées par l'écho des collines proches ; apeurés, les éléphants allongent leurs membres massifs dans le couloir des rizières desséchées entre la double haie des mamelons ; derrière nous, couronnant la crête du coteau, la charpente des cases apparaît, dessinée en rouge sombre sur le chaos des flammes ; des jets de fumée se mêlent à la brume que rougeoient les torrents du brasier et le vallon retentit de la détonation des bambous, assourdissante, sèche, précipitée, à croire qu'une bataille fait rage dans la vallée ; mais, rapidement, le bûcher s'écroule, les poutres d'un brun-rouge se dressent et retombent, les tourbillons de feu s'assombrissent de volutes de fumée noire ; B. Toung s'engloutit dans la fournaise qui meurt.

Au fond de la poche des rizières sèches, la sente s'enfonce dans un inextricable lacis de bambous couchés ; il faut cheminer, courbé en deux et, bientôt, je perds de vue les éléphants et l'escorte ; nous entrons dans la forêt vierge humide où les ruisselets sourdent dans la verdure puissante et l'on aborde la barrière montagneuse ; de la crête, l'on aperçoit soudain, à travers le sommet des arbres, le scintillement d'une nappe d'eau ; c'est, à droite, le Ya Ktir, puis, à gauche, le Ya Tbing, ce dernier, vaste étang épandu au pied des collines et qui, avec l'étang de B. Kseur, reconnu plus au Sud en mars 1908, complète la série de ces curieuses dépressions étalées en arrière du bas Krong Knô.

Sur l'autre versant de la chaîne, par les marais qui prolongent le Tbing, nous atteignons les villages de B. Plau-Sieng, naturellement déserts. Il est à peine onze heures ; vers deux heures, arrivent à leur tour mes éléphants et l'escorte cambodgienne par la sente de B. Tour ; en même temps, apparaît mon ami ; ses éléphants qu'il a laissés au pied opposé de la colline, sont encore loin en arrière ; ils ont eu une peine inouïe à se frayer un passage dans l'épaisse ceinture des bambous ; ils n'arrivent, les cages déchirées, que vers cinq heures.

C'est ici que, le lendemain 19, se quittent les deux convois ; brisé par la fièvre, je puis à peine aller serrer la main de mon ami à son embarquement sur le fleuve et c'est comme en rêve que je vois les pirogues descendre lentement le courant et disparaître dans la brume à un tournant du cours d'eau.

Toute la journée, l'accès me cloue sur le lit, annihilé, sans force, en proie aux hallucinations et au plus parfait hébètement.

Le village de B. Phok que nous atteignons le 20 au matin, est, lui aussi, désert ; déserts également les quatre ou cinq villages qui, sur l'autre rive du Kr. Knô, dominant la plaine des rizières, couronnent de leurs huttes les mamelons d'arrêt ou se cachent dans la bordure des bambous ; et pourtant, il y a un an, toute cette poche retentissait de l'éclat des gongs frappés en mon honneur ; les buffles se vautraient dans la plaine, des théories joyeuses d'indigènes se pressaient à ma rencontre. Mobilité curieuse du caractère moï, impressionnabilité impulsive qui font commettre à ces populations primitives des méfaits subits, inexpliqués ; une mauvaise tête entraîne la masse, quelques jarres d'alcool de riz sont les meilleurs complices puis, la faute commise, la peur reprend le dessus et tout le monde se sauve en brousse ; le mobilier n'est guère encombrant ; gongs et jarres cachés en lieu sûr, enterrés ou enfouis dans les fourrés épais de la brousse, les buffles chassés en forêt et le village est abandonné ; qu'importe d'ailleurs cet abandon? Le Moï n'est-il point nomade et ne change-t-il pas à tout instant l'emplacement de ses huttes ? Un peu plus tôt, un peu plus tard, peu lui importe et que le mobile de l'exode soit une épidémie, un ordre des génies ou un vent de rébellion, le village n'en est pas moins sacrifié sans esprit de retour. Aussi, dans la répression de ces fugues qui ne sont jamais bien graves, serait-il puéril de s'attaquer

13. — Bordure de la poche marécageuse de B. Tiei.

14. — Les marais de B. Tour au pied du poste.

aux villages désertés, sacrifiés d'avance et où rien ne reste ; pour punir, il faut suivre en brousse la trace des fuyards et chercher à s'emparer des jarres et des gongs dont la capture ramènera, infailliblement et sans coup férir, les villageois honteux et repentants... jusqu'à la prochaine fois car, sur l'esprit mobile des Moï, les leçons ne marquent guère.

Sans prêter attention aux hameaux déserts, je me dirige vers le fond de la poche où le Ya Glè se tord en méandres boueux ; subitement, des êtres humains se dressent à notre approche et s'enfuient ; entre les bambous, nous découvrons les huttes provisoires, édifiées à la hâte, où s'agitent poulets et cochons — les refuges des fuyards ; quelques-uns de ces derniers ont cependant pu être rejoints par des émissaires auxquels ils ont répondu que nous pouvions bien tout piller mais qu'ils ne se soumettraient point.

Les gens de B. Kdyo, conduits par leur chef Ma-Yé et qui sont venus avec mes éléphants, se lancent aussitôt en brousse et, bientôt, gongs et jarres, déterrés de leurs cachettes, s'empilent autour des feux ; la chasse aux cochons et aux poulets se poursuit avec acharnement ; dans une marmite, une portée de petits chats, les yeux encore fermés, assommés, s'écrasent sur tout un amas de débris repoussants, sans nom ; l'odeur des viandes brûlées, des poils roussis se mêle aux cris des partisans ; le camp s'élève dans une étroite clairière au bord du Ya Glè qui coule, simple ruisseau encaissé entre des rives à pic, boueuses, étroit et tout noir.

21-22 mars — (27 kilomètres).

Ceinturé par ses feux de veille, sous la garde des miliciens et des partisans, le camp a dormi tranquille et, ce matin, sous la brume épaisse, la caravane s'enfonce vers le Nord. Il n'y a pas un de mes partisans qui ne chemine sous un échafaudage des plus compliqués, dressé sur le dos ; des jarres enfoncées dans des hottes voisinent avec des nattes, des poulets, des quartiers de viande grillée. Le vieux Ma-Yé — tête de sorcier et de forban, vieux camarade et compagnon obligé de mes nombreuses excursions chez les Pih alors que je courais le Darlac — m'a supplié de l'accompagner sur la route du retour, ce que j'avais d'abord nettement refusé ; mon plan était en effet de gagner les villages mnong du voisinage Sud et de remonter sur la vallée du D. Pour en coupant en écharpe la partie orientale de la région inconnue : mais Ma-Yé a de l'éloquence ; ce butin sous lequel plient ses gens n'est-il pas la garantie de soumission des rebelles ? Et si je le laisse revenir seul, ne sera-t-il pas attaqué par les villageois enhardis par mon départ ? Alors, lui, Ma-Yé, mon vieil ami, notre fidèle serviteur — il y a dix ans, ce vieil ami et ce fidèle serviteur nous recevait à coups de flèches — ne sera-t-il pas massacré ? Certes, il aura même le cou tranché et, accroupi, lamentable, la voix triste, Ma-Yé se frappait avec conviction le cou du revers de la main ; oui, le pauvre Ma-Yé aura la tête coupée et le pauvre Ma-Yé ne pourra plus rendre service aux Français.

D'ailleurs, qui me mènerait chez les Mnong du Sud ? Les villageois rebelles qui, seuls, connaissent les sentes, sont en fuite ; ses hommes ne savent rien de ce district ; je m'égarerais tout seul et puis, surtout, les chemins sont affreux, mes éléphants ne passeraient pas ; tandis que vers le Nord, ah ! vers le Nord ! — et le bandit s'enthousiasmait — les sentes sont parfaites ; la route de B. Dro ? un rêve, pas çà de collines, pas la moindre difficulté et Ma-Yé, levant les yeux au ciel, frottait énergiquement les mains l'une contre l'autre, — pas çà d'obstacle; comment hésiter à l'accompagner sur cette sente modèle?

Plus que tous les autres arguments, l'absence de guides pour pénétrer chez les Mnong du Sud m'a décidé et voilà pourquoi, au lieu de donner, ce matin, le signal du départ pour le Sud-Ouest, ai-je fait tourner vers le Nord.

Nous déambulons dans la vallée du Krong Knò, en des plaines marécageuses légèrement boisées où la brume traîne encore en écharpe blanche ; nous traversons ensuite le Ya Preuk, gros affluent du Kr. Knò et dont j'ignorais l'existence ; mais bientôt la sente se précise horrible : collines rocheuses, herbes géantes, marécages gluants et profonds se mêlent à plaisir et nous amènent encore devant le Ya Preuk qu'il faut traverser pour la dernière et troisième fois à 20 mètres de son embouchure dans le Kr. Knò ; un gué atroce défendu par des marais putrides, des amoncellements d'herbes juteuses, hautes de trois mètres, emmêlées de bambous écroulés, de troncs d'arbres pourris.

Au-delà de la rivière, une succession de plaines marécageuses, desséchées, couvertes de joncs roussis en touffes épaisses qui fouettent la figure ; dans les empreintes d'éléphants creusant profondément le sol, les chevaux butent à chaque pas ; des traînées de marais visqueux où l'on enfonce à mi-jambe alternent avec des cannes juteuses aux feuilles coupantes ; nous arrivons enfin au pied des collines de bordure du Ya Senò, le grand étang libre de rive gauche du Kr. Knò ; une montée très dure, une descente abrupte, un étroit vallon qui est le fond de la poche du Ya Senò et nous voici devant un ruisseau extrêmement encaissé que les chevaux pensent ne point pouvoir franchir ; encore une montée horrible par une sente de chèvre, coupée de troncs d'arbres abattus, défoncée par les empreintes d'éléphants ; encore des montées, encore des descentes et enfin, s'étend à nos pieds la plaine des rizières dominée sur une colline par le village de B. Dro où je couchais en mars 1908. Un indigène, surpris dans la plaine, n'ose pas fuir mais le village est précipitamment abandonné ; l'année dernière, le même accueil nous y avait été réservé.

Le villageois, chargé de cadeaux, est envoyé chercher les autres habitants mais j'ai bien peur de ne pas le revoir. Ce matin, 22, personne n'a en effet reparu ; comme je désire néanmoins amener le hameau à composition, je m'avise d'un stratagème. Tout le convoi au grand complet va filer sur B. Ol, guidé par Ma-Yé; quant à moi, je reste en embuscade avec deux miliciens et l'un de mes émissaires.

Tout le monde est parti ; dans le village désert, l'on n'entend que le grognement des cochons, le pépiement des poules et le hurlement des chiens. Derrière la porte d'entrée de la maison du chef, je suis tapi en compagnie d'un milicien annamite : mon émissaire radé et mon milicien cambodgien sont à l'affût derrière la porte opposée. Les armes ont été soigneusement dissimulées sous une natte qui semble jetée là le plus négligemment du monde et nous attendons ; les minutes passent, interminables ; à travers les interstices des cloisons, nous ne voyons que les poules aller et venir, les cochons batailler autour d'un relief ; la fatigue commence à me prendre ; voilà plus

15. — Types pih. — Le chef de B. Tour et sa femme.

16. — Types pih. — Le chef Ma-yé.

d'une heure que nous guettons en vain ; mais soudain, mon Annamite me fait un signe ; deux enfants se sont glissés dans l'enceinte ; arrêtés devant les cases, ils inspectent craintivement puis disparaissent ; le gibier va mordre sans doute. Un quart d'heure s'écoule à nouveau ; deux gaillards, la lance à la main, l'arbalète, le carquois et la hachette sur l'épaule, entrent avec précaution par la grande porte d'enceinte : mais ils se séparent ; doucement ils avancent ; l'un grimpe à la maison de gauche, l'autre à celle de droite ; en passant près des cloisons aux déchirures béantes de notre case, ils auraient pu nous voir ; heureusement ils n'ont rien aperçu et, bientôt, nous entendons des exclamations : l'inventaire des maisons a dû commencer. Puis, un troisième guerrier apparaît : il n'a pas de lance, celui-là, mais est armé de l'arbalète, du carquois et de la hachette ; ses camarades, du fond des huttes voisines répondent à son appel et, rassuré, il escalade notre maison ; un instant, il hésite mais rien ne lui semble suspect et, par l'ouverture de la porte, il se penche, va entrer. D'un bond, je lui ai sauté à la gorge mais le gaillard est nu et n'offre pas de prise : je le sens m'échapper, il hurle : si ses compagnons viennent à son secours, notre position peut devenir critique car ils sont fortement armés et nos carabines sont, là-bas, sous la natte ; une courte lutte, ma main s'est crispée dans la chevelure abondante et hirsute et nous roulons sur la véranda dont les rondins non équarris et disjoints manquent sous nos pieds ; soudain, une douleur à la cuisse, je suis blessé d'un coup de hachette et nous allons tomber à bas de la hutte quand mon Annamite se précipite, l'émissaire et le Cambodgien surgissent à leur tour ; un dernier corps-à-corps et notre homme est dûment ficelé ; ses camarades ont disparu.

Nous prenons alors la sente de B. Ol en compagnie de notre prisonnier ; au village ami, nous attend enfin une réception empressée ; autour des jarres, dans le charivari de l'orchestre, il me faut subir l'incantation aux génies, le sang de cochon sur la poitrine, le bracelet au poignet.

C'est ici que me quitte Ma-Yé auquel je confie mon homme de B. Dro ; il sera conduit à la résidence du Darlac où il sera gardé en otage jusqu'à soumission du village. Le vieux chef de B. Kdyo me quitte, rayonnant ; il n'aura pas été attaqué mais je ne lui ai pas encore pardonné l'horrible sentier qu'il m'a fait suivre hier.

— Elle est jolie ta route ! Et tu as eu le toupet de me dire qu'elle était parfaite ! Brigand, va !

— Oh ! grand-père (1), elle n'était pas si mauvaise que cela et puis celle du Sud était bien plus mauvaise encore !

Ma-Yé est tranquille ; il est bien certain que je n'irai pas tenter la comparaison.

II

De Kratié, par B Pou-Dam, les charrettes à bœufs viennent jusqu'à B. Ol qui marque le terme extrême de leur avancée dans le Sud-Est et l'Est ; peu nombreux sont

---

(1) *Aï*, en radé. — C'est le terme dont Radé et Pih se servent pour s'adresser à leurs supérieurs ; il est communément traduit par « Monsieur »

d'ailleurs les trafiquants cambodgiens qui se risquent aussi loin pour échanger avec les naturels les peaux et les cornes contre la verroterie, les étoffes et le sel.

Au delà de B. Ol dans l'Ouest, c'est l'inconnu ; mes itinéraires de 1908 se dirigent au Nord, le long de la vallée de la Srépok mais, dans l'Ouest, c'est le pays mnong, les marches septentrionales du grand secteur ignoré. Les renseignements obtenus sont heureusement abondants, clairs et précis ; ils me permettront un excellent début dans le travail de la mission.

23-27 mars — (95 kilomètres).

De B. Ol sur les villages mnong, la sente charretière se déroule en forêt-clairière dans la vallée du Ya Çor, gros affluent du Ya Mam, premier tributaire reçu par la Srépok en aval de la jonction de ses deux branches supérieures — Krong Hana et Kr. Knô. La découverte de cette rivière comble heureusement déjà l'un des grands vides de la carte, révélant ainsi l'hydrographie du secteur compris entre les affluents de la moyenne Srépok et ceux du bas Krong Knô.

Avant de quitter le Dak Çor, nous le traversons un peu en aval d'une belle chute de 7 mètres de haut — le Lieng Mà — que la rivière, élargie à 30 mètres, franchit au passage des grès familiers.

La piste, fort bonne, escalade insensiblement les paliers de la vallée : plusieurs fois, nous rencontrons, le long du chemin, une grosse jarre fichée en terre, précédée par toute une file de bonshommes en bois sculpté, hauts de 0 m. 20 à 0 m. 50 et qui constituent des offrandes aux génies. Le soir, après une étape fort longue, nous atteignons B. Rkop ou B. Mbra, au Nord de la route, derrière une terrasse marécageuse entourée d'ondulations basses appartenant au bassin du D. Çor; l'altitude est de 710 mètres ; les sources du D. Klau, du D. Ndrih, du D Xer et du D. Kèn, autres affluents voisins de la moyenne Srépok, se trouvent dans le Nord parmi des collines assez hautes paraît-il (1), mais d'accès difficile et dépourvues de villages.

B. Rkop a ses huttes posées à même le sol, ces horribles cases que seules, maintenant, nous allons rencontrer ; sales, enfumées, tanières informes ressemblant à une grosse meule de foin, les cloisons élevées de quatre pieds à peine au-dessus du sol ; dans l'intérieur, sous le chaume, le grenier à paddy et mille ustensiles des plus hétéroclites depuis le van à riz jusqu'aux épis de maïs sec ; sur les deux lits de camp qui courent de chaque côté de la hutte, ne laissant entre eux qu'un étroit couloir, la collection des jarres, richesse du village.

De B. Pou-Djrie, nous apercevons pour la première fois le sommet onduleux du Nam-Noung, grosse chaîne montagneuse du Sud-Est et qui doit se trouver dans la région des sources des affluents du K. Knô.

La ligne de faîte entre les bassins du D. Çor et du D. Dam est le sommet du plateau incliné suivi depuis B. Ol ; la ligne de partage est par 800 mètres d'altitude; avant de plonger dans la forêt-futaie qui succède un moment à la forêt-clairière, nous avons

---

(1) Nous verrons par la suite que ce renseignement était faux. Les sources de ces rivières se trouvent dans les éperons issus de la pointe Nord-Est du Plateau Central, pointe que je traversais alors sans le savoir.

aperçu toute la vaste étendue du pays, au Nord et au Nord-Ouest, onduleux, dominé par la masse proche du Yok Nam-Lyir, massif isolé, dressé sur les ondulations basses comme un gigantesque saladier renversé. Le D. Dam, sur le versant duquel nous venons de pénétrer, est un important tributaire du Plai, lui-même principal affluent de la moyenne Srépok. Cette dernière rivière va se jeter dans la Sé San à quelque 30 kilomètres en amont du confluent de ce cours d'eau avec la Sé Khong; elle est formée de deux branches principales, le Kr. Boung et le Kr. Knô.

Le Kr. Boung, appelé Kr Hana — « fleuve femelle » — en son cours inférieur, vient des massifs montagneux qui hérissent la chaîne annamitique au Nord Est du Lang-Biang, dans l'angle formé par cette chaîne en son coude vers le Sud-Ouest.

Le Kr. Knô — « fleuve mâle » — appelé Kr. Kaé par les Mnong — Kaé a la même signification que Knô — descend des mêmes montagnes et le cours des deux branches est, pendant longtemps, parallèle, d'une orientation générale approximativement Est-Ouest ; puis le Kr. Knô se coude vers le Nord-Ouest pour aller rejoindre le Kr. Hana dans les vastes marais de B. Tour habités par la tribu des Pih ; après cette jonction, la rivière, encore appelée Kr. Boung par les indigènes — du nom de la branche maîtresse — et, bien plus en aval, Sé Bang-Khan par les Laotiens, se dirige vers le Nord-Ouest, après s'être dégagée des dernières collines du Darlac par un couloir coupé de chutes et de cataractes de la plus sauvage beauté (1). La rivière coule alors dans la zone des forêts-clairières désertes qu'elle ne quittera plus avant de se jeter, sous le nom cambodgien de Srépok, dans la Sé San.

C'est à quelque 40 kilomètres à vol d'oiseau en aval de la jonction du Kr. Hana et du Kr. Knô que la Srépok reçoit le premier des affluents de son cours moyen. Ces affluents reconnus déjà par moi en leur cours inférieur mais dont la mission va, au cours de ses travaux, déterminer les sources et les détails des bassins, ces affluents offrent la particularité d'être tous parallèles entre eux suivant une orientation générale Sud-Nord ; de l'Est à l'Ouest, c'est-à-dire, d'amont en aval, ces tributaires sont :

le D. Mam, grossi à droite du D. Cor :
le D. Ndrih, grossi à gauche du D. Xer ;
le D. Klau ;
le D. Kên ;
le D. Plai, le plus important de tous, grossi à droite du D. Pour et du D. Dam ;
le D. Dèr (houei Tène des Laotiens) ;
le D. Rvé ou Ruei (houei Lvé des Laotiens), grossi à droite du D. Der ;
le D. Rmât (h. Tiammat des Laotiens, Prek Tiamet des Cambodgiens) ;
le D. Rpà (h. Tioba des Laotiens, P. Tcheba des Cambodgiens).

C'est sur le versant du D. Dam que nous pénétrons le 24 ; le lendemain, nous traversons le D. Dam lui-même par 700 mètres d'altitude ; la rivière coule en un vallon

---

(1) Voir le récit de la découverte et de l'exploration de ces chutes dans mon précédent ouvrage : *Les régions moï du Sud-Indochinois*. Paris, Plon-Nourrit et Cie, 1909.

herbeux aux pentes douces; tous les cours d'eau de la contrée sont, comme les rivières principales, orientés Sud-Nord et les ondulations qui les séparent se rehaussent de quelques collines.

Laissant le gros du convoi à B. Pou-Dam d'où il se dirigera directement sur B. Pou-Mour, je vais, avec quelques porteurs, reconnaître le massif du Nam-Lyir qui est proche ; dans la soirée, nous atteignons B. Pou-Nam à peu de distance du pied même de la montagne. Cette randonnée me fait constater que le Nam-Lyir n'appartient à aucune ligne de faîte principale, contrairement à ce que je pensais lorsque, à mon retour de Kratié au Darlac, en 1907, par une sente plus septentrionale, je l'apercevais pour la première fois ; ce n'est qu'une énorme protubérance de 1.080 mètres d'altitude en son piton principal ; une seconde bosse plus basse le prolonge vers le Nord-Est ; des chaînes d'altitude décroissante le relient, dans cette direction, aux ondulations avoisinantes ; le massif est tendu obliquement entre les vallées du D. Riet, à l'Ouest, affluent du D. Dam et celle du D. Dam lui-même qu'il rejette dans l'Est et qui le contourne à distance par un vaste arc-de-cercle ; ses pentes orientales sont arrosées par le D. Rnau sur lequel est B. Pou-Dam, ses pentes septentrionales par le D. Pòt, affluent du Rnau.

Pour ce qui est des « pierres » signalées par mon chasseur laotien, les indigènes ignorent leur existence ; le chef mnong ne connaît en fait de « pierres » qu'un amas de rocs situés sur le versant nord du massif au milieu d' « ananas sauvages ».

Quant à la formation de la montagne, voici la légende racontée par les Moï à son sujet :

Autrefois, disent-ils, la mer couvrait toute la contrée : aucune des puissantes montagnes qui jalonnent maintenant la région des Mnong n'avait encore fait son apparition ; les peuples n'existaient pas. C'est alors qu'arriva, on ne sait d'où, un Cambodgien monté sur une vaste pirogue chargée de perles, de cuivre, de sel et d'étoffes. Mais le bateau sombra et la terre se montra alors ; le Yok Nam-Lyir est l'embarcation elle-même, et maintenant encore, un homme juste peut, sur le dôme de la montagne, dans les rocs qui le couronnent, apercevoir le riche chargement du navire disséminé dans les trous et les cavités séparant entre eux les rochers. Malheureusement, les Mnong, cupides, s'étant rendus au pic pour s'emparer de ces richesses, le Bouddha en colère les fit disparaître et effaça de la mémoire des naturels la connaissance du sentier.

Aujourd'hui 26, la première pluie de la saison nous assaille sur la route de Pou-Mour ; des ondées, puis un crachin fin et persistant qui dure encore lorsque, le 27, nous entrons à B. Pou-Srà.

B. Pou Srà est situé dans le beau vallon du D. Tòy, affluent du D. Pour ; dans l'Est et l'Ouest, le ceinture une rangée de collines basses et boisées ; le village est riche par ses cultures et prospère malgré ses cases branlantes, disséminées dans les champs ; le chef possède plusieurs éléphants, des gongs et jouit d'une certaine autorité sur toute la région qui, au dire de mes guides, est assez densément peuplée. Nous élisons domicile dans un groupe de trois cases spacieuses, abandonnées, au chaume à demi-arraché mais qui, débarrassées des herbes envahissantes, sont des abris fort présentables. Mon intention est d'établir en ce point central la base de la mission ; je ne puis en effet songer à traîner avec moi un convoi complet de bagages et de vivres; les six éléphants du Darlac qui, pendant plusieurs mois, vont constituer mon unique moyen de transport, doivent être le constant souci de mes soins; pour les ménager, il faut établir un judicieux roulement dans leur service et, en même temps, alléger le plus possible leurs charges; enfin, il me faut, pour les malades, un point de repos qui sera, en même temps qu'un magasin de réserve pour les approvisionnements, la base géographique sur laquelle je refermerai les itinéraires dont je vais couvrir et sillonner toute la région. Aussi, dès l'arrivée du chef, un vieux bonhomme ridé, les cheveux blancs, je lui expose mes projets. Mais, aux premiers mots, il m'arrête; fort tranquillement, il me répond que c'est impossible; son village est pauvre; il ne possède ni herbe, ni paddy, ni riz, ni poulets, ni cochons; d'ailleurs, il ne veut pas se soumettre; il consent bien à montrer la route aux voyageurs qui traversent son village mais il ne permettra pas qu'on s'établisse chez lui.

A toutes mes remontrances, à toutes mes offres de conciliation, le vieux, accroupi sur le long lit de camp en bambous tressés qui court d'un bout à l'autre de la hutte, se borne à secouer négativement la tête; rien n'y fait, ni la tentation des cadeaux que je fais miroiter à ses yeux, ni mes plus éloquents raisonnements; tranquillement obstiné, exaspérant, bourrant méthodiquement sa pipette de bambou, le chef, les yeux clignotant dans les rides de la face, refuse en mots secs et décidés. Je n'insiste pas et renvoie l'entêté. Mais une solution s'impose : il est impossible de débuter chez les Mnong par un échec qui, demain, sera connu de tous les villages voisins; laisser B. Pou-Srâ insoumis, c'est l'aveu de notre impuissance dont les effets ne tarderont pas à se manifester de la façon la plus désastreuse; comme résultat immédiat, l'insoumission de tout le secteur sur lequel Ndjrak-Ot — c'est l'harmonieux nom du vieux chef — exerce une influence incontestée. Et puis, il est inadmissible qu'à huit jours de Kratié, à quatre du Darlac, l'on rencontre encore des populations qui nous ignorent, se soustrayant tranquillement à notre domination comme si la région moï ne faisait pas partie intégrante de nos possessions indochinoises. Il faut donc en finir et dans l'après-midi, je fais venir le chef; docile, il se rend à mon appel; une douzaine de ses gens l'accompagnent, tous sans armes d'ailleurs; brièvement, je le somme d'avoir à se soumettre : même placide refus.

— Caïs, gardez les portes !

En un clin d'œil, les miliciens, préalablement stylés, sont debout; tandis que ceux du Darlac, baïonnette au canon gardent l'entrée principale, les Cambodgiens se groupent à celle de derrière; les émissaires et les cornacs ont sauté sur leurs lances et garnissent les entrées latérales : Ndjrak-Ot et ses gens sont prisonniers. Je leur explique alors qu'ils resteront ainsi jusqu'à soumission complète; moi-même demeurerai à B. Pou-Srâ aussi longtemps qu'il le faudra.

Les prisonniers n'ont pas bougé et personne ne s'occupe plus d'eux; une heure s'écoule; le chef et ses sujets se sont brièvement consultés et, du même ton tranquille, Ndjrak-Ot déclare enfin qu'il se soumet; qu'on le laisse sortir avec ses hommes et il ira chercher le riz, les œufs, le cochon et la jarre de vassalité. Les miliciens dégagent les portes et les villageois partent lentement; peu après, ils reviennent avec des calebasses de riz piqué de l'œuf traditionnel. A mon tour, je fais des cadeaux; le chef est habillé d'un veston blanc qui le ravit d'aise, comblé de perles, de sel, qui le font sourire de joie; une bouteille de chum-chum (1) complète son ravissement; mon escorte qui reçoit, elle aussi, une ample distribution d'alcool, titube bientôt agréablement et mes Cambodgiens expliquent à mon nouvel ami, qui comprend d'ailleurs leur langue, les innombrables désagréments qu'il vient sagement de s'éviter. Les villageois apportent maintenant l'herbe aux chevaux et un fort beau cochon m'est offert ; dans la soirée, tout le village est là ; autour de la jarre des grands jours, c'est la cérémonie rituelle de ce qui constitue, chez ces primitifs, le serment d'allégeance. Une corbeille contenant le cœur et le foie cuits du cochon est placée devant la jarre entourée, en masse, des naturels accroupis ; le chef, un bout de paille à la main, le trempe dans le vase et entame l'invocation aux génies que tous hurlent en chœur ; puis, j'amorce la jarre et tout le monde boit à tour de rôle ; la soumission est chose faite et il est rare, après ce cérémonial, d'avoir à redouter une trahison Enfin, suprême confiance, l'on a sorti les jeux de gongs du village ; les Mnong en jouent, debout, se promenant lentement en file indienne, à la manière des Jarai, frappant lentement les instruments du poing, sur une cadence inconnue jusqu'alors.

III

28-31 mars — (80 kilomètres).

Laissant à B. Pou-Srâ une partie de mon bagage sous la garde d'un milicien annamite et d'un cornac, je pars aujourd'hui 28, pour m'enfoncer dans le Sud à la recherche de la ligne de faîte Srépok-Mékong-Donnaï ; mon intention est de pénétrer d'un coup au cœur même de la région inconnue afin de pouvoir, grâce à cette première reconnaissance, dresser, en connaissance de cause, le plan méthodique des explorations ultérieures.

La pluie a cessé mais le ciel est noir et charrie des nuages menaçants ; nous partons dans le Nord-Ouest pour atteindre le D. Pour qui coule en une vallée large et faiblement ondulée ; la sente se déroule dans la forêt-clairière bosselée, à peine coupée, au-delà de la rivière, de vastes terrasses à l'herbe rase, dénudées et marécageuses aux pluies. Sur le sol de grès, le sabot des chevaux résonne comme sur un caveau.

Sur le Plai, ce plateau qui n'est qu'une crête plate de partage de 110 mètres au-dessus de la rivière, s'abaisse par une pente assez dure; le Plai, large de 25 à 30 mètres, roulé une eau splendidement limpide sur un lit de rocs unis brisés en un gradin de un à deux pieds de chute que les eaux franchissent par une ligne de rapides. A quelque 300 mètres en aval, la rivière se coude à une chute guère plus importante, haute de un mètre, le Lieng Ntoyt, ainsi appelée du nom du génie qui hante ces parages.

Autrefois, dit la légende, une importante troupe de Mnong Prèh venant du Sud-Est et accompagnée d'éléphants, se rendait en guerre contre les Cambodgiens du Mékong mais, arrivés au Plai, ils durent s'arrêter, la rivière, gonflée, ne pouvant être passée à gué. Un serpent colossal — le génie du lieu — appelé Ntoyt, habitant la rive, leur

(1) Alcool de riz annamite.

vint alors en aide : raidissant son corps, il le tendit au-dessus des eaux en faisant un pont sur lequel éléphants et guerriers franchirent le Plai. Mais l'un des cornacs de la bande avisant l'un des énormes yeux du monstre et sans reconnaissance pour le service rendu, y enfonça, par amusement, la pointe de son ankus à éléphant ; outré de colère, Ntoyt, pivotant sur sa tête, balaya de sa queue puissante les Prèh qu'il précipita dans les eaux où ils périrent jusqu'au dernier.

Et, aujourd'hui encore, lorsque des Prèh ont à franchir le Plai en cet endroit, ils se piquent dans le chignon des feuilles de bambou et, invoquant le génie courroucé contre leur tribu, lui déclarent ne point être Prèh mais des Mnong d'une autre famille ; et ils ont bien soin de ne pas se servir alors de leur idiome particulier car si Ntoyt les reconnaissait, il les ferait mourir sans aucun doute.

Cette curieuse légende fait-elle allusion à quelque fait historique reculé ? Peut-être indiquerait-elle une défaite infligée aux Prèh par une tribu voisine ou même par les Cambodgiens dont les légendes locales parlent souvent et qui semblent, de tout temps, avoir entretenu des relations avec ces peuplades de leur hinterland.

C'est ici que je relie mon itinéraire à celui de juin 1907 qui vient du Sud-Ouest pour s'éloigner dans l'Est-Nord-Est, sur le Darlac.

B. Pou-Kroyt, disséminé dans ses cultures, sur la crête de l'ondulation de rive gauche du Plai, appartient, comme tous les villages traversés, à la tribu mnong des Bou-Neur ; cette famille occupe tous les hauts bassins des affluents directs de la moyenne Srépok ; son dialecte est identique à celui des Mnong peuplant les marches occidentales du Darlac et de la région de B. Don.

De Pou-Kroyt, nous allons longer, pendant trois jours, la vallée du Plai en traversant tous ses principaux affluents de rive gauche ; le 29, nous descendons l'ondulation douce au pied de laquelle coule le D. Ndrieng lorsque, brusquement, à vingt mètres en avant de mon cheval, et surgissant des hautes herbes, jaillissent des masses brunes et le guide mnong, soudain cloué au sol, murmure avec angoisse :

— Ruèh bri ! (Les éléphants sauvages).

Notre troupe entière s'est arrêtée et, lentement, les pachydermes émergent des herbes ; leur peau ocreuse et gercée est plaquée de larges taches rougeâtres qui sont des gâteaux de vase ; des herbes pendent aux plis de la trompe ; ils sont au nombre de neuf dont plusieurs petits mais pas un seul porte-défenses ; à moins de quinze mètres en avant de nous, tranquillement, pesamment, tournant à peine la tête de notre côté, ils défilent un à un ; nos chevaux, habitués aux éléphants domestiques, ne donnent pas le plus léger signe de crainte. Mes éléphants de bât sont heureusement bien en arrière ; en présence de leurs camarades de la jungle, ils auraient certainement éprouvé la plus profonde terreur et se seraient fort probablement emballés. Nous ne sommes armés que de piètres carabines Gras dont les balles sont insuffisantes et, de plus, je juge inutile de tirer sur un inoffensif troupeau qui ne possède pas le plus petit morceau d'ivoire ; en cette herbe haute, empêtrés de chevaux, à distance si courte, nous serions de plus mal en point en cas de charge ; aussi assistons-nous paisiblement au défilé des lents voyageurs ; mes linhs, un moment surpris et tremblants, se rassurent vite et, frappant des mains et criant, parviennent à peine à faire accélérer l'allure des peu farouches pachydermes. Deux cents mètres plus loin, dans le fond de la vallée, ils repassent à nouveau devant nous ; nous les avons évidemment dérangés en des pâturages de prédilection où ils tiennent à revenir.

Par les affluents du D. Ndrieng, nous atteignons, par 830 mètres d'altitude, un dôme herbeux au-delà duquel la vue embrasse à perte de vue une mer de mamelons et de croupes à demi-déboisés, couverts d'une herbe rase. Après le passage du D. Rtooung, autre affluent du Plai, la contrée se dessine encore plus nettement, les crêtes plates et les dômes se multiplient, vaste océan houleux que recouvre un gazon dur; pas un arbre; seule, dans la rainure des ravins, la peluche sombre des bois voile la faille des torrents. Nous sommes ici, me dit mon guide cambodgien, sur les premières pentes du massif de faîte de l'Indochine sud-centrale d'où descendent comme les nervures d'un éventail géant toutes les rivières des versants du Mékong, de la moyenne Srépok, du Kr. Knô, du Donnaï... Comme une vaste carte en relief, le pays se déroule devant nous ; depuis un dôme, par 895 mètres d'altitude, la vue découvre cet océan de coupoles et de dômes nus ; dans le Nord-Est, la masse proche du Yok Nam-Lyir, d'un violet neutre très violent; au loin, très loin, la ligne bleue du Nam-Noung, du Nam-Djiang, là-bas dans l'Est-Sud-Est, se reliant par une muraille basse au Nam-Maè et au Nam-Kôn dont la pointe extrême s'affaisse à l'horizon. Tout autour de nous, comme d'immenses vagues figées, les calottes, régulières, moutonneuses et douces, seins arrondis, duvetés de jaune sous lequel apparaît par points l'ocre rouge de la terre. Un vent violent balaie le plateau et debout sur la cime d'où nous dominons comme d'une passerelle de navire, le guide cambodgien, triomphant, me désigne les sommets proches d'où descendent, dans le Nord-Ouest, la Rvé, la Tioba, puis, vers le Sud, il me montre la direction des sources du Tonlé Bakden, le Song Bé de Cochinchine. A vrai dire, le panorama n'a rien de grandiose ; il ne vaut que par l'immense étendue du pays embrassé et puis, surtout, par la joie intense que sa découverte me fait éprouver. Nul, en effet, n'a encore traversé ces sommets, nul n'a révélé l'existence de cette terrasse suprême, toit de l'Indochine sud-centrale et d'où les rigoles coulent en rivières sur la Cochinchine, l'Annam et le Cambodge.

Les Cambodgiens donnent à ce plateau central le nom de Phnom Leatch et les Mnong, celui de Yok Laych — « le massif de gazon ».

Le long des crêtes, nous marchons sous le ciel d'un magnifique bleu clair; en ces dômes déserts, sans vie apparente, sans une culture au revers des croupes, l'on se sent isolé et loin; de temps à autre, une étroite sente rouge file au Sud vers les villages Nong du haut Song Bé; loin en arrière et en contre-bas, au flanc des coteaux, la file des éléphants apparaît, leur masse rapetissée se profilant bizarrement, monstrueusement grossie des cages de charge qui oscillent à la cadence du pas; en serre-file, les gens du convoi; tout petits, caravane lilliputienne, arabesque mouvante sur le tapis de gazon jaune.

Sur leur versant occidental, un grand nombre de dômes présentent un curieux écroulement, une coupure brusque, perpendiculaire, en fer à cheval, qui est la source des ruisseaux ; au revers des cols, d'autres trous béants aux lèvres rouges, étroits, à peine couverts de quelques arbustes maigres ; c'est là la naissance des ravins qui se creusent, rapides et boisés, sillonnant en tous sens le plateau.

De loin en loin, les étranges tombes mnong; un tertre à peine saillant; à chaque

17. — La terrasse faîtière du Yok Laych (1010ᵐ d'altitude).

18. — Yok Laych. Tombe mnong.

extrémité, un poteau de bois ou de bambou auquel pend un rouet, un panier ; une jarre fichée en terre précède une ribambelle de morceaux de bois plantés à la queue-leu-leu et représentant des hommes parfois grossièrement sculptés. Disséminées sur ces croupes, des jarres gisent, quelques-unes brisées ; ce sont, paraît-il, sacrifices aux génies ainsi que cette tête de bœuf piquée sur un pieu, les os recouverts de la peau craquelée, la gueule demi-ouverte sur les dents jaunâtres.

Il est tard quand nous débouchons enfin, derrière un raï nouvellement coupé, sur le village de B. Bou-Dang ; une enceinte aux pieux serrés, surmontés d'un amas de feuillage mort donnant à la palissade un bizarre aspect de grands balais assemblés ; quelques poternes étroites et basses livrent accès dans l'enclos où ne s'abrite qu'une misérable hutte dont le chaume touche presque la terre. Là-dedans, une très vieille femme tousse lamentablement et crache ; deux autres femmes la soutiennent doucement et, les yeux clos, la bouche édentée à peine entr'ouverte, la vieille geint, pitoyable, dans un gargouillement de bronchite et de glaires.

Oh ! qu'il est lugubre, cet enclos isolé au revers des dômes jaunes, perdu en cette solitude immense ; et lorsque la nuit tombe, quelle pénible oppression pèse sur le misérable taudis, étouffé dans son étroite enceinte !

En forme d'ellipse, cette dernière ne mesure pas plus de 50 mètres sur 30 ; en dehors, sur la sente du ruisseau, les parcs à buffles, quelques carrés de tabac ; de l'autre côté du cours d'eau caché par le rideau des arbres, une pente, noire de forêt. Les indigènes sont dignes du cadre : quelques Mnong sales, le teint basané, presque noir, couverts de colliers multicolores agrémentés de dents de chien ; dans le chignon, une longue épingle double en fil de laiton ; à la ceinture, le petit couteau à manche court, bistourné ; dans le lobe distendu de l'oreille le bouchon d'ivoire. Les femmes ont toutes les mêmes lourds bracelets d'étain qui tombent des oreilles sur l'épaule, des brassards et des jambières en gros fil de laiton.

Il est certain que, sans mes éléphants, il me serait impossible de continuer la marche en ce pays perdu où les villages n'abritent qu'une population clairsemée, craintive et défiante qui m'accueille sans enthousiasme comme sans colère ; chaque soir, la jarre m'est offerte — jarre ordinaire, de petite taille, à jonc droit — en compagnie des calebasses de riz drôlement piqué de l'œuf rituel. De même modèle d'ailleurs, tous ces hameaux excentriques qui n'abritent pas plus de dix à quinze âmes ; une palissade elliptique à peine percée de quelques poternes barricadées. Tous sérieusement fortifiés, ces abris ; l'un d'eux notamment, B. Bou-Glè, est un véritable fortin ; deux cases dont la plus vaste ne dépasse pas huit mètres de long et, chacune, entourée de son enceinte particulière défendue par des barrières avancées et par tout un système de portes étroites ; tout autour du village, un inextricable abatis d'arbustes et de bambous semé de lancettes de guerre.

La forêt-taillis épaisse et fraîche mais au sol infesté de sangsues, alterne maintenant avec le gazon ras au fur et à mesure que nous nous enfonçons vers le Sud ; la vallée du Plaï, gorge profonde, n'est qu'une faille noire de forêt. Enfin le 31 au matin, parmi de nouveaux dômes dénudés, le guide s'arrête devant une crevasse au revers d'une crête.

— Buk Plaï !... La source du Plaï.

C'est par 995 mètres d'altitude ; à un jet de pierre dans le Sud, celle du Jeul, affluent du S. Bé. A la jonction des lignes de faîte, juste derrière la rainure du Plai,

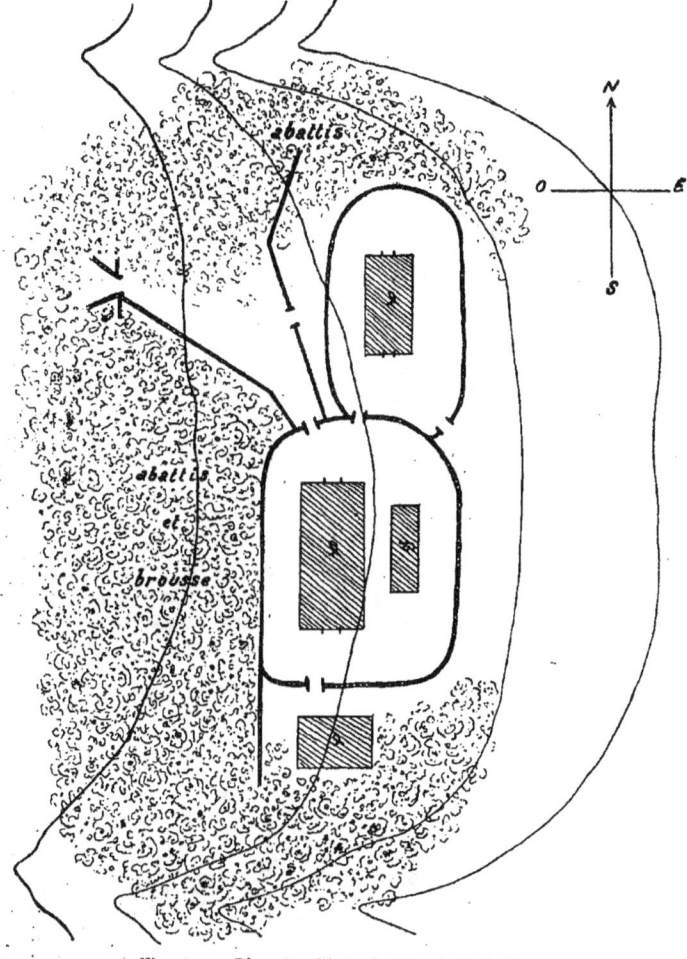

Fig. 1. — Plan du village fortifié de B. B. Glé.
α = huttes d'habitation.   β = porcheries.
(La plus grande hutte a huit mètres de long).

se dresse un dôme culminant, herbeux, sans un arbuste, de 1.015 mètres d'altitude, le Yok Gong-Ndrô, d'où divergent les crêtes de séparation des versants Tandis qu'au Nord sourd le Plai, au Nord-Ouest coule le Hoyt, le plus gros affluent du S. Bé, au Sud-Ouest le Rkèh et au Sud-Est le Jeul, autres affluents du S. Bé. Nous sommes ici

19. — Le chef de B. Pou-Prong.

20. — Ndjrak-ôt, chef de B. Pou-Srâ.

Types de Mnong Bou-Neur.

21. — Le Village de B. Pou-Srâ.

à l'angle le plus méridional creusé dans le haut plateau par le versant de la moyenne Srépok, au cœur même de la terrasse de faîte dont les cimes voisines, plus boisées vers le Sud, appartiennent au versant de Cochinchine.

Le 31 au soir, nous couchons à B. Pou-Noung, dans le bassin du D. Nhil, affluent du D. Jeul : les naturels appartiennent encore à la tribu des Bou-Neur ; autrefois, me disent-ils, la contrée était peuplée de Nong, mais ils ont abandonné le district à la suite des ravages de la variole ; les Bou-Neur actuels ne se sont établis ici que depuis assez peu de temps : ils viennent du Nord, en partie du village même de B. Pou-Srâ ; le manque des bonnes terres à cultures a été cause de cette migration.

Ce soir, l'un de mes Cambodgiens, malade depuis ce matin, tient absolument à conjurer le mauvais sort et à fléchir les génies. Un petit cochon est acheté et une jarre apportée : la malheureuse bête, assommée à coups de poing, a la tête trouée d'un coup de couteau : palpitante encore, elle est passée au feu et dépecée. La réception est franchement cordiale ; réunis autour de la jarre, les villageois hurlent ensemble leur invocation aux génies et, jusque tard dans la nuit, quelques femmes chantent, sur un ton fort agréable, bien plus varié que celui des chants radé.

IV

1er-4 avril — 66 kilomètres).

Le lendemain, 1er avril, nous quittons B. Pou-Noung ; presque au sortir du village, loin, très loin dans le Sud-Ouest, apparaît au-dessus des dômes un piton bleu en pain de sucre ; le Yok Nam Préah — la Yumbra de Patté, la Djambra de Barthélémy, Phnom Chœung-Préas des Cambodgiens, Nui Bara des Annamites — la montagne au Nord de laquelle se sont brisés tous nos efforts de pénétration chez les fameux Stieng de sauvage réputation.

Par 960 mètres d'altitude, en haut de la crête culminante, la vue, maintenant, par delà les mamelons nus du plateau des Herbes, découvre un panorama immense ; dans le Sud-Est, la ligne dentelée des massifs du D. Deung — le moyen Donnaï — ; dans le Sud-Ouest, la Yumbra ; vers le Sud, pas de hauteur mais une ligne d'un bleu pâle qui est l'horizon de la haute Cochinchine. Jamais aucun Européen n'a contemplé de ces hauteurs ces étendues encore inexplorées.

Et nous plongeons dans la verdure épaisse des ravins : derrière une croupe basse, un ruisseau coule, aux eaux brunes, large de dix mètres à peine ; les Mnong l'appellent D. Glun ou Klun, les Cambodgiens Tonlé Bakden ; c'est le fameux Song Bé de Cochinchine dont le cours moyen seul est connu jusqu'à la Yumbra ; nous franchissons encore deux fois son lit sinueux entre deux berges abruptes de terre rouge en une terrasse plate, avant d'atteindre B. Pou-Rmaih.

B. Pou-Rmaih est le premier village de la région Nong ; belle agglomération aux grandes huttes soignées, il est ceinturé d'une triple palissade ; les cases, au nombre de trois, alignées les unes derrière les autres, ne se distinguent en rien des ordinaires bâtisses mnong ; elles sont seulement plus vastes et plus propres et ne ressemblent heureusement pas aux ignobles taudis de ces derniers jours.

Mais la population a fui presque en totalité ; seuls, quelques vieillards des deux sexes sont restés et mes gens qui n'arrivent qu'assez tard avec les éléphants, me disent avoir rencontré un grand nombre de naturels armés de lances et d'arbalètes, rassemblés en brousse en une attitude évidemment douteuse. J'envoie aussitôt des émissaires chargés de cadeaux et de paroles de paix tandis que nous nous installons dans les huttes.

Je suis confortablement allongé dans ma chaise longue, à demi-assoupi près de la porte de derrière du village lorsqu'un bruit me réveille ; en file indienne, une huitaine de femmes pénètrent dans l'enceinte, des hottes pleines d'ustensiles hétéroclites sur le dos ; en arrière-garde, quatre ou cinq guerriers armés de lances et d'arbalètes ; sans me prêter la moindre attention, ils défilent tous à me toucher, mais, à hauteur de la seconde maison, tout ce monde fait précipitamment demi-tour, repasse en courant devant moi et enfile avec élan la porte pour disparaître en brousse. Quelle est la cause de cette subite terreur ? Impossible de le savoir ; les gens envoyés à la découverte reviennent bredouille ; il paraît néanmoins que ce ne sont pas les villageois d'ici mais ceux d'un hameau voisin.

Vers le soir, les indigènes reviennent enfin ; un beau cochon massacré à coups de lance constitue le présent de soumission ; une grande jarre à col bas arrosera la fête, mais ici, il faut noter un détail curieux, tout à fait spécial à ces tribus du Sud. Lorsque la jarre est remplie d'eau, le chef y introduit un mince tube de bambou dans lequel joue un chalumeau muni d'une embouchure et percé d'un trou à sa partie supérieure ; se servant de ce chalumeau comme d'une pompe aspirante, une femme en bouche le trou du doigt, le plonge dans le tube extérieur et aspire ainsi l'alcool qu'elle transvase dans une jarre plus petite spécialement réservée à mon usage ; les indigènes, eux, boiront directement à la grande jarre avec le jonc ordinaire.

B. P. Rmaih compte une quarantaine d'âmes dont dix-huit adultes ; il possède quatre éléphants pour lesquels sont tressés de vastes et élégants howdahs en rotin. Comme tous les autres villages mnong, il possède une imposante collection de grosses jarres multicolores, ornées la plupart d'un dragon en relief ; ces jarres sont importées par des trafiquants annamites et cambodgiens qui pénètrent jusqu'ici avec des éléphants loués chez les Mnong de la région de B. P. Dôc où ils laissent leurs charrettes. Ce mouvement d'échanges ne paraît cependant pas bien considérable ; les Annamites qui s'aventurent aussi loin ne sont pas plus de trois ou quatre et les Cambodgiens ne dépassent pas la dizaine.

Quant aux petites jarres ventrues et basses, elles sont achetées à la tribu des Dip qui habitent sur le moyen Donnaï ; les Dip les échangent eux-mêmes aux Annamites. Une jarre de grande taille, multicolore et décorée, vaut un buffle ou cinq peaux de bœufs ; les petites jarres venues de chez les Dip ne valent guère que deux peaux.

B. P. Rmaih possède un beau troupeau de taureaux et de vaches ainsi qu'un certain nombre de chèvres. Les femmes à peu près seules portent les colliers en verroterie ; les hommes se contentent de grands colliers en étain, rigides ; le chignon, comme chez la plupart des autres Mnong d'ailleurs, est traversé par la longue épingle double en fil de laiton et se termine par une sorte de frange courte. Les femmes laissent retomber sur le front une longue frange de cheveux descendant jusqu'aux sourcils.

La tribu des Nong occupe tout le haut Song Bé et le bassin du Rtih, affluent du moyen Donnaï ; leur dialecte est à peu près semblable aux patois phiet, bou-neur, prèh et rehong ; ces cinq idiomes sont, parmi les langues mnong, celles qui se rapprochent le plus entre elles, appartenant à la même famille tandis que les Preng, les Dip et autres tribus voisines du Sud, parlent des dialectes très différents.

B. P. Rmaih marque, pour cette fois, notre pointe extrême dans le Sud ; nous allons revenir sur B. Pou Srà par une route parallèle à celle de venue en nous tenant sur le versant du D. Pour, l'un des deux plus gros affluents de droite du Plaï.

Au sortir de Pou-Rmaih, nous suivons encore la vallée du S. Bé sur un kilomètre environ lorsque le bruit d'une chute nous arrive ; derrière la galerie de forêt épaisse qui borde la rivière, nous atteignons le lit de rocs, large d'une trentaine de mètres et coupé en deux branches par une bande plantée de massifs de bambous ; en aval de l'îlot, la vue, soudain découvre un spectacle grandiose ; le lit du D. Glun finit brusquement à pic, coupé comme par une hache gigantesque ; à nos pieds, la gorge où l'eau luit comme un fil d'argent sur les rocs ; les flancs du précipice, perpendiculaires, sont tapissés d'une végétation épaisse et sombre d'où s'élancent les palmes claires et fines des rotins, des cocotiers d'eau ; la sonde ne rencontre les roches d'en bas qu'à 44 mètres ; au-delà de la chute, le ravin se coude dans le Sud-Ouest entre d'autres collines velues de forêts. La chute porte le nom de Lieng Rlû du nom de la colline voisine de rive droite; l'altitude, sur la chute est de 780 mètres ; en cette saison, un simple filet d'eau se précipite dans le gouffre, le long de la rive droite. Bien en aval, chez les Bou-Dèh, le D. Glun franchit encore, au dire des naturels, une chute plus petite ; il devait m'être donné de constater la véracité du rapport.

La sente tourne brusquement vers le Nord ; nous franchissons le D. Rlhap, ruisseau encore sans importance mais qui n'en constitue pas moins le principal affluent de rive gauche du S. Bé ; et, bientôt, nous entrons à nouveau sur le grand plateau onduleux et herbeux ; la sente longe, le long des vastes crêtes douces, la rainure supérieure du S. Bé ; à droite, le versant du Rtih ; malgré la buée qui empâte les contours, l'on distingue nettement et plus proches les grands massifs du Nam-Noun et du Nam-Djiang jusqu'au pied desquels le pays se déroule, mollement ondulé, à peine piqué de timides cônes plus élevés : des colonnes de fumée très minces montent au-dessus du manteau des bois que le grand Plateau Central domine de sa terrasse étendue ; au Sud, la dentelure des chaînes du D. Deung ; dans le Sud-Ouest, la ligne bleue, plate, qui s'enfonce vers la Cochinchine.

Par 1.010 mètres, nous traversons la calotte ultime de la ligne de faîte ; à notre gauche, la source du S. Bé ; sur l'autre versant, celle du D. Pour ; à droite, les ruisseaux qui vont au Ndroung, le plus important tributaire du Rtih ; la crête, molle et douce, s'est élargie en une vaste plate-forme gazonnée, plate, admirable, sans un arbuste, la table suprême du plateau ; plus loin, dans l'Est, la source du D. Ndroung lui-même dans le manteau forestier de bordure.

Nous campons ce soir sur les bords du D. Pour, à la lisière de sa galerie forestière, sur la déclivité d'un dôme herbeux ; le ciel est splendide de pureté mais la rosée tombe en abondance ; sous les abris de feuillage, autour des feux de garde, les hommes s'endorment dans le grand silence des hauts sommets.

De bonne heure, le 3, nous sommes debout, grelottant sous la fraîcheur humide ;

plusieurs de mes gens sont atteints de rhume et de diarrhée. La température, déjà très fraîche durant le jour, devient en effet presque glaciale pendant la nuit ; un vent

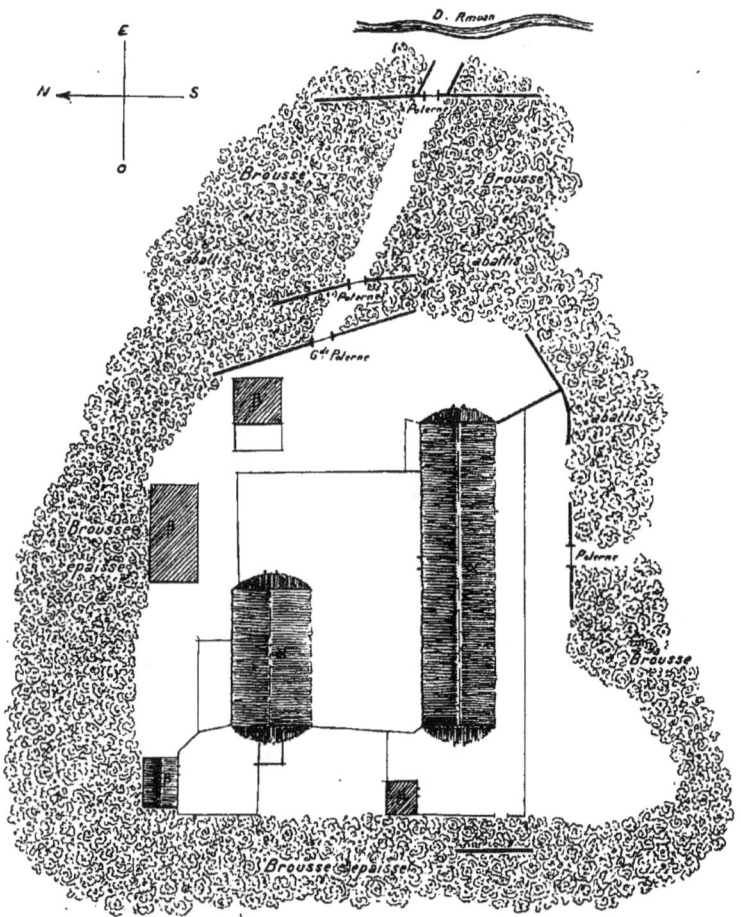

Fig. 2. — Plan du village fortifié de B. Pou-Prong.
Echelle : 1/450°.
α = huttes d'habitation.   β = porcheries.
Les lignes simples (————) sont des palissades secondaires horizontales,
hautes de 0 m. 50 à 1 mètre.

violent balaie ces hauteurs et la marche est un plaisir sur ces vagues longues et molles que suit un sentier bien tracé où une voiture circulerait sans la moindre difficulté.

Notre sente longe maintenant la vallée du D. Pour dont nous traversons plusieurs affluents ; mais à partir de B. Lou-Peu, juché sur une crête secondaire derrière le D. Nour, nous continuons par une horrible piste sur B. Lamch puis sur B. Pou-Prong ; le Yok Laych est désormais loin en arrière ; dans les collines de bordure du D. Pour, encombrées de grandes herbes, de bambous et de forêts, l'on ne circule plus qu'à pas lents ; nous franchissons le D. Pour à deux chutes insignifiantes — le L. Pour — pour entrer à Pou-Prong, fortement défendu par une haute palissade à triple porte que protègent d'inextricables abatis.

Le lendemain, nous refermons notre cercle sur B Pou-Srà que nous atteignons par une sente fort mauvaise, à peine ouverte dans une broussaille épaisse de hautes herbes et de bambous recouvrant des collines rocheuses et raides, éperons issus du Yok Laych et séparant entre elles les diverses vallées.

.·.

Le vieux chef vient me saluer avec empressement ; le milicien laissé à la garde de mes caisses n'a eu qu'à se louer de la conduite des villageois ; la soumission est donc bien franche et définitive ; aussi, je me décide à jeter sans plus tarder les bases du poste que j'avais, dès l'abord, eu l'intention de fonder ; les villages voisins sont assez nombreux, la position est centrale ; une piste charretière, praticable presque toute l'année, met le village à dix ou douze jours de Kratié, à cinq jours au plus de B. Mé-Thuot, résidence du Darlac ; à mi-chemin du Plateau Central et des forêts-clairières basses de la Srépok, il me semble un point géographique de tout premier ordre sur lequel je pourrai avec facilité refermer mes futurs itinéraires.

Me voici donc transformé en architecte ; un peu au Sud du village, dans le beau vallon du D. Tòy, je délimite l'emplacement du poste ; un vaste carré de 100 mètres de côté au milieu d'un ancien raï qui sera débarrassé de ses souches et de ses pierres ; linhs et coolies travaillent vaillamment à leur nouvelle besogne ; les éléphants eux mêmes se mettent de la partie, jetant bas quelques troncs morts ; les herbes, les blocs des vieilles racines disparaissent peu à peu sous la hache et le feu. Le plus gros enlevé, je piquette les futures habitations ; une maison pour Européen, une autre pour les miliciens, une écurie, une cuisine et dépendances.

Ce soir, l'orage gronde au loin puis se rapproche ; d'énormes nuages noirs drapent lentement le ciel et voilent la lune falote ; par-dessus les crêtes proches, un feu de brousse cuivre les nuées de lueurs sanglantes ; des éclairs zèbrent l'horizon Nord tandis que, dans l'Ouest, le ciel est d'un noir d'encre ; dans la vallée, les feux qui consument les dernières souches achèvent de brûler, silencieux ; un moment, le barrissement furieux d'un éléphant sauvage éclate, tragique, dans la nuit, et, brusquement, dans cette obscurité intense, où le vent mugit, où rampent les menaces de la jungle, l'on se sent envahi d'une intense sensation d'isolement complet, de solitude absolue et, coupé de toute relation avec le monde extérieur, l'on a l'étrange impression d'être ignoré, perdu, oublié en un pays de rêve d'où l'on ne sortira peut-être jamais...

CHAPITRE III

VERS LE DONNAI

Les massifs montagneux du pays prèh

(496 kilomètres. — 7 avril 8 mai)

Le bassin du D. Rtih et ses chutes — Chez les Preng — Le Donnaï — Les massifs montagneux du pays prèh — La légende du L. Gung — Chûtes et collines — Trahison de B. B. Daych — Les hommes sauvages du Nam-Noung.

I

Tandis que les travaux du poste de B. Pou-Srà se poursuivront sous la direction de deux miliciens cambodgiens, je vais mettre à profit ce qui reste de saison sèche pour essayer d'atteindre le Donnaï et explorer les hauts massifs montagneux que l'on aperçoit, à B. Pou-Djrie, de la sente du Darlac, barrant de leur muraille arrondie une partie de l'horizon méridional. Mon guide cambodgien Sòm — celui qui m'a rendu de si grands services lors de mon retour de Kratié au Darlac en juin 1907 — m'a prédit un voyage extrêmement pénible dans une contrée montagneuse, difficile, infestée de sangsues qui pullulent dans les forêts épaisses ; de plus, le pays à traverser est peuplé de tribus indépendantes, hostiles qui n'ont jamais vu l'Européen : les premières pluies qui, en ces contrées montagneuses, ont déjà commencé, augmenteront encore les difficultés et, en maint endroit, les éléphants ne pourront pas passer.

Malgré ces prédictions de mauvais augure, je n'en persiste pas moins à partir pour ce secteur redouté ; il doit en effet recéler les sources des affluents du bas Krong Knô ainsi que des tributaires ignorés du moyen Donnaï ; de plus, la reconnaissance des hautes montagnes qui le dominent est indispensable pour l'étude de l'orographie de l'Indochine sud-centrale.

7-12 avril — (98 kilomètres)

Le 7 avril, au matin, la caravane s'ébranle, forte de quatre éléphants, escortée des seuls cinq miliciens du Darlac ; je laisse à B. Pou-Srà mes deux autres éléphants au repos.

Une étape assez dure pour atteindre, par B. P. Dam, B. P. Nong sur les premiers contreforts du Yok Laych, en haut du Kèt-Pòt, affluent du D. Dam.

Le lendemain, nous suivons la ligne de faîte entre le Kèt-Pòt et le D. Dam-prong que l'on franchit par 900 mètres d'altitude, simple ruisseau fangeux dans la forêt. La marche sous ces épaisses futaies géantes, au sous-bois inextricable d'arbustes, de lianes et de rotins, est rendue atroce par les ignobles sangsues ; sur le tapis de feuilles sèches étendu sur le sol, on les voit grouiller et agiter leur fil visqueux et brun, se hâtant vers les jambes de la proie qui passe ; les malheureux chevaux marchent comme sous la piqûre d'un continuel éperon ; le long de leurs jambes, à la naissance du sabot, les horribles parasites s'agrippent et sucent ; armés d'un morceau de bois plat, les hommes ne cessent de se râcler les pieds et les chevilles ; aux rares et étroites clairières gazonnées qui coupent la forêt, l'on s'arrête ; les sangsues, gonflées en ampoules sanglantes, sont arrachées d'entre les poils des montures dont les sabots se teignent en rouge sous les filets de sang gouttant jusqu'à terre ; guides et miliciens enlèvent celles qui se sont logées entre les doigts de pieds et, malgré jambières et pantalons, s'insinuent jusque dans les parties les plus reculées de leur individu.

Bientôt tout mon monde a les pieds zébrés de sang ; au moindre arrêt, les chevaux ruent avec fureur et trépignent, tandis que, sur le sol, les répugnantes bêtes, étonnamment agiles, surgissant de chaque feuille sèche, pullulent et se précipitent, convergeant en hâte vers la victime immobile.

Les sources du D. Dam-prong et du D. Dam-diet sont au milieu de ces forêts, à proximité de celles du D. Pour et du D. Ndroung ; sur un marais à fond de roche noire, nous traversons cette dernière rivière ; tous ses affluents s'étalent de même au milieu de clairières marécageuses, plus ou moins vastes, épandues sur des tables de grès qui résonnent comme des caveaux sous le sabot des chevaux.

Nous sommes à nouveau sur le haut Plateau central de faîte ; les pentes très douces révèlent en effet la même structure physique que celle des dômes herbeux de l'Ouest ; la végétation seule diffère ; tandis que les parties centrales et occidentales du Plateau sont couvertes de gazon ras, les pentes orientales sont revêtues de ces épaisses forêts-taillis dans lesquelles nous cheminons sans trêve.

Mais le tonnerre gronde et l'orage accourt du Sud-Ouest et c'est sous une violente averse que nous entrons à B. Pou-Pong ; les chevaux sont couverts de sang ; sous leur ventre, les sangsues pendent maintenant et la naissance des sabots n'est plus qu'un bourrelet des répugnantes bêtes.

B. Pou-Pong est mi-Nong et mi-Bouneur ; trois huttes au milieu des bananiers et des plants de tabac ; les hommes fument, pour la plupart, de belles pipes en cuivre au long tuyau, au fourneau travaillé, importées de chez les Preng. Outre la longue épingle double en cuivre passée horizontalement dans le chignon, nombre d'indigènes emprisonnent ce dernier dans un morceau d'étoffe orné de dessins ; des pendeloques de perles et des houpettes de franges agrémentent cet échafaudage surmonté, à chacun de ses angles supérieurs, d'une lamelle en cuivre taillée en demi-lune ou d'une touffe de crins : ce village qui compte une trentaine d'âmes possède un éléphant.

De B. Pou Pong, le 9, je reconnais les premiers villages peuplant la haute vallée du D. Ndroung ; contre les sangsues, mes guides se sont munis de calebasses où des feuilles de tabac écrasées macèrent dans de l'eau ; un morceau de bois effiloché en goupillon sert à frotter les jambes de cette décoction ; la sangsue touchée avec le jus du

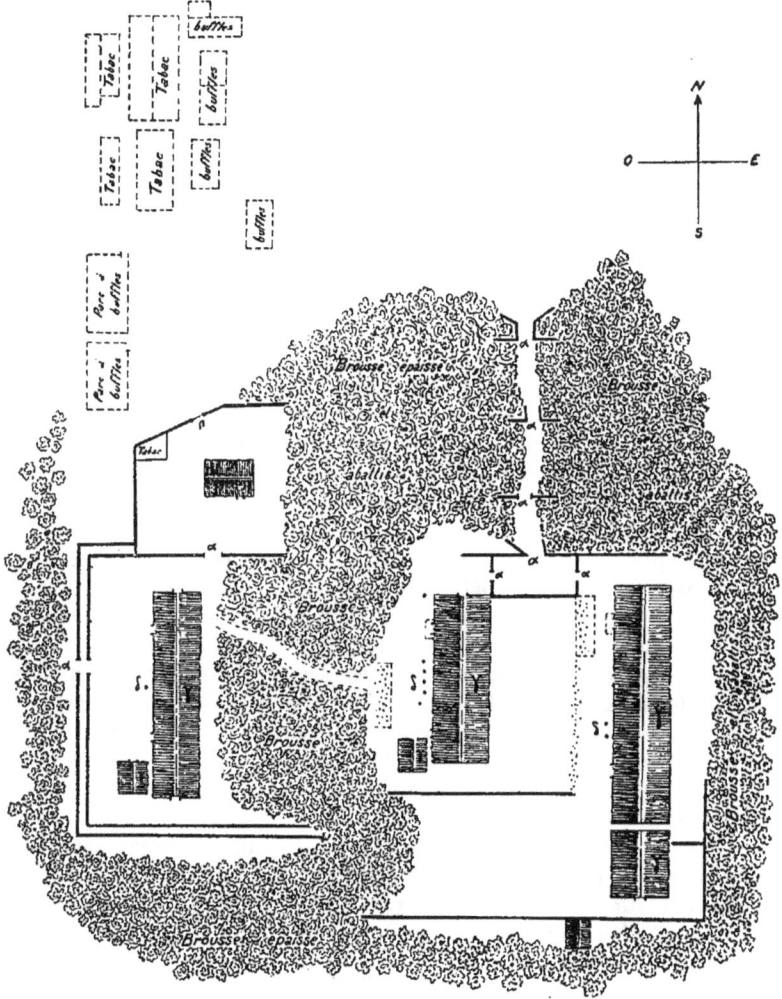

Fig. 3. — Plan du village fortifié de B. Pou-Top.
Echelle : 1/1200°.
α = grandes portes ; β = poterne ; γ = huttes d'habitation ;
δ = poteaux-fétiches sculptés ; :: = bananiers.

tabac lâche prise immédiatement ; je n'obtiens malheureusement pas de si bons résultats avec une pommade au soufre et au crésil dont j'ai enduit les pieds de mes chevaux ;

il faudrait trouver une huile tenace ou une vaseline épaisse fortement saturée de nicotine pour préserver le voyageur obligé de parcourir ces forêts ; les piqûres des sangsues finissent en effet par affaiblir ; la morsure, difficile à refermer, laisse échapper une certaine quantité de sang ; de plus, sans les soins les plus minutieux, elle dégénère rapidement en ulcères qui engendrent des adénites.

B. Pou-Top, en haut de la vallée étroite et marécageuse du D. Ndroung, est un village admirablement fortifié ; quatre portes fermant un étroit couloir ménagé entre des abatis, mènent au village, trois huttes entourées chacune de son enceinte et de lignes de bananiers ; en avant de chaque hutte, un ou plusieurs poteaux-fétiches, les premiers de la contrée ; ces poteaux sont des troncs de faux-cotonniers décapités à cinq ou six pieds au-dessus du sol ; un bambou flexible les surmonte orné de gris-gris divers ; l'un de ces poteaux, coupé à hauteur d'homme, se termine par une curieuse sculpture, un homme accroupi, la tête dans les mains, les coudes reposant sur les genoux.

Par la vallée du D. Ndroung coulant insensiblement en un lit vaseux, noirâtre, tapissé d'herbes aquatiques, souvent profond et dangereux, nous marchons vers B. Ndroung ; des bosses de terrain raides accidentent la sente perdue dans la galerie forestière marécageuse bordant le cours d'eau ; d'énormes racines noueuses et tordues saillent au-dessus de la vase gluante creusée en cloaques fétides ; la chaleur étouffante et humide, précurseur de l'orage, pompe les miasmes putrides et c'est avec un bel accès de fièvre que j'atteins B. Ndroung.

Nous n'en serons partis que le surlendemain pour aller coucher à B. Merà ; il nous a fallu passer de la vallée du D. Ndroung dans celle du Bouksô, autre affluent du Rtih ; de même que le Ndroung qui lui est à peu près parallèle dans l'Est, le Bouksô coule, en son cours supérieur, au milieu d'une curieuse et étroite vallée marécageuse, couloir fangeux bordé de collines basses ; la rivière s'y tord en méandres où l'eau noire est presque stagnante ; des chenaux étroits longent le pied des collines et réunissent entre eux des coudes du lit bordé de bambous. La contrée est peu accidentée ; elle est constituée par les racines des éperons issus du Plateau Central ; ce n'est que plus au Sud qu'ils s'érigent en collines nettes en même temps que les vallées se creuseront plus profondes, quittant les terrasses supérieures pour se frayer, vers le Donnaï, un ravin à régime torrentiel.

Tous les villages appartiennent désormais à la tribu des Nong ; des perches-fétiches les dominent, souvent surmontées de la même grossière sculpture représentant un homme accroupi, barbouillé au sang.

Les trafiquants cambodgiens viennent jusqu'ici depuis Kratié ; leurs principales voies de pénétration sont :

a) — par B. Pou-Toung direct sur B. P. Rmaih (haut S. Bé), B. P. Koh et B. Ndroung ;

b) — par B. Pou-Klia sur B. Pou-Rmaih ;

c) — par B. Pou-Kroy, B. Pou-Rlèh, B. P. Rmaih ;

d) — par B. Pou-Srà ou par B. Pou-Dam sur B. Pou-Pong et B. P. Ndroung.

Comme les charrettes ne sauraient traverser les épaisses forêts où les troncs d'arbres abattus barrent à chaque instant l'étroite sente, elles sont laissées sur le versant de la Srépok — à B. Pou-Dam principalement où elles se réunissent souvent fort nombreuses — et les trafiquants pénètrent sur le versant méridional avec les éléphants de bât loués aux villages de la région.

De B. Pou-Djrie, ils se rendent également dans le pays montagneux des Prèh mais dans le Sud, ils ne dépassent pas la région nong, ne s'aventurant ni chez les Preng, ni chez les autres tribus plus méridionales du moyen S. Bé et du Donnaï.

De B. Mèra, nous suivrons quelque temps encore la vallée du Bouksò ; dégagée de sa terrasse, la rivière coule maintenant, rapide et claire en un lit à peine creusé sur les assises de grès noir; aux pluies, le cours d'eau s'y étale sur 60 à 70 mètres de largeur ; mais bientôt la pente s'accentue et, à peu de distance de la route, mes guides me conduisent à la chute splendide par laquelle le Bouksò, quittant le haut plateau, se précipite en son cours moyen ; la chute, perpendiculaire — le L. Kuit-Buh — mesure 25 mètres de hauteur ; en aval, la gorge, étroite, mugissante, fuit vers le Sud entre des parois à pic tapissées de lianes fines pendant du sommet des arbres géants.

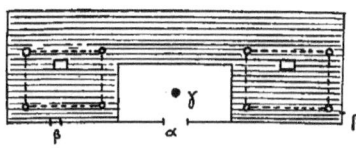

Fig. 4. — Plan d'une hutte nong (B. Ndroung-Ndeung).

La partie ombrée est occupée par le lit de camp de 0 m. 30 à 0 m. 40 au-dessus du sol. α = porte d'entrée ; β = fenêtres à 0 m. 30 du sol ; γ = foyer commun ; o o = pied des poteaux de soutènement des greniers à paddy; □ = foyer familial.

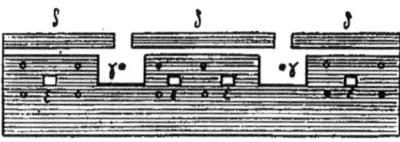

Fig. 5. — Plan d'une hutte nong de Bouk-Sò.

γ = foyers communs ; δ = étroit lit de camp de même niveau que le lit de camp principal (partie ombrée); ε = foyers familiaux.

Dans la forêt épaisse, la marche reprend au milieu des sangsues ; mais les gens de B. Méra possèdent contre l'ennemi un remède d'une efficacité absolue ; c'est la décoction du fruit de l'arbre appelé *Mpat*; ce fruit, écrasé dans l'eau donne un liquide savonneux et blanchâtre souverain contre les odieux parasites ; sous l'atteinte de la mixture ils dégringolent immédiatement, le plus souvent réduits à l'état de mince lamelle brune et desséchée. Le *Mpat* est un arbre de très haute taille habitant exclusivement la région montagneuse et boisée ainsi que le district du haut Plai. Très connu au Tonkin sous le nom de *Cây Bô-Hôn*, il n'est autre que le *Guioa cambodiana*, des Sapindacées ; c'est un saponifère et la pulpe de son fruit — employée ici contre les sangsues — renferme une matière dégraissante qui remplace très avantageusement le savon.

Du haut d'une crête déboisée, nous apercevons enfin, bien plus proche, la masse puissante du Nam-Noung drapée de brume ; autour de nous, la contrée apparaît, mer houleuse de croupes noires, de forêts que rompent de-ci, de-là, quelques rares crêtes herbeuses : la muraille rapprochée de la chaîne annamitique se dessine, plus massive, et l'on replonge dans la forêt ; une harassante gymnastique par-dessus l'inextricable entassement des troncs abattus et noircis par le feu d'un nouveau défrichement nous amène à B. Ndrung-Ndeung d'où nous gagnons B. Bouk-Sò.

Les huttes, plus petites, sont, le plus souvent, occupées presque en entier par le lit de camp en lattes de bambous formant un véritable plancher à un pied au-dessus du sol ; en face de l'entrée, un espace libre où se trouve, à même la terre, le foyer commun ; sur le plancher, entre les colonnes de soutènement des greniers à paddy, les âtres familiaux autour desquels sont accroupies les femmes ; lorsque le plancher n'occupe pas toute la hutte, il s'avance cependant jusqu'à faible distance de la cloison de façade ; contre cette dernière, court alors une étroite plate-forme de même hauteur, interrompue seulement au passage des portes ; c'est elle qui supporte les greniers ronds à paddy, énormes paniers en bambous tressés, circulaires ; un étroit couloir sépare entre eux les deux planchers.

Les huttes ne sont plus couvertes que de feuilles de latanier et d'un peu d'herbe paillotte ; la forêt-taillis recouvre en effet toute la région et l'on ne rencontre plus la grande herbe que de loin en loin sur les rares crêtes, libres de bois.

13-16 avril — (45 kilomètres).

Nous ne tardons pas à quitter à son tour la vallée du Bouk-Sò pour pénétrer en celle du Rtih ; cette dernière rivière se précipite en une chute de 10 mètres de haut, le L. Hau-Kâ ; je m'y rends en compagnie des guides qui doivent ouvrir un passage à la hache dans l'épaisse brousse épineuse et élastique, couvrant les pentes du ravin. Le Rtih, large et belle rivière, coule sur un lit de grès, toute encombrée de blocs contre lesquels se brisent les eaux ; le confluent du Bouksò est à quelque distance en amont. La sente traverse le Rtih plus en aval, au delà du L. Lou, petit saut de 1 m. 50 de haut.

Cependant, sur la rive droite, la forêt-futaie se coupe de bambouseraies encombrées de brousse épaisse et épineuse ; des troncs d'arbres abattus obstruent la sente et pour achever la fête, apparaissent les lancettes de guerre ; nous marchons prudemment, balayant soigneusement la piste pour la déblayer des dangereux engins ; mais bientôt les abatis barrent le passage ; presque simultanément, le guide et le caï annamite sont blessés au pied ; le premier s'est déchiré sur une lancette qui a pénétré de 15 millimètres sous un doigt et l'hémorragie est abondante ; tout le monde redouble de prudence, le fusil prêt à faire feu ; en une heure, au milieu de tous ces obstacles, nous ne couvrons pas plus de 1.800 mètres et le soleil a passé depuis longtemps au zénith lorsque nous dévallons dans le lit du D. Yau, affluent du Rtih ; le village est un peu en aval mais il est impossible de le gagner par le lit du ruisseau qui franchit une chute de 12 mètres en deux paliers perpendiculaires ; pour éviter la sente, jonchée de piquets, il nous faut faire un long détour par la colline d'où nous redescendons par une pente extrêmement raide, taillée en escaliers dont les marches, découpées dans la terre, sont maintenues par des branches d'arbres ; en face, sur l'autre rive du D. Yau, s'élève le village où nous pénétrons sans coup férir. Notre arrivée produit une sorte de stupeur irritée ; nous ne sommes évidemment pas attendus chez ces indigènes qui devaient se croire à l'abri derrière les défenses du sentier d'accès ; aucune hostilité ne se manifeste cependant.

Les éléphants n'arrivent qu'assez tard, exténués, enveloppés d'un vol d'énormes taons, des caillots de sang le long des jambes et aux flancs d'où pendent encore quelques sangsues gonflées.

Dans la soirée, le reste des villageois arrive des raï et aussitôt une vive discussion s'engage entre eux et les gens surpris au gîte ; bientôt, il appert que le hameau, quoique preng, possède trois ou quatre Bou-Neur de B. Pou-Kroyt fixés ici depuis peu ; les Preng veulent bien se soumettre mais les Bou-Neur ne veulent rien entendre ; ils ont déjà quitté leur village d'origine pour rester indépendants et, placidement, ils annoncent qu'ils nous attaqueraient plutôt ; ils possèdent d'ailleurs un fusil et n'ont pas peur ; ils n'iront pas chercher l'herbe pour nos chevaux, ne nous montreront pas la route, soulèveront les villages voisins.

Devant de telles dispositions, je n'hésite pas une minute ; l'ordre est donné aux miliciens de se saisir de toutes les armes du village ; en un instant s'amoncellent une pile d'arbalètes, quelques lances, des hachettes, les couteaux, les sabres, les carquois et les flèches ainsi qu'une provision de bambous taillés en biseau et aigüs comme une baïonnette ; enfin et surtout, nous mettons la main sur le fameux fusil des gens de B. Pou-Kroyt, une antique machine à pierre en excellent état ; tenus en respect par nos armes, les villageois n'ont tenté aucune résistance.

Le groupe des Preng, d'ailleurs, a annoncé sa soumission ; ils vont chercher l'herbe pour les chevaux et bientôt apportent le riz, le cochon et la jarre ; ils sont au nombre de neuf gaillards bien découplés. Assis à l'écart, les quatre Bou-Neur récalcitrants ne participent pas à la fête. Mais il faut en finir ; je vais donner l'ordre d'empoigner ces mauvaises têtes mais, auparavant, je tente une dernière démarche de conciliation ; le chef preng est envoyé en ambassadeur ; une courte discussion et tout le groupe s'avance lentement ; les Bou-Neur se soumettent enfin et, à leur tour, offrent leur cadeau — leur riz et leur jarre.

Un orchestre de gongs plats anime la fête de son tintamarre ; suspendus au cou par une corde, ils sont frappés du poing tandis que les instrumentistes marchent doucement à la queue-leu-leu.

La nuit, depuis longtemps, est close et nous nous couchons, harassés, tandis qu'autour des jarres et des feux les naturels boiront jusque très avant dans la nuit.

Tant pour faire reposer mon monde que pour aller visiter les chutes voisines du Rtih, je reste ici toute la journée du lendemain.

De bonne heure, les villageois, sachant mon intention de me rendre à la rivière, ont amélioré la sente ; mes chevaux sont comblés d'herbe et de paddy ; notre attitude ferme sans brutalité à l'égard des Bou-Neur, nous a valu le respect de ces primitifs que des cadeaux de perles, de sel et d'étoffes ont en outre ravis d'aise ; les femmes elles-mêmes ne montrent plus de crainte et se mêlent gaiement à tous les groupes.

Le D. Rtih est tout près ; une descente abrupte dans la forêt-taillis tapissant les flancs de la colline, et nous sommes dans le lit de la rivière, large d'une trentaine de mètres ; la chute — le L. Dung — se compose de deux sauts séparés par un palier de

150 à 200 mètres de long ; la chute d'aval mesure 9 m. 20 de hauteur ; celle d'amont, 11 mètres ; l'eau s'y précipite au milieu d'énormes rocs ; un peu en amont, une série de trois belles cataractes où l'eau, sur de puissantes assises de roches, franchit par plans inclinés, une dénivellation totale de 8 à 9 mètres. Tous les rocs sont percés de « marmites », profondes de 1 à 3 pieds.

La rivière, encombrée de rocs en amont et en aval, n'est qu'un torrent furieux roulant vers le Donnaï. L'altitude est de 580 mètres sur le palier séparant les deux sauts principaux ; B. Pang-Xim — c'est le nom du village — est par 610 mètres.

Le hameau, de type preng, diffère quelque peu, par l'architecture de ses huttes, des villages mnong traversés jusqu'ici.

Les cases, plus petites, sont posées sur un soubassement de bambous, haut de 0 m. 40 à 0 m. 50 au-dessus du sol. Ce plancher est constitué par un beau treillis de bambous ; au-dessus des portes très basses, le toit de chaume s'allonge comme la voûte d'une mansarde et un long bambou mince en orne chaque angle ; l'intérieur de la hutte est occupé par les ordinaires greniers à paddy.

Quant aux naturels, ils ne se distinguent pas des autres Mnong ; l'un des hommes a le chignon orné dans le goût des chignons de B. P. Pong, deux griffes de tigre remplaçant les lamelles de cuivre en forme de croissant ; les femmes ont, dans les oreilles, le mince disque de bois ou les lourds anneaux d'étain retombant sur l'épaule, les hommes fument de longues pipes en cuivre que tous les Preng savent forger et travailler.

Le 15, nous reprenons notre marche vers le Donnaï — appelé D. Deung dans toute la région montagneuse et qui, suivant les renseignements, n'est plus qu'à deux jours de marche dans le Sud. La pluie de la nuit dernière a détrempé la sente et fait sortir les sangsues qui pullulent de plus belle dans la forêt-taillis coupée de ruisseaux, affluents du Rtih ; le plus important de tous, le D. Nèr, coule en un ravin extrêmement encaissé entre des rives couvertes de bambouseraies épaisses, emmêlées de tiges inextricables et juteuses ; la sente est horrible en ces escarpements abrupts où la forêt s'épaissit encore. Du sommet d'une crête déboisée que nous atteignons enfin, la vue découvre toute la mer environnante des collines noires de forêts mais la brume obscurcit les contours et, derrière les premiers monts, le guide me montre la vallée du D. Deung qui semble fuir à mesure que nous avançons.

Par de belles terrasses marécageuses noyées sous deux pieds d'eau, nous atteignons, derrière B. Pi-Nau, B. Pi-Mour sur un petit affluent direct du D. Deung.

Dans l'Ouest, la sente file sur la vallée du S. Bé, en franchissant celle du Rlhap ; dans le Sud-Ouest, s'ouvre la route qui mène chez les Dip dont les villages semblent se trouver, d'après les renseignements obtenus, sur toute une série de petits cours d'eau parallèles entre eux et affluents directs du moyen Donnaï ; sur le fleuve lui-même ne se trouverait aucun hameau.

B. Pi-Mour est preng, comme désormais toutes les agglomérations du secteur et le dialecte n'est plus que difficilement intelligible à mes Mnong de langue bou-neur ; les huttes, toujours sur soubassement, ne sont souvent qu'en partie occupées par le plancher qui laisse courir, le long de la cloison de façade, un étroit couloir de un mètre à 1 m. 20 de largeur.

Dans tous ces villages, la présence de forges atteste l'industrie des indigènes ; semblable d'ailleurs à toutes les forges primitives : un assemblage de deux cylindres en bois dont les ouvertures inférieures convergent par des tubes en bambou fin sur les charbons du foyer ; dans ces cylindres, les soufflets, simples bâtons fichés dans un disque de bois entouré de plumes pour faciliter l'adhérence.

En même temps que les belles pipes en cuivre de 0 m. 25 à 0 m. 40 de long, produit du travail local, l'on trouve également l'ordinaire pipe de bambou, commune à tous les Moï mais atteignant ici d'assez grosses proportions ; également une curieuse sorte de pipe toute droite, en bambou, à embouchure de cuivre, le fourneau, simple continuation droite et élargie du tuyau, quelque chose comme un fume-cigarette de taille démesurée.

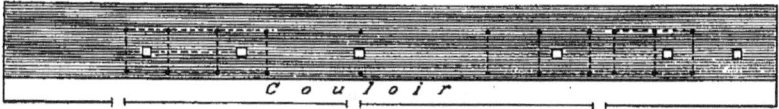

Fig. 6. — Plan d'une hutte preng (B. Pi-Mour).

La partie ombrée est le lit de camp en lattes de bambou, de 0 m. 80 au-dessus du sol.

□ = foyers ; ······ = poteaux de soutènement des greniers à paddy ;
= projection des poutres du plancher des greniers.

(N. B. — Le couloir n'existe souvent pas et le lit de camp devient plancher continu).

Echelle : 1/330°.

La contrée est en relation avec quelques trafiquants annamites de la région de Djiring par les villages du Sud et du Sud-Est.

Après bien des palabres rendus ardus par la différence des dialectes, je finis par apprendre qu'il existe vers le Donnaï une sente directe sur laquelle vient se brancher la sente de B. Pi-Sòp, village voisin dans le Sud-Ouest ; mais ce sont là les seuls renseignements que l'on peut extraire du vieux chef ; comme un leit-motiv, il répète sans cesse le nom de Pi-Sòp et est parfaitement exaspérant ; pendant plus d'une heure, mon interprète cambodgien Sòm s'évertue à vouloir tirer de cette cervelle obtuse quelque chose de plus précis, de plus clair ; impossible — le cerveau du chef se refuse à toute compréhension et nous devons nous avouer enfin vaincus devant un entendement aussi rebelle ; il ressort cependant de ce que nous avons soutiré à grand peine que la sente menant d'ici au Donnaï est horrible ; suivie autrefois pour aller pêcher à la rivière, elle n'est plus employée depuis deux ou trois ans ; les sangsues y pullulent, tombant des arbres qui les abritent dans leurs feuilles ; au-delà du fleuve, la sente se prolongeait jadis sur B. Pi Sar mais c'est par peur des incursions de ce dernier village qu'elle a été abandonnée. Impossible, d'ailleurs, d'y faire passer les éléphants ; le Donnaï, de plus, est fort loin, et il faudra dormir en brousse avant de l'atteindre.

Malgré tout ce que ces pronostics ont de peu encourageant, je n'en persiste pas moins à me rendre au D. Deung ; laissant ici les éléphants exténués par cette marche continuelle en montagne et épuisés par le manque presque absolu de pâturages, je ne prends avec moi, dans des hottes, que le bagage strictement nécessaire et des vivres pour quatre jours ; mes chevaux m'accompagnent cependant ainsi qu'un éléphant sans bât quoique le chef affirme avec chaleur le Donnaï très profond et parfaitement infranchissable.

Le 16, au matin, nous partons donc ; il a fallu encore parler ferme pour obtenir les quelques porteurs nécessaires ; devant tout son village rassemblé, le chef avait le toupet de nous affirmer qu'il n'avait pas d'hommes ; trois miliciens et huit porteurs armés de hachettes, forment toute la caravane. Un moment, il faut s'ouvrir un passage dans une brousse épineuse et épaisse emmêlée de cannes géants ; mais l'on ne tarde pas à rejoindre la forêt infestée de sangsues dans laquelle la sente se déroule, parfaitement tracée ; à peine faut-il, de ci, de là, élaguer une branche, sauter un tronc d'arbre abattu ; nous cheminons sans difficulté sous la voûte séculaire où règne une admirable fraîcheur. De 615 mètres, point culminant, nous redescendons assez doucement jusqu'à 555 mètres mais, après une petite clairière marécageuse, la sente dévalle d'un seul jet ; à travers les fûts pressés, nous apercevons un moment la vallée que barre, en face, une muraille de crêtes boisées ; bientôt, monte le grondement de l'eau ; par 460 mètres, un petit palier au delà duquel la descente se fait plus raide et, soudain, l'eau miroite à travers le feuillage ; un dernier effort et nous voici sur les rocs, au bord de l'eau : le D. Deung est enfin devant nous !

Large de 40 à 50 mètres, le Donnaï n'est pas encore l'imposante artère qui roule sa masse puissante à travers la Cochinchine orientale ; il n'est ici que le D. Deung des montagnards, torrent fougueux étranglé entre de hautes collines abruptes, à la végétation luxuriante, et dont les assises rocheuses viennent baigner jusque dans le lit même du fleuve, amas de pierres sur lesquelles les eaux bouillonnent avec fureur ; le chenal central est seul profond en cette saison ; l'eau s'y précipite avec rage sur les rocs noirs dont les têtes apparaissent sous l'écume : l'éléphant sur lequel je me suis instablement assis derrière le cornac, avance avec lenteur et ne franchit même qu'avec répugnance ce bras violent où l'eau atteint 1 m. 80 à 2 mètres de profondeur ; en amont, sur la tête des rapides, s'étale un banc de pierres à nu où croissent quelques arbustes rabougris et où se trouve un petit barrage de pêche ; en aval, les eaux sont calmes et le lit est de sable fin ; la rive droite, au point d'arrivée, est encombrée de lignes de rocs schisteux disposés en feuillets dont les arêtes aiguës sont parallèles à la direction du courant. L'orientation de ce bief tumultueux, long de 700 mètres environ, est N.-E. 1/2 N. — S.-O. 1/2 S.; la direction de venue de la gorge est E. 1/4 S.-E., celle générale d'aval, S. S.-O. 1/2 O. suivant les indications des naturels ; il est en effet impossible de se rendre compte de l'orientement général, le ravin disparaissant entre les hautes collines de bordure.

L'altitude est de 315 mètres seulement ; nous avons donc franchi depuis le faîte montagneux une dénivellation de 250 mètres ; la hauteur totale des collines au dessus des eaux n'est d'ailleurs pas plus de 300 à 350 mètres, tant sur la rive gauche que sur la rive droite. L'aspect de la gorge est absolument celui du haut Krong Knô ; toutes ces rivières de l'Indochine sud-centrale se ressemblent en somme étonnamment, ces secteurs montagneux ne se diversifiant guère entre eux que par leur altitude plus ou moins grande, l'entassement plus ou moins épais des massifs qui les dominent.

Sur la rive gauche, se trouvent deux radeaux de bambous, pauvres assemblages de tiges, terminés en pointe à une extrémité ; des tubes de bambous façonnés, un foyer éteint et le barrage de pêche d'amont prouvent d'ailleurs surabondamment que le lieu est fréquenté par les naturels quoiqu'en ait dit le chef de B. Pi-Mour.

D'ailleurs, les guides finissent par m'avouer l'existence d'une sente sur B. Pi-Sar, village situé sur le D. Kroh, affluent aval de rive gauche ; le cours supérieur du fleuve depuis ses sources, descendues du plateau du Lang-Biang, est donné par la carte du service géographique ; son bief inférieur, depuis son embouchure dans la mer jusqu'au 11°37′ latitude Nord environ, est également connu, mais un vaste blanc s'étend entre ces deux tronçons ; leur tracé cependant indique clairement l'existence d'un coude brusque — la boucle du Donnaï — par lequel le cours supérieur, orienté Est-Ouest doit rejoindre le cours moyen, orienté Sud-Ouest, mais là se bornent nos renseignements ; les détails les plus élémentaires font défaut sur la zone inconnue.

Ce village de Pi-Sar que m'indiquent les guides est certainement le Psar de la carte ; je suis donc ici à l'extrémité même du bief supérieur relevé et cartographié par les missions antérieures du plateau de Djiring.

Un moment, l'idée me hante de construire des radeaux et de descendre la rivière, mais je dois résister à l'attrait ; je ne saurais en effet laisser en arrière mes éléphants et mes bagages en ces régions perdues, insoumises ; d'ailleurs mes radeaux seraient certainement arrêtés en aval par les rapides qui doivent encombrer le fleuve et en admettant que nous gagnions le bief connu, comment revenir à B. Pi-Mour y retrouver mon convoi ?

Aussi c'est avec regret que je donne l'ordre du retour ; deux heures de marche nous ramènent à B. Pi-Mour et je complimente le chef sur l'exactitude de ses renseignements.

II

17-24 avril — (115 kilomètres).

C'est ici que va s'arrêter ma marche vers le Sud ; la saison des pluies qu'annoncent les orages presque quotidiens me fait un impérieux devoir de hâter l'exploration du secteur montagneux de l'Est, si je ne veux pas me heurter à des sentes impraticables et à des rivières gonflées ; nous allons rechercher la ligne de faîte du Donnaï et du Krong Knô et, par un long circuit dans l'Est, reconnaître les massifs montagneux aperçus ces derniers jours.

De B. Pi-Nau où nous repassons le 17, le convoi dévale par des pentes folles sur la gorge du Rtih ; 200 mètres de dénivellation ; sur l'autre rive, des collines moins raides mais encombrées d'abatis de bambous aux souches taillées en biseau sur lesquelles l'on manque de s'empaler à chaque pas ; de la crête, à 250 mètres au-dessus du Rtih, par 630 mètres d'altitude, l'on aperçoit enfin, au-delà du chaos des collines proches, la puissante muraille des chaînes tendues derrière le Donnaï comme une inexpugnable barrière.

Il nous aura fallu deux heures pour franchir les quatre kilomètres qui séparent B. Pi-Nau et B. P. Kòl, mais les éléphants en auront mis cinq et il est trop tard pour songer à continuer la marche et nous coucherons ici. Le village, appartenant à la tribu des Preng, est grand et propre, abritant 17 foyers — ce qui indique une population de 60 à 70 âmes.

Bâti sur un sommet dénudé aux pentes couvertes de la brousse basse des anciennes cultures, il domine splendidement toute cette partie de l'Indochine sud-centrale dont le relief se dessine dans toute sa puissante ampleur. Devant nous, la muraille abrupte du Kong-Klang dont les contreforts septentrionaux, pressés et raides, sont baignés par le D. Deung; tendue comme un mur infranchissable, elle érige sa crête presque plate, légèrement ondulée et dont la bosse la plus saillante est dans le S.-E. 1/2 E.; dans l'Est, cette masse se soude au Yang-Yut et au Boun-Trau mais tout cela ne forme qu'un pâté énorme sans un col visible, sans une faille. Dans le S. 1/4 S.-E., le massif plus bas et plus lointain du Nòp et puis, au-delà d'un col long et bas, celui du Rtang, amas de bosses pressées dans le Sud que prolongent d'autres bosses encore plus basses, plus lointaines, plus imprécises, se terminant, dans le S. 1/4 S.-O. par quelque chose de brumeux, une sorte de piton écrasé et solitaire.

Dans l'E. S.-E. 1/2 E., une autre masse énorme et puissante, celle du Nam-Ta-Drà dont la crête se dresse par 1.800 mètres ; tout contre lui, dans l'E. 1/4 S.-E., celle du Nam-Ta-Doung dont les deux bosses jumelées atteignent 2.400 et 2.800 mètres d'altitude ; entre le Kong-Klang et les Tà-Doung — Ta-Drà, la faille du D. Deung s'enfonçant vers les plateaux de Djiring et du Lang-Biang.

Le 18, nous quittons enfin le versant direct du Rtih pour pénétrer en celui du D. Nong, son troisième gros affluent de rive gauche ; nous arrivons bientôt sur le lit de la rivière dont les eaux claires roulent sur un beau lit de grès large d'une vingtaine de mètres ; un peu en aval, elle se précipite en une chute grandiose, digne de celles que franchissent ses rivières sœurs du bassin ; le saut est constitué par un premier gradin de 3 mètres ; 60 mètres en aval, le second saut perpendiculaire, de 34 mètres de hauteur ; la masse des eaux se rue sur la rive droite puis se creuse un chenal à angle aigu entre deux arêtes de rocs ; de ce plan incliné, elle se précipite dans l'abîme entre des parois à pic tapissées de lianes et de bananiers sauvages. Le L. Neak — c'est le nom de la chute — vient immédiatement, pour la hauteur, après le L. Rlù du S. Bé (44 mètres) ; l'altitude, sur le petit gradin d'amont, est de 620 mètres.

De B. Pang Xim — second village du même nom — nous allons nous diriger vers le Nord-Nord-Ouest, sur B. B. Nding ; de nouveau, la forêt nous enserre ; les troncs d'arbres abattus qui barrent à tout instant la sente, nous forcent à d'incessants détours ; l'après-midi s'avance et le ciel se voile d'épais nuages noirs ; le tonnerre gronde ; nous sortons à peine d'une terrasse marécageuse et nue pour rentrer en forêt que la foudre éclate sur nos têtes ; sous les futaies géantes, règne maintenant un crépuscule sinistre et sous le dôme épais du feuillage, la pluie crépite, ne descendant jusqu'à nous qu'en gouttes rares ; un moment, la source d'un ruisseau orne le sous-bois de longues tiges aux palmes dentelées comme les pétales de nos bleuets ; des touffes de fougères géantes mêlent leur délicat feuillage aux massifs des pandanus épineux dont les feuilles-tiges servent aux Moï pour la confection de leurs nattes ; mais le crépuscule s'épaissit avec la forêt ; sur le sol détrempé, les sangsues grouillent ; à notre gauche s'ouvre le ravin du D. Ndroung ; nous atteignons à nouveau les premières pentes du Plateau Central ;

du haut d'une des premières crêtes gazonnées, nous apercevons enfin l'entassement des massifs du Nord-Est se détachant en vigueur sur le ciel gris ; voici, isolé, le Nam-Djiang dans le N. 1/4 N.-E., puis, plus à l'Est, le Nam-Noung qu'un col bas relie au Nam-Mè et à une suite d'autres massifs ne finissant que dans l'Est-Nord-Est. Malheureusement la pluie reprend avec plus de violence ; sur les dômes de gazon ras, l'eau tombe avec rage et, stoïquement arrêtés, les chevaux tournant la croupe à l'ouragan, nous recevons la douche, tandis que les guides s'abritent en hâte sous leur natte en tiges de pandanus cousues ; nous n'avons plus un fil de sec lorsque les nuées s'éloignent enfin. La sente suit maintenant des crêtes herbeuses coupées de courtes galeries de forêt et formant ligne de faîte entre le D. Npuar, sous-affluent du Rtih et le D. Ndroung dont la large vallée s'ouvre à notre gauche. La pluie a cessé et, du sommet des calottes herbeuses, la vue s'étend à l'infini sur un paysage de rêve ; partout, à nos pieds, le moutonnement noir des collines boisées, pressées, aux vagues longues tachées du vert clair de quelques crêtes de gazon ; des ravins, monte, en gros flocons, l'ouate épaisse de la brume blanche épandue en une nappe opaque ; dans le Sud, la base barrée de cette ligne cotonneuse d'un blanc de neige, se dresse la chaîne du Kong-Klang, grise, enveloppée de pluie, semblant flotter entre ciel et terre ; dans le Sud-Ouest, un horizon bas, vaste nappe grise, mer infinie et trouble ; dans le Nord-Est, le Nam-Noung et ses massifs proches ; à notre gauche, la vallée du D. Ndroung qui s'enfonce, large, dans le Sud-Ouest, sans que rien vienne rompre l'uniformité de sa colline opposée de bordure ; et cet immense panorama d'où la buée se détache en énormes flocons blancs, où les tons heurtés et violents s'atténuent à peine du gris des ondées lointaines sous un ciel chaotique lavé de pluie, fait songer à je ne sais quel pays féérique, ultra-terrestre où des nappes de neige voyageraient entre des îles imprécises et montagneuses.

Mais il faut encore disparaître dans la forêt recouvrant les flancs au bas desquels roule le D. Ndroung ; le jour va finir et du village, pas la moindre trace ; pour comble, les guides se déclarent égarés ; obstruée de jungle épaisse et de bambous, engluée de marais, la sente dévalle rapidement sur la rivière que nous passons et repassons sur son lit de rocs, large d'une vingtaine de mètres ; sur la rive gauche, les huttes de l'ancien village, mais nulle part trace du nouveau hameau ; alors, sous la nuit qui tombe, dans la brousse épaisse et humide, nous tournons au hasard pendant que les sangsues nous assaillent de toutes parts ; de nouveau, nous repassons le D. Ndroung pour trouver enfin une sente menant à des cultures ; les chevaux, exténués, n'avancent plus qu'avec lenteur ; heureusement, deux indigènes apparaissent dans le crépuscule : en quelques instants, ils nous ramènent à la rivière derrière laquelle le village se cache, formidablement palissadé, amas de huttes informes, étroites, sans même un lit de camp présentable ; nous sommes rendus et trempés des pieds à la tête ; les jambes en sang, mes gens grelottent autour des feux ; moi-même, envahi de sangsues, ma chemise seule à peu près sèche, je contemple avec mélancolie les lamentables ruines de mes souliers en pièces — mes derniers souliers !

La nuit, maintenant est venue, rapide et les éléphants n'ont pas apparu ; autour des feux, dans la case étroite et boueuse aux cloisons déchirées, nous nous étendons pêle-mêle sur les lattes disjointes, la tête posée sur des tubes de bambou ; pas une couverture ; comme vivres, un peu de riz que nous donnent les villageois.

Enveloppé dans mon manteau trempé, au milieu de mes Annamites transis, j'ai en vain cherché le sommeil banni par les atteintes du froid ; les morsures de sangsues ont déterminé, chez mes gens, d'inquiétants ulcères et des débuts d'adénites ; quant aux éléphants, ils ne sont pas encore signalés ; l'aube s'est levée, maussade et grise, nous trouvant accroupis auprès des feux languissants.

Et la matinée se passe dans l'attente des pachydermes ; ils n'arrivent que vers 10 heures ; l'un d'eux est d'ailleurs encore terriblement en arrière ; les cornacs ont passé la nuit sur une crête gazonnée, sans eau, après avoir erré à l'aventure sous la conduite du guide qui, comme les nôtres, s'est égaré.

Force nous est donc de rester ici ; éléphants et chevaux donnent des signes évidents de la plus grande fatigue et tout mon monde est sur les dents ; une ample distribution de quinine conjurera, je l'espère, le menaçant accès ; mes linhs moï sont robustes, il est vrai et les trois Annamites du Darlac heureusement acclimatés en région moï ; aussi j'espère éviter les malades qui deviendraient un terrible embarras pour notre convoi si réduit.

Le 20, nous reprenons notre voyage ; la forêt fait enfin place aux belles crêtes gazonnées aux flancs boisés ; le Nam-Djiang, maintenant est tout proche ; grosse colline indépendante aux flancs en partie herbeux, il ne semble relié au Nam Noung que par une ligne basse de mamelons.

La ligne de faîte entre les bassins du D. Ndroung et du D. Nong atteint son point culminant par 915 mètres. De B. B. Nding à B. B. Daych, sur le D. Nong, au Sud du

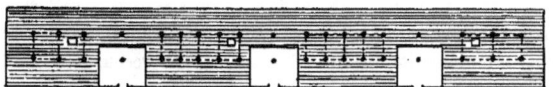

Fig. 7. — Plan d'une hutte nong de B. B. Daych.
(Voir légende de la figure 4).
Echelle : 1/500°.

Nam-Djiang, l'on ne compte que huit kilomètres et la sente est bonne ; les éléphants mettent six heures pour couvrir cette distance ; les malheureuses bêtes sont rendues ; ces marches en pays si rudement accidenté et surtout le manque de pâturages les ont exténuées ; il m'est impossible de songer à les emmener plus loin avec moi ; à tout instant, l'une d'elles peut se coucher, à bout de force, et ne plus se relever ; pour achever la reconnaissance des massifs montagneux, il me faut donc organiser la caravane en un convoi extrêmement léger et mobile ; les éléphants iront m'attendre à B. Pou-Djric, dont nous ne sommes plus qu'à trois journées de marche dans le Sud et où ils se rendront par petites étapes ; ce que j'emporte de bagage indispensable sera porté par les indigènes des hameaux traversés.

Notre petite troupe se met en marche le lendemain dès l'aube ; par quelques villages de la vallée du D. Nong, appartenant tous, comme B. B. Daych, à la famille des Nong, nous atteignons les collines de rive gauche de la rivière ; dans la forêt-taillis infestée de sangsues, il faut monter et descendre pour passer des ruisseaux encaissés.

A B. P. Chò, les naturels affirment que le prochain village dans l'Est est à un jour et demi de marche ; nous coucherons donc ici mais, le lendemain, nous sommes en route dès l'aurore ; la sente est fort bonne, tracée en forêt épaisse où pullulent les sangsues ; pas un seul cours d'eau, pas un ruisselet ne la coupe, car elle suit admirablement la ligne de faîte ; à notre gauche, c'est maintenant le bassin du D. Nteng, premier affluent du bas Krong Knò et dont, en mars 1908, j'ai traversé le cours inférieur appelé D. Ting. Le point culminant est par 965 mètres d'altitude ; depuis une vaste clairière marécageuse appartenant au versant du Nteng, nous apercevons enfin le dôme du Nam-Noung qui n'est plus qu'à une douzaine de kilomètres dans notre N. N.-O. 1/2 O. ; malheureusement, les nuées voilent la cime et il faut attendre quelque peu avant de pouvoir prendre une mesure d'angle satisfaisante ; l'altitude de ce pic principal est de 1.500 mètres au-dessus du niveau de la mer et il appartient au bassin du Krong Knò par le Nteng qui en descend.

La forêt se referme à nouveau sur nous et nous allons atteindre la ligne de faîte entre les versants du Nteng et du D. Rmang, ce dernier, principal et dernier affluent du moyen Krong Knò mais dont la source se trouve bien plus au Sud, dans le fouillis des pics issus de la chaîne annamitique.

Le point culminant est par 990 mètres en un vaste dôme herbeux d'où la vue découvre, vers le Sud, la masse des montagnes du Donnaï ; sur la sente, entre les touffes de gazon ras et d'herbes basses, sont semés de gros scolopendres roux, longs de 15 à 20 centimètres, enroulés sur eux-mêmes et comme engourdis ; au-delà de ce dôme herbeux, un beau peuplement de pins géants — les seuls pins que j'aie jamais vus dans la région du Plateau — puis l'inexorable forêt d'où nous débouchons enfin sur le D. Nteng. Pendant un long moment, les sangsues ont disparu complètement et les mille-pattes roux, répugnants mais inoffensifs les ont remplacées ; interrogés sur la cause de ce curieux fait que j'attribue à la présence de quelques essences forestières spéciales, mes guides répondent le plus simplement du monde que « les génies de l'endroit ne tolèrent pas les sangsues ».

Le D. Nteng est franchi par 855 mètres ; il se répand — à l'instar du Ndroung et du Boukso — en une clairière marécageuse, étroite, large de 200 à 400 mètres où le lit à peu près stagnant se tord en infinis méandres ; encore quelques mamelons, une gymnastique épuisante et dangereuse sur ces pentes jonchées d'abatis et nous atteignons B. Pé-Unh juché sur une crête entre deux ruisseaux encaissés : l'étape a été longue ; neuf heures de marche effective sous un ciel couvert et menaçant ; heureusement la pluie ne tombe pas et, cette nuit, les étoiles brillent au ciel ; suivant les indigènes, le dernier orage remonte à trois ou quatre jours ce qui indiquerait que la saison des pluies est plus précoce sur le versant du Donnaï.

C'est de B. Pé-Unh que je relie mon itinéraire à celui de mars 1908 par un raid sur B. Noh, à 14 kilomètres dans l'Est, derrière des mamelons raides couverts de forêts et de brousse épaisse.

B. Pé-Unh est peuplé de Preng et de Biet ou Briet ; il m'a été d'ailleurs impossible de savoir ce qu'était cette dernière tribu que l'on ne peut identifier avec les Phiet ou Phiat des hauts bassins du P. Tchlong et du P. Té : tous mes interrogatoires à ce sujet échouent lamentablement, le cerveau embrumé de ces sauvages ne pouvant se prêter à un tel exercice ; c'est à grand'peine que l'on obtient d'eux le nom de la tribu à laquelle ils appartiennent ; bien plus, d'une année à l'autre, le renseignement le mieux contrôlé varie ; et lorsqu'on leur demande d'expliquer ces contradictions entre leurs propres dires, ils répondent invariablement.

« Oh ! l'année dernière, notre village était bâti sur le territoire des Nong, alors nous étions Nong ; cette année, notre nouveau village est sur le territoire des Preng, nous sommes donc Preng. »

Ces cas ne se présentent heureusement qu'à la limite de deux tribus ; les hameaux occupant le centre de l'aire d'expansion n'hésitant généralement pas en énonçant le nom de la tribu à laquelle ils appartiennent.

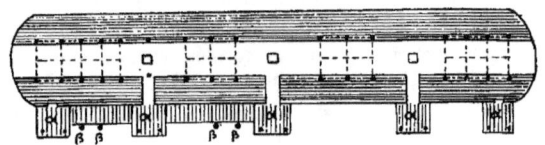

Fig. 8. — Plan d'une hutte de B-Pé-Unh.

α = vérandas avancées en avant des portes reliées entre elles par des balcons ;
β = poteaux-fétiches.
Les parties ombrées sont les lits de camp laissant entre eux le couloir où sont posés, à même le sol, les foyers communs.

B. Pé-Unh est un beau village, très propre, analogue au village de B. Pé-Prik que j'ai traversé en mars 1908 dans la vallée du D. Rmang et se disant — comme B. Pé-Unh et B. Noh — appartenir aux *Briet* : même type d'habitation, mêmes pieux-fétiches sculptés et peinturlurés.

Les huttes, plus hautes que celles des villages précédents, présentent un couloir central courant entre deux lits de camp en bambous tressés accolés contre les parois ; les foyers sont posés sur le sol et dans le couloir ; les greniers s'élèvent sur des poteaux plus massifs et leurs poutres de soutènement se terminent en pointe ; elles sont peinturlurées de dessins linéaires à la chaux et au charbon. En avant des portes donnant toutes sur un seul des grands côtés, des vérandas en bambous tressés, de trois mètres environ d'avancée et de même hauteur, au-dessus du sol, que le lit de camp intérieur ; reliant entre elles ces vérandas, une étroite plate-forme, de 1 m. 50 de large, court tout le long de la façade.

Les deux pieux extérieurs d'angle soutenant les vérandas font saillie d'un pied environ au-dessus de leur plancher ; peinturlurés de dessins linéaires rouges, noirs et blancs, ils servent d'escabeaux aux villageois qui viennent y prendre le frais en fumant leur pipette de bambou ou de cuivre. Un peu en avant de la hutte, des poteaux bizarrement travaillés ; faux-cotonniers aux troncs épineux étronçonnés à hauteur d'homme, ils ont leur sommet curieusement sculpté ; le plus souvent, cela représente un homme accroupi, la tête dans les mains, les coudes sur les genoux, la hotte au dos ; la tête est ronde ; la figurine, semblable à celles que j'ai vues chez les Nong et les Pih du Darlac, mesure de 0 m. 25 à 0 m. 40 de haut ; au-dessus de la tête, le tronc de l'arbre se continue, aminci, taillé en tores grossiers, se terminant par une tige où est fiché un très long et très flexible bambou femelle orné de dessins linéaires et d'où pendent des gris-gris divers. A la base du bambou, une planchette horizontale supporte parfois, sur des pointes de bois, de naïves statuettes de tourterelles.

Parfois aussi le poteau-fétiche se termine par un bec de calao-rhinocéros ; cet appendice démesuré, fort bien imité du naturel, pointe, vertical vers le ciel et sa hauteur atteint 0 m. 50 ; par suite de sa forme spéciale, il n'est pas surmonté du bambou à amulettes.

Enfin, un troisième motif sculpté est une jarre qui se continue, comme les figurines humaines, par des tores et par le long bambou où sont suspendus les gris-gris. Toutes ces sculptures sont agrémentées de dessins linéaires peinturlurés en rouge, noir et blanc.

Chaque maison est précédée de deux ou trois au moins de ces poteaux et il est bizarre l'aspect de ce village au-dessus duquel oscillent ces bambous ténus recourbés vers le sol sous le poids des planchettes enluminées, des petits morceaux de bambou, tout cela se balançant et s'entrechoquant avec un bruit sec sous le vent des grands sommets.

Le hameau possède également une collection de longues, étroites et minces planchettes, hautes de un mètre environ, coupées dans du faux-cotonnier, peinturlurées et sculptées à leur extrémité supérieure en une sorte de croix grossière surmontée de deux petites volutes verticales et très rudimentaires.

Ces planchettes servent pour le sacrifice du buffle. Attaché à un des poteaux sculptés, l'animal est massacré et dépecé ; les villageois en mangent ensuite la chair en de petits abris élevés sur hauts pilotis, de 4 à 5 mètres au-dessus du sol, véritables miradors branlants dressés aux coins du village et spécialement affectés à cet usage, car il est défendu de manger la viande de la victime dans les huttes d'habitation.

Ce sacrifice du buffle a spécialement lieu à l'occasion de la fête de la nouvelle année et lorsque l'on veut honorer tout particulièrement les génies. Quant à la jarre, elle est alors attachée à un pieu sculpté ; de chaque côté, l'on fiche en terre une planchette peinte ; elles sont assemblées l'une à l'autre par deux autres planchettes horizontales terminées elles aussi à chaque bout par une sorte de volute légèrement incurvée, allongée et à peine précise.

La peinture rouge des dessins est faite avec la terre ordinaire, le blanc est de la chaux achetée, de village en village, aux agglomérations de la région de B. Pou-Srâ, le noir est une application de charbon de bois.

Toutes ces sculptures sont taillées dans du faux-cotonnier dont le bois, remarquablement spongieux, n'offre que peu de résistance au couteau.

Les artistes du village se sont prêtés de bonne grâce à me confectionner des spécimens divers de leur art ; mais ils se sont retirés en brousse pour se livrer à ce travail que l'on ne saurait exécuter *coram populo* sous peine d'irriter les génies.

25-26 avril — (40 kilomètres).

De B. Pé-Unh à B. Iuk-Jû, la sente est fort mauvaise, escaladant et descendant des collines abruptes couvertes de forêt-taillis, séparées par des ravins appartenant au bassin du Krong Knô. Après avoir passé par 570 mètres le D. Ntau, affluent du D. Pri, nous découvrons enfin, tout proche, le puissant massif du Nam Nhir, érigeant sa table boisée par 1.550 mètres d'altitude ; il appartient au système du Nam-Noung qu'il prolonge dans l'Est. Le village de B. Iuk-Jû où nous arrivons dans l'après-midi, est le premier village prêh de la région ; rien ne distingue d'ailleurs cette tribu de celles que nous avons jusqu'ici visitées ; le dialecte est semblable à celui des Bou-Neur, des Nong et des autres Mnong du Plateau central. L'accueil est cordial et les indigènes me fournissent sur la région les renseignements les plus précis.

Je puis ainsi identifier enfin les rivières traversées aujourd'hui et celles rencontrées sur la sente du Nord, avec les cours d'eau de l'Est, affluents du Krong Knô ; les mêmes torrents portent en effet des noms totalement différents en leurs biefs supérieur et inférieur ; dans le bas de leur cours inférieur, ils arrosent en effet le pays des Pih, tribu de dialecte étroitement apparenté au radé, tandis que leur bassin supérieur appartient aux Mnong montagnards de langue complètement différente et presque isolés de leurs voisins Pih ; quoi qu'il en soit, les naturels de B. Iuk-Jû qui, eux, fréquentent plus souvent les agglomérations pih de l'Est, ont pu me donner sur la concordance des noms les renseignements les plus précieux et les plus clairs. Il ressort donc de leurs dires que le D. Nteng est le cours supérieur de la rivière appelée D. Ting et Ya Teung en son cours inférieur.

Le D. Rnang est le cours supérieur de la rivière qui, sous le nom de Ya Bieuk, arrose les poches marécageuses des Pih ; les Prêh donnent d'ailleurs eux-mêmes à son bief inférieur le nom de D. Bek ; c'est, en outre, le D. Glé de B. Rbout (cours moyen) ; le D. Pri est le cours supérieur du Ya Preuk des Pih ; un peu avant son confluent dans le Kr. Knô, il est grossi du Ya Bieuk (D. Rnang).

A B. B. Daych, l'on m'avait signalé l'existence d'une chute très importante sur le cours supérieur du D. Ntau ; appelée L. Gung par les naturels, elle est située très en amont de l'endroit où la sente nous a fait passer la rivière ; et ici, l'on me donne, sur cette cataracte, des renseignements qui me plongent dans le plus profond étonnement.

Le L. Gung qui serait une chute « extrêmement haute » est jalousement gardée par des génies redoutables et aucun naturel n'oserait s'y rendre. Il y a « excessivement longtemps » deux *hommes blancs* s'y rendirent qu'accompagnaient de nombreux *Prum* armés de fusils et de lances ; cette troupe venait d'au-delà le D. Deung (moyen Donnaï) des bords d'une eau très vaste, le D. Rling — la mer — ; arrivés au L. Gung, ils y restèrent deux jours mais, ayant frappé les rocs et tiré des coups de fusil, ils irritèrent les génies du lieu qui les firent périr en masse ; les deux blancs moururent les premiers ; quant aux Prum, ils furent décimés ; deux cents, trois cents de leurs cadavres jonchèrent le sinistre endroit ; ce qui restait battit en retraite sur le D. Deung mais ils continuèrent à succomber en masse sur la route du retour.

Depuis lors, le L. Gung est entouré d'une terreur sacrée. Ces faits, ajoute mon interlocuteur, se passaient du temps du « grand-père de son grand-père ».

Cet étrange récit, transmis de génération en génération, me comble de stupeur.

Quels étaient ces deux blancs? Quelle était cette expédition sans nul doute détruite par quelque épidémie? Aucun voyageur européen n'a jamais pénétré en ces parages reculés; la carte d'état-major n'indique, pour cette région, qu'un vaste espace blanc timidement estompé de vagues montagnes; d'ailleurs, cette mention nette du « grand-père du grand-père » montre que la catastrophe eut lieu il y a quelque 150 ou 170 ans.

Quant à ces Prum, il m'est également impossible d'obtenir sur eux les moindres renseignements. C'est une peuplade, me dit-on, qui vit derrière le D. Deung; ce sont indubitablement les Prom dont m'a déjà parlé B. Pang-Xim lorsque, me montrant les sombres pics du Kong-Klang, par delà le Donnaï, les indigènes me disaient : « Là-bas, c'est le pays des Che-Tô, des Che-Lach, des Raglai et des *Prom* ». Les Che-Tô, les Che-Lach, les Raglai, sont des tribus moï de la région de Djiring; mais les Prom ou Prum? Ce nom m'est totalement inconnu. Mon guide cambodgien Sòm croit que ce sont des Cham-Kiet (Cham qui, dit-il, « mangent du cochon »). Interrogé sur ce mot de « Cham », mon interlocuteur déclare qu'il ne l'a jamais entendu prononcer et ne sait ce qu'il peut vouloir dire; des ruines de monuments, de tours existeraient-elles dans la région, aux environs de la cascade? Tout le monde me répond par la négative la plus absolue.

Quoi qu'il en soit, les indigènes sont unanimes dans leur refus de me conduire à la chute redoutée, tant est grande leur terreur des génies. Et pourtant je veux visiter ce mystérieux L. Gung; peut-être une reconnaissance minutieuse des alentours me révèlera-t-elle le secret; la promesse d'abondantes récompenses en perles et en sel finit enfin par décider quelques téméraires; mais je m'engage solennellement à ne pas les emmener à la chute même; ils me conduiront au pied du saut où je les laisserai, libre à moi d'affronter seul la colère des divinités.

De bon matin, le 26, je me mets en route, n'emmenant avec moi que deux miliciens annamites et mes guides radé; effrayés par le récit d'hier, ces derniers se sont déclarés malades et ce n'est qu'à contre-cœur, cédant à l'ordre formel, qu'ils consentent à me suivre; quant à mon guide cambodgien, il a prétexté une fatigue invincible, le mauvais état de ses pieds, une inflammation douloureuse et subite de ses piqûres de sangsues et je le laisse au village avec mon convoi.

Pendant 4 ou 5 kilomètres, nous suivons la sente de venue jusqu'au D. Ntau où nous prenons une piste à peine tracée au milieu des bambouseraies et des taillis légers; la rivière roule, rapide et claire, sur son lit encombré de rocs; après l'avoir passée deux fois, l'on entre dans les bois épais et les bambouseraies touffues où pullulent les sangsues; l'étroite vallée se rétrécit et bientôt l'on escalade le pied des collines de bordure au bas desquelles le D. Ntau bouillonne et gronde de plus en plus furieux. Enfin les guides se déclarent arrivés; nous sommes au bord de la rivière rugissant contre les rocs énormes qui encombrent son lit et le bruit de l'eau nous assourdit. C'est ici que, me rappelant ma promesse, les villageois m'attendront; prenant donc avec moi mes deux Annamites et le linh moï, pieds nus, nous nous engageons dans la gorge, parmi les premiers rochers colossaux arrachés à la montagne; il faut sauter de bloc en bloc mais les premières assises, couvertes d'un fin dépôt humide, sont horriblement glissantes et nous nous meurtrissons en de fréquentes chutes.

Il nous aura fallu plus de deux heures pour atteindre le sommet de la cascade ou plutôt de la magnifique succession de chutes et de cataractes qui constituent le L. Gung ; parmi les rochers titaniques, en un décor sauvage et grandiose, il a fallu se hisser en s'accrochant aux bambous qui tapissent le flanc abrupt des collines ; un moment, une odeur nauséabonde nous a suffoqués ; au pied de la dernière chute d'amont, une charogne de sanglier achevait de pourrir au milieu d'une nuée de mouches vertes ; un dernier effort, une escalade le long du roc nu perçant la mince couche de terre où courent de frêles racines d'arbustes ; une gymnastique de chat, les ongles crispés aux aspérités, aux saillies des racines et nous voici enfin sur le sommet même de l'ultime chute, à l'endroit où la rivière coule en un lit calme, presque au niveau de la cime des collines qu'elle vient de franchir en ce saut formidable.

C'est ici que, suivant les renseignements recueillis, périrent les deux blancs et les Prum mais c'est en vain que nous scrutons et explorons les rives silencieuses et désertes ; aucune ruine, aucune inscription, rien qui vienne soulever le mystère du L. Gung.

Tout autour du ruisseau calme courant doucement vers le gouffre, c'est l'impénétrable forêt où grouillent les sangsues dont le visqueux fil brun s'agite et accourt dans les feuilles mortes, à la lisière des grands bois.

Du sommet de la chute, l'aspect est grandiose de cette faille géante ouverte entre les collines ; en bas, à une distance de vertige, la cime verte des arbres qui semblent absorber la rivière dont les eaux plongent, disparaissant dans le rideau au-delà de la première cataracte ; au loin, des crêtes bleues, des pentes violettes, des dômes en fouillis.

Le L. Gung, comme son nom l'indique — Gung = escalier, gradin, en dialecte mnong — n'est pas une chute mais une succession de sauts et de cascades qui font franchir au D. Ntau une formidable dénivellation de 160 mètres se décomposant ainsi, d'amont en aval :

1. — Une courte gorge supérieure large de 10 mètres, semée de blocs rocheux noirs, creusés de marmites profondes de 0 m. 50 à 1 mètre, réunies parfois deux à deux en forme de 8. — Dénivellation totale : 5 mètres ;

2. — Une chute presque perpendiculaire de 12 mètres, continuée par des cascades violentes et des sauts secondaires. — Dénivellation totale : 35 mètres, largeur moyenne du lit : 20 mètres ;

3. — Un palier chaotique, plan fortement incliné où l'eau rugit en cascades, en tourbillons et en ressacs sur les blocs de roches. — Dénivellation : 15 mètres ;

4. — Une chute grandiose de 40 à 45 mètres, en quatre gradins principaux brisés eux-mêmes de petits gradins secondaires ; le gradin aval est de beaucoup le plus élevé. — Largeur des eaux : 35 mètres ;

5. — Deux cataractes secondaires de 5 à 7 mètres chacune marquant le début d'une gorge chaotique où la rivière, étranglée, hurle sur les blocs éboulés, s'en échappant par deux dernières cataractes dont la plus aval est un saut de 6 à 8 mètres. — Dénivellation totale : 60 mètres.

Au pied de cette dernière chute, le lit se calme quoique encore encombré de grosses pierres et de galets. L'altitude sur la tête de chute amont est de 765 mètres et de 605 au pied de la dernière cascade d'aval.

Nous sommes revenus à B. Iuk-Jù par une marche rapide mais l'orage menaçant éclate à mi-route et nous inonde tandis que la forêt s'illumine d'éblouissants éclairs et frémit sous le fracas du tonnerre. Trempés jusqu'aux os, les pieds ensanglantés par la morsure des sangsues, les jambes meurtries par nos chutes sur les rocs, nous atteignons le village alors que l'ouragan s'éloigne le long des crêtes voilées de pluie.

Soumise à la critique de plusieurs orientalistes, la légende du L. Gung devait rester insoluble. Le R. P. Durand, l'un des plus savants érudits en histoire et archéologie cham, me donnera de cette singulière tradition des deux « blancs », l'explication la plus plausible et la plus vraisemblable.

...« Il s'agit évidemment, m'écrira-t-il, de Musulmans, donc, est-on en droit de conclure, de Cham Bani. Les deux blancs dont il est question pouvaient fort bien être des *Arabes* en tournée de prédication dans le Champâ. Du temps d'Odend'hal, il en est bien venu deux (métissés de Javanais, il est vrai). Ces vrais Arabes de l'Yémen venus avec des hajis cham — car il y en avait et il y en a encore — seraient pour moi la seule explication plausible, il y a 200 ans ou plus. A cette époque-là, je ne connais guère qu'un seul missionnaire français au Champâ (cf. Bouillevaux) et il y est mort aussi paisiblement qu'il y avait vécu. Deux ou trois tournées épiscopales dans la région également, mais dont on peut suivre jusqu'au bout l'itinéraire et la dislocation.

« *Prum* ne me dit rien pour le quart d'heure.... »

Ce n'est que plus tard que je devais avoir la signification incontestée de ce mot : c'est le nom sous lequel toutes les populations moï du bassin du D. Deung — haut et moyen Donnaï — désignent les Cham ; et ce mot de Prum ou Prom est le seul employé pour « Cham » chez les Che-Ma, les Koho, les Lach, les Dïp chez lesquels je devais passer plus tard, au cours de ma mission.

La légende du Lieng Gung — légende à reflet historique — est donc bien relative à des Cham venus là il y a deux siècles environ — en quelle circonstance ? là réside le mystère — et décimés par quelque soudaine épidémie.

27-29 avril — (57 kilomètres).

Le 27 avril, au matin, nous reprenons la sente du Nord ; des collines très raides, déboisées par d'anciennes cultures, séparées par des ruisseaux vaseux, nous amènent au D. Pri dont nous suivons la vallée couverte de bambouseraies et de taillis peu épais où les sangsues grouillent plus que jamais ; parallèle à la rivière, sur sa rive gauche, la muraille du N. Nhir ; il faut passer et repasser le cours d'eau, rétréci, roulant une eau brune grossie par les pluies ; un moment, les chevaux ont de l'eau jusqu'au pommeau de la selle et la croupe disparaît; nous ne quittons le D. Pri que pour suivre son affluent, le D. Rlong, moins profond mais tout aussi sinueux et nous le passons et repassons sans cesse, ne le quittant qu'après avoir marché quelque temps dans le lit même, étranglé entre les collines que nous escaladons bientôt ; mais le bruit d'une chute nous arrive; le D. Rlong est encore devant nous ; tandis qu'en aval, il ne mesure pas plus de 8 mètres de large, c'est ici un couloir étroit où le chenal des eaux se creuse un fougueux passage entre les assises de rocs en surplomb sur la rive droite ; le lit s'élargit à 15 ou 20 mètres et le D. Rlong se précipite en une chute de 16 mètres brisée de gradins presque perpendiculaires ; sur la rive droite, la masse principale des eaux rugit en une étroite faille ; en aval du saut, la gorge furieuse, hérissée de rocs, de cascades, de cataractes, disparaît entre la cime des arbres tapissant les lèvres du précipice. La dénivellation totale est de 30 à 35 mètres.

La chute s'appelle L Om-Ruèh, ce qui signifie littéralement « chute du cadavre de l'éléphant » — òm = puer, charogne — ruèh = éléphant — ; ce nom vient de ce que, autrefois, disent les naturels, l'éléphant d'un village de la région glissa et tomba dans le gouffre en voulant traverser la rivière.

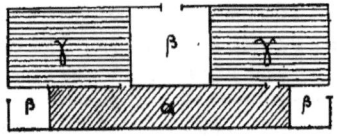

Fig. 9. — Plan d'une hutte prèh de B. Your.

α = lit de camp ; β = sol libre ; γ = compartiments fermés par des cloisons. Pas de grenier.

Nous couchons à B. Your, pauvre village prèh au pied même des dernières pentes du Nam-Nhir.

Mes souliers, déchirés, arrachés, ne sont plus que ruines béantes d'où, chaque jour, je fais enlever les clous qui me blessent ; les semelles, déchiquetées, lacérées, menacent à chaque pas de laisser leurs derniers débris aux pierres et aux ronces ; par les larges plaies, les sangsues pénètrent en groupes pressés et la marche me devient chaque jour plus pénible ; mes chevaux, fatigués et blessés, n'avancent plus qu'avec lenteur ; il est temps d'achever le circuit des montagnes.

Mais la zone tourmentée s'étend encore loin devant nous : le 28, nous n'atteignons B. Rkop qu'après avoir peiné dans des collines couvertes de bambouseraies épaisses ; sur le sol couvert des feuilles lancéolées, les sangsues n'ont jamais été si nombreuses ; jamais encore je ne les avais vues grouiller en bataillons si denses : c'est un envahissement, le long des jambes, des cuisses et notre troupe marche avec fièvre, ne prenant même plus le temps de rejeter avec la ràclette de bambou les ignobles bêtes car, au moindre arrêt, pour une sangsue enlevée, ce sont dix, vingt nouveaux parasites se précipitant à l'assaut. Au bas des mamelons, d'étroites vallées bourbeuses.

A B. Rkop, nous trouvons, pour la première fois depuis le départ de B. Pou-Srà, du jeune maïs qui variera enfin notre menu. Du village, sis sur le D. Pri, nous passons dans le bassin du D. Drò, affluent direct du Krong Knô et que nous atteignons au L. Ok, saut perpendiculaire de 13 mètres ; le cours d'eau, venu des massifs du N. Noung, n'est ici qu'un ruisseau large de 5 mètres à peine.

B. Tu-Kuat est derrière un sous-tributaire du Drò ; c'est un pauvre hameau de deux huttes exiguës et palissadées ; les semailles viennent d'être achevées mais les petits trous qui contiennent les graines de paddy ne sont pas, comme chez les Radé, recouverts de terre ; aussi les oiseaux commettent-ils de grands dégâts. La fête des semailles a également été célébrée et, en avant du village, se dressent les petits autels supportant les offrandes faites, en cette occasion, aux génies ; l'autel n'est qu'un plateau en lanières de bambou tressées et posées sur un tronçon de bambou écartelé en support et fiché en terre ; sur ce plateau, une poignée de riz, quelques petits cônes de bois, noircis, figurant des cornes de rhinocéros, deux petites baguettes de bois représentant des cornes de buffle, deux autres arrondies, légèrement incurvées qui sont des défenses d'éléphant.

En arrière de l'autel minuscule, deux bottes d'herbes ficelées représentent des hommes tenant, au bout de ce qui veut être un bras, un petit bambou qui est une lance ; en arrière encore, sur des baguettes, une figuration de hutte, simple paquet de chaume grossier.

Des quatre adultes du village, deux sont absents ; me voici donc bloqué, sans porteurs ; heureusement, mes éléphants ne sont pas loin, à une demi-journée de marche dans le Nord-Nord-Ouest et j'envoie quelques-uns des gens de B. Rkop au village voisin de B. Mbrah recruter les bras nécessaires.

Le 29, laissant mes bagages à la garde d'un milicien, je pars en avant-garde ; nous atteignons le Ya Mam par des pentes assez douces, couvertes d'herbe paillotte ; sur la rive opposée, la belle forêt clairière s'étend à perte de vue ; les bois épais aux sangsues impitoyables sont dorénavant loin en arrière ; au Ya Mam nous rencontrons les gens de B. Mbrah venus à ma rencontre pour chercher les bagages. Au-delà du Ya Çor, nous tournons un moment, égarés, dans la vaste forêt claire avant d'atteindre enfin B. Pou-Djrie où me rejoignent mes bagages, puis mes éléphants arrivés sans encombre de B. B. Daych depuis plusieurs jours déjà.

III

Le vaste circuit décrit autour des puissants massifs montagneux, par les affluents du Krong Knô et du moyen Donnaï, est donc achevé ; l'exploration de leur versant oriental, la découverte des sources du Ya Mam et du Ya Çor restent cependant à compléter. Aussi, après un jour de repos accordé aux gens et aux bêtes, je me décide à repartir vers le Sud achever cette courte reconnaissance ; c'est une randonnée de quatre à cinq jours que je refermerai ici même.

1er-8 mai — (111 kilomètres).

De B. Pou-Djrie à B. Trang, courte étape de deux heures environ ; le village est sur un affluent du D. Môl, tributaire du Ya Çor ; la vallée, assez large, marécageuse, est semée de quelques autres villages qui font de ce secteur un centre assez peuplé, point de jonction des aires d'habitat des Bou-Neur et des Prêh.

Le 2 mai, nous partons vers le Sud ; la ligne de faîte entre le D. Môl et le D. Çor court par 860 mètres d'altitude en une crête couverte de morne forêt taillis ; par 760 mètres, nous franchissons le D. Çor pour gagner la crête séparant cette rivière du D. Mam ; la nouvelle arête que nous suivons se maintient par 910 mètres d'altitude ; en son étroite vallée fangeuse, nous passons et repassons le D. Mam par 880 mètres et nous débouchons enfin sur une belle crête gazonnée, l'un des derniers dômes du Yok Laych — le Plateau Central de l'Indochine sud-centrale — ; la chaîne du Nam-Noung se déroule à notre gauche dans toute son ampleur, haute ligne orientée S. S -E. — N. E. 1/4 N., divisée en deux masses principales séparées par d'étroits ravins ; les pentes orientales du massif envoient la totalité de leurs eaux au D. Mam dont la source est dans le bloc méridional, voisine de celle du D. Nong, affluent du Rtih ; des pentes orientales, descendent les affluents du Krong Knô.

La sente se déroule parmi les dômes mous, gazonnés, coupés de forêt-taillis ; par 1.010 mètres d'altitude, nous atteignons le point culminant, ligne de faîte ultime ; à droite, les ravins sont les premiers sous-affluents du D. Ndroung, puis ceux du D. Nong ; en face, dans le Sud, le pâté isolé du Nam-Djiang, derrière le D. Nong qui décrit une vaste courbe autour de sa masse.

Sept heures de marche effective nous amènent à B. Pou-Peu, en face du Nam-Djiang et en avant du D. Nong.

B. B. Daych où je suis passé il y a trois semaines, n'est plus éloigné ; je vais m'y refermer, le 3, par un rapide itinéraire et, comptant sur une réception cordiale, je ne prends avec moi que quelques guides et deux miliciens. Des galeries de forêt alternent, sur les dômes du plateau, avec le gazon ras ; la marche est rapide le long des dômes formant crête de partage entre les bassins du Nong et du Ndroung.

Au débouché d'un carré de forêt, nous tombons brusquement sur un magnifique gaur au pelage noir, la tête et le bas des jambes jaunâtres, les puissantes cornes claires arrondies en croissant ; le troupeau dont il est la sentinelle est en arrière, abrité derrière un pli de terrain ; mais le chien moï de nos guides se lance comme un fou sur le gaur qui s'enfuit et disparaît dans les fourrés.

Le plus grand bovidé d'Asie, le gaur (*bos gaurus*), appelé *khting* par les Cambodgiens et *rbai* par les Mnong, est considéré comme l'un des plus dangereux gibiers de la jungle ; des contes ridicules courent sur son compte, tous inspirés par la plus parfaite terreur ; et de fait, le gaur est un animal extrêmement méchant, chargeant presque toujours l'intrus, aussi redoutable par sa masse — sa taille dépasse celle d'un buffle — que par sa vitesse et son agilité.

Notre petite troupe a, pour toute arme, les deux vieilles carabines Gras des miliciens dont les cartouches, rebut des directions d'artillerie, ratent huit fois sur dix ; quant à moi, je n'ai que mon revolver Colt ; il est donc inutile de chercher à poursuivre les fugitifs et nous reprenons notre marche ; nous sommes en vue de B. Jang-Plai, un peu avant B. B. Daych lorsque, subitement, la sente disparaît sous des abatis compliqués et des semis de lancettes effilées ; il faut se frayer lentement un passage en pleine forêt où les lianes ligneuses nous enserrent à chaque pas. Au sortir des taillis, le guide et le milicien annamite sont profondément blessés par un des piquets ; le linh, notamment, a chancelé sous la douleur ; deux des maudits engins l'ont simultanément blessé à l'orteil et au talon qui est profondément entamé. Nous n'avançons plus qu'avec prudence, prêts à faire feu. Laissant les blessés au milieu des abatis d'un nouveau raï, je marche sur B. Jang-Plai avec mon dernier milicien — un moï — et les deux autres guides.

B. Jang-Plaï est désert ; les huttes portent les traces d'un abandon complet et seuls, quelques cochons et poulets se sauvent à notre approche.

B B. Daych est également abandonné et défendu par des semis de lancettes de guerre. Et dire, qu'il y a quinze jours, ces deux villages nous recevaient avec empressement et nous donnaient les porteurs nécessaires à notre descente vers le Sud ! Cette trahison ne m'étonne pas ; je reconnais bien là le caractère moï ; lors de notre venue, l'on n'a pas eu le temps de fuir ; les jarres, le paddy étaient au village, proie trop facile et précieuse en cas de défaite ; l'on a donc fait contre mauvaise fortune bon cœur et le voyageur a été reçu avec les marques de la plus grande joie ; la jarre a été offerte et, vite, pour se débarrasser du gêneur, on l'a dirigé sur le village voisin, lui fournissant guides et porteurs. Mais dès que l'on a eu la preuve du départ définitif, les villageois se sont mis à l'œuvre ; les jarres ont été cachées en lieu sûr, les cochons et les poulets transportés en forêt aux abris temporaires édifiés en hâte ; le village, où ne restent plus que les guerriers, est protégé par un système d'abatis et de lancettes qui s'étendent alentour sur deux ou trois kilomètres de rayon et l'on attend le retour de l'importun, s'il doit toutefois revenir. Je n'ai donc pas à m'étonner ; l'incident n'a rien que de très vulgaire et de très naturel en pays moï ; j'ai simplement eu tort de laisser endormir ma prudence par l'accueil pacifique de tous ces derniers jours. Non, je n'ai rien à dire ; bien heureux encore de n'être pas tombé dans une embuscade soigneusement dissimulée dans la forêt.

Pour comble d'infortune, mon blessé ne peut plus marcher ; il m'est impossible de me replier avec lui sur B. Pou-Peu, et, très inquiet, je suis forcé de le laisser ici ; je lui donne pour compagnons mon autre milicien et deux des guides ; ils barricaderont les portes d'enceinte et veilleront à tour de rôle, le fusil chargé ; quant à moi, je vais partir avec le dernier guide chercher à B. Pou-Peu le reste de l'escorte.

De courtes ondées ont détrempé la sente et, dans la forêt infestée de sangsues, seul avec le guide et mon cornac mnong, je repars, le revolver prêt à toute éventualité, ses six cartouches étant notre seule défense contre l'attaque, peut-être imminente ; l'œil et l'oreille aux aguets, évitant la ligne des abatis et des lancettes, nous cheminons lentement dans les taillis épais ; à chaque pas, il faut trancher une liane, un arbuste, écarter des tiges épineuses, tandis que les sangsues nous assaillent ; les indigènes ne peuvent être loin ; un peu avant de quitter le village, nous en avons aperçu deux ou trois rôdant à la lisière de la forêt ; qu'ils aient un peu d'audace et les six balles de mon Colt ne feront que retarder de quelques secondes l'inévitable issue du combat. Mais rien n'apparaît ; le lourd silence de la forêt humide n'est rompu que par le choc de nos couteaux sur les branches et le froissement des feuilles sous nos pas ; enfin, voici les crêtes gazonnées et un soupir de soulagement marque, je l'avoue, la détente de tous les nerfs.

Sur le dôme dénudé où nous avons rencontré le gaur, nous débouchons à nouveau sur le troupeau entier qui paît à moins de vingt mètres ; encore une fois, le chien moï les met en fuite ; d'ailleurs la journée s'avance, il faut rentrer à B. Pou-Peu avant la nuit. Nous n'y serons arrivés qu'un peu avant le crépuscule.

Le lendemain, dès l'aube, nous marchons sur B. Jang-Plaï et B. B. Daych. Les deux miliciens s'y sont heureusement gardés ; à la nuit tombante, ils ont tiré sur deux indigênes qui avaient réussi à gagner les palissades au pied desquelles ils plantaient des lancettes de guerre. La capture des jarres que nous découvrons aujourd'hui en brousse amènera bientôt la soumission des traîtres ; une grosse quantité de paddy et quelques cochons tombent en outre en notre pouvoir.

Néanmoins, j'ai réussi à reconnaître le versant oriental du Nam-Noung et le Nam-Djiang ; ce dernier, haut de 1.250 mètres, appartient en entier au versant du D. Nong. Ses pentes septentrionales sont boisées mais celles du Sud sont couvertes d'herbe paillotte. Le D. Nong qui descend des contreforts Sud du Nam-Noung, à proximité des sources du Ya Mam, coule d'abord Est — Ouest, puis Nord-Est — Sud-Ouest et Sud-Sud-Est, contournant le Nam-Djiang dont il arrose les pentes septentrionales et occidentales ; il prend ensuite sa direction générale Sud-Sud-Ouest, pour aller se jeter dans le Rtih après avoir franchi le L. Neak, visité il y a une quinzaine de jours.

Quant au Nam-Noung, il borne, dans l'extrême Est, le plateau central de faîte ; dressé brusquement à la limite des bosses mi-boisées, mi-herbeuses, il forme un énorme bourrelet que ne prolonge, sur son versant occidental, aucun chaînon transitoire Complètement inhabité, creusé de ravins profonds, il se ramifie, dans l'Est et le Nord, en chaînes imposantes dont les principales sont le Nam-Nhir et le Nam-Mè ; tous ces massifs envoient leurs eaux au moyen Krong Knô par les affluents que la mission vient de reconnaître en totalité et qui en descendent par des rainures escarpées et torrentielles.

Ce noyau orographique, dont l'altitude moyenne est de 1.200 à 1.300 mètres, complètement insoupçonné jusqu'alors, fait partie de cet éperon extrême que relient à la chaîne annamitique les mamelons bas et escarpés des bassins du moyen Donnaï et du D. Rmang ; écroulé et rompu, cet éperon apparaît comme une succession de massifs indépendants, dominant de leur masse le pays environnant ; au Sud, il est constitué par le Yok Nam-Rmai, baigné à l'Ouest et au Nord par le D. Rmang, le Yok Nam-Kap et les massifs du Nam-Ndring ; entre le Krong Knô et le Krong Hanâ, c'est le Nam-Kâ ; au Nord Ouest du Nam-Noung et de ses massifs, c'est enfin le Yok Nam-Lyir, lancé sur les épaulements de chute du Plateau Central avant son écroulement final sur la zone des forêts-clairières du bassin de la moyenne Srépok.

En ces cantons tourmentés, les rivières ne sont que d'impétueux torrents brisés, comme nous l'avons vu, par des chutes imposantes à leur sortie des montagnes ou des éperons issus du plateau et séparant les différentes vallées. Le Rtih, le Bouksô et le Nong, dans le bassin du Donnaï, le Ntau, le Rlong et le D. Drô dans celui du Krong Knô montrent la belle régularité de ce phénomène géologique. Seuls le Ndroung, dans le premier bassin et le D. Pri, dans le second, échapperaient à la loi ; cette exception qui m'avait assez fortement surpris, doit vraiment exister pour le Ndroung ; quoique n'ayant pas suivi de façon minutieuse sa vallée entière, j'ai pu constater qu'elle était bien plus ouverte que celle des autres rivières ; à peu près dès sa sortie du Plateau, le Ndroung coule en effet entre des collines très écartées ; les nombreux naturels que j'ai interrogés ont été unanimes à m'affirmer que le cours d'eau ne franchit pas de chute ; par contre, ils m'avaient, sans hésitation, signalé les cascades du Rtih, du Bouksô et du Nong.

Quant au D. Pri, les renseignements ont été moins affirmatifs ; pressé par la saison des pluies qui s'ouvre, je n'ai pu explorer le cours supérieur de la rivière qui se taillerait une gorge profonde et abrupte entre les chaînes prolongeant le Nam-Noung au Nord ; je n'ai d'ailleurs fait que recouper son cours moyen ; mais, d'après ce que je devais ultérieurement apprendre de la bouche d'un chasseur cambodgien, vieux routier du canton, il appert que le D. Pri a, lui aussi, sa chute ; elle serait cependant bien plus en amont que celles des autres affluents du Krong Knô et se trouverait à deux jours de marche de B. Rkòp ; elle serait prodigieuse, perpendiculaire, dépassant en hauteur le L. Gung lui-même. Je n'ai pu, jusqu'ici, aller reconnaître l'exactitude de ce dire.

Ces pâtés de massifs imposants soudés au Nam-Noung, quoique complètement inhabités, sont cependant visités par des chasseurs cambodgiens qui vont y relancer, dans leurs impossibles repaires, les rhinocéros, hôtes des ravins humides. A ce sujet mon Cambodgien m'a catégoriquement affirmé l'existence du rhinocéros bicorne, déjà signalé par le marquis de Barthélémy mais dont la présence en Indochine avait été mise en doute par le Muséum ; il n'y a pas longtemps, Nhuy — c'est le nom du chasseur — a d'ailleurs tué l'un de ces pachydermes ; malheureusement, la double corne dont la production ferait tomber tous les doutes, lui a été volée par le chef de B. Tu-Kuat.

En plus du rhinocéros bicorne qui doit très probablement s'y trouver, le Nam-Noung recélerait, au dire des naturels, une faune plus spéciale quoique certainement plus légendaire : je veux parler des « Hommes sauvages ». Ce n'est pas la première fois que j'ai recueilli cette curieuse légende d'êtres humains nomades, hôtes des forêts montagneuses, possesseurs — suivant les Moï — d'une queue analogue à celle du singe. Presque ignorés sur le Plateau du Darlac où les ondulations molles, d'accès facile, ne sont plus à peu près couvertes que d'herbe paillotte et de brousse-taillis, ils m'ont été signalés dans le secteur du lac et dans toute la région montagneuse de la puissante chaîne annamitique. Suivant les descriptions locales, les « Hommes sauvages » du Nam-Noung seraient de petite taille — 1 m. 50 environ —; une épaisse toison de poils roux les couvrirait et ils présenteraient la très curieuse particularité de ne posséder aucune articulation ni aux bras ni aux jambes qui seraient ainsi des membres entièrement rigides. La partie antérieure de l'avant-bras serait, par contre, munie d'une membrane, tranchante comme un couteau et dont ces êtres se serviraient pour couper les arbustes gênant leur marche en forêt. Ne pouvant grimper aux arbres, puisque dépourvus de genoux et de coudes, ils dorment, appuyés contre les troncs. Ils se nourriraient de tiges et de racines comestibles et ne sauraient pas se construire d'abris, leur vie étant la vie nomade des autres bêtes de la forêt. Autrefois, les villageois les forçaient à la course et les mangeaient mais les « Hommes sauvages » sont devenus plus rares et on ne les rencontre plus. Toutefois, l'on tombe encore parfois sur les empreintes qu'ils laissent derrière eux ; semblables à celles des autres hommes, elles sont néanmoins de taille plus petite.

Cette description des « hommes sauvages » est à peu près identique chez tous les villageois croyant à leur existence, aussi bien en ce district reculé du Nam-Noung qu'au cœur même de la chaîne annamitique. Comme je l'ai dit plus haut, les Rhadé du Darlac central les ignorent à peu près. Un village de ce plateau, cependant, non seulement les connaît mais encore prétend descendre en ligne directe de l'un d'eux, nommé Kjhàt.

Son aire d'habitat était proche du village de B. Mé-Nguol — hameau Radé-Kpa, à 1.800 mètres à l'Est de la résidence du Darlac, sur la grande route d'Annam.

Un jour que, suivant son habitude, il était descendu au Ya Tham (1) voler le poisson capturé dans les barrages de pêche des villageois, il déposa sa fille, une enfant qu'il avait emmenée avec lui, sur une pierre afin d'être plus libre de ses mouvements. Mais le propriétaire — un certain Egap — survint et Kjhàt s'enfuit précipitamment, abandonnant l'enfant qui fut emportée par Egap ; ce dernier la soigna et l'éleva chez lui. Or, elle avait, comme son père, l'avant-bras muni d'une membrane tranchante ; Egap la coupa et l'enfant, devenue jeune fille, fut épousée par le Radé La descendance issue de ce mariage, se distingua par une beauté remarquable ; elle forme, disent les naturels, la population actuelle de B. Mé-Kheung — gros village sis à deux petites lieues dans l'Est de B.-Mé-Nguol, sur la grande route d'Annam —; comme leurs ancêtres, les habitants de ce hameau sont fameux par la beauté de leurs traits et de leurs formes ; et, aujourd'hui encore, on les désigne sous le nom de Iue-Buòn-Tò — « la Famille du village au couteau » — *Tò* étant le nom des couteaux sans pointe, arrondis ou carrés à leur extrémité et avec l'un desquels Egap avait autrefois enlevé la membrane tranchante dont était muni l'avant-bras de sa future femme ; aussi, par respect pour le rôle joué par l'un de ces instruments dans l'histoire de la famille, aucun des habitants de B. Mé-Kheung n'ose posséder ou accepter de couteau sans pointe ; la colère des génies ne manquerait pas, en effet, de frapper celui qui serait assez hardi pour se servir d'un ustensile semblable à celui qui rogna l'avant-bras de la légendaire aïeule (2).

(1) Ruisseau qui arrose B. Mé-Nguol et la résidence du Darlac.
(2) Cette légende des hommes à queue si communément répandue chez tous les Moï montagnards de l'Indochine sud-centrale, se retrouve à peu près identique chez les tribus sauvages de la péninsule malaise. C'est là un fait extrêmement intéressant à noter et qui montre — avec tant d'autres — les nombreuses affinités existant entre les Moï de l'Indochine et les populations primitives de la Malaisie.

Voici cette légende, traduite du remarquable ouvrage consacré aux sauvages de la péninsule malaise par MM. Skeat et Blagden :

« Les *Orang-Ekor* ou « hommes à queue » représentés dans tout l'archipel malais comme
« des êtres humains réellement existant, apparaissent, dit-on, de temps en temps en divers
« endroits de la péninsule malaise. On dit qu'ils ressemblent aux hommes et on ne les tient
« pas pour dangereux mais ils ne veulent rien avoir à faire avec les hommes et ils disparais-
« sent en forêt dès qu'on les aperçoit. Ils ne portent qu'une ceinture d'écorce au-dessous de
« laquelle l'on peut voir une courte queue. Hommes et femmes ont la queue mais la race
« n'est pas nombreuse et l'on ne voit jamais leurs enfants » (C'est une légende sakai).

Ce texte est appuyé d'une note que voici :

« *Note.* — Cf. M. Maclay, dans *J. R. A. S.*, S. B., n° 2, p. 216 et l'explication donnée
« par Treacher qui, dans le numéro 21, pages 101, 102 du même journal, renvoie à une tribu
« de Muruts, Bornéo, qui, en plus de l'ordinaire ceinture, ne porte sur le dos que la peau
« d'un singe à longue queue, cette queue pendant de telle sorte qu'elle donne l'impression,
« à courte distance, de faire partie de celui qui la porte.

« Cf. *Z. f. E.*, index, s. v. « Geschwänzte Menschen ». Je puis ajouter que, lorsque les
« membres de l'état-major de la Cambridge expedition s'embarquèrent à Klang (en leur

Pour en finir avec le Nam-Noung, il me reste à transcrire la légende suivante que les indigènes du canton ainsi que ceux du haut Song Bé se plaisent à chanter en buvant la jarre ; ornée d'infinis détails, elle est l'une des plus répandues chez les Mnong du Sud qui, me disait mon guide Sôm, peuvent la psalmodier pendant « huit jours et huit nuits » sans arriver à l'épilogue.

Autrefois, dit cette légende, le Nam-Noung et le N. Djiang étaient habités par deux génies appelés Ntè et Nlè ; celui-ci était fils du premier. Or, au Yok Rehau, colline située à l'Ouest de Pou-Klia, sur les pentes Nord-occidentales du Plateau Central, vivaient deux autres génies Ntchiung et Ndjiang ; ce dernier était père d'une fille appelée Chi-Préah que Nlè demanda en mariage. Mais Ndjiang refusa de consentir à cette union ; furieux, Ntè et Nlè réunirent alors un grand nombre de leurs gens et marchèrent contre Ntchiung et Ndjiang qui, pour se défendre, semèrent le sentier de nombreux piquets de guerre.

Les agresseurs changèrent ces engins en pierres mais n'en furent pas moins battus et mis en fuite au cours de la bataille qui suivit ; ils allèrent se réfugier, au confluent du Jeul et du moyen Song Bé, en un très gros bambou appelé *Ala-Yi-Ung* où ils restent encore. Quant à Chi-Préah elle avait été prudemment cachée par son père dans le massif du Nam-Lyir, à l'endroit appelé Ndrom Ché-Kong.

Dans l'Ouest du Nam-Noung, prend sa source le D. Çor dans les dômes gazonnés du Plateau ; du haut de cette ligne de faîte d'où coulent, sur l'autre versant, les eaux

---

« voyage sur Bangkok, en 1899) leurs amis malais les avertirent de faire attention en arrivant
« au but de ne point être mangés par les Bataks à queue (Batak berèkor). »

Parmi les autres légendes sakai relatives aux « Races anormales » données encore dans le même ouvrage, la suivante est particulièrement à citer :

« Les Sakai (les Blandas de Vaughan-Stevens) donnent le nom de *Sakai* à une race
« fabuleuse de nains chevelus, demeurant dans la solitude et que l'on ne voit plus que rare-
« ment ; ils sont très craintifs et possèdent un odorat si fin qu'ils sentent l'approche de
« l'homme.

« Ces *Sakai démons* (Hantu-Sakai) ont, à l'avant-bras droit, un os tranchant en forme de
« lame dont ils se servent pour couper les arbres. Pour ramasser les fruits des plus hautes
« branchettes d'un arbre, ils grimpent en haut du tronc et s'asseoient sur une branche, cou-
« pant les branchettes au moyen de cette lame tranchante. Quoique tombant à terre avec
« la branche, ils ne se blessent jamais ».

Et, en note :

« Ceci concorde avec les traditions malaises des *Ourang-Outang* ou *Mawas*, parfois appe-
« lés *Hantu-Mawas*. Begbie (pp. 5, 6) parle cependant des Mawas comme d'une tribu sau-
« vage d'hommes habitant la jungle et dont le couperet a été confondu avec le bras qui le
« manie ».

« Cf. aussi Anderson qui dit que, suivant les légendes malaises, il existerait une race sau
« vage dans l'intérieur de Bernam (« Burnam », limite entre les états de Pérak et Selangor)
« appelés *Tuah-Benua* (sic ? *Hantu-Benua*) par les gens de Selangor et connus dans le
« Kedah sous le nom de Mawas. On les représente comme ressemblant fortement au
« Mawah ou gibbon à grands bras. Mais, au lieu d'avoir un os à la partie inférieure du bras,
« ils ont un morceau de fer tranchant leur servant à la fois de bras et de couperet pour cou-
« per le bois ».

(Traduit de Skeat and Bladgen : *Pagan Races of the Malay Peninsula*. Vol. II, pp. 281, 282, 283).

du D. Ndroung, la vue embrasse un horizon d'une splendide étendue : dans l'Est, la muraille du N. Noung; tout proche, le pâté isolé du N. Djiang; dans le Sud-Est, loin, très loin, s'estompe le Yok-Rmai, tandis qu'au Sud, se dessinent les montagnes grisâtres du moyen Donnaï. En avant, vers l'Ouest, le haut Plateau se déroule, mer de croupes et de bosses basses dont le gazon tache de ses larges plaques jaunâtres le sombre manteau des forêts-taillis qui, des vallées, montent à l'assaut des dômes, les couronnant de tout côté comme la chenille immense d'un casque bavarois. Et puis la ligne claire et la ligne sombre se fondent à l'horizon en une raie violette à peine accidentée de petits dômes très bas, nébuleux et irréels.

L'altitude moyenne de la ligne de faîte est de 990 mètres; les petites calottes qui la bossèlent s'élèvent à 1.000 et 1.010 mètres; la source même du D. Çor est par 960 mètres, opposée à celle d'un ruisseau tributaire du D. Çiat, affluent du Ndroung.

Nous ne tardons cependant pas à quitter la ligne de faîte pour replonger dans la forêt sur le versant du D. Ndroung où nous atteignons B. Pou-Tôp; trois heures de marche seulement mais le temps menace et je me décide à coucher ici; bien m'en a pris car, au début de l'après-midi, un formidable orage éclate; le village tremble sous l'ouragan et la pluie tombe en cataractes; deux heures durant, le tonnerre fait rage et une pluie fine continue à détremper les sentiers.

Le lendemain 6, nous regagnons enfin B. Pou-Trang. Sous l'orage de la veille, le Ndroung a débordé et sa vallée marécageuse est plaquée de flaques d'eau luisantes comme des feuilles de zinc sous le ciel bas et lourd. Dans les arbres de la rive, retentit le sifflet plaintif de l'oiseau auquel, par onomatopée, les Radé ont donné le nom de *uèh-hè*. Autrefois, me disent mes gens, c'étaient des hommes qui, ayant égaré leurs chevaux, grimpèrent sur des arbres pour les appeler; mais les génies les transformèrent en oiseaux et, depuis lors, perchés sur les plus hautes branches, ils ne cessent d'appeler leurs montures de cet éternel et mélancolique sifflet : « uèh-hè..... uèh-hè..... ».

Dans l'inexorable forêt infestée de sangsues, nous avons marché sans répit et, par le bassin du D. Môl, affluent du D. Çor, avons atteint B. Pou-Trang juste avant l'orage.

Mon circuit des montagnes prêh est définitivement achevé; par la sente charretière désormais connue, le convoi reposé se dirige sur B. Pou-Srà où nous rentrons le 8, après un mois et un jour d'absence.

. . .

Le Donnaï, le Nam-Noung, les forêts tapissées de sangsues, comme tout cela me paraît loin maintenant ! Dans le vallon du D. Tòy allongé entre les lignes parallèles des collines de bordure, le futur poste dresse déjà sa haute palissade, aux trois quarts achevée. Les travaux ont bien marché durant mon absence et bientôt viendra le tour des habitations.

De la masure crevée qui est encore mon palais, je ne puis m'empêcher de contempler avec orgueil la ligne neuve des hautes palanques, car c'est bien là la synthèse des résultats obtenus, le fruit des efforts dépensés ; cette région, il y a un mois si hostile, si méfiante, travaille maintenant pour celui qu'elle aurait voulu expulser. Le principe de notre domination est enfin admis et nous sommes acceptés sinon aimés. D'ailleurs, qu'importe ! Une inébranlable fermeté nous a conquis l'obédience de ces primitifs qui s'inclinent devant notre force et la respectent. Cette tournée victorieuse chez les peuplades du Sud, cette marche sur le Donnaï, malgré les Preng et les sangsues, le châtiment de B. Bou-Daych, tout cela nous forge encore une auréole de puissance ; nos génies sont décidément supérieurs aux génies mnong ; la construction du poste en est la tacite reconnaissance.

Et puis, augmentant la force effective de la mission, quinze nouveaux miliciens sont là — les renforts demandés à Pnom-Penh. Arrivés depuis quelques jours par le poste de Sré-Ktoum et la route de B. Pou-Klia, ils vont me permettre de poursuivre en sécurité la soumission des villages de l'Ouest et surtout de mener à bien la périlleuse descente sur la Cochinchine par le redouté pays des Stieng. Armés de mousquetons Lebel et amplement approvisionnés de cartouches, ils vont enfin constituer au convoi une escorte plus importante que les Annamites du Darlac, endurcis, il est vrai, à la fatigue et à toute épreuve de vaillance et de dévouement mais malheureusement munis des déplorables mousquetons Gras dont les vieilles cartouches ratent cinq et sept fois sur dix.

Et tout de suite, au débotté, il faut m'occuper de tout le monde, vérifier l'armement, les effets des nouveaux venus, distribuer les cartouches, procéder à la paie, soigner les malades, écouter les uns et les autres. Les miliciens cambodgiens de Kratié ne veulent pas se mélanger à leurs camarades de Pnom-Penh, ni obéir à leur caporal ; celui-ci demande de la quinine, celui-là est blessé au pied, et pendant que les cochons grognent et que les poulets pépient en se sauvant entre les jambes, l'on décloue les caisses ; miliciens et indigènes vont et viennent, criaillant, s'interpellant, se chamaillant ; puis, c'est le vieux chef, sanglé dans son veston blanc, venu m'offrir une jarre de bienvenue. La pluie maintenant tombe, gouttant à travers le vieux chaume ; la voix aiguë des Annamites domine le brouhaha, réclamant de l'herbe pour les chevaux et, dans la hutte délabrée, éventrée, c'est une cacophonie étrange où se mêlent l'Annamite, le Cambodgien, le Radé, le Mnong. Les cornacs n'ont plus de riz, les miliciens manquent de sel..... Seul, dans son coin, le caï annamite range méthodiquement sa caisse, comptant et recomptant ses modestes effets, remuant amoureusement les curieuses babioles qui constituent son luxe et sa fortune.

Mais, enfin, les caisses sont à peu près en ordre et la cohue s'apaise ; quelques derniers fâcheux cependant, mon émissaire cambodgien réclamant une augmentation de solde, des miliciens sollicitant une feuille de papier pour écrire à la femme ou aux amis par le courrier que j'envoie demain au fleuve et je peux, à mon tour, me reposer.

Dans quelques jours, la mission va repartir pour explorer les derniers cantons inconnus.

CHAPITRE IV

LE PLATEAU CENTRAL DE L'INDO-CHINE MÉRIDIONALE

PREMIÈRE DESCENTE SUR LA HAUTE COCHINCHINE

(667 kilomètres. — 12 mai 17 juin)

Les pierres du D. Pour. — La source du D. Pour. — Attaque de B. Bu-Rdang. — Les sources de la Rvé, de la Tioba et du Prek Té. — Le haut Hoyt et la source du Prek Tchlong. — Raid sur Sré Ktum. Budop et Hon-Quan. — De Hon-Quan à B. Pou-Noung par la vallée du D. Pam.

I

Tandis que s'achève le poste de B. Pou-Srà, la mission va continuer l'exploration du haut Plateau de faîte ; la saison des pluies, ouverte déjà, nous presse ; le temps même va manquer car, outre la reconnaissance de tout le secteur occidental du Yok Laych, il va nous falloir accomplir la descente sur la Cochinchine par la haute vallée du Song Bé. Nous n'avons pas un jour à perdre ; presque chaque soir, en effet, la tornade éclate, détrempant les chemins et, bientôt, ces orages quotidiens vont se transformer en une pluie continue, épaisse, intolérable qui, non seulement rendra impraticables les sentiers montagneux mais gonflera les moindres cours d'eau, les transformant en torrents furieux impossibles à franchir.

Notre future traversée du farouche pays stieng, si redouté des Moï voisins et des trafiquants cambodgiens, nous impose de grandes précautions ; aussi je ne laisse à B. Pou-Srà que trois miliciens cambodgiens chargés des constructions ; j'emmène avec moi vingt-deux miliciens — cinq Annamites et Moï du Darlac et dix-sept Cambodgiens — ; les six éléphants, reposés par leur long séjour ici, sont enfin tous valides. Ils sont chargés de paddy et de riz pour le nombreux personnel et du minimum de bagages nécessaires. De mes cinq juments, la plus belle et la plus robuste est malheureusement à l'agonie ; malade depuis un mois, elle refuse de manger et de boire et ne tient plus debout ; durant toute ma dernière tournée, elle est cependant restée ici mais tous les soins ont été inutiles et elle est perdue.

J'ai pu obtenir, sur les « pierres » du D. Pour que m'avait signalées au Darlac le chasseur laotien, quelques renseignements précis. Un Cambodgien procuré par Sòm affirme en effet connaître, sur le D. Pour, des « pierres » dont la description et l'emplacement semblent concorder avec ce que m'en a dit le Laotien. Peut-être est ce une ruine cham. En tout cas, je décide d'aller les reconnaître rapidement avant d'entreprendre l'exploration du secteur occidental du Plateau.

12-16 mai — (86 kilomètres).

De B. Pou-Srà, nous suivons quelque temps la sente de B. Pou-Kroyt mais l'on oblique vite dans le Nord-Est. Pour la première fois depuis de longs jours, nous cheminons dans la forêt-clairière au sous-bois d'herbe-paillotte jeune et courte ; c'est un plaisir de pouvoir ainsi déambuler à l'aise sans l'affolant envahissement des sangsues et l'oppression de la forêt-taillis ; quelques terrasses marécageuses s'ouvrent dans la forêt et la masse du Nam-Lyir s'élève tout près de nous, sur la droite. Il fait un temps superbe et assez frais.

Ici, la forêt-clairière ne se compose pas exclusivement de diptérocarpées mais renferme en outre un grand nombre d'essences diverses et des strychnées qui, en certains endroits, prennent même complètement la place des diptérocarpées. Les principales essences dominantes sont le *Kpang* (1) (*Dipterocarpus obtusifolius*), au tronc élancé, droit comme un mât et atteignant souvent de fort belles dimensions ; les *trueul* (divers *Lagerstrœmia*), au tronc blanchâtre, tout marqué de petites dépressions et comme martelé ; le *kchik* (*Shorea obtusa*) ; le *euàk* rachitique, au tronc tordu (*Strychnos*, noix vomique). La forêt-clairière est plus épaisse que sur la route basse charretière et le sous-bois, composé de graminées, de jeunes arbustes, est touffu ; il ne faut pas croire en effet que la forêt-clairière est toujours identique à elle-même ; dans les régions basses de la moyenne et basse Srépok, le long de la route charretière de Kratié au Darlac, elle est vraiment « clairière », ne renfermant guère que des *Klong* (*Dipterocarpus tuberculatus*) mais partout ailleurs, elle se diversifie à l'infini, composée de vastes étendues plantées de peuplements divers. Dans le voisinage de la Srépok, le sous-bois est formé d'une sorte d'herbe-bambou haute de deux à trois pieds, régal du gibier ; l'on y circule avec la plus grande facilité en dehors de toute piste ; les bambous nains réunis par touffes épaisses jalonnent les cours d'eau et les mares ; des arbustes rachitiques, barbelés d'épines, aux branches horizontales, sèment des clairières au gazon ras où affleure la roche et les grandes rivières sont seules bordées d'une galerie de grands arbres séculaires qui signalent de loin l'approche des cours d'eau ; quelques rares fleurettes, larges étoiles d'un délicat rose saumon, égaient le sol gris ; mais, ici, sur les pentes des premières collines, ramifications du Plateau Central, la forêt-clairière altère son aspect ; les arbres sont plus hauts, véritables hôtes de la forêt-futaie et que la nature rocheuse du sol a seule empêchés de former les impénétrables forêts de la région montagneuse.

C'est au milieu de ces étendues que nous atteignons, le soir du 12, le misérable village de B. Bu-Lu, deux ou trois cases ouvertes à tous les vents, simples hangars en désordre ; une ou deux charrettes cambodgiennes y sont arrêtées auprès d'un chargement de peaux exhalant leur forte et désagréable odeur.

(1) Tous les noms d'arbres cités au cours de l'ouvrage sont, sauf indication spéciale, les appellations radé peu différentes, en général, du terme mnong correspondant.

Le chef, un vieux brigand à mine patibulaire, se fait tirer l'oreille pour donner les renseignements nécessaires sur l'emplacement des « pierres » du D. Pour : ce séduisant autochtone est, paraît-i', un forban sans peur ; il y a quelques années, il assassinait un Laotien pour lui voler une paire de défenses d'éléphant.

B. B. Lu est à proximité de la chute franchie par le D. Pour au sortir des collines rocheuses étranglant son cours moyen ; nous atteignons rapidement la rivière dans la matinée du 13 ; el'c forme une petite chute en deux sauts, le L. Prong ; celui d'amont ne mesure pas plus de 1 mètre et celui d'aval, à 50 mètres de là, est de 5 mètres ; le lit est formé des grès noirs habituels entre des coteaux rocheux couverts de forêt-clairière ; élevées de 60 mètres au-dessus de la vallée, semées de blocs roulants, ces bosses nous conduisent en amont, à l'endroit où le D. Pour coule au niveau des crêtes ; et puis, brusquement, le sol manque sous la nappe d'eau et la rivière se précipite dans le gouffre par la chute splendide que les naturels appellent L Bar-Tap, la « chute des deux gradins » ; le saut forme en effet les deux marches d'un escalier gigantesque ; celui d'amont, le L. Klò — « chute mâle » — mesure 17 mètres de chute absolument à pic ; large de 25 à 30 mètres, le D. Pour s'y engouffre avec fureur ; au pied du L. Klò, une cataracte inclinée, de 4 mètres de dénivellation puis un palier rocheux où le chenal étroit se taille une faille bouillonnante contre la rive droite et, à 60 mètres en aval, le L. Ur — « chute femelle » —, de 30 mètres à pic ; en aval, la gorge se creuse entre le couloir des grès où l'eau rejaillit en écume par des cascades sur les rocs creusés de marmites ; de chaque côté, la muraille des collines tapissées de forêt-clairière ; nulle part trace de végétation touffue ; sur la tête même de la chute d'amont, une belle terrasse de gazon ras.

Pour continuer vers le Nord, il faut maintenant s'engager en pleine brousse, par des pistes d'éléphants sauvages nombreuses et bien tracées ; à côté du D. Pour, son petit affluent, le D. Rving, se précipite aussi en une cascade grandiose, de même hauteur que le Bar-Tap. Mais la faille est moins large et, du gouffre, montent de magnifiques fougères arborescentes, des palmes humides, la tige barbelée des rotins, les cordages des lianes hardies qui joignent les arbres poussés sur la lèvre du précipice.

Dans la forêt-clairière verdoyante des premières pluies, la marche est délicieuse : les troncs gris des diptérocarpées se panachent de leurs longues feuilles d'un vert glauque métallique ; et c'est en vain que l'on cherche quelque ressemblance avec la forêt désolée, brûlée, où nous marchions en février alors que le vent d'hiver faisait tourbillonner les cendres sur un sol calciné et brûlant. Dans l'après-midi, nous recoupons la sente haute de Kratié au Darlac, suivie en juin 1907 ; elle passe le D. Pour au L. Ndèh, petit saut de 2 m. 80 sur des blocs de grès curieusement taillés en moellons réguliers et entassés comme des murs de pierres sèches.

Les chevreuils bondissent au milieu de l'herbe verte : des bœufs et des buffles sauvages se sauvent entre les fûts espacés : les empreintes des éléphants sauvages deviennent plus nombreuses, se réunissant en véritables chemins battus ; le sol est plat comme une table et la forêt-clairière des régions basses s'étend à l'infini autour de nous. Une heure de marche sous la conduite du guide cambodgien et nous arrivons à un amas de blocs granitiques puis, quelque 1.200 mètres plus loin, aux Lu Ndrung elles-mêmes, les fameuses « pierres » du D. Pour.

Mais, hélas ! il n'y a rien là qui rappelle une ruine cham et ces « pierres » sont de simples rochers, fort curieux cependant au point de vue géologique : c'est un énorme bloc de granite en forme de dôme, de 15 à 20 mètres de relief, de couleur brune et bosselé comme un carton-pâte de décor; il recèle en quelques dépressions un gazon ras où s'amasse l'eau des pluies ruisselant sur les pentes en rubans brillants ; ses assises rugueuses vont baigner dans le D. Yueul, affluent du D. Pour qui est tout proche ; vers le sommet quelques arbustes poussent sur les carreaux de terre meuble, et le pied méridional se perd dans la forêt clairière ; sur la surface du roc, les gens de B. Bu-Lu me montrent des empreintes bizarres qui, me disent-ils, sont, suivant la forme et la taille, des traces d'éléphants, de chevaux, d'hommes ; de longues raies minces, droites, blanchâtres, faisant légèrement saillie, sont des cordes de chevaux.

Autrefois, en effet, dit la légende, un village, B. Ndrung, occupait l'emplacement de ces assises rocheuses, mais les villageois, gens méchants, attirèrent sur eux la colère des génies qui les plongèrent, durant sept jours et sept nuits, dans une obscurité complète ; les villageois périrent et leurs huttes furent changées en ces rocs actuels qui gardent encore les empreintes des chiens, des chevaux et autres êtres familiers du village ; l'éléphant même du chef fut également transformé en pierre alors qu'il allait se baigner au D. Yueul ; c'est ce gros rocher noir planté au milieu du lit du ruisseau.

Vers le sommet du roc, l'on montre encore un bloc représentant un homme tenant son enfant dans les bras.

La seule marque indéniable de quelque présence humaine est l'existence de trois sortes de cairns très régulièrement formés de petits blocs granitiques et érigés sur les trois bosses accidentant la plate-forme faîtière; celui du centre est le plus important; il se présente sous forme d'un cube quadrangulaire en pierres sèches, de 1 m. 50 à 1 m. 80 de hauteur : les blocs granitiques dont sont formés ces murs sont des parallélépipèdes rectangles de 0 m. 10 d'épaisseur sur 0 m. 40 et 0 m. 50 ; ils sont superposés en une régularité parfaite ; la crête des murs s'est cependant éboulée et les pavés se sont écroulés autour de la base en monceaux désordonnés ; l'intérieur du cairn est à peu près comblé par des détritus de toute sorte et un arbuste y a pris racine. Les deux autres cairns sont semblables quoique plus ruinés : ils affectent tous la forme d'un tronc de cône et leur circonférence mesure de 25 à 35 mètres. Quelques-uns des blocs réguliers qui ont servi à les édifier sont disséminés en petit nombre sur les pentes du dôme et à la base des dernières assises baignées au Nord par le D. Yueul.

J'ai fait débarrasser le cairn central des débris et de l'arbuste, mais l'on n'a rien trouvé entre les murs de pierres sèches, ni inscription ni sculpture susceptible de donner quelques indications sur l'origine de ces mystérieux édicules ; car il est certain qu'ils ne sont pas l'œuvre des Mnong du secteur ; les indigènes ne viennent en effet que fort rarement en ces parages et ne s'aventurent pas sur le dôme rocheux hanté par les génies destructeurs du village légendaire ; pour eux, d'ailleurs, ces pierres géométriques des cairns ne sont autre chose que les nattes, les habits, les couvertures des villageois, le tout soigneusement plié et pétrifié avec le reste du hameau ; il est donc évident que ces sauvages superstitieux ne se sont pas amusés à élever ces cairns bizarres dont l'origine me semble plutôt étrange.

22. — Les Lu Ndrung (au sommet, le cairn principal).

23. — D. Deur. — Le D. Trap aux basses eaux.

A une demi-journée de marche sur l'autre rive du D. Pour, mais à quelque distance de cette rivière, se trouverait un autre amoncellement de rocs plus hauts, plus élancés et plus nombreux ; ils sont connus sous le nom de Lu Rehong (Lu = pierre, roc).

Autrefois, dit encore la légende, une troupe de Rehong, tribu mnong peuplant le bassin du Hoyt, affluent du S. Bé, quitta son aire d'habitat et vint s'établir en ces parages ; ces Rehong employaient pour la confection de leurs marmites la terre de leur pays, mais, ne sachant pas retirer de ces récipients sans les briser le riz qu'ils y faisaient cuire, ils étaient obligés d'en toujours fabriquer de nouveaux ; ayant ainsi épuisé toute la terre de leur pays, ils vinrent un jour se fixer en cette région du D. Pour et ils recommencèrent à fabriquer des marmites qu'ils brisaient toujours pour en retirer leur riz ; irrités de tant de stupidité, les génies les punirent en les plongeant, eux aussi, pendant sept jours et sept nuits, en des ténèbres épaisses ; les Rehong périrent et leurs huttes sont les rochers actuels qui portent encore leur nom.

Quoi qu'il en soit, il est certain que ce secteur si particulièrement et profondément désert des forêts-clairières de la moyenne Srépok était autrefois peuplé ; les indigènes des villages voisins se souviennent parfaitement de hameaux qui égayaient ces solitudes ; ils s'enfuirent devant les incessantes incursions des deux anciens chefs de B. Don, Jau et Hiau, qui terrorisèrent le district, il y a quelque 80 ans ; à la tête d'une bande de Laotiens, de Jarai et de Radé, ils pillaient les hameaux, emmenant les villageois en esclavage, les vendant aux chefs riches du Darlac, les écoulant sur le Laos ou les gardant par devers eux ; les cantons les plus éprouvés furent ceux du Ya Kèn, du Ndrih et des autres affluents voisins de la Srépok. Le chef actuel de B. Don — le Khun Yonob, aujourd'hui l'un de nos plus fidèles auxiliaires — continua les razzias de Hiau et de Jau. Décimés par ces incursions, les Mnong s'enfuirent dans les montagnes d'où ils ne sont revenus que récemment, à l'établissement de notre domination. Chen-Drom, notamment, s'était enfui dans le haut bassin des Ya Çor — Ya Mam.

C'est là une des raisons, sinon la principale, pour laquelle la contrée à l'Ouest de B. Don n'est plus qu'un vaste désert ; cet exemple montre sous un jour très vif quel était l'état de l'hinterland avant notre arrivée ; en proie à quelques chefs audacieux et intelligents, il était le grenier à esclaves et à butin, perpétuel théâtre de meurtres et de rapines. Ces faits, qui ont pris plus grand développement avec un Khun-Yonob ou un Mé-Sau (1) étaient habituels dans toute la région moï et il n'est pas un grand chef qui n'ait assis son autorité sur ces actes de barbarie. A ces puissants suzerains, redoutés comme un fléau, les Radé appliquaient le terme de « mtau » (2) qui signifie « roi ».

Nous aurons campé à la belle étoile au pied des Lu Ndrung, sous un ciel menaçant et noir : la nuit est tombée, épaisse, et le camp s'endort au murmure du D. Yueul

---

(1) Voir l'histoire de ce grand chef moï dans mon précédent ouvrage : *Les régions moï du Sud-Indochinois. — Le Plateau du Darlac.*

(2) C'est le « Patau » des Cham ; conservé intact par les Jarai, ce mot a été rendu célèbre par Patau Ya et Patau Puï — les Sadets de l'Eau et du Feu.

lorsque l'orage éclate ; chassée avec rage, la pluie inonde nos misérables abris ; dans les ténèbres rayées d'éclairs, il faut subir stoïquement la trombe qui, en un instant, trempe nattes et couvertures ; l'un de mes miliciens cambodgiens, petit bonhomme mâtiné d'annamite, a seul trouvé un excellent abri sous ma table de route recouverte de mon pliant, d'un vaste chapeau annamite et de ma cuvette émaillée ; accroupi en grenouille sous cet étroit espace, il a fini par y passer la nuit tandis que nous barbotons sans espoir dans les flaques d'eau, sous les ondées successives qui nous arrosent jusqu'à l'aube.

Tandis que, ce matin, les hommes vont se sécher au soleil, je pars reconnaître les Lu Rehong, mais nous devons presqu'aussitôt rebrousser chemin devant le D. Pour, grossi par l'orage et roulant une eau brune et profonde, impossible à franchir. Au retour, nous rencontrons en forêt-clairière trois nouveaux blocs granitiques ; en forme de pyramide triangulaire, ils surgissent brusquement du sol comme des dents énor-

Fig. 10. — Bloc principal des Lu Ndam-Grang.

mes ; le plus gros mesure 10 mètres de haut et 60 mètres de tour à la base ; les deux autres, plus petits, n'ont que 6 et 4 mètres : ils sont disposés en triangle et sont appelés Lu Ndam-Grang, du nom du génie qui les habite. Elles sont pareilles, me dit mon guide, aux Lu Rehong.

Nous ne partons qu'après déjeûner pour rejoindre le D. Plai qui n'est pas très loin : au bord de la rivière, des chants de coq décèlent l'existence d'un village ; quoique nous en apercevions même les toitures de chaume, nous tournons pendant un quart d'heure dans les fourrés de bambous qui l'entourent avant de découvrir un passage, sente étroite en haut du talus glissant dominant le Plai ; des lancettes de guerre défendent la triple enceinte percée de poternes basses ; deux huttes, dont l'une très petite, sur pilotis, séparées entre elles par une palissade ; derrière les portes, un semis de lancettes hautes de 0 m. 50 ; à l'autre bout du repaire, deux autres palissades semblablement percées de poternes plus basses et plus étroites sous lesquelles dévalle la sente du Plai qui coule, rapide, sur les pierres ; tout autour du village, la brousse la plus épaisse, renforcée d'abatis. Deux vieux, très vieux, peuplent seuls le hameau : l'homme, rongé d'ulcères, les paupières gonflées, sans cils, les yeux infectés de pus, est repoussant et pitoyable ; la vieille ne vaut guère mieux ; ils partent cependant volontiers chercher les villageois qui, disent-ils, sont aux champs. Mais la journée se passe et personne n'apparaît ; les gens de B. Bu-Lu envoyés en parlementaires reviennent également sans succès.

Cette nuit, le ciel, sans un nuage, étincelle ironiquement au-dessus de nos têtes de toutes ses étoiles depuis si longtemps voilées sous les nuées et mes guides Mnong me montrent joyeusement la Grande Ourse qu'ils appellent Kang-Rbai, « la mâchoire du gaur ».

Dans la forêt-clairière, nous déambulons à l'aise ; derrière le Plai, nous franchissons une arête rocheuse formant ligne de faîte Plai — Der, pour arriver à B. Pou-Pet, pauvre agglomération de deux huttes non palissadées, plantées en pleine forêt-clairière, quelque chose comme un pauvre hameau jaraï de la région de Pleï Ksam. Le secteur est soumis et paie même l'impôt à Kratié.

Nous sommes à peu de distance de la source du D. Der, sur lequel est situé le village ; cette rivière est un affluent direct de la Srépok qui le reçoit entre le Rvé et le Plai ; il ne faut pas le confondre avec le D. Deur, affluent du Rvé ; comme le Rmat (Tiammat des Laotiens), le Der prend sa source bien plus au nord que ses importants voisins et son cours entier se déroule en forêt-clairière déserte. Celle-ci est, en ces parages, presqu'exclusivement composée de *erang* (*Pentacme siamensis*) et de *ndrik*, essences de petite taille au feuillage clair ; le sous-bois est d'herbe courte à allure de gazon ; de nombreuses clairières, inondées aux pluies — les *veal* des Cambodgiens — s'ouvrent au milieu de ces étendues.

Plus au Sud, dans la direction de B. Pou-Kroyt, la forêt-clairière s'épaissit, ressemblant à celle des environs de B. Pou-Srà ; l'herbe-paillotte assez haute et dense couvre partout le sol, les *erang* et les *ndrik* disparaissent devant un grand nombre d'espèces des plus variées où dominent les *eblà*, dont l'écorce en plaques s'écaille à la base, laissant voir le tronc d'une couleur rougeâtre ; de nombreux faux-cotonniers s'y rencontrent également par peuplements ; ce sont le *blang* et le *blong* (*Bombax malabaricum* et *Bombax anceps*) ; le premier, qui est de beaucoup le plus abondant et le plus majestueux, atteint des dimensions considérables et son tronc aux fortes et courtes épines ligneuses domine ses voisins de sa puissante stature ; des *knur*, des strychnées et de nombreux autres arbustes alternent entre eux à l'infini ; le sous-bois est semé de nombreux *eruï* de petite taille, aux énormes feuilles d'un vert chrome et cassantes et dont le jeune tronc se termine par le bourgeon capital effilé et d'un rouge sang. Des peuplements de forêt-futaie coupent cette zone et s'étendent en galerie le long des cours d'eau ; l'on y rencontre en abondance le magnifique *hraych* (*Dipterocarpus alatus*), le roi de la famille des Diptérocarpées, le précieux arbre à huile de l'Indochine et dont le tronc énorme et rougeâtre, droit comme un mât, s'élance victorieusement au-dessus des autres géants : il voisine le plus souvent avec l'*igieur* (divers *Hopea*) dont la taille égale presque la sienne.

La sente de B. Pou-Kroyt nous fait traverser quelques villages disséminés dans la vallée du D. Deur : le plus important de tous est B. Buk-Rùèh — le Kebal-Damrey des

Cambodgiens — et où nous passions en juin 1907 ; ses vastes cultures sont déjà couvertes du gazon tendre du jeune riz entre des bouquets d'ananas, des jeunes manguiers, des carrés d'igname ; au milieu de tout cela, les lianes rampantes des cucurbitacées en fleurs. Le Rvé n'est pas loin : tout près, d'ailleurs, dans le Sud, s'étagent les faibles collines terminant le Plateau Central et d'où descendent la rivière et ses affluents ; le Rvé franchirait en son cours supérieur une première chute de 4 à 6 mètres de haut, le L. Klang — « chute de l'aigle » — puis, plus en aval, le L Pong-tal, de même hauteur.

De B. Buk-Ruèh à B. Pou-Kroyt, nous suivons la sente de 1907 au milieu de forêt-clairière inondée et marécageuse, presque exclusivement composée de *ndrik* et d'*erang* ; le sol est tapissé, entre l'herbe fine, de nombreuses plantes d'un vert brillant appartenant toutes à la famille des Zingibéracées et qui sont diverses sortes de *Curcuma* ; affectionnant les endroits humides, elles abondent dans tous les secteurs marécageux de la forêt-clairière.

Nous traversons à nouveau le D. Deur au L. Trap, belle chute de 8 m. 50 ; la rivière, large de 20 à 30 mètres, se divise en rigoles latérales et marécageuses obstruées de bambous et d'herbes (d'où le nom de la chute, *trap* étant l'appellation mnong de ces fentes) ; tandis que ces chenaux latéraux laissent échapper leur eau dans le gouffre par un seul saut perpendiculaire, le lit proprement dit est divisé en deux caps rocheux, celui du centre brisé en deux paliers, hauts de 6 m. 50 et 2 mètres.

A B. Pou-Kroyt où, le 16 au soir, je referme la boucle décrite vers le Nord, se trouvent cinq charrettes cambodgiennes arrivées de Kratié avec tout un assortiment d'articles d'échange : elles viennent trafiquer dans la région et repartiront avant la période des grandes pluies.

II

17-22 mai — (103 kilomètres).

C'est d'ici que je repars, après un jour de repos, pour opérer la reconnaissance des parties occidentales du Plateau Central de faîte : nous prenons à peu près la direction suivie déjà en mars pour atteindre la source du Plai ; la forêt-clairière, tapissée de hautes herbes, est presque toute composée de *kpang*, d'*erang*, de *ndrik* et de *kchik* ; à hauteur de B. B. Ngang, nous obliquons dans le Sud-Ouest ; dans le lit d'un grand ruisseau, l'un de mes cornacs a la chance de tuer d'un coup de lance un grand cerf surpris à l'improviste. Par la vallée du D. Ndrieng, aux croupes de plus en plus herbeuses, nous arrivons à B. Bu-Lun, au seuil même du Plateau Central dont les dômes jaunes apparaissent entre les arbustes de plus en plus clairsemés ; nous escaladons ses dernières pentes dans la matinée du 19 et, maintenant, la vaste terrasse ondulée s'étale à l'infini devant nous ; les arbustes, rabougris et rares, n'apparaissent plus qu'en maigres touffes aux sources des ruisseaux dont les vallons se voilent d'une épaisse galerie forestière ; d'une analogie singulière avec les croupes du Limousin, le Yŏk Laych présente les mêmes bosses herbeuses, les mêmes profondes vallées. Par

24. — D. Deur. — Les grès en aval du L. Trap.

25. — Le Plai à B. Pou-Kroyt (type de cours d'eau en forêt-clairière).

940 mètres, nous atteignons le point culminant entre le bassin du Plai et celui du D. Deur, à la source même de cette rivière ; sa large vallée s'ouvre, modérément boisée ; la sente continue sur le bassin du Prek Té – le D. Deur-Mê (D. Deur « mère ») des naturels –. C'est ici, à la source du D. Ndrieng, sur la limite du versant du P. Té, que se trouve le Prah Nhut, dépression creusée sur le flanc d'un dôme, affectant la forme d'un fer à cheval très allongé et d'où sourd le D. Ndrieng. Ces sortes d'effondrement sont fréquents sur les dômes du Yok Laych, mais celui-ci est célèbre chez les Mnong qui lui attribuent une origine surnaturelle. Il est, en effet, disent-ils, l'empreinte du corps du Prah-Nhut. Ce géant divin, que les Cambodgiens appellent Tà-Prum, habitait le Yok Laych : grâce à la longueur de ses jambes, il pouvait, en un instant, se rendre des montagnes au bord du Mékong ; or, un jour que sa femme avait fait cuire le riz du repas, elle s'avisa qu'il ne restait rien autre à manger et elle pria son mari d'aller au fleuve lui chercher du poisson. Prah-Nhut partit aussitôt, mais en revenant avec sa pêche, il fit un faux-pas, glissa et tomba assis, les jambes étendues ; sous son poids, la colline fléchit et la dépression actuelle est l'empreinte de son corps ; le fond du fer à cheval est la marque des fesses, les deux rigoles séparées par une faible arête et formant les côtés du fer sont celle des jambes du géant.

Nous marchons sans fatigue en ces hauteurs gazonnées où une voiture circulerait à l'aise ; les sentes rouges déroulent à l'infini leur mince ruban ; un peu avant B. Bu-Lok, nous passons près d'un beau peuplement de *kpang* dont le feuillage glauque, en haut des fûts élancés, rompt la monotonie du grand plateau jaunâtre. Dans l'après-midi, nous atteignons la lèvre nord-occidentale du plateau ; l'angle Nord-Ouest lui-même se prolonge par le massif de Lum-Phum, densément boisé, mais, à l'Ouest, il s'écroule par une série de collines projetées en éperons entre les vallées qui disparaissent dans l'immense plaine moutonneuse, hérissée de quelques dômes ou de cônes secondaires. Velue de la peluche sombre des bois, mouchetée des colonnettes de fumée bleue qui s'élève des raï, la haute plaine cambodgienne se prolonge jusqu'à l'extrême horizon ; de longtemps, je n'avais admiré panorama si étendu, si majestueusement calme ; au Nord, à l'Est, au Sud, les vagues de la mer des herbes et l'on comprend sans peine que les naïfs aborigènes prétendent que ce plateau de faîte ait été autrefois couvert par l'océan dont les vagues figées ont formé ces calottes et ces mamelons sans nombre.

Quelques arbustes se rencontrent en cette partie du Yok Laych, mêlés à l'herbe paillotte et à des fougères ; les essences prédominantes sont les *idak,* les *eneut,* les *imé,* ceux-ci petits tamariniers rachitiques, les *hangam,* les *klio* et aussi quelques *kpang* majestueux assemblés en bouquets. Les sentes des éléphants sauvages sont nombreuses ; des chevreuils et des cerfs paissent sur les dômes et la perdrix fait résonner de son cri rauque ces ultimes solitudes.

Le P. Té franchit, au pied du plateau, une chute que je suis allé reconnaître : c'est le L. Buh-Prah, haut de 8 mètres, au Sud de B. Pou-Nhau.

La frange occidentale du plateau est constituée par des mamelons et des éperons écroulés, rocheux et raides, séparant entre elles des vallées fort encaissées ; tous les villages appartiennent encore à la tribu mnong des Bou-Neur.

Le 22, je relie mes levers à celui de juin 1907 par un itinéraire partant du nouveau

B. Pou Klia vers l'emplacement occupé par ce village lors de mon précédent voyage, puis nous grimpons à nouveau sur le Plateau Central afin de reconnaître les sources du Rpâ (Tioba des Laotiens). La sente zigzague toujours sur les terrasses gazonnées, hérissées de dômes de faîte ; opposée à la source du Pong-Pah, se trouve celle du D. Trà, affluent du Rpâ ; au Nord, la vue découvre l'immense étendue des forêts-clairières qui s'enfoncent sur la moyenne Srépok ; à l'aide des jumelles, on distingue, à l'extrême horizon, la ligne dentelée de collines extrêmement lointaines ; des hauteurs plus proches, des dômes, des tables accidentent cette plaine sans limite où des colonnes de fumée mince révèlent l'existence d'êtres humains. Dans le Nord-Est, les collines proches d'écroulement du plateau sur la vallée du Rvé. Ce panorama immense, étalé jusqu'aux collines d'entre Srépok et Sé San se relie à celui que nous avons admiré plus dans l'Ouest par la table caractéristique du Yok Kduk et les crêtes du Lum-Phum terminé en un petit cône tronqué taillé à pic sur les vallées.

Tard dans l'après-midi, nous arrivons aux raï de B. Bu-Rdang ; les guides envoyés en reconnaissance annoncent la fuite des villageois ; le hameau, tout en bas, sur le D. Tret, au pied d'une côte terrible, est abandonné et la seule maison qui le compose est dans un tel état de délabrement et de saleté repoussante que nous remontons en haut de la colline pour occuper les étroites huttes au milieu des cultures de maïs. Je dépêche aussitôt en éclaireur une petite troupe composée de trois cornacs et de mes deux miliciens radé ; ils devront suivre aussi loin que possible les empreintes laissées par l'éléphant du village et tâcher d'entrer en relations avec les fugitifs mais, à la nuit close, sous la pluie qui fouette, mes gens reviennent tout émus ; longtemps, ils ont suivi la piste qui les a conduits aux abris de fortune élevés en forêt par les naturels ; mais, là, ils se sont heurtés à un groupe de guerriers résolus armés d'arbalètes et de deux fusils à pierre et qui, refusant toute explication, ont tiré sur eux ; heureusement, la pluie a fait rater les fusils et, seules, les flèches sont venues tomber près des miliciens radé qui ripostèrent aussitôt mais la nuit arrivait, rapide, et le petit groupe s'est replié.

Une nuit noire, une pluie violente chassée par une brise très fraîche ; j'ai décidé de surprendre les révoltés par une marche nocturne et tout le monde, de bonne heure, s'est terré dans les huttes ; soudain, les cornacs font irruption dans la mienne ; leur masure, la plus éloignée, vient de recevoir la visite de rôdeurs qui ont essayé d'enfoncer la porte et ont fui devant les lances de mes gens ; accompagné du poste de garde cambodgien, je vais m'installer sans bruit dans la case menacée dont nous laissons la porte entr'ouverte dans l'espérance d'attraper ainsi quelque rebelle ; sur le lit de camp, chacun repose près de sa carabine ; le foyer languissant meurt ; au dehors, les ténèbres sont impénétrables et la pluie tombe par rafales.

Deux heures du matin : la pluie a cessé, un vent frais balaie les hauteurs ; au ciel, quelques étoiles clignotent faiblement, alanguies derrière les vapeurs lourdes ; en silence, les miliciens se rangent, les cinq Annamites du Darlac et dix Cambodgiens ; quatre hommes sont seuls laissés à la garde du camp ; l'un des miliciens radé sert de guide ; sous la faible clarté gris perle, nous nous glissons en file indienne ; des lucioles passent dans les herbes ; il faut redescendre la sente abrupte sur le D. Tret et elle paraît interminable, cette marche à l'aveuglette sur la rampe raide, détrempée et glissante où la piste se perd à chaque pas sous les herbes ; le temps s'écoule, quelconque, aucune notion de l'heure qu'il peut être ; la clarté demi-sombre fatigue les yeux et les uniformes kaki semblent des spectres silencieux et falots ; une masse plus noire, un bruit d'eau sur des rocs décèlent la présence de l'ancien village et l'on oblique à gauche ; les flaques d'eau luisent dans les empreintes de l'éléphant ; les herbes se dressent en filaments glauques entre les fûts noirs et les lucioles dansent, clignotantes, se fondant avec les étoiles embuées qui semblent s'être décrochées de leur voûte mouillée et basse. A chaque pas l'on glisse dans l'eau, l'on patauge dans la boue pour aller buter sur un tronc abattu ; les gouttes de rosée tombent avec les gouttes de pluie que la brise chasse des arbres ; il fait froid ; soudain, un cerf brame à quelques pas sur notre gauche et l'on tressaille involontairement ; seul, le bruit de l'eau monte entre les crêtes basses barrant le ciel ; les picotements du silence gris enveloppent la brousse de leur suaire ; derrière la brume mouvante, la Petite Ourse brille d'un éclat plus clair.

Enfin, le guide déclare être tout près : mais, un moment, nous perdons la sente au passage d'un ruisseau bordé d'une épaisse végétation sous laquelle règne une obscurité complète et nous tournons quelque temps au hasard avant de retrouver la piste à la lueur des allumettes.

Une couche de boue gluante et visqueuse m'enveloppe les pieds, mes sandales de cuir mince tournent à chaque pas, des piqûres douloureuses me harcèlent les chevilles qu'entoure quelque chose de gluant et de mou — les ignobles sangsues.

Mais, à travers le feuillage, les yeux de lynx de mon guide découvrent des toits de chaume : deux abris misérables, hâtifs et, un peu plus loin, un troisième ; rapidement, nous entourons l'une des cases, une allumette craque mais le nid est vide, les oiseaux ont disparu ; seuls, les cochons et la basse-cour sont là, entre des cloisons de bambou.

La brise plus fraîche annonce l'aube et les étoiles pâlissent au ciel libre de nuages ; harassés de fatigue et de sommeil, nous nous entassons pêle-mêle sous l'un des chaumes ; un beau rouf de howdah m'offre son confortable berceau et, accroupis sur les carabines, nous attendons le jour ; il est quatre heures et demie.

L'aube brusque, blafarde, nous surprend en une somnolence lourde ; la buée monte de la terre trempée et les herbes luisent de pluie et de rosée ; les éclaireurs signalent les pistes de fuite et nous repartons à la poursuite ; à mi-côte d'une colline, bientôt des traces sanglantes trahissent la présence d'un blessé, une natte trempée de sang au milieu d'herbes piétinées indique l'endroit où a dû dormir le fugitif ; il ne saurait être loin et, derrière une touffe de bambous, nous ne tardons pas à le découvrir ; c'est un Mnong couché dans la brousse sur une natte en ruines, les pieds ensanglantés ; mes Radé le reconnaissent pour un des assaillants de la veille ; touché par la balle Gras d'un des miliciens, il a les deux jambes brisées à hauteur des chevilles ; ses compagnons ont fui il ne sait où ; quant à l'éléphant, il a été lâché en brousse hier au soir ; nous continuons avec plus d'ardeur la poursuite, les traces du pachyderme sont très fraîches et on les suit aisément dans les herbes écrasées et sous les bouquets de bambous brisés ; en haut d'une côte, des mugissements, des sonnailles proches, — les bœufs du village ; les pistes se divisent d'ailleurs ; au pied d'un arbre, les herbes écrasées, froissées, disent où les naturels ont passé la nuit ; deux heures d'escalade, de descente, de marche pénible dans la forêt-clairière aux bambouseraies épaisses nous mènent enfin à un grand cours d'eau bondissant sur des quartiers de roc ; l'éléphant vient de passer là et bientôt le cornac de tête pousse un cri de joie ; la masse de l'animal se dresse en un fourré de bambous ; il se laisse capturer sans difficulté ; son gardien a pris précipitamment la fuite et nous reprenons victorieusement la direction du camp où nous arrivons après une pénible escalade du Yok Laych sous une copieuse averse qui nous trempe jusqu'aux os.

Toute la journée, la pluie tombe en ondées brusques et violentes et la buée monte en bourrelets blancs sur le vaste horizon des forêts-clairières rayées de plaques de pluie et où le jeu de la lumière met des reflets changeants au gré de la course des nuées.

Dans l'après-midi, reviennent les deux éléphants que j'ai envoyés ramener le blessé et les miliciens laissés à la garde des huttes de fuite ; ceux-ci ont dû tirer sur un faible parti de guerriers qui a cherché à les attaquer. Le blessé, débarrassé des esquilles d'os qui enveniment ses horribles plaies et pansé du mieux que je puis, sera laissé à la garde d'un village voisin, car je ne puis songer à l'emmener ; des attelles lui sont confectionnées et posées sur un abondant pansement ; il est probable qu'il survivra. Quant à l'éléphant, il est incorporé séance tenante à mon convoi et ne sera rendu qu'à soumission du village ; mais il faut hâter le départ, le riz touche à sa fin ; les 35 ou 40 bouches que je dois quotidiennement nourrir consomment une trentaine de kilogrammes par jour ; j'ai déjà dû mettre tout le monde aux demi-rations et, la récolte étant loin d'être faite, le problème du ravitaillement se pose très impérieux ; dans tous les villages traversés, nous n'avons pu obtenir qu'une ridicule quantité de grain ; les naturels ne subsistent plus que sur les miettes de leurs réserves ; de nombreux villages n'ont même plus un boisseau de paddy et vivent de racines et de plantes plus ou moins comestibles ; les quelques hameaux qui se livrent à des cultures plus étendues et peuvent ainsi amasser des réserves plus fortes, vendent aux voisins ce qu'ils peuvent mais la fin du printemps est, chaque année, l'époque de la disette. Quant au maïs, il ne faut pas songer à le récolter avant encore plusieurs semaines. Le Moï, il est vrai, ne se préoccupe guère de cette famine : la chasse et la forêt lui fournissent sa maigre pitance et leurs ressources l'aident à supporter légèrement la crise ; cette leçon annuelle ne lui sert d'ailleurs pas et jamais il ne songera à étendre ses raï ; sa profonde connaissance de la forêt lui épargne la hideuse famine et le manque de riz ne l'impressionne que fort peu ; je ne puis malheureusement partager cette philosophique manière de voir et il me faut en toute hâte rallier B. Pou-Noung, derrière la source du Plai ; c'est, de toute la région, le seul village qui puisse vendre encore quelque grain, mais la distance est longue et l'on devra pendant quelques jours vivre chichement de nos maigres provisions et des cochons que nous pourrons nous procurer.

24-26 mai - (61 kilomètres).

Ce matin seulement apparaissent les gens de B. Bou-Lâ que j'ai envoyé chercher hier ; ils n'ont pu arriver plus tôt par suite de la crue du Rpâ.

Avant de continuer dans l'Est, je pousse une pointe de reconnaissance jusqu'à la naissance du Lum-Phum, à l'angle Nord-Ouest du Plateau ; tandis qu'au Sud-Ouest descendent le Pong-Pah et le Pong-Tû, affluents du Prek Té, au Nord se forment le D. Trâ, tributaire du Rpâ, et ses affluents ; le massif du Lum-Phum est un éperon lancé par le Yok Laych ; boisé et élevé, il est cependant d'altitude moindre que le Plateau lui-même ; du Lum Phum coulent, à l'Ouest, le Rnuyh, tributaire du P. Té, à l'Est les affluents du D. Trâ et enfin le Laukâ qui va au Rpâ.

Le convoi suit, dans l'Est, la lèvre du Plateau qui s'écroule brusquement sur le versant du Rpâ ; l'herbe paillotte remplace le gazon ras et la forêt-clairière apparaît par plaques ; au revers d'un gros dôme herbeux, le Yok Rdang, naît le Rpâ lui-même, par 800 mètres ; l'altitude du Yok Rdang est de 840 mètres ; une crête secondaire, simple arête très étroite, éperon du Yok Laych, nous mène à B. Pou-Kroyt, pauvres huttes au milieu des cultures occupant une faible dépression marécageuse, source du Rvé ; à quelques pas en avant, l'éperon s'abaisse brusquement, se creusant en ravin où filtre la rivière qui, contournant le pied occidental du Yok Gong-Rlâ, passe entre ce dernier et le Yok Rvé pour atteindre les plaines de forêt-clairière ; la source est par 780 mètres d'altitude.

Le 25, nous refermons sur le Prah-Nhut la vaste boucle qui vient de nous faire reconnaître tout le versant Nord-Occidental du Plateau de faîte et la grande ligne de partage des eaux du Mékong par le P. Té et de la moyenne Srépok par ses nombreux affluents parallèles ; nous marchons rapidement sur B. P. Noung en suivant la ligne de crête entre le Plai et le P. Té ; par 885 mètres d'altitude, nous traversons cette dernière rivière à moins de deux kilomètres en aval de sa source qui se creuse un angle prononcé dans le bassin du Plai entre le Rtooung et le Rlèh, affluents de ce dernier cours d'eau ; des dômes boisés apparaissent dans le Sud-Est, tandis que la vallée du P. Té s'étend à perte de vue entre les mamelons herbeux et jaunes.

Limitrophe du P. Té dans le Sud, se trouve le bassin du Hoyt qui, lui aussi, fait un angle aigu dans le Plateau de faîte ; le bassin intermédiaire du P. Tchlong, affluent direct du Mékong, est bien plus au Sud-Ouest, encastré entre celui du P. Té et celui du Hoyt, sur les dernières pentes du Yok Laych.

Nous couchons ce soir au pauvre village de B. B. Dang où je passais une nuit de mars dernier ; mais la hutte clôturée est déjà abandonnée pour un nouveau hameau ; le chef peut me vendre quelques mesures de riz qui sont les bienvenues ; il ne me reste plus, avec cet achat, que cinq ou six kilogrammes pour plus de trente personnes et, ce soir, je dois suspendre la distribution ; les hommes se nourriront de ce qui reste des cochons de B. B. Rdang.

Par la ligne de faîte Plai-Hoyt, nous aurons enfin atteint B. P. Noung en empruntant en grande partie la sente de mars par la source du Plai ; mais B. P. Noung a abandonné, lui aussi, son village ; la nouvelle agglomération est plus au Sud, sur le versant du D. Nhil ; la même cordiale réception nous y attend et nous pouvons acheter enfin une certaine quantité de grain.

Mais il me faut envisager sérieusement cette question du ravitaillement ; il est en effet impossible de s'enfoncer sur la Cochinchine par les villages hostiles du haut Song Bé sans une ample réserve de riz ; de plus, il me reste à reconnaître la région des sources du P. Tchlong dont le bassin est décidément fort en retrait du Plateau Central ; la direction de la vallée du Hoyt qui est nettement Est-Ouest, me surprend également ; le Hoyt ne serait-il pas une branche du Tchlong plutôt qu'un affluent du S. Bé? L'immense courbe qu'il décrirait vers le Sud pour rejoindre cette dernière rivière me semble assez problématique et une randonnée vers la haute vallée de ce cours d'eau est nécessaire pour élucider le problème. Je ne puis cependant songer à l'exécuter en emmenant tout mon monde que je ne pourrais nourrir en des villages en proie eux mêmes à la disette ; aussi je me décide à laisser à B. P. Noung le gros de la caravane ; je ne prendrai que la moitié de l'escorte et deux ou trois éléphants ; le reste du convoi m'attendra ici ; je lui laisse une ample provision de perles et de sel pour acheter les vivres nécessaires et je fais prévenir les villages environnants qui possèdent heureusement encore quelque grain.

III

27 mai-2 juin — (132 kilomètres)

Après moult recommandations au caï cambodgien laissé à B. P. Noung, avec la plus grande partie de ses hommes, je pars avec mon léger convoi ; nous marchons sur les premiers villages du haut Hoyt en suivant les crêtes séparant cette rivière du Rkèh, autre affluent du S. Bé ; les forêts et les taillis alternent maintenant avec le gazon ; l'altitude est de 960 mètres en moyenne ; les trois villages de B. Pou-Preng — le dernier sur la rive droite du Hoyt — sont de population nong ; celui où nous couchons est orné de poteaux sculptés et peinturlurés. Le Hoyt coule toujours dans l'Ouest et les indigènes ne peuvent clairement indiquer où il va se jeter. Ils disent bien qu'il se rend au D. Glun, mais, comme je l'ai déjà dit, le Tchlong et le S. Bé portent tous deux le même nom de D. Glun, le S. Bé étant appelé plus explicitement le D. Glun-Mè (D. Glun « mère ») et le Tchlong, D. Glun-Jut (Jut étant le nom d'un petit poisson que l'on y trouve en abondance) ou D. Glun (du pays) des Rehong.

Des bandes de forêt escaladent les dômes et les vallées se creusent plus profondes ; à B. P. Krak, du sommet du mamelon où s'élève le village, la vue embrasse brusquement dans le S. S.-O. 1/2 O. une masse montagneuse conique se détachant vigoureusement au-dessus d'une barrière basse de croupes bleues et le guide, répondant à ma pensée, me la désigne d'un geste : Yok Nam-Préah, la Yumbra ! Trois ou quatre jours nous en séparent et les villageois connaissent les Stieng qu'ils appellent Kejeng. Dans le Nord, s'ouvre la vallée large et profonde du Hoyt, faille géante coupant tout le secteur ; au-delà, s'estompent des crêtes faibles, des tables montagneuses embuées appartenant enfin au bassin du Tchlong. Le Hoyt va décidément bien au S. Bé, comme le prouve la nouvelle direction de sa vallée ; d'ailleurs, les naturels me donnent à ce sujet les plus clairs renseignements ; le S. Bé n'est plus qu'à deux jours et l'embouchure du Hoyt serait à quatre jours dans l'Ouest de la Yumbra. La courbe violente décrite par le Hoyt offre une curieuse analogie avec celle du Ndroung, affluent du Rtib, dans la partie extrême-orientale du Plateau.

Laissant ici les sentes qui vont au Sud et chez les Stieng, nous piquons droit sur le Hoyt ; mais au-delà du troisième B. P. Krak, la piste plonge dans la forêt-taillis,

26. — B. Pou-Kroyt. — Huttes de raï.

27. — Village mnong de B. Pou-Troum.

dégringolant des sommets de bordure, s'accrochant au flanc des crêtes secondaires coupées de carrés de haute paillotte touffue ; les troncs d'arbres abattus, les bambous et les lianes nous arrêtent à tout instant ; les sangsues pullulent et l'après-midi est avancée quand nous entrons à B. Dak-Hoyt, juché à mi-côte de la bordure montagneuse au pied de laquelle coule la rivière ; le village est rehong, simple hutte formidablement défendue par ses palissades, ses abatis et ses lancettes de guerre ; l'altitude est de 505 mètres ; depuis la crête, nous avons descendu de 330 mètres et le fond de la vallée est loin d'être atteint ; en face, s'étage la muraille de revers, boisée, sombre, coupée de ravins noirs ; en haut de ce mur, me disent les naturels, s'étend le Plateau des herbes. Celui-ci ne finit donc pas dans le Sud-Ouest d'une manière nette et tranchée comme dans le Nord, mais se prolonge par de puissants éperons montagneux surmontés de cônes et de dômes secondaires entre lesquels fuient les ravins. La vallée aval du Hoyt est peuplée de Rehong, mais les sentes sont, paraît-il, horribles et mon convoi s'y heurterait à des difficultés sans nombre ; d'ailleurs, je ne puis songer à m'enfoncer en ces sentiers de chèvre ; mes malheureuses chaussures, tant bien que mal ravaudées avant le départ, exhalent leur dernier soupir ; la semelle s'est complètement détachée du cuir et celui-ci, transformé en guêtres avec des sous-pieds de peau de bœuf, ne me protège plus le pied que chaussent de légères espadrilles de Djibouti ; à travers les chaussettes, les sangsues me sucent au sang, se glissant par les fentes béantes agrandies chaque jour par la morsure des ronces et des épines ; aussi, la marche m'est-elle un supplice intolérable et je suis forcé de cheminer à cheval.

La descente sur le Hoyt est atroce : un sentier à peine tracé, suivant obliquement le flanc de la muraille, obstrué de pierres, de lianes épineuses, de hautes cannes juteuses, de bambouseraies ; la rivière, large de 25 à 30 mètres, roule une eau rapide sur un lit de pierres ; l'altitude est de 425 mètres, — 415 mètres en bas de la crête de bordure, — et, maintenant, devant nous, se dresse la muraille opposée, noire de forêt et qu'il va falloir escalader ; par des cultures et des arêtes secondaires à peine larges de 5 mètres entre des ravins à pic, nous grimpons péniblement ; le sommet est par 820 mètres, crête herbeuse du Plateau Central ; nous franchissons le D. Noh, affluent du Hoyt, à une magnifique chute de 39 mètres de hauteur en deux paliers, puis son autre affluent, le D. Nchin, à une cascade de 16 mètres, pour déboucher enfin sur la ligne de faîte Hoyt — P. Té par 845 mètres d'altitude ; nous sommes à nouveau sur le Yok Laych où nous a ramenés notre itinéraire décrit en un vaste arc de cercle.

Le lendemain 30, nous entrons enfin sur le versant du P. Tchlong par son affluent, le D. Pour — P. Pòr des Cambodgiens, en son cours inférieur — et dont la source est par 765 mètres d'altitude. La population est encore bou-neur ; cette tribu occupe donc tout le haut Plateau.

Sous un ciel bas et gris, d'où suinte une pluie fine et pénétrante, nous continuons, le 31, cette marche monotone sur le haut Plateau ondulé ; par 625 mètres, nous atteignons enfin la source du P. Tchlong. Le gazon fait place à de grandes plaques d'herbe paillotte, les arbres sont plus abondants et les bandes forestières plus puissantes. La source du P. Tchlong est bien plus basse que celle de ses voisines, sise en un large dos herbeux non loin de la limite extrême du Yok Laych ; entre le P. Tchlong et son affluent, le D. Pour qui est en réalité la branche maîtresse, nous gagnons les taillis recouvrant les pentes du Plateau. B. B. Ju, au bord du D. Pour, est rehong ; le chef, un vieux très sympathique, donne les renseignements les plus clairs sur la région, ce qui nous change un peu des derniers guides auxquels il a fallu littéralement hurler les questions et arracher par bribes les moindres indications. Exaspérants, ces êtres sauvages qui, à la demande :

— Où va cette sente ?

se contentent de répondre, en allongeant l'index :

— Arî-î-î-î..... (Là-bas...)

tandis que la main s'étend largement vers tout l'horizon ; l'on ne peut être plus précis vraiment ! A moins cependant que, craignant de se voir forcés de nous guider vers des villages où il leur répugne d'aller, ils ne déclarent avec chaleur :

— Mo get (Je ne sais pas), — ou bien :

— C'est la sente de villages très, très éloignés ; ni chevaux ni éléphants n'y peuvent passer.

Et il faut hausser la voix, crier pour extraire une réponse satisfaisante, lâchée à grand regret.

A B. B. Ju, se trouve un Cambodgien qui a laissé ses charrettes à B. Pou-Trum ; de ses renseignements, corroborés par mes levers de 1907, il résulte que Sré-Ktum n'est qu'à deux jours et demi de marche ; aussi, je me décide à pousser jusqu'en ce point excentrique où je suis sûr de trouver tout le riz nécessaire en même temps que je relierai ainsi mes levers actuels à l'importante sous-préfecture cambodgienne que les Moï d'ici appellent Sré-Ktam.

Par la vallée du D. Pour, nous marchons au Sud-Ouest ; des collines rocheuses et raides, tapissées de bambouseraies et de forêt-clairière mêlée de forêt-taillis, accidentent la sente. Les villages sont nombreux, disséminés aux raï ; l'altitude des collines est de 430 mètres, celle de B. P. Kèh, au bord du D. Pour, de 260 seulement ; la marche a été dure en ce terrain accidenté et encombré de rocs, mais l'après-midi est à peine entamé et le temps est fort beau ; aussi, malgré l'avis des naturels qui prétendent le prochain village fort éloigné et sachant ce que valent généralement de pareilles affirmations, je m'obstine à poursuivre ; après avoir quitté la vallée du D. Pour, nous continuons sur le même terrain bosselé de mamelons raides, couverts de bambous, de brousse et de forêt mixte, zone de transition entre la forêt-clairière et la forêt-taillis des croupes plus élevées ; au D. Kmong, sous-affluent du P. Tchlong, nous entrons enfin dans la forêt clairière au sol couvert de jeunes cyccas, d'*eruï* et d'herbe bambou ; de nombreux ruisseaux arrosent des clairières rocheuses et étroites ; mais le soir va tomber et nul signe d'un village proche ; derrière le D. Kdar, à l'orée d'une vaste clairière marécageuse, je me résous à camper pour permettre aux éléphants de nous rejoindre ; les guides déclarent en effet que le hameau est encore très éloigné et, pendant que s'élèvent rapidement les abris de branchages, nous donnons infructueusement la chasse à un superbe troupeau de cerfs qui, avec des grues Antigone et des vanneaux, peuplent la clairière marécageuse ; cependant, si nous ne rapportons pas une tête de gibier, nous rentrons du moins avec une superbe averse qui nous a copieusement inondés.

Les foyers s'allument péniblement et les pauvres abris de branches et de feuilles s'élèvent sous le crépuscule noir de nuées. La nuit tombe, menaçante, épaisse ; des paquets de pluie suivent la crête basse des mamelons bordant la clairière et le D. Kdar mugit sur ses rocs ; mélancoliquement, l'on dîne du peu de riz reçu à B. P. Kèh ; sur l'herbe ruisselante, les chevaux baissent tristement la tête et nous attendons anxieusement les éléphants ; le bruit de l'eau, à la longue, finit par abuser l'oreille douloureusement tendue et, plusieurs fois, nous croyons entendre les sonnailles des pachydermes, mais c'est en vain que nous brûlons des cartouches d'appel : le silence seul répond à nos signaux.

La pluie, maintenant, tombe avec régularité, filtrant à travers le mince toit des feuilles ; sur un lit d'herbes humides, la tête sur les selles, nous nous étendons en grelottant ; pas de couverture, peu de vivres, mais de l'eau, de l'eau ! En vain, sous les gouttes qui nous harcèlent, nous cherchons le sommeil rebelle ; auprès du foyer fumeux, les miliciens se sont couchés sur la terre trempée, la figure couverte de leur béret de toile ; mon boy, pour simplifier la chose, s'est mis entièrement nu, abritant ses vêtements dans une hotte ; il est à peu près certain que les éléphants n'arriveront pas ; la fête promet d'être complète.

Elle l'a été en effet : les averses continuelles nous ont transformés en loques aquatiques et le sommeil n'a guère fermé nos paupières ; aussi l'aube nous trouve-t-elle debout ; ce qui reste de riz est avalé et, grelottant sous la brise fraîche, nous nous remettons en route ; derrière la grande clairière — le Sré-Rteeng — c'est la forêt-taillis encombrée de lianes ligneuses et de bambous ; étroite, tortueuse, détrempée, glissante, la sente s'y faufile et, à chaque pas, l'on risque d'être arraché de selle par les troncs pressés ou les bambous épais. Une petite heure dans cet agréable fouillis et nous atteignons B. P. Jau, premier village phiet ; sans le savoir, nous avons passé la nuit à moins d'une lieue des habitations.

De B. P. Jau à Sré-Ktum, les hameaux sont nombreux, tous peuplés de Phiet — ou Bhiat ; la sente, extrêmement sinueuse, court dans la forêt puissante où domine le *trueul*, coupée de bambouscraies naines extrêmement épaisses, écroulées en travers du passage et j'en viens alors à regretter les forêts du Nam-Noung où, du moins, l'on pouvait cheminer sans risquer d'être éborgné par une branche basse et où l'on circulait sans avoir à se comprimer pour insinuer son cheval entre des troncs barbelés d'épines, rapprochés à moins de trois pieds.

Tous les villages sont soumis et portent l'empreinte de constants rapports avec un centre civilisé ; derrière B. R. Djià, s'étend enfin la forêt-clairière au sol de gravier ; la sente s'améliore et Sré-Ktum n'est plus loin ; soudain, un épais rideau de bambous épineux et de forêt ; le P. Tchlong est à nos pieds ; la berge, escarpée, glissante comme du verglas, nous amène plus vite que nous ne le voulons au bord de l'eau, mais la rivière est grossie par les pluies, roulant une eau boueuse et les guides n'ont pas pied ; va-t-il falloir attendre l'arrivée problématique des éléphants sous le ciel qui menace, dans nos vêtements trempés ? Nous n'y pensons pas un instant et mes hommes se jettent sans hésiter à la nage, passant à la force des poignets vêtements et armes ; les juments traversent aussi sans difficulté ; malheureusement, le milicien radé et moi-même ne savons pas nager ; le cas est difficile ; mais mon guide Sòm est un homme de ressources ; un bambou est rapidement jeté en travers du chenal profond, fixé à chaque extrémité aux arbustes les plus proches ; un chevalet de bambous le soutient en son milieu et, entre deux nageurs, je me lance résolument à l'eau, passant d'ailleurs facilement en me hâlant sur la perche. Le linh radé, lui, ne veut rien entendre ; il attendra donc patiemment les éléphants.

Devant nous, les vastes rizières de Sré-Ktum, en arrière desquelles s'élève le village. Peu triomphale, mon entrée en la bonne ville ; presque nu sous la pluie qui cingle, soutenu au bras par un milicien afin de ne pas glisser sur les étroites levées de terre à-demi écroulées bordant les rizières fangeuses, j'ai tout l'air d'un vagabond en état d'arrestation maintenu par un représentant de l'autorité ; aussi, c'est avec quelque ahurissement que les notables réunis me voient déboucher en ce pittoresque mais peu prestigieux appareil, à la maison du balat (1), bâtie sur un renflement du sol, derrière le village, à la lisière de la forêt ; je n'ai plus un fil de sec et j'en suis réduit à endosser une tenue du caï cambodgien du poste, à l'immense joie des indigènes dont le discret sourire passe dans les yeux et sur les lèvres ; l'arrivée du voyageur français est certainement du plus haut intérêt ; l'on ne s'amuse pas tous les jours à Sré-Ktum.

La demeure du balat, qui n'existait pas lors de mon passage en 1907, s'élève au centre d'une vaste palissade ; c'est une belle et spacieuse maison de planches sur pilotis, en tout semblable aux habitations européennes habituelles des postes du fleuve ; derrière la maison, celle des sept miliciens de garnison.

Le balat, malheureusement, est absent ; il est parti à Kratié et c'est un notable qui me reçoit. Tout de suite, je commande du riz, tout ce que l'on pourra me vendre de riz, mais il va falloir piler du paddy pour satisfaire à ma demande et je ne pourrai pas avoir ma provision avant quelques jours,

Tard dans l'après-midi, mes éléphants arrivent enfin ; ils ont pu franchir le P. Tchlong, de l'eau jusqu'à la cage, mais l'un d'eux n'a plus de rouf à son howdah ; effrayé par des buffles sauvages, il s'est, paraît-il, emballé hier et a brisé son harnachement ; le convoi s'est égaré à la tombée de la nuit et a bivouaqué en forêt, sans feu, n'ayant que la pluie pour toute eau ; aussi les cornacs n'ont-ils pas pu faire cuire leur riz et ils n'ont pris quelque nourriture que ce matin, à B. B. Jau.

Toute la soirée, il pleut sans trêve et les villageois me disent que ce temps dure depuis deux mois, ce qui indique une saison des pluies fort avancée sur le Cambodge.

La sous-préfecture cambodgienne de Sré-Ktum, située sur le moyen P. Tchlong, par 125 mètres d'altitude, est à quelque 110 kilomètres dans l'Est-Sud-Est de Kratié ; c'est le plus avancé des peuplements cambodgiens en arrière du Mékong ; le hameau n'est d'ailleurs qu'une collection de six ou sept huttes branlantes autour des vastes rizières étalées jusque près de la rivière ; tout le pays environnant est peuplé de Moï, — les Mnong au Nord et à l'Est, les premiers Stieng soumis au Sud et au Sud-Est. Mais bien que cette agglomération ne soit aujourd'hui que de médiocre importance, elle a été autrefois, sous le roi Norodom, un centre plus considérable ; un gouverneur cambodgien y résidait, chargé de l'administration des pays stieng et

---

(1) Balat, sorte de sous-préfet cambodgien, à peu près l'équivalent du huyen annamite.

28. — Types de Mnong Phiet.

29. — Le poste de Sré Ktum.

mnong avec le titre de Oknha Kiri pontabat Tchaofai Sroc Phnom Chœung Préas, parce que sa juridiction s'étendait jusqu'au Phnom Chœung Préas — la Yumbra — sur les Mnong du Nord et du Nord-Est et sur les Stieng du Sud et du Sud-Est.

L'installation du balat actuel ne remonte pas à plus de douze ou quinze mois ; il a été placé à Sré-Ktum par le dernier résident de Kratié, tant pour assurer l'administration des colonies cambodgiennes disséminées dans le bassin du moyen P. Tchlong et étendre graduellement notre influence chez les populations moï avoisinantes, que pour arrêter les empiètements de la Cochinchine sur le territoire cambodgien.

Sré-Ktum est l'un des centres du commerce d'échanges auquel se livrent les chasseurs et les trafiquants cambodgiens que nous avons vus rayonner avec leurs charrettes dans tout l'hinterland moï.

3-6 juin — (86 kilomètres).

La réduction du paddy en riz n'avance que lentement, malgré la main-d'œuvre voisine qui prête son concours ; les pilons travaillent sans discontinuer, mais ce lourd pilon à main est incommode, fatigant et ne fait pas marcher fort vite la besogne ; aussi, ai-je tout le temps de pousser une pointe dans le Sud, jusqu'au poste de milice de Budop, situé à quelque 30 kilomètres sur territoire cochinchinois, dans l'hinterland stieng de la province de Thudaumot Ne prenant avec moi que quelques porteurs et mes juments, je pars le 4 au matin ; la sente est une large piste charretière, bien tracée en forêt-futaie ; le relief du sol est nul et la marche est rapide ; au D. Pam, affluent du Tchlong, les chevaux doivent passer à la nage et, sur l'autre rive, une troupe de Stieng se livre à la confection de radeaux ; l'éléphant que j'ai eu la précaution de mener jusqu'ici nous fait franchir rapidement le mauvais pas. La forêt-futaie abonde en *trueul* de grande taille ; des bambouseraies touffues la coupent ainsi que des marais ; le Jermang — P. Tchruy (ou Tchrey) Méang des Cambodgiens — gros affluent du Tchlong, est franchi sans encombre ; à peu de distance sur sa rive gauche, se trouve Poh Buk-Ruèh — Phum Kebal-Damrey des Cambodgiens — premier village stieng de la région. La différence est profonde entre cette agglomération et les hameaux mnong où nous avons vécu ces derniers mois et l'on a de suite la sensation de pénétrer chez une race différente : les huttes, nombreuses, sont toutes sur pilotis, mais de dimensions assez exiguës ; elles ressemblent aux cases jaraï mais avec cette différence que les cloisons, au lieu d'être perpendiculaires au plancher, forment avec celui-ci un angle obtus très prononcé. Une véranda couverte précède souvent l'édifice également flanqué parfois d'une sorte de rez-de-chaussée élevé d'un pied au-dessus du sol et généralement cloisonné d'un seul côté ; dans un coin du village, une belle tombe palissadée, protégée par un double chaume décoré à chaque extrémité par deux poutres incurvées ; un crâne de bœuf fiché sur un pieu orne la palissade et le soubassement du tertre funéraire est formé de quatre planches peinturlurées malheureusement cachées par le rebord du toit de chaume.

Les hommes portent assez souvent dans le chignon, en plus de la longue épingle double ordinaire, un peigne en bois ou en cuivre à long manche et fixé perpendiculairement à la naissance du chignon.

Le dialecte diffère complètement et mon cornac mnong emmené comme interprète ne peut se faire comprendre. Quelques naturels baragouinent cependant l'annamite et sont affublés de vestons et de pantalons de fabrication étrangère ; nombreux enfin sont les individus qui ont coupé leur chignon et portent les cheveux ras, à la cambodgienne ; l'influence des peuplements annamites et cambodgiens du voisinage se fait évidemment sentir.

Par une chance inespérée, l'après-midi s'écoule sans pluie et nous en profitons pour continuer sur Budop ; le pays entier est couvert de forêts épaisses où dominent les bambouseraies ; quelques marais vont doucement au Jermang sur ce sol sans relief aux pentes insensibles. L'après-midi touche à sa fin lorsque nous entrons à Budop, beau

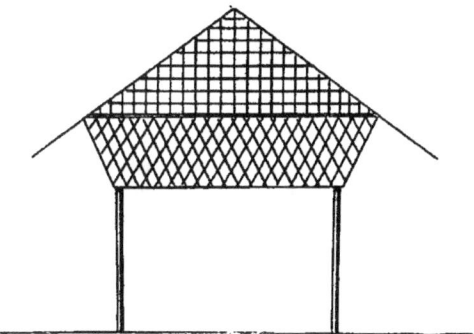

Fig. 11. — Coupe d'une hutte stieng.

village stieng sur une faible bosse de terrain : une sente élargie mène, à quelque 800 ou 900 mètres dans l'Est, au poste de milice, enceinte basse percée d'une grande porte au-dessus de laquelle, sur le fronton, se détache en grandes lettres blanches le nom du lieu : BUDOP. Nous sommes maintenant en Cochinchine : l'altitude est de 165 mètres.

Mais je joue décidément de malheur ; le garde principal, chef de poste, est parti en congé, il y a une dizaine de jours et je prends possession de la maison vide, spacieuse construction sur pilotis massifs élevés de trois pieds au-dessus du sol ; c'est un bel et vaste logis au plancher de planches soigneusement ajustées, aux murs de torchis blanchis au lait de chaux : en arrière, la cuisine et, plus loin, le casernement des miliciens ; ils sont là une dizaine sous la surveillance d'un vieux doï cochinchinois, ramassis bizarre de Stieng, de Cambodgiens et de deux ou trois Annamites ; les écuries et les remises pour charrettes à bœufs occupent le reste de ce poste étendu.

D'après le doï, la délégation de Hon-Quan est à une cinquantaine de kilomètres dans le Sud-Ouest ; une fort belle route y mènerait, franchissant les arroyos sur des ponts ; un cavalier couvre la distance en une demi-journée et les piétons ne mettent qu'un jour pour effectuer le trajet. Malgré ce que la perspective d'un pareil raid a de peu séduisant par suite du temps que cela va me faire perdre, il faut bien me décider à joindre un poste civilisé ; je n'ai pas un liard pour solder mes achats de riz de Sré-Ktum et les notables cambodgiens de la sous-préfecture, en l'absence du balat, ne veulent pas accepter de bons sur la caisse de Kratié. Le village de Budop possède deux chevaux ; accompagné de mon milicien annamite, je me rendrai donc à Hon-Quan d'où je reviendrai aussi vite que possible.

A la nuit close, le chef du village vient me saluer ; vêtu à l'annamite d'une longue houppelande de soie noire, il affecte une contenance servile, l'échine pliée en une salutation sans fin, les deux mains réunies sur la serviette sale qui lui sert, à l'occasion, de turban. Et rien n'est plus triste que l'aspect de ce sauvage teinté de civilisation, affublé des oripeaux d'une autre race, baragouinant une langue étrangère, le regard fuyant de la bête asservie et battue ; tels je les ai vus déjà en arrière de Nhatrang, tels je les retrouve ici, ces Moï annamitisés, divisés en cantons, soumis à la discipline administrative des organisations annamites et, vraiment, ils ne gagnent pas au change, ces sauvages indépendants et fiers, si sympathiques là-bas, dans leurs montagnes encore vierges d'intrusion, si avilis, si dégénérés sous le joug d'une règle qui n'a point été faite pour eux.

Le soir tombe sur la ligne basse de la forêt étendue en contrebas du poste, morne, triste, voilant tout horizon, raie noire sans grandeur, suant la tristesse et l'ennui...

Dans le ciel violet, la lune brille encore et déjà l'aurore rougeoie les plaques de nuées ; nous sommes en selle, prêts à partir sur Hon-Quan ; les deux chevaux du village, mornes et résignés, s'engagent tristement sur la route ; l'un d'eux, terriblement blessé à l'échine, m'inspire de sérieuses inquiétudes ; quant à l'autre, ce n'est pas un cheval, ce n'est même pas un âne, c'est quelque chose d'avorté, une anomalie de cheval ; de la pointe des pieds, je râcle le sol et, sous son ventre, je croise les chevilles sans difficulté ; la lourde selle d'ordonnance noie le garrot, atteint presque à la naissance de la queue ; la bride tombe de la tête et il faut percer des trous supplémentaires, fendre les cuirs pour arriver à faire tenir le tout ; enfin, nous voilà parés et, en ce burlesque équipage — Don Quichotte sur un ânon à tête de cheval, — je pars enfin ; le chef de Budop et sa robe de soie nous précèdent sur la sente — je n'ose pas dire la route. Car, hélas ! cette artère qui, au dire du doï, était quelque chose de somptueux, n'est qu'une piste charretière détrempée par la pluie ; bientôt, elle s'enfonce lamentablement dans les marais dont elle draine les eaux, transformée en fossé profond ; un peu de forêt-clairière coupe la forêt-taillis et les bambouseraies ; des ruisseaux, débordés et fangeux, à peu près stagnants sur ce sol plat, refoulent sur la piste noyée sous trois pieds d'eau ; quelques villages apparaissent en arrière de la verdure et des marécages, mais enfin, la forêt semble reprendre ses droits, vaste forêt-futaie mélangée de forêt-taillis au sous-bois de bambous, tout cela coupé de quelques clairières marécageuses ; des ponceaux de bois en mauvais état enjambent les ruisseaux ; quatre grandes heures de marche et nous voici enfin au relai de Soc-Liau, deux huttes de style stieng entourées d'une palissade, tram analogue à ceux de la route d'Annam au Darlac.

Au-delà, la sente s'ouvre à nouveau dans la forêt mélangée de brousse, monotone, sans horizon ; parfois, une sente secondaire fuit vers les villages proches, mais en ce terrain sans relief qui appartient maintenant au versant du Song Bé, la vue ne perce pas au-delà des cimes vertes ; la route s'est cependant élargie et, parfois, dans la magnifique forêt-futaie aux géants séculaires, sa trouée semble un tunnel clair sous les frondaisons puissantes. Vers midi, près d'un raï, une charrette cambodgienne ; le chef de Budop déclare être près d'un village qui possède peut-être des chevaux de relai ; les nôtres commencent en effet à souffler, car il y a sept heures que nous cheminons ; ma bestiole notamment est couverte de sueur mais le hameau, en retrait de la route, grosse agglomération stieng, est dépourvu de monture et force nous est de poursuivre cahin-caha. La belle forêt-clairière de diptérocarpées au sous-bois d'herbe bambou fait bientôt place à une forêt plus clairsemée où dominent des *dau* au tronc blanchâtre ; les ruisseaux, transformés en marais, sont profonds de quatre pieds et les chevaux ont de l'eau jusqu'au poitrail ; nous traversons encore trois villages, puis enfin la forêt-clairière réapparaît sans mélange et, brusquement, un long et large ruban rouge s'ouvre devant nous, la grande route de Thudaumot à Kratié.

Empierrée, mais non roulée, la grande artère est une puissante percée au milieu de la forêt verte ; mais à quelle distance se trouve maintenant Hon-Quan ? Voici, après un temps de trot, la borne 70 et la chaussée, dure et roulée, est maintenant admirable, escaladant et dévallant les faibles coteaux ; sur une passerelle Eiffel, nous traversons un large cours d'eau ; la forêt-clairière cède la place à la brousse et à la forêt-futaie ; des équipes de coolies dégagent les talus de l'herbe qui les encombre ; cependant le soleil brûle et mon cheval n'avance plus qu'avec peine ; les kilomètres s'ajoutent aux kilomètres et rien n'annonce le terme du voyage ; des poteaux indicateurs portent bien, en lettres blanches sur un écriteau rouge : « Attention, ralentir », ou « Descente dangereuse », mais là se bornent leurs renseignements qui, en l'occurrence, me sont hélas ! d'intérêt nul. Ce n'est en effet pas une trente chevaux que je conduis, mais un vulgaire cheval et quel cheval ! Les virages dangereux, les descentes scabreuses ne sauraient l'émouvoir et mon allure folle ne risque pas de me briser sur la culée d'un pont au bas d'une côte traîtresse ; la panne seule est menaçante ; aussi, troquant ce véhicule flageollant contre celui plus valide de mon linh, je me lance au grand trot sur la route ; un moment, au-dessus d'une ondulation dénudée par un raï, apparaît un pic lointain et bleu, la Yumbra. Le soleil brûle en ces altitudes basses si proches des plaines cochinchinoises et, un moment, je crois que ma nouvelle monture va s'abattre ; nous marchons depuis près de dix heures ; à mon arrière, la silhouette de mon milicien a depuis longtemps disparu et, rageusement, je fouaille ma malheureuse bête ; Hon-Quan, c'est, en effet, le repos, le courrier attendu depuis des semaines, les nouvelles ignorées, les compatriotes, un abri après trois mois de marche et, dans un dernier élan, brisant de fureur le manche d'acier de mon fouet, j'enlève ma rosse en un suprême effort ; du tournant de la route, des toits de chaume, un toit de tuiles apparaissent enfin et, sur mon cheval tremblant, inondé de sueur, à peine encore soutenu par la rène, je fais mon entrée à Hon-Quan.

En haut de la pente douce gravie par la grande route, un disséminement de paillottes, dominées, sur la crête du coteau, par la délégation, belle maison de briques, à étage, couverte en tuiles, au milieu d'un jardin sobre et coquet ; à gauche de la route, ouverte à flanc du mamelon, les cases d'un village éparpillé jusqu'au vallon coupé de quelques rizières et de l'autre côté duquel monte le flanc d'une ondulation basse, entièrement vêtue de bambous.

7-17 juin — (199 kilomètres).

Je n'aurai pas pris le loisir de longtemps muser en ce charmant oasis et je dois m'arracher à regret à l'excellente hospitalité du délégué ; échelonnée sur plus de 100 kilomètres à vol d'oiseau, de B. P. Noung aux coteaux de Cochinchine, par Sré-Ktum et Budop, la mission n'a que quelques fusils pour tenir ouverte cette énorme ligne de communications, presque entièrement tendue en pays insoumis.

Les chevaux de Budop sont parfaitement fourbus et il a fallu en chercher d'autres aux environs, la délégation ne possédant, à l'heure actuelle, aucun moyen de locomotion. Pour permettre à mes nouvelles montures de gagner Budop en bon état, on les envoie m'attendre au relai du Canlé-Trû où je les rejoindrai en charrette à bœufs. Un charmant colon de l'endroit m'a, de plus, fort obligeamment cédé une paire d'excellents souliers de chasse contre lesquels j'ai troqué sans regret mes espadrilles somali. Et, le 7 juin, après dîner, sous le ciel noir, dans la nuit implacablement obscure, je monte dans ma charrette ; depuis trois jours il ne pleut pas et les routes sont admirablement sèches. Etendu sur le plancher du véhicule, j'essaie en vain de dormir ; horriblement cahoté aux grincements des essieux, bondissant comme goujon dans la friture aux aspérités du chemin, il m'est parfaitement impossible de fermer l'œil en cette boîte de torture ; accroché au toit de la charrette, le lourd falot tangue et roule comme la lumière d'un navire ballotté par la tempête ; la lune, heureusement, s'est levée et sa lumière bleue baigne maintenant la forêt silencieuse ; au Canlé-Trû où nous prenons les chevaux à la remorque, commence la partie empierrée mais non roulée ; alors les secousses deviennent atroces, la charrette titube affreusement et les grincements s'affollent ; jeté d'un angle sur une aspérité, d'une latte de bambou sur une bosse du cadre, j'essaie en vain de m'arc-bouter entre les cloisons légères ; un choc plus dur et le falot me choit sur la tête ; le supplice ne manque point de variété.

Voici la sente de Budop ; détrempée, creusée de flaques bourbeuses et d'ornières, crevassée de rigoles, elle va ajouter quelques agréments inédits à ceux que je subis depuis plusieurs heures ; l'eau et la boue rejaillissent dans la charrette où bourdonnent de gros taons dont les piqûres sont extrêmement douloureuses ; sous la clarté bleue, les villages endormis défilent ; l'on s'arrête un instant, puis le conducteur aiguillonne de nouveau ses bœufs et les grincements reprennent de plus belle tandis que les bonds, les taons, la boue liquide et l'eau se liguent plus fort pour faire du véhicule un asile de délicieux séjour. L'aube enfin paraît ; un village surgit dans la lumière rose et l'on s'arrête ; les chevaux sont sellés, la charrette remerciée sans regret ; mais tout n'est pas encore fini et ma bête, vive et capricieuse, refuse énergiquement de passer les ponts ; la séance de charrette ne m'a malheureusement pas rendu le caractère accommodant et, malgré la fatigue, je ramène brutalement ma monture à une plus saine compréhension de ses devoirs. Un repos bien gagné au tram de Soc-Liau et nous repartons ; la sente me paraît interminable et c'est rendu de sommeil et de fatigue que j'entre enfin à Budop. Du poste à la délégation, la distance est de 56 kilomètres.

Du poste de Budop où le reste du convoi est arrivé de Sré-Ktum, je vais rejoindre B. P. Noung par une sente plus orientale que celle suivie à l'aller ; je me tiendrai le plus possible sur la ligne de faîte Tchlong-Hoyt. Un important approvisionnement de riz est déjà parti de Sré-Ktum sur B. P. Noung avec deux de mes trois éléphants ; il ne me reste plus qu'à regagner moi-même en toute hâte le haut Plateau. Par la forêt-futaie emmêlée de bambous, arrosée de ruisseaux débordés dont les eaux laiteuses coulent avec peine sur le sol sans relief, nous gagnons Poh Bu-Tchekà, village stieng sur le versant du S. Bé. Les indigènes baragouinent quelque peu de cambodgien et d'annamite, mais il est fort laborieux d'obtenir les renseignements voulus. De plus, il est très difficile de déterminer la ligne de faîte S. Bé-Mékong et rivière de Saïgon en ces marais débordés inondant la contrée plate et qui doivent, en cette saison, envoyer indifféremment leurs eaux aux trois versants. Toute cette région, densément boisée, à cheval sur trois bassins, submergée en saison des pluies, est entièrement peuplée de Stieng, la plupart soumis à la Cochinchine ou au Cambodge.

Cet hinterland forestier, où les futaies géantes couvrent à peu près tout le pays, n'est pas resté fermé comme les districts montagneux défendus par leur difficile accès ; ces Stieng du Sud se sont même vus mêlés aux luttes intestines du Cambodge ; lors de la révolte du prétendant Pucombo (1866-1867), ces forêts épaisses ont servi de refuge aux partisans du rebelle vaincu dont les lieutenants avaient même fortifié le village de Tchrey-Méang (Poh Jermang). Un peu plus tard, Votha, frère de Norodom, prenait à son tour les armes contre son roi ; déjà vaincu en ses précédentes tentatives d'insurrection, il se retira, lui aussi, à Tchrey-Méang ; il n'en sortit que pour essuyer une défaite décisive à Vat-Pachi, près Ba-Phnom. Presque seul, il s'enfuit à nouveau avec cinq éléphants chez les Stieng (février 1877). Réfugié en ces forêts, il y réunit une bande de partisans à la tête desquels il ne cessa d'incursionner sur le territoire cambodgien ; en juin 1877, il envahissait même la province limitrophe du Thbong-Khmum ; ce n'est qu'à la fin du mois suivant qu'il quitta le pays, s'en alla traverser le Mékong au-dessus de Sambor pour pénétrer dans le Kompong-Thom où il devait se faire ordonner bonze l'année suivante. Aujourd'hui encore, d'ailleurs, l'on montre dans le pays les anciennes rizières du prétendant ; ce sont les vastes marais retombés en friche et que nous avons traversés, il y a quelques jours, sur la route de Sré-Ktum à Budop, un peu avant d'arriver à ce dernier poste.

Cependant, dès avant l'insurrection de Pucombo, notre influence avait déjà pénétré dans le pays ; une mission catholique avait été fondée, en 1857, au village stieng de Brelam, sur le versant du Jermang, à 18 kilomètres environ dans l'Ouest-Sud-Ouest de Budop ; elle y demeura une huitaine d'années et ne quitta le pays qu'à la fin de 1866 par suite de la révolte de Pucombo. Elle ne devait jamais y revenir.

Ce fut à cette époque déjà lointaine que le naturaliste Mouhot visita la région (1859).

Notre installation administrative est de date bien plus récente ; Hon-Quan n'a été fondé qu'en 1898 et Budop en 1906 (1).

Le village actuel de Tchrey-Méang est retombé depuis longtemps dans le calme des hameaux tranquilles et son tumultueux passé n'est plus qu'un souvenir ; sur une

---

(1) Ce poste de Budop devait être supprimé peu après mon passage, en cette même année 1909

faible bosse de 30 mètres de relief, il s'élève au-dessus de la forêt, à la limite des versants du Jermang et du Song Bé ; la forêt s'élargit, se coupe de mares, et bientôt nous entrons à Poh Bu-Mlû que dominent deux miradors ; le Jermang est à peu de distance, derrière la ceinture des grands arbres dont les cimes dominent les frondaisons environnantes. Dans l'Est, s'étendent les villages stieng insoumis et pillards de la vallée du bas Hoyt ; il y a quelques mois, ils sont venus razzier les villages mnong voisins et la terreur qu'ils répandent est fort grande ; ne disposant que de cinq miliciens et d'une centaine de cartouches, je ne puis songer à me risquer en ce secteur où des hostilités probables me retiendraient, de plus, fort longtemps ; force est donc de se résigner à gagner les villages mnong voisins du Nord-Est, sans avoir, comme je le voulais, reconnu la source du Jermang sise dans l'Est, à côté d'une colline de faible altitude sur le relief environnant.

Derrière la rivière, nous nous engageons sur le versant du D. Pam, affluent du Tchlong ; les villages appartiennent maintenant à la tribu mnong des Ksèh dont le dialecte est un mélange de stieng et de mnong septentrional ; les huttes sont également d'architecture hybride ; les unes sont sur pilotis et de style stieng, les autres sont posées à même le sol, comme celles des Mnong ordinaires ; cependant, la plupart de ces dernières sont, comme chez les Stieng, ouvertes sur leurs petits côtés et le lit de camp ne court que le long d'un des grands côtés de la case dont le centre est encombré par les vastes greniers sur pilotis.

A B. P. Ngè, nous rencontrons les premiers mamelons, hauts de quelque 20 mètres au-dessus de la vallée, dernière expression de la contrée montagneuse que nous allons enfin attaquer ; d'une crête, par 250 mètres d'altitude, nous apercevons la vallée du D. Pam nettement creusée entre les chaînons ; le glacis des plaines cochinchinoises et cambodgiennes est fini et nous allons nous tenir désormais sur la crête de partage Pam-Hoyt qui est celle du Mékong-S. Bé ; les forêts épaisses s'emmêlent de bambous épineux et la marche est fort lente ; un moment même, au-delà de B. P. Nhû, il faut s'ouvrir un passage à la hachette dans la brousse inextricable et les bambouseraies géantes, écroulées en un formidable fouillis. La montée cependant est douce et, malgré de fréquentes descentes dans le lit des ruisseaux et celui du D. Pam lui-même, les escarpements ne sont point très raides. Au-delà du D. Rduk que nous passons et repassons une dizaine de fois, nous atteignons les premières pentes du haut Plateau, couvertes d'herbes et de strychnées tordues ; la marche malheureusement est fort lente, considérablement retardée par mon éléphant dont la cage s'empêtre dans les branches ; toutefois, la pluie fait trêve et, depuis le départ de Cochinchine, le ciel est admirable.

Le 14, nous débouchons enfin sur le haut Plateau ; les dômes herbeux apparaissent entre la forêt de moins en moins épaisse ; par 615 mètres, nous reconnaissons la source du D. Pam et la vallée du Hoyt s'étale entre la bordure des collines puissantes ; le cône de la Yumbra monte au-dessus des croupes de gazon qui nous entourent. A B. P. Çham, je referme la vaste boucle décrite vers le Sud ; de Budop au Plateau Central, nous aurons mis six jours ; sans l'éléphant et en marche normale, nous n'en aurions mis que quatre ; de ce côté, la descente sur la Cochinchine est bonne et une route serait ouverte sans grosse difficulté.

Mais B. P. Çham, où nous passions il y a quinze jours, est désert ; quelques éclaireurs envoyés en reconnaissance déclarent avoir joint trois naturels qui se sont sauvés d'un abri de fortune élevé en forêt ; prenant avec moi mon milicien radé et des miliciens cambodgiens, je pars à la recherche des fugitifs ; dans la forêt, des marmites de riz cuit, des hachettes ont été abandonnées dans la fuite ; près du gouffre immense où le ruisseau se rue dans le précipice insondable, velu de fougères et d'arbres géants, une arbalète que son propriétaire a jetée avant de s'engager sur la paroi vertigineuse ; mais en remontant la crête, subitement, l'un de mes Cambodgiens fait un bond et se précipite, la carabine au poing ; à dix pas de nous, dans les fourrés du sous-bois, déguerpissent des guerriers que nous poursuivons à toute allure ; quelques secondes de plus et nous donnions dans l'embuscade, mais la poursuite est brisée par les lianes et les fûts et, pour tout résultat, l'un de mes hommes perd un chargeur de cartouches.

Le milicien radé laissé à la garde des hottes et des marmites a été cerné par six guerriers dont trois armés de fusils à pierre ; ils se sont cependant retirés devant l'attitude menaçante de mon homme. Ce soir, par mesure de précaution, je fais attacher l'éléphant contre les cases où nous campons, mais la nuit s'écoule sans alarme.

Le lendemain 15, nous gagnons B. P. Sar par la sente déjà suivie ; nous y trouvons trois éléphants et quelques miliciens cambodgiens arrivés de B. P. Noung ; l'un des éléphants envoyés avec le riz de Sré-Ktum est tombé en descendant une colline près de B. B. Kèh, sur le D. Pour ; la cage a été brisée et le chargement laissé au village où vont le chercher ces éléphants de renfort ; enfin, après B. P. Kèh, mes gens ont été attaqués à coups de flèches par les villageois de B P. Peur. A B. P. Noung, tout mon monde est en excellent état ; les villages voisins ont fourni les vivres nécessaires et aucune complication ne s'est produite ; à B. P. Srâ, les travaux touchent à leur fin.

Ne pouvant tarder plus longtemps, je rassemble tout mon monde ; le riz laissé à B. P. Kèh attendra pour le moment et, le 16 au soir, nous entrons à B. P. Noung par un temps splendide.

De B. P. Noung à Sré-Ktum, la distance peut donc être franchie en quatre jours par un piéton et B. P. Srâ n'étant qu'à un grand jour de marche, c'est une semaine à peine qu'il faut compter pour se rendre du futur poste à Hon-Quan et cela par une route qui, améliorée et ne franchissant déjà que des pentes faibles, peut devenir une artère principale de pénétration vers le Plateau Central sud-indochinois. Du Darlac à B. P. Srâ, la sente charretière existe déjà sur la plus grande partie du parcours et, du Darlac à la côte d'Annam, s'ouvre la grande route commerciale et postale ; quelques travaux peu coûteux suffiraient donc pour créer une belle artère qui couperait en biais l'Indochine sud-centrale et dont les relais naturels sont d'ores et déjà fixés par Hon-Quan, B. P. Srâ et B Mé-Thuot. De Ninh-Hoa — sur la grande route mandarine côtière d'Annam, à 36 kilomètres au Nord de Nhatrang — à Thudaumot, par les points cités de l'hinterland, c'est un développement de quelque 480 kilomètres. Quelle serait la valeur économique d'une pareille artère ? Il est difficile de le savoir. Les secteurs traversés sont loin d'être riches ; un faible commerce y est annuellement fait par les Cambodgiens, commerce d'échanges de peu d'importance et qui, de longtemps, ne saurait prendre grande extension ; l'élevage pourrait cependant être tenté ;

la culture par contre, ne me paraît pas devoir être très rémunératrice, la main-d'œuvre faisant totalement défaut et le sol, en majeure partie rocheux et stérile, n'offrant souvent qu'un terrain pauvre, parfois même complètement inculte. Peut-être, toutefois, le Plateau Central, avec ses magnifiques dômes de gazon dégagés de toute forêt malsaine et splendidement aérés, offrirait-il pour un établissement européen un site convenable, puissamment balayé par les vents. Peut-être aussi l'ouverture d'une voie de grande communication entre la Cochinchine et l'Annam par l'hinterland moï présenterait-elle des avantages tangibles le jour où l'on exploiterait les forêts et les mines possibles de la haute région ; peut-être... Quoi qu'il en soit, à ceux qui voudront étudier le problème, je donne les éléments de la solution, les étapes de la grande route que nos arrière-neveux parcourront un jour, encombrée de besogneux charroi, au milieu des solitudes colonisées et civilisées, en cette étape de quelque 120 lieues que j'ai reconnue sans trêve par les sentiers de chèvre des montagnards.

CHAPITRE V

VERS LA COCHINCHINE ET LE CAMBODGE
PAR LA HAUTE VALLÉE DU SONG BÉ ET LE PAYS DES STIENG

(827 kilomètres — 18 juin-14 juillet)

La vallée du Sòng Bé. — Le piton de la Yumbra. — Chez les Stieng indépendants. — De Hon-Quan à Saïgon. — De Hon-Quan au Mékong par le Thbong-Khmum.

I

18-25 juin — (120 kilomètres).

Un ciel bas, une pluie froide. Tout est gris et mouillé ; le vent hurle en chassant l'eau qui gifle et tourbillonne en giboulées et en rafales. A B. Pou-Rmaih d'où nous allons partir sur la Cochinchine, nous réunissons les derniers renseignements. Sòm, mon fidèle et précieux guide cambodgien, nous quitte en effet, retournant dans la région de B. Pou-Srà où l'appelle son commerce ; mais en réalité, il cède à l'invincible répugnance inspirée par le pays stieng ; les histoires les plus ridicules circulent sur cette contrée sauvage et semblent impressionner tout mon monde ; je n'aurai pas besoin de stimuler le zèle des sentinelles en ces nuits prochaines et n'aurai plus à gourmander les traînards ; la peur sera plus puissante que les remontrances et renforcera singulièrement la discipline.

Aujourd'hui, 19 juin, voit enfin notre départ ; la pluie suinte toujours du ciel blafard et gris et les forêts semblent plus noires, plus impénétrables. L'un de mes cornacs mnong a pris, derrière le guide du village, la place de Sòm qui nous souhaite un heureux voyage : au sortir du village, le D. Glun, puis un horrible marais brun entre les premières racines noueuses de la forêt et le convoi s'enfonce entre les fûts pressés tandis que les sangsues s'élancent à l'assaut.

La forêt-futaie, une fois de plus nous enveloppe, impitoyable ; des troncs effondrés, des fouillis de lianes et d'épines obstruent la sente ; des colonies de bananiers sauvages coupent parfois la monotonie grise des arbres qui se referment ensuite plus épais ; nous sommes sur le versant du Donnaï et l'aspect du pays est en tout identique à celui que nous traversions il y a un mois et demi.

B. Bu-Lu est le premier village rencontré ; huttes misérables défendues par des palissades épaisses, d'énormes lancettes de guerre, des abatis au milieu d'une brousse inextricable qui enjungle la forêt.

Mais nous ne tardons pas à quitter la crête suivie depuis notre départ ; une dégringolade par sauts, par bonds, par paliers dans la forêt semée de bambouseraies où l'horrible piste dévalle obliquement sur la terre détrempée et glissante et voici le D. Glun, large de 15 à 20 mètres, mais dont le chenal, de 6 à 8 mètres, roule seul une eau grondante sur les pierres et les galets ; le thalweg est à 250 mètres en contre-bas des crêtes ; les berges, hautes de 5 à 8 mètres, escarpées, donnent accès à une étroite vallée couverte de brousse et de bambous bas, ouverte entre le pied des collines raides et densément boisées.

Traversant la rivière, s'accrochant aux flancs des hauteurs, redescendant sur le D. Glun, la sente est très difficile et les éléphants n'avancent que fort lentement ; la contrée est peuplée, les villages appartenant encore à la famille des Nong, sont échelonnées le long de la rivière qui décrit de capricieux méandres.

Le 20, nous repassons la crête, heureusement moins élevée à mesure que l'on avance vers le Sud ; le temps s'est remis au beau, mais, dans les ravins, la chaleur est atroce, lourde et humide.

Le lendemain, nous regagnons le D. Glun qui roule toujours une eau rapide sur un lit de rocs et de pierres, la vallée s'élargit et les villages sont nombreux, le dialecte diffère de plus en plus, appartenant au Stieng ; le 22, je reconnais le confluent du Jeul, à quelque deux kilomètres de B. Mlo ; le Jeul, premier gros affluent du Glun, n'est qu'un torrent large et violent ; le Glun le reçoit au sommet d'un coude brusque, étranglé, mais profond.

En aval, le Song Bé qui, depuis B. Dang-Njriang, décrit un angle dur vers l'Ouest, est coupé de petites chutes, brusques sauts en plan incliné de 4 à 6 pieds de dénivellation ; les rives, le plus souvent abruptes, à pic même, sont formées de blocs de grès régulièrement découpés et superposés comme un mur de gigantesques pierres sèches ; les ruisseaux s'y précipitent dans la rivière par de curieuses cataractes latérales franchies au confluent même.

Près de B. Pou-Peun, où nous arrivons le 22, se trouvent les deux belles chutes coupant le cours moyen du Song Bé ; le 23, après une nuit rendue atroce par le grouillement des punaises, je me rends aux cataractes. Une petite heure de marche sur une sente glissante comme du verglas nous mène à la rivière encaissée entre des collines abruptes ; douze mètres de pente à peu près à pic, unie comme un glacier et l'on arrive comme bombe sur la rivière, large de 30 à 40 mètres, un peu en amont du L. Hur. Ce saut à pic de 10 mètres de chute est magnifique ; le roc noir, bosselé et tourmenté qui forme le lit, semble différer des ordinaires grès familiers ; l'on dirait la cristallisation subite d'une masse en ébullition tant sont nombreuses les aspérités et les bosses ; disposées en arc de cercle, les assises sont creusées en leur centre d'une rainure violemment inclinée où passe actuellement la veine liquide entière en une puissante colonne jaunâtre et écumeuse ; de chaque côté, les rocs sont à sec et ne doivent être couverts qu'aux très grandes eaux.

En aval, le lit se rétrécit à peine et le majestueux ravin se fraye, spacieux, hérissé, au pied de la cascade, de blocs rocheux énormes et de récifs aux têtes noires.

La seconde chute est à quelque deux kilomètres en amont ; aucune sente n'y mène et l'on doit suivre le bord de l'eau parmi les pierres, les épines et l'horrible limon gras, fait de détritus végétaux stagnant le long de la rive ; à quelque 1.200 mètres, une cataracte inclinée de cinq pieds de haut, le L. Plong-Bong ; la rivière n'est toujours qu'un torrent rapide, aux vagues violentes, se brisant sur les rocs et les assises noires ; à peine quelques biefs calmes, n'atteignant pas 100 mètres de développement. En amont du L. Plong-Bong, sur la rive droite, l'embouchure du Rkèh, second gros affluent, simple torrent dont la masse d'eau bouillonnante luit avec éclat, rejaillissant en ressac sur la tête noire des rochers qui ponctuent son lit.

C'est en amont du Rkèh que se trouve la seconde chute, le L. Tariâ, beau saut de 8 mètres en ligne droite que la rivière, large de 40 mètres environ, franchit sur toute sa largeur en une nappe majestueuse.

Sous la pluie qui nous inonde, il faut maintenant revenir sur nos pas, sautant de pierre en pierre, enfonçant dans la vase, nous accrochant aux épines ; une heure pour franchir la demi-lieue qui nous sépare de la sente en haut de laquelle nous amène enfin une extraordinaire gymnastique d'équilibre à peine rendue possible par les souches et les racines de bambous auxquelles nous nous accrochons avec le désespoir des noyés.

Le 24, la mission s'éloigne singulièrement de la vallée du D. Glun ; le pays, très abaissé, est accidenté d'ondulations douces couvertes d'herbe paillotte, de forêt-taillis basse et de bambouseraies ; celles-ci, un moment même, envahissent complètement la contrée, lui donnant l'aspect si caractéristique de la mer de bambous de Hon-Quan ; la forêt-taillis qui ne réapparaît qu'au voisinage du Song Bé est également obstruée de bambous. Dans la journée, enfin, pour la première fois depuis notre départ de B. Pou-Rmaih, surgit devant nous le piton de la Yumbra ; la montagne maintenant est tout proche, dressant sa masse au-dessus des faibles collines en bordure du D. Glun.

Les villages se prétendent rehong, ce qui me laisse incrédule, et bou-dèh ; ces Bou-Dèh appartiennent à la famille des Stieng qui, ici, sont appelés Bou-Dieng ; mon cornac mnong n'arrive plus à se faire comprendre qu'avec la plus intense difficulté.

Le lendemain 25, en bas de B. P. Mà, nous franchissons le D. Glun ; deux fragiles radeaux de bambous transportent lentement les hommes de l'autre côté de l'eau que borde une colline extrêmement raide. L'habituelle forêt-taillis encombrée de bambouserais se referme à nouveau sur nous et les sangsues pullulent ; la crête des collines est à 100 mètres au-dessus de la rivière ; les villages, assez nombreux, sont entourés d'une quadruple enceinte percée de poternes basses et étroites, les deux enceintes intérieures sont un mur de bambous continu qu'escalade de chaque côté une échelle branlante ; les huttes, misérables, croulantes, sont d'une repoussante saleté ; les lits de camp crevés s'étendent sous les greniers à riz fort peu élevés au-dessus du sol.

C'est près d'ici, à B. P. Kel, dont nous croisons la sente, que fut attaquée et repoussée, en 1900, l'expédition du marquis de Barthélémy ; abandonnés par leurs porteurs dans le pays soulevé, l'explorateur et ses compagnons essayèrent en vain de s'ouvrir un passage vers le Nord-Est dans la direction du Darlac qu'ils voulaient atteindre par les cantons inconnus que je viens de traverser ; devant l'impénétrable forêt, la mission dut reculer et se replier sur B. P. Kel (B. Kil de Barthélémy) par les sentiers jonchés de lancettes de guerre ; dans la nuit du 26 au 27 février, l'hostilité se manifestait brutalement et les villageois lançaient leurs buffles sur les cases occupées par la petite troupe ; celle-ci, après avoir abandonné une partie de ses bagages, devait se replier sur le bassin du Jermang et battre en retraite sur Kratié (1). Cette expédition fut cependant la première qui reconnut le piton de la Yumbra et le moyen S. Bé ; induit en erreur par le nom indigène de la rivière — D. Glun — et le coude brusque qu'elle forme au pied de la montagne, le voyageur avait pris son cours moyen pour une rivière distincte, tributaire du Mékong.

Aujourd'hui, heureusement, les temps sont changés et la mission de l'Est cambodgien, forte de 22 miliciens et de 7 éléphants, passe sans encombre ; les puissants pachydermes sont notre palladium, imposant le respect et la crainte aux villages hésitants et dont l'hostilité n'ose se manifester.

A B. Pou-Sen, avant-dernier village avant l'étape, nous entrons enfin chez les premiers Stieng ; les cases, aussi sordides et croulantes, sont encore à même le sol, mais ont leurs cloisons inclinées vers l'extérieur comme les pures maisons stieng ; les femmes ne portent plus, autour des reins, qu'une simple et étroite bande d'étoffe analogue à celle des hommes, mais encore plus primitive et d'une écœurante saleté ; la disparition de la jupe, en usage chez le beau sexe dans tout le reste de l'hinterland moï, excite au plus haut point l'amusement de mes gens et les Moï, Mnong et Radé de mon convoi, se montrent plus particulièrement scandalisés ; dans les oreilles, un simple tube de bambou mince remplace les bouchons d'ivoire et de bois ; mais les verroteries, les peignes, les colliers, les bracelets et les jambières de fil de cuivre deviennent plus nombreux.

Nous couchons à B. B. Maih, en haut du D. Glun, en des cases innommables où les porcs circulent en compagnie des poules, des femmes, des chiens et des enfants, toutes créatures dont on ne saurait dire laquelle est la moins repoussante de saleté.

Le dialecte stieng est maintenant le seul parlé, le seul compris et mes Mnong ne peuvent plus articuler un seul mot ; armé du beau dictionnaire stieng du P. Azémar, j'essaie de me faire comprendre, mais la tâche est ardue.

A la tombée de la nuit, arrivent les éléphants qui créent une véritable sensation ; tout le monde fuit avec ensemble et se tient à distance respectueuse ; il faut tout un discours et quelques jurons universellement appréciés pour décider les guerriers à s'approcher des pachydermes et aider au déchargement des bagages ; restant aussi loin que possible de la bête, ils tendent les bras, se haussent sur la pointe des pieds pour pouvoir atteindre les caisses que les cornacs leur passent à bras tendus ; mes juments provoquent également une peur presque aussi vive.

II

26 juin-1ᵉʳ juillet — (126 kilomètres).

La Yumbra est enfin proche ; au sortir de la forêt et des bambouseraies, elle se dresse devant nous comme un casque géant velu de végétation épaisse. Le pays est

---

(1) Voir *Au pays moï*, par le marquis de Barthélémy. — Plon-Nourrit, Paris.

faiblement ondulé, coupé de ravins où coulent de maigres ruisseaux ; les cultures sont vastes et nombreuses ; les villages, palissadés, sont enfin composés de huttes sur pilotis de pur style stieng ; de P. Pou-Srei, bâti sur le sommet d'une ondulation formant plateau, la Yumbra apparaît dans toute son ampleur ; la cime fait une sorte de ressaut, analogue à la chenille d'un casque bavarois.

Le D. Glun, que nous atteignons à nouveau, est large de 50 à 60 mètres ; ses eaux grondent sur une chute de 1 m. 70 de saut, cataracte inclinée où se précipite l'imposante masse écumeuse. Nous bivouaquons en haut des coteaux, à P. B. Mbor, mais l'impossibilité de se faire comprendre se fait cruellement sentir ; les Stieng restent stupides devant les discours que leur tiennent tour à tour mes Mnong et mes Cambodgiens ; aussi, nanti du dictionnaire du P. Azémar, je fais un dur apprentissage du nouveau dialecte, d'autant plus que la langue parlée ici diffère quelque peu du stieng de l'Ouest qui est celui du lexique ; celui-ci, cependant, est si admirablement conçu et si fidèlement composé que j'arrive à me faire comprendre ; malheureusement, l'ouvrage ne renferme que la partie stieng-français, aussi ai-je dû me confectionner en hâte un petit vocabulaire français-stieng, ce qui m'a demandé un gros travail, mais ce qui me rend d'inappréciables services. Du coup, je passe interprète en chef et tous mes gens viennent piteusement me prier de traduire au chef leurs demandes diverses.

Quant au vocabulaire Patté, il est simplement inutilisable et l'on se demande quelle langue l'on a bien voulu reproduire ; les mots de ce recueil, prononcés sous les formes les plus variées, restent aussi inintelligibles que du hongrois ou du polonais.

Ce soir, même terreur à l'arrivée des éléphants ; les villageois disparaissent pour ne revenir qu'au départ des pachydermes.

Le pays entier est couvert de bambouseraies coupées de forêt-taillis ; un moment, nous suivons les flancs déboisés d'un coteau baigné par le Song Bé ; la vallée de la rivière se déroule à nos pieds, majestueuse, moirée de reflets lumineux, mais bientôt, l'on replonge dans les taillis coupés de nombreuses cultures ; en avant de P. B. Mbor, voici la Yumbra, sombre piton boisé, prolongé dans le Nord-Ouest par une pente longue et faible, tandis que le versant Sud semble bien plus abrupt ; la montagne n'est plus qu'à quatre kilomètres à vol d'oiseau et le S. Bé coule à son pied ; il fait un grand crochet vers le Nord et le Nord-Ouest en décrivant ainsi un V gigantesque et d'angle extrêmement aigu ; la vallée n'est formée que de coteaux très bas, de 15 à 30 mètres de relief. Malheureusement, les difficultés dialectales ne me permettent pas d'obtenir les renseignements désirés et il m'est impossible de me faire conduire au confluent du Rlhap dont le nom même semble être devenu subitement inconnu. Quant au L. Plai — la « chute de Dong-Bong-Tây » de Patté — il n'est qu'à un kilomètre en aval ; c'est un saut puissant de 2 à 3 mètres de haut, sur plan bombé ; la rivière, large de 60 mètres, est gonflée et la chute est moins puissante qu'aux basses eaux. En aval, d'énormes blocs rocheux disparaissent presque dans l'écume et le tourbillon du courant.

Sur la rive gauche, à peu de distance, se trouvent les ruines de Dong-Bong-Tây, l'embryon de poste créé par la mission Patté et où elle séjourna plusieurs mois, en 1904 : rien ne subsiste plus de ce qui devait être, dans l'esprit de son fondateur, le poste avancé de la Cochinchine chez les Stieng. Des travaux de cette mission qui est restée cantonnée au pied de la Yumbra et n'a opéré, en dehors, qu'une rapide reconnaissance sur le moyen Donnaï, il ne reste que ces ruines et la soumission plus ou moins sincère des hameaux moï voisins, rattachés aujourd'hui administrativement à la province du Thudaumot.

De P. B. Mbor, nous continuons sur la rive droite vers P. B. Uiel ; le pays est arrosé par de nombreux ruisseaux courant au S. Bé ; les faibles coteaux qui les séparent sont couverts de bambouseraies emmêlées de taillis et de forêt touffue ; les cultures sont nombreuses et étendues ; le riz jeune, déjà haut d'un pied, s'étale en un tapis d'un vert tendre rehaussé du vert plus sombre des maïs.

A P. B Uiel, les guides s'arrêtent à quelque distance de l'enceinte ; impossible d'entrer, paraît-il, mais l'on va chercher les villageois qui s'empressent de fournir de nouveaux guides ; même comédie devant P. Da-Rong dont la porte d'entrée est ornée d'un crâne de bœuf ; couronnant les palissades intérieures, les femmes, haut juchées, nous regardent curieusement défiler.

Nous atteignons enfin P. B. Pråk et, de nouveau, les guides s'arrêtent à quelque trente mètres en avant des portes ; impossible de les faire avancer ; en admettant qu'un ou deux des villages interdits soient réellement « dieng », il est inadmissible qu'il en soit de même de tous les hameaux du district et il est évident que l'on veut simplement éviter notre présence : mais le jour s'avance et la pluie menace ; une dernière fois, j'invite les guides à continuer sur le hameau, mais, accroupis près de leurs hottes au beau milieu du sentier, ils ne bougent pas et refusent énergiquement. La comédie a assez duré et je pousse mon cheval vers le village où nous pénétrons sans encombre ; des cochons jettent l'alarme et, aussitôt, les femmes surgissent et s'enfuient, sautant la palissade basse, enfilant la porte, disparaissant en brousse.

Nous nous installons paisiblement dans la hutte la moins délabrée, horriblement sale et croulante où, bientôt, la pluie pénètre par les innombrables plaies du toit.

Cependant les villageois réapparaissent peu à peu ; sans se faire prier, ils vont chercher de l'herbe pour mes chevaux et de l'eau. Le village est-il soumis ? Impossible de le savoir, ma science fraîche en stieng m'interdisant sujet si ardu ; quant à la carte Patté, elle n'indique rien en dehors des quelques villages immédiatement voisins de la Yumbra.

La nuit va tomber et la pluie a cessé ; au-dessus de la Yumbra qui se détache en vigueur sur le ciel lavé par l'orage, un arc-en-ciel tend ses teintes bigarrées ; les éléphants ne sont pas encore arrivés ; soudain, des exclamations en dehors des palissades, des voix hautes au milieu desquelles je distingue le mot *ruèh* (éléphant) ; aussitôt me voici contre l'enceinte et, bientôt, je perçois le son des clochettes ; à 40 mètres en avant, sur la grande sente de venue, un groupe de villageois s'estompe dans le crépuscule ; soudain, des éclats de voix en partent, quelque chose comme une altercation où dominent deux mots : *ruèh* et P. Bu-Sriet, qui est le nom du hameau voisin dans l'Ouest ; rapide comme l'éclair, un soupçon me traverse l'esprit et je sors en hâte des arbres qui m'abritent, m'avançant vers le groupe ; quelques naturels y gesticulent avec véhémence ; sur le sentier, un chapeau blanchâtre paraît, s'avançant rapidement derrière quelques naturels et je reconnais mon caï annamite ; dissimulé derrière des bananiers, j'attends, dans le crépuscule qui monte : l'éléphant de tête surgit ; mais, à hauteur du village, les indigènes gesticulent avec violence, des bras se tendent vers le Sud-Ouest et l'éléphant repart vite, vite, car la nuit va tomber et le cornac se hâte vers le gîte. Les deux éléphants de tête passent ainsi ; encore une seconde et ils vont disparaître dans les taillis. Mais l'expérience suffit ; d'un bond j'ai rejoint la sente et hêlé les cornacs ; les éléphants s'arrêtent, virent de bord ; les cornacs hésitent, mais ils m'ont reconnu, et, vers P. B. Prâk, les lourdes bêtes se dirigent cette fois, tandis que mes gens lancent de violentes imprécations à ceux qui les ont voulu jeter sur la fausse route. Tandis que les miliciens s'occupent à décharger les bêtes, les villageois, réunis en dehors de l'enceinte, discutent avec animation et le groupe rapidement s'efface dans la nuit.

Le hameau, maintenant, est désert et j'ai doublé les postes de garde ; les éléphants, entravés contre les palissades, sont étroitement surveillés par leurs cornacs et nous sommes prêts à toute éventualité. Mais nous n'aurons pas eu à repousser l'attaque possible et les naturels auront sans doute écouté les sages conseils de la prudence ; au milieu de la nuit, en effet, ils ont réintégré leurs pénates à la lueur sanglante des torches, tandis que l'un d'eux me présentait triomphalement un grand diable, sec comme un coup de trique, la figure anguleuse et les cheveux grisonnants coupés court ; après m'avoir correctement salué, le nouveau venu m'adressait la parole en cambodgien ; c'est un trafiquant des environs de Hon-Quan, venu, en compagnie d'un Annamite, faire du commerce chez les sauvages. Les naturels ont eu la bonne idée de l'aller chercher au village voisin où il campe afin de le faire servir d'interprète ; je puis obtenir ainsi quelques renseignements sur le secteur.

La contrée est absolument semée de villages auprès desquels notre route nous fait passer ; ce sont de gros hameaux palissadés, presque invisibles derrière l'enchevêtrement de la brousse ; les cultures sont très vastes, séparées à peine par les lambeaux de forêt-taillis. J'ai rarement vu district si peuplé et cela me rappelle la région des Atham du Darlac septentrional. A hauteur de chaque village, les guides se changent et c'est un arrêt continuel tandis que les naturels se pressent curieusement hors de leur enceinte.

Le pays est faiblement ondulé, arrosé de ruisseaux vaseux qui courent au Song Bé ; forêts, bambouseraies et taillis recouvrent les coteaux, mais la sente est définitivement meilleure, d'autant plus qu'il n'a pas plu de toute la nuit. Depuis le sommet d'un de ces coteaux, un peu avant Poh Bu-Tok, la vue découvre tout l'immense panorama occidental, mer bleue de végétation victorieuse que ne rompt pas une bosse, pas un relief, si ce n'est quelques insignifiants dômes proches dont le revêtement de forêt forme saillie au-dessus des vastes cultures.

Vers la fin de la matinée, nous atteignons le Song Bé, large d'une soixantaine de mètres ; la rivière est encombrée de rapides et, en aval, complètement obstruée, de rive à rive, par un magnifique barrage à poissons, formant seuil ; à une quinzaine de mètres de la rive droite, parallèlement au courant, une sorte de chaussée en bambous posée sur des socles de bois et flanquée de bastions en bambou où vient se prendre le poisson.

Mon intention est de continuer dans le Nord-Ouest sans franchir la rivière, mais malgré tous mes efforts, il nous est impossible de trouver une sente piquant dans cette direction et il nous faut traverser le S. Bé qui n'a d'ailleurs pas plus de 3 à 4 pieds de profondeur.

Au-delà de la rivière, le pays offre le même aspect ; nombreux villages, grandes cultures, ondulations couvertes de bambouseraies et de taillis entre les raï. Les chefs de village commencent à baragouiner l'annamite et le stieng du P. Azémar est de mieux en mieux compris. Poh Bu-Nhuy, où nous couchons ce soir, 28, est, comme comme tous les hameaux de la région, entouré d'une vaste palissade ; la plupart des huttes sont sur pilotis, leurs parois, si caractéristiques, inclinées vers l'extérieur ; celles qui sont à même le sol ont leur bas-côté ouvert, sans aucune cloison ; des jacquiers, des bananiers, forment, entre les huttes, des bouquets pittoresques ; en un coin, les parcs à buffles dont la boue liquide luit d'un gris d'acier ; tout autour du village, la grande et splendide forêt-futaie où domine le *trueul* des Radé, qui est le *bang-lang* des Annamites et le *srâlau* des Cambodgiens ; cette essence abonde dans la région et son gros tronc élevé, blanchâtre, martelé comme un rayon d'abeilles, orné de colonnettes latérales, semble un étrange pilier de cathédrale transplanté sous la coupole de l'impénétrable feuillage.

Le village est soumis à Hon-Quan ; la plupart des naturels portent le pantalon annamite et l'on sent de plus en plus l'influence de la civilisation.

Il fait chaud, mais il ne pleut pas.

Le 29, je laisse mon convoi au village tandis que je vais reconnaître le confluent du Hoyt qui est proche ; je l'atteins par une sente à peine frayée dans l'épaisse forêt encombrée de bambous nains, et il faut s'ouvrir un chemin au coupe-coupe ; au sortir du village, nous traversons la queue d'un vaste marais bordé de forêt inondée sous un pied d'eau ; rien de plus étrange que ces taillis émergeant du sol recouvert d'une eau grise d'où saillent les racines, tordues comme des serpents et des herbes grasses et épaisses.

Le D. Glun — le Song Bé — est au bas d'une pente raide ; la rivière, large d'une quarantaine de mètres, disparaît sous un semis d'arbustes ressemblant à nos oseraies et dont les têtes touffues cachent les eaux ; celles-ci se frayent, le long de la rive droite, un chenal étroit et rapide ; en face, le Hoyt — le Huyt, comme disent les Stieng — scintille entre la puissante verdure de ses rives ; en amont, le Song Bé est encore semé de quelques arbustes qui se montrent, par touffes isolées, au milieu du lit.

Nous passons le reste de la journée au village ; en dehors, un tombeau, analogue à celui de P. Buk-Ruèh ; il est entouré d'une enceinte et de bananiers ; ce tertre, plat et très bas, est à peine marqué ; un mince fossé l'entoure et un treillis de bambous le recouvre, posé sur quatre planches peinturlurées et aux extrémités sculptées ; sur ce clayonnage, les offrandes au mort ; un chaume recouvre le tombeau ; les bas-côtés sont ornés de deux longs pieux recourbés et pointus, affectant la forme d'un quart de lune ou d'une défense d'éléphant ; un peu en arrière, le pieu de soutènement dont l'extrémité pointue et dépassant de deux à trois pieds, est sculptée en oves. A la tête et au pied du tombeau, une jarre, des oripeaux divers.

Les villageois emploient, pour aller chercher leur eau, les longs tubes de bambou en usage chez les Radé.

Les naturels sont forgerons ; les fers des lances sont analogues à ceux des Mnong et de formes variées ; les hampes sont plus courtes, les flèches sont souvent à tête de cuivre et empoisonnées ; les arbalètes sont identiques à celles des Mnong. Les hommes portent, dans les oreilles, de minces tubes de bambou ; ils ont le chignon traversé par un peigne de bois horizontal ; les femmes ont la simple ceinture des hommes, le plus souvent réduite à l'état de ficelle mince et d'une répugnante saleté.

Toute cette région stieng présente un aspect bien différent des autres régions moï ; la forêt-futaie et la forêt-taillis règnent ici en maîtresses ; de nombreuses clairières les coupent, où s'alignent les cultures, les bouquets de bananiers ; le relief est à peu près nul ; c'est une zone de transition entre les districts ondulés du Nord et les plaines du Sud.

Le 30, après une heure et demie de marche dans la belle forêt-futaie-clairière au sous-bois de bambous nains, nous atteignons le D. Glun, large de 30 à 40 mètres et au courant rapide ; un banc de rocs peu important le barre en aval et, sur la rive droite, s'étend un palier encore à sec d'herbes et d'arbustes ; la rivière, qui se dirige vers le Sud, vient de l'Est par un coude à angle droit ; les berges sont constituées par les lèvres du plateau qui finit en pente raide sur le thalweg. Amarrés contre la rive droite, au coude même du lit, deux radeaux surmontés de paillotte ; des pirogues s'en détachent, élégantes embarcations en planches minces, soigneusement calfatées, longues de cinq à sept mètres, et mues par une rame fixée à l'arrière ; tous ces détails révèlent l'origine annamite de ces esquifs. Ils appartiennent d'ailleurs à des Annamites coupeurs de bois qui exploitent la forêt et font descendre leurs radeaux sur le Song Bé qui est, paraît-il, pendant les crues, flottable et même navigable, malgré les rapides et les seuils rocheux.

Les chevaux et l'escorte passent sans encombre avec l'aide des pirogues, mais je ne sais si les éléphants traverseront aussi facilement ; les naturels me disent en effet que l'eau est profonde. Les lourdes bêtes débouchent enfin et se laissent glisser le long du talus presque à pic en faisant frein de l'arrière-train, mais, au pied même de la berge, la profondeur, très brutale, est de trois pieds au moins et, un à un, les pachydermes approchent avec prudence, sondent longuement de la trompe et font placidement demi-tour ; c'est en vain que les cornacs emploient le fouet et l'ankus, tous ces arguments se brisent devant l'entêtement raisonné des intelligentes bêtes qui barrissent furieusement, secouent conducteur et cage et font résolument volte-face.

Un essai, tenté en aval, échoue aussi piteusement et je donne l'ordre de décharger les animaux, lorsque, subitement l'éléphant capturé à B. B. Rdang se décide enfin ; se laissant glisser, il fait un vrai saut dans la rivière qu'il se met à traverser rapidement ; l'exemple est donné et, un à un, les pachydermes se jettent à l'eau et suivent leur chef de file ; la profondeur, à peu près uniforme, ne dépasse pas deux mètres ; le plus petit des éléphants s'étant cependant quelque peu écarté de ses camarades, fait un plongeon et l'eau atteint la cage dont les bas-flancs sont inondés ; durant quelques secondes, elle surnage même seule, la bête étant complètement submergée.

De P. B. Jeul, à peu de distance sur la rive droite, nous atteignons rapidement P. Tong-Huït, sur la route de Bu-Dop qui n'est qu'à quatre kilomètres au Nord ; alors le convoi en entier s'engage sur la route de Hon-Quan que je suivais, seul, il y a un mois à peine.

Mais, aujourd'hui, la sente est aussi mauvaise, noyée sous la vase et l'eau, défoncée par les charrettes ; un peu avant P. Ner, sur la queue d'un marais, un campement d'Annamites groupe pittoresquement ses charrettes à buffles aux énormes roues pleines, le plus souvent formées d'un seul et magnifique plateau de bois épais ; dans le marais, paissent les buffles ; un peu plus loin, s'élève une maison de bambous et de chaume, assez vaste, auprès de laquelle les bûcherons travaillent dur de la hache et du coupe-coupe ; des buffles accouplés traînent les lourds troncs d'arbre et les amènent au campement.

Après les marais et les rizières de P. Ner, la sente s'engage dans la magnifique forêt-futaie-clairière au sous-bois de bambous nains ; cette grande forêt, connue sous le nom de forêt de Minh-Gai, de Bin-Ton ou de Phuóc-Lê, s'étend de Bu-Thònh (rive gauche du Song Bé) jusqu'au-delà de S. Liau ; dans le Sud-Est, elle va jusqu'au Phnom Phuden ; elle est composée de beaux boisements de *sao* (1) (*hopea*), de *gò* (*paludia*), de *huynh* (*epicharis disoxylon*), de *lim* (*baryxylon*), de *cam-lai*, de *dau-conrai* (*dipterocarpus alatus*), de *chai* (*shorea rubiflora*), etc...; exploitée depuis longtemps par les bûcherons annamites de la région de Hon-Quan, elle fournit la presque totalité des bois qui descendent le S. Bé, mais les efforts portant tous de ce côté, les boisements s'épuisent assez vite.

La large percée de la route s'enfonce comme un tunnel sous l'épaisse voûte des fûts énormes ; nous croisons quelques charrettes à bœufs ; les naturels parlent annamite ou cambodgien et portent des vestons et des pantalons de toile, des turbans plus ou moins crasseux. La région est une vraie marqueterie ethnographique ; tandis que Poh Tong-Huït est encore stieng, Srok Ner est cambodgien et Srok Liau est peuplé de Cambodgiens qui y forment l'élément dominant, de quelques Stieng et de deux Laotiens partis actuellement sur Stung-Treng.

Ce bizarre croisement de races est une des particularités de ce secteur et il est fort difficile de s'y reconnaître en tous ces échantillons ethniques métissés et confondus qui ont fini par donner un produit mixte tristement dégénéré. Les villages eux-mêmes, misérables, quelconques, sans aucun style, se ressentent de ce mélange ; les Moï ne savent plus dire à quel tribu ils appartiennent ; ils sont « moï », c'est tout ce qu'ils savent répondre en un annamite guttural, privé de ton, transformé en une sorte de dialecte franc où se rencontrent des mots cambodgiens, de méconnaissables détritus linguistiques où domine encore le stieng.

Du relai de S. Liau, où nous avons couché, jusqu'à la jonction de la grande route coloniale, les guides vont se relayer de village en village ; à S. Ngua, hameau stieng sur la branche orientale de la rivière de Saïgon, le vieux chef se précipite à notre rencontre ; somptueusement vêtu d'une houppelande de soie annamite, la tête coiffée d'un sordide turban, les mains jointes sur une serviette crasseuse, il est déplorablement ivre et titube lamentablement ; le village entier semble d'ailleurs partager le doux état de son chef, ce qui ne l'empêche pas de fournir les guides demandés. La forêt-futaie a, depuis S. Liau, cédé la place à la forêt-taillis plus basse, plus touffue,

---

(1) Ces noms d'essences sont annamites.

emmêlée de brousse que dominent les troncs blanchâtres des gigantesques *dau* élevant haut vers le ciel leurs branches en parasol au-dessus de leur tronc massif noirci par les incendies de brousse.

Après S. Ngua, la forêt-clairière apparaît, magnifique ; de l'épais tapis d'herbe bambou, haute de trois pieds, émergent les *kpang* et les *eruï* ; l'on se croirait sur la route basse du Darlac à Kratié, dans le voisinage du Plai.

Nous atteignons enfin la grande route coloniale au-delà du hameau cambodgien de Viécron ; la route est vraiment splendide et le rouleau compresseur atteint le 70° kilomètre ; la jonction de la sente de Budop est à la borne 72, à 94 kilomètres de Thudaumot.

Au tram du Canlé Trù — branche orientale de la rivière de Saïgon — tout le convoi se rassemble et se repose ; puis l'on se change, les miliciens d'Annam et du Cambodge endossent leur plus somptueuse tenue ; en arrière-garde, les éléphants groupés forment une masse vraiment imposante et la mission, pimpante et allègre, continue sur Hon-Quan, distant encore de onze kilomètres ; le soleil baisse à l'horizon lorsqu'elle débouche enfin sur la délégation à la grande joie des badauds émerveillés.

. .

La délégation de Hon-Quan fut fondée en 1898 ; elle se trouve à 79 kilomètres de Thudaumot dont elle dépend administrativement ; Hon-Quan lui-même est un centre en voie de formation ; quelques commerçants chinois se groupent sur le bord oriental de la grande route qui déroule son splendide ruban rouge bordé de tecks à flanc de la douce ondulation dominée, à gauche de la grande artère, par le beau bâtiment de la délégation, élégante maison en briques, à étage, dans un jardin gracieusement tracé : le bureau du télégraphe, tout récemment ouvert, est en arrière ; le village annamite et chinois descend presque jusqu'au pied du coteau, dans le fond du vallon, la plupart du temps à sec. Au-delà, la maison de l'école, quelques autres paillottes en bordure de la route qui s'enfonce dans la verdure solitaire ; car, à perte de vue, c'est la mer des bois et, dans l'Est, le houleux océan des bambous frissonnants où, chaque dimanche, viennent chasser quelques Saïgonnais, avides des émotions de la « brousse » au seuil de laquelle conduisent de confortables automobiles.

Au point de vue ethnographique, la circonscription de Hon-Quan est une véritable mosaïque ; Annamites, Cambodgiens et Moï s'enchevêtrent dans le plus extraordinaire mélange, ramassis de déclassés et d'émigrants louches établis en ces marches reculées, loin d'une patrie où ils ne pourraient sans doute vivre sans danger pour leur liberté.

A quelque six kilomètres au Sud de Hon-Quan, se trouve la vaste concession de Xa-Trach où une société française fait la culture des *Hévéa* ; une autre société est actuellement en train de faire visiter les immenses étendues qui, couvertes de bambouseraies et connues sous le nom de « mer de bambous », s'étendent jusqu'au Song Bé ; elle a l'intention d'en demander l'exploitation pour transformer en pâte à papier ces inutiles peuplements (1).

(1) La concession a été accordée depuis mon voyage et la société, pour suppléer à l'insuffisance de la main-d'œuvre locale, étudie l'importation de la main-d'œuvre javanaise.

4-7 juillet — (218 kilomètres).

De Hon-Quan à Thudaumot, le service de la poste et des voyageurs est assuré, deux fois par semaine, par une malabare branlante qui couvre en une journée les 79 kilomètres séparant les deux centres.

A Xa-Trach, que la mission a gagné après un court séjour à Hon-Quan, je m'embarque, le 5, en ce véhicule bizarre et douloureux ; attelée de trois chevaux, la voiture trotte assez vite, mais hélas, les cahots et les heurts n'en sont que plus nombreux ; les trois autres sièges réservés aux voyageurs sont occupés par des Annamites minables qui, sans discontinuer, fument, chiquent et crachent tout en dégageant une odeur fade de crasse, de sueur et d'huile de coco rancie. Entre les genoux des patients, tout un amoncellement de caisses bizarres, bagages de ces messieurs ; des noix d'arec surplombent des boîtes à bétel, des articles hétéroclites qui, à chaque soubresaut de la carriole, pensent choir sur nos genoux. La forêt fuit de chaque côté, coupée de brousse, de bambous, de vastes carrés de forêt-clairière dont les échappées grêles et glauques rappellent la route de B. Mé-Thuôt à B. Don A Chon Tanh, premier relais en face de la belle maison du garde-forestier ; le temps de changer les chevaux et nous voilà repartis sous la pluie qui tombe par rafales ; pas de vitres aux vastes portières de notre caisse, à peine quelques volets chancelants et vermoulus. Vers onze heures, nouveau relais où l'on s'arrête pour déjeuner ; ma salle à manger est l'école où l'instituteur annamite, à barbiche grisonnante, au geste maniéré, au langage prétentieux — vrai type des lettrés cochinchinois — me reçoit avec la plus extrême politesse ; une douzaine de bambins, rangés devant le tableau noir, hurlent avec ensemble notre alphabet.

Mais il faut réintégrer la guimbarde ; toujours splendide, rouge et dure, la route se déroule dans la magnifique forêt jalonnée de quelques relais, de villages, de quelques huttes palissadées dans des touffes de bananiers ; les pentes sont douces, mais nous ne sommes pas encore dans la grande plaine cochinchinoise.

Vers trois heures de l'après-midi, nous entrons à Bên-Cat, gros village très important d'où part, vers le Nord-Ouest, la route de Thi-Tinh ; nous ne sommes plus qu'à 22 kilomètres de Thudaumot et nous entrons maintenant dans l'immense plaine plate, luisante d'eau, à perte de vue carrelée de rizières, rayée de lignes d'arbres fripés, tachée de villages dont les toits se cachent à demi derrière des oasis de bananiers ; des maisons européennes, de gros marchés se succèdent, de plus en plus rapprochés ; l'on se sent dans un autre pays, sous un autre climat et la transition semble brusque, des épaisses forêts du Nord, des dernières ondulations de l'hinterland à ces plaines sans limite, ces plaines de limon et d'eau noire qui sont l'opulence et la gloire de l'orgueilleuse Cochinchine.

Le crépuscule approche quand nous entrons à Thudaumot. La ville a l'aspect de l'une quelconque de ces cités franco-annamites qui ont germé si rapidement sur le sol luxuriant de la Cochinchine ; sise au bord de la rivière de Saïgon, la ville est une belle agglomération de maisons européennes disséminées autour du vaste marché que bordent, de chaque côté, les maisons des commerçants chinois ; au bout du marché, la rivière, sur le bord de laquelle s'élèvent les pavillons du marché à poissons. En arrière du marché, la Résidence — ce que l'on appelle, en Cochinchine, l'Inspection — couronnant de sa masse la crête du tertre où elle est bâtie.

Et ce mouvement de la ville, d'une ville autre que Saïgon, surprend et charme le voyageur habitué à l'exiguïté des résidences d'Annam qui, en des sites merveilleux au bord de la mer d'émeraude, ne sont que des embryons de cités où la vie ne circule pas encore.

De Thudaumot à Saïgon, il y a 28 kilomètres par la grande route ; de plus, des chaloupes à vapeur font le service entre les deux villes, mais quand l'on ne possède pas d'automobile et que l'on ne veut pas attendre le bateau, l'on doit se résigner à suivre une troisième voie, qui est assez compliquée.

Tout d'abord, il faut passer le bac, et, sur l'autre berge de la rivière, prendre un léger tilbury à deux places — américaine robuste et stable — qu'enlève un poney fringant. En moins d'une heure, le cocher me fait franchir les 12 kilomètres qui nous séparent de Hoc-Môn ; la route est excellente, monotone, déroulée au milieu des rizières où des villages apparaissent dans la verdure ; à Hoc-Môn, gros marché à cinq lieues dans le Nord-Ouest de Saïgon, l'on prend le tramway à vapeur qui, après un changement à Go-Vâp, mène en une heure et demie en plein centre de la capitale.

8-14 juillet — (363 kilomètres).

Je serai revenu de Saïgon à Xa-Trach en un jour, couvrant ainsi les quelque 105 kilomètres, raid compliqué accompli grâce à une judicieuse mais exténuante combinaison du tramway à vapeur, du tilbury, de l'automobile et de la malabare ; cette dernière, hélas ! a joué dans l'orchestre la partie la plus considérable et surtout la plus heurtée.

Tout mon monde au complet, je quitte enfin Xa-Trach, le 8 juillet dans la matinée ; la mission de l'Est-Cambodgien doit en effet rallier le Cambodge et, pour ce faire, nous allons nous diriger sur le Mékong en traversant dans toute sa longueur la belle et riche province du Thbong-Khmum. Toute la journée du 8, nous suivons la grande route, traversons à nouveau Honquan et allons coucher au relai du Canlé-Trù, qui est la branche orientale de la rivière de Saïgon. Le lendemain, à la borne 72, juste en face de l'intersection de la route de Budop, nous quittons la grande artère pour tourner brutalement dans l'Ouest ; trois grandes heures de marche en forêt-clairière au sous-bois d'herbe-bambou et coupée de clairières marécageuses, nous mènent à Phum Se-Tiet, village cambodgien, palissadé et dépendant encore de Honquan ; deux charrettes annamites sont arrêtées à la sala ; le hameau possède un magnifique troupeau de buffles et de bœufs. Exténué de fatigue, je décide de coucher là ; toute la nuit, la pluie sera d'ailleurs tombée en grosses ondées et le sol est couvert d'une boue épaisse et glissante. Nous sommes encore sur le versant du Canlé-Trù.

Au-delà de Phum Se-Tiet, le pays est plat, couvert d'une brousse chétive et d'une herbe paillotte basse que nourrit mal un sol arénacé ; des arbustes épineux se mêlent à des arbres rabougris, isolés en bouquets épars. La sente charretière est fort bien tracée et traverse plusieurs villages, tous cambodgiens, rangés derrière leurs rizières ; les huttes, sur pilotis, mais branlantes et vermoulues, sont pittoresques avec leur véranda où s'étagent mille ustensiles baroques ; sous la masure, la charrette à bœufs de la famille, dont le timon pointe, démesurément recourbé. Derrière Phum Chom-Padau, nous arrivons au Canlé-Cham, branche occidentale de la rivière de Saïgon ; les eaux, débordées, coulent entre une double haie de bambous ; le lit n'a pas plus de 15 à 20 mètres de large, mais les naturels ont de l'eau jusqu'aux épaules ; le passage s'effectue sans accroc et, à leur tour, trois charrettes à bœufs arrivent devant l'obstacle ; les bœufs s'en tirent à la nage et les véhicules sont transbordés par les indigènes à la force des poignets.

Au-delà du C. Cham, l'aspect du pays se modifie quelque peu ; la forêt-taillis couvre la région, emmêlée de brousse épaisse d'où s'élancent les tiges élégantes du latanier, ornées de la feuille en éventail : des plaques de forêt-clairière rompent la monotonie de la forêt épaisse ; les ruisseaux coulent sur un lit de sable et vont au C. Cham ; les villages sont assez nombreux et sont désormais tous cambodgiens.

Nous entrons, dans l'après-midi, à Phum Krevean, délicieux village au revers d'un faible coteau ; ancien siège du balat qui réside aujourd'hui à Mimot, Krevean est un gros centre blotti dans un somptueux oasis qu'ombragent les palmes orgueilleuses ; la sala est au milieu de la bonzerie dont les huttes spéciales et propres abritent les prêtres rasés, drapés dans leurs robes et leurs écharpes de soie jaune. Les cocotiers tordus mêlent leurs palmes géantes au plumeau grêle des aréquiers dont les troncs minces, élancés et droits comme des mâts, contrastent avec le fût massif et renflé à la base du *Borassus flabelliformis*, l'épais palmier à sucre que couronne l'énorme boule de ses feuilles en éventail ; un gazon ras tapisse le sol ; les tamariniers, les papayers, le bétel marient leurs couleurs et leurs feuillages si divers sous lesquels, au crépuscule, montent la prière chantante des bonzes, la fumée douce des encens et des baguettes rituelles.

Et, tout de suite, l'on s'empresse autour de nous ; vêtus de la veste blanche et du sampot, les Cambodgiens apportent l'eau, le riz, des cocos ; une grande paix descend sur ce coin de terre embaumé : depuis le Tonlé Cham, nous sommes en plein Cambodge, dans cette riche province de Thbong-Khmum, joyau de la résidence de Kratié.

La route charretière se déroule, argileuse, glissante et ravinée ; à chaque instant, une sente latérale s'enfonce vers les villages voisins ; des ponceaux franchissent les arroyos ; nous circulons dans la forêt-taillis épaisse analogue à celle de la région moï ; mais nous quittons bientôt le léger plateau pour entrer dans une zone de coteaux très doux, allongés, orientés Nord-Sud, de 40 à 60 mètres au dessus des ruisseaux qui couleraient à la rivière de Tayninh ; les bambous ont peu à peu remplacé la forêt-taillis et, maintenant, cette mer de bambouseraies épaisses s'étend à perte de vue, légère et fine, ne cédant la place qu'aux cultures de riz et de maïs.

La chaleur est étouffante en ces basses altitudes sous le ciel chargé de nuées lourdes et de la terre détrempée monte une buée fine qui rend l'atmosphère irrespirable ; cinq heures de marche nous amènent à Phum Ndang-Thuân, au milieu d'un bel oasis de cocotiers, d'aréquiers, de pamplemoussiers et de tamariniers ; le hameau est au bord d'une vaste étendue marécageuse coupée de rizières ; sur l'autre rive de cette dépression, des toits de chaume se montrent entre les palmes et les bambous, les toits de Mimot où nous arrivons après avoir pataugé pendant une bonne heure le long de la lisière tortueuse du marais, dans un immonde cloaque de boue visqueuse, creusée de trous par le sabot des buffles.

Mimot, au bord de son immense marécage, me rappelle B. Tour aux basses eaux, mais quel B. Tour délicieusement transformé ! Plus important que Krevean, Mimot est une longue succession de huttes rassemblées par groupes en ce vaste oasis tropical, exquis verger où, sous l'ombrage des cocotiers, des aréquiers, des *borassus*, des manguiers touffus comme des chênes, croissent les tamariniers, les orangers, les pamplemoussiers, les bananiers, les papayers, les pommiers-canneliers ; autour de leurs tuteurs, le bétel et des cucurbitacées diverses.

Mimot est le siège du balat ; sa maison est en un enclos en arrière de la bordure des vergers ; simple bâtisse cambodgienne avec dépendances non loin des bonzeries aux toits aigus.

Nous sommes ici en plein centre du Thbong-Khmum, cette riche province productrice de paddy, d'huile de coco, de bois, de résine, mais aussi refuge perpétuel de rebelles et d'agitateurs, de brigands et de voleurs ; la région de Krek et de Kandal-Chrum, à un jour et demi et deux jours dans l'Ouest de Mimot, est même actuellement parcourue par les restes d'une bande de pirates qui ont massacré deux ou trois miliciens et ont nécessité des opérations de police (1) ; la plus grande partie de cette bande a été capturée, il y a un mois à peine.

L'une des caractéristiques de cette province est l'abondance de ces énormes palmiers à sucre dont la boule des palmes foncées domine les autres palmiers et que l'on rencontre jusque dans les villages les plus reculés.

Ce palmier, qui est le *Borassus flabelliformis* (2), a malheureusement une croissance fort lente et il ne produit qu'au bout d'une trentaine d'années ; ses belles palmes en éventail fournissent des paillottes qui valent de 1 $ à 1 $ 30 le cent.

La récolte du sucre végétal ne se fait qu'à l'apparition des premières inflorescences, 25 à 30 ans après la mise en terre. Chez les plantes femelles, la sève de l'inflorescence est recueillie en un gros bambou de un pied de long formant seau et fixée au pétiole des tiges voisines ; ce récipient est renouvelé au fur et à mesure de la production jusqu'à ce que le dernier bouton soit coupé, ce qui dure un mois en moyenne.

Les fruits que l'on a laissés se développer se mangent frais, servent à faire de la soupe et sont donnés au bétail.

Chez les plantes mâles, l'opération est à peu près identique sur les châtons dont on ne travaille également qu'une partie.

Cette récolte se fait de novembre-décembre à avril-mai.

La sève fraîche est aussi vendue comme boisson et sa saveur rappelle celle du lait de coco ; elle sert en outre à faire une boisson fermentée que l'on prépare dans une grande jarre de 30 à 35 litres, préalablement lavée et égouttée au soleil. Dans cette

---

(1) C'est dans la même région que devait être massacré, par des bandes similaires, le colon Michelon, à la fin de 1909.
(2) Il est connu aussi sous le nom vulgaire de Rondier-éventail ; c'est le *thnot* des Cambodgiens.

jarre, l'on versé deux grands pots de sève bouillie et tamisée dans un linge (26 litres environ); l'on incorpore au mélange un fragment de pétiole de borassus et une ou deux griffes (racines) du petit rotin à fortes épines; ces produits provoquent la fermentation; on ajoute alors au liquide, afin de lui donner du goût, une poignée d'une poudre formée d'un mélange de poivre à longs fruits, de gingembre blanc, de gingembre jaune, de poivre sauvage, de poivre noir, de cardamome cultivé, de cardamome sauvage et de divers autres produits qui varient avec chaque indigène. La fermentation est arrêtée au bout de 24 heures et le liquide est alors filtré et mis en bouteille que l'on vend 0 $ 04 environ chacune.

Quant au sucre végétal, il est fabriqué de la façon suivante : dans la sève fraîchement recueillie, l'on met un morceau d'écorce de *popel* — arbre de la famille des Diptérocarpées — destiné à retarder la fermentation.

La sève est aussitôt filtrée dans un tamis grossier et mise dans une marmite en fonte que l'on chauffe avec les pétioles des palmes et des brindilles. L'ébullition, d'abord vive, est modérée lorsque le liquide est réduit à plus de moitié de son volume et que les premiers cristaux apparaissent; on l'arrête ensuite complètement, laissant la braise seule achever l'évaporation de l'eau qui est demeurée dans la mélasse; lorsque le refroidissement se produit, on verse cette mélasse dans des moules posés sur une planche et le refroidissement s'achève à l'air libre.

Ces moules sont formés d'une bande de feuille de palmier de un pouce et enroulée pour former corde de quatre pouces de diamètre; au bout d'une demi-heure, les pains sont formés, ils sont sortis du moule et mis à l'ombre; c'est le *scâr-sroc*; ils pèsent 200 grammes et valent 2 cents sur le marché de Pnom-Penh; le *scâr-kaam* est le sucre vendu dans des petits pots de terre qui contiennent 1 kilogr. et demi et valent de 15 à 30 cents pièce.

Au-delà de Mimot, la contrée présente un aspect des plus particuliers; c'est une vaste cuvette marécageuse, au sol arénacé, coupée de rizières étendues et semée d'arbres, de bouquets d'arbustes, de touffes d'herbes, le tout baignant dans une eau croupissante qui recouvre le gazon ras; la sente est un ruisseau qui va au Ntap, affluent du P. Tchlong auquel il draine les eaux de la poche de Mimot et de toute cette région de marais; nous suivons une direction parallèle à son cours qui est Sud-Nord; des galeries de forêt coupent ces curieuses clairières que les Cambodgiens appellent des *veal*; puis, celles-ci se font de plus en plus étroites, la terre rouge et glissante apparaît avec la forêt-futaie épaisse emmêlée de jungle, de bambous, coupée encore de *veal* au sol arénacé, de ruisseaux fangeux qu'enjambent des ponceaux; nul relief; c'est la plaine du Bas-Mékong.

Peu après P. Krebah, nous atteignons le Ntap, jalonné de bambous épineux, et dont l'eau laiteuse semble stagnante; la sente, détrempée, creusée d'ornières, devient un horrible bourbier où la vase fétide, couverte d'une eau verdâtre, est une infecte mélasse glissante où les chevaux s'enlisent jusqu'aux jarrets; la magnifique forêt-futaie règne en maîtresse; des sentes d'exploitation s'ouvrent entre ses fûts géants; des troncs abattus, à demi-équarris, trahissent l'activité des bûcherons; déjà d'ailleurs, aux derniers villages, nous avons pu admirer à loisir les énormes triqueballes où l'on attelle de cinq à douze paires de buffles et qui servent à transporter au Tchlong les fûts séculaires coupés dans la forêt ; nous sommes en effet ici au cœur même de la région d'exploitation forestière, l'une des richesses du Thbong-Khmum ; un dernier ruisseau débordé et, brusquement, le Tchlong est devant nous, boueux et lent, entre des rives de 6 à 8 mètres au-dessus des eaux ; le village de Kompong-Damrey est à quelques brasses sur notre gauche, au bord de la rivière ; c'est une simple agglomération de huttes sales et branlantes auprès des troncs géants empilés qui attendent leur mise en radeaux.

Le hameau est en effet le centre forestier le plus important de la région ; sis à la pointe méridionale extrême du V décrit par le P. Tchlong, il est le débouché des districts boisés ; contre les berges, l'eau disparaît sous un amas de radeaux de bois que soutiennent des bambous flotteurs ; d'énormes câbles en rotins tressés retiennent ces radeaux au rivage ; le long des trains à demi-submergés, des pirogues vont et viennent, des coups de maillet retentissent sans interruption ; sur la déclivité des berges, des troncs inclinés, prêts à sauter à l'eau ; des miradors, des huttes branlantes s'élèvent au-dessus de ces amoncellements gris ; dans le village, les énormes triqueballes que nous avons vus déjà à Krebach.

Des radeaux achevés s'éloignent lentement au fil de l'eau brune ; installé à la poupe, un indigène frappe sur un bambou creux afin d'avertir de son approche ; un Chinois et un Cambodgien sont les principaux propriétaires de ces coupes.

Trois de mes éléphants seulement ont bien voulu traverser la rivière à la nage, mais les quatre autres ont énergiquement refusé ; avant le crépuscule, nous tentons un dernier effort ; les récalcitrants sont réunis et descendent docilement la rive ; armés de torches et de bâtons, les autres cornacs se massent au bord de l'eau afin de couper la retraite aux entêtés ; près du rivage, tout va bien, mais dès qu'ils ont gagné le chenal profond, les prudents animaux reculent et la lutte commence, émouvante ; armé de l'ankus, le cornac pique et déchire l'oreille du pachyderme ; sous la pointe, plus grosse qu'un clou, le sang gicle et coule sur le front énorme, mais les éléphants font volte-face, plongent de la tête et barrissent avec fureur ; au bord même de l'eau, les hommes agitent leurs torches et lancent des brandons sur les trompes ; un des animaux se décide enfin et traverse sans encombre, mais les trois derniers sont intraitables ; l'un d'eux, un jeune mâle, a réussi à s'abriter dans une anse, au milieu des câbles d'un train de bois et dans les branches des arbustes ; il cherche à se débarrasser de son cornac en le râclant contre les bois et il faut lui lancer des tisons enflammés pour le faire sortir de son refuge ; en peloton, maintenant, les trois pachydermes se bousculent et s'entrechoquent ; le jeune mâle se couche un instant sur le flanc pour faire tomber son conducteur qui résiste cependant avec une merveilleuse adresse aux formidables secousses de la bête en colère ; la lutte est vraiment émouvante et l'adresse des cornacs, leur sang-froid, leur ténacité sont splendides et excitent l'admiration des Cambodgiens, venus en spectateurs se ranger sur les berges. Après une lutte furieuse, convaincu de l'inutilité de ses efforts, la tête couverte de sang, reculant devant les torches, renonçant aux coups qui pleuvent sur lui de toute part, le jeune mâle se décide brusquement et se lance en plein courant ; il aborde sain et sauf sur la rive droite. Mais les deux derniers pachydermes opposent, malgré tout, une résistance acharnée ; le train de derrière complètement couché, dressés sur leur avant-train, l'échine presque perpendiculaire, ils barrissent à faire peur et secouent avec rage leur cornac qui oscille violemment de droite et de gauche ; enfin, chose très rare, l'un d'eux charge son voisin, lui portant à la naissance de la trompe un violent coup de tête ; le second cornac, debout sur le dos de la bête attaquée et qui ne se tient qu'à une corde de rotin passée sous le ventre et nouée sur l'échine, culbute dans l'eau ; les torches s'épuisent et meurent ; les derniers bâtons se brisent comme paille sur les flancs des éléphants ; armés des longues lances radé, mes hommes barrent en vain la retraite ; il faut céder ; trempés jusqu'aux cheveux, inondés de sueur, les membres rendus, mes cornacs s'avouent vaincus ; la trompe roulée en bataille, le front dégouttant de sang, barrissant avec fracas, les deux éléphants rebelles remontent au pas de charge la rive, écrasant tout sur leur passage. Il faudra les envoyer faire un grand détour vers l'amont pour qu'ils puissent franchir la rivière à gué.

Et il y a encore le Prek Té avant d'atteindre Kratié !

Le temps est chaud et lourd, mais la pluie a cessé ; il n'est pas tombé une goutte de pluie de toute la journée. J'ai réussi à louer une grande pirogue sur laquelle je vais descendre la rivière jusqu'au fleuve ; malgré les extraordinaires méandres, j'espère arriver en un jour au confluent, à Tchlong, où je trouverai les chaloupes qui font le service de Kratié à Pnom-Penh. Quant aux éléphants et à l'escorte, ils continueront sur Kratié et passeront le P. Té à Kompong-Svai-Yu, où je le franchissais déjà en juin 1907.

De bonne heure, le 13, j'attends la pirogue qui arrive fort en retard et les pagayeurs sont introuvables ; j'ai tout le temps d'assister au passage de mes bagages et de mes chevaux ; deux rameurs au lieu de quatre arrivent enfin et il est près de 7 heures quand l'embarcation largue ses amarres.

Longue d'une douzaine de mètres et large de 1 m. 50, elle est abritée d'un rouf en paillotte qui protège de la pluie et du soleil ; malheureusement, deux rameurs seuls manœuvrent cette lourde machine dont l'équipage au complet est de six ; les rames sont disposées à la mode annamite, attachées à des pieux fichés dans des trous contre le plat-bord et les hommes nagent debout, face à la proue.

Le courant, assez fort, nous entraîne ; les rives, densément boisées, sont ornées du panache grêle des bambous ; la largeur de la rivière est de 40 à 50 mètres. A P. Ntap, au confluent du Prek Ntap, nous obtenons, au prix des plus laborieux pourparlers, un rameur de renfort ; les villages sont assez nombreux et, tous, centres d'exploitation forestière ; des piles de troncs énormes — *giao* principalement — s'alignent en haut des rives ; des radeaux sont tout prêts à descendre, et l'on aperçoit des couples de buffles traînant avec effort les billes géantes que l'on range parallèlement à la rive d'où un dernier effort les précipitera à l'eau ; nous dépassons les trains de bois qui descendent nonchalamment au fil de l'eau, les gros troncs émergeant à peine sous l'armature des bambous flotteurs.

Au-dessus des rives, hautes de deux mètres et boisées, la vue n'embrasse que le ciel de feu ; en avant des berges, des arbres noyés jusqu'aux maîtresses branches.

La journée coule, lente, étouffante, sans pluie ; sous le soleil implacable, les rameurs nagent en cadence ; les villages, nombreux en aval de Phum Ntap, se font maintenant de plus en plus rares et la forêt des berges s'abaisse ; un peu avant le crépuscule, nous nous amarrons le long d'un gros et court sampan à allure de jonque, tout en planches, large et profond ; mes rameurs dînent frugalement de poisson fumé et de riz, puis nous réintégrons l'embarcation ; mon boy et mon milicien s'allongent à nouveau sur leurs nattes et la navigation reprend, monotone, sous le ciel voilé de nuit. Le long des rives plus basses, désertes et calmes, des cris d'oiseaux passent, un grillon stride ; le ciel, coupé de bandes de nuages blancs, floconneux, se teinte de violet ; sur la rivière où flottent des branches mortes, des insectes zigzaguent, des poissons sautent lourdement. La fraîcheur est exquise et l'heure est délicieuse dans ce silence absolu que rompt seul le clapotement mouillé des avirons sur l'eau reluisante de reflets roses.

Une à une les étoiles s'allument ; à l'horizon, des éclairs zèbrent les nuées qui montent et voilent peu à peu les astres ; une pluie fine, drossée par un vent furieux, tombe pendant quelques instants et gêne notre marche ; à notre avant, la coulée gris perle de la rivière élargie se perd entre les plaques noires des rives plates ; enfin, vers 10 heures, l'on s'arrête ; en haut de la rive droite, deux huttes annamites nous abriteront pour la nuit malgré le vol crissant des moustiques qui nous assaillent. La nuit, très calme et fraîche, pleine de lueurs inquiétantes, se referme sur ce pauvre hameau de Stung-Leng.

L'aube nous trouve prêts à partir ; un peu en aval de Stung-Leng, nous passons Kompong-Srè dont les abords sont encombrés de radeaux ; une petite heure de route et, bientôt, les rives s'ornent de palmiers qui balancent leurs touffes sombres au-dessus des toits de chaume ; le long des berges, d'énormes trains de bois à demi-submergés, une flottille de pirogues larges, de huttes juchées sur des radeaux, des jonques, un fouillis de bois sous lequel disparaît presque la rivière et cela me rappelle la creek de Wuhu, loin, là-bas, en Chine centrale et populeuse, un Wuhu réduit, mais bruyant et moins sale ; voici les trains de bois du Poyang et de Nan-Tchang et cette coulée brune, immense et glauque, au détour du dernier méandre, c'est le Yang-Tsé, superbe, le Fleuve Bleu ! Mais non, le grand pylône de la ligne télégraphique a fait évanouir l'hallucination lointaine ; Wuhu, la Chine, le Yang-Tsé, que c'est loin déjà dans l'espace et dans le temps ! L'étendue de ces eaux immenses, c'est le Mékong, le Grand Fleuve, et, sous les palmiers onduleux, ce sont les cases de Tchlong qui se dressent en haut des rives.

Tchlong — ou Chlong — est une grosse agglomération bâtie en bordure du Mékong et du Prek Tchlong ; les maisons européennes des agents forestiers sont en bordure du fleuve, à quelque distance en aval de l'embouchure de la rivière ; le marché est animé et bruyant et les boutiques des Chinois sont encombrées d'une foule bariolée ; les bonzeries, les pagodes, les maisons du village disparaissent dans les ordinaires oasis de verdure et de palmes, ces oasis si gais, si charmeurs qui s'étalent en haut et le long du Grand Fleuve.

Vers 10 heures, un sifflet enroué annonce la chaloupe chinoise et le *Hai-Hoc* se range le long du primitif appontement où s'entasse une foule pittoresque et hurlante. Caravansérails ambulants, ces chaloupes chinoises, fort nombreuses, font, sur le bas-fleuve, une concurrence sérieuse aux vapeurs des Messageries fluviales, mais elles

30. — Sur le P. Tchlong. — Radeaux.

31. — Sur le P. Tchlong. — Maisons flottantes (Nha-bé).

n'offrent à l'Européen qu'un rudimentaire abri ; il n'y a en effet ici aucune distinction de classe et l'on se case au petit bonheur entre les femmes mâchant leur bétel, l'Annamite et le Cambodgien, le Chinois et le Malais se coudoyant dans une crasse fraternelle ; les marchandises les plus hétéroclites voisinent avec les passagers ; des mioches, demi-nus, piaillent et trottinent entre les jambes des dormeurs étendus sur leur natte. Au pied de la cheminée, sur le pont supérieur, mon boy a installé les bagages et ma chaise ; impossible d'ailleurs de circuler ; la hauteur du toit n'atteint pas six pieds au centre et, pour cheminer sous cette carapace, il faut se plier en deux, genre d'exercice qui devient un vrai martyre.

De rive à rive, nous louvoyons ; la chaloupe s'arrête à chaque village, siffle avec une écœurante insistance pour appeler les passagers ; à l'accostage sans principe, succède un charivari intense ; les paquets sont jetés de main en main, les voyageurs courent, sautent, se bousculent et l'on repart aux sons du déplorable mais tenace sifflet ; nous longeons la berge ; sur la route, passent des attelages que conduisent les dandys indigènes, le torse sanglé dans un veston blanc ; un éléphant même déambule pesamment, son howdah orné de deux bonshommes hiératiquement assis. De temps en temps, l'on fait du bois et les bûches tombent lourdement, lancées à toute volée de l'embarcadère qui s'enfonce sous l'échafaudage des piles.

Vers 5 heures du soir, nous arrivons enfin à Kompong-Cham tout pavoisé et grouillant d'indigènes ; en ce jour de 14 juillet, tout le fleuve respire un air de fête ; de grandes pirogues surchargées de Cambodgiens debout, louvoient le long de la rive ; l'animation est extrême et, sur cette foule joyeuse, les grandes oriflammes tricolores claquent gaîment au vent.

Les voyageurs, maintenant, grouillent sur le *Hai-Hoc* ; à tout instant, nous croisons d'autres chaloupes et les sifflets redoublent ; le soir tombe, les arrêts deviennent plus rares ; il fait nuit et, parmi les chiqueurs de bétel, sous la brise douce et fraîche, le sommeil tâche de descendre, mis en fuite par le déchirement de la sirène.

Il est minuit passé quand les lumières de fête de Pnom-Penh se profilent, splendides, dans l'eau du fleuve ; les lampions brûlent encore et des lambeaux de musique s'accrochent aux illuminations. Pnom-Penh ! Hier soir, à la même heure, dans la hutte de Stung-Leng, dans le vol des moustiques, nous nous agitions sous les moustiquaires closes, dans la nuit calme et sereine des jungles !

La mission de l'Est-Cambodgien a terminé la première partie de ses travaux ; la saison des pluies déchaîne sur toute l'Indochine du Sud le torrent de ses orages et les sentiers disparaissent sous l'eau. Je la mettrai à profit pour rédiger mes rapports et mes cartes avant de reprendre la série des itinéraires inachevés.

Le 27 au matin, de Kratié où je suis revenu m'occuper du convoi, les six éléphants de la mission et trois des miliciens du Darlac reprennent la route du retour. Ils emmènent un approvisionnement complet de riz et de sel qu'ils déposeront, en passant, à B. Pou-Srâ, d'où ils regagneront le Darlac par la route haute. Exténuées par les fatigues de la mission, mes malheureuses juments sont en piteux état ; l'une d'elles a d'ailleurs succombé deux jours après son arrivée ; des trois autres, deux allaient bientôt rejoindre leur camarade de fatigues ; les miliciens, décimés par la fièvre, ne tiennent plus debout et il me faut les ramener au plus vite à Pnom-Penh.

La première partie de la mission de l'Est-Cambodgien est achevée ; de mon départ de Kratié à mon retour à Chlong, j'aurai personnellement couvert 2.640 kilomètres d'itinéraires, la plupart en région inconnue ; la découverte du Plateau Central de l'Indochine sud-centrale, la reconnaissance de l'hydrographie et de l'orographie des hauts affluents de la moyenne Srépok, des tributaires du Kr. Knô, des hauts P. Té, P. Tchlong et Song Bé, la découverte du bassin du Rtih, cet important affluent du moyen Donnaï, tels sont les résultats immédiats des travaux accomplis ; la première carte est dressée des secteurs moï inconnus où doivent se souder les frontières du Cambodge, de la Cochinchine et de l'Annam ; le poste de B. Pou-Srâ est fondé et occupé au cœur même de la zone, hier encore insoumise. La carte ethnographique est largement ébauchée ; la première période de la mission de l'Est-Cambodgien aura donc été singulièrement fructueuse en découvertes importantes ; la seconde campagne ne fera que compléter les levés acquis, augmenter la masse des documents nouveaux qui achèveront de nous faire connaître la géographie et l'ethnographie de l'hinterland moï de l'Indochine sud-centrale.

32. — Sur le P. Tchlong. — Les *nha-bé*.

33. — Les bords du Mékong. — Un coin de berge aux grandes eaux.

DEUXIÈME PARTIE

DE KRATIÉ A PHANTHIET

DE PHANTHIET A KHONG

PAR LA FRONTIÈRE ORIENTALE DU CAMBODGE

CHAPITRE PREMIER

DE KRATIÉ A PHANTHIET

(718 kilomètres. — 27 octobre-27 décembre)

De Phnom-Penh à Khône et retour à Kratié. — Les « beng » du bas Mékong. — De Kratié à B. Pou-Srâ par la vallée du P. Té. — De B. Pou-Srâ au Darlac par les sources du Klau. — De B. Don à Djiring ; les premiers affluents de la moyenne Srépok, les tributaires du bas Krong Knô, le haut D. Rmang. — De Djiring à Phanthiet.

I

La saison des pluies tire à sa fin ; les rapports et les cartes de la mission terminés, je vais repartir pour achever les travaux topographiques et la reconnaissance de toute la région frontière orientale du Cambodge, de la Cochinchine au Laos, le long de l'hinterland moï d'Annam.

Treize nouveaux miliciens de la brigade de Phnom-Penh montent avec moi pour reformer l'escorte ; un secrétaire annamite m'accompagne ; les éléphants demandés au Darlac arriveront dans quelques jours et je les attendrai à Kratié.

Le 27 septembre 1909, la mission de l'Est-Cambodgien s'embarque au complet à bord du *Bassac*. Le fleuve, en pleine crue, roule ses eaux limoneuses à ras des berges envahies par endroits ; des massifs d'arbres, des huttes sur pilotis se dressent bizarrement sur l'eau qui recouvre leur base, noyant le pied des manguiers, des faux-cotonniers et des cocotiers dont les touffes dominent les herbes basses et les arbustes, plongés dans deux pieds d'eau.

Le courant violent nous contrarie et nous n'atteignons Kratié que le 28 dans l'après-midi ; les berges qui, en saison sèche, dominent de 17 mètres le niveau du fleuve, n'émergent plus que de trois pieds à peine ; un bel appontement sur tubes a remplacé l'horrible et primitif ponton et le débarquement s'opère maintenant sans difficulté.

Mes éléphants ne sont pas encore arrivés et, en les attendant, je vais profiter de la crue pour pousser jusqu'à Stung-Treng et Khône où j'ai à recueillir certains renseignements pour mon voyage ultérieur.

En amont de Kratié, le service est exclusivement assuré par les vapeurs des Messageries fluviales, les chaloupes chinoises n'osant se risquer dans les passes difficiles et dangereuses du bief inférieur où leur négligence habituelle les entraînerait à de rapides et sûres catastrophes : durant toute la saison des hautes eaux — c'est-à-dire de juin à novembre — les vapeurs montent directement de Phnom-Penh à Khône-Sud sans rompre charge ; aux basses eaux, le service s'arrête à quelques milles au Nord de Kratié et il faut user de pirogues en certains endroits encombrés de rapides.

Le 2 octobre, dans l'après-midi, le *Vien-Tiane* quitte Kratié ; sur le vaste fleuve brun, nous piquons vers le Nord en longeant étroitement la rive gauche ; la rive droite apparaît, lointaine, gros fil vert tendu entre ciel et eau ; dans le Nord-Ouest, la masse bleue du Phnom Chi, massif montagneux isolé, dans le Nord de la province de Kratié. Notre premier arrêt est à Thmâ-Krê, à moins de deux lieues au nord de Kratié, simple hameau indigène qui marquait, aux basses eaux, la limite amont de la navigation à vapeur. C'est, en effet, à moins d'un mille en amont, à l'embouchure du Prek Khsor, que commencent les premiers rapides, appelés rapides de Samboc ou du P. Kampi ; ces rapides qui encombrent le fleuve sur 8 kilomètres de long, jusqu'à un kilomètre en aval du P. Kakot, sont absolument infranchissables en saison sèche par suite du manque d'eau sur les seuils ; mais, actuellement, une épaisse couche d'eau recouvre les roches et les bancs et le *Vien-Tiane* remonte sans difficulté le long de la rive gauche ; rien n'indique la présence des rapides et la vaste nappe d'eau s'étale, aussi majestueuse, aussi uniforme, à peine ridée — par endroits — d'un courant plus violent qui forme des bandes brillantes et fugitives ; à 4 kilomètres, la rive opposée, indistincte et brumeuse.

Un moment, nous stoppons au grand marché de Sambor ; le crépuscule, admirable, descend sur la coulée géante, noyant le ciel sous des teintes glorieuses que brisent des piliers de nuages noirs ; sous le tablier sombre des nuées, l'opulent rougeoiement des reflets de sang incendie le fleuve et la rive ; la nuit va tomber.

C'est à la hauteur de Sambor que le fleuve se divise en deux bras, enserrant la grande île de Kas Long-Hieu, immense terre plate affectant la forme d'un losange, long de 45 kilomètres, sur 10 en sa plus grande largeur ; en sa pointe méridionale, en face de la rive droite du fleuve, s'élèvent les bâtiments des colons français concessionnaires d'une partie de l'île dont ils exploitent les richesses forestières ; mais la scierie, malheureusement peu importante, est loin de donner les résultats que l'on en pourrait attendre.

La branche occidentale du fleuve est seule suivie par les vapeurs ; sa largeur moyenne est de 1.000 à 1.500 mètres ; la nuit est claire, piquée d'étoiles et le vapeur continue sa route.

Vers 10 heures, une pointe noire que dessinent des arbres puissants monte dans le gris perlé de la buée nocturne ; c'est la pointe de Kas Prien. En amont, entre Kas Plong et Kas Long-Hieu, se trouvent les derniers rapides aval d'une série de seuils très raides échelonnés depuis le village de Chun-Kel, un peu en amont de la pointe nord de Kas Anichey, sur une longueur totale de 12 kilomètres ; quelques secousses au contact de tourbillons et le ressac d'un courant violent trahissent seuls notre passage au-dessus des barrières rocheuses englouties sous la crue.

Au Nord de la pointe septentrionale de Kas Long-Hieu, le fleuve qui, jusqu'à Chlong, coule Nord-Sud, se coude quelque peu, venant du Nord-Ouest ; c'est dans cette déviation que se trouvent les importants rapides de Préa-Trapéang, plus connus sous le nom de Préa-Patang ; en cet endroit, le Mékong, large de 5 kilomètres, est hérissé d'une multitude d'îles et d'îlots entre lesquels se tord un chenal sinueux encombré de rocs, de seuils, de courants et de contre-courants d'une grande violence, constituant les rapides proprement dits ; ils s'étendent de la pointe nord de Katok jusqu'en face de Kas Senha, sur 6 à 7 kilomètres de longueur, mais nous les évitons actuellement en longeant la rive gauche et ce n'est qu'aux basses eaux que l'on utilise le dangereux et sinueux chenal qui se tortille entre les rocs et les îlots.

En amont de la pointe nord du Préa-Patang, le fleuve a repris sa direction normale et vient à nouveau du Nord.

Le *Vien-Tiane* est bondé ; ce vapeur exigu, déjà fort chargé au départ de Kratié, a encore embarqué du monde à sa dernière escale, à Kas Long-Hieu et le pont supérieur est jonché de colis et d'indigènes en le plus pittoresque mélange ; les larges plats-bords, en dehors des rambardes, donnent asile à de nonchalants Cambodgiens ; tranquillement roulés dans leur natte ou leur couverture, ils dorment placidement sur cette dangereuse couchette. La cabine, boîte étroite, étouffante et restreinte, est occupée par le seul passager qu'elle peut, avec peine, prétendre abriter ; aussi le salon est-il converti en dortoir et, après le dîner, les banquettes s'entourent de moustiquaires, se rembourrent de matelas ; dans la nuit calme et scintillante, les eaux s'ouvrent sous l'étrave ; la machine souffle et, le long de la rive, noire de jungle, le long de la forêt vierge et silencieuse, comme un vaisseau fantôme des légendes marines, le *Vien-Tiane* laboure sa route sur les eaux plaquées d'argent.

L'aube se lève, tranquille, sur le large fleuve, épandu entre ses minces lignes vertes. Vers 8 heures, nous inclinons dans l'Est ; un vaste bras s'ouvre devant nous, tandis que le fleuve s'enfonce vers le Nord ; nous entrons dans le Sé Khong, cet affluent dont l'énorme bassin draine, par la Sé San et la Srépok, la majeure partie des eaux de l'hinterland moï d'Annam et du Cambodge.

Stung-Treng est presque en entier bâti sur le Sé Khong ; en face, sur la rive droite du fleuve, le village de Tala-Borivat, ancienne résidence de Tonlé-Repou, province cambodgienne rétrocédée à la France, avec la circonscription voisine de Mélouprey, par le traité du 13 janvier 1904 ; aujourd'hui, ces deux provinces font partie de celle de Stung-Treng et Mélouprey, qui s'avance fort loin dans l'Ouest, est administré par un délégué résidant au poste administratif de Chéom-Ksan, au pied des Dang-Rek. De Stung-Treng à Tala-Borivat, la nappe d'eau ne mesure pas moins de 2.800 mètres de large ; la Sé Khong, devant Stung-Treng, a 800 mètres de largeur.

Stung-Treng, où je dois revenir à la fin de ma mission, est un charmant centre, tranquille et coquet ; j'y aurai passé une semaine trop vite écoulée avant de reprendre le fatidique *Vien-Tiane* qui va me monter jusqu'à Khône ; 54 kilomètres seulement séparent ce point de Stung Treng, mais le courant est encore violent malgré la baisse assez rapide des eaux.

Il est 4 heures environ quand le vapeur quitte la berge et son modeste appontement ; pendant une heure, la navigation est quelconque sur le fleuve tranquille à peine rayé de lignes et de rides brillantes ; mais voici les premiers îlots et les derniers arbres de la « forêt noyée », îlots bas bordés de grandes herbes, têtes d'arbustes sortant de l'eau jaune, grands arbres noyés jusqu'aux maîtresses branches et dont n'émerge que la boule du feuillage sombre ; le dédale des îlots et des arbres s'accentue, et l'aspect est étrange de ces frondaisons vertes, épaisses, surgies de l'eau qui scintille au ras des branches et fuit entre les troncs enracinés sous quinze pieds d'eau.

La pluie a cessé et le ciel se lave ; le fleuve se teinte d'azur mauve ; des petits tourbillons en entonnoir creusent, à la surface, des spirales curieuses avec un trou dans le centre ; le courant devient de plus en plus violent.

Le crépuscule va tomber ; une grosse île boisée semble barrer la route ; sur notre gauche, un large chenal au-dessus duquel, un instant, se dresse une croupe arrondie et allongée — la Côte de marbre — ; les arbres noyés, par touffes, en îlots, par groupes, se rapprochent et s'éloignent ; la nuit maintenant est venue, brutale et, sous le ciel presque noir, le fleuve ne présente plus que de rares flaques brillantes où se reflète le feuillage des arbres noyés. Il n'est pas 7 heures, mais la nuit s'épaissit ; le *Vien-Tiane* ralentit, se rapproche de la rive ; à la lueur des falots, les grandes herbes surgissent, blafardes, et se froissent contre la lisse ; l'étrave écrase les tiges ; un homme saute dans cette brousse épaisse, la corde au bras et, dans le fourré, au tronc rugueux d'un arbre penché, l'on amarre le vapeur pour la nuit.

L'aube va paraître et les étoiles pâlissent au ciel, embuées et falotes ; des lanternes, du bruit, les amarres sont larguées et, sur le fleuve gris perle, l'on repart entre les berges sombres.

Une heure de route et nous pénétrons dans la grande « forêt noyée », l'une des curiosités de ce fleuve étrange ; comme vestibule, des îlots d'arbres, des têtes de saules échevelées, couchées par le courant ; et puis, c'est la grande forêt aux arbres puissants dont n'émerge que le feuillage touffu ; au ras des maîtresses branches, l'eau fuit, violente, se brisant contre le fût noirâtre, incliné sous le choc incessant des eaux ; les rives s'éloignent, fuient, se fondent, disparaissent ; l'on dirait maintenant un vaste parc submergé au milieu duquel nous naviguons lentement ; entre les troncs noyés par 15 et 20 pieds de profondeur, l'eau glisse brune, miroitant au-delà des feuillages, entre de nouveaux fûts qui se dressent comme des colonnes grises entre les raies de ressac du courant.

Le chenal, ouvert de main d'homme, n'a pas plus de 40 à 60 mètres de large et le vapeur sinue dans ce couloir étrange aux murailles fuyantes qui sont ces arbres touffus piqués sur l'eau brune ; de temps à autre, loin sur la rive droite, le dôme bas, allongé de la Côte de marbre, barrière calcaire qui vient border le fleuve. Aux basses eaux, l'on circule à pied sec entre les arbres de cette forêt inondée et les vapeurs doivent emprunter une autre route.

Au sortir de la « forêt noyée », le fleuve est encore semé d'îles et d'îlots puis, bientôt, surgissent les collines basses et crochues de la rive droite ; sur la rive gauche, entre les herbes, un monument funéraire en pierres, à la mémoire du commandant Diacre, noyé il y a quelques années dans le passage des chutes d'amont ; car les terribles cataractes, ligne invincible d'obstacles insurmontables, ne sont plus très loin et la navigation touche à son terme ; au pied d'un cône boisé, le toit de chaume de ce qui est Khône-Sud ; au pied des collines de rive droite, une ligne d'écume blanche marquant les derniers rapides ; nous quittons la rive gauche et piquons sur le toit de paillotte ;

par le travers du chenal de l'hou Sadam, nous apercevons la crête laiteuse des rapides du couloir, plaques mouvantes et éclatantes entre l'étroite bordure des berges vertes.

En avant du hangar de chaume, le *Vien-Tiane* s'amarre à l'appontement fixe qui, maintenant, affleure le pont supérieur.

Ce hangar assez vaste est tout Khòne-Sud, terminus extrême de la navigation sur le bief inférieur : cette grange où s'entassent colis et voyageurs, est à la fois entrepôt et gare fluviale ; car c'est de là que part le petit chemin de fer Decauville sur lequel l'on opère le transbordement nécessité par les chutes.

Cahin-caha, le minuscule convoi s'ébranle ; un ou deux wagons découverts pour les marchandises, un autre couvert et agrémenté, au centre, d'un large banc de jardin, constituent la gamme des classes réservées aux voyageurs ; dans la percée ouverte en pleine forêt-futaie, le petit train s'enfonce avec grincements et secousses folles, crachant des escarbilles ; des piles de bois de chauffe s'alignent en bordure de la voie ; des fondrières ravinent le sous-bois garni de lianes et de bambous et le tramway va doucement, rappelant quelqu'un de ces trains forestiers que l'on rencontre au cœur de la côte sauvage, chez nous, en France, en face de l'île d'Oléron.

Quatre kilomètres et demi séparent Khòne-Sud de Khòne-Nord ; nous aurons mis une demi-heure pour les franchir. Des rizières, quelques cocotiers, deux ou trois *borassus* solitaires dominent des paillotes ; Khòne-Nord est un assez important village et, en dehors des ateliers et des entrepôts de la Compagnie des Messageries fluviales, s'étend une agglomération indigène, échelonnée le long de la berge, au Nord des quelques paillottes européennes — poste administratif inoccupé, douanes et travaux publics.

Le village, en bordure de la rive nord-occidentale, arrive presque jusqu'à la pointe septentrionale de l'île ; il s'étale le long du chenal étroit, étranglé entre Don Khone et Don Det et praticable aux vapeurs à l'époque des crues seulement ; actuellement, deux ou trois de ces vapeurs, flottille du bief moyen, sont à quai et s'emplissent des marchandises qu'ils vont emmener jusqu'au-delà de Pak-Sé, au pied même des Kemmarat.

Les chutes Marguerite ou chutes de Khòne sont les plus proches d'ici ; elles sont aussi les plus accessibles et peu de voyageurs manquent le pèlerinage ; c'est au bout d'un sentier ombragé de bambous, ouvert entre des rizières et des marais où paissent les buffles, à deux kilomètres et demi de la station. Le fracas des eaux monte au-dessus de la forêt ; l'on oblique vers une pointe rocheuse, à droite de la route ; entre les bambous du rivage, l'on aperçoit alors l'eau qui rugit au large du talus de rocs et, de la pointe, la vue est saisissante de ce couloir infernal brutalement démasqué ; en face, une rive qui est celle de Don Det ; dans le chenal, large de quelques centaines de mètres, l'eau déferle en vagues pressées, formidables, assaillant de leur écume les rocs et les arbustes ; plus de chute, la dénivellation a disparu sous la crue mais le fleuve semble couler sur un plan incliné géant ; partout, ce n'est que chaos de vagues énormes, ressacs et tourbillons, un bras d'océan prisonnier, soulevé par la tempête, étranglé par la tenaille des rives rocheuses ; là dessous, les énormes assises de grès, les blocs titaniques, noyés et submergés et qu'on aperçoit en saison sèche ; le rugissement de cette mer démontée est assourdissant et l'embrun des lames trempe les arbres de la berge.

En aval, au bout du sentier, le rivage de l'île de Khône se creuse en une douce baie à grève de sable fin, d'une éclatante blancheur : la baie Marguerite ; sur ses dunes immaculées, les dernières vagues viennent déferler en lames courtes et méchantes.

Ces eaux furieuses et hurlantes, ce couloir infernal sont tout ce qui reste, en cette saison, des chutes Marguerite : en hiver seulement, le barrage et les cataractes apparaissent dans toute leur structure, mais les deux aspects, si étrangement dissemblables, sont pareillement puissants et formidables ; dans quelques mois, à l'issue de ma mission, je viendrai juger de la différence et visiter les autres chutes.

C'est à 4 heures du soir que nous quittons Khône-Sud ; le courant impétueux nous entraîne et, vers 7 heures, nous accostons à Stung-Treng ; il nous aura fallu trois petites heures pour redescendre les 54 kilomètres que nous avons mis six heures et demie pour monter.

Le lendemain, nous sommes à Kratié ; neuf heures nous ont suffi pour franchir les 130 kilomètres qui séparent cette résidence de celle de Stung-Treng.

II

Dans la soirée du 18 octobre, arrivent mes éléphants du Darlac ; 8 bêtes, 16 cornacs et un guide laotien : ils ont mis 13 jours de B. Don ici par la route haute de B. Tu-Ndrung, B. P. Srâ, B. Buk-Ruèh, B. Bourlà, B. Pou-Klia. Tout va bien à B. Pou-Srâ ; les miliciens y sont en bonne santé et les constructions sont complètement achevées.

Quoique la saison des pluies touche à sa fin, quelques ondées nous arrosent encore et je vais attendre quelque peu avant de m'enfoncer dans l'hinterland où la saison est plus tardive que sur le fleuve ; mes éléphants profiteront de ce repos forcé et nous serviront à organiser quelques intéressantes chasses en arrière de Kratié.

La forêt-clairière arrive tout contre la mince bande de jardins et de cultures qui s'étalent en bordure du Mékong ; l'immense étendue de ses diptérocarpées grêles et glauques se déroule en arrière de cette galerie ténue et le gibier y est fort abondant ; du haut des pachydermes déployés en ligne, la vue scrute à loisir la belle herbe-bambou fine et verte d'où se lèvent le *kdan* (1), le *chlou* (2), le sanglier et, parfois aussi, la panthère et le tigre ; dans les fourrés de bambous et de forêt-taillis, contre les arroyos encore gonflés, les paons s'enlèvent avec fracas ; des poules sauvages, des ramiers se réfugient au cœur des fourrés et la chasse est facile du haut de l'howdah surmontant le massif éléphant, monture pesante et sûre, prudente et placide dont la trompe grise fauche, sans cesser, les herbes : le gibier, surpris, fuit brusquement dans la brousse qui le dérobe à demi ; il ne faut pas hésiter et, seules, une grande pratique et une adresse consommée permettent au chasseur de placer ses projectiles ; mes éléphants, dressés à ce genre de chasse, ne frémissent même pas à la détonation des carabines

---

(1) Nom cambodgien du cerf chevreuil.
(2) Nom cambodgien du chevreuil.

et s'arrêtent, immobiles comme roc au gré du cornac dont la vue perçante fouille les recoins les plus sombres de la jungle et des halliers. Ce genre de chasse fort intéressant est, en somme, le seul praticable en cette saison de l'année. L'épaisseur des herbes-bambous est telle qu'un piéton ne s'y meut qu'avec la plus extrême difficulté ; il y disparaît d'ailleurs presque totalement et le gibier peut fuir à portée de son bras qu'il n'aura même pas, le plus souvent, la consolation de l'apercevoir dans ce mur mouvant et élastique, protecteur invincible des plus grands cerfs. Enfin, l'éléphant est la seule bête capable de s'enfoncer dans les hautes cannes qui encombrent les approches de ces curieuses cuvettes lacustres, actuellement encore en pleine inondation et qui s'étendent en arrière du fleuve, tout contre Kratié.

Ces cuvettes si caractéristiques du bas Mékong, sont connues sous le nom de « beng » ; elles s'étalent de Kratié à Banam, formant un chapelet extrêmement curieux, au régime très particulier et fort intéressant.

Tandis que, chez un fleuve d'Europe, le profil d'une section perpendiculaire au fil de l'eau montre un lit unique limité par des plaines ou des flancs de coteau définitivement établis, aux pentes inclinées vers le thalweg, au Cambodge, le thalweg du Mékong présente généralement, à la section, un triple lit ; le fleuve proprement dit est bordé sur ses deux rives par de vastes dépressions s'étendant sur des espaces parfois considérables, variant en formes et en profondeur mais assujetties à un régime uniforme. Ces cuvettes, appelées « beng », sont parallèles au fleuve dont les sépare un bourrelet de terre formant saillie, plus ou moins large et coupé, en certains endroits, par le canal naturel ou artificiel faisant communiquer le beng et le fleuve. De chaque côté du bas Mékong, de Kratié à son entrée en Cochinchine, les « beng » s'étalent plus ou moins pressés ; de Kratié à Kompong-Cham, sur une distance de 100 kilomètres, ils ne sont pas moins d'une centaine, disposés en arrière de chaque rive par séries plus ou moins dépendantes, tantôt en chapelets, tantôt massés en groupes soudés à un canal commun, tantôt par unités indépendantes. La population occupe le bourrelet ménagé entre ces beng et le fleuve, et Kratié, notamment, n'est, aux grandes eaux, qu'une île rectangulaire et allongée ; les eaux du *beng* sont alors à quelques dizaines de mètres en arrière de la Résidence ; l'on craint même que des affouillements ne se produisent et n'amènent la ruine plus ou moins prochaine des bâtiments élevés sur cette flèche peu solide dont la façade a même dû être sérieusement protégée contre l'assaut direct du fleuve ; cette année, le Mékong a enlevé tout un gros morceau de berge, échancrant la grande route de bordure. Au moment de la baisse des eaux, le canal des beng s'assèche rapidement car son niveau est supérieur à celui du fleuve ; le beng est alors réduit à sa surface minima ; mais lorsque, aux crues, les eaux atteignent l'orifice du canal, elles s'y précipitent et se répandent dans la cuvette dont le niveau monte avec celui du fleuve, quoique plus lentement, par suite de l'exiguïté du chenal ; de même, à la baisse des eaux, le niveau du *beng* décroît également moins vite et ces poches jouent ainsi le rôle de régulateur vis-à-vis du bas fleuve dont elles atténuent la violence des crues et des décrues.

Or, les eaux du fleuve sont des eaux essentiellement limoneuses et leur passage dans les beng amène le colmatage progressif de ces derniers ; les Cambodgiens n'avaient pas été sans remarquer ce phénomène et ils avaient, dès longtemps, songé à le favoriser en creusant des canaux artificiels pour augmenter l'afflux des eaux et activer le colmatage ; les terres ainsi conquises sont en effet d'une grande fertilité ; mais ces travaux étaient exécutés sans esprit de suite et souvent entravés par les gouverneurs qui défendaient l'ouverture de ces canaux dont le tort est de couper la route de la berge.

Ce travail si intéressant a été repris sous les auspices de M. Luce, Résident Supérieur actuel du Cambodge et le capitaine Barthélémy s'occupe, depuis une couple d'années environ, d'ouvrir toute une série de canaux qui hâteront le colmatage des beng.

Très curieuses d'aspect, ces cuvettes marécageuses et glauques où gîtent les crocodiles, où, près des rives, dans la ceinture des roseaux géants, se massent les poules sultanes, les oiseaux aquatiques migrateurs et le gibier le plus divers.

Dans les parties où les eaux ne dépassent pas 9 pieds de profondeur, le beng est couvert de ces joncs très communs, hauts de 12 à 13 pieds et tellement épais qu'ils étouffent toute autre végétation et opposent, en saison sèche, un obstacle infranchissable même aux plus forts éléphants. Dans les parties du beng où les eaux ne dépassent pas 6 mètres de profondeur, croissent en abondance de grands arbres et des arbustes, véritable forêt noyée et presque impénétrable au milieu de laquelle les pirogues ne peuvent circuler que par des chenaux ouverts à coups de hache par les indigènes. Enfin, dans les parties les plus profondes, où les eaux atteignent et dépassent même 8 mètres de hauteur aux crues, la végétation fixe disparaît et les eaux s'étalent, libres et calmes, sillonnées seulement par une végétation nomade très curieuse, caractéristique de ces zones profondes ; elle est formée d'une plante aquatique ressemblant assez à un petit chou ; par nappes entières, cette plante navigue à la surface, les racines pendant librement dans l'eau, les feuilles gonflées en manière de voiles sous le souffle des brises et ces îlots verdoyants voyagent et voguent par plaques, ballottés, accrochés, arrachés, réunis en masse, déchirés au gré des vents et des orages qui courbent les cimes de cette végétation étrange dont se hérisse et se couvre le beng.

Toute cette jungle aquatique se développe, croît, vit et meurt et ses dépouilles, tiges, branches et racines finissent par se déposer au fond du beng en un épais matelas qui s'amalgame aux alluvions apportées par le fleuve.

Cette muraille végétale arrête en outre le courant, fixe la nappe d'eau limoneuse et favorise le colmatage, surtout à l'orifice du canal où cette masse joue le rôle d'un filtre grossier ; elle empêche les alluvions de pénétrer trop avant et favorise ainsi le colmatage le long des berges, celles-ci s'accroissent rapidement à chaque saison au détriment de la cuvette qui se rétrécit de plus en plus autour de son noyau de plus grande profondeur.

III

27 octobre-7 novembre — (248 kilomètres).

Les dernières caisses clouées, le convoi rassemblé, la mission de l'Est Cambodgien est, de nouveau, prête à partir et, ce matin, 27 octobre, les éléphants sont chargés ;

aux huit pachydermes du Darlac, j'ai joint celui que j'ai capturé en mai dernier à B. Bou-Rdang et que je vais le rendre en passant; les 17 miliciens cambodgiens précèdent les deux miliciens du Darlac qui vont regagner leur poste.

Devant les boutiques où se pressent les curieux, au milieu de l'encombrement des amis et des badauds, la lourde caravane s'ébranle en file indienne, soulevant la poussière par flocons épais. Le temps est couvert et chaud; à peine au sortir de Kratié, nous tournons court dans l'Est par la route de Dar qui est la future grande route de Cochinchine.

Quoique l'étape soit insignifiante, je décide de rester à Dar; une foule de détails sont encore à régler, car, les jours du départ, il est impossible de se mettre en marche de bonne heure et l'on oublie toujours quelque chose. Le 28 seulement, nous sommes enfin debout dès l'aube et les éléphants sont rapidement chargés; la vie de brousse nous a repris, calme et méthodique; tout notre petit monde, malgré la diversité des races qui le composent, forme un petit hameau ambulant et primitif qui, pendant des mois, va vivre de sa vie propre, calme et charmeuse, au milieu de la majesté des grandes jungles.

Mon plan est de piquer droit dans l'Est afin de gagner B. Pou-Srà par la sente non encore reconnue de Prek Té.

La piste se déroule en forêt-clairière verdoyante, au sous bois d'herbe-bambou sur un sol sablonneux; après avoir quitté la route de Cochinchine, nous continuons dans l'Est et, le soir, nous arrivons à Phum Peïr, au bord du P. Té.

La nuit aura été très fraîche et maussade en la misérable hutte branlante, infestée de fourmis, où nous avons dû camper; le village n'est d'ailleurs qu'un pauvre ramassis de huttes sales et penchées.

Le P. Té, large de 40 à 50 mètres, n'a pas plus de 3 pieds d'eau et les éléphants passent sans encombre; au-delà de la rivière, la sente charretière se déroule encore dans la forêt-clairière dont l'épaisse herbe-bambou fait souvent place à des nappes de gazon ras piqué de fleurettes blanches ou à des halliers extrêmement épais; de Phum Antong, dans le Nord et sur le P. Té lui aussi, nous gagnons P. Masau, hameau dispersé au milieu des rizières, derrière le O Préah, assez gros affluent du P. Té. Quoiqu'il n'ait pas plu dans la journée, les sentes sont encore détrempées et creusées d'ornières bourbeuses.

Notre route se tient dans le bassin du O Préah — D. Brah des Mnong —; après une colline isolée, brusquement surgie au milieu de la forêt-clairière, celle-ci se coupe de marais, de mares et de prairies humides; pas un village, pas signe de vie humaine; dans l'après-midi, nous traversons le D. Ktang — P. Ktong des Cambodgiens — presque à son embouchure dans le P. Té et nous établissons le camp sur l'autre rive; le D. Ktang, dont j'ai traversé le cours moyen en juin 1907, est, ici, large de 25 mètres.

Toute la journée, le ciel est demeuré couvert et la température est restée très agréable; la soirée est délicieuse et les feux s'allument autour des abris de feuillage rapidement élevés; la nuit descend et les éclairs rayent le ciel; une pluie fine tombe bientôt par saccades, mais elle ne traverse heureusement pas les fragiles toits de feuilles.

Il pouvait être 3 heures du matin quand la pluie s'est mise à tomber avec régularité, chassée par une bise aigre; les abris de feuilles ont été rapidement percés et nous avons mélancoliquement reçu la douche fraîche et impitoyable; deux des éléphants, probablement effrayés par le tigre, ont barri avec fureur et se sont enfuis; ce matin, trempés jusqu'aux os, grelottant autour des foyers éteints, nous attendons, résignés, l'arrivée des fugitifs; l'un d'eux, le plus gros de la bande, a réussi, malgré ses entraves, à franchir le D. Ktang et il est tard quand ses cornacs le ramènent enfin au camp.

Tout est trempé, ruisselant d'eau; dans la forêt, noyée sous la rafale, le convoi s'avance, ligne de fantômes gris et fripés sous l'averse grise; deux heures de marche nous amènent, derrière des marais et des cultures, à deux huttes sur pilotis — les huttes de B. Sré-Uen, près du P. Té que les indigènes, des Mnong désormais, appellent D. Deur. Dans les deux huttes exiguës et chancelantes, autour des feux, toute la journée nous nous séchons tandis qu'au dehors, la tempête fait rage et balaye la forêt, chassée par un vent violent et frais. Le village n'a pas encore de paddy et ma provision de riz s'épuise avec rapidité; il faudra donc repartir demain coûte que coûte d'autant plus que B. Mé-Si, le plus prochain village, est à un jour et demi de marche.

B. Sré-Uen appartient à la tribu des Mnong Phiêt.

Le 1er novembre, au matin, un crachin pénétrant continue à tomber sur la forêt ruisselante; tous les ruisseaux tributaires du P. Té sont gonflés et charrient une eau jaune entre les bambous épineux de leurs rives inondées; quelques hauteurs commencent à s'apercevoir entre les fûts; une longue bande de magnifique forêt-futaie au sous-bois de bambous touffus coupe un moment la forêt-clairière monotone. Des ondées violentes ont crevé tout le jour, mais, ce soir, le mauvais temps semble vouloir cesser et nous campons au bord du Prek Té qui roule une eau brune extrêmement violente, en un lit étroit.

La nuit a, heureusement, été excellente et la pluie a fait trève; la forêt-clairière s'encombre de plus en plus de forêt-taillis et de brousse épaisse; des coteaux bas, simples bosses rocheuses, accidentent le sol dans le Sud-Est; vers onze heures, nous atteignons enfin B. Mési, hameau mnong à 200 mètres du D. Deur. Entravés étroitement contre des arbres, deux éléphants, capturés il y a trois jours à la chasse, se démènent sans espoir et barrissent misérablement; l'un d'eux, un délicieux et minuscule éléphanteau se montre particulièrement hargneux et gigote comme un diable au bout du câble qui le retient prisonnier.

Il faut de trois à quatre mois pour réduire un jeune éléphant; quand il a fini par accepter la servitude, l'on procède alors à sa « réception » officielle; un buffle est sacrifié dont le sang sera répandu sur la tête du pachyderme en invoquant les génies; la bête est désormais « soumise », placée sous la protection des génies du village où seulement alors elle est admise et l'on pourra s'en servir pour le bât et le transport; et rien ne pourra décider un Mnong à vendre ou à échanger un éléphant de prise avant de lui avoir fait subir cette cérémonie rituelle; les génies ne manqueraient pas, en effet, de se venger soit sur l'éléphant soit sur le village négligent.

La dénivellation, depuis Kratié, est insensible; B. Mési est par 200 mètres seule-

34. — Le hameau de Sré-Ueng.

35. — Route de Kratié à B. Pou-Srâ. — Le camp du Krai.

ment au-dessus du Mékong et la sente que nous suivons depuis le départ est une sente charretière de grande communication.

Nous n'avons plus un grain de riz et le problème du ravitaillement se pose impérieusement ; le hameau n'a voulu nous vendre qu'une ridicule quantité de grains et pourtant toute la moisson est depuis longtemps commencée ; au deuxième hameau de Mési, sis à une demi-heure dans le Sud-Est, la mauvaise volonté et l'apathie des indigènes sont encore plus fortes et, à toutes mes demandes d'achat, l'on se contente de secouer négativement la tête ; devant cette paresse et ce parti pris, je n'hésite pas ; suivi d'un éléphant, je me dirige sans tarder vers des meules de paddy entassées à quelques centaines de mètres ; devant le propriétaire, un Mnong sale et repoussant, je fais charger l'éléphant de tout ce qu'il peut emporter et demande au sauvage ce que je lui dois ; il ne réclame que deux piastres qui lui sont intégralement payées et, à notre retour au village, les naturels se mettent de bonne grâce à battre le grain ; dans la soirée, le chef arrive de la chasse et nous offre un beau quartier de cerf ainsi que la jarre de bienvenue.

Le temps menaçant s'éclaircit vers le soir et la nuit est d'une exquise pureté.

Au sortir de B. Mési, nous pataugeons dans la forêt-clairière inondée et les ruisseaux débordés ; les collines apparaissent plus nombreuses, semées de rocs et de pierres roulantes. Vers midi, nous atteignons B. Bu-Rteng qui est le B. Pou-Thung de mon voyage de juin 1907 ; quoique le village ait, depuis, changé d'emplacement, il m'est facile de relier mes deux itinéraires.

La chute du D. Deur, le Lieng Dang-Lang, est en aval, à peu de distance du nouveau village, mais je suis si fatigué que je n'ai pas le courage de m'y rendre ; cette chute ne serait d'ailleurs, suivant le chef, qu'une cataracte au milieu des rocs entassés ; elle serait bien moins élevée que le L. Bu-Prah ; or, cette cascade, que j'ai visitée, cette année, au début de ma mission, a huit mètres de haut ; le L. Dang-Lang ne doit donc être qu'un très fort rapide. Le L. Bu-Prah est appelé, ici, L. Bing.

En avant de tous les villages mnong de ce district, à 300 ou 400 mètres de l'entrée et en bordure de l'une des principales sentes d'accès, se trouve une petite maison sur pilotis, sorte de pagodon, appelé *nih-uer* (litt. « maison à conjuration »). C'est souvent, dans les types les plus élégants, une toute petite hutte de quatre à six pieds au-dessus du sol, sur pilotis, la façade ouverte et précédée d'une petite véranda un peu en contre-bas du plancher et contre laquelle s'appuie une minuscule échelle : en avant, une série de petits gradins, simples plateaux en bambous tressés, posés sur quatre baguettes, étagés en escaliers, au nombre de quatre ou cinq.

Dans le petit pagodon, appuyée contre la cloison du fond, une pierre quelconque autour de laquelle se trouvent quelques offrandes sur des feuilles : poignée de riz cuit, pincée de paddy, os de cerfs, débris de tête de poulet cuit, petits morceaux de bois taillés en forme de cornes de rhinocéros, de défenses d'éléphants : sur le plus haut gradin des escaliers, mêmes offrandes. Ce sont là les cadeaux présentés au Ndû (le Aï-Dê des Radé) qui est, chez les sauvages, l'Être suprême en même temps que le dieu du Tonnerre : ces offrandes lui sont faites pour détourner sa colère et le « conjurer », *uer*, en mnong, *kôm* en radé : pendant la nuit, en effet, Ndû descend sur terre et, par les gradins, monte dans le petit sanctuaire : après s'être rendu compte de la présence des offrandes, il s'en retourne, satisfait : il ne déchaînera pas la foudre sur le village, épargnera les récoltes et éloignera le tigre. La pierre est quelconque, tirée de l'arroyo voisin et placée là comme présent.

Ce sanctuaire est édifié chaque année avant les semailles : à son inauguration, il y a fête au hameau et l'on dispose les diverses offrandes qui ne seront pas renouvelées avant la fête de l'année suivante. Ce pagodon est « la maison à conjurer [la colère de Ndû] ».

Le lendemain, 4, la mission atteint les premiers éperons rocheux, caps ultimes issus du Plateau Central ; lancés entre les ravins encaissés, ils s'érigent brusques, boisés et puissants, parallèles entre eux ; sur le faîte, la forêt-clairière cède la place à la brousse-taillis ; dans le Nord-Est, la masse du Lum-Phum, qui n'est en somme qu'un éperon similaire mais plus puissant, affectant des allures de massif, énorme bastion d'angle du grand Plateau Central.

Nous redescendons sur le D. Deur ; large de 20 mètres à peine, la rivière charrie une eau brune au courant de foudre rejaillissant en vagues et en lames écumeuses sur les rocs invisibles ; quoique la profondeur ne dépasse pas cinq pieds, les éléphants seuls peuvent résister au choc de la masse bouillonnante ; il nous faut donc établir un va-et-vient avec les pachydermes sur lesquels passent cornacs et miliciens ; quant à ma jument, elle franchira en amont, en un endroit plus profond mais un peu moins rapide ; mon vaillant milicien annamite la guide à la nage mais le courant est terrible et, subitement, au milieu des tourbillons et des ressacs, je n'aperçois plus que mon milicien accroché à un arbre de la rive opposée, de l'eau jusqu'à la poitrine et hurlant désespérément : « Con-ngu'a ! con ngu'a ! Sèh ! sèh ! ». La jument, en effet, est submergée, roulée, emportée ; elle peut heureusement sortir les naseaux et se diriger vers la rive : un dernier effort et elle aborde saine et sauve.

La traversée de ce torrent étroit a duré une bonne heure ; la pluie, qui s'est mise à tomber dès le début de l'après-midi, ne nous fait pas grâce et c'est sous l'averse que nous atteignons, derrière les collines de bordure du D. Deur, B. P. Nhau, en haut du D. Suen et où nous passions en mai dernier.

L'une des maisons est interdite comme l'indique la touffe de feuilles attachée à la porte.

Cette interdiction d'un village ou d'une hutte, très fréquente en région mnong, est entraînée par un grand nombre d'événements. Elle dure sept jours pour les faits relatifs aux hommes (accouchement, maladie, etc.), trois jours pour les événements causés par des bêtes (mise bas d'une truie, d'une vache, d'une jument, d'une bufflesse, etc.), une nuit pour les événements des champs (semailles, moissons, etc.). Lorsque le village est interdit — *uèr*, en mnong — les indigènes restent chez eux, ne peuvent ni sortir du village ni y recevoir un étranger, et, celui-ci, sous aucun prétexte, ne saurait violer l'interdiction du hameau ou de la hutte (1).

---

(1) Chez les Radé, l'interdiction s'appelle *kôm* ; elle ne s'applique que dans deux cas très particuliers et bien définis.

Le premier se présente, chaque année, à la fin de la saison sèche au moment des premiers orages ; c'est le *kôm ngin* — « conjuration du vent » — ; l'on installe la jarre sur la route qui mène du village à l'aiguade ; d'où l'autre nom donné à la fête : *mnam kpê etan ed* —

36. — Bassin du moyen P. Té. — Efflorescences granitiques dans la forêt-clairière.

37. — B. Mé-si. — Le *nih-uer*.

Le 5, nous escaladons enfin le haut Plateau par la sente déjà suivie qui mène à B. B. Rdang ; le temps est, aujourd'hui, splendide et un vent violent balaie les hauteurs ; de nouveau, se déroule à nos pieds le splendide panorama que nous dominons de cette ultime terrasse ; tout le haut Cambodge dort à nos pieds dans l'immense étendue de ses forêts moutonneuses que nous contemplons de plus de dix-huit cents pieds. Le Plateau Central, couvert de gazon ras à mon dernier voyage, est maintenant revêtu de hautes graminées fines, de 1 mètre à 1 m. 50, dont les épis bruns ondulent sous la brise et la mer herbeuse ne présente plus cette teinte vert-jaune du début des pluies, mais un ton riche et chaud de brun foncé et mordoré.

Vers onze heures, au détour des dômes du haut D. Pong-Pah, le cornac de tête pousse un cri joyeux :
— Yok B. Pou-Srâ !

En effet, dans la brume fine qui voile les horizons, la masse du Yok Nam-Lyir se dresse brusquement au-dessus des crêtes environnantes. Dans l'après-midi, nous atteignons B. B. Rdang, qui nous recevait si mal en mai dernier ; mais la leçon a profité ; les villageois m'attendent sur l'emplacement même des huttes où nous avons campé ; le chef, que j'ai fait prévenir par un émissaire, vient à ma rencontre et, comme il insiste pour m'offrir la jarre et le cochon de soumission, je décide de rester ici.

Avec une admirable candeur, le chef me parle de son attitude hostile comme d'une chose sans importance ; c'est un incident dont il est tenté de sourire ; l'attaque qu'il a menée contre mon avant-garde ? Quelle vétille ! et comment puis-je vraiment encore m'en souvenir ? A l'entendre parler, l'on dirait que les faits concernent un village tout autre que le sien et qu'il en a vaguement entendu parler. Connaissant mes gaillards et sachant parfaitement qu'il serait de mauvais ton d'insister, je ne parle plus du passé, j'accepte la jarre, le cochon, les invocations aux génies et les protestations d'amitié ; de mon côté, dès mon arrivée à B. Pou-Srâ, je rendrai l'éléphant capturé ; mais, à la

litt. « boire la jarre sur la route de l'eau » — : l'on tue le poulet et l'on conjure Aï Dé — l'Esprit suprême — d'éloigner le grand vent qui a fait rage sur le plateau durant toute la saison sèche et de faire tomber les pluies. Durant cette cérémonie, le lieu du sacrifice est interdit aux étrangers.

L'autre cérémonie est le *kôm buh* — « conjuration des semailles » — : elle a lieu la veille des semailles ; la jarre est offerte dans la maison du chef et un poulet est tué. Pendant toute cette cérémonie, le village est interdit.

Mais, à part ces deux cas, les villages et huttes radé ne sont jamais interdits pour d'autres motifs et les accouchements, les maladies et autres phénomènes naturels s'y produisent sans, comme chez les Mnong, suspendre la vie du hameau.

Avant de finir, il est intéressant de noter la signification primitive de *kôm* — en radé — et de *uèr* — en mnong —. Ces deux mots ont tout d'abord voulu dire « invoquer, supplier, conjurer » et *conjurer* dans les deux sens de *prier avec instance* et de *détourner la colère* ; par extension, ce mot a ensuite désigné - tout en conservant sa signification primitive — l'état du village ou de la hutte où s'accomplissait la conjuration — c'est-à-dire l'interdiction — ; comme toute conjuration — *uèr* — entraîne l'interdiction du village ou de la hutte où elle a lieu, l'on a désigné du même mot la cause et l'effet et le village « interdit » est devenu le village *uèr*, c'est-à-dire, litt. le village « où a lieu une conjuration ». Il en est de même dans les diverses tribus moï où le mot diffère mais où le sens est absolument le même. C'est *kôm* en radé, *uèr* en mnong, *dieng* en bahnar.

première incartade, la leçon sera bien plus dure ; il faut que les villages se le disent — et je suis persuadé qu'ils se le diront.

De B. B. Rdang à B. Pou-Srâ, par la sente connue de B. Pou-Kroyt, nous aurons mis deux jours et, dans l'après-midi du 7, c'est avec une douce émotion que je vois se dessiner, entre les fûts de la forêt, la palissade grise du poste — mon poste — ; une large allée a été ouverte qui conduit à la rivière ; dans la vallée, l'herbe a poussé, haute et drue et tout me semble changé. Ce poste que j'ai laissé, il y a de longs mois, à peine tracé, la palissade juste commencée, est maintenant fini et forme un tout homogène, résultat palpable des efforts accomplis : élevé avec la seule main-d'œuvre indigène, sous la direction des trois miliciens laissés en garnison, le poste de B. Pou-Srâ se compose d'une belle enceinte carrée de 100 mètres de côté, formée de pieux solides et choisis, hauts de trois mètres et taillés en pointe ; à l'intérieur, un vaste bâtiment en bambous et en paillotte de trente mètres de long, — mon logement ; puis, le casernement des miliciens, les écuries, les dépendances, une maison pour interprète et tout cela a été bâti, sans un clou, sans un outil autre que le coupe-coupe et la hachette moï ; les bâtiments sont de simples paillottes, de deux à trois pieds au-dessus du sol mais, si le poste n'est pas somptueux, il est du moins largement suffisant et solidement établi pour ce qu'il doit être — la future délégation chargée d'administrer les secteurs que vient de parcourir et de soumettre la mission de l'Est-Cambodgien.

Ce soir, le vieux chef vient m'offrir la jarre et le cochon de bienvenue ; tous ses sujets sont là, gais et confiants, dans ce poste qui va devenir le centre de la région. Cependant, avec la nuit qui tombe, rapide et sombre, une grande tristesse descend sur ce coin désolé et perdu ; des rafales de pluie s'abattent tandis que le vent hurle et, soudain, je me sens seul, loin, ignoré, oublié en ce carré de jungle sauvage qu'aucun Européen n'a foulé avant moi !

*
**

Je suis forcé de rester quelques jours au poste tant pour régler les affaires du district que pour laisser reposer bêtes et gens et reformer la caravane. Je vais me diriger encore une fois sur le Darlac, par la route charretière de B. Ol que je quitterai pendant quelque temps pour reconnaître les sources de certains affluents de la Srépok.

Mais le riz manque, la moisson n'étant pas encore faite ; tout mon monde — une quarantaine d'hommes — souffre de la famine et je dois envoyer dans les villages environnants acheter quelques mesures de paddy qui sont notoirement insuffisantes ; aussi, une solution s'impose et, le 10, j'envoie deux de mes éléphants et les trois quarts de l'escorte sur le Darlac où ils trouveront du riz ; ce n'est qu'avec la plus grande peine que je puis me procurer le grain nécessaire à la nourriture de ceux qui restent avec moi.

Enfin, j'ai terminé mon courrier et les affaires du district ; il faut partir à tout prix si nous ne voulons pas souffrir de la famine ; il ne nous reste plus une mesure de riz ; les rations sont rognées à l'extrême et tout mon monde serre la ceinture en prenant une mine contrite et langoureuse qui serait risible si elle avait toute autre cause.

38. — La moyenne Tioba aux basses eaux.

39. — Village mnông de Poulá.

13-18 novembre — (110 kilomètres).

Le 13, au matin, nous partons sous une pluie fine qui n'a guère cessé de tomber durant tout notre séjour à B. Pou Srà ; nous n'arrivons qu'assez tard à B. P. Tieuh, copieusement arrosés ; les ruisseaux sont gonflés et rapides ; les raïs ne sont pas encore moissonnés et ce temps bizarre n'est pas fait pour achever de les mûrir.

C'est à B. P. Tieuh que je quitte la sente ordinaire pour prendre en forêt-futaie, afin d'atteindre la source du D. Kèn ; nous reconnaissons d'abord celle du D. Mpai, gros affluent du D. Dam, puis nous émergeons de la forêt épaisse pour entrer sur la ligne de faîte qui court en une ondulation aplatie, couverte d'herbe paillotte et de forêt-clairière très clairsemée ; nous sommes dans l'angle Nord-Est du Plateau Central et, de ce côté, c'est la même constitution que sur tout le front Nord du Plateau : ondulation douce de haute altitude d'où se détachent des éperons, séparant entre eux les ravins ; un peu au-delà de la source du Mpai, voici celle du D. Klau, affluent direct de la Srépok. De l'autre côté du Mpai et au delà d'autres ondulations basses, la masse longitudinale du Yok Nam-Lyir, proche et imposante, malheureusement estompée par la buée. La source du D. Ken est plus au Nord, dans l'écroulement de l'éperon d'angle qui s'avance entre le Mpai et le Klau ; celui-ci a sa source opposée à celle du D. Mil, sous-affluent du D. Çor.

La région que nous traversons est de haute altitude, faiblement ondulée, semée de terrasses marécageuses ; c'est la dernière avancée du Plateau Central, l'angle qu'arrosent les affluents directs de la moyenne Srépok.

A B. Mbra, où nous recoupons la sente charretière, nous rencontrons des charrettes à bœufs bondées de peaux et de cornes ; elles sont conduites par des Cambodgiens de Kratié ; hier, à B. Njeroy, nous en avions également croisé quelques-unes ; elles sont depuis deux mois dans la région.

De B. Mbra, nous nous dirigeons sur la vallée du D. Klak, affluent du D. Çor ; bientôt, les ondulations entre lesquelles coule la rivière, se transforment en collines raides qui culminent, sur la rive gauche, au Yok Mak et le D. Klau est rejeté vers le Nord ; une crête escarpée le sépare du D. Çor. Au-delà de B. Djieng-drôm, les collines de bordure s'abaissent et s'adoucissent et l'on entre à nouveau dans la forêt-clairière ; nous avons d'ailleurs quitté le D. Klak pour entrer dans le bassin du D. Ndreng, autre tributaire du D. Çor.

Derrière l'ondulation, au revers méridional de laquelle s'élève B. Pou-Klak, coule le D. Geun que les naturels m'affirment être un affluent direct de la Srépok ; sa source serait voisine de celles du D. Klak, du D. Mil et du Klau : cet affluent de la Srépok — complètement ignoré jusqu'ici — serait parallèle au D. Çor et comblerait ainsi le vide laissé entre cette dernière rivière et le Ndrih qui est le premier des affluents Sud-Nord de la moyenne Srépok.

Les indigènes de ce district ne peuvent me dire à quelle tribu ils appartiennent ; tantôt ils se déclarent prèh, tantôt anong ou anor ; le dialecte radé commence à être compris et nombre de petits détails me montrent suffisamment que ces Mnong sont des Mnong de frontière, de ces sauvages intermédiaires entre deux familles et qui ont perdu, avec leur physionomie propre, une partie de leurs usages, modifiés suivant ceux des autres tribus avoisinantes.

De B. Pou-Klak, nous rejoignons bientôt, derrière le D. Çor, la sente charretière de B. Ol et obliquons sur B. Kop-Mbleu ; de ce village, nous reprenons la sente suivie, en mars 1908, sur B. Kop-Mdur ; au Ya Mam, nous passons sans encombre, mais au Ya Çor (Ya-Mam et Ya-Çor réunis), les petits éléphants ont de l'eau jusqu'à la cage et les rives sont complètement inondées. La Srépok est également très gonflée, rapide et infranchissable ; et encore, les eaux ont-elles baissé de 6 pieds comme l'indique la ligne de limon, à peine desséché, en dépôt sur les troncs et les branches des arbres de bordure. Le village et les hameaux voisins ont eu leurs pirogues emportées et broyées par la crue ; aussi, il me va falloir continuer dans le Nord jusqu'à ce que je trouve une embarcation capable de transborder mes gens et mes bagages.

C'est ici que je rejoins les miliciens envoyés en avant-garde ; ils ont trouvé du riz mais la moitié de l'effectif est couchée par la fièvre et la grande maison du chef est transformée en ambulance. Dans la soirée, arrive le courrier envoyé il y a quelques jours à la Résidence du Darlac ; le village de B. Jé, à quelques lieues au Nord, est prévenu de mon arrivée et tient prête sa pirogue ; six éléphants de relais et des chevaux m'attendent en outre sur la rive droite.

Je suis cependant forcé d'accorder un jour de répit à mes malades et, le 18 seulement, nous repartons sur B. Jé ; le village est construit à quelque distance de la rive droite ; la Srépok mesure ici une soixantaine de mètres de large ; en aval, à 800 ou 900 mètres, les rapides en amont du Ya Geun dont le confluent n'est pas éloigné. Le courant est très lent et la belle pirogue de B. Jé, longue d'une dizaine de mètres mais étroite, opère sans encombre le long transbordement. Mes éléphants et mes cornacs iront m'attendre au village de Mé-Treul, en aval sur cette rive gauche où je reviendrai les reprendre.

Mes malades traînent désespérément la jambe et s'échelonnent dans la forêt-clairière ; nos chevaux, cependant, partent avec entrain et, par B. Bor-Mé-nu, nous débouchons à B. Mé-Khœung, sur cette grande route de B. Don que j'ai si souvent suivie en mes précédents voyages. Il n'est pas 4 heures quand, au galop des ponies, nous entrons à B. Mé-Thuôt.

Encore une fois, me voici en ce Darlac où j'ai passé de si longs mois et où je ne cesse de revenir avec émotion comme en un coin aimé et connu, un port de refuge, un oasis dans le désert des jungles.

IV

Mon escorte est sur les dents ; des quatorze miliciens qui la composent, dix ou onze sont atteints de fièvre violente ; l'un d'eux a les pieds en un abominable état, déchirés en tous sens, troués de plaies et d'abcès. Il me faut donc rester quelque temps à B. Mé-Thuôt, tant pour remettre tout ce monde sur pied que pour effectuer mes achats de chevaux et de riz.

La quinine à haute dose, prescrite sans pitié et administrée sans faiblesse, finit par venir à bout de cette fièvre tenace et débilitante ; mais, pour en éviter le retour, je décide que, dorénavant, chaque jour, avant le repas du soir, à l'étape, le caï devra procéder, sous mon contrôle, à une distribution générale de la drogue : 25 centigrammes dans un peu d'eau à tous et cela sous peine des plus impitoyables punitions. Cette mesure, qui ne devait jamais cesser d'être observée, allait me donner d'excellents résultats et, jusqu'à la fin de la mission, les attaques de fièvre disparurent presque totalement.

La résidence de B. Mé-Thuôt, autrefois si isolée et si tranquille, est sur le point de se transformer ; le fil télégraphique va la relier — par Cung-Xon — au monde civilisé, et ce charmant poste, si ignoré, si paisible, va connaître les appels hâtifs des télégrammes officiels, la marche quotidienne des événements extérieurs ; pauvre Darlac ! cette fin était prévue, fatale, nécessaire, mais de la sentir si rapprochée, si inéluctable, cela m'attriste étrangement.

Dix ans d'occupation du Plateau commencent d'ailleurs à marquer leur empreinte sur les Moï. J'ai déjà dit (1) ce que deviendront ces peuplades au contact d'une civilisation supérieure à la leur ; je ne me suis pas trompé.

Ce n'est pas à un labeur plus âpre que le Moï demande la satisfaction des passions qu'il acquiert ou qui se développent en lui à notre contact ; son indolence est trop grande, son intelligence souvent plus développée qu'on ne le suppose. L'anecdote suivante, délicieuse de pittoresque, jette un éclat significatif sur ce que je viens d'avancer.

En janvier 1908, je m'étais rendu dans la région du lac en compagnie d'un docteur vaccinateur et nous avions vacciné un grand nombre d'indigènes ; l'opération avait fort bien réussi malgré l'appréhension des sauvages. Or, cette banale tournée médicale devait avoir des résultats aussi piquants qu'inattendus. Le frère d'un des plus importants chefs de la région du lac, un certain Ku-Veo, ne tarda pas à se dire qu'il y avait là matière à réflexion et surtout à profit ; il commença par répandre le bruit que le résident l'aimait beaucoup et le considérait comme son fils adoptif ; cependant, pour expliquer ses peu fréquents voyages auprès de ce tendre père, il ajoutait que cet amour se manifestait par des embrassements tels qu'il en était importuné ; c'est pourquoi il évitait de se rendre à B. Mé-Thuôt. Puis, un beau jour, il déclara que son « père adoptif » l'avait chargé de vacciner à nouveau tous les villageois du district, les vertus du précédent vaccin s'étant fort affaiblies avec le temps.

Ku-Veo se fit alors confectionner un palanquin de bambou, réquisitionna des porteurs et commença ses tournées pastorales ; quelques suivants l'accompagnaient avec les instruments nécessaires : des tubes de bambou renfermaient le vaccin sous forme d'un mélange d'eau, de sel et de piment ; quant aux lancettes, elles étaient représentées par des éclats de bambou taillé. Dans chaque village, grave et majestueux, Ku-Veo réunissait le peuple, le haranguait, parlant de « son père » le résident, de la première tournée de vaccine, puis tout le monde était invité à présenter le bras et Ku-Veo y enfonçait, avec une énergie toute sauvage, ses lancettes de bambou préalablement trempées dans la décoction au piment. L'opération terminée, Ku-Veo récla-

(1) Voir *Les régions moï du Sud-Indochinois*.

mait impérieusement le prix de sa peine et, dociles, les villageois offraient, suivant leurs moyens, buffles, cochons ou poulets.

La comédie dura longtemps. Crédules à l'excès, les Moï n'osaient se plaindre et croyaient aux boniments de Ku-Veo; mais le nouveau vaccin ne valait certainement pas l'ancien ; sous l'influence de ce sérum d'un nouveau genre, certains bras trop écorchés ou de mauvais caractère, enflèrent et finirent par causer de légitimes et cuisantes inquiétudes à leurs propriétaires. Quelques timides protestations s'élevèrent qui finirent par être connues de la Résidence. Ku-Veo, immédiatement appréhendé, a été traduit devant le tribunal qui lui a octroyé trois ou quatre ans de prison ; il les purge actuellement au chef-lieu.

Mais cette hilarante histoire éclaire d'un jour très vif la mentalité moï, la crédulité de la masse livrée sans défense aux menées d'imposteurs, individus intelligents et hardis, qui savent admirablement tirer, de notre civilisation, des moyens inédits et pittoresques pour gruger le peuple et faire rapidement fortune à leur manière.

* *

Mes achats sont enfin terminés ; deux nouvelles juments sont venues remonter ma cavalerie et mes éléphants emportent six piculs de riz, soit 360 kilos de la précieuse denrée. Tout mon monde est guéri, sauf le milicien dont les pieds sont en loques, et, malgré le temps gris et pluvieux qui n'a pas cessé de régner durant tout mon séjour ici, le départ a lieu le 30 novembre ; je vais me diriger sur B. Don, le centre laotien sis à quelque dix lieues dans le Nord-Ouest, au bord de la Srépok, sur le seuil des forêts-clairières désertes ; de là, je piquerai au Sud afin d'explorer les derniers cantons inconnus des premiers affluents directs de la moyenne Srépok ; après avoir recoupé l'itinéraire de venue aux environs de B. P. Klak, le convoi se dirigera alors sur Djiring en se tenant dans les secteurs inconnus, arrosés par les tributaires du moyen Krong-Knô.

3-5 décembre — (63 kilomètres)

Mes huit éléphants laissés en face de B. Jé sont venus m'attendre vis-à-vis de B. Don ; le transbordement des bagages, des hommes et des chevaux, a pris assez longtemps et, maintenant, je serre une dernière fois la main au Khun-Yonob, ce vieux bandit devenu notre fidèle allié.

Il est huit heures quand le convoi s'ébranle le long de la route charretière de Kratié que nous quittons bien vite pour piquer au Sud à travers la forêt-clairière où ne se rencontrent plus que des pistes d'éléphants sauvages. Nous traversons les affluents de la Srépok, D. Klau, D. Anong, D. Ndrih ; en arrière de ce dernier, apparaissent les collines rocheuses où les blocs de schiste affleurants semblent des troncs d'arbres noircis et ridés ; le camp est établi en haut du D. Xer, dont le lit de sable serpente entre des mamelons raides couverts de forêts-clairières.

La nuit, d'une exquise pureté, aura été fraîche et l'aube nous trouve debout ; nous continuons à suivre le D. Xer jusqu'à la grande prairie marécageuse, le Laih-Nhau, où il prend sa source, par 335 mètres d'altitude ; nous atteignons B. Ou-Mplek par mon itinéraire de juin 1907 ; le groupe des B. Ou est assez important ; ce sont des hameaux disséminés dans la forêt-taillis et tous bâtis sur pilotis ; derrière B. Ou-Ngum, nous traversons le D. Ndrih sur un lit de magnifiques strates schisteuses, soubassement des coteaux raides entre lesquels serpente la rivière. A B. Tû-Ndrung, je puis enfin rectifier mes levers de 1907 en ce qui concerne le D. Xer. Deux rivières de ce nom arrosent en effet le district ; celle de l'Est, D. Xer, est un affluent direct de la Srépok ; celle de l'Ouest, D. Tçher ou D. Çher, sur laquelle était bâti, en 1907, B. Çher, est un affluent du D. Klau.

Le pays entier est couvert de collines raides, rocheuses et pressées, séparant entre eux les ravins abrupts, orientés Sud-Nord, des affluents de la Srépok ; ces collines sont la dernière expression des éperons lancés par l'angle Nord-Est du Plateau Central ; elles se soudent, dans l'Est, à celles qui vont jusqu'à la Srépok, dans la région de B. Mdour et B. Bour.

B. Tu-Ndrung qui n'est qu'à un jour et demi de B. Don et à deux grandes journées de la Résidence du Darlac, est insoumis ; en fait, le Darlac n'a jamais cherché à étendre son influence sur la rive gauche de la Srépok qui, d'ailleurs forme une limite bien tranchée entre les populations mnong de l'Ouest et les populations radé du Darlac proprement dit.

De B Tu-Ndrung, nous continuons dans le Sud et traversons le D. Ndrih qui coule sur un lit large de 4 mètres à peine, presque au niveau de la terrasse schisteuse ; celle-ci, pente douce du Plateau de faîte, se déroule, mollement ondulée et couverte de forêt clairière ; comme des tentacules noueuses, s'en détachent les chapelets de collines que nous venons de traverser au Nord,

Nous passons ainsi insensiblement dans le bassin du D. Geun que nous franchissons en aval d'une petite chute de huit pieds de haut ; mais, au Sud du D. Geun, la contrée se relève et s'accidente, la forêt-clairière s'emmêle de forêt taillis et de bambous ; au pied d'une descente abrupte, nous passons le D. Ndreng, affluent du D. Çor, bien en aval du point où nous l'avons franchi, il y a une quinzaine de jours ; toutes les rivières coulent sur des strates de schiste d'une belle régularité ; la contrée est mamelonnée, hérissée de bosses schisteuses, recouverte de forêt-clairière.

A B. Pou-Klak, je recoupe la sente que nous avons suivie de B. Pou Srâ au Darlac ; dans le Sud, les vagues boisées qui mènent au mur du Nam-Noung, dressé dans la brume en une masse imprécise et, sous le soir qui tombe, je contemple en silence cet océan figé et noir car c'est par ses vagues pressées que nous allons nous enfoncer, demain, vers le Donnaï et Djiring.

6-14 décembre — (96 kilomètres).

Au passage du D. Çor, tout près de B. Pou-Klak, la rivière se divise en deux bras et se précipite en une belle chute en forme de demi-cercle ; le saut du bras gauche s'appelle L. Ndrô, celui du bras droit, L. Klun. Puis, nous escaladons les premières collines raides et boisées dont la crête élargie en terrasse est semée des cultures de B. Ol. La pluie tombe en un insupportable crachin.

Le chef de B Ol met une visible répugnance à me fournir les guides pour le Sud ; les villages sont, par là, parfaitement insoumis et la sente est horrible ; après bien des pourparlers, nous partons enfin et, derrière le Ya Mam, qui se précipite en une chute de six pieds, le L. Neur-Mang, nous commençons à grimper dans la brousse et la forêt épaisse où les sangsues nous assaillent ; en arrière du D. Lang, vaste prairie marécageuse, nous atteignons le D. Drò, large de 4 à 5 mètres, entre une double haie de bambous épineux. Les éléphants, empêtrés dans des fourrés, sont en retard et force nous est de camper ici. Le chef de B. Ol, qui a tenu à accompagner les guides, tente encore un dernier effort pour nous faire abandonner la sente de B. Leng, mais tout est inutile et, le lendemain, nous continuons sur le village redouté. Après un laborieux passage du D. Drò que défendent les maudits bambous, bardés d'épines crochues, le convoi s'engage dans une vaste prairie marécageuse étalée entre des mamelons boisés. Entre le pied des collines, obstruées de brousse taillis et de bambouseraies écroulées, nous nous faufilons avec peine pour attaquer enfin la ligne des hauteurs ; à mi-flanc, nous rencontrons les gens de B. Leng que j'ai fait prévenir et qui viennent à notre rencontre ; ils enlèvent prestement les lancettes de bambou dont ils avaient semé leur sentier mais l'un des villageois se déchire néanmoins le pied sur l'un de ces dangereux engins. Quelque temps, nous cheminons dans la forêt épaisse où règne une agréable fraîcheur ; les sangsues sont peu abondantes et le tapis des feuilles est sec ; une descente terriblement raide nous mène au D. Drò qui coule en une gorge sauvage, étranglée et étroite ; en haut de la colline de rive gauche, perché comme un nid d'aigle, B. Leng, solidement palissadé.

Mais il faut dégringoler à nouveau sur le D. Drò, escalader encore les collines de rive droite d'où nous gagnons la lèvre herbeuse au bas de laquelle coule le D. Tchrèh, affluent du Mehang, tributaire du D. Drò ; de là, la vue embrasse toute la muraille noire du Nam-Noung, du Nam-Nhir que décapitent les nuées. Des peuplements de *Kpang* (*Dipterocarpus obtusifolius*) (1) couvrent les coteaux de leurs beaux troncs élancés et gris au caractéristique feuillage glauque ; dans la vallée marécageuse du Mehang, se rencontrent des groupes de *Tra* (*Corypha umbraculifera*) ; en arrière de marais, au pied des collines le long desquelles nous allons grimper, les guides s'arrêtent soudain ; tout près de nous, a retenti un cri de douleur et d'agonie et, craintifs, les Mnong me disent que c'est un sanglier enlevé par le tigre.

La sente monte d'un jet, se tenant à flanc du ravin presque à pic pour dévaler, par une pente terrible, sur un affluent du Ndròk, tributaire direct du Krong Knò ; au pied des collines abruptes, dénudées par les cultures, le village de B. Jrah étale ses cases brunes au bord du ruisseau clair et mince dont le ravin n'est qu'une rainure entre le chaos des hauteurs.

Les éléphants n'arrivent que deux heures plus tard, à la tombée de la nuit ; ils ont dû faire un grand détour pour éviter les pentes formidables et l'un d'eux a laissé son rouf dans les fourrés de bambous.

De B. Jrah à B. Rkop, il y a une lieue à vol d'oiseau ; nous aurons mis, à pied, trois heures pour franchir cette distance ; il a fallu décrire, en effet, un demi-cercle étrange pour tourner les collines impraticables séparant les deux hameaux ; du bassin du D. Mehang, nous avons gagné celui du D. Nau, affluent du D. Pri ; la sente zigza-

(1) *Thbeng* des Cambodgiens.

40. — B. Poulâ. — Intérieur d'une hutte.

41. — Poste de B. Pou-Srâ. — Chantier de colonnes.

42. — Poste de B. Pou-Srâ. — Transport de colonnes.

43. — B. Pou-Srâ. — Feu de brousse.

gue dans le ravin, passe et repasse sans cesse le ruisseau dont elle emprunte même le lit pour remonter et dégringoler le long des pentes déboisées ; au pied de B. Iôk, perché sur sa crête, la sente rejoint celle de B. Tu-Kuat que j'ai levée en avril dernier.

De B. Rkop, nous allons remonter la vallée du D. Pri, mais la sente est affreuse, disparaissant sous les bambouseraies écroulées, les énormes cannes juteuses, passant et repassant la rivière qui roule une eau d'une admirable pureté sur un lit de galets.

Après une heure de marche désespérement lente, le corps courbé en deux sous l'inextricable voûte des bambous écroulés, l'on s'arrête au bord du D. Pri car il faut songer aux éléphants ; ils n'arrivent que fort tard, ayant mis trois heures pour franchir ces trois maudits kilomètres.

Nous campons sous les bambous après avoir soigneusement balayé le sol car les sangsues sont encore nombreuses dans le matelas des feuilles sèches, à demi-pourries.

Le lendemain, 9, nous reprenons la piste qui devient de plus en plus effroyable ; les bambous écroulés s'emmêlent aux lianes épineuses, aux herbes géantes embrouillées de taillis épais, de cannes juteuses, hautes de dix pieds et dont les feuilles coupent comme des lames ; à tout moment, il faut traverser le D. Pri dont les chaînes de bordure sont assez distantes, n'envoyant, contre la rivière, que des éperons et des contreforts assez bas.

Les jambes ensanglantées par les sangsues, nous atteignons enfin les cultures de B. Rlong — ou B. Suan — juché à mi-côte des collines de rive droite ; de là, la vue embrasse la vallée du D. Pri qui vient du Sud-Ouest et dont la source est encore fort éloignée ; aussi, je décide de poursuivre dans le Sud, sur B. Ouk, dans le bassin du D. Rlong. Il faut escalader les collines de bordure et suivre la crête au milieu d'une brousse affreuse, épineuse, épaisse et élastique, recouvrant de très anciens défrichements ; au bas de la colline, le ravin du D. Rlong que nous passons sur un beau lit de sable fin ; encore une chaîne de collines aux flancs dénudés par les raïs et nous entrons à B. Ouk, sis dans le vallon d'un ruisseau encaissé dans la mer montagneuse ; sur la rive droite du ruisseau, une muraille énorme, en partie déboisée, haute chaîne massive et épaisse dont le point culminant, le Y. Rduyt, atteint 1.050 mètres d'altitude ; cette chaîne, au dire des naturels, s'étendrait en avant du D. Rlong qui décrirait une vaste courbe vers le Sud et prendrait sa source dans les environs de B. Iuk-Jù.

Nous demeurons tout le 10 à B. Ouk afin de laisser reposer les bêtes et permettre aux cornacs de chercher du rotin pour réparer les traits des cages, en partie rompus par la gymnastique de ces derniers jours ; pour prévenir semblables accidents qui peuvent, dans les montées raides, compromettre singulièrement l'équilibre des charges, je fais doubler et même tripler les nouveaux liens que nous a fournis la forêt.

Epaisse, sombre et humide, la forêt-futaie recouvre complètement les pentes de ce chaos tourmenté ; c'est elle qui règne en maîtresse dans toute la zone des montagnes, ne cédant la place que devant la hache des indigènes. Formée d'arbres touffus et pressés, elle renferme une magnifique variété d'essences, malheureusement inexploitables par suite du manque complet de voies de communications ; mais son sous-bois donne aux naturels d'inestimables produits ; dans les moindres ravins, dans la plus faible des dépressions humides, s'enchevêtrent les palmes délicates des rotins les plus variés qui sont des palmiers nains, épineux et élancés, *Calamus* et *Dæmonorops*, ornant le sous-bois de leurs épaisses touffes élégantes ; à côté d'eux, s'élance cette curieuse herbe-tige, sorte de ruban rigide aux bords épineux, le *nko* (1) des Mnong qui en font leurs nattes ; c'est un vaquois, variété de *pandanus*, qui atteint parfois quatre à six pieds de haut et forme, dans les endroits humides, d'épaisses touffes d'un vert luisant. Dans les ravins escarpés où l'eau ruisselle le long des falaises abruptes, la forêt-futaie disparaît presque devant l'envahissement des palmiers.

Voici, d'abord, le magnifique *Nipa fruticans*, vulgairement appelé cocotier d'eau (2), semblable à un cocotier de six à sept ans d'âge ; ses palmes, d'un vert plus foncé, sont soudées à un tronc très bas, enfoui sous les lianes et les herbes et s'élancent à 4 et 6 mètres de haut ; son fruit est employé comme masticatoire chez les Radé, avec la feuille du bétel, remplaçant ainsi la noix d'arec.

Voici, maintenant, le plus élevé de tous, le *Corypha umbraculifera*, palmier à tronc grêle de 7 à 10 mètres de haut, son feuillage de palmes en éventail rassemblé en une grosse touffe d'un vert clair ; par son port, il ressemble au *Borassus flabelliformis*, mais sa taille est bien moindre et la couleur de ses palmes est bien plus claire ; c'est le *trà* des Mnong, le *tréang* des Cambodgiens ; on le rencontre par peuplements particulièrement nombreux sur la lisière des marais et des terrasses marécageuses ; il atteint, en montagne, les plus hautes altitudes et ne semble demander qu'un sol très arrosé et détrempé. A son ombre humide, dans l'humus noir et marécageux du ravin, s'abritent les palmes en éventail du *paaou* (3) d'un vert très clair, oscillant doucement au bout de leur tige épineuse.

Et ce sont, à côté, des touffes épaisses de palmiers-rotin, des fougères arborescentes, tout cela sous l'impénétrable frondaison de la forêt-futaie dont les géants séculaires, les monstres végétaux, surplombent la rainure humide où les fontaines sourdent sous les mousses et les lichens ; entre les pieds de toutes ces plantes, s'enlacent les lianes, énormes comme des câbles, légères comme des guirlandes, barbelées d'épines ou festonnées de grappes claires.

Des bambous femelles se mélangent souvent à la forêt qui leur sert de support et leurs tiges pourries et croulantes s'affaissent entre les fûts, s'emmêlant dans les fourrés où ils finissent par se disloquer en loques spongieuses et fétides.

Depuis les crêtes dénudées que nous suivons de B. Ouk à B. Iur, la vue, soudain, embrasse un horizon d'une étendue merveilleuse ; voici, dans l'Est, le massif du Nam-Ka qui est sur le moyen Krong Knô ; plus loin, délicatement posé au-dessus de la scie des crêtes, le pic caractéristique du lac Darlac ; des nappes de brume miroitent dans les vallées et toutes ces crêtes, si fines, si lointaines, semblent flotter dans la gaze des vapeurs légères.

Les huttes de B. Iur, dispersées dans les cultures, sont à flanc des grandes hau-

---

(1) C'est le *la-dua* des Annamites, le *mnan* ou *pnan* des Radé.
(2) C'est le *dua-nuoc* des Annamites ; le *dong-tuk* des Cambodgiens, le *ktau* des Laotiens, le *hamer* des Cham.
(3) *Paaou* des Cambodgiens ; *c. nhum* des Annamites ; *k. sœuy* des Laotiens

teurs qui forment le massif du Nam-Nhir ; autour des huttes, des touffes de larmes de Job (1) (*Coïx lachrymosa*) dont la culture est assez répandue dans toute la région mnong.

De B. lur, il m'est impossible de traverser l'énorme pâté montagneux qui s'étend à l'Est du Nam-Noung et nous sommes forcés de reprendre la sente, suivie en avril, sur B. luk-Jù et B. Pé-Unh ; la piste, très mauvaise, disparaît à nouveau sous les bambous écroulés et il faut ouvrir aux éléphants un chemin à coups de coupe-coupe ; aussi, sommes-nous forcés de camper au bord du D. Pri, sous la voûte des bambouseraies effondrées ; en balayant le tapis de feuilles sèches, mes hommes tuent une vipère noirâtre à tête jaune qu'ils déclarent être fort dangereuse.

Le lendemain, la bataille reprend avec les maudits bambous et les éléphants n'avancent qu'avec la plus extraordinaire lenteur ; à midi passé, nous débouchons sur B. Pé-Prik, bâti au milieu des collines dénudées que domine, tout près, la muraille du Nam-Nhir.

B. luk-Jù, où nous couchons le lendemain, est au Sud-Est du village de même nom où nous passions en avril dernier ; le pays est toujours aussi tourmenté, chaotique ; les bambouseraies ont cependant cédé la place à la forêt-futaie ; depuis notre entrée dans le bassin du Krong Knô, les villages appartiennent à la tribu des Mnong Prêh ; les cultures sont fort vastes et les greniers à paddy regorgent de grain nouvellement moissonné.

Les greniers sont de trois modèles ; le premier est une petite hutte sur pilotis, rectangulaire, élevée le plus souvent dans les villages, à côté des huttes d'habitation qui, elles, sont posées à même le sol, comme chez tous les Mnong ; ces greniers sont très importants et renferment la plus grosse réserve du village ; le reste du grain est entreposé dans les maisons et sert à la consommation journalière ; aussi est-il renfermé dans des greniers plus maniables et facilement accessibles ; les uns sont de simples paniers en bambous écrasés et grossièrement tressés, rappelant exactement, par leur forme, celle des sacs en papier jaune de nos épiciers ; mais ce sont, ici, des sacs géants ; ils sont rangés le long de la cloison de façade, les uns à côté des autres, sur un lit de camp étroit et bas, formant rayon et isolant les greniers de l'humidité du sol ; ces greniers cylindriques sont de toutes tailles et vont du modeste récipient de un pied de haut aux énormes réserves hautes et larges de quatre pieds ; leur contenance varie d'une trentaine de litres à dix et treize hectolitres ; enfin, sous le toit de la hutte, s'étend le grenier proprement dit, en planches grossièrement équarries, et reposant sur de solides pilotis ; les plus grosses huttes possèdent deux, trois et même quatre greniers de cette espèce ; ils n'occupent que le centre même de la chaumière, laissant, entre leurs flancs et les cloisons de l'habitation, l'espace libre du lit de camp ; ils varient également de dimension et de capacité mais ce sont eux qui renferment la plus grosse partie du paddy de la maison ; leur contenance va de 60 à 130 hectolitres ; une petite échelle de bambou permet aux femmes de grimper dans ce réduit dont le plancher bombé est à quatre ou cinq pieds au-dessus du sol.

(1) *Cuom-gao* des Annamites ; *skuy* des Khmer ; *kteur-nip* des Radé ; *mbô pêh* des Mnong.

De B. Iuk-Jù, nous regagnons la sente suivie en avril dernier ; tout le jour, nous déambulons dans l'épaisse forêt délicieusement fraîche où, en cette saison sèche, les sangsues sont rares ; les pentes, malheureusement fort raides, retardent les éléphants et il est nuit presque close quand nous atteignons les bords du D. Nteng où nous établissons le camp.

15-23 décembre — (105 kilomètres).

Une nuit à la belle étoile, par 800 mètres d'altitude et sous un vent de décembre, n'a décidément rien de particulièrement hilarant, même sous le 12e parallèle et c'est en grelottant que nous saluons le lever d'une aube blafarde et grise ; B. Pé-Unh n'est qu'à une lieue et les éléphants y arrivent après deux heures de marche pesante. Les villageois nous reçoivent avec empressement et nous fournissent les guides nécessaires ; c'est ici que nous abandonnons, en effet, définitivement notre itinéraire d'avril dernier pour piquer droit au Sud sur le Donnaï par les cantons totalement inconnus du haut D. Rmang.

Suivant mes levers, Djiring est dans notre Sud-Sud-Est ; mon intention est de marcher aussi droit que possible dans cette direction tout en suivant la zone graduellement ascendante du haut D. Rmang afin d'éviter les puissants massifs montagneux, certainement infranchissables aux éléphants et qui s'étendent au Nord du D. Deung.

Depuis la lisière de l'épaisse forêt-futaie, la vue plonge sur l'imposante muraille du Nam-Noung que prolongent, dans l'ouest, des sommets boisés et indépendants dont le dernier est le Yok Gong-Kret ; jusqu'au pied de la puissante chaîne, les collines basses semblent une table sans relief sous l'uniforme manteau sombre des futaies. Et nous replongeons dans les bois ; une belle terrasse marécageuse, vaste clairière dénudée au milieu de la morne forêt, nous offre un charmant lieu de repos pour notre rapide déjeuner ; derrière le ravin du D. Nar, affluent du D. Rmang, du haut de la crête couverte d'herbe paillotte et d'arbustes rabougris, la contrée se découvre brusquement, vers le Sud, vaste mer de dômes et de crêtes noires, sous un ciel bas où circulent les nuées ; des ravins sans nombre creusent de sillons cette houle de pics et de hauteurs ; dans le Sud-Sud-Est, le Yok Rehong dresse sa dent isolée, abrupte et pointue, dominant de son aiguille caractéristique un chaos de collines noires ; dans le Sud, les puissantes murailles de la chaîne annamitique disparaissent dans la nappe des nuages ; voici, cependant, la longue muraille du Kong-Klang et, plus à l'Est, la forteresse du Nam Ta-Doung ; entre ces deux masses, se creuse la formidable faille du D. Deung.

Maintenant, dans les hauteurs abruptes, nous peinons sans relâche ; des ravins escarpés séparent ces vagues énormes que recouvre la végétation basse et épaisse des anciennes cultures ; des lancettes de guerre nous obligent à suivre le lit même d'un ruisseau qui bondit sur un lit de schistes rouges et jaunes, extrêmement friables ; nous atteignons ainsi le D. Mong dont l'étroite et ridicule vallée zigzague entre les collines ; nous le remontons et, par un tributaire, atteignons B. Nteng. Le lit du ruisseau est barré en entier par une haute palissade qui s'appuie aux flancs des collines ; en avant, un pieu peinturluré au sang ; en arrière, sur les éperons bas des chaînes de bordure, de part et d'autre du ruisseau, le village est pittoresquement perché, grosse agglomération que défendent des enceintes, ramassis de huttes emmêlées de porcheries et de poulaillers ; tout cela posé sans ordre, au hasard du terrain tourmenté, dans le plus pittoresque désordre. B. Nteng est le premier hameau preng de la région ; c'est un village riche, possédant une quantité de cochons, de chèvres, de poulets et de buffles ; dans la case du chef, dont les portes sont précédées de l'étroite véranda en lattes de bambous, se trouve une magnifique rangée de jarres ; les grosses, vernissés, imposantes, sont au nombre de trente-huit ; les petites, suspendues tout le long de la cloison, sous le toit, dans leur simple armature de rotin, forment trois rangées parallèles qui vont d'un bout de la hutte à l'autre : elles sont au nombre de 145 ; ce sont les petites jarres communes, de 12 à 16 litres de contenance, fabriquées par les Annamites pour y entreposer le nuoc-mam ; elles sont importées ici par les populations voisines qui sont en relations avec les Annamites de la région de Djiring. Ceux-ci les échangent contre quatre ou cinq pains de cire de quelque 200 grammes chacun ; une grosse jarre vaut un grenier rond de paddy.

Les marmites en terre ne sont pas fabriquées ici, la région ne fournissant pas de terre argileuse ; elles sont achetées à B. Rkop, B. Iok, villages prêh du Nord d'où nous venons ; elles sont échangées contre des cochons.

Très rarement, les commerçants cambodgiens de la région de B. Pou Srâ poussent jusqu'ici.

Les Preng savent tisser des ceintures et des couvertures en fils de coton teints, analogues à celles des Radé.

Les huttes, comme toutes celles que nous allons désormais rencontrer, sont recouvertes des longues palmes d'une sorte de rotin appelé *rsoy* ; ces palmes sont cousues en grandes nattes que l'on roule et déroule comme un vaste tapis et que l'on déplie sur le toit au moment de le recouvrir ; lorsque le village est abandonné, les villageois enroulent ces nattes, emportant avec eux leur toiture qui leur servira au nouveau hameau ; l'herbe paillotte manque en effet complètement en ces districts montagneux et forestiers.

Dans la soirée et toute la nuit, est tombée une pluie fine, pénétrante et froide ; et ce matin, 16, le temps n'a pas l'air de se remettre au beau ; les rafales balaient le cirque des collines, dont les bambous ondoient, luisants d'eau ; toute la journée, le même rideau de bruine dont la multitude de points gris et fins semble une gaze légère et mouvante tendue sur les coteaux fripés.

Le 17, par les sentes détrempées et fangeuses, sous le ciel encore menaçant, nous reprenons la marche en suivant le vallon du D. Mong, étranglé entre des mamelons raides de 40 à 50 mètres de relief, couverts de bambouseraies et de taillis bas et épais ; sans cesse, nous traversons la rivière pour regrimper à flanc des mamelons abrupts, ravinés par de nombreux ruisseaux ; en bas de B. Che-Mong, un beau radeau est amarré sur la rivière qui doit devenir rapidement infranchissable après une grosse averse et dont les rives sont à pic ; le village est juché tout en haut de la colline dont le flanc est taillé en un interminable escalier ; des pieux de bambou, retenus horizontalement par des piquets, maintiennent les gradins ; en avant de la palissade d'entrée, une réduction de maison en bambous tressés, posée sur un plateau en lanières de bambou ; le tout est supporté par un pieu peinturluré de deux à trois pieds de haut, fiché à côté d'une perche semblablement peinte ; ces offrandes aux génies sont d'un style très spécial et particulier aux hameaux preng.

De B. Che-Mong, nous redescendons sur le D. Mong que nous passons bientôt sur un beau pont suspendu en bambous ; les tiges formant tablier — trois ou quatre — sont posées sur des chevalets et sur un arbre naturellement projeté sur la rivière ; des câbles de rotin soutiennent cette charpente en la reliant aux branches de l'arbre ; les garde-fous sont de légers bambous ou de gros rotins entrecroisés, formant, avec le tablier, une coupe en forme de V. Le confluent du D. Mong et du D. Rmang est à 200 ou 300 mètres sur la gauche ; le D. Mong est certainement le plus gros affluent de rive gauche du D. Rmang ; il descend, suivant les naturels, des contreforts Sud-Est du Plateau des herbes, au Sud du Nam-Noung. La vallée du Rmang que nous suivons maintenant est, comme celle du D. Mong, encaissée entre des mamelons bas de 40 à 60 mètres de relief, couverts de bambouseraies au sous-bois épais de *rsoy* ; ces palmes épineuses sont extrêmement nombreuses ; fines et élégantes, elles atteignent deux à trois mètres de haut et se présentent en touffes épaisses et délicates dont les minces tiges sont barbelées d'épines crochues ; elles abondent surtout sur le bord des ruisselets et dans les bas fonds humides.

La pluie nous arrose par rafales brusques et violentes ; les bambouseraies s'épaississent mais elles sont cependant moins basses et moins inextricables que sur le haut D. Pri ; dans l'après-midi, nous entrons à B. Pang-Suê ou B. Pi-Srê, sis en une belle poche élargie de la vallée du D. Rmang ; les cultures la recouvrent en entier et la vue se repose avec joie sur ces champs de patates, dont les feuilles rampantes sont d'un beau vert chrome ; des bouquets de bananiers s'élèvent au milieu des jardinets de piments, de coton, de cucurbitacées ; toute cette région des Mnong, malgré son aspect sauvage et inhospitalier, est bien cultivée et les indigènes, à côté de leur riz, plantent nombre de légumes divers ; c'est ainsi que, dans toute la région, l'on rencontre les diverses variétés de patates, les citrouilles, les concombres, les potirons, l'igname, le manioc, les taros (divers *Caladium*) qui, avec maintes autres racines cultivées et sauvages, sont d'un précieux appoint à l'indigène, surtout à la fin du printemps, alors que sa provision de riz est épuisée et qu'il n'a pas encore moissonné ses nouveaux raïs.

Dans le Sud-Ouest, d'où vient le D. Rmang, des mamelons se dressent, espacés, très bas et nulle hauteur ne comble les larges interstices ; dans l Est-Nord-Est, un puissant massif couronné de nuées, dont les indigènes ne peuvent me donner le nom, mais qui doit être le Yok Rinaih, cet énorme pâté longé par le bas D. Rmang et que j'ai reconnu en mars 1908. Le D. Rmang, large ici de 8 à 10 mètres, est enjambé par un pont, gros tronc d'arbre équarri et garni de garde-fous analogues à ceux du pont du D. Mong ; un beau radeau de bambous occupe en outre presque toute la largeur du lit ; c'est sur cette plate-forme que les femmes viennent puiser l'eau ; la rivière, même en cette saison, mesure 1,60 à 1,70 de profondeur.

Le lendemain, nous quittons rapidement la vallée du D. Rmang pour remonter celle du D. Dar qui est un de ses tributaires ; le vallon étroit n'est qu'un marais où le ruisseau se tortille entre des cannes juteuses, hautes de neuf pieds, de l'herbe paillotte, de la vilaine brousse aquatique et épineuse ; mais nous escaladons enfin les

44. — Les montagnes de B. Iuk-Jû. — La mission dans les abatis de raï.

45. — Montagnes et village du pays preng.

crêtes de bordure dénudées par les cultures et la vue plonge sur l'horizon proche de la chaîne annamitique dont les massifs apparaissent maintenant par blocs brisés, indépendants, épais et puissants, hérissés de dômes bleus, séparés par des pitons isolés. L'altitude se maintient aux environs de 650 mètres.

De B. Drû, village preng sur un affluent du D. Rmang, nous continuons après déjeuner. Toute cette région du haut D. Rmang, qui se déroule à nos yeux depuis les crêtes, ne présente nulle part de grandes hauteurs ; elle est, certes, bien plus basse et moins tourmentée que celle du haut D. Pri et du Nam-Noung ; en fait, depuis ce dernier massif, la contrée descend sur le D. Deung par chaînons de collines moyennes ; cette zone forme une sorte de dépression entre les massifs du Nam-Noung et le Yok Laych — le Plateau Central — au Nord et les murailles du D. Deung, au Sud.

Nous franchissons, par 730 mètres d'altitude, la ligne de faîte Krong Knô-D. Deung ; la montée a été fort douce et c'est sans nous en douter que nous avons passé d'un versant dans l'autre ; le D. Glong, beau torrent de huit mètres de large, est le premier tributaire du nouveau bassin ; il coule presque au niveau de l'ondulation faîtière, par 670 mètres d'altitude ; il franchit, un peu en aval de la route, une succession de sauts, appelés L Tok par les naturels ; ces cascades bondissent entre d'énormes blocs éboulés, posés en équilibre sur des quartiers plus petits ; des arbres et des lianes embrassent et étouffent ces roches titaniques, velues de mousses et de lichens sous lesquelles l'eau se faufile, se répandant en cascatelles de cinq à huit pieds de haut ; l'endroit est ravissant ; dans ces éboulis de la montagne, sous les frondaisons de la forêt épaisse, l'eau murmure, claire et joyeuse, entre ce dédale de rochers écroulés, ruines gigantesques, épaves d'un autre monde.

Au-delà du D. Glong, la montée reprend, douce, dans la forêt-futaie ; la vue perce à travers les fûts et les collines qu'elle découvre ressemblent, par leur silhouette horizontale, aux ondulations du Darlac central, dans la région de Mé-Wal ; derrière des taillis bas et clairs, nous débouchons sur la source du D. Srê, belle terrasse marécageuse où nous établissons le camp ; mais la pluie se met à tomber avec fureur, véritable ouragan qui dure plus d'une heure ; tout est trempé, ruisselant, malgré les nattes et les roufs des howdahs ; puis, la nuit descend, sereine, d'une éclatante et ironique pureté ; la lune, à son premier quartier, nous nargue et, d'entre la troupe des étoiles, contemple, jaune et falote, nos foyers fumants autour desquels nous nous séchons avec résignation.

Au matin, la brume emplit le vallon ; la sente franchit de molles ondulations boisées ou couvertes de taillis bas ; un moment, s'élevant au-dessus des nappes de brouillard blanc, les sommets de la chaîne surgissent, violacés, comme des îles montagneuses au-dessus d'une mer de lait. Derrière le D. Glong que nous repassons encore, nous escaladons les collines et, soudain, magnifiques, élancés, se dressent les pins gigantesques ; le sol, tapissé d'aiguilles rousses et de pommes de pins, ne nourrit que quelques fougères ; l'altitude augmente, les collines se pressent autour de nous, mais la sente devient excellente et nous atteignons la crête par 840 mètres, une belle crête large, dénudée, en bas de laquelle, à droite, dans le ravin presque à pic, voilé d'un brouillard épais et blanc, gronde, à 300 mètres, le lit endiablé du D. Deung.

B. Konpi est sur cette crête même ; c'est un gros village che-tô, le premier de la région ; le dialecte est totalement différent et mes gens ne peuvent se faire comprendre ; les guides de B. Drû servent d'interprètes ; les nouveaux villageois sont plus foncés de peau ; le visage est plus allongé, le nez presque aquilin et le menton est souvent orné d'une barbiche ; les yeux ont quelque chose d'olivâtre et les cheveux sont presque crépus ; la tenue est la même que celle des Mnong ; dans le chignon, même couteau, court à manche bistourné ; dans les oreilles, même bouchon d ivoire ou de bois ; les femmes ont le grand et mince disque en bois, de 0 m. 10 de diamètre, évidé et qui ressemble à une petite roue autour de laquelle le lobe distendu et rougeâtre met une bande analogue à un caoutchouc ou à un pneu.

Les huttes, à même le sol, sont semblables à celles des Preng ; le plancher est un mélange de lattes de bambou et de bambous tressés : la toiture est, partie en *rsoy* et partie en herbe paillotte ; les portes sont abritées par un petit porche relevé comme une mansarde rudimentaire ; une perche fétiche peinturlurée domine le village.

Djiring est enfin connu ; il est à deux jours et demi dans le Sud-Est par la sente directe ; un Européen en est venu l'année dernière et a visité le village, mais est retourné sur ses pas sans pousser plus avant.

Quoique la matinée soit peu entamée, je me décide à rester ici pour permettre à mes gens de faire sécher leurs vêtements trempés par l'averse d'hier ; dans l'après-midi, du haut de la crête, la vue est splendide sur la contrée entière libérée de brume ; au Nord, l'étendue bleue que nous venons de traverser et que borne, lointaine et grise, la chaîne du Nam-Noung ; dans le Nord-Est, le massif du Yok Rmaih et d'autres massifs isolés d'un bleu tendre ou d'un violet foncé ; tout proche, dans l'Est et le Sud-Est, les massifs énormes du Ta-Doun Ta-Drâ, malheureusement encore décapités par les nuées ; loin, dans le Sud-Est-1/2-Sud, les cônes du Brëiang, au pied duquel est bâti Djiring ; dans le Sud-Sud-Est, le petit pâté du Sarlung — le Sarling des cartes — qui est sur le plateau de Djiring ; vers le Sud, l'étendue paraît plate, immense, hérissé de quelques massifs très lointains et vaporeux ; dans le Sud-Ouest-1/2-Ouest, la muraille proche du Kong-Klang ; le puissant massif dont tous les contreforts se détachent en vigueur, rayés de ravins qui semblent des nerfs innombrables, se dresse tout contre le D. Deung qui baigne ses pentes septentrionales ; le fleuve, d'ailleurs, n'est pas loin ; à un kilomètre du village, sur la route de venue, du haut de la crête nue, l'on aperçoit sa faille violemment encaissée ; un morceau de son lit miroite entre deux éperons lancés par les massifs qui dominent de 1.000 pieds la brèche gigantesque que le Kong-Klang repousse vers le Nord-Ouest.

Dans le Nord-Est-1/2-Nord, à 5 ou 6 kilomètres, l'épine crochue du Yok Rehong que nous découvrions pour la première fois, il y a quelques jours, depuis les crêtes du haut D. Mong. La source du D. Glong est entre la crête du village et le Y. Rehong ; sa vallée, parallèle à la crête du village qui le sépare du D. Deung, va rejoindre cette rivière par un vaste arc-de-cercle décrit loin dans l'Ouest.

Ce point est vraiment splendide ; intermédiaire entre les lointains massifs du Nord et ceux bien plus rapprochés du Sud, il offre, pour l'établissement d'un signal topographique, un emplacement de tout premier ordre, permettant de relier les zones montagneuses du haut Donnaï à celles plus difficilement visibles du haut Plateau Central de faîte. J'ai rarement vu plate-forme géodésique plus merveilleusement située.

Et c'est une sensation puissante que je ressens, depuis cet incomparable balcon à cheval sur les deux plus puissants bassins de l'Indochine méridionale. Cependant la vue n'embrasse pas la zone montagneuse dans toute sa beauté ; brisé et morcelé, ce chaos de montagnes ne donne pas l'impression d'une chaîne, mais se présente en une série de massifs indépendants, plantés au-dessus d'un premier chaos de collines basses ; rien de l'imposant aspect du Lang-Biang et de la région des Kils, au cœur même de la chaîne, entre le Lang-Biang et l'hinterland montagneux de Nhatrang. mais, ici, l'émotion qui m'étreint est entièrement faite de légitime orgueil, de cet orgueil spécial au voyageur qui voit s'étaler derrière lui tout le pays vierge qu'il vient de violer et de vaincre ; car, ici, je me sens loin, très loin, en un canton inconnu ; certes, rien ne rappelle les gorges fameuses de Psroïne, la montée grandiose vers les assises septentrionales du Lang-Biang, dans la forêt vierge et les pinetque j'accomplissais en mars 1906 à quelques dizaines de lieues dans l'Est ; mais, alors, je ne suivais qu'un sentier, frayé déjà par quelques voyageurs, tandis qu'aujourd'hui, en jetant les yeux sur l'immensité montueuse du Nord jusqu'au renflement lointain du Nam-Noung, je puis me dire avec orgueil que je suis le premier à avoir traversé ces districts.

Quelques lieues nous séparent du Donnaï, trois à peine, mais quelles lieues ! Nous quittons brusquement la belle crête que nous avons encore suivie quelque temps au-delà du village et nous dégringolons vers le ravin du fleuve ; la piste emprunte des éperons secondaires, se tenant à flanc, à peine tracée, détrempée par les dernières averses et dévalant sur les ruisseaux par des pentes folles ; derrière le ravin du D. Mong, en haut duquel s'accroche la sente, une ondulation basse sépare le D. Mong du D. Plau, tous deux affluents du D. Deung ; derrière le D. Plau, les pentes des deux énormes massifs jumeaux, le Nam-Ta-Doung et le Nam-Ta-Drà, masses formidables aux innombrables contreforts pressés, ravinés, en partie dénudés par les cultures ; mais, à partir d'une certaine hauteur, rien ne vient ternir le manteau des forêts noires épandues jusqu'à la cime ; la table suprême du Ta-Doung, érigée par 2.380 mètres d'altitude, se prolonge vers le Nord par quelques dômes et massifs bien plus bas ; un peu en retrait, le Nam-Ta-Drà montre ses deux seins jumeaux de 1.800 mètres d'altitude ; sa dernière bosse s'abaisse rapidement vers le Sud ; ce double massif est orienté Sud-Nord et entièrement situé sur la rive droite du D. Deung.

Après avoir pensé nous faire choir dans le ravin du D. Mong, la sente s'engage le long des crêtes, semées de cultures, dominant B. Kinda, sis en contre bas, sur le D. Mong ; le D. Deung est là, à 500 ou 600 mètres dans le Sud, au pied de l'éperon qui s'abaisse rapidement et finit presque à pic sur l'eau brune.

De Konpi au Donnaï, la dénivellation est de 290 mètres. Large de 60 mètres, la rivière coule, rapide, entre les collines pressées ; pas un pouce de vallée entre le flanc raide des hauteurs. L'aspect du fleuve est celui du Krong Knô au pied du Nam-Kâ et rien ne distingue le moyen Donnaï des autres cours d'eau de même importance qui arrosent la région moï.

Malheureusement, les eaux sont encore hautes et il m'est impossible de songer à faire passer les éléphants ; de plus, le village ne possède que deux ou trois pirogues absolument inutilisables ; aussi, vais-je être forcé de faire fabriquer un radeau et de ne partir sur Djiring qu'en caravane légère ; les éléphants se reposeront ici ; les pauvres bêtes sont, d'ailleurs, à bout de forces et n'arrivent que par échelons très espacés ; la petite femelle est particulièrement fatiguée et elle s'est couchée deux fois ; on l'a entièrement déchargée mais elle ne peut cependant avancer et ses cornacs ont dû la laisser au début de l'éperon, dans les cultures moissonnées ; cette marche continue, dans ces montagnes pressées, est vraiment exténuante mais ce qui fatigue le plus les pachydermes est l'absence complète d'herbe en ces forêts épaisses où elles ne trouvent à manger que des bambous rêches, à demi desséchés, et, trop souvent, peu abondants.

Toute l'après-midi du 20 et toute la journée du 21 sont occupées à la confection du radeau ; les bambous ne se rencontrent malheureusement qu'assez loin, sur les collines de rive gauche ; les villageois nous fournissent une grande quantité de rotins avec lesquels nous tressons des câbles solides qui nous serviront, avec d'autres cordes — racines ligneuses — à établir le va-et-vient du radeau. Dans la soirée, le transbordement commence et une de mes juments passe sans encombre sur l'embarcation mais les câbles se brisent au second voyage et la nuit nous force à remettre à demain la fin du travail.

Trente kilomètres nous séparent à vol d'oiseau de Djiring ; ce matin 22, le reste des bagages et les chevaux passent sans à-coup ; j'emmène avec moi tous mes miliciens ; les éléphants m'attendront ici ; la petite femelle laissée hier en arrière a fini par rejoindre ses camarades, mais elle est exténuée et dort sans cesse, ne prenant aucune nourriture.

Il est 9 heures quand nous pouvons enfin partir. Une heure nous suffit pour escalader la haute colline de bordure ; de ce côté, la sente est bien meilleure, brisée par quelques paliers et empruntant une arête secondaire ; en haut de la pente, sur la crête, B. Gun-Trang d'où la piste serpente, le long du faîte, entre des hauteurs déboisées, recouvertes de jeunes bambous et d'une brousse basse ; des jeunes pins se rencontrent dans cette végétation rabougrie ; sans nul doute, ces arbres devaient autrefois boiser toutes ces pentes et ils ont disparu sous la hache des montagnards ; derrière le D. Ngueur, au sommet d'une montée assez raide, nous débouchons enfin sur une crête couverte de ces arbres splendides, étendus à perte de vue autour de nous ; une herbe fine tapisse le sol et, dans l'air, flotte l'arôme de la résine ; à travers les fûts droits et espacés, l'on aperçoit tout le vallonnement des ravins et des crêtes semblablement tapissées de conifères ; le Donnaï s'éloigne graduellement sur notre gauche.

La contrée, malgré son altitude, ne donne pas l'impression d'une zone de hautes montagnes ; rien de l'aspect sourcilleux des secteurs au Nord-Est du Lang-Biang ; les ondulations sont douces ; au relais de B. Pétro, à l'intersection de la sente qui mène au hameau, les villageois nous attendent autour de la jarre traditionnelle ; le temps d'avaler une gorgée, de payer les porteurs qui se changent et l'on repart ; les pins cèdent bientôt la place aux taillis bas et l'altitude augmente, puis les taillis font place eux-mêmes à une herbe fine et claire et cela donne à ces dômes mous une ressemblance frappante avec ceux du Plateau Central. A notre arrière, le massif du Ta-Drà s'estompe dans la buée ; des ravins boisés se creusent entre les faîtes et, dans le Sud-

Ouest, monte le cône isolé du Mnam Klur qui semble barrer la vallée dont nous passons la source entre les crêtes gazonnées.

Par 1.080 mètres d'altitude, nous nous arrêtons à l'intersection de la sente de B. Sulaich, auprès d'une mare, sur la crête herbeuse voilée de quelques taillis bas. Sous la brise fraîche qui balaie ces hauteurs, nous élevons les abris du bivouac et les gens de B. Sulaich apportent la jarre et s'empressent autour de nous; quelques-uns portent la houppelande annamite et les chefs font des lays, gauchement, timidement; cette prosternation servile, cet aplatissement de tout l'être accroupi ne va pas en effet à ces races montagnardes libres et fières, si différentes de l'Annamite obséquieux, tremblant, depuis des siècles, sous le talon de ses mandarins tout puissants.

Le dialecte est semblable à celui de Konpi et de Kinda; extrêmement chantant, il présente des particularités originales que l'on ne rencontre dans aucun autre dialecte moï; les sifflantes sont nombreuses et, à la fin comme au début des mots, se prononcent exactement comme le *th* anglais. Au contraire des autres dialectes moï, qui sont essentiellement *recto tono*, durs et roulants, ce dialecte est très chantant et possède une intonation qui est le ton descendant de la langue annamite.

Ici, les villages se disent Che-Srê; mais il est évident qu'ils ne forment, avec les Che-Tò, qu'une seule et même famille; elle est d'ailleurs connue sous le nom générique de Che-Mà, du nom de la tribu la plus importante qui la caractérise.

Les hommes sont de plus en plus nombreux qui portent la barbiche raide; le teint est décidément plus foncé, le visage plus oval, le nez presque aquilin, l'œil en amande; la physionomie générale me rappelle étrangement quelques types frappants rencontrés chez les Mnong Rlam de la plaine du lac Tak-Lak. Les colliers de verroterie sont ornés de dents de chiens et deviennent de véritables masses encombrantes qui se superposent aux colliers de cuivre et d'étain.

La nuit a été très froide et nous nous mettons rapidement en route; la sente, orientée vers le Sud-Est, se maintient sur des crêtes d'où émergent, à travers les forêts-taillis, quelques massifs plus élevés, mais, subitement, depuis une clairière d'herbe paillotte, l'horizon Nord et Nord-Est apparaît, entièrement borné par une muraille de montagnes grises, dentelées, que dominent les quatre aiguilles du Lang-Biang; la forêt s'embrouille de brousse et de halliers épineux, mais enfin nous voici à la lisière d'une vaste étendue de raï et le guide, s'arrêtant, montre, loin, là-bas, au pied du Brêiang qui ferme le plateau des cultures, un point, brillant sous le soleil comme un bouclier d'argent : Djiring ! deux lieues, à vol d'oiseau nous en séparent encore ; à nos pieds, à 100 mètres en contre-bas, le magnifique Plateau mollement ondulé, couvert de la mer jaune des moissons mûres, rayé de lignes de forêts ; il s'en va buter contre la masse noire du Brêiang pour remonter dans le Nord-Est, en une pointe vaporeuse, vers le mur gris des monts Lang-Biang ; dans le Sud-Est et le Sud, des massifs isolés. A travers les raï, nous descendons les croupes molles couvertes de riz mûr, de brousse claire en plaques et de forêt-clairière ; le plateau déroule son tapis jaune rapiécé de vert, zébré de rigoles sombres.

La délégation est presque au bout de cette terrasse splendide, en bordure de la grande route qui file, au Sud vers Phanthiet, au Nord-Est sur Dalat et le plateau du Lang-Biang ; semblable à un chalet suisse avec sa tourelle carrée et son toit de tôle ondulée scintillant comme celui d'une isba neigeuse, elle domine le carrelage capricieux des rizières étalées au pied de l'ondulation douce et qui vont déferler contre les premières assises du Brèiang.

V

26-27 décembre — (96 kilomètres).

Il y a 96 kilomètres de Djiring à Phanthiet par la grande route qui joint la délégation moï au chef-lieu de la province.

Le temps de reprendre quelque peu haleine et je repars en effet vers la côte, mais je laisse à Djiring, où je vais revenir, l'escorte cambodgienne qui fait la joie des naturels et des Annamites. C'est bien la première fois en effet que des guerriers de Sa Majesté Sisowath arrivent en cette région moï considérée, jusqu'ici, comme irrévocablement séparée du Cambodge et de la haute Cochinchine par un pays hostile et impraticable.

Suivi de mes deux boys à cheval, je m'engage, le 26 au matin, sur la grande route qui, tout d'abord, serpente entre les coteaux bas séparant les rizières ; cela constitue l'angle Sud du plateau de Djiring et est arrosé par un affluent de la Lagna, la D. Riam que nous traversons bientôt ; admirablement tracée, la route se tient maintenant à flanc des coteaux couverts de brousse, de diptérocarpées rabougries, de quelques jeunes pins et d'herbe paillotte ; derrière nous, à mesure que nous montons, tout le panorama du Plateau se déroule jusqu'à la barrière des montagnes ; à notre gauche, les ramifications du Brèiang, de l'autre côté de la vallée du D. Trom que nous remontons à flanc de la bordure occidentale ; en haut de la rampe, longue et sinueuse, le tram ou abri du Da Trom ; de la fenêtre, la vue embrasse le Plateau entier de Djiring : au milieu, un point blanc qui scintille comme une étoile, le toit de la délégation, à 13 kilomètres à vol d'oiseau ; à l'extrême horizon Nord, la barrière de la chaîne finement dentelée ; dans l'Est, de l'autre côté du ravin que nous dominons, la masse noire du Brèiang et de ses contreforts. Le col est un peu en haut du tram ; la route le franchit par 1.230 mètres d'altitude ; de l'autre côté, l'on se trouve sur le versant du D. Rsas, affluent direct du Lagna ; son bassin n'est qu'un chaos de ravins creusés entre des chaînes boisées et tourmentées, étalées à nos pieds en une mer puissante, emmêlée, pressée, formidable ; jusqu'à l'horizon, elle chevauche en un océan de montagnes qui culminent aux croupes grises et jumelées du Senou ; dans le Sud-Sud-Ouest, le massif du Nui Ong qui, à 70 kilomètres à vol d'oiseau, érige ses 1.096 mètres sur la rive gauche de la moyenne Lagna ; dans l'échancrure qui sépare le Senou du N. Ong, le cône brumeux, à peine distinct, du piton de Tân-Linh (1.302 m.).

Bientôt, nous entrons dans la zone des pins ; nous sommes au cœur de la chaîne annamitique qui, de tous côtés, s'étend, escarpée, vallonnée, hérissée d'arêtes puissantes, de massifs élevés ; à travers les pins énormes, la route décrit d'innombrables méandres, suivant les courbes de niveau le long de la muraille de bordure du versant du D. Rsas dont le ravin dévale à notre droite ; nous franchissons les ravins latéraux aux angles aigus qu'ils creusent dans la muraille ; sur chacun de ces torrents abrupts, un ponceau massif fait d'énormes quartiers de troncs d'arbres équarris posés

46. — Panorama de Djiring, pris depuis la route de Dalat.

47. — Les rizières de Djiring et le massif du Bréiang, depuis la délégation.

48. — Panorama du Plateau de Djiring, depuis la délégation.

en long sur des culées en moëllons secs; des blocs de granit, arrachés par la dynamite, fournissent ces pierres qui servent en outre à charger le bord de la route en corniche ; au loin, entre le clair feuillage des pins, les toits de chaume des villages, les cultures, apparaissent au revers d'un éperon, au faîte d'une croupe escarpée, et tout cela se présente tout petit, plaques et points minuscules en des contre-bas de vertige ; à travers les escarpements, la route ondoie, harmonieuse et douce ; la température est exquise et le parfum des résines flotte dans l'air frais.

A 25 kilomètres de Djiring, l'on atteint le beau tram de Yankar, par 1.010 mètres d'altitude; c'est une belle maison en planches avec dépendances, le tout entouré d'une vaste enceinte rectangulaire et assis sur une croupe étroite un peu en contre-bas de la route d'où la vue le domine comme un plan en relief; tout alentour, des pentes couvertes de pins.

C'est ici que la route quitte le versant du D. Rsas pour entrer sur celui du D. Nhum dont le ravin s'ouvre à notre gauche, à pic, grandiose ; la muraille opposée, découpée en crête capricieuse, est fendue de ravins noirs où l'eau des cascades met des raies brillantes ; des carrés de cultures tapissent les contreforts où s'amoncellent des blocs de granit blanc ; des miradors audacieux, des villages perchés en nid d'aigle sur leur aire de terre battue, s'étalent à des centaines de mètres à nos pieds, à mi-côte du ravin ; un sentier rouge, vertigineux, se perd dans l'escarpement des éperons et la vallée s'allonge vers le Sud, ouverte en un couloir géant sur la plaine d'Annam que l'on aperçoit déjà à l'horizon, dans la brume grise et vaporeuse ; le D. Nhum est la haute vallée du S. Luy, rivière de Phanri.

Des groupes de Moï nous croisent, la hotte terriblement chargée ; et par dessous, oscille le bâton, sur lequel, de temps à autre, le porteur fatigué appuie son lourd fardeau.

Au col de Rloum, par 1.050 mètres, nous quittons un moment le versant du D. Nhum pour celui du S. Cuau, rivière de Phu-Hai et dont le bassin tourmenté s'étale à notre droite ; maintenant, au-delà du chaos des montagnes qui s'abaissent enfin, la plaine d'Annam se dévoile, vaporeuse, derrière des pitons plus bas, éperons ultimes des chaînes, péninsules dont les derniers macarons, isolés comme des îlots, surnagent dans la plaine grise, immense, que la mer bat à l'horizon.

Ce panorama est d'une beauté sans nom et laisse loin derrière lui ceux que l'on aperçoit depuis les routes du Lang-Biang à Phan-Rang, du Darlac à Ninh-Hoà ; ici en effet, la route n'est pas étranglée entre des chaînes ou des contreforts ; elle se tient au contraire presque au fronton des cimes qu'elle ceinture de son orgueilleux bandeau rouge. La vue ne se heurte pas à des contreforts encombrants mais embrasse l'espace démesuré que découvre l'aigle lui-même du haut de ses rochers suprêmes. De toutes les routes qui joignent l'hinterland moï à la côte, celle-ci est, sans contredit, la plus splendide, la plus majestueuse.

Après l'abri de Srépa (820 mètres), nous traversons une terrasse forestière au-delà de laquelle nous reprenons la marche à flanc des montagnes ; les méandres infinis, suivant les courbes de niveau, rompent la dénivellation des altitudes ; nous longeons presque les crêtes, à 40 ou 50 mètres à peine en contre-bas de l'arête faîtière, dominant toute la zone habitée et l'on découvre les champs, les villages, les huttes, posés, minuscules, sur un éperon, perchés au revers d'un contrefort; le plus souvent taillée dans le granit, la route est en déblai de deux à quatre mètres et il a fallu faire sauter à la dynamite les énormes blocs qui la bosselaient; de fait, elle n'aura nul besoin d'être empierrée, la roche lui servant de lit; elle est à pic sur le ravin du D. Nhum dont le ruban d'argent scintille, par tronçons, à des centaines de mètres en contre-bas; les innombrables torrents latéraux que la route franchit en suivant la muraille principale de bordure, cascadent sur les rocs et se perdent dans la verdure rare qui tapisse le précipice.

Le grand tram de Yabak, où nous allons passer la nuit, est à 44 kilomètres de Djiring, par 780 mètres d'altitude; il est juché sur un véritable bastion détaché de la muraille montagneuse et il domine splendidement l'étendue sans bornes; à perte de vue, la gorge vertigineuse du D. Nhum se déroule; ses murailles s'abaissent graduellement sur la plaine bleue que baignent les derniers rayons du jour; là-bas, tout là-bas, estompé dans la brume du soir, vers l'Est, c'est le massif du Padaran, lancé en péninsule sur la mer d'Annam; dans le Sud-Est, les deux mamelons de Bau-Sen, au milieu de la plaine, près de la grande route mandarine de Phanri; plus loin, ces deux mamelles basses, jumelées, c'est la pointe de Mui-Né ou de Vinay, limite orientale de la baie de Phanthiet; en bas, par devant l'écroulement des pics et des dômes, au-delà des derniers pitons isolés, îlots montagneux que battent les vagues du soir bleu, c'est le couloir d'Annam, la plaine plate et rase où flotte la buée du crépuscule glorieux; à l'horizon, c'est Phanthiet vers le Sud, Phanri vers l'Est-Sud Est; et là-bas, cette ligne indécise, ce fil ténu de brume et de vapeurs, c'est la mer d'Annam.

Derrière nous, la chaîne annamitique endort ses chaos de pics et de crêtes proches; dans la jungle épaisse, autour des palissades, les fauves s'éveillent et se glissent; au fronton de la chaîne, sur l'entablement de sa façade, le tram s'endort; la lune, maintenant, s'est levée, d'un rouge de cuivre, sur le gouffre insondable que le tram domine de 800 mètres et, de ce balcon lancé sur l'espace, de cette mansarde de rêve, l'on n'aperçoit plus qu'un précipice bleu, gouffre sans fond entre la masse noire des crêtes et des massifs; des entonnoirs d'ombre épaisse s'y creusent, entre des parois de pentes noires, à côté de grands trous à reflets d'argent; et tout cela revêt des teintes de cloisonnés géants où l'émail est un reflet de lune épandu sur le bronze de la montagne formidable.

Au sortir de Yabak, nous quittons bientôt la muraille de bordure du D. Nhum pour pénétrer sur le versant du D. Lé, affluent du S. Cuau; à trois kilomètres de Yabak, au petit tram de Loukhèl, nous passons près de l'endroit où, le 15 août 1906, fut enlevé par le tigre, en plein jour, le malheureux lieutenant Gautier; les fauves pullulent dans la région; en un mois, ils n'ont pas enlevé moins de neuf coolies-tram presque au même endroit, près de Yabak et c'est avec la plus grande prudence qu'il faut voyager au crépuscule et aux premières heures de la journée. La route se déroule toujours en corniche, dominant le précipice qui se hérisse, à notre gauche, d'éperons et de saillies où se perchent des villages et des cultures, apparus, minuscules, de cette vertigineuse hauteur; taillée dans le granit dont les assises ont été déchiquetées à coups de dynamite, la route sera bientôt carrossable; nulle part, en effet, sa pente maxima ne dépasse 4,5 0/0 et l'on peut envisager l'avenir prochain où les automobiles

49. — Djiring. — Le village annamite.

50. — Djiring. — Le village moï.

circuleront sur ce ruban splendide déroulé comme un turban gigantesque au front même des montagnes escarpées.

Une descente longue mais douce nous fait enfin atteindre l'abri de Neutoung, par 250 mètres d'altitude seulement, sur le D. Lé, entre les éperons bas qui sont les derniers affaissements de la chaîne, puis la route passe et repasse le ruisseau qui roule une eau claire sur un lit de galets; les derniers mamelons, couverts de cultures et de forêts, s'espacent de plus en plus et le ravin se fait vallon; le pied même de la chaîne annamitique est, ici, par 200 mètres environ, à quelques kilomètres au Sud de Neutoung et avant le tram de Gialé qui est par 150 mètres et déjà dans la zone franche des plaines; en ce secteur, les Moï arrivent presque au pied même de la grosse chaîne dont ils cultivent les premiers contreforts.

Mais, entre le pied de la montagne et les rizières de la plaine d'Annam, s'étend une bande déserte et inculte, en tout identique à celle qui borde le pied de la chaîne dans les provinces de Phanrang et de Nhatrang; cette zone inculte forme, derrière le couloir d'Annam, une bande continue, aire de transition entre les premières hauteurs et les cultures de la plaine.

C'est un large ruban sablonneux, couvert de taillis bas, épineux et clairsemés où déambulent quelques Moï lourdement chargés; mais, au grand tram du S. Cuau, à sept lieues de la côte, le pays se dégage enfin des broussailles et des halliers et les rizières apparaissent; sur la droite, parallèle à la route et courant Nord-Sud, un puissant contrefort montagneux, issu de la chaîne, court perpendiculairement sur la côte; mais la plaine se précise, s'élargit, nette, plate, verte, découpée en rizières glauques, rayée de bouquets de verdure, sillonnée par les digues étroites entre les grands carrés des maisons blanches.

La route, maintenant, est toute droite et nous trottons pendant un peu moins de deux lieues jusqu'au village de Gianh-Mau, hameau cham, siège d'un huyên cham et dernier relais avant Phanthiet; l'américaine de la résidence m'y attend et, tandis que mon léger bagage suivra par porteurs, seul avec le conducteur annamite, je file bon train dans la légère et robuste voiture qui va nous faire franchir rapidement les 20 derniers kilomètres du voyage. Monotone et grise, droite, brûlée par le soleil, la route se déroule entre les rizières qui s'étendent maintenant de tous côtés; nous sommes au cœur de la grande plaine plate d'Annam et la chaleur est étouffante; de temps à autre, un village montre ses toits brunis entre les bananiers et les haies de cactus; dans les champs, les indigènes travaillent nonchalamment à la moisson; des passerelles Eiffel franchissent les cours d'eau; le Song Cuau coule à quelque distance sur notre gauche; nous l'avons passé, à 100 mètres du tram auquel il donne son nom, sur un pont de bois branlant, à demi jeté bas par la dernière inondation.

Sur notre gauche, une colline isolée, l'un de ces curieux macarons subits et sans relief transitoire, dressés si fréquemment au milieu du couloir d'Annam, îlot avancé de la puissante chaîne, et que battent les vagues calmes des rizières et des plaines; à droite, toujours le gros contrefort, véritable chaîne, massive et puissante, aux allures très nettes d'arête indépendante, formée de massifs et de dômes étroitement reliés en une barrière continue et qui s'avance jusqu'à courte distance du rivage.

A mesure que nous avançons vers le Sud, apparaissent les terrasses basses qui, dans le Sud-Est et le Sud-Ouest, bordent la côte de leur plate-forme rousse ; de-ci, de-là, le plumeau des aréquiers s'érige en touffes grêles au-dessus d'un village, mais rien, ici, ne rappelle la belle animation des faubourgs de Phanrang et les abords de Phanthiet sont mornes, noyés de sable dont la blancheur se réverbère entre des plaques de buissons rêches et rabougris.

Un beau bâtiment à étages, derrière la voie ferrée — l'hôpital — annonce la ville ; des constructions maintenant se disséminent ; des rues accablées de chaleur et de sable s'ouvrent entre les maisons surchauffées ; il est une heure et tout dort ; sur la rivière subitement étalée, les lourdes jonques sont immobiles sous le soleil implacable ; Phanthiet entier est engourdi par la sieste.

.·.

La ville de Phanthiet, chef-lieu actuel de la province de Binh-Thuân, est bâtie de part et d'autre de la « rivière de Phanthiet », à un kilomètre environ de son embouchure ; appelée aussi Song Caty, cette rivière est la réunion de plusieurs cours d'eau dont le principal est le Song Muong-Mam. L'agglomération européenne est toute sur la rive gauche ; à peu près semblable à toutes les villes franco-annamites du Centre et Sud-Annam, elle en présente les mêmes aspects d'ensemble ; ville blanche sur le sable blanc qui poudre les routes et s'amoncelle en dunes éclatantes dans la banlieue, en monticules plaqués de broussailles rudes ; quelques détails seuls distinguent entre elles ces résidences d'Annam, quelques transpositions dans le cadre plus ou moins élargi, quelques variantes dans la violence du coloris, dans la disposition des choses et des mouvements.

Plus ou moins éloignée, c'est toujours, en arrière-plan, la majestueuse barrière de la chaîne d'Annam, mur bleu et violent de pics, de dômes et de tables qui se mêlent et découpent leurs crêtes en scies sur le ciel voilé de brume. La ville française, disséminée autour de la massive Résidence, dressée sur une terrasse surélevée, est une agglomération de maisonnettes blanches au milieu de jardins sablonneux ; seule, la masse rousse de l'hôtel, au bord de la rivière, tranche sur ces robes de premières communiantes ; dans le fossé bleu de la rivière, des bancs de sable se montrent à marée basse et une double haie d'arbres verts jalonne ses rives ; le long pont de planches, qui enjambe le cours d'eau, est encombré d'un mouvement intense ; groupée autour de son marché, sur la rive droite, la ville indigène étale ses toits de tuiles brunes et son affairement se mêle au mouvement de la batellerie sur l'eau calme ; le marché, grouillant et bruyant, déborde d'Annamites, de Chinois, de Moï, se poussant autour des éventaires les plus hétéroclites et tout ce monde piaille, muse, se bouscule, heurtant ses nudités, ses oripeaux, ses dialectes et ses odeurs.

Sur les deux berges, la ville indigène arrive jusqu'à la mer ; la route qui traverse la ville française passe devant la gare maritime, les jardins plantés de cocotiers et d'aréquiers où s'enfouissent les huttes annamites et se dirige vers la plage au milieu d'une affreuse odeur de *nuoc-mâm* qui règne, despotique et inflexible, se rabattant, sous la brise, sur tout Phanthiet. Les collections de petites jarres brunes, le plus souvent lavées au lait de chaux, s'alignent en carrés imposants tout le long de la route et des sables que lave le flot ; ce sont des jarres pleines de la précieuse mixture et qui attendent les jonques ; car Phanthiet est un important centre de production de la sauce nationale.

Ce sont ces mêmes jarres qui, vides, iront chez les Moï où on les rencontre jusque dans les villages les plus reculés et les plus hostiles. Les jonques ventrues, énormes, les sampans légers, se pressent à l'embouchure de la rivière que barrent de grands filets tendus en avant des langues de sable où des huttes de pêcheurs se dressent, branlantes et sordides ; des indigènes, nus et râblés, traînent les barques, déchargent la pêche et, les reins creusés, les muscles tendus, émergent des flots de velours.

Du haut des dunes blanches qui forment la côte et dominent la douane et le feu d'entrée de la rivière, la vue est admirable sur toute la plaine étranglée de Phanthiet.

Dans le fond, de l'Ouest à l'Est, l'immense croissant des monts d'Annam dont le violent éperon, brutalement jeté du Nord au Sud, perpendiculairement à la côte, apparaît tout proche malgré la buée violette ; au pied, c'est le couloir d'Annam, la plaine étroite et sombre, où la blancheur proche des dunes se mêle au miroitement des salines entre des plaques de broussailles rêches et basses ; derrière et en face, le fouillis de Phanthiet, les plumeaux onduleux de ses palmiers, le chevauchement de ses toits de tuiles brunes que dominent celles de la Résidence ; le long de la rive et sur la rivière, qui disparaît en son coude proche, la flotte des jonques et des sampans, leurs grandes voiles larguées ou tendues à la brise ; à nos pieds, sur la plage de sable fin, ourlée de l'écume des vagues, les roches d'avant-garde où des pêcheurs arrachent des coquillages ; là-bas, dans l'Ouest-Sud-Ouest, la masse isolée du Takou ; plus loin, les hauteurs basses et brumeuses de la pointe de Kega, au-delà de laquelle la côte s'infléchit dans l'Ouest pour devenir la rive basse de Cochinchine ; au-delà de la rivière, le rivage fait un violent coude vers le Sud-Sud-Ouest et se relève en falaises rougeâtres, dénudées et sauvages ; à peine si, près de l'embouchure, la belle construction des missions, le tapis de quelques cultures sur la crête, animent ce rougeoiment désolé ; dans l'Est, la côte s'allonge, pareillement nue, jusqu'aux pointes voisines qui bornent la vue et qui s'en vont loin, loin, vers le massif du Padaran. Et, en avant, à perte de vue, moutonneuse, profonde, infinie, comme un manteau de velours impérial, la mer ensorceleuse ondule et gronde en crachant sur le sable d'or.

Au milieu de la plaine de Phanthiet, dans le Nord-Est, la colline isolée de Tuy-Hoa, les mamelons jumeaux de Bau-Sen.

Sur la rive droite de la rivière, à quelque deux kilomètres en arrière du marché et un peu en retrait du rivage, l'église catholique, et à côté, les établissements de la mission dont la principale bâtisse est une magnifique maison à étages, véritable sanatorium balayé par les vents du large ; non loin de là, le cimetière blanc aux sèches et tristes fleurs — fleurs des sables et des monts — et il est exquis, ce coin tranquille, au milieu d'un maigre faubourg où les cactus barbelés entourent des huttes branlantes ; en avant de l'église, en avant des dunes basses couvertes de lianes marines, la grève douce et ferme, vaste conche étendue jusqu'à l'embouchure de la rivière et bordée de huttes de pêcheurs ; des sampans légers y viennent jeter leurs filets bourrés de poissons ventrus ou plats, de poissons glauques, inconnus à nos mers froides, de crabes gigantesques, allongés et rosâtres, aux pattes crochues, extravagantes, de poulpes visqueuses et répugnantes, de coquillages jaunes et épineux comme on en voit dans nos bazars ; des jeunes requins palpitent auprès de ces êtres bizarres et la marmaille annamite, nue, criaille, court et se bouscule avec les chiens-loups hargneux ; les femmes vont et viennent, pesant et soupesant la récolte, discutant et marchandant ; en haut de la plage, en avant des huttes croulantes, des sampans, des jonques s'étayent sur des perches et des pieux et des ouvriers les frappent, les martèlent, les goudronnent et les flambent ; des filets tendus sèchent ; la vie maritime grouille, chaude, vive, nue et rieuse.

Exquis et charmant, ce décor d'Annam au lavis de teintes crues et bariolées que balaie la brise du large, qu'inonde un éclatant soleil.

Du haut de la maison que j'habite, par dessus la tête des verdures, la ligne vert gris de la mer se tend, piquée de jonques perdues comme des points noirs et dansant au loin sur les vagues ; une fois, c'est la masse plus proche du *Haïlan*, le vapeur côtier qui remplace l'antique *Mpanjaka* et fait le cabotage entre Saïgon et Quinhon.

Je suis arrivé à Phanthiet le jour même où le gouverneur général venait d'inaugurer la voie ferrée qui joint désormais ce point à Saïgon ; longue de 190 kilomètres, cette ligne est l'amorce du grand Trans-indochinois qui, un jour, reliera la Cochinchine au Tonkin ; à vrai dire, Phanthiet n'est pas sur le tracé même de la voie qui passe en arrière de la côte mais un embranchement de 13 kilomètres va de la ville à la bifurcation de Muong-Mam. Au-delà de cette gare, dans le Nord-Est, la voie n'est pas encore complètement posée vers Phanrang et Nhatrang, mais diverses sections sont déjà avancées et, d'ici deux ans, l'on ira probablement par rail de Saïgon à la Résidence du Khanh-Hoà.

Cette nouvelle artère de grande communication va, sans nul doute, accroître encore singulièrement la valeur commerciale de Phanthiet.

A l'heure actuelle, cette ville est déjà, après Hué, le centre urbain le plus important du Centre et Sud-Annam. Située à 864 kilomètres de Hué, elle n'a guère de relations avec les régions du Centre-Annam mais, par contre, elle est la ville la plus importante du Sud-Annam ; sa population est actuellement de 58 Européens, 417 Chinois, 14 Indiens et 20.000 Annamites, — y compris Phu-Hai, sis à quelques kilomètres dans l'Est, à l'embouchure du Song-Cuau et où sont situées les vastes salines de la province.

La principale industrie est la pêche dont vivent les deux tiers de la population annamite de la province et qui attire chaque année un certain nombre de pêcheurs venus du Nord, depuis le Quang-Binh. Avec Saïgon et Cholon, la ville fait un grand commerce de saumures que favorise singulièrement la proximité des importantes salines de Duon et de Phu-Hai.

Les négociants chinois sont, en outre, en relations d'échanges avec les Moï qui descendent de la chaîne et viennent troquer porcs, cornes et peaux de bœufs, de buffles et de cerfs, cire, miel, bétel et un peu d'ivoire contre les jarres, grandes et petites, le cuivre, la verroterie, les étoffes, dont ils sont si friands.

Il faut surtout remarquer ce grand commerce de jarres, car c'est principalement par la route Phanthiet-Djiring que ces articles pénètrent chez les tribus moï les plus

51. — Route de Djiring à Phanthiet. —
Vue vers le S.-O. depuis la section comprise entre Da Troum et Yankar.

52. — Route de Djiring à Phanthiet. — Les pins et les gorges de la chaîne,
depuis la section comprise entre Da Troum et Yankar.

reculées ; les jarres de petite taille, qui sont celles où les Annamites mettent leur nuoc-mâm, sont fabriquées à Cholon, Phuquôc et sur le bas Dong-Nai.

Les autres productions de la province sont le riz, le coton, le tabac, le maïs, la canne à sucre, les pastèques, les ananas, les cocos, l'arec, les oranges, les mangues, les bananes.

Les habitants cham de la province sont de grands riziculteurs et ils ont poussé à un degré très avancé l'art des irrigations. Ces Cham, dont nous verrons plus loin les rapports avec les tribus moï les plus rapprochées, sont au nombre de quelques milliers dans la province ; ils habitent en arrière de la côte, mélangés aux Annamites mais occupent surtout la région de Phanri ; nous aurons à revenir sur leur lamentable histoire, sur la morne et tragique destinée de ces vaincus que notre domination seule sauva d'une infaillible extermination.

CHAPITRE II

DE PHANTHIET A KONTUM

I. — Exploration du moyen Donnaï

(650 kilomètres — 6 janvier-12 février)

Le Plateau de Djiring. — De Djiring à Kinda. — En haut du Donnaï. — De Kinda à B. Pi-Sop. — La descente du moyen Donnaï. — Chez les Dip. — Le prestige des carabines. — Retraite sur B. Pou-Srà.

I

C'est le 6 janvier 1910 que je quitte enfin Phanthiet et les plaines sablonneuses d'Annam. Je remonte avec moi un sampan et ses agrès, deux énormes paquets de câbles, tout un matériel avec lequel je vais tenter l'exploration du moyen Donnaï. Une dizaine de coolies transportent l'embarcation et lui feront gagner Djiring par la grande route des montagnes.

En deux jours, je suis moi-même de retour chez le charmant délégué mais le sampan et le convoi de ravitaillement n'arrivent que plus tard ; la montée du canot dans la chaîne annamitique n'a point été chose très aisée.

Et, en attendant que tout mon monde se réorganise, j'ai tout loisir de courir au travers du splendide plateau, de chevaucher en compagnie du délégué qui habite ces régions depuis plus de dix ans.

Dans l'Ouest de Djiring, nous nous serons rendus jusqu'au gros village de Beuko, à quelque 25 kilomètres, et siège du huyên le plus occidental de la circonscription ; dans cette direction, le plateau se continue, magnifique, par la vallée de la D. Riam, affluent de la Lagna, et qui se précipite, près du village de Bobla, en une splendide chute de 32 mètres de haut.

Dans l'Ouest de Beuko, la haute chaîne qui sépare la Lagna du Donnaï ; la Lagna est à une lieue du village ; nous y sommes allés pêcher à la dynamite ; large d'une dizaine de mètres, elle roule une eau claire sur un lit de galets et de pierres qu'enjambe un curieux pont indigène de planches et de bambous.

53. — Route de Djiring à Phanthiet. — Dans la chaîne annamitique.

54. — Route de Djiring à Phanthiet. — Vue d'un village moï dans le ravin, en contrebas de la route

D'une altitude moyenne de 1.000 à 1.100 mètres, le plateau de Djiring est une vaste terrasse doucement ondulée, aux vallons marécageux cultivés en rizières ; les ondulations molles sont couvertes de cultures et de villages qui sont fort nombreux. Dans l'Est, le plateau est borné par le massif du Brèiang (1.700 m.) dont le pied n'est qu'à une lieue au plus de la délégation de Djiring ; ce sont les contreforts de ce massif qui arrêtent le plateau dans le Sud ; au Nord, il s'étend à perte de vue, au-delà de la vallée du D. Deung qui n'y creuse qu'une faille extrêmement profonde ; sur la rive droite du fleuve, le plateau se continue par celui de Konpi, couvert d'herbe paillotte ; au-delà, c'est la puissante chaîne annamitique, ou, plutôt, sa dernière assise qui s'étend du E.-N-E. 1/2 N. au Nord-Nord-Ouest, corde gigantesque d'un angle de 85° dont Djiring est le centre ; dans le E -N-E. 1/2 N. une chaîne basse qui borde le D. Nhim vers Dran ; dans le N.-E. 1/4 E., le ballon caractéristique du Mnil que prolonge la masse basse du Bo-Ruas (la « tête d'éléphant ») ; puis, la chaîne se continue, muraille épaisse, surmontée, dans le N-E. 1/4 N., par les magnifiques pics Lang-Biang, donjon suprême de quatre pics aigus dont le deuxième, en venant de l'Est, est la dent caractéristique culminante, aiguille dressée par 2.250 mètres d'altitude et qui apparaît au second plan de la muraille ; puis, la vallée de la branche septentrionale du D. Deung tranche la chaîne d'une ligne violacée, à peine perceptible à l'œil nu ; en arrière, au second plan, une autre chaîne lointaine où se trouve le col de Pretaing par où passe la sente du Darlac.

La chaîne se continue ensuite pour s'abaisser quelque peu et se relever aux contreforts du Ta-Doung dont la puissante masse, érigée par 2.580 mètres d'altitude se dresse dans le N. 1/4 N.-O., prolongé par les seins jumeaux du Ta-Dra (1.800 mètres) ; à la chute du massif, à peine visible sur l'horizon, dans le Nord-Nord-Ouest, la petite canine du Yok Rchong, la montagne caractéristique de Konpi.

Vers le Nord, le plateau de Konpi-Kagne prolonge celui de Djiring ; il s'étend fort loin, jusqu'à Pretaing ; au-dessus de cette terrasse, se dresse celle du Lang-Biang, dominant de 400 à 500 mètres ce gradin inférieur et formant l'ultime palier de cet escalier gigantesque.

Dans l'Ouest, le plateau de Djiring est accidenté par la masse indépendante du Sarlung — Surling des cartes — petit massif de 1.100 mètres d'altitude, à une dizaine de kilomètres de la délégation. Vers l'Ouest, en effet, le plateau s'abaisse en pente douce et ne dépasse guère 750 à 800 mètres d'altitude ; il a l'air de s'étaler ainsi en une forme de gigot énorme dont le manche est la langue étranglée qui le réunit au plateau même de Djiring ; au Sud, la bordure d'étranglement est formée par les collines issues du Brèiang et séparant les bassins de la D. Riam et du D. Rsas. Ce plateau de l'Ouest, appelé plateau de Beuko ou des Ma est, de même, une vaste terrasse mamelonnée, peu boisée, herbeuse, couverte de cultures et de villages ; la vallée de la D. Riam y creuse sa profonde vallée vers le Sud-Ouest ; il s'étend au-delà du vallon de la Lagna jusqu'aux hautes chaînes bizarrement sculptées qui, dans le Sud-Ouest, séparent la Lagna du Donnaï ; — M. Rio dans le Sud, M. Uh dans le Sud-Sud-Ouest et M. Sepung dans l'Ouest-Sud-Ouest ; dans l'Ouest franc, une ligne lointaine de crêtes déchiquetées, biscornues, inconnues des aborigènes, quelque part vers le coude du Donnaï mais, entre cette crête et le Sepung, c'est une magnifique éclaircie, le plateau splendide, plat comme l'océan, sans un relief et qui doit être une trouée sur le moyen Donnaï.

La délégation de Djiring est un beau chalet, en briques, à étage, dominé par une tourelle carrée ; elle s'élève dans la partie la plus peuplée du plateau ; dans un rayon de cinq kilomètres, le secteur nourrit 6.000 âmes environ ; les raïs, nombreux et étendus, sont pittoresquement surmontés du haut poteau fétiche orné de banderoles en planchettes de bambou ; leur nombre est égal à celui des familles qui exploitent le champ.

*
* *

De toute la circonscription de Djiring, ses secteurs Ouest et Nord-Ouest sont les moins connus ; l'on peut même dire qu'ils sont complètement inconnus ; à l'Ouest de Pi-Nau-Pi-Mour (région de Psar de la carte) où j'ai atteint le Donnaï en mars dernier, le fleuve n'a jamais été reconnu ; on sait seulement qu'il doit décrire un vaste arc-de-cercle pour reprendre sa direction normale Sud-Ouest, vers la Cochinchine ; les trafiquants annamites qui fréquentent ce secteur peuplé de Ma et de Çop disent que la région est riche, très cultivée, mais que le fleuve est inaccessible aux embarcations, les rapides et même les chutes rendant toute navigation impossible. Entre la boucle du Donnaï et le moyen Song Bé, la contrée est encore plus ignorée ; mes itinéraires de mars et de juin dernier bordent de chaque côté cette vaste zone blanche où doit se tenir la frontière cochinchino-annamite.

C'est cet angle que je vais explorer avant de me lancer au Nord, dans les forêts-clairières désertes pour aller ensuite ressortir au bas Laos.

Le léger sampan annamite en lattes de bambou tressées et calfatées a été heureusement lancé sur le D. Deung à quelque 12 kilomètres au Nord de Djiring ; c'est là, sur la route de Kabra à Krela que le fleuve est le plus rapproché de la délégation.

Mon intention est de tenter, sur ce frêle esquif, la descente du cours d'eau jusqu'au confluent de la D. Uê, d'où la rivière est connue jusqu'à la mer. Mais je n'ose espérer mener à bien cette tentative : les indigènes sont formels : le D. Deung n'est qu'un torrent impétueux, couloir hérissé de rapides et de cataractes, encore plus accentués en cette saison des basses eaux.

Long d'une dizaine de mètres et large de cinq pieds au centre, mon léger canot ne peut guère porter plus de six passagers. Je n'emmènerai donc avec moi que cinq de mes miliciens cambodgiens, bons rameurs du Mékong ; tous les impedimenta seront laissés au convoi qui partira de Krela en suivant, le long de la rive droite, la sente des montagnes de bordure ; il s'acheminera parallèlement sur Kinda, de conserve avec nous et pourra ainsi nous prêter main forte, le cas échéant ; les villages, assez nombreux tout le long du parcours, sont tous parfaitement soumis et très serviables.

17-20 janvier — (55 kilomètres).

C'est avec émotion que je quitte l'hospitalière délégation de Djiring où j'aurai passé de si délicieux instants. Le délégué, M. Cunhac, a mis tout en œuvre pour me faciliter ma mission et, si mes efforts ne peuvent aboutir, ce ne sera pas certes de sa faute ; tous les villages sont prévenus et l'aide la plus complète ne me sera pas marchandée.

Je rejoins rapidement tout mon monde parti en avance, au D. Deung ; la crête de bordure, qui est la lèvre même du plateau, s'écroule brutalement sur le fleuve par une dénivellation de 300 mètres ; rocheux, couvert de diptérocarpées rabougries et de bambouseraies emmêlées, ce talus gigantesque rappelle une des descentes des ondulations de bordure du haut Plaï.

Large de 40 à 50 mètres, le D. Deung coule, calme entre des rives basses et sablonneuses tapissées de grandes herbes et de pierres ; la vallée est cependant insignifiante et, derrière le rideau d'arbres des rives, le pied de la rampe est très proche ; en amont, à 200 ou 300 mètres, un gros rapide, véritable cataracte où les eaux bouillonnent et fuient entre les énormes blocs qui encombrent le lit ; en aval, à 500 ou 600 mètres, des rapides plus petits, formés de roches affleurantes, couronnées de bouquets d'herbes ; malheureusement, les eaux sont déjà basses. Mes miliciens et les indigènes de Krela ont établi sur la berge un bel abri de branchages et d'herbes ; c'est ici que tous travaillent depuis deux ou trois jours à préparer le sampan pour son périlleux voyage. Un radeau de bambous femelles a été construit, simple plate-forme sur laquelle nous attacherons le canot au passage des gros rapides afin de protéger sa coque fragile et amortir les chocs contre les rocs ; les gros câbles en fibres de coco supportent une ancre solide et lourde, à quatre grappins ; toute la journée, nous mettons la dernière main au travail ; deux trous, percés à l'arrière, dans chaque bordage, permettent de solidement amarrer le câble : au passage des gros rapides, nous lâcherons en effet l'embarcation ficelée sur son radeau tout en modérant son allure par la corde qui servira de guide-rope.

Dans la soirée, tout est paré ; le sampan flotte doucement dans son anse de sable ; l'altitude est de 700 mètres mais le gué de Kinda n'est qu'à 500 mètres ; c'est donc une dénivellation de 200 mètres que nous avons tout d'abord à franchir sur un développement de 34 kilomètres ; les rapides doivent être nombreux.

Le 18, au matin, le convoi franchit le fleuve et se dirige sur Rdà ; à notre tour, nous larguons les amarres et l'*Eliane* part au fil de l'eau ; quatre miliciens servent de rameurs ; le caporal dirige la manœuvre sous mes ordres ; le radeau, amarré à l'arrière, suit notre sillage.

7 h. 24. — Nous marchons depuis six minutes et nous voici déjà sur la tête d'un rapide ; nous abordons, le radeau est glissé sous le canot auquel il est solidement amarré ; la corde est déroulée et le sampan, sur sa plate-forme protectrice, file dans le courant rapide, entre les pierres ; véritable cataracte, le rapide se prolonge et l'ancre s'accroche dans les rocs ; nous suivons autant que possible l'embarcation, en sautant de roc en roc.

Les rives sont heureusement basses, bordées de grèves de sable et de rochers.

11 h. 31. — Il nous aura fallu quatre heures pour franchir les rapides qui ne s'étendent pas sur 300 mètres ; mais l'eau n'est pas assez profonde et, plus loin, elle se précipite en une cataracte furieuse dans laquelle il a fallu lâcher l'*Eliane* tandis que nous maintenions le câble et sautions ensuite, pour rejoindre le canot, sur les rocs que séparent des trous de cinq pieds.

11 h. 41. — Dix minutes de navigation normale et nous voici sur un nouveau rapide ; le long de la rive droite, la rivière est barrée par d'énormes assises de rocs

couverts de sable et dressés à six pieds au-dessus des eaux ; la veine d'eau longe la rive gauche où elle se précipite en une cataracte furieuse ; grâce au guide-rope, l'*Eliane* franchit le saut sans encombre mais embarque en bondissant dans la volute d'écume ; nous déjeunons en aval des rapides, sur la berge de sable blanc ombragée de bambous et où sont venus nous rencontrer les villageois de Rdâ.

1 h. 34. s. — Nous repartons sur l'*Eliane*.

1 h. 51. — Nous nous arrêtons devant de nouveaux rapides mais, ici, le fleuve est coupé par un îlot herbeux recouvert aux grandes eaux ; le bras de la rive droite franchit une cataracte bouillonnante tandis que celui de rive gauche paraît plus calme ; les pierres y affleurent, il n'y a presque pas d'eau et le canot manque de rester fiché sur ces dangereux récifs ; le radeau est à demi disloqué et rompu ; enfin, après bien des efforts, nous dégageons l'*Eliane* mais pour nous trouver en présence d'une cataracte aussi violente que celle de la rive droite ; le pis est qu'elle est oblique à cette dernière et se dirige tout droit sur un énorme rocher qui se dresse au milieu des tourbillons ; le sampan passe cependant sans encombre les premiers ressauts mais le câble, long de 40 mètres, est trop court et il faut en hâte le lâcher ; l'*Eliane* s'engouffre dans la cataracte ; la veine d'eau n'a pas quatre mètres de largeur et le vaillant canot bondit, se penche, se redresse ; les roches l'effleurent, mais léger, il plonge au creux des vagues, suit les lames, rebondit au-dessus du roc d'aval, se penche encore à sombrer, embarque et se redresse enfin en eau calme ; le câble vient de se prendre dans les rochers et l'*Eliane* est prisonnière près de la rive droite ; quelques indigènes de Rdâ, qui nous ont suivis le long de cette rive, hâlent en vain et, après de longs et puissants efforts, il faut se résigner à abandonner la corde dans les rocs ; en aval, de nouveaux rapides grondent entre les assises de rochers.

4 h. 24. — Nous repartons dans l'*Eliane* ; les rives se rapprochent, se hérissent de blocs de schiste dressés en strates obliques que séparent des trous et des rigoles profondes ; nous franchissons heureusement sans débarquer quelques légers rapides mais, bientôt, nous atteignons une nouvelle cataracte ; les deux miliciens les plus habiles restent seuls dans l'embarcation qui passe vaillamment dans le saut de rive gauche ; les blocs de schiste encombrent toute la rive droite et s'avancent jusqu'au milieu du fleuve.

La rivière, décidément, n'est qu'un torrent furieux, rendu plus impraticable encore par la baisse des eaux ; nous avons dépensé un jour de travail acharné pour franchir moins de 5 kilomètres ; un câble est perdu, le radeau est en miettes ; le moindre choc un peu violent défoncera la fragile coque de l'*Eliane* et nous coulera sur les roches ; à six personnes, il ne faut en tout cas pas songer à continuer l'expérience car le canot enfonce trop et râcle au moindre rapide ; éreintés et mouillés, nous amarrons l'*Eliane* dans les arbres de la rive, au pied de la sente de Rdâ ; le hameau est en haut de la colline ; mes bagages y sont arrivés, ce matin, à 9 h. 30 et m'y attendent.

Il est manifestement impossible de poursuivre en ces conditions une pareille navigation qui se réduit à un bizarre et dangereux camionnage aquatique ; je me décide donc, bien à contre-cœur, il est vrai, à continuer avec mon convoi par la route de terre ; les deux meilleurs rameurs s'offrent à rester sur l'*Eliane* qu'ils espèrent faire passer, ainsi allégée ; des indigènes suivront le long de la rive en cas de besoin.

De Rdâ, nous marchons, le 19, sur B. Konpang ; la sente, très accidentée, dévalle et grimpe dans la forêt-taillis, les bambouseraies basses et les marais qui recouvrent les pentes de la chaîne de bordure ; de Rdâ à Konpang, nous nous sommes élevés de 270 mètres.

Les villages appartiennent à la tribu des Che-Ma ; les indigènes ont le lobe de l'oreille orné du bouchon de bambou, de bois, plus rarement d'ivoire, tandis que les gens de Djiring et de Rdâ — les Che-Srê — de dialecte similaire, ne portent qu'un morceau de bois fin, long d'un pouce, passé dans le lobe distendu et noué.

De Konpang, nous continons sur B. Konyong-Brath par les crêtes boisées ; puis, une descente vertigineuse sur la vallée ; du haut des cultures qui ont déboisé les flancs, la vue découvre tout le ravin du D. Deung qui, par tronçons, miroite entre la peluche sombre des contreforts du plateau ; ces contreforts ne sont que les ramifications de la rampe de chute de la terrasse de bordure ; la faille où coule la rivière est large, mais la vallée est obstruée par tout un chaos de mamelons bas.

Dans le Sud-Sud-Est, le Brèiang ; loin, dans l'Ouest, la muraille assez basse du Kong-Klang ; de ce côté du cours d'eau, le Ta-Dra et le Ta-Doung que prolongent de puissants contreforts ; une mer d'éperons et de collines les réunissent à ce qui constitue, de ce côté, la crête de bordure, succession de chaînes, de terrasses et de ravins plutôt qu'un plateau analogue à celui de la rive gauche.

Konyong-Brath est à 250 mètres en contre-bas de la crête ; c'est une suite de plusieurs hameaux, à une demi-heure de marche du D. Deung. Nous sommes à peine installés à déjeuner qu'arrivent mes deux miliciens de l'*Eliane* ; ils ont réussi à franchir, sans débarquer et sans accidents, les sauts et les rapides qui sont, disent-ils, moins considérables que ceux d'hier ; tout va bien ; ainsi allégée, l'*Eliane* gouverne à merveille et ne cale pas trop, ce qui lui permet de passer au-dessus des gros rocs immergés.

De Konyong-Brath, nous continuons, par B. Serdò, sur Konjang-Ta-Doung ; la sente sinue en des vallons marécageux que séparent des collines atteignant, à gauche, le D. Deung ; nous franchissons le D. Serdò, beau cours d'eau limpide, au lit de galets, encaissé entre de hautes collines ; le Ta-Dra se dresse à notre droite, puissamment boisé, imposant ; la sente grimpe de nouveau à l'assaut de la chaîne, escaladant d'un bond les 250 à 300 mètres de rampe abrupte, en haut de laquelle s'étale le gros village ma de Konjang-Ta-Doung, au pied de la crête ultime, sur une terrasse de l'éperon lancé sur la faille du D. Deung.

De ce côté-ci de la rivière, la sente est décidément bien plus mauvaise que sur la rive gauche ; elle suit en effet l'écroulement de la ligne de bordure, franchissant impitoyablement les éperons et les vallées qui accidentent et creusent cette rampe de chute.

Comme tous les villages de la région, Konjang est composé de huttes bâties sur soubassements élevés de deux à quatre pieds au-dessus du sol : du côté de la montagne, le plancher est posé à même la terre et la façade seule, par suite de la rapide déclivité du terrain, se trouve reposer sur ce plancher surélevé ; l'espace laissé libre entre les pilotis de soutènement est complètement enclos et quelques ouvertures étroites laissent seules pénétrer les cochons et les poules qui y demeurent ; les portes des huttes sont abritées sous un curieux auvent relevé en forme de mansarde et, devant chacune de ces ouvertures, mais plus bas que le plancher intérieur, s'avance une véranda en bambous ; toutes ces vérandas sont reliées entre elles par une palissade de pieux, disposée parallèlement à la façade de la maison ; entre elle et cette dernière, court une sorte de couloir où sont abrités cochons, poulets, piles de bois, articles divers les plus hétéroclites.

Les mortiers à piler le riz, comme ceux de toute la région de Djiring, sont beaucoup moins massifs que ceux en usage chez les autres tribus ; ils sont ici plus effilés, s'épanouissant à chacune des bases et le trou à piler est bien plus petit.

Pour la jarre, l'on se sert ici, ainsi que dans toute la région, d'un curieux siphon composé de deux chalumeaux d'inégale longueur formant un V renversé ; la soudure des tubes est faite de diverses manières ; ils sont lutés tantôt dans un simple morceau de bambou recourbé, tantôt dans un fruit extrêmement dur, de deux pouces de diamètre, renflé en disque et que l'on a percé de part en part. Amorcé avec la bouche, ce siphon sert à remplir les bols ou les bouteilles que l'on destine au visiteur de marque et qu'il boira à sa guise tandis que la plèbe sablera la liqueur au jonc commun.

La plupart des chefs baragouinent l'annamite et s'affublent de houppelandes, de turban, de serviettes et de parapluies ; ainsi grotesquement accoutrés, ces sauvages à la mine foncée, à la démarche fière et vive, ont je ne sais quel air attristant de primitifs déchus ; d'une politesse d'emprunt, frisant l'obséquiosité, ils se croient condamnés, sous le prétexte le plus futile, à un nombre extraordinaire de courbettes et de lays, et c'est à la fois exaspérant et douloureux, ces signes du contact néfaste avec l'Annamite à la civilisation frelatée et dégénérée.

De Konjang, le 20, nous arrivons, en moins d'une heure, à Beu-Jrung au bord d'un petit torrent, au pied même du Ta-Drà dont ne le sépare qu'un éperon élevé ; mais de Beu-Jrung à Kinda, la sente est mauvaise ; plus de trois heures de marche, montant et descendant dans les éperons couverts de bambouseraies pour dégringoler dans les ravins par une piste de chèvre à peine tracée, encombrée de bambous et de forêt-taillis ; heureusement, les sangsues sont absentes en cette saison sèche. Comme hier, nous nous tenons fort éloignés du D. Deung.

Le D. Plau est un large torrent de 10 à 12 mètres, au lit de galets, mais encombré d'îlots que recouvrent d'immenses cannes juteuses ; c'est un des plus importants affluents de rive droite du D. Deung ; il draine toutes les eaux à l'Est du Ta-Drà et du Ta-Doung qu'il longe en entier, sortant des pentes septentrionales de ces massifs.

Il faut encore monter, traverser ensuite quelques affluents du Plau et, derrière un dernier éperon tout couvert de bambouseraies, le ravin du D. Mong s'ouvre à nos pieds ; sur un contrefort de la rive opposée, le village de Kinda.

Aux huttes du Donnaï, je retrouve mon convoi en excellent état. Les villageois, croyant que je reviendrais par la sente directe de Djiring, sont allés débroussailler la route ; le fleuve a sérieusement baissé depuis mon départ et le courant a diminué ; des bancs de sable apparaissent par plaques et les éléphants peuvent traverser.

Mais l'*Eliane*, ce soir, n'a pas encore paru et je commence à être inquiet.

24 janvier-1er février — (163 kilomètres)

Le 22 seulement, à une heure, l'*Eliane* arrive enfin, à demi-submergée ; les miliciens me disent avoir rencontré de nombreux rapides en forme de cataractes et, notamment entre Serdô et Beu-Jrung, deux cascades de deux à trois mètres de haut qu'ils n'ont franchies que par miracle. Malheureusement, la coque s'est ouverte sur les rocs et, malgré la réparation de fortune, le canot fait eau ; entre Beu-Jrung et Kinda, les rapides sont moins forts et pourraient être franchis aux grandes eaux.

La saison sèche est décidément trop avancée pour que je puisse songer à continuer la descente du fleuve ; en aval, à mi-chemin de Konpi, près du village de Serio, se trouverait une haute chute en deux paliers, le L. Kang, et il en est ainsi, me disent les naturels, tout le long du lit.

Je vais donc laisser ici l'*Eliane* sous la surveillance des villageois qui me la garderont jusqu'à ce que je puisse revenir en une saison plus propice ; la mission de l'Est Cambodgien ne peut en effet s'attarder sur le moyen Donnaï et nous allons rétrograder sur Konpi d'où nous suivrons, dans l'Ouest, la faille de la rivière en nous tenant au sommet des crêtes.

La pluie se met à tomber et le tonnerre gronde sur les montagnes ; toute la journée du 23, il pleut et, le 24, au matin, sous un ciel bas et gris, nous reprenons la sente détrempée qui va nous ramener à Konpi ; glissante comme du verglas, cette piste maudite est atrocement dangereuse aux endroits où elle suit le flanc des collines en épousant la déclivité de la pente ; un éléphant glisse et tombe dans le fourré et ses camarades, effrayés, refusent de franchir le mauvais pas ; ils n'arrivent que fort tard à Konpi.

De Konpi, nous suivons, pendant quelque temps, la sente par laquelle nous sommes arrivés du Darlac, mais au-delà de la terrasse du D. Srê où nous avons passé une nuit si humide, nous obliquons brusquement dans l'Ouest ; par une piste accidentée, dans les forêts-taillis et les halliers bas, nous atteignons B. Rlá, gros village che-tô, sur le D. Glong.

Malheureusement, les éléphants n'arrivent qu'avec la plus désespérante lenteur ; malgré le long repos qu'ils ont pris à Kinda, ils ne sont pas encore en forme, par suite du manque de pâturages ; en ces forêts épaisses, les pauvres bêtes ne peuvent trouver que des bambous et quelques racines ; pas un carré de cette herbe paillotte dont ils font leur nourriture habituelle et, depuis que nous peinons dans ces cantons affreux, l'abondance de leur nourriture est en raison inverse des efforts exigés; aussi, redoutant une catastrophe, je m'arrête à un parti extrême : tandis qu'avec une caravane légère, je vais continuer l'exploration du moyen Donnaï, les éléphants et le gros des bagages rejoindront B. Pou-Srâ par la sente directe ; du poste, mon secrétaire annamite, Nhon, se rendra, avec une partie des éléphants, au Darlac, où il a mission d'acheter une ample provision de riz ; il ira ensuite m'attendre à l'embouchure du Plai, sur la route basse charretière de B. Don à Kratié ; il y sera vers le 15 ou le 16 février et s'y installera avec son dépôt de vivres ; je l'y rejoindrai, vers cette date, en venant du Sud.

Toute la journée, souffle un vent de foudre qui a balayé les nuages et le beau temps est enfin revenu.

Je trouve à B. Rlà trois trafiquants annamites de Djiring. La nuit a été terriblement froide et le thermomètre indique un minimum de 10°C. De bonne heure, mes huit miliciens et mes six porteurs s'ébranlent et, après avoir passé le D. Glong, nous montons à l'assaut des collines couvertes d'anciennes cultures ; des ravins encaissés les creusent dans lesquels nous dévalons parmi les taillis bas et la brousse épaisse.

Le village de B. Njiring est en haut d'une splendide crête dénudée, arête faîtière entre le versant du Rmang et celui du D. Deung ; la vue, un peu en avant du village, embrasse, au Nord, la chaîne des Nam-Noung, N. Mè et leurs contreforts que prolonge, dans le Nord-Ouest, la masse isolée du N. Djiang ; entre la crête du village et cette lointaine muraille septentrionale, la contrée semble plate, tant la hauteur et la distance annihilent le relief ; cette crête est le prolongement de celle sur laquelle se dresse, plus à l'Est, le village de Konpi.

Au Sud, le massif du Kong-Klang présente sa longue table à peine accidentée de faibles dentelures, dents de scie émoussées et usées ; au-delà, vers le Sud, l'horizon est libre de montagnes ; quelques massifs bas, lointains, isolés, se dressent à peine au-dessus de ce qui semble être, d'ici, un plateau.

Le Brèiang se découpe sur l'horizon ; entre lui et le Kong-Klang, des petites bosses très basses, bizarrement sculptées, hérissées d'arbres rares, ébouriffés ; au-delà du Brèiang, dans le Sud-Est, le Ta-Dra, puis le Ta-Doung qui est bien le plus élevé et le plus imposant de tous ces massifs ; vers le Nord, le Ta-Doung se prolonge par un chaos de cônes et de montagnes que couronnent encore quelques nuées blanches.

Le panorama est d'une merveilleuse étendue depuis cette crête faîtière qui, dans le Nord-Ouest, va se souder au Plateau Central et par où passerait, sans la moindre difficulté, la route de jonction de B. Pou-Srà à Djiring en suivant la ligne de partage des eaux entre le bassin du D. Rmang et celui du Rtih.

Le second hameau du groupe de Njiring est au Sud-Ouest, derrière un ruisseau qui coule au D. Deung ; de là, il nous faut gravir les pentes couvertes des abatis des cultures nouvelles et, sur la crête, nous entrons dans l'épaisse forêt-futaie heureusement dépouillée de ses sangsues mais où, par contre, abondent les taons aux douloureuses piqûres.

Nous pénétrons dans le bassin du D. Ning, affluent du Donnaï ; le village de B. Té-Nguel ou Tro-Uèl est sur le ruisseau, mais la source du D. Rmang n'est pas très loin dans le Nord ; de B. Té-Nguel à B. Che-Mong, la sente se faufile entre des collines couvertes d'abatis et de forêt-futaie emmêlée de bambous femelles en paquets écroulés ; puis, la piste disparaît entre d'énormes cannes juteuses, d'épaisses herbes épineuses, s'accrochant aux flancs des hauteurs.

B. Che-Mong, malheureusement, est à peu près désert, les habitants étant, paraît-il, partis, il y a deux ou trois jours, chez les Dip pour un motif que je ne puis démêler ; il me faut donc prier les porteurs de Té-Nguel de rester ici et de continuer demain jusqu'à B. Pou-Kol.

Nous avons traversé de nombreux ruisseaux fort courts, affluents du Donnaï ; la ligne de faîte Rmang-D. Deung, par le Rtih, court Sud-Est-Nord-Ouest pour aller se souder au Plateau Central, au Sud du Nam-Noung.

Les villages sont encore Che-Tô ; les huttes sont couvertes en *rsoy*.

55. — Village che-tô de B. Rlâ.

56. — Type de collines débroussaillées pour l'établissement des raï.

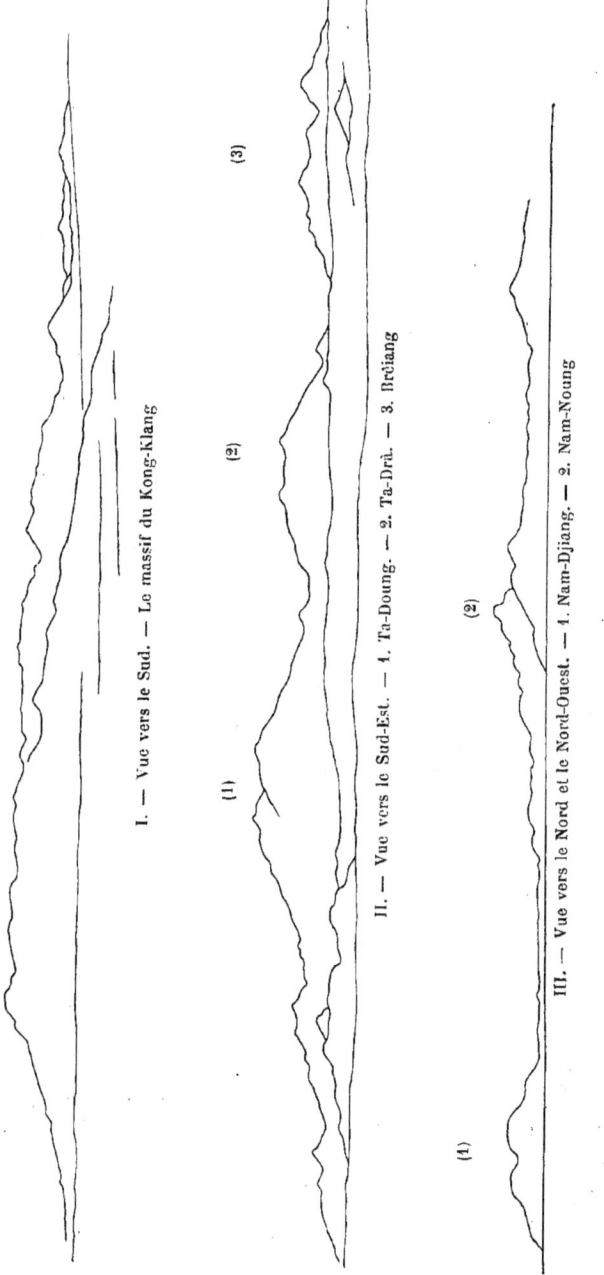

I. — Vue vers le Sud. — Le massif du Kong-Klang

II. — Vue vers le Sud-Est. — 1. Ta-Doung. — 2. Ta-Drù. — 3. Brtiang

III. — Vue vers le Nord et le Nord-Ouest. — 1. Nam-Djiang. — 2. Nam-Noung

Fig. 42. — Panorama depuis la terrasse faîtière de B. Njiring.

La nuit est glaciale ; le minimum est de 7°C., température la plus basse encore enregistrée ; la sente, en forêt-taillis, devient bientôt atroce ; il faut franchir des ruisseaux encaissés entre des collines abruptes de 100 mètres de relief ; entre les bambouseraies et les herbes épineuses, épaisses, inextricables, la piste est à peine frayée : en certains endroits, elle est tellement raide que les chevaux, malgré leur extraordinaire sûreté de pied, pensent ne pouvoir passer ; la marche est exténuante et nous atteignons B. Pou-Kol après trois heures de cette épuisante gymnastique. De B. P. Kol, où je passais en avril dernier, je revois le splendide panorama des montagnes étalées devant nous et nous atteignons B. Pi-Nau, derrière le ravin du Rtih, par la sente déjà suivie l'année dernière : nous couchons à B. Pi-Mour, qui se trouve un peu au Sud de son dernier emplacement.

Cette nuit, minimum de 9°,5 C. ; nous piquons au Sud dans la forêt-taillis épaisse ; nous passons le D. Rsun à une belle chute de 8 mètres de hauteur : c'est au confluent du Rsun, à peu de distance d'ici, que, l'année dernière, j'ai atteint le Donnaï au point le plus aval de mes itinéraires ; au-delà, la région est parfaitement inexplorée.

B. Pi-Sop est un village à la quadruple enceinte : des carrés d'indigo, des plans de bananiers alternent avec les huttes ; au milieu des poules, se promène un superbe faisan argenté ; ces splendides volatiles se rencontrent assez fréquemment chez les Mnong qui capturent les œufs, les font couver par leurs poules et obtiennent ainsi des sujets apprivoisés.

Depuis B. Pou-Kol, les hommes portent, dans le chignon, la longue épingle double en cuivre et nombreux sont ceux qui ont le chignon enveloppé dans un chiffon soigneusement ficelé et surmonté d'une belle aigrette de poils de chevreuil.

De B. Pi-Gour, dans le Sud-Ouest de B. Pi-Sop, l'on aperçoit enfin les collines du Sud et le D. Deung n'est pas à plus d'une demi-lieue ; l'on ne voit pas le miroitement des eaux mais la profonde rainure du fleuve est parfaitement dessinée entre les collines ; la masse des hauteurs de rive gauche est coupée par les ravins de deux affluents.

Un peu avant B. Jrah, le vallon du D. Nkong s'élargit en une terrasse humide où se presse un magnifique peuplement de *tréa* (*Corypha umbraculifera*) ; ces palmiers sont particulièrement abondants dans la région et se rencontrent plus spécialement aux environs des sources et des ravins ; dans l'Ouest du plateau de Djiring, à l'entrée de celui de Beuko, ils sont également fort nombreux, voisinant parfois avec le *caryota*.

Mais les indigènes manifestent une grande répugnance à nous conduire vers le Sud-Ouest ; ils ne connaissent, disent-ils, que B. Ntol qui se trouve sur le haut D. Nkong, tout proche de nombreuses autres agglomérations disséminées dans les coteaux bas qu'arrosent les cours supérieurs des affluents du D. Deung ; heureusement, j'ai précieusement retenu un renseignement du chef de B. Pi-Gour qui m'a cité B. Dang-Rênh comme étant le hameau le plus rapproché du fleuve ; le renseignement est bon car, tout aussitôt, les exclamations pleuvent ; la sente est atroce, escaladant des montagnes très hautes et les porteurs ne passeront pas ; il faut deux jours pour s'y rendre et la piste est jonchée de lancettes de guerre.

Malgré toutes ces protestations, je réussis à réunir les porteurs nécessaires, mais, par mesure de précaution, je donne l'ordre aux miliciens de ne laisser personne en arrière ; la petite caravane doit former un peloton compact afin d'éviter les désertions.

Nous suivons une crête parallèle au Donnaï et au Nkong : ce dernier est affluent du Rkêh, tributaire du D. Deung ; nous cheminons en forêt-taillis épaisse, sans une éclaircie, emmêlée de rotins épineux au passage des fondrières ; de temps à autre, une clairière de gazon ras et de fougères, mais la forêt se referme vite et les palmiers nains abondent, leurs délicates palmes voisinant avec les tiges-feuilles rigides des vaquois ; des lianes pendent en un inextricable lacis ; des fûts tombés, écroulés, minés par les termites, sapés par la pourriture, abattus par la foudre, barrent la sente ; des bénitiers s'accrochent en haut des troncs, balançant leurs longues et larges feuilles découpées comme une acanthe ; des orchidées, des fougères grimpantes pendent comme des lustres, collées en haut des troncs et des branches ; quelques-unes s'agrippent à une liane tendue d'un arbre à l'autre et la touffe festonnée oscille doucement comme une suspension de verdure.

Mais le jour s'avance et le village est encore loin ; au bord du D. Mblau, dans un carré à peu près libre de forêt, nous nous arrêtons à l'ombre de *tréa* dont la claire boule des éventails verts domine les bambous et les taillis.

Dans la morne forêt-taillis, dès l'aube, nous repartons ; pas un chant d'oiseau, pas une fleur ne vient égayer ces solitudes écrasantes et l'on chemine en silence, rapidement. Puis, brusquement, l'on débouche sur un beau dôme de gazon qui s'étend à 1.500 mètres en avant vers le Nord, et l'on replonge dans la forêt pour émerger à nouveau sur un autre dôme, magnifique d'étendue libre, soupirail de la forêt vierge massive et inexorable. Pas un arbuste, pas un arbre ne se rencontre au milieu de ces vastes clairières, caractéristiques de la zone plus septentrionale, aux environs du Nam Noung et du Nam-Djiang ; et la forêt-taillis s'arrête brutalement sur la lisière, sans transition aucune, comme devant un espace maudit.

Dans le Nord-Est-1/4-Nord, apparaissent le N. Noung et le N. Djiang, vaporeux et bleutés ; vers le Nord, une ligne basse rayée de lignes jaunes, les croupes du Plateau des Herbes ; dans l'Ouest franc, le cône caractéristique de la Yumbra, se découpant, net et bleu, au-dessus de la forêt. A 400 mètres dans le Sud-Est, le dôme s'écroule brusquement sur le ravin du D. Deung dont le thalweg est à 3 kilomètres au plus à vol d'oiseau ; depuis hier, nous suivons donc la crête du plateau qui forme sa rive droite ; la rive gauche est analogue comme aspect à celui qu'elle présente à hauteur de Konyong-Brath : c'est une haute colline continue à silhouette horizontale de plateau dont la pente de chute, rapide, est bosselée d'éperons et creusée de ravins. Dans le Sud-Sud-Ouest, cette table plate s'abaisse brusquement en un système de collines plus mouvementées mais de même altitude.

En arrière de cette terrasse, se dressent des massifs montagneux qui sont au Sud-Ouest du Kong-Klang dont nous avons dépassé la pointe occidentale ; ces massifs apparaissent très accidentés et abrupts, distincts les uns des autres, amas de pitons, de cônes et de croupes que séparent des cols bas ; ils semblent n'avoir entre eux aucune liaison et doivent se trouver en dedans de la boucle du fleuve ; leur masse principale se dresse dans le Sud-Est-1/4-Est ; le plus éloigné de tous ces systèmes, à peine visible à l'œil nu, mais parfaitement distinct à la lunette, est dans le Sud-Est-1/4 Sud ; c'est une série de trois massifs dont les deux plus orientaux sont hérissés de mornes bizarres en forme de dé à coudre très allongé ; à l'Ouest de ces massifs, aucune autre hauteur n'apparaît dans le Sud-Ouest et l'horizon est absolument plat, ligne bleue que n'accidente aucune saillie (1).

Le Donnaï, après avoir coulé entre les Ta-Doung-Ta-Dra et le Kong-Klang, a creusé sa faille entre deux puissantes ondulations formant plateau ; c'est donc ici que se trouve la vaste échappée aperçue depuis la route de Djiring à Beuko (2).

Dans le Nord, à 3 kilomètres et parallèle au Donnaï et à la crête qui les sépare, le cours du Rkèh au-delà duquel s'étendent des ondulations molles.

Nous avons replongé dans la forêt sombre et épaisse mais nous n'avons pas fait plus d'une lieue que les guides signalent les premières lancettes de guerre ; le chef de B. Jrah chancelle ; l'un des maudits engins, dissimulé dans les feuilles, lui a traversé le pied de part en part ; entrée par le milieu de la plante du pied, la pointe est venue percer sur le coup de pied et la profonde blessure saigne abondamment ; il nous faut, à la hachette, ouvrir un nouveau sentier et la marche devient extrêmement lente ; à tout instant, l'on enlève des lancettes dissimulées dans les feuilles sèches ; en haut d'un ravin, des abatis inextricables barrent définitivement la sente et il faut se laisser choir par une pente folle dans le ruisseau dont nous suivons le lit au milieu des assises de schiste ; en haut de la crête, nous atteignons enfin une enceinte dissimulée derrière les abatis et la brousse la plus épaisse ; trois misérables huttes s'y cachent, abritant une demi-douzaine de sauvages sordides, rongés de maladies de peau ; aussi, nous ne restons pas longtemps en ces ignobles taudis ; après avoir pansé et couvert de perles le chef de B. Jrah, nous repartons sur B. Dang-Rènh qui se trouve sur le D. Deung, disent les naturels.

La nouvelle sente est affreuse ; nous devons repasser le ravin, escalader la rampe opposée, abrupte, couverte de bambouseraies épaisses et écroulées ; pour comble de plaisir, les lancettes réapparaissent et il faut de nouveau prendre en pleine forêt ; courbé sur le sol, balayant les feuilles sèches de sa hachette, le guide n'avance qu'à pas comptés ; bientôt d'ailleurs, nous nous heurtons à des abatis inextricables et nous dégringolons dans le ravin du D. Djrie par des pentes invraisemblables ; il faut s'accrocher aux arbres, aux bambous, tandis que les juments, faisant frein des quatre jambes, se laissent glisser entre les souches.

Le D. Djrie n'est qu'une faille étroite entre des strates schisteuses, dressées perpendiculairement en épais feuillets aigus entre lesquels l'eau s'est creusée des rainures ; sur les blocs et les assises, c'est maintenant une gymnastique rendue dangereuse par les mousses fines, à demi-liquides, glissantes comme du verglas ; des trous profonds et limpides se creusent entre les schistes gris qui semblent d'énormes racines écailleuses.

(1) Comme je devais m'en rendre compte un an plus tard, ces massifs font partie des chaînes du Binh-Thuan, dans le voisinage de Baria.
(2) Voir, à ce sujet, le chapitre II du *Dernier Journal* qui contient le récit de mon exploration postérieure du district.

Enfin, les collines de bordure s'abaissent, les mamelons s'écartent, se couvrent de cultures ; nous quittons le lit du D. Djrie ; les huttes de B. Dang-Rènh sont devant nous, sur la berge même du Donnaï. Nous avons mis deux heures et demie pour franchir les cinq kilomètres séparant les deux hameaux.

Large de 40 à 50 mètres, le D. Deung coule rapide, hérissé d'assises rocheuses : c'est un torrent que des îles coupent en amont et en aval ; la rive gauche est bordée de coteaux bas et abrupts ; les naturels me disent que la rivière court encore vers l'Ouest pendant deux ou trois jours de marche, après quoi, elle se coude brusquement dans le Sud-Est et, me montrant le Sud, ils ajoutent qu'en marchant pendant deux jours, droit dans cette direction, l'on retrouve la rivière ; ces renseignements, ils les tiennent des villages voisins car, eux, sont nouveaux dans le district ; ils n'ont jamais voyagé sur la rive gauche et leur habitat primitif était dans le secteur que nous venons de traverser.

Le village possède une pirogue élargie au centre dans le genre des pirogues laotiennes ; suivant le chef, qui revient de la pêche, il n'y a plus de chutes en aval mais seulement de gros rapides et des seuils. Le village se dit encore preng et parle le même dialecte qu'à Pi-Nau et à Pi-Mour ; comme chez les villageois de ces derniers jours, les femmes portent les cheveux antérieurs rabattus sur le front en une frange longue et épaisse.

Les huttes sont posées à même le sol ; un étroit lit de camp court le long de la cloison d'arrière et ne tient pas plus du tiers de la largeur de la hutte.

Les jarres sont peu nombreuses, mais les huttes possèdent une belle collection de filets de pêche et de nasses ; les arbalètes sont analogues à celles des Mnong du Plateau Central.

Il y a « 20 ans », me dit le chef, il a vu un Européen barbu ; ce voyageur venait de B. Pal-Mâ, village du bas Rlhap ; il avait atteint le D. Deung près de B. Bou-Rbout, très en aval, sur la rive droite ; après quoi il s'en retourna à B. Pal-Mà. Ce voyageur est, sans nul doute, Patté qui se rendit effectivement du moyen S. Bé au moyen Donnaï en 1904 — les « 20 ans » ne signifiant pas grand'chose dans l'esprit des Moï qui ne savent pas se rendre compte du temps.

De B. Dang-Rènh, nous suivons le D. Deung par une piste vaguement tracée à flanc des collines de bordure ; le fleuve écume sur des assises de schiste qu'il franchit même, un peu en aval du village, par un saut de cinq à sept pieds de haut ; toute navigation est impossible, la rivière n'étant qu'un torrent encombré de rocs entre lesquels l'eau rugit avec fureur. Nous passons le Rkèh près de son embouchure ; large de 15 mètres, il roule, rapide, sur un lit de rocs et de pierres ; un pont suspendu, de trois à quatre mètres au-dessus du niveau actuel des eaux, relie les deux berges ; sur la rive gauche, la culée est la fourche d'un arbre solide auquel on accède par une extraordinaire échelle dont les échelons sont des bâtons attachés obliquement aux montants, dans un sens ou dans l'autre ; depuis le Rtih, le Rkèh est le plus gros affluent de rive droite du Donnaï ; sa source se trouve dans les environs de B. Jrah ; sur ses bords, nous rencontrons un naturel de B. Pal-Mup, armé de son arbalète, venu se livrer à la pêche ; il a passé la nuit ici et de beaux poissons frétillent à côté du foyer fumant.

Nous avançons maintenant dans les pierres du D. Deung ; de puissantes assises schisteuses, découpées en strates parallèles et parfaitement perpendiculaires au fil de l'eau, saillent à la base des collines et s'avancent jusqu'au milieu du lit ; la rive gauche est semblablement accidentée et le fleuve a dû se creuser un chenal entre ces barrières qu'il a rongées et qui le surplombent de cinq à sept pieds ; entre ces dents gigantesques, des grèves de sable fin, des saules sous lesquels disparaît même la base des roches ; à la hauteur d'une grosse île boisée, collée contre la rive droite, nous accostons enfin ; en haut de la berge formant palier, à 15 mètres au-dessus du lit, la pauvre hutte de B. Pal-Mup, au pied des hauteurs qu'il va nous falloir escalader encore.

Des abatis et des lancettes encombrent à nouveau la sente ; la rampe, très raide, en forêt-taillis, est heureusement coupée de quelques paliers ; la crête principale est à 300 mètres au-dessus du Donnaï et toujours orientée Est-Ouest ; une mare herbeuse s'y étale entre les fûts qui la pressent de toute part et nous entrons en un magnifique dôme de gazon aux efflorescences rocheuses et brunes ; au bout de la lisière, les huttes de B. Bou-Laych ; l'aspect du pays me rappelle beaucoup celui du haut D. Hoyt, à sa sortie du Plateau Central : mêmes dômes gazonnés, enchâssés dans la forêt-taillis.

Le village possède de nombreuses dépouilles d'animaux divers, ce qui décèle une population de chasseurs ; des crânes de sangliers, de cerfs, sont accrochés aux poutrelles du toit ainsi que des morceaux de la peau, les sabots et un magnifique boutoir de rhinocéros ; ce pachyderme se trouve en assez grande abondance dans les collines du Donnaï ; la corne, précieux article d'échange, a été vendue à des trafiquants annamites ; partout, des arbalètes, des carquois garnis de flèches ; dans un coin du lit de camp, la lance courte, fichée en terre, le fer découvert de la gaîne protectrice ; dans toute la région du moyen D. Deung et sur le plateau de Djiring, l'on rencontre cette arme au fer en forme de hallebarde ainsi protégé d'une gaine en lamelles de bambou ou de bois réunies par des brins de rotin tressé.

Les villageois reviennent bientôt des raïs, le carquois et l'arbalète à l'épaule — la grande arbalète est semblable à celle des Mnong du Nord — mais le chef prétend ne connaître que les sentes de l'Ouest qui mènent sur le Rlhap et ce n'est qu'avec la plus grande difficulté que je décide les nouveaux porteurs à s'engager, vers le Sud-Ouest, sur B. B. Rmlè dont les derniers villages m'ont heureusement signalé l'existence. Les bagages, arrivés fort en retard, ont singulièrement grossi depuis ces derniers jours ; aussi je les passe sérieusement en revue ; j'abandonne au chef notre excédent de riz et découvre un tas de saletés diverses, introduites dans les charges, en cours de route, par les miliciens.

Largement ouverte en forêt, la sente de B. Bou-Rmlè ne dévale sur le Donnaï que par une série de gradins à pente fort raisonnable et nous atteignons le village par une crête secondaire, qui nous mène dans le lit du D. Rmoò ; le hameau est, comme B. Pal-Mup, sur la berge en terrasse qui domine le fleuve de 45 pieds. De B. Pal-Mup à B. Bou-Rmlè, la distance, à vol d'oiseau, n'excède pas trois kilomètres ; il a fallu, pour la couvrir, effectuer 14 kilomètres, en décrivant les deux côtés d'un angle isocèle, montant sur la crête de bordure pour en redescendre ensuite.

Ces nouveaux villages, de dialecte de plus en plus dissemblable, se composent d'une maison principale autour de laquelle se groupent quelques huttes misérables, mêlées aux porcheries et aux poulaillers.

La rivière coule, ici, admirablement calme sur un magnifique lit de sable fin ; la berge n'est qu'une plage éclatante et douce, bordée de saules et de figuiers sauvages ; la rive gauche est la pente même des collines de bordure, presque à pic, couvertes de forêts épaisses ; une pirogue, de style laotien, gît sur la grève ; irrémédiablement fendue dans la plus grande partie de sa longueur, elle est malheureusement inutilisable, d'autant plus que les villageois me disent que le D. Deung est désormais navigable ; l'on ne se rend d'ailleurs que par pirogue aux hameaux d'aval ; pour les gagner par voie de terre, il nous faudra revenir à B. B. Laych, en haut de la crête de bordure et redescendre à nouveau sur le fleuve ; cette perspective n'est certainement pas faite pour nous réjouir : nous commençons à avoir assez de cette incessante gymnastique le long des pentes formidables.

En face, de l'autre côté de la rivière, s'étend, au dire des sauvages, le pays des Che-Ma. Les températures nocturnes sont enfin moins basses et les minima oscillent entre 14° et 17° C. ; ce matin, le départ est laborieux ; le village, pauvre et exigu, ne peut fournir, hommes et femmes réunis, que huit porteurs et quels porteurs ! Rachitiques, voûtées, vieilles, couvertes de maladies de peau, les malheureuses créatures peuvent à peine soulever les charges ; avec cela, il me manque deux porteurs et je dois distribuer l'excédent aux miliciens qui sont surchargés ; nous reprenons ainsi mélancoliquement, en un lamentable convoi, la sente suivie hier ; c'est à un kilomètre avant B. B. Laych que bifurque la piste de l'Ouest et, en attendant la caravane, j'envoie un milicien et mon cornac mnong au village chercher des gens de renfort ; mais les naturels de B. B. Laych — qui d'ailleurs, hier, se sont éclipsés sans même attendre leur paiement, s'enfuient à leur approche et un individu, qu'ils ont pu joindre, leur a déclaré que le hameau avait bien voulu porter mes bagages une fois mais que c'était bien suffisant ; je n'ai qu'à me débrouiller avec les autres villages ! Et, philosophiquement assis sur des souches d'arbres, nous attendons les misérables sauvages de B. Bou-Rmlê qui n'arrivent que deux grandes heures plus tard. Tout ce temps gaspillé, tous ces retards, ces symptômes d'une sourde hostilité seulement contenue par la crainte, les difficultés grandissantes créées par la dissemblance de plus en plus forte des dialectes, tout cela tend douloureusement les nerfs et mes miliciens eux-mêmes, gros et apathiques Cambodgiens, commencent à donner des signes de vive impatience.

Nous traversons le grand dôme de gazon où, dans un repli, dort la pointe extrême de la ceinture marécageuse et, par la forêt, gagnons les environs de B. Pi-Deung ; nous suivons à peu près la crête faîtière que creusent à peine des sources de ruisseaux marécageux ; au bord d'une mare encastrée dans les taillis, une demi-douzaine de sauvages achèvent de déjeuner autour d'un feu ; des tubes de bambou noircis, où ont cuit riz et condiments, gisent à côté de tout un attirail d'arbalètes et de carquois garnis ; une lance, le fer en gaine, est fichée en terre ; le cou et la poitrine surchargés de colliers de verroterie mêlée de dents de chien, d'énormes colliers d'étain, le chignon surmonté d'une aigrette de poils de chevreuil et traversé de la double épingle de cuivre, tous ces guerriers ont l'air passablement patibulaire ; pour le moment, ils fument tranquillement leur pipe de bambou ou de cuivre. Le chef nous affirme qu'aucune sente directe ne mène au Donnaï et il nous indique, comme seule existante, celle conduisant dans l'Ouest, vers le Rlhap ; un moment, je suis presque découragé ; mais il me faut à tout prix des porteurs et, docile, je me dirigerai vers l'Ouest d'où j'obliquerai au Sud aussi vite que je le pourrai. Et alors, du fond du cœur, comme je les regrette mes braves, mes chers éléphants ! Comme, malgré leur lenteur, je reconnais leur inestimable concours ! Sans eux, à la discrétion des porteurs et des villages hostiles, je perds à peu près toute liberté d'allure et je suis à la merci d'un caprice, d'un mauvais vouloir, d'un guet-apens.

Les porteurs n'arrivent encore que fort tard et nous continuons sur B. Dang ; nous traversons toujours des ruisseaux près de leur source, entre des ondulations molles qui sont les racines des éperons lancés sur le D. Deung et l'aspect du pays est celui du moyen S. Bé, en amont de la Yumbra ; la forêt épaisse se fond en taillis, en bambouseraies, en jungles basses ; les villages sont de plus en plus nombreux.

Nous perdons encore une heure à B. Dang pour obtenir les dix coolies nécessaires ; en cette saison, la moisson finie, les travaux de raï suspendus, les villageois sont par monts et par vaux, en visites d'affaires dans les hameaux voisins, à la chasse ou à la pêche ; aussi, les villages ne renferment-ils que les femmes, les enfants, les vieillards, les infirmes et, assez souvent, le chef plongé en un doux et long repos. De temps à autre, l'on rencontre par les sentes un groupe de ces voyageurs, tous gaillards armés jusqu'aux dents d'arbalètes, de carquois et aussi de la lance courte à fer de hallebarde généralement engaînée ; la hampe est terminée, à son extrémité inférieure, par une tige de fer mince et aiguë, longue de un pied et qui sert à ficher l'arme en terre : les carquois sont en bambous tressés, longs et évasés, de huit pouces environ d'ouverture ; tous ces villages possèdent des forges et nombreuses sont les longues pipes en cuivre, au fourneau joliment travaillé.

Les porteurs enfin réunis, une autre comédie commence ; les plus robustes se défilent ou ne s'emparent que des charges les plus légères et c'est à grand peine que je puis substituer à quelques-unes des femmes des gaillards plus solides.

De B. Dang à B. B. Daych, mêmes ondulations molles couvertes de taillis, de bambouseraies et de cultures ; dans le Sud, un petit massif, le Nam-Tsar séparant le D. Deung de son affluent de rive droite, le D. Teur ; dans le Sud-Ouest, la ligne basse du Konpang, chaînon ondulé et boisé, qui serait sur le versant du Rlhap, maintenant tout proche ; la boucle du Donnaï ne saurait donc être fort loin du S. Bé et de la Yumbra.

Nous arrivons, dans la soirée, à B. B. Daych, gros village de la tribu des Dip à laquelle appartiennent probablement aussi les derniers hameaux traversés.

La réception, en toutes ces bourgades reculées, est loin d'être cordiale ; nous sommes l'objet d'une curiosité craintive et mécontente ; il faut hausser la voix pour obtenir paddy et herbe pour les chevaux, renseignements sur la contrée ; le dialecte, d'ailleurs, est devenu presque incompréhensible ; ce n'est ni du mnong, ni du stieng, ni même du ma ; chaque village parle son patois spécial et les grandes divisions linguistiques se relient ainsi les unes aux autres par une foule de dialectes intermédiaires, sensiblement gradués comme une gamme de notes ou de couleurs.

Les huttes sont toujours posées à même le sol, le lit de camp n'occupant que la cloison du fond et s'avançant plus ou moins près de celle de façade, pour s'évaser en arrière des portes.

Les villages sont fort rapprochés et nombreux ; de B. Pi-Sop, je tourne enfin vers le Sud pour atteindre une fois de plus la lèvre du plateau qui finit, aussi abrupt, aussi raide sur le ravin du D. Deung ; mais, ici, l'altitude de la crête n'est plus que de 200 mètres au-dessus du thalweg ; la rampe est couverte de cultures et d'herbe paillotte ; la rive gauche présente le même aspect — haut plateau ras aux pentes raides, ravinées par une infinité de ruisseaux que séparent des éperons et des contreforts.

Le D. Deung est à 500 ou 600 mètres du second hameau de B. Pi-Sop ; le fleuve roule, paisible et majestueux, large de 70 à 80 mètres ; ses berges abruptes et sablonneuses sont bordées de hauts bambous épineux.

Mais je ne puis continuer plus longtemps cette marche de crabe qui me fait avancer par arcs-de-cercle du haut en bas des collines de bordure ; aussi, coûte que coûte, nous allons nous lancer sur le fleuve qui est enfin navigable. La pirogue du village, de style laotien, est fendue et fait eau ; des fibres végétales enfoncées à refus dans les plaies la rendront suffisamment étanche et, tout de suite, après déjeuner, mes miliciens et les villageois de B. Polong et de B. Pi-Sop se mettent à couper les bambous du radeau que nous allons construire ; à la tombée de la nuit, l'embarcation est terminée ; longue de six mètres, elle se compose de deux plates-formes superposées, de seize grosses tiges chacune ; une troisième plate-forme fait office de superstructure mais ne couvre qu'une partie du second étage ; le travail, rondement mené, a été contrarié par la nature des berges et la profondeur de l'eau au pied même du talus ; solidement ajusté par de gros rotins passés dans les tiges, que les houes ont creusées de grosses œillères, le radeau constitue une machine sûre qui portera facilement notre léger bagage.

Mes chevaux et quatre miliciens iront m'attendre à Polong, en haut de la crête de bordure mais ce n'est pas sans difficulté que j'ai pu obtenir pour eux l'hospitalité des villageois ; l'atmosphère d'hostilité semble s'épaissir autour de nous ; malgré les perles et le sel libéralement distribués, il faut menacer pour obtenir de l'eau, et, à la nuit, l'allure de tous ces guerriers est devenue si louche, leur affectation de ne sortir qu'armés de pied en cap, si provocante, que je fais monter la garde et allumer des feux de veille.

II

2-6 février — (147 kilomètres).

Ce matin, ne prenant avec moi que quatre miliciens, les armes, le matériel de campement et mon cuisinier annamite, je me dirige vers le fleuve ; les indigènes ont catégoriquement refusé de me fournir le moindre rameur, le moindre guide mais ils sont allés avertir leurs voisins de B. Pu-Runh qui arrivent de très bonne heure ; la pirogue, si soigneusement réparée hier, a disparu et le chef déclare qu'elle a été enlevée par son propriétaire, un villageois d'amont ; cependant, il a envoyé en quérir une autre et, de fait, une nouvelle embarcation apparaît au tournant du fleuve, se dirigeant vers nous.

Les bagages, trois miliciens et l'Annamite prennent place sur le radeau tandis que je m'établis dans la pirogue que dirigent un naturel de B. Pu-Runh et mon quatrième milicien : après avoir beaucoup palabré, nous pouvons enfin partir mais le radeau, tout de suite, reste loin en arrière et il devient évident qu'il retardera singulièrement notre marche.

Sur la rive gauche, un banc de sable apparaît sur lequel dort une magnifique pirogue ; le temps d'accoster et j'envoie mon sauvage à la découverte ; il revient bientôt avec quelques villageois dont les huttes se dissimulent en haut de la berge, derrière la galerie de verdure ; alors, aussitôt, je demande à louer la belle et vaste pirogue ; le radeau, qui vient d'arriver, a mis juste le double de temps pour couvrir la distance que nous venons de parcourir ; mais les villageois ne veulent rien entendre ; sur un signe, mes miliciens ont sauté à terre et pris possession de la nouvelle embarcation dans laquelle bagages et gens se casent à merveille : le chef, alors, élève la voix ; cette pirogue n'est pas à lui et il ne nous la prêtera pas ; d'ailleurs, il ne nous donnera pas de rameurs ; nous avons notre radeau, que ne nous en servons-nous pas ? En vain je lui demande deux de ses hommes qui ramèneront la pirogue, en vain je lui propose de nous faire convoyer par un autre canot fort beau qui se trouve là, en vain je lui promets de lui rendre sous peu son embarcation ; le vieux ne veut rien entendre ; d'un coup d'œil, mes gens me font signe que tout est paré ; un dernier ultimatum sans plus de succès ; de son côté, le naturel de B. Pu-Runh refuse d'aller plus loin. En avant ! le chef s'est précipité sur l'amarre mais, d'un vigoureux coup de pagaie, les miliciens nous ont lancés dans le courant et, sous les malédictions des villageois accroupis sur la rive, nous disparaissons au tournant du fleuve.

Maintenant, à l'aventure, sans guides, nous glissons au fil de l'eau ; ma pirogue, celle de B. Pu-Runh, la plus légère, est dirigée par mon cornac mnong et un milicien ; mes trois autres guerriers rament sur la pirogue de charge, et nous irons ainsi, à la garde de Dieu, aussi loin que possible sur le fleuve inconnu, jusqu'au confluent de la D. Uai (D. Ouè) si les rapides nous le permettent.

Les berges du fleuve sont abruptes, hautes de 6 à 7 mètres au-dessus des eaux, couvertes de bambouseraies épaisses ; les collines s'avancent et reculent, lançant des éperons au soubassement de schiste gris mais il est impossible d'apercevoir les hautes crêtes de bordure.

Des singes de petite taille courent le long des berges, s'accrochant aux branches et dans les bambous épineux ; d'épais peuplements de bananiers sauvages alternent avec les bambouseraies ; quelques villages montrent leurs toits jaunes ou se trahissent par l'aboiement des chiens-loups hargneux ou le chant rauque d'un coq.

Nous filons à bonne allure sous la cadence régulière des rameurs ; à notre avant, deux pirogues montées apparaissent et nous forçons pour les atteindre, mais les naturels nous ont vus ; à toute vitesse, ils foncent sur la rive, bondissent à terre et disparaissent dans les fourrés ; les villages doivent être nombreux ; à chaque instant, nous apercevons des pirogues amarrées au pied des arbres ; plus tard, nous en croisons une autre montée par deux naturels et nous hêlons les pagayeurs, mais, pour toute réponse, ceux-ci se contentent d'accélérer leur allure et, quand nous les élongeons à contrebord, à dix mètres à peine de distance, ils rament à tour de bras, impassibles comme des statues, ne daignant même pas tourner la tête de notre côté malgré les paroles que leur adresse mon cornac mnong.

En aval, cependant, nous sommes plus heureux et les piroguiers interpellés nous disent que nous nous trouvons en amont de B. Kieu. Peu après, nous accostons le long de la rive gauche, à un endroit où une sente s'enfonce entre les bambous ; derrière l'épais rideau de verdure, un hameau où notre apparition jette le désordre le plus complet ; tandis que les enfants se mettent à hurler avec les chiens, les femmes s'enfuient et, seuls, restent quelques guerriers ; nous sommes ici au village dip de B. Kieu. C'est en vain que nous essayons d'acheter du riz ; il n'y en a pas, répond une vieille mégère galeuse qui ne cesse de répondre à la place des hommes. Inutile d'insister et nous quittons l'inhospitalier hameau, simple assemblage de trois huttes misérables dressées sur pilotis bas ; les métiers à tisser, auxquels sont occupées quelques femmes, sont de petite dimension ; la trame est de coton bleu avec quelques bandes jaunes et rouges.

Les collines ont disparu et nous voguons entre les rives basses, sablonneuses, surmontées de bambouseraies, bordées de belles dunes blanches aux coudes.

Un dernier village, en aval de B. Kieu, sur la rive gauche, nous a hêlés, nous demandant où nous allions et le silence oppressant est retombé sur le fleuve ; plus une pirogue, plus une sente, plus de cultures ; le Donnaï, désert et mystérieux, nous entraîne vers l'inconnu, sous un soleil de feu.

A 40 mètres, sur la rive droite, un énorme crocodile dort, mais avant que je n'aie pu le viser, il s'est réveillé au bruit des avirons et, à reculons, est rentré dans l'eau.

2 h. 42. — Sur la rive droite, une arête schisteuse perpendiculaire au courant.

2 h. 46. — Seconde arête prolongeant une bosse escarpée qui hérisse la rive droite.

4 h. — Nous tournons brusquement au Nord-Est.

4 h. 26. — Le vent, qui n'a cessé de souffler par rafales, devient plus violent et le fleuve se couvre de lames courtes qui déferlent et embarquent.

4 h. 43. — Une hutte sur la rive gauche et nous abordons ; mais ce n'est qu'une masure de raï abandonnée et en ruines ; derrière le mince rideau de bambous, s'étend une immense plaine marécageuse, couverte de joncs secs, à demi-brûlés, entre lesquels brille une raie d'eau libre ; dans l'Ouest-Sud-Ouest, la verdure d'une ligne de mamelons bas ; une sente s'enfonce vers la lisière forestière.

5 h. 06. — Des paons se lèvent et des poules sauvages s'enfoncent dans les fourrés ; nous abordons sur la rive droite à deux toits de chaume que nous avons aperçus ; ce ne sont que deux misérables huttes de raï sur pilotis ; les cultures sont abandonnées depuis longtemps mais nous passerons la nuit ici ; en avant, une savane à l'herbe haute, plantée de quelques faux-cotonniers ; loin, dans le Sud-1/4-Sud-Est, des mamelons bas ; dans le Nord, une ligne de collines ondulées, violacées, tendues de l'Est à l'Ouest.

Le soir tombe, admirable ; des bandes de pourpre et d'or alternent avec des écharpes d'émeraude où s'accrochent les premières étoiles ; une nappe de carmin noie le zénith et des flocons nuageux y traînent, grisaillés et verdis.

Au crépuscule, hélé une pirogue qui remonte notre berge ; le naturel qui la monte se rend à la pêche ; nous sommes, dit-il, en amont de B. Pang et de B. Gor.

La nuit enveloppe cette solitude morne que balaie un vent de tempête ; des paons poussent leur cri rauque et lugubre et l'appel des tigres retentit ; serrés autour des carabines, mes six compagnons — toute la mission — s'endorment au pied de la hutte que j'occupe et qui oscille au moindre mouvement.

En bas de la berge, au pied des arbres, pour éviter toute surprise, nous avons coulé les pirogues.

Comme nous allons partir, à l'aube, une douzaine de guerriers surgissent brusquement des hautes herbes trempées de rosée ; armés jusqu'aux dents, couverts de verroterie et de colliers de cuivre, d'étain et de dents de chien, ils forment un groupe des plus pittoresques ; le chef, drapé dans une éclatante couverture rouge d'importation annamite, nous apprend qu'il est de B. Gor et appartient à la tribu des Srè ; nous nous embarquons tous et, bientôt, sur la rive gauche, des pirogues de grande taille trahissent l'existence d'un gros hameau ; c'est B. Gor, à 200 ou 300 mètres en arrière de la berge, au milieu de magnifiques et vastes rizières ; d'énormes boules d'argile grise, prises à la berge même, sèchent à l'ombre de feuilles ; elles serviront à fabriquer les hautes marmites renflées, à col droit, analogues à celles qui mijotent sur les foyers, au-dessous de la maison où l'on nous reçoit. Mais l'entretien, quoique plus cordial, n'aboutit pas ; l'on veut nous céder un bol de riz à un prix exorbitant et, devant les exigences croissantes des guerriers qui se massent en nombre, je donne brusquement le signal du départ. Mon cornac mnong est fort bien compris quand il répond aux questions, mais, quand nous interrogeons à notre tour, l'on ignore subitement le dialecte qu'il emploie.

La rivière se tortille entre ses berges de sable et d'argile, taillées à pic et nues ; nous sommes enfin dans le bief inférieur de la boucle du Donnaï, décrite en une vaste étendue de plaines basses, couvertes de marais et de rizières, analogues à celles que traversent le bas Krong Knô et le bas K. Hanà, là-bas au Darlac, dans la contrée des Pih.

Des pirogues chargées de naturels nous croisent fréquemment ; de nombreux bancs de sable encombrent le lit du fleuve.

Il nous faut cependant du riz et, las de l'hostilité des villages, je me résous à essayer la force ; au premier village que décèle une réunion de pirogues, je fait descendre tout mon monde et, ne laissant qu'un milicien à la garde des embarcations, je me dirige, à la tête des miliciens en armes, sur le hameau, à 500 mètres dans les rizières : aux villageois rassemblés en hâte et armés, je réclame impérieusement riz et œufs ; d'un coup d'œil, les guerriers ont inspecté les carabines et, cette fois, l'on nous apporte aussitôt ce que nous demandons ; je donne quelques verroteries et nous repartons.

L'un des villageois est armé d'une fort belle lance ; la hampe, plaquée d'étain, n'a pas plus de deux pieds de long, mais la tige inférieure qui la prolonge, toute en fer et effilée, a bien quatre à cinq pieds de haut ; la lame, en forme de hallebarde, est recouverte de sa gaîne.

Ce village fait partie des agglomérations de B. Pang dont l'on aperçoit les autres groupes à 1.000 ou 1.500 mètres dans le Sud, à la lisière des vastes rizières où paissent les buffles ; les huttes sont sur pilotis bas ; la porte, sur le plus grand côté, est précédée d'une véranda assez vaste.

Le D. Deung décrit des boucles incroyables, se touchant presque ; toute la région n'est qu'une vaste plaine basse admirablement cultivée, très densément peuplée et riche ; la population, qui s'appelle naturellement Che-Srê, « hommes des rizières », parle un dialecte che ma.

Les rives se recouvrent enfin de bambous, d'arbres et de quelques mamelons ; les crocodiles sont plus nombreux et des poissons sautent en faisant des ronds d'argent ; des bandes de petits singes crient et gambadent dans les fourrés des berges d'où s'envolent d'éclatants martins-pêcheurs, des petits échassiers d'un gris blanc ; un paon, une poule d'eau, un ramier se sauvent à notre approche ; les pirogues se rencontrent moins nombreuses.

Vers 11 heures, nous arrivons devant deux arêtes de schiste qui émergent du milieu du fleuve ; les deux rives sont bordées de bosses boisées, mais celle de rive droite lance dans le lit quatre arêtes énormes, parallèles entre elles et obliques au courant ; hautes de deux à trois mètres, larges de deux à six mètres, séparées par des failles profondes à demi-comblées de blocs écroulés, elles s'avancent jusqu'à huit mètres de la pointe des schistes de rive gauche, formant un étroit couloir long de deux mètres à peine par où se précipite la masse entière des eaux en un rapide très violent ; il faut décharger les pirogues qui passent à vide sans encombre et s'arrêtent dans le bassin élargi, tout de suite creusé en aval, derrière le promontoire des mamelons.

Ce rapide, dont je ne devais connaître le nom qu'un an plus tard, est le Lieng Meun-Mong.

Vers une heure, nous apercevons des pirogues de belle taille ; en haut de la berge, deux misérables huttes branlantes sur pilotis très bas, constituant le village de B. Dlai ; nous obtenons du riz sans difficulté ; la zone des rizières est finie ; une brousse épaisse, des taillis bas, s'étendent en arrière de la berge.

Une heure plus tard, les deux rives se relèvent encore en bosses ; sur la rive droite, un amoncellement de schistes bas qui se prolongent en s'abaissant jusqu'à ceux de rive gauche, formant ainsi un faible rapide que nous franchissons sans rompre charge. C'est le Lieng Iep.

3 h. 17 s. — Sur la rive gauche, un gros affluent de 25 à 30 mètres de large ; d'une pirogue que nous hélons, nous finissons par apprendre le nom de la rivière, le D. Tê, qui est porté sur les cartes ; en aval, le fleuve est donc connu, mais pour m'en assurer, je décide de continuer jusqu'au confluent du D. Uê. Des chaînons de coteaux bas courent parallèlement au lit.

4 h. 23. — Mamelons schisteux entre lesquels le D. Deung gronde en nouveaux rapides ; la rive droite n'est qu'un entassement chaotique de strates et la rive gauche se relève en hautes collines boisées ; quoique les rapides semblent fort longs, il est probable que nous passerions sans trop de difficulté, mais il faut songer au retour et le temps presse ; nous campons sur la tête des rapides, sur un banc de galets et de saules, à la lisière de la forêt épaisse.

Le soir tombe ; mon cornac et un milicien, envoyés à la découverte, derrière le camp, reviennent en disant qu'ils n'ont trouvé que la forêt ; aucune sente, aucun signe de vie humaine. Une vieille pirogue défoncée est juchée sur les schistes, mais il y a longtemps qu'elle a dû être abandonnée. Alors, dans l'obscurité qui s'épand, seuls autour des carabines, nous allumons les feux de bivouac après avoir encore coulé les pirogues.

Le confluent du D. Uë ne saurait être loin ; le D. Të, reconnu cet après-midi, est bien celui des cartes, l'ultime point connu du Donnaï et la section d'aval que nous avons parcourue a déjà été levée ; notre tâche est donc terminée ; d'après mes calculs, le D. Uë ne doit pas être à plus de neuf kilomètres ; l'aspect du fleuve est d'ailleurs bien celui indiqué dans la relation du lieutenant Gautier, le premier explorateur qui, en 1882, reconnut le confluent. Demain, nous reviendrons, car je ne puis songer à me lancer en un pays hostile avec ma faible escorte et à quitter le Donnaï qui est notre seule ligne de retraite.

Le 4 au matin, nous repartons donc en voyage de retour, mais nous n'avons plus de riz, presque pas de vivres ; à tout prix, il faut nous ravitailler ; le courant, très faible, ne contrarie pas la navigation et nous gagnons assez rapidement le confluent du D. Të ; deux pirogues, montées chacune par deux naturels, naviguent doucement sur la rivière ; nous les hélons, mais pour toute réponse, les sauvages s'éloignent à force de rames ; à notre tour, nous pénétrons dans le D. Të ; des pirogues, amarrées au bas d'une grossière échelle, révèlent la présence d'un village ; en haut de la berge, en effet, deux ou trois misérables huttes sur pilotis se dressent au milieu d'anciennes cultures, mais tout le monde a fui ; des corbeilles de coton sèchent au soleil et des canards se dandinent au milieu des poules ; une chèvre rousse vient nous reconnaître et s'éloigne avec prudence ; mais je n'hésite pas ; nous faisons rapidement main basse sur le riz qui nous est nécessaire, laissons quelques perles en échange et repartons.

Vers 11 heures du matin, nous abordons sur la rive gauche pour déjeuner ; un petit village couronne la rive et nous nous mettons en devoir d'allumer les feux, très en avant des huttes ; nous avons à peine escaladé la berge qu'une vieille mégère, aux cheveux de neige, recroquevillée et édentée, la peau gercée comme une écorce, s'avance contre nous, crachant des invectives ; armée d'un bâton, elle nous fait impérieusement signe de réembarquer sur l'heure et, devant le peu de succès de ses injonctions, se met à ramasser rageusement les bûches à brûler qui traînent à terre ; si nous voulons du feu, nous n'avons qu'à couper notre bois et, accroupie sur le seuil de sa hutte, elle tempête et maudit, s'opposant à notre entrée dans sa case ; les deux ou trois femmes, qui peuplent seules le hameau, se retirent avec fracas dans leurs taudis et nous barricadent poliment les portes au nez tandis qu'un petit singe gambade autour de nous et nous fait des grimaces. Devant cette aimable et cordiale réception, nous n'insistons pas et nous nous hâtons de cuire notre maigre pitance ; sur ces entrefaites, un homme, qui a fui à notre approche, revient avec les autres gars du village, tous chargés de grands filets de pêche ; pendus à de longues hampes, ces filets se tendent sur quatre baguettes en croix emmanchées dans deux petits tubes de bambou attachés à la hampe : les nouveaux venus se bornent à s'accroupir sous les greniers à paddy et attendent tranquillement la fin de notre déjeuner.

Le passage du Lieng Meun-Mong nous retarde car il faut décharger les pirogues et la nuit va tomber quand nous accostons ; une pluie fine mouille les herbes ; nous sommes en aval de B. Pang, à la lisière de l'immense prairie marécageuse au milieu de laquelle apparaît un village.

Nous hérissons les approches du bivouac de lancettes de guerre ; pas une hutte pour nous abriter ; un vent de foudre courbe les bambous ; en bas des berges, nous coulons les pirogues.

Le lendemain, nous ramons toute la journée contre le vent et le courant et ce n'est que dans l'après-midi du 6 que nous arrivons à B. Pi-Sop, notre point de départ mais je décide de pousser en amont pour reconnaître où s'arrête la navigabilité du fleuve ; nous n'allons pas loin ; des îlots de galets, des bancs de pierrailles plantés d'arbustes presque à sec, encombrent tout le lit et les miliciens doivent sauter à l'eau et hâler les embarcations ; enfin, nous nous arrêtons en aval de B. P. Rmlê, à une ligne de rapides que nous franchissons sans trop de difficulté mais qui marque bien, en cette saison sèche, la limite extrême de la navigation ; ces rapides et ces seuils schisteux sont les derniers témoins avancés des cataractes et des rapides de B. Dang-Rênh et de B. Pal-Mup jusqu'où l'on doit pouvoir aisément remonter à l'époque des hautes eaux.

Pour la dernière fois, nous campons dans les rocs et les arbustes de la rive droite ; la rive gauche est hérissée des hautes collines abruptes.

7-12 février — (139 kilomètres)

Nous serons rapidement revenus à B. Pi-Sop et je rends les pirogues à leurs récalcitrants propriétaires ; sans délai, malgré le mauvais vouloir des villageois, qui ne fournissent les porteurs qu'à contre-cœur, nous montons à l'escalade du plateau de bordure, enfin pour la dernière fois.

Mais à B. Polong, où devait m'attendre le reste de la mission, nulle trace des miliciens ; le chef les a fait conduire à B. B. Daych, à quelque deux kilomètres de là ; pour s'excuser, il prétend que sa maison est interdite depuis cinq jours et le sera encore durant une semaine par suite de l'accouchement d'une des femmes qui y logent ; j'envoie donc à B. B. Daych mon cornac et un milicien chercher mes gens ; ils n'arrivent que très tard avec tout le bagage et les chevaux et, tout de suite, avec volubilité, ils se plaignent amèrement de la conduite des naturels ; alors que je m'embarquais sur le Donnaï, les gens de B. Pi-Sop les ont conduits dans un véritable guet-apens ; les guerriers des villages voisins, prévenus, ont entouré, dans les forêts du plateau, mes quatre miliciens et ont exigé la remise du sel et des perles d'échange.

B. Polong a refusé de les recevoir et B. B. Daych ne leur a donné asile que sous la menace des carabines ; on voulait en effet entraîner le petit groupe en plein cœur de la région inconnue mais mes Cambodgiens ont heureusement éventé le piège et se sont strictement conformés à mes ordres.

Malheureusement réduits à l'impuissance par leur faible nombre, ils ont dû céder aux exigences des gens de B. B. Daych qui ont achevé de piller ce qui restait de sel et d'articles d'échange échappés à l'avidité des autres brigands.

La comédie a assez duré ; mes huit miliciens enfin groupés, les chevaux et les bagages rassemblés, je fais charger les carabines et ranger mes Cambodgiens en peloton serré, sur deux rangs ; alors, véhémentement, je reproche aux indigènes leur conduite, les menaçant des plus terribles représailles, de mon retour ici à la tête des éléphants et de mes vingt carabines ; pour punir le pillage du convoi, j'exige des œufs, du riz, la jarre rituelle de soumission et les serments d'usage ; enfin, je termine en réclamant des porteurs qui nous conduiront à B. Canyon, dans l'Ouest, sur le bassin du Rlhap ; mais, subitement, le chef qui, à l'aller, m'avait lui-même indiqué B. Canyon, déclare ne plus connaître ce village et c'est en vain que je profère les plus noires menaces, je me heurte à une inébranlable obstination ; je n'irai pas à B. Canyon dont le chef avoue enfin redouter les représailles s'il nous en ouvre la sente.

Ils sont là une quinzaine de gaillards en coiffures et parures de guerre, surchargés de verroterie, de cuivre et d'étain, le chignon orné d'aigrettes en poils de chevreuil, de plumes de paon ; chaque homme porte son coupe-coupe, sa lance, le carquois approvisionné de flèches empoisonnées et la grande arbalète prête ; lentement, ils se sont massés en face de nous, à moins de dix mètres, en un groupe menaçant et compact, autour du chef de B. Polong qui semble cependant hésiter ; mes huit carabines Lebel, approvisionnées et armées, sont prêtes ainsi que ma terrible Winchester ; certes, nous ne tirerons pas les premiers mais, à la première flèche, au premier acte d'hostilité, la rafale des neuf carabines à tir rapide balaiera les sauvages comme un champ de riz mûr. Mais après ? Après, ce sera la retraite désastreuse en pays soulevé et inconnu, l'impossibilité absolue de recruter les porteurs indispensables, la destruction des bagages, la marche entre les embuscades qui nous seront tendues jusqu'aux frontières des Mnong du Nord. Et nous manquerons de cartouches, chaque homme n'ayant, en effet, emporté que l'approvisionnement de ceinture.

Les minutes coulent, très lentes ; un silence oppressant plane sur les deux groupes : les femmes du village ont disparu. Mais il faut prendre un parti. Une dernière fois, j'ordonne d'apporter l'herbe pour les chevaux et, devant l'immobilité tenace qui répond seule à la sommation, j'envoie deux miliciens vers les cannes à sucre des jardinets avec l'ordre de couper les tiges pour mes montures ; le moment est critique : un flottement se dessine parmi le groupe mais le chef s'avance ; ses gens iront chercher de l'herbe, que mes hommes reviennent ; les miliciens font aussitôt demi-tour et l'on apporte enfin un peu de riz, deux ou trois œufs et la jarre.

La nuit va tomber ; autour des faisceaux, les deux factionnaires montent étroitement la garde et les naturels sont prévenus que, pendant la nuit, l'on tirera sans pitié sur tout individu qui franchira les limites fixées.

Dans la maison du chef, où je pénètre, nulle trace de femme en couches, nulle trace de nouveau-né ; le mensonge est flagrant. Les juments sont attachées contre la maison ; à B. B. Daych, le tigre a bondi sur l'une d'elles mais elle a pu briser sa corde et échapper au fauve qui n'a cependant cessé de venir, chaque nuit, rôder autour des pauvres bêtes.

Je n'ai nul besoin de recommander la vigilance aux sentinelles ; toute la nuit, les deux factionnaires auront monté une garde rigoureuse autour des brasiers qui n'ont cessé d'éclairer le village de leurs fantasques lueurs.

Au matin, lances et arbalètes ont disparu comme par enchantement et les ornements de guerre ont été retirés ; seule, la longue épingle de cuivre traverse le chignon débarrassé de ses aigrettes et de ses plumes. Les porteurs ne sont cependant pas faciles à rassembler et nous ne partons qu'assez tard, vers le Nord, car j'ai dû renoncer à me faire conduire sur B. Canyon.

A peine arrivés à B. P. Dang, les porteurs posent leurs charges et s'éclipsent dans les fourrés. De B. P. Dang, nous atteignons B. Pal-Brî, sur un affluent du D. Teur ; tous les ruisseaux qui arrosent ce secteur coulent lentement sur d'étroites terrasses marécageuses : ils sont séparés par des ondulations molles couvertes de cultures, de forêt-taillis et de brousse emmêlée de bambouseraies. Le gros village de B. Pal-Brî est en liesse et retentit du tapage des gongs ; les indigènes, très gais, viennent amicalement se presser autour de nous et nous accablent de questions ; mais, quand il s'agit d'obtenir les porteurs, c'est une autre chanson et il faut raccoler un à un les villageois à demi-ivres qui se sont prudemment défilés devant nos préparatifs de départ.

Nous continuons sur le versant du Rlhap ; du haut de l'ondulation faîtière, dénudée par les cultures, le pâté bleu de la Yumba apparaît soudain dans l'Ouest, admirable de netteté, dressant, au-dessus de l'horizon bas, son caractéristique bonnet phrygien.

A B. Pi-Mur, l'accueil, ce soir, est enfin nettement cordial et les villageois ne trimballent plus leurs armes ; le riz, les œufs, la jarre de bienvenue nous sont offerts avec empressement et, le lendemain, pour la première fois depuis longtemps, les porteurs sont là, nombreux.

Nous suivons sans arrêt le versant du Rlhap et le pays est couvert de forêt-taillis plus ou moins épaisse, encombrée de bambous et de jungle; au-delà de B. Bu-Lô, nous descendons sur le Rlhap lui-même, au pied d'une rampe de 180 mètres de dénivellation; mais il faut suivre le lit même du torrent et les malheureux chevaux trébuchent et butent contre les pierres ; une demi-heure de cet harassant exercice et nous escaladons obliquement les collines de rive droite pour atteindre le gros village de B. P. Rkham, disséminé au revers de la cime, sur un beau plateau dénudé, entouré de taillis bas et gercé des rainures où coulent les ruisseaux qui descendent au Rlhap.

Tout l'après-midi, nous remontons le vallon du D. Ngor, gros affluent du Rlhap et nous ne cessons de passer du lit aux collines de l'une et l'autre rive, par une sente encombrée de gros rocs, de forêt, de bambouseraies, de halliers bas.

Les villages, preng depuis le secteur inhospitalier des Dip, appartiennent maintenant à la tribu des Mnong Nong ; les troupeaux de bœufs et de chèvres sont nombreux ; les huttes sont couvertes en *rsoy*, comme chez les Dip ; les cultures sont peu variées et l'on n'a pas l'air de connaître les patates, le manioc, l'igname et autres plantes secondaires que l'on rencontre chez les montagnards de l'Est. Les naturels sont occupés au débroussaillement des nouveaux raï et les sous-bois abattus sont déjà secs. Ce soir, éclate d'ailleurs le premier orage de la saison.

Le dialecte, quoique différent de celui des Dip, n'est pas encore du Mnong pur ; comme dans le Sud et dans l'Est, tous ces patois se nuancent à l'infini, variant de village à village et formant, entre les grands dialectes, des gammes de transition extrêmement difficiles à saisir. De même que chez les Preng et les Dip, les femmes portent, comme ceinture, des bracelets de cuivre réunis par des anneaux de même métal.

Les pentes du Plateau Central de faîte ne sauraient être loin ; les éperons qui s'en détachent, séparant entre elles les principales vallées, s'accusent de plus en plus et le relief s'accentue nettement ; toutes ces pentes sont recouvertes de forêt-taillis et de bambouseraies, mais les villages traversés — et ils sont nombreux — s'obstinent à nous mener à la plus prochaine agglomération, nous faisant ainsi décrire des zigzags infinis qui allongent singulièrement la route et retardent la marche ; nous avons atteint maintenant le versant du D. Glun — haut S. Bé — que nous quittons encore pour celui du Rlhap ; sans cesse, nous montons et descendons de 120 à 160 mètres et la marche est très fatigante ; du milieu des bambous de la dernière crête, le panorama se dévoile, admirable et fugitif ; sous les rayons obliques du soleil, qui plonge déjà vers l'horizon, c'est une mer bleue de raies ondulées, crêtes des longs coteaux tendus entre les vallées ; dans le Sud-Ouest, la Yumbra, violacée, voilée de brume et massive, balise de son piton ce tapis de velours sombre.

Les stupides méandres, que nous font décrire les naturels, nous retardent sans cesse mais, aujourd'hui, 11, doit enfin voir la fin de nos tribulations : rapidement, en effet, nous montons les dernières pentes douces qui mènent au Plateau Central dont, bientôt, les premiers dômes gazonnés et nus s'étalent entre les taillis bas et maigres ; voici, à notre gauche, la large trouée du D. Glun ; à l'issue de ce couloir immense, à l'ultime chute des collines de bordure, la plaine des Stieng, les premières pentes de la haute Cochinchine au-dessus desquelles surgit encore la Yumbra dont l'on semble découvrir le pied même au-dessus des terres plates et mauves.

Dans l'Est-Sud-Est, la masse lointaine du Ta-Doung ; dans le Sud, la crête vaporeuse du Kong-Klang ; entre ces massifs et les pentes où nous sommes, le chaos des ondulations et des coteaux où nous venons de peiner durant de si longs jours.

Et, bientôt, nous entrons à B. P. Rmaih, le village ami, en plein haut Plateau des herbes, B. P. Rmaih où nous avons déjà passé plusieurs fois l'année dernière.

Le temps d'y réunir les porteurs et nous continuons, le jour même, par la sente déjà suivie en mars dernier, la route directe de B. Pou-Srà qui va, une fois de plus, nous faire traverser tout le Plateau des herbes. Et de nouveau, sous le ciel gris et le vent de foudre, nous avançons vers le Nord. De nouveau, les dômes gazonnés s'étagent et se déroulent autour de nous, nuançant leur tapis d'herbes jaunes de l'éclat des épis argentés, de plaques brunies par l'incendie ; la muraille du Nam-Noung, peu à peu sort de la brume tandis qu'au Sud, l'arête des monts du Donnaï s'efface irrévocablement et s'enfonce à notre arrière.

Tard dans la journée, nous atteignons enfin la terrasse ultime, la table faîtière de ce toit immense et grandiose ; au revers des dômes, des taches claires qui sont des troupeaux de cerfs ; au loin, dans les ravins bleus, à des centaines de pieds en contrebas, des colonnes de fumée s'écrasent sous le vent furieux. Au D. Kar, à l'endroit même où nous campions, il y a près d'un an, à nouveau nous allumons les feux de bivouac ; au revers du dôme qui nous abrite, j'ai abattu deux magnifiques biches d'élan — le *roméang* des Cambodgiens qui est le *Rucervus* (1) — et tout le monde fait bombance.

Il fait froid, cette nuit, et le minimum enregistré est de 15° C. ; aussi, nous ne tar-

(1) C'est le *con cdtang* des Annamites, le *ktong* des Râdé.

dons pas à partir ; malheureusement, à B. Lameh, nous ne trouvons plus l'ancien village et nous perdons un temps précieux en contremarches et en reconnaissances ; aussi, tandis que mes bagages attendront les porteurs, je continue sur B. Pou-Srâ, au pas allongé de ma jument ; la distance cependant est grande, et la nuit tombe quand, à travers les branches, la haute palissade du poste paraît et, doucement ému, j'entre en ce coin de repos qui est mon œuvre, la synthèse de nos efforts, notre *home* ; c'est avec joie que j'accueille le sourire et les saluts de tout mon monde, venu directement de Djiring avec les éléphants et qui, tout de suite, m'entoure. Il y a 18 jours que nous sommes séparés. Mes gens sont arrivés de B. Rlâ ici en sept jours de marche effective. Quant à mon raid du Donnaï, il comporte, depuis le départ de Kinda, un développement de 451 kilomètres, couverts en 20 jours, sans aucun repos, soit une moyenne de 23 kilomètres par jour.

La reconnaissance du moyen Donnaï est enfin œuvre accomplie ; elle constitue la plus dure partie de toute la mission.

CHAPITRE III

DE PHANTHIET A KONTUM

II. — Les forêts-clairières

18 février-22 mars — (550 kilomètres).

Opérations contre B. Buk-Ruêh. — Les forêts-clairières désertes de la moyenne Srépok. — Les Lu-Rehong. — Chasses et camps. — Le long du Ya Liau. — La tour cham du Ya Liau. — Le poste de Pl. Tur et les Sadets. — Chez les Jarai Hedrong. — Du poste de Plei Kû à Kontum.

I

18-20 février — (31 kilomètres).

Je ne reste pas plus de cinq jours à B. Pou-Srâ ; le temps de régler les quelques affaires du secteur et d'organiser le convoi et nous allons repartir ; mon secrétaire annamite a, dès son arrivée ici avec le gros de la mission, continué sur le Darlac où il est allé acheter le riz nécessaire à tout mon monde : il a emmené quatre des huit éléphants ; aussi, dois-je réduire sérieusement le volume des bagages ; nous allons maintenant nous lancer vers le Nord, à travers les immenses clairières désertes, qui recouvrent tout le bassin de la moyenne Srépok, pour atteindre la délégation de Kontum, centre de la fameuse mission catholique des Bahnar, dans l'hinterland moï de Quinhôn. Pas un village ne se rencontre en ces mornes solitudes ; il ne me faudra donc pas manquer le convoi de ravitaillement que mon secrétaire doit conduire à l'embouchure du Plai dans la Srépok, à l'intersection de la route basse de Kratié.

Mais, avant de m'occuper à nouveau de levers et de topographie, je dois aller châtier un village rebelle voisin, qui a reçu, pendant mon absence, les miliciens du poste à coups de fusil et qui a le malheur de justement se trouver sur mon chemin ; c'est le hameau de Buk-Ruêh, appelé Kebal-Damrey par les Cambodgiens, et que j'ai déjà dû quelque peu houspiller lors de ma précédente campagne.

Je ne reviendrai plus à B. Pou-Srâ avant la fin de la mission ; vers le Nord en effet, jusqu'au bas Laos et au Mékong, nous allons suivre à peu près la frontière orientale et nord-orientale du Cambodge et il s'agit de ne rien oublier, car il nous sera impossible de regagner notre base dont chaque pas va irrémédiablement nous éloigner.

Mais, le matin même du départ, nous sommes bien près de ne pas partir : l'un des éléphants, une femelle naturellement, petite bête hargneuse et rétive, échappe à ses cornacs alors qu'ils la baignent et, sans crier gare, se sauve en forêt ; ce n'est qu'après une chasse émouvante et acharnée qu'on ramène, cinq heures après, la fugitive. Le soir, cependant, nous couchons à B. Pou-Kroyt ou, plutôt, dans les ruines de la misérable hutte où, plusieurs fois, nous avons campé l'année dernière.

Nous sommes maintenant en pleine saison sèche et la chaleur est accablante ; le sol, calciné, s'effrite sous le sabot des chevaux ; l'atmosphère semble tissée d'une gaze de brume chaude qui monte de la terre rôtie ; les collines lointaines et les nuages sont du même bleu violent, métallique ; les herbes sont brûlées ou sèches ; les arbres, espacés, semblent en carton peint et leur feuillage rare, de zinc découpé.

La région de transition qui s'étend de B. Pou-Srà, au Nord, vers la forêt-clairière proprement dite, affecte l'aspect d'une forêt-clairière un peu plus épaisse mais où se rencontrent des halliers touffus et, surtout, une flore infiniment plus variée ; à côté des diptérocarpées caractéristiques de la forêt-clairière proprement dite et que nous connaîtrons plus loin, cette zone de transition — qui s'étend entre 350 et 750 mètres d'altitude — présente toute une collection d'essences disparates, souvent groupées en peuplements assez importants ; espacés de deux à quatre mètres, les fûts surgissent du sous-bois des hautes herbes épaisses et fines, de 2 mètres à 2 m. 50 de hauteur, mais actuellement desséchées et en partie brûlées.

En dehors des diptérocarpées, l'essence dominante est, sans contredit, celle des *ouatiers* (diverses espèces de *Bombax* dont la plus commune est le *Bombax malabaricum*) ; ce sont le *blong* et le *blang* (1) des Râdé, que l'on rencontre en abondance dans toute la région moï d'Annam et du Cambodge ; ils forment de gros peuplements et atteignent 25 à 30 mètres de haut ; les fleurs rouges et les gousses aux filaments textiles si connus tapissent gaiement le sol ; à côté, se dresse un autre arbre dont les graines donnent également un duvet soyeux, le *roluos* des Cambodgiens (*Wrightia mollissima*) ; et voici, disséminés et isolés, deux arbres à suif végétal, le *chambâk* et le *krâbau* des Cambodgiens (*Irvingia oliverii* et *Hydnocarpus anthelmiaticus*) ; le premier est facilement reconnaissable à son port spécial, assez élevé, touffu, les branches pointant vers le ciel comme un peuplier tronqué et étoffé ; il atteint, au Darlac, d'imposantes proportions ; le second, plus petit, produit un fruit assez semblable à celui du *strychnos*, si semblable que les Râdé désignent les deux arbres par le même nom (*euâk*) ; mais, tandis que le fruit de l'hydnocarpe est comestible, celui du strychnos ne l'est guère ; le dangereux vomiquier — *slèng* des Cambodgiens — est d'ailleurs, lui aussi, assez abondant en ces forêts mixtes mais il est facilement reconnaissable à son tronc tordu et rachitique d'où partent des branches basses, bistournées, couvertes de longues feuilles très découpées et glauques : et maintenant, au hasard, voici le *mak*, le

---

(1) *Rokar* des Cambodgiens. Le *blong* est l'espèce dont le tronc est armé de nombreuses épines.

kleo, le *sièo*, le *plé*, cet excellent bois d'ébénisterie, connu en Annam sous le nom de *cam-xe* (*Xylia dolabriformis*) mais qui, ici, n'atteint que de très faibles dimensions et ne présente tout son développement que dans les épaisses forêts-taillis ; autour des clairières-prairies, dans les endroits marécageux et le long des cours d'eau, c'est le peuplement des diptérocarpées de haute taille que nous aurons l'occasion d'étudier plus loin.

La forêt clairière proprement dite ne tarde pas à apparaître par vastes plaques dès après B. Pou-Kroyt, sur la sente de B. Buk-Ruèh ; sur le sol rocheux et nu, les lancettes de guerre ne peuvent être piquées et nous pouvons nous lancer avec confiance sur les traces des rebelles qui ont abandonné leur village et se sont, suivant leur louable habitude, depuis longtemps réfugiés en brousse : ils trahissent leurs traces par les maigres abatis dont ils ont essayé d'emmêler la forêt ; nous arrivons, au pied d'une rampe raide et rocheuse, sur le bord du D. Deur, affluent du D Rvé ; mais les abris que nous y surprenons sont vides et abandonnés depuis longtemps ; seules, des traces d'éléphants, datant à peine d'hier au soir, décèlent la direction des nouvelles huttes et nous nous lançons aussitôt sur la piste de l'animal ; en ces pentes faibles et dénudées, dans la forêt-clairière largement ouverte, la poursuite est facile et nous arrivons sur un nouveau groupe de huttes, près du D. Deur ; nous y tombons sur une demi-douzaine de femmes et sur la charrette à bœufs d'un Mnong des environs de Kratié ; ce sont là les abris de B. Pou-Krong qui, lui aussi, a pris la fuite, et dont nous capturons le vieux chef infirme, de l'autre côté de la rivière ; des tapis et des entraves d'éléphant gisent près de la hutte mais il paraît que le pachyderme est celui d'un Cambodgien de Kratié ; impossible d'obtenir des renseignements sur le nouvel habitat de B. Buk-Ruèh et il faut menacer d'envoyer tout le monde à B. Pou-Srà pour enfin délier les langues et décider les guides nécessaires : je ne puis cependant m'attarder plus longtemps ici ; encore une fois, le riz va manquer ; il faut rapidement rejoindre le convoi de mon secrétaire qui doit être déjà au rendez vous et, détachant six miliciens de mon escorte, je leur donne mission de marcher sur le village rebelle tandis que je vais continuer sur les cultures de B. P. Krong où je suis déjà passé l'année dernière ; les huttes sont naturellement abandonnées et, dans l'une d'elles, nous trouvons la crosse d'un fusil à pierre, fraîchement hâchée à coups de coupe-coupe ; tout indique une fuite qui remonte à quelques heures à peine.

Toute cette région de B. Buk-Ruèh et du moyen D. Deur est couverte de raï très étendus où sont disséminées des huttes aussi grandes que celles des villages ; et, de fait, en ce district, les hameaux n'existent pas, les indigènes vivant toute l'année en ces huttes qui, provisoires chez les autres tribus, sont devenues, ici, l'habitation constante remplaçant complètement le village.

En avant de ces huttes de culture comme, d'ailleurs, dans tout le champ, l'on remarque les touffes des diverses herbes fétiches que les Mnong plantent pour attirer sur leurs récoltes la faveur des génies. Toutes ces plantes sont à rhizome ou à oignon : les plus communes sont le *gun bá* (1) (*Curcuma longa*) et le *gun gang* (*Amaryllis*) qui

---

(1) C'est le *drau* des Radé. Il se rencontre à l'état sauvage dans les sous-bois humides des forêts-futaies encastrées dans la zone des forêts-clairières, en bordure des ravins.

croissent souvent en épais fourrés dans tous les coins du raï. A la fête des semailles, les Mnong — et non pas seulement ceux du D. Deur mais tous les Mnong des diverses familles — offrent une jarre avec, suivant leur fortune, une poule ou un cochon, à Ndû, l'Esprit Suprême — le Aï Dê des Radé —. En même temps, l'on plante des touffes de *gun bá* et de *gun gang* que l'on arrose d'alcool et que l'on offre à Ndû pour qu'il fasse descendre sur le champ le génie du riz.

A côté de ces deux plantes sacrées, l'on pique ensuite des touffes de *gun tang-nar*, sorte d'iris sauvage et de *gun hop*, petite plante à bulbe ; ces deux dernières espèces servent seulement d'ornements. Le plus souvent, c'est au milieu du carré de ces quatre plantes, devant la hutte, que la jarre est ficelée à son pieu ; à la fin de la cérémonie, l'on procède aux semailles mais chez les Mnong, l'on mêle aux grains des fragments de feuilles de chacune des quatre plantes fétiches afin d'attirer l'esprit du riz.

Pour le maïs, il n'y a aucune cérémonie.

Enfin, dans toute cette région du moyen D. Deur ainsi que dans celle de B. Pou-Klia, l'on remarque, dans les raï, des touffes d'aloès gris que les Mnong appellent *Prit-Nkô Ndû* — « ananas de Ndû » — ; malgré son nom, la plante n'est pas fétiche et n'est cultivée que pour éloigner des champs les éléphants sauvages (1).

Nous campons au bord du D. Ngeur, près de la source de cet affluent du Plaï, simple ruisselet qui murmure entre de grandes touffes de vaquois épineux dans la galerie épaisse des *hraïch* gigantesques.

II

21-25 février — (89 kilomètres)

C'est aujourd'hui que commence la marche en forêt-clairière, à la boussole, vers le Nord-Est ; notre objectif immédiat est le curieux groupe des Lu Ndrung, ces assises de roches nues émergées dans la forêt-clairière, et que nous avons déjà visitées l'année dernière. Nous suivons la bosse qui sépare le Plaï de son affluent, le Ngeur, et traversons le Plaï par 350 mètres d'altitude. La forêt-clairière proprement dite règne de plus en plus en maîtresse ; le sol est pierreux et les moindres bosses prennent des allures de collines.

Dans l'après-midi, nous atteignons les Lu Ndrung, mais nous continuons et traversons le D. Pour, derrière lequel nous tombons sur une nouvelle jonchée de blocs erratiques ; tout d'abord, une couronne nue, calotte granitique de trois à quatre mètres au-dessus du sol, semée de quartiers granitiques disséminés sans ordre ; des arbustes épineux et des broussailles recouvrent les assises orientales de ce dôme ; à quelque

(1) Les Radé ne connaissent ni l'aloès, ni l'amaryllis, ni le *gun tang-nar*, ni le *gun hop*. Ils n'attachent d'ailleurs au *drau* (*Curcuma longa*), aucun pouvoir surnaturel.

Il est intéressant de rapprocher ces rites agraires de ceux des Reungao de Kontum ; l'on remarquera que, chez les Mnong, la croyance aux *begang*, si développée chez les peuplades de la Sé San, n'existe qu'à l'état embryonnaire. Le *gun bá* et le *gun gang* sont, chez les Mnong, les seuls *begang* connus alors que, chez les tribus de la Sé San, nombreuses sont les variétés de ces herbes fétiches. (Voir à ce sujet le chapitre IV).

90 mètres dans l'Est-Nord-Est, à travers les fûts de la forêt plus dense, d'autres masses, blocs granitiques énormes de quatre à huit mètres de haut, noirâtres, séparés entre eux par des couloirs plus ou moins étroits ; des assises basses, à demi-enfouies dans les herbes, les prolongent dans l'Est ; et tout cela jaillit de terre comme des index géants, des pouces de Titans ensevelis. L'un de ces blocs rappelle l'une de nos pierres branlantes de France, le roc supérieur curieusement posé en équilibre sur celui de base ; en arrière, deux énormes roches en dos d'âne et dont l'une affecte la forme d'une monstrueuse baleine. J'ai compté une dizaine de blocs principaux que des bénitiers ornent de leurs feuilles gracieuses. Disposés en une sorte de polygone assez régulier, ils sont ceinturés, dans l'Est, de dépressions inondées aux pluies et défendues par des arbustes épineux, des broussailles, des lianes ligneuses. Dans l'Ouest, un seuil de rocs plus petits et de moindre importance ; ce sont là, sans nul doute, les Lu-Rehong dont nous ont parlé, l'année dernière, les indigènes ; ils sont situés à l'Est des Lu Ndrung, de l'autre côté du D. Pour et forment, avec les premiers et les Lu Ndam-Grang, une véritable barrière d'émersion granitique dans laquelle le D. Pour a été obligé de se creuser un lit étroit et tortueux, encombré d'ailleurs de tables et d'assises granitiques que séparent des failles et des couloirs encore profonds de plus de trois pieds.

La forêt-clairière, à travers laquelle nous déambulons et qui va nous enserrer pendant de longues et monotones journées, ne présente pas, au voyageur attentif, l'uniformité lamentable sous laquelle elle semble tout d'abord vouloir se révéler.

A première vue, la forêt-clairière apparaît comme une forêt fantôme, irritante, dans laquelle l'on circule aisément, où passent l'air et le soleil, mais dont la masse empêche la vue de s'étendre au loin et annihile tout l'horizon.

Distants entre eux de trois à cinq mètres, les arbres de la forêt clairière n'appartiennent pas tous à la même essence, quoique les genres botaniques qui la composent soient assez restreints et se groupent en immenses peuplements.

Cependant, suivant les altitudes et les secteurs, la forêt-clairière varie d'aspect et forme des zones très distinctes qui semblent se répéter suivant des altitudes correspondantes et la nature du sol ; elles différencient aussi entre eux les bassins des diverses rivières qui les traversent.

Par 350 mètres d'altitude environ, les rivières — toutes parallèles entre elles et courant Sud-Nord à la moyenne Srépok — sont dans la partie moyenne de leur bassin ; le sol de la forêt-clairière est déjà essentiellement rocheux, couvert d'une mince couche d'humus et la pierre fait partout saillie ; le granit cependant domine, formant ces efflorescences curieuses que nous avons vu prendre tout leur développement aux Lu-Ndrung et aux Lu-Rehong ; le lit des rivières et, notamment, celui du D. Pour que nous suivons, n'est qu'un chaos de blocs granitiques arrondis et polis, formant souvent d'admirables seuils analogues à des tables ; les masses erratiques sont encore nombreuses. Les mamelons rocheux, séparant entre elles les vallées moyennes de ces rivières, sont tous recouverts de grands peuplements de *réang phnom* (*Pentacme siamensis*), dont, en ce début d'année, les petites fleurs d'un blanc jaunâtre jonchent le sol, répandant tout alentour leur délicieuse odeur ; rachitiques et noircis, ces arbres n'atteignent pas un grand développement et le tronc, le plus souvent divisé, à un pied de la base, en deux troncs parallèles, semble un cactus gris aux rares feuilles cassantes ; cette essence, comme son nom cambodgien l'indique (phnom = montagne) ne recouvre guère que les mamelons pierreux ; dès la base des coteaux arides, l'on entre dans les vastes peuplements de *khlek*, au tronc grêle, mais plus noir, aussi tordu et aussi maladif ; en immenses peuplements, il s'étend jusqu'à l'orée des futaies plus épaisses ; puis, enfin, l'on rencontre les premiers *phchèk* (divers *anisoptera* et *shorea*) au tronc plus épais, plus droit et de port plus élevé ; quelques *thbeng* (*Dipterocarpus obtusifolius*) dominent de leur tronc splendide et de leur parasol de feuilles glauques ces essences rabougries : le sous bois est formé d'une herbe haute, fine et touffue, à peine desséchée par les feux de brousse ; la galerie des ruisseaux — presque tous à sec — est un maigre rideau de bambous, d'arbustes épineux et tordus ; d'énormes lianes ligneuses, barbelées de formidables épines, descendent comme des câbles des *thbeng*, des *koky* (*Hopea odorata*) et des *chhœu teal tuk* (*Dipterocarpus alatus*) dont les troncs géants se penchent sur le lit gercé par la sécheresse ; la galerie des rivières est bien plus épaisse ; extrêmement touffue, elle atteint parfois plus de cent mètres de profondeur ; elle est entièrement peuplée de géants séculaires et gigantesques qui, de loin, signalent par leurs cimes élevées et verdoyantes le cours de ces gros tributaires ; les essences qui y dominent sont le *koky*, le *teal tuk*, le *trach* (*Dipterocarpus intricatus*), le *teal dung* (*Dipterocarpus Jourdaini*), le *srâlau* (divers *Lagerstrœmia*), le manguier sauvage (*Mangifera* sp.) ; un sous-bois très épais tapisse le sol de palmiers nains, de mousses, de rotins épineux (divers *Calamus*), de vaquois ; des lianes pendent du sommet des branches, courant le long des troncs ; sur le tapis d'humus et de feuilles mortes, les sangsues pullulent aux pluies.

Le bassin du moyen D. Pour est semé de chenaux borgnes très curieux, voisins de la rivière ; ce sont de faibles dépressions longitudinales contenant, aux pluies, une eau verdâtre ; des sortes de saules l'entourent ; ces bayous sans écoulement baignent souvent la base de blocs erratiques ; des arbustes épineux se mêlent aux saules de ceinture et tout cela est enchevêtré de puissantes lianes ligneuses, tordues en spirales comme d'énormes câbles décordés.

Dans les dépressions humides, le sous-bois se peuple de tout un petit monde de belles herbes qui sont des *Curcuma*, des *Amomum* et autres genres de la famille si caractéristique des Zingibéracées.

Les sentes d'éléphants sauvages abondent et nous les suivons le plus possible sans nous écarter du D. Pour dont nous serrons de près les méandres.

Dans l'après-midi du 22, nous entrons dans le dédale des mamelons boisés qui séparent le D. Pour du Plai et s'étendent aussi probablement au-delà de la rive gauche de cette rivière ; la forêt de *srâlau* et de bambous nains fait vite place à l'épaisse forêt-futaie au sous-bois de jeunes rejetons et de palmiers-rotins épineux ; les sentes des éléphants s'y croisent en véritables labyrinthes. Le relief maximum traversé est de 110 mètres au-dessus du D. Pour ; les bambous nains réapparaissent, puis brusquement, les déclivités septentrionales se découvrent, couvertes enfin de la belle forêt-clairière au sous-bois d'herbe-bambou : le D. Pour, que nous atteignons à nouveau, roule maintenant sur un lit de schiste aux arêtes obliques et noires.

Soudain, des barrissements éclatent à cent mètres à peine ; un troupeau d'éléphants sauvages est là, dans les herbes géantes, qui le dérobent à notre vue et rendent l'approche délicate ; nous le joignons enfin mais, dans les herbes, le tir est très difficile, gêné par les fourrés de six pieds de haut ; je fais feu néanmoins mais sans autre résultat que de mettre en fuite les massifs voyageurs ; au nombre d'une quinzaine, ils s'ébranlent au galop, en file indienne, broyant tout sur leur passage, fuyant vers le Nord, perpendiculairement à notre ligne de tir.

Ce soir, l'orage éclate, formidable, inondant notre pauvre camp ; c'est le premier grain de la saison, qui s'annonce étonnamment précoce et nous promet de riantes veillées, le soir, sans tente, sans autre abri que les maigres toits de branches et de feuilles assemblées à la hâte.

Depuis les mamelons tendus entre les moyens D. Pour et Plai, la forêt-clairière a totalement changé d'aspect ; maintenant, c'est la belle forêt-clairière, largement ouverte, toute de *kchik* et de *klong* (Shorea obtusa et *Dipterocarpus tuberculatus*) ; ces deux essences s'étendent en peuplements immenses et leurs troncs droits, élancés, saillent du sol recouvert de la belle herbe-bambou de trois à quatre pieds de haut, épaisse, pâturage idéal pour le gibier qui pullule ; les larges feuilles des *klong*, si caractéristiques, tombent déjà et voltigent sans cesse au vent d'hiver, recouvrant le sol d'un léger tapis qui bruit et craque, et dans lequel on s'embarrasse jusqu'au-dessus de la cheville ; le sol, à peu près plat, est creusé de ruisseaux à sec, misérables rainures caillouteuses que séparent des renflements de trois à quatre mètres de relief ; les ruisselets, très nombreux, véritables drains à ciel ouvert, n'ont pas plus de deux à trois pieds de large.

Cette forêt clairière de *kchik* et de *klong* s'étend sur tout le bassin inférieur des affluents de la Srépok et jusqu'au-delà de cette rivière ; c'est celle de plus basse altitude et qui règne sans partage sur toute la sente basse charretière du Darlac à Kratié ; dans le sous-bois de bambou-herbe, se dressent les jeunes arbres hauts de trois à cinq pieds, rachitiques, la tige terminée par le curieux bourgeon d'un rouge vif, élancé comme un bec de grue.

Dans la matinée du 23, nous arrivons enfin au confluent du D. Pour et du Plai ; celui là coule sur un lit encombré d'arêtes de schiste et d'une grande île boisée ; le Plai s'étale entre des coteaux rocheux d'une cinquantaine de mètres de relief où se rencontrent quelques *réang-phnom* et des touffes de *puôn* — le *la-buôn* des Annamites ; c'est le beau latanier du Cambodge et des forêts d'Annam, dont la feuille en éventail oscille au bout de la forte tige qui atteint de six à quinze pieds de haut ; ces tiges, indépendantes les unes des autres, sont groupées en touffes harmonieuses ; le fruit est employé pour stupéfier le poisson.

Du sommet du coteau de bordure, la vue s'étend, au Sud, sur la ligne des collines qui séparent le D. Pour du D. Plai et que nous avons traversées hier ; dans le Sud-Sud-Est, la masse bleue du Yok Nam-Lyir, énorme donjon dressé à l'orée méridionale des plaines de la moyenne Srépok ; à mesure que nous avançons le long de la crête, d'autres mamelons bleus apparaissent sur la gauche du Plai et, dans le Nord, monte un cône roux, isolé, analogue à une cloche à fromage, le Yok Yang-Rpô ; dans le Nord-Est, les croupes du Yok Dôn.

Vers midi, un orage insolite éclate et nous inonde; les éléphants s'égarent et nous déjeunons tard, sous un bouquet de bambous nains. Au passage des bosses pierreuses, cette forêt-clairière de *klong* et de *kchik* s'emmêle d'*erang*, de *ndrik* et s'épaissit ; des *sralau*, au tronc blanc martelé, apparaissent avec d'autres essences forestières ; le sous-bois est formé du délicat bambou nain, haut de deux à quatre mètres, groupé en gros bouquets pressés ; des lianes s'emmêlent aux halliers assez clairs ; dans les bas-fonds marécageux, se rencontrent les *khlek* et les *puôn* qui semblent particulièrement affectionner ces dépressions humides ; des mares et des lagunes s'ouvrent brusquement au milieu des clairières nues et ces abreuvoirs du désert sont une des caractéristiques de la basse zone ; elles se rencontrent de plus en plus nombreuses à mesure que l'on descend vers la Srépok ; le plus souvent dépourvues de toute ceinture boisée, elles sont encombrées d'herbes aquatiques et leur centre est peuplé d'une plante grasse aux floraisons rousses ; en saison sèche, elles ne renferment plus qu'une eau fétide et noire et la vase qui les entoure est piétinée par les hôtes sauvages qui viennent y boire par grands troupeaux. Parfois — mais surtout dans les secteurs de l'Ouest et de la Tioba — ces mares sont entourées de touffes épaisses de bambous nains, de bouquets d'arbustes tordus et malingres. La galerie forestière des cours d'eau est moins épaisse et moins touffue, se mêlant d'énormes bambous épineux que le vent fait balancer avec un grincement de mâts entrechoqués ; les *teal-tuk* et les *koky* y dominent et une ceinture de bambous nains forme parfois transition entre cette galerie futaie et la forêt-clairière d'arrière.

Dans la matinée du 24, nous atteignons le confluent du Plai et du D. Dam ; le Plai est semé de blocs schisteux mais son affluent — qui est son plus gros tributaire de rive droite — coule sur un lit de beau sable blanc ; cependant, plusieurs de ces bancs sont de sable mouvant et les éléphants ne passent qu'avec la plus grande prudence.

Peu après, nous rencontrons le premier troupeau de bœufs sauvages, une huitaine de bêtes splendides se profilant en larges taches jaunes entre les fûts ; à moins de cent mètres, je fais feu et deux individus sont atteints ; le plus sérieusement touché reste en arrière et est facilement achevé ; c'est un superbe mâle de taille énorme ; la tête et le bas des jambes sont d'un gris cendré ; la robe est fauve-clair ; l'écartement, entre la pointe des cornes, est de 0 m. 72. Ce bœuf sauvage est le *kou-prey* des Cambodgiens ; c'est la plus grande espèce après le gaur.

Vingt minutes plus tard, nous recoupons la route charretière de Kratié ; une hutte se dresse entre les arbres et des éléphants entravés pâturent ; c'est le convoi de mon secrétaire Nhon qui m'attend avec 600 kilogs de riz du Darlac ; il est temps d'arriver ; nous avons mangé, hier soir, nos dernières rations. J'envoie aussitôt éléphants et miliciens chercher le bœuf tué et, dans l'après-midi, tout le monde revient, chargé de viande ; le camp se transforme en boucherie.

Très animé, ce camp du bas Plai ; à moins d'une demi lieue, le confluent dans la Srépok dont les collines apparaissent entre les arbres ; devant nous, le Plai, large de 70 à 80 mètres, le Plai que j'ai traversé ici même si souvent en mes itinéraires d'autrefois entre le Darlac et le Mékong ; Nhon a ramené, en plus de ses quatre éléphants, deux autres pachydermes qui doivent relayer deux de mes bêtes ; ces dernières, spécialement dressées à la chasse aux éléphants sauvages, sont en effet nécessaires à leurs propriétaires auxquels leurs cornacs vont les ramener. Tout alentour du camp, les dix puissants animaux pâturent dans l'herbe bambou ; sur les claies, les lanières de viande commencent à sécher ; une odeur de chair grillée et brûlée monte des foyers ; tendue sur des piquets, l'immense peau s'étale et les cornacs, armés de leur grand couteau, la découpent en une bande fine qui, partant du centre, s'élargit en spirale ; avec ces cordes fraîches, ils vont tresser des câbles pour entraver leurs éléphants.

Une grande quiétude enveloppe ces camps solitaires, la grande paix de la brousse ; pas un village, pas un être humain ne se rencontrent en ces immensités ; la mission vit de sa vie propre, s'acheminant lentement vers son but, ne dérangeant, dans sa marche, que les seules bêtes sauvages, hôtes uniques de ces forêts-clairières ; chaque soir, c'est ainsi le bivouac au bord d'un cours d'eau ; les légers abris de branchages et de feuilles s'élèvent autour des feux ; les bagages s'amoncellent et les cages se dressent auprès des faisceaux ; les miliciens vont et viennent, les cornacs déambulent, se rendant à la baignade, réparant leurs cages, leurs cordes, travaillant à mille riens ; alentour, les éléphants brisent les bambous, arrachent les herbes et, sous les nuits étoilées, le camp s'endort, petit village ambulant qui, demain, s'installera toujours plus avant dans la solitude absolue, exquise. Oh ! le charme de ces journées paisibles, l'émotion du délicieux crépuscule autour des dépouilles des animaux abattus ! Qui ne les a ressenties, ces sensations uniques, n'en peut comprendre l'indicible ivresse et l'invincible nostalgie que laisse leur souvenir !

25 février-1er mars — (87 kilomètres)

Tandis que le convoi ira m'attendre dans le Nord-Ouest, au bord de la Srépok, au gué de Riong, un peu en dehors de la route charretière de Lomphat et de Stung-Treng, je vais partir avec deux éléphants reconnaître les collines de rive gauche du Plaï, atteindre le D. Dèr et, en suivant cet autre affluent de la Srépok, rejoindre mon convoi au gué de Riong.

Le piton du Yok Yang-Rpo, auquel nous arrivons dans l'après-midi du 25, rappelle, par sa silhouette, celui de la Yumbra ; un peu en avant de son pied oriental, s'ouvre une grande clairière marécageuse ; avec mes miliciens, nous atteignons le cône qui s'élève brutalement au-dessus de la plaine ; les flancs sont semés de quartiers de rocs et les premières pentes disparaissent sous d'épais bambous nains et des *réang-phnom* ; d'énormes plaques de rochers, décapées par la pluie, saillent et la montée devient extrêmement dure ; la pente est de 35° et les rocs roulent sous nos pieds. Après trois quarts d'heure de gymnastique, nous atteignons enfin le sommet, étroite cime de roches bouleversées entre les bambous nains et les *réang-phnom* ; ce piton granitique, que ne continue, à la base, aucune ramification, est certainement de même origine que les Lu Ndroung et les Lu Rehong du moyen D. Pour.

De cet observatoire, érigé à 240 mètres au-dessus de la plaine, la vue est saisissante ; à nos pieds, la forêt-clairière rousse et jaune où les branches décharnées des arbres clairsemés semblent une jonchée de brindilles mortes et grises ; des flaques d'eau brillent entre les touffes vertes ; un morceau du Plaï scintille et sa galerie-futaie, verdoyante, ondule à perte de vue comme un gigantesque python ; au-delà, voici la galerie verte du D. Dam et, là-bas, vers le Nord, ce ruban vert-sombre, c'est le cours de la Srépok, dégagée des collines de l'Est et s'enfuyant vers le Nord-Ouest.

Cliché Galtier

57. — Femmes mnong de B. Pou-Pet.

58. — Le Yok Yang-Rpô, vu depuis le Yok Yang-Bra.

C'est bien de ce splendide belvédère que l'on peut se faire une juste idée des forêts-clairières de la moyenne Srépok dont l'orographie se déroule comme une carte en relief largement déployée ; contre la rive droite de la Srépok, un chaos de collines ininterrompues ; elles viennent du Sud-Est, reliées aux hauteurs du Darlac central, de la région de B. Mdur et de B. Bur dont elles ne sont que la continuation ; le Y. Mbei, au dôme caractéristique, les domine et, très au-delà, à la jumelle, l'on distingue des murailles d'un bleu vaporeux, qui sont les massifs du pays jarai, dans le Darlac septentrional ; de ce côté-ci de la Srépok, à quelques kilomètres seulement, les mamelons du Yok Rmit ; dans le Nord-Ouest, une immense étendue moutonneuse, plate, bleutée, au-dessus de laquelle, à l'extrême horizon, s'estompe un dôme isolé, bas, en forme de table.

De l'autre côté du Plai, dans l'Est, le massif proche du Yok Da ; en arrière, la ligne des Yok Dòn, sombres, violets, bordés de nuages noirs et en arrière desquels montent les hauteurs de la Srépok.

Dans le Sud, un ciel chargé, violacé, noirâtre, noie malheureusement les contours mais l'on aperçoit cependant la masse vaporeuse du Nam-Lyir et, plus proches, les mamelons tendus entre Pour et Plai ; dans le Sud-Ouest et l'Ouest, entre les fûts des arbres de la cime, des collines, des chaînons et loin, très loin, des chaînes d'un bleu pâle ceinturent et ferment l'horizon.

Des raies de pluie très larges joignent les nuages à la plaine lointaine.

A la tombée du jour, près du lit desséché du Nkal, affluent du Plai, nous apercevons un troupeau de bœufs mais les maudites feuilles mortes bruissent horriblement sous les pieds et, malgré toutes mes précautions, le troupeau prend l'éveil à 150 mètres ; j'ai juste le temps de tirer avant de le voir prendre la fuite ; un individu a été blessé et est resté en arrière et bientôt nous trouvons sa trace, trempée de sang ; les bambous nains en sont rouges mais il est facile de voir que la balle l'a atteint au flanc ; le crépuscule vient et la piste rouge devient de plus en plus difficile à suivre ; nous devons, à regret, abandonner la poursuite et établir le camp au bord d'une mare fangeuse où croupit encore une eau noire ; les herbes fripées sont écrasées sous des empreintes sauvages.

Dès la prime aube, nous reprenons la poursuite du bœuf blessé ; nous retrouvons la piste et l'endroit où le bœuf, épuisé, s'est couché dans les bambous, au pied d'un arbre, mais il est trop tard et la rosée nocturne a effacé les filaments de sang ; impossible de suivre plus avant les traces qui disparaissent et il est certain que la bête, percée d'une demi-blindée de 405, est allée mourir assez loin ; elle sera la proie du tigre et des vautours.

Après avoir suivi quelque temps le lit même du Ngal, affluent du Plai et où croupissent encore quelques larges flaques entre les bancs de sable, nous en longeons les berges dans le Sud-Ouest ; bientôt, nous arrivons à une nouvelle colline rocheuse, formidable entassement de blocs granitiques échafaudés dans le plus complet désordre ; des arbustes et des bambous nains s'accrochent entre les rocs ; la corne nord de cette saillie est un bloc de granit à pic et nu, surplombant de 35 mètres la forêt-clairière ; de là, la vue découvre le morne isolé du Y. Yang-Rpo auquel ne le relie aucun relief ; la cime ultime, crête étroite de blocs titaniques, se dresse à 25 mètres plus haut ;

de là, la vue embrasse à nouveau toute l'étendue immense déjà vue hier depuis le Yang-Rpo ; dans le E. 1/4 N.-E. le cône du Y. Nshun, entre le D. Der et la Srépok. Pendant encore un certain temps, le D. Ngal, qui longe le pied méridional de ces efflorescences erratiques, est semé de blocs de granit ; à travers les bambous nains et les *puôn* gigantesques, de 6 à 8 mètres de haut, des sangliers, des bœufs, des poules, se sauvent à notre approche ; dans les arbres, crient et gambadent de beaux singes gris à queue blanche, le pourtour des yeux d'un jaune orangé.

Les environs du haut D. Ngal sont boisés de forêt-clairière de *klong*, de *kchik* auxquels se mêlent des *ndrik*, de l'herbe paillotte, des arbustes barbelés d'épines, aux branches horizontales et appelés *rmang* par les Mnong, des *puôn* dont les abondantes touffes de toute taille sèment le sous-bois de leurs éventails clairs. La galerie forestière est devenue plus épaisse, encombrée de palmiers-rotins très touffus mais nous avons beau suivre à nouveau le lit, encore large d'une huitaine de mètres, il nous est impossible d'y découvrir une seule goutte d'eau entre les bancs de schiste ; la nuit tombe ; les hommes, envoyés à la découverte, reviennent sans avoir vu une seule mare ; dans le lit du ruisseau, je fais forer un puits mais nous nous heurtons à une épaisse couche d'argile verdâtre, absolument sèche et nous devons renoncer à ce travail ; nous possédons à peine quatre ou cinq litres d'eau dans les gourdes et les bambous de réserve, cela ne suffira pas pour faire cuire le riz de tout notre monde et, entre les berges abruptes, sous le dôme des diptérocarpées gigantesques, l'on établit le camp de la soif.

Du Ngal, nous allons incliner dans le Sud-Sud-Ouest et l'Ouest pour atteindre le bassin du D. Dèr ; les *puôn* finissent avec le versant du haut D. Ngal.

Entre le Ngal et le Dèr, le sol se relève en bosses rocheuses que drainent des quantités de ruisselets coulant au Nord et alimentant le Rmit, tributaire secondaire de la Srépok et, comme ses voisins, orienté Sud-Nord ; l'altitude maxima est de 305 mètres ; ses pentes occidentales appartiennent au versant du Djrie, gros affluent du D. Dèr et où nous trouvons enfin quelques flaques d'eau potable.

Cette région est toujours couverte de forêt-clairière de *klong* et de *kchik* mélangés de *réang phnom* sur la pente des coteaux, de *ndrik* aux endroits humides, de bambous nains et de taillis autour des sources des ruisseaux et le long de leur cours supérieur.

Le D. Dèr est large de 15 à 18 mètres ; son lit de graviers et de schistes ne recèle plus que de larges flaques stagnantes où les cornacs lavent minutieusement leurs bêtes ; l'absence du bain quotidien est, en effet, extrêmement sensible aux éléphants.

Nous suivrons désormais le D. Dèr jusqu'à la Srépok.

Ce soir, tandis que les feux de bivouac s'allument dans le lit de la rivière, mes cornacs se rendent à une ruche qu'ils ont aperçue, suspendue dans les arbustes de la rive ; armés de fagots verts, ils enfument le nid qu'ils jettent pêle-mêle dans un panier garni de feuilles ; c'est une ruche de gros frelons, très récente, et les larves blanches et grasses, qui garnissent les alvéoles, font le régal de mes gens.

Le moyen D. Dèr est bordé de bosses basses issues d'une ligne de coteaux rocailleux, le Yok Djrie qui, en aval du confluent du D. Djrie, rejette le D. Dèr dans l'Ouest et lui fait décrire un coude énorme ; la forêt-clairière est toujours celle des basses altitudes, mais elle se mélange souvent de *ndrik*, de *kpêh*, de *dar* aux belles fleurs sanglantes et de quelques autres essences peu abondantes ; des cyccas et de petits *iruï* apparaissent dans le sous-bois : le D. Dèr et ses affluents ne sont que de larges fossés où croupit une eau couleur de thé et où mijotent des amas de feuilles sèches et de détritus divers.

Les iguanes et les loutres sont extrêmement nombreux dans le lit de la rivière et les poules d'eau pullulent ; le matin surtout, elles se promènent dans le lit à sec et se muchent dans les bambous épineux des rives. La chaîne des Djrie est continuée, dans le Nord, par une série de collines qui se tiennent à certaine distance sur la rive droite du D. Dèr.

Dans l'après-midi du 28, nous rencontrons un magnifique troupeau de bœufs sauvages ; les bêtes sont tellement nombreuses que la bande se présente en une ligne rousse continue ; du haut d'une termitière, je fais feu à cent mètres et j'avance ; les bœufs, étonnés, ont brusquement levé le mufle et font tête ; une deuxième balle et les bêtes affolées se massent et tournent en une cohue furieuse, se montant les unes sur les autres, se bousculant en un sauve-qui-peut général ; le gros de la bande, conduit par un mâle de grande taille, s'enfuit à gauche, tandis qu'un autre groupe prend sur la droite, pour s'arrêter brusquement et faire tête ; il se dispose à charger, mais une troisième balle abat l'un des animaux et le peloton reprend sa fuite éperdue ; le blessé s'est relevé et, butant, tombant, se relevant, essaie de suivre ses camarades ; je dépêche deux miliciens à sa poursuite tandis que nous courons vers les premières victimes ; elles sont là, deux bœufs mortellement atteints ; l'un d'eux, un mâle superbement encorné, râle ; la demi-blindée est entrée en plein poitrail ; à côté, gît une femelle, la mâchoire inférieure brisée et le haut du cou traversé, mais, soudain, elle se relève et s'enfuit vers le D. Dèr, poursuivie par mes cornacs qui l'atteignent et lui tranchent les jarrets tandis que les miliciens l'abattent à coups de carabine.

Le camp est aussitôt établi au bord du D. Dèr et les éléphants, déchargés et munis de cordes, sont envoyés chercher les pièces ; le mâle est d'une taille telle que mon plus gros éléphant ne le traîne qu'avec une peine extrême ; tous les cinq ou six pas, il s'arrête, haletant, puis repart, l'échine tendue, les énormes pattes arc-boutées, tandis que le bœuf saute sur les cailloux, le cou tiré à se rompre sous l'effort des cordes qui lui enserrent les cornes.

Les trois victimes sont bientôt dépecées et la viande s'échafaude en tas rouges, les boyaux s'écroulent en masses visqueuses, les grandes peaux s'étalent et des mouches, tout autour, volent, tandis qu'au ciel, tournoie déjà un vol de vautours.

Ces bœufs sont des *ansong* ; plus petits que le *koù-prey*, ils ont une robe plus claire et la tête moins cendrée.

Toute la soirée et toute la nuit, sous les intermittentes rafales de l'orage, les claies chargées de viande grésillent sur les foyers et la matinée se passe encore à achever le boucanage ; mais des tas de viande resteront la pâture des corbeaux et des charognards, car il nous est impossible d'emporter ce chargement.

Le 2 mars au matin, nous arrivons au gué de la Srépok, où nous attend tout le reste du convoi.

2-8 mars — (107 kilomètres)

Les gués de la Srépok, à l'Ouest de B. Don, ne sont pas nombreux et les Laotiens et Mnong chasseurs les connaissent tous, car c'est par là qu'ils font passer leurs éléphants de chasse lorsqu'ils parcourent ces immenses solitudes à la recherche des éléphants sauvages et du gros gibier. Chaque jour, nous ne cessons de rencontrer des troupeaux de cerfs et de bœufs; les chevreuils, les sangliers partent à quelques mètres de nous et les bandes d'éléphants sauvages parcourent tout le pays, marquant ces immenses espaces de leurs pistes entrecroisées, battues comme de vraies sentiers.

Les gués connus et pratiqués, en aval de B. Don, sont au nombre de cinq; ce sont, d'amont en aval :

Le gué de Tré, à B. Don même ;

Le gué de B. Phok (B. Breng ou B. Drang), dernier hameau jaraï, à 14 kilomètres en aval de B. Don ;

Le gué de Rkop, en aval de l'embouchure du D. Ana et en amont de celle du D. Alop ;

Le gué de Meroyt, à la bifurcation des sentes charretières de Kratié et de Stung-Treng par Lomphat; mais ce dernier n'est praticable que vers avril, tout à la fin de la saison sèche ;

Le gué de Riong.

C'est à celui ci que nous allons passer la Srépok ; quoique la rivière n'ait généralement pas plus de 100 à 150 mètres de large, elle s'élargit ici d'une façon démesurée ; encombrée d'une multitude d'îlots et d'îles densément boisés, de rocs, de seuils et d'arbustes aquatiques, elle atteint bien 350 à 400 mètres de largeur; le gué, très difficile, suit une ligne de seuils disposés en arc-de-cercle et les éléphants mettent trois quarts d'heure pour passer d'une rive à l'autre : le courant est très rapide sur ces rocs submergés que séparent des trous et des failles dangereuses et je dois renvoyer une partie des pachydermes chercher les miliciens qui ne peuvent songer à franchir par leurs propres moyens ; aussi, sommes-nous forcés de bivouaquer sur la rive droite sous un orage copieux qui nous arrose jusque fort avant dans la nuit.

Dans la journée du lendemain, nous atteignons l'embouchure du Ya Liau, après avoir suivi la Srépok dans le Nord-Ouest.

Le Ya Liau — appelé Nam Lieou par les Laotiens — est, avec le Ya Drang-Nam Tang des Laotiens — le plus gros affluent de rive droite de la Srépok; c'est sur sa rive gauche que s'élève, à quelques journées de marche dans l'Est, la ruine cham que j'ai visitée en 1906 avec mon ami Schein ; nous allons donc, pour retrouver ce point, suivre tout le cours inférieur de la rivière en nous tenant sur sa rive gauche; à son confluent, le Ya Liau a de 50 à 60 mètres de largeur ; c'est un beau cours d'eau roulant sur un lit de sable.

De ce côté-ci de la moyenne Srépok et dans tout le bassin du Ya Liau, la forêt-clairière est identique à celle de rive gauche ; c'est la zone de basse altitude où dominent les *kchik* et les *klong*, au sous-bois de bambou-herbe ; mais, ici, les herbes sont brûlées et le sol est nu ; les cendres se sont envolées sous les premières averses et les arbres se couvrent de frondaisons nouvelles, d'un admirable vert tendre, frais et exquis; quelques troncs, calcinés par l'incendie, gisent sur le sol qu'ils rayent de leurs débris noircis; les termitières coniques, jaune clair, surgissent comme des stalagmites épaisses et basses; des vieilles touffes d'herbe, il ne reste plus que quelques tiges sèches, cassantes et noires, plantées dans des amalgames de terre granulée, réunis en une manière de madrépore hérissant le sol et s'effritant sous les pas; les galeries forestières sont de plus en plus formées de denses et géantes bambouseraies épineuses; en arrière, une épaisse ceinture de bambous nains; ces taillis de bambous nains et les galeries des ruisseaux renferment en quantité un arbre de faible taille dont le fruit charnu, à saveur douçâtre et gros noyau, est une nourriture extrêmement prisée des cerfs et des chevreuils qui s'en régalent, laissant les noyaux en petits monceaux; c'est le *puôn* des Cambodgiens; mes gens, d'ailleurs, le mangent également avec délice.

La forêt-clairière est, ici, semée de cyccas dont la jeune couronne de palmes délicates surmonte le petit tronc encore noirci par les feux de brousse et le fruit en forme de pomme de pin.

Quelques *thbeng* et des *khlek* se mêlent à la forêt mais les premiers se rencontrent surtout en bordure des grandes clairières nues au milieu desquelles s'étalent les mares marécageuses; parfois aussi, des peuplements de *srâlau*; les clairières marécageuses et les bambous nains très épais, pressés en gros halliers d'où se sauvent les sangliers, sont très nombreux de ce côté-ci de la moyenne Srépok.

Un des caractères géographiques les plus curieux du bassin du Ya Liau est la présence, à distance plus ou moins grande du lit, de lagunes allongées, variant considérablement en importance et souvent très profondes; en toute saison, elles sont pleines d'une eau claire, dégarnie de toute végétation aquatique; leur aspect ne rappelle en rien celui des mares ovales et bourbeuses, encombrées d'herbes grasses et bordées d'un anneau de vase argileuse que l'on trouve, extrêmement nombreuses, dans les clairières nues; ces lagunes s'ouvrent entre des berges à pic et donnent l'impression d'une vasque brusquement creusée par un affaissement soudain; une épaisse ceinture de bambous nains et de halliers les entoure le plus souvent; ces curieuses lagunes, appelées *rlam* par les Mnong, communiquent avec le Ya Liau par un simple ruisseau très étroit, formant le pédoncule de cet ampoule aquatique qui déverse ainsi son trop-plein dans la rivière. Cette chaîne de lagunes, diversement espacées, parfois réunies en chapelets par des dépressions basses et marécageuses, est parallèle au cours du Liau et indique certainement l'emplacement d'un ancien lit de la rivière; les plus importants de ces étangs sont, d'aval en amont, le Rlam Njrik, près de l'embouchure, le Rlam Buiar qui forme, avec les dépressions marécageuses adjacentes, un long chapelet soustendant en corde un arc de la rivière et le Rlam Bau, un peu en aval du confluent du Ya Sôp; les dernières lagunes, de peu d'importance, se rencontrent un peu en aval de la tour cham.

Le Ya Liau reçoit, sur sa rive gauche, peu d'affluents importants; les deux plus gros sont, d'aval en amont, le Ya Liau-Blak, large de 15 mètres à son embouchure, le Ya Temôl, en aval du Rlam Buiar et le Ya Sôp, à 12 kilomètres en aval de la tour cham; le Ya Liau lui même coule Est-Ouest en son cours inférieur; son lit de sable et de schistes s'élargit parfois démesurément par suite de gros îlots boisés qui encombrent son cours.

Le gibier pullule ; chaque jour, nous rencontrons des troupeaux de cerfs, d'élans, d'éléphants, des chevreuils, des sangliers ; les bœufs sauvages cependant semblent ne point habiter ce district ; quant aux magnifiques gaurs — le *khting* si redouté des Cambodgiens — il affectionne les épais fourrés et se trouve surtout dans les environs du Yok Dòn, ce massif de collines du moyen D. Dam, sur la rive gauche de la Srépok.

Le 4 au matin, alors que nous avançons paisiblement, mon cornac mnong saute brusquement en arrière et, le doigt tendu, me montre, à moins de cinq mètres, un énorme cobra qui barre la route ; le haut du corps dressé à un pied du sol, le capuchon gonflé, immobile, l'horrible bête ne fuit pas mais est prête à l'attaque ; son corps, d'un gris d'acier, ondule entre les bambous nains ; la première émotion passée, je lui envoie une balle de 405 qui ne fait que lui couper la queue et un milicien, plus courageux, armé d'une grosse bûche, court à lui ; roulé au pied d'un tronc d'arbre, le cobra fait tête, sifflant et le capuchon déployé ; il est extrêmement dangereux de l'approcher ; mais il se retire dans un trou, à la base du tronc et ses écailles luisent ; nous le gratifions de quelques balles Lebel qui ne semblent malheureusement pas l'impressionner outre mesure ; il surgit de son trou et tombe enfin sous les coups des miliciens quand, au même instant, un second serpent, d'un vert éclatant, mince comme une ficelle, long de trois pieds — le serpent bananier — dégringole des branches presque sur la tête d'un de mes hommes qui l'abat d'un revers. Le cobra, de la grosseur d'un bras, mesure cinq bons pieds de long.

Dans l'après midi, nous tombons sur un troupeau de buffles sauvages ; ces énormes bêtes recherchent les endroits humides et le bord des étangs ; je ne puis malheureusement pas atteindre l'individu sur lequel je tire et dont me sépare une large lagune au-delà de laquelle ne peut arriver la balle demi-blindée.

Le 6, nous traversons le Ya Sòp, encaissé entre des rives abruptes bordées de bambous épineux très épais ; la rivière, très encaissée et étroite, est encore profonde ; il s'agit maintenant de ne pas manquer la tour cham qui se trouve à quelques kilomètres en amont dans l'épaisse galerie forestière du Ya Liau. Aussi, je fais déployer tout mon monde en éclaireurs et la recherche commence dans la forêt épaisse coupée de ruisseaux, d'herbes et de bambous nains ; bientôt, nous rencontrons un campement de Laotiens et de Jaraï du poste de Pl. Tur, venus à la chasse ; ils ont tué un magnifique buffle mais ne peuvent ou ne veulent pas nous indiquer l'emplacement de la ruine.

Après quelques tâtonnements, nous entrons dans la sombre forêt futaie qui borde la rivière et l'après-midi est déjà assez avancé quand nous trouvons enfin la tour cham qui élève, entre les fûts noirs, sa masse rousse, vieille de tant de siècles.

Voilà bientôt quatre ans que je venais ici pour la première fois avec mon ami Schein. Quatre ans ! Le lieu n'a pas changé et je reconnais la ruine tandis qu'en un éclair, ma pensée vagabonde vers les temps écoulés. Je revois alors notre premier voyage ici, notre visite au temple vénérable, épave d'un autre âge ; mais depuis, les inscriptions des chambranles se sont écroulées sur les débris du seuil ; dans l'intérieur du sanctuaire, les chauves-souris sont aussi nombreuses et la cuve à ablutions s'enfonce un peu plus dans l'épais tapis de guano ; dans le crépuscule humide et fétide du temple, le linga sacré, sculpté en tête mitrée, grimace au milieu de la cuve qu'il

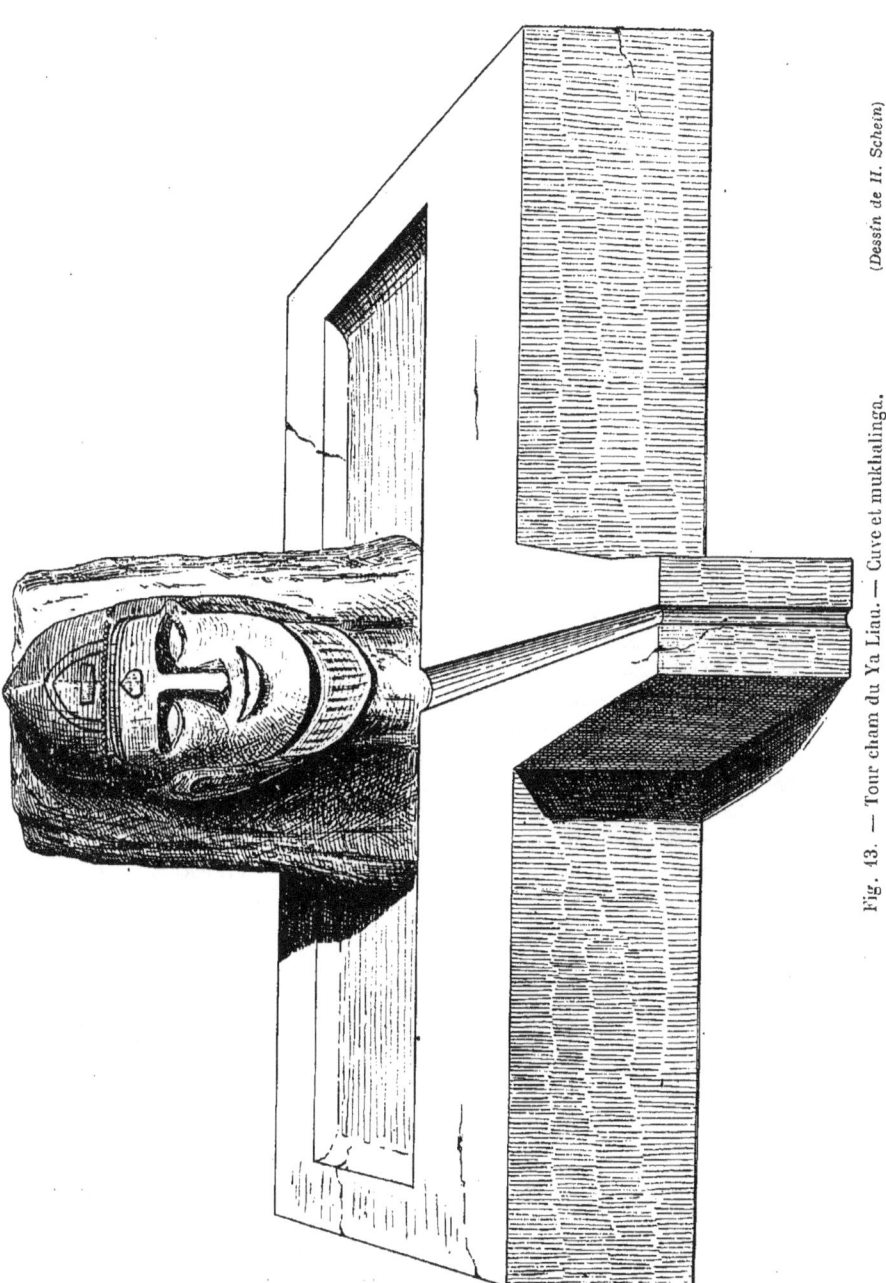

Fig. 13. — Tour cham du Ya Liau. — Cuve et mukhalinga.

(Dessin de H. Schein)

surmonte ; érigé à la fin du xiiie siècle par le roi Jaya Simhavarman III, le temple devait faire partie d'une ville aujourd'hui disparue ; le souvenir s'en est d'ailleurs perpétué chez les Jaraï voisins de l'Est ; en 1906, le chef de Pl. Tali nous parlait des Cham ; il savait que des guerriers de ce nom avaient élevé cette tour et une ville murée « il y a excessivement longtemps » et qu'ils combattirent contre les fameux Sadets, ces chefs religieux des Jaraï, aujourd'hui déchus de leur puissance de jadis ; les Cham, battus, finirent par abandonner le pays mais leur influence avait dû y être fort grande puisque Jarai et Radé parlent encore maintenant un dialecte qui est du cham presque pur.

Malgré un malencontreux accès de fièvre, je puis, le 7, explorer les environs de la ruine et, j'ai le plaisir de découvrir quelques autres vestiges cham ; en partant de l'angle Nord-Est de la tour, l'on trouve d'abord, à 130 mètres, un petit amas de briques, un peu avant un ruisselet encaissé, actuellement à sec et dans lequel gisent également de nombreuses briques; la rive droite de ce ruisselet est coupée de rainures et d'excavations qui mesurent de 8 à 10 mètres sur 3 à 5 mètres et sont parsemées de briques, le plus souvent brisées et enfouies dans le sol ; rassemblés en petits tas, ces matériaux se rencontrent encore pendant 130 mètres environ dans la forêt-clairière après que l'on a quitté l'épaisse forêt-futaie de bordure ; 620 mètres au-delà, en pleine prairie inondée, je découvre les dernières traces de ce qui fut un léger ensemble d'édifices de construction légère ; ce sont des soubassements en blocs de latérite : les premières ruines font 0 m. 45 de relief au-dessus du sol et des arbustes ont poussé tout autour ; c'est un carré de 4 m. 60 de côté ; le deuxième soubassement est à 7 m. 30 du premier ; il est rectangulaire et mesure 6 m. 30 $\times$ 5 m. ; la troisième et dernière assise est à 6 m. 60 de là ; elle est rectangulaire et mesure 7. m. 30 $\times$ 5 m. 20; une termitière a envahi l'un de ses angles et les arbustes poussent entre les blocs ; sur la première assise, sont disséminées des sculptures mutilées qui sont : un socle brisé, trois statues brisées dont une tête, une sorte de linga (?), un buste décapité, réduit au haut du tronc et à un bras coupé au coude ; d'autres débris informes gisent à côté de ces sculptures.

A 15 mètres au-delà du dernier soubassement, l'on rencontre encore un petit amas de briques et deux ou trois blocs de latérite taillés ; c'est tout ; tout autour de ce groupe d'édicules, s'étend la forêt-clairière très rabougrie, marécageuse et clairsemée ; rien ne vient aujourd'hui troubler le calme grandiose qui enveloppe ces vestiges d'un passé glorieux, témoin de la grandeur d'une race qui s'est écroulée dans une catastrophe inouïe et dont l'on ne retrouve plus que de misérables épaves, des ruines parfois grandioses, et, dans le Sud-Annam et au Cambodge, quelques dizaines de milliers de malheureux que notre domination a sauvés de la barbare oppression des Annamites.

9-11 mars — (63 kilomètres)

La tour cham est située par 205 mètres d'altitude, à l'endroit même où le Ya Liau, venant du Nord-Est, oblique brusquement vers l'Ouest ; sur la rive droite de la rivière, cette fois, nous allons continuer à en suivre le cours jusqu'à ce que nous rencontrions les premières sentes des Jaraï, déjà suivies en février 1908. La forêt-clairière est tou-

60. — Ruine chàm du Ya Liau (côté Sud).

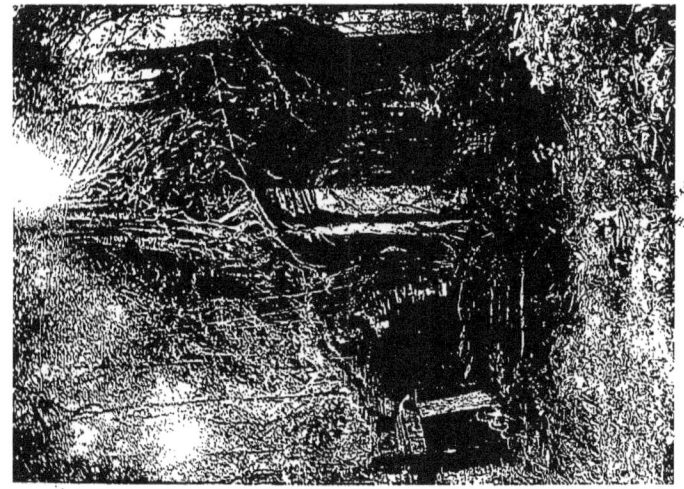

59. — Ruine chàm du Ya Liau (angle N.-E. et porte).

62. — Types jaraï de Pl. Tali.

61. — Ruine chàm du Ya Liau. — Ornement du faîtage.

jours celle de la zone basse et les espaces ouverts et marécageux semblent seuls plus nombreux ; dans le Nord, commencent à se montrer les premières hauteurs détachées du pays jaraï.

Le gibier est toujours aussi abondant et nous ne cessons de regorger de viande fraîche. Le 10, nous campons sur un banc de sable, dans le lit du Ya Liau qui coule en un cadre enchanteur ; les eaux sont encombrées d'îlots sablonneux couverts d'arbustes et de palmiers-rotins épineux ; ces délicats arbustes abondent et leur feuillage décore splendidement les îlots et les berges. Ce soir, un feu de brousse illumine la rive gauche ; à travers les arbres, nous voyons les foyers brûler, silencieux, et se propager sans un craquement ; l'on dirait le rayonnement d'une salle somptueusement éclairée ; puis, les flammes gagnent vers l'aval, embrasent la nuit étoilée pour, peu à peu, disparaître vers le Sud.

Les nuits sont chaudes en ces basses altitudes et, durant tout notre voyage à travers les forêts-clairières, les minima nocturnes ont oscillé entre 20°5 et 23° C. ; dans la matinée du 11, nous arrivons enfin à la sente de Pl. Poé et rencontrons deux Jaraï de Pl. Tali ; dans le Nord-Ouest et le Nord et dans le Sud Sud-Est, les massifs bleus des premières montagnes ; des bosses rocheuses accidentent bientôt la route et nous mènent brusquement à une ondulation couverte de brousse-taillis ; nous avons tourné subitement au Nord et nous ne tardons pas à arriver au gros village de P. Poé. Depuis le 20 février, c'est le premier hameau que nous rencontrons ; la traversée des forêts-clairières est terminée sans encombre et nous entrons en pays jaraï ; tout de suite, en ce village connu et ami, c'est l'accueil empressé, la jarre de bienvenue, la fête cordiale et franche en ce dernier hameau du Darlac septentrional.

Puis, par la sente suivie en 1908, nous continuons aussitôt sur le poste de milice de Pl. Tour ; du haut de l'ondulation, avant P. Teuh, le panorama se déroule, immense ; vers le Nord, une vaste étendue qui paraît plate, hérissée de quelques collines isolées aux allures géométriques ; dans l'Est, la chaîne des collines de partage de l'Ayoun ; dans le Nord-Ouest, un massif proche, isolé ; dans l'Ouest-Nord-Ouest, celui du T Dòn, tout proche.

Toute cette contrée méridionale des Jaraï est formée d'ondulations molles, analogues à celles du Darlac et semblablement couvertes de brousse-taillis et d'herbe-paillotte épaisse ; elles sont orientées Est-Ouest et séparées par des affluents du Ya Lop qui est un gros tributaire du bas Ya Liau ; des terrasses de schiste et de grès décapées affleurent et des boqueteaux de forêt clairière les entourent encore ; les villages sont nombreux et riches et les huttes sont sur pilotis, de style jaraï et radé bien connu.

Quatre heures de marche nous amènent au poste de milice de Pl. Tour mais le garde principal en est parti depuis quelques jours et nous nous installons dans le poste que commande un gradé annamite.

III

13-18 mars — (123 kilomètres).

Le poste de milice de Pl. Tour est un véritable fortin entouré de fossés profonds et d'une double palissade défendue par des lancettes et des pieux effilés ; à chaque angle, un mirador de veille. Ce point a longtemps été le centre d'une région turbulente et guerrière. C'est près d'ici d'ailleurs, à deux heures de marche dans l'Est, au village du Sadet du Feu, que fut assassiné, en avril 1904, le malheureux administrateur Odend'hal.

Aujourd'hui, le poste dépend de la province de Phuyên par la délégation de Cheo-Reo, sise à 40 kilomètres dans l'Est, sur le Song Ba, un peu en aval du confluent de l'Ayoun.

C'est Pl. Tour qui marque l'extrême limite de mes itinéraires antérieurs ; au Nord, s'étend l'ancienne province de Kontum qui est l'hinterland moï du Binh-Dinh. Mais, au lieu de gagner directement la délégation de Kontum par la sente connue du Nord, je vais décrire, dans le Nord-Ouest, un vaste arc-de-cercle par le pays tout récemment soumis des Jaraï-Hedrong, le long de la lisière des forêts-clairières, par les hauts bassins du Ya Lop et du Ya Drang, derniers tributaires du bassin de la Srépok.

Nous repartons le 13 au matin par la sente de venue jusqu'à Pl. Teuh, d'où nous obliquons dans l'Ouest sur P. Patau-Yà ; la sente se tient dans une sorte de forêt-clairière composée de taillis bas, rabougris et très clairsemés, d'arbustes épineux et tordus et de *réang phnom* ; le sol, extrêmement raviné, de schiste décomposé par les pluies, est constellé de plaques de gravier d'un curieux lilas foncé. Pl. Patau-Yà est le village du Sadet de l'Eau, collègue du Sadet du Feu ; bien qu'il n'ait pas pris part au meurtre d'Odend'hal et se soit soumis à nous dès la première heure, il ne jouit plus, depuis longtemps, du prestige et de l'autorité qu'il se partageait, au cours des siècles passés, avec le Roi du Feu ; le Patau-Yà actuel est un grand diable sec, calme et tranquille, qui n'a certes rien de royal ; son village actuel n'est pas loin de l'emplacement qu'il occupait lors de la visite de Cupet, en 1891 ; nous allons d'ailleurs suivre à peu près l'itinéraire du fameux voyageur, mais j'espère ne pas rencontrer l'hostilité dont firent montre envers lui les villages du Nord-Ouest. Suivant le Sadet, le plus proche hameau, dans le Sud-Ouest, est B. Don-Ma-Yeul, à quatre ou cinq jours de marche sur la Srépok et que j'ai visité en 1906. Le T. Dòn, gros massif isolé, est tout près du village, derrière le Ya Lop, principal affluent de rive droite du bas Ya Liau et sur lequel est situé le hameau.

Au sortir de Pl. Patau-Yà, la contrée est couverte encore de forêt-clairière où dominent le *réang phnom*, le *phchek* et le *khlek* ; mais, bientôt, la contrée se relève, les bambous et la forêt-taillis se mêlent à la forêt-clairière et cette zone de transition nous amène sur les ondulations couvertes de brousse et de taillis ; l'altitude est de 385 mètres ; nous montons jusqu'à 430 et, de ce point, la vue découvre, dans l'Ouest, des chaînes bleues et lointaines qui sont sur le versant du Ya Drang.

Près du T. Go, le sol se sème d'efflorescences granitiques, blocs énormes jaillis entre les bambous minces et nous arrivons enfin, tard dans la journée, au village Pl. Tay.

Toute cette contrée du Nord-Ouest présente l'aspect d'un point quelconque du Darlac central ; mêmes ondulations douces à terre rouge, séparées par des ruisseaux d'eau vive plus ou moins encaissés ; ces ondulations ont, dans leur partie occidentale, une altitude moyenne de 450 mètres, qui atteint 535 à P. Neut. Elles ne sont que la partie occidentale du grand plateau que traverse, du Sud au Nord, la sente directe de

Pl. Tour à Kontum ; ce plateau s'arrête, dans le Sud de P. Tour, aux collines du moyen Ya Liau qui le séparent du Darlac septentrional. A peu de distance d'ici, dans l'Ouest, ces ondulations finissent sur les forêts clairières par des bosses d'écroulement analogues à celles que nous avons traversées l'autre jour avant P. Poé et, plus récemment, entre Pl. Patau-Yà et P. Tay ; les ruisseaux franchissent la dénivellation des deux zones par des chutes importantes dont quelques-unes sont de magnifiques sauts perpendiculaires ; celle du Ya Meur, visitée par le garde principal Berner, ne mesure pas moins de 50 mètres de haut. Des collines à silhouette géométrique hérissent ces coteaux ; ce ne sont que de grosses protubérances faisant partie intégrante des ondulations ; le T. Miah est la plus saillante et ses deux seins jumeaux, boisés à leur crête, dominent toute la région de leur balise caractéristique.

Les villages sont nombreux et importants ; ce sont les derniers hameaux du Plateau, car, dans l'Ouest, c'est le désert des forêts-clairières proches dont l'on aperçoit parfois le tapis plat du haut d'une crête dégarnie par les cultures ; les huttes sont sur pilotis, assez exiguës ; les troupeaux de bœufs et de chèvres se rencontrent à chaque agglomération ; de jolies perruches à longue queue, à bec rouge, la gorge cendrée, particulières au pays jaraï, se balancent sur des perchoirs de bambou sous l'auvent des maisons.

Toute cette région n'est soumise que depuis 1908, à la suite de l'énergique campagne menée par le garde principal Berner, ancien chef du poste de Pl. Tour ; les Jaraï, race turbulente et pillarde, ont longtemps résisté à notre domination, razziant sans cesse les secteurs soumis et la pacification a été laborieuse ; au gros village de Pl. Kuèn, l'un des sièges de la résistance en 1908, nous tombons en pleine fête ; le feu a récemment détruit un grenier à paddy et les villageois sont en train de conjurer la colère des génies ; un buffle a été immolé et les gongs battent ; sur un plateau en lattes de bambou tressées que supportent quatre pieux fichés obliquement en terre, repose la tête de la victime ; les joueurs de gongs, leur instrument suspendu par une cordelette à l'épaule gauche, font lentement, en file indienne, le tour de ce rustique autel en battant les tamtams sur un rythme très spécial ; là-dessus, plane le boum-boum d'un gros gong renflé, frappé par un individu barbu qui marche en se dandinant et en ployant sur les jarrets.

Très avant dans la nuit, la fête bat son plein et les villageois font bombance ; le fin croissant de la lune s'est levé et le vent d'hiver courbe les arbres et fouette les toits de paillotte.

Nous commençons à rencontrer quelques trafiquants annamites venus de Kontum ; depuis P. Kuèn, les villages possèdent la curieuse maison commune, inconnue chez les Jaraï du Sud ; c'est, ici, une hutte plus petite que les autres, mais plus large et coiffée du pittoresque toit démesuré, aux parois presque perpendiculaires, le faîtage légèrement convexe et rappelant à s'y méprendre les curieux bicornes de nos incroyables de la Révolution ; c'est dans cette maison que se réunissent, pour y dormir, les jeunes hommes du village ; ils y jouent du gong et s'y livrent à tous leurs petits travaux journaliers ; chaque village possède une ou deux de ces curieuses bâtisses qui n'atteignent cependant pas encore les magnifiques dimensions de celles des Bahnar.

Depuis Pl. Bong, les vérandas précédant les portes ne sont plus dans le prolongement de l'axe de la maison, comme chez les Radé et les Jaraï du Sud, mais perpendiculaires à cet axe, l'entrée occupant le centre d'un des grands côtés de la hutte.

Au fur et à mesure que nous avançons vers le Nord, la brousse-taillis fait place à la forêt-taillis emmêlée de lianes.

Les arbalètes sont à manche court et leur extrémité inférieure est terminée en spatule ; l'arc est plus grand que la tige ; elles sont de modèle analogue à celles des Mnong de la région montagneuse du Lang-Biang.

Le 15, nous atteignons le Ya Drang, que les indigènes appelle Ya Grang ; nous couchons à P. Gong, gros village long de plus de 300 mètres ; les vérandas sont en planches et les trois côtés en sont garnis de planches dressées perpendiculairement sur leur grande arête ; les poulaillers sont sur pilotis : dans de Nord-Ouest, au-delà des ondulations familières, apparaissent des collines dentelées, en massifs isolés et bleus, bordant la rive gauche de la moyenne Sé San que les indigènes appellent Krong Jal ; les villages du Nord-Ouest dépendent de Stung-Treng par le poste de Bokkham.

La région produit beaucoup de sésame ; cette plante, dont les graines violettes remplissent d'énormes jarres, n'est pas utilisée par les naturels mais ses graines sont vendues aux Annamites qui en font un important commerce.

Les villageois fument de belles pipes, longues de 0 m. 50, en cuivre, à fourneau de terre ou de cuivre et fabriquées chez les Bahnar et les Jaraï du Nord.

L'itinéraire de Cupet a été admirablement levé et je reconnais pas à pas le nom des villages et des rivières ; le 16 au matin, nous traversons le Ya-Puit, affluent du Ya Drang, sur un beau pont suspendu de rotins et de cannes ; le tablier est large d'un pied à peine et élevé de cinq mètres au-dessus des eaux ; le travail est très curieux et analogue à ce que j'ai déjà vu chez les Mnong montagnards.

Les éléphants n'avancent plus qu'avec la plus extrême lenteur dans les maudits bambous écroulés qui encombrent et remplacent même la forêt-taillis. A P. Lung, le dialecte jaraï devient tout à fait différent de celui du Sud et mes cornacs jaraï de B. Tali peuvent à peine se faire comprendre ; les villageois se disent Jaraï Kai-Ile-Grong (Kai = environs, voisinage, Grong est le nom d'une colline du pays). Les huttes sont maintenant couvertes en *sôm*, comme chez les montagnards, et les naturels portent, dans les oreilles, des boucles d'étain aux pointes allongées ; l'on rencontre des plantations d'ananas, de coton, de cannes à sucre, de manioc, de sésame ; les boucliers en bois bombé sont magnifiquement ornés de minces bandes d'étain appliquées en dessins linéaires du plus bel effet.

Tous ces villages sont forgerons, le marteau est une petite masse de fer ficelée dans un morceau de bois, l'enclume, une pierre ou un petit bloc de fer enchâssé dans une grosse pièce de bois.

Derrière Pl. Lung, nous rencontrons le premier cimetière jaraï vraiment typique et curieux ; les tombes sont, ici, réunies en une agglomération importante et deux ou trois des principales sont surmontées d'un toit démesurément élevé ; l'enclos est formé par des planchettes flanquées, aux quatre angles, de poteaux sculptés en paons, en êtres humains, en animaux divers.

Nous y arrivons à peine qu'une sorte de miaulement plaintif se fait entendre dans les fourrés, à quelques pas de nous et, très calmes, les guides me disent que c'est un tigre ; cette bête abonde ici et dévaste les troupeaux.

Nous passons, sans nous en apercevoir, dans le bassin du Krong Jal par son affluent, le Ya Krel ; le pays est identique ; mais, à Pl. Ngòl, mes guides me mènent droit à une large enceinte derrière laquelle s'élèvent de modestes bâtiments d'où surgissent des Annamites rasés, le scapulaire au cou et, très ému, j'apprends que je suis à la première chrétienté du Kontum ; le missionnaire qui l'occupe, le P. Nicolas, n'est malheureusement pas là et ne reviendra que dans quelques jours ; impossible de l'attendre et c'est avec regret que je continue ma route sans avoir pu voir le courageux pionnier.

Les ruisseaux qui vont Est-Ouest à la moyenne Sé San coulent entre les ondulations habituelles en des lits marécageux, extrêmement dangereux, étroits et couverts d'une eau huileuse et mordorée, où baigne une forêt d'herbes aquatiques et grasses ; les animaux du convoi ne franchissent ces vastes ornières qu'avec la plus grande difficulté. A P. Rach, des Annamites trafiquants m'apprennent que l'on m'attend depuis longtemps à Kontum ; le délégué est même venu à ma rencontre et a fait débroussailler, à mon intention, la sente qui conduit à l'Est sur Pl. Kù où, me dit-on, se trouvent un poste de milice et un garde principal ; je voudrais bien continuer vers le Nord jusqu'au Krong Jal mais les naturels m'affirment que la sente est coupée de ruisseaux fangeux d'où nos bêtes ne se dépêtreront pas ; les hautes collines qui se dressent devant nous et derrière lesquelles coulent la rivière, seront extrêmement difficiles à franchir ; or, mes éléphants ne peuvent se tirer de l'immonde cloaque qui est le ruisseau du village et doivent faire un grand détour dans l'Est ; de plus, je suis singulièrement en retard sur mon itinéraire ; aussi, je me laisse tenter par la belle sente ouverte et je donne, quoique à regret, l'ordre de tourner dans l'Est. Les villages sont maintenant fréquentés par de grosses caravanes d'Annamites dont les juments porteuses paissent par pelotons autour des chaumières.

La contrée, soumise seulement depuis peu, est encore frémissante de la terrible leçon que lui a infligée le délégué de Kontum en punition des incessants pillages dont ces turbulents Jaraï avaient fait leur principale occupation ; aussi, sommes-nous reçus sans enthousiasme ; les sauvages disparaissent à notre approche et ne fournissent que très difficilement les guides désirés.

Le 18 aura été une fort longue étape ; partis de Pl. Gong, nous avons suivi la sente élargie, laissant parallèlement, à notre droite, le petit massif bas du T. Kraih qui forme la ligne de partage des eaux de la Sé San et de la Srépok, puis nous nous sommes élevés peu à peu ; par 630 mètres d'altitude, nous entrons enfin sur le plateau proprement dit dont les ondulations de ces derniers jours ne sont que les ramifications ; largement épanoui, relié aux derniers contreforts du T. Kraih, il s'étale à perte de vue et les ruisseaux n'y creusent plus que des rainures douces ; les arbres sont très clairsemés et rabougris et le sol est tapissé d'une épaisse mer de fougères ; l'aspect du secteur est celui du plateau d'Atep et de Ya Tih, sur la grande route d'Annam au Darlac ; la sente suit la ligne de faîte entre les ruisseaux et, pour trouver de l'eau, il faut aller jusqu'à Pl. O où les éléphants n'arrivent qu'à 2 h. s. ; Pl. O est par 740 mètres d'altitude, en face de plusieurs villages pittoresquement étalés de la base au sommet d'une ondulation déboisée, de l'autre côté du ruisseau. L'altitude augmente sans cesse ; le

Plateau se déroule, d'un vert sombre, presque déboisé, à peine piqué d'arbres rabougris, dressés comme des plumeaux tordus. Des bosses aux allures géométriques hérissent, de-ci, de là, les dômes mous à peine sensibles; tous les ruisseaux appartiennent au bassin de la moyenne Sé San; dans l'après-midi, nous sommes par 825 mètres d'altitude, au sommet de cet énorme dos d'âne; alors, des montagnes montent dans le Nord et le Nord-Est en une ceinture continue et hautaine; un moment, j'ai l'illusion d'être transporté, à des journées au Sud, au milieu du Plateau de Djiring; dans le Sud-Est, la table du T. Grong; cette colline serait, suivant les missionnaires qui l'ont visitée, un ancien cratère; à son pied, se trouve un petit lac dans une dépression située en haut d'une sorte

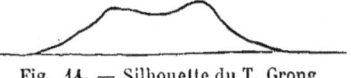

Fig. 14. — Silhouette du T. Grong

d'échine qui est un contrefort de la colline. Tout contre nous, à gauche, le T. Tè-Glè; le jour baisse et soudain, à nos pieds, à quelque 40 mètres en contrebas sur la droite, des villages apparaissent, largement étalés dans la plaine; sur un des carrés de paillotte jaune, minuscule, mais claquant au vent, le drapeau de France; c'est le poste de Pl. Kû; un temps de trot nous y mène entre la double rangée des huttes d'un petit hameau annamite et c'est avec joie que je retrouve là l'un des gardes principaux que j'ai connus au Darlac; c'est le premier Européen que je vois depuis mon départ de Djiring, depuis juste deux mois!

Le vaste plateau de Pl. Kû constitue un immense dos d'âne dont les pentes méridionales forment la région du poste de Pl. Tur. Des mamelons isolés le dominent; ce sont le T. Tè-Glè, dans l'O. 1/2 S., à quelques kilomètres du poste; dans le S. S.-E. 1/2 S. le T. Grong dont la silhouette de trapèze ensellé est caractéristique; dans le S.-E. 1/2 E., le T. A, double bosse longue, qui se trouve au Nord de Pley Tay, ancienne

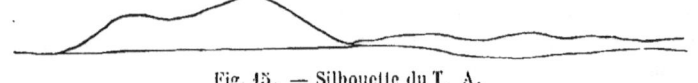

Fig. 15. — Silhouette du T. A.

résidence de l'éphémère province de Kontum ou Pl. Kû-der; dans le N. 1/2 O., le petit cône du T. Telî; tous ces accidents de terrain sont de faible relief mais se découpent admirablement au-dessus du plateau nu et presque plat. Ce plateau se ramifie en tous sens par les ondulations séparant les ruisseaux qui prennent naissance en son cœur même. Il rappelle, à s'y méprendre, le Plateau de Djiring et le grand Plateau Central des Mnong.

Le Plateau de Pl. Kû est ceinturé, sauf au Sud, par un immense arc-de-cercle de montagnes élevées, issues de la puissante chaîne annamitique.

Au Nord, voici la chaîne du T. Ya-Nom dont le pied est à quelque 15 kilomètres du poste; c'est une bande de collines, séparées par des cols bas; elle s'étend du N. 1/4 N.-O. au Nord-Est; dans cette direction, le plateau se continue par une pointe hardie qui, dépassant le T. Ya-Nom, va buter contre les hautes murailles lointaines, fortement estompées contre le ciel ; cette muraille escarpée et abrupte est le revers même de la chaîne annamitique ; un pic aigu la domine ; elle arrête le plateau dans le Nord-Est et s'abaisse vers l'E. 1/4 N-E. où commence une autre chaîne plus rapprochée, le T. Denong dont le pic principal est dans l'Est-Sud-Est ; cette ligne

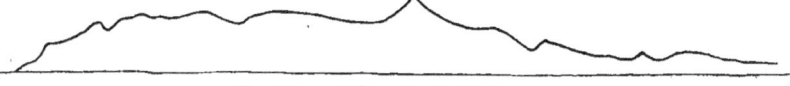

Fig. 16. — Silhouette du T. Denong.

de hauteurs se trouve derrière l'Ayoun, entre cette rivière et le S. Ba dont elle est le principal affluent. Le plateau de P. Kû descend, en effet, sur l'Ayoun au-delà duquel il se relève jusqu'au pied de la chaîne.

Dans le Nord-Ouest, s'élèvent les crêtes derrière lesquelles coule le Krong Jal ; c'est la chaîne du Plepang, à la crête dure, dentelée, sans un col, érigeant sa masse du N.-O. 1/4 O. au N.-O. 1/2 N. ; cette barrière se prolonge, dans le Sud-Ouest, par des mamelons bas qui vont se souder aux collines isolées aperçues au Nord de Pl. Rach (T. Kang-lang et T. Prong) ; cette falaise est orientée Nord-Est — Sud-Ouest et s'avance fort loin dans le Nord par des pics bleuâtres et indépendants qui sont de l'autre côté de la Sé San.

Le poste de P. Kû est par 785 mètres d'altitude, au centre d'une région admirablement peuplée ; l'on ne compte pas moins de 30 villages dans un rayon de 15 kilomètres. Le poste a été fondé en 1909, à la suite des pillages commis par le groupe des villages de l'Ouest et dont nous venons de traverser quelques hameaux ; c'est un modeste poste aux bâtiments de torchis et de cai-phên, sur terre-plein. Un petit hameau annamite s'est déjà formé autour de lui.

Suivant les naturels, le T. Grong est la demeure des Dam-Dua, les deux génies de la guerre. Quelque heureux mortel est-il favorisé de leur apparition en songe et parvient-il à se procurer une des plantes mystérieuses cultivées par eux, il peut se promettre plein succès dans toutes ses expéditions et ce sont ces génies qui ont valu leur réputation de brigands invincibles aux Jaraï Hedrong — ou mieux Kaï-He-Grong — qui tirent leur nom de tribu du voisinage de la colline.

20-22 mars — (50 kilomètres)

Le garde principal, mon ami Cologon, est assez aimable pour m'accompagner jusqu'à Kontum qui n'est plus qu'à quelque 45 kilomètres dans le Nord ; une route carrossable, en voie de construction, y mènera bientôt tandis qu'une autre grande artère ira, de P. Kû, rejoindre le poste de Kon-Chorah, à quelque 50 kilomètres dans l'Est-Nord-Est, sur la grande route de Kontum à Quinhon.

Le plateau se continue vers le Nord, identique à lui-même et nous arrivons, au bout de trois heures, au curieux lac de Ya Nueng ou Tenueng, bel étang de 1.500 à 2.000 mètres de long sur 600 de large, étalé dans un vaste écroulement du Plateau ; le niveau de la nappe lacustre est à 40 ou 50 mètres en contre-bas du Plateau et ses berges sont presque partout perpendiculaires — au Sud, à l'Est et à l'Ouest ; il marque la dépression la plus forte de l'effondement septentrional de la terrasse qui s'abaisse brusquement sur la plaine prolongée jusqu'au pied du T. Ya-Nom dont les premières pentes sont à 4 ou 5 kilomètres de là ; les villages environnants appartiennent à la tribu jaraï des Habau ; à quelque distance de la rive orientale du lac, s'élève le village annamite de Tien-Son, hameau d'une vingtaine de cases nouvellement formé de catholiques ; il est bâti en haut de la magnifique plaine marécageuse semée d'arbustes et de bambouseraies, à travers laquelle se tord le Ya Nhil, affluent du Krong Jal et dans lequel se déverse le Tenueng. Cette plaine sera transformée en rizières par les Annamites. La route directe de Kontum passera, à l'Ouest du lac, par un autre village annamite installé là par le délégué de Kontum, il y a un an environ. L'altitude de Tien-Son est de 775 mètres.

Ce curieux étang, appelé Biên-Hô par les Annamites, renferme de nombreux coquillages et des poissons en abondance ; quelques huttes de pêcheurs se dressent au fond d'une des petites baies qui se faufilent entre les falaises d'écroulement mais les villageois jaraï ne sauraient s'établir près de ses eaux sur lesquelles, pour rien au monde, ils ne voudraient s'aventurer ; le lac est, en effet, sacré et, sur son origine, court une bien curieuse légende.

« Un grand génie y repose, racontent les Habau et, même par le temps le plus calme, ses eaux sont toujours agitées ; elles se soulèvent et s'abaissent comme la poitrine d'un homme qui respire.

« Autrefois, deux beaux villages en occupaient l'emplacement. Ils avaient pour reines Ya-Nom, sœur de Ya-Nat, Ya-Tiaou, sœur de Ya-Tiop et de Ya-Tiène.

« Ya-Tiaou était une sorcière ; mais Ya-Nom et Ya-Tiène étaient de bonnes mères de famille, riches en troupeaux de pourceaux : chacune, dit-on, possédait plus de cent truies.

« Un jour, Ya-Nom, en allant à la fontaine, vit sortir de l'eau un tendre petit goret. Le croyant égaré, elle en eut pitié, le déposa doucettement dans sa hotte et le rapporta chez elle, pour l'élever. Mais impossible de lui faire accepter aucune nourriture, pas même du riz blanc ! La bonne reine était désolée. Tout à coup, la bête aperçut quelques grains de sable restés au fond de la hotte, et se mit à les croquer ! Evidemment cet animal extraordinaire était un génie envoyé par les esprits ! On prit de lui le plus grand soin ; tous les jours, on le rassasiait de sa nourriture préférée. Il atteignit ainsi la taille d'un buffle !

« Le méchant roi Rok vint un jour rendre visite à Ya-Nom et aperçut ce porc énorme :

« — Je mangerai cette bête ! » dit-il.

« Ya-Nom eut beau faire toutes les représentations, Rok le tua et en envoya un morceau à la Tiaou, sa parente.

« Mais, pendant le festin, la partie du village où il avait lieu s'abîma sous les eaux.

« Seul, le quartier occupé par la case de Ya-Nom fut épargné. La pauvre reine, effrayée, alla se réfugier au sommet de la montagne voisine qui prit son nom.

63. — Chandeliers atham.

64. — Tombeaux jaraï du Sud (région de Pl. Tali).

« Ya-Tiaou, ayant reçu le morceau envoyé par Rok, voulut le griller pour en nourrir son petit-fils ; mal lui en prit, car la terre s'ouvrit aussitôt et, bien qu'innocente du crime commis, elle fut engloutie avec tout son village ; maintenant, son esprit erre, dit-on, sur les sommets du Mont Manqué.

« Par un singulier hasard, Rok, qui avait déchaîné la colère des génies, échappa à la catastrophe. Afin de fuir au plus vite ces lieux maudits, il monta sur l'éléphant de Ya-Nom et essaya de l'entraîner au sommet de la montagne où la reine s'était réfugiée. Mais, arrivée à mi côte, la bête, épuisée, s'arrêta. Rok alors lui coupa la tête et scia ses belles défenses d'ivoire. L'énorme roche que l'on voit au flanc de la montagne n'est autre chose que la tête pétrifiée de l'éléphant. Rok chargea ensuite l'ivoire sur ses épaules pour aller le vendre au pays cham, mais, en route, les défenses devinrent si lourdes qu'il dut les abandonner au sommet de la montagne.

« Elles y sont restées jusqu'à ce jour, sous la forme de deux énormes rochers. Ce sont elles qui ont valu au massif le nom de « Mont des Défenses ».

C'est tout à côté, non loin du village de P. Khuen, que se trouve, pour les Jaraï, le berceau de l'humanité et le « Centre de la terre ».

« C'est ici, en effet, qu'après le déluge du père Tambour, les hommes, trop nombreux, élevèrent la Tour de la dispersion. Elle était si haute qu'on devait en maintenir le sommet à l'aide de longues cordes en rotin.

« Un héraut y monta pour explorer du regard l'univers.

« — Au levant, s'écria-t-il, je vois une belle plaine près de la mer ; j'en vois une autre au couchant près d'un grand fleuve ! »

« Il ne put en dire plus long, car en ce moment même, la tour s'écroula et le malheureux tomba mort ; pressés de gagner les premiers ces régions enchantées, Annamites et Laotiens avaient lâché toutes les cordes. Les Bahnar et les Jaraï, nonchalants par nature, s'amusaient à croquer de la canne à sucre et n'avaient rien entendu. Quand ils voulurent écouter, il était trop tard ! Ne sachant trop de quel côté diriger leurs pas, force leur fut bien de rester au pays.

« Maintenant encore, on voit un débris d'une des colonnes de la construction géante. Personne n'ose y toucher, car sa disparition complète amènerait la fin du monde (1) ».

Une brume blanche, épaisse et froide s'étend encore sur Tiên-Son et le lac maudit ; nous passons bientôt le Ya Nhil, large de 10 mètres, sur un lit de sable ; un moment, sur notre gauche, la pointe Nord du lac scintille entre les ondulations, puis nous nous engageons dans les taillis et les bambouseraies qui recouvrent les dernières pentes septentrionales du plateau rapidement resserré et arrêté devant une sorte de défilé mamelonné, étranglé entre la masse du T. Ya-Nom et un autre massif boisé, le T. Kdut ; nous franchissons ce couloir par 740 mètres d'altitude pour déboucher sur un petit plateau secondaire assez mouvementé ; à droite, une épaisse chaîne de collines reliées au Ya-Nom par le T. Prong ; nous y atteignons le village de Pl. Ruê, dernier hameau jaraï de la région ; derrière le T. Kdut, qui est tout proche au Sud,

---

(1) Ces légendes sont racontées par le R. P. Kemlin dans sa belle étude : *Au pays jaraï*. Missions catholiques, 1909. — 7, 14 et 21 mai.

monte, loin dans l'Ouest, la grosse masse brumeuse du T. Pepah, de l'autre côté de la Sé San. Les Annamites sont toujours très nombreux et nous croisons souvent leurs petites troupes qu'accompagnent les juments porteuses. Pl. Ruô n'est plus que par 680 mètres d'altitude.

Le défilé se continue encore, au-delà du village, entre une double haie de collines ; puis, à 9 kilomètres de Kontum, nous prenons la grande route ouverte jusqu'ici ; elle se déroule en forêt-taillis au sol sablonneux, puis en forêt-clairière ; enfin, brusquement, au kilomètre 2, nous débouchons sur une vaste plaine unie, au sol gris couvert d'une herbe rase et sèche, de rizières à sec et de pâturages ; une longue ligne de hauts bambous verts la coupe ; de tous côtés, des collines l'encerclent de chaînes et de massifs isolés ; au-delà des bambous, des toits de paillotte et de tuiles apparaissent dans la verdure : c'est l'agglomération de Kontum disséminée de l'autre côté du Krong Bla ; large de 50 à 60 mètres, le fleuve coule, tranquille et lent, entre des rives escarpées et sablonneuses de quatre à cinq mètres de haut ; des bancs de sable et de galets émergent et, nulle part, l'eau ne dépasse cinq pieds de profondeur ; la ressemblance est frappante avec une section quelconque du moyen Donnaï ou du bas Krong Knô dans leurs plaines de marais et de rizières. Nous passons le cours d'eau sur un bac et entrons de suite à la délégation qui s'élève dans un vaste jardin aux sanglants parterres de lys rouges.

Le délégué est absent mais a donné les ordres nécessaires ; les missionnaires, par contre, sont là et me reçoivent à bras ouverts. Les inhospitalières contrées du Sud sont loin ; une douce et délicieuse atmosphère d'amitié nous environne et nous pénètre ; depuis Djiring, c'est enfin l'oasis, dès longtemps espéré, l'îlot de refuge auquel je pensais sans cesse dans les solitudes désolées des mornes forêts-clairières.

En ligne superbe, se détachant sur la plaine, les huit éléphants débouchent à leur tour ; serrés en peloton, les miliciens cambodgiens, le béret sur l'oreille, la carabine à la bretelle, marchent en avant-garde et l'affluence est grande pour voir l'entrée triomphale de ce convoi du Cambodge en cet hinterland moï d'Annam, de cette petite troupe qui, partie de Kratié, vient d'accomplir, sans une perte, un raid de 1.755 kilomètres.

CHAPITRE IV

DE KONTUM A MOULAPOUMOK

(243 kilomètres — 4-18 avril)

La région de Kontum et la mission catholique des Bahnars. — Le Jrai-Li. — Le Mang-Mrai et les montagnes du haut D. Hedrey. — Tombeaux et funérailles. — Populations et légendes. — La vallée du Hedrey. — Les sources chaudes de P. Rmam. — B. Vœûne-Sai.

I

La rivière que les Laotiens appellent Sé San et qui se jette dans la Sé Khong peu après avoir reçu la Srépok ou Sé Bang-Khan, est la branche centrale de cet admirable système des trois rivières qui drainent au Mékong les eaux d'un énorme bassin.

La Sé San, comme la Srépok, est formée de deux branches principales, le Krong Belah — appelé communément Krong Bla – et le Krong Pekò ; il est difficile de dire quelle est, des deux rivières, celle qui représente, au point de vue géographique, le cours supérieur de ce qui sera la Sé San ; le Belah seul, en effet, est à peu près connu, le haut Pekò n'a pas encore été exploré.

Le Kr. Belah, qui est la branche orientale, est formé lui-même de trois branches, le D. Penè à l'Est, le D. Sengèh au centre et le D. Akœuy à l'Ouest ; le D. Sengèh est la branche maîtresse ; il prend naissance, par 1.770 mètres d'altitude, dans les épaisses montagnes du Quang-Ngai et ses sources sont opposées à celles du Song Tracuk qui est la rivière de Quang-Ngai ; elles ont été découvertes, en 1899, par le marquis de Barthélémy et le comte de Marsay qui levèrent, pour la première fois, son cours jusqu'à Kontum même.

Le Penè descend du Kong-Ngut, épais massif d'où vient également l'Ayun ; quant au D. Akœuy, il prend sa source dans les montagnes du pays sedang ; le haut Penè arrose le pays des Jeleung ; son confluent dans le Sengèh n'est qu'à une lieue environ en aval de l'embouchure de l'Akœuy ; les cours de ces trois rivières sont parallèles entre eux et orientés Nord-Sud.

A l'Est du moyen Sengèh, s'étend le magnifique plateau des Benom d'où descend le Song Ba — appelé Krong Rpà par les naturels ; ce plateau, de haute altitude, à peine longé par de rares voyageurs, serait admirablement cultivé en rizières étagées ; le Sengêh en arrose les dernières pentes occidentales.

C'est à partir du confluent du Sengêh et du Penè que le Belah prend son nom ; une chute de sept mètres, le Kœuy Ketuh le coupe, à une lieue en aval du confluent du Penè ; puis, le Belah reçoit, à gauche, le D. Pekey qui descend du même massif que le Penè : le Pekey, qui coule d'abord Nord-Sud, forme un vaste coude dans le Sud-Est ; c'est à son confluent que le Belah commence à décrire les innombrables et capricieux méandres de ses cours moyen et inférieur ; encaissé entre des collines de 100 à 200 mètres de relief, il est encore impraticable à la batellerie par suite des rapides qui l'encombrent. Puis, à gauche, le Bla reçoit le Meteung — ou Peteung — son plus gros tributaire, venu du Tieu Grong, cette colline isolée à silhouette de trapèze dont j'ai déjà parlé et qui domine de sa table le plateau de Pl. Kû. En aval du plateau, le Meteung traverse l'immense marais que les Gelar appellent le Kedeû ; c'est à l'extrémité méridionale de cette dépression que se trouvent, sur deux bosses séparées par la rivière, des ruines cham ; les villages de la tribu des Gelar sont fort nombreux tout autour du marais.

Au sortir du Kedeû, le Meteung franchit une chute de sept mètres, puis, plus en aval, un second saut de vingt mètres ; son cours n'est, d'ailleurs, qu'une succession de cataractes et de rapides.

Au confluent du Meteung, le Belah change brusquement d'orientation et se dirige de l'Est à l'Ouest en décrivant d'énormes méandres ; à deux kilomètres en aval du Meteung, se trouvent, à Kon Ketu, les derniers rapides, qui marquent l'entrée du fleuve dans la magnifique plaine des Reungao. Cette plaine, unie, semée de bouquets de bambous, admirablement peuplée et cultivée, est bornée, au Sud, par les gros massifs du Kong Ereng, du K. Iang, et du K. Prong, ligne de hauteurs que séparent des vallées basses et qui se relient au T. Ya-Nom. Entre ces massifs, à peu près indépendants, passe la grande route d'Annam par la vallée du D. Tuer, affluent du Meteung ; le Meteung longe tous ces massifs dans l'Est et les sépare du Kong Grang, autre massif isolé derrière lequel vient mourir la pointe Nord-Est du Plateau de Pl. Kû. C'est en bordure orientale de cette pointe que commence le premier échelon de la chaîne annamitique.

A l'Est, la plaine des Reungao est bornée par une zone de collines peuplées de Bahnar Jeleung ; elle est constituée par la dernière vague des hautes montagnes escarpées qui couvrent tout le pays sedang et qui sont l'épanouissement de la chaîne annamitique ; elles enserrent le haut Bla et le haut Pekò et bornent, au Nord, la plaine des Reungao ; les points culminants en sont, au Sud, le K. Susè, sur la rive gauche du D. Penè, le K. Belah-muh, sur la rive droite du Bla et son jumelé, le K. Seungai ; dans l'Ouest, la plaine s'étend jusqu'au Pekò, s'enfonçant au Nord-Ouest par une pointe qui arrive au confluent du Psi. Dans l'Ouest, se dressent les hauts sommets que domine le Mang-Mrai et qui sont sur la rive droite du fleuve.

En cette plaine, le Bla décrit d'innombrables méandres sur un lit de sable ; il y reçoit, à droite, le D. Kam qui longe les pentes occidentales du Seungai, puis le D. Kela. Le Bla est navigable depuis les rapides de Kon Ketu jusqu'en aval de son confluent avec le Pekò, sur un développement de 40 kilomètres environ.

L'agglomération connue sous le nom de Kontum est située dans la partie orientale de cette splendide plaine des Reungao ; les divers hameaux qui la forment s'alignent comme les grains d'un rosaire de chaque côté de la grande route tendue en corde entre les deux sommets d'un des méandres du Bla ; le sommet de cette boucle est à 2.500 mètres à vol d'oiseau dans le Sud de la route ; il est marqué par les huttes de Kon-Harâ qui s'étale en haut de la rive gauche.

D'amont en aval, les villages qui forment Kontum sont : Kontum-kepeun et Kontum-kenom dont la partie occidentale, peuplée d'Annamites, est appelée, par ces derniers, Phuòng-Nghia ; puis viennent les divers bâtiments de la grosse mission catholique des Bahnar et la route passe ensuite devant le village bahnar de Rehai un peu en avant de celui de Deneung ; enfin, voici Go-Mit, agglomération annamite, et en arrière, à peu de distance, le hameau bahnar de Pl. Tenia ; sur la rive gauche, un peu en aval, le village annamite de Phuòng-Hoà.

La délégation, qui relève de la résidence de Quinhon, est logée dans un magnifique bâtiment en planches et en torchis, sur pilotis, en haut de la berge sablonneuse du fleuve, dans la partie Ouest du village de Go-Mit — plus connu sous le nom de Tân-Huong ; le jardin est planté de lys rouges dont les épais parterres mettent des taches sanglantes entre les carrés de verdure.

Le village de Go-Mit n'est qu'une collection de huttes annamites branlantes, enfouies dans les bananiers, les jaquiers, les manguiers ; la grande route, sablonneuse et blanche, coupe le hameau en deux et s'allonge, éclatante sous le soleil cru ; à Rehai, sur le versant Nord de la route, l'église et la maison du Père supérieur, couvertes en tuiles rouges ; au-delà et à droite, le poste de milice qui va être transporté en aval de la délégation ; au-delà encore, sur la rive droite, le collège de la mission, large établissement couvert en tuiles et flanqué de nombreuses dépendances ; un peu avant ce vaste enclos, sur la gauche de la route, le cimetière des Pères, pauvre carré défriché où reposent douze missionnaires français sous les modestes tombes au carrelage inégal, rompu par les herbes folles, aux croix de bois toutes pareilles ; la plus récente de ces tombes est celle du P. Vialleton, le dernier provicaire, mort il y a quelques mois, après une trentaine d'années de séjour dans la région.

Tout au bout de la route, en face du village de Kontum, à l'intersection de la sente de K. Meney, le cimetière bahnar, enfoui dans la brousse : à côté des monuments à toit démesuré, quelques tertres anonymes qui sont des tombes annamites ; en arrière, celle du garde principal Robert, massacré par les Sedang ; une colonne brisée, en bois, surmonte la dalle funéraire de marbre blanc qui recouvre les restes de cet enfant de Metz, mort à Kontum, le 28 juin 1901, des 24 blessures reçues, le 27 mai, à l'enlèvement, par les Sedang, de son poste de Psi — aujourd'hui poste Robert — là-bas, dans le Nord-Ouest, sur la route d'Attopeu.

Très morne, cette plaine sablonneuse et grise des Reungao, qui se déroule, au Nord des terres rouges des Jaraï arrêtées aux dernières pentes du plateau de Pl. Kù ; nue, inondée aux pluies, elle s'étale, incolore, semée de bouquets de bambous ; des juments y pâturent ; au-dessus des haies, des toits de chaume se haussent, surmontés des invraisemblables toits des maisons communes.

Chaude et étouffante, la plaine, en cette fin de saison sèche, est un entonnoir où l'air est irrespirable ; les orages tournent le long de la ceinture montagneuse et le temps demeure pur, lourd, implacable ; le minimum nocturne, durant mon séjour, est descendu parfois à 15°5 C. mais la moyenne a été de 17° C. Dans la journée, les maxima ont toujours varié de 32° à 34° et cela, malgré l'altitude qui est de 520 mètres ; de tous côtés, les colonnes de fumée des feux de brousse montent dans l'air calme et s'épandent en nappes épaisses derrière lesquelles le soleil prend des teintes de cuivre ; la nuit, le rougeoiment des incendies irise la crête des hauteurs et les lignes de bambous.

Partout, la vue se heurte aux massifs des montagnes proches qui étouffent de leurs gradins monstrueux la vaste arène surchauffée.

Kontum est connu surtout par la mission catholique des Bahnars qui y a établi son centre ; nous verrons plus loin son histoire héroïque et les services qu'elle a rendus à la cause française, lors des invasions siamoises : qu'il nous suffise de constater les résultats chèrement acquis au prix de dévouement sans limite et d'incessantes abnégations ; le petit cimetière, déjà si peuplé, est là pour donner les preuves muettes et lugubrement éloquentes des efforts accomplis sans faiblesse ; après de terribles débuts, la mission des Bahnars a enfin vu ces efforts couronnés de succès et, actuellement, elle ne compte pas moins de dix-huit missionnaires, répartis en diverses chrétientés dans la plaine des Reungao et dans les districts d'alentour ; le pays jaraï même a été entamé, il y a deux ans ; les villages convertis sont au nombre total de 90 environ.

Le collège de Kontum compte une centaine de jeunes Moï de tous les districts. Une belle tuilerie, qui fonctionne à merveille, a été montée par le P. Jeanin, dès 1856-1858, le labourage a été enseigné aux villages catholiques, succès énorme, surtout si l'on songe à la terreur qu'il inspirait aux Bahnars ; suivant leurs croyances fétichistes, le dieu du tonnerre devait, en effet, manifester sa colère de voir les buffles détournés ainsi de la fin pour laquelle ils ont été créés, car, suivant les croyances moï, ces intéressantes bêtes ont été spécialement mises sur terre pour être mangées en sacrifices rituels et non pour être employés à un travail quelconque ; aussi, seuls les villages convertis ont-ils consenti — et encore à grand'peine — à se servir de la charrue et les rizières ainsi créées ont singulièrement développé l'agriculture jusqu'alors rudimentaire chez les sauvages.

Les Pères ont importé, en outre, la culture du café, du poivre, du cacaoyer.

Les villages bahnar et sédang font tous précéder leur nom du mot générique *Kon* ; ce mot signifie, en bahnar : « fils de ». Le village prend le nom du ruisseau, d'un accident de terrain, d'un bois situé à proximité et le nom, précédé du générique *Kon* veut alors dire « [nous sommes] les fils du ruisseau..., de la colline... » *Kon* a, en outre, un sens diminutif ; ainsi, un Bahnar dira : *Kon moï* « mon petit champ », *Kon ba* « mon petit riz » et c'est cette habitude de donner à tout ce qui leur appartient un sens d'amoindrissement qui leur fait dire *Kon pley*, « mon petit village » d'où l'abréviation usuelle de *Kon* que l'on a souvent traduit d'une manière erronée par « village ».

Le commerce de Kontum est de même nature que tout le commerce fait en région moï ; cependant il n'a cessé de croître au fur et à mesure de la pacification du pays et du développement de notre influence dans le secteur ; les caravanes de trafiquants annamites sont de plus en plus nombreuses ; elles se rendent maintenant jusque chez les Jaraï et étendent chaque jour le champ de leurs opérations ; le centre de leurs affaires est le village de Dong-Pho, situé sur le versant oriental de la chaîne d'Annam, sur la rivière de Binh-Dinh ; accessible aux sampans et aux embarcations de petit tonnage, c'est un gros marché chinois où viennent converger les produits ramassés en région moï ; de là, partent ces caravanes de juments porteuses qui, journellement, arrivent en région moï, durant toute la saison sèche.

Les principales exportations de l'hinterland sont, par ordre d'importance, le sésame, les larmes de Job, les peaux, les cornes, la cire, les rotins, les cochons et les chiens moï qui sont des chiens de chasse ; les importations consistent en maïn, poisson salé, sel, étoffes et gongs.

Au Nord, les caravanes annamites ne dépassent pas la zone d'influence des missions et, chez les Sedang, l'on rencontre déjà les Laotiens ; enfin, les Moï apprennent de plus en plus, à se rendre directement trafiquer à Dong-Pho où ils vont troquer leur riz contre du sel.

La population annamite de Kontum même comprend de 1.500 à 1.800 sujets presque tous catholiques ; un petit commerçant annamite a même ouvert un modeste comptoir de vente où l'on trouve quelques denrées de consommation européenne, lait et tabac.

II

Le R. P. Guerlach, provicaire actuel et qui habite la région depuis 1883, m'a reçu comme il a toujours reçu les voyageurs français qui ont traversé le district et ses mille attentions, son amitié enveloppante et dévouée, sa connaissance parfaite d'un pays où il a tant travaillé et tant souffert, m'ont fait paraître bien courts mes douze jours de séjour à Kontum. Le délégué, qui dépend de la Résidence de Quinhon, administrateur actif, a été malheureusement retenu à 90 kilomètres de là sur la grande route d'Annam qu'il se hâte d'achever avant les pluies et je n'aurai pas eu le plaisir de lui serrer la main ; cela me peine d'autant plus vivement qu'il a bien voulu mettre ses bâtiments et son personnel à l'entière disposition de la mission. Mais je ne puis attendre plus longtemps. Tous les missionnaires habitant Kontum et ceux des districts voisins, que j'ai eu le plaisir d'y voir passer, ont rivalisé d'amitié et de délicatesse ; aussi, j'emporte de Kontum, avec une splendide moisson de documents sûrs et précieux, un infini regret de quitter ce coin charmant où j'ai passé de si inoubliables heures, en cet oasis réconfortant où chacun a fait l'impossible pour me faciliter ma tâche, et où l'on a comblé de douceurs les voyageurs fatigués.

J'aurai, du moins, le plaisir de posséder avec moi, pendant quelques jours encore, l'un des plus distingués de ces bons missionnaires ; le P. Guerlach a, en effet, bien voulu permettre au P. Kemlin de m'accompagner sur la route de B. Vœûne-Sai ; linguiste remarquable, mon nouveau compagnon parle couramment les divers dialectes du district et ses travaux d'ethnographie sur les peuplades environnantes font autorité en la matière ; grâce à lui, nous allons pouvoir, chez les tribus dont j'ignore la langue, faire une ample récolte de documents précieux ; il sera, en plus d'un ami dévoué et cher, un guide et un interprète inestimable.

Le 4 avril, enfin, je m'arrache avec peine de Kontum ; mon convoi reposé, se dirige sur P. Dedrop, résidence du Père Kemlin ; après déjeuner, je m'embarque moi-même en pirogue ; une dernière fois, j'embrasse, très ému, le bon Père Guerlach et l'embarcation glisse doucement sur le Kr. Bla ; Kontum, rapidement s'abaisse et disparaît au tournant du fleuve ; un ciel noir où circulent des nuages d'encre, et, partout, dans la plaine, des pylônes de fumée rousse. Des morceaux de berge écroulée gisent dans le lit de la rivière.

En aval de Mang-La, en face d'un banc de sable encombré d'arbres arrachés, voici l'entrée de la caverne d'où la légende fait sortir tous les tigres qui peuplent le monde : ce simple trou dans la rive est l'orifice de l'antre où Set (1) avait réussi à enfermer les tigres qu'il y avait enfumés ; armé d'un sabre, Set abattait tous ceux qui tentaient de sortir lorsque le gros Tang (2) voulut s'y mettre à son tour et pria Set de lui prêter son sabre ; mais Tang était si pressé de frapper qu'il abattit son arme avant la sortie d'un des derniers tigres qui put ainsi s'enfuir ; un mâle et une femelle échappèrent et c'est d'eux que descendent tous les tigres qui peuplent actuellement le monde.

Les sinuosités du cours allongent singulièrement la route ; les villages sont nombreux, en haut des rives sablonneuses qui donnent au fleuve une ressemblance frappante avec le moyen Donnaï ; puis, les futaies couronnent les berges, des collines grises se montrent que domine le Mang-Mraï, vite englouti dans les nuées ; entre les rives, densément boisées et solitaires, la pirogue glisse sans effort ; trois heures de route nous amènent au village de P. Dedrop ; le hameau est en haut de la berge abrupte et rouge, haute de 25 à 30 mètres et rendue atrocement glissante par la pluie ; la maison du Père est au bord même de la pente qui est la lèvre de chute du plateau intérieur ; dans le Nord-Ouest, une masse de collines noires au-dessus desquelles s'élève la masse puissante du Mang-Mraï.

Le village de Pl. Dedrop est de formation récente et composé de Sedang-Reungao et de Jaraï-Arap ; il est situé à la pointe du plateau qui borne au Sud la plaine des Reungao et va se relier aux hautes terres traversées par la route de Pl. Kû ; c'est ici que passait la ligne d'invasion des Jaraï qui se sont peu à peu répandus du Sud, envahissant la rive droite du Pekô et du Kr. Jal, refoulant Bahnar et Halang, que les Sedang, débordant du Nord, rejetaient vers le Sud et le Sud-Ouest ; l'intervention seule des missionnaires sauva les Bahnar d'une destruction inévitable.

Notre arrivée chez les Bahnar n'a pas été sans créer quelque sensation ; mes cornacs sont, en effet, presque tous Mnong et, dans toute la région, les racontars les plus fabuleux circulent sur cette lointaine tribu. Ils sont appelés ici Mnong-Cha-Ting, c'est-à-dire « Mnong auxquels pousse une queue » ; l'on croit en effet que les individus de cette famille possèdent une queue et sont anthropophages et, lorsqu'un Bahnar veut effrayer son enfant, il le menace de le vendre aux Mnong.

On prétend de plus que, à l'inauguration d'une maison mnong, le propriétaire interpelle son père en lui disant : « Père, viens vite, qu'on te donne à manger au village ! ». Et le père répond : « Attends un peu, la maison n'est pas encore finie ; je voudrais qu'après ma mort, vous habitiez une maison splendide ».

(1) Type du rusé et du malin dans les légendes bahnar.
(2) Type du benêt et du lourdaud.

Aussi, à notre arrivée à P. Dedrop, la curiosité est-elle intense ; mes gens sont mnong, la nouvelle s'en est répandue avec la rapidité d'un éclair et l'on se précipite pour voir s'ils ont vraiment une queue.

6 7 avril — (40 kilomètres).

Je profite de mon séjour à Pl. Dedrop pour aller, avec le P. Kemlin, visiter la belle chute du Kr. Jal, le Ia-Li des cartes, signalé par Cupet et visité seulement par un ou deux voyageurs ; c'est à une vingtaine de kilomètres dans le S. 1/4 S.-E. au bout d'une sente que les indigènes ont largement débroussaillée. Au sortir de Pl. Dedrop, c'est la forêt-taillis emmêlée de bambous et de brousse, infestée de taons dont les piqûres, très douloureuses, même pour les hommes, affolent nos chevaux ; les ruisseaux coulent entre des ondulations relevées en bosses et en mamelons qui vont finir brusquement sur le fleuve proche ; tous les villages sont peuplés de Jaraï-Arap nouvellement installés dans le secteur ; ils appellent le fleuve Kr. Pekô, du nom de la branche septentrionale ; de Pl. Nhrong, où nous déjeunons, la vue découvre dans toute sa splendeur la masse du Mang-Mraï, proche dans le Nord-Ouest ; la table inclinée de son sommet se détache en vigueur sur le ciel pur et la silhouette, nettement accusée, montre ses moindres détails ; des collines très hautes continuent ce massif dans le Sud-Ouest ; c'est cette chaîne que nous traverserons dans notre voyage sur B. Vœûne-Saï, avant d'atteindre le versant du D. Hedrey.

Fig. 17. — Massif du Mang-Mraï, vu depuis Pl. Nhrong.
(A gauche, début du T. Kuh ; au centre, pic de la Bia Reï ; à droite, le Mang-Mraï).

Après Pl. Nhrong, c'est la forêt-clairière de *klong* et de *thbeng* couvrant les pentes de collines basses et raides, horriblement rocheuses et qui repoussent la Sé San dans l'Ouest ; nous atteignons enfin Pl. Kuên, au bord même de la rivière, large ici de 150 mètres environ et encombrée de rochers, d'îlots et de pierres qui forment le rapide de la Ya-Peo ; les naturels appellent le fleuve Kr. Brè ; le nom de Kr. Jal est inconnu.

Par une sente en forêt-taillis encombrée de bambous et d'herbes, nous touchons encore le fleuve qui coule lentement sur un magnifique lit de sable entre des berges de douze pieds de haut ; en face, se trouve le village de P. Tum dont les pirogues viennent nous chercher ; les chevaux ont à peine à nager, mais l'éléphant qui nous accompagne refuse énergiquement de passer, par suite des sables mouvants qui sèment le lit.

Le grondement de la chute proche monte en un lointain tonnerre ; la rive droite est jalonnée, en arrière du village, d'une ligne de coteaux en partie déboisés, taillés en cône et découpés en blocs aigus ; derrière cette ligne, coule le Ya Trang, affluent du fleuve ; la rive gauche, plus plate, ne se relève qu'un peu en aval en une sorte de plateau bas dont la silhouette horizontale se profile, à peine boisée. Les massifs aperçus au Nord de P. Rach sont des chaînes isolées, encore fort éloignées du fleuve et dont nous avons aperçu aujourd'hui le versant septentrional ; elles balisent de leurs masses découpées toute la partie occidentale du plateau qui borne au Sud la plaine des Reungao.

Nous irons demain matin à la chute et, ce soir, nous visitons le cimetière du village, type fort beau de tous les cimetières de la région et que nous décrirons longuement plus tard.

Le lendemain, de bonne heure, nous nous embarquons sur une des pirogues du village, mais bientôt, la rivière fait un brusque coude et se barre, peu en aval, d'un chaos de rocs noirs formant une infranchissable barrière : nous débarquons et, de roc en roc, enjambant les crevasses et les profondes rainures où coulent des filets d'eau, nous atteignons la chute grandiose par laquelle la haute Sé San se précipite vers son cours moyen.

La rivière, venue du N. 1/4 N.-O. en amont de Pl. Tum, s'infléchit au S.-O. 1/2 O. pour tourner brusquement vers l'O. 1/4 N.-O. : au coude ainsi formé, la largeur du lit est de 130 à 150 mètres environ. C'est alors que les eaux viennent buter brusquement contre les collines qui accidentent la rive droite et se soudaient primitivement au plateau de rive gauche ; les eaux ont dû se frayer un passage à travers ce seuil et le spectacle de la gorge ainsi ouverte est vraiment magnifique. Les assises de grès sont d'abord découpées en blocs que baignent des filets d'eau, puis elles émergent en énormes masses tourmentées comme une mer en fusion brusquement solidifiée : pour franchir cet obstacle, la rivière se divise en deux bras principaux ; l'un longe la rive droite contre laquelle elle se précipite en une première chute séparée en deux par une longue roche noire parallèle au courant ; le second chenal vient de la rive gauche, se creuse péniblement une rainure d'enfer entre les assises de grès, reçoit les eaux d'un canal secondaire qui filtre en cascades et, après avoir, coup sur coup, franchi deux chutes, se fraye un couloir presque perpendiculaire au lit général ; entre les murailles de pierre, l'eau rugit sur un plan incliné, lançant dans l'air une pluie fine, puis, par une faille élargie, le chenal rejoint obliquement celui de la rive droite pour former aussitôt avec lui un saut perpendiculaire de 12 mètres ; à gauche, de nouvelles assises surélevées le dominent, creusées de quelques remarquables « marmites » de cinq pieds de diamètre et profondes de deux à trois mètres. La rive droite est le flanc même des collines taillées à pic et dont le roc nu apparaît en larges plaques lisses entre le tronc des arbres accrochés aux parcelles de terre végétale ; la rive gauche n'est plus qu'un chaos de grès, assise formidable ravagée par l'eau, tourmentée, bosselée, escarpée, ravinée, découpée en bastions abrupts ; des blocs de granit sèment les bases gréseuses injectées de curieuses plaques calcaires, brillantes et polies comme du marbre ; en aval de la chute de 12 mètres, le chenal, formé des deux chenaux d'amont, longe la rive droite en un couloir bouillonnant, d'un blanc de lait, écumant et bondissant, qui va enfin, après une dernière chute, se recueillir en une vasque ronde et calme creusée dans le pied des assises de rive gauche. Ce bassin, appelé Tum-Uin, est, suivant les naturels, la demeure du génie de la chute ; il s'y nourrit des cadavres humains qui, précipités dans le gouffre, viennent, avec tous les détritus charriés par les eaux, s'entasser dans la vasque où le courant circulaire les accumule. La rivière change brusquement de direction et se précipite vers le S. O. 1/2 S., puis vers le S.-S-O. 1/2 S., par une gorge large à peine de 30 mètres, chaos fougueux qui s'enfonce entre les collines de bordure ; du milieu des rocs de la rive gauche, surgit une bosse élevée de 20 à 25 mètres, boisée, rocheuse et dont la pointe s'avance contre la rive droite ; en amont, son pied arrête les eaux calmes de la vasque ; entre elle et la rive gauche, une masse de rocs calcaires se continue vers l'aval en arêtes aiguës parallèles à la gorge et séparées par des failles ; en face de la muraille de rive droite, la cascade du Ya Trang se précipite en un jet du sommet des collines par un long filet d'argent de 60 mètres de haut. Un bloc énorme, tombé parmi les roches plus petites, est, disent les naturels, la maison commune du génie de la chûte.

La hauteur totale du Jrai-Lî est de 42 mètres.

Aux grandes eaux, le spectacle doit être splendide et terrifiant des eaux hurlant sur les assises aujourd'hui à sec ; nombre de pirogues, entraînées par la crue, viennent alors se perdre dans le saut formidable et les naturels disent que l'arc-en-ciel, qui se joue dans la poussière d'eau est l'esprit des cadavres broyés dans les cataractes ; ils croient même que l'inondation annuelle ne s'arrête que lorsque les eaux ont englouti un indigène sedang.

Autrefois, disent-ils, vivait dans le Kedeû, ce vaste marais traversé par le haut Meteung dans le pays Gelar, une famille fort riche composée de quatre frères — Tang, Buy, Iong et Dir ; Iong, l'un des cadets, était marié à Bia-Phu ; ne pouvant parvenir à faire des champs assez vastes pour nourrir sa nombreuse maisonnée, il alla défricher tout l'emplacement occupé aujourd'hui, de chaque côté du fleuve, par le Dedring Knong (forêt-clairière que nous avons traversée avant Pl. Kuènh) ; sur la rive droite du fleuve, s'étendaient ses cultures de riz hâtif. Tang et Buy, entre temps, eurent alors l'idée de barrer le fleuve pour y prendre du poisson ; ils essayèrent d'abord, mais sans succès, au confluent du Pekò et du Psi, au rapide de Drul, puis au Illiau, en face de K. Ketu, puis au Kelek, en face l'embouchure du D. Sang, puis au Hedruk en face Kon Dak-Mut, puis au Bat, en amont de Pl. Dak-Drey, puis au Iang-Gerhò en face Hamong-Ktol, puis au Hua, enfin au Mang-Lang, en amont de Pl. Nhrong ; chaque fois, la rivière forçait le barrage dont les vestiges sont les rapides ci-dessus nommés (1). Ils réussirent enfin au Jrai-Lî et y arrêtèrent les eaux. Chacun des deux frères fit alors un souhait. Tang demanda au ciel de faire tomber en quantité dans sa nasse des animaux

---

(1) Des rapides du Pekò, seul le Hmay ne serait pas un barrage de Tang mais bien le nid d'un gigantesque cobra dont les sauvages montrent la grotte, simple fente assez profondément ouverte dans un rocher de la rive. Quant au petit rapide de Ia-Bing, en face de P. Nhrong, il tire son nom d'une femme qui suivit un jour son mari à la pêche ; mais celui-ci l'ayant trompée sur l'endroit où il se rendait, Ia-Bing arriva trop en aval et, ne voyant pas son mari, se mit à crier pour l'appeler ; rien ne répondit. En scrutant la rivière, elle vit de gros poissons monter à la surface de l'eau ; elle en remplit sa hotte et, chaque jour, revint au même endroit sans jamais révéler à personne le lieu où elle faisait sa miraculeuse pêche. Le mari ne prenait rien et, voyant la chance de sa femme, il se remit à l'aimer ; avec le produit de cette pêche, toute la famille — qui était une famille d'esclaves — put se racheter. Aujourd'hui encore, les descendants de Ia-Bing prétendent se réserver le privilège de pêche en cet endroit favorisé, mais, hélas, les poissons n'y sont plus guère abondants !

à quatre pattes, c'est-à-dire des cerfs, des chevreuils, des gaurs...; Buy demanda, au contraire, des animaux à deux pattes, autrement dit des hommes; mais Tang, furieux de voir son frère chercher à se nourrir de chair humaine, donna un coup de pied à la base du barrage et l'eau se précipita par la brèche; Tang pria alors Buy de plonger pour réparer le dommage; Buy obéit et, quand il fut sous l'eau, Tang le perça d'une lance en bambou; aux basses eaux, ajoutent les naturels, l'on voit encore le corps de la victime et la lance changés en pierres. Le rocher situé au milieu de la chute centrale serait la nasse de Tang.

Le rapide de Pl. Kuênh, que nous avons visité hier, porte le nom de Ia-Peờ; l'un des chenaux qui se glissent entre les rocs s'appelle Chor Bia-Phu; c'est là que la Bia-Phu (1) se baignait un jour que son mari Iong, frère cadet de Tang, était occupé aux champs.

Un beau jour, Iong partit au Laos; durant son absence la bia Arà-Besah qui habitait aux sources du Bla, souffrant de la famine, envoya chez Iong et Dir, pour acheter du riz; la perruche et le moineau, choisis comme messagers, offrirent d'abord des aiguilles en échange de quelques paniers de riz; Dir refusa; ils proposèrent successivement des piochettes, des vaches, des porcs, des bœufs, des buffles, des gongs mais toujours en vain; en désespoir de cause, les deux négociateurs offrirent alors en gage la personne même de la bia et Dir accepta: le marché conclu, la perruche se mit à moissonner le champ; elle en avait déjà récolté la partie située sur la rive gauche de la rivière lorsque Iong revint du Laos; étonné, il demanda à son frère ce qu'était devenu son riz. — « C'est la perruche qui l'a mangé pendant que je dormais » répondit Dir, mais, furieux, Iong frappa son frère sur la tête avec le tuyau de sa pipe; leur père intervint alors et dit à Iong. — « Ne comprends-tu pas que ton frère a donné le riz en échange d'une épouse ». Iong s'excusa aussitôt, mais le père conseilla à Dir de s'en aller ailleurs habiter avec sa nouvelle compagne, puisque Iong, l'ayant frappé, l'avait virtuellement chassé. « C'est en vain que Iong essaya de retenir Dir, qui partit; lorsque la bia Arà-Besah apprit, par ses deux fidèles messagers, l'arrivée de son nouvel époux, elle essaya de le tromper et fit habiller ses servantes en princesses tandis qu'elle se revêtait simplement d'une jupe déchirée et se couvrait le corps de cendres et de charbon; mais l'araignée, le taon et la mouche renseignèrent Dir qui ne se laissa pas prendre au piège et épousa la bia.

Cette bia Arà-Besah est maintenant regardée comme le génie femelle de la mauvaise mort; le génie mâle est Tedam (2) Iang-In dont l'ancienne demeure se trouvait au Kedeû.

La bia s'éprend de l'âme des hommes et le tedam de celle des femmes, surtout des femmes en couches, et les âmes ainsi désignées se retirent des corps qu'elles animent.

C'est également au Jrai-Lî que, suivant les légendes, aurait péri une partie des Cham qui occupaient autrefois le pays. Ces Cham venaient de chez les Jaraï Hedrong, des environs du lac Tenueng; ils cherchaient un pays où s'établir lorsque, un soir, ils arrivèrent à la chute; comme le chenal de rive gauche est fort resserré, ils

---

(1) Bia = reine, princesse (mot cham).
(2) Tedam = prince, roi.

65. — Tombeaux jarai de Pl. Tali.

66. — Tombe jarai du Sud.

réunirent leurs lances pour en faire un pont ; mais le premier guerrier qui passa sur la frêle passerelle tomba dans la chute et se noya ; le chef demanda alors — « Es-tu arrivé ? » — « Arrivé », répondit l'écho qui est, en effet, remarquable en cet endroit. Sur ce, un nouveau guerrier s'avança et tomba et, toute la nuit, trompés ainsi par l'écho qui répétait « arrivé » à chaque question du chef, tous les Cham roulèrent tour à tour dans la chute où ils périrent. A l'aube, un père et son fils se disposaient à traverser quand une force invincible les retint et ils s'aperçurent alors de la catastrophe ; la troupe, ainsi décimée, ne comptait plus qu'une centaine d'hommes à peine qui se dispersèrent et furent massacrés par les Jaraï.

III

8-13 avril — (62 kilomètres)

Ce matin 8, nous quittons enfin Pl. Dedrop, en marche sur la délégation de Vœûne-Saï ; nous traversons le Bla et atteignons le Pekò après une vaste forêt-clairière de *phchek* ; le Pekò est la branche occidentale de la haute Sé San ; son confluent avec le Bla est à peu de distance en aval de Dedrop et à une demi-lieue de P. Krong où nous venons d'arriver : nous continuons dans l'Ouest par une contrée vallonnée, couverte de taillis et de bambous, coupée de ruisseaux encaissés courant au D. Sel, affluent du Pekò ; puis, l'on traverse l'étranglement assez large ménagé entre les collines que domine, à gauche, le cône du Ktué ; toutes ces hauteurs déboisées sont couvertes d'herbe paillotte qui leur donne une ressemblance saisissante avec les collines de la région de M'drac ; l'on entre ensuite sur le versant du Ya Çir (ou Ya Çer) dont l'embouchure, dans la Sé San, est entre Pl. Nhrong et Pl. Kènh ; un beau pont enjambe la rivière.

A P. Kleng, la sente bifurque ; au Nord-Ouest, s'ouvre celle directe d'Attopeu par Dak-Redé, Dak-Uang, Ban-Taseng, Pl. Juar d'où mènent, à la Sé Kaman — rivière d'Attopeu — deux grandes étapes en forêt clairière.

Cette route a été reconnue par divers voyageurs ; aussi, nous prenons la seconde sente, celle qui s'enfonce dans l'Ouest ; depuis un mamelon couvert d'herbe paillotte, la vue découvre tout le cirque dans lequel nous allons descendre : vers le Nord-Est, les collines en partie déboisées du Geur-Tang que prolonge le G. Kbong ; cette chaîne forme la bordure orientale de la vallée du Ya Çir, orientée Nord-Sud, et qui apparaît moutonneuse, plaquée de verdure sombre se détachant sur le tapis jaunâtre de l'herbe paillotte, d'où montent des colonnes de fumée ; cette chaîne, assez basse, se prolonge à perte de vue dans le Nord, se renforçant d'une barrière très haute, sombre, dentelée, issue de derrière les contreforts septentrionaux du G. Tang ; de la denteleure déchiquetée des crêtes bleues, monte un pic aigu, le Dam-Hedang, érigé dans le N.-N. O. 1/2 N., dans la région des Halang, près des sources du Ya Çir. Devant nous, perpendiculaire à la vallée du Ya Çir, la masse proche du Mrai se dresse, velue de forêts noires ; en avant, et soudé à lui, le Yang-Ko, lancé comme un bastion géant sur la vallée du Ya Çir. Le mamelon sur lequel nous nous tenons est également le promontoire avancé d'un système secondaire d'ondulations couvertes d'herbe paillotte, le Geur-Tomhiang, tendu parallèlement en face du Yang-Ko ; dans le N.-O. 1/4 O. prolongeant la masse du Mrai, le pic secondaire de la Bia-Reï ; dans le Ouest-Nord-

Ouest, bornant la vallée, le sommet du Kuh ; de l'Ouest au Sud, une haute chaîne de collines noires ferme ce cirque admirable ; dans l'E-S-E. 1/2 S., le cône jaune du Ktué, séparé du Kbong par le col terrasse que nous venons de traverser.

Entre le Tomhiang et Y. Ko, le vallon du Mengau, affluent du Çir, vaste étendue d'herbe paillotte dont les épis argentés ondulent comme une gaze moirée ; la rainure des ruisseaux est seule bordée d'une galerie verte d'arbres touffus.

Nous nous engageons dans ce vallon ; le Tomhiang se prolonge, dans l'Ouest, par une terrasse un peu plus basse que les dômes : il sépare le versant du Mengau de celui du Reey, gros affluent du Çir et sur la rive duquel se trouve Pl. Rlung ; non loin du village, le pied du Bah-Nhay, escarpement relié aux collines qui ferment l'amphithéâtre dans l'Ouest et le Sud-Ouest. Derrière ces masses, le versant du D. Hedrey.

C'est par un col du Bah-Nhay — le Reuang Huet — que passa Cupet, en 1891, par 1.100 mètres d'altitude ; le hardi voyageur arrivait de Kontum par la sente que nous venons de suivre ; c'est à P. Rlung que nos itinéraires vont se séparer ; le vieux chef se souvient d'ailleurs parfaitement du capitaine qu'il appelle *OEuy-Cap'tain* (1) et dont il me retrace parfaitement les étapes.

Pl. Rlung est par 625 mètres et, cette nuit, la température a atteint un minimum de 15° C. ; le temps est exquis, quoique couvert ; le village est peuplé de Jaraï Arap et fait partie d'un groupe de hameaux qui peuplaient, jadis, la rive gauche du Pekò d'où ils furent chassés par les Hedrong ; c'est pourquoi, d'ailleurs, ces hameaux sont encore souvent appelés Techòn du nom de l'ancien village qu'ils formaient autrefois.

Toute la journée du 9, nous restons à Pl. Rlung, rassemblant les vieilles légendes qui abondent dans le pays et peuplent de génies chacun des pics de ces barrières sourcilleuses, haussées au-dessus des vallons.

Le massif que domine de ses 1.480 mètres le formidable donjon du Mang-Mrai (ou Iang-Mrai) est composé de quatre autres pics, qui sont : la Bia-Reï et la Yang-Kò — filles du Mrai — sur sa face méridionale, le Kram-Lo et le Yang-Hedrang (2) — fils du Mrai — sur son versant septentrional.

Autrefois, deux sœurs vivaient en ces parages ; l'une, ayant déjà filé son coton, l'avait mis sécher près de la véranda de la maison ; un bœuf, qui passait par là, s'approcha et le dévora ; ne trouvant plus son coton, la fille accusa sa sœur, la bia Rpang, de le lui avoir volé et elle l'accabla de reproches ; quand bia Rpang put enfin se défendre, elle dit : — « Tue d'abord ce bœuf avant de m'accuser et ouvre son estomac, tu verras après ». Ainsi fut fait et le fil fut retrouvé dans la panse de l'animal. Mais bia Rpang, froissée d'avoir été faussement accusée, quitta le toit commun et partit en compagnie de sa domestique, bia Lui ; sa sœur courut après elles et les atteignit aux environs du village actuel de P. Kray, entre P. Kènh et P. Ku ; elle les supplia de revenir, mais en vain ; bia Rpang consentit seulement à s'arrêter une dernière journée pour dire adieu à sa sœur ; elles se séparèrent en bons termes et se parta-

---

(1) OEuy = grand'père et, par extension, monsieur.
(2) Le Yang-Hedrang est un pain de sucre extrêmement abrupt et boisé situé derrière le Mang-Mrai et invisible de Pl. Rlung.

gèrent le pays en prenant pour limite l'endroit même où elles se trouvaient ; depuis ce jour, ajoute la légende, les arbres croissent en ce lieu, inclinés soit à droite, soit à gauche, suivant qu'ils appartiennent à l'une ou à l'autre des deux propriétaires.

La bia Rpang continua sa route vers l'Annam ; son tombeau est le Kong-Rpang, l'une des montagnes qui se trouvent à droite de la grande route actuelle de Quinhon, près du col de Kon-Chorah ; la colline qui est à gauche est le tombeau de la bia Lui, sa servante.

Quant à la sœur aînée, elle repose au Mang-Mrai — ou Nang-Mrai — dont le nom signifie « Princesse au Fil » (1) ; la grande roche lisse et brillante qui se trouve près de la cime, sur le versant Sud et que l'on aperçoit de P. Rlung, est le séchoir (*trul*) sur lequel était tendu le fil malencontreux, objet de la dispute ; le ruisseau qui sourd au pied même de cette roche — le Ya Thong-Drang, affluent du Reey — est la fontaine de la Nang-Mrai.

Aujourd'hui encore, aucun sauvage n'ose gravir la montagne jusqu'à sa cime et, lorsque les Halang vont y chasser le singe gris (2) qui y abonde, ils n'osent pas dire qu'ils se rendent au Nang-Mrai, car cela leur porterait malheur ; ils disent qu'ils vont au Ngok Tih (3), « la grande montagne ».

Le Nang-Mrai, en outre, est, dit-on, peuplé par de nombreux esprits et particulièrement par ceux des hommes morts de mort violente et de la lèpre ; ces esprits passent leur temps à se battre avec ceux des montagnes environnantes dont ils sont toujours victorieux.

L'un des plus fameux combats fut celui qu'ils livrèrent aux génies du Kong-Ngut, ce gros massif sis à l'Est du Pekey et du Penè ; ces derniers, alliés à ceux du Kong-Erenh et des montagnes voisines, étaient venus attaquer leurs frères du Nang-Mrai ; ils furent repoussé et, dans leur retraite, ils tombèrent dans une embuscade que leur avaient tendue les génies du Ngok-Drang et du Ng. Drit — collines situées sur la route du Jrai-Li — ; ils perdirent un de leurs chefs que l'on voit encore aux environs de P. Dbur sous la forme d'un rocher d'où suinte une eau rougeâtre qui est le sang du vaincu.

Une autre fois, les génies du Kong-Erenh allèrent encore attaquer ceux du Mrai qui, victorieux, se lancèrent à leur poursuite et les atteignirent aux environs de ce même P. Dbur ; là, se trouvait un paisible villageois gardant son champ contre les moineaux ; soudain, entendant un effroyable vacarme au-dessus de sa tête, il regarda en l'air et aperçut la troupe des esprits ; leur ayant demandé où ils allaient, il lui fut répondu : — « Nous poursuivons les esprits du Kong-Erenh, veux-tu nous suivre ? » — « Je voudrais bien, répliqua le campagnard, mais je ne puis voler ! ». Les esprits lui jetèrent alors un de leurs manteaux et l'homme, enlevé de terre, se mit à circuler dans les airs à la suite des esprits qu'il ne distinguait cependant pas fort bien. La bataille, bientôt, s'engagea entre les vainqueurs du Mrai et les fugitifs. — « Frappe

---

(1) Nang = princesse, en laotien et en halang ; mang est une corruption de ce mot. Mrai = fil de coton.
(2) C'est le huà.
(3) Ngok = montagne, en halang et en sedang. Tih = grand, élevé.

donc ! frappe donc ! » criaient à notre homme ceux du Mrai. — « Mais je ne vois rien ! » répliquait le villageois. — « A tes pieds, tout à côté de toi », répondirent les esprits du Mrai. En regardant bien, le bonhomme vit des cailloux qui roulaient ; il les ramassa et en fit un tas ; cela décida de la victoire ; autant de cailloux, en effet, autant de prisonniers. Les esprits du Mrai traitèrent alors leur allié en triomphateur ; ils l'amenèrent dans leur montagne et voulurent l'y retenir en lui offrant la moitié du butin, mais, au bout de douze jours, il perçut les cris éplorés de sa famille entière qui l'appelait ; pris de pitié, il refusa l'alliance et revint chez lui ; autrement dit, il revint à lui, car notre homme n'était qu'un malade resté dans le délire durant cinq jours et cinq nuits et en faveur duquel ses proches avaient sacrifié bœufs et buffles. Lorsqu'il raconta son histoire, on en conclut que les journées des esprits ne concordaient pas avec celles des humains puisque les cinq jours et les cinq nuits de délire faisaient les douze jours de séjour chez les esprits du Mrai. Et l'on croit que, lorsque l'on fait un vœu aux génies, cela produit sur l'âme l'effet de quelqu'un qui la rappellerait dans sa fuite du corps.

Quant à Yang — ou Iang — Kò, l'une des deux filles de la Nang-Mrai, elle aurait été chassée de chez sa mère parce qu'elle était lépreuse et sa sœur, la bia Reï, épouse du Dam-Hedang, aurait subi le même sort pour s'être laissée aller à manger du chien ; mais c'est là une version jaraï.

Les Reungao et les Halang racontent différemment la chose. Suivant eux, c'est Yang-Kò qui était femme de Hedang (1) ; elle consentit un jour à manger du chien, sur les instances de son mari dont la tribu mange la chair de cet animal ; mais ses génies la punirent en la rendant lépreuse ; sa mère, alors, se sépara d'elle et c'est pourquoi la montagne de Iang-Ko est maintenant séparée du Mang-Mrai ; aujourd'hui encore, lorsque l'on rêve d'alliance avec le Yang-Kò, l'on peut être sûr de devenir riche, mais aussi de mourir lépreux.

Suivant une légende halang, le nom de Yang-Kò aurait une autre origine. Deux Halang chassaient le singe gris dans la montagne ; l'un d'eux était épris de la femme de son compagnon ; il engagea alors le mari à grimper sur le rocher terminal de la cîme qui surplombe toute la région et d'où il le précipita dans le vide ; mais, protégé par le génie du mont, le malheureux ne se tua pas et soigna pendant longtemps ses blessures dans une hutte des champs ; certain de l'impunité, le meurtrier s'en était allé cohabiter avec la femme de sa victime ; celui-ci, cependant, revint un beau jour, parfaitement guéri, assomma l'amant et refusa de reprendre sa femme qui dut, en plus, payer une forte amende. Quant au nom de Yang-Kò (2), il rappellerait l'exclamation poussée par le meurtrier en voyant sa victime tourbillonner dans le vide, « Ko ñu pchah bueh ! » (« sa tête est brisée ! »).

Ce rocher dont parle la légende a été escaladé par le P. Kemlin en 1909 ; c'est un roc magnifique, absolument à pic sur le versant Sud qu'il domine de plus de

---

(1) Dam ou tedam = damoiseau. Hedang est le nom propre générique du mot « Sedang » qui est la forme altérée. La montagne où habite, suivant les légendes, le génie dont elle porte le nom, est le pic pointu et caractéristique que nous avons aperçu avant P. Rlung, dans la chaîne déchiquetée qui borde, à l'Est, le haut Ya Çir.

(2) Iang ou Yang = génie. — Kò = tête.

300 mètres, sa base lisse et nue formant, de ce côté, le pied même de la montagne.

Le col qui sépare le Mang-Mraï d'un de ses éperons septentrionaux est appelé Uang (1) Rchat et, plus souvent, Uang Dam Brang (2).

Ce dam Brang était un Laotien fort beau, de son nom Sen-Ong, marié à une fille de l'ancien village de Hamong-Jerènh ; son teint foncé lui avait valu ce surnom de dam Brang qui signifie « le prince noir ». Il était fort riche ; or, sa femme vint à mourir lui laissant un enfant encore à la mamelle ; ne pouvant encore lui faire manger du riz, le père le nourrit de cervelles de poissons ; mais le Pekô, près duquel il habitait, ne pouvant fournir les poissons nécessaires, le veuf se rendit au Hedrey où abonde, aujourd'hui encore, une espèce de petit poisson appelé *ka-nhet* par les Jaraï et les Halang ; ce poisson, séché, est conservé dans des tubes de bambou ; pendant son absence, son beau-père, craignant de voir les filles courir après un si beau gendre et voulant, de plus, s'approprier un tam tam merveilleux que ce gendre possédait, poussa les gens de Kon-Hedrang, village Sedang, à attaquer Sen-Ong ; les Sedang, qui ne demandaient pas mieux, allèrent attendre le dam Brang au Dak-Rmau, affluent du haut Hedrey et le poursuivirent jusqu'au sommet du col qui porte son nom ; dam Brang tua un nombre prodigieux de ses ennemis, dont on voit encore les cadavres changés en rocs tout le long du col, mais son fils, qu'il portait sur son dos, noué dans une couverture rouge, finit par être tué ; pris de désespoir, dam Brang ne se défendit plus et se laissa massacrer juste au sommet du col ; son cadavre est le plus gros rocher qui marque cet endroit ; l'on y distingue d'ailleurs la blessure qu'il reçut au cou, ainsi que la couverture enveloppant l'enfant ; et maintenant, tout voyageur qui franchit le col, a soin de cueillir une feuille d'arbre qu'il jette en hommage sur le cadavre pétrifié du héros.

Autrefois, quand les Laotiens venaient faire dans le pays leur commerce d'esclaves, ils amenaient leurs buffles par ce passage ; mais, chaque fois, le dam Brang prélevait son tribut sur les troupeaux dont une bête mourait toujours avant d'atteindre le sommet du col.

Quant au Nang-Num, cette haute muraille qui barre, dans l'Est-Sud-Est, l'amphithéâtre de P. Rlung, c'est la demeure d'une jeune fille, la Nang-Num qui, s'étant éprise d'un beau jeune homme halang, vint se réfugier avec son amant dans ce massif montagneux, aux sources d'un petit ruisseau ; un jour que son amant s'était mis à chanter, elle l'écouta si longtemps qu'elle y mourut ; désespéré, le jeune Halang se laissa périr à son tour.

Le cimetière de Pl. Rlung est certainement l'un des plus curieux et l'un des plus parfaits que j'aie encore vus dans la région.

Ces cimetières sont toujours situés à très faible distance du village, dans un carré débroussaillé de la forêt ; les tombes sont réunies les unes à côté des autres et leurs caractères sont identiques chez tous les Jaraï Hedrong et Arap, les Gelar, les diverses tribus bahnar du Sud et les Halang méridionaux.

---

(1) Uang ou reuang = col.
(2) Dam = prince, damoiseau ; Brang = noir.

Le tombeau lui-même est un simple tertre rectangulaire, de cinq pieds sur deux ou trois ; la levée de terre ne dépasse pas cinquante centimètres de relief ; elle est surmontée d'un cadre formé de quatre grosses planches dressées sur leur arête et enchâssées à mi-bois ; il est parfois décoré de dessins grossiers : la hauteur de ce cadre est de trente centimètres environ.

A l'intérieur, posés sur le sommet du tertre, sont disposés les objets et ustensiles divers, chers au défunt ; jarre à demi enterrée, jarre à indigo, gourdes au long col que décore un revêtement de fil de coton aux anneaux tricolores alternés — rouge, blanc et indigo — bols annamites, corbeilles à riz, nattes, petite jarre de fabrication locale en terre à marmite et spécialement faite pour donner à boire au mort, le jour d'abandon du tombeau : dans ce récipient, sont plantés autant de tubes à pomper le liquide qu'il y a de cadavres dans la tombe ; ces tubes sont, eux aussi, presque entièrement recouverts de fils de coton en anneaux tricolores alternés ; ils sont, de plus, ornés de pendeloques en fils de coton au bout desquels se balancent les grains, en forme de perle, du *Coyx lacrymosa* ; il y a aussi des bambous représentant la navette du métier à filer, un cadre où l'on tend le fil de coton, un peigne à tisser, mais ces derniers objets ne se mettent que sur la tombe des femmes, et tout cela est orné des mêmes anneaux de coton colorés. Enfin, du milieu de ce fouillis d'articles disparates et hétéroclites, s'élève une statuette en bois sculpté — le *rum* —. Habillée d'étoffes, cette statuette bizarre représente l'âme du mort et son sexe varie selon celui du défunt ; elle soutient, entre ses bras, autant de pipes que le tertre recouvre de cadavres et les tuyaux de ces pipes sont revêtus également des mêmes anneaux de coton polychromes ; la main tient une petite bougie de cire.

Chez les Gelar et les Reungao, il y a autant de *rum* que de cadavres enterrés sous le même tertre ; tandis que chez les Hedrong, au contraire, le *rum* n'existe pas.

Les armes de guerre et de chasse se trouvent sur la tombe des hommes en compagnie des autres objets qui leur ont appartenu et dont la pittoresque masse offre l'aspect d'un étrange musée. Des cannes à sucre, des ananas, des bananiers, du manioc et autres plantes comestibles croissent autour du tertre et sont censées alimenter l'âme du défunt.

A chacun des quatre angles du tertre, s'élève une colonne de soutènement, souvent sculptée en forme de jarre ou de pleureuse ; hautes de quatre pieds environ, ces colonnes supportent le magnifique toit, démesurément élancé, qui recouvre le tertre des riches et des chefs.

La base de ce toit est, sur les bas côtés, une simple poutre horizontale ; sur les grands côtés, une pièce de bois, taillée en forme de voûte aplatie ; sous ce cadre, entre les colonnes de soutènement, sont tendues des cordes de rotin d'où pendent des bananes et diverses autres offrandes faites à l'âme du mort ; au-dessus, dans l'intérieur du toit, quelques autres plates-formes étagées, simples treillis en lattes de bambou, supportant des hottes, des pieds de buffles, des paniers de pêche, des tubes de bambou où l'on cuit les aliments.

Le toit lui-même mesure quatre mètres de haut, mais cette dimension, qui est celle du grand tombeau de Pl. Rlung, est la plus grande qu'il m'ait été donné d'observer ;

Fig. 18. — Pl. Rlung. — Toit du grand tombeau.

sa base, cintrée sur le grand côté comme le cadre qui le supporte, mesure trois mètres de corde ; les bas côtés horizontaux n'ont que 1 m. 50.

Les parois du toit sont formées d'un matelas en feuilles de *som*, couchées entre une armature intérieure de fines lattes de bambou croisées en longs carrés et un fin treillis en lattes de canne — le *rting* — qui est la paroi extérieure. Les grands côtés, fortement inclinés dans leur partie inférieure, jusqu'à 2 m. 30 de leur base, s'accolent l'un contre l'autre et montent ensuite perpendiculairement jusqu'au faîtage ; il s'ensuit que la façade latérale n'arrive qu'à cette hauteur ; à l'endroit où les deux parois principales se réunissent, sortent du toit, parallèlement aux grands côtés, deux tiges de bois recourbées — les *uang* — terminées par un anneau de bois et représentant des crosses de fougères ; quatre fils de coton en pendent qui supportent chacune une petite boule de coton brut. Les deux parois principales du toit sont seules et entièrement recouvertes d'une étoffe blanche de coton de fabrication locale ; chez les riches de moindre importance, ce revêtement n'orne que la partie supérieure de la bâtisse ; cette étoffe est complètement ornée de dessins du plus bel effet, rouges et blancs, obtenus, les uns et les autres, avec de l'argile de couleurs différentes : le charbon de bois n'est employé que pour des dessins peu nombreux et très secondaires ; ces peinturlures, fort intéressantes et exécutées, malgré leur naïveté, avec un art indéniable, représentent des fleurs, des épines, des lianes, des motifs linéaires, des arbres d'où pendent des singes, où s'égaient des oiseaux ; l'arête du faîtage, longue de 0 m. 50 à 0 m. 60, se prolonge extérieurement par deux *uang* parallèles à ceux d'en bas ; deux tiges sculptées le surmontent verticalement comme des cornes et, de la même base, partent deux autres *uang*, verticaux eux aussi ; entre la base de leur tige, le long de l'arête du faîtage, un tout petit groupe, patiemment sculpté, représentant une jarre entre deux bonshommes accroupis à laquelle les relie un jonc long et recourbé ; un petit plateau à aliments est même placé à côté de l'un des personnages qui fait mine d'y plonger la main.

Fort original et décoratif, ce toit démesuré et peinturluré de ces naïfs dessins.

La tombe est entourée d'une forte palissade rectangulaire mesurant cinq mètres sur quatre ; les pieux qui la composent sont de gros troncs d'arbres solidement enfoncés en terre et coupés de trois à cinq pieds au-dessus du sol ; en leur sommet, une poutrelle horizontale les traverse, qui les réunit tous ensemble ; un sur trois de ces pieux se prolonge en une statue taillée dans la bille même : hautes de trois à cinq pieds, suivant l'importance du tombeau, elles représentent généralement des pleureurs, hommes accroupis, les coudes aux genoux ; les mains supportent la tête toute ronde, grossièrement sculptée et le crâne se continue en un cône aplati, à rebords, qui représente un chapeau. Sur l'un des bas côtés, ces pleureurs encadrent des statues plus spéciales, un homme et une femme qui se font face, les genoux fléchis, et projettent en avant le sexe qui saille, tenu à pleine main ; le plus souvent, ces parties sexuelles ne sont représentées que par un simple cube de bois mais, ici, le sculpteur a poussé son sujet jusqu'à l'obscénité et, chez l'homme notamment, aucun détail n'est omis ; de la peinture rouge appliquée au bout du linga, soigneusement détaillé et allongé, vient encore rehausser le réalisme cocasse de ce bonhomme rigide.

Aux quatre angles de la palissade d'enceinte, les statues des pleureurs sont de taille plus grande et le grand tombeau principal possède même, à l'un de ses angles, une grande statue de *bram,* de 1 m. 60 de hauteur.

Le *bram* est un homme à figure masquée ; ce mot *bram* signifie d'ailleurs « bouc »; c'est un lourd masque en bois, taillé en forme de visage à grosse barbe ; ce masque est porté dans les cérémonies funéraires ; la statue, qui le représente ici, a les mains croisées sur les genoux et son masque est barbouillé de rouge.

D'autres statues de pleureurs ont la tête surmontée de défenses d'éléphant.

Chez les Hedrong, ces statues sont réduites à leur plus simple expression ; ce ne sont que des bûches de bois dont l'extrémité supérieure représente grossièrement le nez et les yeux ; le plus souvent d'ailleurs, ces pieux sont simplement taillés en une fourche verticale qui représente une paire de défenses d'éléphant et qui sont les ornements funéraires en usage chez les Jaraï du Sud ; fréquemment aussi, ces pieux sont agrémentés d'oves et d'autres sculptures linéaires très simples ou surmontés de statues de paons, de jarres ; ils forment ainsi transition entre ces curieux tombeaux du Nord et ceux de la région de Pl. Tour et des Jaraï du Darlac septentrional.

Aux quatre coins du tombeau, sont plantés de minces bambous flexibles d'où pendent des morceaux d'os des bêtes sacrifiées. Quatre autres bambous assez courts, hauts de deux mètres, plantés obliquement et réunis à leur base, servent de poteaux de sacrifices ; c'est là qu'on attache les buffles immolés ; contre la face ouest du grand tombeau, l'autel funéraire en planches ; chez les Hedrong, surtout, cet autel est un simple plateau en bambous tressés, sur quatre pieux fichés obliquement qui se terminent par des paons sculptés de haute taille ; la table de l'autel est entourée d'un cadre de planchettes enchâssées à mi-bois et dont les pointes sont taillées en forme de fer de hachette.

Chez toutes ces peuplades, le cercueil est un tronc d'arbre — de faux-cotonnier généralement — évidé et fendu d'une étroite ouverture longitudinale sur laquelle l'on applique le couvercle ; de grandes dimensions, ces cercueils servent à plusieurs membres de la même famille, surtout s'il s'agit du mari et de la femme ; l'on déterre alors la bière et l'on introduit le nouveau cadavre par la rainure en le forçant avec les pieds ; il va alors s'enliser dans la pourriture des premiers morts et, tant que le tombeau n'est pas abandonné, l'on se sert ainsi du même cercueil.

Souvent, l'on réunit, sous un même tertre, les cercueils d'une même famille.

La fête d'abandon du tombeau doit avoir lieu un an après l'enterrement, mais il faut souvent attendre plus longtemps, jusqu'à ce que l'on ait réuni les animaux nécessaires aux sacrifices rituels ; la fête se trouve ainsi fréquemment reportée à deux, trois et même quatre ans : mais, durant tout ce temps, le veuf ou la veuve ne peuvent se remarier ; à la fête d'abandon, le veuf ou la veuve ne peuvent d'ailleurs boire qu'en compagnie des gens mariés ; les esprits les assommeraient s'ils se mêlaient aux jeunes gens et aux jeunes filles du village.

Durant les mois qui suivent la mort et ceux qui précèdent la fête d'abandon, il est défendu aux parents du défunt de se livrer à aucun commerce ; les seules transactions permises sont celles nécessaires à l'achat des bêtes que l'on tuera aux sacrifices funéraires ; mais, comme il y a toujours des accommodements avec le ciel, l'on tourne la prescription en réservant, sur les bénéfices commerciaux illicites, une somme destinée à l'emplette desdits animaux. Sans cette précaution, l'on serait endetté vis-à-vis du défunt qui se vengerait sur la personne même ou sur les descendants du coupable; cette vengeance se manifeste, suivant les naturels, sous forme d'une maladie de peau incurable, de la lèpre ou même de la paralysie générale.

Pour cette fête, l'on recouvre la jarre d'épines afin d'éloigner une diablesse appelée, en jaraï, Atau Dung-day — ainsi nommée parce qu'elle possède d'énormes mamelles qu'elle rejette derrière ses épaules — et qui cherche à venir laver sa jupe dans la jarre ; cette Atau Dung-day est la voleuse d'âme des petits enfants à la mamelle dont la mort lui est attribuée.

Les animaux que l'on sacrifie, le jour de la fête, ont été, la nuit précédente, attachés aux poteaux et tout le village a passé la nuit au cimetière ; la tête, les pieds et la queue des bêtes immolées y seront ensuite laissés près du tombeau.

Les sauvages croient que, le jour d'abandon du tombeau, non seulement le *aouble* mais *l'âme* du mort reviennent s'incarner dans le *rum* et ramènent ensuite au séjour des morts l'âme de tous les animaux et de tous les pleureurs qui y formeront sa domesticité ; aussi, ce jour-là, il faut absolument payer ses dettes au défunt ; l'on en profite souvent pour se libérer à bon marché ; c'est ainsi qu'un esclave pour dette de six ou sept marmites se libérera par un simple bœuf ; quiconque prétend à l'héritage des biens du défunt doit, en ce jour, lui faire une offrande ; le sacrifice d'un buffle permettra ainsi d'hériter d'une famille d'esclaves, d'une jarre de prix, d'un jeu de gongs estimé. Cette coutume s'appelle *bethi* ; suivant les usages du pays, si les enfants du défunt ne peuvent « bethi », ils perdent tous droits à l'héritage de leur parent ; cet héritage passe alors aux parents plus fortunés ; cependant, lorsqu'il ne s'agit pas de dette, les proches les plus immédiats ont toujours la priorité pour *bethi*, pouvant écarter les parents plus éloignés qui voudraient le faire sans permission..

Cette question d'héritage est certainement celle qui suscite le plus de procès épineux et de complications.

Chez les Sedang et leurs sous-tribus, les rites funéraires n'existent pas; à peine mort, le défunt est enterré aussi loin que possible du village et jamais les femmes n'assistent aux funérailles ; on fait le cercueil sur place, dans la forêt où l'on a transporté le cadavre et, celui-ci une fois mis en terre, tout le monde se sauve au plus vite afin que l'âme ne puisse suivre ; les riches seuls sont d'ailleurs mis en bière et les pauvres diables sont tout simplement jetés dans la fosse, enroulés dans une natte. Si le décès a eu lieu le soir, le cadavre est mis dans un coin et les chiens ne se gênent pas pour y lancer un croc ; l'enterrement a lieu dès la suivante aurore : une partie des richesses du défunt est abandonnée sur la tombe.

Quant aux petits enfants de un ou deux mois, ils ne sont pas enterrés ; on les met dans un panier à moissonner que l'on va suspendre au sommet d'un banian spécialement réservé à cet usage ; c'est sous le bec des oiseaux de proie que leurs débris disparaîtront.

Les villageois voisins des Reungao et des Sédang, de même que les Reungao-Sédang et les Halang du Nord, ont une cérémonie mitigée, connue sous le nom de *klu-tar* (litt. = recouvrir de planches). Ils ne font cependant pas, comme les Jaraï, la fête mensuelle du *gleum-por* (litt. = porter du riz), qui consiste à apporter du riz, du vin et surtout une poule ou un cochon à l'âme du défunt ; mais, au bout de l'an qui suit le décès, ces peuplades réparent le tombeau qu'ils se bornent à recouvrir de planches ; on pleure un instant sur la tombe et tout se termine par un repas au village ; l'on ne place ni pleureurs, ni toit splendide. En ce jour, le bœuf ou le buffle immolé n'est point attaché au poteau sculpté, mais est simplement assommé en dehors du hameau, juste avant le début du festin ; on jette en forêt, dans la direction du tombeau, un petit morceau de chaque partie de l'animal.

Hier, est justement mort au village, un pauvre être de six à sept mois et le tam-tam a battu par rafales durant toute la nuit ; aujourd'hui, autour du petit cadavre, des pleureuses sont accroupies ; la mère place, près de la tête, une corbeille de riz, des fruits et quelques bouteilles de vin de riz, offrandes à l'âme ; de temps en temps, elle prend de l'eau, du riz qu'elle pose sur les lèvres de l'enfant ; dans la hutte, les joueurs de gongs, autour des jarres ; sur le cadavre, par-dessus le linceul de toile, une demi-douzaine de plaques de coton cardé que recouvre une couverture ; la mère, tout en se lamentant, enroule, autour du col d'une gourde, du fil de coton blanc, rouge et indigo.

Toute la journée, festin et jarres ont tenu en haleine les villageois et, par crainte de l'âme du mort, l'on ne nous a pas offert les libations traditionnelles.

A la fin de l'après-midi, le cortège funèbre s'est enfin mis en marche ; un homme porte, dans ses bras, la pauvre petite chose enveloppée dans une natte ; quelques guerriers viennent, puis la mère, des femmes, des enfants et des jeunes filles ; au cimetière, l'on ouvre une tombe modeste, non encore abandonnée, simple tertre bas abrité d'un chaume posé sur quatre bambous ; au fond de la fosse peu profonde, un cercueil long et mince que l'on ouvre avec effort ; quelque chose de blanchâtre apparaît, une natte mangée de pourriture, renfermant un tas mince qui fut un être humain ; à côté, l'on couche le nouveau paquet qui tient bien peu de place ; quelques bols, des œufs couvés, des bougies, quelques gourdes y sont rapidement jetés et, tandis que la terre retombe sur ces cadavres, la mère, les cheveux défaits, pleure et se lamente.

« O-ò-ò-ò-ò.... ma fille ! ò-ò-ò-ò.... ma fille ! maintenant tu es dans la terre ; je viendrai ici le matin, je viendrai ici le soir ; je ne verrai plus ton visage, je n'entendrai plus ta voix ; je ne sais dans quel pays tu vas, je ne sais quelles forêts tu parcours, quel village tu habites, quelles compagnes tu rencontres ! oh ! ma fille ! oh ! ma fille ! reviens ! (*ò-ò-ò ò.... ney, dah kelay ! ò-ò-ò-ò.... ney, dah kelay !*)

« O-ò-ò-ò... ma fille ! ò-ò-ò-ò... ma fille ! quand j'irai aux champs, je ne te porterai plus sur le dos ; quand je monterai au mirador, je ne te donnerai plus le sein ; quand j'irai à la fontaine, je ne te laverai plus ; pendant la nuit, je ne t'entendrai plus pleurer ! ò-ò-ò.. ma fille ! ò-ò-ò.... ma fille ! (*ò ò-ò-ò.... ney ! ò-ò-ò-ò.... ney !*) »

Et c'est lugubre, dans la nuit qui tombe, cette plainte aiguë, lancinante, la plainte lamentable de la bête blessée et qui monte dans la forêt noire.

Chaque matin, pendant une année, la mère viendra changer le riz et l'eau en y ajoutant des portions de ses aliments quotidiens.

Le 10 avril, nous repartons enfin vers l'Ouest malgré les villageois qui affirment impraticable aux éléphants la sente du Tieu Kuh.

Pendant un certain temps, nous remontons le vallon du Reẽ, resserré entre les chaînes du Nang-Num au Sud et la formidable barrière du Mang-Mrai, au Nord ; le massif du Kuh, tendu Nord-Sud, ferme, dans l'Ouest, ce magnifique fer à cheval ; en avant de ce bastion, le pic plus bas de la Bia-Iteï s'avance en un cône audacieux ; dans le Nord-Ouest, le massif se prolonge par celui du Kram-Lò derrière lequel apparaît le cône du Iang-Hedrong ; entre le Mrai et le Kram-Lò, un col très bas d'où sort le Reey et de l'autre côté duquel descend le Ya Çar, tributaire du Ya Çer. C'est à l'extrémité septentrionale du Iang Hedrong que se trouve le col du Dam-Brang, ouvrant un accès facile dans le bassin du Hedrey ; d'après mes observations, le Iang-Kò est par 1.015 mètres d'altitude, le Mrai par 1.480, le Kram-Lò par 1.380 et le Nang-Num par 1.200.

Par 700 mètres d'altitude, nous atteignons le pied des premières croupes du Tieu Kuh ; le gradin du bas est une simple bosse de 60 mètres de relief, mais au-delà de cette terrasse, la forêt-futaie se referme sur nous et la montée devient fort raide ; noire, épaisse, humide, l'inexorable forêt, une fois de plus, nous enveloppe, analogue à celle du pays prêh et des régions du Donnaï ; le sous-bois n'est qu'un magnifique fouillis de palmiers : palmiers-rotins épineux, barbelés d'épines, aréquiers sauvages, lataniers, cocotiers d'eau, *caryota* et d'autres encore dont les palmes et les éventails balaient les énormes lianes ligneuses, emmêlées comme des câbles puissants ; le vaquois — qui est un *pandanus* — abonde, lui aussi, à la naissance des ravins — vaquois ordinaire à longue tige, feuille épineuse, et vaquois arborescent, dont les feuilles plus petites se réunissent en touffes au bout d'un tronc grêle, de trois à quatre mètres de haut. Du sommet d'un petit gradin dénudé, par 925 mètres d'altitude, la vue plonge, magnifique, dans l'Est-Sud-Est, sur toute la contrée traversée que bossèle la masse brumeuse du Ktue ; tout autour de nous, un chaos de montagnes abruptes, velues de forêt noire, les sommets perdus dans les nuées grises qui courent ; enfin, par 1.020 mètres d'altitude, nous atteignons le sommet même du Tieu Kuh, étroite calotte, de chaque côté de laquelle se creusent des ravins à pic, aux flancs boisés ; le guide, alors, s'arrête, cueille une branchette dont il se touche le front et qu'il dépose dévotement sur un petit tas d'autres branchages, élevé à côté du sentier. Autrefois, en effet, disent les légendes, les esprits du Mrai enlevèrent un jeune homme que sa famille aimait beaucoup. Ils le transportèrent au sommet de cette montagne et l'y changèrent en une roche que ses parents vinrent visiter et adorer en lui offrant des branchettes dont ils se touchaient la tête ; la pierre resta longtemps au sommet de la montagne, mais un jour, un fou de Pl. Jar la précipita dans le ravin ; cependant, la coutume est restée et le voyageur ne manque jamais de saluer, comme notre guide, l'esprit du jeune homme et c'est cette coutume qui a valu son nom à la montagne (Kuh = saluer)

La descente, sur le versant opposé, est assez douce et brisée de paliers courts ; par 500 mètres, nous atteignons ainsi le premier tributaire du Hedrey, puis le Ya Kreng, par 445 mètres ; à notre droite, le Ya Hrong, dans lequel se jette le Ya Kreng, rugit dans une rainure d'enfer ; deux chutes, de 15 à 20 mètres de hauteur, coupent ce ravin péniblement ouvert dans le chaos des montagnes et la sente grimpe à nouveau le long d'une nouvelle chaîne, le Tieu Kloh, plus abrupte que le Tieu Kuh ; de 445 mètres, nous regrimpons à 740 ; à travers les fûts des arbres puissants, la vue n'embrasse que

68. — Tombeau des Jarai du Sud.

67. — Cimetière de Pl. Riung. — Un tombeau (à droite, le *bram*).

69. — Cimetière de Pl. Rlung. — Pieux sculptés des tombeaux.

70. — Cimetière de Pl. Rlung. — Pieux sculptés des tombeaux.

la ouate des brumes entassées dans le vide des précipices ; des troncs abattus encombrent cette piste sauvage, mais la fraîcheur est exquise et les sangsues n'ont pas encore fait leur apparition.

La crête n'est qu'une simple arête, large de cinq mètres à peine, enchevêtrée de bambous et d'un épais sous-bois ; de là, la sente dégringole à une allure telle que les éléphants ne passeront certainement pas ; nous devons, nous-mêmes, nous accrocher aux troncs pour ne pas rouler dans l'abîme ; le vieux chef de P. Rlung, parti en avant pour chercher les gens de P. Meo, n'a point reparu et la journée avance ; laissant le père Kemlin sur la crête avec tout mon monde, je m'engage sur la descente en compagnie de deux miliciens ; sur 50 mètres surtout, la piste est effroyable ; cependant, l'on pourra ouvrir un passage depuis la crête et contourner le mauvais pas ; aussi, j'envoie aussitôt faire hâter les miliciens restés en arrière et chercher les coupes-coupes des cornacs ; puis, je continue vers le ravin ; un éperon couvert d'épaisses et gigantesques cannes panachées brise heureusement la descente : par 510 mètres d'altitude, nous atteignons enfin un ruisseau encaissé ; puis nous grimpons le long de l'autre versant, sur le flanc même du T. Kloh ; les pentes, dégarnies par les raï, nous offrent deux huttes exiguës où nous arrivons, exténués, suants, écorchés, couverts de piqûres de taons et d'abeilles. La nuit va tomber et, nulle part, trace de village ; aussi, j'envoie au père Kemlin un mot pour l'avertir que je passerai la nuit ici et le prier de me rejoindre le lendemain, dès que les hommes auront pu ouvrir un sentier au convoi.

Les deux huttes, où nous allons bivouaquer, sont d'une architecture toute nouvelle ; au lieu de l'habituel toit de chaume, c'est maintenant un toit en tuiles de bambous, à peine incliné, presque plat ; ce sont des bambous femelles à longs entrenœuds, ouverts en deux dans toute leur longueur, et disposés sur deux couches, l'une recouvrant l'autre, absolument à la mode de nos tuiles ; au faîtage, l'une des parois du toit dépasse l'autre ; les cloisons de la hutte sont en bambous tressés : ce mode de construction, que je rencontre ici pour la première fois, est celui des Halang et des Sédang.

Nous trouvons heureusement, en ces abris, une grande quantité de paddy et de citrouilles et mes miliciens se mettent, sans tarder, à piler le grain tandis que l'on va puiser de l'eau et que l'on allume les feux : la nuit est tombée, d'un noir d'encre. Dans de longs tubes de bambou, suivant la coutume moï, l'on cuit le riz à l'étouffée ; les citrouilles rôtissent dans le feu ; quelques racines de manioc complèteront le somptueux repas ; pas de sel, pas de fourchette, mais une eau très pure ; il fait lourd et l'orage gronde.

Etendu sur le plancher de la hutte, la tête sur un bambou, j'essaie de trouver le sommeil, lorsque des feux percent les ténèbres ; des cornacs arrivent avec ma couverture, des vivres, un mot du père Kemlin ; les éléphants n'ont débouché, sur la crête, qu'à la nuit close ; la brousse, dans laquelle les hommes ont commencé à tailler, est effroyable ; tout le monde passera donc la nuit sur l'arête où l'eau manque absolument.

A l'aube, les gens de P. Meo apparaissent enfin et je les envoie de suite au secours du bon père qui arrive vers 9 heures avec le convoi entier ; les éléphants ont passé par le détour que j'avais indiqué ; mais personne n'a mangé, car l'on n'a pu trouver de l'eau et nous continuons aussitôt sur Pl. Meo, qui n'est pas à plus d'une demi lieue ; le village, est sur un mamelon herbeux et nu qui domine splendidement la vallée du Hedrey.

P. Meo est peuplé de Jaraï Che-Ketoyn — du nom de leur ancien village, sis sur la rive gauche de la Sé San, d'où les a chassés l'invasion Hedrong. Le hameau est construit sur pilotis, sans ordre aucun ; les maisons, couvertes de chaume, possèdent, comme à Pl. Rlung, plusieurs entrées ménagées dans la façade ; l'entrée principale est précédée d'une belle véranda en planches ; ici, en outre, quatre gros poteaux sculptés en cylindres, dentelés à leur base et taillés en demi-tore, ornent la façade de cette véranda que flanque, de chaque côté, un autre poteau semblablement sculpté ; la véranda est bordée par quatre planches dressées sur leur arête et enchâssées à mi-bois.

La porte principale présente une disposition fort originale ; son encadrement est formé de quatre planches juxtaposées et formant une vaste ove, haute de 1 m. 30 sur un mètre ; ces planches sont barbouillées de dessins grossiers.

L'intérieur de la hutte est divisé en deux parties fort distinctes ; au centre, en arrière de la porte principale, la salle commune dont le fond est occupé par un lit de camp bas, en planches ; le dominant, entre deux des grosses colonnes du fond, une belle planche — le *chedeng* — ornée de dessins et dont les pointes sont taillées en forme de fer de hachette.

De chaque côté de cette chambre commune, les compartiments occupés par les ménages, chambrettes aux cloisons de bambous tressés ; ces cloisons sont parallèles aux parois extérieures et légèrement inclinées en V ; cette enfilade de loges est séparée en deux par un couloir central, large de deux pieds et courant dans le sens du grand axe de la hutte ; un poteau à jarres, sculpté en oves et en tores et peinturluré, est fixé sur la façade du lit de camp, dans l'axe de l'entrée principale.

Dans la forêt-futaie qui recouvre le pays, mais plus spécialement dans les clairières humides et sur les pentes couvertes de brousse épaisse et de halliers, croît en abondance une haute zingibéracée du genre *amomum* et qui est une des espèces de cardamome sauvage ; les plantes de cette espèce abondent d'ailleurs dans toute la région moï, aussi bien au Sud que dans ces secteurs septentrionaux, mais, tandis que chez les Mnong, elles ne font l'objet d'aucun trafic, ici, elles ont leurs graines récoltées par les naturels qui les vendent aux Laotiens ; les villages halang et jaraï du Sud sont les principaux centres de ce commerce ; la valeur de la denrée est un gros buffle pour deux paniers de 30 litres environ de contenance chacun.

Après la pluie, qui est tombée, violente, dès le début de l'après-midi, la vue est admirable de ce chaos de crêtes violettes, crûment sculptées sur le ciel lavé et humide : l'on se croirait revenu dans la région du moyen Donnaï, quelque part vers B. Pou-Kòl ou B. Té-Nguel. La vallée du Hedrey — le Nam Sa Thay des Laotiens — n'est qu'une rainure dans cette mer houleuse de montagnes escarpées, creusées de ravins et de failles noires. Du N-O 1/4 O. au O N-O 1/2 O. une haute chaîne noire s'érige, barrant en dernier plan ce bouleversement titanique ; à un ou deux kilomètres à vol d'oiseau, la table du Kton qui fait partie du massif du T. Kloh ; de l'autre côté, de l'Ouest-Sud-Ouest au Sud-Ouest, la chaîne proche du T. Bang et du Krue ; les prolongeant, le dôme de la Bia-Behrao ; loin dans le Sud, au-dessus des vagues bleues de collines pressées, escarpées, l'énorme massif du Beu-Jong érige sa pyramide triangulaire aplatie ; c'est de cette muraille que descend le Ya Temô, affluent du Hedrey, et c'est de l'autre côté que coule la haute Sé San, rejetée vers le Sud ; ces massifs ont été tra-

Fig. 49. — Pl. Mco. — Maison du chef : Encadrement de la porte d'entrée.

versés, en 1891, par le capitaine Cupet de la mission Pavie.

Ce soir, l'assistance, nombreuse autour des jarres, nous accable de questions ; le jonc à libations est orné de la tête d'un splendide scarabée — le *hreung-gong* des Jaraï (1); ce coléoptère — qui est le *Chalcosoma Atlas* — possède trois cornes horizontales démesurées et longues chacune de quatre centimètres; le corps de l'insecte doit être énorme; il vit dans les pousses de rotins et est fort rare. Celui qui, chez les Jaraï, en aperçoit un, est sûr de devenir riche. Les Radé prétendent que ces scarabées se mettent à deux pour attaquer les poussins; ils les prennent chacun d'un côté et se précipitent sur eux pour les percer de leurs cornes; ils ajoutent même que les poules adultes fuient devant ces monstrueux insectes.

Et maintenant, autour des feux qui fument, les naturels de P. Meo nous parlent du pays environnant, de ces montagnes farouches qui s'entassent alentour et dont mes éléphants ont franchi, à la stupéfaction de tous, l'un des plus mauvais passages.

Comme dans tous les districts tourmentés, ces cônes et ces pics ont donné lieu à des légendes naïves que les vieux nous racontent, lentement et comme à regret, craignant peut-être la colère des génies qu'ils évoquent.

Le Kton, dont la table très proche domine le hameau, est ainsi nommé parce que les fougères y abondent (Kton = fougère) : autrefois, un naturel s'y étant rendu pour récolter des crosses de cette plante, aperçut un revenant qui le gourmanda de lui voler ainsi son bien et qui, pour le punir, lui enleva son âme; le malheureux fut rapporté mourant à la maison.

Le Tieu Bia-Behrau est ainsi nommé du nom de l'esprit femelle qui le hante; elle apparut un jour à deux jeunes mariés qui récoltaient des herbes sur cette montagne et, en réponse à leurs questions, elle leur dit son nom : (behrau = nu).

Quant au Beu-Jong, il tire son nom d'un accident qui y survint; un jeune Halang y avait conduit des jeunes filles manger des letchis sauvages; afin d'obtenir le plus de fruits possibles, il se mit en devoir de couper un arbre mais ce dernier, en tombant, fit sauter le fer de la hache qui frappa mortellement au ventre le jeune Halang (beu = manche, jong = hache — en jaraï).

Quelques autres sommets, cependant, ne doivent leurs noms qu'à certaines particularités; c'est ainsi que le Tieu Krué signifie le « Mont des Oranges », Tieu Dak-plun, le « Mont aux ruisseaux de têtards », Tieu Dak-mut, le « Mont du ruisseau souterrain », Tieu Kloh, le « Mont des Kloh » — *Kloh* étant un tubercule qui sert à empoisonner le poisson.

Dans les ravins humides et encaissés, creusés dans cette zone montagneuse, se rencontre en abondance le magnifique cocotier d'eau (*Nipa fruticans*) dont les Jaraï du Nord, les Halang et les Sédang tirent un vin de palme très recherché; de coloration blanchâtre, analogue un peu à l'eau de la noix de coco, il possède une saveur aigrelette mais fermente très rapidement. Pour obtenir ce vin, les sauvages font une entaille à la tige qui porte les fruits, alors que ceux-ci ne sont pas encore développés; l'on assujettit, sous la blessure, un tube de bambou dans lequel on a mis les feuilles et

---

(1) C'est le *brêm* des Bahnar et des Halang, le *sê-ibong* des Radé et le *hagau* des Mnong. Sa larve s'appelle *knu* en bahnar. Il est souvent considéré comme fétiche par les divers naturels de l'Indonésie où on le rencontre, de l'Indo-Chine aux Célébes. Il a de la valeur au point de vue entomologiste; une espèce plus petite, mais moins rare, vit dans les pousses des bambous.

71. — Types de Kiom-Pueun.

l'écorce d'un arbre appelé *hiam* (1) ; au bout d'une nuit, le tube est rempli de sève ; c'est le vin de palme, qu'il faut boire aussitôt car, au bout de deux jours, il devient trop aigrelet.

De P. Meo, nous dévalons sur le ravin du Ya Hrong que nous atteignons par 300 mètres seulement d'altitude et qui nous mène au Temô, beau torrent large d'une trentaine de mètres, venu du Beu-Jong ; il se creuse un étroit vallon entre les hauteurs du T. Bang et de la Bia-Behrau, à l'Ouest et les contreforts du T. Kloh et du T. Jru, à l'Est ; le premier village auquel nous arrivons est sur la rivière ; c'est le hameau halang de P. Jar ou, plutôt, l'un des hameaux de ce groupe, qui est l'agglomération halang la plus méridionale ; cette tribu occupe, en effet, le haut D. Hedrey et le haut D. Çer jusqu'au D. Long, affluent du Pekô ; les huttes, sur pilotis, sont couvertes en *som* ou en *rsoy* ; l'une d'elles a même un toit en tuiles de bambou ; cette coiffure est d'ailleurs celle de tous les poulaillers, qui s'élèvent contre les maisons ; la plupart des hommes portent les cheveux à la laotienne, le derrière et les côtés de la tête rasés, le sommet seul du crâne couvert d'une couronne de cheveux coupés courts et en brosse.

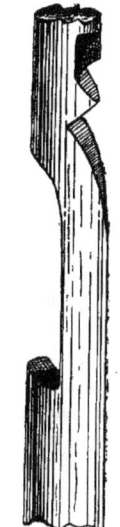

Fig. 20. — Pl. Jar. — Pieu funéraire représentant, dans sa forme la plus primitive, un être humain.

Au cimetière, nous notons quelques différences dans l'agencement des tombes ; comme chez tous les Halang d'ailleurs, le grand toit des Jaraï et des Bahnar n'existe plus ; un simple toit horizontal en tuiles de bambou recouvre le tertre et repose sur une rangée de colonnes aux sculptures linéaires ; seuls, les poteaux d'angle représentent des têtes humaines que surmontent les deux défenses d'éléphant. Sur le tertre, entre le cadre des planches, l'ordinaire entassement des objets les plus hétéroclites et dix statuettes funéraires — les *rum* — ce qui indique, dans la tombe, la présence de dix cadavres ; l'on y rencontre aussi, ce qui est rare, des statuettes de buffles et de bœufs ; la palissade entourant la tombe est en planches et les statues des pleureurs sont assez espacées ; les bambous à sacrifices sont nombreux ; en avant d'une des faces de la palissade, une rangée de pieux assez minces, tailladés, représentant, dans la simplicité la plus primitive, ce qui est une figure humaine ; le nez n'est qu'une simple arête saillant deux cavités, qui sont les yeux, au-dessus d'une autre entaille, qui est la bouche ; c'est tout et c'est assez, chez ces populations primitives, pour représenter un homme ; à un pied du sol, le pieu est taillé d'une encoche sur laquelle l'on pose la planche correspondante de la palissade ; de l'autre côté, cette planche repose sur un autre petit pieu ; de même pour toute la rangée des bonshommes et ces planches ainsi juxtaposées forment l'autel des offrandes.

A l'entrée de tous ces villages, l'on trouve des pieux de bambou fichés en terre et dont le sommet est ouvert en forme de corbeille contenant des tubes, un fond de

---

(1) C'est le *peuok-knyak* des Laotiens ; son écorce et ses feuilles sont également employées pour obtenir la fermentation des vins de riz.

gourde, des œufs percés d'une baguette. Ce sont les offrandes faites lorsque l'on a la fièvre ou à la suite d'un rêve dans lequel on a vu une personne récemment morte. Ce contact avec le monde des morts ne peut, en effet, se faire sans altérer la santé du vivant et c'est pour conjurer l'esprit du défunt qu'on lui fait ces offrandes ; cela s'appelle *phak-chak*, en halang et *phak-atau*, en jaraï.

Par le vallon du Temô, resserré entre les collines qui viennent y baigner leur base, nous atteignons enfin le Hedrey, beau torrent de 20 à 30 mètres de large et que nous traversons en radeau en nous hâlant sur un gros câble de rotin ; il y a plus de quatre pieds d'eau. La rivière, très poissonneuse, renferme notamment un petit poisson appelé *ka-nhêt*, qui vient y frayer en grande quantité ; les naturels les font sécher au soleil et les empilent dans des tubes de bambou qui sont échangés chacun contre un fer de hachette d'une valeur de 0 $ 10 environ. C'est ici, à Pl. Jar-Sieng, que nous rejoignons la sente venant de Kontum par Dak-Redé et la haute vallée de la rivière que l'on atteint par le col du Dam-Brang ; cette route a été reconnue et suivie par divers voyageurs de la mission Pavie.

Le dernier village du groupe halang des Pl. Jar se trouve, ici, sur la rive gauche du Hedrey ; ce nom de Pl. Jar vient de ce qu'un jour, un jeune marié halang du village de Dak-Prong (ancien nom de Dak-Redé) captura un palatouche — qui est le *jar* — ; il était en train de le faire rôtir à la broche quand survint son beau-père ; afin de ne pas avoir à partager son gibier, le gendre cacha précipitamment son palatouche dans sa hotte, sous des couvertures, mais le bout de la broche de bois brûlait encore et mit le feu aux étoffes, ce qui fit découvrir la supercherie. Le gendre fut tellement honteux qu'il n'osa pas revenir chez son beau-père et se retira dans sa famille ; il alla s'établir au raï et forma le noyau d'un village nouveau, qui prit le sobriquet de Pl. Jar. Ce sont les descendants de cette famille qui peuplent, aujourd'hui encore, les agglomérations actuelles.

Au Hedrey, nous changeons brusquement de direction ; jusqu'ici, la sente, très tortueuse, nous a fait faire de l'Ouest-Nord-Ouest ; maintenant, nous piquons au Sud-Ouest en longeant le D. Hedrey à flanc des coteaux de bordure ; la rive gauche est une sombre et imposante muraille boisée qui est la continuation du T. Bang.

Un peu avant P. Trap, l'orage nous arrose mais, heureusement, le village n'est pas loin ; nous voici revenus chez les Jaraï ; ils appartiennent la plupart à la tribu des Hedrong ; ils habitaient, autrefois, sur la rive gauche de la Sé San et leur infiltration, sur cette rive, date du xixe siècle ; devant leurs incursions continuelles, les Halang et les Tiom-Poueun se sont retirés, les uns au Nord, les autres dans l'Ouest ; les Hedrong occupèrent alors tranquillement le pays évacué ; ils forment, maintenant, un coin très puissant entre les deux tribus refoulées.

Nous voici revenus à des altitudes basses et la chaleur est grande ; les minima nocturnes ne dépassent pas 18° C.

De P. Trap-Ya-Rèh, nous continuons, le 13, sur le second village du groupe ; la forêt-taillis est mêlée de brousse et de bambous ; le sol est sablonneux, coupé de ruisseaux encaissés, mais le relief s'atténue rapidement ; depuis un défrichement, nous apercevons une muraille proche de hautes collines boisées, qui courent Nord-Sud et marquent la bordure orientale du bassin du Hedrey ; derrière cette chaîne, coule le

Ya Beï, qui est le Nam Seï des Laotiens et la principale branche du Ya Debok, affluent de la Sé San ; la rivière prend ce dernier nom en aval d'une magnifique chute de 30 à 40 mètres de hauteur : toute cette contrée montagneuse est peuplée de Brao.

Derrière la maison commune de Pl. Trap, une excavation s'ouvre dans le sol, soutenue par une armature de bambous; large de deux mètres sur trois et profond de cinq pieds, ce trou — le *henih ali* — est recouvert aux trois quarts d'un treillis de bambous chargé de terre ; c'est là que, pendant les nuits fraîches de la saison sèche, les jeunes gens du village, désertant la maison commune, viennent passer la nuit ; il n'est pas rare alors de voir les jeunes filles venir partager leur couche. Ces mœurs sont particulières aux Jaraï du Nord ; elles se pratiquent cependant fort peu lorsque les jeunes gens couchent dans la maison commune. Du côté de P. Rngol, sur la rive gauche de la haute Sé San, le meurtre du premier-né est un résultat de cette licence des mœurs car l'on ne sait jamais quel est le véritable père de l'enfant issu de ces relations qui précèdent le mariage.

Un peu avant P. Rmam, nous traversons le Kray-Tò, source chaude sulfureuse ; c'est sur des affleurements de rocs bas, percés de gros trous qu'emplit une eau très claire où crèvent des bulles venues du fond ; la température, prise à midi, est de 53° C. dans la dépression principale ; à l'aube, le lendemain matin, nous ne la trouvons plus que de 49° C. ; des gazons décomposés, de couleur rougeâtre, flottent sur les eaux qui coulent doucement en chenaux étroits : une odeur sulfureuse très caractéristique imprègne la clairière : le Ya Kray-Tò, petit ruisseau de six à sept mètres de large, roule ses eaux tumultueuses à vingt mètres de la source chaude.

Suivant le Père Kemlin et les naturels, cette source thermale fait partie de toute une série de sources analogues, échelonnées le long de la haute vallée du Dak Hedrey ; les deux plus fameuses sont le Kray-Ktau, à un kilomètre au Sud du confluent du D. Rmau et du Hedrey, sur la rive gauche ; c'est une source tiède dont les eaux laissent au goût une saveur d'œuf pourri ; son débit est fort ; le Kray-Ktau est ainsi appelé (Ktau = canne à sucre, en halang) parce qu'autrefois les Laotiens auraient fait, dans les environs, de grands champs de cannes à sucre et de riz, mais ils durent battre en retraite devant les incursions des éléphants sauvages ; la seconde est le Kray-Rkuy, sur la rive droite du Hedrey, à l'embouchure du Ya Rkuy, à une heure de marche du village actuel de Pl. Rmar. La température est moyenne, les eaux possèdent une saveur bicarbonatée et le débit est assez faible.

Elle donnait autrefois du sel, qu'on trouvait en grande quantité sur ses bords ; mais il ne fallait le consommer qu'à la maison ; or, un jour que des naturels allaient faire un cercueil en forêt, ils recueillirent de ce sel dont ils se servirent sur place ; révolté d'un tel manquement aux rites, l'esprit de la source fit disparaître les efflorescences

Les autres sources thermales de la vallée sont :

le Kray-Hmû, sur la rive droite du Hedrey, entre le Kray-Ktau et le Kray-Rkuy (Rkoé), sur le Ya Kray Hmû ;

le Kray Begram, sur la rive gauche du Hedrey et sur le ruisseau du même nom, à peu près en face du Kray-Hmû.

Ces sources sont appelées, par les naturels, du nom générique de *Kray*, qui signifie « lèches ». Ce mot est appliqué à tous les endroits marécageux à l'eau saumâtre que viennent « lécher » les animaux sauvages ; le gibier à poil et à plumes s'y rencontre à foison et les rhinocéros eux-mêmes s'y rendent fréquemment.

Quand un naturel passe près de ces kray, il prend de l'eau dans le creux de sa main et se la verse sur la tête pour saluer l'esprit de la source et pour éviter les maux de tête que lui enverrait le génie.

Le village de P. Rmam est habité par des villageois appartenant à une petite tribu très spéciale, connue sous le nom de Rmam et occupant une dizaine de hameaux dispersés jusque sur la Sé San ; leur dialecte, très différent des dialectes avoisinants, appartient à la famille Tiom-poucun ; au point de vue ethnographique, ces Rmam doivent être un fragment de Tiom-poucun, noyés dans les tribus environnantes.

Le hameau est bâti de telle sorte que les maisons forment les quatre côtés d'un carré dont le centre est place commune; des jardinets de piments, de citrouilles, s'y mêlent aux débris de la forêt disparue. Les huttes, sur pilotis, sont couvertes en *sôm* ou en *rsoy* et du type de celles de Pl. Meo ; l'encadrement d'entrée de la porte principale est également en planches et affecte la forme d'un rectangle aux angles arrondis. Le plancher, au lieu d'être en bambous écrasés, est en rondins sur lesquels, à la saison des pluies, l'on pile le riz dans les mortiers ; un long lit de camp bas occupe le fond de la chambre commune ; le foyer commun, de grandes dimensions, se trouve dans un coin, contre la paroi de façade, sur une étagère de bambous tressés reposant sur quatre bambous. Les arbalétriers extérieurs du toit dépassent le faîtage et leur pointe bistournée est diversement sculptée.

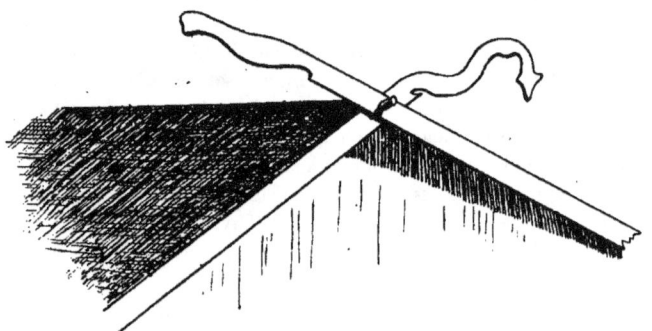

Fig. 21. — Pl. Rmam. — Ornements d'un pignon.

Sur la place du village, près de la petite maison commune — pauvre hutte très ordinaire — se trouve un pagodon exigu, analogue à ceux des Cambodgiens ; c'est un simple abri de bambous, couvert de chaume et précédé d'une modeste véranda sans cloison sur sa façade ; au fond de ce rustique sanctuaire, un tronc d'arbre haut de 1 m. 50, planté dans le sol, est creusé, en sa partie supérieure, d'une niche où s'abrite une sorte de cruchon en grès verdâtre, analogue à nos cruchons de curaçao ; il ne renferme que de l'eau ; en avant, des paquets de fleurs et de bourgeons. Cette hutte s'appelle « rong den dak Ya » — « la maison sacrée de l'eau de Ya » — ; chaque fois qu'ils sont malades, les gens du village vont déposer des fleurs dans ce sanctuaire en demandant à l'eau du Ya de les préserver des maladies et de la fièvre et de rendre à leur corps la fraîcheur bienfaisante de l'eau. Cet édicule est achevé depuis quelques jours à peine et l'on vient seulement d'y transporter le cruchon de grès qui était resté à l'ancien village abandonné ; à cette occasion, l'on sacrifie une poule. Suivant les naturels, ce cruchon aurait une origine extrêmement ancienne et aurait été donné par le Ya lui-même à leurs ancêtres.

Ce Ya serait un bonze laotien qui a joué, dans le pays, un certain rôle, lors de l'occupation laotienne; ce culte de l'eau lustrale est également d'origine laotienne; nous verrons ailleurs, à propos de l'histoire des tribus, l'épisode de cet agitateur et les croyances qui s'y rattachent.

Ce soir, l'un de mes cornacs mnong est pris de violentes crampes d'estomac et de coliques qui le font se rouler à terre ; on me l'amène en pitoyable état et je lui administre un calmant quelconque, mais, non contents de cette médicamentation, ses camarades le livrent au sorcier du village, le *bejau*, qui déclare, en consultant sa baguette divinatoire à la manière des Radé, que le malade souffre de la « mauvaise influence de la sueur » — le *henô*, en halang et en bahnar, le *henap*, en jaraï —. Lorsqu'un naturel rencontre, en effet, un de ses congénères en sueur, il croit que l'influence de cette transpiration pénètre son corps et le rend subitement malade ; l'on ne peut, il est vrai, souffrir du *henô* qu'une seule fois; mais, pour lui échapper, l'on a l'habitude, lorsque l'on rencontre un voyageur échauffé, de se frotter la poitrine en disant : « J'ai déjà eu le henô », tandis que l'on s'empresse de tourner le dos à l'intrus.

Pour ce qui est donc de mon cornac, le sorcier le déclare atteint du *henô* que lui a communiqué, en rentrant des champs, l'habitant chez lequel il est descendu ; l'innocent coupable demande à son involontaire victime de se rendre chez lui où il se charge de conjurer le mauvais sort. Etendu à terre, mon Mnong, entouré de tout un cercle de spectateurs, s'abandonne aux soins de son homme ; celui-ci, trois branchettes à la main, les trempe dans un tube plein d'eau et en frappe à plusieurs reprises le bas-ventre du patient en marmottant, à voix basse, des incantations rapides se terminant par ces mots distincts : « Une, deux, trois, quatre, cinq ! va-t en ! »

Mes cornacs y vont à leur tour de leurs adjurations; l'un d'eux, une bougie allumée et une poignée de riz dans la main gauche, prononce, à voix très haute, des formules rapides et, par quatre fois, prenant de la main droite une pincée de riz, il la lance dans la flamme de la bougie dont il coupe le bout enflammé avec son couteau.

Il est certain que le malade aurait maintenant mauvaise grâce à ne pas se trouver mieux ; peut-être que le laudanum administré et la flanelle dont je l'ai enveloppé y ont aussi été pour quelque chose.

Autour des jarres, les naturels nous racontent encore quelques-unes de ces légendes qui peuplent de génies tous les recoins du pays moï.

Un jour, un habitant de P. Rmam était à l'affût au Kray-Tô, lorsque le tigre s'approcha et, prenant une voix humaine, lui dit « Oncle, ta femme est gravement malade chez toi ». Le chasseur se laissa prendre à la supercherie et se mit à suivre le messager qui le dévora. Un Laotien, qui se trouvait au village, planta alors au Kray les *begang*

— zingibéracées du genre *curcuma* — que l'on y trouve encore ; leur influence toute puissante attira l'animal, qui s'y rendit avec beaucoup de précaution, allumant des torches pour bien reconnaître les dangers, mais, fasciné par l'invincible puissance-fétiche des plantes, il ne vit et n'entendit rien et tomba sous la balle du Laotien. C'est depuis ce jour que les animaux viennent en foule au Kray où ils sont attirés par la vertu de ces begang ; nulle part ailleurs l'on n'en rencontre de semblable espèce ; quelquefois, l'on en cueille un plant pour le mettre près des pièges à cerfs et à sangliers mais il est défendu, sous peine de mort, de les apporter au village ; leur vertu y attirerait infailliblement le tigre qui dévorerait le bétail sinon les habitants.

Cette superstition relative aux *begang* est, certainement, l'une des plus curieuses de celles que l'on rencontre chez la plupart des tribus moï.

Le nom générique de *begang* s'applique, chez les Jaraï du Nord, les Halang, les Bahnar, etc., à la plupart des plantes des genres *curcuma* et *zingiber* — famille des zingibéracées ; ce mot de *begang* correspond exactement au mot annamite *thuốc* qui signifie « drogue, médicament » ; ces plantes possèdent, suivant les naturels, une vertu spéciale qui s'exerce, soit sympathiquement, soit antipathiquement, sur les génies et sur les âmes des choses, des animaux, des plantes ; en un mot, ce sont des plantes magiques. Chacune d'elles possède sa vertu propre et son influence d'attraction sur telle ou telle catégorie d'objets ou de génies ; cela explique la raison de leur emploi journalier dans diverses circonstances et surtout dans les maladies qui sont regardées comme de mauvaises influences des génies. Ainsi, lorsque l'on voit les morts en rêve, la fièvre suit ; pour chasser cette mauvaise influence, l'on se frotte alors le corps avec le *begang-chak-bau* et la maladie disparaît, car l'esprit des morts a horreur de cette herbe ; pour faire pousser le riz, l'on plante aux raï, pendant les semailles, le *begang-tenô* dont la vertu est d'écarter les mauvais sorts ; mais encore faut-il le placer à l'entrée du champ ou au milieu car, dit on, cette plante est très forte et ferait jaunir le riz ; on peut remplacer ce *begang* par le *begang-kenom* ou *kenol-teul-jera* dont la vertu est la même ; le rhizome est, en plus, porté dans un pli de la ceinture, lorsqu'on voyage, afin d'écarter le mauvais œil ; différentes autres espèces ont le pouvoir d'attirer l'âme du riz qui restera dans le champ, d'empêcher le riz de diminuer dans les greniers. Certains de ces *begang* sont placés dans les nasses à prendre les poissons qui y sont invinciblement attirés (c'est le *begang-ka*) ; le *begang-beyap* attire les cerfs ; les *begang-tehlam* servent à faire des philtres d'amour ; leurs racines sont râclées et mélangées aux aliments ou au tabac des personnes que l'on veut se rendre sympathiques ; il y a enfin des *begang* qui empêchent la conception, la fuite des esclaves, font devenir fou, et d'autres qui, plantés près des pieux à sacrifices, donnent de l'animation aux fêtes.

Le Tieu Yang-Gehin, cette colline devant laquelle nous sommes passés en suivant le Temô, renferme, paraît-il, une caverne, ancien repaire d'un tigre particulièrement féroce ; un jour qu'il avait déjà dévoré cinq personnes, il en captura une sixième qu'il déposa dans son antre, sous la garde de ses enfants, mais l'esprit du Gehin arriva et déclara que l'on ferait, de la victime, un grand festin au moment de la pleine lune ; l'antre avait malheureusement deux issues et les fils du tigre ne gardaient que l'une d'elles, croyant que leur proie ne connaissait pas l'autre ; or, l'homme parvint à la découvrir et s'échappa ; pour se venger, il alla placer des pièges aux abords de la caverne et tua ainsi de nombreux tigres.

Le T. Din est ainsi nommé (din = jonc à boire) parce qu'un jour, un Moï s'y étant rendu pour couper les joncs, se blessa au bras et mourut de sa blessure.

Le T. Bô porte le nom du chef du village de Pl. Peò dont les habitants, attaqués par les Laotiens, s'étaient réfugiés dans une grotte de cette colline ; les Laotiens les y enfermèrent et les massacrèrent.

Au T. Uang-Gelèk, une femme, nommée Drà, était allée, avec son amant Lik, cueillir les fruits du *Gelèk* (graines rouges et dures dont l'on orne de nombreux ustensiles et le cadre des boucliers), mais Dang, le mari, survint, qui tua son rival et ramena sa femme au logis.

Le T. Ya-Kra porte le nom d'une vieille femme qui y fut dévorée par le tigre alors qu'elle se rendait aux champs.

Le T. Ya-Kbô rappelle l'aventure de cinq naturels qui, après avoir escaladé la montagne, grimpèrent sur un gros arbre appelé *Kbô* ; mais, l'un d'eux ayant coupé la liane à laquelle ils se suspendaient, tous furent précipités sur le sol où ils se tuèrent.

Quant au Mum-Bun, son nom vient de ce qu'un Laotien, traversant la chaîne, fatigué, s'endormit au sommet.

(Mum-Bun = se jeter à plat ventre, s'étendre).

IV

14-18 avril — (123 kilomètres)

C'est à Pl. Rmam que me quitte le Père Kemlin ; depuis huit jours que nous vivons ensemble, j'ai pu goûter tout le charme de son attrayante compagnie : sa merveilleuse connaissance des dialectes et des mœurs en fait un compagnon étonnamment précieux et, en même temps qu'un charmant ami, j'ai le regret de perdre en lui un inappréciable collaborateur. Il me laisse, comme guide, un Halang de P Mco, fort intelligent, parlant sédang, jaraï, divers dialectes intermédiaires, laotien et quelque peu annamite ; il connaît, en outre, très bien le district et me conduira jusqu'à la Sé San. Une dernière fois, j'embrasse le P. Kemlin, très ému de cette séparation pourtant prévue ; nos destinées nous entraînent ; lui, va retrouver ses chrétiens et ses sauvages chez lesquels il vit depuis une douzaine d'années ; moi, je m'en vais vers l'inconnu, vers de nouvelles populations, vers de nouvelles aventures. Le torrent de la vie roulera-t-il à nouveau côte à côte, dans le tumulte de son cours, les galets de nos destinées ? Dieu seul le sait ! Et, très attendris, nous nous éloignons chacun dans la forêt pour nous perdre bientôt entre les fûts noirs...

Sans répit, maintenant, vers le Sud-Ouest, la mission va suivre la vallée du Hedrey, enserrée entre la double haie des collines, qui s'écartent de plus en plus à mesure que l'on approche de la Sé San ; quelques éperons atteignent encore la rivière qui lave leur base de ses eaux tumultueuses ; la contrée est couverte de forêt-futaie coupée de cultures, encombrée de vaquois arborescents, de rotins ; les sangsues sont déjà plus nombreuses, mais les taons, surtout, sont affolants; depuis notre départ de Kontum, ils ne cessent de nous harceler et leur piqûre est extrêmement douloureuse, provoquant une énorme enflure de l'endroit atteint ; les chevaux s'ébrouent, piaffent, deviennent fous sous ces dards, qui les percent et le sang coule entre leurs poils.

Pl. Kep, où nous couchons le 14, est jaraï, mais soumis à Moulapoumok ; le laotien est de plus en plus compris ; les hommes portent la coiffure laotienne ; le Hedrey est appelé Hdray ; ici, les huttes sont basses et croulantes, misérables ; les bas-côtés sont divisés en étroits compartiments ; le centre de la bâtisse n'est qu'un péristyle en retrait dont l'escalier occupe la partie d'avant. Des paniers, en bambous tressés et calfatés, servent à puiser l'eau.

Le relief s'atténue, mais nous traversons de nombreux ruisseaux, affluents du Hedrey que nous laissons dans l'Est ; la forêt-futaie est aussi épaisse, coupée parfois de clairières emmêlées de brousse impénétrable ; l'étape est longue ; dans l'après-midi, nous débouchons enfin sur de vastes cultures ; à notre droite, les chaînes de bordure de rive droite, basses et noires de forêt ; en face, les collines de rive gauche sont bien plus hautes et massives, mais tailladées de cols bas ; cette vallée du Hedrey est magnifiquement délimitée par ces deux éperons qui courent sensiblement Nord-Sud, celui de gauche plus rapproché de la rivière ; la vallée est admirablement arrosée d'une infinité de ruisseaux.

Nous couchons à Pl. Chechoé, village jaraï, bâti, comme Pl. Rmam, en forme de carré ; les villageois parlent tous laotien et je trouve même deux Laotiens envoyés du délégué de Moulapoumok ; nous sommes en plein hinterland moï du Cambodge. Il y a un mois environ, des Brao du Nord sont venus attaquer un village voisin, ont tué deux indigènes et blessé trois autres ; les villageois semblent fort impressionnés par cet incident. Dans l'Ouest de Pl. Chechoé, commence aussitôt la zône des Brao, qui occupent, de ce côté, toute la vallée du Ya Tebòk, affluent direct de la Sé San et parallèle au Hedrey.

Au delà de P. Chechoé, la forêt-futaie est moins dense. Les *srâlau* sont plus nombreux : de temps à autre, une clairière marécageuse coupe la forêt dont le sol est toujours de sable gris. Plus de sangsues, plus de taons ; l'aspect de la région me rappelle celle du moyen Song Bé, vers Budop.

Un peu en dehors du village, le cimetière, fort beau et curieux ; les tombes sont de style jaraï, mais de nombreux détails sont particuliers au district ; les pieux de la palissade d'enceinte sont d'étroites planchettes ; les statues n'atteignent pas les hautes proportions de celles de Pl. Rlung, mais elles sont de type plus varié ; les pleureurs n'ont pas la tête dans les mains, mais les coudes croisés à plat sur les genoux ; une femme tenant son sexe à pleine main orne l'un des angles ; les *bram* ne font pas partie de la statue mais sont indépendants ; il y en a deux, taillés dans le même poteau et accolés dos à dos ; enfin, le tertre funéraire n'existe pas, le sommet de la tombe étant de niveau avec le sol environnant ; les planches du cadre d'enceinte sont sculptées en dents à leur bordure supérieure ; les pieux d'angle, soutenant le toit, sont sculptés en petites défenses et en gourdes. Il n'y a pas de *rum* ; l'autel funéraire est dans l'enceinte de la tombe, contre une des petites faces ; le toit, légèrement en dos d'âne, est en planches inclinées, encadrées de quatre planches dont la bordure supérieure est dentelée, au niveau du toit.

Un tombeau voisin, déjà plus ancien, montre deux femmes tenant leur sexe, un homme montrant avec force son linga mais, ici, ces statues spéciales ne se font pas vis-à-vis et sont réparties isolément sur les faces du monument. Un poteau est surmonté d'une statuette d'éléphant. Les planches du toit reposent sur des poutrelles dont l'extrémité s'engage dans la fente pratiquée dans le haut des pieux de soutènement; sous la sculpture de faîte, des sculptures de défenses, de gourdes, de statuettes humaines.

Nous quittons enfin le versant du Hedrey — appelé ici Ya Hdrâi, Ya Drai — ; les ruisseaux coulent maintenant au Debok — ou Tebok.

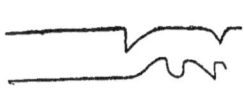

Fig. 22. — Cimetière de Pl. Chechoé. — Petite planchette d'angle d'un autel funéraire.

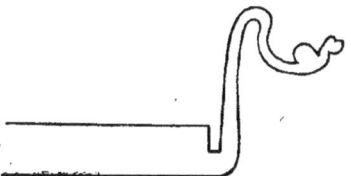

Fig. 23. — Cimetière de Pl. Chechoé. — Planchette découpée ornant le faîtage d'un tombeau.

Nous n'arrivons à Pl. Chay que pour déjeuner; le village est jaraï et rmam, bâti en carré, ce qui semble être une mode du district; la maison commune est, depuis longtemps, une simple *sala* pour passagers, ouverte aux quatre vents et généralement délabrée : sous le plancher de cette sala, la forge du village.

Les tombes sont fort belles et particulièrement curieuses ; des statuettes de singes, d'éléphants, de pleureurs en ornent la palissade; la tombe, sans tertre, est encadrée de quatre hautes planches, de deux pieds de haut, enchâssées, à leur extrémité, dans les poteaux d'angle qui soutiennent le toit. Celui-ci est analogue à ceux de P. Rlung, aussi démesurément élancé, mais la base est plus large et bombée. De chaque côté, en haut du *rteng* central et jusqu'au faîtage, une bordure de petits éclats de bambous dont les extrémités, réunies par une cordelette, montent en frange hérissée ; les deux poutres du faîtage sont ornées de sculptures élancées, fines, bizarres et bistournées. Au-dessus du faîtage et protégeant le toit des intempéries, un dais de chaume sur quatre longs arbustes, fichés en terre, en dehors de la palissade.

Les statues des pleureurs ont, toutes, la main à plat sur les genoux et les figures sont sculptées avec un réel souci de la vérité; leurs oreilles, notamment, sont saillantes. Les tombes des pauvres sont petites, simplement encadrées d'un châssis de planchettes, que recouvre un toit plat en tuiles de bambous ; aucune enceinte ne les protège.

Au-delà de Pl. Chay, la forêt-futaie cède la place à d'épais taillis bas; depuis un raï, la vue découvre enfin toute la vallée orientale de la Sé San, boursoufflée de monticules, de coteaux bas; tout cela, velu de forêts s'étendant à perte de vue, dans l'Est, sous une buée bleue qui monte, de la terre surchauffée, avec les colonnes de fumée des feux de brousse.

Et bientôt, nous entrons dans les bambous, les maudits bambous écroulés dans la forêt taillis de plus en plus claire ; les villageois nous ont heureusement ouvert une route dans ces halliers, mais le sous-bois est en flammes et la marche est atroce sous l'implacable soleil, au milieu des tourbillons de fumée et de flammes, sur le sol noirci de cendres brûlantes, entre les paquets de feux qui pétillent. L'on a l'impression de se mouvoir dans une gigantesque rôtissoire que pas un souffle d'air ne traverse. Des pierres encombrent la piste au passage de bosses rocheuses, hautes de trente pieds à peine.

Nous atteignons enfin la forêt-clairière où dominent le *thbeng* et le *kreng* ; de vastes clairières marécageuses s'ouvrent devant nous et, pour la première fois depuis longtemps, nous apercevons des cerfs qui détalent à notre approche. Tout est brûlé et le sol est à peine couvert d'un gazon raide, ras et sec ; mais les taillis se referment et nous atteignons bientôt le village laotien de B. Thà dont les huttes se cachent dans des massifs de bananiers : la Sé San est devant nous.

Large de 80 à 100 mètres, la rivière roule, rapide ; juste en amont du village, qui s'étend sur les deux rives, barrant le lit dans toute sa largeur, un rapide peu violent, le Kheng Sang, d'où émergent les têtes de rocs et le feuillage grêle des oseraies — les *kok-kai* du Mékong.

Le village possède une belle sala en planches ; à côté des aréquiers, des carrés de chanvre dont les Laotiens, comme les Cambodgiens, fument les feuilles, hâchées comme celles du tabac et incorporées à ce dernier ; l'usage de cette plante est sévèrement interdit par les ordonnances royales cambodgiennes, car le chanvre amène une ivresse furieuse et des ravages pathologiques très graves.

Les villages de la tribu des Rmam arrivent jusqu'ici ; B. Kéo et Pl. Klah, à 500 mètres en amont de B. Thà, appartiennent à cette famille, qui s'étend jusqu'en amont de Bokkham. Ce centre aurifère, siège d'un balat relevant de Moulapoumok et habité par quelques Birmans, est à 22 kilomètres en amont.

Tandis que mes éléphants gagneront Moulapoumok par terre, en suivant la rive droite de la Sé San, je m'embarquerai tranquillement sur la rivière ; les Laotiens m'ont procuré une magnifique pirogue ; longue de 15 mètres sur 2 mètres de large au centre, elle est creusée dans un tronc de *koky* géant ; six rameurs la gouvernent, munis de gaffes en bambou et d'avirons ; des abris de paillotte nous protégeront contre le soleil et la pluie.

Le convoi dédoublé, nous larguons les amarres ; les éléphants, allégés des bagages, doivent retourner à Pl. Chay pour prendre la route de Moulapoumok ; les Laotiens ont juré leur grand Dieu qu'aucune sente ne mène à la délégation par cette rive ; ils voudraient faire prendre au convoi la route de rive gauche, qui est bien plus courte et bien battue, coupant en corde le vaste arc-de-cercle que décrit la rivière ; j'ai dû faire acte d'autorité et les villageois ont reçu l'ordre de débroussailler, de ce côté de la Sé San ; au fond, tout ce monde a une peur bleue des pillards brao signalés dernièrement et répugne à jouer du coupe-coupe dans la forêt et la brousse qui doivent effectivement encombrer le district.

Large d'une centaine de mètres, la Sé San coule, indolente ; les derniers remous du Kheng Sang nous poussent au large et nous descendons la rivière.

Rien ne vient rompre, durant la journée entière, la monotonie de cette navigation paisible ; la rivière, bordée de rives sablonneuses que domine la forêt, se coupe de bancs de sable ; quelques têtes de rocs et de légers remous forment le Kheng Ong, dernier seuil, à peine sensible : une buée bleue empâte les contours ; des collines apparaissent sur la rive droite, derrière ce voile tissé de vapeur et de fumée ; la Sé San décrit un vaste accent circonflexe dont la pointe est tournée vers le Nord.

Les rameurs nagent doucement en cadence, s'approchant et s'éloignant des rives pour éviter les échouages ; des embouchures d'affluents creusent la rive droite ; l'aspect est le même que sur le moyen Donnaï.

Au début de l'après-midi, un gros massif se dresse sur la rive droite, le Pou Tak-Temok des Laotiens ; aucun village ne vient rompre le mur inexorable de la forêt de bordure ; vers 3 heures seulement, l'agglomération brao de Sruk Tè-Uèng ; une heure plus tard, celle de S. Ta-Ngat ; vers 5 heures du soir, nous accostons sur un immense banc de sable et de galets, qui encombre la rive gauche, au pied du second village de S. Ta-Ngat ; le hameau, en construction, est brao ; il s'élève dans un défrichement au milieu de la magnifique forêt-futaie et les huttes sont toutes petites ; plusieurs des naturels portent des pantalons de cotonnade bleue ou des sampots ; dans les oreilles, le bouchon d'ivoire des Mnong ; les villageois sont en fête ; l'on boit la jarre et l'on frappe les petits gongs en l'honneur du chef qui revient de Stung-Treng.

Sur le banc de sable, deux belles pirogues sont ancrées, arrivant, elles aussi, du Grand Fleuve ; elles sont chargées d'une colonie de Cambodgiens qui se rendent à Bokkham ; sous les abris de chaume, c'est un pittoresque chaos de camp volant au milieu duquel piaulent les poulets.

Le ciel, d'une admirable pureté, se cloute d'étoiles ; sur le banc de sable, dans la fraîcheur délicieuse, les foyers s'allument et, dans les arbres, les cigales chantent, mêlant leur note grêle à l'appel des gekkos et au son des gongs de fête ; sous le ciel gris perle, la double muraille sombre des berges s'allonge, vers chaque horizon, en un vaste couloir entre lequel l'eau luit comme une barre d'argent.

Il y a deux mois et demi, sous des cieux tout pareils, nous allumions les feux en haut de berges semblables, sous la même oppression des forêts géantes ; mais ce n'était pas la Sé San hospitalière que nous explorions alors ; sur des pirogues de capture, nous courions en proscrits, à l'aventure, sur le Donnaï inconnu ; du Donnaï à la Sé San ! Que de chemin parcouru, que d'étapes lentement semées ! Mais les misères d'antan ne me semblent plus qu'un rêve et elles me paraissent nébuleuses et de cauchemar, ces nuits d'alerte, en haut des berges noires du Sud !

Sur la rivière, tendue de buée blanchâtre, nous repartons dès l'aube ; les coudes succèdent aux coudes entre les inexorables rives couvertes de forêt noire ; sur la rive droite, toujours quelques collines qui s'évanouissent à mesure que nous avançons ; à chaque coude, un banc de sable : un moment, un système de collines basses, pressées et boisées montent et disparaissent ; puis une grande île, la Don Kepong. De temps à autre, sur la rive gauche, un village brao ou laotien ; l'air est brûlant et le soleil monte, impitoyable ; doucement, en cadence, les rameurs pressent sur les avirons.

Cinq heures de nage et, à un tournant, des toits de chaume apparaissent dans la verdure de la rive droite, puis les taches augmentent, s'élargissent dans le feuillage ; c'est Vœûne-Sai, allongé en bordure de la rivière, au milieu des grands arbres.

Tout à l'extrémité Sud du hameau, nous accostons à l'escalier de la délégation d'où le délégué est malheureusement parti, ce matin même ; le temps de lui envoyer un exprès et je prends possession de la belle maison du garde principal, inoccupée actuellement et où je vais tranquillement attendre l'arrivée de mon convoi.

CHAPITRE V

DE MOULAPOUMOK AU MÉKONG PAR ATTOPEU

(721 kilomètres. — 26 avril-6 juin)

La région de Moulapoumok. — De Moulapoumok à Attopeu. — La région d'Attopeu. — D'Attopeu à Khong par Siempang. — Khong et les chutes de Khône. — De Khône à Stung-Treng et Kratié.

I

Nous voici revenus dans les basses altitudes, à la limite des plaines qui sont le Cambodge et presque déjà le bas Laos ; la basse Sé San, majestueuse, étale devant le poste l'orgueil de ses 86 brasses.

La délégation de Moulapoumok — officiellement appelée B. Vœûne-Saï — est sise sur la rive droite de la rivière, un peu en aval du confluent du Nam Lalay, qui est le D. Rley des sauvages. Etendue en bordure de la Sé San, l'agglomération a quelque importance, rappelant, toutes proportions gardées, un Kratié ou un Stung-Treng avec ses huttes et ses bâtiments étalés en une longue ligne le long de la berge, derrière la route grise ; les rives s'élèvent à six ou sept mètres au-dessus des eaux. D'aval en amont, on trouve, tout d'abord, la délégation, beau bâtiment en planches sur pilotis, semblable à toute autre construction officielle du Cambodge : plantée au milieu d'un grand jardin aux pelouses de gazon, elle regarde les allées blanches que jalonnent les manguiers, les jeunes cocotiers ; les bâtiments de la milice — belle maison du garde, analogue à la délégation, casernements et dépendances — sont adjacents à la délégation ; puis, viennent le village laotien, mêlé de quelques huttes de Birmans, les boutiques des Chinois commerçants — une dizaine environ — et, de l'autre côté de la route de Siempang, le hameau birman, de physionomie toute spéciale, le village kha — des Brao — peu important et qui va jusqu'à l'embouchure du Lalay. En cet endroit, la Sé San fait un coude brusque et vient de l'E-S-E. 1/2-E. La forêt-futaie enserre le village, qui a dû se frayer une place dans les bois ; des grands fûts séculaires ombragent les huttes, derniers témoins de la lutte avec la verdure puissante ; en arrière, c'est la forêt-clairière, à travers laquelle se déroule la route de Siempang, gros centre laotien, sur la Sé Khong et ancien siège de la délégation. Le village laotien compte quelque 200 âmes, les Birmans ne sont qu'au nombre de 14.

En face de Vœûne-Saï, sur la rive gauche de la Sé San, se trouve le village laotien de B. Fang; à 1.500 mètres en aval de la délégation, s'élève celui de Kalan.

Le nom de Moulapoumok, qui est indifféremment donné au centre de Vœûne-Saï, est, en réalité, Mun-la-pa-mok; il vient de ce que le village a été fondé, il y a quelque 15 ans, par un Laotien, chef de bonzes, venu de Moulapoumok, gros centre de la province de Bassac, sur la rive droite du Mékong; le chao-muong et quelques familles laotiennes accompagnaient le voyageur: ils fondèrent, sur cette rive de la rivière, une agglomération qui se trouvait un peu en aval du B. Kalan actuel et qui devait dépendre du roi de Bassac.

Le nom actuel de Vœûne Saï — ou plus exactement Weun-Say — vient d'un trou fort profond qui se trouve dans la rivière, en face de la pagode du village.

En 1899, fût créé, à Vœûne-Saï, un poste de tirailleurs, sous le commandement d'un officier; en 1904, la région, qui dépendait de Khong, fut rattachée à Stung-Treng : la délégation, primitivement établie à Siempang, fut, en 1905, transférée à B. Vœûne-Saï, afin de permettre la pénétration des Moï de l'intérieur et le contrôle des produits écoulés de la région de Bokkham.

Les Laotiens de la circonscription occupent une huitaine de villages; les autres hameaux sont tous Moï — Kha, comme on dit ici — appartenant à diverses tribus de la famille des Brao.

Le commerce intérieur du district se réduit aux échanges avec les Khas qui troquent, contre du sel et des bimbeloteries, de la cire, des peaux, de la ramie, du paddy, des câbles en rotin, des nattes, des cardamomes sauvages.

L'industrie la plus importante est, sans contredit, celle des pirogues. Celles-ci sont fabriquées en forêt, surtout dans le secteur compris entre Vœûne-Saï et Siempang et où l'on trouve le *koky* (divers *Hopea*, sao des Annamites): cet arbre est, en effet, le seul employé pour la construction de ces embarcations, qui sont creusées dans le tronc de ces géants séculaires; l'écartement central est obtenu au feu et maintenu par des traverses de bois; le travail se fait en saison sèche, jusqu'à la mi-juillet; une pirogue de 14 à 15 mètres de long exige quinze jours de travail à cinq ouvriers. Une fois achevées, elles sont conduites à la Sé San ou à la Sé Khong, suivant la position du chantier, sur des rouleaux de bois. Les autres centres de fabrication sont B. Thâ-Lao, B. Katiok (en amont de B. Thâ-Lao), B. Thâ-Kha (dans l'intérieur, à une demi-heure de B. Thâ-Lao).

Ces pirogues sont achetées par des Laotiens ou des Birmans qui, le plus souvent, les font exécuter sur commande en avançant une partie du prix d'achat. Elles valent, dans la région, de 35 à 45 piastres; c'est, du moins, le prix que l'on paie aux Moï: descendues à Stung-Treng, elles y sont vendues à des Malais du fleuve et surtout de Chaudoc qui les achètent pour le double de ce qu'elles ont coûté; il est vrai de dire que les droits forestiers ont augmenté singulièrement les frais. Au Cambodge et en Cochinchine, une pirogue de 15 à 20 mètres de long vaut de 150 à 200 piastres.

Les trafiquants birmans qui viennent de Moulmein par Oubône, Khong et Siempang, se livrent surtout au trafic des éléphants. Avant les nouvelles taxes, ce commerce était fort prospère; les pachydermes, exportés en territoire étranger ne devaient, avant 1908, qu'un droit de 250 piastres perçu par le budget local du pays d'origine.

En 1908, furent créées de nouvelles taxes prohibitives et un éléphant doit maintenant acquitter :

l'ancien droit fixe de 250 piastres ;

un nouveau droit de douane de 500 francs ;

des frais de capture fixés au dixième de la valeur, pour les chasseurs cambodgiens, et au tiers, pour les chasseurs étrangers.

Actuellement donc, un éléphant de valeur moyenne — 600 piastres — doit payer 250 piastres + 210 piastres (montant approximatif des 500 francs) + 200 piastres (si le chasseur est étranger), soit 660 piastres de droits de sortie ; même si le chasseur est cambodgien, la somme à verser s'élève encore à 520 piastres, ce qui est exorbitant.

Ces droits ont frappé à mort le commerce des éléphants : avant les taxes additionnelles, fixées par décret du 10 octobre 1908, Moulapoumok avait perçu, en 1908, 3.400 piastres environ ; en 1909, il ne fut plus versé que 2.730 piastres, ce qui montre une diminution de plus des deux tiers dans le nombre des éléphants exportés. Les Birmans sont, dès lors, tentés de passer en fraude leurs éléphants et, neuf fois sur dix, ils réussissent à franchir sans encombre le Mékong et à gagner ainsi le territoire siamois.

Le terrain de chasse est le secteur de Vœûne-Saï, sur la rive gauche de la Sé San : la circonscription compte 28 éléphants domestiques appartenant tous à des particuliers, Laotiens, Birmans et Kha. Chaque année, ce nombre augmente par suite des captures ; depuis le début de cette saison, huit animaux ont déjà été pris en forêt et le chiffre des nouveaux venus balance largement celui des bêtes domestiques vendues aux commerçants.

Le second centre le plus important de la circonscription est Bokkham, à la sortie des montagnes de la haute Sé San, en plein pays moï. C'est un gros village jaraï où se trouvent aussi quelques Chinois qui trafiquent avec les sauvages ; ils leur achètent des cornes de rhinocéros, de l'ivoire, du paddy, de la ramie, des peaux, des cornes et de la cire ; quatre ou cinq Birmans s'y sont établis et sont agriculteurs ou commerçants. Bokkham est également connu sous le nom de Kebo. Les Laotiens et les Kha s'y livrent au lavage des sables de la rivière, qui renferment quelque peu d'or.

Un balat a été installé à Bokkham avec un poste de cinq miliciens en septembre 1909.

La réputation de richesse aurifère de cette région de la moyenne Sé San avait, autrefois, attiré l'attention de certains prospecteurs, qui fondèrent « la Société Française d'études des mines de T'Boc » (1) ; en 1894, une mission, envoyée par cette Société, arriva à Bokkham où elle s'établissait, malgré de nombreuses difficultés. En dépit des recherches les plus sérieuses et d'un travail opiniâtre, les ingénieurs (2) ne purent trouver de gisements suffisants ; la quantité d'or, obtenue par lavage des sables était insignifiante ; les fatigues de toutes sortes éprouvèrent les voyageurs et

---

(1) T'Boc est le B. Tabok, village sis sur le D. Tabok, affluent de droite de la moyenne Sé San.

(2) La mission était dirigée par MM. Pelletier, Ruel et Coussot.

l'un d'eux, Pelletier, mourut à Bokkham où il repose encore. La mission quitta le pays sans esprit de retour.

La Sé San, magnifique voie de pénétration en région kha, est navigable de Stung-Treng à B. Api, aux hautes eaux, et jusqu'à Bokkham, seulement, en saison sèche. Sur ce magnifique bief, l'on ne rencontre que trois rapides importants qui sont, d'aval en amont :

Le terrible Kheng Téda, qui coupe la section inférieure, juste en amont du confluent de la Srépok : long de 8 à 10 kilomètres, il exige deux jours à la montée ; il faut une demi-heure pour le descendre :

Le Kheng Sang, à B. Thâ-Lao, simple seuil d'affleurement ;

Le Kheng Sou, en face de Bokkham.

En amont de ce dernier point, l'on rencontre de nombreux bancs de sable qui obstruent le passage mais les roches sont peu nombreuses.

De Vœûne-Saï à Strung-Treng, l'on met, à la descente, de deux jours à deux jours et demi, en saison sèche et un jour et demi, à l'époque des crues ; à la montée, il faut six jours, en hiver et de huit à neuf jours, aux pluies.

L'altitude de Vœûne-Saï est de 115 mètres ; la chaleur y est lourde et le minimum nocturne, durant mon séjour, n'est jamais descendu au-dessous de 21°,5 C.

Les routes de la circonscription sont encore peu nombreuses et en voie d'exécution.

Celle de Siempang, qui sera longue de 60 kilomètres, est seulement ouverte sur 3 kil. 500 ; elle remplacera la sente charretière actuelle, qui se déroule en forêt-clairière ; celle de Kompong-Cham, village sis à 12 kilomètres en aval, sur la rivière, est également achevée sur 4 kilomètres à peine.

La juridiction du poste de Vœûne-Saï ne s'étend pas sur les circonscriptions de Siempang — sur la Sé Khong — et de Lompat — sur la Srépok — ; chacun de ces deux centres est administré par un balat, dépendant directement de Stung-Treng.

Entre Sé San et Srépok, le pays se présente sous forme d'un plateau relevé dont je reconnais les approches au cours d'une excursion sur Kalay ; la forêt-clairière semble former, de ce côté de la Sé San, une large galerie à laquelle succède la belle forêt-futaie ; l'escalade du plateau est raide et celui-ci se compose d'une série d'ondulations semblables à celles du Darlac central ; les cultures y semblent nombreuses et les villages sont habités par les Brao — les Lové des Laotiens. Ce sont des agglomérations de huttes exiguës, sur pilotis, de 5 mètres de large et de 5 à 6 mètres de long ; le toit, recouvert en *rsoy*, avance un peu au dessus de la porte, qui est, comme chez les Radé, ménagée dans le petit côté formant façade. L'agencement est fort simple, sans véranda ; une cloison partage parfois l'intérieur en deux parties, celle du fond formant chambrette retirée.

A côté de chaque hutte, un petit abri très bas, semblable à une porcherie, dressé sur pilotis très courts ; c'est là que se retirent les femmes enceintes, au moment de leurs couches.

Toutes ces maisons sont bâties en une vaste circonférence, tout autour d'une large place au milieu de laquelle se trouve la *sala* ou maison des voyageurs ; celle-ci ne ressemble en rien aux maisons communes des Bahnar et des Sedang et elle ne sert qu'aux étrangers de passage. C'est, ici, une belle construction sur pilotis ; le plancher est divisé, dans le sens de la longueur, en deux gradins ; celui du haut à un pied au-dessus de l'autre, est réservé pour le couchage ; aucune cloison ne sépare d'ailleurs ces paliers ; au centre de la maison, dans le sens du plus grand axe et au pied du gradin supérieur, deux magnifiques planches de *koky*, jointes bout à bout, perçant chacun le petit côté de la maison et s'allongeant, au dehors, en forme de proue de pirogue.

Chaque face extérieure des petites cloisons est ornée de planchettes étroites couvertes de curieux dessins au charbon d'écorce de *knong*. Ces dessins linéaires sont mélangés de nombreux croquis grossiers représentant des joueurs de tam-tam, des éléphants, des arbres chargés de singes, des cerfs, des scènes diverses fort originales et que je n'avais jamais encore vues ailleurs ; ces planchettes montent jusqu'au faîtage, en bandes parallèles.

Les tombes sont en pleine forêt et non plus à côté du village ; ce sont de simples levées de terre, à peine bombées, très étroites ; un petit amas de pierres est déposé à la tête ; une arbalète, fichée en terre contre ce tas, indique la tombe d'un homme, un mortier à piler le paddy, celle d'une femme. Une jarre à demi-enterrée et des tubes à libations ornent seuls ce tertre ; au-dessus, sur des pieux quelconques, simples troncs d'arbustes non équarris, repose le toit en feuilles de *nong-nang* ; il affecte la forme des hautes toitures jaraï dont il n'est qu'une caricature ; bien moins élevés, plus bombés à leur base, ces toits ne sont recouverts d'aucun treillis ; aucun dessin ne les égaie ; le faîtage seul est décoré d'une bûche de bois ou d'un entrelac de fins rotins que surmonte une figurine d'oiseau sculpté. Nulle enceinte et les Brao me disent qu'ils se bornent à faire une modeste fête au moment des funérailles.

Les hommes portent, dans les oreilles, les bouchons d'ivoire des Mnong, mais plus allongés et taillés en petits cylindres parfaits.

II

26 avril-4 mai — (147 kilomètres)

Mon convoi d'éléphants a mis cinq jours de B. Thà à Vœûne-Saï par la route de la rive droite ; la sente, très mauvaise, emmêlée de bambous, ne traverse que quelques villages et ne se rapproche de la Sé San que peu avant la délégation.

Pendant ce repos forcé, je me suis occupé de mon voyage sur Attopeu ; je veux m'y rendre par la sente directe Sud-Nord et il a fallu nombre de pourparlers et l'énergique intervention du délégué pour me faire obtenir les guides nécessaires ; tout a été mis en œuvre, par les autorités cambodgiennes, pour me faire abandonner mon projet ; la sente est affreuse, les montagnes se pressent en un chaos inextricable, farouche, terrible et ni chevaux ni éléphants ne peuvent le franchir ; inutile de tenter le voyage, les indigènes eux-mêmes font le détour par Siempang, pour éviter cette contrée sauvage où les villages sont à peine soumis, cachés au revers des pentes les plus inaccessibles.

Mais tout a été inutile et, devant mon insistance, l'on m'a enfin procuré deux Laotiens parlant brao et connaissant un peu la route jusqu'à deux ou trois jours de marche de Vœûne-Saï ; ils m'accompagneront jusqu'à Attopeu.

Le 26, la mission repart donc vers le Nord, laissant à gauche la route de Siempang et, bientôt, nous entrons en forêt-taillis ; la sente est à peine tracée dans l'enchevêtrement des lianes, des fûts tombés, des halliers impénétrables ; quelques clairières marécageuses, des carrés de forêt-futaie coupent ces bois inextricables ; les eaux coulent au Sé Khong par le Semong. Mais la forêt s'épaissit encore, le sous-bois se hérisse d'arbustes tourmentés, épineux, écroulés, reliés par des lianes basses et ligneuses, tordues comme des serpents convulsés, flexibles comme des câbles ; nous atteignons le pied des mamelons raides que baigne le Kesiep ; la sente gagne brutalement la crête par une pente fort raide ; de tous côtés, maintenant, c'est un chaos de collines coupées de ravins encaissés, tout cela velu de forêt vierge ; nous avons mis, à pied, une heure et demie pour franchir quatre kilomètres et les chevaux ont failli rester en détresse. Les renseignements des guides se confirmeraient-ils ? Nous nous arrêtons à S. Uong Taseng, sur une crête à peine défrichée ; c'est un pittoresque mais inconfortable amas de huttes ou, plutôt, de tanières exiguës, couvertes de toits plats, en tuiles de bambou, à peine assez grandes, chacune, pour abriter une famille ; le lit de camp misérable n'est pas à un pied du sol. Nous sommes en plein pays brao — prau, comme disent les naturels ; tout le monde parle à peu près laotien. Ce village est le B. Kong-Nok des Laotiens.

Et, dorénavant, nous nous enfonçons, sans relâche, plus avant dans le dédale des montagnes ; partout, l'œil se heurte à une mer échevelée de hauteurs, barrées, vers le Nord, par un ciel gris et bas, tendu sur des sommets plus élevés ; l'on replonge dans la forêt, montant, descendant, remontant et descendant encore ; mais, ici, ce n'est plus la belle forêt-futaie du moyen Donnaï et du haut Hedrey ; c'est le taillis bas, emmêlé, inextricable, tout barbouillé de l'horrible bambouseraie épaisse aux longues tiges écroulées, à demi-pourries, se brisant avec un bruit sec, formant un lacis affreux, une voûte basse d'où pendent des lianes ligneuses, où se pressent des arbustes épineux, rabougris, tordus, extraordinairement touffus ; peu ou point de rotins et de palmes : c'est bien la jungle la plus impénétrable qu'il m'ait encore été donné de rencontrer, quelque chose de pire que la brousse du D. Pri où les bambous, au moins, ne se rencontraient que par peuplements moins continus. De plus, en ces altitudes encore basses, la chaleur est atroce et humide ; les dénivellations ne dépassent guère 30 à 50 mètres mais la sente n'existe pour ainsi dire pas ; impossible de chevaucher dans ce chaos et la marche même est rendue dangereuse par la présence de nombreux trous, profonds de cinq à six pieds et que les Moï creusent pour extraire du sol les tubercules comestibles ; il faut donc marcher sous l'écroulement des bambous ; à chaque pas, l'on s'accroche aux épines, l'on culbute dans les lianes rampantes, minces et tenaces comme des rêts, l'on glisse le long des pentes abruptes, qui mènent à la rainure des ravins sauvages.

Nous sommes sur le versant du Rley — Lalay des Laotiens — dont nous traversons sans cesse les affluents, tous parallèles entre eux et orientés Ouest-Est.

S. Po-Thok est un curieux hameau brao, type de toutes les agglomérations du district ; bâti sur une pente très dure, il est entouré d'une palissade renforcée d'abatis ; le hameau est une collection de huttes fort originales et d'architecture très spéciale. Le pays n'étant couvert que de ces grands bambous femelles à entrenœuds très longs —

le *meo* des Radé — c'est avec ces bambous que le village est entièrement construit ; pas de chaume — il n'y en a pas dans ce pays — pas de *rsoy* — il n'y en a guère plus — rien que du bambou, mais avec quel art l'emploient ces naturels !

Les maisons sont sur pilotis et les parois, partie en bambous tressés, partie en tuiles de bambous, perpendiculaires et fortement inclinées ; le toit affecte des silhouettes variées ; parfois, il ne recouvre que les trois quarts de la hutte, et ce qui reste est alors

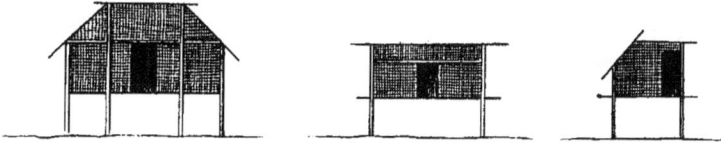

Fig. 24. — Huttes brao de S. Po-Thok.

protégé par un morceau de toit incliné à 45° ; parfois, le toit plat ne sert que de très large faîtage entre deux parois normales. Mais, ce qui rend encore plus bizarre l'aspect de ces maisons irrégulières et étranges, c'est le grand hangar, qui, fréquemment, précède les huttes ; ce sont de grands abris, accolés contre la façade principale de la maison ; dressés sur des pieux de cinq à huit mètres de haut — simples troncs d'arbustes non équarris — ils sont étroits, recouverts d'un toit horizontal tendu sur les quatre colonnes centrales ; de chaque côté, un toit incliné à 45°, reposant sur les colonnes latérales élevées de deux à quatre mètres seulement au-dessus du sol ; sous cet auvent, trois plates-formes ; celle du centre, sous le toit, est de trois à cinq pieds au-dessus de terre ; ce gradin sert d'accès aux deux autres plates-formes, tendues de chaque côté, entre les colonnes latérales et à deux ou trois pieds au-dessus de la plate-forme centrale.

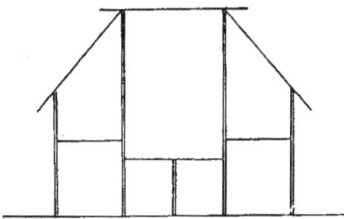 

Fig. 25. — Hangar précédant les huttes brao.

Ces plates-formes sont, le plus souvent, encadrées de cloisons plus ou moins hautes qui les transforment en chambrettes ; cet agencement se complique parfois de deux ou trois compartiments secondaires ménagés dans les plates-formes des bas-côtés et les uns en contre-bas des autres.

Les Brao forgent de jolis couteaux à manche de fer creux, à lame effilée et aiguë, en forme de petit cimeterre ; le fourreau est fait de lames de bois réunies par des brins de rotins tressés. Les hottes sont sphériques ; la base se prolonge par un demi-cylindre incurvé à l'extrémité, au dos arrondi et dont la partie plane, s'appliquant contre le dos, est creusée d'une petite ouverture longitudinale; l'on dirait une nasse à poissons ; un autre type, qui est celui des hottes des Brao de l'Est, est haut, cylindrique, à couvercle, mais à renflement bizarre et court qui lui donne vaguement l'aspect de deux hottes emboîtées l'une dans l'autre.

Fig. 26. — Couteau brao.

A mesure que l'on avance vers le Nord, le relief s'accentue et les ravins sont séparés par des hauteurs de 60 à 80 mètres; même aspect du pays, mêmes infernales forêts-taillis échevelées, encombrées de bambouseraies maudites ; les rampes sont de plus en plus dures; dans l'après-midi, nous arrivons dans l'étroit vallon du D. Lpeng; les pentes qui nous font face sont déboisées par les cultures, mais la déclivité est d'une raideur folle : exténués, nous nous laissons tomber en des huttes misérables, en haut de la colline; non, jamais, les éléphants ne graviront cela; les juments ont manqué rouler dans le précipice et nous-mêmes avons dû grimper en nous accrochant aux jeunes bambous. Et les naturels m'annoncent tranquillement que cela n'est rien, que c'est bien pis au-delà, vers le Nord; l'altitude n'est même pas de 300 mètres; pour la première fois, je regrette les 900 et les 1.000 mètres des montagnes du Donnaï, car là, du moins, il faisait frais.

J'ai envoyé les habitants de S. Rok frayer la sente aux éléphants mais ce n'est pas avant 9 heures du soir qu'ils arrivent, à la lueur des torches, dans le lit du D. Lpeng ; impossible de songer à les lancer sur la colline dont nous avons fini par redescendre ; sous le ciel d'une exquise pureté, le camp s'établit au pied des mamelons de l'Ouest ; demain, je resterai ici pour préparer une nouvelle scission de la caravane, car il est de toute évidence que nos pachydermes ne peuvent continuer en cet infernal pays.

Il faut me hâter et profiter des derniers beaux jours : à la première pluie, ces pistes atroces vont devenir impraticables et les sangsues vont pulluler.

Le 29, nous repartons; les éléphants font demi-tour avec les chevaux et l'escorte ; ils gagneront Attopeu par Siempang et la vallée de la Sé Khong; pour moi, je vais me lancer à pied, vers le Nord, avec trois miliciens, un cornac mnong et un guide laotien, mon cuisinier annamite et ce que peuvent contenir de bagages cinq hottes étroites, portées sur le dos des montagnards; inutile, en effet, de songer à prendre des charges volumineuses à deux porteurs; je serais contraint de les abandonner ; cinq villageois seront suffisants ; nous les relaierons de village en village au fur et à mesure que nous nous enfoncerons vers le Nord.

Il nous faut remonter la colline abrupte derrière laquelle, dans une rainure, est juché le village de S. Rok — le B. Lok des Laotiens.

Derrière le D. Rok, nous passons le D. Nkiak, qui roule sur un lit de grès rougeâtre, découpé en assises obliques, rongées, déchiquetées, et bondit en une série de cataractes pour aller, 40 mètres plus bas, rejoindre le D. Rok.

La sente est quelque peu meilleure, suivant le flanc des collines qui bordent le Tejah, nouvel affluent du Rley, mais il faut passer et repasser les ruisseaux latéraux, affluents de la rivière que nous atteignons enfin ; alors, c'est une montée inespérée, horrible, d'un jet, par une piste large de 20 centimètres à peine et nouvellement ouverte dans la forêt où l'on bute contre les tiges des grandes cannes, taillées en biseau et sur les tiges elles-mêmes, aux panaches gigantesques, couchées et glissantes comme du verglas ; par le ravin d'un ruisseau, qui se précipite au Tejah par une chute en trois paliers, de roc en roc, nous atteignons enfin S. Tejah, dissimulé derrière des abatis. C'est le B. Lamœuy des Laotiens ; suivant les naturels, le Rley et le Tejah franchissent des chutes de même hauteur que celle du Nkiak.

La chaleur, cependant, est moins lourde, et nous repartons au début de l'après-midi. Nous regagnons le Tejah ; la ligne de crête, entre le bassin de la Sé San par le Rley et celui de la Sé Khong par le Tengo est proche ; elle est formée par une haute muraille boisée et abrupte, formant massif, et que les naturels appellent Mélòm.

Nous voici maintenant dans le lit du Tahma, affluent du Tejah et, pendant trois quarts d'heure, nous cheminons dans le thalweg encombré de rocs énormes, d'assises de grès roux mêlé de granite, de galets et de pierres ; ces assises puissantes, décapées et polies par l'eau, forment des gradins extrêmement glissants ; large de 5 à 7 mètres, le ruisseau tombe en cascatelles, se dilate en vasques d'une admirable pureté et d'une exquise fraîcheur, mais la gymnastique manque décidément d'agréments quand on est chaussé de souliers ferrés qui glissent ; à chaque pas, l'on risque de se rompre un membre en tombant sur ce chaos de rocs.

Nous entrons enfin à S. Drok, qui est le premier village relevant de Siempang ; suivant les naturels, aucune sente ne permet de gagner directement ce dernier centre et il faudrait faire le grand détour du Sud et contourner les épais massifs montagneux de l'Ouest.

Les Brao se liment les incisives supérieures comme les Radé. Les cheveux sont taillés à la laotienne et tordus en un chignon emmêlé de fibres de ramie ou de quelque autre végétal.

Les marmites en terre, de courant usage chez le Moï, sont, ici, inconnues ; les Brao, pour leur cuisine, se servent exclusivement de tubes de bambou dans lesquels ils font cuire les aliments ; ils tissent de fort jolies étoffes, indigo clair, rayées de bandes d'un rouge vif et les bords sont décorés de franges réunies en pompons.

Fig. 27.
Lance brao

Dans les oreilles, des bouchons d'ivoire ou de bois sur un morceau de flanelle rouge ; les femmes ne portent guère que les mêmes ornements et fort peu de colliers ; les vêtements usuels sont de simples vestons en écorce battue.

Les lances sont courtes ; la hampe est un bambou mince et flexible, long de quatre

17

à cinq pieds ; le fer, analogue à celui des couteaux, n'a pas un pied de long ; les arbalètes, de petit modèle, le manche terminé en spatule à l'extrémité inférieure, sont semblables à celles des Jaraï du Nord.

Dès l'aube, nous attaquons la colline, au pied de laquelle se trouve le village ; la sente, quoique raide, est heureusement bien tracée et, du faîte dénudé par les raï, la vue embrasse toute la vallée étroite du Tejah, étranglée entre sa double haie de collines ; la forêt-taillis est enfin plus haute, moins impénétrable ; mais le feu en a dévasté de gros carrés et les troncs splendides des cocotiers d'eau gisent, à demi-calcinés, leurs belles palmes fripées par les flammes ; nous longeons la crête des collines de bordure droite du Tejah dont nous atteignons l'une des branches, qui nous mène rapidement au col de séparation des bassins ; le passage est par 595 mètres d'altitude ; les palmes égaient le sous-bois et les bambous disparaissent ; puis, nous dévalons sur le versant du Keuet, qui est un affluent du D. Krong, tributaire de la Sé Khong ; nous en avons fini avec le bassin de la Sé San.

Mais, de nouvelles montagnes s'étalent devant nous, plus élargies ; les taillis, très clairs, cèdent la place à la jeune herbe paillotte et, par une bonne sente, nous descendons doucement sur S. Ndrak, bâti sur le D. Ndrak, affluent du Keuet.

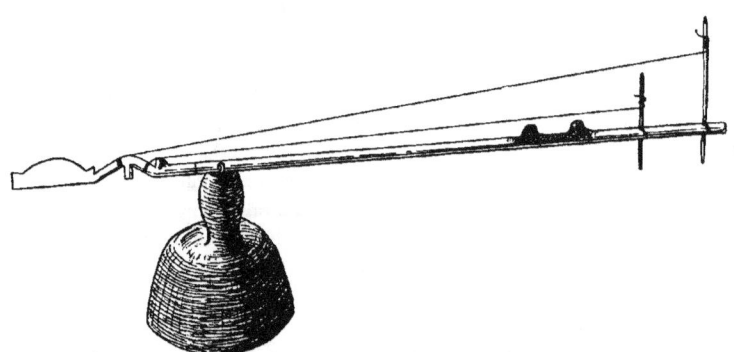

Fig. 28. — Violon brao

Au-delà du village, tout de suite après le D. Ndrak, la piste redevient affreuse ; il a plu hier, et la terre rouge est glissante ; des jeunes bambous, hauts de 2 à 3 mètres, extrêmement touffus, mélangés de cannes juteuses, nous dominent et nous enserrent ; les sangsues se font nombreuses et les feuilles raides coupent et blessent comme des lames ; au prix de mille efforts, nous débouchons enfin sur la crête par 740 mètres, la plus haute altitude jusqu'ici atteinte ; de l'autre côté du ravin que nous dominons, le sommet du Chendu Nsru, en partie déboisé, dresse son dôme par 950 mètres ; la descente est abrupte sur le ravin étroit derrière lequel il nous faut escalader encore une crête secondaire pour atteindre S. Keuet ; un très original tuyautage de bambous, ajoutés bout à bout et posés sur des chevalets, amène au hameau l'eau d'un ruisseau ; la canalisation a quelque 350 mètres de long et constitue un travail fort curieux. Les huttes du village s'étalent sur la pente opposée, l'une de leurs faces reposant sur le sol, l'autre, par suite de la déclivité, sur des pilotis de deux à trois mètres de haut; mêmes pittoresques hangars moins élevés, le gradin central formant véranda, et collés contre la porte de la hutte.

A l'entrée du village, sous un abri de bambou, une grosse pierre noire, entourée de cailloux, les fétiches du village auxquels l'on fait des offrandes diverses.

Dans l'E. 1/4 N. E., la table du Rling — Heling, Hrling — entre les ravins du Keuet et du Hamong; dans l'E. N. E. 1/2 N., au delà du Hamong, la crête du Rlang, aussi élevée; ce sont les points culminants de tout le canton.

De S. Keuet à S. Chen-Dòn, il y a quatre kilomètres à vol d'oiseau et ce dernier village est au Nord, sur cette même rive gauche du Keuet; mais, pour couvrir cette misérable distance, il nous aura fallu décrire une invraisemblable courbe empruntant tous les orientements possibles, sauf le Nord bien entendu, le long de la bordure de rive droite du Keuet, à flanc des collines, dans les bambous et les cannes juteuses, les abatis à demi-calcinés des nouveaux raï; pas un souffle de brise et le soleil brûle, implacable; les cendres fines et chaudes nous couvrent d'une impalpable couche noire; par d'invraisemblables pentes, nous dégringolons sur les ruisseaux latéraux pour remonter et redescendre encore; des fourrés de bananiers sauvages encombrent les bas-fonds et, maintenant, les sangsues abondent.

A chaque ruisseau, épuisés par cette gymnastique et le soleil de feu, dans cette brousse affreuse, nous nous asseyons pour boire, à longs traits, l'eau fraîche puis nous arrachons les sangsues accrochées aux pieds, aux chevilles; sur les pierres, à coups de couteau, on les hâche rageusement; l'un de mes miliciens éprouve une profonde volupté à les griller au feu des allumettes.

Nous entrons enfin à S. Chen-Dòn, rendus de fatigue, trempés de sueur, couverts de cendres grises; nous aurons mis près de deux heures pour accomplir ce voyage.

Les villages dépendent maintenant d'Attopeu; nous sommes entrés sur le territoire du Laos.

Jamais encore, je n'ai vu si infernale contrée; les étapes quotidiennes, de 15 à 20 kilomètres seulement, sont atroces sous cette chaleur suffoquante, dans ces halliers impénétrables; heureux éléphants, heureux chevaux! Non, jamais, la Société protectrice des animaux ne saura les supplices que je vous ai évités.

De fait, toute cette région présente un système montagneux d'une grande régularité; dans l'Ouest, la grande dorsale dont le Mélòm est le centre; à l'Ouest de cette dorsale, le versant direct du Sé Khong par le Semong, au Sud, et le Tengo, au Nord; cette dorsale, orientée en arc-de-cercle du Melòm vers le Sud-Sud-Ouest, se coude aux sources du Tahma et du Tejah pour revenir dans le Sud et l'Est; le Rley en descend et la chaîne doit se continuer, dans l'Est, entre Sé San et Sé Kaman; de chaque côté de cette épine, les nervures secondaires, régulièrement jetées entre les affluents du Rley et ceux de la Sé Khong; ces plissements secondaires se prolongent les uns les autres de part et d'autre de la dorsale; au-delà du Rley — Nam Lalay — où s'arrêtent ces chaînons, ils doivent reprendre, dans un sens opposé, entre les affluents de rive gauche de la rivière qui, dans l'Est, reçoit des tributaires orientés Nord-Est-Sud-Ouest, c'est-à-dire symétriquement opposés en direction à ceux de la rive occidentale.

Le 1er mai, nous partons dans l'Ouest puisque notre direction est Nord, mais cela ne m'émeut plus et cette marche de crabe me paraît maintenant normale ; bambouseraies, bananiers sauvages, taillis, petits bambous écroulés, tout cela couvre, obstrue, jonche la misérable sente qui monte et dégringole entre les ruisseaux à sec, inclinés comme des chéneaux ; non, décidément, les éléphants n'auraient pas pu passer ; les chevaux, à la rigueur, en y laissant un morceau de selle ou de jambe, auraient peut-être pu se faufiler ; notre pied s'habitue à prendre des poses bizarres et les muscles en arrivent à former ressort lorsque la jambe glisse ou s'entortille brusquement dans une liane ou un bambou tombé ; et nous recommençons l'équilibre à flanc des collines faîtières ; nous passons le D. Hamong, large de 20 à 25 mètres, roulant, sur un lit de rocs, une eau abondante, sautant en une chute de trois à quatre pieds.

Cependant, la zone des collines semble s'abaisser ; suivant les naturels, le commissaire d'Attopeu serait venu jusqu'ici, il y a quelques années, mais aucun Européen n'a encore visité la contrée que nous venons de traverser.

Au-delà de S. Hamong, la sente devient enfin meilleure et, jusqu'au D. Krong, suit une sorte de petit plateau, relevé de 20 à 40 mètres au-dessus des thalwegs Le D. Krong est large de 30 à 35 mètres et coule, tranquille, sur un lit de sable et de rocs ; nous le passons sur un radeau de bambous instable et étroit.

Fig. 29. — Pierre-fétiche de S. Krong-Lak.

A S. Krong-Lak, de l'autre côté du cours d'eau, les pierres fétiches sont entassées autour d'une grosse pierre noire bizarrement taillée par l'érosion. Dans tous les villages brao, ces pierres existent, plus ou moins en évidence; à S. Hamong, elles étaient placées dans l'une des maisons du hameau, sur un petit plateau de bambous tressés et supporté sur quatre pieds bas en bambous. Ces pierres, trouvées dans la montagne, ne doivent la vénération dont on les entoure qu'à leur aspect plus ou moins tourmenté. Chez les Bahnar, existe ce même culte des pierres fétiches mais, là bas, ce sont surtout des silex préhistoriques taillés que l'on rencontre assez fréquemment dans la région.

Au-delà du D. Krong, la sente escalade de nouvelles collines; la crête est une assise granitique dénudée et décapée par les eaux; nous en redescendons par la rainure d'un petit ruisselet à sec qui nous conduit, tout de suite, dans celle du D. Tetòk, affluent du Tréo, tributaire direct de la Sé Khong ; désormais, durant tout l'après-midi, nous allons suivre cette sente qui ne tarde pas à devenir un ravin, large de dix à vingt mètres ; encombrée de blocs titaniques entre deux chaînes de hautes collines, la gorge est orientée Sud-Nord ; nous passons et repassons le Tetòk que la sente serre de très près ; les sangsues pullulent et, sur les roches du torrent, nous nous arrêtons pour enlever les ignobles bêtes que nous grillons au bout des allumettes ; le fil brun, rayé de vert, se tord, se boursoufle, éclate à la flamme et c'est avec délices que nous procédons à l'exécution des immondes créatures.

La colline de rive gauche présente, en un certain endroit, une magnifique muraille rocheuse, absolument lisse, encastrée dans la forêt puissante qui recouvre les croupes, et au pied de laquelle les eaux bondissent de roc en roc ; un énorme rocher, tombé de la montagne, enserré par la forêt, se dresse en arrière de la rive, un peu en aval.

    Pour atteindre le village d'étape, il faut franchir encore le Tetòk dont les rives disparaissent sous les abatis des nouveaux raï et escalader tout cela au prix des plus rudes efforts. Il faut ensuite grimper les collines, moins hautes heureusement, pour atteindre ainsi un ruisseau, le Teungeur, subitement épanoui sur une splendide assise granitique, de huit à dix mètres de relief, et d'où l'eau doit se précipiter en cataracte à la saison des pluies; nous l'escaladons par des escaliers de roc, qui s'abaissent sur la gauche et, par ces gradins de titan, nous débouchons sur le plateau terminal, couvert de raï, entre des mamelons bas et où s'étalent les pauvres huttes de S. Bô-Cheng-Muong.

    La traversée de la zone montagneuse peut être considérée comme achevée; rien ne vient barrer, en effet, l'horizon Nord et les naturels nous disent que la sente est enfin plate.

    L'étape est annoncée comme devant être fort longue; aussi, de bonne heure, le 3, dégringolons-nous aussitôt sur le Tetòk, — le D. Plok d'ici —, pour nous enfoncer dans la forêt-taillis et les bambous; le relief a presque subitement disparu; nous tombons ensuite sur de curieuses efflorescences granitiques, dos d'âne ou arêtes complètement nues, sans une trace de terre végétale; là-dessus, rien que des blocs bizarres entassés, par les passants, en petits cairns; étroits et longs, ces dos d'âne surgissent des halliers, entre des bouquets de bambous nains; le roc est noirci et gercé par les pluies.

    Au-delà, la forêt-futaie s'élève, claire, élancée, admirable, analogue à celle du moyen S. Bé; le sous-bois est d'herbe basse et nous hâtons le pas; sans transition alors et brusquement, nous pénétrons dans la forêt-clairière de *ndrik*, de *kchik* et de *kpèh*; l'altitude a doucement, mais constamment, baissé et, maintenant, nous sommes par 115 mètres seulement; à présent, voici les *klong* au verdoyant sous-bois d'herbe bambou; tout autour de nous, la forêt-clairière étale ses feuilles nouvelles mais ses ombrages clairsemés n'empêchent pas le soleil de nous inonder de chaleur; les rares ruisseaux sont à sec; seules, les mares recèlent un peu d'eau noirâtre entre des herbes aquatiques. En file indienne, dans le silence le plus complet, la petite caravane avance très vite, trempée de sueur, ployant sous les charges; le nez sur les talons du guide, je marche automatiquement, accablé par cette chaleur torride; entre les fûts, apparaît, bleue, lointaine, la chaîne des montagnes du Sé Khong; rapidement elle se dégage, de plus en plus puissante, massive, énorme, violacée, sans un col; du Nord au Sud, elle barre tout l'horizon de son mur épais à peine rayé par la ligne d'un ravin. Au Nord, elle finit brusquement, à pic, et cette chute marque la direction de venue de la Sé Katam qui est la branche Nord de la Sé Khong; dans l'Ouest, les pentes s'abaissent graduellement et cette muraille, corde immense d'un angle au centre de 90°, est le rebord méridional du plateau des Bolovens.

    Enfin, au-delà de rizières, nous croisons des buffles écaillés de boue jaunâtre et, soudain, au dessus des arbres, montent des palmes de cocotiers : un dernier effort et nous pénétrons dans les bosquets où se pressent les huttes de Muong-Maï; devant nous, coule la Sé Khong majestueuse et une émotion bizarre me saisit de voir cette rivière du bas Laos, une émotion très forte, faite d'orgueil triomphant et de joie suprême; de la côte méridionale d'Annam, de Phanthiet aux frontières du Laos, la traversée de l'Indo-Chine Sud-Centrale est accomplie; Djiring, B. Pou-Srà, Pl. Tour, Kontum, Vœûne-Saï, .. étapes lointaines, maintenant...

Le village est endormi sous la fournaise, à l'ombre des manguiers géants et des cocotiers et nous allons, de hutte en hutte, chercher un abri que nous trouvons enfin dans la maison du chef.

Etendu en bordure de la Sé Khong, un peu en aval du confluent de la Sé Kaman, qui est la branche orientale de la haute rivière, M. Maï est un gros village, analogue à quelque important hameau cambodgien du Thbong-Khmum ; manguiers, cocotiers, aréquiers, palmiers à sucre en font un délicieux oasis : des bonzes, drapés dans leur robe jaune, psalmodient des litanies dans la grande pagode du hameau ; des cigales crissent entre les branches; les accortes Laotiennes, le chignon sur l'oreille, vont et viennent, se pressant pour nous voir et l'on se hâte de nous servir.

La rivière, à 10 ou 12 mètres en contre-bas des berges à pic, n'a que 100 mètres de largeur environ ; sur la rive opposée, assez proche, la muraille de chute des Bolovens.

Ce soir, nous coucherons ici.

Attopeu n'est qu'à une dizaine de kilomètres dans l'Est, sur la Sé Kaman; une belle route carrossable y mène qui part de la rive droite de la Sé Khong, où s'étale la seconde partie de M. Maï. Il faut encore, à l'orée du village, traverser, en bac, la Sé Khong qui fait un coude et vient du Nord puis, nous voici sur la route, large et belle, en forêt-clairière. Je ne tarde pas à y rencontrer l'aimable commissaire, qui vient à ma rencontre, en charrette anglaise, et me fait ainsi fort agréablement gagner la résidence d'Attopeu.

III

Après les charmants coins que je viens de visiter — délégations et postes disséminés dans l'hinterland — Attopeu produit une impression de tristesse et de mesquinerie tout à fait spéciale.

Un fossé boueux, qui est la Sé Kaman, large de 60 mètres, roule, entre deux berges sablonneuses et abruptes, une eau calme ; de chaque côté, une barrière verte que dominent les palmes ; quelques pirogues glissent au fil de l'eau ; un pêcheur, debout à l'avant, lance son épervier, qui s'enfonce en faisant des ronds. A l'horizon oriental, l'amoncellement des collines, qui sont les montagnes des Kaseng et d'où descend la haute Sé Kaman ; dans le Sud, au-dessus des arbres de la rive gauche, dépassant à peine leurs cimes, la ligne bleue des premières collines brao; dans l'Ouest, entre les fûts et la verdure, l'on aperçoit, parfois, la masse bleue de la muraille des Bolovens ; nulle autre vue depuis cette cuvette embroussaillée, humide et étouffante.

Le logement du commis de la résidence est le premier bâtiment que l'on rencontre en remontant la Sé Kaman; puis, vient la Résidence, grand et spacieux bâtiment en planches, sur pilotis ; de là, part une sente, qui suit la berge et passe devant ce qui fut les deux maisons de la Société des mines d'or d'Attopeu, ruines lamentables et croulantes, d'où pendent des vérandas en loques, des portes éventrées ; sous ces toits affaissés, dans ce qui fut des chambres, des lambeaux d'étoffe, des meubles brisés, des outils rongés de rouille, des alambics, des creusets, tout un matériel de laboratoire en lamentable état, des caisses pleines de Bickford, vertes d'humidité; plus haut, la pagode au milieu de ses palmiers à sucre, le coquet pavillon des postes et télégraphes, puis, des huttes quelconques dans des bouquets de bananiers, quelques boutiques de Chinois, encore une pagode et, entouré d'une grille en bois, un monument funéraire, pyramide blanche où brille, en lettres d'or sur une plaque de marbre, cette inscription simple et touchante :

A la mémoire des gardes principaux :

ROBERT, Eugène, *blessé 24 fois à l'attaque du poste de Psi par les Sedang, le 27 mai 1901, et mort des suites de ses blessures le 21 juin 1901, à Kontoum.*

Et HENRY, Hubert, *tué glorieusement à l'ennemi, le 15 août 1901, auprès du village de Nong Mi, alors qu'il se portait au secours du poste de Nong Poï (Plateau des Bolovens).*

Vive la France !

Et l'inscription ne mentionne pas l'autre garde principal, Sicre, tué en cette même sanglante année 1901, sur ce plateau des Bolovens que ravageait la révolte, étouffée deux ans plus tard, — Sicre, tué à Kapeu, sur le versant septentrional, à un jour et demi au Sud-Est de Saravane.

Au-delà de la pyramide glorieuse, une pagode barre brusquement la route, surplombant, de ses jardins et de ses pavillons, la Sé Kaman, qui coule, 11 mètres plus bas; d'ailleurs, cette pauvre route de la berge, couverte de gazon, déserte et triste, semble une de ces rues très anciennes d'une petite ville de France, une de ces rues où la mousse jaillit entre les vieux pavés.

En arrière des bâtiments, égrenés le long de la rivière, s'étend l'agglomération indigène, qui est le village de Fang-Deng : deux rues parallèles à celle de la berge et quelques artères perpendiculaires la découpent en petits damiers verdoyants, piqués de huttes branlantes ; sur les vérandas, les Laotiennes grassouillettes dorlotent nonchalamment un bébé ou piquent une broderie Tout contre le hameau, c'est la brousse puissante où gîte la panthère ; la garde indigène, le dispensaire, — pavillon en briques — sont un peu en amont et en arrière de la résidence.

Au-delà de ce qui est Attopeu, commissariat de la province, en remontant la même rive de la Sé Kaman, se trouvent quelques autres hameaux ; ils ne forment presque qu'une seule et même longue file de huttes, cachées dans les jardins ; sur l'autre rive, le plus important de tous, M. Cao. En aval, d'ailleurs, jusqu'à M. Maï, c'est un chapelet de villages égrenés dans les cocotiers.

La province d'Attopeu n'est point riche ; les Laotiens y sont en minorité et d'ailleurs s'y abandonnent, comme partout ailleurs, à leur incurable paresse ; piroguiers et trafiquants, ils ne font que peu de cultures, comptant sur les récoltes des Oy, auxquels ils vont acheter le grain, dès mai et juin.

Ces Oy, qui sont des Moï appartenant à la famille des Boloven, habitent une magnifique plaine, étendue au pied de la muraille de chute du plateau des Boloven, jusqu'au Sé Khong, à partir de M. Maï vers le Sud-Ouest; splendidement aménagée par ses habitants, cette plaine est le grenier de la province et aussi de Stung-Treng dont les habitants viennent y chercher le riz qu'ils n'ont pas le courage de cultiver eux-mêmes.

La Sé Khong, malgré ses rapides, est une précieuse voie d'échanges; en octobre 1909, à la crue, pour la première fois, la chaloupe à vapeur de la résidence de St.-Treng a pu remonter la rivière et venir jeter l'ancre devant la résidence même d'Attopeu.

Les commerçants chinois sont, ici, au nombre de douze; ils s'occupent de trafic avec les Moï, par l'intermédiaire des Laotiens dont ils commencent pourtant à se passer, les Kha apprenant peu à peu à venir eux-mêmes aux comptoirs du chef-lieu; ils y apportent le cardamome sauvage, la cire, les cornes et l'or; celui-ci vient de la région des Brao, des Pregar et des Saleng-Duan; il est obtenu par lavage des sables aurifères que charrient les cours d'eau. Tous ces produits sont écoulés sur St.-Treng par pirogues. Quant aux Laotiens trafiquants, ils vont à Pak-Sé et Oubone troquer l'or qu'ils ont amassé contre des filés de coton, des écorces masticatoires et du tabac; à Oubône, ils se procurent plus spécialement des piochettes et des socs de charrue.

La résidence d'Attopeu, fondée à la fin de 1894, a été établie sur l'emplacement qu'occupait un poste de tirailleurs annamites, installé lors de l'évacuation siamoise; elle dépendit du bas Laos jusqu'à la formation du Laos actuel et elle administrait alors, en délégation, le territoire de Kontum.

Mais la position de ce commissariat est mal choisie; c'est Muong Maï qui aurait dû être le centre administratif.

Depuis mon arrivée, malgré deux orages sans importance, le temps s'est immuablement maintenu beau, lourd, implacable; une chaleur humide règne sur la cuvette où pas un souffle de brise ne balance les palmes oppressées; le tonnerre gronde, parfois, décevant, dans un ciel chargé de nuages noirs et rayé d'éclairs mais la pluie ne tombe pas, l'orage tourne, ironique, et s'en va, en amont, vers les collines Kaseng; la nuit, dans le ciel redevenu magnifiquement pur, dans le champ des étoiles, éclatante, de jour en jour plus grande, brille, somptueuse, la comète de Halley dans laquelle nous passerons, paraît-il, sous peu.

La moyenne des minima nocturnes, durant mon séjour à Attopeu, aura été de 23° C.; celle des maxima diurnes, de 36·6 C.

IV

13 17 mai — (147 kilomètres)

Mes éléphants sont arrivés, le 8, par Siempang, ayant marché dix jours depuis es raï de B. Rok.

La saison des pluies, qui menace et a commencé sur le Plateau des Boloven, m'empêche de continuer sur Saravane et Song Khône, comme j'en avais primitivement l'intention; aussi, allons-nous redescendre sur le Mékong, par la voie la plus courte, en empruntant la Sé Khong jusqu'à Siempang et mes éléphants vont reprendre la route qu'ils viennent de suivre.

Quant à moi, je m'embarque dans la belle pirogue-cabine que le commissaire d'Attopeu a bien voulu mettre à ma disposition ; les bagages sont partis par une grosse pirogue de charge ; le convoi, ainsi soulagé, pourra prendre une ample provision de riz, qui nous est indispensable pour éviter la famine ; car, sur St. Treng, il nous sera impossible d'acheter le moindre grain.

Après déjeuner, le 13, nous partons ; sur les eaux brunes, couleur de brique, les pirogues glissent lourdement ; chacune d'elle est conduite par cinq rameurs laotiens ; un barreur, debout à l'arrière, dirige l'embarcation de sa longue rame assujettie à la poupe et faisant office de gouvernail ; la pirogue-cabine, longue de douze mètres, est pontée à la proue et à la poupe ; la confortable cabine qui en occupe le centre est une sorte de hutte légère, en paillotte de latanier, posée sur un cadre de planchettes, le toit recouvert de toile goudronnée ; le long du bordage, des flotteurs — paquets de bambous secs — sont solidement amarrés sous la longue et étroite planche, qui court de bout en bout de l'embarcation et sur laquelle les pagayeurs marchent pour manœuvrer la perche à la montée de la rivière. Telle quelle, la pirogue-cabine, avec son lit de camp et ses petites armoires, est un charmant nid où l'on s'arrange à son aise et où l'on passe bien agréablement les monotones heures de lente navigation.

A trois quarts d'heure d'Attopeu, nous passons, sur la rive gauche, l'embouchure de la Sé Sou, gros tributaire de la Sé Kaman ; elle arrive de chez les Halang et ses sources sont par le travers du moyen Pekô.

Nous aurons mis trois heures pour atteindre M. Maï d'où nous atteignons, à nuit close, B. Hom, où nous attendent les éléphants.

La rive droite de la rivière est immuablement bordée par la haute muraille de chute du Plateau des Boloven, ligne de hauteurs violentes, abruptes et noires, rempart géant qu'accidentent des bastions avancés, audacieusement lancés sur la vallée du Sé Khong ; très irrégulière, formant des angles rentrants et des arêtes avancées, cette muraille se rapproche et s'éloigne ; ses flancs sont curieusement taillés en assises rocheuses, absolument perpendiculaires, décapées et brillantes, encastrées entre des pentes rocheuses couvertes de forêts et de brousse ; ces stries rocheuses, d'un roux de brique, s'étendent en bandes parallèles à la base du massif ; elles doivent être de grès, car l'aspect de la muraille rappelle étrangement le type des dolomies et les éperons, qui s'avancent sur la Sé Khong, sont de véritables bastions circulaires, à soubassement épaté, à silhouette de tour d'angle ; aux deux tiers de la base, les stries de roc nu et perpendiculaire apparaissent en larges plaques rousses et le sommet est recouvert d'une sorte de calotte conique très aplatie, plantée d'herbe paillotte et d'arbres clairsemés.

La Sé Khong n'est pas profonde en cette saison, et le courant est fort lent : jusqu'ici, les rapides sont des seuils sans importance ; sur la rive droite, s'échelonnent quelques villages. A 300 mètres en amont du confluent du Nam Khong — le D. Krong des Brao — un rapide de galets où l'eau bouillonne ; quelques rameurs se jettent à l'eau et guident la pirogue le long de la rive gauche, tandis que les autres, depuis la berge, la retiennent avec un câble de rotins passé dans la proue ; l'embarcation file lentement, la poupe la première et les rameurs, remontant d'un bond, nous font rapidement franchir, à la perche, les derniers remous; les vagues couvrent l'avant, mais bientôt nous sommes hors de difficulté; en face de l'embouchure du Nam Khong, sur la rive droite, le village suk de B. Nam Khong; les huttes sont sur pilotis et la pointe des poutrelles dépasse le faîtage en cornes incurvées.

Vers le soir, en amont du kheng Ktum, nous abordons sur un banc de sable où bivouaquent déjà les gens d'une grosse pirogue arrivée de Siempang. Le temps est splendide; les berges sablonneuses et à pic sont couvertes de forêts et la navigation est la même que sur la Sé San ou le Donnaï. Toutes ces rivières se ressemblent déplorablement.

Nous repartons le 15, à 6 heures; à 7 h. 30, sur la rive gauche, embouchure du D. Tengo, qui vient de chez les Brao.

Depuis hier, la muraille des Boloven a disparu et, maintenant, nous voguons entre les deux berges mornes, vertes, largement écartées et en haut desquelles est juché parfois un village suk.

Vers deux heures, le kheng Sak Ek. semis d'assises de grès noir formant des îlots, surtout le long de la rive droite; aux moyennes eaux, le passage doit être dangereux car ces îles affleurent et forment récifs.

Un peu en aval, nouvelles roches émergées qui sont le commencement du kheng Don-Phai; cela se continue par une longue file de roches basses, à peine recouvertes et sur lesquelles il faut traîner la pirogue, qui râcle sur les seuils; ce long palier se termine, deux heures plus tard, par le Hat Hai, constitué par les mêmes récifs, des bancs de sable et des amas de blocs piqués d'arbustes; la rivière écume et se brise contre ces obstacles et les rameurs doivent se jeter à l'eau et hâler les embarcations, qui se coincent entre les cailloux.

Nous nous arrêtons sur un banc de sable et de galets, qui obstrue presque tout le lit; sur la berge de droite, le village suk de Hat Hai.

La muraille de chute des Boloven a fait une timide réapparition ; mais ce n'est plus ici qu'un ressaut très bas, boisé, à silhouette horizontale — éperon sud-occidental de la colossale muraille d'amont.

Les rapides de Don Phai marquent le sommet amont du coude que la Sé Khong va décrire vers le Sud-Ouest.

Tout le long de la rivière, nous rencontrons de longues pirogues couvertes de paillotte brune.

Le 16, peu après notre départ, nous passons, à droite, l'embouchure de la Sé Pien, gros affluent descendu du Plateau des Boloven; c'est ici que la Sé Khong vient buter contre les derniers contreforts méridionaux du Pou Na-fang, massif secondaire dressé près du Mékong, à hauteur du 14°30′ latitude Nord.

Vingt minutes après la Sé Pien, apparaissent les premiers obstacles sérieux; des quartiers de roc, élevés de quatre à six pieds au-dessus du niveau actuel des eaux, s'étalent en longues arêtes parallèles au courant, pressées le long de la rive droite. Ce sont des blocs de grès, noirâtres et bosselés, que l'on dirait en carton peint; bientôt, ils barrent entièrement la rivière, qui se divise en étroits et rapides chenaux; ces assises sont reliées entre elles par des îlots érodés et brisés; la masse des eaux s'est frayée un passage, extrêmement dangereux aux moyennes eaux, alors que toutes ces têtes affleurent, mais nous passons sans encombre à cette époque des basses eaux.

Resserrée entre les blocs titaniques, l'eau se divise en chenaux étroits et rapides, qui bouillonnent sur les rocs submergés, et se brise contre les assises; debout à l'avant, armés de leur longue perche, les piroguiers nous lancent dans la passe ; de chaque côté, les arêtes défilent à nous toucher, les vagues bouillonnent et la pirogue roule mais les perches, manœuvrées avec une surprenante habileté, nous écartent de tous ces récifs menaçants ; les lames, en un remous, balayent l'avant, heureusement ponté et, maintenant, accroupis, s'excitant de la voix, nos hommes rament avec frénésie ; les tourbillons, les remous et les ressacs nous crachent l'écume et des franges d'eau fraîche ; bondissant entre les rocs, les pirogues franchissent enfin les derniers couloirs ; il est 8 h. 05, le passage du kheng Ta-Ban n'a duré que vingt minutes. Aux moyennes eaux, les accidents sont fréquents, les pirogues venant se briser contre les têtes à peine immergées de cette forêt de blocs coniques.

En aval du rapide, s'étend un bief tranquille ; les assises et les arêtes de grès sont localisées le long des rives.

Une heure en aval du kheng Ta-Ban, nous entrons dans le kheng Luong, formé par les mêmes assises et îles de grès noir bloquant la rivière ; puis, un énorme îlot de roc rouge brique se détache de la rive droite et s'avance jusqu'à plus de la moitié du lit, mais les eaux sont d'un calme étonnant et nous passons sans encombre ; le kheng Luong lui-même est un peu en aval ; il est moins dangereux que le kheng Ta-Ban ; les assises et les arêtes se rapprochent, mais le chenal est très large, à peine coupé par un remous sans danger ; les blocs de grès atteignent cinq à huit pieds de haut ; ils sont de forme pyramidale et rassemblés en îlots dont la surface est bosselée comme une masse métallique en fusion subitement refroidie.

Le passage du kheng Luong n'a demandé que dix minutes et encore ne nous en sommes nous qu'à peine aperçus ; les lignes de remous sont insignifiantes ; quelques blocs de grès continuent le rapide, mais, bientôt, la rivière reprend son cours normal et sonallure calme.

Quelques bandes de galets et d'îlots de sable forment, en aval, des rapides absolument insignifiants.

Nous campons encore près d'une pirogue, qui se dirige vers Attopeu ; de temps à autre, sur la rivière, nous croisons ainsi quelques embarcations qui remontent lentement le courant.

Le 17 au matin, un peu avant l'aube, dans le Sud-Est, à côté de Vénus et brillant d'un extraordinaire éclat, la somptueuse comète de Halley se déploie dans toute sa gloire, la tête au ras de l'horizon, la queue barrant d'une écharpe laiteuse tout le ciel, presque jusqu'au zénith.

Les villages deviennent plus nombreux et sont peuplés de Laotiens ; les lignes des rapides ne sont que des seuils de galets sans importance ; vers onze heures, des palmes apparaissent sur la rive droite, ombrageant les premières huttes du village de B. Pha-Bang, qui se relie à Siempang où nous arrivons bientôt.

Nous aurons donc mis quatre jours de voyage effectif d'Attopeu à Siempang.

Nous amarrons les pirogues au pied de la berge, à hauteur de la maison du balat et nous allons attendre les éléphants.

Vers 5 heures, un vent d'une violence extrême se lève brusquement du Sud-Ouest; le courant de la rivière, refoulé, déferle en vagues furieuses et les pirogues s'entrechoquent contre les rives; les paillottes qui les couvrent se déchirent et s'envolent tandis que l'eau embarque par paquets; le ciel, d'un noir d'encre, se déverse en pluie, à l'horizon. Une embarcation, surprise en pleine rivière, roulée et culbutée, coule à pic tandis que les rameurs se maintiennent sur les vagues ourlées d'écume; alors, chacun s'empresse et une pirogue, montée par quelques courageux villageois, s'avance au secours des malheureux : les lames embarquent avec furie et, à chaque seconde, l'on croit voir le canot de secours disparaître dans les flots; enfin, après de violents efforts, les naufragés sont recueillis et le canot regagne la rive sous l'effroyable assaut du vent; bientôt, la pluie tombe en avalanche sur la rivière, bouleversée comme un bras de mer sous la tempête.

Le village de Siempang est une grosse agglomération, établie en bordure du Sé Khong. Large de quelque 300 mètres, la rivière coule, majestueuse, entre les habituelles rives sablonneuses, taillées à pic, hautes de 8 à 10 mètres : les huttes, dispersées dans les jardins de cocotiers, d'aréquiers, de bananiers, de manguiers séculaires, de pamplemousses, sont proprement alignées en une longue file derrière la route de la berge; des charrettes à bœufs passent et des bonzes déambulent et ce village gai, coquet, change de la morne tristesse d'Attopeu; sur la rivière, les lourdes et massives pirogues vont et viennent, chargées de bonzes aux écharpes d'or, de joyeuses Laotiennes, au chignon planté sur l'oreille.

La maison du balat est l'ancienne délégation, maisonnette en planches sur pilotis; la pagode est spacieuse et tout ce village respire un air de santé et de gaîté; tout y est propre, avenant; la rivière s'allonge, élargie vers le Sud-Ouest, jusqu'au très lointain et faible coude où les rives soudent leurs sombres lignes basses.

La fondation de Siempang remonte fort loin. Il y a plus de cent ans, disent les vieillards, toute la région comprise en amont de l'embouchure de la Srépok était occupée par les Kha, en relations commerciales avec les Cambodgiens : ces tribus conservent, du reste, le souvenir de leur vassalité à l'égard des Khmers.

Deux Cambodgiens, le Ta Seng et le Ta Pang qui, sous couvert de commerce, faisaient, avec une bande importante de Cambodgiens des provinces du Sud, des incursions à main armée chez les Kha, organisèrent, en plein territoire sauvage, sur la rive droite du Sé Khong, un village dont ils firent le centre de leurs opérations. Ce hameau prit le nom de ses deux fondateurs, Seng-Pang, qui est devenu, par corruption, Siempang.

Les partisans de Seng et de Pang s'attachèrent au pays, s'y établirent définitivement avec leurs familles, refoulant les Kha, au Nord, vers la région d'Attopeu qu'ils nommaient Ach Kre-dey.

Dans la suite, il y a environ 80 ans, le Panhéa Muk, originaire de Pnom Penh, arriva dans le pays avec une importante colonie cambodgienne, composée en grande partie d'habitants de Roméas Hek; il fuyaient leur province d'origine à la suite des exactions commises par un archun (1) du Thbong Khmum dont Roméas Hek dépendait à cette époque. Le Panhéa Muk, devenu très influent dans la région, y attira beaucoup de Cambodgiens pressés par les Laotiens du côté de St.-Treng et il organisa un district indépendant dont il obtint la direction de la cour de Bangkok, avec le titre de Chau Muong. Il s'entoura de kromakars khmers portant des titres cambodgiens, mais le Siam lui adjoignit un Laotien, Thao Oum, avec le titre d'Oupahat.

A la mort du Panhéa Muk, l'Oupahat fut désigné d'office, par Bangkok, comme Chau Muong.

Cependant, les éléments khmers, qui peuplaient le village, ont fini par disparaître devant l'infiltration laotienne, venue surtout de Khong; actuellement, Siempang ne compte plus un seul Cambodgien et ses 400 âmes sont toutes laotiennes; le hameau abrite trois commerçants chinois.

Les dernières traces de la civilisation khmer sont la présence de quatre villages cambodgiens seulement, groupés, en arrière de Siempang, de la route de Khong au Sé Khong, en une courte ligne perpendiculaire.

Les villages kha, relevant du balat, sont au nombre de dix, tous peuplés de Brao; les villages laotiens sont au nombre de 28; quant aux descendants des premiers Cambodgiens, ils se sont tellement métissés avec les Laotiens, qu'ils sont aujourd'hui méconnaissables et les villages mixtes lao-khmers qui, il y a quelques années, étaient au nombre de huit, ont, actuellement, complètement disparu et sont devenus des hameaux laotiens.

Le commerce du district est peu important; il se réduit à la vente de quelques pirogues, presque toutes fabriquées sur la rive gauche, par les Kha, pour le compte des Laotiens et de quelques Cambodgiens; le nombre des embarcations lancées à Siempang atteint à peine 40 ou 50 par an; les autres villages du secteur en fabriquent également quelques-unes mais, après le chef-lieu, le centre le plus important de ce trafic est B. Chen-Tò — appelé aussi B. Semong — sis sur le bas Nam Semong, affluent de rive gauche de la Sé Khong.

Quoique l'éléphant sauvage se rencontre dans les forêts-clairières du district, il n'y est pas chassé, car l'arrondissement ne possède pas un seul éléphant domestique.

Le mouvement d'échanges avec les Kha est à peu près nul; les Laotiens se bornent à cultiver leurs rizières; si la récolte est bonne, on en vendra le surplus aux gens de St.-Treng; si elle est mauvaise ou, ce qui est très fréquent, insuffisante, l'on s'en va acheter du grain à Khong et à Attopeu; les Laotiens de la vallée semblent de plus en plus compter sur la production de ces deux centres.

20-21 mai — (64 kilomètres)

Le 20, au matin, la mission repart; les pirogues vont continuer sur St.-Treng, tandis que le convoi suivra le long de la rive droite pour passer la Sé Khong un peu en amont de son confluent avec le Mékong; quant à moi, accompagné de quatre miliciens, de deux chevaux et d'un éléphant, je vais me diriger sur Khong, distant de quinze lieues à peine.

(1) Titre du gouverneur de la province de Thbong-Khmum.

Sous un ciel bas et gris, d'où suinte une pluie fine, nous nous mettons en route ; la sente est une belle piste charretière ouverte en forêt-clairière, mais, ici, cette forêt-clairière est composée d'essences les plus diverses et les diptérocarpés sont presque absents ; le sol, sablonneux et rocailleux, est recouvert d'un gazon maigre ; des arbustes, rabougris et épineux, des strychnés tourmentés et tordus contribuent encore à donner à ce secteur une ressemblance frappante avec celui de la Tiamat, sur la route du Darlac à Kratié.

Au village cambodgien de Phum Khé, bifurque la route de St.-Treng ; le village est en fête ; l'on y célèbre un mariage et, sous un abri de chaume, un acteur improvisé déchaîne les rires et l'enthousiasme par ses mimiques d'un réalisme parfois très cru, tandis que les hommes d'orchestre frappent, du plat des mains, de longs tam-tam de terre tendus en peau de serpent.

Toute la journée, nous marchons dans la monotone forêt-clairière humide, détrempée par la pluie ; les diptérocarpés apparaissent enfin par peuplements ; ce sont des *thbeng* pour la plupart ; des clairières au gazon ras s'ouvrent entre les fûts clairsemés ; parfois, nous traversons des arroyos où dorment des flaques d'eau brune, des ornières de boue délayée. Dans l'après-midi, un peu au-delà des ruines du village de Sa-Bu, nous passons l'houei Kliang, gros affluent du Sé Khong ; une ligne de bosses basses apparaît à quelque distance sur notre droite, lançant contre le Kliang une croupe de 30 à 40 mètres de haut.

Nous coucherons à B. Sòt, hameau laotien, sur le territoire de Khong ; c'est un simple ramassis de huttes chétives, branlantes et sales, dans un défrichement de forêt ; quelques pieds de tabac, de ricin, de cannes à sucre, de maïs, poussent contre ces masures, plus misérables que nombre des plus pauvres villages moï ; pas de cochons, presque plus de paddy ; le chef est absent et les villageois nous reçoivent avec peu d'empressement ; les vieilles femmes, comme toujours, se montrent les plus hargneuses. L'on a voulu nous parquer sous un hangar innommable, sous prétexte qu'il n'y avait pas de *sala* ; alors, j'ai occupé, *proprio motu*, la hutte la moins chancelante, ce qui a peu satisfait la mégère du lieu.

— Des œufs ? Voici de l'argent.

— Bo mi (Il n'y en a pas).

— De l'eau ?

— Bo mi.

— Des poules ? Voici de l'argent.

— Bo mi, bo mi..., » tandis qu'un peloton de ces insupportables volatiles s'attaque avec acharnement aux grains tombés de notre sac de riz.

Heureusement, dans la soirée, arrivent quelques hommes, qui se montrent plus accommodants ; l'un d'eux, même, m'offre les traditionnelles bougies de cire et des fleurs, qui, en pays laotiens, sont un hommage de bienvenue et d'amitié.

Il a plu une partie de la nuit et, ce matin, 21, le ciel est encore bas et chargé de nuages gris ; l'étape se fait encore entièrement en forêt-clairière et la sente est détrempée et couverte de flaques ; les *pchèk* sont nombreux et les cyccas décorent le sous-bois d'herbe-bambou ; quelques mares vaseuses, des arroyos étroits drainent l'eau du district ; quatre heures monotones nous conduisent, derrière l'houei Set, à la sala de

B. Set ; le hameau est très au Sud, loin de la route, et les guides sont fort longs à aller chercher leurs remplaçants.

Encore deux heures de marche et nous débouchons enfin sur de vastes rizières que coupent des lignes d'arbrisseaux et de bambous ; devant nous, un pâté de collines basses et boisées, les collines de Khong ; à droite, une seconde ligne de crêtes, encore plus basses et rapprochées ; la route se déroule au milieu de ces mornes plaines où des arbres isolés se dressent, lamentables et fripés ; des troupeaux de buffles, de bœufs, de chevaux, paissent dans les herbes inondées et, bientôt, devant nous, apparaît la ligne des grandes palmes ; pas un souffle ne tempère la chaleur étouffante et humide ; voici l'embranchement d'une grande sente, qui s'enfonce vers le Nord — la route de Pak-Sé, annonce le guide — puis, voici la ligne télégraphique et nous entrons à B. Nokok dont les huttes s'alignent dans la galerie des palmes et des bananiers ; alors, subitement, la coulée du Mékong est devant nous ; large de 1.500 mètres, semé d'îlots et de bancs de roches, ce n'est là que le bras de rive gauche ; en face, une longue ligne verte, que des flamboyants tachent de leurs fleurs sanglantes ; des toits de tôle ondulée ; c'est Khong, en avant de sa ligne de collines.

Le fleuve, extrêmement bas, n'est qu'un semis de seuils rocheux, pointus, à fleur d'eau et d'îlots panaché de saules ; tout près de Khong, le chenal navigable, étroit, sinue entre les hautes balises de maçonnerie en escaliers et nous abordons au pied de la berge rougeâtre sur laquelle s'étalent les maisons du poste.

Longue de 26 kilomètres environ sur 6 de large, l'île de Khong est la plus importante de cet amas d'îles et d'îlots, qui encombrent le Mékong depuis le seuil de Khône. Coulant Nord-Sud depuis Bassac, en un lit de 2 à 4 kilomètres de large, le fleuve, vers 14°10' latitude Nord, se heurte à des chaînons isolés et bas qui ont forcé la masse des eaux à modifier son cours ; les terres ont en partie résisté aux affouillements des eaux, qui ont dû, pour se frayer un passage, se diviser en une infinité de chenaux ; ils enserrent ces innombrables îles qui ont fait donner, par les Laotiens, à ce secteur, le nom caractéristique de Si Phan Don — les quatre mille îles — nom officiel du muong — ou province — de Khong. En cet endroit, le fleuve atteint sa plus grande largeur, 12 kilomètres de rive à rive ; le chenal principal est contre la rive gauche et sa largeur varie de 1.000 à 1.400 mètres ; l'île de Khong, la plus importante du groupe, orientée Nord-Sud, est barrée transversalement par une chaîne de collines que contourne bizarrement le principal arroyo de l'île. C'est, de toutes les îles, la plus peuplée ; 15 villages y sont disséminés le long des rives, en avant des rizières semées de boqueteaux ; les hauts panaches des cocotiers, des borassus, s'élèvent au-dessus des halliers et des bambous ; la chaîne des coteaux — haute de 75 à 100 mètres — est parfaitement déserte et boisée et les rizières viennent parfois battre son pied.

Le commissariat de Khong est bâti sur la rive orientale de l'île, à peu près au milieu de sa longueur ; entouré de flamboyants, de tecks, de palmiers et de bananiers, il offre un délicieux aspect, derrière la belle route qui court en haut de la berge et que bordent des jardins touffus, où dorment les maisons du poste ; les boutiques des Chinois — une quinzaine — tachent seules la profusion de cette verdure, entre le commissariat et les bureaux, l'école, la milice, la maison du commis et la poste, qui est la dernière bâtisse européenne de l'endroit. En aval encore, l'emplacement de l'ancienne résidence supérieure du bas Laos ; car Khong fut, autrefois, un centre important avant d'être détrôné par Vien-Tiane, devenue la capitale du Laos français ; il y a une douzaine d'années que fut opéré le transfert et Khong vit alors partir les nombreux fonctionnaires qui l'animaient ; de l'occupation militaire, de sa splendeur éphémère, nul vestige maintenant ; deux Européens seuls, le commissaire et son commis, habitent ce coin du Laos où étaient réunis une quinzaine de Français ; les bâtiments de la Résidence Supérieure ont été démolis et transportés à Vien-Tiane ; l'ambulance a émigré à Pak-Sé, qui vient de remplacer Bassac comme chef-lieu de cette dernière province et, de tout cela, il ne reste plus que le cimetière égaré, là-bas, derrière les rizières et la pagode, le pauvre cimetière où s'alignent des tombes aux noms effacés, perdus, aux inscriptions lavées par la pluie impitoyable ; 25 Français sont là, officiers, fonctionnaires et soldats ; les premiers y furent ensevelis en 1893 ; puis, il y a les victimes du choléra de 1895, le commissaire même du poste, Paul Bonnetain, administrateur et littérateur, mort en 1899, des gardes principaux, des officiers et, le dernier de tous, le commis du commissariat enlevé, en 1907, par l'accès pernicieux ; la plupart de ces tombes ne sont plus que des tertres anonymes, infiniment lugubres, sans fleurs, sans verdure, parfois sans croix, souvent sans couronnes. Dans un coin, une dizaine d'Annamites voisinent avec les nôtres dans la grande fraternité du néant....,

De Khong, en cette saison des basses eaux, la vue est pittoresque du large chenal bloqué d'îlots, de récifs, rayé des balises rouges et noires de la passe navigable ; dans le Sud, le petit massif isolé de Khône ; dans le Sud-Ouest, le Phnom Baraï, chaînon de 520 mètres de relief et qui n'est qu'un îlot boursoufflé au dessus de la plaine basse, bordant le fleuve. Dans le Nord, s'estompe la chaîne dentelée des Dangrek septentrionales, culminant à la montagne de Bassac.

Une route carrossable part de Khong et coupe l'île, perpendiculairement à son grand axe, pour atteindre Muong-Sen, sur la rive occidentale, d'où l'on passe sur la rive droite du fleuve qui appartient au Cambodge. Une autre route traverse l'île, du Nord au Sud, en passant par Khong et, d'île en île, arrive à Khône.

V

25-26 mai — (76 kilomètres)

Le *Garcerie*, vapeur des Messageries Fluviales, qui fait actuellement le service entre Pak-Sé et Khône-Nord, ne peut arriver en ce dernier point et s'arrête à Kinak, à quelques kilomètres en amont, ne pouvant, par suite du manque d'eau, franchir la ligne des rapides. D'ailleurs, le vapeur ne passera que dans quelques jours et, sans attendre, je m'embarque, aujourd'hui, dans la magnifique pirogue du Commissariat ; avec les rameurs et les boys, nous ne sommes pas moins de seize personnes dans cette embarcation, ce qui est presque dangereux, d'autant plus que nous sommes encombrés de caisses.

Jusqu'à Kinak, nous suivons le chenal de navigation, étroit couloir entre les balises de maçonnerie et nous serpentons sans danger en vue des innombrables îles et îlots

Cliché de Reinach

72. — Chute de Khône. — Un coin de Salaphet.

qui encombrent le fleuve sur sa rive droite, mais, en aval de Kinak, commence aussitôt la zone dangereuse ; les roches affleurantes apparaissent plus nombreuses et voici la ligne blanche du kheng Kilau, où, il y a deux ans à peine, s'est noyé un Européen ; à cent mètres en amont du rapide, une secousse brusque et violente se fait sentir et la pirogue penche d'une façon inquiétante ; nous venons de toucher par tribord avant et l'embarcation reste fichée sur les cailloux ; nos Laotiens se jettent aussitôt à l'eau, mais il faut un certain temps pour faire flotter la pirogue, ces roches surgissant en pains de sucre perpendiculaires et les rameurs n'ayant pas pied à côté même de l'obstacle.

Nous passons le kheng Kilau, mauvaise barre bouillonnante que bouleversent des vagues de un à deux pieds de haut, sur un semis de rocs invisibles et d'îlots piqués de saules ; debout à l'avant, le piroguier manœuvre la lourde perche de bambou avec laquelle il nous gare des rocs menaçants et, dans le tourbillon, la lourde pirogue file en dansant ; les vagues s'écroulent sur les flancs, balayent le plancher, fouettent les rameurs, mais cela n'a duré que l'espace d'un éclair et nous voguons bientôt sur des eaux plus calmes.

Entre les innombrables récifs qui, parfois, apparaissent dans l'eau brune, la pirogue avance prudemment : le dédale de ces rocs piqués de *kok kai* est prodigieux ; à notre droite, maintenant, c'est la rive orientale de Don Det ; en aval, un labyrinthe de roches brunes émergeant de un à deux pieds à peine, tout cela coiffé de touffes de *kok kai* entre lesquelles disparaît la nappe d'eau ; c'est une des entrées de l'hou Sadam, l'un des chenaux des chutes de Khône.

Mais le courant s'accentue et, subitement, un second choc nous culbute les uns sur les autres ; cette fois-ci, le plat-bord a touché l'eau et, sans le pont de poupe et de proue, nous embarquions à pleins bouillons ; les Laotiens, encore une fois, se jettent à l'eau et ont mille peines à nous renflouer ; un gros îlot nous sépare de Don Det et, à notre gauche, voici la pointe de l'île de Khône ; entre les deux rives, le bras n'a pas cinquante mètres de large et l'eau s'y engouffre avec violence ; rapidement, au crépuscule, nous arrivons à Khône Nord et le grondement des chutes monte, sourd et menaçant.

Khône Nord, tête de ligne des vapeurs du bief inférieur, à l'époque des hautes eaux, est un centre important, échelonné le long de la côte occidentale de l'île ; le village laotien se mêle de boutiques chinoises ; les Célestes sont une trentaine environ, dont une vingtaine sont d'anciens réformistes, capturés sur notre frontière tonkinoise et exilés ici vers 1908. Une colonie d'Annamites, rebut et écume de la lie de Pnom-Penh et des postes du fleuve, y vivent de rapines, d'expédients, de travail intermittent et surtout, de ce qu'ils réalisent, lorsque, aux hautes eaux, Khône est le caravansérail du Laos ; les métiers de restaurateurs et de pourvoyeurs divers y sont alors fort lucratifs.

Un peu en aval du hameau indigène, la douane, l'ancien poste administratif et les bâtiments des Messageries Fluviales, qui ont ici un atelier, un magasin et un garage pour leur petit chemin de fer.

Une route relie Khône à Khong, route bizarre, ouverte dans les îles plates de D. Som, D. Det et D. Khong, longue de quelque cinq lieues et coupée de trois bacs.

J'ai déjà dit ce qu'était le petit chemin de fer qui, sur quatre kilomètres et demi, traverse l'île de Khône dans toute sa longueur, — de Khône Nord à Khône Sud — constituant, à l'heure actuelle, la seule voie de transbordement, nécessitée par l'infranchissable seuil des chutes.

C'est par ce pittoresque, mais impraticable tramway, que nous atteignons Khône Sud, mais ce point, que j'ai déjà visité, l'année dernière, à l'époque des hautes eaux, offre, aujourd'hui, un saisissant aspect ; tandis qu'en octobre dernier les eaux atteignaient l'appontement, aujourd'hui, elles sont à quelque quinze mètres plus bas et le débarcadère est suspendu à flanc du rivage ; le fleuve n'est plus qu'un étonnant dédale de rocs coiffés de *kok kai*, d'arbustes isolés, d'herbes fripées ; au milieu de tout cela, sinue le chenal de navigation, jalonné de ses balises en escaliers. L'*Albatros*, toute petite chaloupe à faible tirant, est accostée à la berge, à 300 mètres de Khône Sud, à la pointe méridionale même de l'île, derrière un bayou borgne qui coupe l'île dans toute sa longueur et n'est rempli qu'aux grandes eaux.

Entre les balises, souvent démolies par les billes de teck et les radeaux qui, aux crues, descendent le fleuve, l'*Albatros* s'engage, côtoyant les îlots, les îles, les bancs de roches et les vastes étendues à demi sèches où croissent les *kok kai* ; c'est, ici, la route des basses eaux, terriblement sinueuse, coupée d'angles aigus ; celle des hautes eaux est tout ailleurs et cette navigation, dans ce bras étroit, est vraiment extraordinaire ; de chaque côté, des roches affleurantes et à peine couvertes, décelées seulement par la balise qui les surmonte ; une forêt d'arbres espacés, violemment inclinés dans le sens du courant, les branches balayées comme une longue chevelure brossée par le vent ; des racines adventives descendent des branches en un fouillis de stalactites grises et vont se souder aux racines ; ce bloc épais de fibres puissantes arc-boute l'arbre contre le choc du courant et cette masse permet seule au tronc de résister à la furieuse violence des eaux ; entre ces fûts gris, un sol de sable, semé de roches et de flaques d'eau ; en été, tout cela est noyé, tout cela n'est qu'une nappe rapide, jaune, d'où émergent en boules ces branches tordues, penchées, invraisemblablement étirées au-dessus de l'inondation.

Des remous, des tourbillons creusent en tous sens ce chenal affolé où l'eau bouillonne en rapides houleux ; l'*Albatros* roule comme en mer et les lames se creusent en ourlets puissants sous l'effort de la haute étrave ; le bruit des paquets d'eau, s'écrasant contre les flancs, est assourdissant ; en certains endroits, le couloir est tellement étroit que nous passons à toucher les balises ; le défilé n'a pas trente mètres de large ; aux innombrables coudes, on vire à angle droit et le roulis augmente ; le vent siffle avec fureur, très frais ; les berges sont invisibles derrière ce mur clair d'arbres, de roches, de bancs de sable et d'assises puissantes. Des contre-courants remontent et bouleversent le chenal, des entonnoirs se creusent violemment en spirales ; alors, en plongeant là-dedans, le vapeur donne de la bande. La descente de ce boyau dure plus de deux heures, après quoi, nous entrons dans un chenal plus large, apaisé ; de chaque côté, les rives se montrent enfin, assises sur des murailles de calcaire, filons de la Côte de Marbre dont les hauteurs affaissées s'érigent en arrière de la rive droite.

Plus d'îles, c'est maintenant le fleuve et, vers 9 heures 30, nous jetons l'ancre en face de Stung-Treng, à 300 mètres de la berge où nous ne pouvons pas accoster et qu'il faut atteindre en pirogue.

IV

28 mai-1er juin — (103 kilomètres)

Les diverses fractions de mon convoi sont arrivées à Stung-Treng sans encombre et, tandis qu'elles vont se diriger sur Kratié par la route intérieure, je vais retourner aux chutes de Khône que je tiens à visiter en détail. Mes éléphants ont mis quatre jours de marche de Siempang à Stung-Treng et celui de Khong, deux grandes journées; ils ont tous passé la Sé Khong à Angkho, à trois kilomètres en amont de son embouchure; il était temps; le lendemain, la crue arrivait, rendant impraticable le gué déjà assez difficile en saison sèche.

C'est sur le *Stung-Treng*, petite chaloupe de la résidence, que je remonte à Khône ou, plutôt, à Vœûne-Khan, sur la rive gauche du fleuve et à peu de distance de Khône Sud. De ce point, part la nouvelle route de transbordement qui va aboutir, à 23 kilomètres 300 en amont, à Kinak, point terminus de la navigation, aux basses eaux. Cette nouvelle voie, depuis longtemps à l'étude, est, selon toute vraisemblance, appelée à supporter une voie ferrée qui remplacera celle de l'île de Khône; les deux points terminus sont abordables aux vapeurs en toute saison. A l'heure actuelle, le centre de Vœûne-Khan n'est constitué que par une hutte primitive, qui sert d'abri au surveillant des T. P. en service sur la route. C'est sous son toit hospitalier que je coucherai avant de me rendre à la chute de Papheng, qui est celle de rive gauche.

Le seuil de Khône, qui barre complètement le fleuve suivant une ligne oblique orientée Nord-Ouest—Sud-Est, est coupé de nombreux chenaux qui séparent entre elles les nombreuses îles; chacun de ces chenaux franchit le seuil par une chute ou une cataracte et, seules, les passes de l'hou Sadam et de l'hou Sahong, entre Papheng et Khône, ne présentent que de violents rapides et des cataractes peu élevées; c'est par là que les Laotiens font passer, à certaines époques de l'année, leur bois et leurs pirogues; encore la tentative est-elle fort périlleuse et les accidents mortels n'y sont pas rares.

Il y a 4 kil. 300 de Vœûne-Khan à l'abri de Papheng, sur la route de transbordement; Papheng est en haut de l'arroyo du même nom, torrent écumeux qui hurle sur les rocs, sous le magnifique pont de bois qui l'enjambe. Nous quittons ici la grande route pour couper en forêt-clairière et atteindre une autre artère, branchée sur celle de transbordement et menant sur la tête des chutes; une puissante ligne d'écume barre le chenal ouvert entre la rive gauche et D. Papheng, mais il est impossible, en cet endroit, de se rendre compte de la puissance du saut; large de quelque 300 mètres, le bras est très calme, en amont même du précipice, et libre de tout écueil apparent. Nous suivons la berge plantée de forêt-clairière et qui dévale brusquement, suivant elle-même la chute du gradin gigantesque que les eaux franchissent à côté de nous; nous voici maintenant au niveau aval des eaux, dans les dernières assises rocheuses qui forment le pied du ressaut et, de là, l'on découvre Papheng dans toute sa splendeur. Le seuil, tendu en travers du fleuve, a été découpé en scie par les eaux; haute d'une quinzaine de mètres, absolument à pic, cette cascade puissante est vraiment grandiose; les assises rougeâtres disparaissent presque en entier sous la masse écumeuse d'un blanc de lait d'où s'élève un fin nuage de poussière d'eau ; le saut principal est au centre du chenal ; la rive de Papheng est découpée en îlots et en caps que contournent, par des cascades latérales, de très étroits filets d'eau ; de l'autre côté du saut principal, dans l'Est, s'avance un promontoire boisé et pointu fermant ce fer à cheval : il rejette obliquement les eaux sur la chute centrale ; au pied de ce cirque, une sorte d'amphithéâtre où l'énorme masse liquide s'écroule, bondit et tournoie pour s'échapper enfin par le couloir d'aval, creusé entre les assises de rocs ; entre le promontoire boisé et la rive, un étroit chenal où les eaux, peu abondantes, cascadent sur les roches nues.

Le couloir d'aval est ouvert entre des assises de grès et de granit bleu ; large d'une quarantaine de mètres, il bouillonne et rugit, creusé d'entonnoirs, bouleversé de contre-courants, tout cela d'une violence inouïe.

Cette chute de Papheng est le type des chutes de forêt-clairière ; en effet, nul relief sur les rives, qui tombent brutalement en une marche brusque.

De l'abri de Papheng à celui de Kun-Dynh, il y a 4 kil. 550 par la route mais un sentier y mène depuis la chute ; de Kun-Dynh, nous reprenons la route jusqu'à l'houei Samat, à 7 kil. 500 plus loin, pour couper encore en forêt-clairière par une sente défoncée par la pluie et les charrettes ; à 3 kilomètres de là, nous atteignons Ban Ki-koay, au bord du fleuve ; en moins d'une heure, une pirogue nous ramène à Khône Nord.

A l'Est de l'île de Khône, jusqu'à la chute de Papheng, il n'y a pas d'autres sauts et l'on rencontre seulement les passes de l'hou Sadam et de l'hou Sahong ; dans l'Ouest, par contre, s'étend la série des chutes de rive droite, qui commencent à la chute Marguerite.

Le lendemain, de bonne heure, nous atteignons Khône Sud par le chemin de fer et je m'embarque aussitôt en une légère pirogue que conduisent trois rameurs. Grâce à la montée sensible des eaux, nous évoluons à l'aise entre les innombrables récifs qui sèment le large bras occidental du fleuve, ouvert entre la partie méridionale de Khône et la rive cambodgienne ; des tiges fines et flexibles, couvertes de feuilles minces sans pédoncule, croissent sur les rocs ; hautes de deux à trois pieds au-dessus des eaux, elles donnent au fleuve le bizarre aspect d'une prairie inondée ; çà et là, saillent des arbustes couronnant un banc de roches où leurs racines s'agrippent ; toujours ce même aspect de chevelure brossée par le vent ; puis, des rocs affleurent, des rapides bouillonnent, que nous remontons à la perche, et nous entrons, contre la rive de Khône, dans un carré de forêt-clairière noyée ; l'eau, déjà plus haute, déferle contre les troncs et nous avançons péniblement entre les fûts grisâtres, qui lancent leurs branches à 6 ou 10 mètres au-dessus de nous. Mais, bientôt, l'entassement des rocs devient plus chaotique et les eaux se divisent en une multitude de chenaux étroits entre les îlots, les assises de grès, les arbres et les arbustes d'où s'envolent des théories d'échassiers gris et de plongeons noirs ; en amont de la forêt noyée, nouveau dédale de bancs, de rocs, d'îlots, d'arbres, de *kok kai* à demi-submergés.

Une heure à peine de pirogue et nous atteignons enfin les premières arêtes de grès parallèles au courant ; ces entassements se multiplient contre la rive de Khône et des bancs de sable éclatant comblent les escarpements ; la pirogue s'arrête devant une assise énorme, îlot de quatre à six mètres de relief, que continuent d'autres assises entre lesquelles les chenaux se creusent, étranglés, bouillonnants, bouleversés de contre-courants et d'entonnoirs. Ces blocs, d'une nudité absolue, sont rayés de bandes brillantes, qui sont des dépôts de sable ; ils sont bosselés, érodés, taillés comme du cristal de roche, zébrés de strates inclinées.

Nous abordons ; entre le champ de grès et la rive droite du fleuve, s'étend main-

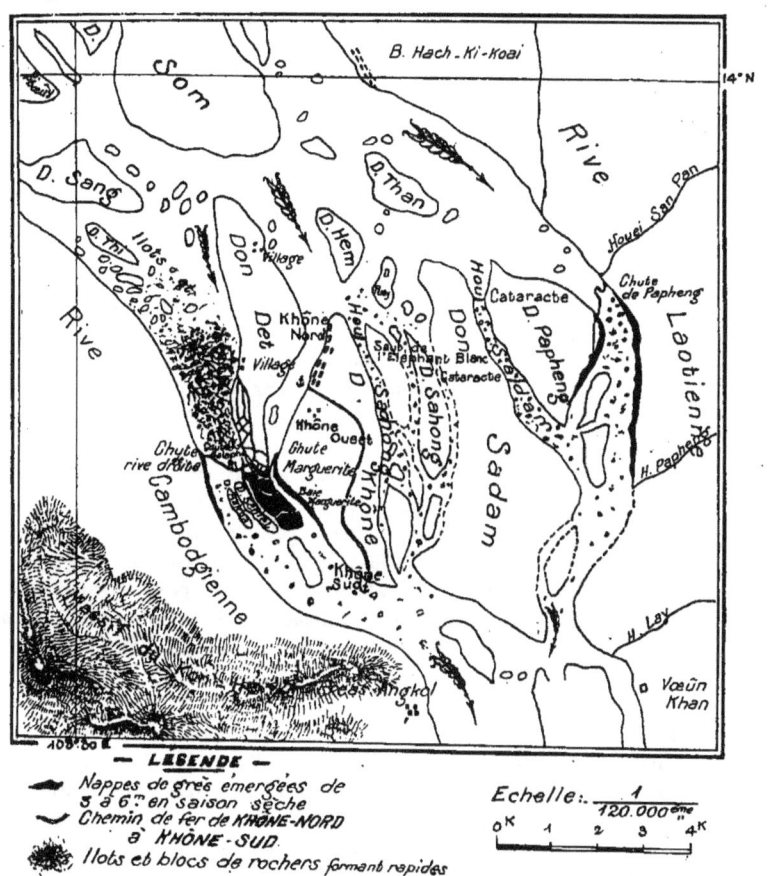

Fig. 30. — Carte des chûtes de Khône.

tenant une île boisée ; à notre droite, le chenal principal, large à peine de 40 à 50 mètres, se creuse, violent et écumeux, dans ce couloir titanique dont les berges, perpendiculaires et noires, sont des assises nues de 15 à 30 pieds ; des chenaux latéraux y débouchent, sillonnant de rainures étroites cette immense étendue rocheuse. Nous nous réembarquons pourtant et, malgré les contre-courants dangereux, remontons le chenal principal pour atteindre la fourche des roches qui le divise en deux bras. Alors, du haut de ce chaos, la vue découvre un vaste champ dénudé, rougeâtre, d'une désolation bizarre et que l'on dirait de carton peint, irréel, lunaire ; en avant, la séparant du ciel, une ligne blanche d'écume, qui est la crête des chutes ; péniblement, nous avançons sur les assises bosselées et inégales ; le rivage occidental de Khône se coude brusquement dans le Nord-Est et, dans le prolongement, c'est maintenant la pointe méridionale de Don Det, qui s'avance en éperon au milieu du seuil ; les chutes de Salaphet sont là, étalées depuis cette pointe de D. Det, dans l'Ouest, jusqu'aux îlots et îles de D. Señiet et ces cataractes, qu'il est impossible d'approcher, forment une formidable barrière, blanche d'écume ; sur cette barrière, dentelée en scie bizarre, l'eau mugit et se précipite en chutes, en cascades pour se frayer des chenaux étroits dans l'immense nappe de grès roux au milieu de laquelle nous essayons d'avancer ; comme le seuil est tendu obliquement du Nord-Ouest au Sud-Est, l'angle d'amont est fort éloigné et presque invisible tandis que le saut d'aval est devant nous ; c'est contre la rive occidentale de la pointe Sud de D. Det. une rainure où les eaux se précipitent en cataractes inclinées, hurlant et rejaillissant de gradins en gradins, pour venir rejoindre, dans le chenal principal, les eaux issues des chutes Marguerite, qui se trouvent entre D. Det et Khône.

Sur ces rocs, des abris de pêcheurs, simples nattes de paillotte sur des branchages posés de guingois ; en aval d'un rapide, nous avons croisé deux ou trois pêcheurs occupés à prendre, dans de grandes nasses, le poisson. qui abonde et qu'arrêtent des barrages de bambous.

Nous traversons heureusement le chenal et nous abordons dans les assises de la rive de Khône. un peu en aval d'une délicieuse baie de sable blanc dont la dune s'écroule à pic sur les assises de base. C'est la baie Marguerite d'où nous gagnons facilement les chutes du même nom ; elles coupent l'étroit chenal ménagé entre la rive Ouest de Khône et la pointe Sud de D. Det ; le saut est splendide sur le seuil qui relie obliquement les deux îles, par la pointe même de D. Det, découpée en îlots boisés entourés de minces cataractes ; le saut est franchi en gradins perpendiculaires et, en bas, dans les remous et les volutes, des poissons bondissent, leur dos bleuté étincelant dans la poussière d'eau irisée d'arc-en-ciel.

C'est cette chute que j'ai vue en octobre dernier alors que les eaux étaient presque à leur maximum ; le saut était couvert ainsi que les assises d'aval et tout cela n'était qu'un immense bras hurlant et terrible, amas chaotique de vagues prodigieuses, hautes de 2 à 3 mètres, chevauchant, s'écrasant dans le plus formidable des combats.

Des chutes Marguerite à Khône Nord, il y a une demi-heure à peine par une sente ouverte dans l'épaisse forêt et les rizières.

Autrefois, il y a longtemps de cela, vers 1893, les vapeurs venaient, aux hautes eaux, ancrer à cette baie Marguerite mais le ressac était tel que le sable recouvrait, au fur et à mesure, la voie ferrée que l'on y posait pour opérer le transbordement des premières canonnières.

Il me reste encore à visiter les chutes de la rive droite même, chutes que bien peu d'Européens ont contemplées et qu'il est fort difficile d'atteindre, par suite de l'enchevêtrement des îles et des îlots et à cause du danger que présentent les récifs.

Je vais tenter l'expédition en passant par D. Det et l'amont afin de gagner la rive cambodgienne — la rive droite — éloignée de cinq kilomètres environ.

Le 31, dès l'aube, nous traversons l'étroit chenal qui sépare Khône Nord de D. Det et piquons vers le Sud, mais, bientôt, nous sommes arrêtés par des chenaux latéraux enfouis sous la verdure, bras borgnes, jaunes et profonds, qui découpent la pointe de l'île en un inextricable dédale de caps et de larges baies, impossibles à franchir; la forêt-taillis, emmêlée de bambous épineux, écroulés, fourmille de sangsues et nous devons nous rabattre sur la grande route de Khong que nous suivons pendant quelque trois kilomètres jusqu'à l'extrémité Nord de l'île qu'un chenal de 200 à 300 mètres sépare de la pointe Sud de D. Som; celle-ci, longue de douze kilomètres, s'étend au Nord, dans le prolongement exact de D. Det. Il nous faut un temps absurde pour obtenir de B. Don Det une pirogue sur laquelle nous nous embarquons en piquant dans l'Ouest; nous sommes dans le bras principal du Mékong, encombré d'îlots et d'herbes, à perte de vue: péniblement, entre les bancs de *kok kai*, les îlots et les rocs, nous nous faufilons, mais le fleuve disparaît sous cet inextricable labyrinthe; les bancs sont parfois fort étendus et frangés d'une épaisse galerie de hauts roseaux panachés et d'herbes géantes; au centre, des arbustes, des carrés cultivés de tabac; au bas des berges, de minces et courtes pirogues, mais, nulle part, signe de vie humaine; dans le Nord-Ouest, des rivages bas et boisés, qui sont des îles sans nombre; le bruit des chutes gronde mais il est impossible d'approcher car le dédale des rocs, des îlots de *kok kai* et des rapides se fait impénétrable à mesure que l'on en approche.

Nous abordons enfin sur un grand îlot de roseaux et de cannes, élevé de deux à trois mètres au-dessus des eaux; deux huttes s'y montrent, dans des plantations de tabac; longs de 300 à 400 mètres, ces bancs sont séparés par d'étroits chenaux où s'allongent des lignes de fond, des filets reliés à une sonnaille de buffle que met en branle l'effort du poisson capturé, avertissant ainsi lui-même l'habitant de la hutte la plus proche. Du haut de l'arbre, qui ombrage les huttes, la vue n'embrasse qu'une inexorable et monotone étendue verte d'herbes, de roseaux, de bordures forestières; dans le Nord-Ouest, la bande des îles; mais, dans l'Ouest, vers la rive droite, l'immense mer de roseaux et d'herbes où miroitent quelques chenaux libres, en lignes ténues comme des fils d'acier; et loin, très loin dans l'Ouest, derrière ce labyrinthe vert, la côte cambodgienne, sombre, boisée, inabordable, dominée par les trois cônes du Pou Kon-hè; dans le Nord-Ouest, elle disparaît d'ailleurs en cette poche immense qu'elle décrit et où le fleuve, de berge à berge, s'élargit à quinze kilomètres; dans le Sud, en aval, pas trace d'eau libre, rien que des herbes, des îlots et des rocs.

Alors, nous revenons à D. Det dont nous longeons, aussi loin que possible, la rive occidentale vers l'aval; à hauteur de la pointe Nord, une vaste nappe d'eau libre, lac d'azur tranquille, enserré entre les îles du Nord — D. Som, D. Phœui — et les îles de l'Ouest — D. Phai, D. Sang, D. Thi, — rangées côte à côte, parallèlement au rivage.

Notre navigation ne dure pas longtemps et, un peu en aval d'un village, sur D. Det, il faut s'arrêter encore devant l'entassement des seuils, des îlots et des *kok kai*, entre lesquels grondent les rapides.

Par un ravin à sec, nous cheminons le long de D. Det; large d'une vingtaine de mètres, ce marigot est de sable bosselé, crevé de grès bleu-gris et de racines saillantes, tordues, enlacées comme des serpents ; l'eau a lavé le sable où s'agrippaient les radicelles et les racines bombent en l'air, sortant de dessous un roc ou d'une plaque d'argile noire ; des *kok kai* s'emmêlent aux arbustes, des lianes pendent des arbres et, sur les rives, apparaît l'épaisse forêt-futaie ; bientôt, le ravin s'emplit d'eau et il faut prendre sur la berge, dans la forêt où pullulent les sangsues ; lianes, épines, halliers, s'entrecroisent ; dans les ravins aux flaques noires, les *kok kai* couvrent les bancs de sable et de grès et ces bayous multipliés, sombres sous le feuillage épais, rappellent ces bizarres gravures, qui illustraient jadis les romans d'aventures, ces gravures tourmentées où l'on voit des caïmans bailler sur des berges, des boas enroulés aux branches basses. En vain, nous traversons les marigots ; toujours, nous nous heurtons à de nouveaux chenaux étroits, sombres, séparés par des blocs de forêt épaisse, des îlots d'herbes et de *kok kai* ; nous atteignons, en pirogue, l'extrême limite d'où l'on entend, distinct, le bruit proche des chutes de Salaphet : mais il faut s'arrêter si l'on ne veut pas culbuter dans un rapide et risquer de passer par-dessus les cataractes, qui demeurent pourtant invisibles. En vain, nous avons lutté contre la forêt, les lianes, les épines, les fourmis rouges, les sangsues et les racines ; il faut reculer devant cet inextricable labyrinthe de marigots et de bancs, qui découpent la pointe Sud et Sud-Ouest de D. Det ; à travers la forêt, nous arrivons à l'endroit où, ce matin, nous avons dû battre en retraite devant les bayous et nous regagnons Khône par la sente de venue. Il est évident que les approches amont des chutes sont impraticables, le fleuve se perdant en myriades de chenaux et de bras dans le chaos des îles, des îlots, des bancs et des seuils, qui le hérissent de toutes parts.

Le lendemain, je fais une dernière tentative pour arriver aux chutes de rive droite, mais, cette fois, je vais partir par l'aval et m'embarquer à la baie Marguerite ; une dizaine de pirogues s'y trouvent réunies et des pêcheurs dépècent de splendides poissons qu'ils capturent, à la nasse et au filet, dans les chenaux, au pied des chutes ; ce sont des pièces de deux pieds de long, grasses à souhait et dont les filets épais et charnus sont enlevés et séchés au soleil.

Nous descendons rapidement le chenal pour obliquer vers la rive droite et atteindre la berge de D. Seniet, qui nous sépare encore de la rive elle-même ; nous traversons à toute allure d'impressionnants rapides d'où émergent des rocs noirs ; quelques-uns présentent un pied de dénivellation et l'on sent la frêle pirogue se dérober et s'enfoncer au passage du seuil émouvant ; bondissant sur les vagues, nous frôlons les récifs entre les énormes blocs de grès noir et atteignons enfin la rive orientale de Don Seniet, le long de laquelle nous remontons ; nous n'accostons qu'en amont, alors que le chenal devient vraiment impraticable ; presque aussitôt, nous nous enfonçons dans un ravin sablonneux et rocheux, qui coupe obliquement l'île ; sur les dunes, des traces de chevreuil, de sanglier et de tigre ; une demi-heure de marche rapide nous fait gagner la rive occidentale de l'île, derrière laquelle s'ouvre un chenal de 50 à 60 mètres de large, bordé, en face, par l'île parallèle de Mak-bà ; c'est un couloir chaotique de grès bas, semé d'arbustes et d'herbes, mais actuellement à sec ; nous nous y engageons et atteignons, vers l'amont, un chenal tranversal, perpendiculaire à la direction du lit, large d'une dizaine de mètres et où les eaux bouillonnent avec fureur ; en face de nous, de l'autre côté de ce bras, un seuil de grès roux très escarpé, la crête couronnée de forêt

73. — Chutes de Khône.

74. — Le chenal de Khône aux basses eaux.

et qui est la pointe d'îles et d'îlots secondaires ; des ravins coupent ces îles, dégringolant du mur en gradins étagés et assez bas ; la hauteur ne dépasse pas huit mètres et le talus est couvert de *kok kai* et d'arbustes.

Nous suivons ensuite, dans l'Ouest, la berge Nord de Mâk-bâ et, depuis la pointe Nord-Ouest de l'île, la vue change brusquement ; la ligne des chutes de rive droite apparaît enfin et des chenaux se ramifient et bouillonnent dans le vaste champ de grès ; de nombreuses arêtes nous empêchent d'apercevoir la chute dans toute son ampleur et l'on ne voit qu'une ligne brisée à la crête blanche d'écume ; la pointe amont, sur la rive droite, est fort éloignée par suite de la position oblique du seuil mais, de l'autre côté de Mâk-bâ, c'est la rive cambodgienne dont nous sépare un vaste bras hérissé de rocs ; un nuage de poussière blanche monte, là-bas, de l'amont, vers le Nord-Ouest, à la chute de la berge. La vue manque d'ampleur ; cette immense nappe de grès rouge, fendue de chenaux orageux, est d'un aspect fantastique et farouche ; cette ligne blanche d'écume, couronnant les assises d'avant-garde, tout cela forme un étrange et décevant spectacle. A nos pieds, un chenal furieux glisse du seuil de barrage par une gorge inclinée et furibonde, coupée de gradins. Une masse d'épaves est amoncelée sur la ligne de chute ; ce sont des arbres, entassés par les eaux, des piles de bambous morts, des détritus divers.

Nous revenons à notre pirogue en longeant la pointe Nord de D. Seniet, en haut de la muraille de grès qui borde le chenal transversal et au-delà duquel ces îlots secondaires ne sont que le prolongement de D. Seniet ; maintenant, un autre chenal se branche perpendiculairement sur celui que nous longeons ; il vient du Nord et forme le manche de ce T renversé ; la barre horizontale, qui courait Est-Ouest, va maintenant Ouest-Est, le chenal perpendiculaire divisant ses eaux dans les deux directions. Il est impossible de visiter les chutes, tendues, au Nord de D. Seniet, entre ces îlots et la pointe Sud de D. Det, par suite du dédale des chenaux et des assises de roches ; ce sont ces chutes qui forment Salaphet proprement dit.

Après déjeuner, nous nous réembarquons et contournons la pointe Sud de D. Seniet ; elle se prolonge par des îlots déchiquetés, des bancs de sable et d'arbustes, des rapides que nous franchissons comme en rêve ; nous atteignons ainsi la rive cambodgienne, dominée par les pitons bien caractéristiques du Pou Kon-Hè ; impénétrablement boisée et couverte de roseaux bas, cette rive est parfaitement déserte et impraticable et nous remontons à la perche le long des récifs ; le chenal n'est qu'un dédale de rocs, de rapides, de *kok kai*, d'arbustes et de carrés de forêt à demi-noyée.

Une heure de cette navigation lente nous fait gagner la première épine rocheuse, qui se dresse parallèle au courant, déchiquetée, tourmentée, plaquée de sable et d'arbustes ; les rocs et les rapides se succèdent entre les *kok kai* à demi-noyés ; puis, voici un bief étonnamment calme et la ligne de chute apparaît, blanche, au-dessus des assises de grès, qui barrent tout l'horizon proche.

Les assises se multiplient, envahissent la rive et le chenal ; à notre droite, D. Seniet a disparu derrière l'île de Mâk-Bâ. Maintenant, les masses rocheuses sont d'énormes pâtés de 8 à 10 mètres de haut ; ce sont des dalles de schiste feuilleté d'un noir brillant, verticalement surgies du fleuve et juxtaposées en îlots épais et nous abordons, car la violence des eaux rend toute navigation impossible.

Alors, commence une gymnastique fatigante et dangereuse sur ces blocs d'un noir d'anthracite, le long de la rive cambodgienne relevée en mamelons boisés ; sur ces schistes mêlés de grès et taillés en minces dalles verticales et dentelées, il faut cheminer prudemment ; d'étroites et profondes rainures les creusent comme un chemin de ronde de château-fort antique. Mais la pluie se met à tomber avec violence et les rocs, polis par l'eau, deviennent rapidement plus glissants que du verglas ; des mousses vertes les tapissent et croissent entre les blocs titaniques, qui surplombent les chenaux.

Trois quarts d'heure de cette gymnastique et nous arrivons enfin à la chute, à la soudure même, contre la rive cambodgienne, du seuil de barrage ; un dernier effort nous porte sur la tête même du saut et, enfin, l'on découvre la nappe dans toute sa merveilleuse ampleur. L'immense lac s'étale, bordé dans le lointain par les berges plates et boisées des îles sans nombre ; contre la rive cambodgienne, les assises de grès et de schiste, tendues obliquement vers l'aval, sont creusées de couloirs latéraux où les eaux hurlent ; les chutes n'ont pas plus de 6 à 9 mètres de haut, sur seuil incliné, par cataractes et gradins ; les eaux ruissellent, sur cette ligne rousse, enveloppant les assises, qui émergent entre les langues d'écume.

Vers l'amont, les rives plates des îles que dominent, bas et gris, les coteaux de Khong ; dans l'Est, la pointe de Màk-Bà, où nous étions ce matin même, les îlots au Nord de D. Seniet ; encore dans l'Est, mais estompé par la pluie, le rivage de D. Seniet.

Brusquement, en amont de la soudure du seuil, la rive cambodgienne se coude et se perd dans l'Ouest ; la ligne des herbes et des *kok kai*, où nous nous sommes heurtés hier, finit en ligne proche, à 600 ou 700 mètres de nous ; elle se continue jusqu'au saut par un semis de rocs noirs, entre lesquels l'eau bouillonne par petits gradins d'un blanc de lait.

Cet espace, large de plusieurs kilomètres, est d'une splendide et sauvage grandeur.

Une sente, ouverte dans la forêt, nous fait dévaler la pente raide du mamelon, haut de 20 à 30 mètres, qui accidente la rive et nous regagnons la pirogue qui, en une heure, nous dépose à Khône Sud. Un énorme souffleur passe, un moment, près de l'embarcation ; son dos gris émerge comme un roc ; ces cétacés, nombreux dans le fleuve, affectionnent particulièrement les parages des chutes.

Mais Khône Sud est devenu méconnaissable ; en quatre jours, les eaux ont singulièrement monté, recouvrant les îlots et les rocs et, là-dessus, c'est une nappe tranquille d'où sortent encore les balises grises et les plus grosses assises.

VII

Je serai revenu à Stung-Treng, à bord de l'*Albatros*, par le même chenal aujourd'hui monté de plusieurs pieds et profondément modifié. Je serai resté quelques jours en cette résidence calme et tranquille, devant les majestueuses coulées du Mékong et de la Sé Khong, merveilleuses de forces profondes et puissantes.

Le poste est plus important que celui de Kratié quoique la circonscription soit moins riche ; mais sa position est merveilleuse, au débouché de ce magnifique bassin de la Sé Khong, qui est la réunion de ceux de la Sé Khong, de la Sé San et de la Srépok ; Stung-Treng s'élève au point même où vient déboucher, sur le Mékong, en aval du seuil de Khône, le trafic de ces trois voies d'eau.

Il ne rentre pas dans le cadre de ces notes d'écrire sur Stung-Treng une notice économique, que l'on trouvera dans tous les annuaires ; mais je veux cependant parler de l'importance de ce centre au seul point de vue de l'hinterland sauvage dont tous les produits viennent y converger ; les principaux de ces produits sont, sans contre-dit, les pirogues qui proviennent, comme nous l'avons déjà vu, de Siempang, de B. Vœûne-Sai et de Lomphat ; puis, viennent les bois, les rotins, les avirons, les bambous et tous les autres sous-produits de la forêt (1) qui, eux aussi, descendent en majeure partie de cet hinterland de rive gauche.

(1) Voici, à titre indicatif, la statistique des pirogues sorties de Stung-Treng :

Année		Pirogues			Valeur/Taxes
1898.	. . .	601 pirogues valant.	. . . .		18.030 piastres ;
» 1899.	. . .	550 »	»	. . . .	22.000 »
» 1900.	. . .	1 140 »	»	. . . .	50.000 »
» 1901.	. . .	? »	»		?
» 1902.	. . .	1.220 pirogues ayant payé.		. . .	2.949 p. 53 de taxes ;
» 1903.	. . .	1.854 »	»		4.409 p. 52 »
» 1904.	. . .	1.958 »	»	. . . .	5.198 p. 41 »
» 1905.	. . .	? »	»	. . . .	?
» 1906.	. . .	1 090 »	»	. . . .	?
» 1907.	. . .	832 »	»	. . .	7.270 p. 86, suivant

application de l'ancien tarif forestier.

Le nouveau tarif est appliqué dès fin 1907 et les recettes augmentent singulièrement :

Année 1908.	. . .	1 788 pirogues ayant payé.	. . .	21.762 p. 99 ;
» 1909.	. . .	1.814 »	»	25.035 p. 50 ;

Les recettes forestières totales de Stung-Treng, pour 1909, ont été de 35.098 p. 41.

En cette année 1909, sont passées à Stung-Treng 3.600 pièces de bois, cubant 10.539 mètres cubes d'une valeur marchande approximative de 150.000 piastres.

Pour cette même année, voici la répartition des produits accessoires ayant passé par Stung Treng et y ayant acquitté les droits forestiers :

Paquets de rotins. . .	156. . .	payant	0 p. 50 le paquet ;
(100 rotins au paquet)			
Câbles de rotins . . .	873. . .	»	0 p. 50 le câble ;
(De 20 à 25 mètres)			
Avirons.	300. . .	»	0 p. 20 l'aviron ;
Bambous	26.050. . .	»	de 0 p. 05 à 0 p. 10 le bambou ;
Ecorce de prahut . . .	431 piculs. . .	»	à 1 p. 50 le picul ;
(Teinture jaune)			
Chorchong.	427 piculs. . .	»	» 1 p. 80 le picul ;
(Résine)			
Stick-laque	26 »	»	16 p le picul ;
Cire d'abeille	26 »	»	70 p. les 100 livres ;
Cardamome	16 »	»	23 p. le picul ;
Somrong	4 »	»	7 p. le picul.

Le 5 juin, toute l'escorte s'embarque à bord du *Gougeard*, des Messageries fluviales, nouveau vapeur dont le faible tirant permet d'atteindre, en toute saison, Prek Kakot, très en aval des rapides de Préapatang. Les eaux montent depuis plusieurs jours et nous passerons sans émotion les seuils que j'ai déjà remontés l'année dernière, aux grandes eaux. Mais, aujourd'hui, les îles et les îlots apparaissent encore, dédale de bosses vertes et rocheuses entre lesquelles le fleuve franchit sans interruption des seuils écumants; le chenal est jalonné de balises, mais ces longs et incommodes rapides ne me semblent pas aussi impressionnants que ceux de montée vers Khône; les deux couloirs se ressemblent étrangement; mêmes rapides, mêmes seuils brutaux, mêmes remous et entonnoirs et aussi mêmes angles extraordinaires du chenal — angles aigus que le *Gougeard* prend en tournant presque sur place, son arrière, coupé à pic comme celui d'un racer, décrivant un brusque arc-de-cercle; des îlots d'herbes et de forêt noyée, des bancs de sable et des rocs à demi-submergés s'étalent de toutes parts et nous passons à travers les lignes d'écume et les ourlets de vagues tendus en barrage entre des rocs et des arbres. Les balises se succèdent très rapprochées, quelques-unes hautes comme des tourelles, d'autres décapitées par les radeaux. Mais, somme toute, par ces moyennes eaux, sur ce bateau plat, le passage des Préapatang, n'est pas impressionnant; il faudrait les franchir aux basses eaux, par chaloupe à quille pour éprouver les sensations que nous avons goûtées, à la descente de Khône, sur l'*Albatros*.

Vers trois heures, nous arrivons à Prek Kakot, en aval de Sambor; ici, le fleuve, de berge à berge, est semé d'un labyrinthe de *kok kai* précédant les rapides du P. Kampi; le seuil n'étant pas suffisamment couvert, le vapeur ne peut passer. Le P. Kakot est un affluent quelconque près duquel on débarque; nul abri, nul débarcadère, rien qui décèle un atterrissage; le vapeur pique du nez dans la berge raide, couverte d'herbes géantes; sur un carré débroussaillé et dangereusement incliné, l'on empile pêle-mêle colis, sacs postaux, voyageurs et marchandises et les pirogues, qui ont amené de Kratié le convoi montant, jettent alors leurs marchandises dans le flanc du *Gougeard* pour prendre, à leur tour, ce que le vapeur a déposé sur la rive. Ces transbordements bizarres, sur ce coin de berge sauvage, au milieu des feux de bivouac allumés par les passagers, sont vraiment pittoresques mais peu confortables; et il ne pleut pas! L'opération a pris tout l'après-midi et l'on ne repartira sur Kratié que demain matin.

Il est à peine jour que le *Gougeard* siffle puis s'ébranle, retournant à St. Treng; entassés dans les pirogues-cabines, avec les colis et les caisses, nous partons à notre tour et entrons bientôt dans les rapides du P. Kampi, lignes de vagues basses entre les immenses bancs de *kok kai*; au passage de quelques seuils, nous embarquons un peu, mais ce n'est rien et ce sont là des rapides pour rire; en aval, à Thmà-Krô, nous attend une petite chaloupe de charge, le *Tonle-Sap* qui, en moins d'une heure, nous amène à Kratié.

Mes éléphants y sont déjà arrivés de Stung-Treng.

La mission de l'Est-cambodgien est achevée; il y a sept mois, elle quittait ce Kratié, où elle vient de revenir après un superbe périple de quelque 2.500 kilomètres de parcours. La frontière entière du Cambodge oriental et Nord-oriental, de la Cochinchine au Laos par l'Annam, est reconnue; l'hinterland moï le plus mystérieux, les dernières régions encore insoumises et hostiles ont été pénétrées, sillonnées en tous sens; pesamment, mais sûrement, mes éléphants m'ont conduit au cœur des secteurs les plus rétifs et, dans cette magnifique course du Cambodge au Darlac, du Darlac à Phanthiet, de Phanthiet à Attopeu et au Mékong, je n'aurai pas perdu un homme, pas un cheval, pas un éléphant.

Le convoi devait repartir à la fin du mois, regagnant le Darlac que les cornacs ont quitté, il y a neuf mois; et ce n'est pas sans un certain serrement de cœur que je me sépare de ces gens et de ces bêtes d'une fidélité à toute épreuve, avec lesquels je viens de vivre d'inoubliables heures !

B. Poû-Srà, fondé en mai 1909, occupé sans arrêt par mes miliciens, est officiellement créé par arrêté du 3 septembre 1910; une fois mes rapports et mes cartes achevés, j'y remonterai afin d'asseoir définitivement notre domination sur ces peuplades sauvages et turbulentes; pendant quelque temps encore, je vais vivre cette vie nomade et délicieuse, seul au milieu des forêts et de leurs hôtes, cette vie forte et saine, loin des mesquineries d'une civilisation frelatée.

DERNIER JOURNAL

LA BOUCLE DU DONNAÏ

75. — En forêt-clairière sur la route charretière de Kratié à B. Pou-Srâ.

76. — Village mnong phiet. — B. Chéung-Chéas (route de Kratié à B. Pou-Srâ).

77. — Route charretière de Kratié à B. Pou-Srâ. — La mare aux lotus (Trapéang Bandoé).

78. — Route charretière de Kratié à B. Pou-Srâ. — Passage d'un arroyo.

CHAPITRE PREMIER

DE KRATIÉ A SAIGON PAR B. POU-SRA, LE LANG-BIANG ET DJIRING

(1.075 kilomètres — 1er novembre-30 décembre 1910)

B. Pou-Srà. — De B. Pou-Srà au Lang Biang. — Du Lang-Biang à Phanthiet par Djiring. — De Phanthiet à Saïgon.

I

La mission de l'Est-cambodgien est terminée. Un second séjour à Phnom-Penh pour mettre au net cartes définitives et rapports et je vais remonter une dernière fois en ces régions moï, leur donner ce qui sera une sixième année de mon existence.

Ce ne sera plus toutefois la vie du découvreur sans gîte et sans abri que je mènerai mais celle du chef de poste, à peine plus stable pourtant, car, si l'ère des découvertes et des reconnaissances est close, s'ouvre celle non moins ardue de l'organisation administrative.

Fondé, comme on l'a vu, au début d'avril 1909, achevé en deux ou trois mois par la main-d'œuvre indigène, le poste de B. Pou Srà vient d'être officiellement érigé en « poste administratif », relevant de la résidence de Kratié et j'en ai été nommé délégué ; un balat — sorte de sous préfet cambodgien — y administrera, à mes côtés et sous ma surveillance, les populations sauvages. Les arrêtés fondant le poste et le classant sont du 3 septembre ; il ne me reste donc plus qu'à rejoindre la station, perdue là-bas, à mi-côte du grand Plateau Central et, sitôt la saison des pluies presque finie, je m'embarque à nouveau pour Kratié d'où je m'enfoncerai une fois encore au cœur du pays moï.

C'est le 1er novembre que je quitte Kratié, en route pour la nouvelle délégation ; le balat et quelques miliciens de la garnison m'accompagnent ; une longue file de charrettes constitue la caravane et, pendant treize jours, cela va se traîner dans la forêt-clairière encore humide et déserte, couchant, le soir, à la belle étoile, au bord d'un ruisseau ou d'une mare fangeuse ; une vingtaine de véhicules, bondissant et grinçant, chargés de matériel, de bagages, de femmes et d'enfants et, le soir, le bivouac prend un air de kraal volant, ressemblant, sans nul doute, quelque peu — toutes proportions gardées — à un camp de l'Afrique australe, là-bas, dans le veldt, avec les wagons des émigrants et ses innombrables files de bœufs...

Mais c'est une fastidieuse marche de tortue, monotone et énervante; les charrettes n'arrivent le soir que fort tard, leur chargement bouleversé par les effroyables chocs et le passage à gué des cours d'eau, encombrés de blocs de grès; à la méridienne, l'on s'arrête dans la galerie forestière de ces rivières déjà presque à sec; les bœufs dételés, une petite halte s'organise; puis, l'on repart, la longue caravane meuglant au milieu des moucherons et des taons, s'embarrassant dans les fûts tombés et le sous-bois d'herbe bambou.

A mesure que l'on approche du but, le relief s'accuse; sur le bassin de la Srépok, ce sont des terrasses rocheuses, étagées en gradins marécageux, qu'il faut escalader et traverser, les roues bondissant sur les rocs, s'enfonçant dans la boue gluante, qui gicle et recouvre tout d'une épaisse couche noire; alors, la marche devient encore plus désespérémment lente et la nuit est close quand le convoi arrive au gîte d'étape; à la lumière des torches et des photophores, tout cela se bouscule, se tasse peu à peu, se forme en groupe autour des brasiers et, toujours, les bœufs meuglent doucement en se couchant dans les grandes herbes foulées...

Le 12 au soir, parti en avant des charrettes, je prends possession de B. Pou-Srà; le poste n'a pas changé depuis février — dernière époque où j'y passais —; mais les modestes bâtiments de bambous et de chaume sont déjà déjetés par le grand vent, penchés, donnant une apparence très humble et très pauvre à cette délégation perdue au cœur du pays mnong; car elle n'a rien encore de la coquette aisance de ses sœurs aînées, plus anciennes et mieux assises, et rien ne vient égayer le vallon étranglé, perdu, solitaire et morne, peuplé d'arbres et d'herbes; rien ne vient rompre l'écrasante monotonie de la jungle qui, de toute part, l'enserre comme un linceul.

Et pourtant, c'est avec une émotion profonde que je revois ce poste, qui est mon œuvre, fruit palpable de mes efforts, résultat de cette mission de l'Est-cambodgien que j'ai menée dans l'hinterland, au cours des longs hivers, si vite enfuis, déjà!

L'installation commence dès l'arrivée des charrettes, qui ont mis treize jours pour franchir les 213 kilomètres séparant Kratié de la délégation; les quelques pauvres meubles, que j'ai pu amener sur les peu commodes véhicules, sont tirés de leur cadre; oh! bien peu nombreux, ces meubles, et bien simples: un grand lit en bois, tout zébré de gerçures, encore plus lamentablement fendu par les invraisemblables sauts de cette interminable route; une armoire, une table et quelques chaises; et, pendant tous les jours qui suivent, il faut s'ingénier à combler les vides des grandes chambres — des chambres aux cloisons de caï-phen, au toit de chaume, aux colonnes penchées et tordues, qui sont des troncs d'arbres à peine écorcés et au travers desquelles passe la moindre brise, suintent l'averse et la brume.

Alors, avec des caisses vides, l'on confectionne des rayons, des bibliothèques rustiques; à chaque poteau, s'accrochent les trophées de chasse — massacres de cerfs, de chevreuils et de bœufs sauvages; de grands boucliers jaraï orneront les panneaux jaunâtres et la délégation apparaît, toute hérissée de cornes pointues et mena-

79. — En forêt-clairière. — La halte dans un arroyo.

80. — Halte dans un cours d'eau de la forêt-clairière.

Cliché Sarreau

çantes d'où pendent des armes, des carniers, des musettes ; lances, carquois pleins de flèches, arbalètes, se mêlent à toutes ces dépouilles — dépouilles elles-mêmes des villages dissidents, châtiés un peu partout au cours de la précédente campagne. A travers le plancher à claire-voie, en lattes de bambou, le vent passe et hurle ; il traverse tout, ce grand vent d'hiver, et sous ses assauts effrénés, supportés déjà pendant de longs mois, tout le poste vacille et les légers bâtiments penchent comme des jeux de cartes prêts à tomber.

II

22 novembre-4 décembre — (216 kilomètres)

Et puis, au bout d'une dizaine de jours, il m'a fallu repartir vite, vers cette Tioba que j'ai si souvent visitée au cours des années précédentes ; il me faut y aller chercher le Résident de Kratié qui vient, après-demain, inspecter le poste, visiter la région, prendre un air de la brousse sauvage ; le 25, au soir, dans les grandes forêts clairières, auprès du village de B. Tioba — le village du Chinois Tchekam, mort depuis quelques mois — je l'ai rencontré, le grand campement de mes amis ; auprès de la vaste tente, des dépouilles de cerfs et de chevreuils, massacrés dans les grandes prairies inondées si spéciales à ce bassin : des éléphants, des chevaux, des charrettes, des miliciens, des boys, tout cela mêlé en un pittoresque désordre ; l'odeur des viandes grillées, des poils roussis, monte dans le grand vent d'hiver ; des peaux sèchent et, aussi, de la viande en longues lanières d'un rouge-noir ; le lendemain, l'on part à travers la forêt-clairière sans bornes, moi guidant toute cette caravane d'éléphants — les charrettes ont filé droit sur B. Pou Sra — déambulant tout le jour dans ces solitudes mornes d'où s'enfuient des cerfs, des sangliers, des bœufs sauvages sur lesquels éclatent les détonations des carabines. Le soir, au bord des rivières claires, épandues sur leur lit de grès, le camp se monte, joyeux et rieur et les feux de bivouac font paraître plus monstrueuse cette tente grise où nous nous abritons pour dormir.

Nous avons ainsi passé le Rmat, puis deux affluents de la Rvé et la Rvé elle-même ; toutes ces rivières ne renferment plus que des flaques stagnantes entre les assises de grès et de marnes schisteuses. Le 29, nous atteignons enfin le D. Der, qui est tout proche de la Rvé, par suite des courbes décrites par les deux vallées ; et, pendant plusieurs jours, nous remontons le D. Der en le serrant d'aussi près que possible ; même aspect de forêt-clairière emmêlée de haute forêt-futaie, arrosée par de gros ruisseaux. Le 2, nous escaladons une sorte de terrasse d'où nous découvrons la faille de la rivière ; violemment rejetée dans l'Ouest, elle se creuse un ravin profond dans cette zone de mamelons rocheux, qui forme éperon dans les hautes terres du bassin supérieur ; après quelques heures de marche, nous retrouvons le lit du D. Der presque au niveau de la terrasse, au milieu d'éboulis et d'assises de grès et de pierres volcaniques sur lesquelles, en aval, la rivière doit se précipiter en une série de cataractes. En amont, maintenant, le D. Der est calme, large à peu près de 10 à 12 mètres, coulant au niveau de la forêt-clairière rocheuse ; enfin, le 3, en arrière de belles prairies humides où abondent les traces d'éléphants et de bœufs sauvages, nous entrons dans les premiers de ces villages mnong disséminés dans ces parages incultes et qui sont les sentinelles avancées des peuplements humains du Sud ; dans les raï, à côté des huttes branlantes et étroites, des charrettes cambodgiennes, venues là pour la saison d'échanges ; la récolte est presque terminée et le grain s'amasse en meules dorées près des carrés d'ananas et de cannes à sucre.

Dans la soirée, nous apercevons enfin, du haut des premiers coteaux, la masse du Yok Nam-Lyir, balise géante et violette, lancée en un promontoire colossal sur la mer plate et figée des forêts-clairières désertes ; à la tombée du jour, nous campons sur le bord du Plai, au passage de la sente charretière de Kratié ; le lendemain, avec un crachin subit, nous entrons à B. Pou Srà.

Nous y serons arrivés juste à temps pour essuyer l'un de ces coups de tempête imprévus, l'une de ces queues de typhon arrivées d'Annam en pleine saison sèche ; pendant des heures, le vent chasse des torrents d'eau qui s'écroulent en trombe, en cataractes ; le poste entier gémit sous la tourmente et tout ruisselle lamentablement ; la température est très fraîche et, la nuit, il fait presque froid. Nous aurons, cependant, passé agréablement ces heures maussades, confortablement installés tous quatre dans la délégation de bambous et de chaume où, le soir, le souffle de la rafale fait danser et clignoter la flamme des lampes fumeuses.

Le 6, le Résident et l'un de ses compagnons quittent B. Pou-Srà, en route pour Kratié, par Sré-Ktum ; quant à moi, je vais repartir, avec mon ami Sarreau, pour le Darlac, le Lang-Biang, Djiring, Phanthiet et Saïgon d'où je reviendrai en complétant ma dernière reconnaissance de la boucle du Donnaï. Encore quelques semaines d'absence, mais je n'en suis plus à compter ces périodes de vagabondage et déjà, d'ailleurs, la vie calme du poste commence à me peser étrangement ; la vie de brousse est une terrible maîtresse et, comme l'opium, ensorcèle et tyrannise, dispensant à ses amants les joies les plus rares, les émotions les plus poignantes et des douleurs raffinées et précieuses à l'égal de ses plus étranges voluptés.

III

8-11 décembre — (123 kilomètres)

Le 8, nous partons, avec quatre éléphants, par la sente de B. Don. Jusqu'au D. Dam, nous descendons d'abord par une pente douce puis par des gradins rocheux et raides, analogues à ceux du bassin de la Tioba ; le D. Dam, grossi par l'orage, roule une eau rapide et jaune et ce n'est pas sans difficulté que nous franchissons la rivière derrière laquelle s'élève le village de Jen-Drom, où nous couchons. Le lendemain, nous continuons sur B. Té-Uèch par une contrée couverte de brousse-taillis et de forêt-futaie claire ; la ligne de partage, entre le D. Dam et le D. Kèn, n'est marquée que par des bosses à peine sensibles ; au-delà de Té-Uèch, nous entrons dans la belle forêt-clairière que nous ne quitterons plus jusqu'à B. Don. Le 9 au soir, nous campons au bord du D. Kèn ; le lendemain, nous passons en vue de quelques chaînons rocailleux ; dans l'Ouest, se trouve le T. Dòn, dans l'Est, le T. Ming ; celui-ci sépare la Srépok de son affluent, le D. Klau.

Dans l'après-midi, nous arrivons devant la Srépok, étonnamment gonflée par le

81. — Une rivière en forêt-clairière. — La Tioba.

82. — Panorama, depuis la terrasse de B. Ong-Yang
(cône du Yok Ndô et, dans le fond, silhouette du Plateau Central).

83. — Le Nam Lyir, vu à travers la forêt-clairière,
depuis la sente de B. Pou-Srâ à B. Jen-Drom.

typhon dernier. Les éléphants passent à la nage après mille difficultés et le courant entraîne nos pirogues, mais mon vieil ami Khun Yonob s'est multiplié et nous voici tous rassemblés au poste, autour des jarres et du cochon que, rayonnant, il m'offre à ce nouveau passage.

Depuis cinq ans que je le connais, il ne change guère, ce sympathique chef des Mnong du Darlac occidental ; toujours aussi calme, aussi digne ; et c'est toujours avec une émotion nouvelle que je le revois, de moins en moins souvent, hélas ! et que nous parlons, en dialecte radé, de tous les petits faits de ce Darlac, qui m'est si cher, mais où, maintenant, je ne reviendrai que de plus en plus rarement.

Et le lendemain, c'est vers ce Darlac que je me dirige, encore pressé d'arriver, poussé par je ne sais quel désir de revoir ces lieux où j'ai passé trois ans de ma vie — mes trois premières années de séjour chez les Moï — trois ans, sur lesquels s'accumule la cendre de nouvelles années, trois ans qui, chaque jour, reculent un peu plus encore dans la grande nuit où s'engloutissent les choses qui furent, où se précipitent et s'estompent les souvenirs. Ce Darlac que j'ai aimé — que j'aime encore — avec quelle tristesse, de plus en plus poignante, je le revois chaque fois ! Pourtant, le site n'a rien de grandiose ; il est morne, très morne même, ce vallon étriqué où s'alignent les bâtisses de bambou et de chaume ; mais c'est par mille souvenirs qu'il revêt, à mes yeux, tout son charme mélancolique.

Encore une fois le voici, le poste connu ; le voici, brusquement dévoilé sous l'or du soleil presque couchant ; les allées rouges sont pareilles, un peu plus ravinées, peut-être, mais ces manguiers de bordure, déjà presque des arbres, non, est-ce possible ? Mais, je les ai vus planter, il y a cinq ans ! Grands Dieux ! Cinq ans, déjà : et en cette poudre d'éternité, cela a marché si vite ! Ces caféiers, ces cocotiers, ces hibiscus, toute cette verdure, comme tout cela a grandi ! Cette maison, c'était la mienne, je l'ai habitée pendant trois ans ! Et maintenant, ce n'est même plus un ami qui l'occupe, mais un nouveau, un étranger ; tout est nouveau, d'ailleurs, et les dernières fibres qui m'attachaient à ce coin de brousse, je les sens éclater soudain et une grande tristesse m'envahit. Non, ce Darlac n'est plus *mon* Darlac ; le cadre est le même pourtant, mais modifié par mille insaisissables détails et les figures qui me croisent ne me reconnaissent plus ; où sont-ils, les miliciens d'Annam qui couraient avec moi les jungles du plateau ? Où sont-ils les fidèles Radé, tous ceux que j'ai traînés, par monts et par vaux, de l'Annam au Cambodge, du pays des Mnong au pays des Jaraï ? Non, décidément, ce n'est plus cela et j'éprouve cette sensation de tristesse poignante que l'on ressent à revenir dans la maison longtemps habitée jadis et retrouvée, vendue à des étrangers très quelconques, la façade presque intacte mais l'intérieur bouleversé et violé.

Non, décidément, je ne me sens plus chez moi, ici ; et c'est de plus en plus triste, ces voyages, à mesure que tout s'effrite, que tout roule plus vite au gouffre des souvenirs, que tout s'estompe et se grisaille sous la masse des ans inexorablement accumulés...

En ce Darlac, qui fut presque mien, où j'ai vécu tant d'inoubliables heures, je sens que, de jour en jour, je deviens une note plus désuète, de moins en moins désirée. Et soudain, au tournant d'une allée, en face de ce qui fut mon home, un fil, des poteaux, une paillotte nouvelle; la poste, le télégraphe! Oh! alors, c'est le dernier coup, cela, et je comprends que c'en est irrémédiablement fini de mon Darlac d'autrefois......

13-16 décembre — (88 kilomètres)

Aussi, je ne prolongerai pas mon séjour à B. Mé-Thuot ; le temps d'y changer quelques-uns de mes éléphants et nous repartons, le 13, par la grande route du lac ; mais, dans l'après-midi, à une heure à peine du tram de Mé-Loup, où nous devons passer le Krong Hana, une immense nappe d'eau s'étale devant nous, noyant la route, isolant en autant d'îlots les collines basses, qui hérissent les marais ; le typhon, qui s'est fait sentir jusqu'à B. Pou-Srâ, a sévi avec rage dans toute la région ; venu d'Annam, où il a causé de terribles dégâts dans la région de Nha-Trang et de Ninh-Hoa, il a déversé des trombes d'eau sur toute la chaîne annamitique ; de tous côtés, l'on ne parle que d'inondations subites, de dégâts lamentables ; ici, les immenses marais du K. Hana sont complètement submergés et la rivière, débordée, est ceinturée par un véritable lac, large de plus de 6 kilomètres, profond de plus de douze pieds ; en vain, je tente le passage ; mon éléphant perd pied et bat en retraite ; il est impossible de songer à atteindre Mé-Loup. Alors, très perplexe devant cette complication subite, je m'en vais me réfugier à B. Ma-Wan, un peu en arrière de ces étendues noyées ; une seule chance nous reste de gagner à temps le Lang-Biang ; c'est de tourner par B. Tour, s'y embarquer sur des pirogues et atteindre ainsi le lac. Mais le convoi ? les éléphants ? Inutile de songer à les faire passer ; il faudra les renvoyer sur le Darlac d'où ils rallieront B. Pou-Srâ et, à pied, faisant porter par les indigènes notre bagage, nous escaladerons les montagnes du Sud. Le lendemain, 14, après une dure étape, nous couchons à B. Tour, au poste abandonné et branlant où j'ai, jadis, passé de si bonnes soirées avec tous les chefs des environs ; nous faisons lancer les pirogues neuves que la résidence a fait construire ; solides et vastes embarcations de style laotien, elles nous transporteront sans danger au lac, et le 15 au matin, les éléphants et les chevaux font demi-tour sur B. Mé-Thuot tandis que nos pagayeurs pih engagent nos lourds canots sur les marais submergés. Dans le ciel tumultueux, circulent des blocs de nuages noirs sous un vent violent et frais L'encadrement familier des collines et des montagnes lointaines se dresse, plus farouche, autour de cette nappe immense où se tordent des lignes de bambous, des raies minces, qui sont de hautes herbes noyées. Nous glissons sur les marais que le vent ride ; des bouquets de bambous, des têtes d'arbres saillent de cette plaine glauque que le soleil, brusquement, au sortir des nuées, frappe violemment d'une lumière intense. A B. Trap, où nous prenons des rameurs de renfort, le chef ami et le vieux Ma-Yé viennent me saluer avec empressement et m'offrir la jarre. Ma-Bleu, Ma-Yé, compagnons de mes courses d'antan, avec quelle joie mélancolique je les revois, eux aussi ! Et puis, l'on repart sur les marais ; le lit du K. Hana se confond dans toute cette eau épandue follement jusqu'au pied des collines ; le courant seul nous le révèle, un courant de foudre, qui nous repousse et il faut se laisser porter sur la rive opposée pour vite rentrer dans les marais de l'autre bord.

Toute la journée, c'est la navigation monotone sur ces plaines noyées, ridées de vagues courtes, éparpillées en écume par un vent de tempête ; de temps à autre, le

Planche XLVI

Cliché Sarreau

84. — Sur la route de B. Pou-Srâ à B. Don. — Un arroyo en forêt-clairière.

85. — Chez les Pih. — Le chef de B. Trap et sa femme.

86. — Dans les marais du Krong Hana.

soleil se montre à travers les nuées déchiquetées et tumultueuses ; à notre tribord, toujours cette muraille de collines sombres, renforcées par l'arrière-plan des hautes montagnes presques noires, tout cela de plus en plus ouaté d'une brume, qui recouvre tout et monte, monte en un voile insensiblement épaissi. Parfois, nous fonçons à travers les grandes roselières, fichées par quinze pieds d'eau et nous passons en froissant les têtes panachées ; parfois, nous butons dans ce mur mouvant et élastique, qui se dérobe en résistant et puis l'on débouche dans un chenal dont le courant vient du fleuve, fuyant contre les collines ; d'entre les tiges noyées, s'envolent des aigrettes, des sarcelles, des poules sultanes ; un caïman saute avec fracas dans l'eau lourde et, toujours, le vent rugit, de plus en plus fort à mesure que le jour s'avance, nous criblant de gouttelettes fines et fraîches.

Et c'est étrange, ce paysage désertique d'eau, de montagnes noires et d'herbes, noyées sous cette brume semi-transparente ; paysage de rêve, irréel, éclairé par instants de tons étranges, violacés et doux, qui se plaquent aux mamelons transformés en îlots ; au loin, des lignes de bambous, des plaques de roseaux submergés à travers lesquels l'eau luit avec un morne éclat ; et le vent souffle plus fort, brûlant et gerçant la peau, frais et presque humide à passer sur tant d'eau répandue.

Le soir, nous couchons à B. Kenaych où je bivouaquais déjà, en 1906, avec mon ami Schein. Encore une étape de ce pèlerinage en ce lieu criblé de souvenirs !

Puis, dès l'aube, la navigation reprend, lente, contrariée par le vent de tempête, sous le ciel de tourmente, dans cette buée qui donne à tout un air étrange, comme vu à travers un verre dépoli ; maintenant, au pied des collines, s'étendent des poches encore à sec où paissent des buffles et nous flottons sur des rizières inondées d'où sortent quelques abris, qui surnagent sur cette étendue sans limites.

Dans les herbes épaisses, qui entourent le déversoir du lac, il faut lutter contre le mur mouvant ; les pirogues, lentement, s'insinuent entre les tiges qu'elles écrasent et les hommes doivent mettre pied à terre pour hâler les lourds canots ; enfin, voici le déversoir, coulant, rapide, entre les herbes des berges noyées : un moment, au-dessus des marais de rive droite, apparaît un monstrueux éléphant sauvage que nous blessons, mais nous ne pouvons approcher dans tant d'herbes sur tant de vase, parmi les bandes de caïmans et, à une deuxième décharge, le troupeau entier, cette fois, prisonnier entre toute cette eau, fuit pesamment en barrissant avec fureur.

Enfin, voici devant nous l'étendue du lac, bouleversé de crêtes blanches comme un bras d'océan ; la haute muraille des montagnes et le pic du lac se dressent, en face, derrière l'écran du brouillard ; les pirogues roulent, dansent, bondissent et, vite, nous abordons à B. Djioun d'où nous atteindrons à pied le poste, maintenant tout proche ; il est impossible, même à nos pesantes et stables pirogues, d'affronter le lac déchaîné, tumultueux, soulevé en tempête par ce vent terrible, qui hurle toujours plus fort.

Mais hélas ! ici aussi je ne reconnais plus ce que j'ai aimé ; le poste a été déplacé et transporté à quelque 200 mètres en arrière de son ancien emplacement, sur un mamelon étroit ; seul, le cimetière n'a pas bougé, car les morts restent immuables dans le néant ; le cœur serré, je vais revoir le carré déjà envahi par les herbes et où se dressait la maison si souvent visitée, la maison d'où je regardais, avec la même inlassable volupté, ce lac charmeur, serti dans l'encadrement des montagnes d'émeraude.

Mais, cette nuit, la lune a percé les nuées ; sur les eaux, la lumière irise la crête des vagues, qui dansent sous l'assaut de la tempête ; alors, je le retrouve tout à fait, le lac précieux, baigné de lune, nacré de teintes de rêve, impossibles à rendre, nuances voluptueuses et rares de cloisonnés nébuleux, de prestigieux kakémonos.

Et le lendemain, 17, en route, courageusement, à pied, vers le Lang-Biang, par le fouillis des montagnes qui s'entassent là, tout près, dans le Sud.

17-21 décembre — (75 kilomètres)

C'est par la sente, suivie en mars 1906, que je repars encore vers le Lang-Biang ; mais, aujourd'hui, le tronçon de grande route, que l'on ouvrait alors, ne montre plus qu'une chaussée crevée par les fondrières, envahie par la brousse ; les ponts sont détruits et il faut passer à gué les rivières, profondes encore de trois pieds sur leurs beaux lits de sable blanc. Nous déjeunons à B. Dé, au pied même des premières lignes de hauteurs ; au départ, nous traversons, sur un fragile radeau de bambous, affleurant l'eau, une poche marécageuse d'eau libre où pousse cette herbe aquatique que les indigènes brûlent pour en retirer une cendre salée. Encore quelques marais et l'escalade commence, brutale, par la sente connue et déjà suivie, il y a plus de quatre ans. Et c'est la même gymnastique dans cette brousse horrible qui recouvre les pentes raides et pressées, coupées de ruisseaux fangeux où roule une vase diluée, huileuse et rougeâtre ; pas d'horizon en ces bambous écroulés, emmêlés d'herbes géantes, pressées, dans les ravines étroites, en inextricables fourrés. Un peu avant B. Dlé, cependant, du haut de la colline déboisée, la vue découvre le chaos des montagnes, veloutées de vert, le pâté du Nam Rèch au-delà duquel, derrière un col bas, s'aperçoit, lointaine et violacée, la masse embrumée des premières assises du Lang-Biang.

Le village célèbre la fête de la moisson et l'on sable les jarres ; les hauts poteaux fétiches sont tout flambants neufs et, ce matin 18, l'on a égorgé le buffle rituel que l'on mangera, en haut des plates-formes branlantes, juchées sur les longs pilotis ; aussi, lorsque les charges sont prêtes, personne n'apparaît ; les nombreux villageois se sont prudemment dispersés et il faut organiser, avec les miliciens, une véritable chasse à l'homme, empoigner les femmes et ce n'est qu'avec la plus extrême difficulté que nous parvenons à partir ; derrière le D. Ricò, qui coule au pied du village, du haut de la colline, la vue découvre un océan de montagnes pressées et proches, le massif du Nam Ka, entre Krong Hana et Krong Knô, le Nam Noung et, dans le Sud et le Sud-Est, ceux du Dam Bur et du Rmai, dominant, dédaigneux et superbes, la mer des croupes sombres, le chaos des vagues sauvages et courtes, figées à leur pied.

Dans la matinée, nous atteignons la vallée marécageuse du Krong Knô puis, en haut d'un éperon très raide, le village fortifié de B. Rchhay ; traces de tigres, d'éléphants et de buffles sauvages creusent le sol vaseux de la vallée où se rencontre un peuplement de pins ; tout autour de nous, la montagne chaotique, dont les flancs sont en partie dénudés par les raïs ; sur un éperon, juché comme un nid de vautour, un village isolé et dont les toits de chaume brun se confondent avec les blocs granitiques géants, saillies erratiques énormes, surgies du sol comme des menhirs, en troupes penchées et écroulées, en blocs formidables, bruns ou gris, en monceaux titaniques

87. — Les marais de B. Kenaych. —
Au fond, les montagnes d'entre Kr. Hana et Kr. Knô.

88. — Les marais de B. Kenaych aux grandes eaux.

89. — La poche de B. Dé.

90. — Le Le Nam Rèch, depuis la colline de B. Dlé.

91. — Chez les Mnong Gar. — B. Dé.

dominant les herbes et les bambous, semant les pentes et le pied des collines, sortant brusquement d'entre les plaques de haute forêt, qui voilent la rainure des ravins rapides.

Tard dans la soirée, à la nuit presque close, nous atteignons B. Ndut-Pul, caché derrière une quintuple porte d'enceinte, tout en haut d'un éperon très raide, au milieu de blocs granitiques, sur la lèvre d'un ravin dont la rainure se creuse à pic dans le flanc de la montagne ; en face du village, de l'autre côté du précipice, une formidable assise de granite blanc, à pic, brille entre les fûts de la forêt séculaire.

Le 19 enfin, nous arrivons, après une rude étape, au pied même de l'escalier gigantesque derrière lequel s'étale le plateau du Lang-Biang. C'est après B. Ndut-Pul, à B. Ndut-Biang — le B. Duot de 1906 — que nous avons quitté la sente déjà suivie ; par Peco, Pampeï, Psroïne et Pretaing, elle atteint le Lang-Biang en décrivant un vaste arc-de-cercle, vers le Sud-Ouest, afin d'éviter les formidables rampes d'accès direct : c'est la sente suivie par les éléphants. A B. Ndut-Biang, j'ai retrouvé le chef, qui nous guida en 1906, et lui aussi me reconnaît ; mais les rides ont creusé déjà sa figure encore jeune, et une barbiche commence à orner son menton ; alors, tandis qu'il nous guide sur Damrong, je revis de façon intense ce voyage d'il y a quatre ans et demi dont nous reparlons tous deux, le Mnong et moi — lui, comme d'un fait encore tout récent, car nul Européen, depuis, n'a suivi la route et les jours s'écoulent pour lui, monotones et semblables.

Le village de Damrong est à peu de distance de B. Duot. en haut du Krong Knô qui coule, rapide et clair, sur un lit de sable et de galets ; sur la rive gauche, un immense marais, couvert de roseaux panachés et inondés aux pluies L'accueil, dans tous ces villages Mnong Gar, est franchement cordial et, depuis B. Dlé, nous obtenons sans peine les porteurs nécessaires. De bonne heure, nous repartons ; sur la rivière, limpide comme du cristal, le convoi s'embarque dans les étroites pirogues, taillées dans les troncs de faux-cotonniers et, pendant une heure, nous remontons rapidement à la perche, le long de la rive gauche, malgré le courant et les bancs de galets ; la profondeur est à peine de un pied, la largeur est de 50 à 80 mètres. Nous abordons enfin au bas d'une magnifique plaine, étalée en terrasse, déboisée par des cultures jusqu'au pied des collines de bordure ; elle est arrosée par le D. Tong, gros affluent du Krong Knô. La sente est très bonne et la marche rapide ; nous nous approchons cependant du D. Tong et la sente monte, par gradins, au milieu des taillis bas et épais ; à notre gauche, la rivière hurle dans un ravin d'enfer, encadré de blocs titaniques ; parfois, entre les fûts pressés, au bas de la pente folle, l'on aperçoit, en éclair, l'éclat des eaux écumeuses ; la sente monte doucement le long de ce glacis, coupé de gradins faibles ; elle s'enfonce toujours vers le chaos des montagnes pressées et sauvages qui forment le fond du cirque. Dans l'après-midi, nous débouchons sur le village de B. Yen-Dlè, sis sur une esplanade dénudée, au pied des hauteurs.

Nous sommes, ici, encore, au bord du D. Tong dont la vallée, bordée de chaque côté par une chaîne de collines, se heurte, au Sud-Est, à une barrière énorme, noire, boisée, formant le fond de ce long fer à cheval et cette crête, dentelée comme une scie ravagée, aux dents inégales, pointues ou ébréchées, c'est le Dam Bur que nous escaladerons demain, première rampe de l'escalier qui mène au Lang-Biang ; en aval, vers le Nord-Ouest, la vallée du D. Tong se continue, entre sa haie de montagnes d'où se détachent des éperons abrupts et tout cela va déferler, dans le Nord-Ouest, contre la muraille noire du Yok Rsam qui, de l'autre côté du Krong Knô, fait vis-à-vis au Dam Bur. Partout, dans cet amphithéâtre gigantesque, des blocs de granite, brillants et bruns, collés au flanc des collines comme des plaques pelées et nues, scintillantes entre la verdure moutonneuse.

Et la brume du soir s'est levée brusquement, épandant sa nappe glaciale entre les parois montagneuses.

Le village mnong gar de B. Yen-Dlè est par 810 mètres d'altitude; c'est un beau hameau, aux grandes huttes rousses, tapies contre le sol, sous la garde de ses poteaux fétiches.

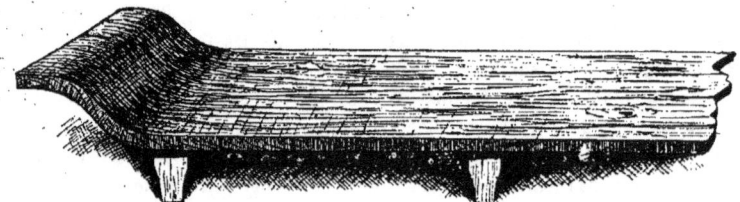

Fig. 31. — Chez les Mnong Gar. — Lit de camp taillé dans un tronc d'*igieur*.

Au départ, nous suivons encore la vallée de plus en plus étroite du D. Tong où apparaissent les premiers pins ; la rampe est encore douce jusqu'au pied même du Dam Bur ; mais alors, l'escalade commence, brutale et raide ; la sente, large et bien tracée, monte d'un jet dans la magnifique forêt épaisse ; les racines des géants séculaires saillent en gradins tourmentés, en grosses cordes noueuses ; quelques paliers très courts brisent la déclivité folle, mais ce sont à peine des terrasses étroites, rompant cette arête aiguë ménagée entre deux ravins à pic, où les branches du haut D. Tong rugissent au bas des pentes vertigineuses, tapissées de forêt ; des fougères magnifiques, des palmes délicates, ornent le sous-bois et les orchidées pendent des branches humides ; des espèces de chênes, des marronniers d'Inde apparaissent, plus nombreux à mesure que l'altitude augmente ; à notre droite, les dents du Dam Bur se dressent, abruptes, canines de granite nu et brillant, entre les ultimes plaques de forêt. Maintenant, l'arête que suit la sente, se rétrécit, large à peine de quelques mètres et nous atteignons enfin le sommet du col, petit mamelon dénudé, couvert d'herbes, par 1.830 mètres d'altitude ; la bise hurle, glaciale et mordante et, à nos pieds, la brume enveloppe l'immense panorama, déroulé, vers le Nord, jusqu'au lac Tak-Lak que l'on aperçoit, par les jours de grande pureté ; mais, aujourd'hui, tout cela n'est qu'une mer de lait décevante et infinie où perce parfois un dôme violet, vite recouvert d'un manteau de ouate, qui moutonne et s'épaissit sous l'irrésistible poussée des rafales.

Et nous replongeons dans l'épaisse forêt d'où les sangsues sont heureusement absentes ; la sente, très bonne, suit la crête et débouche enfin sur un magnifique peuplement de pins ; le sol est semé de quartz éblouissant ; tout autour de nous, d'énormes masses montagneuses, en ondulations puissantes et l'on se croirait sur la route de

92. — Le Nam Ka, depuis la sente de B. Dlé à B. Rchhay.

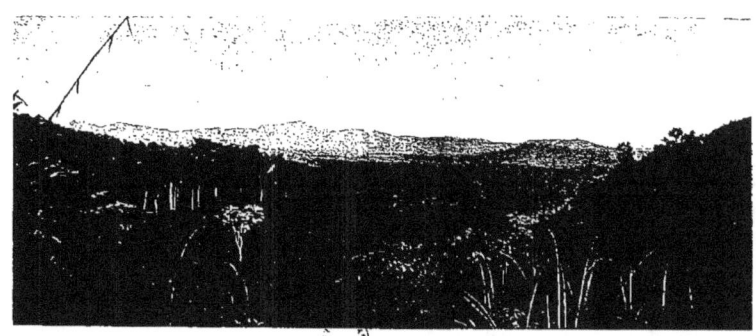

93. — La vallée du Krong Knô, depuis B. Rchhay.

Kinda à Djiring, quelque part avant Petro. Une descente rapide sur le ravin du Da Ilok-Jut, où nous déjeunons, par 1.595 mètres, et nous remontons aussitôt : nous sommes désormais sur le versant du D. Dong, qui est le haut Donnaï, mais nous grimpons encore par une rampe raide et mauvaise, bosselée de racines puissantes, qui saillent sur la terre rouge et glissante ; cette seconde barrière montagneuse est le Yok Plah, de l'autre côté duquel se creuse le ravin du Jir-But ; en haut de l'autre pente, brusquement alors, d'entre les pins géants, qui s'étendent autour de nous à perte de vue, l'on aperçoit le plateau du Lang-Biang, étalé à nos pieds à quelque 200 mètres en contre-bas — mer de dômes et de mamelons pressés, innombrables, vagues figées absolument nues, couvertes d'une herbe fine et mordorée, étendue jaune, déroulée à donner le vertige ; à gauche, tout proche, la masse des pics Lang-Biang dont le dôme Sud, dénué d'arbres, se relie, par des contreforts nus, aux dômes du Plateau ; dômes exagérés eux-mêmes, ces pics ultimes, qui sont le donjon de la magnifique terrasse ; loin, très loin, dans le Sud 1/4 Sud-Est, la croupe violacée et mamelonnée du Mnil et du Boruas, qui marquent l'autre extrémité de la terrasse. Cette vue est celle du Yok Laych — le grand Plateau Central — mais un Yok Laych plus creusé, plus bosselé.

Les pins cessent, ne se rencontrant plus, par groupes isolés, que dans la rainure des ravins ; à notre gauche, entre les seins arrondis du plateau, le filet du D. Dong, qui contourne le pied occidental des monts Lang-Biang et qui est le haut Donnaï.

Vers 4 heures du soir, nous atteignons le petit village de Dankia, à quelque distance du hameau principal de même nom et de la station d'agriculture d'où je partais, en avril 1906, pour mon exploration de la chaîne entre le plateau et les pics du Khanh-Hoa.

Au pied de la station, près des écuries, attaché à un pieu, le cadavre d'un bœuf, gonflé, hideux, à demi-dévoré par le tigre et dégageant une effroyable odeur de charogne ; quant au sinistre rôdeur, il est là, avec deux autres, me disent les bouviers moï, dans ce grand champ de hautes et épaisses cannes à sucre. Mais quel silence enveloppe tout le poste, quelle lugubre atmosphère d'abandon plane sur ces champs ! Les portes en planches sont vermoulues, à demi-écroulées et béantes ; voici, maintenant, la maison de l'inspecteur, où je couchais, en avril 1906 ; alors, d'un coup, mon cœur se serre, car je suis arrivé au centre même de cette station, jadis si pimpante, aujourd'hui abandonnée et l'on dirait un lieu ravagé par la guerre ou précipitamment évacué à la suite d'une mystérieuse épidémie.

Car rien ne reste de l'animation et de la prospérité d'antan, rien que des ruines lamentables, tristes à pleurer ; ces grands carrés brûlés et roux, je les ai vus couverts d'orge, de maïs, de sarrasin, de toutes nos cultures de France, qui prospéraient si bien sous le climat du haut Plateau ; seuls, les champs de cannes à sucre sont encore d'inextricables fourrés d'un vert clair ; mais le jardin, où venaient les fraises et les roses, où est-il ? Où est-elle, la serre des orchidées somptueuses ? Où sont les vastes plantations, ondoyant sous la brise fraîche ? Les allées du parc subsistent encore, entretenues par quelques derniers gardiens moï, mais l'herbe des jungles a envahi les plates-bandes, enserrant les derniers rosiers, les reine-marguerites, les zinnia ; seuls, les pins et les orangers survivent, ceux-ci couverts de beaux fruits dorés que personne ne ramasse plus. En bas du mamelon très doux, les étables, les écuries éventrées ; le toit de l'une d'elles a été refait avec des morceaux de tôle ondulée, de touques à pétrole, mais, partout, les murs de torchis bombent et croulent et les toits de tôle se désagrègent sous la rouille. Et dire qu'il y a quatre ans, j'ai vu tout cela débordant de belle vie champêtre ! Il y a quatre ans ! Les troupeaux de bœufs, de vaches, de moutons, s'y pressaient alors et, dans les soirs violets, se bousculaient, par centaines, vers les litières odorantes. Maintenant, c'est la tristesse lamentable des ruines, des herbes folles, de l'abandon total ; dans le soir qui tombe, lugubre, je m'enfuis vers la maison qui m'abrita jadis ; celle du commis d'agriculture, voisine, penche, prête à tomber ; les vérandas croulent et, seules, les énormes planches de pin résistent encore. La cuisine est démolie, envahie d'herbes, crevée à jour. La maison de l'Inspecteur a encore assez bonne mine malgré quelques colonnes déviées, quelques planches éclatées et qui saillent ; les balustrades sont vermoulues mais les chambres sont cependant intactes ; tout le mobilier y est d'ailleurs à sa place ; dans le bureau, du papier, des règles, de l'encre desséchée dans l'écritoire, des diplômes accrochés aux cloisons ; dans un coin, sur le mur, des papiers collés les uns sur les autres — les taux de la piastre — dont le dernier, comme une horloge, marque le glas de la station : « *Piastre 2.35 à partir du 22 mars 1909* ».

Dans la salle à manger, la vaste table en pin odorant, où je m'asseyais, en 1906, avec l'aimable Inspecteur ; dans la chambre centrale, un chaos de bouteilles, tout le laboratoire de la station, des flacons encore pleins, drapés de poussière et de toiles d'araignées ; sur un rayon, des collections du *Bulletin économique*, de la *Revue des revues*, tout cela couvert de poussière, mangé par les termites ; voici un splendide baromètre enregistreur Richard ; voilà des meubles, des armoires, des tables, des casiers, des porte-manteaux, tous en magnifiques planches de pins soigneusement rabotées et l'on dirait une maison précipitamment abandonnée sous le coup d'un fléau, sans qu'on ait eu le temps d'emporter tout ; aux cuisines, la même impression de fuite précipitée ; partout, des épaves diverses ; sur le foyer, sous le grand auvent de tôle ondulée, les réchauds sont prêts.

La nuit tombe, sinistre, sur cette maison silencieuse ; aux fenêtres, les vitres s'embrument d'ombre et l'on n'entend rien dans le grand parc, inondé de nuit, envahi par les herbes de brousse...

Sarreau n'est pas encore arrivé ; inquiet, la carabine au poing, je m'avance vers les ponts ; la route passe justement entre les champs de cannes à sucre, repaires des tigres ; à mes appels, la voix de mon ami répond enfin ; il est presque seul et sans arme, en bas du vallon et je lui crie de s'arrêter, de m'attendre ; avec mon guide mnong, je descends vite à sa rencontre après avoir tiré quelques cartouches pour éloigner les fauves et la nuit est close lorsque je fais les honneurs de la grande maison vide qui, bientôt, ne sera plus qu'une ruine entre les autres ruines.

Dankia, Dalat, le Lang-Biang ! Que de millions engloutis, que d'efforts gaspillés et, tout cela, pour aboutir à cet abandon lamentable, après neuf ans de travaux, de tâtonnements, de discussions stériles et coûteuses !

Le lendemain de bonne heure, laissant Sarreau s'occuper des bagages et des porteurs, je m'enfuis de Dankia par la belle grande route, qui serpente à travers les ondu-

94. — Chez les Mnong Gar. — B. Damrong.

97. — B. Damrong. — Entrée d'une hutte

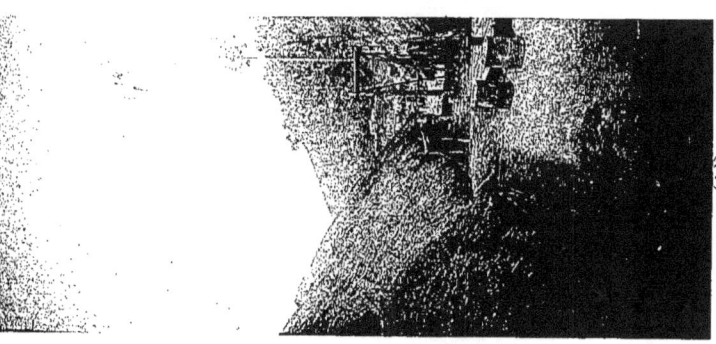

96. — Perche fétiche de B. Damrong.

95. — Un coin de B. Damrong.

CHEZ LES MNONG GAR

lations du plateau et atteint, à trois lieux dans le Sud-Est, la délégation de Dalat.

Le délégué, malheureusement, est en tournée et je suis reçu par sa charmante femme ; Sarreau n'arrive que très tard, ayant eu de grandes difficultés pour recruter les coulies nécessaires.

Toute la journée du 21, nous restons à Dalat, délégation du Lang-Biang ; rien n'a changé depuis mon dernier voyage ; même aspect morne de toutes ces maisons en planches, disséminées sur les mamelons, couvertes en tôle ondulée, presque toutes inhabitées ; seul, le petit village annamite, au pied des ondulations jaunes, offre quelque air de vie.

Le vent souffle sur cette immensité moutonneuse et nue et tous nos gens grelottent ; dans la nuit, le vent hurle, glacial et lugubre, ébranlant la grande et belle maison du gouverneur, dressée sur le mamelon culminant, par 1.500 mètres d'altitude, en haut de la délégation. En 1906, déjà, je couchais dans cette habitation spacieuse et somptueuse, aux chambres tendues de tentures, couvertes de tapis, ornées, pour les journées d'hiver, d'une salamandre, depuis longtemps en repos.

22-30 décembre — (170 kilomètres)

De Dalat à Djiring, la distance est de 75 kilomètres que nous allons franchir en deux journées ; les deux délégations sont réunies par une fort belle route, objet des soins constants des deux délégués.

C'est au-delà du petit hameau annamite que nous laissons sur notre gauche la grande route de Phanrang, dont dépend administrativement Dalat ; l'artère de Djiring est plus étroite que celle de la côte — par laquelle je suis descendu en 1906 — mais, aussitôt, elle s'enfonce entre les pins, qui recouvrent le flanc des collines hautes et pressées ; car, de suite, nous avons gagné la bordure du Plateau, l'écroulement de la terrasse et la route dévale en corniche, taillée en lacets doux à flanc des montagnes ; à notre gauche, se creuse le ravin d'un affluent du D. Tam, tributaire du D. Dong ; pendant un moment, nous passons sur le versant du D. Tam lui-même, bordé, de l'autre côté, par la masse du Mnil et du Boruas, massifs jumeaux, séparés par l'arête horizontale de la colline — grosse ondulation dont ils ne sont que des protubérances — puis, nous revenons sur le premier ravin ; la route, sinueuse, descend à travers les pins qui, à perte de vue, couvrent les hauteurs, marches d'accès au plateau. Au bas de cette longue rampe, de 350 mètres de relief, nous traversons le D. Tam pour entrer en plaine ou, plutôt, dans la vallée étroite et marécageuse, plaquée de quelques rizières et ménagée entre deux chaînes issues des hauteurs ; à droite, c'est le Boruas, dont le dôme principal, en forme de tête d'éléphant — ce qui a valu son nom au système — est hérissé, sur ce versant, de grandes aiguilles de rocs gris, qui se détachent, comme des ruines, sur le fond sombre des forêts.

La chaleur est lourde dans ce couloir étranglé que nous allons maintenant suivre pendant des kilomètres, mais, enfin, les marais font place aux diptérocarpés, mêlés de pins élancés et de taillis, qui recouvrent des bosses à peine sensibles, derrière lesquelles le D. Tam coule, rejeté sur la gauche, derrière un macaron que nous longeons à quelque distance ; il est près de midi quand nous arrivons au village, puis au tram de Pfimnom où nous attendent les coolies de relais ; les porteurs de Dalat ont enlevé, d'une seule traite, les 24 kilomètres qui séparent les deux points.

Sarreau a, heureusement, pu trouver, à Dalat, une chaise à porteurs qu'il cède, de temps à autre, à mon cuisinier annamite, malade depuis plusieurs jours ; mes miliciens cambodgiens trouvent un désagréable contraste avec leur pays plat de boue et d'eau et, quoique entraînés par les précédentes étapes, ils commencent à traîner sérieusement la jambe.

A une petite lieue du tram, nous atteignons le D. Nhim, qui est la branche orientale du haut Donnaï ; la rivière, large d'une cinquantaine de mètres, coule, encombrée de rocs, de rapides et d'une multitude de blocs coiffés d'épaisses touffes de saules ; bientôt, nous arrivons au Lieng Khang que la route domine dans toute sa splendeur ; c'est une chute en gradins où les eaux hurlent sur des assises de blocs volcaniques, bleutés et percés comme des éponges ; contre la rive droite, que nous longeons, d'énormes blocs arrachés à la falaise et éboulés au milieu des eaux ; contre la rive gauche, un palier plus haut d'où se précipite la nappe principale ; mais, c'est en vain que nous essayons d'atteindre le pied de la chute ; il nous faut battre en retraite, après une dangereuse gymnastique. En bas de la chute proprement dite, une cataracte sur plan incliné au-delà de laquelle la rivière coule en une gorge peu encaissée.

Les coolies reprennent leurs charges ; magnifiques porteurs, ils trottent doucement d'un jarret d'acier et enlèvent leurs sept kilomètres à l'heure, pendant une journée entière ; nous suivons maintenant la vallée du D. Nhim et la route se déroule, admirablement plate, dans cette sorte de forêt-clairière entièrement composée de diptérocarpés et de pins ; des prairies inondées coupent cette étendue monotone au sous-bois d'herbe paillotte et de taillis rares ; à notre droite, les collines se sont abaissées et éloignées, et maintenant, c'est un très long marais à sec, en couloir, étalé dans la direction de la route, qui se déroule vers le Sud-Sud-Ouest ; la rivière, elle, s'est depuis longtemps éloignée, et après avoir passé la queue du grand marais, nous retrouvons les diptérocarpés et les pins. La nuit tombe et les coolies pressent l'allure : nous allons un train d'enfer ; le long de la file, les cris fusent afin de chasser le tigre, qui abonde dans ces parages et il est nuit close quand nous trébuchons dans les grandes herbes, ceinture du D. Nhim ; sous le ciel clouté d'étoiles, la coulée calme du fleuve brille faiblement ; sur le grand bac à câble d'acier, nous passons sans encombre et, rompu par cet étape de 44 kilomètres, je me laisse tomber sur le lit de camp, au grand tram du Da Nhim, qui s'élève sur l'autre rive, en territoire de Djiring.

La rivière est, ici, large de 40 à 50 mètres et son altitude est de 830 mètres ; elle présente, en cette partie de son cours, un petit bief navigable de quelques kilomètres, enserré entre les rapides et les chutes. Pendant quelque temps encore, sur la rive gauche, la route se déroule sous les diptérocarpés et les pins puis, bientôt, le sol se bosselle, chaque bosse séparée par d'étroits vallons marécageux ; mais, aujourd'hui, je marche sans fatigue, car le charmant délégué de Djiring m'a envoyé un cheval sellé que j'ai trouvé au tram, hier soir, et je trotte enfin avec bonheur. La route atteint le massif du Brêiang, qui marque, dans l'Ouest, la limite du plateau de Djiring ; pendant des kilomètres, on longe ses pentes septentrionales d'où saillent des contreforts, ramifications très allongées, terminées en ondulations basses couvertes de brousse,

98. — En route sur le Lang-Biang. — Le passage du Kr. Knô à B. Damrong.

99. — Panorama de la vallée du D. Tong, depuis Yen-Dlê.

100. — Dalat. — Le village annamite et, sur le mamelon, la maison du Gouverneur général.

101. — Sur la route de Dalat à Djiring. — Les pins et le gradin d'accès au Lang-biang.
(Haut D. Tam).

102. — Sur la route de Dalat à Djiring. — Le Mnil et le Boruas
(ce dernier, à gauche).

103. — Types laï du Lang-Biang. — (Tram de Pfimnom).

séparées par des vallons marécageux. Après le tram de Jirlanh, cette configuration du sol devient encore plus caractéristique et les rizières s'étalent avec régularité entre les longues tentacules dont affectent la forme ces éperons brusques, mais peu élevés, tous issus du Brëiang et de ses systèmes secondaires.

Au fur et à mesure que l'on approche de la délégation, les villages se rencontrent plus nombreux, les rizières sont plus vastes, mais la route devient monotone en ces vallons et ces croupes symétriques, patte d'oie gigantesque lancée vers le Nord, jusque dans le voisinage immédiat du Da Nhim.

Enfin Djiring! De très loin, sa maison blanche étincelle au sommet de l'ondulation rouge et, c'est avec émotion que je serre la main de l'aimable délégué, qui remplace mon ami de janvier dernier, parti en France, il y a quelques mois.

Nous n'aurons malheureusement pas eu le temps de jouir pleinement de la cordiale et savoureuse hospitalité; Sarreau doit descendre à la côte où je l'accompagnerai; mais, tout mon monde, suffisamment rendu, restera ici et le lendemain même, 24, nous partons par cette admirable route de Phanthiet que je parcourais, pour la première fois, il y a juste un an! Dans la soirée, nous atteignons le tram de Yabak; de son incomparable balcon, accroché au flanc des chaînes, nous admirons le féérique coup d'œil, la vallée du S. Nhum, le chaos des monts et le couloir d'Annam tout alangui de nuit très bleue...

Au tram de Gialé, presque au pied de la chaîne, à 35 kilomètres de Phanthiet, nous trouvons la nouvelle automobile de la résidence, gracieusement mise à notre disposition par le Résident qui fut, lui aussi, un explorateur distingué de la région moï, l'un de mes aînés vénérés, aux temps héroïques de la conquête.

30 décembre — (190 kilomètres)

Il y a 190 kilomètres, de Phanthiet à Saïgon, par la nouvelle voie ferrée du Khanh-Hoa; ouverte l'année dernière à pareille époque, la section est en pleine exploitation et, dans deux ou trois ans, l'on pourra se rendre directement de Saïgon à Nhatrang, terminus actuel des travaux. Cette ligne côtière a remplacé le projet primitif qui devait faire franchir au rail tout l'hinterland moï du Sud-Annam, par le plateau de Djiring — avec embranchement sur le Lang-Biang — et le plateau du Darlac, pour aller déboucher, à Cung-Xon, sur le bas Song Ba; les difficultés rencontrées dans la chaîne, pour la descente sur le Darlac, se sont révélées insurmontables et il a fallu renoncer à tourner, par l'intérieur, les éperons montagneux qui coupent la côte et séparent le Sud du Centre Annam.

Phanthiet n'est pas sur la grande ligne, mais au bout d'un embranchement de treize kilomètres, soudé, à Muong-Mam, à l'artère principale qui se tient, en général, assez éloignée du rivage et des centres qui le jalonnent.

De Phanthiet et Muong-Mam, le train roule entre les rizières blondes coupées de taillis, de pagodons, de villages; derrière nous, s'abaissent rapidement les ondulations éblouissantes et plates, qui sont les dunes du rivage, piquées de buissons roux et rabougris.

Muong-Mam est un gros entrepôt, centre d'ateliers, de maisons coquettes, de lourdes bâtisses, tout cela créé de toutes pièces pour le personnel de la voie; un gros village annamite, tout branlant, camp enserré de brousse, abrite un peuple de coolies; et c'est bâti en deçà du Song Muong-Mam, au pied d'un éperon violemment lancé, par la chaîne annamitique, au travers du couloir côtier. Nous entrons ensuite dans une région plus sauvage, forêt-clairière très espacée, au sol de sable et de schiste, semée de mamelons isolés, des ordinaires macarons, si nombreux dans cette zone entre mer et montagnes. A notre droite, la chaîne annamitique s'éloigne et ses crêtes ne forment plus qu'une ligne bleue, ligne de contreforts, ramifications du Nui Ong et massifs de bordure méridionale de la basse Lagna. Et, pendant des kilomètres, cette forêt-clairière se déroule, bosselée, triste, inculte ; la station et le poste de milice du Song-Phang — à 45 kilomètres de Phanthiet — sont bâtis au milieu de ces solitudes, sur la rivière, presque à sec, en cette saison, tributaire direct de la mer. A notre gauche, une chaîne côtière, parallèle à la mer et d'où monte un curieux piton aigu, ressemblant à un doigt levé contre le ciel bleu. Par le col de Chang-Co, dépression très basse entre deux mamelons, nous franchissons la ligne de faîte entre le bassin du S. Phang et celui du S. Giang ; l'aspect de la brousse change alors ; les lataniers apparaissent dans les taillis encore bas et rabougris ; autour de nous, l'amphithéâtre des collines, brisées de cols bas, s'élargit, disparaît derrière les touffes plus pressées des lataniers géants ; magnifiques, ces éventails gigantesques d'un vert métallique, projetés en haut de leur tige épaisse et réunis en bouquets touffus dans la forêt assez basse ; nulle part, trace de vie humaine ; au pied d'un massif boisé, dont nous venons de longer le pied Sud-Occidental, la station de Song Dinh.

Au-delà, le train s'enfonce dans la forêt ; des collines parallèles et boisées se montrent au-dessus des futaies ; des ruisselets sablonneux et desséchés coupent la brousse épaisse où les lataniers géants, de 15 à 20 pieds, se mêlent aux grandes cannes juteuses, sous-bois inextricable de la forêt-taillis à travers laquelle la ligne déroule son étroit ruban d'acier ; des abris branlants en paillotte, bambous et lataniers, jalonnent la voie ; des sentes, des routins, disparaissent sous des frondaisons épaisses, solitaires et désertes. C'est bien après Suoi-Kiet — à 63 kilomètres de Phanthiet — que cesse cette impressionnante forêt de lataniers géants, pressés en formidables bouquets. Un peu avant Gia-Raï — à 92 kilomètres de Phanthiet — la voie ferrée rejoint le tracé primitif qui, de là, continuait dans l'Est-Nord-Est, sur Tam-Linh, pour couper en écharpe la région moï ; nous sommes ici sur le versant de la Lagna, principal affluent de gauche du Donnaï et dont le cours inférieur n'est pas à plus de 10 kilomètres, à vol d'oiseau, dans le Nord. La grosse station de Gia-Raï est en avant de la corne du Chua-Chang, qui est tout proche ; une belle route s'ouvre, vers le Sud, longeant le versant oriental de la montagne et une voie forestière annexe s'enfonce dans la forêt ; les billes de bois sont nombreuses, qui attendent leur départ et la forêt, ici, est splendide, toute peuplée de *bang-lang*, rappelant, par son aspect, les magnifiques forêts des régions de Budop et de Honquan ; les bambous se rencontrent en épais fourrés.

Puis, des marais étroits coupent les taillis sombres ; la voie ferrée suit, maintenant, le versant septentrional du Chua-Chang ; ce gros massif sépare le versant maritime direct de celui de la basse Lagna ; en avant de sa pointe occidentale, la station de Bau-Chanh — à 100 kilomètres de Phanthiet — elle aussi au centre d'une grosse exploitation forestière ; les billes de bois sont empilées en bordure de la voie, au milieu

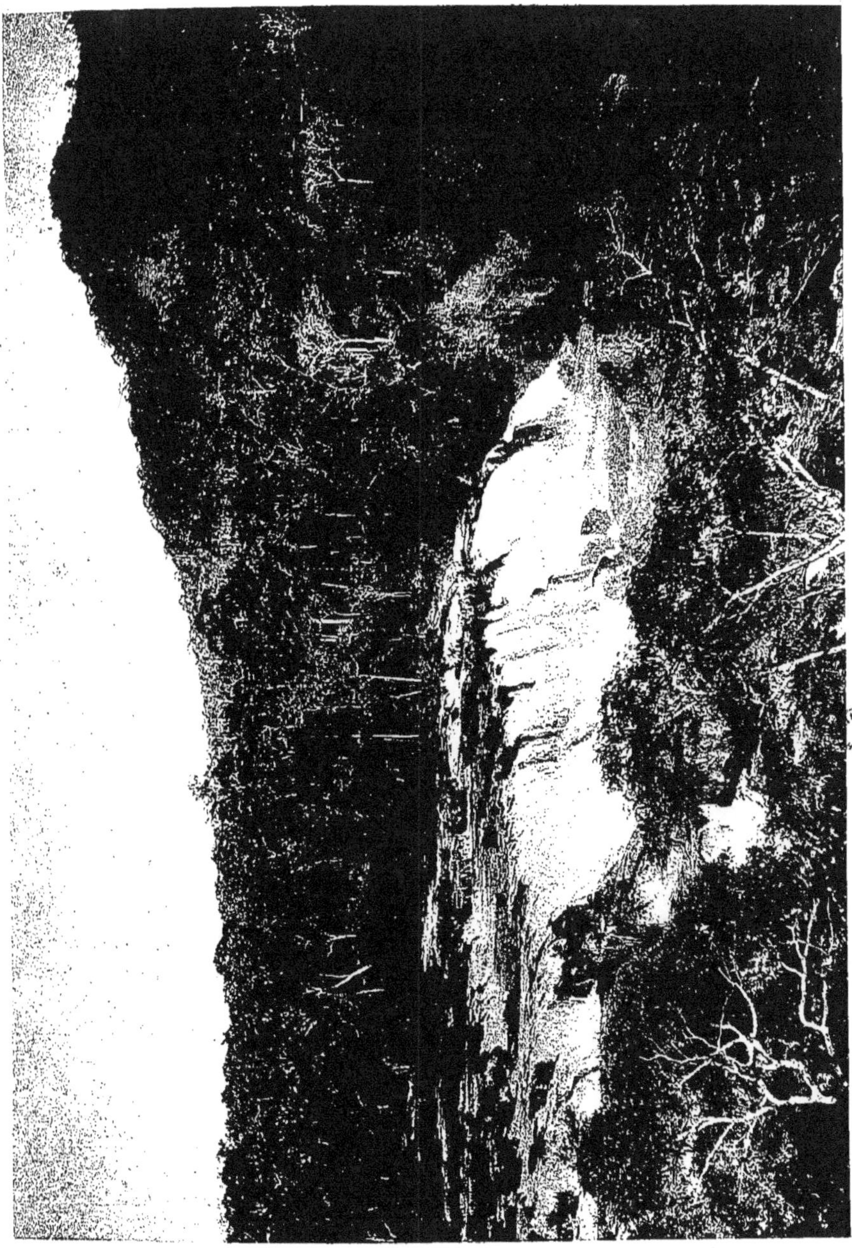

Cliché Sarreau

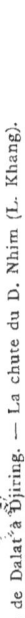

104. — Route de Dalat à Djiring. — La chute du D. Nhim (L. Khang).

105. — Grand'route de Djiring à Phanthiet. — Le Tram de Yankar.

des taillis éventrés ; des portiques spéciaux sont construits, pour leur chargement, au-dessus des rails ; dans le lointain, vers le Sud, les derniers contreforts bas des massifs, des pointes de hauteurs boisées, qui forment le relief de la contrée sur Baria et la côte.

Aux environs de la station du Dau-Giai, quelques belles plantations ; à droite, une ligne de mamelons bas ; puis, quelques huttes entourées de bananiers se montrent dans des débroussaillements ; les défrichements forestiers sont très nombreux dans la belle forêt-futaie à laquelle succède une zone de taillis ; enfin, les rizières apparaissent et nous entrons en gare de Bien-Hoa — à 33 kilomètres de Saïgon — ; nous voici dans la Cochinchine cultivée, les forêts d'accès au Binh-Thuàn sont franchies.

La ville de Bien Hoa est sur la droite, à quelque distance et l'on n'en aperçoit guère que quelques toits, à demi-cachés dans la verdure, en avant des mamelons bas et boisés. Au sortir de la station, la voie franchit le Donnaï, majestueuse coulée bleue et calme, en empruntant la grande île de Culao Pho dont elle coupe l'extrême pointe occidentale.

Et maintenant, nous filons dans la riche plaine cochinchinoise ; des ponts enjambent des routes, qui s'enfuient, droites, sablées comme des allées de parc, d'un rouge éclatant sous un soleil de feu ; des marigots stagnent, leur eau glauque couverte de palmiers d'eau bas et onduleux, qui frissonnent en nappes épaisses, semblables à des palmes de jeunes cocotiers, détachées de leurs troncs et plantées par touffes dans la vase et le limon des eaux jaunes ; quelques taillis se montrent encore mais, partout, à l'infini, c'est le carrelage des rizières que dominent d'épais bois de cocotiers et d'aréquiers ; des bouquets de bambous, des pagodons, des chaumières à demi-cachées dans la verdure, des touffes de bananiers, rompent la riche monotonie de ces plaines immenses, blanches et sèches en cette saison d'hiver. Enfin, voici le champ de manœuvres, le champ de courses, des routes plus larges, la banlieue de Saïgon, puis la grande ville, au cœur de laquelle nous nous arrêtons, dans la gare encore misérable et provisoire que remplacera, dans quelques années, le magnifique bâtiment digne de notre belle capitale indo-chinoise.

CHAPITRE II

LA BOUCLE DU DONNAI

(393 kilomètres — 18 janvier-10 février)

Le Plateau des Ma. — Chez les Çop et les Che-Srè. — Mines de cuivre et échanges. — Sur le versant du Song Bé. — Le prisonnier de B. Pé-Rlà. — Le haut D. Rtih. — La voie de pénétration de la haute Cochinchine.

I

De toute la région moï qu'a explorée la mission de l'Est-Cambodgien, le plus important secteur, resté à peu près inconnu, est celui du moyen Donnaï ; j'ai bien relevé, il est vrai, en février 1910, la boucle de la rivière, mais je n'ai pu m'éloigner de ses rives par suite de l'hostilité des indigènes et il m'a fallu battre en retraite sur B. Pou-Srà après avoir rallié, à B. Polong, les miliciens d'escorte trop peu nombreux, malheureusement.

Mais aujourd'hui, mes éléphants ont traversé le Donnaï à Kinda et sont rassemblés à Djiring où il sont arrivés, le 7 janvier, avec des miliciens de renfort, sous la conduite de mon secrétaire annamite ; aussi, je vais me diriger sur le secteur récalcitrant dont je forcerai le passage et briserai la résistance. L'Annam, dont dépend cette zone, veut bien me fournir quatre miliciens moï de Djiring ; le huyen moï de Beuko m'accompagnera pour me faciliter le passage jusqu'à la frontière des insoumis et recevoir, sous mon contrôle, la soumission de ces derniers ; enfin, M. Garnier, le charmant Résident de Phanthiet, m'a procuré un guide dans la personne d'un trafiquant annamite — le nommé Hai Luu — parfait brigand, mais qui connaît admirablement la région et parle le dialecte de l'Ouest.

C'est à Phanthiet, après une conférence avec M. Garnier, que j'ai arrêté mon itinéraire dans ses grandes lignes. En mars 1906 — du 1er au 10 — M. Garnier et le lieutenant Gautier, — celui qui devait être, quelques mois après, dévoré par un tigre, sur le Plateau de Djiring — étaient envoyés en mission pour rechercher une voie d'accès intérieure directe entre le Plateau de Djiring et la Cochinchine, par le moyen Donnaï ; ils suivirent la route de Beuko, découvrirent la percée du col de Blao (850 mètres d'altitude) et tombèrent, par la vallée de la D. Mbré, sur celle de la D. Oué (D. Uè), qui les

106. — La délégation de Djiring.

107. — Route de Djiring à Beuko. — Chute de la Da Riam.

mena au Donnaï ; une sente déjà reconnue leur fit gagner, de là, Bien-Hoa. L'accès du col de Blao, fort bon sur le versant oriental, est très raide, mauvais et abrupt sur le versant opposé ; il n'en constituerait pas moins un excellent lieu de passage stratégique intérieur de Saïgon vers les plateaux de Djiring et du Lang-Biang. Cette route de l'Ouest-Sud-Ouest ayant été reconnue par les deux voyageurs, mon plan devient fort simple ; je dois me diriger dans l'Ouest franc de Djiring, sur la boucle même du Donnaï en explorant cette vaste trouée que, l'année dernière, depuis Beuko, j'ai aperçue dans l'Ouest-Nord-Ouest ; je rejoindrai la région des rizières de B. Pang et B. Gor, où j'ai été si bien reçu, et, de là, je traverserai sur la Yumbra et le S. Bé, d'où je rejoindrai B. Pou-Srâ par un itinéraire que je fixerai plus tard.

Mon convoi est fort de quatre éléphants et de douze miliciens.

18-25 janvier — (138 kilomètres)

C'est avec peine que je quitte la délégation de Djiring et la charmante hospitalité que m'y a offerte le délégué, mais je suis déjà en retard et je ne puis différer davantage.

Le 18 janvier 1911 au matin, toute ma troupe se met en marche par la route de Beuko qui, pendant 13 kilomètres, est celle de Saïgon par Tamlinh, ouverte pour le tracé primitif de la voie ferrée. Le soir, nous arrivons à Beuko, siège du huyen moï de l'Ouest, à 25 kilomètres de Djiring, par 775 mètres d'altitude. Le Plateau s'étend à perte de vue dans le N.-O. 1/2 O. ; ses limites visibles sont des chaînes de montagnes admirablement nettes, saillant en bourrelets et en lignes massives ; le plateau lui-même est hérissé de quelques protubérances ; ces verrues puissantes accidentent les ondulations molles, qui donnent à tout ce secteur une ressemblance frappante avec la partie Nord-Orientale du Plateau du Darlac, dans la région des sources du Krong Bouk. Ces pitons isolés sont les deux collines indépendantes du Sarlung, — le Surling des cartes — dans le Nord-Est de Beuko et le Kelur dans le N. 1/4 N.-E. Quant aux grandes chaînes de bordure du Plateau de Djiring, ce sont le Brèïang dans l'Est, le Krong Mos et le Kong Klang au Nord-Nord-Ouest et au Nord-Ouest et le système des Sepong, Seurling et Uh, de l'O.-S.-O. 1/2 O. au S.-S.-O. 1/2 S. ; entre le N.-O. 1/2 O. et l'O.-N.-O. 1/2 N., le plateau s'étend jusqu'à la ligne plate de l'horizon.

A Beuko, le huyen Boet et ses gens se joignent à la mission ; mais, du village, gros hameau Che-Ma, il nous faut revenir dans le Nord pour nous diriger sur la trouée du Nord-Nord-Ouest ; la sente nous fait traverser plusieurs affluents de la Lagna, séparés entre eux par des ondulations basses couvertes de brousse et de taillis ; derrière le village de Krôt, nous passons la rivière elle-même, appelée Da Itnga par les naturels, par 755 mètres d'altitude ; elle coule au niveau du plateau, sur un lit de sable, large d'une trentaine de mètres ; au-delà, nous débouchons dans la magnifique forêt de pins gigantesques où la marche devient un plaisir ; quelques marais occupent des terrasses secondaires où affleurent des roches volcaniques ; derrière d'épais taillis, nous entrons dans le beau village che-ma de Beu-Nrong, bâti sur une calotte dénudée, en haut d'une vaste terrasse marécageuse, tributaire de la Lagna ; l'altitude est de 840 mètres et nous apercevons d'ici les chaînes proches du Krong-Mos et du Kong-Klang, bourrelets bas, séparés par un col ; ce double système qui, sur son versant Nord, domine le Donnaï de plusieurs centaines de mètres et apparaît alors comme une barrière puissante, ne se montre, au Sud, que sous forme de collines très modestes, dont l'accès est rendu facile par la haute altitude du plateau qui le borde.

Beu-Nrong est un bien gros village, construit en quadrilatère, comme tous les villages Ma ; les huttes, posées à même le sol, atteignent 100 mètres de long ; les précédant, une file de greniers sur pilotis, fermés de petites portes aux planches peinturlurées de dessins linéaires ; au-dessous de ces greniers, s'entassent les provisions de paillotte, de bois ; de vastes parcs à buffles prolongent le village ainsi que des carrés de tabac.

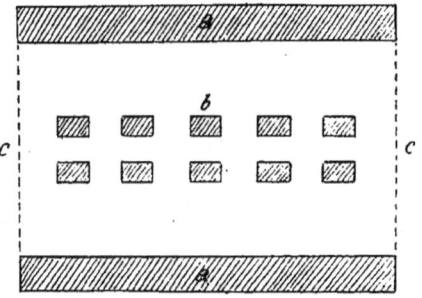

Fig. 32. — Plan d'un village che-ma. — (Beuko).
a, grandes huttes d'habitation ; *b*, greniers sur pilotis ; *c*, palissades.

Le village possède des juments, des chèvres, en plus des animaux domestiques ordinaires. Le dialecte des Che-Srê et des Che-Ma est identique ; les deux tribus ne se distinguent que par le genre des boucles d'oreille, les Che-Ma portant le bouchon d'ivoire ou de bois ; partout, les mêmes belles lances au long fer de hallebarde à la gaine de bois rotiné.

La nuit a été froide, l'aube est brumeuse et glaciale ; nous continuons par des croupes basses, séparées par les longues terrasses marécageuses si caractéristiques et qui couvrent tout le plateau ; de Beu Nrong-Io, en haut du Sré-Kang, part, vers le Sud Ouest, une route d'accès vers le Donnaï, par Kon-Ilo, mais elle traverse un relief assez fort et serait impraticable à la saison des pluies ; aussi, je me décide à poursuivre vers le Nord-Ouest ; bientôt, nous rentrons dans les pins ; d'abord mélangés de diptérocarpés, ils couvrent ensuite toutes les pentes, à perte de vue ; la sente se déroule, excellente, au milieu des ondulations douces, séparées par des dépressions à peine sensibles, qui sont des sources de petits ruisselets ou des mares stagnantes au milieu de clairières ; des cerfs s'enfuient à notre approche. Voici, maintenant, une zone un peu plus bosselée, hérissée de dômes plus raides, absolument analogues à ceux de la région de Dalat ; sur la droite, de plus en plus proche, la ligne du Kong-Klang ; nous suivons la ligne de faîte entre le Da Mbri et la Lagna ; c'est une dorsale plate et large, semée de quelques blocs rocheux, boisée de pins étendus à l'infini. La cote culminante est par 910 mètres ; au-delà, nous descendons sur le versant du D. Mbri, par son affluent le

D. Rlà, d'où nous remontons dans les pins par une pente assez raide, du haut de laquelle apparaît la chaîne du Pang-Ber, prolongée, au Sud, par le chaînon du Mrò; ce système, tendu Nord-Sud, doit se relier, au Nord, aux contreforts du Kong-Klang ; la contrée est sillonnée de ravins marécageux courant au D. Mbrî et séparés, entre eux, par des coteaux de 15 à 30 mètres de relief ; les taillis remplacent les pins et nous dévalons par une rampe très dure sur le D. Mbrî lui-même, simple ruisseau encaissé que nous passons par 875 mètres d'altitude, à 55 mètres en contre-bas des crêtes ; cette rivière, orientée Nord-Sud, est issue du Kong-Klang et n'est ici qu'un pauvre ruisselet de six mètres de large, roulant, sur un lit de sable, une eau absolument limpide ; elle va se jeter au D. Uè — gros affluent du moyen Donnaï — ; son embouchure est voisine de celle du D. Mbré, autre affluent du D. Uè, venu du Tionlay, à l'Ouest de la moyenne Lagna ; les cours inférieurs du D. Mbrî et du D. Mbré sont séparés par le massif du Lu-Mu.

Derrière le D. Mbrî, s'étend un vallon étroit couvert d'herbes et de quelques bambous ; et immédiatement, se dresse la chaîne du Pang-Ber, qui marque ainsi, dans l'Ouest, la limite du Plateau des Ma. Les premières pentes, assez dures, sont couvertes de pins et d'énormes blocs granitiques dressés sur les pentes et les dômes comme de monstrueux stalagmites : la montée est raide, la chaîne est découpée en une série d'arêtes parallèles, séparées par des rainures où coulent des ruisselets tributaires du D. Mbrî ; le col de partage est par 1.055 mètres ; l'autre versant — celui de l'Ouest — appartient au D. Tè, gros affluent direct du moyen Donnaï et dont j'ai reconnu l'embouchure l'année dernière. Mais, tandis que les pentes orientales sont couvertes de pins, celles de l'Ouest disparaissent sous le manteau des forêts-futaies épaisses ; par des cols étroits, des ravins étranglés, des ruisselets cascadant sur les rocs, le sable et les fines pandanées, nous montons, descendons, escaladons, suivant une piste de chèvre, chaotique, qui rappelle les plus mauvais passages du Kontum. Enfin, je m'arrête au fond d'un ruisselet ; quelques mètres carrés de terrain libre, dans la forêt puissante, nous offrent un lamentable gîte d'étape mais les éléphants n'arriveront que fort tard ; la nuit est close et c'est à la lueur des torches que l'on décharge péniblement les lourdes bêtes entassées dans la jungle, entrechoquant leurs bâts au moindre mouvement dans cet impossible défilé ; il fait froid sous la futaie géante et c'est à peine si l'on distingue quelques étoiles au-delà des frondaisons épaisses.

Le 21, nous repartons par la sente horrible, qui dévale dans les ravins ; nous atteignons enfin le D. Tè, par 785 mètres d'altitude ; encaissé entre les contreforts de la chaîne, c'est déjà une belle rivière de 10 mètres de large ; issue du Kong-Klang, elle est le principal affluent du moyen Donnaï ; derrière son étroit vallon couvert de hautes herbes, nous escaladons une nouvelle crête couverte de pins pour atteindre, en haut du village de Hang-Kar, une belle arête faîtière d'herbes rases, plantée de pins ; de là, la vue découvre tout le versant occidental, tumultueux, bosselé de pics ; dans le Sud, le massif du Pang-Ber, que le D. Tè laisse dans l'Est ; dans l'Ouest, une trouée, par delà laquelle apparaît, vaporeuse, bleuâtre, très lointaine, une silhouette que je connais bien, le bonnet phrygien de la Yumbra, balise incomparable, visible de toutes les directions. La sente de B. Pou-Bir — le Phi-Min des Annamites — est certainement celle portée sur la carte d'état-major ; elle traverse le Donnaï en amont de la boucle et d'ailleurs, les renseignements des naturels sont concluants à cet égard ; d'ici sur Pou-Bir, c'est la sente de Pre-Nop, Be-Deung, Be-Sar, Pou-Mour, Be-Tuol et Pou-Bir ; elle franchit le Donnaï entre Be-Sar et Pi-Mour, qui est le Pi-Mour visité par moi l'an dernier.

Il me faut cependant marcher quelque temps dans cette direction Nord-Nord-Ouest, car la sente directe de l'Ouest, par Be-Taych, est fort mauvaise.

De Hang-Kar, nous suivons la crête couverte de taillis épais et de pins entre le D. Sèch, à droite, tributaire direct du D. Deung et le versant du D. Tè ; par une pente raide, nous dévalons sur le nouveau versant pour gravir à nouveau une crête dénudée ; de là, par 805 mètres d'altitude, la vue embrasse tout l'horizon septentrional au-dessus duquel se profile, très lointaine, une chaîne puissante, qui est le prolongement du Nam Noung.

Après bien des descentes et des montées, nous arrivons enfin au D. Sèch, par 570 mètres d'altitude, au milieu d'un vallon herbeux et brûlé ; à notre droite, très proche, la muraille puissante du Boun-Trao, qui prolonge le Kong-Klang et est orienté Nord-Ouest—Sud-Est ; en avant, le cône du Mnam Nop. La région n'est plus qu'une succession de vallonnements, de coteaux raides, en partie dénudés par les raï ; le D. Sèch descend du Kong-Klang mais ses affluents viennent du Boun-Trao, qui affecte la forme d'un haut mur boisé, à crête plate, en trapèze, coupée par des cols à peine sensibles. De bonne heure, nous arrivons au village de Pre-Nop, dernier hameau che-ma soumis du secteur.

Toute la journée du 22, nous marchons dans l'épaisse forêt-futaie au sous-bois d'arbustes et de rotins ; depuis les hauteurs de Hang-Kar, la terre grise a remplacé la terre rouge de Djiring. Sur le sol tapissé d'un épais manteau de feuilles sèches, les sangsues sont heureusement absentes et la marche est agréable dans ces bois épais et silencieux où le soleil ne filtre même pas ; les seuls obstacles sont les fûts à demi-pourris tombés en travers de la sente. Nous suivons la ligne de faîte entre le versant du D Sèch et quelques torrents tributaires directs du D. Deung, qui est proche ; nous montons doucement jusqu'à 710 mètres d'altitude — point culminant ; deux dômes herbeux interrompent la sombre et monotone forêt; nous nous arrêtons, pour déjeuner, par 615 mètres, au bord d'un mince ruisseau, sous-affluent du D. Deung par le D. Lai et nous regagnons la crête ; de temps à autre, à travers une éclaircie, nous apercevons d'autres chaînes voisines, mais la forêt se referme bien vite et l'on n'a plus d'autre horizon que les pentes raides qui, de chaque côté, dévalent à travers les fûts emmêlés. La descente, sur le village, est longue et dure, encombrée de bambouseraies ; le hameau est par 445 mètres, sur le D. Lai, encaissé entre de hautes collines et coulant au D. Deung.

Le village de Be-Dang, prévenu, nous a bâti un abri près duquel nous attendent les villageois ; plusieurs indigènes des agglomérations environnantes sont là, eux aussi, pour faire leur soumission ; la région semble très peuplée ; elle est habitée par les Çop, qui sont une sous-tribu des Ma ; la langue est identique mais les Çop portent la longue épingle double en cuivre dans le chignon parfois orné de bouts de laine, comme chez les Mnong. La route nous a fait décrire un vaste arc-de-cercle et nous voici de nouveau sous la latitude de Hang-Kar ; le village de Be-Taych se trouve sur

108. — Sur le Plateau des Ma. — La forêt de pins à l'Ouest de la Lagna.

109. — Type che-ma de Hankar. — Coiffure et boucles d'oreilles.

110. — Type che-ma de Hankar.

la route directe de Hang-Kar, dans l'Est du Der-Mu (ou Lu-Mu), nœud montagneux d'où descendent le D. Gur, affluent du D. Sèch et le D. Laï lui-même. D'ici, partent diverses sentes de pénétration vers les villages de la boucle du D. Deung dont Be-Dang semble marquer le sommet.

Au départ de Be Dang, le 23, nous remontons sur la crête pour entrer dans les maudits bambous femelles à demi-écroulés, emmêlés de cardamomes sauvages et de cannes énormes ; nous redescendons sur le D. Laï par une pente excessivement raide ; des bancs de grès coupent le lit du ruisseau que dominent de hautes collines abruptes, souvent perpendiculaires et densément boisées ; puis, il faut remonter, dans les bambous, pour atteindre des coteaux déboisés par les raï et en haut desquels se trouve le petit village de Be-Kuat ; la direction suivie par le D. Laï est celle de l'Ouest, entre deux hautes chaînes de bordure ; une sente conduit, par là, sur les hameaux che-srê de la boucle, mais elle est fort mauvaise, paraît-il, et les éléphants n'y sauraient passer ; il nous faut donc revenir dans le Sud-Est, puis dans le Sud et le Sud-Sud-Ouest, continuant ainsi cette marche biscornue de crabe que nous suivons depuis deux jours ; la forêt-futaie nous enveloppe encore et la sente court à flanc de collines pour déboucher sur un splendide et vaste dôme herbeux d'où la vue s'étend, magnifique, sur toute la contrée ; dans l'Est Sud-Est, le dôme déprimé du Pang-Ber prolongé, de chaque côté, par la chaîne que nous venons de traverser ; dans le Sud-Est, lointaines et brumeuses, les chaînes d'où saillent les trois pitons surmontés des mornes caractéristiques, semblables à des dés à coudre, chaînes aperçues déjà, l'an dernier, depuis la chaîne de bordure de rive droite du Donnaï ; et mon guide annamite me dit que ce sont là les montagnes du Song Phang, là-bas, au-delà de la ligne ferrée du Binh-Thuan, à un jour de marche de la mer.

Mais la sente replonge dans la forêt et l'étape a été si dure que les éléphants n'arriveront pas ; j'envoie donc un milicien à leur rencontre chercher les objets nécessaires au campement que nous installons, sur la lisière d'un nouveau dôme dénudé, auprès d'une mare infecte où grouillent des sangsues d'eau.

Nous passons ainsi la nuit, par 620 mètres d'altitude, à l'orée de la forêt ; les villageois se sont montrés, jusqu'ici, très hospitaliers et une escouade de naturels nous accompagne, de village en village, pour ouvrir la sente aux éléphants et porter les menus bagages du huyen et de ses gens.

Presque tout de suite après le départ, nous sortons de la forêt pour entrer dans les raï qui déboisent les flancs de la chaîne ; à nos pieds, le ruban d'argent du D. Ngar, que borde, de l'autre côté, la seconde chaîne, aussi haute ; et la descente continue par un contrefort escarpé, dénudé, à donner le vertige ; 440 mètres de dénivellation pour atteindre, en bas de cette côte folle, le pauvre hameau de Dinh-Rach, sur le bord du D. Ngar ; nous avons mis une heure à peine depuis le camp, mais les éléphants ne sont pas près d'arriver. Vers 11 heures du matin, on commence à les apercevoir, points noirs mouvants, surmontés de la tache claire des cages et cela se déplace sur le terrible escarpement ; ils vont mettre près de deux heures pour descendre sagement et sûrement cette effroyable pente ; nous irons coucher au second hameau de Din-Rach, en aval, sur le D. Ngar dont la sente emprunte, le plus souvent, le lit de gros galets, encombré d'îlots rocheux couverts de cannes énormes ; au pied des assises rocheuses des collines, la rivière forme des poches verdâtres à l'eau immobile et profonde. Dans la soirée, les deux premières ondées de la saison.

A l'Ouest du D. Mbrî, toute la contrée comprise dans l'intérieur de la boucle du Donnaï est donc une région chaotique, formée de hautes collines à silhouette horizontale, séparées par des ravins très encaissés, affluents du Donnaï; le relief de ces chaînes est de 400 à 500 mètres au-dessus des vallées et rien ne rappelle plus ici le haut plateau, qui s'étend dans l'Est du D. Mbrî et va se souder à celui de Djiring.

De B. Din-Rach, cependant, la contrée traversée vers le Sud est à peu près plate mais encombrée de bambouseraies; il faut même se frayer un passage à travers la forêt épaisse, inextricable, encombrée de bambous; nous faisons facilement du 1800 mètres à l'heure et, la pluie d'hier ayant fait sortir les sangsues, la marche est un enfer; nous arrivons enfin à Brela, sur le D. Ngar, mais, au-delà, les taillis réappa-

Fig. 33. — Brela. — Fragment d'une traverse peinte représentant des crocodiles.
(La partie ombrée est passée au rouge)

raissent, atrocement épineux; jamais encore, je crois, je n'avais vu sous-bois si barbelé et si touffu; des ruisseaux s'y creusent des lits étroits, immondes cloaques où nous pataugeons dans une boue infecte pour regrimper presque à pic la lèvre des berges. Enfin, après avoir sué sang et eau dans ces horribles fourrés, nous entrons dans un carré de forêt-clairière au-delà de laquelle s'étend l'immense savane du Donnaï, brûlée et étouffante; quelques coteaux viennent mourir sur la lisière; au Sud, se montre la haute chaîne de bordure de la rive gauche du D. Té; derrière le D. Sap, au pied de mamelons bas, dans la savane immense, nous entrons à Kon-Hô, premier et pauvre village che-srê de la région.

Mais, ce soir, avec le chef, la discussion tourne vite à l'aigre; il ne veut pas se soumettre, il ne connaît pas la région et ne sait rien des villages voisins. La persuasion est inutile, je le sais. Aussi, sans tarder, je tiens au bonhomme un langage énergique et bref; s'il veut la paix, il l'aura, s'il préfère la guerre, je la lui ferai sans merci; l'an dernier, j'ai dû battre en retraite devant l'hostilité des villages de cette région; je n'avais alors que quatre miliciens, mais, aujourd'hui, j'ai douze carabines et 2.000 cartouches; sur un signe, mes quatre éléphants raseront village et greniers et la contrée entière brûlera; qu'il réfléchisse! Enfin, en attendant, je fais monter la garde et le huyen de Beuko se démène comme un diable, crie à tue-tête et harangue les entêtés avec une véhémence peu protocolaire.

Tout cela a ému le chef; son collègue de Din-Rach lui a aussi tenu quelques péremptoires discours et, après un long palabre, il m'apporte, suivi de ses gens, la jarre, les œufs et le riz de soumission.

Nous voici enfin arrivés dans les magnifiques plaines du moyen Donnaï, chez ces Che-Srê dont la richesse et la prospérité sont vantées avec admiration par les trafiquants annamites de la région de Djiring.

26-31 janvier — (85 kilomètres)

Le 26, nous restons à Kon-Hô pour faire reposer le convoi très fatigué ; mes juments, notamment, sont inutilisables et mes miliciens sont harassés. La chaleur, en ces plaines basses et brûlées, est lourde et fatigante ; en attendant, j'envoie le huyen sur B. Da-Lai, mais, dans la nuit, il revient, porteur d'alarmantes nouvelles ; les gens de B. Da-Lai n'ont pas voulu le laisser continuer sur B. Pang où se réunissent, pour nous attaquer, tous les guerriers des environs ; les pirogues ont disparu et le fleuve est désert. Ma décision est vite prise ; laissant deux miliciens à la garde du camp, je pars, le 27 au matin, sur B. Da-Lai, avec les dix autres guerriers et une provision de cartouches ; il faut traverser l'interminable savane brûlée, creusée par les empreintes des buffles, semée de grandes mares vaseuses et de ruisseaux stagnants, qui sont des bourbiers ignobles ; il faut ensuite franchir un chaînon d'une quarantaine de mètres de relief puis le D. Lai, profond de quatre pieds, encaissé entre deux rives abruptes couvertes de bambous épineux ; encore un peu de forêt, puis de la forêt claire, une nouvelle savane brûlée et, enfin, B. Da-Lai, en haut de la berge du D. Deung.

Le village est abandonné ; dans les bambous, les jarres sont cachées, mais tout indique une fuite hâtive ; au bord de la berge, nous découvrons une petite pirogue fendue et à demi-coulée ; d'ailleurs, nulle part, trace de sentier ; le fleuve semble être la seule voie de communication entre les villages. Mes miliciens réparent la frêle embarcation sur laquelle je vais prendre place avec Hai-Luu et nous revenons sur Kon-Hô dont je puis reconnaître la position, par rapport à mes levers du fleuve effectués l'année dernière ; il est à quelque 3 kilomètres du D. Deung, en aval du rapide appelé Lieng Iép, que nous avons franchi en notre dernière étape, avant le confluent du D. Té.

Hai-Luu part avec la pirogue ; il va tâcher d'atteindre les villages du Sud et du D. Té et me ramènera toutes les embarcations disponibles. Quant aux gens de Kon-Hô, ils sont parfaitement terrorisés et ne savent plus répondre, à nos plus insignifiantes questions, que par l'éternel et exaspérant : « Mo git » (Je ne sais pas).

Vers deux heures du matin, Hai-Luu est de retour avec une pirogue de Bueun ; tous les autres hameaux du Sud sont déserts, paraît-il, et les pirogues ont disparu avec les villageois. Il n'y a plus à tarder. En un instant, nous sommes debout et, dans la nuit noire et sans lune, nous partons vers le fleuve ; à mi-route, les naturels se déclarent perdus ; il me faut alors prendre la tête de la colonne et guider, à la boussole, jusqu'au fleuve que couvre une brume fine et froide. Voici la pirogue de Bueun. Mais, malgré ses dimensions, elle ne peut nous contenir tous et je vais être forcé de laisser ici deux des miliciens moï, qui attendront l'arrivée des canots de renfort que j'espère pouvoir leur envoyer. Je m'embarque alors avec cinq miliciens tandis que trois autres prennent place dans le frêle esquif de B. Da-Lai ; heureusement, tous mes Cambodgiens sont des rameurs du Mékong et nous partons, le plat-bord des pirogues au ras de l'eau.

La navigation, très dangereuse en cette nuit sombre, au milieu des bancs de grès, est lente ; aux rapides, il faut débarquer et hâler les embarcations à la lueur de la lampe à acétylène ; la délicate opération s'effectue avec succès et nous réembarquons. Bientôt, l'aube blanchit la cime des rives boisées et il fait enfin jour quand nous arrivons à B. Da-Lai, où personne n'est revenu. Mais, en amont, le long de la rive droite, nous découvrons les pirogues du village, quatre belles embarcations, dont les pagaies, encore humides et fichées en terre, trahissent la proximité de leurs propriétaires ; nous les trouvons, à 600 mètres de là, en un campement de fortune, dans la forêt ; ils sont une dizaine d'hommes, de femmes et d'enfants ; nous empoignons ce que nous pouvons et trois hommes sont ainsi embarqués sur les pirogues ; l'une d'elles est aussitôt envoyée à Kon-Hô chercher les deux miliciens moï laissés en arrière. A 8 h. 15 du matin, nous arrivons au Lieng Meun-Mong, où nous attendons les miliciens moï, qui ne rallient pas avant onze heures.

Au complet, cette fois, nous repartons et, dans l'après-midi, nous entrons enfin dans la zone dangereuse ; voici le premier hameau de B. Pang ; nous y capturons une magnifique pirogue, mais le village ne semble pas abandonné ; dans une des huttes, un vieux bonhomme est tranquillement assis, en train de dépouiller un monstrueux poisson qu'il vient de capturer dans le fleuve. Plus loin, au village même où je me suis arrêté l'an dernier, nous sommes reçus par une dizaine de guerriers armés jusqu'aux dents ; appuyés sur leurs lances, le carquois garni au dos, la grande arbalète à la main, le coupe-coupe sur l'épaule, le cou, les oreilles, le chignon garnis de verroteries et de fils de cuivre ou d'étain, ces gaillards ont grand air ; debout sur une jambe, l'autre pied sur le genou, comme de grands hérons, arc-boutés sur la lance, ils nous regardent venir sans crainte et, de suite, j'engage les pourparlers ; pourquoi ces bruits de guerre, pourquoi la fuite des villages voisins ? Je n'ai pas oublié d'ailleurs la réception de l'an dernier, mais, aujourd'hui, je veux passer et, d'un geste, je montre les dix carabines.

Un grand gars à l'air dur me répond ; les villageois ne nous sont point hostiles ; ils n'ont pas de chef, mais ils sont prêts à palabrer avec le huyen, qui leur parlera de l'impôt dont ils ignorent le fonctionnement.

Je leur annonce que, dans deux jours, je serai ici avec mes éléphants ; je verrai alors si leurs protestations sont sincères.

La chaleur est atroce et nous réembarquons dans les pirogues ; à la nuit close, nous sommes de retour à Kon-Hô. Le lendemain 29, toute la mission part définitivement sur B. Pang ; à B. Da-Lai, j'envoie l'un des prisonniers me chercher le chef, qui finit par venir ; je lui rends ses gongs et ses jarres et, tout penaud, il fait sa soumission.

— Pourquoi cette fuite ?
— J'ai eu peur.

Et c'est toujours l'éternelle réponse. Peu après, le reste des naturels rallie le hameau et tout le monde s'occupe à rechercher les jarres enfouies dans les bambous où je les ai laissées.

Le 30, nous continuons sur B. Pang ; la flottille des pirogues, chargées de bagages, navigue de conserve avec le convoi des éléphants ; pendant longtemps, nous marchons dans la savane, inondée aux crues, semée de mares fangeuses et nous entrons dans la forêt claire, derrière laquelle nous abordons les coteaux tapissés de forêt-futaie et de bambouseraies où la sente s'efface. Les communications entre villages n'existent guère que par eau et il faut se faire ouvrir une piste dans les fourrés abominablement épineux, inextricables ; à chaque pas, on chancelle sur les tiges coupées en biseau et sur

111. — Femme çop.

112. — Sur le Plateau Central.

lesquelles l'on manque de s'empaler à la moindre chute ; les sangsues abondent et nous nous déchirons aux innombrables épines pour aller ensuite nous embourber dans la fange huileuse, encombrée de bananiers sauvages ; ce pays est infernal ; d'un côté, le sol crevé de savanes marécageuses et couvert d'herbes géantes, de l'autre, la forêt-futaie impossible et épineuse ; en saison des pluies, tout cela doit être parfaitement impraticable. Enfin, les guides ne se reconnaissent plus dans ce fouillis de coteaux bas, de 35 à 40 mètres de relief, enfouis sous la jungle et ce n'est qu'après une marche de tortue, exténuante, que nous atteignons la plaine de B. Rdû ; nous avons mis trois heures pour couvrir, à pied, deux kilomètres et demi. Le fleuve est à une heure de marche, dans le Sud, au bout du couloir marécageux ; les pirogues nous y attendent, ayant passé sans encombre le Lieng Meun-Mong. La savane s'étend à perte de vue, bordée de coteaux bas et le D. Deung coule lentement au milieu de ces étendues, entre des berges à pic. Voici, en face, les agglomérations de B. Pang et il faut chercher un passage ; la rivière, heureusement, n'a pas plus de trois mètres de profondeur ; les éléphants, qui ont enfin franchi la forêt-futaie, sont débâtés et vont être lan és à l'eau ; les cornacs cueillent des feuilles et les jettent au Donnaï en prononçant une longue invocation aux génies ; les quatre éléphants, suivant leur habitude, glissent alors dans l'eau et se forment en un peloton serré ; ils traversent ainsi sans grande difficulté, ayant pied presque partout et rejetés sur la rive droite par l'escadrille des pirogues ; mais la berge opposée est toute formée d'alluvions noires et molles où les lourdes bêtes enfoncent dangereusement ; le dernier du convoi ne trouve plus qu'une fondrière énorme, creusée par ses camarades et s'enlise jusqu'au ventre ; il se rejette à l'eau et tente, sans succès, l'escalade de cette berge mouvante, qui se dérobe et fond ; affolée, la bête veut regagner la rive gauche et il faut que les pirogues l'entourent et l'acculent contre la berge de vase ; une demi-heure de lutte et d'efforts ; enfin, lancé une dernière fois à l'assaut de la rive abrupte, l'éléphant, enterré jusqu'au ventre, se dégage par de formidables efforts et gravit, presque couché et rampant à demi, le talus suprême ; nous voici à B. Pang, où nous attendent les dix guerriers de l'autre jour, dans le même appareil de guerre.

Je fais monter la garde auprès des pirogues et ouvre de nouveaux pourparlers avec les villageois ; ils veulent bien apporter l'eau et l'herbe, mais refusent de se soumettre ; cependant, en réponse à mon ultimatum, ils demandent à aller se consulter avec les villageois voisins ; ils reviennent enfin et annoncent qu'ils se soumettent, en apportant la jarre et le riz traditionnels.

Le plus gros est fait. Le lendemain, je vais recueillir la soumission des agglomérations de B. Gor. C'est ici que je vais me séparer du huyen Boet, des miliciens de Djiring et du guide Hai-Luu ; ils rejoindront leur délégation par la route de la D. Uè et du col de Blao. Le temps me manque pour continuer sur Honquan et la Cochinchine ; le voyage, d'ailleurs, n'a plus d'intérêt ; la reconnaissance de ce qui constitue l'intérieur de la boucle du Donnaï vient de démontrer l'impossibilité absolue d'ouvrir une route, pratique et permanente, entre le plateau des Ma et la haute Cochinchine, dans ce chaos de murailles abruptes et de ravins infernaux ; de plus, le passage des savanes, inondées aux crues, constituerait un invincible obstacle ; la seule voie de pénétration et de communication est et restera le cours du fleuve, malgré les deux rapides qui l'accidentent. Aussi, je vais rejoindre B. Pou Srâ, en piquant d'abord dans l'Ouest, pour me dégager aussi vite que possible de la zone des marais et des escarpements de chute des collines ; j'atteindrai ainsi la ligne de faîte Donnaï-Song Bé que je suivrai jusque chez les Dîp, où je me refermerai sur mes itinéraires de l'année dernière.

Cette région marécageuse du moyen Donnaï est une magnifique zone de rizières ; les nombreux villages qui la peuplent appartiennent à la tribu des Che-Srê — les « hommes des rizières ». Chaque année, quatre ou cinq trafiquants annamites de Djiring viennent jusqu'ici, en passant par le district montagneux des Çop ; ils traversent même le fleuve et s'avancent jusqu'à quatre ou cinq jours de marche encore, dans l'Ouest, sans arriver cependant jusqu'à la Cochinchine. Dans le Nord, ils se rendent jusqu'à Pou-Bir et dans les villages à deux jours au-delà ; leur petite caravane, composée de porteurs moï du plateau, est chargée de jarres, de sel, de fer, d'étoffes, de perles, d'allumettes, de fil de laiton qu'ils vont échanger contre des gongs, des cornes de rhinocéros, de l'ivoire, des couvertures moï, des jarres de fabrication chinoise, de la cire et, dans les environs de Djiring, des cornes de cerf, des peaux et des cochons. Les grandes jarres chinoises à dragon viennent de Cochinchine, importées par quelques trafiquants annamites de la région de Bien-Hoa et qui, au nombre de deux ou trois, chaque année, viennent jusqu'à B. Pang, en remontant le cours du fleuve.

Les gongs et les jarres chinoises sont, ainsi que les couvertures achetées ici par les Annamites, revendues aux Moï de la région de Dalat qui, eux, ne savent pas tisser ; une couverture, échangée pour la valeur d'une piastre, chez les Srê, est revendue juste le double chez les Lat de Dalat ; ceux-ci donnent, en échange, cochons et buffles que l'on revend à la côte ; deux gongs de taille moyenne, achetés, chez les Srê, pour une valeur de six piastres, sont troqués, chez les Lat, contre un buffle, qui vaut de 20 à 25 piastres.

Ces gongs circulaires, de 0 m. 30 à 0 m. 50 de diamètre, seraient fabriqués par une tribu moï, appelée Srei, qui habiterait, dans le Nord-Ouest de la région de B. Pang, à assez faible distance de la boucle du Donnaï ; ces sauvages forgeraient eux-mêmes ces gongs avec le cuivre qu'ils retireraient des mines affleurantes dans leur district ; ils vendent d'ailleurs aussi des blocs de métal brut. Les femmes seules seraient chargées de l'extraction. La légende ajoute que le pays n'est habité que par des femmes ; chaque année, elles se rendent dans les hameaux voisins se faire féconder par les mâles qu'elles paient en morceaux de cuivre ; à l'accouchement, elles ne gardent que les filles, tuent et mangent les garçons ; elles ne se nourrissent que de riz gluant cultivé en rizières ; ce sont de véritables amazones, expertes à manier la lance et l'arbalète ; elles ne portent, autour des reins, qu'une simple ceinture, comme les hommes des autres tribus moï ; enfin, elles ont la colonne dorsale prolongée par une petite queue pour laquelle des trous sont ménagés dans le treillis des lits de camp.

Quand les Moï voisins veulent aller acheter des gongs, ils se font annoncer et acheteurs et vendeuses se rendent en un lieu désigné d'avance, car les amazones ne laissent aucun étranger pénétrer en leurs villages ; ceux-ci sont défendus par de véritables meutes de chiens, spécialement entraînés comme gardiens vigilants.

Cette tribu habiterait de l'autre côté d'une grosse rivière dont on n'a pas pu ou voulu me dire le nom, mais qui doit être le Song Bé lui-même ou l'un de ses principaux affluents — le Rlhap probablement ; ces amazones doivent être une tribu stieng, les Stieng étant les seuls sauvages de l'Indochine Sud-Centrale où les femmes portent, autour des reins, la ceinture sommaire dont se servent les hommes ; quant aux faits légendaires rapportés, ils n'existent naturellement que dans l'imagination des naturels que ces extracteurs de cuivre doivent en effet tenir à l'écart des centres de production du minerai. La légende de la queue est trop largement répandue dans toute la région moï et j'en ai parlé suffisamment par ailleurs pour que je croie utile d'y revenir encore.

Ces gongs de fabrication moï sont colportés de village en village ; sur les lieux de production, ils valent de 2 à 3 piastres pièce ; ce sont des gongs plats, de la catégorie appelée « knah » par les Radé.

Les autres tribus moï du secteur confectionnent, avec le cuivre d'importation annamite, les pipes à long tuyau et à petit fourneau, analogues aux pipes chinoises. Le fer, dont se servent les Sré pour fabriquer leurs lances et leurs couteaux, vient de la région de Dalat, d'où il est apporté par les Annamites ; les Moï du Lang-Biang extraient, en effet, ce métal dans toute leur région.

II

1er-6 février — (89 kilomètres)

Ce matin, 1er février, le huyen et ses gens nous quittent tandis que notre convoi s'ébranle dans l'Ouest. La grande plaine de B. Pang est partiellement cultivée en rizières qu'entourent de légères palissades ; des buffles y vaquent en magnifiques troupeaux, qui constituent la richesse des villageois ; B. Pang en possède quelque 200 têtes tandis que B. Gor en a près de 300. Les plaines marécageuses vont buter, à quelque cinq kilomètres, contre le mur des collines boisées ; des mares fangeuses, des chenaux maintenant à sec, des mamelons isolés, rompent seuls la monotonie de ces savanes au sol d'argile blanche, crevassé en tous sens par le pied des buffles, couvert des tiges calcinées des grandes cannes jaunes ; des bouquets de bambous marquent à peine le cours sinueux du Donnaï, qui coule en bas de berges à pic, ouvertes brutalement comme les lèvres d'un vaste fossé, fécondées par le limon des crues et plantées de tabac.

Les premières collines n'ont pas plus de 40 mètres de relief, mais, derrière cette première ligne, c'est l'embroussaillement affreux des bambous écroulés au milieu desquels stagne un ruisseau bourbeux ; entre des rives abruptes de marne schisteuse friable, il sinue au bord d'une nouvelle poche marécageuse où sont cultivées les rizières de B. P. Peuk, dernier village che-srê, possesseur, lui aussi, d'une centaine de buffles.

Les éléphants n'arrivent que fort tard, mais, au moment de repartir, l'un d'eux fait sournoisement verser sa cage, qui s'abat avec tout son chargement, les liens brisés ; naturellement, ma bonne étoile veut que ce soient justement mes caisses de farine et de sel ; mes cantines d'acier ont résisté, mais farine et sel cascadent au milieu du chaos et il faut ramasser ce qu'on en peut sauver sur les caisses, dans le bât et sur les répugnantes couvertures des cornacs. Le facétieux pachyderme, rudement châtié par son conducteur à coups d'ankus, tourbillonne et finit par se coucher, en signe de repentir, mais il faut tout remettre en ordre, ce qui retarde encore le départ.

Et de nouveau, nous peinons dans les bambouseraies encore plus emmêlées, plus écroulées ; cela nous mène au D. Klur, plus que jamais encaissé entre des berges à pic encombrées de bambous épineux et, pour comble, il y a de l'eau jusqu'à la poitrine ; nous passons sur un pont de singe, formé de deux bambous jetés d'une berge à l'autre et reposant, en leur milieu, sur un gros morceau de rive arraché avec toute sa touffe de bambous. Les éléphants mettent une heure et demie pour franchir ces 1.600 mètres d'étape ; il leur est impossible de gravir la berge du ruisseau où ils restent prisonniers ; il faut procéder à leur déchargement, ce qui est peu facile, et, alors seulement, ils peuvent grimper le talus, qui s'effrite et se creuse en fondrière sous leur poids. Nous campons sous les bambous ; il nous a fallu un jour de marche pour couvrir neuf kilomètres.

Cette région est identique à celle du moyen K. Knô et du bas K. Hana ; mêmes poches marécageuses, séparées par des collines basses et couvertes de brousse épaisse ; mêmes impossibles fourrés de bambous, mêmes ruisseaux sinueux, profondément encaissés, vaseux, bordés de bambous géants et épineux. Les sentes, à peine tracées, rivalisent avec les plus mauvaises du pays prêh ; rarement encore, j'ai mené campagne si difficile ; mes deux juments sont indisponibles et il me faut marcher avec des souliers qui commencent à tomber en loques et laissent passer les diaboliques sangsues ; le temps, heureusement, est au beau fixe.

L'étape du 2 dépasse cependant tout ce que nous avons souffert jusqu'ici. Dès le départ, nous entrons dans une forêt de taillis infernalement denses, tordus, rabougris, emmêlés de lianes épineuses, de cardamomes géants, hauts de quinze pieds, de bambouseraies effondrées et pourries, de bambous plus petits barbelés d'épines, inextricablement entassés en buissons impossibles ; et cela se mêle de carrés de forêt-futaie ; courbés en deux, nous nous coulons dans cette jungle élastique et prenante, chaotique, affreuse, où les sangsues abondent ; la sente n'existe plus qu'à l'état de piste intermittente et le guide se perd à chaque instant ; dominant cet enfer, de magnifiques *dau* colossaux, centenaires, droits comme des mâts ; cette jungle malpropre, hirsute, est pire que les plus mauvaises brousses du K. Knô et du pays brao ; le sol est heureusement plat, le relief nul ; nous suivons le vallon du D. Klur, puis celui de son affluent, le D. Phœûng, dans lequel nous finissons par entrer, barbotant dans l'eau fraîche, qui monte parfois jusqu'à mi-cuisses ; le fond du lit est heureusement solide et formé d'une couche de graviers, ce qui annonce la proximité du cours supérieur torrentiel.

La marche est d'une lenteur folle ; nous aurons mis une journée pour avancer de 11 kilomètres. Quant aux éléphants, je me demande comment ils ont pu se tirer de là d'autant plus que, pour aider mes cornacs dans leur incessant travail, je n'ai qu'un naturel de B. P. Peuk ; l'autre guide est un vieux bonhomme débile qui, tout le long du jour, n'a cessé de monologuer, déplorant cette brousse épaisse, en jouant sans cesse du coupe-coupe, et en fumant sa pipe droite à tuyau de cuivre, au fourneau très long de terre noire.

Nous campons sur un carré à peu près libre, au confluent du D. Phœúng et d'un affluent ; partout, un inextricable lacis de bambous, de forêt et de taillis ; je me souviendrai du moyen Donnaï !

Le lendemain, nous reprenons le lit du ruisseau, encombré de bambous écroulés, d'arbres tombés qu'il faut contourner ; nous abordons enfin une sente, qui nous mène en haut d'un coteau de 80 mètres de relief ; derrière un nouveau ruisseau, les raï de B. Pou-Kra, premier village dip, par 210 mètres d'altitude. L'escalade des hauteurs de rive droite du moyen Donnaï a été fort douce ; au-delà de B Pou-Kra, ce sont les ondulations familières du pays dip, ondulations douces, en partie déboisées par les raï, couvertes de taillis, de bambouseraies et séparées les unes des autres par des ruisseaux ; la région est de nouveau très peuplée et conserve cet aspect jusqu'au pays stieng ; de la haute Cochinchine à la boucle du Donnaï, l'on pourrait donc ouvrir une bonne route, sans la moindre difficulté ; le sol est de nouveau formé de terre rouge et grasse ; la ligne de faîte, entre Donnaï et S. Bé, est franchie le 4, par 270 mètres seulement ; les villages sont nombreux, composés de deux ou trois huttes et de greniers à paddy par groupes indépendants, entourés d'une légère enceinte de bambous ; le dialecte change rapidement, se différenciant de village à village ; le même hameau est d'ailleurs connu sous des noms différents, ce qui embrouille et déroute; Pal-Meup, Pal-Mup et Pal-Müp — Pou-Sar, Pé-Sar et Pi-Sar — Bu-Ko, Pé-Ko et Pi-Ko, ne sont que les variantes des noms de trois villages.

Au début de l'après-midi, nous apercevons brusquement, dans le N.-O., la Yumbra, massive et proche, dominant, de son bonnet phrygien, toute la ligne des ondulations ; elle n'est pas à plus de deux jours de marche ; d'ailleurs, la plupart des villages traversés appartiennent au versant du Rlhap.

Au village de B. P. Sar où nous couchons, un ou deux naturels parlent annamite ; ils nous disent que les Annamites viennent de Honquan commercer jusqu'ici ; la délégation n'est qu'à trois ou quatre jours de marche et son influence administrative s'est étendue sur le secteur depuis quelque trois ans, à la suite d'une tournée effectué par un chef de canton moï ; aucun Européen n'a, cependant, jamais visité la région. Tous ces villages possèdent de nombreux buffles, des chèvres, des cochons et quelques troupeaux de bovidés.

La marche, maintenant, est monotone en ces ondulations toujours pareilles, parfois accidentées de bosses, qui saillent en collines ; le village de B. Polong est dans le voisinage de l'une de ces excroissances — le Mnam Tsar — B. Polong où j'ai été si bien reçu, l'année dernière, à mon retour du D. Deung. Aussi, dès l'entrée, je réclame impérieusement le chef qui, fort tranquillement, déclare ne me point reconnaître et ne se souvenir de rien : il a, d'ailleurs, mauvaise vue, ajoute-t-il effrontément ; je lui rappelle, en quelques mots secs, la réception de l'an dernier et la soirée d'attente devant les carabines ; alors, quelques naturels, comme semblant subitement se remémorer quelque chose de très ancien et de très futile, se mettent à rectifier suavement certains détails du récit. Je leur demande s'ils se souviennent aussi de ma menace : « Je reviendrai, leur avais-je dit, avec des éléphants et des fusils ! » Eh bien, voici les éléphants et les carabines.

Alors, j'exige la soumission immédiate et la réparation des injures ; deux villageois iront porter mon ultimatum à B. B. Daych qui, lui, a « abrité » et pillé mes bagages et mes miliciens pendant mon voyage sur le Donnaï.

Devant les forces déployées, toute hésitation disparaît ; B. Polong et B. B. Daych se soumettent avec un sage empressement et fournissent les vivres exigés comme amende. Nous couchons à B. B. Dang où j'arrive, avec un bel accès de fièvre, par la sente suivie l'année dernière.

Les éléphants impressionnent surtout les naturels, qui, ici, n'en ont pas et semblent grandement les redouter. Seuls, les hameaux du Nord en possèdent quelques-uns et la route que nous suivons est une belle sente à éléphants, qui traverse le pays dip et arrive à Honquan, où les propriétaires vont se ravitailler en sel, en étoffes et en bimbeloteries diverses.

L'altitude augmente au fur et à mesure que nous avançons vers le Nord ; la contrée est toujours aussi peuplée et me rappelle tout à fait, par son aspect, la région des Radé Atham. En entrant à B. Pé-Rla, je vois un homme se précipiter vers moi, puis se rejeter vers mon secrétaire annamite qui, tout ému, me dit que c'est là un Annamite fait prisonnier sur le territoire de Bien-Hoa et réduit en esclavage. Aussitôt délivré, il me raconte sa lamentable histoire.

Son nom est Lé-van-Chien. Il y a quelque quatre ans, un chef moï pirate, très redouté dans le pays et appelé Gor, l'enlevait sur territoire annamite, au hameau de Tàn-Nhuan, à un jour de marche du gros village de Thanh-Hoa, canton de Chang-Mi-Ha, province de Bien-Hoa. Il travaillait là aux rizières, en compagnie de sa nièce, alors âgée de 10 ans, lorsque un beau soir, ils se virent cernés par une troupe de Moï, forte d'une vingtaine de guerriers et commandée par Gor ; solidement attachés, les prisonniers furent emmenés à B. B. Ko, distant de quatre jours de marche ; ils étaient désormais esclaves. L'homme allait y rester quatre ans ; sa nièce fut vendue, deux ans plus tard, à un autre village ; il y a quatre mois, Chien avait été donné au chef de Pé-Rlà, homme doux et bienveillant, qui le traitait bien, au rebours des gens de Bu-Ko, qui le frappaient et le privaient de nourriture quand il ne travaillait pas suffisamment à leur gré. Le prisonnier avait été ainsi cédé en paiement d'un éléphant prêté, il y a quelque huit ans, à un villageois de Bu-Ko ; ce pachyderme, porteur de belles défenses, était mort au service de Bu-Ko et l'emprunteur avait ensuite vendu sans vergogne l'ivoire à des marchands annamites. Lé-van-Chien avait servi à éteindre cette vieille dette. Le malheureux ne parle plus annamite qu'avec la plus grande difficulté ; ces quatre années d'esclavage en région moï l'ont profondément affecté et, de prime abord, on le prendrait pour un sauvage quelconque. Je signifie, naturellement, au chef de Pé-Rlà que j'emmène le captif auquel la liberté est aussitôt rendue.

Quant à l'histoire du bandit Gor, elle est celle de nombreux chefs moï, qui ont assis leur puissance sur le vol et les rapines. Elle me rappelle même singulièrement celle du fameux Mé-Sao, « le roi des Moï », qui mourut en 1905 dans les prisons du Darlac et dont j'ai raconté la sanglante histoire (1).

Comme Mé-Sao, Gor sut tirer parti de son voisinage du pays annamite et exploiter, comme son collègue radé, la naïveté des mandarins limitrophes auxquels ils inspirè-

---

(1) Voir les *Régions moï du Sud Indochinois* et *infra*, IIIᵉ Partie, Chapitre II.

rent, tous deux, la plus ridicule terreur. Dans l'esprit des nhaqués de Cochinchine, comme dans celui des notables les plus élevés, Gor passa vite pour un être extraordinaire, quasi surnaturel, doué d'une force invincible et d'une invulnérabilité absolue ; le récit de ses méfaits, colporté, amplifié, dénaturé, rendit le bandit célèbre dans tout l'hinterland moï. C'était un naturel de Bu-Ko — village dip où je suis passé un peu avant Pé-Rlà — qui, de caractère audacieux et turbulent, s'adonna de bonne heure à la piraterie, écumant toute la région qui forme l'hinterland moï des provinces de Bien-Hoa et de Thudaumot ; chef d'une petite bande de bandits de son espèce, il enlevait, un peu partout, des Moï qu'il allait vendre aux Annamites, et des Annamites et des Cambodgiens qu'il ramenait en région moï. Les gens de sa race le redoutaient grandement et toute la région, de gré ou de force, fournissait le bandit de jarres, de sel, de riz, de cornes de cerf, de perles, etc. La bande se composait d'une vingtaine de pirates, recrutés à Bu-Ko et dans quelques autres villages voisins de la boucle du Donnaï. Cependant, tout a une fin — même un bandit moï invulnérable — ; un beau jour, Gor fut capturé sur territoire annamite, au marché même de Than-Hoa et mis sous clé ; mais, fort embarrassée de sa capture, la Cochinchine, ne sachant pas du tout où pouvait bien se trouver Bu-Ko, s'avisa d'envoyer le prisonnier au Cambodge, où je le vis à Pnom-Penh, en septembre 1909 ; le gaillard parlait cambodgien aussi bien que stieng et divers autres dialectes qu'il avait appris au cours de ses campagnes. Le Cambodge refusa le cadeau que la Cochinchine dut reprendre avec le dossier — un dossier extraordinaire, tout plein des hilarants rapports des autorités annamites, qui relataient, avec la plus sérieuse exagération, les exploits de Gor et décrivaient, avec un luxe de détails cocasses, la force surnaturelle du bandit, se faisant ainsi craintivement l'écho de toutes les fables les plus ridicules qui circulaient sur le pirate.

Je ne sais plus très bien ce que devint Gor ; il a dû mourir, par là, entre une prison cochinchinoise et le bagne de Poulo-Condor et sa bande s'est dispersée ; quoiqu'il en soit, l'on ne peut se défendre d'un certain étonnement à constater, si proche de la Cochinchine, l'existence d'un tel désordre social, le règne, en région moï limitrophe des plaines saïgonnaises, d'une si profonde anarchie ; à moins de cinq jours de Saïgon, existe un secteur immense où jamais Français n'avait pénétré, un secteur ignorant notre présence, notre puissance et notre joug, livré au caprice de bandes organisées, pillant sans vergogne Moï et Annamites et trouvant à écouler le produit de leurs rapines, non seulement dans les cantons moï, mais, ce qui est plus fort, chez les Annamites eux-mêmes de la plaine de Cochinchine.

7-10 février — (81 kilomètres)

Toujours les ondulations familières, maintenant bosselées de dômes saillant en collines boisées ; de temps à autre, vers le Nord, apparaît la silhouette bleue du haut Plateau Central ; les pentes sont douces, les sentes fort bonnes dans les taillis et la brousse ; nous passons le Rlhap par 370 mètres et nous allons suivre maintenant son ravin torrentiel ; au-delà de B. Ol, la rivière coule, lente, étroite et tortueuse, en une magnifique terrasse de grès, de 450 mètres d'altitude. La région est très peuplée, les villages nous reçoivent avec empressement, la route est excellente et la température, exquise.

Le 8, nous atteignons la ligne de faîte Rlhap-Rtih, par 660 mètres d'altitude et entrons bientôt sur la terrasse marécageuse où, par 635 mètres, coule le Rtih. Nous allons marcher, pendant des kilomètres et des kilomètres, sur cette belle plate-forme encore à sec, semée de quelques mares ; la rivière, lente, boueuse, large à peine de cinq à huit mètres, se tord en méandres entre des berges rouges et cette terrasse est semblable à celles voisines des hauts S. Bé, Ndrung, Bouk-So., etc. ; large de cinq cents mètres à peine, elle est bordée, de chaque côté, par une ligne de coteaux très bas, en partie dénudés par les raï ; parfois, elle s'élargit, bifurquant à un affluent ; quelques bouquets d'arbres et d'arbustes la sèment.

A B. P. Deung, où nous attendons les éléphants, les chiens du village, tout à coup, donnent de la voix après un jeune cerf qu'ils chassent dans la plaine ; aussitôt, tout le monde est debout et s'empresse ; traquée dans le vallon sans abri, la pauvre bête, affolée, se fait prendre et tuer au débouché d'un fourré de bambous.

C'est à B. P. Koh que finit la terrasse du Rtih, au pied des pentes du Plateau Central ; l'escalade est dure, mais, tout de suite, nous atteignons les grands dômes herbeux, qui commencent par 750 mètres d'altitude, à peine coupés de galeries forestières et nous marchons maintenant au milieu des vagues vert-jaune, qui se déroulent à l'infini ; derrière nous, brumeuses et lointaines, les étendues basses que nous venons de traverser.

Le soir, nous campons sur le bord du haut D. Rtih, au fond de son étroit vallon où nous sommes redescendus, à 80 mètres en contre-bas des dômes.

La nuit a été froide et humide ; en haut du vallon, nous rejoignons la sente de B. P. Rmaih et arrivons au gîte d'étape du D. Kar, sur le versant du D. Pour, d'où part la sente directe de B. Pou-Dam. Malgré les objurgations des guides, je m'entête à suivre la route connue de B. Lameh, mais, à hauteur de l'ancien village, la piste disparaît dans les ravins et la brousse et, malgré nos efforts, il est impossible de découvrir le nouveau hameau ; j'accepte donc la proposition du guide, qui offre de nous conduire directement sur B. Pou-Srâ. Nous descendons sur le ravin très encaissé du D. Pour, au bord duquel nous couchons, le 9 au soir.

Le lendemain, nous escaladons la colline opposée pour retrouver les dômes du Plateau que la sente suit, excellente, pour reprendre celle qui vient directement du gîte du D. Kar ; à gauche, sur le D. Pour, la chute du Plateau est raide et dure ; l'altitude est encore de 900 mètres en cet éperon magnifique, lancé, au Nord, par cette terrasse faîtière ; voici, d'ailleurs, un dôme splendide, largement étalé et légèrement bombé comme un bouclier géant ; à droite, la rainure du D. Tòy, qui est la rivière de B. Pou-Srâ ; des cônes dénudés, des dômes plus raides accidentent la ligne de faîte ; au pied d'une de ces pentes, paît un troupeau d'élans blonds ; à 100 mètres, j'abats l'un des mâles et les femelles, affolées, vont nous suivre encore quelque temps à distance.

L'éperon se termine en belles ondulations molles, piquées d'arbustes rabougris, bordées de chaînons raides sur le ravin du D Pour dont le bassin apparaît, semé de chaînons plus bas et disloqués. Enfin, à mesure que nous avançons vers le Nord, l'éperon se divise en chaînons plus ou moins escarpés et raides, tendus entre les ravins de plus en plus nombreux, couverts de brousse, de forêt-taillis, de forêt claire et de taillis bas, au sol d'herbe paillotte épaisse ; c'est la zone de transition du moyen Plaï et de B. Pou-Srâ. L'altitude décroît rapidement par pente douce suivant une arête secondaire, qui nous fait gagner le versant même du D. Tôy dont nous passons un affluent, par 720 mètres d'altitude et que nous franchissons lui-même un peu en amont de l'ancien B. P. Tiang.

A onze heures du matin, je fais mon entrée à la délégation.

.·.

Cette dernière tournée est l'une des plus intéressantes au point de vue des résultats géographiques qu'elle m'a permis de réunir. Si j'ai constaté, en effet, l'impossibilité d'ouvrir une route directe entre le plateau de Djiring et la haute Cochinchine, par Honquan, j'ai, par contre, découvert l'inattendue et magnifique voie d'accès de ces mêmes régions de Honquan vers l'hinterland cambodgien et B. Pou-Srâ ; les pentes sont extrêmement douces, suivant presque sans discontinuer la ligne de faîte S Bé-Donnaï et le versant du haut D. Rtih pour atteindre ensuite et traverser tout le magnifique Plateau Central de faîte et redescendre sur B. Pou-Srâ ; une voie de communication serait ouverte sans la moindre difficulté et mettrait B. Pou-Srâ et l'hinterland cambodgien à quelques jours de Honquan et de Saïgon.

Cette voie d'accès vers les plateaux moï, en partant de la haute Cochinchine, existe donc et j'ai eu le tardif et stérile honneur de la découvrir ; alors que l'on étudiait les projets d'un chemin de fer transindochinois par les régions moï, c'est par le Sud que l'on chercha le passage de Cochinchine vers les plateaux — de Bien-Hoa à Tam-Linh et, par la vallée de la Lagna, sur Djiring et le Lang-Biang ; de là, le rail traversait en écharpe le plateau du Darlac, pour aller sortir au Phuyen, sur le bas Song Ba et reprendre le couloir d'Annam, au Nord du Varela que l'on tournait ainsi. Les études, poussées très loin, se brisèrent toutes devant l'insurmontable obstacle — la descente de Djiring et du Lang-Biang sur le versant du Darlac ; malgré les reconnaissances les plus minutieuses, il fut impossible de trouver le tracé pratique et, après avoir dépensé des sommes considérables, l'on abandonna définitivement le projet de la ligne centrale pour adopter la voie côtière — la ligne du Khanh-Hoa — dont vient d'être achevé le premier tronçon, sur Phanthiet.

Et pourtant, la voie d'accès de Cochinchine vers l'hinterland moï existait ; si les nombreuses missions chargées de la trouver ne s'étaient pas acharnées à la vouloir découvrir par la Lagna et Djiring, si elles l'avaient cherchée plus au Nord, elles l'auraient infailliblement découverte, par Thudaumot, Honquan et la ligne de faîte S. Bé-Donnaï ; la voie ferrée n'avait qu'à suivre les ondulations faîtières, les seules pentes un peu rudes étant l'accès immédiat du Plateau Central ; de l'autre côté, par la région de B. Pou-Srâ et la moyenne Srépok, l'on atteignait le Darlac, non, cette fois, dans sa partie Sud-orientale, noyée aux pluies sous cinq et sept pieds d'eau, mais le Darlac Nord-occidental et septentrional, le Darlac des forêts clairières rocheuses et des ondulations molles, qui faisaient remonter doucement la voie ferrée pour lui faire gagner cette basse vallée du Song Ba et le Centre Annam, au Nord du Varela, contre lequel va buter la ligne côtière actuelle et qu'elle contournera, Dieu sait quand et comment !

Mais les travaux sont faits et la ligne du Khanh-Hoa est en voie d'achèvement ; la découverte de cette splendide route de Honquan vers les plateaux moï est trop tardive ; c'est dix ans plus tôt qu'il fallait la trouver. Qui suivra désormais la voie de pénétration vers l'hinterland, qui ouvrira le grand ruban entre Cochinchine et Centre Annam, en arrière des chaînes et des falaises qui étranglent, contre la mer, le couloir d'Annam ?

De Saïgon à Quinhon par la corde directe sous-tendant l'immense arc de la côte annamite, par l'hinterland moï de la Cochinchine, du Cambodge et de l'Annam, quelle magnifique voie stratégique et idéale, ouvrant enfin les cantons reculés et sauvages, permettant l'exploitation de leurs richesses forestières, de leurs possibilités agricoles et minières ! Quelle artère précieuse, mais qui la construira, maintenant ?

TROISIÈME PARTIE

RÉSULTATS GÉOGRAPHIQUES DE LA MISSION

GÉOGRAPHIE --- ETHNOGRAPHIE --- HISTOIRE

113. — La grand'route de Ninh-hoa au Darlac dans la chaîne annamitique.

114. — La grand'route de Ninh-hoa au Darlac dans la chaîne annamitique.

CHAPITRE PREMIER

GÉOGRAPHIE — ETHNOGRAPHIE

Grâce aux explorations de la mission, la géographie et l'ethnographie de l'Indochine Sud-Centrale se sont enrichies d'observations et de découvertes nouvelles et l'on peut considérer, à l'heure actuelle, l'Indochine méridionale proprement dite comme connue, réserve faite pour quelques secteurs très secondaires encore inexplorés dans leurs détails. Les seuls importants cantons, insoumis et inconnus, sont ceux qui s'étendent plus au Nord, en arrière du Quang Ngai et au Nord-Est de l'hinterland du Binh-Dinh ; la région moï du Phuyen, quoique administrée depuis longtemps, n'a encore été étudiée ni géographiquement ni ethnographiquement. D'ores et déjà, cependant, l'on peut fixer, en un tableau d'ensemble, les grandes divisions naturelles et les zones de peuplement de l'Indochine méridionale. Les explorations ultérieures ne feront que compléter ou modifier des détails.

§ 1. — STRUCTURE GÉOGRAPHIQUE

La masse montagneuse, qui couvre l'Asie Centrale, envoie de tous côtés de puissantes ramifications qui se prolongent, en chaînes et en massifs, sur la Chine et les péninsules de l'Inde et de l'Indochine. Ces nervures gigantesques s'épanouissent comme l'armature d'un éventail de Titan ; des vallées profondes se creusent entre ces chaînes, vallées des fleuves magnifiques, qui divergent vers les mers d'Asie ; à l'Est, le fleuve Jaune et le fleuve Bleu ; au Sud, le Mékong, le Salouen, l'Irraouady.

L'une de ces ramifications du grand plateau asiatique s'épand vers le Sud-Est, recouvre toute l'Indochine septentrionale, se prolonge, vers le Sud, par des chaînes et des massifs orientées parallèlement à la côte, se coudent, comme elle, vers le Sud-Ouest, à hauteur du 11°30' latitude Nord et vont finir, sur les plaines de Cochinchine, par un système de hauteurs secondaires et disloquées.

Cette zone épaisse, si magnifiquement épanouie sur le haut Tonkin et le haut Laos, change brusquement de structure à hauteur du 16°30' latitude Nord ; tandis qu'au Nord de cette ligne, cette dorsale est formée de calcaire, au Sud, elle émerge d'un océan de grès et de schiste que les chaînes dominent de leurs arêtes granitiques.

Cette ligne de démarcation, entre la zone calcaire du Nord et celle des grès et des granites du Sud, est admirablement marquée par une faille naturelle qui va de Quang-Tri, sur la côte d'Annam, à Savannakhet, sur le Mékong; elle franchit les chaînes par un col très bas, dépression remarquable, connue sous le nom de col d'Ailao ou de Lao-Bao.

C'est au Sud de cette ligne de fracture que s'étend l'Indochine méridionale.

Les chaînes qui prolongent les massifs septentrionaux et constituent l'épine dorsale de la péninsule, se rapprochent alors de la côte, courant parallèlement au rivage et, ce voisinage immédiat de la montagne et des flots est l'un des caractères géographiques de l'Indochine méridionale.

Vue de l'océan, la barrière montagneuse apparaît comme un mur, une falaise abrupte, une *chaîne* continue, boisée, difficile, tombant brutalement sur le couloir côtier, et c'est ce qui a fait donner à tout ce système, dont l'on n'aperçoit, de la mer, que la scie imposante des crêtes, le nom de « chaîne annamitique ».

Cependant, si l'on pouvait, du Mékong, voir le revers de cette falaise, l'on apercevrait, non plus une muraille dentelée, nettement découpée, mais un très long glacis en pente douce, relevé, dans l'Est, en bourrelets de ressaut; car la chaîne n'existe pas, au sens strict du mot, comme une haie également abrupte sur ses deux versants et séparant des plaines d'altitude sensiblement égale, mais bien comme la ceinture plus ou moins épaisse d'écroulement et de rupture, sur la côte, de la plate-forme intérieure.

Entre la mer et la « chaîne annamitique », s'étend l'étroit couloir d'Annam, large de 25 à 50 kilomètres, sablonneux et souvent inculte; de la chaîne, se détachent des éperons perpendiculaires, qui viennent finir brutalement sur les flots en promontoires escarpés, divisant ainsi cette mince bande côtière en compartiments, en tiroirs, arrosés par des cours d'eau torrentiels issus de la barrière montagneuse.

En arrière de celle-ci, s'étend toute une série de plateaux, terrasses de haute altitude, plus ou moins ondulés, encastrés dans les chaînes, séparés entre eux par des barrières secondaires, parfois fort épaisses, qui sont, souvent, des ramifications de la zone montagneuse, mais parfois aussi, de simples collines de rupture. Étagés en arrière de la « chaîne annamitique », ces hauts plateaux caractérisent toute l'Indochine méridionale; vers l'Ouest, ils s'abaissent sur le Mékong, soit par des glacis en pente douce soit, plus fréquemment, par des bourrelets d'effondrement, plus ou moins tourmentés, au-delà desquels s'étale la longue plaine des grès, toute plantée de forêt-clairière, épandue jusqu'à l'Ouest du Grand Fleuve.

Au point de vue physique, quatre zones occupent donc l'Indochine Sud-Centrale :
le couloir côtier ;
la barrière montagneuse ou « chaîne annamitique » ;
les plateaux ;
la plaine du Mékong.

A. — OROGRAPHIE

Au Sud de la ligne de fracture Qu. Tri Aï-Lao Savannakhet, la dorsale annamite se relève et s'épanouit entre le Centre-Annam et le Mékong ; d'énormes massifs se dressent au-dessus du chaos des montagnes, qui se pressent en arrière du Thua-Thien ; en venant de l'Est, ces chaînes ne sont d'abord que de grosses collines qui culminent, derrière Hué, aux massifs avancés du Double-Pic ou Dong-Ngai (1.770 m.) et du Hat-Lao (1.470 m.) ; puis, plus en arrière et un peu au Sud, s'érige l'énorme masse de l'Atouat, haut de 2.200 et de 2.400 mètres, édifié au-dessus d'une mer de montagnes que séparent des ravins profondément encaissés ; vers le Sud-Ouest, l'Atouat est prolongé par l'Atrien, le Rouang, le Tiarai ; c'est en cette zone que naissent la rivière de Hué, celle de Qu. Nam et la Sé Khong ; au Nord, cette barrière fléchit, sur la rivière de Qu. Tri et sur la Sé Tchépôn, par des collines basses qui descendent jusqu'à la trouée d'Aï-Lao, entourant le plus septentrional des hauts plateaux, celui des Ta Hoi.

Plateau des Ta Hoi. — Ce plateau est borné, à l'Est, par les épaisses murailles de la chaîne ; au Nord, il descend doucement sur le versant de la Sé Tchépôn et, dans le Nord-Est, il fait communiquer ce bassin avec celui de la rivière de Quang-Tri par la trouée d'Aï-Lao (410 mètres) ; de ce côté, il est bordé par le ravin de la rivière de Quang-Tri, écrasée entre les éboulis du plateau et les massifs issus du Double-Pic ; la terrasse forme, ici, un bastion flanqué, à l'Est, par des chaînes de rupture sur le ravin, le Pngal, le Nioun, de 600 à 800 mètres d'altitude ; dans l'angle Sud-Est, se dressent les masses montagneuses qui vont se souder à l'Atouat et qui sont disloquées par le ravin de la haute Sé Khong. Cette gorge, orientée Nord-Est—Sud-Ouest, forme, sur toute la face Sud-Est, la limite du plateau ; de ce côté, celui-ci s'élève, de ballon en ballon, jusqu'au Pou Leung (la Montagne Rouge), qui s'écroule sur le ravin de la rivière, ouvert à près de 1.000 mètres en contre bas. Toute la lisière méridionale est, d'ailleurs, une ligne de pitons déboisés, en pente douce sur le plateau, très escarpés et abrupts sur la Sé Khong.

Au Sud, le massif du P. Prah le prolonge en angle accidenté, de 900 à 1.200 mètres, entre la Sé Khong et la Sé Dôn ; ce bastion se continue par une zone tourmentée, couverte de pins, de 600 mètres d'altitude moyenne et formant l'angle Sud-Ouest du plateau ; le P. Ta-Koup, le P. Kao et le bastion du P. Nang marquent, de ce côté, la ligne de rupture sur la vallée de la Sé Don. La bordure occidentale est de même nature ; deux massifs boisés l'accidentent, le P. Pha-Nieo que prolongent, au Sud-Est, le P. Ong et, au Nord-Ouest, le Pou Ko ; dans le Nord-Ouest, le Plateau des Ta-Hoi s'abaisse, sur la basse Sé Tchépôn, par de nouvelles chaînes, le P. Pa-Dan, continué, dans l'Ouest, par le Pou Soung. De ce côté, l'altitude maxima de la terrasse est de 620 mètres.

Cette terrasse se présente en plates-formes ondulées et superposée, très peuplées et bien cultivées ; elle est arrosée par la haute Sé Tchépôn et la haute Sé Lanong, son affluent, et par des tributaires de la haute Sé Khong ; la brousse-taillis, la haute herbe paillotte, la forêt-futaie et les pins la recouvrent par îlots et par peuplements distribués suivant les altitudes.

Le centre même du Plateau est accidenté par les massifs du Pha Sia et du Peu. L'altitude moyenne est de 400 à 700 mètres d'altitude.

Au-delà des chaînes de rupture de l'Ouest, s'étend, sur la rive droite de la Sé Dòn, une série de plateaux rocheux, de grès, peu élevés et qui font face, de l'autre côté de la rivière, aux pentes septentrionales du Plateau des Boloven. Ces plateaux de grès finissent, dans l'Ouest, par le P. Tamnen, sur la plaine du N. Phang, affluent du Mékong, plaine que prolonge celle du Pung-Ngan, tributaire de la Sé Dòn ; au-delà de cette vallée, le relief se relève par la chaîne du P. Lang-Dinh et du P. Lon, parallèle au Mékong, derrière lequel elle se ramifie par le P. Loc Ko-Tieo ; au Sud, le P. Lon étend ses contreforts dans l'angle formé par la Sé Dòn et le Grand Fleuve, se reliant, par des assises basses, à ceux du Pic de Lagrée.

Au Sud-Est, le massif de l'Atouat et la chaîne annamitique se continuent par une épaisse barrière chaotique et lancent, sur le couloir d'Annam, le premier des éperons côtiers ; cette crête tourmentée présente, de l'Ouest à l'Est, des sommets de 1.230, 1.400, 1.700 et 1.475 mètres ; le seul col, qui brise ce mur, est le fameux col des Nuages que franchit la route mandarine, par 473 mètres d'altitude. Au Nord de cet éperon, projeté sur les flots, s'étend le compartiment de la rivière de Hué, au Sud, celui de la rivière du Quang-Nam.

A hauteur de Tourane, la chaîne annamitique est toujours aussi épaisse, hérissée de sommets de 1.200 à 1.400 mètres ; ravinée par d'étroits et profonds ravins, elle s'épanouit sur tout le bassin de la haute Sé Khong, encerclant, sur la rive droite de cette rivière, et au Sud de la Sé Dòn, le Plateau des Boloven.

Plateau des Boloven. — Ce splendide Plateau, l'un des plus élevés de l'Indochine méridionale, s'élève entre les vallées de la Sé Dòn, qui le contourne au Nord et à l'Ouest, et de la Sé Khong, qui le ceinture du Nord-Est au Sud-Est.

Sur la Sé Dòn, la terrasse s'abaisse par des pentes douces et insensibles, couvertes de futaies splendides ; au Sud, au Sud-Est et à l'Est, sur la Sé Pien et la Sé Khong, le rebord est une falaise à pic, qui domine, de 900 mètres, les vallées. Des pics avancés projettent leurs bastions énormes aux différents angles de ce donjon superbe ; au Nord, c'est le Pou Set (1.900 m.), prolongé, au Nord-Est, par le Pou Ko-Tie ; à l'Est, c'est le Pou Dak-Ling, avancé sur la Sé Khong qu'il rejette dans l'Est ; enfin, vers le Sud-Ouest, c'est le Pou Pong — Pic de Lagrée — qui s'avance jusque tout près du Mékong, un peu au Nord de l'ancien Bassac ; au Sud, il se relie, par des éperons abaissés, au massif du Pou Na-Fang ou P. Hueï-Khua, orienté Sud-Nord, entre le Mékong et le Kham-Po, affluent de la Sé Pien. Sur la rive droite du Mékong, à hauteur du Pic de Lagrée, se dresse la montagne de Bassac, qui est le bastion le plus septentrional de la chaîne des Dangrek.

Le Plateau, de forme à peu près circulaire, d'une étendue de quelque 800 kilomètres carrés est, en réalité, formé de deux terrasses ; la première, d'une altitude moyenne de 500 à 800 mètres, forme la périphérie et s'étend surtout au Sud-Est, sur

115. — Le village de Mé-drac, vu depuis le poste de milice.
(à l'arrière plan, le massif du Tieu Ba).

116. — Groupe de Radé.

la haute Sé Noï, affluent de la Sé Khong ; elle est formée de grandes ondulations couvertes de prairies et, sur le ressaut de la falaise de chute, est toute tapissée de pins ; la seconde terrasse, qui atteint 1.400 mètres, forme le donjon central, entre le Pou Pong et le Pou Set ; c'est une plaine découverte, semée d'étangs, coupée de mamelons boisés et de carrés de forêts.

Au Sud, sur le versant de la Sé Pien, le Plateau se présente sous forme de terrasses de grès recouvertes d'herbages immenses, d'une altitude de 800 mètres ; à l'Est de la haute Sé Pien, apparaissent les peuplements de pins.

Dans le Nord-Ouest et l'Ouest, les pentes du Plateau font vis-à-vis aux terrasses et aux chaînons de grès qui, de l'autre côté de la Sé Dòn, accidentent le glacis du Grand Fleuve, le barrent de seuils et de rapides et se continuent, sur sa rive droite, sur le bassin de la basse Sé Moun.

Zone montagneuse centrale. — En arrière du Qu. Nam, du Qu. Ngai et du Binh-Dinh septentrional, la chaîne annamitique se maintient, aussi épaisse, aussi impénétrable, enserrant les cours supérieurs des Kr. Bla, Psi, Pekò, Sé Kaman et Sé Sou : cette barrière s'arrête, au Sud, sur la plaine du Kr. Bla — Plaine des Reungao ou de Kontum — que borne, au Sud, le Plateau des Jaraï.

Sur la limite septentrionale de cette plaine, la zone montagneuse finit par des collines pressées que dominent le Kong Seungay et le Kong Belah-Muh ; de l'autre côté du Kr. Bla, elle se soude aux chaînes du Binh-Dinh par le Kong Suse, prolongé, dans l'Ouest-Sud-Ouest, par des chaînons de rupture qui bordent, de ce côté, la plaine des Reungao et qui culminent au Kong Bal et au Kong Ereng.

A l'Ouest du moyen Pekò, les montagnes se relèvent par le Geur Kbong et le Geur Tang, encadrant, à l'Est, la vallée du Ya Çer ; de l'autre côté, elles se hérissent de sommets énormes dont la sentinelle la plus avancée est le Mang Mrai (1.480 m.) qui enclôt, au Nord, la vallée du Ya Reey, affluent du Ya Çer. En avant du Mang Mrai, ce sont ses deux bastions jumelés, le Iang Ko (1.015 m.) et la Bia Reï ; en arrière, c'est le pic du Dam Hedang, et plus près, celui du Iang Hedrong ; dans l'Ouest, c'est le Kram-Lo (1.380 m.) ; au Sud, ce promontoire montagneux se prolonge, en fer à cheval, par le Nang Num (1.200 m.) qui fait face au Mang Mrai ; le T. Kuh (1.020 m.) forme le fond de cet amphithéâtre. Il est le nœud d'un double système étalé en fourche de chaque côté de la Sé San ; la première branche de cet Y s'étale, dans l'Ouest, en une zone nettement montagneuse, qui fait partie intégrante de la chaîne annamitique et n'en est qu'une importante ramification ; elle s'épanouit sur les bassins du haut Hedrey et de la Sé Sou ; des éperons s'en détachent, affectant la forme très nette de chaînes dorsales, lancées entre les vallées.

A l'extrémité occidentale, cette barrière montagneuse occupe presque tout le pays, entre Sé Khong et Sé San, en un pâté raide, difficile, coupé par les ravins qui courent à ces deux rivières ; hautes de 250 à 450 mètres, ces collines culminent à la crête de partage, par 595 mètres, mais des sommets de plus grande altitude se rencontrent de part et d'autre ; Chenda Bing (760 m.), C. Nsru (960 m.), C. Trum (720 m.). Le massif du Melom forme le nœud orographique des chaînes qui séparent entre eux les ravins des affluents de la Sé San, tandis que le Rling est celui des chaînes du versant de la

Sé Khong ; les arêtes de la Sé San sont orientées Nord-Est—Sud-Est, celles de la Sé Khong, Sud-Est—Nord-Ouest et, souvent, Nord—Nord-Ouest. Cette zone, extrêmement tourmentée, pressée, chaotique, finit, au Nord et à l'Ouest, sur la moyenne Sé Khong, au Sud, sur la Sé San, par des pentes raides, à peine ramifiées, aux éperons très courts et trapus.

La seconde branche de la fourche montagneuse issue du T. Kuh se prolonge, au Sud, par une zone également accidentée, toute de montagnes escarpées ; la plus septentrionale est le Nang Num (1.200 m.) dont les dernières ramifications, très abaissées, culminent, dans l'Est, au Gor Ktue, entre Ya Çer, Pekò et Krong Jal.

Au Sud du Kuh, le pâté montagneux se continue, dans le Sud-Ouest et le Sud, par le Kloh (740 m.), le Kton (975 m.), le Djrû, le Bah (800 m.), la Bia Behrau ; plus au Sud, il est dominé par le Beu-Jong, voisin du Kr. Jal — moyenne Sé San — ; les montagnes s'avancent jusque fort près de la rivière ; des contreforts, élevés de 800 à 900 mètres, courent Est-Ouest, séparant entre eux les affluents de rive gauche du Hedrey.

De l'autre côté du Kr. Jal, s'abaissent les pentes douces, parfois boursouflées de chaînons secondaires, et qui sont le glacis d'accès au Plateau des Jaraï.

Ce Plateau des Jaraï, le plus important de tous les Plateaux de l'Indochine méridionale, s'étale en longueur du Nord au Sud, au Sud du Kr. Bla, branche supérieure de la Sé San, à hauteur du Binh-Dinh. En cet endroit, la chaîne annamitique est moins épaisse et se présente sous forme de chaînes parallèles, qui sont, d'ailleurs, le prolongement de la zone montagneuse septentrionale du haut Kr. Bla ; aux sources de l'Ayun et du Pekey, elles sont dominées par les massifs du Kong Ngut (1.800 m.) et du Kong Ngoi, réunis, au Nord-Ouest, à celui du Kong Suse ; mais, au Sud du Kong Ngut, la chaîne annamitique se divise en arêtes parallèles ; la plus orientale — ou premier échelon — sépare de la côte les terrasses secondaires du Plateau des Benam et du Plateau d'An-Khê, limités, dans l'Ouest, par la chaîne occidentale ou second échelon, qui s'étend, du Nord au Sud, entre les cours parallèles du S. Ba et de son affluent, l'Ayun.

Plateau d'An-Khê. — Le Plateau d'An-Khê affecte donc la forme d'un long rectangle, orienté Nord-Sud, de 50 kilomètres sur 34 de développement ; le Song Ba le traverse dans toute sa longueur. Il est en partie couvert de brousse impénétrable et son altitude moyenne est de 400 mètres ; à l'Est, il communique avec la plaine d'Annam par plusieurs cols, qui traversent le premier chaînon par des altitudes variant de 350 à 450 mètres ; à l'Ouest, il franchit, au col de Kon Chorah, par 725 mètres, la chaîne principale, qui le sépare du versant de l'Ayun ; le K. Ba-Sang (1.200 m.) et le Kong Hoai (1.100 m.) marquent les points culminants de cette arête, qui finit, au Sud, dans l'angle de jonction du S. Ba et de l'Ayoun. Au milieu de la brousse, s'ouvrent de larges plaines de grès, plantées de forêt-clairière. Vers le Sud et le Sud-Ouest, le Plateau d'An-Khê descend en pente douce sur l'Ayun et la forêt-clairière se continue, sans interruption, de ce côté, jusqu'au Plateau Jaraï auquel l'on accède facilement, à hauteur de Pl. Tur. La terrasse d'An-Khê est donc, par là, une ramification, une poche du Grand Plateau des Jaraï.

Au Nord du gradin d'An-Khê, dont il est séparé par une chaîne de collines de rupture, s'étend le Plateau des Benam, parfaitement inconnu, arrosé par le cours du haut S. Ba.

Au Sud, le Plateau d'An-Khê s'abaisse sur la vallée du moyen S. Ba, et se confond avec la plaine, séparée du couloir côtier par les chaînes qui prolongent, au Sud, celles du Binh-Dinh ; étendues en arrière du Phuyen, ces arêtes enveloppent encore des plateaux secondaires dont le plus important est celui de Tra-Khê ; le couloir d'Annam est cependant comprimé, notamment entre Qui-Nhon et Song Cau, par des éperons perpendiculaires, qui viennent finir en collines sur la mer et que la route mandarine traverse par les cols de Phu-Khê et de Cu-Mong. Mais, à hauteur du bas Song Ba, appelé alors Song Da-Rang, les premiers bourrelets de la chaîne annamitique, — ceux qui séparent, au Nord, les Plateaux d'An-Khê et de Tra-Khê, de la côte — s'effondrent brusquement, laissant ouverte, vers l'hinterland, une magnifique voie de pénétration, occupée par la vallée du S. Da-Rang. Par ce large défilé, l'on accède doucement, au Nord-Ouest, à la vallée du moyen S. Ba d'où l'on gagne, au Nord, le Plateau d'An-Khê et, au Nord-Ouest, celui des Jaraï, tandis que, par les vallées du S. Hin et du S. Nang, affluents de droite du S. Ba, l'on pénètre sur le Plateau du Darlac.

Ce système de terrasses se relie donc à un même pédoncule, qui est la vallée du bas Song Ba. La principale d'entre elles est celle des Jaraï.

Plateau des Jaraï. — Ce Plateau est le plus important de tous les Plateaux de l'Indochine méridionale, tant par son étendue que par la population qui l'habite et lui a donné son nom.

Il est borné, au Nord, par la plaine du Kr. Bla — haute Sé San — qui communique avec lui par un défilé étroit, quelque peu mamelonné et resserré entre des chaînes de hautes collines ; celles de l'Est sont formées par les massifs du Kong Ereng (1.200 m.), K. Iang, Kong Prong, séparés par des vallées basses et reliés au massif plus méridional du Ya Nom.

Par ce défilé en pente douce, l'on débouche sur le petit palier de P. Ruey, de 680 mètres d'altitude, boisé de bambous, de forêt-taillis et de brousse et assez accidenté ; ce gradin secondaire se continue, vers le Sud, par un défilé mamelonné, resserré, à l'Est, entre le Ya Nom et ses ramifications et les collines du Kdut, à l'Ouest ; ce défilé, franchi par 740 mètres, l'on entre dans le plateau des Jaraï proprement dit, qui s'étend à perte de vue, vers le Sud.

Au Nord, le Plateau est borné par le massif du T. Ya Nom, mais, dans le Nord-Est, il le contourne et se lance en pointe jusqu'au second échelon de la chaîne annamitique, qui sépare les vallées de l'Ayoun et du S. Ba ; dans l'Est, en effet, le Plateau s'abaisse sur l'Ayoun, qui coule Nord-Sud et dont le ravin coupe toute sa frange orientale ; au-delà de la rivière, le plateau se relève et se continue jusqu'au second échelon de la chaîne, derrière lequel coule le S. Ba.

Au Nord-Ouest, le Plateau est semé de grosses collines, séparées par des vallées tributaires de la Sé San ; entre ces collines indépendantes, le plateau est brisé, réduit à des couloirs, à des terrasses, à des paliers secondaires dont le plus septentrional va finir, à l'Ouest de la plaine des Reungao, sur le cours inférieur même du Kr. Bla.

Dans l'Ouest, le plateau arrive jusqu'au Kr. Jal et se relève par des rebords peu sensibles en face desquels se dressent les collines du bas Pekô ; entre ces deux arêtes, le Kr. Jal se fraye une gorge où il entre par la magnifique chute du Jrai Lî. Toute la face Nord-Est du Plateau est bordée par le cours de la rivière sur laquelle il descend par un glacis doux, accidenté de quelques chaînons secondaires, vis-à-vis desquels montent, de l'autre côté de la Sé San, les montagnes issues du T. Kuh et du Nang Num, et dont la plus méridionale est le Beu-Jong. Au Sud-Ouest, le Plateau dévale, en glacis, sur la zone des forêts-clairières ; d'une altitude de 300 à 400 mètres, il se prolonge, dans l'Ouest, entre Sé San et Srépok, par un plateau secondaire de 350 à 400 mètres d'altitude — le Plateau des Tiom-Pueun — fortement ondulé, d'aspect analogue à celui du Darlac, recouvert de forêt-taillis, de forêt-futaie et de brousse paillotte ; dans l'Ouest, il finit, le long du 104°20' longitude Est, sur la plaine des grès et des forêts-clairières, étendue sur les basses Sé Khong, Sé San et Srépok.

L'angle Sud-Ouest du Plateau des Jaraï se continue, en arrière de la terrasse Tiom-Pueun, par des éperons rocheux lancés entre les affluents du Ya Drang, tributaire de la Srépok, et dont le cours moyen et supérieur se déroule dans la plaine de grès. Cet angle Sud-Occidental du Plateau des Jaraï est accidenté de collines et de bosses secondaires, parmi lesquelles l'on remarque le T. Kraih, le T. Ieh, le T. Bong — ces deux derniers sont des chaînons de rupture sur la plaine — le T. Gò et le T. Duôn — ce dernier massif, isolé, à l'étranglement méridional du Plateau. Toutes ces collines sont disposées perpendiculairement ou obliquement à une ligne orientée Nord-Ouest--Sud-Est, partant du coude du bas Krong Jal, à la racine du Plateau Tiom-Pueun et aboutissant au cours du Ya Lop, affluent du Ya Liau, tributaire de la Srépok.

Du Nord au Sud, le Plateau se présente, dans sa partie centrale, sous forme d'une magnifique succession de dômes et d'ondulations, de plus en plus déboisés à mesure que l'on approche de la terrasse faîtière ; seules, des fougères et de l'herbe sèche les tapissent alors ; ce sont les bosses dominant Pl. Ku qui forment le centre de ce bouclier gigantesque ; en cet endroit, l'altitude est de 830 mètres.

Le Plateau lui-même est accidenté de quelques éminences secondaires, dénudées, simples excroissances des ondulations et des dômes ; ce sont le T. Têglê, double mamelon, à côté du point culminant ; le T. Grong, au Sud, table à silhouette de trapèze légèrement ensellée ; le T. A, double bosse longue, au Sud encore du T. Grong ; dans le Sud-Ouest du Plateau, le T. Miah.

Un peu avant le pied du T. Ya-Nom, la partie septentrionale du Plateau présente un curieux écroulement, qui est occupé par l'étang du Tenueng et les marais adjacents (750 mètres).

Quand l'on traverse, du Nord au Sud, cette magnifique terrasse, l'on monte doucement jusqu'aux dômes de P. Ku — 830 mètres — puis, l'on redescend de même, vers le Sud, par une région semblable de vagues séparées par des vallons plus ou moins profondément encaissés.

Le secteur méridional du Plateau des Jaraï se resserre en une sorte de cul-de-sac, d'une altitude moyenne de 320 à 400 mètres ; c'est en ce secteur que s'élève le poste de milice de Pl. Tour. Tandis qu'à l'Ouest et au Sud-Ouest, cette poche descend sur les forêts-clairières de la Srépok, à l'Est, elle est arrêtée par une chaîne de collines qui la séparent du Ya Hiau, affluent de l'Ayoun ; cette chaîne décrit un léger arc-de-cercle, du Nord au Sud, et ses principaux sommets sont le pic septentrional du T. Peuh, continué, au Sud, par le T. Mta, le T. Kbé et le T. Kla ; un peu au Sud de cette dernière colline, la chaîne se soude au T. Drai, perpendiculairement orienté Est-Ouest et avec lequel elle forme ainsi un L. Le fond même du cul-de sac vient buter, sur la rive gauche du Ya Liau, contre la zone tourmentée qui sépare le Plateau des Jaraï de celui du Darlac. Rejeté au Nord par ce soulèvement, le Ya Liau l'encadre à l'Est, au Nord et à l'Ouest, décrivant ainsi un U renversé ; sa branche montante — celle de l'Est — coule en une vallée étroite, orientée Nord-Sud, resserrée entre la chaîne de séparation du Ya Hiau, à droite, et l'angle Nord-Oriental de la zone montagneuse, à gauche ; le T. Bong, qui fait face au T. Drai, est l'éperon le plus septentrional de cette barrière qui s'épaissit, au Sud, et s'épand, au Centre et à l'Ouest, par les massifs du T. Pha, du T. Bour, du T. Mong, du T. Mnang, du T. Meo, du T. Pdé, du T. Mné ; le dernier bastion est, au Sud-Ouest, le petit massif du T. Kbang. Dans le Sud-Ouest, le T. Kbang est prolongé par des éperons indépendants, qui accidentent la forêt-clairière et qui sont, le T. Kling, le T. Lmin et le T. Rnao ; ces deux derniers chaînons arrivent au bord de la moyenne Srépok.

La zone montagneuse s'arrête, dans l'Ouest, à quelque distance du cours du Ya Liau, qui lui est parallèle dans la grande plaine des forêts-clairières. Cette immense terrasse est encore semée de quelques collines rocheuses, en massifs indépendants, comme le T. Teo, longue masse au pic aigu et le T. Atar, plus méridional, tous deux sis dans le prolongement Sud-Occidental du T. Duòn, qui accidente le glacis du Plateau des Jaraï.

Au Sud et au Sud-Est, la zone montagneuse d'entre Jaraï et Darlac se fond dans les ondulations du Darlac septentrional auquel l'on accède, en venant du Nord, par le couloir du haut Ya Liau, prolongé par celui du haut Ya Hiau.

Plateau du Darlac. — Le Plateau du Darlac, qui s'étend au Sud de celui des Jaraï, se présente sous forme d'une terrasse basaltique à ondulations parallèles, orientées Est-Ouest, séparées par les affluents de la moyenne Srépok. Le sommet du Plateau se trouve dans l'angle Nord-Est, à la source du Kr. Bouk ; c'est le T. Boeù ou T. Boò (950 m.) ; simple verrue herbeuse, peu boisée, ce dôme n'est qu'une protubérance de l'ondulation suprême, mais il n'en constitue pas moins le sommet du cône oblique et aplati dont les pentes occidentales, méridionales et sud-orientales forment le Plateau du Darlac. La superficie du Plateau est de 4.900 kilomètres carrés environ.

Du T. Boò, descendent, au Sud, le Kr. Bouk, au Nord, le Ya Hiau, à l'Ouest, le Ya Drang, affluent du Ya Liau ; au Sud-Est, s'étend le versant du haut S. Nang. Aussi, de ce bouton, partent des crêtes qui ne sont que des excroissances dressées au-dessus des ondulations faîtières ; l'une de ces arêtes, orientée Sud-Est—Nord-Ouest, sépare le Ya Hiau du Ya Drang ; elle est composée du T. Drang et du T. Dlé-Yang ; dans l'Est, une ondulation de haute altitude réunit le T. Boò à une chaîne, orientée Nord-Nord-Ouest—Sud-Est, et qui sépare le versant du Ya Hiau de celui du S. Nang ; cette arête est formée, au Nord, du T. Koung, parallèle au T. Dlé-Yang ; elle se prolonge, dans le Sud-Est, par le système du T. Dlé-Ya, gros massif complètement recouvert d'herbe paillotte, volcanique, ramifié en chaînons et en croupes nues, qui accidentent le haut bassin du Song Nang et vont se fondre avec les mamelons, les dômes et les ondulations répandues, au Sud-Est, sur la vallée du moyen et du bas S. Nang, jusqu'aux pentes orientales du Darlac, jusqu'à la poche de Médrac.

Du T. Boô, descendent, en éventail, les ondulations de tout le Darlac dont la dorsale se continue, au Sud du T. Boô, par une longue ondulation faîtière tendue entre les affluents du Kr. Bouk, à l'Est, et ceux de la Srépok, à l'Ouest. Au Nord et dans le voisinage de cette crête culminante, l'altitude atteint et dépasse 700 et 800 mètres, tandis qu'elle décroît au fur et à mesure que l'on se rapproche du Sud et de l'Ouest. Couvertes d'herbe paillotte, au Nord et au Nord-Est, elles disparaissent, au Centre, sous la forêt-taillis, la brousse-taillis et quelques épaisses galeries de forêt-futaie primitive. Au Centre et au Sud-Est, l'altitude n'est plus que de 430 à 450 mètres. Les ravins qui séparent les ondulations sont fort encaissés, au Nord et au Nord-Est, dans la zone de plus grande altitude ; le fond de leur thalweg est de 30 à 60 mètres en contre-bas des tables et les vallées n'existent pas : la section verticale présente la forme d'un V parfait.

En maint endroit, les ondulations se boursoufflent en bosses, qui sont des collines peu élevées et des ballons boisés. Le Yuot, le Mnong, le Sar, au Nord, le Bau (750 m.), le Mar et le Mgar, au Centre, sont les principales de ces verrues dont le relief ne dépasse pas 40 à 60 mètres au dessus du Plateau. Dans le Nord-Ouest, quelques collines isolées se dressent sur les premières pentes de la forêt-clairière ; le T. Soup, le T. Tie et le T. Kè sont les plus importantes de ces chaînes secondaires, qui s'élèvent en îlots indépendants. De ce côté, le Plateau du Darlac descend sur les forêts claires par des pentes de plus en plus douces à mesure que l'on approche du Sud et, dans l'Ouest, les ondulations centrales s'abaissent de même, sur la Srépok, par un glacis insensible, accidenté par le chaînon du T. Bour, qui est un système de collines isolées.

Au Sud-Est, le Plateau du Darlac s'abaisse également en une pente très douce sur le moyen et le bas Krong Bouk, qui coule en une plaine marécageuse et rocheuse ; le T. Ouï et les petits massifs du T. Trih et du T. Drang accidentent l'extrême pointe Sud-Orientale du Plateau. De l'autre côté du moyen Kr. Bouk, le glacis oriental du Darlac se relève en vagues herbeuses, couvertes de taillis clairs ; elles vont aboutir à la poche de Médrac, entièrement formée de bosses raides, de 410 à 470 mètres d'altitude, déboisées, tapissées d'herbe paillotte, séparées par des quantités de ruisselets appartenant au versant du S. Hin ; une petite arête rocailleuse, mais peu élevée, sépare, au-delà du Ya Tih, le versant du Song Nang de celui du S. Hin ; au Sud, la poche de Médrac est bornée par la haute barrière du T. Ba et, au Nord, par celle du T. Mteur, parallèles entre elles et orientées Est-Ouest ; le fond de cet angle est occupé par le bourrelet perpendiculaire de la chaîne annamitique dont les deux massifs précités ne sont que d'imposants contreforts. Le Mteur est une grosse chaîne lancée en promontoire sur le Plateau secondaire de Médrac ; elle sépare la vallée du S. Nang de celle du S. Hin ; celle-ci, dans l'Est, se prolonge, vers le S. Ba, par un plateau argilo-sablonneux, fertile, d'une altitude de 5 à 600 mètres et qui s'étend jusqu'à mi-chemin de

Cung-Xon. Il est presque entièrement déboisé et recouvert d'herbe paillotte. Vers B. Muoi, le Plateau fléchit en une cuvette, au-delà de laquelle il se relève et se continue dans l'Est ; à hauteur de B. Jioc, commence le glacis de descente sur le S. Ba.

À l'Ouest, le bassin du S. Nang continue jusqu'au S. Ba le glacis oriental du Darlac, par de longues pentes herbeuses. Comme on le voit, tout ce système de Plateaux se ramifie donc au pédoncule formé par la vallée inférieure du S. Ba.

Le T. Ba est la bordure septentrionale d'une nouvelle zone montagneuse épaisse, lancée vers le Sud-Ouest, et qui arrête, sur la rive gauche du Kr. Bouk et du Kr. Hana, le Plateau du Darlac. De fait, l'angle Sud-Est de ce Plateau ne dépasse pas la vallée du Kr. Hana, s'arrêtant au bord des vastes marais au milieu desquels coule la rivière.

Du Sud-Est au Nord-Ouest, le Kr. Boung — sous le nom de Kr. Hana d'abord, de Sé Bang-Khan, de Kr. Boung ou de Srépok ensuite — ceinture tout le Plateau du Darlac autour duquel il décrit un U aux branches élargies et sinueuses. La partie méridionale du Plateau, qui occupe le fond de cette boucle, se relève en chaînes parallèles, tendues Est-Ouest ; la plus septentrionale est une ramification du système T. Trih, T. Drang ; d'abord à peine sensible, elle se relève au T. Nun, oblique au Sud, se rapproche du Kr. Hana, se redresse encore au T. Gué (I) et va se perdre dans les ondulations du Darlac méridional, contre le méridien de B. Mé Thuot ; au Nord, deux échelons parallèles et secondaires la prolongent en créneaux ; le plus septentrional est le T. Tech auquel le T. Gué (II) sert de petit bastion avancé et indépendant. Du T. Gué (I), qui est contre le Kr. Hana, se détache un pâté de collines pressées et raides, qui finissent brutalement sur la rivière, la rejetant au Sud ; elles font face aux collines du Dlé-Tianh, qui est l'éperon le plus avancé de la barrière intérieure de la chaîne annamitique.

Les massifs issus du T. Gué (II) se divisent, dans le cul-de-sac formé par le Darlac méridional, en chaînes nettement découpées en arêtes, séparées par des poches marécageuses bien cultivées, arrosées par des ruisseaux lents et sinueux ; ces arêtes accidentent l'extrémité du cul-de-sac et la plus méridionale d'entre elles est le T. Ring, qui borde toute la plaine étroite et marécageuse où le Kr. Hana coule Est-Ouest ; cet échelon finit, dans l'Ouest, sur le bas Kr. Hana, au Sud de B. Tour, par le contrefort secondaire du T. Tatom ; au Nord, les autres arêtes parallèles n'arrivent pas jusqu'à la Srépok, mais se confondent avec les dernières ondulations du Darlac méridional ; celles-ci se brisent cependant bientôt, dans l'Ouest, sur la Srépok, en collines de rupture, rocheuses, gréseuses, faisant face à d'autres collines identiques qui, elles, marquent l'effondrement des derniers éperons du Plateau Central ; entre ces hauteurs, la Srépok se fraye un défilé sauvage, coupé de chutes splendides.

La partie méridionale du Darlac est donc un véritable couloir coupé de poches marécageuses, formé par les dernières ondulations que compriment, à l'Est, les chaînes parallèles culminant au T. Ring et, au Sud-Ouest, les collines d'effondrement sur la Srépok.

Au Sud du T. Ring, s'étale la vallée marécageuse du Kr. Hana, prolongée, au Sud-Est par la dépression du lac ; mais, de l'autre côté de cette cuvette et sur la rive gauche du Kr. Hana, ces marais sont ceinturés par les épais massifs de la chaîne annamitique ; dans l'Ouest, ils vont aboutir aux derniers éperons du Plateau Central Sud Indochinois.

Dans l'Ouest, le Plateau du Darlac ne dépasse pas la Srépok ; il se confond, sur la rive droite, avec les premiers carrés de l'immense plaine de grès et de forêt-clairière, qui occupe tout le bassin de la moyenne Srépok ; cette plaine est bordée, au Sud, de l'autre côté de la rivière, par les éperons septentrionaux plus ou moins avancés du Plateau Central.

Zone montagneuse méridionale. — Au Sud de l'embouchure du S. Da-Rang — S. Ba inférieur — la chaîne annamitique se relève brusquement par une muraille imposante. Le nœud orographique de cette nouvelle zone est le massif de La Mère et l'Enfant (2.023 m.) dont la pointe terminale est un énorme monolithe de granit, à pic, flanqué d'une aiguille plus modeste ; ce sont ces deux stèles, visibles de tous les points du compas, dans un rayon de 40 kilomètres et plus, qui ont valu à la montagne le nom sous lequel nous la désignons ; les Moï du district l'appellent T. Yang-Mtèn, les Annamites la nomment Nui Vong-Phu. Ce massif se dresse par 12°41'40" latitude Nord et 106°36'3" longitude Est Paris, à 30 kilomètres, à vol d'oiseau, de la côte, à 18 seulement du poste de Médrac. De ce point, part, vers le Nord-Est, une chaîne épaisse, jalonnée par un premier sommet de 2.000 mètres, puis, par le Diadème (1.600 m.), au sommet hérissé d'une couronne d'aiguilles rocheuses et par le Salacco (1.230 m.) dont la plate-forme circulaire rappelle, en effet, quelque peu, l'originale coiffure de nos tirailleurs annamites. Cette chaîne se prolonge par des sommets plus bas, de 700 mètres d'altitude moyenne et vient finir à pic sur la mer par la pointe du Varela (615 m.), promontoire le plus oriental de tous les caps de la côte indochinoise ; la route mandarine traverse cette chaîne par le col escarpé du Deo Ca (305 m.), qui fait pendant au col des Nuages. Au Sud de la chaîne du Varela, s'étend la zone nettement délimitée de l'Annam méridional proprement dit, qui n'est, tout d'abord, qu'un vestibule étroit et marécageux, large de 3 à 5 kilomètres à peine.

De La Mère et l'Enfant partent d'autres chaînes non moins imposantes, qui vont s'épanouir sans discontinuité derrière le Khanh-Hoa, le Ninh-Thuan et le Binh-Thuan, jusqu'aux marches orientales de la basse Cochinchine.

Au Nord, ces chaînes s'étendent jusqu'à proximité du bas Song Ba ; elles arrêtent, dans l'Ouest, le glacis du Plateau de Médrac qu'elles partagent en deux par la chaîne du T. Mteur ; celle-ci est prolongée, au Nord, par d'autres éperons dont les contreforts arrivent jusque dans le voisinage du bas S. Ba. Dans l'Est, les montagnes descendent fort près de la côte et le couloir d'Annam n'a pas plus de 20 à 25 kilomètres de largeur.

La presqu'île de Hon-Gom (670 m., 280 m.), l'île de Hon-Lon (250 à 570 m.), la péninsule de Han-Heo (818 m.), sont des masses montagneuses isolées, qui faisaient primitivement partie de la chaîne principale d'arrière dont elles ne sont séparées que par des couloirs, des vallées étroites, des effondrements marécageux, des bras de mer. Entre Ninh-Hóa et Nhatrang même, de gros éperons coupent la plaine côtière ; les deux massifs du Triple-Pic et du Double-Cône hérissent cette nouvelle barrière qui se relie, en arrière, à la chaîne annamitique proprement dite ; la route mandarine tra-

117. — Abri de branchages chez les Radé Kpa.

118. — Tombeau radé kpa.

verse ces contreforts par les cols de Ro-Tuong et de Ruri ; des caps rocheux prolongent ces racines jusque sur les flots et, de la vallée de Ninh-Hoa à celle de Nhatrang, le couloir côtier n'est qu'une langue rocheuse, large de 200 à 500 mètres, ménagée entre les flots et les pentes montagneuses.

La vallée de Nhatrang n'est elle-même qu'une poche étroite, encastrée dans la chaîne principale, à l'Ouest et un gros éperon côtier, au Sud-Est ; ce dernier, dont les pics atteignent 600 et 850 mètres, est un promontoire isolé, qui se prolongeait autrefois bien plus à l'Est et l'île Tré, ainsi que les îlots adjacents, sont les derniers vestiges de cette pointe avancée sur la mer.

En arrière, cet éperon est séparé de la chaîne principale par un étroit défilé à fond plat, qui constitue le couloir d'Annam et fait communiquer la vallée de Nhatrang avec le reste de l'Annam méridional.

Dans l'intérieur de l'hinterland, la masse montagneuse issue de la Mère et l'Enfant s'épand en une mer de hauteurs abruptes, tourmentées, difficiles et boisées, qui s'avancent sur la rive gauche du Kr. Hana, en face des glacis de descente du Plateau du Darlac. Cet épanouissement intérieur de la chaîne annamitique fait pendant à celui qui s'étend, au Nord du Plateau des Jaraï, sur la rive droite du Kr. Bla, du Kr. Jal et de la moyenne Sé San. Entre les deux mâchoires incurvées de cette tenaille, arrêtées, l'une à hauteur du 15° latitude Nord, l'autre, à hauteur du 12°35' latitude Nord, s'étendent, dans l'Est, le système des Plateaux Jaraï, du Darlac et leurs ramifications, et, dans l'Ouest, la grande plaine des forêts-clairières du Mékong. Au Sud de la Mère et l'Enfant, parallèlement à la côte, se dressent les sommets principaux de la chaîne annamitique méridionale : T. Paï, T. Guènh, T. Yang-Han, T. Yang-Gri, T. Tong, T. Bang, T. Klang, T. Yang-Long, T Yang-Hé.

Un peu au Nord du T. Paï, la grande route du Darlac traverse la chaîne par 550 mètres ; en cet endroit, celle-ci présente un étranglement fort sensible et n'a pas plus de 24 kilomètres d'épaisseur.

Le T. Paï fait partie de la ligne de partage du S. Hin — affluent du S Ba — et de la rivière de Nhatrang. Dans le Nord-Ouest, la chaîne annamitique se répand, dans l'intérieur, par le plus septentrional de ses éperons ; il s'étend sur le haut Krong Pach, affluent du Kr. Bouk, puis au Nord et le long de sa vallée moyenne ; du T. Paï, les massifs qui composent cette barrière sont le T. San et le T. Khanh, bordant la rive droite du haut Kr. Pach, et le T. Mta, que longe le Krong Ah ; cet affluent du Kr. Pach coupe, du Nord au Sud, tout l'éperon montagneux ; ce dernier se continue, de l'autre côté du Kr. Ah, par le T. Kruï, le T. Khueul, le T. Ou, le T. Kuh et le T. Tiel, — ces derniers en bordure du moyen Kr. Pach —, par le T. Khsin, le T. Dyuï et le T. Prong, au centre des massifs, et, enfin, par le T. Ba, qui tombe presque à pic sur le Plateau de Médrac et le borde dans le Sud ; du T. Ba, descendent divers affluents du S. Nang.

Le second éperon inférieur de la chaîne annamitique s'étend entre le Krong Boung et le Krong Pach dont la vallée le sépare de la première zone.

Ces deux éperons se soudent d'ailleurs à l'arête principale d'arrière ; leur ligne de fracture est marquée par les deux étroits vallons, diamétralement opposés, du Ya Kak, affluent du Kr. Pach, et du moyen Krong Toul, affluent du Kr. Boung ; à l'Ouest de cette faille, la barrière se prolonge par le T. Dram, au Sud, et le T. Lô, au

Nord ; elle se continue, dans l'Ouest, par le long massif du T. Hin que borde, au Sud, la vallée élargie du Kr. Pach ; des éperons et des contreforts se détachent du T. Hin et s'avancent contre la rivière ; les dernières racines occidentales et méridionales s'abaissent, par des coteaux et des bosses secondaires, sur les vastes marais qui ceinturent le Kr. Pach et le bas Kr. Boung ; de l'autre côté du bas Kr. Pach, s'élève le système isolé du T. Drang.

Le troisième éperon intérieur de la chaîne annamitique s'étend au Sud du Kr. Boung ; il se soude au deuxième éperon par le pic intérieur du T. Tong et borde, dans l'Est, la haute vallée du Kr. Boung, qui s'en est libérée à B Dia ; en ce point, la barrière montagneuse traverse la rivière et remonte le long de la rive gauche, comblant ainsi l'intérieur de la boucle décrite par le Kr. Boung ; l'angle Nord-Est de cette boucle est occupé par le chaînon du T. Dlé-Puï, l'angle Nord-Ouest par les petits systèmes isolés du T. Péang et du T. Brin ; celui-ci fait face au T. Drang ; en arrière de ces deux cornes avancées, la barrière montagneuse se maintient à distance du Kr. Boung, qui coule déjà dans une large plaine marécageuse sur laquelle vient finir, au Nord, le glacis méridional du Darlac. Mais, à l'Ouest du T. Brin, les montagnes se rapprochent de la rivière, s'épaississent, se relèvent par le T. Bra et s'abaissent à nouveau pour aller tomber brusquement, sur la vallée, par le T. Dlé-Tianh ; cette pointe sépare le Kr. Hana, au Nord, de la poche du lac, au Sud, et fait vis-à-vis à la chaîne du Darlac méridional dont le T. Ring est l'arête la plus avancée. La pointe Sud-Occidentale du T. Dlé-Tianh sépare le Kr. Hana des berges septentrionales du lac Tak-Lak ; son sommet principal est le Y. Veuh (545 m.) ; des contreforts méridionaux s'avancent en outre en caps sur la nappe d'eau libre ; ce sont le Y. Nô (470 m.) et le Y. Tiang-Tham (470 m.).

Au Sud du T. Bra, la zone montagneuse se relève autour d'un sommet culminant dont le pic caractéristique est désigné sous le nom de « Pic du lac » ; c'est le T. Yang-Boug qui forme, en réalité, le centre même du troisième éperon, entre la cuvette lacustre, à l'Ouest, et le cours du Kr. Boung, à l'Est ; ses contreforts bordent, dans l'Ouest, la cuvette du lac et se prolongent, au Sud de la dépression, par de nouveaux éperons, qui se relient aux ramifications septentrionales de la chaîne annamitique méridionale.

Celle-ci, à hauteur du 12°20' latitude Nord, se coude, parallèlement à la côte, vers le Sud-Ouest ; à cette déviation, correspond un reflux des chaînes vers l'intérieur ; elles y sont alors comme comprimées et les massifs les plus élevés de l'Indochine méridionale se rencontrent dans cette bande de pression. Les trois éperons intérieurs, qui s'avancent contre les faces Est et Sud-Est du Darlac, occupent le fond de cet arc-de-cercle dont le sommet est tourné vers la mer.

A l'endroit où le troisième éperon intérieur de la chaîne annamitique se détache de la masse principale, la ligne de faîte oblique brusquement dans l'Ouest et la chaîne est coupée par un nouveau bassin fort important, qui s'intercale entre le versant de la Srépok, au Nord, et le versant côtier de l'Annam méridional, au Sud. Le sommet de cet angle marque, dans la chaîne, le changement d'orientation des massifs et le pivot d'infléchissement vers le Sud-Ouest. C'est là qu'aboutit la bissectrice de l'angle dans lequel est circonscrite la courbure de la côte et dont le sommet est, sur la mer, le cap connu sous le nom de faux Varela.

Le T. Yang-Long est le nœud orographique d'où divergent les chaînes nouvelles; au Nord-Ouest, courent celles du troisième éperon intérieur, à l'Ouest, celles qui enserrent le Kr. Knô — branche méridionale de la Srépok — et le séparent, au Nord, du Kr. Hana, au Sud, du Donnaï; vers le Sud-Ouest, enfin s'avancent les barrières qui séparent le versant du Donnaï des versants côtiers du Sud-Annam.

La première de ces bandes montagneuses s'étend sur la rive droite du Kr. Knô, du T. Yang-Long, vers l'Ouest, par le T. Yang-Trang (1.310 m.), le T. Bang (1.100 m,); vers le Nord-Ouest, ces massifs vont se souder, au Sud du lac, au troisième éperon intérieur par les ramifications du T. Yang-Bong; à l'Ouest, ils s'étendent, en bordure du Kr. Knô, par le Y. Rsam et le Y. Rèch; derrière le ravin du D. Riéo, cette bordure montagneuse se relève par l'énorme massif du Nam Kâ (1.200 m.) dont les pentes s'abaissent jusqu'au bord du Kr. Knô, qui l'encercle au Sud et à l'Ouest.

Au Nord, cette chaîne arrive jusqu'au bord même de la vallée marécageuse du lac et du Kr. Hana; au Sud-Est du lac, elle se réunit aux chaînes issues du T. Yang-Bong; des éperons avancés et indépendants la prolongent sur la cuvette même du Tak-Lak; les plus septentrionales de ces îles montagneuses sont le Y. Vik (625 m.) et le cap du Y. Nhang (515 m.). D'autres contreforts encerclent, dans l'Ouest, la dépression lacustre pour border, de racines raides, toute la plaine marécageuse du Kr. Hana; du Sud-Est à l'Ouest, ces principaux éperons sont le Y. Briang, le Y. Noung, le Y. Yang-Boum, le Gang-Yeul, l'éperon du T. Kuat, le Your-Yang et le T. Tbing (600 m.), qui s'abaisse sur le bas Kr. Knô.

Dans l'Ouest, au-delà de cette rivière, s'étend la zone de rupture du Plateau Central, chaos de collines raides, qui s'étagent jusqu'au massif culminant du Nam Noung.

Du T. Yang-Long se détache, vers le Sud, le contrefort qui forme le fond de la vallée du Kr. Knô et se branche, en un T renversé, sur les chaînes de rive gauche de la rivière. Ces chaînes séparent le Kr. Knô du nouveau bassin du Donnaï; les murailles faîtières sont d'abruptes masses, taillées presque à pic sur le versant de la Srépok. La plus orientale est le T. Mu-Thua, à la division même des bassins du Krong Thin — haut Kr. Knô —, du D. Erkop — haut D. Nhim, branche orientale du haut Donnaï — et du Sumau — affluent de la rivière de Nhatrang. Ce massif affecte la forme d'un mur presque perpendiculaire sur le Sumau et le Kr. Thin; sa crête est taillée de dents et de pyramides rocheuses aiguës; le Yu-Mnueul (1.570 m.) le relie au Yang-Hè. Dans l'Ouest, le Mu-Thua se continue par une barrière, qui s'infléchit vers l'Ouest-Sud-Ouest; par des crêtes de 1.600 et 1.700 mètres d'altitude, il se prolonge par la muraille du Dam Bur dont le col de franchissement est par 1.830 mètres, dominant, de 1.020 mètres, les pentes adoucies de la vallée du D. Tong, qui mène au Kr. Knô; de l'autre côté du Kr. Knô, le Y. Rsam fait face au Dam Bur; cette dernière muraille s'abaisse à peine, au Sud, par un rebord incliné, qui, coupé de quelques ravins, encaissés de 200 à 300 mètres, donne accès au Plateau du Lang-Biang; dans le Sud-Ouest, elle se prolonge par des murailles semblablement abruptes le long desquelles court toujours la ligne de faîte entre le Donnaï, au Sud, et le Kr. Knô, au Nord ; cette barrière s'abaisse à 1.340 mètres à la source du D. Koh, sous-affluent du Kr. Knô. Au Sud, elle s'infléchit doucement sur le Plateau de Rioung, qui est la poche septentrionale du Plateau des Ma. A hauteur des sources du D. Koh, la barrière faîtière s'incline toujours plus au Sud-Ouest ; mais, en même temps, elle lance, au Nord-Ouest, un bastion énorme, qui s'avance sur le versant du Kr. Knô, rejette la rivière dans le Nord-Ouest et fait face au Nam Kâ, qui s'élève, au Nord, de l'autre côté de la rivière. Cet éperon puissant est composé du Ndring et du Rmaï que longent, au Nord-Ouest et au Nord, le D. Rmang et, à l'Est, son affluent, le D. Rsal. Ces massifs se soudent, de l'autre côté du D. Rmang, affluent du Kr. Krô, aux collines de rupture du Plateau Central ; entre le Rmang et le Krong Knô, s'étalent de hautes collines à table horizontale et dont la plus orientale est le Nop-Nir. En arrière du Rmaï, la barrière de faîte Donnaï-Kr. Knô se coude franchement au Sud-Ouest, puis au Sud, piquant droit sur le Donnaï ; en ce bastion d'angle, les altitudes se relèvent et les massifs les plus imposants se dressent par le Baut (1.300 m.), le Ta-Doung (2.580 m.) et son jumelé, le Ta-Drâ (1.800 m.) ; ces trois sommets sont orientés Nord-Sud et les pentes méridionales du Ta-Drâ bordent le Donnaï ; dans l'Est, le Ta-Drâ est prolongé par le Ta-Tlou (1.080 m.). Ce sont les pentes orientales de ces massifs qui arrêtent, dans l'Ouest, le Plateau secondaire de Konpi-Rioung.

De l'autre côté du Donnaï, en face du Ta-Drâ, montent les premières pentes du Krong-Mos et du Kong-Klang ; entre ces deux rives montagneuses, la rivière coule en une faille extrêmement encaissée, torrentueuse, creusée à des centaines de pied en contre-bas des murailles de chute. Dans l'Ouest, le Ta-Drâ et le Ta-Doung se ramifient par une ondulation de 800 à 900 mètres d'altitude, formant table et tombant brutalement sur l'étroite vallée du Donnaï qu'elle borde parallèlement, de l'Est à l'Ouest ; des éperons de chute, ramassés et trapus, forment une véritable dentelle sur la vallée ; de très courts torrents la coupent de ravins plus ou moins encaissés ; seul, le Rtih, principal affluent de rive droite du D. Deung, la brise d'une faille étroite et profonde de 280 mètres. Cette ondulation de bordure, à arête aplanie, se continue tout le long de la rivière jusqu'à la boucle ; elle s'abaisse progressivement à mesure que l'on avance vers l'Ouest ; à son extrémité occidentale, elle se hérisse de quelques collines dont la plus importante est le M. Tsar, sur le versant du Rlhap, affluent du moyen S. Bé : elle se fond ensuite avec les coteaux mous qui mènent au bassin de cette dernière rivière. Au Nord de la racine nord-orientale de l'ondulation, s'étend la zone tourmentée des collines qui la séparent des pentes de chute du Plateau Central ; en maint endroit, aux approches du Ta-Doung, elle est recouverte de peuplements de pins. Tandis qu'elle tombe, sur le Donnaï, en pentes brusques, de 400 à 250 mètres de relief, en arrière, vers le Centre-Nord, sur le versant du Kr. Knô, elle s'abaisse par pentes plus douces et les rivières s'y creusent tout d'abord de hautes et étroites vallées, paisibles et sinueuses, encaissées entre des contreforts de 30 à 50 mètres de relief et qui sont des ramifications de cette longue arête aplanie. La forêt-futaie, qui la recouvre, s'arrête, en maint endroit, devant de grands dômes nus, à l'herbe fine, analogues aux dômes du Plateau Central. A l'Ouest du D. Rtih, cette ondulation se relève, vers le Nord, par des mamelons de plus en plus élevés, mais toujours assez doux, en

119. — Chez les Radé Kpa. — Préparatifs d'un repas funéraire.

120. — Chez les Radé Kpa. — Préparatifs d'un repas funéraire.

forme de ballons ; ils séparent entre eux les ruisseaux et les rivières du versant du S. Bé et se relient, par là, aux pentes méridionales du Plateau Central.

Plateau Central. — Le plus avancé, vers le Mékong, des Plateaux de l'Indochine méridionale est celui que j'ai découvert en 1909, au cours de la première partie de ma mission. Il est appelé Yok Laych par les Mnong, qui habitent ses pentes et ses contreforts et Phnom Leatch par les Cambodgiens, mais je lui ai donné le nom plus caractéristique de « Plateau Central », car c'est de là que descendent toutes les rivières de l'Indochine sud-occidentale et cette terrasse forme bien le toit géographique par excellence de cette partie de la péninsule. C'est contre lui que s'appuient la haute Cochinchine et le haut Cambodge. Tandis que les autres Plateaux appartiennent plus ou moins à un bassin particulier, celui-ci forme terrasse entre plusieurs versants et c'est le long même de ses dômes centraux que court la ligne de partage des eaux du Donnaï, de la Srépok et du Mékong. Par analogie avec les dénominations appliquées aux autres Plateaux, l'on pourrait également appeler celui-ci « Plateau des Mnong » d'après la grande tribu moï qui peuple sa périphérie et ses éperons.

Le Plateau Central, ou Plateau des Mnong, affecte la forme d'un losange irrégulier et dentelé, tendu obliquement du Nord-Ouest au Sud-Est. Il est difficile de lui assigner des limites précises car, en maint endroit, il s'abaisse par des pentes insensibles et la démarcation n'existe pas, alors, entre les diverses zones d'altitude et de végétation. L'on peut cependant dire qu'il ne dépasse pas, au Nord, le 12°30′ latitude Nord et, au Sud, le 12° latitude Nord ; son angle oriental atteint le 105°45′ longitude Est et l'angle occidental, le 104°45′ longitude Est. Sa surface approximative est de 3.800 kilomètres carrés ; sa plus grande longueur est de 110 kilomètres, sa plus grande largeur, de 55 à 60, suivant deux axes obliques l'un à l'autre, le plus long orienté Sud-Est—Nord-Ouest, le plus court, Nord—Sud.

Le Plateau Central se présente sous forme d'une haute terrasse herbeuse, absolument déboisée dans ses parties centrales et occidentales ; il est constitué par des dômes mous et monotones, qui culminent à la ligne de faîte Srépok-Donnaï-Mékong. Son altitude varie de 600 à 1.000 mètres, mais ses bosses les plus proéminentes ne dépassent guère cette dernière altitude: Le Yok Gong-Ndrô, à la source même du Plai, est par 1.010 mètres ; le Y. Gong-Kler, qu'entoure le haut D. Giun — S. Bé — est par 1.080 mètres ; ce sont les deux dômes les plus élevés de la terrasse proprement dite.

Au Nord-Ouest, le Plateau Central se prolonge par un gros bastion boisé, le Lum-Phum, qui tombe brusquement sur la plaine des forêts-clairières, par le versant du D. Deur—P. Té ; de chaque côté de ce promontoire, à l'Est et au Sud, la ligne de fracture de la terrasse est très nette et violente sur le glacis cambodgien et le rebord de la lèvre ne descend pas au-dessous de 750 mètres d'altitude ; de ce côté, les pentes sont déjà formées de grès couvert de forêts-clairières ; à la source de la Rvé — affluent de la Srépok — le Plateau se prolonge par un éperon très mince et court, terminé, au Nord, par le Yok Gong-Rlà ; il se soude au Plateau par le dôme du Y. Rdang (840 m.) d'où descend le Rpà — H Tioba des Laotiens. Le rebord du Plateau se coude alors au Sud pour s'abaisser en pentes assez douces sur le versant du Plai ; de ce côté, de larges éperons se détachent de la terrasse, se ramifiant entre les vallées et le principal d'entre eux s'étend de part et d'autre du Plaï, vers le Nord, finissant, sur les forêts-clairières, par des mamelons rocheux ; de fait, au Nord du Plateau Central et au pied de sa ligne de fracture sur la plaine de la Srépok, s'étend un glacis de 400 mètres d'altitude moyenne, accidenté de collines secondaires ; ce glacis forme zone de transition entre la lèvre du Plateau et les plaines proprement dites de la forêt-clairière ; au fur et à mesure que l'on s'avance dans l'Est, cette zone de transition se relève ; tandis que, dans l'Ouest, du côté du Rpâ, elle vient buter contre la falaise de chute du Plateau, dans l'Est, elle se présente sous forme de larges éperons issus du Plateau même et y donnant accès par des pentes douces et continues ; ces ondulations se ramifient entre les vallées et leur faîte est une terrasse aplanie et horizontale ; elles s'avancent plus ou moins loin, vers le Nord, sur la plaine des forêts claires ; si, par leur structure nette d'éperons intégrant du Plateau Central, elles appartiennent à ce dernier, elles n'en font cependant pas moins partie de la zone des forêts-clairières, tant par leur composition gréseuse que par la végétation qui les recouvre. Ces éperons s'étendent, plus ou moins élevés, plus ou moins élargis, plus ou moins boisés, sur les bassins du D. Der, du Plaï et de ses affluents, D. Pour et D. Dam. Sur la vallée de cette dernière rivière, cette zone de contreforts est particulièrement puissante et se relève, à hauteur du 12°30′ latitude Nord, par un massif épais, le Nam Lyir, composé de deux pitons, l'un de 1.080 mètres, l'autre de 1.020 mètres d'altitude, séparés par un col de 950 mètres. Ces dômes se dressent à 300 et 500 mètres au-dessus des pays environnants ; c'est une montagne densément boisée, projetée en cap sur les forêts clairières du Nord et, comme une balise gigantesque, visible de tous les points du compas, à distance considérable ; au Nord-Est, ses ramifications se confondent avec celles issues des éperons nord-orientaux du Plateau Central. Sur le bassin des D. Kèn, D. Klau, D. Ndrih et D Geun, affluents de la Srépok, ces racines du Plateau s'écroulent en collines escarpée, raides, rocheuses, boisées de forêt-futaie et de forêt-clairière, crevées de schistes feuilletés et de grès ; de 320 à 440 mètres d'altitude, elles se prolongent, sur la plaine des forêts-clairières, par des massifs et des arêtes secondaires, le plus souvent indépendants.

L'angle nord-oriental du Plateau Central couvre les bassins du système D. Mam-D. Çor ; il se présente sous forme de glacis doux, de 550 mètres d'altitude moyenne, accidenté par des arêtes lancées entre les vallées ; ses bastions d'angle se continuent, au Nord-Est, jusqu'à la Srépok, par des collines rocailleuses, de 460 et 350 mètres d'altitude ; elles arrivent, sur la rivière, par le T. Louh, le T. Rang et le T. Poung ; celui-ci est le plus septentrional du système et la Srépok franchit ses dernières racines par la magnifique chute du Ling Bah. A l'Est, cet angle finit, sur le couloir des chutes de la Srépok, par des collines raides qui se fondent, au Sud-Est, sur le confluent Kr. Hana-Kr. Knô, par une étroite plaine en cul-de-sac, accidentée du T. Louh et du T. Kplang, petits systèmes indépendants, dans le voisinage du bas Kr. Knô. En arrière, sur le versant du D. Dro, affluent du Kr. Knô, les premières pentes orientales du Yok Laych se ramifient en une zone de collines très raides, pressées, chaotiques, qui s'étendent au Sud, le long de la vallée du Krong Knô ; les poches marécageuses de cette plaine pénètrent en coin entre les éperons, qui tombent brutalement sur les marais.

Toute cette zone difficile de collines se continue dans le Sud-Est, en bordure de la vallée du Kr. Knô ; elles sont les ramifications des contreforts orientaux du Plateau Central.

La partie orientale du Y. Laych se relève, d'ailleurs, en un épais bourrelet montagneux et, tandis que le centre et l'Ouest du Plateau sont composés de dômes herbeux et nus, les cantons méridionaux et orientaux, arrosés par les affluents du Krong Knô et du Donnaï, sont densément boisés de forêt-futaie impénétrable ; une ligne de massifs forme, sur la face orientale, un bourrelet énorme ; la plus occidentale de ces chaînes est celle du Nam Noung, dont les deux cônes principaux sont par 1.380 et 1.200 mètres d'altitude ; le système est continué, au Sud-Ouest, par le dôme du Nam Djiang (1.250 m.), séparé de la chaîne principale par la terrasse étranglée du haut D. Nong (960 à 980 mètres). Du Nam Noung, se détachent toute une série de massifs, qui se prolongent, dans l'Est, par le Nam Mé et le Nam Nhir (1.550 m.), et, plus au Nord, par le N. Tèh et le Rduyt (1.050 m.). Dans le Sud-Est, le Plateau Central se ramifie par des éperons et des collines de chute, qui se relèvent par les contreforts issus de l'arête de bordure du Donnaï ; entre les pentes sud-orientales du Plateau Central et cette arête méridionale, s'étend ainsi une cuvette, plus ou moins tourmentée, de 600 à 700 mètres d'altitude ; dans l'Est, cette cuvette se relie aux systèmes du Rmai. Dans le Sud, l'aspect du Plateau est le même ; dômes boisés, coupés de terrasses dénudées ; comme dans le Sud-Est, les ravins s'étalent, entre les premières racines des éperons, en vallons étroits, marécageux, où le lit se tord en méandres, puis, ces éperons s'accusent, le Plateau s'abaisse brusquement et les vallées marécageuses s'écroulent par des chutes splendides, de 20 à 45 mètres de haut ; en aval, les rivières sont des ravins torrentueux, encaissés entre les éperons dégagés du Plateau ; cette structure d'effondrement du Yok Laych est celle de toute la frange orientale et méridionale, sur les versants du Kr. Knô et du Donnaï ; l'altitude des hautes vallées marécageuses est de 800 à 850 mètres et la ligne des chutes, qui est la ligne de fracture du Plateau, s'étend sur les faces orientale et méridionale, coupant presque tous les cours d'eau des versants Kr. Knô et Donnaï. Au Sud-Sud-Ouest, les contreforts du Plateau s'abaissent sur le versant du D. Deung et se fondent avec le glacis de la haute Cochinchine. Le plus admirable de ces contreforts est celui qui forme ligne de faîte entre le D. Glun — haut S. Bé —, son affluent, le Rlhap, et les ruisseaux qui courent au moyen Donnaï ; le long de cette croupe splendide, l'on accède, par une pente graduellement ascendante, de la Cochinchine au Plateau Central.

Dans le Sud-Ouest, celui-ci se prolonge par des tentacules similaires, lancées entre les affluents du S. Bé ; les deux plus importantes sont celles qui bordent, de chaque côté, le ravin du Hoyt ; cette rivière se fraye un couloir profondément encaissé, coupant l'angle sud-occidental du Plateau d'une faille ouverte à 400 mètres en contre-bas des dômes.

Au Nord et à l'Ouest du Hoyt, le Yok Laych descend en pente douce sur le bassin du P. Tchlong et, de ce côté, les dernières bosses caractéristiques se rencontrent par 580 mètres d'altitude ; au-delà, et jusqu'à la haute plaine cambodgienne, des arêtes de grès accidentent les contreforts et séparent entre elles les vallées.

A l'Ouest, sur le versant du D. Deur — haut P. Té — le Plateau se ramifie par des crêtes rocheuses, couvertes de forêt-taillis et de forêt-futaie; de ce côté, cependant, la terrasse faîtière s'écroule bien plus vite sur la plaine cambodgienne et les éperons sont courts et raides, de relief souvent important, prolongés, sur la plaine, par des cônes et des collines; cet angle occidental, d'une altitude moyenne de 850 mètres, forme transition entre la faille brutale de la lèvre septentrionale et les nervures, longuement ramifiées vers le Sud, de la lèvre méridionale.

Plateau du Lang-Biang. — Un peu en retrait de l'angle de déviation de la chaîne annamitique et sur le bassin du haut D. Dong, branche occidentale du Donnaï, s'étend le Plateau du Lang-Biang, qui est le gradin supérieur du système le plus méridional des Plateaux sud-indochinois; ce système est complété par le Plateau des Ma, le Plateau de Djiring et le Plateau de Konpi ; il s'étend obliquement, de part et d'autre du haut Donnaï : ces gradins superposés brisent le chaos des chaînes de l'Indochine méridionale.

L'altitude du Plateau du Lang-Biang est de 1.460 à 1.500 mètres ; il mesure 400 kilomètres carrés environ et est constitué par des dômes herbeux assez raides et pressés, séparés par des ruisseaux, affluents du D. Dong et le haut D. Dong lui-même. Dans ces rainures, l'on rencontre quelques peuplements de pins ; ces arbres magnifiques recouvraient autrefois tout le Plateau, mais ils ont disparu sous la hache des indigènes et des Européens et on ne rencontre plus qu'à la périphérie et sur les pentes de chute de la terrasse.

L'angle nord-oriental du Plateau est accidenté par le massif des monts Lang-Biang, puissantes protubérances, qui dominent toute la région montagneuse; ce système est composé de quatre pics, disposés du Nord au Sud et dont les deux plus élevés mesurent 2.200 et 2.400 mètres d'altitude.

Au Nord, le Plateau du Lang-Biang se relève par un rebord planté de pins dont l'altitude est de 1.700 à 1.850 mètres ; l'on accède, par là, aux épaisses chaînes septentrionales, qui descendent sur le versant du Kr. Knô ; de ce côté, deux ou trois barrières parallèles, tapissées de pins et de forêt-futaie, séparent le ressaut du Plateau de la vallée du Kr. Knô ; la plus septentrionale de ces murailles est celle du Dam Bur.

Dans l'Est, le Plateau du Lang-Biang est borné par les montagnes de la chaîne annamitique, entre lesquelles se creuse le ravin du D. Erkop, haut D. Nhim ; au Sud, la terrasse se relève, comme dans le Nord, par un rebord que la route de Phanrang traverse par 1.560 mètres; dans l'Ouest, le Plateau se heurte aux grands massifs qui prolongent le Dam Bur ; un de ces contreforts, que traverse la route par 1.750 mètres, le sépare du Plateau secondaire de Rioung.

Dans le Sud, le Plateau du Lang-Biang est borné par le système jumelé du Mnil et du Boruas ; la vallée du D. Tam, enserrée entre les croupes et les chaînes entièrement couvertes de pins, donne accès, 500 mètres plus bas, à la vallée du Da Nhim et au Plateau de Djiring.

La terrasse du Lang-Biang est donc une cuvette, encaissée de toutes parts entre des chaînes d'arrêt et des rebords montagneux ; il jouit, grâce à sa haute altitude, d'un climat exceptionnellement tempéré ; le maximum annuel ne dépasse pas 29°, le minimum atteint 0° et la moyenne oscille aux environs de 18°. Malheureusement, son accès

121. — Tombeau ktul de B. Aï-bloum. — Les perches fétiches.

122. — Tombeau ktul de B. Aï-bloum. — La maisonnette funéraire.

est des plus malaisés ; de toutes parts, il est encerclé par des bandes de montagnes abruptes ; c'est une terrasse juchée en haut de murs épais, un donjon de château-fort.

Il est, en outre, le gradin le plus élevé de l'escalier dont la marche inférieure est le Plateau de Djiring.

Plateau des Ma. — Le Plateau de Djiring n'est, à proprement parler, qu'une partie du grand Plateau des Ma, qui s'étend sur une vaste superficie et se ramifie en quelques poches importantes.

Ce Plateau des Ma affecte une forme très irrégulière ; il s'étend de part et d'autre du cours de la haute Lagna — ou D. Rna — affluent du Donnaï. Sa partie occidentale est la plus élargie ; elle se présente, sur la rive gauche de la Lagna, sous forme de terrasses et d'ondulations molles, déboisées et herbeuses, d'une altitude moyenne de 750 mètres ; sur la rive droite de la rivière, le Plateau se relève et se boise de pins ; les dômes sont plus accidentés, se dressant par 850 et 900 mètres d'altitude. Le rebord occidental atteint 930 mètres pour tomber, de 60 mètres, sur le ravin du D. Mbrî, affluent de la D. Uê — D. Huai, D. Ouai — ; la rive opposée du cours d'eau est une muraille montagneuse, chaîne orientée Nord-Est—Sud-Ouest, qui se relie, au Nord, aux massifs du Boun-Trao et du Kong-Klang ; derrière le haut D. Mbrî, cette barrière atteint 1.050 mètres d'altitude par le Pechal ; au Sud, elle se relève encore par le massif du Pang-Ber dont les contreforts viennent se souder aux chaînes de la haute D. Mbré, affluent de la D. Uê. Au pied du Sanloos (1.200 m.), le col de Blao (850 m.) traverse cette chaîne et donne accès, du Plateau des Ma, à la vallée du moyen Donnaï, par celle de la D. Uê. Ce col marque le fond de la poche Sud-Occidentale du Plateau des Ma ; elle est arrêtée, au Sud, par une ligne de massifs tendus Ouest-Est, du Tionlay (1.050 m.), — à la source de la D. Mbré —, au Sepong (1.000 m.) — sur la Lagna.

Ce massif est continué, vers le Sud, par le Serlin, le Uh et d'autres montagnes reliées en une chaîne continue, qui borde la rive droite de la Lagna. Elles s'appuient, en arrière, au gros massif jumelé du Bang-Stum Bang-Gia, qui est relié aux massifs de la chaîne annamitique du Binh-Thuan.

A hauteur du Sepong, qui est l'éperon le plus avancé, vers le Nord, de la chaîne de bordure occidentale de la Lagna, le Plateau des Ma forme encore une poche profonde ou, plutôt, un couloir étroit, qui suit quelque temps, vers le Sud, la vallée de la rivière. Cette poche est arrêtée, dans l'Est, par les collines de bordure de la D. Riam, affluent de la Lagna.

Au Nord, le Plateau des Ma vient buter contre la chaîne des Krong-Mos, Yang-Yut (1.200 m.) et Kong-Klang ; ces massifs sont orientés Sud-Est—Nord-Ouest et le Plateau se relève jusqu'à leurs contreforts par des dômes mous, plantés de pins, de 900 mètres d'altitude moyenne. Dans l'Est du Kong-Klang, le Plateau lui-même est accidenté de deux petites masses isolées, le Kelur (850 m.) et le Serlung (1.100 m.), qui sont des collines indépendantes, protubérances des ondulations, analogues à celles des Plateaux Jaraï et du Darlac.

Les contreforts du Serlung bordent la vallée de la D. Riam, faisant vis-à-vis aux collines de rive gauche ; c'est ce défilé (850 mètres d'altitude culminante), ainsi ménagé sur la rive droite de la rivière, qui donne accès au Plateau de Djiring. Derrière le

Serlung, s'étendent les hautes terrasses et les chaînes, de 1.000 à 1.100 mètres d'altitude, qui prolongent, dans l'Est, les massifs du Yang-Yut et du Krong-Mos et séparent du Plateau, le ravin du Donnaï.

Le Plateau de Djiring est plus élevé que celui des Ma. Son altitude moyenne est de 1.000 mètres ; au Nord-Ouest, il se relève par un rebord assez doux jusqu'au niveau des terrasses supérieures, qui viennent de derrière le Serlung et se soudent au Krong-Mos ; le Plateau se présente sous forme d'ondulations séparées par des vallées marécageuses ; ces ondulations sont les racines des diverses chaînes de bordure ; elles sont couvertes de brousse-taillis, de diptérocarpées, d'herbe paillotte et de jungle épaisse. Comme ces éperons se relèvent rapidement aux approches des chaînes dont elles sont issues, le Plateau n'est guère constitué que par une série de poches marécageuses lancées entre ces tentacules et s'étoilant autour du centre de Djiring. Au Sud, la poche la plus profonde est celle de la D. Rsas, qui donne accès au col de Da Troum (1 230 m.), par où l'on franchit la chaîne de bordure méridionale. Dans l'Est, le Plateau est borné par le massif du Brêiang (1.700 m.) ; dans cette direction, la poche marécageuse est celle de la D. Riam Au Nord-Est, le Plateau se continue, par des ondulations molles, semblablement séparées par des vallons stagnants, jusque sur le D. Deung dont la gorge s'ouvre à 300 mètres en contre-bas de la lèvre de chute. Au-delà de cette faille, le Plateau se poursuit par celui de Konpi-Rioung, ondulé, couvert de pins et de taillis, constitué, comme celui de Djiring, par des vallons marécageux et élargis, partiellement cultivés en rizières et enserrés par les racines abaissées et molles des grandes chaînes de pourtour ; ces chaînes sont : dans l'Ouest, les ramifications des Ta-Doung Ta-Drà ; au Nord, les barrières derrière lesquelles coule le Kr. Knô ; à l'Est, les chaînes de bordure du Lang-Biang, le Mnil et le Boruas ; au Sud-Est, les contreforts de ces deux dômes.

Dans le Nord-Est, le Plateau de Djiring se prolonge par un étroit couloir ménagé entre le D. Deung et les pentes septentrionales du Brêiang ; ce défilé est orienté Ouest—Nord-Est, suivant la direction de la rivière, et accidenté de coteaux perpendiculaires, qui sont les extrémités des contreforts issus des flancs septentrionaux du Brêiang. Ce couloir s'étend de part et d'autre du D. Dong, qui le coupe en deux de sa faille puissante ; le Plateau de Konpi-Rioung communique avec lui par le corridor de rive droite. Cette poche, de plus en plus étranglée au fur et à mesure que l'on s'avance vers le Nord-Est, finit au pied du Boruas, sur la vallée inférieure du D. Tam, affluent du D. Deung ; au-delà, se dresse la marche d'accès au Plateau supérieur du Lang-Biang. Dans l'Est, le long de la vallée du D. Nhim, ce couloir s'étrangle en boyau pour déboucher sur la terrasse de Dran (1.000 m.), en amont et tout autour de laquelle se referme l'amphithéâtre de la chaîne.

Au Nord et au Nord-Ouest, le Plateau des Ma est bordé par les puissantes chaînes du Krong-Mos, du Kong-Klang et du Bun-Trau ; elles forment un puissant massif dont le Donnaï baigne, au Nord, les pentes septentrionales. Les contreforts orientaux du Krong-Mos font face au Ta-Drà, qui s'élève de l'autre côté de la rivière ; ils affectent, en ce secteur Est, la forme de hautes ondulations à table horizontale, plantées de pins, et creusées de quelques ravins ; ils s'abaissent assez doucement, au Nord du Serlung, sur le Plateau de Djiring sur lequel ils forment une sorte de cap arrondi. Tandis qu'au

Nord, ces chaînes tombent, par des pentes très abruptes, sur la faille du Donnaï, qui gronde à 700 ou 800 mètres en contre-bas de leurs crêtes, au Sud, ils ne forment qu'un bourrelet bas sur le rebord mamelonné du Plateau des Ma ; ils donnent naissance à la chaîne secondaire Pechal Pang-Ber qui borde, dans l'Ouest, le Plateau des Ma ; au Sud, cette chaîne vient se réunir à celles qui bordent la rive droite de la D. Uê et sont issues du Tionlay et du Sanloos ; ces massifs se prolongent, dans l'Ouest, le long de la D. Uê, par le Lumu et ses contreforts ; ceux-ci se soudent, au Nord, aux arêtes qui comblent l'intérieur de la boucle du Donnaï.

En arrière de la barrière Pechal Pang-Ber, dans l'angle qu'elle forme avec le Bun-Trau et le Kong-Klang, s'étend une région très accidentée et difficile ; elle occupe le centre de la boucle du Donnaï, qui l'entoure au Nord, à l'Ouest et au Sud-Ouest. Cette zone montagneuse est formée de dorsales divergentes, aboutissant à la bordure circulaire du Donnaï ; issues, au Nord, du Boun-Trao, au Sud, du Pechal et du Pang-Ber, elles séparent, entre eux, les affluents de la boucle, et des éperons s'en détachent entre les ruisseaux secondaires. Densément boisées, ces ondulations faîtières se terminent par une table plane, souvent dénudée par de vastes clairières gazonnées et elles vont finir, sur la plaine marécageuse de la boucle, par des éperons tourmentés et raides. Au centre de leur course, ces arêtes s'élèvent à 650 et 700 mètres d'altitude. Entre le bassin du D. Tê et celui du D. Lai, affluents du Donnaï, elles culminent au nœud du Der-Mû — ou Lumu. Cette zone montagneuse s'écroule, sur la plaine de la boucle, par des éperons plus ou moins isolés et raides, des collines emmêlées et difficiles, couvertes d'une jungle impénétrable. Au Sud, elle s'arrête sur la D. Uê, mais, en maint endroit, ses contreforts arrivent jusqu'au bord de cette rivière et du Donnaï, notamment au confluent des deux cours d'eau ; au Sud de la D. Uê, se dresse un autre éperon montagneux épandu entre D. Uê et moyenne Lagna ; il fait partie de la chaîne annamitique du Binh-Thuan occidental.

Sur la rive droite du moyen Donnaï, de l'autre côté de la boucle, s'étend une zone de collines à chute raide, mais de relief assez faible ; ces collines marquent la ligne de rupture, sur le Donnaï, des ondulations douces et basses qui forment le glacis de la haute Cochinchine. De 200 à 300 mètres d'altitude, celui-ci s'étend en soubassement entre le moyen Donnaï et le moyen S. Bé

Chaîne annamitique sud-occidentale. — En arrière et au Sud du Plateau du Lang-Biang, la chaîne annamitique décrit extérieurement l'arc-de-cercle dont nous venons d'étudier la structure interne.

A hauteur de Nhatrang, la barrière principale est constituée par des massifs de 1.200 à 2.000 mètres — N. Giang-Cang (1.800 m.), T. Quang (1.798 m.), M. Bob-Raï (2.000 m.) — prolongés, vers le Sud, par les sommets du haut Da Nhim, culminant à celui du Ya Bonnoh (1.656 m.) —, et du haut S. Cay — rivière de Phanrang : ces systèmes atteignent 1.200 mètres d'altitude au La-Tioung, 1.500 mètres au Gia-Goh et au Gia-Raï.

Ils sont disposés suivant un arc qui marque le sommet de l'angle de déviation de la chaîne ; ils enserrent, à l'Est et au Sud, le Plateau du Lang-Biang, le séparant de la côte par une zone chaotique, élevée, d'accès très difficile, creusée de ravins abrupts.

Au sommet même de l'angle de déviation, la chaîne s'avance sur la côte, des éperons se détachent en collines plus ou moins isolées et le couloir côtier est alors réduit à d'incommodes défilés, ridiculement étroits. Le plus important de ces éperons est celui qui s'avance, sur la mer, par le faux cap Varela ; cette pointe marque le sommet même de l'arc-de cercle décrit par la chaîne et la côte. Le point culminant du massif est le Co-Tuy (1.041 m.). Ce promontoire montagneux forme barrière sur le couloir d'Annam, car il est relié à la chaîne annamitique par un pédoncule très mince et très bas ; cette tige est traversée par la route mandarine et donne accès, du versant de la baie de Cam-Linh, au Nord, à la vallée de Phanrang, au Sud-Ouest.

En arrière, la chaîne annamitique se maintient aussi tourmentée, aussi raide, aussi compacte ; elle sépare alors, de la côte, le couloir du bas Da Nhim, puis le Plateau de Djiring sur lequel elle s'avance par le massif du Brèiang (1.700 m.) ; plus au Sud-Est, ce sont le Deloun (1.103 m.) et des massifs de 1.200 à 1.500 mètres, qui s'abaissent graduellement en s'approchant du littoral. Au Sud de la plaine de Phanrang, s'élève, sur les flots mêmes, un nouveau bastion, celui du Padaran ; moins élevé que le Co-Tuy, il se dresse, comme ce dernier, en une massive péninsule, accidentée de sommets de 300 à 600 mètres d'altitude ; entre les deux piliers du Co-Tuy et du Padaran, s'ouvre l'embouchure de la rivière de Phanrang. A l'Ouest du Padaran, monte un nouveau contrefort de la chaîne, haut de 400 à 500 mètres et dont les dernières pentes ne s'arrêtent qu'à 2 ou 3 kilomètres de la mer ; tous ces éperons épais séparent, entre elles, des plaines incommodes et étriquées et, du Varela à la vallée de Phanri, tout le corridor d'Annam n'est qu'une succession de couloirs disposés perpendiculairement au rivage, entre les éperons immédiats de la chaîne et ses bastions avancés. Tout le Khanh-Hoa et le Ninh-Thuan se présentent ainsi, couverts de ramifications et la route mandarine, qui fait communiquer entre elles les vallées, doit souvent se glisser le long de la grève sablonneuse ou dans des gorges étroites, ouvertes en défilés entre les contreforts.

Dans le Sud-Ouest, enfin, s'étend la plaine du Binh-Thuan, en arrière de laquelle, tout d'abord, la chaîne annamitique se recule quelque peu ; elle sépare de la côte le Plateau de Djiring et la ceinture ainsi formée est aussi épaisse que dans l'Est ; de profonds ravins se creusent entre les chaînes dont les pins magnifiques couvrent les crêtes. Les sommets de 1.200 à 1.500 mètres sont fréquents en cette bande difficile, qui est la continuation de la chaîne proprement dite, venue du Khanh-Hoa et du Ninh-Thuan. A l'Ouest de la rivière de Phanri, dans la partie orientale de la plaine côtière du Binh-Thuan, se rencontrent quelques éperons montagneux, bastions isolés de la chaîne : ce sont la double mamelle de Bau-Sen, le macaron de Ninh-Hoa, les croupes basses et incultes étendues en bordure du littoral sur lequel elles se relèvent en bosses isolées.

Mais, la chaîne principale, après s'être incurvée vers le Nord en s'éloignant enfin de la côte, ne tarde pas à revenir sur la plaine ; elle réapparaît, dans le Sud-Ouest, sur la rive droite du S. Cuau qu'elle sépare de la rivière de Phanthiet ; cet éperon s'avance vers le rivage et ne s'en arrête qu'à une quinzaine de kilomètres ; l'un de ses points culminants est le N. Yung (1.096 m.), dans la frange méridionale que des massifs isolés prolongent vers le Sud. Le N. Taku (400 m.) est le bastion le plus avancé du système ;

123. — Tombeau ktul de B. Aï-bloum. —
Un poteau sculpté.

124. — Tombeaux radé atham de B. Mé-yach.

c'est un gros îlot indépendant, dressé sur les solitudes sablonneuses et incultes du Binh-Thuan sud-occidental, à très grande proximité du rivage.

En arrière de cette plaine du Binh-Thuan et à l'Ouest de l'éperon du N. Yung, la chaîne annamitique s'étend entre les derniers couloirs côtiers en même temps qu'elle les sépare des dernières pentes du Plateau des Ma ; ses massifs se répandent sur le bassin de la moyenne Lagna, qui décrit une boucle autour des principaux sommets. Ceux-ci se dressent sur la rive droite de la rivière, la séparant de la D. Ué, affluent du Donnaï ; ils culminent au système jumelé Bang-Stum Bang-Gia (1.650 m.) et à la chaîne Uh Serlin, qui borde la poche sud-occidentale du Plateau des Ma, le long de la rive droite de la Lagna. Dans le Nord, ces chaînes se relient, par le Tionlay (1 050 m.) et le Sanloos (1.200 m.), à la zone montagneuse qui s'étend dans l'intérieur de la boucle du Donnaï.

Dans l'Ouest, les contreforts du Bang-Stum se continuent, entre D. Ué et Lagna, par le Rpum et le Krong-Tuc puis, par des collines de plus en plus basses à mesure qu'elles se rapprochent du Donnaï ; ces éperons accidentent toute la vallée de la moyenne rivière et des caps s'avancent même jusque sur le lit ; le N. Nua, notamment, se dresse en bastion dans l'angle formé par le confluent du Donnaï et de la Lagna.

De l'autre côté de cette dernière rivière, la chaîne annamitique ne se présente plus que sous forme de massifs de plus en plus brisés, indépendants, séparés par les dernières vallées côtières du Binh-Thuan sud-occidental et les affluents de la Lagna. Un peu à l'Ouest du moyen S. Chau — branche occidentale de la rivière de Phanthiet — se dresse le gros pâté des N. Leun N. Ong dont la Lagna baigne les pentes septentrionales. Ce massif culmine, au Sud, par le pic de Tamlinh (1.302 m.) et se soude, à l'Est, à la racine de l'éperon que termine le N. Yung. A l'Ouest du N. Ong, la ligne de partage des versants de la Lagna, du S. Phan et de la rivière de La-Gi, culmine au N. Kaduc ; ce massif se prolonge, au Nord, jusque sur les méandres de la basse Lagna, par l'étroit éperon du N. Daban et du N. Kotong ; au Sud, ses contreforts sont des massifs secondaires, de plus en plus indépendants, N. Bat, N. La-A et N. Chang-Co — celui-ci entre le moyen S. Phan et la rivière de La-Gi.

La chaîne annamitique se disloque de plus en plus en chaînons, en éperons, en bastions isolés et indépendants, boisés, raides, mais séparés par des vallées planes, des couloirs marécageux et boisés. L'arête de divergence des bassins de la basse Lagna, de la rivière de La-Gi et du S. Ray, est accidentée par le gros massif du Chua-Chang (800 m.), qui se ramifie, au Sud, sur la côte, par des éperons de plus en plus brisés, de plus en plus isolés. Tous ces massifs, depuis le S. Chau, à l'Ouest du N. Yung, accidentent cette zone sauvage, qui sépare l'angle sud-occidental du Binh-Thuan des marches orientales de la basse Cochinchine ; cette barrière est toute couverte de forêt-futaie, de brousse, de marais, d'étendues sablonneuses et rocailleuses coupées de forêt-clairière ; elle est traversée par les derniers ruisseaux du versant côtier d'Annam.

Les éperons qui s'étendent au Sud et au Sud-Ouest du Chua-Chang se terminent, sur la mer, par le N. Ho-Linh (120 m.), à la pointe de Mui-Ba et par la montagne de Baria (300 m.), qui forme le cap Ti-Oan ; la corne sud-occidentale est plus importante ;

elle est formée d'un pâté de grosses collines, Nui Ba-Ku, N. Con-Rang, N. Quan, système du N. Ba-Dan (436 m.), N. Thi-Vai (436 m.) et N. Ong-Trin (235 m.) dont les pentes orientales sont baignées par le cours inférieur de la rivière de Baria. A l'extrême Ouest, sur le bas Donnai, quelques ondulations très basses meurent sur la plaine cochinchinoise ; au Sud, au-delà des bouches de la rivière de Baria, la dernière expression de la chaîne est le petit système terminé par le cap Saint-Jacques (N. Vung-Mai, 289 m., N. Hon-Sup, 250 m. et N. Vung-Tan, 189 m.). Cette pointe extrême, isolée au milieu des flots et des marais, protège, dans l'Est, le delta du Donnai de la haute mer ; elles est l'ultime fragment d'avant-garde des éperons de chute de la chaîne annamitique. Enfin, dans l'Ouest du Chua-Chang, la chaîne meurt par des boursoufflures de plus en plus insignifiantes dont les ramifications constituent les coteaux très bas de la haute Cochinchine orientale ; ils arrêtent la plaine des rizières jusque dans la région de Bien-Hoa et, de l'autre côté du bas Donnai, se confondent avec les ondulations à peine sensibles qu'arrose le cours du moyen S. Bé.

La plaine du Mékong. — La vaste plaine que nous avons indifféremment désignée sous les noms de « plaine des grès », « plaine des forêts-clairières », « glacis cambodgien », est, en réalité, le bassin constitutif du moyen et du bas Mékong ; c'est au milieu de son étendue monotone que le Grand Fleuve s'est frayé un lit, du Nord au Sud, vers la mer. Sur la rive droite, le glacis s'étend, identique, semblablement couvert de forêt-clairière, semblablement accidenté de collines indépendantes, de « macarons » isolés. Sur la rive gauche, la seule qui nous intéresse, ce lit de grès s'enfonce plus ou moins profondément dans l'hinterland, plus ou moins comprimé, contre le fleuve, par l'épanouissement intérieur de la chaîne annamitique.

Nous avons vu que cette dernière lance, vers l'Ouest, perpendiculairement à la côte et au Mékong, deux branches montagneuses épaisses que nous avons comparées aux mâchoires d'une formidable tenaille ouverte ; la plus septentrionale de ces mâchoires s'étend entre le 16°30′ et le 13°30′ latitude Nord ; elle s'arrête, dans l'Ouest, le long du 103°30′ longitude Est Paris, par les pentes occidentales du Plateau des Boloven, à 15 kilomètres seulement du Grand Fleuve ; puis, elle se retire le long du 104°15′ longitude, entre Sé Khong et Sé San et le long du 104°30′, entre Sé San et Srépok, d'où elle suit le 13°30′ latitude, pour remonter le long du 13°45′ latitude Nord. La seconde mâchoire est comprise entre le 12°30′ latitude et le 11° latitude Nord ; sa saillie de chute, orientée du Nord-Est au Sud-Ouest, s'avance en pointe contre le 104°45′ longitude Est Paris.

C'est dans l'intérieur de cette pince que la nappe des grès s'étale le plus profondément dans l'hinterland, allant buter, à l'Est, contre les pentes des Plateaux Jaraï et du Darlac.

Dans le Nord, au Sud de la Sé Bang-Hien, cette plaine est tourmentée de chaînons rocailleux, qui sont les éperons du Plateau Ta-Hoi ; ce sont le P. Fac-Fam (150 m.), le système du P. Lang-Dinh et du P. Lon, orienté le long du Mékong jusqu'à l'embouchure de la Sé Don. A hauteur du cours inférieur de cette rivière, les escarpements de chute du Plateau des Boloven compriment, contre le Mékong, la plaine, qui ne présente alors pas plus de 30 à 15 kilomètres de largeur. Au Sud de la Sé Don, elle est accidentée par le gros massif du P. Na-Fang ; plus au Sud enfin, elle commence à s'enfoncer vers l'intérieur, s'épand jusqu'au pied des massifs étendus entre Sé Khong et Sé San, contourne le Plateau secondaire des Tiom-Pueun, et s'avance alors franchement, dans l'Est, sur tout le bassin de la basse et de la moyenne Srépok, au Sud de la mâchoire montagneuse septentrionale ; elle s'arrête, dans l'Est, contre les pentes du Plateau Jaraï, le long du 105°45′ longitude Est, revient au Sud-Sud-Ouest sur la moyenne Srépok, qu'elle traverse à hauteur du 12°45′ latitude, le long du 105°30′ longitude Est ; elle se heurte, en effet, aux pentes du Plateau du Darlac sur lequel elle lance des pointes irrégulières ; puis, elle bute, au Sud, contre les éperons issus de la mâchoire montagneuse méridionale qu'elle suit, dans l'Ouest, le long du 12°40′ latitude jusqu'au 104°45′ longitude Est ; elle longe ainsi les pentes septentrionales du Plateau Central avec lequel elle se coude au Sud, le long du 104°45′ longitude Est, pour aller finir, à hauteur du 12°15 latitude Nord, au pied des mamelons très abaissés et doux de la haute Cochinchine ; de nombreux angles de la plaine des grès pénètrent cependant dans cette nouvelle zone et des carrés parfois étendus de forêt-clairière s'y étalent en îlots indépendants.

Dans l'Est, le long des plaines marécageuses du Kr. Hana et, plus au Nord-Est, le long des vallées identiques du moyen S. Ba et du bas Ayun, la plaine des grès perce le sol, décelée par son ordinaire et monotone manteau des forêts-clairières arides et incultes.

Cet immense glacis se présente, en effet, sous l'aspect uniforme et désolé d'un soubassement rocailleux et stérile constitué par un plancher de grès que recouvrent, au centre, tous les massifs et les Plateaux de l'intérieur ; aux endroits où ces massifs et ces Plateaux s'abaissent, le plancher ressort et c'est ce qui explique pourquoi on le retrouve, par plaques souvent importantes, dans l'intérieur même de l'hinterland, en des secteurs très divers et fort éloignés les uns des autres. Sur la rive droite du Grand Fleuve, ce soubassement s'étend, également, fort loin dans l'Ouest.

Cette assise est entièrement constituée par des nappes de grès mêlées de schistes et de marnes schisteuses ; uniformément recouverte de forêt-clairière, elle ne se présente pas sous l'aspect continu d'une nappe plane et unie, mais sous celui d'une croûte irrégulière, relevée aux bords le long des Plateaux contre lesquels elle vient buter ; son aspect général, surtout entre les deux mâchoires montagneuses, est celui d'une immense assiette dont le rebord occidental a été brisé sur le Mékong.

Elle n'affecte la forme réelle de plaine qu'au voisinage des vallées basses et moyennes de la Sé Khong, de la Sé-San, de la Srépok et du P. Té ; en ces secteurs, c'est l'immense terrasse plate, monotone et déserte. En ces zones de basse altitude, mais surtout dans le bassin de la Srépok, la forêt-clairière est coupée de petites mares fangeuses, qui occupent des dépressions argileuses au milieu de clairières nues.

Le long de la Tioba, affluent de la Srépok, la forêt-clairière cède la place aux curieuses prairies caractéristiques de ce bassin.

Les cours d'eau sont très nombreux, qui sillonnent en tous sens le glacis des forêts-clairières ; ils sont tous bordés d'une double haie de forêt-futaie ou de bambous épineux ; cette galerie, épaisse de 10 à 150 mètres, suivant l'importance de la rivière, est composée, le long des gros cours d'eau, d'arbres magnifiques, *hraich* (*Diptero-*

carpus alatus) et *koky* (divers *Hopea*), au sous-bois de palmiers rotins et de palmes.

Un peu partout, la forêt-clairière est coupée de terrasses marécageuses, inondées aux pluies ; ces terrasses se rencontrent surtout dans le bassin moyen des affluents de la Srépok, aux environs de 300 mètres d'altitude.

En arrière de la moyenne Srépok, comme aussi dans le bassin du P. Té, le glacis de grès est crevé de cônes, de collines indépendantes, soit gréseuses, soit, plus souvent, granitiques ; les pitons granitiques se dressent comme des canines au-dessus de la nappe qu'elle ont percées.

L'altitude ordinaire de l'assise gréseuse est très faible ; elle est de 60 à 70 mètres aux environs immédiats du Mékong ; sur la moyenne Srépok, à B Don, à quelque 180 kilomètres à vol d'oiseau dans l'Est, elle est de 200 mètres seulement ; les affleurements de la terrasse, sur les hauts Plateaux et les escarpements gréseux, ne dépassent jamais 450 mètres d'altitude.

Dans l'intérieur de la mâchoire montagneuse, le soubassement des grès est accidenté de collines et de dents isolées, qui prolongent les éperons issus du Plateau Centrale ; elles accidentent également la chute du rebord intermédiaire étendu entre le Plateau Central et la plaine ; à la source des D. Krieng et P. Kampi, ces bosses ne sont que de modestes arêtes, qui se relèvent, en arrière, sur le versant de la Srépok ; à l'est de la Tioba, elles apparaissent par le Y. Nam-Ram (480 m.) et se continuent, entre Tioba et Rmat, par le Y. Rueï, entre Rpoé et Rueï, le Djri, le Nshun et le Ruel, à l'Est du D. Der ; ce dernier système forme plutôt la masse terminale des éperons lancés par le Plateau Central ; ces contreforts constituent une zone intermédiaire entre le Plateau lui même et le glacis : ils s'étendent entre 300 et 400 mètres d'altitude, sur le cours supérieur des affluents de la moyenne Srépok et sont couverts de forêt-clairière plus touffue. Les systèmes du D. Der se relient à cette zone par le Y. Ngal et le Y. Daych-Ka ; l'éperon le plus septentrional est le Y. Rmit ; sur le Ngal, affluent du Plai, il est représenté par deux pitons granitiques, les cônes isolés et indépendants du Yang Rpô (415 m.) et du Yang-Bra (255 m.) ; ce sont des canines granitiques, sans relief transitoire, qui ont crevé la nappe des grès. On retrouve d'ailleurs ces efflorescences plus au Sud, et, notamment, dans la vallée du D. Pour, affluent du Plai, où elles forment les Lu Rehong, les Lu Ndrung et les Ndam-Grang, amas erratiques, disposés en calottes basses ou en blocs confus ; ces trois groupes principaux font partie de toute une nappe d'infiltration granitique, qui s'étend de part et d'autre du D. Pour, et la rivière a creusé son lit au milieu de ces assises. Dans l'Est du Plai, ce sont les chaînons isolés du T. Da et le massif plus important du T. Dôn ; dans l'angle Sud-Oriental que forme la plaine des grès, entre les pentes du Darlac et celles du Plateau Central, se dressent des systèmes de collines rocheuses, orientées Sud-Nord, entre les affluents de la Srépok ; ce sont des ramifications des éperons du Plateau Central ; mais, ici, elles se présentent en arêtes rocheuses, couvertes de forêt-clairière, encombrées de grès et de schistes ; comme celles qui bordent la Srépok plus en amont (système du T. Poung et du T. Luh), elles forment une zone de transition et sont plus ou moins indépendantes. Sur la rive droite de la moyenne Srépok, ces collines se continuent par des systèmes plus ou moins isolés, plus ou moins importants ; citons, parmi eux, le Y. Rnao, le Mbri, le Atar et le Téo, qui prolongent les éperons du Plateau Jaraï. D'autres chaînes et d'autres dents sont ainsi disséminées un peu partout sur cette immense plaine et des explorations ultérieures les feront connaître.

Dans le Sud, sur le versant du P. Té, la structure est la même et des chaînons semblables se dressent sur la nappe des grès ; éperon du Y. Rhau, entre le P. Té et son affluent, le P. Ktong, le Kuh et d'autres mamelons plus ou moins élevés qui sont, en partie, le prolongement des éperons de chute du Plateau Central. Ces tentacules se disloquent, se brisent au fur et à mesure qu'elles s'avancent sur le glacis et leurs ramifications latérales disparaissent ; aussi, affectent-elles la forme d'excroissances et d'arêtes brusquement surgies de la plaine. Sur le versant du P. Té, l'on trouve également des efflorescences granitiques, sous forme de blocs erratiques rassemblés en amas confus. Comme on le voit, le glacis du Mékong n'est pas une plaine plate, mais une assiette accidentée par de nombreuses protubérances et des systèmes, qui la crèvent suivant le prolongement des éperons du Plateau. Du sommet de l'une de ces bosses, le grand glacis n'apparaît pas comme une étendue plate, sans limite, mais bien toute hérissée de mamelons, de dents, de verrues, comme un océan semé d'îles et d'îlots. Quand l'on chemine à travers la monotone solitude des forêts-clairières, l'on ne peut guère apercevoir ces collines, de relief trop peu considérable pour se montrer au-dessus des feuillages glauques et l'on se fait alors une fausse idée de ces étendues désertiques que l'on est tenté de considérer comme un océan sans borne, uni et plat.

Le long de l'angle nord-occidental du Plateau Central, la plaine du Mékong accède aux pentes de la terrasse par des escaliers de grès remarquablement taillés, gradins marécageux et plats, séparés par des rampes raides, tout cela rocailleux, couvert de marais emprisonnés dans les dépressions rocheuses, et de forêt-clairière rabougrie.

Glacis cochinchinois. — Dans le Sud, sur le bassin du P. Tchlong, le glacis cambodgien se confond avec celui de la haute Cochinchine, qui présente un tout autre aspect. Il affecte la forme d'une pente très molle, arrêtée sur les plaines d'alluvions du Sud et constituée par des croupes aplaties ; l'on dirait les insensibles vagues d'une mer moutonneuse solidifiée ; elles donnent à la haute plaine cochinchinoise un aspect tout différent de celui du glacis cambodgien Ce rebord cochinchinois est composé de cette riche terre rouge, qui forme le sol des hauts Plateaux et de leurs principaux éperons ; les cultures s'y rencontrent en abondance et la magnifique forêt-futaie la recouvre partout ailleurs de son somptueux manteau ; le relief de ces croupes, au-dessus des vallées, ne dépasse pas 30 à 40 mètres ; mais, ici aussi, se dressent quelques chaînes et chaînons indépendants, érigés en protubérances subites au-dessus des harmonieuses ondulations. Les plus méridionales sont le N. Ba-Den ou Montagne de Tayninh (966 m.), le N. Ong (281 m.), le Phu-Den et la Yumbra (585 m.) que les Annamites appellent Nui Bara, les Cambodgiens, Phnom Chœung-Préas et les Stieng, Benam Brah. Cette ligne de hauteurs isolées est tendue en un arc-de-cercle du Sud-Ouest au Nord-Est ; ce sont les caps du glacis de la haute Cochinchine dont la bordure méridionale formait, aux temps préhistoriques, le rivage de la mer, qui recouvrait alors toute la basse Cochinchine et le bas Cambodge ; ce sont les alluvions du Mékong et du Donnaï qui ont, peu à peu, colmaté ce golfe, faisant ainsi surgir des flots les grasses et riches plaines actuelles. Dans le Sud-Est, sur le Donnaï, le glacis cochinchinois se relève jusqu'au pied des dernières hauteurs de la chaîne annamitique ; sur la basse Lagna, il entoure le petit plateau basaltique de Vo-Dat, qui domine les parties sud-occidentales des savanes de la rivière. Ces savanes s'étendent, à l'Est, jusqu'à Tam-Linh, au pied des éperons intérieurs de la chaîne ; elles sont limitées, au Nord de la rivière, par les éperons des montagnes qui séparent la Lagna de la D. Uè ; au Sud, elles s'arrêtent le long de la route qui relie Tam-Linh à Vodat. Elles occupent une superficie de 35 à 36.000 hectares et la Lagna les traversent de l'Est à l'Ouest ; leur sol est formé d'alluvions un peu argileuses, couvertes de grands roseaux où gîtent les éléphants et les buffles sauvages ; sur les parties plus relevées, pousse, en grande abondance, l'herbe paillotte — ou *tranh* —. Des mares bourbeuses, remplies aux inondations, occupent les dépressions et des lignes de boqueteaux coupent en tous sens les savanes.

Dans le Sud-Ouest, le glacis de la haute Cochinchine se fond, entre les derniers éperons de la chaîne annamitique, avec la zone sauvage qui mène au Binh-Thuan et au couloir côtier du Sud-Annam.

B. — HYDROGRAPHIE

La chaîne de partage des eaux Annam-Mékong ne suit pas, comme nous l'avons déjà dit, « la chaîne annamitique », c'est-à-dire les crêtes des bourrelets de bordure ; elle court, au contraire, bien en arrière de ces sommets, soit au cœur de la zone montagneuse soit, plus souvent au milieu des plateaux.

A la ligne de fracture Qu. Tri Aï-Lao Savannakhet, la ligne de partage se trouve à quelque 85 kilomètres à vol d'oiseau de la mer, à 220 du Mékong. De ce point, elle va suivre une direction sud-orientale, se rapprochant toujours plus près de la mer, jusqu'à hauteur du 12°30' latitude Nord ; en cet endroit, la ligne de faîte est à 45 kilomètres à vol d'oiseau du rivage ; c'est le sommet de l'angle qu'elle décrit, car, venue du Nord-Ouest, elle oblique brusquement au Sud, remonte à l'Ouest et au Nord-Ouest pour suivre une ligne capricieuse de crêtes, laissant, au Sud le bassin du Donnaï.

Cette ligne de partage est donc partout fort voisine de la mer et l'on conçoit que le versant côtier ne soit que pauvrement arrosé ; de fait, il n'est sillonné que de torrents impétueux, au cours supérieur étranglé dans le chaos des monts ; le cours inférieur est lent, sablonneux et l'embouchure s'élargit le plus souvent en un delta ou en un estuaire, qui féconde heureusement la bande des sables maritimes. Nulle transition entre le paisible cours inférieur et le cours supérieur torrentiel ; au pied même des premiers contreforts de la chaîne, apparaissent les rapides, qui rendent toute navigation impossible ; le cours moyen n'existe pas.

a) Versant côtier. — Du Nord au Sud, les rivières côtières du couloir d'Annam sont :

Rivière de Qu. Tri. — La rivière de Qu. Tri, qui descend des pentes orientales du

Plateau Ta-Hoi ; son cours supérieur, appelé Rao-Krong, coule d'abord au Nord-Nord-Ouest, le long de la face nord-orientale du Plateau, en un ravin encaissé, puis, la rivière entre dans une vallée plus large et, par un coude à angle droit, revient dans l'Est, et pénètre dans le couloir d'Annam. C'est derrière ce coude, opposé à celui de la Sé Tchépon, que se trouve la trouée d'Aï-Lao.

Rivière de Hué. — La rivière de Hué est formée de deux branches supérieures parallèles, orientées Sud-Nord et issues des massifs montagneux du Centre-Annam ; elle est grossie, à 5 kilomètres en amont de son embouchure, du S. Hang, qui descend, lui aussi, des mêmes pâtés montagneux, baigne les pentes orientales du Double-Pic et décrit une boucle à angle droit dans la plaine d'Annam.

Rivière de Qu. Nam. — La rivière de Quang-Nam est formée, elle aussi, de plusieurs branches ; la plus septentrionale est le S. Buong ; sous le nom de D. Pring, il prend naissance dans la zone montagneuse et tout son haut bassin, étalé en éventail, est encastré entre le bassin de la rivière de Hué et celui des deux branches de la haute Sé Khong. Son cours, d'abord Sud-Nord, se coude au Nord-Est et, par des méandres encore mal connus, revient à l'Est sur le couloir côtier ; dans les derniers cantons montagneux, il reçoit, à droite, le D. Bang, long torrent venu du Sud, au cours entièrement orienté Sud-Nord et dont le bief supérieur, appelé D. Bla, arrose une contrée extrêmement montagneuse, formée de hauts sommets qui atteignent de 2.300 à 3.000 mètres.

En aval du confluent du D. Bang, le S. Buong entre en plaine et opère sa jonction avec le Song Ton-Bac, qui vient aussi du Sud, de la région montagneuse où le D. Bla prend sa source ; D. Bla et S. Ton-Bac coulent parallèlement l'un à l'autre.

A leur réunion, le S. Buong et le S. Ton-Bac se divisent en bras et s'élargissent en un vaste delta dont une branche gagne, au Nord, la baie de Tourane ; la principale se jette à la mer par l'estuaire de Faïfo. Le S. Buong mesure quelque 200 kilomètres de sa source à son embouchure.

Au Sud de ce magnifique delta, le couloir d'Annam, qui est ici la province de Qu.Nam, est admirablement arrosé par une infinité de ruisseaux et de cours d'eau communiquant entre eux comme les canaux et les *rach* de Cochinchine, mais ce ne sont que des rivières de plaine, issues des premières pentes de la chaîne et sans importance géographique ; le S. Ton-Bac, d'ailleurs, qui coule Sud-Nord, parallèlement à la côte, au milieu des premières chaînes, a empêché tout autre cours d'eau important de se diriger vers la mer et c'est à lui que descendent les eaux de toutes ces hauteurs.

Au Sud du delta du Qu. Nam, se trouve le petit cours d'eau, appelé S. Tra-Bong, mais que l'on ne peut guère compter comme rivière côtière, tant son cours est peu développé.

S. Tra-Kuc (rivière de Qu. Ngai) — La rivière de Qu. Ngai, ou Song Tra-Kuc, vient de la chaîne annamitique ; sa source est à 1.700 mètres d'altitude, par le travers du haut Sengèh, qui est une des branches de la haute Sé San ; son lit n'est, comme celui des autres rivières, qu'un torrent fougueux creusé entre les chaînes abruptes et orienté Sud-Nord ; sinueux, il décrit un arc-de-cercle aux capricieux méandres pour se diriger dans l'Est et aller se jeter dans la mer par un estuaire sablonneux, en amont duquel est bâti Qu. Ngai. Cet estuaire se continue, comme tous les autres du Centre-Annam, par une lagune où se jettent de nombreux cours d'eau sans importance. Parmi eux, citons cependant le S. Ba-Tua, qui descend de la chaîne et dont la source doit être voisine de celle du S. Tra-Kuc.

Rivière de Bong-Son. — Au Sud de la rivière de Qu. Ngai, l'on ne rencontre plus que des ruisseaux jusqu'à la rivière de Bong-Son, ou S. Lai-Giang, formée, à 3 kilomètres en amont de Bong-Son, par la réunion de deux branches ; celle du Nord, ou S. An-Lao, vient de la zone montagneuse et ses sources doivent se trouver dans le voisinage de celles du S. Ba-Tua ; de gros torrents le grossissent, tous fort mal connus, mais qui drainent, sans aucun doute, les pentes orientales des chaînes. Le S. An-Lao décrit un arc-de-cercle, du Sud-Ouest à l'Est, pour courir ensuite Nord-Sud.

La branche méridionale du S. Lai-Giang est le S. Kim-Son, beaucoup moins important que le S. An-Lao et orienté Sud-Ouest—Nord-Est ; il est encastré dans les premiers bourrelets orientaux de la chaîne annamitique.

Au Sud de Bong-Son, le couloir côtier n'est arrosé que par d'insignifiants ruisseaux ; ces bassins restreints et sans intérêt sont enfermés entre des éperons et des chaînons secondaires lancés sur la côte.

Rivière de Binh-Dinh. — Cette rivière, quoique très courte, est assez importante et tout son cours inférieur, du pied des montagnes à la mer, est fort large. Sa source est au Deo Tha-ma, col sis à hauteur de Phu-My ; après avoir couru, pendant 25 kilomètres, Nord-Sud, la rivière se coude brusquement à l'Est en entrant dans le couloir et s'élargit subitement ; mais, à An-Nhon, elle se divise en une multitude de bras plus étroits, qui vont se jeter tout le long de la baie de Thi-Nai, sur la pointe méridionale de laquelle s'élève Qui-Nhon. Dans la partie inférieure de ce delta, aux environs de la citadelle de Binh-Dinh, le S. An-Truong rejoint la rivière ; c'est un cours d'eau très secondaire, venu du Sud-Ouest, des premières montagnes de la chaîne. En arrière même de Qui-Nhon, à l'extrémité Sud du delta, se jette le S. Hatau, venu, lui aussi, du Sud-Ouest.

Rivière de Phuyen. — Au Sud de la barrière montagneuse de Cumong, se trouve le compartiment arrosé par la rivière de Phuyen, ou S. Cai ; elle est formée de deux branches principales : le S. Calo, branche occidentale, naît dans la chaîne et coule Nord-Sud, entre des arêtes de 700 à 800 mètres de relief ; sa vallée, rapidement aplanie, possède quelques sources thermales ; après avoir tourné à l'Est, elle rejoint le S. Con, appelé S. Ha-Nhao dans son bief supérieur ; il vient du Nord lui aussi, du Deo Ha-Nhao, de l'autre côté duquel prend naissance un sous-affluent de la rivière de Binh-Dinh. Sur sa rive droite, un peu en amont du S. Cai, le S. Calo reçoit un affluent venu des montagnes du Sud-Ouest. Le delta du S. Cai est large et bordé de collines, qui serrent de fort près la mer et étranglent le couloir côtier.

A une trentaine de kilomètres au Sud de la citadelle de Phuyen, bâtie dans le delta du S. Cai, l'on arrive à l'embouchure du S. Ba, la plus puissante rivière côtière de tout l'Annam central et méridional.

S. Ba. — Il doit prendre sa source à hauteur du 14°30′ latitude Nord ; son cours supérieur, complètement inconnu, appelé Kr. Apah ou Rpâ par les Moï, arroserait le Plateau des Benam ; il entre ensuite dans une zone de montagnes d'où il émerge pour s'engager dans le Plateau d'An-Khê qu'il traverse du Nord au Sud ; au-delà de cette terrasse, il est coupé de gros rapides et décrit, dans les chaînes qui le séparent de son affluent, l'Ayun, un N très aigu avant de reprendre sa direction générale Nord-Sud. Il entre ensuite dans la plaine en pente douce, qui va constituer tout son bassin moyen et inférieur ; son cours est toujours parallèle au rivage dont le sépare la barrière montagneuse côtière.

Son principal affluent de rive droite, l'Ayun, descend du Kong Ngut et son cours est parallèle à celui du S. Ba ; il coupe la frange occidentale du Plateau des Jaraï par une faille très encaissée, de l'autre côté de laquelle se dresse la chaîne qui le sépare du S. Ba. Sur sa rive droite, l'Ayun est grossi du Ya Hiau dont la source est voisine de celles du Kr. Bouk et du S. Nang.

S. Ba et Ayun se réunissent un peu en amont du poste de Cheo-Reo. Le cours du S. Ba est coupé de rapides et de seuils quoique la vallée soit libérée des montagnes. Sur sa rive droite, il reçoit le S. Nang, descendu du Dlé-Ya vers le Sud-Est et qui décrit ensuite une boucle très accusée vers le Nord-Est ; en aval du S. Nang, il est encore grossi, à droite, du S. Hin, descendu de l'éperon septentrional intérieur de la chaîne annamitique ; le S. Hin coupe le plateau de Médrac, du Nord au Sud. Toutes ces rivières sont encombrées de seuils et de rapides. Le S. Ba, au confluent du S. Nang, se coude vers l'Est et profite de l'écroulement de la chaîne côtière pour se diriger vers la mer par un lit sinueux, étranglé, au Nord et au Sud, entre les ramifications montagneuses. Il se jette à la mer par un vaste estuaire ensablé, large de 5 kilomètres Cette partie du cours inférieur est appelé S. Da-Rang.

Au Sud du S. Ba, se trouve l'étroite et courte vallée du S. Ngoay, qui se jette dans la mer par l'estuaire du S. Cai, juste au Nord de la barrière montagneuse du Varela qu'il borde de l'Est à l'Ouest.

A 50 kilomètres au Sud de cette barrière, l'on rencontre la rivière de Ninh-Hoa, pauvre torrent sans importance, qui se jette dans le fond marécageux de la baie de Binh-Cang.

Rivière de Nhatrang. — A 36 kilomètres plus au Sud, l'on arrive à la rivière de Nhatrang, formée de deux branches ; celle du Nord, ou S. Cho, descend de la chaîne annamitique, des hauteurs tendues entre le T. Paï et le T. Gênh ; son cours supérieur, appelé Ya Trang, est grossi, à droite, du Ya Tour et, plus en aval, du Kr. Giang, descendu des contreforts du T. Tong. Le S. Cho coule Nord-Ouest—Sud-Est. Le S. Caï, branche méridionale, vient également de la chaîne annamitique et descend des contreforts du T. Yang-Long ; il coule Ouest-Est et est grossi, à droite, du Ya Sumau que borde, sur sa rive droite, le mur du Mu-Thua. Toutes ces rivières ne sont que des torrents fougueux, semés de cataractes, de chutes et de rapides. A 6 kilomètres en amont de sa jonction avec le S. Cho, le S. Caï reçoit, à droite, le S. Cao, qui descend Sud-Nord d'une région extrêmement accidentée. Sa source est par 1.290 mètres, dans le voisinage du Y. Lan (1.320 m.) ; à mi-chemin de sa source, il est coupé d'une chute de 20 mètres.

Rivière de Phanrang. — La rivière de Phanrang — appelée aussi S. Caï — prend sa source dans les massifs de la zone montagneuse méridionale, près de l'angle qui marque le changement de direction des chaînes et le point de départ du bassin du Donnaï. Orientée Sud-Nord, elle traverse, sous le nom de To Hap, une contrée bouleversée et difficile; elle n'est qu'un torrent impétueux, grossi d'autres torrents. Les plus importants viennent la rejoindre sur sa rive droite. Ce sont, d'amont en aval, le Kr. Pan, le S. Tabou, issu par 1.500 mètres d'altitude dans les épais massifs qui le séparent du Da Nhim; le S. Tabou est lui-même grossi du S. Tia. Dans son delta, la rivière de Phanrang reçoit le S. Gia, né par 1.500 mètres d'altitude, dans les contre-forts méridionaux de la chaîne. Il décrit une demi-circonférence dont la convexité est tournée vers le Nord.

Au-delà de Phanrang, le couloir d'Annam est arrosé par le S. Long-Song, torrent peu important dont les sources sont opposées à celles du S. Tia.

S. Luy. — L'on rencontre ensuite la rivière de Phanri, ou S. Luy; sous le nom de Kr. Nhum, elle prend naissance dans la chaîne, au Sud de Djiring; elle coule au Sud-Sud-Est, dans une gorge encaissée entre de grosses montagnes; grossie du S. Taly et du S. Caloun, augmenté lui-même du S. Maday, elle entre en plaine et se dirige vers l'Est; un peu avant Phanri, elle reçoit, à gauche, le S. Giai dont les sources sont voisines de celles du S. Long-Song et du S. Tia.

S. Cuau. — Au-delà du S. Luy, coule le S. Cuau, ou rivière de Phu-Hai Sa source, voisine de celle du D. Nhum (S. Luy), se trouve également dans la chaîne montagneuse qui enserre, au Sud, le plateau de Djiring; le S. Cuau coule Nord-Sud et va se jeter à Phu Hai, à 5 kilomètres à l'Est de Phanthiet.

Rivière de Phanthiet. — La rivière de Phanthiet, ou S. Muong-Mam, est un peu important torrent formé du Da Bho, branche orientale, et du S. Chau, branche occidentale; leurs sources sont voisines de la moyenne Lagna et leur cours supérieur est enserré par les derniers éperons de la chaîne annamitique; le S. Chau coule en un lit très sinueux, qui est orienté d'abord Sud-Nord et revient ensuite au Nord-Est.

S. Phan. — Le S. Phan, issu des pentes méridionales du N. Ong, coule paresseusement dans la région inculte et sauvage qui forme le Binh-Thuan sud-occidental; il se dirige vers la mer au milieu des étendues sablonneuses que hérissent, sur sa rive gauche, les derniers éperons avancés de la chaîne et l'îlot du N. Taku.

Rivière de La-Gi. — La rivière de La-Gi est de même nature; elle descend des mamelons tendus entre le N. Kaduc, à l'Est, et le Chua-Chang, à l'Ouest; elle coule également au milieu de cette zone de forêts, de sable et de marais, qui sépare le Sud-Annam de la basse Cochinchine orientale.

S. Ray. — Le S. Ray vient des pentes sud-occidentales et des éperons du Chua-Chang; son cours inférieur arrose l'angle oriental de la basse Cochinchine.

Donnaï. — Au-delà, l'on entre enfin dans les plaines cochinchinoises, arrosées par le cours inférieur du Donnaï, seul fleuve digne de ce nom rencontré depuis le S. Ba.

Il est d'ailleurs intéressant de remarquer la similitude et l'harmonie de ces deux grosses rivières. Comme le S. Ba, le Donnaï prend sa source dans la zone montagneuse et, pendant longtemps, coule, comme lui, parallèlement au rivage, enserrant, entre lui et ce dernier, de puissantes chaînes d'où descendent à la côte, les rivières côtières directes.

Le Donnaï est formé de deux branches, le D. Nhim et le D. Dong.

La branche orientale, ou D. Nhim, prend naissance dans la chaîne annamitique,

125. — Maisonnette funéraire surmontant un tombeau de Mé-yach.

126. — Tombeau krung.

un peu au Nord du 12° latitude Nord et ses sources sont voisines de celles du Kr. Knô, du S. Cai de Nhatrang et du S. Cai de Phanrang ; il s'appelle alors D. Erkop et coule Nord-Sud, mais cette partie de son bief supérieur est mal connue ; c'est à l'extrémité méridionale de ce parcours qu'il prend le nom de Da Nhim ; il coule alors, par 1.000 mètres d'altitude, en une terrasse que domine le poste de Dran ; calme et tranquille, la rivière décrit de nombreux méandres en ce palier ménagé en gradin en haut des premières chaînes qui encerclent le Lang-Biang ; dans l'Ouest, le D. Nhim traverse encore la terrasse de Diam, qui prolonge celle de Dran ; mais, au-delà, le lit s'accidente, se sème de rochers et se coude vers l'Ouest ; une première chute de 4 mètres le coupe, puis, après avoir reçu, à droite, le D. Tam, qui descend des contreforts du Lang-Biang, la rivière, toujours resserrée entre des collines couvertes de pins, se précipite en une chute grandiose, le L. Khang, étalée sur deux paliers perpendiculaires et la gorge, hérissée de rocs, s'enfuit au Sud-Ouest pour présenter, à quelques kilomètres en aval, un bief tranquille et navigable de une lieue environ de développement ; c'est là que le traverse la route de Dalat à Djiring, par 840 mètres d'altitude ; la largeur du cours d'eau est déjà de 50 mètres.

En cet endroit, il reçoit à gauche, le Ya Kayong qui franchit, dans les montagnes, une chute de 60 mètres de haut.

Le D. Nhim remonte ensuite au Nord-Ouest et se joint à la seconde branche du Donnaï, le D. Dong, qui est la branche occidentale.

Le D. Dong descend du rebord septentrional du Plateau du Lang-Biang et des pentes des pics de même nom dont il longe le versant occidental ; il coupe l'angle nord-occidental du Plateau et son lit, au passage des ondulations, est coupé de chutes ; l'une d'elles, aux environs de Pretaing, mesure 4 à 5 mètres de hauteur. Au-delà de Pretaing, le D. Dong se dirige vers le Sud par un cours très sinueux, arrosant le Plateau de Rioung ; un peu avant de se joindre au D. Nhim, il reçoit, à gauche, le Kamly, qui descend du Lang-Biang et franchit, lui aussi, de fort belles chutes.

Le D. Nhim et le D. Dong réunis forment un beau torrent impétueux, semé de quelques rares et courts biefs calmes et, partout ailleurs, encombré de rocs, de cataractes, de rapides, de sauts ; orienté Est-Ouest, il se creuse, sous le nom de D. Deung, une faille profonde dans la partie septentrionale du Plateau de Djiring, puis coule en un défilé extrêmement profond, ouvert entre les Ta-Doung Ta-Drà, au Nord, et le Kong-Klang, au Sud ; en aval de ces deux massifs, il reçoit, du Nord, son principal affluent de rive droite, le D. Rtih. Le D. Deung, toujours étranglé entre des collines de 350 mètres de relief, coule encore en une gorge sauvage et torrentielle ; ce n'est qu'en aval du confluent du Rkèh que son cours se calme et devient navigable ; il décrit alors un demi-cercle curieux — la boucle du Donnaï — dont la partie inférieure se replie en méandres capricieux au milieu d'une belle plaine marécageuse ; ce bief navigable est coupé de deux seuils ; celui d'amont, le L. Meun-Mong, est formé par quatre énormes arêtes de schiste qui rejettent, sur la rive gauche, la masse des eaux ; le chenal, large de huit mètres, se précipite avec fureur en formant saut et cet obstacle oblige les pirogues à rompre charge. Le rapide d'aval est le L. Iep, formé de seuils schisteux très faibles. Le bief navigable, de part et d'autre de ces deux rapides, atteint un développement total de 68 kilomètres.

La partie inférieure du bief navigable, orientée S.-E. jusqu'au confluent du D. Tè, se coude alors au S.-O. et conservera cette orientation jusqu'à son entrée en Cochinchine. Depuis le confluent de la D. Uè jusqu'aux plaines cochinchinoises, le Donnaï est encombré de rapides, de seuils, de sauts dont les plus importants sont les chutes ou rapides de Trian.

La longueur totale du Donnaï est d'environ 550 kilomètres, égale presque à celle de la Garonne.

Ses principaux affluents sont, d'amont en aval :

Le Rtih, sur la rive droite ; cette rivière descend du Plateau Central sud-indo chinois ; elle en franchit les collines de contrefort par deux belles chutes, le L. Haukà, de 10 mètres, et le L. Dung, d'une trentaine de mètres, brisée en deux sauts perpendiculaires et en cataractes. En amont du Haukà, le Rtih est grossi, à gauche, du Bouk-Sò, issu du Plateau Central qu'il quitte en franchissant une chute de 25 mètres, le L. Kuit-Buh ; en aval du Bouk-So, le Rtih reçoit, à gauche, le Ndroung, puis le Nong, descendus également du Plateau Central ; le Nong franchit, au sortir des éperons, une chute de 34 mètres, le L. Neak. Toutes ces rivières, sauf peut-être le Nong, s'étalent, dans la partie supérieure de leur cours, par 860 et 820 mètres d'altitude, en une terrasse marécageuse, étroite, ménagée entre les racines des éperons issus du Plateau.

Le Rkèh et le D. Teur qui grossissent, en aval, le D. Deung, ne sont que des torrents sans importance ; le premier prend naissance au Nord de la haute ondulation qui borde le D. Deung ; il la longe de l'Est à l'Ouest avant de la traverser pour se jeter dans la rivière ;

le D. Klur, affluent de rive droite, n'est qu'un curieux ruisseau étranglé entre des collines basses ; son affluent, le D. Phœung, est parallèle à la boucle du Donnaï.

Le D. Tè, sur la rive gauche, est un torrent secondaire issu des chaînes qui accidentent l'intérieur de la boucle ;

la D. Uè ou Ouai, autre affluent de rive gauche, vient des pentes orientales du mont Bang-Stum ; il reçoit, à droite, le D. Mbré, qui est, en réalité, la branche principale et descend du Tionlay et du col de Blao ; un peu plus en aval, sur la même rive, la D. Uè est grossie du D. Mbri, issu des pentes méridionales du Kong-Klang.

La Lagna, principal affluent de rive gauche, prend sa source dans les pentes méridionales du Yang-Yut ; elle arrose le Plateau des Ma où elle reçoit, à gauche, la D. Riam, descendue du Brèiang ; la D. Riam quitte le Plateau de Djiring par une belle chute de quelque 20 mètres de haut ; elle est grossie elle-même, à gauche, de la D. Rsas et du D. Knan ; bien plus en aval, la Lagna reçoit, à gauche, la D. Bras. Son cours, orienté Nord-Sud, se coude alors vers l'Ouest et, dans son bief inférieur, elle décrit de capricieux méandres au milieu de savanes qu'elle inonde à l'époque des crues.

Le S. Bé est le plus gros affluent du Donnaï, qui le reçoit sur sa rive droite ; il naît au cœur même du haut Plateau Central, par 1.000 mètres d'altitude ; son cours supérieur, appelé D. Glun, s'y étale en une petite terrasse marécageuse ; mais, il quitte bientôt ce gradin par une belle chute de 44 mètres, le L. Rlû et entre en une gorge sauvage, ouverte entre les éperons du Plateau ; il reçoit, à droite, le D. Jeul, puis franchit, coup sur coup, deux nouvelles chutes, le L. Tariâ, saut de 8 mètres, et le L. Hur, de 10 mètres ; entre ces deux sauts, le S. Bé est grossi, à droite, du D. Rkèh ; très en aval, il reçoit, à gauche, le Rlhap, issu du Plateau Central et dont le cours supérieur s'étale également en terrasse marécageuse ; le Rlhap est grossi, à gauche, du D. Ueur. En aval de l'embouchure du Rlhap, le S. Bé vient buter contre le piton de la Yumbra dont les racines lui font franchir le L. Plai, saut de 3 à 4 mètres de dénivellation ; la montagne rejette la rivière au Nord par un angle très aigu, puis elle s'infléchit au Nord-Nord-Ouest et reçoit, à droite, le Hoyt, qui vient du Plateau Central ; elle se coude à nouveau vers le Sud et devient à peu près navigable ou, tout au moins, flottable malgré les seuils, avant d'entrer dans les plaines cochinchinoises où elle décrit d'innombrables méandres encore encombrés de seuils. La longueur du S. Bé est de quelque 300 kilomètres, à peu près égale à celle de l'Isère.

Le dernier affluent du Donnaï est la rivière de Saïgon qui se jette dans son delta ; elle descend du glacis de la haute Cochinchine et est formée de deux branches, le Canlé Tru et le Canlé Cham. Fort sinueuse, elle passe entre le N. Ba-Den et le N. Ong.

b) Versant du Mékong. — Nous avons vu que, du Centre au Sud-Annam, la ligne de faîte Mékong-Mer de Chine se tient à proximité plus ou moins grande de la côte ; aussi, les rivières qui descendent à la mer, ne sont-elles, pour la plupart, que de courts et impraticables torrents ; par contre, le Mékong reçoit, de l'hinterland, d'importants cours d'eau, qui naissent, soit dans les contreforts occidentaux de la chaîne, soit sur les hauts Plateaux ; ce sont de longues et grosses rivières qui, malgré les rapides, sont navigables sur une grande partie de leur parcours.

Le caractère distinctif de ces cours d'eau est de présenter, en divers endroits, de longs biefs tranquilles, au courant presque insensible, étalés, le plus souvent, sur des terrasses marécageuses ; ces biefs sont étagés en gradins et séparés les uns des autres par des couloirs fougueux, coupés de chutes, de cataractes et de rapides, qui font obstacle, malheureusement, à toute navigation sérieuse et suivie.

Le premier affluent que le Mékong reçoit, au Nord, de l'hinterland, est la Sé Bang-Hien dont la vallée, prolongée en amont par celle de son affluent, la Sé Tchepòn, emprunte la faille même de fracture de l'Indochine Centrale.

Sé Bang-Hien. — La Sé Bang-Hien elle-même coule dans les terrains calcaires, au Nord de la ligne de fracture. Quant à la Sé Tchepòn, elle prend sa source dans les montagnes qui accidentent, à l'Est, le Plateau des Ta-Hoi. Pendant longtemps, son cours supérieur, parallèle à celui de la rivière de Qu-Tri, est orienté Sud-Est—Nord-Ouest ; à Lao-Bao, par quelque 200 mètres d'altitude, la rivière coule déjà en une plaine assez élargie et elle se dirige Est-Ouest en longeant les pentes septentrionales du Plateau des Ta-Hoi ; un peu en aval de Tchepòn, elle se réunit à la Sé Bang-Hien proprement dite et la rivière se coude au Sud-Sud-Ouest, contournant les derniers bastions du Plateau des Ta Hoi—Pou Soung et P. Fa-Dang ; elle commence alors à décrire d'interminables méandres, qui ne cesseront d'aller en s'accentuant tout le long du cours inférieur ; malheureusement, dans ce passage des grès lancés par le Plateau, le cours d'eau franchit des seuils par des rapides noyés en saison des pluies ; la rivière est, en effet, déjà une imposante artère, calme, aux biefs profonds mais, en saison sèche, il n'y a que peu d'eau. Au Sud du Pou Fa-Dang, aux roches d'A Hin-

Long, elle est encombrée de roches, qui ne laissent aux eaux qu'un étroit défilé rocheux ; puis, les méandres augmentent ; le Kheng Kong, série de trois barrages, le K. La-Vaï et le K. Sop-Pin, sont les derniers rapides avant le confluent, sur la rive gauche, de la Sé Lanong, assez gros affluent, venu du Plateau Ta-Hoï ; l'embouchure est marquée par un nouveau rapide et par un changement de direction de la S. B. Hien. Les pentes du Plateau Ta-Hoï sont dépassées et la rivière se coude vers l'Ouest, décrivant toujours de capricieux méandres entre des berges plantées de forêt épaisse ; le lit, cependant, est coupé encore de nombreux rapides, défilés encombrés de lauriers-roses et de palétuviers, qui rendent la navigation très difficile aux basses eaux, mais qui sont noyés à la crue ; l'un de ces rapides est, en saison sèche, une véritable chute de plus d'un mètre ; au-delà, se trouve le K. Sé-Météh, rapide double, assez mauvais. En aval, enfin, la rivière « n'est plus qu'un canal profond, aux eaux calmes, sans courant, adopté, de tous temps, par les envahisseurs, comme voie d'accès aux provinces anciennement vassales de l'Annam (1) ».

A Song Khône, la Sé Bang-Hien reçoit, sur sa rive droite, le Sé Champone, grossie du Sé Kien-Soï, venus tous deux du Nord ; la rivière, qui vient de l'Est, décrit ici un angle extrêmement brusque, revenant au Sud-Est par de capricieuses boucles, puis à l'Ouest, pour aller se jeter dans le Mékong, en face de Kemmarat, après un dernier bief encombré de rapides. De Song Khône à Kemmarat, il y a 25 kilomètres à vol d'oiseau et 55 par les méandres de la Sé Bang-Hien.

La longueur de la Sé Tchepôn-Sé Bang-Hien est de 375 kilomètres environ, à peu près égale à celle de la Vienne.

Sé Don. — Au Sud de la Sé Bang-Hien, le Mékong reçoit la Sé Don, qui descend du bastion septentrional du Plateau des Boloven, du P. Ko-Tie que la rivière entoure à l'Est et au Nord ; elle longe ainsi tout le rebord septentrional du Plateau ; ce n'est encore qu'un torrent coupé de rapides et ce bief tourmenté aboutit, en aval de Saravan, à la chute du Kheng Noï, haute de 8 à 10 mètres ; en aval, elle commence à être navigable, son cours s'apaise et son lit s'élargit ; un rapide assez fort, le Kheng Catay, lui fait cependant franchir un seuil de un mètre de dénivellation ; sa direction Est-Ouest, depuis Saravan, le long des pentes septentrionales du Plateau des Boloven, se coude brusquement au Sud, contournant ainsi l'angle nord-occidental du Plateau ; le sommet de cet angle n'est qu'à 15 kilomètres à vol d'oiseau du cours du Mékong auquel la Sé Don va courir parallèlement vers le Sud ; à 40 kilomètres de son embouchure dans le Grand Fleuve, elle vient buter contre une grosse île, qui partage en deux son lit ; les eaux la contournent par deux bras impétueux ; celui de l'Est franchit un saut de 15 mètres, en gradins, tandis que celui de l'Ouest écume en un couloir incliné à 45° ; un peu en aval, se rencontre un dernier saut de 2 mètres, au-delà duquel la rivière est navigable jusqu'à son embouchure, malgré quelques seuils insignifiants.

La longueur de la Sé Don est à peine de 200 kilomètres.

Système Sé Khong. Sé San, Srépok. — Le plus important affluent de rive gauche du

(1) De Malglaive. — *Voyages au Centre de l'Annam et du Laos.* — P. 178 (vol. IV de la Mission Pavie). — Paris, Leroux — 1902.

Mékong est, sans contredit, la Sé Khong que grossit la Sé San, réunie à la Srépok. Ce système splendide draine toutes les eaux d'un hinterland immense et rappelle, par sa disposition, notre système français Mayenne Sarthe-Loir.

Quoique la longueur de chacune de ces trois artères soit sensiblement égale, la Sé Khong, qui est le bras septentrional, doit être considérée comme la branche maîtresse. La Sé San est l'artère centrale et la Srépok, celle du Sud.

Incomplètement connue, la Sé Khong présente un développement de quelque 450 kilomètres ; la Sé San est longue de 475 kilomètres, la Srépok, de 490. Ces chiffres ne sont, toutefois, qu'approximatifs et, si la Sé San et la Srépok paraissent, à première vue, plus longues, c'est que leur cours supérieur traverse des plaines élevées, souvent marécageuses, où il décrit de capricieux méandres tandis que le cours de la Sé Khong est bien plus direct.

Sé Khong. — La Sé Khong est formée de deux branches principales, la Sé Katam et la Sé Kaman.

La Sé Katam, qui est le bras septentrional, descend de la zone montagneuse étalée en arrière du Qu. Nam ; ses deux branches, le D. Mout et le D. Trou, enserrent le puissant massif de l'Atouat et leurs sources sont opposées à celles des bassins de la rivière de Hué. Elles naissent à une altitude fort basse, par 600 mètres environ, au pied du formidable massif, qui les domine de 1.500 et 1.800 mètres ; ainsi formée, la Sé Katam longe la face sud-orientale du Plateau Ta-Hoi, au pied duquel elle se creuse un ravin excessivement encaissé, gorge tourmentée que bordent, sur la rive gauche, les montagnes chaotiques de la chaîne annamitique ; puis, libérée des contreforts du Plateau Ta-Hoi, la rivière s'incline au Sud et s'engage bientôt le long des pentes orientales du Plateau des Boloven ; un moment, elle forme un coude dans l'Est, repoussée par l'éperon du P. Dak-Ling, puis elle revient au Sud ; c'est déjà une belle rivière, malheureusement coupée de seuils ; elle ceinture le Plateau des Boloven sur toute sa face orientale, et se réunit, à Muong Mai, à la Sé Kaman, branche orientale de la Sé Khong.

La Sé Kaman est, elle-même, formée du D. Pang et du D. Bla ; leurs sources sont opposées à celles du S. Buong, rivière de Quang-Nam ; elles se trouvent dans les épais massifs des chaînes du Qu. Nam. A leur jonction, la Sé Kaman prend le nom de D.Mih et coule, au Sud-Ouest, entre les hauteurs des Ka-Seng. Un peu en amont de son confluent avec la Sé Katam, elle reçoit, à gauche, la Sé Sou ; celle-ci vient des montagnes du pays halang, et n'est qu'un torrent infernal, coupé de rapides, de cataractes, et étranglé en une gorge sauvage.

Au confluent de la Sé Katam et de la Sé Kaman, la rivière prend le nom de Sé Khong ; large de 150 à 200 mètres, elle s'incline vers le Sud-Ouest, longeant toujours le pied de la falaise de chute du Plateau des Boloven ; son cours est assez lent, encombré de bancs de sable et sinueux ; à gauche, il reçoit, entre autres affluents descendus des hauteurs brao, le Nam Khong, qui est le D. Krong des Kha ; à l'embouchure de cette rivière, se rencontre le premier rapide, sans importance d'ailleurs ; la rivière est ainsi coupée, en aval, de quelques seuils insignifiants ; les premiers obstacles sérieux sont, au-delà, le K. Sak-Ek, prolongé par le K. Don-Phai et le Hat Hai ; peu après, débouche, à droite, la Sé Pien, gros affluent, qui descend du Plateau des Boloven et que grossit, à droite, le H. Kampo.

À l'embouchure même de la Sé Pien, la Sé Khong se coude brusquement au Sud ; c'est qu'elle vient de buter contre les éperons orientaux du P. Na-Fang dont les tentacules rocheuses barrent la rivière, qui gronde sur les premiers rapides vraiment sérieux ; l'obstacle est constitué par le Kheng Ta-Ban et le K. Luong ; le lit est entièrement coupé d'assises rocheuses et de blocs en pain de sucre entre lesquels l'eau s'échappe en chenaux rapides et bouillonnants ; en aval de ces seuils, la Sé Khong est encore semée de quelques rapides, mais ils ne présentent aucun danger et la rivière coule, large, tranquille, entre les ordinaires berges sablonneuses ; elle est alors parallèle au Mékong ; à Siempang, la largeur de la Sé Khong est de 300 mètres, la hauteur des berges, de 8 à 10 mètres ; en aval, elle s'incline au Sud-Sud-Ouest ; quoique coupée encore de quelques seuils, elle ne cesse de s'élargir encore et, à 8 kilomètres en amont de son embouchure dans le Mékong, elle reçoit la Sé San. Elle se jette dans le Grand Fleuve, à St. Treng et, en cet endroit, ses berges sont éloignées de 800 mètres ; c'est un bras profond et majestueux.

Aux grandes eaux, la navigation à vapeur serait possible sur la Sé Khong ; les rapides sont noyés et la chaloupe de la Résidence de Stung-Treng a pu remonter sans difficulté, une première fois, jusqu'à Attopeu, une seconde fois, sur la Sé Katam, jusqu'à B. Don-Chan, à 75 kilomètres au Nord de Muong Maï (1). Aux basses eaux, les pirogues circulent sans grande difficulté ; le passage du K. Ta-Ban seul est dangereux, aux moyennes eaux, et les accidents sont fréquents. Mais, des trois rivières qui forment le système, la Sé Khong est néanmoins celle qui présente les plus grandes facilités d'accès et nous aidera le mieux dans notre œuvre de pénétration vers l'intérieur.

Sé San. — La Sé San est formée de deux branches principales, le Pekô, branche occidentale et le Bla.

Le Bla — branche orientale — est également le produit de plusieurs rivières, le D. Sengèh au Centre, le D. Penè à l'Est et le D. Akœuy à l'Ouest. Le Sengèh est l'artère principale ; ses sources se trouvent dans un pays extrêmement montagneux et difficile ; par le travers des sources du S. Tra-Kuc, rivière de Qu. Ngai, il traverse une terrasse de haute altitude dont il se libère par une série de chutes importantes ; sa vallée, orientée Nord-Sud n'est plus alors qu'une gorge sauvage encaissée entre les

---

(1) C'est en 1909 que fut tenté le premier voyage du *Stung-Treng*. En septembre 1910, la tentative fut renouvelée et le *Stung-Treng*, monté par MM. Bardin et Prévost, partit, le 9, de Stung-Treng ; le 11, elle franchissait, sans encombre, le Kheng Luong et le Kheng Ta-Ban et arrivait, le lendemain, à Attopeu ; elle en repartait le 13 et s'engageait dans la Sé Katam ; elle s'arrêtait, le soir, à B. Kaniak ; le lendemain, elle passait devant les mines de cuivre de H. Vi et s'arrêtait à B Don-Chan ; les fonds étaient encore de 4 mètres et la largeur de la rivière était de 120 mètres, mais le lit était encombré d'îlots. L'on pourrait encore remonter pendant quelques kilomètres, mais l'on se heurterait alors à des chutes qui, suivant les naturels, obstruent complètement la Sé Katam et arrêtent toute navigation.

Au départ de Stung-Treng, le 9, l'échelle des eaux était à 9 mètres ; elle marquait 4 m. 50, le 12, à Muong-Mai et 3 m. 50, le 13, à Attopeu.

Le *Stung-Treng* est une petite chaloupe à vapeur de trois pieds à peine de tirant d'eau.

(Ces renseignements m'ont été communiqués par mon ami Prévost que je tiens à remercier ici en même temps que je suis heureux de le féliciter de cette si intéressante et hardie tentative, heureusement couronnée de plein succès).

chaînes. Le Penò descend du Kong Ngut, massif d'où sort également l'Ayun ; le D. Akœuy vient des montagnes du pays sédang ; son embouchure, dans le Sengèh, est à une lieue environ en amont de celui du Pené.

C'est au confluent du Sengèh et du Penò que le Bla prend son nom, qui est en réalité Belah ; à une lieue en aval du confluent du Penò, il franchit une chute de 7 mètres, le Kœuy Ketuh, en aval de laquelle il reçoit, à gauche, le Pekey descendu du Kong Ngut. C'est à partir de l'embouchure du Pekey que le Bla entre dans la plaine des Reungao et se met à décrire de capricieux méandres, tout en restant, quelque temps encore, encombré de rapides et encaissé entre les dernières collines, de 100 à 200 mètres de relief. Puis, il reçoit, à gauche, le Meteung, belle rivière descendue du T. Grong, au-delà duquel elle traverse le grand marais du Kedeũ ; à sa sortie du Kedeũ, le Meteung franchit une chute de 7 mètres puis, plus en aval, un autre saut de 20 mètres ; son cours n'est d'ailleurs qu'une succession de cataractes et de cascades. Au confluent du Meteung, le Bla change brusquement de direction et coule vers l'Ouest en accentuant ses méandres et, à 2 kilomètres en aval, il devient navigable : sur sa rive septentrionale, se dresse, par 520 mètres d'altitude, la délégation de Kontum ; à l'extrémité de cette haute plaine, il se réunit au Pekò.

Le Pekò prend sa source dans la zone montagneuse épandue en arrière du Qu. Ngai et son cours est orientée Nord-Sud ; il est grossi, sur sa rive gauche, du Psi dont la source est assez voisine de celle du Sengèh. Le Pekò borne, dans l'Ouest, la plaine des Reungao ; quelques rapides encombrent son cours ; après la réunion du Bla et du Pekò, la rivière est connue sous le nom de Kr. Pekò ou sous celui de Kr. Jal ; à 14 kilomètres en aval de ce confluent, elle quitte le rebord nord-occidental du Plateau Jaraï par une chute splendide, de 42 mètres de haut, le Jrai Li, qui marque l'entrée du bief dans la gorge pressée entre les montagnes de rive droite et les contreforts du Plateau Jaraï ; la rivière coule vers le Sud-Ouest ; à l'issue de cette gorge, elle reçoit, à droite, le Hedrey—Nam Sathay des Laotiens —, descendu Nord Sud des hauteurs du pays halang, puis, presque aussitôt, à gauche, le Ya Blang, venu du T. Kraih. La Sé San oblique alors au Sud, puis revient au Nord-Ouest par un coude brutal ; en saison sèche, des bancs de sable sèment son lit, mais on peut la remonter jusqu'à B. Api ; en aval, en face Bokkham, elle est coupée par un rapide peu important, le Kheng Sou ; à Bokkham, la rivière, déjà large, commence à se tordre en méandres et se dirige vers le Nord-Nord-Ouest ; un petit rapide, le Kheng Sang, la barre en face B. Tha-Lao, mais elle ne change pas de direction, décrivant un large accent circonflexe dont la pointe est tournée vers le Nord ; au sommet de cet arc-de-cercle, elle reçoit le Tebok, qui descend des montagnes du pays brao ; sa branche principale, appelée Ya Beï, franchit, dans la zone montagneuse, une chute de 30 à 40 mètres de haut. A Vœùne-Sai, la Sé San reçoit, à droite, le Rley — Lalay des Laotiens. Son cours est, dès lors, orienté vers le Sud-Ouest, mais, juste avant de recevoir la Srépok, elle est coupée par le Kheng Te-Da, rapide terrible, long de 8 à 10 kilomètres, que l'on descend en une demi-heure, mais qui exige deux jours d'efforts à la montée.

Le confluent de la Sé San dans la Sé Khong est à 8 kilomètres en amont de l'embouchure de la Sé Khong dans le Mékong ; le confluent de la Sé San et de la Srépok est à 35 kilomètres en amont de celui de la Sé San et de la Sé Khong.

La position centrale de la Sé San dans le système Sé Khong-Sé San-Srépok, explique pourquoi, seule de ces trois rivières, elle ne reçoit pas d'affluent important ; tous les cours d'eau qui viennent l'alimenter, ne sont que des torrents secondaires issus des barrières montagneuses et des plateaux, qui la séparent de la Sé Khong, au Nord, de la Srépok, au Sud.

Srépok. — La Srépok est formée de deux branches principales, le Krong Knô, « Fleuve mâle » et le Krong Hana « Fleuve femelle » ou Krong Boung, tous deux issus des contreforts de la chaîne annamitique.

Le Krong Hana, « Fleuve femelle », appelé également Krong Boung, est la plus importante des deux branches. Elle est formée, d'ailleurs, elle aussi, de deux artères de développement à peu près égal ; le Krong Boung proprement dit et le Krong Bouk.

Il est assez difficile de dire laquelle est la branche mère ; les indigènes considèrent le Krong Boung, branche méridionale, comme la plus importante ; son bassin est cependant bien plus restreint que celui du Krong Bouk, quoique la longueur des deux rivières soit à peu près égale ; 72 kilomètres pour le Krong Boung contre 82 au Krong Bouk. Le Krong Boung cesse d'être torrentiel dès 35 kilomètres en amont de son confluent tandis que le Krong Bouk ne présente que 20 à 23 kilomètres d'eau tranquille avant le même point.

La source du Krong Boung se trouve dans le vaste massif du Tieu Yang-Long d'où descend, à l'Est, le Song Caï, rivière de Nhatrang. Son cours, extrêmement tortueux, est en une gorge sauvage et tourmentée sur laquelle débouchent les gorges secondaires des premiers affluents.

Quelque peu élargie en aval de B. Dia, la vallée est encore fort resserrée ; les eaux s'apaisent cependant un peu et, au sortir de la gorge proprement dite, l'altitude n'est plus que de 510 mètres ; l'orientation générale du cours est Sud-Nord ; un peu en amont de B. M'gi, la rivière reçoit, sur sa rive droite, un assez gros torrent, le D. Khah, qui descend du Tieu Bang, pic secondaire rattaché au massif du Tieu Yang-Long.

C'est à B. M'gi, par 470 mètres d'altitude, que le Kr. Boung devient navigable aux pirogues, du moins en saison des pluies ; il se coude bientôt vers l'Ouest-Nord-Ouest, et entre alors dans des plaines marécageuses, couvertes de forêts-clairières inondées, hérissées de quelques collines et de quelques bosses peu élevées. C'est dans ces plaines, qui reculent parfois encore devant le dernier assaut des contreforts intérieurs de la zone montagneuse, que le Krong Boung reçoit quelques affluents dont le plus important est, sur la rive droite, le Krong Toul, descendu du Tieu Yang-Han ; quelques autres cours d'eau, de moindre importance, lui amènent les eaux des secteurs montagneux de pourtour ; parmi eux, il faut citer le Ya Bar, ruisseau qui coule en une gorge sauvage, entre les montagnes qui forment le second éperon intérieur de la chaîne annamitique ; sur sa rive gauche, le Kr. Boung reçoit le Ya Tour, qui descend des hauteurs massives et inexplorées du troisième éperon intérieur, au Nord-Est et à l'Est du lac.

Un peu plus en aval, les marais du Kr. Boung s'épanouissent, s'élargissant de plus en plus sur chaque rive et, c'est au milieu de ces étendues mornes, semées de mares et peuplées de gibier, que la rivière reçoit, sur sa rive droite, le Krong Bouk, qui lui arrive du Nord-Nord-Ouest.

Cette importante rivière — si importante qu'elle peut être prise pour la branche maîtresse — naît par 840 mètres d'altitude, dans la vaste ondulation herbeuse où culmine la ligne de faîte Srépok et Song Ba. C'est du pied du Tieu Baô que descend le Krong Bouk, près du village de B Krîl. Sa source est opposée à celles des affluents du Ya Iliau, tributaire de l'Ayun et à celles des affluents du haut S. Nang, tributaire du S. Ba.

Le Krong Bouk est une rivière torrentielle, moins sinueuse que le Krong Boung, roulant ses eaux impétueuses sur un lit de rocs peu profond; à moitié de son parcours, il entre également dans la zone des forêts-clairières inondées, au sol de grès. Un peu au Sud de B. Aï-bloum, où le franchit la route d'Annam, il se calme cependant; les bambous bordent ses rives qu'encombrent, en arrière, de profonds marais herbeux coupés de chenaux libres, de mares et de fondrières, d'accès impossible en saison des pluies.

Au milieu de ces marais et de ces fondrières, il reçoit ses premiers affluents de quelque importance; dans tout son bief supérieur, le Krong Bouk n'est, en effet, alimenté par aucune rivière digne de ce nom; quelques ruisseaux, parmi lesquels le Ya Daé et le Ya Lang, issus des ondulations herbeuses du Darlac oriental, lui apportent seuls un maigre tribut.

A son entrée en région marécageuse, il est grossi, sur la rive gauche, du Ya Sa-Kar, gros ruisseau tortueux, encombré de marais et de joncs, qui court entre les mamelons herbeux, étendus, à l'Est du Krong Bouk, jusqu'aux montagnes de la chaîne annamitique; séparé du Song Nang par une simple ondulation faîtière, de 500 à 570 mètres d'altitude, le Ya Sa-Kar vient se perdre dans les énormes marais où s'étalent des nappes d'eau de 6 à 10 pieds de profondeur aux pluies et qui, comme le Ya Dyouang, encombrées d'herbes et de joncs géants, s'opposent à toute circulation.

Un peu en aval, sur sa rive droite, le Krong Bouk reçoit, au milieu de ces marais, le Ya Kvang, qui, né par 740 mètres d'altitude, près de la grande route de B. Mé-Thuot à B. Mé-Yach, lui vient du Darlac central; c'est son premier affluent de quelque importance réelle.

A peu de distance en aval et toujours au milieu de ces terres détrempées, la rivière rejoint, sur sa rive gauche, le Krong Pach, troisième bras du système.

Le Krong Pach, d'un cours total de 66 kilomètres, descend du Tieu Thong, situé au Nord du Tieu Yang Long, en pleine chaîne annamitique. Sa vallée supérieure, gorge torrentueuse, n'est, après une courte section assez calme, qu'un étroit ravin coupé de cascades entre les contreforts occidentaux de la chaîne. Etranglé entre le Tieu Khanh, à l'Est, et le Tieu Lô, à l'Ouest, le Krong Pach se fraye un passage étroit et tortueux au fond d'une gorge furieuse, frangée de cascades, profondément encaissée, disparaissant sous le tapis de verdure des rives abruptes. Quelques ruisseaux sans importance lui apportent les eaux de cette contrée montagneuse, qui constitue la zone de soudure des deux premiers éperons intérieurs de la chaîne annamitique.

A B. M'treng, le Krong Pach reçoit, à droite, les eaux du Krong Ah; cette rivière descend du Tieu Ba, barrière terminale du premier éperon intérieur. Gorge étroite, sans vallée, le Krong Ah présente un cours sinueux, zigzaguant entre les collines peu élevées, mais escarpées et en partie déboisées, qui le bordent ; quoique fort encaissé, son cours est assez calme et n'est coupé que d'une chûte de peu d'importance, le Draé Tam-Hao.

A B. M'treng, le Krong Pach entre en plaine et affecte, dès lors, l'allure lente du Krong Boung après B. M'gi ; les hautes herbes couvrent ses rives, puis, apparaissent les bambous épineux et, enfin, les vastes marais coupés de forêts-clairières. Les cours d'eau qu'il reçoit, en cette partie de son cours, sont de pauvres ruisseaux, la plupart encombrés de marais ; les uns lui arrivent, sur la rive gauche, du T. Hin ; ceux de rive droite sont de simples fossés croupissants, qui serpentent dans les marais semés de mamelons isolés.

Le confluent du Krong Pach et du Krong Bouk est à 8 kilomètres en amont de celui du Krong Bouk et du Krong Boung. C'est après avoir reçu le Krong Bouk, grossi du Krong Pach, que le Krong Boung, tout en conservant son appellation primitive, prend également le nom de Krong Hana ; il se présente sous forme d'une belle rivière, de 40 à 50 mètres de large, encombrée de bancs de sable découverts en saison sèche ; aux crues, il est profond de 4 à 5 mètres ; ses rives sont bordées de hautes et épaisses herbes coupantes et de bambous épineux ; en arrière, s'étendent de vastes marais, noyés par cinq et sept pieds d'eau, semés de mares libres peuplées d'innombrables oiseaux aquatiques et de gibier de toute sorte. Sur sa rive droite, viennent doucement finir les dernières pentes du Darlac central, que dominent quelques chaînons, dont le Tieu Ouï, longé au Nord par le Ya Ouï ou Ya Louï, affluent du bas Krong Bouk, et le T. Drang que côtoient, à l'Est et au Sud, les cours du bas Krong Bouk et du Krong Hana.

Les affluents du Krong Hana sont encore peu importants ; sur sa rive gauche, il ne reçoit que d'insignifiants ruisseaux torrentiels issus des pentes proches de la zone montagneuse dont la barrière court Est-Ouest ; au Nord, il est grossi de quelques cours d'eau, qui se perdent dans la fondrière et dont le plus important est le Ya Nhay dont la source est au Tieu Bao, simple bosse en une ondulation du Darlac central, par 730 mètres d'altitude, à quelques centaines de mètres des sources du Ya Kvang. Orienté Nord-Sud, le Ya Nhay apporte au Krong Hana les eaux du Darlac central que draine, au Sud de la grande route d'Annam, tout un système de ruisseaux, rayant, comme les nervures d'une feuille, le glacis formé, au Nord des marais, par le plateau du Darlac proprement dit.

Un peu après le village de Mé Loup, les montagnes se rapprochent sur chaque rive et rejettent le Kr. Hana vers le Sud-Sud-Ouest ; les hauteurs, de 40 à 100 mètres de relief au-dessus du lit, viennent baigner leur pied dans l'eau, ne laissant même pas entre elles la plus étroite vallée ; les méandres deviennent nombreux, mais les eaux n'en conservent pas moins leur majestueuse tranquillité ; quelques affluents sans importance, le Ya Sam-Leun et le Ya Tling, sur la rive droite, le Ya Té sur la rive gauche, se frayent, entre les collines boisées, un chemin jusqu'au fleuve.

Au sortir de cette section montagneuse, la rivière se répand à nouveau dans une zone plate, marécageuse, noyée sous l'eau et impraticable pendant la plus grande partie de l'année. Peu après son entrée en ces plaines que borne, dans le Nord et le Sud, le pied des hauteurs d'arrêt, il reçoit, à droite, les eaux du Ya Ring, mare d'eau

127. — Village pih de B. Kenaych.

128. — Les rizières de B. Kenaych.

libre creusée entre les montagnes de bordure, encombrée d'herbes, de lotus et de rizières que noie l'inondation annuelle. Puis, il est grossi des eaux du lac Tak-Lak.

La région du lac Tak-Lak est l'une des plus densément peuplées du Darlac ; elle en est, sans contredit, la plus pittoresque Curieusement découpé en un grand nombre de poches que séparent des caps boisés et mamelonnés, le lac Tak-Lak ne mesure pas plus de 4.500 mètres, en sa plus grande longueur, sur 1.100 mètres en sa plus grande largeur ; sa superficie ne dépasse pas 876 hectares et sa profondeur n'est jamais supérieure à 2 m. 40 ; son altitude est de 445 mètres au-dessus de la mer. Le fond de la nappe est tapissé d'herbes aquatiques affleurantes et les rivages, en arrière de leur bordure de bambous épineux et de mamelons boisés, sont de vastes marais en partie transformés en rizières.

Le rivage septentrional du lac est bordé de bosses boisées, qui viennent baigner leur pied jusque dans les eaux ; ce sont de simples tertres de peu d'importance, entre lesquels s'enfoncent des baies au fond garni de pariétaires et de lotus ; le Youk Veuh sépare la pointe occidentale du lac et le cours du Krong Hana dont la boucle extrême, à l'issue de son couloir montagneux, n'est pas à plus de 600 à 800 mètres du rivage du lac. Dans l'Est, 3 à 5 kilomètres séparent à peine ce dernier du pied des hauteurs de pourtour ; de ce côté, deux affluents seuls viennent grossir le lac, le Dak Wé et le Dak Bong-Krang. Le D. Wé, plus septentrional, large de 15 mètres environ, se perd dans les marais, les rizières et les lotus, entre les villages de B. Djiouine et de B. Tioung Krong-Lang, en une baie que continuent des fondrières ; le D. Bong-Krang, de moindre importance, au même lit sablonneux, se réunit au D. Wé près du village de B. Djiouine, mais, capté pour l'irrigation des rizières, il n'apporte, en réalité, au D. Wé, que peu ou point d'eau, dans un chenal réduit à l'état de fossé bourbeux.

Tandis qu'à l'Est, 3 à 5 kilomètres séparent le rivage du lac du pied des hauteurs, la distance, au Sud, est plus grande et l'on peut compter 8 à 10 kilomètres du rivage méridional au pied des collines qu'escalade la sente du Lang-Biang ; dans l'Ouest, le lac se termine par un bec brusque ; entre les grands joncs, les herbes et les marais noyés, à travers lesquels s'ouvrent des pistes d'éléphants sauvages, le déversoir du lac, — le D. Krong-Lam des Mnong, le Yer Krong-Bong des Pih — se fraye un chemin horriblement tortueux, chaque section droite du cours ne présentant pas plus de 40 à 50 mètres de long, les coudes étant à angle droit. Au sortir même du lac, cet effluent reçoit à gauche, le Dak Lien et le D. Phoé ; ces rivières descendent des montagnes de l'Est et décrivent, au Sud du lac, un arc-de-cercle au milieu des plaines marécageuses, partiellement cultivées en rizières et semées de collines indépendantes ; leur cours supérieur est encore totalement inconnu ; à leur entrée dans la plaine lacustre, ce sont des cours d'eau tranquilles, larges de 10 à 15 mètres, coulant sur un lit de sable fin et blanc et allant se perdre, à leur embouchure dans le déversoir, en des marais immenses, qui encombrent tout ce district.

Le déversoir qui, en saison sèche, n'atteint pas plus d'un pied de profondeur, a des crues de un mètre à 1 m. 50 en saison des pluies et les marais environnants sont alors noyés sous l'inondation.

Cet exutoire, disent les aborigènes, n'a pas toujours existé ; lorsque le lac occupait une étendue bien plus considérable, il aurait été creusé « il y a excessivement longtemps », par les ancêtres, afin de faire baisser le niveau des eaux et de pouvoir cultiver les terrains en bordure des rives que l'eau dut ainsi abandonner.

Après avoir reçu les eaux du lac, le Krong Hana se dirige vers l'Ouest; au Nord et au Sud, parallèlement à son cours, s'érigent les hauteurs de bordure, plus élevées au Sud ; elles laissent entre elles un couloir de 4 à 7 kilomètres de largeur, tout en marais infranchissables, recouverts de hautes herbes vertes où gîtent les crocodiles et au milieu desquels se replie le fleuve en innombrables méandres ; des bras secondaires quittent le cours principal et, entre les bambous, serpentent péniblement dans la fondrière; des mamelons isolés, écroulés, de faible relief, bossèlent ces étendues ; sur la rive gauche, de curieuses nappes d'eau libre se creusent entre le pied déchiqueté des premières collines d'arrêt, qui finissent presque à pic sur les marais ; la plus importante est celle de B. Tiet, qui ne communique avec le fleuve que par un étroit goulot resserré entre deux mamelons rocheux ; en arrière, c'est la fondrière encombrée d'herbes géantes, noyées par six pieds d'eau, d'où s'élèvent des nuées de moustiques, où plongent des couples de caïmans et où s'ébattent des théories d'oiseaux aquatiques de toute sorte.

Cette zone, alimentée par quelques ruisseaux sans importance, issus des montagnes, se continue dans l'Ouest ; à 5 kilomètres en aval de la poche de B. Tiet, le fleuve se coude brusquement vers le Nord et, au milieu des marais de B. Tour, le Krong Hana reçoit les eaux du Krong Knô.

Ces étendues herbeuses, recouvertes d'eau à la saison des pluies, sont des plus curieuses ; tandis que les ondulations du Darlac central viennent mourir doucement, au bord du bas Krong Hana, par un glacis en pente douce, qui a remplacé la barrière des collines, le Krong Knô, dégagé des montagnes qui l'ont enserré jusqu'à B. Kdyô, coule, pendant un certain temps, parallèlement au Krong Hana qu'il rejoint par un nouveau coude ; les bras secondaires sont nombreux et toutes les communications entre villages ont lieu en pirogues, à travers l'immense plaine des herbes et des joncs qui, en saison sèche, s'élèvent à plus de trois mètres au-dessus du sol d'argile sèche.

Le Ya Pang et le Ya Bong, ruisseaux marécageux, après s'être tortillés en infinis détours entre les collines du Darlac méridional, viennent se perdre au milieu de ces marais, sur la rive droite du Krong Hana ; leur cours inférieur arrose les curieuses poches marécageuses, qui s'étendent sur la rive droite du fleuve et s'enfoncent entre les collines dont les bandes parallèles s'étalent au Nord du fleuve.

Le Krong Knô, ou Krong Kaé, comme l'appellent les Mnong, mesure 150 kilomètres environ de longueur. Il prend naissance dans les contreforts du Tieu Yang-Long, d'où descend, vers l'Ouest, le Krong Boung. Son cours supérieur est fort mal connu ; appelé D. Krong Thin par les aborigènes, il roule, profondément encaissé, entre des montagnes abruptes et désertes, couvertes de pins et incultes ; il ne présente guère qu'un ravin turbulent, ménagé entre de hautes murailles montagneuses.

À quelque 10 kilomètres de sa source, je l'ai traversé, en avril 1903, par 1.060 mètres d'altitude. Sa vallée moyenne, peu connue également, est aussi fougueuse ; le lit est peu profond, encombré de quartiers de rocs et de pierres, qui rendent toute navigation impossible, sauf en quelques biefs de peu de longueur. Entre B. Damrong

129. — Les marais de B. Tour.

130. — Moyenne Srépok. — La quatrième cataracte.

et B. Duot, un immense marais couvert d'herbes géantes et de vase, occupe toute sa rive gauche.

C'est presque à l'issue de cette vallée moyenne qu'il reçoit, à gauche, son premier affluent de quelque importance, le D. Rmang. Ce torrent descend des hauteurs qui s'étendent, au Sud du Plateau Central, entre ce dernier et l'ondulation de bordure du D. Deung ; sa vallée supérieure se déroule en une étroite terrasse resserrée entre les racines des éperons issus de cette ondulation faîtière. La rivière coule d'abord au Nord-Est, mais son cours s'accélère au voisinage des éperons issus du Y. Rmaï ; elle se coude à l'Est, longeant les pentes septentrionales de ce massif ; à hauteur de son angle nord-oriental, elle reçoit, à droite, le D. Rsal qui vient du Sud, des hauteurs d'accès au Lang-Biang et qui arrose les pentes orientales du Rmaï ; en aval de ce confluent, le D. Rmang se coude au Nord et se jette dans le Kr. Knô.

Celui-ci continue sa course, vers le Nord-Ouest, au travers de la même contrée tourmentée et sauvage, peu habitée, hérissée de collines abruptes et pressées, surmontées d'imposants massifs montagneux ; avant d'entrer dans sa vallée inférieure, il est coupé, un peu en amont de B. Kehang, par toute une série de rapides et de cataractes infranchissables que les naturels appellent « les rapides du *ré-ran* ». Le fleuve mugit sur des assises de grès creusées de marmites profondes que les aborigènes disent être les empreintes d'un éléphant légendaire, appelé *ré-ran*. Les blocs de grès, bizarrement taillés, sont séparés par des tas de sable ; ces rapides sont continués par le Draé Chep, cataracte de 2 m. 50 environ de dénivellation.

Un peu en aval de ces obstacles, le fleuve reçoit, à droite, le D. Rieô, large d'une quinzaine de mètres, descendu des montagnes qui séparent le lac du moyen Krong Knô ; sa vallée n'est qu'une gorge rocheuse, grossie de petits torrents dont le plus important est le D. Hiao, venant du Nord.

A deux kilomètres en aval de l'embouchure du D. Rieô, se trouve, sur la rive gauche, celle du Ya Teung ; cette rivière, aussi importante que le D. Rmang, descend du Nam Noung et son cours supérieur, appelé D. Nteng, s'étale en une terrasse, de 830 mètres d'altitude, marécageuse, où le cours d'eau se divise en bras étroits et stagnants ; il quitte cette terrasse pour entrer dans la zone des collines qui prolongent, dans l'Est, le Plateau Central et il arrive au Kr. Knô après avoir décrit, depuis sa source, un arc-de-cercle dont la convexité est tournée vers le Sud.

En aval de l'embouchure du D. Teung, le Kr. Knô longe les pentes sud-occidentales du Nam Kà, qui le sépare du Kr. Ilana ; la rivière est navigable depuis le Draé Chep, mais elle est encombrée de bancs de sable et sa profondeur est de quelques pieds à peine en saison sèche. Autour du Nam Kà, qu'elle encercle dans l'Ouest, la rivière décrit une boucle et, à 10 kilomètres en aval du confluent du D. Teung, entre dans la plaine marécageuse, qui ne cessera de s'élargir sur chaque rive, vers l'aval, jusqu'aux immenses marécages de B. Tour.

Cette plaine défoncée se présente d'abord sous forme de poches, effondrées entre les éperons de la zone montagneuse, et cultivées en rizières ; la poche de B. Bu-Luk, entre les racines du Nam Kà, est celle que l'on rencontre le plus en amont ; sur la rive gauche, se trouvent celles de B. Kdoh et de B. Srué, épanouies entre les derniers coteaux raides qui terminent la zone montagneuse occidentale ; elles sont traversées par le Ya Nang; ce ruisseau lent et sinueux, perdu dans les marais, se jette au Ya Preuk, affluent du Kr. Knô.

Sur sa rive droite, le Krong Knô est bordé par une autre série de poches semblables dont le fond, vers l'amont, est occupé par celle de B. Dang-Ring; elles s'épanouissent, en aval, par celle de B. Plau-Sieng qu'alimente la nappe d'eau libre du Ya Thing. Cet étang est encastré entre les éperons boisés et élevés de la zone montagneuse épandue entre Kr. Hana et Kr. Knô; le T. Thing (600 mètres) la sépare, au Nord, d'un autre étang similaire, le Ya Ktir, qui se déverse, dans le Kr. Knô, par un étroit effluent. Ces mares libres caractérisent toute la basse vallée du Kr. Knô.

En face de la pointe aval des marais de B. Plau-Sieng, la rivière reçoit, à gauche, le Ya Preuk; il descend des pentes septentrionales du N. Noung et, sous le nom de D. Pri, coule d'abord au Nord-Nord-Est; il franchit, au sortir des éperons du N. Noung, une chute, le L. Ray, que je n'ai pu visiter, mais qui serait haute de 8 à 10 mètres, suivant les renseignements des naturels Il se coude ensuite vers l'Est et reçoit, à droite, le Rlong, descendu, lui aussi du N. Noung et qui franchit, au sortir des éperons, une chute de 35 mètres, le L. Om-Ruêh; un autre affluent du D. Pri, le Ntau traverse également la zone montagneuse par une gorge, qui se précipite en une série de chutes formidables, le L. Gung, de 160 mètres de dénivellation. A son entrée dans les marais du Kr. Knô, le D. Pri prend le nom de Ya Preuk et reçoit, un peu avant son embouchure, le Ya Nang ou Ya Bieuk qui, sous le nom de D. Rnang, descend des contreforts orientaux du N. Noung; plus en aval, le D. Rnang est connu, en son cours moyen, sous le nom de D. Glê; son cours inférieur n'est qu'un fossé boueux, à demi-absorbé par les marais qu'il traverse.

En aval de l'embouchure du D. Pri, le Kr. Knô est bordé, à droite, par un nouvel étang d'eau libre, le Ya Buang, encastré dans les éperons montagneux et au milieu duquel, sur deux îlots d'argile et de tuf jaune, s'élève le village de B. Kseur; un peu en aval, sur la rive gauche, la rivière reçoit les eaux d'une poche similaire, le Ya Senô; cet étang, entouré de collines, est alimenté par le Ya Dro, qui descend des contreforts septentrionaux du N. Noung; comme le D. Pri, il coule d'abord vers le Nord-Nord-Est et se libère des éperons par une chute de 13 mètres, le L. Ok; il se coude ensuite au Nord-Est, puis au Sud et à l'Est, pour traverser le Ya Senô et aboutir, moins d'un kilomètre en aval, au Kr. Knô.

A 10 kilomètres en aval de l'embouchure du D. Dro, le Kr. Knô, entre, à B. Kplang, dans les marais élargis, noyés sous l'eau et les herbes, au milieu desquels il va se réunir au Kr. Hana.

Peu après la jonction du Krong Hana et du Krong Knô, la Srépok, qui porte encore le nom indigène de Krong Boung, entre dans la zone des collines et des mamelons rocheux par lesquels s'écroule le plateau onduleux du Darlac; la rivière, large de 50 à 80 mètres, traverse ce secteur en une gorge coupée de cataractes, de chutes et de rapides d'une sauvage beauté. La première barrière rocheuse est franchie par les Draé Ktrao, ligne de rapides de peu d'importance, au-delà desquels, à 500 ou 700 mètres, mugissent les Draé Kong, première cataracte de 5 mètres de chute; la rivière gronde sur un seuil de rocs et de blocs énormes puis, par une succession de rapides, se précipite dans la partie la plus tourmentée de son parcours; entre les collines rocheuses,

131. — Moyenne Srépok. — Le Draé Nour.

132. — Moyenne Srépok. — Le Draé Dar.

GÉOGRAPHIE — ETHNOGRAPHIE

couvertes de forêt-clairière et de bambous, elle se tord et se précipite en une série de cataractes dont la plus importante, la septième, est le Draé Nour, magnifique saut d'une dizaine de mètres de hauteur ; du Draé Ktrao au Draé Nour, sur une distance de 10 kilomètres, la rivière franchit une dénivellation de 50 à 60 mètres Toute navigation est absolument impossible et il m'a fallu plus d'un jour pour explorer, à travers les rocs et les mamelons abrupts, cette courte section à laquelle aucun sentier ne donne accès.

Au Draé Nour, la Srépok — ou plutôt le Kr. Boung — fait un brusque coude vers le Nord ; la rivière reçoit alors, à gauche, les eaux du système D. Mam-D. Cor, rivières parallèles, issues, la première des pentes occidentales du N. Noung, la seconde, du Plateau Central, par 990 mètres d'altitude ; ce sont des torrents orientés Nord-Est, coupés de chutes au passage des derniers contreforts et des terrasses de grès qui prolongent le Plateau ; le D. Cor franchit ainsi le L. Mâ (8 mètres), le plus important de ces sauts. D. Mam et D. Cor se réunissent à quelque 3 kilomètres avant de se jeter dans la Srépok.

Celle-ci coule encore en une gorge encaissée, entre les collines rocheuses du Darlac, à l'Est, et celles qui prolongent le Plateau Central, à l'Ouest En ce bief encombré de rocs, la rivière reçoit, à droite, les premiers cours d'eau du Darlac central et, à gauche, le D. Geun, torrent issu de la frange septentrionale du Plateau Central.

Des rapides et de nombreux seuils encombrent toute cette partie du cours qui se précipite, en aval, en un nouveau saut magnifique, d'une quinzaine de mètres, le L. Bah ; en cet endroit, le Kr. Boung s'élargit brusquement jusqu'à 300 mètres ; la profondeur des eaux est nulle et le lit est semé de grès ; au pied de la chute, des îlots et des bouquets de saules encombrent le lit ; un peu en amont, sur la rive droite, débouche le Ya Knir, grossi lui-même du Ya Tham, qui arrose B. Mé-thuot, résidence du Darlac. Six kilomètres en aval du Ling Bah, la rivière se précipite encore en deux sauts, le Ling Dar ou L. Uar-Kok (5 mètres) et le Ling Bang-Rial (2 mètres). En aval, elle reçoit, à gauche, le Dak Pô puis, à droite, le Ya Nhueul et le Ya Mthar, mais de nombreux rapides obstruent encore le lit, qui se fraie toujours péniblement passage entre les mamelons rocheux, abaissés cependant : le Proh Pong-Long, cataractes et rapides de 3 mètres de chute, est le dernier grand saut du fleuve, qui prend, dès lors, sa direction générale Nord-Ouest et reçoit, à droite, le Ya Hang, au pied même des chutes, puis, à gauche, le D. Ndrih ; ce dernier est le plus oriental des cours d'eau de forêt-clairière ; orienté Sud-Nord, il descend des contreforts septentrionaux du Plateau Central. Un peu au-delà, la Srépok est grossie, à droite, du Ya Toul, important cours d'eau, issu, par 750 mètres, des ondulations du Darlac central, puis, du Ya Mdroh que grossit, presque à son embouchure, le Ya Drach ; ces deux tributaires viennent également des ondulations du Darlac.

Mais, déjà en cet endroit, la Srépok, appelée Sé Bang-Khan par les Laotiens, coule au milieu des forêts-clairières, qui ont fait leur apparition, sur ses rives, à hauteur du D. Geun ; c'est, désormais, une imposante artère, de 100 à 150 mètres de large, au cours coupé d'îles et îlots, de seuils et de rapides, qui rendent toute navigation, sinon impossible, du moins dangereuse, surtout en saison sèche. Les affluents, qui vont maintenant la grossir, sont les torrents des forêts-clairières, gros cours d'eau à sec en hiver, d'aspect et de régime si spéciaux. Sur la rive gauche, ils descendent tous du Plateau Central ou de ses contreforts septentrionaux et l'orientation générale de leur cours est Sud-Nord. Leurs biefs supérieurs se présentent sous l'ordinaire forme de torrents, encaissés entre les ondulations ou les chaînons issus du Plateau Central ; le cours moyen commence à entrer dans les terrasses de grès, cascadant de gradin en gradin ; mais, déjà l'aspect offert par ces rivières est caractéristique et cette physionomie s'accentuera de plus en plus tandis que, le relief s'atténuant, la forêt-clairière régnera en maîtresse sur le bassin.

Le plus souvent, nulle pente n'annonce la vallée et l'on débouche sur le lit, ouvert brutalement comme un fossé dans le plancher des grès ; le thalweg est large, encombré de rocs, de grès mal érodé, de seuils plus ou moins élevés et la rivière coule, élargie, sur cette terrasse qu'elle n'a pas encore réussi à creuser profondément ; en saison sèche, il n'y a que peu d'eau et, plus en aval, cette eau se condense en larges flaques, entre les bancs de sable et les arêtes de schiste et de grès, qui saillent par larges plaques nues ; le lit est devenu sinueux, extrèmement lent, plus encaissé entre les mêmes berges abruptes, taillées à pic comme les parois d'un fossé ; des herbes, des saules, des détritus de toute sorte l'encombrent ; mais, aux crues, la masse des eaux limoneuses et furibondes roule à plein bord et se précipite à la Srépok.

Tel est l'uniforme aspect de ces torrents de forêt-clairière que la rivière reçoit en grand nombre, sur sa rive gauche principalement. Le premier d'entre eux, sur cette berge, est le D Ndrih, à l'Ouest duquel se rencontrent le D. Klau et le D. Kèn, issus des pentes septentrionales du Plateau Central ; puis, voici le D Anô et le D. Ana, bien plus petits, descendus des pentes du Yok Dòn, à l'Ouest duquel l'on rencontre le plus important tributaire de rive gauche de la Srépok, le Plai.

Le D. Plai prend naissance au cœur même du Yok Laych, par 995 mètres d'altitude et sa source est opposée à celle du D. Jeul, affluent du S. Bé; il coule Sud-Nord, grossi par de nombreux ruisseaux, qui lui apportent les eaux de cette partie du Plateau ; son cours supérieur et moyen se déroule ainsi entre les éperons du Plateau et il n'entre qu'assez tard dans la forêt-clairière proprement dite. Dans son bief inférieur, il est grossi, à droite, de deux importants tributaires, le D. Pour et le D. Dam.

Le D. Pour descend du Yok Laych, par 1.000 mètres d'altitude et sa source est opposée à celle du S. Bé — D. Glun — ; il coule, comme le Plai, entre les éperons du Plateau, mais son cours est plus accidenté, plus torrentiel ; à l'extrémité septentrionale des éperons, il se précipite en une chute grandiose, le L. Bar-Tap, saut formidable, de 52 mètres, en deux gradins : le L. Klô « chute mâle » est de 17 mètres, le L. Ur « chute femelle », de 30 mètres ; ces deux bonds perpendiculaires sont séparés par un gradin très court, coupé par une cataracte de 4 mètres ; au bas du précipice, le D. Pour coule en une gorge de grès que termine le L. Prong, saut de 5 mètres ; en aval, la rivière traverse la bande granitique, qui perce le plancher des grès aux Lu Ndrung et aux Lu Rehong.

Le D. Dam descend également du Plateau Central, mais les éperons qui l'enserrent sont couverts de forêts épaisses ; la rivière est formée de deux branches, le D. Dam-Prong, branche orientale, et le D. Dam-Diet, branche occidentale ; en aval du confluent de ces deux cours d'eau, le D. Dam décrit, dans l'Est, un demi-cercle autour du massif du Nam Lyir et revient au Nord-Nord-Ouest, pour aller rejoindre le Plai dans la partie inférieure de son cours.

En aval du D. Plai, la Sé Bang-Khan reçoit, toujours à gauche, le D. Der, puis le D. Rueï.

Le D. Der, plus court que ses voisins, prend sa source, par 480 mètres, dans les derniers contreforts septentrionaux des éperons issus du Plateau Central ; son cours entier se déroule en forêt-clairière et son bief moyen est d'abord enserré dans le soulèvement rocheux, qui se termine, au Nord, par les systèmes secondaires du Djri et du Y. Nshum ; ces deux massifs repoussent dans l'Ouest la rivière, qui décrit ainsi autour d'eux un arc-de-cercle très prononcé.

Le D. Rueï, appelé H. Lvé par les Laotiens, est formé de deux branches, le Rueï proprement dit, qui naît, par 780 mètres d'altitude, sur la lèvre même de chute du Yok Laych et le D. Deur, qui est, en réalité, la branche maîtresse. Le D. Deur prend sa source, par 900 mètres, sur le Plateau Central et coule Nord-Est ; il franchit les éperons du Plateau par une chute de 9 mètres, le L. Trap, au-delà de laquelle il se coude au Nord-Ouest pour rejoindre la Rueï ; celle-ci a franchi également, en amont, quelques chutes de moindre importance, le L. Klang et le L. Pong-Tal ; elle coule alors Nord-Ouest et reste, quelque temps encore, encaissée entre les dernières ramifications du Yok Laych ; en forêt clairière, elle reçoit, à gauche, le Rpoé, qui descend des terrasses de grès étalées, vers 450 et 400 mètres d'altitude, entre la plaine des forêts-clairières et la lèvre de chute du Plateau Central.

En aval de la Rueï, la Sé Bang-Khan est grossie de son premier gros affluent de rive droite, le Ya Liau — Nam Lieou des Laotiens. Cette rivière, au bassin fort étendu, descend des pentes du Darlac septentrional, des collines de partage d'où coulent, à l'Est et au Nord-Est, les eaux du moyen Song Ba et de l'Ayun ; son cours supérieur, sinueux, est déjà en forêt-clairière. Orienté vers le N. 1/4 O., il se dirige ensuite vers le Nord-Ouest en longeant le pied de la zone des hautes collines qui le séparent du bassin de l'Ayun. Les massifs du Mtà et du Peuh le repoussent dans l'Ouest et il borde ainsi les montagnes étendues entre le Plateau des Jaraï et celui du Darlac ; à hauteur du T. Gleul, il oblique au Sud-Ouest, contournant ces hauteurs et reçoit, à gauche, son premier gros affluent, le Ya Drang, dont la source est voisine de celle du Kr. Bouk ; le Ya Drang descend en effet du T. Bœu — ou Baò — et coule Nord-Ouest, entre les dernières ondulations du Plateau du Darlac ; il coupe ensuite l'angle sud-occidental de la zone montagneuse et, un peu avant de se jeter dans le Ya Liau, reçoit, à gauche, le Ya Ouï ou Hoé, dont le cours lui est parallèle.

Le Ya Liau reçoit ensuite, sur la même rive, le Ya Khal, né dans le Darlac septentrional, puis, à hauteur de la ruine cham du Yang Prong, son lit s'incline brusquement dans l'Ouest ; il est rejoint, à huit kilomètres en aval de cet angle, par le Ya Soup — H. Sop des Laotiens — grosse rivière dont les sources sont voisines de celles du Ya Mdroh et qui arrose le Darlac septentrional.

Le cours inférieur du Ya Liau est fort sinueux et jalonné, sur la rive gauche, de curieuses lagunes allongées, souvent très profondes, que les chasseurs mnong et jaraï appellent des *rlam*. En toute saison, elles sont pleines d'une eau claire, dégarnie de toute végétation aquatique ; leur aspect ne rappelle en rien celui des mares ovales et bourbeuses, encombrées d'herbes grasses, que l'on trouve partout dans la forêt-clairière de basse altitude ; ces lagunes s'ouvrent entre des berges à pic et donnent l'impression d'une vasque brusquement creusée par un affaissement soudain ; une épaisse ceinture de bambous nains et de halliers les entoure le plus souvent ; elles communiquent avec le Ya Liau par un simple ruisseau très étroit ; cette chaîne de lagunes, diversement espacées, parfois réunies en chapelets par des dépressions marécageuses, est parallèle au cours de la rivière dont elles marquent certainement l'emplacement d'un ancien lit ; le point de départ de cette branche morte est marquée, un peu en aval de la tour cham, par des *rlam* peu importants qui se rencontrent de plus en plus élargis au fur et à mesure que l'on s'avance vers l'Ouest ; les principales de ces lagunes sont, d'amont en aval, le rlam Bau, le rlam Buiar, le rlam Iah, le rlam Kik et le rlam Ndjrik. Les affluents de rive gauche du Ya Liau ne sont que des rivières de forêt claire dont les plus importantes sont le Ya Temol, le Ya Liau-Blah et le Ya Rehach. Sur sa rive droite, le Liau reçoit le Ya Lop, qui descend du Plateau des Jaraï et est grossi lui-même d'un grand nombre de ruisseaux parallèles, issus du Plateau, et du Ya Meur, qui franchit, au sortir des contreforts, une chute de 50 mètres de haut.

Un peu en aval du Y. Liau, la Sé Bang-Khan reçoit, à droite, le Ya Drang — H. Tang des Laotiens — qui prend naissance sur le Plateau des Jaraï dont il draine les eaux par un grand nombre de ruisseaux parallèles, dont le plus important est le Ya Puït.

En aval, la Srépok est grossie, à gauche, du D. Rmat — H. Tiamat des Laotiens, P. Tiamet des Cambodgiens — qui prend sa source, par 345 mètres d'altitude, au Nord d'un éperon avancé du Yok Laych. A l'Ouest du Rmat, coule le dernier affluent important de la Srépok, le D. Rpâ — H. Tioba des Laotiens, P. Tcheba des Cambodgiens. Il naît, à la lèvre de chute du Yok Laych, par 790 mètres d'altitude et coule d'abord Nord-Ouest, grossi à gauche par des torrents parallèlement orientés Sud-Nord ; ces torrents lui apportent les eaux de la terrasse gréseuse étalée entre le Plateau et la plaine des forêts-clairières, puis, au sortir des derniers éperons nord-occidentaux du Plateau, il se dirige au Nord et entre dans ces curieuses prairies humides, couvertes d'herbe fine, qui s'étendent sur tout son bassin moyen et inférieur, d'un côté jusqu'au bas D. Ndieur, son affluent de rive droite, et, de l'autre, sur les D. Yeh, D. Rieô et D. Ruak, ses tributaires de rive gauche.

Le D. Rpâ est le dernier tributaire important reçu par la Srépok ; celle-ci est, dès lors, trop voisine, au Nord, du bassin de la Sé San, au Sud, de celui du Mékong, pour qu'elle puisse recevoir encore des affluents de quelque volume. Au travers des forêts-clairières désertes, la rivière continue sa course vers la Sé San en décrivant de larges boucles coupées de seuils, de rapides et d'îlots ; la rivière est alors désignée sous son nom cambodgien de Srépok et c'est dorénavant sous cette appellation qu'elle sera connue, jusqu'à son embouchure dans la Sé San. Malgré les nombreux et incommodes rapides qui l'encombrent sur tout son parcours, les pirogues peuvent y circuler sans courir trop de dangers ; elles pourraient, à la rigueur, remonter parfois jusqu'à B. Don, au seuil même du Darlac.

En aval de la Sé Khong, le Mékong ne reçoit plus que des tributaires d'importance

133. — La gorge du haut Krong Knô, en aval de B. Klong.

134. — Village mnong gar. — B. Pampeï-Deung.

très secondaire ; au Sud de la Srépok, coulent le P. Preah, puis le P. Krieng et le P. Kampi, simples cours d'eau torrentiels, nés dans la forêt-clairière.

P. Té. — Un peu au-dessous de Kratié, le Grand Fleuve reçoit pourtant un tributaire plus considérable, le P. Té. Il descend du Plateau Central, où il prend sa source par 900 mètres d'altitude ; son cours supérieur, appelé D. Deur, est encaissé entre les éperons gréseux issus du Plateau Central et qui lui font franchir, dans la zone intermédiaire, avant le glacis cambodgien, une chute de 8 mètres, le L. Bu-Prah, puis une succession de rapides très accentués, le L. Dang-Lang ; orienté Nord-Ouest, il décrit ainsi un vaste accent circonflexe avant d'aller se jeter dans le Mékong. Ses affluents ne sont que des torrents sans importance, parmi lesquels on peut citer, à droite, le Rmih, le Rkuih, le Pong-Pah, le Pong-Tù, le Rnuyh, le Rmanh et le Chhun, et, à gauche, le Ktang et le Préa. Le P. Té n'est pas navigable, les rocs et les seuils l'encombrant jusqu'à proximité très grande de son embouchure.

P. Tchlong. — Au Sud du P. Té, le Mékong reçoit le dernier affluent qui lui arrive de l'hinterland moï, le P. Tchlong. Il descend des dernières pentes du Plateau Central, par 630 mètres d'altitude ; son cours supérieur est orienté vers l'Ouest-Sud-Ouest jusqu'à Sré Ktum, où il entre en plaine pour se diriger vers l'Ouest ; son lit est encombré de seuils et de rocs ; puis, à Sré Pong, il commence à décrire de capricieux méandres et se coude au Sud ; à Kompong Damrey seulement, il remonte au Nord-Ouest par un coude à angle aigu et, de plus en plus sinueux, se dirige vers le Grand Fleuve ; malgré les seuils et les bancs de sable, il est navigable, aux crues, jusqu'à Kg. Damrey, aux chaloupes de faible tirant, mais il est flottable et praticable aux pirogues, toute l'année, jusqu'un peu en amont de ce point.

Ses principaux affluents sont, à droite, le Mehoyt, le D. Pour — ou P. Por, qui, grossi du D. Rang, est en réalité la branche maîtresse et naît sur les pentes occidentales du Y. Laych, par 790 mètres d'altitude — et le P. Plah ; à gauche, le D. Pam, le Jermang — P. Tchrey-Meang des Cambodgiens — le P. Chreu et, au sommet du coude méridional, le P. Ntap, qui lui amène, du Sud, les eaux de la poche marécageuse de Mimot.

En aval du P. Tchlong, le Mékong dévie dans l'Ouest et le Sud-Ouest, traversant les dernières ondulations de la haute plaine cambodgienne ; au Sud du P. Tchlong, les eaux coulent lentement aux rivières de Tayninh et de Saïgon, affluents du delta du Donnaï.

C. — ZONES DE VÉGÉTATION ET DE PEUPLEMENT

A ces physionomies géographiques que présente l'Indochine méridionale, correspondent des aires de végétation très diverses et des zones non moins variées de peuplements humains. Quoiqu'il soit assez difficile de délimiter parfaitement les unes et les autres, nous allons néanmoins essayer de jeter un coup d'œil d'ensemble sur ces différents aspects.

Au point de vue du sol, l'Indochine méridionale se partage en trois zones principales :
les terrains alluvionnaires de basse altitude ;
les terrasses et glacis de grès et de schiste affleurant ;
les terrains à sol rouge ou noir, de moyenne et haute altitude.

La première zone, celle des alluvions basses, reste en dehors de notre cadre, car elle ne fait pas partie de l'hinterland et compose exclusivement le sol de la basse Cochinchine et des deltas d'Annam ; seul, son aspect nettement caractérisé de plaine unie, surgie des eaux grâce aux apports du Mékong et des rivières côtières, permet de la classer à part ; au point de vue ethnographique, elle est le domaine exclusif des races cambodgienne et annamite.

Les terrasses et glacis de grès et de schiste affleurants ne sont formées que d'un sol rocheux très caractéristique les assises et les pierres percent partout et la terre végétale ne les recouvre que d'une couche extrêmement mince où s'agrippent, avec peine, les racines saillantes des arbres de la forêt-clairière ; en maint endroit, le sol est crevé d'efflorescences granitiques, qui se présentent, soit sous forme de saillies élevées — cônes, collines et dômes —, soit sous celle de blocs erratiques épars. En certains endroits, des couches plus profondes de terre végétale ont été retenues dans des cuvettes ; ce sont alors des dépôts argileux fort restreints, recouverts de marais et de prairies humides. Sur ces planchers de grès, plus ou moins unis, plus ou moins relevés en terrasses, l'on ne rencontre que la forêt-clairière déserte et rabougrie ; la présence constante du roc empêche toute culture et les établissements humains n'ont pu subsister qu'à la périphérie, aux endroits où les terres rouges recouvrent les grès, sur les éperons issus des Plateaux.

Ces terres rouges sont la caractéristique d'une grande partie de l'Indochine méridionale et notamment des Plateaux de l'hinterland. C'est une terre riche, qui se rencontre de la Cochinchine aux chaînes de l'Annam central ; dans l'hinterland, elle forme le sol des hauts Plateaux et de leur contreforts et elle nourrit les végétations les plus épaisses et les plus luxuriantes. Dans les montagnes, elle alterne avec la terre noire, fort riche également et semblablement couverte de magnifiques forêts ; en maint endroit, des efflorescences granitiques la percent encore et la sèment de blocs erratiques, de dents nues, mais toujours de peu d'étendue. Elle recouvre enfin tout le glacis de la haute Cochinchine et du Thbong-Khmum : c'est la terre des cultures, des forêts et des pâturages. A ces terres si tranchées, correspondent des aires de végétation et, quoi qu'il soit difficile de déterminer, de façon absolue, les limites qui les séparent, l'on peut cependant reconnaître aisément certaines zones bien distinctes, qui présentent, entre elles, des différences considérables ; ce sont :

la forêt épaisse, taillis ou futaie ;
la brousse-taillis ;
la savane et les marais ;
la forêt-clairière ;
la zone des pins.

Forêt épaisse. — La forêt-taillis ne recouvre que les terres rouges et noires de

135. — Chute du haut D. Dong, près de Pretaing.

136. — Village koho de Pretaing.

couche épaisse, les seules qui puissent alimenter les géants qui la composent. On la rencontre partout, sans restriction d'altitude, depuis les glacis de Cochinchine jusqu'aux plus hauts sommets. Elle affecte cependant deux formes assez différentes, la futaie et le taillis. La forêt-futaie est exclusivement composée d'arbres magnifiques, aux troncs énormes, lançant, à des dizaines de mètres au-dessus du sol, leurs frondaisons touffues, mais les fûts sont relativement espacés entre eux et le sous-bois n'est guère formé que de rejetons clairsemés, de palmiers-rotins, de lianes ; cette forêt fait penser à je ne sais quelle cathédrale gigantesque aux colonnes étranges ; là, se rencontrent les *hraich* (*Dipterocarpus alatus*), les *igieur* (divers *Hopea*), les *trueul* (divers *Lagerstræmia*) et autres géants centenaires aux troncs énormes, recouverts d'une écorce rougeâtre, brune ou blanche, enlacés de lianes, qui les enserrent et saillent en cordes noueuses.

Cette forêt-futaie se rencontre surtout aux basses altitudes, sur les terrains plats, sur le glacis de Cochinchine, au Thbong-Khmum, et en quelques parties des hauts Plateaux, au Darlac notamment.

La forêt-taillis, au contraire, recouvre les pentes des montagnes, des Plateaux, et, tout en descendant jusqu'aux basses altitudes, elle semble affectionner les pentes les plus raides des secteurs montagneux les plus inaccessibles.

Composée d'arbres de toutes essences, elle est encore plus humide que la forêt-futaie ; son sol disparaît, en toute saison, sous un épais tapis de feuilles toujours humides et à demi décomposées, où, en été, grouillent, par myriades, les minces et terribles sangsues. Des fûts tombés et pourris s'emmêlent aux lianes, qui descendent des branches, lianes étranges, fines comme des ficelles, épaisses et tordues comme des câbles décordés, lisses ou barbelées d'épines ligneuses et trapues ; des orchidées, des fougères, des lichens, des mousses, s'accrochent sur ces troncs, des bénitiers aux magnifiques feuilles capricieusement découpées, ornent les branches, se balancent sur les lianes comme des suspensions de verdure ; le sous-bois est inextricable ; c'est un affreux fouillis de palmiers-rotins épineux, de vaquois, de palmes diverses, de jeunes arbres pressés à s'étouffer et l'on ne peut avancer, dans ces impénétrables halliers, que la hache à la main ; les essences les plus variées s'y rencontrent et, dans les ravins humides, abondent les cocotiers d'eau, les rotins, les vaquois et les palmes les plus élégantes. Le soleil ne pénètre que par rayons tamisés sous l'épaisse voûte et, aux hautes altitudes, une exquise fraîcheur règne sous ces frondaisons puissantes. En certains secteurs, notamment sur le bassin du Kr Knô, du Donnaï, de la Sé San, de la Sé Khong, la forêt-futaie s'emmêle encore de fourrés de bambous écroulés, pressés en impossibles taillis, mais, nulle part, en ces immenses bois, l'on ne rencontre trace d'herbes, rien que des arbres, un fouillis d'arbres, au travers desquels l'on peut cheminer des journées entières.

D'étroites sentes se déroulent dans cette solitude écrasante ; sous le tapis des feuilles, elles disparaissent presque et le soleil s'y joue par petits ronds, brillants comme des pièces d'or ; à tout instant, elle bute contre un fût tombé ou se rétrécit contre l'un de ces grands trous, profonds de plus de quatre pieds, creusés par les Moï pour déterrer une racine comestible. Pendant des kilomètres, elle suit les crêtes puis dévale brusquement sur un ruisseau très clair, ceinturé d'une vase noire, d'une galerie de rotins, de vaquois, de *calamus*, de *chamæreops* ; parfois, des *Corypha umbraculifera* se pressent en peuplements au milieu des géants familiers ; du côté de la moyenne Sé San, ce sont des aréquiers sauvages, des cocotiers d'eau ; de-ci, de-là, se dresse un épais et large fourré de bananiers sauvages, qui se rencontrent surtout le long des berges des grands cours d'eau. Et puis, brusquement, la sente débouche sur un dôme nu, d'où l'on découvre, perché sur une aire de terre battue, le village exigu, bâti comme un nid d'aigle au sommet d'un éperon très raide, déboisé, planté de quelques bananiers, de tabac, de piment.

Et ils sont toujours très éloignés les uns des autres, ces pauvres villages de montagnards, perdus dans les forêts épaisses, reliés entre eux par ces étroites et misérables sentes ; dans un rayon de quatre à cinq kilomètres, des pentes sont déboisées, plantées de riz et de maïs, dominées par les miradors haut juchés d'où l'on protège la récolte contre les oiseaux pillards, qui viennent déterrer le grain ou moissonner les épis mûrs.

Les cultures abandonnées sont encombrées de bambous épais : ils poussent en fourrés inextricables sur le sol encore semé des fûts mal calcinés qui, peu à peu, tombent en pourriture et disparaissent sous l'attaque des termites et des fourmis.

Oppressante et triste, la forêt-taillis n'abrite que peu de vie animale ; l'absence complète de pâturages éloigne les ruminants et, seuls, quelques grands cerfs noirs et des sangliers gîtent dans la forêt ; des serpents se traînent sur le tapis de feuilles et s'enroulent aux arbres ; des porcs-épics, des pangolins, se cachent dans les fourrés ; dans les gorges encaissées et sauvages, au plus profond des ravins inaccessibles, dans la forêt la plus inextricable des montagnes chaotiques, le rhinocéros établit sa bauge. Dans les taillis plus clairs, sur le versant du Kr. Knô, le cobaye creuse ses terriers profondément ramifiés et, dans les endroits humides, se promène lentement la tortue de terre.

Aux branches élevées des grands arbres, sur les grosses tiges de bambous, s'accrochent les nids d'abeilles sauvages, de guêpes et de frelons ; leur grosse masse verte apparaît comme une excroissance granulée, semblable à un jacque monstrueux ; l'ours noir à rabat roux — l'ours à miel — n'est pas loin ; dans la forêt-taillis silencieuse, il grimpe sans bruit le long des troncs, à la recherche des ruches que son épais pelage lui permet impunément d'attaquer.

Brousse-taillis. — La brousse-taillis est une dégénérescence de la forêt-taillis ; elle recouvre la plus grande partie du Plateau du Darlac, de nombreux secteurs du Plateau Jaraï et se rencontre un peu partout dans l'hinterland, en dehors de la zone nettement montagneuse ; c'est un mélange de forêt-taillis rabougrie, d'herbe paillotte, de bambouseraies, de plantes herbacées, de roseaux divers ; elle se présente sous forme d'un épais et continu fourré d'herbe paillotte — *tranh* des Annamites — ; haute de cinq à sept pieds, cette herbe pousse aussi dru que le gazon de nos pelouses ; ses brins, larges et coupants, sont d'un jaune verdâtre et leur épi argenté miroite doucement au soleil ; de cette nappe impénétrable, repaire du tigre, de la panthère et des cerfs, émerge un taillis rabougri, tordu, emmêlé de bambous et de lianes ; parfois, cela cède la place devant un carré de belle forêt, mais cela s'étend de toute part, élastique, dominé, le long des cours d'eau, par les hautes bambouseraies épineuses ou la galerie de forêt-futaie. Sous le souffle puissant du vent d'hiver, les champs d'herbe paillotte ondulent comme des blés mûrs et, aussi loin que s'étende la vue, l'on n'aperçoit plus alors qu'une vague moutonneuse d'un vert jaune, frissonnante, mouvante et dorée, d'où jaillissent les taillis clairs.

En certains endroits, sur le moyen Donnaï notamment, la brousse-taillis s'épaissit ; l'herbe-paillotte est moins dense, le taillis plus fourré ; c'est alors un mur formidable d'arbustes tordus, rabougris, épineux, pressés, emmêlés de lianes rampantes, de bambous épineux, de grandes bambouseraies écroulées ; il faut se couler là-dedans, sous les épines et les branches basses ; ce genre de brousse-taillis ne se rencontre heureusement guère que dans les basses altitudes et en terrain à peu près plat ; elle oppose au voyageur un inextricable mur élastique, épineux et mouvant, qui annihile tous les efforts.

Sur l'emplacement des anciennes cultures, pousse un autre genre de jungle ; c'est un fouillis de mauvais arbustes, au milieu des derniers débris de la forêt abattue ; d'entre les fûts couchés à terre, d'entres les souches saillantes, partout des buissons épineux, des herbes folles épaisses, mélangées à des rejetons de plantes cultivées ; du milieu des grandes menthes sauvages, jaillissent les ricins, les cotons, les aubergines épineuses, quelques plants de piments et, parfois, en quelques secteurs du Plateau Central, des bouquets d'aloès.

En cette région de brousse taillis, se rencontrent, par vols épais, les perruches criardes et les petits inséparables, qui dévastent les cultures ; les tourterelles, les corbeaux, les moineaux et les passereaux les plus variés se perchent sur les arbres des taillis et se ruent au pillage des champs ensemencés ; les paons, les pigeons verts, les poules et coqs sauvages habitent les fourrés, les anciens raï et la bordure forestière des rivières.

Dans les ravins humides, entourés de halliers et que les Radé appellent *trap*, gîte parfois le python monstrueux, marbré de noir et de jaune. Le tigre, la panthère, le chat sauvage habitent les fourrés ou se couchent dans les hautes herbes ; ils y attendent, à l'affût, le passage des cerfs, des sangliers, des paons et, parfois aussi, l'homme isolé, qui chemine, rapide, la lance sur l'épaule et ne peut apercevoir le terrible ennemi qui le guette.

Au pied de la chaîne annamitique, séparant ses premières pentes de la plaine d'Annam, s'étend une aire très particulière de taillis. C'est une bande, large de cinq à dix kilomètres, toute formée d'arbustes épineux, tordus, où abondent les *rmang* et les strychnées au feuillage brillant, au tronc contourné et noueux ; des bambous épineux s'y emmêlent et le sol est formé de sable, de silice ou, parfois, de marnes décomposées et colorées. Ces taillis très spéciaux tiennent de la forêt-clairière : des carrés de forêt-futaie, des peuplements de diptérocarpés, en rompent l'aride monotonie Tout le long du pied maritime des monts d'Annam, on la rencontre, cette ceinture sauvage, étendue en une haie vive entre les races et les aires si distinctes de la côte et de l'intérieur. En maints endroits, entre Binh-Thuân et basse Cochinchine notamment, elle s'élargit et couvre de vastes espaces, s'avançant tout contre le rivage ; les éléphants et tout le gros gibier des forêts-clairières y vivent par bandes nombreuses ; entre Nha-trang et Phanrang, et, au Sud du Varela, elle s'épand encore, déserte et mauvaise, jusque près des flots. Et aux temps très anciens où les deltas d'Annam n'étaient point colonisés, cette brousse malingre et basse, sablonneuse et marécageuse, devait recouvrir tout le couloir jusqu'au littoral désert ; dans ces forêts, vivaient alors les tribus sauvages encore plus primitives, plus misérables, les tribus très rudimentaires dont nous ne connaissons que les descendants métissés et relativement adoucis.

Savane et marais. — La savane, elle, ne se rencontre pas à l'état de savane proprement dite ; elle est plutôt un aspect de la brousse taillis, une simplification, un état primitif ; elle est, en effet, constituée en entier par l'herbe paillotte, qui pousse alors sans obstacle et couvre des étendues immenses ; ces espaces nus, jaunâtres, se rencontrent sur tout le Plateau de Médrac et, au Nord, sur les vallées du S. Nang et du haut Kr Bouk ; ils recouvrent la partie orientale du Plateau du Darlac ; à perte de vue, l'œil n'embrasse qu'une immense mer vallonnée de croupes entièrement velues de cette herbe épaisse, où un cavalier disparaît souvent en entier ; tigres et cerfs y gîtent en abondance ; de-ci, de-là, un arbre rachitique saille au-dessus de ces vagues, mais, nulle part, la forêt ne se montre ; le long même des cours d'eau, ne s'étend qu'un mince et pauvre rideau d'arbustes ; ceux-ci sont un peu plus abondants, à l'Ouest, sur les pentes orientales du Darlac, sur la rive gauche du Kr. Bouk et ils forment alors une sorte de forêt-clairière rabougrie, crevée de plaines marécageuses. Ces savanes bordent le Kr. Hana, s'épanouissent sur la basse Lagna et sur la boucle du Donnaï ; là, elles sont composées surtout de hautes cannes et de joncs ; le sol est plat, marécageux, riche en alluvions et les arbres y forment des boqueteaux ; les bambous épineux encadrent les cours d'eau ; toutes les poches marécageuses du Kr. Knò, du Kr. Hana, étaient ainsi des savanes de nature mixte, marais aujourd'hui défrichés et cultivés, mais que l'on retrouve, dans leur état primitif, le long du bas Kr. Knò, du Donnaï et en différents points de l'hinterland, autour du cours moyen des rivières.

La région des marais se rattache à celle des savanes dont elle est, le plus souvent, un prolongement, un effondrement inondé. Les grands roseaux qui les tapissent sont, en certains endroits, noyés, aux pluies, sous 4 et 6 pieds d'eau ; le plus souvent, comme chez les Pih, les marais sont cultivés en rizières et l'inondation ne les submerge pas, mais, dans le voisinage immédiat des rivières, la nappe d'eau recouvre le sol défoncé et les herbes n'émergent plus qu'à peine, enracinées dans la vase et formant un mur mouvant, qui oppose un obstacle élastique et parfois invincible aux plus fortes pirogues ; les crocodiles se reposent sur ces îlots et plongent bruyamment dans l'eau noire. Parfois, un troupeau d'éléphants sauvages reste prisonnier dans ces savanes inondées et, dans les grands espaces détrempés qu'arrose l'effluent du lac, on les rencontre, empêtrés dans ces fondrières, d'où leur dos gris émerge comme les blocs de granit de la montagne.

Sur les marais du Kr. Hana, vivent les oiseaux aquatiques les plus divers, grands échassiers gris et blancs, qui se réunissent par bandes : sur le lac, s'abattent des masses pressées de canards sauvages et de sarcelles ; dans les lotus et les herbes, gîtent, par bandes, les poules sultanes noires, au bec rouge, et dont le cri rauque et triste résonne à l'aube et au crépuscule ; des crabiers, des pélicans, des plongeons, peuplent les eaux voisines des berges. Sur les marais de B. Tour et du bas Kr. Hana, s'ébattent en outre, par vols épais, les aigrettes d'un blanc de neige. Haut dans le ciel, plane le petit aigle rouge.

Sur les marais du Darlac occidental, dans les poches marécageuses des Pih et sur tous les marécages, où les eaux n'atteignent pas un pied de profondeur, vivent les bécassines et les bécasseaux.

Les dômes élevés des Plateaux Ta-Hoi, des Boloven, des Jaraï, du Lang-Biang et les croupes du Plateau Central, sont également déboisés et couverts d'herbes, mais, ici, ce n'est plus l'aspect de la savane proprement dite et l'herbe paillotte est, le plus souvent, absente. La terre rouge y est alors couverte d'une herbe bien plus fine et plus dure qui, en saison sèche, est réduite à l'état de gazon ras, rêche et maigre; les arbres font presque totalement défaut et seuls, les éperons de plus basse altitude sont recouverts de brousse taillis.

Ces dômes nus et herbeux constituent tout le Plateau Central et se mêlent à la forêt dans les secteurs boisés de l'Est et du Sud-Est; ils s'ouvrent alors au milieu des taillis, qui s'arrêtent brusquement devant leur nudité rousse, comme autour d'un espace maudit ; sur la longue ondulation faîtière de bordure du D. Deung, sur les collines intermédiaires, on les rencontre çà et là, sans cause apparente, comme des îles au milieu d'une mer ; des vanneaux y décrivent leur cercle en lançant leur note criarde et obsédante « Té-té uèch ! té-té uèch », alors qu'ils rasent le sol ou s'enlèvent en cercles élargis.

Sur les dômes allongés et continus du Plateau Central, à la racine des éperons couverts de boqueteaux, des hordes d'élans roux se montrent, inquiètes ; conduites par les mâles magnifiquement encornés et barbus, elles détalent à la moindre alerte, dévalant les pentes pour reparaître sur un dôme plus éloigné et regarder encore le voyageur inconnu, avant de reprendre leur course et disparaître enfin derrière un repli plus accidenté des ondulations ; en ces espaces démesurément ouverts, leurs bandes se détachent brutalement, au déclin des journées splendides ; et, quand tombe, sur les dômes, le crépuscule très court des tropiques, les sangliers sortent de la lisière des bois ; doucement, ils s'avancent en fouillant la terre de leurs groins, déterrant les racines tendres et les tubercules que, toute la nuit, ils vont croquer en s'arrêtant, parfois, inquiets d'un susurrement bizarre, d'un frôlement sur le gazon, suspect en cet oppressant silence dont le suaire s'appesantit sur les jungles.

Dans le Sud, aux endroits où la savane des dômes est étranglée de forêts épaisses, à l'orée des montagnes et des ravins profonds, paît le gaur magnifique qui, seul des bovidés, se rencontre depuis les basses altitudes de la forêt claire jusqu'aux dômes élevés des Plateaux. Splendide et brutal, le mufle au vent, il déambule majestueusement, par hordes réduites, s'arrêtant aux pâturages, s'enfonçant dans la forêt humide ; le Moï fuit devant lui, car, plus redouté que le tigre, il est aussi plus féroce, chargeant sans provocation l'intrus et le piétinant sous ses larges sabots. Les grandes cornes claires dressées en croissant de lune, le mufle et les pattes cendrés, le corps énorme d'un brun noir, il est superbe et imposant ; sous le nom d'auroch, il peuplait jadis les primitives forêts de la Gaule et de l'Europe et, alors, comme aujourd'hui dans la jungle de l'Inde et de l'Indochine, il était un gibier de roi, l'un des rois, lui-même, des solitudes sans limite.

25

Forêt-clairière. — La forêt-clairière ne se rencontre que sur le plancher des grès, par nappe immense, le long et en arrière du Mékong. Elle est, en grande majorité, presque exclusivement composée de diptérocarpées réunis par peuplements considérables ; les deux espèces, qui dominent aux basses altitudes, sont le *klong* (*Dipterocarpus tuberculatus*) et le *kchik* (*Shorea obtusa*) ; les mamelons de grès et de schiste sont exclusivement couverts d'*erang* (*Pentacme siamensis*), au tronc noir, tordu, malingre, mais dont les petites fleurs jaunes se répandent en exquises nappes embaumées.

Le long des cours d'eau, se presse une épaisse galerie de géants séculaires où dominent les *hraich* (*Dipterocarpus alatus*) et les *igieur* ; son sous-bois est celui de la forêt-futaie, composé de palmiers-rotins et de palmes gracieuses, mêlés aux lianes et aux fougères. Les ruisseaux sont bordés d'une double haie de bambous épineux.

Tous ces arbres se groupent par peuplements très étendus, distribués assez curieusement suivant les bassins. Dans les zones basses de la moyenne Srépok, dominent les *klong*, les *kchik* et les *ndrik*.

L'aspect de la forêt-clairière est monotone ; quoique les zones secondaires y soient nombreuses, elles se rencontrent avec une telle similitude qu'elles fatiguent le voyageur. Le sous-bois est uniformément composé d'herbe bambou fine, haute de deux à trois pieds, régal du gibier, et de jeunes arbustes malingres, parmi lesquels se distingue l'*iruï*, aux larges feuilles glauques et cassantes, au jeune tronc flexible et mince terminé par le grand bourgeon d'un rouge vif, qui pointe vers le ciel comme un bec de calao-rhinocéros ; ici, l'herbe bambou s'éclaircit autour des cyccas dont les fines palmes s'épanouissent en corolle autour du fruit analogue à une pomme de pin ; là, et particulièrement dans le bassin du D. Ngal, elle entoure l'épaisse tige triangulaire que domine la palme en éventail du latanier, le *puon* des sauvages ; ces tiges élancées, hautes de 1 à 5 mètres, se groupent par touffes épaisses et elles égaient alors singulièrement le sous-bois. De-ci, de-là, des bandes de forêt-futaie et de taillis coupent la forêt claire aux endroits où le plancher de grès est recouvert de terre végétale ; dans la région des Stieng, entre Budop et Honquan, la forêt-clairière est formée d'arbres plus gros, de *kpang* (*Dipterocarpus obtusifolius*) généralement, mais, dans les immenses étendues de la moyenne Srépok, elle est plus rabougrie et les *kpang* ne se rencontrent guère qu'autour des clairières nues où, dans sa vasque argileuse, dort une mare bourbeuse encombrée d'herbes aquatiques.

Parfois, à l'orée d'un carré de forêt plus épaisse, croupit un bayou sombre, sorte de cloaque rempli d'une eau étonnamment verte et épaissie par la boue diluée. Des iguanes y plongent à l'approche du voyageur et, parfois, y vit un crocodile émigré de la rivière voisine. Tout autour, c'est une galerie d'arbres très spéciaux, noueux, tordus, épineux, contournés, aux branches affaissées et longues, alourdies encore par le poids d'énormes lianes ligneuses. Et, devant ces fondrières lugubres et noires, l'on se prend à rêver aux images grotesques, qui illustraient, jadis, les romans d'aventures ; telle elles ont hanté nos rêveries enfantines, telles elles nous réapparaissent brusquement devant ce trou stagnant, visqueux et noir ; alors, involontairement l'on tressaille au contact d'une liane qui frôle, car l'on revoit l'image d'antan, l'image terrifiante, où un anaconda gigantesque se suspend aux branches, tandis qu'un caïman allonge doucement sa gueule hors de l'eau lourde et traîtresse.

A l'Ouest de la Tioba, sur le bassin du D. Krieng, les mares sont plus spécialement entourées de bambous nains réunis en touffes; hautes de 2 à 4 mètres, ces élégantes graminées sont groupées par bouquets et leurs feuilles fines et courtes sont fort goûtées des éléphants. Un peu partout, dans les forêts-clairières du Darlac sud-oriental, et le long du Ya Liau, on les retrouve, ces bambous nains, semblablement pressés dans les cuvettes marécageuses; par plaques capricieuses, plus ou moins étendues, ils forment le sous-bois des bandes de forêt-futaie, s'épaississant alors, comme aux environs du moyen D. Pour, en fourrés d'un vert chrôme, sous la frondaison des *trueul* et des *hraich* gigantesques.

Sur le bassin de la basse Rmat, mais principalement sur ceux du P. Krieng, du P. Kampi et du P. Té, la forêt-clairière s'arrête devant de vastes terrasses au sol de grès affleurant et de gravier siliceux; du gazon ras les recouvre par plaques, mais la roche apparaît de tout côté en un plancher brunâtre; en ces clairières, se dressent les *trach* (*Dipterocarpus intricatus*) isolés, dégingandés, au gros tronc gris et noirci par les feux de brousse; à 15 et 20 mètres du sol, les branches partent du fût, rebroussées en l'air comme un parapluie retourné par le vent. Entre ces *trach* très espacés, croît un arbuste tordu, rachitique, haut, à peine de six pieds, aux longues branches horizontales, barbelées de longues épines : c'est le *rmang* des Mnong, que l'on rencontre par ailleurs, plus spécialement dans les endroits où la forêt-clairière est coupée de grands carrés au sol siliceux ou de marnes décomposées; le terrain est alors d'une étrange couleur bleue, rose, mauve, jaune; ces curieuses décompositions se rencontrent surtout sur le moyen Ya Liau, sur les pentes sud-occidentales du Plateau des Jaraï.

Sur le bassin de la basse Tioba et sur ses derniers affluents, la forêt-clairière cède la place aux prairies caractéristiques de ce versant. Inondées aux pluies, elles sont couvertes d'une herbe fine et drue, où gîtent les cerfs-chevreuils et les chevreuils; des arbres rabougris, au feuillage d'un vert luisant, émergent, de-ci, de-là, isolés ou groupés en boqueteaux; le long des cours d'eau, se dresse la galerie des bambous épineux. Ces splendides prairies humides se rencontrent, plus au Sud, sur la Rueï et le D. Der, mais, en ces districts, elles sont plus marécageuses et occupent des dépressions où la terrasse des grès affleure par assises noires.

Partout, dans toute l'étendue de la forêt-claire, les lièvres partent des fourrés d'herbe, les sangliers, comme des projectiles, s'enfuient des halliers, à la lisière des galeries forestières; des pistes, battues comme des sentiers, se croisent en tous sens, chemins des éléphants sauvages dont les pesantes caravanes parcourent lentement les étendues sans bornes; le gaur, les bœufs, les buffles, paissent, par couples ou par troupeaux, auprès des mares et des rivières et, le jour, quand le soleil darde, ils vont se coucher et ruminer sous la frondaison des bambous nains, dans les fourrés des rives.

Au bord des mares et dans les prairies marécageuses au gazon ras, dansent, par couple, les grandes grues antigones, au chaperon de carmin, et les adjudants, mornes et sombres, pêchent, à grands coups de bec, les petits poissons tout en arêtes, qui se cachent dans l'eau bourbeuse et noire. Sur les bancs découverts des cours d'eau, baille le caïman et la grande tortue d'eau, à la carapace grise et molle, au cou de serpent, au bec corné, y vient pondre ses œufs; dans les arbres touffus des galeries

forestières, sifflent et gambadent les singes gris, aux yeux cerclés de jaune orange.
Dans les herbes, glissent les serpents ; parfois, dans les fourrés de bambous nains,
se dresse le terrible cobra, le capuchon élargi, la gueule menaçante au bout du long
et souple fourreau couleur d'acier terni. Le serpent vert, le serpent bananier, la vipère
brune à plaques noires, se glissent sur le sol, particulièrement nombreux au début des
pluies ; alors aussi, sortent les taons énormes, qui, par essaims, entourent les hordes
de cerfs et de bœufs et suivent, pendant des jours, le convoi du voyageur.

Souvent, le soir, à la bordure des galeries-futaies, résonne le rauque appel du
paon ; le tigre, moins abondant que dans la brousse-taillis des Plateaux, se glisse en
quête de la proie et, dans les crépuscules très tristes, que bleuit et argente la face
épanouie d'une lune jaune, retentit son cri aigu, le *Cop* très bref, qui fait trembler les
chevaux et se perd dans la solitude de la forêt endormie.

Le long des pentes rocailleuses, au-dessus de 300 mètres d'altitude, la forêt-clairière s'épaissit et, tout le long des éperons, mélangée souvent à la brousse-taillis des
terres rouges, elle forme une zone de transition entre la plaine et la base de chute
du Plateau Central. Le sous-bois, composé de graminées, de *tranh* et de jeunes arbustes,
est touffu et la forêt-clairière est alors peuplée d'un grand nombre d'essences, qui
s'épaississent souvent en bandes de forêt-taillis. Les *ebla* alternent avec les strychnées
rachitiques, au tronc contourné, tourmenté, aux larges feuilles brillantes capricieusement découpées ; voici des *knur*, des *khlik*, des *phchèk* (divers *Anisoptera* et *Shorea*),
dominés par les grands *kpang* ; les essences les plus variées se mêlent ; des arbres à
suif (*Irvingia oliverii*) voisinent avec les *cam-xe* rabougris ; les ouatiers, aux énormes
troncs gris, barbelés d'épines ligneuses, aux branches horizontales régulièrement
opposées, dominent, par peuplements, ces fourrés clairs ; ce sont le *blang* et le *blong*
(*Bombax anceps* et *Bombax malabaricum*), dont les larges fleurs sèment le sol de leurs
pétales blanches ou rouges. Des dépressions marécageuses coupent cette zone ; elles
sont semées de *curcuma* et de zingibéracées diverses. Cette forêt-clairière intermédiaire se rencontre tout autour du Plateau Central, sur le bassin du Plai et de ses
affluents. Mais, à toutes les altitudes, sur ce sol, saillent les cônes jaunâtres des hautes
termitières ; collées contre un arbre, couvertes d'herbe et de jeunes rejetons, elles
montent en dents curieuses et leur boursouflure ocreuse hérisse la forêt-clairière de
leur pyramide largement assise, bloc de ciment à toute épreuve des inondations et des
chocs les plus violents, haute parfois de plus de huit pieds.

Au début des pluies, vers mars et avril, la forêt-clairière reverdit et les arbres se
couvrent de jeunes feuilles ; l'herbe bambou pousse, drue et fraîche ; avec les bien-
faisants orages, le tapis s'épaissit et la forêt, alors, est indéfiniment verte ; quelques
fleurettes piquent les plaques de gazon ras ; ce sont de belles étoiles aux pétales d'un
délicat rose saumon ; les cyccas se couronnent de leurs palmes élégantes, les ruisseaux se remplissent d'une eau claire et les mares ovales noient leur vase noire et leurs
herbes grasses ; de partout, bondissent les cerfs et les chevreuils ; les troupeaux de
bœufs, de buffles et d'éléphants déambulent dans cette prairie splendide, se cachant,
le jour, dans les fourrés de bambous nains et la bordure des cours d'eau ; la forêt-
clairière ruisselle et le sol des grès noirs disparaît sous l'épais tapis d'herbe bambou ;
l'on dirait un vaste et magnifique parc aux somptueuses pelouses de velours. Cet

aspect est encore plus accentué dans la région des Stieng, au Sud de Budop ; les arbres y sont plus grands, plus élevés, les essences plus variées ; l'on n'aperçoit alors que des fûts droits, bien alignés, dressés sur la splendide nappe verte de l'herbe bambou et l'on croirait cheminer dans un parc rare, dans un jardin merveilleux où, de toute part, jaillissent, dans leur vasque de rocailles, les ruisseaux d'eau vive, et d'où s'échappent les cerfs et les chevreuils.

C'est à la fin de cette saison que se mettent en campagne les chasseurs laotiens et mnong ; avec leurs éléphants de chasse, ils pénètrent dans la forêt-clairière à la recherche des troupeaux sauvages. Pendant des jours, ils suivent les pistes et, le moment venu, entourent les éléphants sauvages, cherchant à isoler les jeunes individus, qui sont capturés et emmenés au dressage. Laotiens et Mnong sont très experts à les dresser ensuite et à les domestiquer ; chaque année, par bandes, ces chasseurs partent du petit centre de B. Don, sur la Srépok, à l'orée du Darlac et qui est leur rendez-vous, leur point de ralliement et de commerce. Chaque année, leur chef, le Khun-Yonob, capture ainsi une quinzaine de jeunes éléphants qui, une fois dressés, seront vendus ou échangés aux trafiquants laotiens et birmans ; emmenés au Siam et jusqu'en Birmanie, ils serviront, loin de leurs forêts primitives, au transport et à l'exploitation des tecks de la Ménam et de l'Irraouaddy.

Habiles chasseurs et trappeurs, ces Laotiens et ces Mnong traquent aussi les bœufs, les buffles et les cerfs dont les dépouilles seront également vendues aux commerçants. Par petits groupes, ils parcourent les forêts-clairières et on les rencontre, le soir, auprès d'un ruisseau ou d'une rivière ; leur modeste bivouac fume auprès des howdahs ; dans les bambous nains, leurs éléphants pâturent avec fracas ; sur des claies, sèche, en lanières, la viande du cerf ou du bœuf massacré dont la peau s'étale, tendue à la brise sèche, maintenue par des éclats de bambous. Parfois, une troupe plus nombreuse, cantonnée en un district plus giboyeux, a élevé un véritable camp ; auprès des grands abris de branches et de feuilles, des séchoirs de viande et de peaux dégagent leur nauséabonde odeur et le sol est jonché de cornes et de viscères.

Parfois aussi, par couple, on les rencontre auprès d'une ou deux charrettes à bœufs ; venus de Lomphat, de B. Don, de Stung-Treng, de Sambor, de Kratié, ils courent lentement la forêt, s'arrêtant pour chasser, ramassant les cornes qu'abandonnent, chaque année, les grands cerfs, déambulant au hasard des chasses et des migrations du gibier. Armés du mauvais fusil à pierre, ils attendent à l'affût le bœuf ou le buffle, pendant des heures, immobiles comme l'arbre au pied duquel ils sont tapis, à l'abri des bambous et des herbes.

Et c'est pourquoi l'on trouve souvent, dans les forêts-clairières immenses, des restes de foyers noircis, des abris écroulés de branchages et de feuilles sèches, auprès d'une mare, d'un ruisseau où, dans la vase liquide, sautent des petits poissons argentés, abandonnés là par le retrait des eaux.

Mais en saison sèche, quel contraste ! Les larges feuilles des *klony* et des *kchik* jonchent le sol et s'envolent sous le souffle du vent d'hiver ; sous les pas, elles craquent et bruissent et l'on enfonce jusqu'aux chevilles dans leur couche mince et brune ; l'herbe bambou jaunit et meurt, les mares, desséchées, ne renferment plus qu'une flaque d'eau bourbeuse et les ruisseaux sont à sec ; les ravins ne sont plus que de larges fossés où stagnent des nappes verdâtres, couvertes de feuilles mortes et de poussière entre les assises poudreuses des grès et des schistes que séparent des amas de sable blanc; les bambous épineux de galerie craquent et s'entrechoquent sous le puissant souffle du vent; un implacable soleil brûle la forêt, qui se dessèche et revêt une uniforme teinte jaune et brune; jaune, l'herbe bambou fine, jaunes, les bambouseraies, jaunes, les cyccas, bruns, les feuillages caducs des diptérocarpées dont les branches décharnées sont lamentablement tendues comme des bras éplorés. Et puis, quand tout cela est bien sec, quand il ne reste plus, de tout le feuillage glauque et clair, que des feuilles mortes arrachées par le vent, le feu accourt et l'incendie rugit. D'un foyer de chasseur, d'une étincelle lointaine, il est né, à des lieues et des lieues de là, vers les contrées peuplées par l'homme; poussé par le vent fou qui hurle, il a dévoré les premières herbes roussies par le soleil et, alors, sur l'immense nappe des forêts-clairières desséchées, l'ouragan de flamme se déchaîne; des hauts Plateaux de l'hinterland aux berges du Mékong, un rideau de feu et de fumée recouvre la jungle; les grandes herbes paillottes de la brousse-taillis où gîte le tigre, les graminées très fines du Plateau Central et les forêts-clairières flambent comme des brandons; seule, la forêt-épaisse, majestueuse et humide, défie les assauts de la tourmente. Par gerbes rouges, les flammes crépitent et hurlent; les bambous secs éclatent avec fracas, les herbes se tordent, mais les arbres résistent et, au caprice du vent, la nappe s'épand, gonfle, meurt, ou bien, contournant des carrés encore verts, s'épand, capricieuse, vers d'autres districts. De janvier à mars, elle accomplira ainsi sa grande besogne purificatrice, ne laissant, derrière elle, qu'un sol noirci de cendres impalpables, qui s'envolent sous la brise; les bambous nains, jaunes, cassants et flétris, se penchent lamentablement sur les mares croupissantes et, comme des stalagmites de schiste, gris, noircis par la fumée et les flammes, se dressent les troncs grêles des diptérocarpés; de-ci, de-là, un tronc abattu achève de brûler, silencieux, des touffes de gazon se consument en silence et les petites flammes dansent au ras du sol, sans un crépitement, douces, irréelles et fantastiques au crépuscule. Tout le gibier a fui : dans les galeries de forêt-futaie, dans les fourrés et les halliers, au bord des mares, il s'est terré, ou bien a émigré vers des cantons moins secs, au pied des Plateaux, près des grands cours d'eau, vers les abreuvoirs du désert.

Mais, la perdrix, de toute part, rappelle dans les fourrés et, dans les bambous épineux, les poules sauvages se sauvent au passage de l'intrus; les loutres, les iguanes, courent entre les flaques d'eau des rivières; alors, sur le sol où saillent les têtes de grès et de schiste, l'on ramasse les cornes que les grands cerfs perdent chaque année; des ossements parfois se découvrent, blanchis, lavés par la pluie, derniers débris de drames et de misères dont la forêt-clairière immense, triste et solitaire, ne dira jamais le secret.....

Zone des pins. — Analogue, par plusieurs côtés, à la forêt-claire, est l'odorante et rare forêt des pins sylvestres qui, au-dessus de 700 à 800 mètres, couronnent la crête des Plateaux et les pentes des montagnes; sur un sol caillouteux, ils se rencontrent aussi, mais leur aspect familier transporte le voyageur à des milliers de milles vers la terre ancestrale; sur le bassin du D. Deung, sur le Plateau du Lang-Biang, sur le

Plateau des Boloven et celui des Ta Hoi et dans la zone montagneuse du Centre-Annam, les pins forment de magnifiques peuplements et la montagne change d'aspect sous leur manteau d'aiguilles rousses et de troncs écailleux. Rien ne pousse au pied des pins, si ce n'est une pauvre herbe courte et claire mêlée de fougères. Mais, à travers les fûts, gros et droits comme des mâts de navire, espacés comme ceux de la forêt-clairière, la vue s'étend sur les montagnes escarpées avoisinantes, semblablement couvertes de la colonnade somptueuse. Rien ne rappelle plus alors les sombres pentes, velues de forêts épaisses ou de bambouserais où ne pénètre jamais le rayon du soleil, où grouillent les sangsues ; les hauteurs ultimes couronnées de pins donnent l'impression de la grande montagne spacieuse et majestueuse ; tandis que la forêt épaisse étouffe et oppresse, la forêt de pins permet de respirer à l'aise et l'on peut alors mesurer l'infini de ces montagnes chaotiques dont les pentes noires et pressées se profilent et s'enfoncent de toutes parts.

En dehors de ces zones si nettes, s'étendent d'autres secteurs où se mêlent et s'enchevêtrent toutes ces aires dont j'ai essayé de dépeindre les plus caractéristiques. Parfois aussi, l'on est pris en défaut par des aspects très imprévus ; ici, ce sont des *trea* (*Corypha umbraculifera*), semblables aux palmiers à sucre, subitement groupés en peuplement sur une terrasse marécageuse, à l'orée d'une savane ou de la forêt-futaie ; là, ce sont des fourrés de cardamomes sauvages et de roseaux, des halliers de bananiers sauvages. Partout, sur les Plateaux, comme dans la chaîne, le pays varie d'aspect et, c'est au moment où le voyageur s'y attend le moins, qu'il émerge de la forêt monotone sur un dôme dénudé d'où la vue embrasse un panorama de sauvage et grandiose beauté.

D. — VOIES NATURELLES DE PÉNÉTRATION.

Les voies de pénétration naturelles vers l'hinterland ne sont point nombreuses et l'intérieur de l'Indochine sud-centrale est bien défendu par la nature. Du côté du couloir côtier d'Annam, fort peu de vallées s'ouvrent vers la chaîne, qui dresse sa barrière continue jusque fort près des flots. A l'extrême Nord, nous trouvons, il est vrai, la trouée d'Aï-Lao, mais, si elle mène droit au Mékong par la vallée de la Sé Bang-Hien, elle ne donne guère accès, dans l'hinterland proprement dit, qu'au Plateau des Ta-Hoi, par la vallée de la Sé Tchépôn, qui s'y termine en cul-de-sac. Au Sud, le couloir côtier n'est arrosé que par des torrents sans vallée moyenne et il faut arriver à la magnifique voie du S. Ba pour trouver une autre artère de pénétration vers l'hinterland. Par ce couloir splendidement ouvert, l'on accède en effet sur tout le système des hauts Plateaux Jarai et du Darlac d'où l'on descend, au Nord, sur la vallée de la haute Sé San, au Sud, sur la plaine de Médrac.

Mais, au Sud du S. Bas, la barrière montagneuse est aussi malaisée et abrupte que dans le Nord, et il faut atteindre jusqu'au Donnaï pour trouver une nouvelle voie d'invasion vers l'intérieur. Son cours coupé de rapides et les vallées semblablement obstruées de ses affluents, Lagna et S. Bé, permettent cependant de tourner les derniers éperons de la chaîne annamitique et d'arriver, d'un côté, dans la plaine des Che Srê et de là, par la D. Uë et le col de Blao, sur le Plateau des Ma. de l'autre, sur le glacis de la haute Cochinchine auquel l'on peut, d'ailleurs, facilement accéder par voie de terre, l'absence de tout relief ne le protégeant pas contre les invasions.

Depuis le versant du Mékong, l'accès de l'hinterland est bien plus aisé, quoique la route à parcourir soit autrement longue qu'en partant d'Annam.

Du Grand Fleuve, en effet, les voies naturelles sont nombreuses et relativement faciles ; au Nord, c'est la vallée de la Sé Bang-Hien qui, par son affluent, la Sé Tchepòn, mène à la côte d'Annam d'un côté, et au Plateau Ta-Hoi, de l'autre ; au Sud, la Sé Don, malgré ses chutes et ses rapides, mène au Plateau des Boloven ; enfin, le magnifique système Sé Khong, Sé San, Srépok conduit au cœur même de l'hinterland, au Nord, jusqu'au pied des Boloven et chez les Kaseng, au Centre, chez les Brao, les Tiom-Pueun et les Jaraï, au Sud, chez les Radé du Darlac. De ce côté, d'ailleurs, le plancher de la plaine des grès est parfaitement uni et des routes charretières se déroulent sans effort au travers des espaces immenses, pénétrant, au cœur même de l'hinterland, jusqu'en arrière de la chaîne annamitique ; il en est de même sur le bassin du P. Té, qui, lui, cependant, n'est point navigable. Quand au P. Tchlong, il offre une artère précieuse de pénétration tant vers la haute Cochinchine, par la branche occidentale de son angle, que vers le pays stieng. De ce côté, d'ailleurs, l'accès, par terre, est aisé et le sol, presque partout plat, ne s'oppose nulle part à l'ouverture des sentes charretières qui s'entrecroisent, nombreuses, jusqu'aux premiers reliefs accentués.

Seule, la barrière des montagnes défiait donc toute invasion ; sourcilleuse, boisée, défendue par ses pentes abruptes, ses torrents impétueux, cette chaîne devait abriter, pendant des siècles, ses populations contre les vagues envahissantes et si, au cœur des Plateaux Jaraï et Radé, se rencontrent les voies d'accès naturelles venues d'Annam et du Mékong, les bandes montagneuses, elles, sont toujours restées impénétrables ; suivant les lois naturelles, les populations qui les habitent se sont maintenues plus sauvages, plus indépendantes, plus rapprochées du type primitif, puisque leur citadelle inexpugnable les a protégées contre les invasions et les intrusions, qui ont déformé les tribus d'accès plus aisé, peuplant les Plateaux, les glacis et les marais, où la nature est moins sévère, où les conditions de vie sont plus douces.

§ 2. — AIRE DE DISPERSION ET CLASSIFICATION DES TRIBUS MOÏ

C'est dans cet hinterland, compris entre les pentes orientales de la chaîne annamitique et le Mékong, qu'habitent les peuplades connues sous le nom de Moï.

Maintenant que nous avons étudié la structure géographique du pays, nous allons essayer de débrouiller la classification et l'histoire des tribus qui peuplent ces montagnes, ces plateaux, ces plaines étroites, ces marais et ces forêts.

Il faut, cependant, auparavant, indiquer les limites de cet hinterland moï, car il n'occupe pas toute l'Indochine méridionale, et, en maint endroit, il est infiltré d'éléments étrangers, qui ont emprunté les lignes de moindre résistance géographique et, au cours des siècles, ont réussi à escalader la forteresse moï.

Les limites de l'hinterland sauvage sont :

Au Nord, le parallèle de 16°37' latitude Nord, depuis la chaîne annamitique jusqu'à la Sé Bang-Hien et, de là, dans l'Ouest, à peu près le cours de cette rivière jusqu'aux environs du Mékong ;

Dans l'Ouest : *a*) une ligne brisée irrégulière, qui part de la basse Sé Bang-Hien, suit, à quelque distance, le cours du Mékong, du Nord-Ouest au Sud-Est, jusqu'à la moyenne Sé Dòn ; *b*) le 103°45' de longitude Est, jusqu'à hauteur du 14°19' latitude Nord ; *c*) cette dernière ligne jusqu'à la rive droite de la Sé Khong, au Nord de Siempang ; *d*) une ligne brisée, qui part de ce point et atteint Moulapoumok (B. Vœûne-Sai), sur la moyenne Sé San pour, de là, s'incurver au Sud-Sud-Est jusqu'à la Srépok ; *e*) à la Srépok, la ligne se perd dans les immenses forêts-clairières désertes de la rive droite pour émerger à nouveau le long du glacis occidental du Plateau des Jaraï dont elle suit la courbe, et, par le glacis du Darlac, atteindre à nouveau la Srépok, à B. Don ; *f*) de ce point, la ligne suit les éperons de chute du Plateau Central, se perd à nouveau dans la forêt-clairière, sur le bassin du P. Té, s'avançant en pointe jusque tout près du Mékong ; de là, elle revient sur le moyen P. Tchlong, se coude dans l'Ouest et redescend au Sud, le long du 104°5' longitude pour venir se souder, à hauteur de Honquan, à la limite méridionale.

Au Sud, la limite est bien plus irrégulière ; elle suit un peu le parallèle de Honquan jusqu'au S. Bé et, de là, incline fortement dans le S.-S.-E., atteint et traverse le Donnaï et court ensuite, à travers la région montagneuse de Baria, jusqu'aux approches même de la côte ; après cette pointe audacieuse lancée en un éperon aigu dont le sommet est l'embouchure, dans la mer, de la rivière de Cu-My, la ligne remonte brusquement au Nord, le long du 105°18' longitude Est, jusqu'à hauteur du 11e parallèle ; de là, elle se dirige vers l'E.-N.-E., et atteint les pentes méridionales de la chaîne annamitique proprement dite. A partir de ce point, ce versant forme la frontière naturelle de l'hinterland, malgré quelques pointes poussées de-ci, de-là, sur la plaine d'Annam ;

A l'Est, la limite d'expansion continue à suivre la chaîne annamitique ; le plus souvent, ses pentes orientales, à proximité excessive de la plaine d'Annam, sont peuplées de villages moï très avancés ; cette ligne naturelle se soude, au Nord, à la faille d'Aï-Lao—Maï-Lanh.

Comme on le voit, cette aire d'habitat forme un vaste polygone irrégulier, orienté Nord-Sud dans le sens de la longueur ; elle représente une surface de quelque 133.000 kilomètres carrés dont une partie est peuplée de façon très clairsemée. Dans ce chiffre, ne sont pas comprises les forêts-clairières parfaitement désertes de la Srépok et qui représentent une superficie approximative de 26.500 kilomètres carrés.

De tous côtés, cet hinterland est entouré par les diverses races envahissantes dont les flots se sont, à diverses époques, déversés sur la péninsule qu'elles n'ont cependant point submergée en entier ; elles encerclent les hauts plateaux et les épais massifs, au pied desquels leur ressac vient mourir comme la tempête à la base des inaccessibles falaises et, c'est à peine si, en certains points, l'usure de ces lames humaines a fini par creuser d'étroites rigoles, qui pénètrent en failles irrégulières, et généralement peu profondes, dans la bordure de cette citadelle.

Les trois races, qui s'étendent autour de l'hinterland moï, sont, la race thaï au Nord, au Nord-Ouest et sur une partie de l'Ouest, la race cambodgienne à l'Ouest, la race annamite au Sud-Ouest, au Sud et à l'Est; citons aussi les débris de la race cham, encastrés, au Sud, dans le flot annamite et dont nous étudierons plus loin l'influence prépondérante sur plusieurs des tribus sauvages.

Car, ces familles ne se présentent plus sous leur aspect primitif, mais sous celui qu'elles ont acquis au contact et souvent sous le joug des envahisseurs. Toutes, elles ont été plus ou moins profondément marquées par l'une des invasions qui ont déferlé sur l'Indochine méridionale et dont nous verrons plus loin la genèse; en plusieurs endroits d'ailleurs, les tribus sauvages ont subi l'influence des races supérieures envahissantes, soit en se fondant avec elles et en formant des familles fortement métissées et de transition, soit en cédant devant leur poussée en certains points géographiquement faibles, failles d'accès naturel vers les hauts Plateaux de l'intérieur et qui sont devenues des chenaux d'envahissement lent et, le plus souvent, pacifique.

C'est au Nord-Ouest, au contact des Thaï, que les Moï semblent avoir résisté le plus faiblement; craignant moins que les Annamites et les Cambodgiens le climat et les difficultés des hauts Plateaux, les Laotiens se sont, en effet, avancés bien plus hardiment dans l'intérieur et leur expansion pacifique a fini par conquérir des secteurs entiers, où ils ne se rencontrent parfois qu'exclusivement, mais où, le plus souvent, ils se sont mélangés aux habitants primitifs, formant ainsi une race mixte, de transition, des manières de tribus tampon.

De ce côté du Nord-Ouest, les deux voies de pénétration naturelle vers l'intérieur sont les vallées parallèles de la Sé Bang-Hien-Sé Tchépon et de la Sé Dòn ; c'est donc sur ces deux cours d'eau que se trouvent ces agglomérations mixtes, connues sous le nom de Pou-Thaï — sur moyenne et basse Sé Tchépòn —, enclavés entre les tribus moï indépendantes du Sud et celles plus ou moins laotianisées et métissées de la moyenne Sé Bang-Hien ; ces dernières sont connues sous le nom générique de Sué ou Duon.

La vallée de la Sé Dòn est également peuplée de Laotiens, qui ont asservi les Moï voisins et de Sué; ces derniers sont d'anciens Moï très laotianisés, parlant laotien et habitant des villages permanents.

Dans l'Ouest, la vallée de la Sé Khong et celle de la Sé San ont également servi de voies naturelles de pénétration et l'on trouve les Laotiens installés depuis longtemps à Attopeu, au confluent de la moyenne Sé Khong et de la Sé Kaman ; sur la Sé San, ils ont remonté jusqu'à Moulapoumok, et se sont mélangés, de ce côté, à quelques Cambodgiens, débris des premiers envahisseurs ; mais ceux-ci disparaissent chaque jour davantage devant les nouveaux venus et, sur le Mékong même, l'invasion laotienne ne s'arrête que dans la région de Stung-Treng.

Cependant, plus au Sud, la vallée de la Srépok n'a point joué le rôle des vallées sœurs de la Sé San et de la Sé Khong ; son sol rocheux et inculte n'a point, en effet, attiré l'étranger et si la facilité de son accès a permis aux chasseurs d'esclaves de pénétrer vers l'hinterland, elle n'a guère sollicité l'établissement des colons et des agriculteurs ; les Cambodgiens et les Laotiens qu'on y rencontre, dispersés sur ses r ves à peu près désertes, ne sont que des trafiquants ou des chasseurs nomades ; la création du centre de Lomphat et celle de B. Don, plus en amont, sont de date récente et l'on ne peut pas dire que ces établissements aient empiété sur le domaine des Moï ; ceux-ci, en effet, sont cantonnés sur les hauts Plateaux, qui, de ce côté, sont très en retrait dans l'Est, collés contre la chaîne annamitique et séparés du Mékong par ces immenses forêts-clairières désertes, où les seuls habitants sont, avec les éléphants, les bœufs et les buffles sauvages, les gaurs et d'innombrables bandes de cerfs et de chevreuils.

C'est dans le Sud-Ouest, au voisinage du Cambodge et de la Cochinchine, que les Moï ont été réellement refoulés dans l'intérieur ; il est certain, en effet, que les tribus sauvages s'étendaient autrefois sur la haute plaine cambodgienne, probablement même jusqu'à proximité très grande du Fleuve, par les bassins du P. Té et du P. Tchlong ; depuis longtemps, les tribus les plus avancées dans le Sud-Ouest ont rétrogradé vers l'intérieur. De ce côté, l'infiltration cambodgienne s'est produite — comme celle des Thaï, dans le Nord et le Nord-Ouest — par la voie naturelle des gros affluents du Mékong et, aujourd'hui, les colonies cambodgiennes les plus reculées dans l'Est sont en bordure du moyen P. Tchlong ; la plus orientale est la sous-préfecture de Sré Ktum.

Dans le Sud-Ouest, s'étend la riche et populeuse province cambodgienne du Thbong-Khmum, limitrophe de la Cochinchine ; en arrière de cette plaine magnifique, les Moï avancés sur les dernières hautes terres du glacis, ont subi, au moins autant que dans le Nord-Ouest au contact des Laotiens, l'influence des deux races cambodgienne et annamite ; en ce secteur, en effet, plus de montagnes redoutables, plus de difficultés accumulées par la nature ; le sol s'abaisse en un plan doux, au relief nul, et la pénétration de l'hinterland a pu se faire sentir de façon plus profonde ; aussi, nous rencontrons là tout un ramassis de Moï dégénérés, annamitisés, formant tampon entre les envahisseurs du delta et les tribus indépendantes des secteurs montagneux plus difficilement accessibles.

Cette race de transition, profondément altérée ethnographiquement, s'étend à cheval sur le moyen S. Bé et en arrière du cours inférieur de cette rivière ; dans l'Est, cependant, sur le moyen Donnaï, nous retrouvons le Moï aussi indépendant, aussi primitif que sur les hauts plateaux et il faut redescendre jusqu'à proximité de la mer, dans la région de Baria et de Cu-My, en cette pointe aiguë, lancée sur la côte par l'hinterland, pour retrouver des tribus aussi mêlées, aussi déformées que celles de la haute Cochinchine ; leur éloignement considérable du noyau moï, leur enchâssement entre l'Annam et la Cochinchine, devait amener fatalement cette transformation, qui semble s'opérer de façon remarquablement rapide dès que ces peuplades primitives sont pénétrées par un élément étranger supérieur.

Dans le Sud-Est et l'Est, en bordure des pays annamites de la côte, le même phénomène s'est produit de manière plus ou moins profonde ; cependant, il faut remarquer que, de ce côté, l'hinterland n'a point été creusé, comme dans le Nord-Ouest et l'Ouest, par des failles d'infiltration étrangère ; le long de la côte d'Annam, en effet, s'élève cette barrière montagneuse redoutée, d'accès difficile, malsaine et boisée, que l'on appelle « la chaîne annamitique » ; aucune vallée, semblable aux magnifiques vallées des tributaires du Mékong, ne s'y creuse de vastes et commodes passages ; ce ne sont partout que torrents impétueux, à peine calmés à leur entrée dans l'étroite bande côtière d'Annam ; au point de vue géographique, ils n'ont rien de commun avec les longues rivières du versant occidental ; aussi, n'ont-ils point pu servir à un envahissement, qui a reculé devant les escarpements de la chaîne où les seules voies d'accès sont encore d'horribles sentiers, qui mènent, par des pentes effroyables, aux rares passages des crêtes abruptes.

Aussi, de ce côté, la citadelle moï est-elle restée à peu près inexpugnable ; bien plus, elle a conservé en partie ses pointes avancées, en avant-garde du mur d'enceinte, jusqu'à la plaine côtière et ce sont seulement ces avant-postes, ces franges humaines, qui ont subi, plus ou moins, l'influence des Annamites ; et encore, cette influence a-t-elle été le plus souvent très superficielle, car le couloir côtier, malgré sa faible largeur, n'est guère peuplé d'Annamites qu'au voisinage même de la mer, dans les plaines resserrées des deltas ; le pied des montagnes et ses approches forment une bande inculte, sablonneuse et désertique, ménagée, par la nature même, en une barrière entre les deux races et les deux zones physiques.

Un élément étranger, cependant, est venu, à une époque lointaine, imposer son joug à ces populations sauvages du Sud-Est qu'il a marquées à tout jamais ; nous voulons parler de l'élément cham ; au temps passé de sa puissance, nous le verrons pénétrer dans l'hinterland par la seule voie d'accès géographique, qui y mène de l'Annam sud-central, le couloir du S. Ba ; nous le verrons y imposer son joug et soumettre à sa loi les tribus déjà refoulées de la côte. Cette domination fut longue ; elle se répandit, suivant les voies d'accès naturelles et les lignes de moindre résistance géographique, sur tout le système des hauts Plateaux ; l'empire cham tomba, fut démembré et son peuple décimé, refoulé dans les derniers cantons de l'Annam méridional ; mais, de cet empire et de sa puissance passée, devaient rester d'impérissables témoins ; et l'un des moins curieux n'est certes pas l'indélébile stigmate dont les anciens « Champois » ont marqué les tribus moï du Sud-Annam ; libérées du joug cham, elles ont conservé la plus grande partie du vocabulaire des vainqueurs, ainsi que nombre de ses mœurs.

Suivant la ligne de pénétration géographique du S. Ba, les Cham se sont répandus sur tous les Plateaux auxquels cette vallée donne accès et c'est là qu'habitent encore les peuplades jadis soumises ; le long de la chaîne, dans les secteurs montagneux, d'autres tribus ont subi la même influence, parce que limitrophes du Champa avec lequel elles étaient en relations constantes. L'invasion annamite est de date trop récente pour qu'elle ait pu effacer ces empreintes et les recouvrir de la sienne propre.

Au Nord de l'hinterland, en arrière du Centre-Annam, se dresse la partie la plus inaccessible de la chaîne annamitique ; aucune voie d'accès n'y mène, au Sud de la trouée d'Aï-Lao ; aussi, défendues par cette barrière, les populations qui l'habitent, ont-elles échappé aux invasions, qui submergeaient ou refoulaient les autres tribus moins protégées par la nature physique de leur habitat : ces tribus du Centre-Annam peuplent cette bande épaisse que nous avons appelée « la zone montagneuse centrale ».

Nous pouvons donc ethnographiquement diviser l'hinterland moï en zones bien nettes et tranchées, correspondant, le plus souvent, aux zones physiques de la structure géographique et nous dirons que les tribus moï peuvent être rangées en trois groupes principaux bien distincts :

A l'Est et au Sud-Est, les tribus mélangées d'éléments cham, correspondant à la zone des hauts Plateaux auxquels donne accès, de la côte, la vallée du bas S. Ba, et les tribus, semblablement imprégnées, qui habitent les montagnes les plus rapprochées du couloir côtier de l'Annam sud-occidental ;

Au Sud-Ouest et à l'Ouest, les tribus mélangées d'éléments khmers, correspondant au glacis du Mékong, aux vallées tributaires du Grand Fleuve et au bassin du Donnaï dont le delta appartint, jusqu'au milieu du xviiie siècle, à l'empire khmer ;

Au Nord-Ouest, les tribus plus indépendantes, se rapprochant davantage du type primitif, correspondant à la « zone montagneuse centrale », dont l'impraticabilité les a mieux protégées contre les invasions et les infiltrations étrangères.

L'on remarquera que nous ne tenons compte ni de l'influence laotienne, ni de l'influence annamite. Il faut, en effet, des siècles, pour qu'une race transforme une autre race et lui impose, avec sa langue, ses principaux caractères ; les invasions laotienne et annamite sont trop récentes pour avoir pu métamorphoser les tribus moï avec lesquelles elles sont entrées en contact ; la transformation ne s'en opère pas moins actuellement, de façon plus ou moins rapide, mais la décomposition n'est pas encore assez avancée pour que l'on ne puisse retrouver les caractères antérieurs, les dialectes, les coutumes, des tribus atteintes ; dans un siècle, peut-être avant, les infiltrations laotienne et annamite auront fait leur œuvre et, si nous n'avions étudié les peuplades moï qu'à cette époque, nous nous serions trouvés en face d'un fait accompli ; aux trois groupes ethnographiques que nous distinguons actuellement, il aurait fallu en ajouter deux autres, celui des Moï portant l'empreinte de l'influence laotienne, et celui des Moï transformés par les Annamites.

C'est en étudiant, dans les dialectes, ces caractères des diverses familles que M. Cabaton, l'un des pionniers des études cham, les avait ainsi classées, dès 1905 ; et si, grâce à nos explorations, nous avons pu expliquer, par la géographie physique, leur formation, le mérite n'en reste pas moins acquis au savant professeur d'avoir, le premier, réussi à grouper méthodiquement toutes ces tribus, qui apparaissaient comme une marqueterie capricieuse et désordonnée. Et je suis heureux de pouvoir dire que mes recherches, guidées par les travaux de M. Cabaton, les ont pleinement confirmés, démontrant ainsi que cette classification, obtenue par comparaison des dialectes, correspond, en outre, à des zones géographiques et s'explique par les conditions naturelles des secteurs occupés. Jusqu'à plus ample informé, cette classification est la seule qui puisse être adoptée.

En résumé, nous dirons donc, avec M. Cabaton, que les tribus moï de l'hinterland sud-indochinois se groupent de la façon suivante :

« *Première famille.* — Dialectes dont la langue est le plus largement pourvue de
« mots malayo-polynésiens : cham, raglai, radé, jaraï, bih, etc.

« *Deuxième famille.* — A. — Dialectes de l'Ouest où l'on constate le plus grand
« nombre de mots apparentés au khmer (stieng, chrau, kouy, pnong, por, prau,
« samrè, etc.);

« B. — Dialectes de l'Est où l'élément khmer est moins considérable (bah-nar, « boloven, kon-tu, sedang, alang, alak, sué, etc.) » (1).

ZONES D'HABITAT DES TRIBUS MOÏ

Ces grandes lignes une fois posées, nous allons délimiter les aires d'expansion géographique de ces diverses tribus, en indiquant, autant que possible, les liens qui les soudent les unes aux autres, en nous appuyant — surtout pour les tribus de l'extrême Sud — sur les résultats obtenus au cours de notre dernière mission, résultats qui nous permettront de compléter singulièrement les listes dressées par l'éminent linguiste qu'est M. Cabaton.

Première famille. — *Dialectes dont le lexique est le plus largement pourvu de mots malayo-polynésiens, c'est-à-dire dialectes apparentés au cham.*
Cette importante famille est composée de tribus, qui s'étendent sur les Plateaux des Jaraï et du Darlac et le long de la chaîne annamitique, du Phuyen au Binh-Thuan.
Elle comprend trois groupes principaux qui sont :
1. — **Les Jaraï.** — Appelés aussi Chréai, ils se donnent le nom de Djrai; cette famille est l'une des plus nombreuses de toutes les tribus moï ; elle compte parmi les plus guerrières et les plus turbulentes de l'hinterland ; elle s'étend sur tout le plateau qui a pris son nom, depuis le Darlac septentrional, au Sud, jusqu'à la plaine de Kontum, au Nord. Dans le Nord-Ouest, elle a débordé sur la rive droite du Pekò et du Kr. Jal et occupe la vallée du Hedrey, celle de la Sé San et s'avance, entre Sé San et Srépok, jusque contre le plateau des Tiom-Pueun ; elle est bornée, au Sud Ouest, par les vastes forêts-clairières désertes.
Cette tribu est formée d'un noyau principal et compact, qui constitue les Jaraï proprement dits ; ce noyau occupe les parties méridionales du Plateau, depuis le Ya Liau jusqu'aux environs du T. Grong ; il ne se subdivise pas en sous-tribus et parle le jaraï pur. Il se prolonge, au Nord et au Nord-Ouest, par des tribus au dialecte plus ou moins corrompu, mais qui appartiennent cependant au groupe jaraï dont elles sont d'importants rameaux. Ces familles sont :
   a) les **He-Drong** ou **He-Grong**. — Ils peuplent la région du T. Grong dont ils ont pris le nom, la région de Pl. Kû et les districts de l'Ouest, jusqu'au Plateau Tiom-Pueun ; ils s'avancent, dans le Nord-Ouest, au-delà du Kr. Jal. Turbulents et guerriers, ce sont eux qui ont refoulé les Halang et les Tiom-Pueun ;
   b) les **Habau**. — Ils occupent la région du Tenueng ;
   c) les **Arap**. — Jaraï « frontière »; ils vivent, derrière le Kr. Jal, dans l'angle Nord-

---

(1) M. Cabaton continue sa classification générale par un groupe C, qui comprend les dialectes des tribus sauvages disséminées au Nord de la ligne de fracture Qu. Tri-Sé Bang-Hien ; il est lui-même intermédiaire entre la deuxième famille et la troisième, qui se subdivise en : *a)* Dialectes tibéto-birmans, et *b)* Dialectes taï, qui sont tous les dialectes parlés dans l'extrême Nord de l'Indochine, jusqu'au Yunnan. — Cf. A. Cabaton, *Dix dialectes indochinois recueillis par Prosper Odend'hal*, in *Journal asiatique*, mars-avril 1905.

Ouest limitrophe des Halang, des Brao et des Bahnar : pressés du Sud par les Hedrong, ils ont servi, souvent malgré eux, d'avant-garde à l'expansion de ces derniers et ils ont formé coin entre les Halang et les Tiom-Pueun.

II. — Au Sud-Est des Jaraï, sur le versant du bas Ayun et du Song Ba, se trouvent des tribus mixtes parlant des dialectes mi-jaraï et mi-radé ; elles occupent l'hinterland du Phuyen et les principales d'entre elles sont :

1° les **Krung**, qui occupent le haut Ya Liau, le haut Ya Hiau, le haut Kr. Bouk, s'étendant ainsi en coin entre les Jaraï, au Nord, et les Radé Atham, au Sud. Dans l'Est et le Nord-Est, on les rencontre jusque dans la région de Cheo-Reo, au confluent de l'Ayun et du Song Ba ;

2° les **Chur**, qui s'étendent au Sud Est des Krung, sur le S. Nang inférieur ;

3° les **Mdhur**, qui occupent le moyen S. Nang, au Sud-Est des Radé Atham, à l'Est des Ktul et au Nord des Blao, sur la route de Cung-Xon (bas S. Ba) ;

4° les **Blao** ou **Bloô**, qui occupent la région de Médrac et du Song Hin.

III. — La seconde tribu la plus importante de la première famille est celle des Radé.

Les **Radé**, dont le nom réel est **Nak-Dé** — « Les Enfants de Dé » — peuplent tout le Plateau du Darlac, mais ne dépassent pas le cours moyen de la Srépok ; ils sont bornés, à l'Est, par le Kr. Bouk et, au Sud, par le Kr. Hana. Ils se subdivisent en trois sous-tribus :

a) les **Kpa** — Kpa = « droit, direct, franc, loyal » — qui occupent le centre du Plateau, aux environs de B. Mé-Thuot.

Il faut également citer, en plein pays mnong, une colonie radé kpa, émigrée vers 1850, de la région de B. Knir et B. Ta-Kang — Darlac sud-oriental. Ils peuplent une dizaine de villages, au pied des pentes sud-occidentales du Nam Ka et cultivent en rizières les poches marécageuses ménagées entre les éperons de la montagne : cette colonie de Radé Kpa, complètement isolée du reste de la tribu, est enclavée entre Pih et Mnong et a conservé tous ses usages et sa langue.

b) les **Atham**. — Ils occupent le Darlac septentrional jusque sur le bassin du Ya Liau ; au Nord-Est, ils dépassent le Kr. Bouk et arrivent jusqu'au haut S. Nang ;

c) les **Dlé-rué**. — Ce groupe secondaire ne comprend que quelques villages disséminés dans la partie marécageuse du Darlac sud-oriental, sur la rive droite du Kr. Hana.

A l'Est et au Sud-Est des Radé proprement dits, habitent des tribus dont le dialecte est du radé, le plus souvent très pur ; quoiqu'elles prétendent appartenir à la grande famille du Darlac, celle-ci ne veut point les reconnaître et affirme qu'elles constituent des tribus nettement indépendantes. Ces groupes sont :

1° les **Ktul**, qui habitent le moyen Kr. Bouk et le bas Krong Pach, jusqu'au pays des Blao, à l'Est ; ils sont limités, au Nord, par les Mdhur et, au Nord-Ouest, par les Atham ;

2° les **Drau**. — Ils n'occupent que quelques villages, sur la rive droite du moyen Kr. Pach et sur le cours supérieur de cette rivière ;

3° les **Mun**. — Cette famille très secondaire peuple quelques villages groupés dans la vallée du Ya Bar, affluent torrentiel de la rive droite du Kr. Boung ;

4° les **Kadung**. — Cette tribu assez importante habite sur le moyen Kr. Boung ; elle est limitrophe, au Sud et à l'Ouest, des Mnong, qui la séparent des autres familles de dialecte cham dispersées sur les pentes orientales de la chaîne annamitique.

IV. — Au Sud-Ouest des Radé, mais sur le Plateau même du Darlac, habite une très intéressante famille, de dialecte radé corrompu.

Cette tribu est celle des **Pih** ; elle occupe exclusivement toute la région marécageuse du bas Kr. Hana et du bas Krong Knô et les immenses fondrières de leur confluent. Ils s'avancent, dans l'Est, tout le long des marais du moyen Kr. Hana, jusqu'à proximité du lac Tak-lak. Ils forment une grosse et dense famille, cantonnée autour de ces marécages qu'ils ont partiellement transformés en rizières. Si, par leur dialecte, ils appartiennent au groupe des Radé, par nombre de leurs usages, par la qualité des parures qu'ils emploient, ils appartiennent aux Mnong, qui les bordent au Sud, au Sud-Ouest, au Nord et à l'Est.

V. — En arrière de Ninh-Hoa et de Nhatrang, la chaîne annamitique est peuplée, sur le versant côtier, de tribus peu connues, déformées souvent par la pénétration annamite, mais appartenant, sans aucun doute, à la première famille. De fait, depuis l'hinterland du Phuyen, ces tribus, apparentées aux Cham, se continuent sans interruption, prolongeant, vers la côte, les grandes familles intérieures que nous venons de citer et qui, elles, ont échappé à l'influence annamite et ont conservé intacts les caractères que leur a imposés la domination cham.

En arrière du Khanh-Hoa, les tribus, au contraire, sont déformées et ne savent plus même dire à quelles familles elles appartiennent ; leur dialecte est cependant et incontestablement de même souche que celui des Jaraï et des Radé.

A partir de l'hinterland du Khanh-Hoa méridional, les divisions ethnographiques deviennent plus distinctes et l'on peut à nouveau les ranger en groupes très nets. Tandis que les massifs du Centre sont habités par des Moï de la deuxième famille, les pentes les plus rapprochées de la mer sont peuplées par deux tribus qui appartiennent encore à la première famille. Ce sont :

1° Les **Raglai**. — Appelés aussi Orang Glai, c'est-à-dire « Hommes des forêts », ils occupent tout le pied des contreforts côtiers et la chaîne annamitique en un vaste arc-de-cercle, depuis le Khanh-Hoa, au Nord-Est, jusqu'à la région de Tam-Linh, au Sud-Ouest ; dans le Nord-Ouest, ils s'arrêtent à la Da Mbré, où ils sont limitrophes des Ma. Au Nord, ils sont bordés par les Tula, les Kayong, les Teulup et les Churu.

2° les **Churu**. — Ils demeurent en arrière des Raglai et jusqu'au moyen Da Nhim dont ils occupent la vallée jusqu'au delà de Dran ; ils peuplent les cantons de Lavang et la vallée du Kajong. Leur dialecte est quelque peu mélangé d'éléments koho (1).

Comme on le voit, la première famille ethnographique des Moï, appartenant au rameau linguistique malayo-polynésien, forme, dans le Sud-Annam, un bloc compact groupé autour de deux familles principales, les Jaraï et les Radé ; ce bloc est compris dans un polygone irrégulier, qui vient finir en pointe, vers le Nord, contre le 14°29' lat.

---

(1) Les Churu parlent souvent indifféremment koho ; certains villages churu emploient même cette langue de préférence à la leur, ce qui a fait ranger la tribu entière, à tort à mon avis, dans la deuxième famille. C'est ce qu'a fait notamment M. Cabaton, qui a exploré les Churu méridionaux. La question, cependant, mérite d'être soigneusement revue.

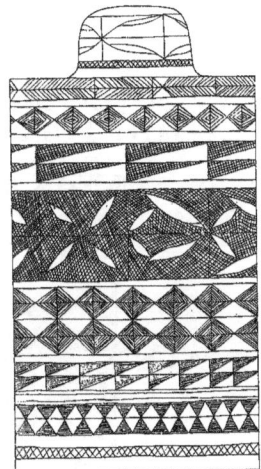

Fig. 34, 35 et 36. — Tubes à libation des Radé Kpa, développés suivant un plan vertical et montrant les dessins gravés au couteau.

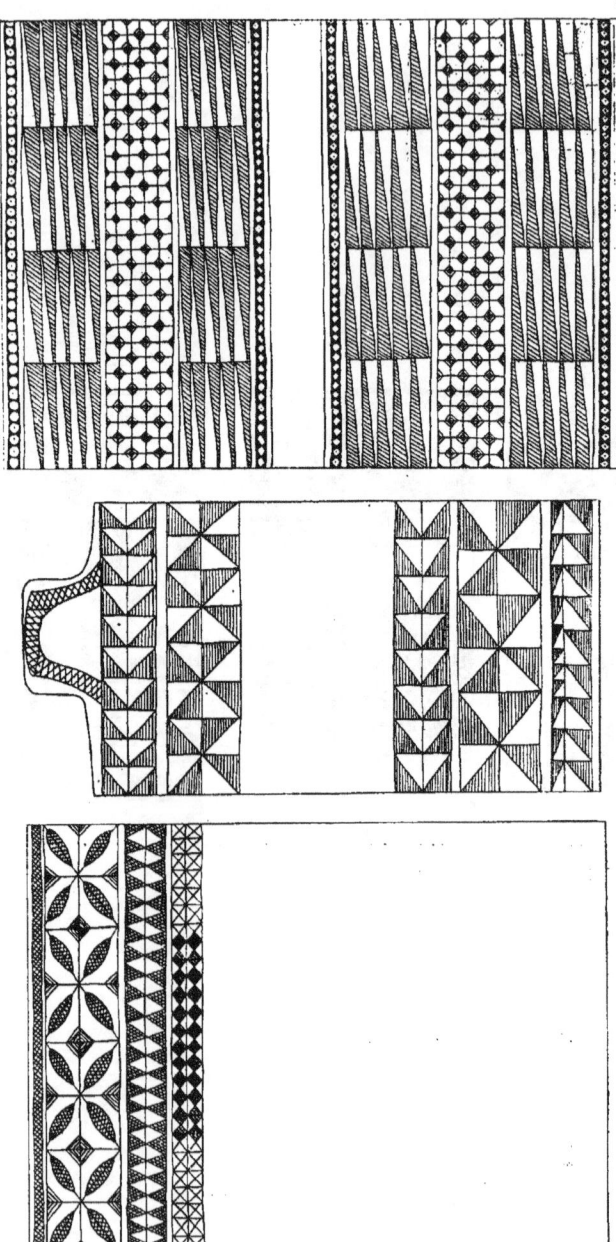

Fig. 37, 38 et 39. — Tubes à libations des Radé Kpa montrant les dessins gravés au couteau.

GÉOGRAPHIE — ETHNOGRAPHIE

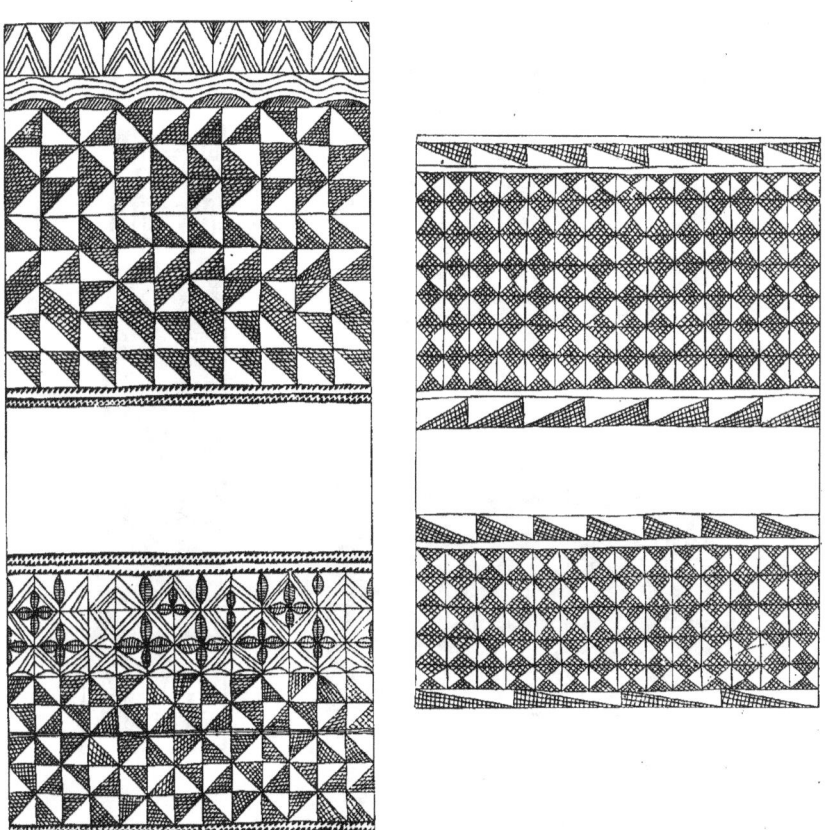

Fig. 40 et 41. — Tubes à libations des Radé Kpa montrant les dessins gravés au couteau.

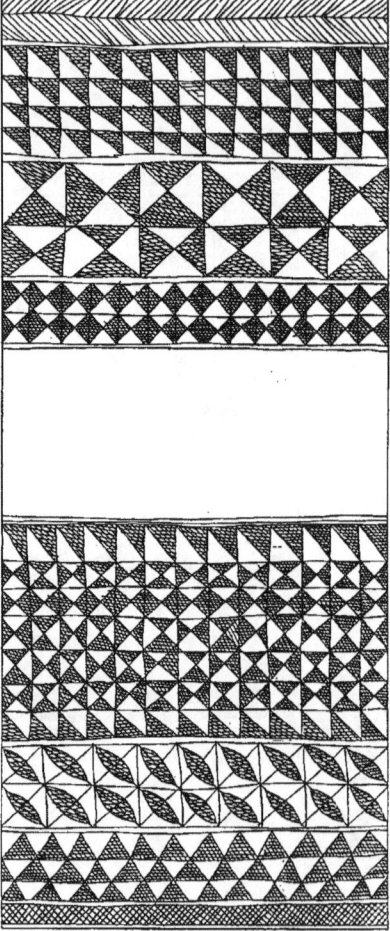

Fig. 42. — Tube à libations des Radé Kpa montrant les dessins gravés au couteau.

Fig. 43. — Planche fétiche peinturlurée des Mnong Briet.

et s'arrête, au Sud, contre le 12°27' lat. ; dans l'Ouest, il est limité par la ligne des collines de bordure occidentale du Ya Hedrey — Nam Sathay — et par les pentes orientales du Plateau des Tiom-Pueun ; de là, sa frontière revient dans l'Est et le Sud-Est, en suivant la ligne d'écroulement du plateau jaraï sur les forêts-clairières désertes, puis la ligne de chute, sur le Ya Liau, des hauteurs de séparation des Plateaux jaraï et du Darlac ; elle continue, au Sud-Est, sur le haut Ya Soup, se coude brusquement au Sud-Ouest, en suivant la ligne de chute du Darlac sur le glacis des grès jusqu'à la Srépok ; elle suit, de là, rigoureusement cette rivière, par la vallée du Kr. Hana-Kr. Boung, jusqu'à la chaîne annamitique. Dans l'Est, la ligne de démarcation est plus difficile à établir ; depuis le confluent du Pekô et du Bla, elle court dans le Sud-Est jusqu'au S. Ba, traverse cette rivière, et englobe la chaîne annamitique.

La pointe méridionale forme un pédoncule, qui décrit un arc-de-cercle du Khanh-Hoa au Binh-Thuan occidental, en suivant les parties de la chaîne les plus rapprochées de la côte ; ce pédoncule est assez mince et forme une bande étroite que séparent, du bloc principal, les tribus appartenant à la deuxième famille.

Deuxième famille. — Nous avons vu, au début de cet essai de classification, que cette famille se subdivise en deux groupes ; ils se distinguent, suivant l'importance des éléments khmers de leur lexique, en :

a) *Groupe de l'Ouest*, où ces éléments sont les plus abondants ;
b) *Groupe de l'Est*, où ces éléments sont moins considérables.

Dans l'état actuel de nos connaissances, il est presque impossible d'assigner à chaque tribu sa place dans chacun de ces groupes. Lorsque l'on aura réuni un nombre suffisamment considérable de dialectes *complets*, il sera possible d'effectuer cette classification ; l'on rangera alors les tribus suivant un ordre logique, qui tiendra compte du degré de métissage apporté par le Cambodgien, en même temps qu'on les classera autour des dialectes principaux, comme il a été possible de le faire pour les langues de la première famille : l'on pourra établir, en plus, quelles sont les tribus qui, au point de vue linguistique, forment transition entre ces dialectes principaux et l'on constituera ainsi une chaîne ininterrompue dont nous ne possédons aujourd'hui que quelques maillons isolés.

Actuellement, nous devons nous borner à les ranger provisoirement autour des familles les plus connues, en s'appuyant sur leur distribution géographique ; par la suite, ce facteur de l'habitat disparaîtra fatalement de lui-même, quand la comparaison des vocabulaires nous aura fourni la classification rationnelle et définitive ; alors, probablement, plusieurs tribus que nous faisons arbitrairement rentrer ci-dessous dans l'un des deux groupes, passera de l'un dans l'autre. L'étude géographique de l'habitat nous conduit d'ailleurs à cette conclusion que des secteurs relativement fort éloignés les uns des autres, mais présentant des conditions géographiques semblables, ont normalement protégé ou livré, dans le même rapport, les familles qui les habitent ; c'est ainsi que les glacis de la haute Cochinchine et du haut Cambodge méridional, présentent les mêmes conditions de facile accessibilité que les glacis de la moyenne Sé Khong et la moyenne Sé San ; aussi, malgré le désert des forêts-clairières qui, sur 100 kilomètres de hauteur, les sépare, ces deux zones ont-elles subi, de par leurs conditions physiques identiques, les mêmes destinées ; elles ont vu passer la domination khmer et les populations primitives qui les peuplent, s'en sont trouvées semblablement imprégnées ; c'est pourquoi les tribus de ces deux secteurs si éloignés rentrent dans le même groupe ethnographique et, si les Brau, au Nord, se rencontrent dans la zone montagneuse d'entre Sé San et Sé Khong, c'est qu'ils y ont été repoussés par la domination étrangère, plus lourdement et cruellement imposée qu'au Sud ; mais l'empreinte était acquise lorsque commença cette émigration.

Cet exemple, qui nous est affirmé par l'étude des vocabulaires brau, mnong et stieng, nous conduit à une déduction logique : la zone montagneuse du Sud-Annam, présentant les mêmes conditions géographiques que celle du Centre-Annam, a dû, comme cette dernière, protéger ses tribus de l'invasion étrangère. Les franges seules de la zone méridionale ont été occupées par les Cham ; les peuplades qui gîtent plus en arrière, appartiennent indiscutablement à la deuxième famille; mais, de même que celles de la zone montagneuse septentrionale sont restées indépendantes et n'ont subi que très légèrement l'influence extérieure, de même l'on peut inférer que celles du Sud se sont conservées aussi intactes ; aussi, est-il permis de supposer que les enquêtes ultérieures nous démontreront les affinités des tribus réfugiées, d'un côté au cœur de la zone montagneuse centrale et, de l'autre, au cœur de la zone montagneuse méridionale ; ce sont elles qui ont, sans doute, conservé le dialecte le plus rapproché du type primitif, parce que moins influencé par les langues des peuples envahisseurs circonvoisins.

Quoiqu'il en soit, nous classerons provisoirement, comme suit, les diverses tribus de la seconde famille ;

A. — *Groupe dont le dialecte a subi le plus considérablement l'influence des Khmer.* Ce groupe comprend les familles moï les plus rapprochées du royaume cambodgien et de la Cochinchine (1).

Ce sont :

I. — les **Che-Ma**. — Cette importante et nombreuse famille occupe tous les cantons compris entre le Binh-Thuan et la basse Cochinchine, le bassin du moyen Donnaï et le Plateau auquel ils ont donné leur nom. Ils se subdivisent en sous-tribus assez nombreuses, qui sont :

a) les **Trau** ou **Chrau**. — Ce mot signifie « Homme » et est synonyme de Che, Chau. Les Trau forment le coin entre le Binh-Thuan occidental et la basse Cochinchine ; ce sont eux qui s'approchent le plus de la mer, dans la région de Baria ; ils peuplent les derniers contreforts de la chaîne annamitique ;

b) les **Ma** proprement dits. — Ils forment le noyau de la grande tribu à laquelle se rattachent les autres rameaux ; ils peuplent le Plateau auquel ils ont donné leur nom, de part et d'autre de la moyenne Lagna ;

c) les **Çop**. — Ils peuplent tout l'intérieur montagneux de la boucle du Donnaï et sont séparés des Ma proprement dits par les cantons occidentaux du Plateau ;

d) les **Che-Srê**. — Ce mot, qui signifie « Hommes des rizières », s'applique aux Ma

(1) Il englobe, en outre, les tribus qui peuplent les plaines à l'Ouest du Mékong (Por, Samré, Kuy..), mais qui demeurent en dehors de notre étude.

établis dans les plaines ou les vallons marécageux qu'ils cultivent en rizières. Ils occupent ainsi deux secteurs, très éloignés l'un de l'autre :

1º Les plaines marécageuses de la boucle du Donnaï ;

2º Les vallons marécageux du Plateau de Djiring, autour de la délégation, le bassin de la D. Riam et la haute Lagna.

e) les **Che-Tô**. — Ce mot signifie les « Hommes d'amont ». Ils occupent les ondulations de bordure du moyen D. Deung : c'est la tribu la plus septentrionale de la famille ma. Ils s'étendent, au Nord-Ouest, jusqu'à la source du D. Rmang.

f) les **Koho**. — Ils ont été aussi appelés Kahov ou Cohov. Ils s'étendent au Nord-Est des Ma, depuis le Da Nhim moyen et inférieur jusqu'aux chaînes de partage du haut D. Dong et du Kr. Knô ;

g) les **Lat**. — Cette petite tribu n'occupe que six villages disséminés sur le Plateau du Lang-Biang et la route de Dalat au D. Dong (route de Djiring). En plusieurs points, elle diffère beaucoup des Koho ; c'est le groupe ma le plus différencié du noyau type.

II. — Dans l'Est et le Sud, les Ma sont bordés par une série de tribus au dialecte parfois très différent.

Ces tribus séparent les Ma des Raglai, au Sud-Est.

Ce sont :

1º les **Tulâ**. — Ils habitent le bassin de la haute D. Rsas et s'étendent jusque sur la Lagna ; ils sont bornés, à l'Ouest et au Sud-Ouest, par les Raglai, au Nord, par les Che Srê, au Sud, par les Kayong, à l'Est par les Teulup ;

2º les **Teulup**. — Ils demeurent de part et d'autre de la grande route de Djiring à Phanthiet, du Da Trum à Gia-Lé ; ils sont limités, à l'Est et au Sud, par les Raglai, au Sud-Ouest, par les Kayong et, à l'Ouest, par les Tulâ ;

3º les **Kayong**. — Ils s'étendent sur le bassin inférieur de la D. Rsas et sur le moyen S. Cuau. Ils sont limités, au Sud, par le massif du Senou ; ils sont enclavés entre les Teulup, à l'Est, les Tulâ, au Nord-Ouest, les Raglai, au Sud-Ouest et au Sud ;

III. — La seconde des grandes familles du groupe A est celle des Stieng.

Les **Stieng**, qui s'appellent **Ke-Dieng** ou **Se-Dieng**, forment une puissante et guerrière famille, aux villages nombreux et peuplés, composés de maisons sur pilotis. Ils habitent tout l'hinterland de la haute Cochinchine et du Cambodge sud-oriental ; ils s'étendent sur le bassin supérieur du S. Bé et de ses affluents, à l'Ouest, jusqu'au bassin du haut P. Tchlong, sur lequel ils débordent quelque peu, et sur le cours supérieur de la rivière de Saïgon ; à l'Est, ils s'arrêtent au Rhlap, affluent du S. Bé.

L'on ne peut encore savoir s'ils se divisent en tribus. Vers le Nord, ils se prolongent par un rameau secondaire, qui semble leur être apparenté ; c'est la tribu des **Bu-Dêh**, qui occupe une faible partie du bassin du moyen D. Glun (haut S. Bé). Ces Bu Dêh bâtissent cependant leurs huttes dans le style mnong et me semblent être une sorte de tribu mixte entre Stieng et Mnong, dont ils comprennent les deux dialectes.

IV. — Au Nord des Ma et des Stieng, s'étend la principale famille moï du groupe A, celle des Mnong, qui est bordée, au Nord, par toute l'étendue déserte des forêts-clairières.

Les Mnong, appelés Pnongs ou Peunongs par les Cambodgiens, qui englobent, sous ce nom, toutes les peuplades moï de l'hinterland, forment une très grosse tribu, qui se subdivise en nombreuses sous-tribus. Ces divers groupes, cependant, ne parlent point tous le même dialecte et l'on peut, à ce point de vue, les classer en deux subdivisions très nettes :

1. — Mnong de l'Ouest, comprenant les familles dont le dialecte type est le mnong parlé dans l'hinterland immédiat du Cambodge. Ils renferment les grandes familles suivantes :

a) les **Bhiet**. — Appelés aussi Phiet, Bhiat ou Piâk, ils sont les plus voisins des Cambodgiens et s'avancent jusque tout près du Mékong. Ils peuplent le bassin du P. Té et le bassin moyen du P. Tchlong, dont ils ne dépassent pas la rive gauche.

b) les **Bu-Neur**. — Ce nom, qui se prononce aussi Be-Neur, Bu-Nar, suivant les districts, signifie : « [les Mnong peuplant les] cantons de terre rouge ». La terre rouge, qui recouvre le sol occupé par cette tribu, s'appelle, en effet, *neur* ou *nar*, en mnong (1). Cette tribu peuple le Plateau Central et sa périphérie orientale et septentrionale. Elle s'avance, à l'Ouest, jusque sur le haut P. Té et, à l'Est, jusqu'au voisinage de la Srépok. B. Pou Srâ est le centre de son aire de dispersion.

c) les **Rehong**. — Ils peuplent les pentes sud-occidentales du Plateau Central, mais ne dépassent pas le versant du haut D. Hoyt, affluent du S. Bé ; ils s'étendent, au Sud-Ouest, jusqu'aux Stieng.

d) les **Kong-Khang**. — Ce petit groupe, qui occupe quatre ou cinq villages du haut D. Rang, sous-affluent du P. Tchlong, par le D. Pour, me semble être une tribu hybride, de langue phiet. Je n'ai pu arriver à me faire expliquer ce terme et tout ce que j'ai pu savoir, c'est que ces naturels ne sont ni Phiet, ni Bu-Neur, ni Rehong.

e) les **Ksèh**. — Cette sous-tribu secondaire n'occupe que quelques villages de la basse vallée du D. Pam, affluent de rive gauche du P. Tchlong ; son dialecte est un mélange de mnong et de stieng ; l'architecture des huttes procède également de ces deux tribus. Les Ksèh se réclament cependant avec énergie de la grande famille mnong et sont régulièrement pillés par les Stieng, qui leur enlèvent des hommes et les razzient impunément.

f) les **Nong**. — Ils habitent les pentes méridionales du Plateau Central, depuis la ligne de partage du versant du D. Glun, dont ils occupent le bassin supérieur ; ils s'étendent également sur les hauts Rtih, Buk-So, Ndrung et Nong.

g) les **Prèh**. — Ce mot signifie « grand, haut ». La tribu qui le porte habite les pentes orientales du Plateau Central, depuis les massifs du Nam-Noung, sur les versants des hauts Pri, Rlong, Dro, Mam et Çor, jusque fort près de la Srépok.

h) les **Ti-Pri**. — Appelés aussi Di-Pri, ce sont les Mnong qui habitent les secteurs de B. Ou et B. Tu-Ndrung, sur les cours supérieurs des Ndrih, Klau et Kèn, premiers tributaires de forêt-clairière de la Srépok. Ces Mnong comprennent le dialecte des Radé et, comme ceux-ci, bâtissent leurs huttes sur pilotis.

i) les **Perong**. — Cette tribu habitait jadis le bassin du D. Xer, affluent de la Srépok ; ils étaient les principaux auxiliaires du Khun Yonob de B. Don dans ses razzias contre les villages environnants. Vers 1887, une centaine d'entre eux, alliés à

---

(1) C'est le *kpong* des Radé.

une cinquantaine de Birmans et à une vingtaine de Laotiens, sous la conduite d'un Birman nommé Kham-Leu, marchèrent contre les Pih afin de les piller et de leur enlever des esclaves. A la suite de la défaite que les Pih leur infligèrent dans les plaines de B. Phok, près B. Tour, dans la région du confluent Kr. Hana Kr. Knô, les Perong, démoralisés et craignant la vengeance des vainqueurs, émigrèrent en masse. Une partie alla se fixer chez les Tiom-Pueun, tandis que le reste s'enfonçait dans les secteurs montagneux du Sud-Ouest ; ils doivent actuellement s'y être fondus avec les Prèh ou les Preng. Il est probable que les Tî-Prî ne sont que les restes de cette tribu.

j) les **Bu-Deung**. — Appelés aussi Be-Deung, ce sont les Pou-Thong des Radé. Ce mot signifie « [les Mnong qui habitent] la région de l'Ouest » (par rapport aux Radé). Ils comprennent tous le radé, le jaraï et souvent le laotien. Ils s'étendent en bordure de la Srépok, sur la rive droite de laquelle ils ont même bâti quelques villages. Ils ne se différencient pas des Tî-Prî.

2. — Mnong de l'Est. — Ils se composent de diverses familles, cantonnées dans les montagnes et ne se comprennent pas avec les Mnong de l'Ouest. Retirés dans un secteur très inaccessible et difficile, ils ont été protégés par la nature très sévère de leur sol et il est fort probable qu'ils se sont maintenus bien plus près du type primitif, se rapprochant ainsi probablement des tribus septentrionales, qui habitent des districts analogues et ont été semblablement abritées par les sauvages montagnes où elles se sont réfugiées.

Ce second groupe mnong comprend :

a) les **Gar**. — Cette importante tribu habite toute l'épaisse bande montagneuse, qui sépare le bassin du Donnaï de celui de la haute Srépok et s'étend de part et d'autre du moyen K. Knô ; elle peuple également, sur la rive gauche du moyen Kr. Knô, les secteurs montagneux qui s'étendent entre cette rivière et le bas D. Rmang. Dans l'Est, les Gar sont bornés par les Kil.

b) les **Briet**. — Cette tribu secondaire me semble être une variété de Gar. Il m'a été impossible de me renseigner sur elle, quoique j'aie traversé la plupart des villages qui se disent appartenir à cette famille. Elle occupe le moyen et bas D. Rmang, affluent du K. Knô, et est bornée, à l'Ouest, par les Preng.

c) les **Kil ou Chil**. — Ils habitent, à l'Ouest des Gar, dans les montagnes épaisses du haut Kr. Knô et du haut Kr. Boung, au Nord et au Nord-Est du Plateau du Lang-Biang. Les Kadung les appellent Mnong Tieu, ce qui signifie « Mnong des montagnes ».

d) les **Krieng**. — Ils occupent quelques villages sur le bas Kr. Boung. en aval du confluent du Kr. Toul.

e) les **Kesiong ou Kyong**. — Ils habitent quelques villages sur le bas Kr. Boung, en amont du confluent du Kr. Bouk, à l'orée des premiers marais de la rivière. Ils comprennent le radé et semblent être, avec les Krieng, dont ils sont limitrophes, des métis de montagnards et de Radé.

Ces deux tribus s'avancent, en effet, en coin, entre les Mnong montagnards du Sud et les tribus de dialecte radé, au Nord. Elles semblent former une famille analogue, par sa disposition, à celle des Pih, au Sud-Ouest du Darlac.

f) les **Rlam**. — Faussement appelés Rolum ou Rlum, ils occupent exclusivement la poche marécageuse du lac Tak-Lak et les marais adjacents du moyen K. Hana, vers l'Ouest. Cette tribu, réunie sur un étroit espace, est très dense et peuple de gros villages. Elle cultive en rizières les marais et ne se distingue guère que par le dialecte, des Pih, qui la bordent immédiatement dans l'Ouest. Les deux tribus ont nombre de points communs ; elles bâtissent notamment leurs huttes sur pilotis, à la façon des Radé.

V. — Au Sud des Mnong, s'étendent deux tribus indépendantes, qu'il est encore malaisé de classer au point de vue du dialecte, mais qui semblent former transition entre les Mnong du second groupe et les Ma. Ces deux tribus sont :

1° les **Preng**. — Cette nombreuse famille habite toute la région montagneuse qui s'étend au Nord de l'ondulation de bordure de rive droite du moyen D. Deung. Elle peuple tout le bassin moyen et inférieur du Rtih, débordant sur le haut D. Rmang et le haut D. Nteng.

2° les **Dip**. — Cette tribu occupe, à l'Ouest des Preng, le bassin du Rlhap et les ondulations qui s'étendent sur la rive droite du moyen D. Deung, du Nord au Sud de la boucle. Elle s'étend, à l'Ouest, jusqu'aux Stieng. Le dialecte des Dip, qui forme probablement transition entre le ma et le stieng, se diversifie à l'infini, de village à village, formant des gammes de nuances très complexes.

VI. — Toutes ces familles et ces groupes sont bornés, au Nord, par le grand désert des forêts-clairières ; ces étendues désolées coupent en deux tronçons les divers groupes de la famille, qui comprend encore quelques tribus échelonnées au Nord de la moyenne Srépok et de la moyenne Sé-San.

Ces tribus sont :

1° les **Krôl**. — Groupe secondaire, qui occupe quelques villages sur le bas P. Krieng; son dialecte est encore plus imprégné de khmer que celui des autres familles ; ce phénomène s'explique par l'isolement complet des Krôl au milieu de l'élément cambodgien.

2° les **Tiom-Pueun ou Debuan**.— Ils occupent le Plateau assez restreint, qui est connu sous leur nom, et qui s'étend entre moyenne Srépok et moyenne Sé San, au Sud de Vœûne-Sai. Leur établissement en ce secteur date d'un siècle environ. Ils habitaient, auparavant, plus au Nord-Est, sur la rive droite du Kr. Jal, d'où les a chassés l'invasion jaraï.

3° les **Rmam**. — Cette tribu secondaire est éparpillée dans une douzaine de villages enclavés dans les Jaraï ; le plus septentrional est Pl. Rmam, à l'Est du moyen D. Hedrey, isolé au milieu des Jaraï Arap ; les deux hameaux de Pl. Çang se trouvent en amont de Bokkham, B. Te-Uèch est sur la rive droite de la Sé San, Pl. Tha, sur le Ya Temô et le Pl. Bia sur le Ya Mkum ; sur la rive gauche de la rivière, se trouvent disséminés six autres hameaux.

Ces Rmam me semblent être des débris de Tiom-Pueun, qui sont restés dans l'ancien district habité jadis par la tribu qu'ils n'ont pas suivie dans leur exode vers le Sud-Ouest, lors de l'invasion jaraï.

4° les **Brao**. — Ou Brao, Prau, Brau : ce sont les Lové ou Luê des Laotiens. Ils habitent la région montagneuse entre la moyenne Sé San, la Sé Kaman et la moyenne Sé Khong ; ils sont bornés, à l'Est, par les Halang et, au Sud-Est, par les Jaraï.

Ils se divisent en nombreux groupes arbitraires, qui prennent le nom de la rivière, de la montagne ou de toute autre particularité naturelle voisines ; chacun de ces groupements comprend de deux à six villages parlant le même dialecte, mais ces divisions ne sont en rien comparables aux sous-tribus qui composent certaines grandes familles, comme les Radé notamment. C'est ainsi que, sur la route de Vœûnc-Sai à Attopeu, les Brau, que j'ai traversés, s'appellent les « [Brau], kah Rok, kah Techah, kah Hamong, kah Keuet, kah Ndrâk » ; tous ces noms sont ceux de rivières, affluents de la Sé San ou de la Sé Khong ; quant au mot *kah*, il signifie « canton, district, pays ».

Parfois aussi, le groupe prend le nom du principal village du secteur.

L'on rencontre également quelques villages brao, mélangés aux Laotiens, sur la route de Fiafaï à Attopeu, en arrière de ce premier centre. Des Brao, anciens esclaves des Laotiens, et libérés, peuplent enfin quelques villages réunis par groupes depuis les contreforts du Pou Na-Fang jusque derrière Fiafaï, au Nord, et derrière Khong, au Sud ; ces hameaux sont très clairsemés.

Aux Brao, se rattachent quelques tribus secondaires, qui forment transition avec le deuxième groupe de la seconde famille ; ce sont :

a) les **Pregar**. — Ils occupent le bassin de la D. Pauam, affluent de la Sé Sou, jusqu'à cette dernière rivière Ce sont des métis de Brao et de Halang.

b) les **Su**. — Appelés aussi Souk, ils occupent la vallée de la Sé Khong, entre Muong Mai et la Sé Pien. Ceux qui habitent la forêt, entre la Sé Pien et son affluent, le D. Kamphô, sont appelés Su Khok par les Laotiens, ce qui signifie « Su de terre ». Leur dialecte est un mélange de Oy et de Brao.

B. — *Groupe dont le dialecte est moins imprégné d'éléments khmers.* — Ce second groupe de la seconde famille s'étend au Nord du 14° lat. et occupe tout l'hinterland du Centre-Annam et du bas Laos.

Les familles qui le composent sont, suivant l'ordre géographique :

I. — les **Bahnar**. — Cette importante famille se subdivise, comme les Radé, en sous-tribus et en branches de dialecte similaire, qui sont :

a) les **Reungao**. — Ce mot, qui signifie « frontière », désigne les Bahnar qui peuplent la plaine du Kr. Bla, ou plaine de Kontum, jusqu'en amont de Pl. Dedrop ; ils sont bornés, au Nord, par les Sedang, au Sud et à l'Ouest par les Jaraï ;

b) les **Geular**. — Ils occupent le haut bassin du D. Meteung, affluent du Bla, sur le Plateau des Jaraï. Les Annamites les appellent Ta-Lang ;

c) les **Halong**. — Ils peuplent la vallée de l'Ayun, à l'Est des Geular ;

d) les **Hagu**. — Leurs villages se rencontrent tout le long de la grande route de Kontum à Quinhon par An-Khê. Ils sont bornés, au Sud, par les Geular et les Halong ;

e) les **Jeleung**. — Ils habitent les bassins du Sengêh (haut Kr. Bla) et de ses affluents, Pekey, Peey et Pené ; ils sont bornés, au Sud-Est, par les Hagu ;

f) les **Beneum**. — Cette grosse tribu, appelée aussi Benam, n'est encore connue que de nom ; elle s'étend à l'Est des Jeleung, à la source du S. Ba, dans l'hinterland du Quang-Ngai méridional.

Sur le versant annamite septentrional, en arrière de la province de Quang-Ngai, habitent encore d'autres tribus parlant des dialectes bahnar, mais fortement mélangés de mots annamites et sedang : depuis longtemps, en effet, elles sont séparées du noyau bahnar et soumises à la domination annamite.

Ces tribus sont :

a) les **Chi-Dôc** des Annamites. — Ils occupent le bassin du haut S. Lai-Giang et sont peu connus ;

b) les **Ta-Lieng** ou **Diek-Lieng**. — Ils habitent la région de Ba-To', sur le S. Tra-Né, cours supérieur du S. Vé, qui se jette dans l'estuaire de Qu. Ngai ;

c) les **Ta-Rê** ou **Diek-Rê**. — Ils s'étendent du col de Quât-La au Sud-Ouest du poste de Gia-Vuc ;

d) les **Ta-Va**. — Ils occupent le haut S. Cay-Bua, contre la partie centrale de la muraille ;

e) les **Ta-Chôm** ou **Ka Rê**. — Ils habitent la vallée du S. Tra-Kuc, de la muraille au col de Quât-La et jusqu'au Nuoc-Mieu.

Ces tribus cultivent de magnifiques rizières supérieurement irriguées par les cours d'eau issus de la montagne et savamment captés ou barrés. Tous ces Moï sont englobés, par les Annamites, sous le nom général de Da-Vach, appellation qui vient probablement d'une montagne remarquable, sise à l'entrée du pays moï ; les Annamites désignent, en outre, ces tribus par le nom de la région qu'elles habitent : *Moï Tra-Bong, Moï Ba-To'* (1).

II. — **Les Sedang**. — Cette tribu puissante, nombreuse et guerrière, occupe toute la région montagneuse, qui s'étend en arrière du Quang-Ngai et du Quang-Nam. Le terme de « Sedang » est le mot bahnar ; eux-mêmes s'appellent Se-Deang, dans l'Est, et He-Dang, dans l'Ouest. Ils se divisent en tribus dont les dialectes sont très différents, malgré la similitude de leurs origines. Ces tribus sont :

a) les **Reungao**. — Comme chez les Bahnar, ce mot signifie « frontière » et le groupe qui le porte occupe les vallées inférieures du Pekô et du Bla, jusqu'à leur confluent ;

a bis) les **Hamong** sont un groupe des Sedang-Reungao ;

b) les **Dedrah**. — Ce nom signifie « brousse ». La tribu sedang qui le porte s'étend, au Nord-Est des Reungao, dans la zone montagneuse, qui sépare le Psi et le Bla ;

c) les **Keumrang**. — Ce mot signifie « grande forêt » et s'applique à la tribu sedang qui vit entre le Pekô et le Psi, dans les montagnes escarpées et abruptes, jusqu'au Ngok Ang, grosse montagne rocheuse et dentelée, qui s'érige dans la région des sources du Psi, du Pekô, de la Sé Kaman et de la rivière de Quang-Nam.

Au nord des Sedang, se trouvent des tribus peu connues, qui se rattachent à cette grande famille : l'on cite, parmi elles, les **Duan** et les **Heré** ; ces tribus désignent les Sedang sous le nom de Hejung : nous verrons plus loin l'origine des Duan.

Les Sedang se continuent, au Nord-Est, par des tribus qui occupent l'hinterland du Qu. Ngai septentrional et du Qu. Nam ; celle qui habite le bassin du haut S. Mieu,

---

(1) Ces renseignements sont tirés de l'intéressante étude de Trin juet, *Le territoire de Lang-Ri*, in *Revue indochinoise*, 15-30 septembre 1908, pp. 346-383.

Cf. Haguet, *Notice ethnique sur les Moï de la région de Quang-Ngai*, in *Revue indochinoise*, 15 octobre 1905.

affluent du S. Tra-Kuc, au Nord-Ouest des Benam, est appelée **Ka-Giong**, mais elle fait encore partie des Sedang proprement dits et cette appellation est étrangement voisine de celle de Hejung, donnée aux Sedang du Nord par les Duăn ; au-delà, les familles semblent se différencier davantage et nous ne savons plus si elles font partie intégrante de la grande famille sedang ou si elles n'en sont que des ramifications ; cette dernière hypothèse est plus probable. D'ailleurs ce groupe des Sedang du Qu. Nam se relie aux tribus de dialecte bahnar du Quang-Ngai, par une famille intermédiaire, qui est :

les **Ta Kua**. — Ils habitent les cantons de So'n-Tho, So'n-Thuăn et So'n-Bông, sur le haut S. Tra-Kuc ; ils appartiennent déjà aux groupes des Moï cannelliers ; ils se rapprochent beaucoup des Ka-Giong.

Au-delà des Ta-Kua, s'étendent les tribus qui occupent l'hinterland du Qu. Nam et la région de la cannelle ; cependant, quoique en grande partie soumises, elles n'ont pas encore été étudiées au point de vue ethnographique.

C'est à peine si nous les connaissons vaguement sous les noms fantaisistes que leur donnent les trafiquants annamites ; à quelles familles linguistiques appartiennent-elles, quels sont leurs noms génériques de tribus ? Autant de questions que, jusqu'ici, personne n'a songé à leur poser ; comme ils baragouinent l'annamite et sont soumis, on ne leur a rien demandé de plus et il est probable qu'avant longtemps, ils auront perdu tout caractère distinctif.

Ces Moï, qui exploitent la région de la cannelle, autour du marché de Tra-My, sont divisés en quatre tribus, connues sous leurs appellations annamites, qui sont (1) :

a) la tribu de **Tac-Minh** ou Nuoc-Minh, bornée, au Nord, par les Duong-Nuoc, au Sud, par un haut plateau, qui doit être celui du haut Sengêh, à l'Ouest, par le D. Mih, qui est la haute Sé Kaman et, à l'Est, par les montagnes de la chaîne annamitique. D'après cette disposition, il me semble que ces Tac-Minh doivent être purement et simplement les Ka-Giong ou Sedang du Nord, qui occupent le haut Sengêh et le haut S. Mieu.

b) la tribu de **Xa-Giang**, bornée au Nord par le S. Tranh et la tribu de Duong-Bô, au Sud, par les épaisses montagnes de la chaîne, à l'Ouest, par la tribu de Tac-Minh et à l'Est, par les Ta-Kua.

c) la tribu de **Duong-Nuoc**, bornée à l'Est par le S. Thu-Bon, au Nord, par un petit affluent de cette rivière, au Sud, par les montagnes où vit la tribu de Tac-minh, à l'Ouest, par la tribu de A-Ba.

d) la tribu de **Duong-Bô**, bornée à l'Ouest par le Song Thu-Bon, au Nord, par le S. Tra-My, au Sud par le S. Tranh, affluent du S. Thu-Bon, à l'Est par la tribu des Xa-Giang.

Ces renseignements sont les seuls que nous possédions sur les groupes moï de l'hin-

---

(1) Les renseignements qui suivent sur les Moï de la cannelle, sont donnés dans *Les Moïs de Ta-My* (*Région de la cannelle*), in *Revue indochinoise*, juin 1894. L'auteur a conservé l'anonymat, mais les détails qu'il donne, surtout au point de vue administratif, sont très précis ; malheureusement, il semble s'être contenté, pour l'ethnographie, des renseignements donnés par les Annamites.

terland du Qu. Nam. La même ignorance règne sur la qualité des Moï plus septentrionaux du Thua-Thien.

Dans le Sud-Ouest, les Sedang sont prolongés par une tribu importante, qui est :

les **Halang**. — Appelés aussi Selang, ou, par les Laotiens, Saleng, ils occupent la rive droite du Pekô, jusqu'à sa source et s'étendent sur les hautes vallées du D. Sir, du Hedrey et de la Sé Sou ; les Halang du Nord s'appellent Halang-Sedang. La langue halang n'est qu'une forme dialectale du Sedang.

Les **Halang-Duan** sont une petite sous-tribu halang, qui habite le bassin de la haute Sé Sou et de la Sé Kaman, entre les Kaseng, les Halang purs et les Sedang. Ce sont des métis de Halang, et de Sedang ; le nom de Duan est, d'ailleurs, selon la tradition, celui d'un chef sedang, qui épousa autrefois une femme halang. Cette union fit souche de la tribu métisse qui conserve, comme nom, celui de son fondateur.

III. — **Les Boloven**. — Cette tribu forme le type de quelques familles qui, groupées sur le plateau et à sa base, parlent des dialectes différents, mais de même souche. Ces tribus sont :

1° les **Djru**. — Ce sont les Boloven des Laotiens ; Djru est le nom qu'ils se donnent eux-mêmes. Ils occupent le plateau connu sous leur nom laotien et débordent sur Saravan, jusque sur la vallée de la Sé Don, où ils se mélangent aux Sué ;

2° les **Heun**. — Les Laotiens les appellent Nia-Heun ; ils habitent la terrasse inférieure du Plateau des Boloven, depuis la Sé Pien jusqu'à l'embouchure de la Sé Noï dans la Sé Katam ;

3° les **Oy**. — Ils habitent un peu en arrière de la moyenne Sé Khong, au pied et sur les pentes de la muraille de chute du Plateau des Boloven ; ils cultivent en magnifiques rizières le pied de la montagne et le fond de la plaine, qui descend à la Sé Khong. Ce sont ces rizières qui fournissent de grain tout Attopeu et Stung-Treng ;

4° les **Sapuan**. — Cette tribu insignifiante, de dialecte oy, n'occupe que deux villages, B. Sapuan et B. Sok, entre Heun et Kaseng, sur la moyenne Sé Katam ; ils font des rizières, comme les Oy.

IV. — Enfin, au Nord de ces tribus, s'étendent d'autres groupes qu'il est encore plus difficile de classer ; les éléments manquent et le peu de renseignements que l'on possède sur leurs mœurs et leurs dialectes ne sont pas assez sûrs pour qu'il soit possible de les utiliser sans appréhension. Aussi, est-il prudent de se borner à n'en donner qu'une simple liste géographique, sans chercher à les grouper autour des dialectes-types, comme il a été possible de le faire pour la plupart des autres familles.

Ces tribus de l'extrême Nord de l'Indochine méridionale sont :

1° les **Kaseng**. — Ils habitent au Nord et au Nord-Est d'Attopeu, entre la haute Sé Kaman et le D. Pa ;

2° les **Alak**. — De dialecte apparenté au kaseng, ils occupent le haut bassin de la Sé Katam, sur sa rive gauche, et le haut D. Pa ; ils débordent sur Saravan et s'avancent loin, vers l Est, dans la chaîne annamitique ;

3° les **Veh**. — Entre la moyenne Sé Katam et le haut S. Buong ;

4° les **Kon-Tu**. — Sur la rive gauche de la haute Sé Katam ;

5° les **Ta-Hoi**. — Sur le plateau auquel ils ont donné leur nom ;

6° les **Leung**. — Dans l'angle septentrional du Plateau Ta-Hoi, la vallée de la Sé Tchepon et jusque dans les montagnes au Nord de cette rivière.

Ce ne sont là, bien entendu, que les principales familles ; à côté d'elles, habitent des tribus secondaires, inconnues ou mal connues ; les Moï de la chaîne, voisins de l'Annam, n'ont pas été étudiés au point de vue ethnographique.

Au Nord, le long de la ligne de fracture, les Moï sont bordés par la coulée laotienne et les Pou-Thaï.

Les **Pou-Thaï** sont les derniers venus des Thaï ; descendus du haut Mékong, ils ont été refoulés vers le Sud et se sont alliés avec les Moï, qui peuplaient les vallées des affluents ; ces Moï étaient des **Sô** ; de cette fusion, naquirent les **Sué**. On rencontre actuellement encore quelques Sô dans la province de Pak-Hin-Boum, mais ils parlent sué. Refoulés encore par l'invasion laotienne, Pou-Thaï, Sô et Sué durent abandonner leur pays ; les uns passèrent le Mékong et descendirent jusque dans le Melu-prey ; les autres s'avancèrent sur la Sé Tchépôn ; c'est là que les Pou-Thaï se sont agglomérés en plus grand nombre ; on les retrouve, ailleurs encore, entre Saravan et Paksé, sur la Sé Don ; sur la rive droite, ils ont formé des agglomérations dans la région d'Oudôn.

Quant aux Sué, ils sont dispersés un peu partout, mélangés aux Moï proprement dits, dans les provinces de Saravan et de Savannakhet.

En résumé, nous voyons que les diverses tribus moï de l'Indochine sud-centrale se présentent par groupes nombreux que l'on peut réunir autour de noyaux-types, encore incomplètement déterminés.

Les grands groupes seuls sont tranchés et les cadres en ont été construits ; il appartient aux explorations futures de les remplir et de les compléter en les corrigeant, s'il y a lieu. Mais il faut se hâter. La déformation des tribus moï de périphérie se poursuit rapidement. Sous l'influence rongeante de l'Annamite et du Laotien, le caractère moï s'altère et s'effrite ; bientôt, de toutes ces tribus frontières, il ne restera plus qu'un amas confus et décomposé de villages dégénérés ; la nouvelle génération ne saura plus baragouiner qu'un affreux patois mêlé d'annamite ; avec le dialecte ancestral, mœurs et coutumes disparaîtront ; l'acide laotien et annamite, plus rongeur que le termite, aura fait son œuvre. Que l'on jette un coup d'œil sur les Moï de la haute Cochinchine, de Honquan et de Budop ! L'on verra ce qu'on en a fait le contact étranger. Du côté du Cambodge, le danger est moins pressant, le Cambodgien n'ayant pas cette force merveilleuse d'expansion qui caractérise le Laotien, mais surtout l'Annamite. Dans quelques années, il ne restera de vraiment moï que les tribus des hauts plateaux et des montagnes intérieures ; la frange extérieure aura été déchiquetée et détruite. Et d'ailleurs, cette œuvre de destruction est encore aggravée par notre pénétration, par l'établissement de notre civilisation. Au contact de ces éléments supérieurs, le Moï se flétrit et se dégrade et, dans un avenir qui n'est pas très éloigné, il n'existera plus qu'à l'état de métis hybride, en voie d'extinction. Déjà d'ailleurs, il s'assimile avec une remarquable facilité nos vices et nos tares ; l'alcool, la syphilis, achèveront, au point de vue physique, la déchéance morale.

Que l'on se hâte donc d'étudier ces tribus, encore magnifiquement sauvages, indépendantes et heureusement parfois belliqueuses : étudions-les, comme des sujets précieux qui vont disparaître ; dans quelques années, ils seront *civilisés*, par conséquent perdus, moralement et physiquement pourris et gangrenés. Dans le cadre de leurs forêts épaisses, alors qu'ils sont encore beaux de toute leur sauvagerie primitive et noble, hâtons-nous, dans l'intérêt de la science, de pénétrer leurs mœurs, leurs coutumes, leurs dialectes; dans un nombre très limité d'années, ces documents que nous aurons amassés seront tout ce qui restera d'une race sauvage et fière que notre race aura détruite, comme elle a détruit les Indiens des deux Amériques « civilisées ».

CHAPITRE II

ESSAI D'HISTOIRE

§ 1. — LÉGENDES MOÏ RELATIVES A L'ORIGINE DU MONDE ET A LA DISPERSION DES TRIBUS

D'où viennent donc les diverses tribus moï et quelle est leur patrie primitive ? Il est assez difficile, dans l'état actuel de nos connaissances, de répondre à ces questions. Les légendes et les traditions des diverses familles ne sont que fables pittoresques et l'on ne peut accorder créance aux parcelles d'histoire qu'elles renferment.

Quelques-unes, cependant, ont conservé le souvenir, transmis de génération en génération, des faits bibliques que l'on retrouve, en les points les plus divers du globe, chez les populations les plus dissemblables ; le déluge, la tour de Babel, la dispersion des races, sont connus chez certaines tribus moï, qui les racontent à leur manière en adaptant à leur cadre primitif les événements et les personnages.

« Autrefois, dans les commencements, disent les Bahnar, le milan se prit de querelle avec le crabe et lui donna sur le dos un si fort coup de bec, que la carapace en fut percée. On voit encore aujourd'hui la marque de ce fameux coup de bec. Le crabe voulut se venger, mais comment atteindre le milan, qui se cachait dans les nuages ? Le crustacé fit gonfler les eaux de la mer et des fleuves, tant et si bien qu'elles s'élevèrent jusqu'au ciel. Tous les êtres animés périrent, sauf deux personnes, le frère et la sœur, qui se réfugièrent dans une *seungeur*, ou grosse caisse, de vaste dimension. Ils prirent avec eux un couple de chaque espèce d'animaux et fermèrent bien hermétiquement la *seungeur*, qui flotta sur les eaux comme une grande barque. L'inondation dura sept jours et sept nuits. Au bout de ce temps, le frère entendit la poule chanter au dehors. D'où venait cette poule ? Elle était envoyée par les *Iang* [1], afin d'avertir nos ancêtres que les eaux s'étaient retirées et qu'ils pouvaient sortir. Comme un capitaine quitte son navire après que tout le monde a débarqué, le Noé bahnar donna la volée à tous les oiseaux contenus dans la grosse caisse.

« Les autres animaux, voyant la porte ouverte, en profitèrent pour prendre la clef des champs.

---

[1] *Iang* signifie « les génies ».

« Nos grands parents sortirent à leur tour, munis d'une petite provision de riz déjà cuit. C'était l'époque des semailles.

« Voilà nos deux mortels bien embarrassés, car ils avaient pilé et mangé tout le riz conservé dans la grosse caisse.

« Comment vivre dans la suite, puisque la semence était perdue ? Tous deux se livraient à des réflexions très philosophiques, mais fort peu gaies sur les vicissitudes humaines et la nécessité de mourir de faim, quand ils s'entendirent appeler par leur nom. La voix semblait sortir de terre. Le frère regarde à ses pieds et voit une petite fourmi à peau noire et luisante, nommée *Hmôch-Keutou*. L'insecte apportait dans ses mandibules deux grains de riz de la part des *Iang*.

« — Tiens, dit la fourmi, prends ces deux grains de riz, sème-les maintenant, et bientôt tu auras une riche moisson. »

« Le Grand-Père du genre humain ne se fit pas prier longtemps. A l'instant même, il planta les merveilleuses graines et, le lendemain matin, la plaine était couverte d'une riche moisson d'un riz superbe, dont un seul grain suffisait pour remplir la marmite, de quoi fournir tout un repas.

« Quelqu'un passait-il de vie à trépas, on l'enterrait au pied d'un arbre appelé *Lông Blô*, et le mort ressuscitait à l'état d'adulte. A ce compte, la terre se peupla très vite, mais tous ses habitants ne formaient qu'un seul *peuley* ou ville, sous la présidence des Premiers Parents. Les hommes devinrent si nombreux, que certain lézard, le *Moueul Joï*, ne pouvait plus se promener sans qu'on lui marchât sur la queue. Cela le vexait grandement, aussi fit-il la leçon aux fossoyeurs de ce temps-là.

« Pourquoi donc enterrez-vous les morts au pied du *Lông Blô* ? Creusez la fosse au pied du *Lông Khung* et ils ne ressusciteront plus. Qu'ils meurent une bonne fois et que ce soit fini par là ! »

« On crut à la parole du lézard, et, depuis ce jour, les morts ne reviennent plus à la vie »[1].

Un jour, le Bok Segeur[2] se mit à cuire du vin de riz ; il en buttant qu'il s'enivra et, étant tout nu, tomba dans un profond sommeil. Son fils aîné, le voyant dans cet état, se moqua de lui et courut dévoiler le fait à ses frères. Mais, le second blâma la conduite de son aîné et couvrit son père d'une feuille de bananier. Quant au troisième, il fit mieux encore ; il prit une couverture et, en détournant la tête, la jeta sur son père. A son réveil, celui-ci se voyant en cette posture, demanda des explications ; en apprenant ce qui était arrivé, il se mit en colère, dépouilla son fils aîné de ses habits et le chassa dans la forêt. Mais l'épouse de ce dernier, saisie de pitié, le suivit et, avec sa tunique, confectionna une ceinture au fugitif. C'est de ce couple que descendent les races moï, chez lesquelles la femme a le torse nu et l'homme ne porte qu'un langouti. A chacun de leurs nombreux enfants, ils donnèrent des noms particuliers, qui sont devenus les noms des diverses tribus auxquelles ils donnèrent naissance. Les deux autres fils du Bok Segeur furent les ancêtres des Annamites et des Laotiens.

[1] R. P. Guerlach, *Mœurs et superstitions des sauvages Ba-Hnars*, in *Missions catholiques*, 7 octobre 1887, p. 479.
[2] Bok Segeur (ou Seungeur) signifie, littéralement, « Grand-Père ou Segeur ». C'est l'ancêtre sauvé des eaux, le Noé bahnar.

Une autre légende raconte diversement la chose.

Les enfants du Bok Segeur, dit-elle, avaient résolu d'élever une hutte grandiose dont le toit se perdrait dans les *noirs nuages de pluie*. Le fils aîné dirigeait les travaux et tout le monde s'était mis à l'ouvrage; la besogne avançait rapidement. La charpente était déjà posée et le fils aîné, monté sur le faîte, donnait ses ordres d'une voix retentissante ; le son de sa voix ressemblait au bruit du vent pendant la tempête. « Mais voilà qu'il demande du rotin dont il avait besoin et on lui apporte une poutrelle. Mécontent, il jette la poutrelle et demande à nouveau du rotin ; on lui tend une corde. La colère le gagne et il gourmande son monde, mais, alors, chacun éclate de rire, car personne ne le comprend plus, les langues étaient confondues. Furieux, le fils aîné du Bok Segeur saute en bas du toit, saisit un gourdin et administre à ses frères, sœurs et petits-neveux une sérieuse correction. Pour échapper à cette grêle de coups, les hommes se sauvèrent vers tous les points de l'horizon.

« Les uns, parlant bah-nar, émigrèrent au pays des Bah-nar, d'autres donnèrent le jour aux Sédang, aux Reungao, aux Jaraï, et le fils aîné demeura avec ses parents et devint la souche du peuple annamite. Voilà pourquoi les Annamites sont plus intelligents et plus riches que les peuplades de la montagne ; ils descendent du fils aîné »[1].

Chez les Jaraï, cette légende de la tour de Babel est quelque peu différente.

« C'est à Pl. Koteng, près Pl. Khuen, que se trouve, dit-elle, le *centre* de la terre. C'est ici en effet, qu'après le déluge de Bok Segeur, les « hommes, trop nombreux, élevèrent la Tour de la dispersion. Elle était si haute qu'on devait en maintenir le sommet à l'aide de longues cordes en rotin.

« Un héraut y monta pour explorer du regard l'univers.

« — Au levant, s'écria-t-il, je vois une belle plaine, près de la mer ; j'en vois une autre, au couchant, près d'un grand fleuve! »

« Il ne put en dire plus long, car en ce moment même, la tour s'écroula et le malheureux tomba mort; pressés de gagner les premiers ces régions enchantées, Annamites et Laotiens avaient lâché toutes les cordes. Les Bahnar et les Jaraï, nonchalants par nature, s'amusaient à croquer de la canne à sucre et n'avaient rien entendu. Quand ils voulurent écouter, il était trop tard ! Ne sachant trop de quel côté diriger leurs pas, force leur fut bien de rester au pays.

« Maintenant encore, on voit un débris d'une des colonnes de la construction géante. Personne n'ose y toucher, car sa disparition complète amènerait la fin du monde »[2].

Dans ces temps merveilleux, les génies vivaient encore sur la terre que parcouraient des fées bienveillantes.

« C'était l'âge d'or. Ne soyons donc pas étonnés de rencontrer la *Toung Gour*. Cette fée puissante possédait un feu magique dont le secret lui fut dérobé par Xet, fils cadet du Noé bahnar. Dans ses excursions à travers la forêt, Xet aperçut un feu qui brûlait sans qu'il fût besoin de l'entretenir. Poussé par une inspiration des bons Génies, l'heureux mortel posa sur ce feu un tube de bambou complètement vide. Peu de temps

---

[1] R. P. Guerlach, *Op. cit*, in *Missions catholiques*, 14 octobre 1887, pp. 489-490.
[2] R. P. Kemlin, *Au pays jaraï*, in *Missions catholiques*, 7 mai 1909, p. 227.

après, il en vit sortir du riz, de la viande de porc et de bœuf, des plantes comestibles et une foule d'autres bonnes choses, le tout bien apprêté et cuit à point. La *Toung Gour* était absente. Joyeux de sa trouvaille, Xet fit un plantureux dîner qu'il se promettait bien de renouveler à l'occasion. Mais, pendant qu'il continuait son expédition dans la forêt, la fée revint et s'aperçut qu'un étranger s'était assis à son foyer. Craignant que les hommes ne lui ravissent sa puissance, elle versa sur le feu toute l'eau d'un *teulope* (gourde).

« Cependant, elle ne put si bien l'éteindre que Xet n'en retrouvât quelque reste sous les cendres. Il recueillit les petits charbons dans un pan de son *keupène* (langouti) et les emporta dans sa case. Ce feu divin fit merveille, et chaque jour son heureux possesseur faisait bombance. Malheureusement, sur cette terre, les meilleures choses ont une fin ! Un jour que Xeukroh, sœur aînée de Xet, revenait de puiser de l'eau à la fontaine, elle vit le feu dévorer le *dreuh,* ou plancher de la case. Rien de plus pressé que d'éteindre l'incendie. Dans sa précipitation, Xeukroh versa toute l'eau qu'elle portait. Le liquide éteignit les flammes qui brûlaient le *dreuh*, mais il se répandit aussi sur le foyer en telle abondance que le feu magique fut noyé. Impossible de le rallumer ! Voilà comment, peu à peu, les bonnes choses se perdent ! Xet fut bien attristé de ce malheur, mais il fallut en faire son deuil, car depuis lors, la *Toung Gour* a si bien pris ses précautions, qu'on ne put surprendre une seconde fois son secret. Aussi « les hommes souffrent-ils souvent de la faim, car ils ont perdu la semence du riz donné par les Esprits, me disait Hach. Et voilà pourquoi nous ne sommes plus à l'âge d'or » [1].

Voici enfin une légende, qui mentionne un fait rapporté, par la Bible, à Josué.

« Autrefois, dans les commencements, florissaient, au pays bah-nar, le vaillant Diong et ses frères, tous forts, tous audacieux ; mais le plus puissant était Diong, toujours en guerre, toujours vainqueur. Il combattit les Jaraï, les Hadrong, les Hagou, et lutta contre de redoutables jouteurs, mais aucun ne put le vaincre au combat. Les dieux, eux-mêmes, cédaient à sa vaillance. »

Sur un défit de Bŏk Glaih, le Dieu de la Foudre, Diong bondit au ciel, se bat avec le Génie et le tue.

« Après cet exploit, Diong redescendit sur la terre, forma un nouveau village composé des hommes les plus courageux, et s'unit avec six ou sept femmes qui abandonnèrent leurs maris pour suivre l'invincible guerrier.

« Au nombre des époux délaissés, se trouvait Bŏk Jaraï, chef d'une puissante tribu à laquelle il a donné son nom. Il demanda réparation de l'injure qui lui avait été faite, mais il ne reçut qu'un mépris insultant. La guerre était déclarée.

« Nombreux étaient les partisans des deux chefs.

« La bataille commença au lever du soleil, On combattait de part et d'autre avec acharnement. Enfin Bŏk Jaraï tomba sous le sabre de Diong. Mais le soleil allait se coucher, et le temps manquait au vainqueur pour achever son triomphe. Le guerrier s'adressa aux Dieux :

« O Esprits ! Les Jaraï ne sont pas encore tous tombés sous mes coups. Accordez-« moi que le soleil revienne à son midi, je veux tuer tous mes ennemis. »

---

[1] R. P. Guerlach. *Op. cit.*, in *Missions catholiques*, 7 octobre 1887, p. 479.

« Les Dieux prêtèrent à cette demande une oreille favorable, et, *tirant le soleil en haut*, le ramenèrent à son midi.

« Diong put donc achever la défaite de ses ennemis, et assurer pour toujours son triomphe.

« Bôk Jaraï, tombé sur le champ de bataille, devint une constellation, qui s'appelle en sauvage *Dam Jaraï* »[1].

Telles sont les curieuses légendes que nous livre le folk-lore des sauvages. Celles qui sont plus spécialement relatives à l'origine même des tribus et à leurs migrations lointaines ne nous offrent pas davantage d'éléments utilisables ; ce ne sont que des contes merveilleux et naïfs, extrêmement intéressants au point de vue du folk-lore, mais à peu près dénués de tout intérêt historique. Il est évident que, sous le coup des invasions qu'ils ont subies, les Moï ont perdu ou altéré leurs traditions. Quoiqu'il en soit, il est intéressant de rappeler ici ces légendes relatives à leurs origines.

Diverses traditions laotiennes prétendent que les races peuplant l'Indo-Chine sortirent d'une même citrouille à Dien-Bien (nom annamite et Muong-Theng, nom laotien), grand plateau sis dans l'angle nord-est du bassin de la Nam Hou. Une fois échappés de cette prison, les hommes se dirigèrent, à l'Est, vers la mer, au Sud, vers les vallées du Mékong et du Ménam et, à l'Ouest, vers la Birmanie.

D'ailleurs, parmi les rois de Luang-Prabang, l'on compte six souverains d'origine étrangère, dont quatre de race kha, avant l'arrivée des Laotiens venus de Dien-Bien qui s'emparèrent du sceptre et ne le laissèrent plus échapper.

Les annales de Luang-Prabang, de leur côté, donnent la légende suivante :

« A l'origine, le premier Kha et le premier Laotien étaient à Muong-Theng (Dien-Bien Phu). Ils se demandèrent où ils pourraient bien aller fonder un royaume. Après discussion, ils décidèrent que Luang-Prabang réunissait toutes les conditions voulues. Chacun travailla alors de son côté pour faire une pirogue capable de le porter au lieu désiré. Celle du Kha, qui était l'aîné, fut en bois. Celle du cadet, le Laotien, fut en peau de buffle. A la date fixée, ils partirent. Le Kha, prévoyant, fit quelques provisions pour le voyage, tandis que le Laotien, plus jeune, n'y songea point.

« Cependant, la pirogue de ce dernier, légère et flexible, filait sans encombre à travers les rapides du Nam Youn, tandis que celle du Kha, plus lourde, ne pouvait avoir la même vitesse. Quoi qu'il en fût, il parvint à rejoindre son frère, le soir et lui proposa l'échange des pirogues. « Si tu veux me céder ta pirogue, lui dit-il, je te donnerai aussi mes provisions de bouche » Il pensait, en effet, qu'arrivant le premier à Luang-Prabang, il aurait le droit d'être le maître du pays.

« Le Laotien s'empressa d'accepter l'offre et ils continuèrent le voyage. Avant même d'avoir descendu complètement le Nam Youn, le Kha, affamé, avait déjà mangé la moitié de sa pirogue Les bananiers des rives, craignant de voir leurs fleurs servir d'aliments au Kha, les dressèrent vers le ciel. C'est pour cela que, dans le Nam-Ngoua, on ne voit aucune fleur de bananier se pencher vers le sol [2].

[1] R. P. Guerlach. *Op. cit.*, in *Missions catholiques*, 14 octobre 1887, p. 490.
[2] Ce phénomène est probablement dû au voisinage d'une source thermale sulfureuse. Les plantes cherchent à fuir les vapeurs empestées et se dressent pour trouver l'air pur.

« Arrivés à Luang-Prabang, le Kha se fixa à Ban Lakham, le Laotien à Pap'ai [1]. Au bout d'un certain temps, les deux frères se gênèrent mutuellement et il fut convenu de décider lequel des deux serait maître du lieu.

« A cet effet, on fit deux « taléos » [2] de même hauteur : le Kha et le Laotien les plantèrent l'un près de l'autre, en invoquant les Dévadas (demi-dieux) et les priant de faire pousser le « taléo » qui appartenait à celui qui devrait être le seul maître du pays. La possession serait alors incontestable puisqu'elle découlerait de la volonté des dieux.

« Mais le Laotien, plus malin, avait planté le sien au cœur d'un bananier qu'il avait étronqué, ce qui fit que, naturellement, quelques jours après, son « taléo » dépassait en hauteur celui du Kha puisque la souche du bananier continuait à pousser. Alors, le Laotien se proclama maître du lieu et força le Kha à partir. C'est depuis lors que Luang-Prabang appartient aux Laotiens » [3].

Les **Boloven**, eux, ont une légende qui ferait suite à la précédente : d'après ces traditions, tous les Khas viendraient du pays de « Vien-Tiane, emmenés par les « chuong », magiciens armés d'une épée enchantée. En tête, marchaient les Radé et, en queue, les Boloven. Ceux-ci, épuisés par la fatigue et la maladie, ne purent dépasser la région où ils sont maintenant fixés et s'y établirent » [4].

Cette légende existe presque identique chez les **Nia-Heun**, qui disent seulement être venus de Vien-Tiane, conduits par les « pha-sai », espèce de sorciers, parents des « chuong ». Ce sont les « pha-sai », croient-ils, qui leur ont fixé leur résidence et leur dialecte, tous les Khas formant jadis un seul peuple et parlant la même langue » [5].

Les **Alak** prétendent « qu'ils viennent du Nord et habitaient jadis la région de Ban-Dan-Na-Lao (près de Song-Khône). Quant à l'origine de leur race, la légende raconte qu'aux temps anciens, les Laotiens et les Khas habitaient, réunis en un seul peuple, les îles de la mer (?), où ils se trouvaient confinés. Ils eurent, un jour, envie de voir du pays. Une corde très longue, en cuir de buffle, fut préparée et le meilleur nageur la porta à la côte du continent où il la fixa. Les insulaires se mirent alors à l'eau en se soutenant au câble ; mais, celui-ci venant à se briser, ceux qui étaient passés les premiers se trouvèrent séparés de leurs frères. C'est des premiers que descendent les Khas, les autres sont devenus les Laotiens [6] ».

« Les légendes **Halang** racontent qu'à l'origine tous les Khas formaient une seule nation, groupée sur les rives de la Sé-San. Or, en ce temps-là, vivait au Vien-Tiane un

---

[1] Noms de deux quartiers actuels de la ville de Luang-prabang.

[2] Bambou surmonté d'une sorte d'octogone en fibres de bambou et dont on se sert au Laos en guise de gris-gris protecteur contre le tigre.

[3] Cette légende et leurs notes sont rapportées par Lefèvre : *Voyage au Laos*, Paris, Plon et Nourrit.

[4] Citée par Lavallée : *Notes ethnographiques sur diverses tribus du Sud-Ouest de l'Indo-Chine*, in *Bulletin de l'Ecole française d'Extrême-Orient*. Octobre 1901, pp. 291-311.

[5] *Id.*

[6] Lavallée, *op. cit*, p. 298.

magicien — *pha-sai* [1] — renommé pour sa grande science, lorsque des géants, hauts de huit coudées, venus de *Lanka* — Ceylan — envahirent le pays qu'ils ravagèrent et emmenèrent prisonnier le propre frère du magicien. Celui-ci, épouvanté devant ces adversaires plus forts que ses enchantements, s'enfuit, descendant le Mékong en pirogue avec sa femme et ses enfants. Mais, en arrivant à Khône, la pirogue fut engloutie dans la cataracte et la femme et les enfants se noyèrent. Le magicien, sauvé par miracle, continua à descendre le Mékong jusqu'à la Sésane qu'il remonta, si bien qu'il tomba un jour chez les Khas qui s'emparèrent de sa personne et le réduisirent en esclavage. Mais, lui, voulant montrer sa puissance, transforma, un jour, les enfants de ses maîtres en fruits divers, puis leur rendit leur forme primitive, ce qui effraya fort ces gens qui résolurent de se débarrasser de leur esclave. Il y avait, en ce moment, dans un village voisin, un chef que les génies avaient rendu riche de la façon suivante : étant un jour à la pêche, il ramena plusieurs fois avec son filet une mâchoire de cuivre qui, rejetée à l'eau, réapparaissait toujours. A la fin, étonné de ce prodige, il prit la mâchoire et la rapporta chez lui. La nuit qui suivit, il rêva que cette mâchoire parlait et lui ordonnait de construire un temple où il la déposerait, moyennant quoi, il lui suffirait de désirer quelque chose pour être exaucé. L'heureux pêcheur obéit et n'eut, désormais, qu'à souhaiter les plus grandes richesses pour les obtenir. On vint lui offrir en vente le « pha-sai » dont on demandait un prix exorbitant : cent buffles, cent plats d'airain, cent sabres, etc., que ce lui fut un jeu de donner, grâce à la précieuse mâchoire. Il ignorait cependant les merveilleux talents de son esclave que celui-ci lui fit d'ailleurs immédiatement connaître. Envoyé puiser de l'eau pour la préparation du vin de riz offert à ses anciens maîtres, il s'amusa à rendre solide cette eau qu'il se mit à découper en tranches. A la vue de ce prodige, son nouveau maître, reconnaissant un être supérieur, lui rendit sur-le-champ la liberté et y ajouta le don de ses quatre filles pour épouses. Accepté bientôt comme chef suprême par tous les sauvages, le *pha-sai* leur fixa leur langue, leur résidence et leur industrie particulière (la recherche de l'or pour les Halang), ce qui se rapporte aux traditions des Nia-heuns [2] ».

Les **Radé** racontent une légende plus originale :

« A l'origine du monde, disent-ils, alors que les autres peuples habitaient depuis longtemps la surface de la terre, les Moï vivaient à l'intérieur où ils étaient très malheureux. Un jour, quelques-uns d'entre eux se décidèrent à aller explorer la surface terrestre et sortirent par un trou qui y communiquait et appelé Kbang Prigne, situé à l'Est de Ban Mé-Pleut (village pih existant encore).

« Ils trouvèrent donc l'aspect du sol merveilleux et résolurent de venir s'y installer. Ils retournèrent appeler ceux qui étaient encore dans l'intérieur de la terre et ceux-ci se mirent en devoir d'émigrer avec tout leur bétail et ustensiles de ménage, mais les jolies femmes moï, coquettes comme en tout lieu, se crurent obligées de se mettre en frais de toilette pour cette occasion et restèrent en arrière. Malheureusement, lorsqu'à leur tour

---

[1] Cette légende est certainement d'origine laotienne et nous verrons plus loin l'histoire de l'aventurier qui souleva la région halang et répandit très probablement lui-même cette fable merveilleuse pour mieux asseoir son influence sur les Moï crédules. Jamais les Moï n'ont connu le nom de *Lanka*.

[2] Lavallée, *op. cit.*, pp. 300-301.

elles voulurent sortirent, elles trouvèrent le trou bouché par un buffle à deux têtes qui ne pouvait plus rentrer ni sortir à cause de ses cornes et qui mourut là, laissant le trou fermé à jamais et les femmes restèrent dans la terre.

« C'est pour cette raison, ajoutent les Moï, qu'on voit peu de jolies femmes en pays moï » [1].

Une autre légende radé explique pourquoi les Moï n'ont pas d'écriture, et se liment les dents : la voici :

« Lorsque le Bouddha [2] vint dans le pays moï, appelé Muong-Pa-Cha-Mit par les Laotiens (« dépourvu de religion »), pour y prêcher sa doctrine, tous les peuples du voisinage, Cambodgiens, Laotiens et Siamois, vinrent solliciter l'enseignement de l'écriture. Les Moï également. Mais, tandis que les premiers avaient pris la précaution de se pourvoir de feuilles de palmier afin d'y tracer les caractères qui leur seraient enseignés, les Moï, paresseux comme toujours, n'avaient rien apporté. Ils tuèrent alors un buffle et, sur sa peau, gravèrent les caractères d'écriture, mais, toujours paresseux, ils oublièrent la peau et, pendant la nuit, les chiens la dévorèrent. C'est pourquoi les Moï ignorent l'écriture.

« Ce même jour, pour remercier le Bouddha, tous ces peuples voulurent lui offrir un repas d'honneur, mais les Moï, ignorants et toujours paresseux, au lieu de piler le riz dans les mortiers, ce qui est fatigant, se contentèrent de le préparer en le mâchant. Le Bouddha, furieux de cette malpropreté, aurait, pour punir les Moï, prescrit que, désormais ils devraient se couper les dents et, de plus, pour montrer leur infériorité, porter au cou, aux poignets et aux chevilles, des anneaux de cuivre.

« Cette légende, quelque peu méprisante à l'égard des Moï, paraît être d'origine laotienne, mais elle est connue des Moï qui la racontent volontiers en en riant » [3].

Les Cambodgiens ont d'ailleurs une légende analogue.

Autrefois, disent-ils, Preas, le Bouddha, habitait sur la terre ; il dit un jour aux Pnong [4] de lui préparer des aliments et les Pnong obéirent ; le lendemain, Preas s'adressa aux Cambodgiens, qui présentèrent une cuisine bien meilleure, car les Pnong avaient mâché les aliments avant de les faire cuire. Preas, irrité de cette malpropreté, leur ordonna alors de se limer les dents, puis, saisissant les baguettes entre lesquelles l'on cuit la viande et le poisson, il les leur passa dans le chignon ; c'est depuis cette époque que les Pnong portent, dans les cheveux, la longue épingle double en fil de cuivre, qui représente ces baguettes culinaires. Enfin, pour les punir de leur oubli, il leur fit se percer les oreilles et les charger d'ornements divers. Puis, toujours en colère, il les chassa des bords du Mékong, où ils habitaient alors, et les exila dans les montagnes. Il les condamna à ne jamais plus porter de vestons ni de pantalons ; les hommes ne devaient plus avoir qu'un langouti et les femmes, une jupe ; ils devraient toujours

---

[1] Besnard, *Les populations Moï du Darlac*, in *Bulletin de l'Ecole française d'Extrême-Orient*. Janvier-juin 1907.

[2] Pour les Laotiens, c'est le Bouddha ; les Radé l'appellent Pô-thé.

[3] Besnard, *op. cit.*

[4] Par ce terme, qui est la forme altérée du mot « Mnong », nom de la grande tribu qui peuple l'hinterland du Cambodge, les Cambodgiens désignent tous les Moï qu'ils connaissent : Stieng, Radé, Jaraï et Mnong proprement dits.

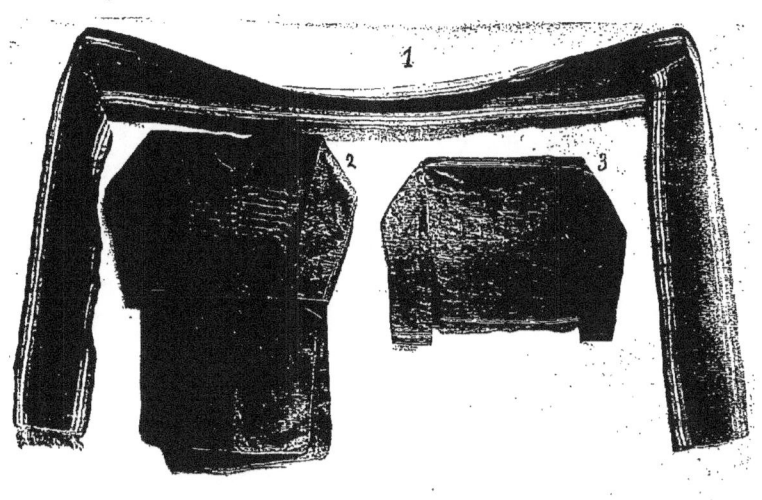

137. — 1. Ceinture radé (langouti). — 2 et 3. Tuniques radé.

138. — Couvertures radé.

être malpropres et ne se procureraient que difficilement gibier et poisson pour leur nourriture. Par contre, les Cambodgiens allèrent s'installer au bord du Grand Fleuve.

§ 2. — LES PREMIERS TEMPS HISTORIQUES DE L'INDOCHINE MÉRIDIONALE

Comme on le voit, toutes ces légendes, si curieuses au point de vue du folk-lore, ne nous apprennent rien sur l'origine des tribus moï ; c'est ailleurs qu'il faut essayer de chercher la solution du problème, dans l'histoire même des puissants empires que les divers envahisseurs de la péninsule indochinoise fondèrent tout alentour de ces populations sauvages, qui devaient, au début des temps historiques, ne former qu'une seule et même peuplade, clairsemée, et encore plus sauvage et plus primitive que ses descendants actuels.

Certaines traditions, fort vagues d'ailleurs, voudraient qu'à un moment donné, l'empire cham ait occupé toute l'Indochine méridionale jusqu'au moyen Mékong. Cette extension du Champa est purement légendaire, car, à aucun moment de son histoire, il ne s'étendit au-delà du Sud-Annam. Cette tradition, cependant, s'explique si l'on admet que l'Indochine méridionale fut le berceau de ces peuplades malayo-polynésiennes que l'on représenta longtemps, à tort, comme des envahisseurs venus du Sud. Des travaux récents et ceux de Kern, notamment, démontrent en effet que les Malayo-Polynésiens — alias Austronésiens — ne se sont pas déversés sur l'Indochine en venant de l'extérieur [1], mais qu'ils étaient au contraire les aborigènes de la péninsule. En s'appuyant sur les données de la flore et de la faune, en recherchant l'habitat des animaux et des plantes dont nous trouvons les noms dans les langues malayo polynésiennes, le professeur Kern conclut ainsi [2] :

« Les Malayo-Polynésiens sont partis ou de la côte orientale de l'Indochine ou bien de l'une des îles de l'archipel. Il s'agit de savoir si l'on pourrait faire encore un pas de plus et trouver des données certaines, d'autre nature que celles mentionnées plus haut, qui justifient un choix plus précis. Nous pensons, d'emblée, déterminer que les Malais et les Atchinois ne sont pas des aborigènes de Sumatra. Leur ancien habitat était situé plus au Nord dans la presqu'île de Malacca. Il est vrai qu'on peut supposer qu'à une époque encore plus ancienne, les Malais avaient passé de quelque autre île, Bornéo par exemple, sur le continent. Admettons-le provisoirement ; nous serons alors contraints de conclure que les Chams et d'autres

---

[1] Cf. Maspero, *L'empire khmer.*, Phnom-Penh. Imprimerie du Protectorat, 1904, pp. 21-23. — Les théories qui y sont exposées sur l'origine indienne des Cambodgiens ne sont pas universellement admises.

[2] C'est à l'obligeance de M. Cabaton, le savant érudit en matières cham et malaise, qu'est due cette traduction de l'intéressant article de Kern. Je suis heureux de saisir cette occasion pour remercier M. Cabaton des précieux conseils qu'il n'a cessé de me prodiguer pour toute cette partie historique de mon ouvrage.

tribus malayo-polynésiennes de l'Indochine sont également originaires de cette île. En eux-mêmes, ces faits n'ont rien d'invraisemblable. Cependant, un fait semble faire pencher la balance vers l'autre hypothèse. En effet, dans la famille malayo-polynésienne, on trouve l'habitude extrêmement répandue de désigner un des points cardinaux par « Côté de la mer » et un côté opposé par « Terre intérieure » ou « Haute terre ». Cette habitude est si profondément enracinée qu'il en faut chercher l'origine à une époque très ancienne, quand la famille malayo-polynésienne formait un peuple unique, bien que séparé déjà en plusieurs tribus. Il semble plus naturel de chercher si un pareil usage linguistique a pu s'établir dans un pays côtier plutôt que dans une île environnée par la mer.

« Il est vrai qu'une grande île, Bornéo par exemple, ne diffère pas d'un continent pour un peuple qui ne s'étend pas sur tout son territoire. On pourrait donc se demander si Bornéo ne pourrait être considérée comme le *stamland* possible des Malayo-Polynésiens. Contre cette hypothèse, plaide cet argument, qu'on ne s'explique pas comment un territoire si vaste et nullement infertile est resté depuis si peu peuplé.

« On ne peut découvrir pourquoi le peuple primitif n'aurait pas pris graduellement possession de cette vaste région et ne l'aurait pas exploitée avant d'émigrer en si grandes masses pour occuper d'autres demeures. On dirait qu'il y a eu pour cela une certaine poussée extérieure. Le plus simple, est de supposer que le peuple primitif fut refoulé dans une lutte contre des peuples étrangers plus puissants et perdit une partie de son territoire.

« Si l'on considère en outre que dans les langues étrangères de l'Indochine, le cambodgien, l'annamite, le siamois, on trouve tant de mots malayo-polynésiens du continent, on arrive à cette conclusion que l'habitat primitif de la race qui s'est étendue plus tard sur de si vastes territoires était probablement situé dans le Champa, la Cochinchine, le Cambodge et autres régions avoisinantes le long de la mer » [1].

Les Malayo-Polynésiens habitaient donc primitivement l'Indochine, qui semble avoir été leur berceau; ils y formaient, sans doute, des tribus clairsemées et nomades, qui succédaient elles-mêmes à des peuplades préhistoriques dont l'existence nous a été révélée par la découverte de pierres taillées [2] et d'instruments de bronze, ceux-ci

---

[1] Prof. Kern, *Het stamland der Maleisch-Polynesische volken*, in *Tijdschrift voor Nederlandsch Indië*. Nieuwe serie, 18 jaargang, Juli 1889.

[2] Ces vestiges d'une population préhistorique avaient été signalés, pour la première fois, par Aubaret, dans son *Histoire et description du pays de Gia-Dinh*. Paris, Imprimerie impériale, 1863, pp. 178-179, 224 et 275.

Le Dr Harmand, Pierre, le P. Caspar et Jugaut trouvèrent également des instruments en pierre polie et c'est sur les indications fournies par ces découvertes que le Dr Corre entreprit des recherches méthodiques dont les résultats furent exposés dans deux mémoires : *Rapport sur les objets de l'âge de la pierre polie et du bronze à Som-ron-Sen (Cambodge)*, in *Excursions et Reconnaissances*. N° 1, 1879, pp. 95-125 ; et : *Rapport sur de nouvelles recherches relatives à l'âge de la pierre polie et du bronze en Indochine*, in *op. cit.*, 1880, n° 3, pp. 361-384.

V. aussi : Dr Noulet, *L'âge de la pierre polie et du bronze au Cambodge, d'après les découvertes de M. Moura*. Toulouse. Ed. Privat, 1877 ; cf. Moura, *Le Royaume du Cambodge*. Paris, Leroux, 1883. Vol. I, pp. 134-151.

Plus récemment, de nouvelles fouilles ont été exécutées. V. à leur sujet,

succédant naturellement à celles-là : mais les Austronésiens avaient déjà subi l'évolution des siècles quand ils se trouvèrent brutalement en contact avec de nouveaux venus, arrivés de l'Ouest, et qui ne sont autres que les Hindous. C'est vers le début de l'ère chrétienne que se place l'invasion de cet élément étranger supérieur. Il lui fut facile de s'établir aux bouches du Mékong et sur la côte méridionale de l'Annam ; les naturels, sauvages et nomades, n'offrirent sans doute pas grande résistance et les Hindous purent, sans difficulté sérieuse, réunir sous leur domination ces tribus éparses, formant ainsi, aux bouches du Grand Fleuve, un royaume, qui nous est connu sous le nom chinois de Fou-Nan.

« Une tradition courante dans ce dernier pays et que nous ont conservée les Chinois, racontait d'une manière pittoresque, et sans doute peu éloignée de la vérité, l'arrivée sur ses bords du héros civilisateur. Son nom, qui se dissimule sous la forme chinoise de Houen-Tien, n'était autre peut-être que celui du célèbre clan brahmanique des Kaundinya. Il était venu par mer, sur une jonque marchande, armé d'un arc merveilleux. Les naturels, d'abord hostiles, ne résistèrent pas à l'effet de sa première flèche. Alors, cet archer, qui était aussi un politique, fit ce que font les conquérants avisés : il épousa la reine du pays. Cette fille de la nature ignorait encore, comme tous ses sujets, l'art du vêtement : le premier dont elle usa fut la robe de noces offerte par son époux, et qui se composait d'une simple pièce d'étoffe ingénieusement munie d'un trou pour le passage de la tête » [1].

Dès le IIIe siècle, le Fou-Nan nous apparaît comme une principauté indépendante formée, autour de son noyau primitif, de toutes les principicules indigènes primitives, qui constituent, autour du suzerain, une confédération analogue, toutes proportions gardées, à la confédération germanique ; le Fou-Nan y joue le rôle de la Prusse. Mais, tous ces états ne sont pas aussi étroitement unis les uns que les autres au Fou-Nan suzerain [2] ; plus elles sont d'accès difficile et lointain, moins leurs liens sont étroits, moins la civilisation hindoue les pénètre et c'est ce qui explique pourquoi certaines de ces principautés ne suivent pas l'évolution de leurs voisines et restent plus fermées à l'influence extérieure ; défendues par la nature du pays qu'elles occupent, par leur éloignement, elles ne sont que des vassales très relatives.

Parmi ces états feudataires, se trouvait celui des Kamvujas, divisé lui-même en principautés rivales dont les plus importantes étaient celles de Vyâdhapura et de Çambupura [3] ; vers la fin du Ve siècle, celle de Vyâdhapura l'emporte définitivement,

---

H. Mansuy, *Stations préhistoriques de Somrong-Seng et de Longprao (Cambodge)*. Hanoï, Schneider, 1902.
Id., *Gisement préhistorique de Pho-Binh-Gia*, in *Anthropologie*.

[1] L. Finot, *Les études indochinoises*, in *Bulletin du Comité de l'Asie française*, 1908.
Id., *Sur quelques traditions indochinoises*, in *Bulletin de la Commission archéologique de l'Indochine*, 1911, 1re liv., pp. 20-37.

[2] Cf. Pelliot, *Le Fou-Nan*, in *Bulletin de l'Ecole française d'Extrême-Orient*. Tome III, n° 2, avril-juin 1903.
Aymonier, *Le Cambodge*. Tome I. Paris, Leroux, 1900.

[3] Vyâdhapura est probablement Angkor-Baurey et Çambupura, Sambor. — Maspero, *L'empire khmer*, pp. 24-25.

réunit sous sa dépendance toutes les principautés kamvujas, formant un royaume que les Chinois appellent Tchen-La, mais qui était encore vassal du Fou-Nan. Vers 550 après Jésus-Christ, le roi du Tchen-La, profitant des troubles qui règnent au Fou-Nan, s'empare de la couronne, et étend sa domination sur les états vassaux de ce royaume, reculant les frontières de ses domaines, au-delà de Chantaboun, de Battambang, des Dangrek et des chutes de Khône, à l'Est, jusqu'à Baria, au Nord-Est, jusqu'à Attopeu, au Nord-Ouest, jusqu'à Korat ; les avant-postes du royaume s'avancent le long du moyen Mékong, probablement jusqu'à Vien-Tiane et Sieng-Khan [1]. La plaine vaincue, « il alla battre les rois des montagnes, jusqu'aux sommets de leurs pics » [2].

Les populations autochtones, anciennement sujettes du Fou-Nan, subissent ainsi encore les contre-coups des convulsions qui bouleversent les conquérants et marquent leur évolution vers des états plus civilisés.

Le Champa. — En même temps qu'ils avaient soumis les populations du bas Mékong, les envahisseurs hindous s'étaient avancés vers l'Est, le long de la côte et avaient assis leur domination sur d'autres groupes des peuplades autochtones. Ces tribus peuplaient, de ce côté de l'Annam actuel, le couloir côtier, y menant sans encombre leur vie sauvage et nomade, parcourant à leur aise la plaine resserrée entre les flots et la sombre chaîne annamitique ; la forêt leur donnait en abondance ses gibiers, ses produits comestibles sauvages, racines, feuilles et fruits ; les rivières et la mer leur fournissaient poissons et coquillages. C'est sur une partie de ces primitifs, sur ceux plus immédiatement voisins de la côte, que les Hindous établissent leur joug, les rassemblant peu à peu en un état turbulent, sur lequel nous ne possédons aucun renseignement, mais qui est l'embryon du Champa. Quant aux autres tribus autochtones, plus éloignées de la côte, plus indociles peut-être ou d'humeur plus indépendante, elles vont se séparer du noyau primitif en s'éloignant peu à peu vers l'intérieur, en ne suivant pas, dans leur évolution, ceux de leurs frères qui vont devenir les Cham et contre lesquels, à diverses époques, ils entreront même en luttes ouvertes. Les premiers Cham, conduits par leur dynastie hindoue, qui a apporté, avec elle, le brahmanisme et une écriture de l'Inde méridionale [3], se répandent dans tout le couloir d'Annam, s'agglomérant avec plusieurs des tribus sœurs primitives ; ils arrivent ainsi jusqu'au 16e parallèle.

Mais, à cette époque, les Chinois ont étendu leur domination sur toute l'Indochine nord-orientale et, en l'an 3 avant Jésus-Christ, les territoires extrêmes de leur empire sont partagés en neuf commanderies dont la plus méridionale est celle du Je-Nan. « C'était l'extrême limite des pays nominalement soumis à la domination chinoise : une région dangereuse et impénétrable dont les populations, au dire des Chinois, étaient si sauvages « qu'elles ne connaissaient que la pêche et la chasse et ne savaient pas cultiver la terre ». Elles restaient insoumises et se soulevaient continuellement, envahissaient les centres où demeuraient les fonctionnaires chinois, razziaient, pil-

---

[1] Maspero, *Op. cit.*
[2] Maspero, *Op. cit.* Inscription de Han-Chey. Corpus I, pp. 17 et 20.
[3] Maspero, Le *royaume du Champa*, in *T'oung-Pao*, juillet 1910, pp. 330-331.

laient, tuaient, puis se retiraient devant les renforts et se réfugiaient dans leurs forêts impénétrables » [1].

La limite méridionale du Je Nan était, fort probablement, le haut éperon montagneux, qui coupe en deux le Centre Annam, et que la route mandarine franchit au col des Nuages.

« En 137, disent les *Annales chinoises*, les K'iu Lien, peuple barbare d'au-delà des frontières de Siang-Lin du Je Nan, au nombre d'un millier, attaquent la sous-préfecture de Siang-Lin, brûlent toutes les citadelles et tuent le sous-préfet » [2].

La révolte est difficilement réprimée l'année suivante. Ces rebelles, ces « barbares » ne sont certainement pas autre chose que les Cham, divisés encore en principautés indépendantes, qui correspondent aux futures provinces du royaume, et dont la plus septentrionale était peut être celle des K'iu-Lien. C'est de cette principauté que part la révolte dont le chef, un nommé Lien, étend rapidement son autorité sur les autres chefferies cham, peut-être jusqu'au Binh-Thuân actuel, créant ainsi le royaume de Champa que les annalistes chinois vont nous faire connaître, sous le nom de Lin-Yi, dès l'année 192 après Jésus-Christ [3].

Cette période de formation, très mal connue, est toute remplie de guerres intestines et extérieures, d'incursions contre les marches chinoises ; en 238, les Cham conquièrent le Thua-Thien actuel et, en 336, à la mort du roi Fan-Yi, la couronne est usurpée par son général Wen, d'origine chinoise.

« Son premier soin fut d'employer les forces militaires dont il avait, du vivant de son prédécesseur, doté le Champa, à imposer son autorité aux tribus sauvages qui formaient encore, dans l'intérieur même du royaume, des états indépendants ». Et les annalistes chinois nous apprennent qu'il s'attaque ainsi aux « royaumes des grands K'i Kai 大岐界 et des petits K'i Kai 小岐界, des Che P'ou 式僕, des Siu Lang 徐狼, des K'iu Tou 屈都, des Kan Lou 乾魯, des Fou Tan 扶單 [4] et les soumet tous » [5]. « Tous étaient des royaumes barbares. Tous sont peuplés de sauvages aux langages primitifs. S'ils mangent par la bouche, ils boivent par le nez. Ils se tatouent le visage et le corps, et vont nus » [6].

Nous apprenons par là qu'à l'époque où s'organise définitivement le Champa, la scission est chose accomplie depuis longtemps dans la famille malayo-polynésienne. Si, les uns, devenus les Cham, se sont pliés au joug hindou et se sont ainsi laissés civiliser, les autres, plus éloignés dans l'intérieur, ont conservé leurs mœurs primitives et sont restés les sauvages, les « Mlecchas » que les Cham traitent avec dédain. Sous la poussée de leurs anciens frères, dès lors entraînés par leur civilisation dans l'engrenage de l'histoire, ces cadets ombrageux vont, sans répit, se soustraire au vasselage

---

[1] Maspero, *op. cit.* in *T'oung-Pao*, juillet 1910, pp. 322-323.

[2] Maspero, *op. cit.*, p. 327.

[3] Maspero, *op. cit.*, *T'oung-Pao*, juillet 1910, p. 331.

[4] Ces caractères chinois ont été obligeamment prêtés par l'Imprimerie Nationale à laquelle j'adresse tous mes plus vifs remerciements.

[5] *Tsin Chou*, XCVII, 146.

[6] *Chouei King Tchou*, XXXVI, 26a. — Ces deux sources sont citées par Maspero, *op. cit.*, juillet 1910, p. 338. (Texte et note).

en se retirant dans les inaccessibles montagnes de la chaîne ; ils vont remonter les gorges abruptes des torrents, essaimer dans les massifs, se répandre sur les hauts Plateaux de l'hinterland ; en ces régions sauvages et difficiles, les Cham, trop occupés par ailleurs, ne les suivront pas tout d'abord, mais, entre ces deux branches différenciées d'une même souche, subsisteront, de leur communauté d'origine, des relations constantes ainsi qu'une profonde affinité.

C'est ainsi qu'évoluera, dans le voisinage immédiat du Champa, dans son aire de rayonnement, le noyau de cette importante famille moï, qui nous transmettra des descendants fortement imprégnés d'éléments cham ; c'est cette famille qui forme le premier groupe de notre classification. Pendant ce temps, du côté du Mékong, les peuplades autochtones malayo-polynésiennes, séparées, par la domination du Fou-Nan d'abord, du Tchen-La ensuite, de la souche primitive, vont subir des destinées différentes qui les diversifieront de plus en plus des peuplades sœurs du versant annamite ; celles-ci, entraînées dans l'orbite du Champa, ont de bonne heure rompu avec les tribus du Mékong ; Fou-Nan et Lin-Yi, constitués en royaumes, évoluent diversement. Si le Lin-Yi reste un royaume malayo-polynésien, il n'en sera pas de même du Fou-Nan ; dès que les Kamvujas lui ont substitué le royaume de Tchen-La, l'élément malayo-polynésien va être rapidement submergé par les nouveaux suzerains qui, eux, sont de souche môn-khmer et vont profondément modifier les naturels soumis à leur joug [1].

[1] Sur cette transformation des tribus primitives malayo-polynésiennes par l'élément môn-khmer, cf.

Kuhn, *Beitrœge zur Sprachenkunde Hinterindiens*, in *Sitzungsberichte der Philosophisch — Philologisch — und Historischen classe der Kœniglichen Akademie der Wissenschaften*, Munich, 1889.

Himby, *Bemerkungen über die Wortbildung des Mon*, in *Ibid.*

Id., *Ueber den Wœrterschatz der Tscham-Sprache*, in *Ibid.*

Niemann, *Bijdrage tot de Kennis van der Verhouding van het Tjam tot de Talen van Indonesie*, in *Bijdragen tot de Taal-Landen Volkenkunde van Nederlandsch Indie*, Leyden, 1891.

Brandes, *Bijdrage tot de Vergelijkende Klankleer der Westersche Afdeeling van de Maleisch-Polynesische Taalfamilie*.

Et surtout :

C. O. Blagden, *A Malayan Element in some of the Languages of Southern Indo-China*, in *Journal, Straits Branch Royal Asiatic Society*, Singapore, 1902, july, n° 38, pp. 1-27.

Cet article peut se résumer ainsi :

Les dialectes môn-annam de l'Indochine méridionale se sont superposés à des langues d'origine malaise parlées par des peuplades malayo polynésiennes qui les ont abandonnées pour le nouveau dialecte, mais en l'adaptant à leurs formes grammaticales ; ce phénomène peut être suivi de nos jours mêmes dans les différents pays où s'implantent les langues européennes qui sont déformées par les naturels et pliées à leurs façons de parler (c'est ce qui a produit le *pidgin english* de Chine, le français parlé par les boys d'Indochine, etc.).

Voici la conclusion de l'article, traduite aussi littéralement que j'ai pu le faire :

« 1. — L'élément malais en cham et en ses dialectes proches n'a été emprunté à aucune autre langue malaise ni à aucun groupe malais. Il s'est séparé des groupes insulaires occidentaux depuis autant de siècles qu'ils se sont séparés les uns des autres et il s'est différencié d'eux comme ils se sont eux-mêmes différenciés entre eux.

« 2. — Les langues méridionales môn-annam et le cham sont à la fois malais et non malais ; largement malaises par leur structure, de vocabulaire mélangé, mais, de façon pré-

Quand, pour échapper au vasselage, ces derniers abandonnent les plaines et se retirent, toujours plus avant dans l'intérieur, il sera trop tard ; leurs caractères originels seront déjà profondément transformés, leur dialecte et leur sang seront métissés à un point qui les rendra méconnaissables et c'est dans cet état qu'ils parviendront jusqu'à nous, au travers des siècles, marqués d'une telle empreinte môn-khmer que l'on ne reconnaîtra plus en eux les frères primitifs des Cham et des tribus moï de l'hinterland d'Annam. Ce sont ces familles vassales du Fou-Nan, puis du Tchen-La, dont les descendants forment aujourd'hui le deuxième groupe de notre classification. Celles plus immédiatement voisines du Cambodge ont naturellement subi une influence plus forte et constituent la première subdivision — dont le dialecte est le plus imprégné d'éléments khmer — ; celles qui se sont retirées plus avant dans les montagnes inaccessibles, l'ont subie de façon moins prononcée et forment la seconde subdivision — dont le dialecte est moins fortement imprégné d'éléments khmer.

Cependant, à côté des deux grands royaumes qui se partagent l'Indochine méridionale, Tchen-La et Lin-Yi — Cambodge et Champa — doivent subsister, en principautés indépendantes, quelques-unes des tribus primitives, plus guerrières ou mieux défendues par le difficile accès de leur sol.

D'après les traditions conservées, nous pouvons affirmer l'existence de deux de ces principautés ; celle des Ma et celle des Jaraï.

Principauté ma. — C'est très probablement après avoir subi, pendant des siècles peut-être, la domination du Fou-Nan, que les Che Ma, pour échapper au joug, se retirent des plaines de la basse Cochinchine et vont s'établir, entre Cambodge et Champa, dans cette zone inculte et sauvage, qui, longue de 20 à 30 lieues, sépare encore la Cochinchine actuelle de la province du Binh-Thuan. Comme nous l'avons vu, cette région n'est qu'un dédale de marais, de forêts épaisses, de dunes, de solitudes et de collines pressées en systèmes indépendants, boisées et incommodes ; tout cela s'avance en pointe sur la mer, constituant une marche, redoutée à toutes les époques et par tous les peuples, une zone frontière naturelle que l'on traverse, mais où l'on ne séjourne jamais. C'est là que viennent s'établir, pour échapper à la domination cambodgienne, les Che Ma, déjà cependant à jamais marqués par l'empreinte khmer ; ils y forment une principauté, probablement vassale encore assez libre du roi cambodgien, mais certainement bien plus indépendante qu'au temps où elle peuplait les plaines du Mékong. Cette importante tribu, aujourd'hui fractionnée en sous-tribus assez nombreuses, doit alors obéir à un grand chef, plus ou moins sorcier, sorte de potentat, qui

---

dominante, non-malaises, ces langues résultent probablement d'un mélange intime entre le malais et des langues étrangères. L'élément malais est le plus fort dans le Sud-Est, s'affaiblissant progressivement vers le Nord et l'Ouest ;

« 3. — A une époque reculée, avant l'introduction de l'élément étranger que je viens de mentionner, il est probable que toute la côte de l'Indochine méridionale depuis l'Iraouaddy jusqu'aux frontières du Tonkin et, certainement sa partie orientale depuis le cap Saint-Jacques jusqu'au voisinage de Hué, étaient plus ou moins occupées par des communautés parlant un pur langage malais, peut-être déjà légèrement différencié en dialectes.

« 4. — Ce fut probablement de cette région, alors qu'elle était encore purement malaise, que partirent les différentes émigrations qui, en dernier lieu, portèrent les dialectes de cette langue jusqu'aux îles lointaines où on les parle actuellement. »

jouit sans doute sur ses primitifs sujets, d'une autorité plus ou moins discutée et précaire ; au fur et à mesure de l'expansion des Ma vers l'intérieur, cette autorité va s'étendre de la mer au haut Donnaï, par tout l'écroulement sud-occidental de la chaîne annamitique, sur le bassin de la Lagna et celui du moyen et haut Donnaï, par les Plateaux des Ma, de Djiring et du Lang-Biang.

Les Ma actuels ont conservé, dans leurs traditions, le souvenir du royaume qu'ils formaient jadis et qui devait, grâce à sa barrière de montagnes, de ravins, de marais et de brousse malsaine, subsister pendant des siècles, entre les deux plus puissants royaumes de l'Indochine méridionale, le Cambodge et le Champa.

Principauté jaraï. — Les Sadets. — Très au Nord des Che Ma, s'étendait la seconde principauté indépendante, celle des Jaraï ; celle-ci ne devait pas, comme les Che Ma, son indépendance à la difficulté d'accès de ses territoires, mais bien plutôt à son humeur belliqueuse, à sa cohésion, au nombre de ses guerriers. A l'heure actuelle encore, les Jaraï comptent parmi les rares tribus moï, qui forment vraiment une famille compacte et homogène. Réunis, dès la plus haute antiquité, sous la domination de chefs-sorciers, qui ont survécu aux catastrophes de l'histoire indochinoise, ils ont traversé les siècles et nous sont parvenus sous forme d'une imposante famille, plus civilisée que ses voisines. Ces chefs sorciers, que l'on connaît sous le nom de Sadets, étaient au nombre de deux, le Sadet du Feu et le Sadet de l'Eau — appelés, en jaraï, le Patau Puï et le Patau Ia. Il est certain qu'à l'origine ces chefs étaient autrement plus puissants que leurs descendants actuels ; il ne faut cependant pas s'exagérer leur importance et se représenter la principauté jaraï comme un royaume analogue à ceux du Cambodge et du Champa; comme les « rois » Che Ma, les Patau jaraï n'ont sans doute jamais été plus considérables que les roitelets nègres de l'Afrique équatoriale. Et il est nécessaire d'insister sur ce point, car l'on se représente trop couramment et faussement les Sadets comme des souverains réels, trop bénévolement assimilés à ceux des Cham et des Khmer, avec lesquels il n'ont rien eu de commun que le facile titre de « roi ».

Probablement, étaient-ils les plus puissants de ces roitelets sauvages que, suivant la chronique chinoise, Wen avait vaincus dans la première moitié du IVe siècle.

Il est, en tout cas, certain que, de tout temps, les Jaraï eurent maille à partir avec les Cham auxquels ils ne cédèrent sans doute pas sans combat les terres qu'ils cultivaient primitivement plus près de la mer, probablement dans la région du Phuyen et du Binh-Dinh actuels, avant de se retirer, vaincus, dans l'hinterland, sur les hauts plateaux qu'ils occupent encore aujourd'hui. Ce sont probablement ceux que les Cham désignent, dans leurs inscriptions, sous le nom de Mada [1].

Un fait très intéressant, et trop peu mis en évidence, est la tradition suivant laquelle le Sadet était *tué* avant que la mort naturelle n'eût achevé son œuvre. Dans son intéressante étude sur le Patau Puï, le P. Guerlach dit en effet : « Lorsque l'agonie est avancée et que le malade paraît près de mourir, ses officiers et les membres de la famille se réunissent et posent leurs mains sur son corps. Quand il a rendu le dernier soupir, on lui donne un coup de lance dans le ventre.

[1] Maspéro, *Le royaume de Champa*, in *T'oung Pao*, mai 1910, pp. 172-173.

« Certaine version prétend même que les officiers [du Sadet] n'attendent pas le dernier soupir ; qu'après avoir tenu conseil, s'ils croient que le grand chef doit mourir, ils l'aident à quitter la vie, ce qu'un jeune bagou m'exprimait en ces termes : *Le Bok Reddu ne meurt pas, on le tue* »[1].

Contrairement aux coutumes moï, le Sadet du Feu était incinéré sur un bûcher composé de bois choisis. Cette pratique nettement cham[2] s'est perpétuée jusqu'à nous, et elle est très remarquable, car jamais les Moï ne brûlent leurs morts.

Suivant les traditions parvenues jusqu'à nous, le Patau Puï appartenait à la famille des Xeu, et le Patau Ia à celle des Recham.

La réputation de ces chefs-sorciers s'étendit dans toute l'Indochine méridionale et nous verrons, par la suite, quelles furent leurs relations historiques avec le Cambodge et l'Annam.

Voici les divers noms sous lesquels ils sont désignés par leurs différents voisins et que l'on a souvent confondus :

		Sadet du Feu	Sadet de l'Eau
Jaraï	. . . .	Patau Puï = Roi du Feu / Patau Ngo = Roi de l'Est	Patau Ia = Roi de l'Eau / Patau Iu = Roi de l'Ouest
Radé	. . . .	Mtau Puï = Roi du Feu	Mtau Ia = Roi de l'Eau
Bahnar et Habau	. . .	Bok Redau / Beur Dao / OEuy Rdàu	
Mnong	. . .	Adecht Leu = Roi supérieur[3]	Adecht Tang = Roi inférieur[3]
Laotiens	. . .	Sadet Faï = Roi du Feu / Sadet Theung = Roi supérieur[3]	Sadet Nam = Roi de l'Eau / Sadet Lum = Roi inférieur[3]
Cambodgiens	. .	Sdacht Phleung = Roi du Feu	Sdacht Teuk = Roi de l'Eau
Annamites	. . .	Hoa Xà = Serviteur du Feu	Tuy Xà = Serviteur de l'Eau

[1] P. Guerlach, *Quelques notes sur les Sadet*, in *Revue indochinoise*, 1905, 15 février, p. 188.
Cf. sur les Patau Puï et Patau Ia :
Moura, *Le royaume du Cambodge*, I, pp. 432-436.
Aymonier, *Notes sur les coutumes et croyances superstitieuses des Cambodgiens* in *Excursions et Reconnaissances*, n° 16, pp. 172 et sq.
Id., *Notes sur le Laos*, p. 60.
Il est intéressant, au sujet du meurtre rituel du Sadet, de rapprocher cette coutume des meurtres rituels en usage autrefois parmi certaines tribus africaines et en diverses parties de l'Inde méridionale. Ces faits sont rapportés par Frazer, in *The Golden Bough*, London, Mac Millan and Co, 2ᵉ édition, 3 vol. (vol. II).
Au sujet des Sadets du Feu et de l'Eau, Cf. ce qu'en dit cet auteur : il rapporte notamment les curieuses fables, qui circulaient sur ces deux chefs sorciers :
« Ce sont de simples paysans, qui ne vivent que de leur travail et des offrandes des fidèles ; d'après un récit, leur solitude est absolue ; ils ne se rencontrent jamais l'un l'autre, ne voient jamais une figure humaine. Ils habitent successivement sept tours situées sur des hauteurs et changent de logis chaque année. On vient en cachette leur apporter les provisions nécessaires à leur subsistance. Leur pouvoir dure sept ans, mais beaucoup meurent avant ce temps » (in *Le Rameau d'Or*, traduit par Stiébel et Toutain. Paris, Schleicher, 1903, vol. I, p. 168 et sq.).
[2] Cf. Cabaton, *Nouvelles recherches sur les Chams*, Paris, E. Leroux, 1901, pp. 46-49.
[3] Au point de vue de la situation géographique.

Les Annamites désignaient aussi le pays des deux Sadets sous le nom de *Nam phiên* (ayant chacun un roi)[1].

Une autre tribu, celle connue actuellement sous le nom de Radè, de même race que les Jaraï, aussi forte et aussi belliqueuse, dut aussi former une ou plusieurs principautés ; peut-être même fut-elle, à certain moment, réunie aux Jaraï; les Radè sont appelés Randaiy[2] par les Cham et, eux aussi, soutinrent contre leurs anciens frères, devenus les envahisseurs, des luttes nombreuses, avant d'abandonner les secteurs côtiers et de se réfugier dans la montagne et sur le plateau du Darlac.

Relations des Cham et des Moï. — Plus ou moins vassales des Cham, toutes ces tribus sauvages entretinrent avec eux des relations plus ou moins étroites, relations commerciales d'échanges pour le moins, et la preuve nous en est implicitement fournie par les annalistes chinois. Ceux-ci nous ont, en effet, fidèlement transmis la liste des nombreuses ambassades envoyées à la cour impériale par les souverains du Champa ; toutes, elles y apportaient, à intervalles assez irréguliers d'ailleurs, le tribut de vasselage, toujours composé de produits précieux que l'on devait recueillir, sans nul doute, dans les secteurs côtiers, mais que l'on devait certainement aussi aller chercher dans les montagnes et l'hinterland. L'éléphant vivait et vit encore en Annam même, jusqu'à proximité de la mer, mais il n'a jamais dû s'y trouver en nombre suffisant pour alimenter la terrible consommation que les souverains cham faisaient de son ivoire et de ses services; le rhinocéros, dont la corne constituait et constitue encore un article si follement prisé, n'a jamais habité que les ravins inaccessibles des chaînes, où il établit sa bauge, au cœur des impénétrables fourrés; le cardamome, la cire, les bois rares[2], l'or, et l'argent, tous produits que nous savons avoir abondé à la cour des rois cham, venaient, au moins en partie, de la haute région ; même en ces époques primitives, où le couloir d'Annam était moins cultivé qu'il ne l'est aujourd'hui, les forêts n'ont jamais recouvert certains vastes districts sablonneux et arides, actuellement encore incultes, et incapables de nourrir autre chose que des arbustes rabougris et épineux ; des relations existaient donc entre Cham et Moï, relations de vasselage, relations commerciales, qui fournissaient au Champa une grosse partie de ces articles de prix sous forme de tribut ou d'échanges.

Ce sont probablement les Cham, qui apprirent aux Jaraï et aux Radè notamment, à capturer et à domestiquer les éléphants sauvages ; dès la plus haute antiquité, nous voyons ces animaux affluer à la cour des rois cham ; ils formaient une des forces de l'armée et le corps des éléphants de guerre atteignit souvent au nombre de 1.000 bêtes.

Dès le IVe siècle, les rois cham se reconnaissent vassaux de la Chine et envoient à l'empereur des tributs; les ambassades qui vont, pendant des siècles, s'acheminer vers le Céleste Empire, emmènent avec elles, éléphants domestiques, cornes de rhinocéros, parfums, bois précieux et autres matières de valeur en quantité considérable En 340, c'est un premier tribut d'éléphants domestiques, qui est renouvelé en 414 et en 417 ;

---

[1] Schroeder, *Chronologie des souverains de l'Annam*. Paris. E. Leroux, MDCCCCIV, p. 8 et note.

[2] Maspero, *Le royaume de Champa* in *T'oung Pao*, mars 1910, p. 169.

en 458, les annalistes chinois mentionnent un envoi de vases d'or et d'argent; en 472, en 510, en 512, en 514, en 526, en 527, en 534, en 595, en 623, en 625, nouveaux tributs dont le détail n'est pas donné, mais qui sont certainement composés des mêmes produits. En 630, l'ambassade cham apporte à la cour chinoise des pierres précieuses, des éléphants dressés dont les liens sont en or, de magnifiques perroquets parleurs. En 640, nouvel envoi; en 642, 11 cornes de rhinocéros, en 686, 691, 695, 699, 707, des éléphants de guerre ou domestiques; en 711, 5 éléphants; en 731, 4 éléphants; en 749, 20 éléphants et 30 livres de bois d'aloès; en 960, des cornes de rhinocéros, des défenses d'éléphants, 20 jarres arabes ; en 962, 22 défenses d'éléphants [1] et 1.000 livres d'encens; en 966, des éléphants domestiques et des rhinocéros; en 967, 970, 971, 973, 974, 976, 977, 979, nouveaux tributs dont nous n'avons pas le détail ; en 992, 10 cornes de rhinocéros, 300 défenses d'éléphants....., 2.000 livres de parfums, 100 livres de bois de santal ; en 1018, 72 défenses, 86 cornes de rhinocéros, 65 livres de cardamome, 100 de bois d'aigle, 200 de parfums ; en 1030, 201 défenses, 79 cornes de rhinocéros [2]..... Et les tributs se succèdent ainsi, emportant toujours des dons considérables, qui permettent de supposer, à la cour du Champa, une abondance extraordinaire de tous ces produits précieux. Mais le couloir côtier d'Annam ne pouvait suffire à une telle production; les Moï en étaient, en grande partie, les pourvoyeurs. Enfin, nous savons en outre que les métaux précieux et les pierres rares affluaient à la cour du Champa ; en admettant qu'une partie fut fournie par le couloir d'Annam, il est certain que les mines de la côte ne pouvaient produire une telle quantité ; l'or, notamment, devait venir de l'intérieur, probablement de la région d'Attopeu et de la Sé Khong. En 446, lorsque les Chinois emportent la capitale, la fonte des statues produit 100.000 livres d'or pur.

Tous ces détails tendent donc à prouver que les Cham tirent de l'hinterland une part considérable de ces richesses, qui font passer leur pays, aux yeux des étrangers et surtout des Chinois, pour une contrée merveilleuse et quasi fabuleuse, toute pleine des produits les plus rares et les plus étranges.

Les sauvages tribus de l'hinterland jouent donc dans la vie économique du Champa, un rôle qui, pour être très effacé, n'en est pas moins certain ; fort activement, elles coopèrent à la chasse et à la capture des éléphants, des rhinocéros, au lavage des sables aurifères, à la récolte du cardamome, de la cire, de la laque, des résines, à la coupe des bois, à la recherche du bois d'aigle. Si nous ne les voyons pas directement mêlées à l'histoire glorieuse et turbulente du royaume, elles ne contribuent pas moins à lui fournir les richesses matérielles qui l'alimentent; elles sont les obscures travailleuses, les collaboratrices anonymes et inconscientes de l'empire qu'elles enrichissent de leur incessant labeur.

[1] Il faut tenir compte de ce fait que l'éléphant indochinois est, le plus souvent, dépourvu d'ivoire. Je ne parle pas, bien entendu, des femelles, qui possèdent seulement d'insignifiants chicots, longs de quelques pouces. Au cours de mes voyages dans la forêt-clairière, habitat de prédilection des éléphants sauvages, les nombreux troupeaux que j'ai rencontrés ne renfermaient pas un seul porte-défenses. Des 200 bêtes domestiquées, que j'ai vues ou employées, 70 à peine possédaient de l'ivoire.
[2] Maspero, Le royaume de Champa, in T'oung Pao, juillet 1910, octobre 1910, mars 1911, passim.

Les inscriptions, d'ailleurs, sont là pour nous parler de ces sauvages ; elles les désignent, soit sous le nom de Mlecchas, les *sauvages*, soit sous celui de Kirâtas, les *montagnards*. En plus des Randaiy, qui sont les actuels Radè et des Mada, elles nous citent les Vrlas [1], tribus des montagnes de Phanrang.

Nous ne savons que peu de chose sur l'histoire même des diverses familles moï, histoire obscure, toute locale, marquée par leur incessant recul de la côte vers l'hinterland. Et l'on peut dire que, pendant les dix premiers siècles de l'ère chrétienne, cet exode a lieu lentement, mais sûrement ; il devait être achevé vers le xe siècle et les tribus devaient occuper déjà, à peu de chose près, les aires d'habitat qu'elles ont conservées depuis lors.

L'épée sacrée. — Après des vicissitudes diverses, le royaume du Cambodge recouvre sa splendeur avec le grand roi Jayavarman II (802-869) qui, selon la tradition, avec l'aide de Prah Viçvakarman — l'Architecte Divin — construit un palais merveilleux et lègue à ses descendants l'épée sacrée, le palladium du Cambodge — le Preah Khan [2].

Or, au sujet de cette fameuse épée, les Jaraï conservent une tradition à reflet historique, suivant laquelle ce sont leurs Sadets qui détiennent l'arme divine.

A la suite d'aventures diverses, dit la légende, Pò-Thè, descendant le Mékong, arriva « à l'endroit même où se trouvaient réunis tous les rois des peuples de la terre : Chams, Cambodgiens, Annamites, Laotiens, Radés, Jaraïs etc. Tous ces rois étaient alors occupés à plonger dans les eaux du fleuve, afin de s'emparer d'un Sabre sacré qui venait de tomber du ciel et qu'on voyait briller au fond de l'eau, car, bien qu'il fût dans sa gaine, il était encore incandescent.

« Les Chams sortirent vainqueurs de cette épreuve ; mais Pò-Thè leur enleva leur sabre et l'apporta au pays des Jaraïs pendant que les Cambodgiens, qui avaient pu s'emparer du fourreau, l'emportaient au Cambodge.

« Les Chams, furieux de se voir ravir le Sabre sacré, firent aux Jaraïs une guerre acharnée qui dura un grand nombre d'années.

« Pò-Thè, grâce aux talismans qu'il possédait, résista longtemps aux Chams, mais ceux-ci jouissaient aussi de certains pouvoirs magiques, et il arriva que l'issue de toutes ces luttes devint incertaine. Alors Pò-Thè, s'adressant au Sabre sacré, lui dit : « Si vous êtes vraiment venu du ciel, prouvez votre puissance en prenant parti soit « pour les Jaraïs, soit pour les Chams, désignez enfin par qui vous voulez être gardé ». Et il offrit au Sabre sacré le sacrifice d'un buffle blanc et d'un buffle noir.

« Prenant ensuite le Sabre sacré en sa main, Pò-Thè le dirigea vers les Chams. Aussitôt, le Sabre produisit en si grande quantité du feu et de l'eau, que tous les Chams furent brûlés ou noyés. Aucun d'eux ne put échapper à ces deux fléaux parce que, sur l'ordre de Pò-Thè, [l'un de ses talismans], le bâton de rotin, produisit une profonde obscurité, ce qui empêcha les Chams de retrouver leur route.

« Peu de temps après, Pò-Thè disparut sans laisser nulle trace, après avoir confié le Sabre sacré au Sadet appelé Li-patao (Roi du Feu). Il avait en outre recom-

---

[1] Maspero, *op. cit.*, mai 1910, pp. 172-173.
[2] Maspero, *L'empire khmer*, p. 31.

mandé aux Jaraïs de vivre en bonne intelligence avec les Cambodgiens, maîtres du fourreau du Sabre sacré. C'est que le ciel, en donnant le sabre aux Jaraïs et le fourreau aux Cambodgiens, avait marqué qu'ils devaient être alliés; mais en donnant aux Cambodgiens le fourreau, qui est moindre que le sabre, il avait indiqué que les présents échangés régulièrement entre les rois des deux peuples devaient être plus importants de la part des Cambodgiens [1]. »

Une autre légende, rapportée par quelques auteurs [2] et émanant des Bahnar, raconte la chose différemment :

D'après elle, il y a fort longtemps, vivait chez les Jaraï un nommé Xep, possesseur de grandes richesses parmi lesquelles se trouvaient deux lingots en fer, un petit et un gros. Celui-là, doué d'une nature magique, avait son destin noué, ou plutôt identifié avec celui de son propriétaire, de sorte que Xep ressentait en lui tous les changements que subissait la barre de fer. Personne ne connaissait cette particularité que Xep cachait avec grand soin. Un jour, son fils vint lui demander un de ces lingots pour se forger un sabre : « Surtout, prends le plus gros », répondit le père, qui ne pouvait alors se déranger. Mais, le jeune homme, oublieux de la recommandation paternelle et trouvant le petit bloc plus facile à traiter, l'emporta, ignorant complètement la nature magique de cette masse de métal. Il la mit donc au brasier, mais, lorsqu'il se mit à la forger, forgeant ainsi « l'âme de son père »[3], elle se mit à dégager une telle chaleur que la pierre d'enclume fondait comme de la cire et que l'eau prenait feu au contact de la lame ébauchée. A côté du forgeron, un esclave, nommé Pang, était occupé à préparer le fourreau de rotin destiné au sabre ; en fendant les brins avec son couteau, il s'entailla le doigt. Le sang coula et l'esclave en jeta sur la lame bizarre afin de « voir » A ce contact, le fer lança un vif éclair et, l'esclave, transporté, s'écria alors que le sabre était fétiche et qu'il voulait le manger.

En un clin d'œil, la renommée de l'incident se répandit et l'on offrit à Pang un festin d'honneur ; celui-ci, ayant mangé une cuisse, le cœur et le foie d'une poule, se fit apporter le sabre toujours incandescent : il se précipita sur cette lame et la mordit. Aussitôt, il disparut au milieu d'un panache de flammes, le corps absorbé par l'arme, qui redevint aussitôt froide. D'aucuns disent qu'il fut englouti par un gouffre, qui s'ouvrit sous ses pieds.

Le fer fétiche, que personne n'osa plus toucher, fut alors mis en un panier de bambou recouvert d'andrinople rouge. On garda également le rotin que tressait l'esclave lorsqu'il se coupa, ainsi qu'un couvercle de marmite, un tube de bambou rempli de sel et de piment, qui avaient appartenu à Xep. Jamais on ne sort de son étui le sabre fétiche, car ce serait la fin du monde.

« Tous ces objets sont conservés dans une petite case voisine de l'habitation du *Sadet* et on leur attribue des propriétés phénoménales [4]. »

---

[1] Besnard, *op. cit.* pp. 82 83.
[2] Voir le R. P. Guerlach : *Quelques notes sur les Sadet*, in *Revue indochinoise*, 15 février 1903 et Lavallée, in *Bulletin de l'Ecole française d'Extrême-Orient*, octobre 1901 — C'est de ces deux récits presque identiques qu'est tiré le nôtre.
[3] *Sic*. R. P. Guerlach, *op. cit.*
[4] P. Guerlach, *op. cit.*, pp. 184-186. L'auteur ajoute :
« Durant une violente épidémie d'influenza qui fit beaucoup de victimes chez les sau-

Une légende mnong, mais probablement d'origine cambodgienne, raconte différemment l'histoire de cette arme surnaturelle.

Il y avait une fois, dit-elle, deux frères mnong, Prang et Iyang, qui vivaient ensemble. Un jour, le cadet, Iyang, trouva une pierre merveilleuse, qui avait le pouvoir de passer au travers de tout corps contre lequel elle était lancée, en l'abattant ou en le détruisant.

A la suite d'aventures très diverses, Iyang, chassé par son aîné, puis, abandonné au courant du fleuve, s'en va aborder en Chine où il est recueilli par un couple de vieux qui l'adopte. Pour délivrer l'une des filles du roi, la Néang Pou, que son père devait livrer à un dragon monstrueux, un Naga, Iyang se rend chez les Yéak, sortes d'ogres parfois bienveillants, dont il force l'admiration par les prodiges qu'il accomplit. Il demande alors à leur roi de lui forger un sabre avec la pierre merveilleuse, cause initiale de ses aventures. Le roi des Yéak accède à son désir ; la pierre est jetée dans le brasier, réduite en lingot, puis transformée en un sabre, qui coupe tous les arbres les plus forts, sans même s'ébrécher.

Iyang revient en hâte au palais où la Néang Pou attend la venue du dragon dont le héros tranche la tête avec son arme prodigieuse. Mais, cela fait, il demande à la princesse de ne point révéler la vérité au roi quand celui-ci viendra la chercher.

Au bout de sept jours, le roi, ne voyant pas revenir le dragon, envoie des messagers et, quand il connaît la mort du monstre, il se rend au palais et demande à sa fille le nom de celui qui l'a délivrée. Fidèle aux recommandations d'Iyang, la Néang Pou affirme qu'elle l'ignore et se borne à remettre le fourreau du sabre et la frange de l'écharpe que lui a laissés son sauveur. Le roi, pour retrouver le héros, fait alors rassembler tous les Mnong, tous les Jaraï, tous les Samré et tous les Stieng, car ils se servent de sabres et portent des écharpes ; mais, c'est en vain que l'on examine les armes de tous ces individus ; aucune lame ne s'ajuste au fourreau, aucune écharpe ne s'adapte à la frange. Alors, le roi fait réunir à leur tour tous les Cambodgiens, tous les Hindous, tous les Laotiens et tous les Siamois, mais les recherches demeurent aussi vaines que précédemment.

Or, le roi apprend la présence d'un Mnong chez le vieux couple qui a adopté Iyang ; des envoyés sont aussitôt dépêchés, mais le héros se refuse à les suivre ; dix, puis cinquante, puis deux cents hommes viennent successivement le chercher ; peine perdue ; Iyang se borne à leur montrer le sabre et l'écharpe en les invitant à les présenter au roi ; les deux cents hommes veulent prendre le sabre, mais leurs efforts réunis ne parviennent même pas à le soulever.

Enfin, Iyang se fait connaître ; le roi le comble d'honneurs et lui donne sa fille, la princesse Pou, en mariage.

Après de nouvelles aventures merveilleuses, Iyang succède à son beau-père sur le trône de Chine, mais « plus tard, des guerres ayant éclaté, Iyang fut vaincu et obligé

---

vages, les Hagu m'ont dit : « *Rien d'étonnant, le Bok Redau, fâché de ce qu'on ne lui don-
« nait pas assez de marchandises, a ouvert et secoué le tube où il conserve le piment ;
« c'est pour cela que nous éternuons tous et que nous avons le nez bouché.* »

de fuir. Alors, son arme fut égarée ; il laissa le fourreau au Cambodge, le manche au Siam et la lame fut emportée par lui au pays des Chréay (Jaraï) » [1].

Quant au Sadet de l'Eau, il ne possédait, d'après les uns, qu'un sceptre de bois orné de pierres précieuses et appelé « Tambong Phek » dont le pouvoir serait de faire périr la personne qui en est touchée ; la victime, cependant, ressusciterait incontinent au contact de l'extrémité opposée à celle qui l'a fait mourir. D'autres prétendent qu'il détient une pierre représentant le fruit « Mak-Yang » qui doit mûrir à l'approche de la fin du monde [2].

§ 3. — LA DOMINATION CHAM SUR LES MOÏ DE L'INDOCHINE SUD-ORIENTALE

Conflits entre Cham et Moï — Ces conflits avec les Cham, dont les légendes jaraï ont conservé le souvenir, nous les connaissons de façon plus historiquement certaine grâce aux inscriptions du Champa.

De tous les Moï vaincus par Wen, Jaraï et Radé étaient les plus belliqueux et si, au cours des siècles suivants, nous n'entendons plus parler d'eux, il est cependant à peu près certain qu'ils doivent prendre part aux diverses luttes intestines qui ne cessent d'ensanglanter le Champa [3]. En 1149, le roi Jaya Harivarman I rejette les Khmers

---

[1] Cette légende est rapportée tout au long par Adh. Leclère, sous ce titre : *Un conte pnong, Prang et Iyang*, in *Revue des Traditions populaires*, 1898, pp. 445-466. Notre récit est un résumé succinct d'où nous avons retranché les innombrables détails accessoires.

[2] Suivant les renseignements recueillis par le capitaine Cupet, le bâton orné de pierres précieuses ne serait qu'un rotin portant des fleurs que le temps n'a point fanées et la pierre, le fruit d'une liane restée verte de temps immémorial. Ces fétiches peuvent, en outre, causer un déluge universel. A ce sujet, « les sauvages racontent qu'autrefois, un des Sadet de l'Eau, mécontent de ses voisins, usa de la puissance de son fétiche. Tous les hommes périrent, à l'exception du sorcier, qui se sauva dans un tam-tam. Resté seul pendant fort longtemps, il fut pris d'un tel ennui qu'il recommanda à ses successeurs de ne jamais plus recommencer », in Cupet, *Voyages au Laos et chez les sauvages du Sud-Est de l'Indo-Chine*. Mission Pavie. Tome III, Paris, E. Leroux, 1900. pp. 298-301.

[3] L'histoire du Champa, imparfaitement connue par les inscriptions, les ruines et les *Annales chinoises* et *annamites*, n'est qu'une série de luttes incessantes contre tous les royaumes voisins, luttes souvent malheureuses où le Champa finira par succomber.
Dans les *Annales chinoises*, le royaume de Champa est successivement désigné sous les noms de :
Lin-Yi (Ville de la forêt) ;
Houan-Wang, à partir de 758 après Jésus-Christ ;
Tchan-Tcheng, sous les Song.
Jamais le Champa ne dépassa, au Nord, la limite naturelle formée par l'éperon montagneux du Hoanh-So'n, qui est, aujourd'hui, surmonté, du monument appelé la Porte d'Annam ; au Nord, s'étendent le Nghé-An et le Thanh-Hoa qui, géographiquement, font partie du Tonkin.

dont le roi Sûryavarman a, en 1145, emporté la capitale, Vijaya ; mais, à la faveur de l'invasion étrangère, la guerre civile avait éclaté au Champa, et Jaya Harivarman I doit reconquérir son royaume sur ses propres sujets. « Ce furent d'abord les sauvages des montagnes qu'il dut combattre « Radès, Madas et autres barbares » ¹ que les Cham désignaient sous le terme générique de « Kiratas ». Ils avaient envahi « la plaine ». Jaya Harivarman les joint près du village de « Slày », leur livre combat et les met en déroute. Conscients de leur déroute, alors les « Rois des Kiratas », pour avoir un chef qui sût les diriger, « proclamèrent roi le beau-frère de Jaya Harivarman, Vançarâja, frère de sa femme, dans la cité Madhyamagrâma ». Harivarman conduisit ses troupes, combattit Vançarâja, prit les troupes des Kiratas, les battit toutes » ². Vançarâja s'enfuit chez le roi des Annamites, qui lui donne des troupes, mais il est encore battu (fin 1150 ou début 1151). Et, après avoir, en 1160, après quatre ans de lutte, écrasé la révolte de la turbulente province de Panduranga — l'actuel Binh-Thuàn — Jaya Harivarman I peut écrire ce chant de victoire : « Il a conquis le pays d'Amarâvatî, les régions du Sud et Panduranga ; il a soumis aussi les pays de l'Ouest, Radé, Mada et autres populations barbares. Ce grand roi fut continuellement victorieux » ³.

Les Cham dans l'hinterland. — Ces luttes contre les sauvages, auxquelles font d'ailleurs allusion les légendes jaraï rapportées plus haut, marquent probablement l'invasion cham en hinterland moï ; profitant de ses succès, Jaya Harivarman I doit faire poursuivre les Mada et les Radé dans leurs repaires et ses armées pénètrent à leur suite sur les hauts Plateaux ; d'autre part, dès la seconde moitié du XI⁰ siècle, les luttes entre Champa et Dai-Viet ⁴ — royaume des Annamites — sont entrées dans une

---

¹ Po Nagar de Nhatrang 30 A-2, *in* Maspéro, *Le royaume de Champa*, in *T'oung Pao*, juillet 1911, p. 298.

² Mi-Son, 101-B, Maspéro, *op. cit*, in *T'oung Pao*, juillet 1911, p. 298.

³ Po-Nagar, 30 A², Maspéro, *op. cit.* in *T'oung Pao*, juillet 1911, p. 301.

⁴ Dès le XXV⁰ siècle avant notre ère, des peuplades de race jaune, appelées Giao-Chi, ancêtres des Annamites actuels, occupent la Chine sud-orientale et le haut Tonkin ; probablement descendues des montagnes du Sé-Tchouen et du Thibet, elles forment, à cette époque reculée, un noyau très puissant qui, vers l'an 1000 avant Jésus-Christ, est agglomeré en plusieurs principautés dans le haut Tonkin, le Sud du Yunnan, le Sud-Ouest du Koang-Tong et le Sud du Koang-Si. En 257 avant Jésus Christ, l'une de ces principautés, le royaume de Ba-Thuc, vainc et absorbe la principauté voisine de Van-Lang, formant ainsi le royaume Giao-Chi de Au-Lac, avec Loa-Thành comme capitale (Phuc-Yen actuel) ; en 232, la Chine envoie contre l'Au-Lac une puissante armée dont le général, Triéu-Dà, victorieux, se proclame indépendant et forme le nouveau royaume de Viêt-Nam, dont la capitale est dans le Koang-Tong actuel.

En 111 avant Jésus-Christ, le Viêt-Nam est réduit, par la Chine, en province de son empire et la domination chinoise s'étend jusqu'au Centre Annam La Chine partage le pays en neuf commanderies, dont la plus méridionale, celle de Je-Nan, est limitrophe des Cham. Le royaume de Lin Yi — Champa primitif — est constitué vers 192 après Jésus-Christ. Pendant des siècles, les Cham ne cessent de razzier le Viêt-Nam et nombreuses sont les guerres entre les deux royaumes : les Cham subissent, à diverses reprises, de sanglants échecs ; en 420, leur armée est détruite ; en 446, nouvelle défaite écrasante, l'armée chinoise emporte la capitale, qui est mise à sac ; le pays est saccagé, la population massacrée.

En 542, les Giao-Chi — Annamites — se révoltent contre la domination chinoise, qui est

phase particulièrement sérieuse ; le Nord du Champa — Quang-Binh et Qu-Tri — est envahi par les Annamites à des intervalles de plus en plus fréquents. La capitale du Champa, Indrapura ² — probablement Dòng-Duong — est emportée et détruite par les armées annamites (982), et les Cham commencent à se retirer vers le Sud ; Vijàya ⁱ — l'actuel Binh-Dinh — devient capitale et le Nord du Champa sert de couloir à l'invasion, de vestibule où Annamites et Cham vont, pendant des années, se livrer d'incessants combats. Les invasions annamites, de plus en plus audacieuses, leurs victoires, de plus en plus écrasantes, doivent vite faire comprendre aux Cham la gravité du péril ; c'est alors que, profitant de leurs victoires de 1150, ils pénètrent, à la suite des Radé et des Mada, sur les hauts plateaux où ils vont s'établir, trouvant là un magnifique pays, fertile, largement arrosé, facile à défendre et qui pouvait servir de réduit contre l'invasion victorieuse. C'est par la trouée du Song Ba, par cette admirable brèche du Song Da-Rang, que les Cham ont dû remonter dans l'hinterland et envahir les hauts plateaux, imposant leur domination aux Radé, aux Jaraï et aux autres tribus secondaires de même famille. Par la vallée du S. Nang, ils envahissent le plateau du Darlac dont les admirables ondulations facilitent étrangement leur dispersion ; par la trouée de l'Ayun, ils débouchent sur le plateau des Jaraï ; tous les hauts plateaux, depuis la vallée du Krong Boung, au Sud, jusqu'à la vallée du Kr. Bla — haute Sé San — au Nord, sont alors soumis. Dans l'Ouest, cependant, ils ne dépassent probablement pas la Srépok.

Les vestiges de leur occupation subsistent encore et les ruines ² qu'ils ont laissées dans l'intérieur attestent, de ce côté, l'étendue de leur royaume.

rétablie en 602 ; peu après, les armées chinoises infligent encore une terrible défaite au Champa dont la capitale est de nouveau emportée (605).

Enfin, en 939, après une longue période de troubles et de révoltes, les Giao-Chi secouent le joug chinois ; le royaume d'Annam est définitivement constitué sous le nom de Dai Cu Viêt (968) et la capitale est installée à Hoa-Lu', dans le Ninh-Binh actuel.

Cf. Launay, *Histoire ancienne et moderne de l'Annam, Tonking et Cochinchine, depuis l'an 2700 avant l'ère chrétienne jusqu'à nos jours.* Paris, Challamel, 1884.

A. Schroeder, *Chronologie des souverains de l'Annam.* Paris, Imprimerie nationale. E. Leroux, MDCCCCIV.

Cadière, *Tableau chronologique des dynasties annamites*, in *Bullet de l'Ec. fr. d'Ex.-Or.* Tome V, nᵒˢ 1-2, janvier-juin 1905, pp. 77-145.

Maspero, *Le royaume de Champa*, in *T'oung Pao*, 1910-1911-1912, *passim*.

¹ Maspero, *op. cit.*

² Ces ruines sont :

a) Dans la vallée du Song Ba :

Le groupe de Nhan Thap (tours de Tuy-Hoa), à l'embouchure du S. Da-Rang, sur la rive gauche. Elles datent du vᵉ siècle çaka.

La citadelle de Thanh-Hò, sur le S. Da Rang, à 15 kilomètres en amont de l'embouchure, entre la rive gauche du fleuve et les montagnes dont les prolongements forment de légers rapides. La citadelle mesure, sur le fleuve, 700 mètres de côté.

Les vestiges de Phùoc-Tinh, en face Thanh-Hò, sur l'autre rive du S. Ba, vɪᵉ siècle çaka.

La tour de Yang Mum, sur la rive gauche du moyen S. Ba, un peu en amont de son confluent avec l'Ayun, à 1 500 mètres de Plei Chu et du poste de Cheo-Reo.

Le sanctuaire de Drang Lai, à 4 kilomètres de Yang Mum, sur la rive droite de l'Ayun ; deux inscriptions, l'une de 1331 çaka, l'autre de la fin du xɪɪɪᵉ siècle ap. Jésus Christ.

b) Bassin de la Srépok :

La découverte la plus intéressante est, sans nul doute, celle des vestiges d'une route cham, creusée à flanc de collines, et qui devait partir de Kontum pour aboutir au Quang-Nam, mettant ainsi en communication directe l'hinterland et les provinces septentrionales du Champa. Ces vestiges sont surtout visibles dans la région de Kon Kebau et K. Setiu (région sedang de la vallée du D. Kam). Sur cette route, se trouvaient des colonies cham émigrées de Kontum ; les Moï connaissent encore les vestiges de quatre de ces colonies. Cette artère, probablement stratégique, dut être abandonnée à la chute du Centre-Annam, lorsque les armées annamites occupèrent le Thua-Thien et le Quang-Nam.

Enfin, une découverte toute récente permettra peut être de fixer approximativement l'aire d'expansion de l'occupation cham ; au début de 1911, l'on trouvait, près de la délégation de Vœûne-Sai, sur la Sé San, les ruines d'une cité que l'on dit être cham, mais que l'on n'a pas encore étudiée ; elle marquerait, peut-être, dans l'Ouest, la limite d'occupation des envahisseurs, occupation probablement éphémère, puisque cette citadelle s'élève au milieu de populations sauvages qui ne parlent plus la langue cham. La voie géographique d'invasion serait alors marquée, non par la haute vallée de la Sé San, montagneuse et difficile, mais, depuis le Ya Liau, par les forêts clairières d'entre Srépok et Sé San, qui offrent, malgré la présence du Plateau Tiom-Pueun, une voie d'accès naturelle incomparablement plus facile.

Pendant la guerre contre les Mongols, nous savons que le souverain cham, Indravarman VI, après ses premières défaites, se retire dans les montagnes (en 1283). Pendant ce temps, le général mongol Sagatou, chef de l'expédition, « soumit le O Li, le Viêt Li et les nombreuses peuplades sauvages qui en occupaient les régions montagneuses »[1].

C'est seulement en 1285 que le Champa est délivré de la terrible invasion, qui est détruite par les Annnamites : alors, le roi Jaya Sinhavarman III, rendu à la paix, élève « au Dieu seigneur Çri Jaya Sinhavarmalingeçvara », dans le pays de Panduranga et dans l'actuel Darlac[2], des temples qu'il dota magnifiquement de champs, d'esclaves et d'éléphants ».

Jaraï et Radé actuels se souviennent fort bien des Cham ; ils les mentionnent dans leurs traditions dont plusieurs ont une véritable valeur historique.

Les Jaraï du Nord disent que les Cham arrivèrent en grand nombre dans le pays

---

La tour du Ya Liau ou Yang Prong, fin du XIIIe siècle ap. Jésus-Christ et les vestiges adjacents que j'ai découverts en 1910.
Un rasung batau, trouvé près de B. Mé-Thuot, chef-lieu de la province du Darlac.
c) Bassin de la Sé San :
Les ruines du Keudeu : deux groupes de ruines dans les marais du haut Meteung, affluent de gauche du Kr. Bla (haute Sé San).
Des vestiges et des débris divers dans la région même de Kontum (Vestiges de tombeaux cham près Kon Hengo, à 7 kilomètres en aval de Kontum, débris d'autels à Phuong-Hoa et à Kon Klor, à 3 kilomètres en amont de Kontum).
Cf. H Parmentier, *Inventaire descriptif des monuments cham de l'Annam*. Tome I. Paris, Leroux, 1909 (Ouvrage accompagné d'un volume de planches et de dessins).

[1] Maspero, *Op cit.*, in *T'oung Pao*, octobre 1911, p. 467.
[2] C'est le temple de Yang-Prong, cité plus haut, auquel il est, ici, fait allusion.

jaraï et reungao pour l'occuper et en chasser les habitants ; ils étaient si nombreux *que l'on ne pouvait donner à chacun d'eux une graine d'un panier plein de sésame.*

Les Cham s'établirent donc dans la région ; mais, ensuite, vint l'époque des défaites que les Jaraï ont naturellement traduites par des fables plus propres à frapper leur imagination.

Ces grands désastres, à la suite desquels les envahisseurs disparurent du plateau, furent, selon eux, au nombre de trois.

Le premier eut lieu au Tenueng, le lac sacré des Habau, sur la route de Pl. Kû à Kontum. Tout au fond du lac, disent les Jaraï, se trouvait la jarre de la Ia Tiaou, — le Seron Iuan — ; or, les Cham, ayant déversé toute l'eau dans la plaine du Menam — vaste marais sis à 5 kilomètres au Nord du Tenueng — épuisèrent ainsi la nappe d'eau, mais la jarre bouchait l'orifice de la source ; aussi, lorsque les Cham voulurent la retirer, les eaux jaillirent-elles en tourbillons, engloutissant les Cham et remplissant à nouveau le lac.

Le second désastre se produisit au Peto, sorte de terrasse près Pl. Kbo, à mi-chemin du lac Tenueng et du Jrai Li, la chute de la Sé San. Au Peto, se trouvait une liane sacrée, le *hepèl*, qui s'accrochait au sommet d'un arbre fort haut ; les génies ayant fait souffler dans les branches un vent violent, les Cham crurent entendre le bruit d'une chute d'eau souterraine ; les uns se mirent donc à creuser pour trouver la nappe tandis que les autres grimpaient à la liane ; lorsque celle-ci fut ainsi couverte d'une grappe humaine, les génies la dénouèrent et les Cham furent précipiter dans le trou que creusaient leurs compagnons ; ils les écrasèrent en se tuant eux-mêmes dans leur chute.

Le troisième désastre fut celui du Jrai Li. Un beau soir, les Cham atteignirent la Sé San ; ils venaient de chez les Hedrong, des environs du Tenueng et étaient en quête d'un pays à occuper ; ils arrivèrent sur la rive gauche de la rivière, en face de la chute et, comme le chenal est très resserré, ils firent un pont avec leurs lances. Le premier Cham passa, mais tomba dans le gouffre ; le chef demanda alors : « Es-tu arrivé ? » — Arrivé ! répondit l'écho, qui est, en effet, remarquable en cet endroit. Sur ce, un second guerrier passa, tomba et, ainsi trompés par l'écho, tous les Cham, chacun à leur tour, furent précipités dans l'abîme. Cela dura toute la nuit. Le lendemain matin, un père et son fils allaient s'engager à leur tour sur le pont fatal quand ils se sentirent retenus par une force invincible ; ils s'aperçurent alors du désastre, et ce qui restait de la bande — une centaine d'hommes à peine — se dispersa et fut massacré par les Jaraï du pays.

Les Cham sont d'ailleurs connus dans tout le Kontum et même des Bahnar, qui les appellent Bol-bedrang (« Gens nègres, noirs ») ou Iuan Prum, ou encore, Cham Beiâm [1].

---

[1] Les Cham ont, en outre, laissé, de leur occupation, d'autres vestiges sous forme de coutumes que l'on retrouve, non seulement chez les Jaraï, mais chez les autres tribus voisines, déformées, elles, déjà, par la domination khmer. L'un de ces vestiges est, notamment, l'existence de sorcières analogues aux prêtresses cham — les pajau. Le nom sous lequel on les désigne est d'ailleurs le même ; ce sont les beyjau des Bahnar. Cf. A. Cabaton, *Nouvelles recherches sur les Chams*. Paris, Leroux, 1901, pp. 28-36 et P. Guerlach, *Mœurs et superstitions des sauvages Bahnars*, in *Les missions catholiques*, 1887, n° 7, 28 octobre, p. 514 et n° 8, 4 novembre, pp. 525-526.

Plus au Sud, chez les Jaraï méridionaux, le village de P. Tali, sis dans l'Est de la tour cham du Ya Liau, conserve, transmis par les ancêtres, le souvenir des envahisseurs. Ces guerriers, me disait le chef, avaient élevé, près de la tour, une petite ville murée — dont j'ai retrouvé d'ailleurs les vestiges au cours de ma mission ; ils avaient d'abord vécu en bonne intelligence avec les Jaraï, mais, un jour vint où la guerre éclata avec les Sadets ; finalement battus, les Cham durent abandonner le pays.

La domination cham sur les Jaraï et les Radé a dû être assez longue et étroite ; au Sud du Darlac cependant, elle ne pénétra pas les sauvages montagnes qui séparent ce plateau des bassins maritimes ; mais, en bordure de la côte, elle se fit sentir sur les tribus qui peuplent les chaînes du Phuyen, du Khanh-Hoa et du Binh-Thuân actuels : ces tribus parlent encore des dialectes fortement imprégnés de cham.

Démembrement du Champa. — En 1471, le Champa, est définitivement écrasé par les Annamites, qui occupent tout le Centre-Annam jusqu'à l'éperon protecteur du Varella [1]. Pour ne pas être isolés dans l'hinterland, les Cham du Darlac et du Kontum ont dû regagner la côte, venir coopérer à la dernière défense du royaume ; en 1436, les Cham tenaient encore dans le Binh-Dinh, comme nous le prouvent les inscriptions ; l'évacuation de l'hinterland n'eut donc guère lieu qu'aux environs de la défaite finale, d'autant plus que si les Annamites entrèrent définitivement dans le Centre-Annam, ils ne durent pas, d'un seul coup, s'étendre jusqu'au delta du Song Ba et le Phuyen remplira, pendant quelque temps, ce rôle de vestibule que le Qu. Binh et le Qu. Tri ont joué pendant si longtemps autrefois entre les deux royaumes [1].

La barrière du Varella devient la limite entre Annam et Champa ; ce qui reste de ce dernier état se cantonne au Sud de l'éperon, dans les deux dernières provinces de Kauratha et Panduranga — Khanh-Hoa et Binh-Thuan — qui vont servir de refuge au peuple vaincu. En ce Panduranga turbulent, si souvent en lutte contre le pouvoir central, vont s'abriter les derniers princes vassaux de l'Annam et le Champa désormais agonisera en cette étroite bande resserrée, au Nord, entre la chaîne du Varella et, au Sud, entre les montagnes che-ma, qui séparent le Panduranga du Cambodge.

Les Moï du Panduranga. — Ce Panduranga n'avait jamais cessé d'être, aux siècles passés, une province turbulente, un duché encombrant, et, peut-être, semi-indépendant,

---

[1] Il est intéressant de remarquer le rôle joué, dans l'histoire du Champa et de l'Annam, par la configuration géographique du couloir côtier. Des éperons montagneux perpendiculaires à la côte, et issus de la chaîne principale d'arrière, le partagent en trois compartiments principaux, qui sont :

a) Celui du Nord-Annam, borné, au Nord, par l'éperon du Hoanh-Son, qui le sépare du Tonkin et, au Sud, par celui des Portes de Fer (col des Nuages) ;

b) Celui du Centre-Annam, borné, au Nord, par les Portes de Fer et, au Sud, par le formidable éperon du Varella ;

c) Celui du Sud-Annam, borné, au Nord, par l'éperon du Varella et, au Sud, par la zone sauvage, qui le sépare de la basse Cochinchine orientale.

L'invasion annamite a forcément procédé d'un compartiment à l'autre, l'obstacle opposé par les éperons montagneux perpendiculaires obligeant les conquérants à n'avancer que par échelons, et seulement lorsqu'ils étaient installés dans le tiroir précédent. Ces cases si admirablement délimitées par la nature et divisées, elles-mêmes, par des éperons secondaires, en poches intermédiaires, forment de véritables cloisons étanches entre le delta du Tonkin et celui de la basse Cochinchine.

plus ou moins régi par des chefs particuliers de souche princière locale [1], en résidence soit à Panrang — Phanrang — soit à Panrik — Phanry. En cette principauté, qui après avoir causé tant d'ennuis aux rois du Champa, va devenir le dernier refuge de la race vaincue, les tribus moï ont profondément subi l'empreinte des Cham et il semble que, de ce côté, moins guerrières, elles aient accepté facilement leur domination. Ces populations, que les Cham appelaient Vrlas, sont les Orang Glai, les Churu et les Koho de nos jours, parlant, les deux premiers, comme les Radè et les Jaraï, un dialecte fortement imprégné de cham; les Orang Glai et les Churu, plus rapprochés, ont été plus complètement assujettis; les Koho, réfugiés dans la montagne, n'ont jamais été vassaux aussi fidèles. Les Cham ont dû lutter cependant, de temps à autre, contre ces peuplades et, à ce sujet, le poème de Phindisiak nous donne quelques intéressantes indications.

« Au quatrième mois de l'année du buffle, dit-il, un gouverneur de province informe de la révolte des Chrous, Kahovs et Stiengs et il demande des renforts. Les deux chcy — généraux — transmettent la supplique au roi qui convoque ses ministres. Ceux-ci font lever 500 hommes qu'ils remettent au général Nok » [2]. Les Cham étouffent la révolte, qui semble s'être produite vers le milieu du xiv° siècle, sous le règne de ce Pô Bin Nö-Svör — Pô Binœthuor — (1328-1373), qui aurait eu la tête tranchée dans une bataille contre les Annamites. « Selon les traditions locales, la tête du roi serait à Glai Jaboung ou Palei Jaboung, dans les environs de Krong Batau, à l'Ouest de Panrang où les Orang Glai la gardent, conservée dans une espèce d'armature de cuivre avec un bouclier et de vieux manuscrits illisibles. Les Orang Glai ne l'exhibent qu'après le sacrifice d'un chevreau et, en outre, deux fois par an, ils doivent lui offrir, sous peine de maladie, deux poulets et cinq plateaux de riz » [3].

En ce Panduranga, qui devient la bastille des Cham, les relations entre ces derniers et les sauvages se font plus étroites à mesure qu'avance l'irrésistible vague annamite. « Les montagnards Chrous et Kahovs fournissaient des gardes honnêtes et fidèles aux princes cham et surtout ils gardaient consciencieusement les trésors royaux de même qu'ils veillent aujourd'hui encore sur les ornements des divinités et les instruments du culte » [4].

Quant aux Orang Glai, ils « servaient les temples des divinités tjames, en gardaient les ornements; les Tjrou et les Kahov fournissaient des troupes aux rois... C'est en partie grâce aux affinités, aux traditions qui unissaient tous ces sauvages aux Tjames

---

[1] Cf. R. P. Durand, *La chronique royale*, in *Notes sur les Cham, B. E. F. E. O.*, nos 3-4, juillet-décembre 1903, pp. 377-378.
L'auteur avance la théorie, rejetée par d'autres autorités, et notamment par M. Finot, que les souverains donnés par cette chronique sont particuliers au Panduranga. Les ennemis de cette hypothèse disent que le Panduranga ne fut jamais un état semi-indépendant : la chronique indiquerait bien alors les grands rois du Champa.
[2] Aymonier. *Légendes historiques des Chames*, in *Excursions et Reconnaissances*, Tome XIV, n° 32, 1890, pp. 187-193.
[3] Aymonier, *op. cit.* pp. 651-166.
[4] Aymonier, *Op. cit.*, p. 182.

que ceux-ci, profitant de l'appoint inconscient qui leur était donné, ont pu se maintenir au Binh-Thuân en groupes relativement compacts....

« Les rois tjames dont le joug devait être léger, et dont ils ont gardé bon souvenir, leur avaient imposé des servitudes religieuses qu'ils ont conservées en partie. Ils gardent sur leurs montagnes avec une grande fidélité les ornements précieux des divinités tjames. Et aux deux grandes fêtes annuelles appelées Chabor et Katé, les Orang Glai descendent dans la plaine apportant du chaume pour réparer les toits; ils enlèvent l'herbe autour du temple et offrent à la divinité des bananes, du bétel. En cas de négligence, d'impiété, ils redoutent beaucoup les maladies, les épidémies »[1].

§ 4. — LA DOMINATION ANNAMITE SUR LES MOÏ DU CENTRE-ANNAM

Soumission des Moï du Quang-Ngai. — A la suite de leur victoire décisive sur les Cham, les Annamites occupent tout le Centre-Annam et, dès cette époque, ils entrent en conflit avec les Moï de la chaîne. De ce côté, ceux-ci, étaient encore très voisins de la mer et avaient dû se mêler aux Cham dans le couloir côtier. Le fait est que leur existence était connue par les Annamites « depuis l'époque la plus reculée »[2].

Les vainqueurs se trouvèrent donc immédiatement en contact avec ces races sauvages, particulièrement turbulentes et guerrières en ce secteur, et, vers 1540, l'empereur nomme le premier mandarin qui s'occupe d'elles; c'est le Trân-quân-công Bui-Tá-Hán, gouverneur de la province du Qu. Nam; il établit progressivement sa juridiction sur les sauvages de la chaîne, par La-Thu-Dao, Nu'ó'c-Ly, Thanh-Cù, Phu-An et Ba-To'. Selon la tradition, un chef indigène avec appellation de *giao dich* fut placé à la tête de ce pays, qui fut organisé en quatre *nguyèns* (régions, ou districts) astreints à un tribut.

Ces quatre nguyèns étaient :

Dà-Bòng et Cù-Bà, dans le huyên de Binh-So'n ;

Phù-bà, dans le huyên de Chu'o'ng-Nghia ;

Ba-To', dans le huyên de Mò-Dú'c.

Il était en même temps créé des fonctions de *cai-quan* et *cón-quan* à raison de un cai-quan et un cón-quan par nguyèn; seul, le nguyèn de Dà-Bòng, qui avait, avec les Annamites, des relations commerciales plus importantes, eut deux cai-quan et deux cón-quan.

---

[1] E. Aymonier, *Notes sur l'Annam*, 1re partie. *Le Binh-Thuan*, in *Excursions et reconnaissances*, X, n° 24, 1885, pp. 199-340.

[2] Tous ces détails, et ceux qui suivront sur l'histoire des Moï du Quang-Ngai, sont tirés d'un très précieux document publié sous ce titre : *Phu Man Tap Luc ou Notes diverses sur la pacification de la région des Moï*, par le Tieu phu-su', in *Revue indo-chinoise*, 1904, 15 avril, 15 mai, 31 mai et 15 juin.

Ce mémoire, quoique fort désordonné, donne, sur le caractère moï, des aperçus extrêmement justes, qui font honneur aux talents d'observation de l'auteur : les faits, cités sans méthode, sont très précieux et nous révèlent une page très curieuse, bien que secondaire, de l'histoire d'Annam.

Ces mandarins avaient pour mission de faire payer les impôts par les thu'o'ng-hô. Ces thu'o'ng-hô étaient des commerçants patentés qui, seuls avaient le droit de faire le commerce en région moï ; des lettres patentes étaient cependant délivrées à certains Moï, qui pouvaient alors venir commercer en territoire annamite. Les trafiquants annamites officiellement commissionnés ne pouvaient opérer que dans une région déterminée dont ils devaient, en plus, verser au Trésor le montant de l'impôt récolté par leurs soins ; ils étaient ainsi de véritables fermiers de l'impôt.

La quotité du tribut à percevoir entre les mains des cai quan et côn-quan fut fixée à la somme globale et annuelle de 1.450 ligatures à laquelle venait s'ajouter une somme de 20 ligatures pour redevance représentative du tribut de la cannelle. Ces 1.470 ligatures se répartissaient ainsi :

Nguyên de Dà-Bòng	600 ligatures	
Nguyên de Cù-Ba	350	—
Id.	20	— pour redevance de cannelle
Nguyên de Phu-Bà	140	—
Nguyên de Ba-To'	360	—
	1.470 ligatures.	

En dehors de ce tribut, il n'était rien demandé aux sauvages.

Bùi-Tä-Hán inspira une grande crainte aux Moï, qui lui obéissaient aveuglément et vivaient en paix avec les Annamites ; mais, les sauvages étaient encore peu denses et nombre d'entre eux, pressés par la misère, se faisaient domestiques des vainqueurs.

Encore aujourd'hui, l'on remarque, sur la frontière moï du Quang-Ngai, quelques ruines de fortins que l'on suppose avoir été installés par Bùi et l'on montre même sur le Núi Rang Cu'a et le Núi Chúa ou Yên-May l'emplacement de ses vergers.

Bùi mourut au début de 1568 ; son souvenir resta profondément gravé dans l'esprit des Moï, qui invoquent son nom dans leurs prières.

En 1570, Nguyên-Hoàng, fondateur de la dynastie des Nguyên, et déjà gouverneur du Thuan-Hoa, devient gouverneur du Qu. Nam et toute la région passe sous la domination des seigneurs (*Chu'a*) de Cochinchine[1] ; le pays moï connaît une ère de

---

[1] Sous le règne de Lê Ui-Muc (1504-1509), les Cham, nouvellement vaincus, s'étaient révoltés ; la rébellion fut cruellement réprimée et l'empereur installa des soldats dans les provinces récemment conquises ; ces soldats, en faisant souche, rejetèrent rapidement les Cham vers le Sud et les Moï dans les montagnes.
A la suite de révoltes et de troubles sanglants, la dynastie des Lê tombe sous la tutelle de son général Mac Dang Dung qui, en 1527, usurpe le trône ; tandis que la nouvelle famille règne à Hanoï, les Lê, réfugiés au Thanh-Hoa, tiennent les provinces moins étendues du Sud ; leur capitale est Tay-Do, dans la vallée du S. Ma, à la lisière des montagnes. Dès 1551, les Lê essaient de reconquérir leur royaume ; leurs armées sont commandées par le général Trinh-Kiêm dont le beau-frère, Nguyên-Hoàng est, en 1558, nommé, par le roi Lê Anh-Tôn, gouverneur de la province de Thuan-Hoa (actuels Qu Binh, Qu. Tri, Thua-Thien et Qu. Nam septentrional). Il fixe sa résidence à Ai-Tu, aux portes du Qu. Tri actuel. C'est là l'origine de la seigneurie de Cochinchine dont la future capitale, Hué, deviendra, par la suite,

tranquillité parfaite, qui durera quelque 200 ans, Annamites et sauvages vivant dans la plus parfaite harmonie. Sous le règne de Lê Thanh-Tôn (1619-1643), fut créée la place forte de Quang-Ngai avec six *dao* — marches — pour garder la frontière moï.

Vasselage des Sadets. — En même temps qu'ils entraient en contact immédiat avec les Moï du Centre-Annam, les Annamites semblent avoir également pénétré jusque sur les hauts plateaux de l'hinterland. Au fur et à mesure qu'ils occupaient les territoires conquis, les nouveaux vainqueurs appesantissaient leur joug sur les sauvages limitrophes des chaînes ; comme au Qu. Ngai, ceux-ci devaient même encore déborder sur le couloir côtier, mais la domination nouvelle, autrement dure que celle des Cham, dut précipiter leur retraite dans l'intérieur. Devant ce peuple profondément fier de sa race et arrogant, à la domination lourde, considérant tout étranger comme un barbare, les Moï durent rapidement abandonner les dernières terres qu'ils occupaient encore dans le couloir côtier dont l'Annamite, prolifique et besogneux, avait besoin pour se nourrir. Rapidement, la vague annamite descend du Nord au Sud, colonisant, après le Qu. Ngai, le Binh-Dinh, le Phuyen. Dans leur conquête de cette dernière province, les vainqueurs durent être amenés, par la disposition géographique même du sol, à suivre à leur tour cet admirable couloir du Song Ba que les Cham avaient remonté quelques siècles auparavant. Cependant, les Moï, qui se souviennent parfaitement des Cham, n'ont pas gardé le souvenir d'une conquête postérieure. Il est donc probable que les armées annamites se contentèrent d'envoyer quelques colonnes légères chez les Jaraï ; une chose est certaine, c'est qu'en 1558, les Sadets, probablement à la suite d'un revers, reconnaissent la suprématie annamite en devenant vassaux de Hué. Les *Annales du ministère des rites* disent, en effet, qu'à partir de cette année, le Thuy-Xa et le Hoa-Xa [1] payèrent régulièrement un tribut triennal, qui était envoyé par le

métropole de l'empire reconquis sur les rebelles par le neuvième descendant de Ng. Hoàng, le fameux Gia-Long.

En 1593, les Mac sont définitivement vaincus et Lê Thê-Tôn rentre à Hanoï, mais l'empereur est d'ores et déjà tombé sous la tutelle de ces Trinh, dont le général Trinh-Kiêm a assuré la puissance par la grandeur des services rendus. En 1599, Trinh-Tong, le vainqueur des Mac et le restaurateur des Lê, se fait nommer « administrateur du royaume » et Vu'o'ng ou seigneur héréditaire ; il devient ainsi maire du palais et le roi va désormais se contenter de régner à ses côtés, sans gouverner. Les Trinh exerceront en réalité le pouvoir effectif sans contrôle.

Dans le Sud, la famille des Nguyên se transmet héréditairement le pouvoir dans le Thuan-Hoa dont ils deviennent, en 1613, *Chu'a*. Ce Thuan-Hoa, agrandi vers le Sud, est le « royaume de Cochinchine », qui va entrer en lutte avec les restes du Champa et avec le Cambodge. Les Trinh — Chu'a du Tonkin — ne vont cesser d'attaquer les Nguyên — Chu'a de Cochinchine — ; mais, malgré ces guerres, il ne faut pas oublier que Cochinchine et Tonkin ne forment, en droit, qu'un seul et même empire, sous l'autorité nominale des Lê résidant à Hanoï. En réalité, le pouvoir est exclusivement, au Tonkin, entre les mains des Trinh, tout puissants maires du palais et, en Cochinchine, entre celles des Nguyên, qui se refusent à tout acte de vasselage envers les Trinh.

C'est en 1687 seulement que les Nguyên viennent se fixer à Hué, qui devient dès lors leur capitale ; le noyau même de la ville n'avait été construit que quelques années auparavant (1601). — (Voir, à ce sujet : Cadière, *Sur quelques monuments élevés par les seigneurs de la Cochinchine*, in *B. E. F. E. O*, 1905, nos 3 4, pp. 387-406 et note p. 393).

[1] Rapport du capitaine Luce à la suite de ses recherches dans les archives de la cour de

Phuyen et se composait de défenses d'éléphants et de cornes de rhinocéros [1]. Pendant des siècles, cet acte de vasselage envers Hué allait être fidèlement acquitté ; il ne devait cesser qu'en 1841.

De son côté, Hué exerçait son droit de suzeraineté en donnant l'investiture à chaque élection d'un nouveau Sadet. « Lorsque l'élection était connue, des députés venaient du Phuyen et apportaient une urne en métal blanc et brillant... Les sauvages prétendent que ce vase était en argent pur » [2].

Cette urne va désormais jouer son rôle dans la cérémonie des funérailles ; en effet, une fois le Sadet mort et brûlé, elle sert à recueillir « les cendres du cœur, les dents et les os des doigts. Ensuite les charbons et toutes les autres cendres sont placés dans un cercueil et enterrés ; au-dessus du tertre, on construit un tombeau provisoire sous lequel on place l'urne funéraire renfermant les cendres du cœur. Lorsque la veuve vient pleurer, elle doit porter sur son dos cette urne enveloppée dans un pagne comme on porte un enfant ; elle se lamente, balaie l'emplacement de la tombe, verse de l'eau dans une petite tasse, place du riz sur une feuille, puis, ses lamentations terminées, repose l'urne sur le tertre, ferme l'enclos de la tombe et revient chez elle. Au commencement de chaque mois lunaire, aura lieu la cérémonie du Glom Pòrr : durant toute la nuit, on boit auprès du tombeau, et durant toute la nuit, la veuve éplorée doit porter sur son dos le récipient contenant une partie des cendres de son mari. Il en va ainsi pendant cinq ans. Puis on construit un mausolée superbe, on procède à la cérémonie du *Mut Breu*, l'urne est enterrée avec le cercueil, et le tombeau est abandonné pour toujours » [3].

Hué pour étudier les droits de l'Annam sur la rive gauche du Mékong à l'époque des affaires du Siam (Cité dans de Reinach, *Le Laos*. vol. 2). M. Luce, cependant, ne se doutait pas que, par Thuy-Xa et Hoa-Xa, il s'agissait des Rois du Feu et de l'Eau, puisqu'il écrit :
« Les Annales du ministère des rites font cependant mention des deux États de Thuy-Xa et de Hoa-Xa, tributaires et vassaux de l'Annam depuis 1558 et qui semblent être le pays actuellement plus connu sous le nom de pays des Sedangs, des Bahnars et des Djarais. »

Sur les rapports de vasselage des Sadets envers Hué, d'intéressants détails inédits sont donnés par :

Khâm dinh dai nam hôi diên su' lê : « Répertoire administratif de l'empire annamite, dressé par ordre impérial », 97 ch. en 97 vol. Aux chapitres du ministère des rites, traitant des rapports avec les pays étrangers, l'on trouvera la liste des tributs envoyés par les Sadets. Cet ouvrage, encore inédit, est cité par L. Cadière et P. Pelliot : *Première étude sur les sources annamites de l'histoire d'Annam*, in *B. E. F. E. O.*, tome IV, 1904, n° 3, juillet-septembre, pp. 655-656.

Ce sont probablement ces chapitres du ministère des rites que le capitaine Luce avait compulsés et qu'il cite sous le nom d'*Annales du ministère des rites*.

Un autre recueil annamite donnerait également d'intéressants renseignements sur les Sadets : c'est le *Dai nam liêt truyên tiên biên* « Collection de biographies du Dai-Nam, section préliminaire ». Elle contient de nombreuses biographies de mandarins, d'hommes sans fonctions, de bonzes, de rebelles et donne de précieux détails sur les luttes des Nguyen avec les Cham et les peuples voisins du Sud. Cf. Cadière et Pelliot, *op. cit*, p. 638.

[1] Schroeder, *Op. cit.*, p. 8 (note 1).
[2] R. P. Guerlach, *op. cit.*, pp. 187-188.

§ 5. — RELATIONS DU CAMBODGE AVEC LES TRIBUS MOÏ DU CENTRE ET DE L'OUEST

Relations entre les Sadets et le roi du Cambodge. — Cependant, si les Sadets deviennent vassaux de l'Annam, ils sont en relations tout autres avec le roi du Cambodge. Celui-ci envoie, en effet déjà, aux deux rois-sorciers, de nombreux présents et l'origine et la cause de cet usage se perdent dans le plus complet mystère. Il est probable que, à une époque impossible à déterminer, antérieure peut-être à l'invasion cham, les Sadets aidèrent le roi khmer dans une circonstance difficile ; c'est en reconnaissance que la cour d'Angkor aurait désormais servi, à époque fixe, à ses alliés, des cadeaux dont l'importance atteste la valeur du service rendu.

Dans la charte de fondation du monastère de Samboc, nous trouvons, à ce sujet, de très précieux renseignements, ainsi que la liste complète des présents offerts par le Cambodge.

Et, ce qui prouve l'antiquité de cet usage, est cette phrase :

« D'autrefois jusqu'à maintenant, on dit qu'il faut, tous les trois ans, monter une fois pour saluer le Roi de l'Eau et le Roi du Feu ».

Cette charte, qui date de 1601, traite, entre autres sujets, de la manière dont doit être servi le cadeau triennal. Le gouverneur de Samboc est chargé de le faire parvenir aux Sadets et la charte lui confère la moitié de l'impôt perçu à Samboc pour le dédommager tant de ce service que de celui des lettres royales et des présents venant du Laos.

Trois dignitaires doivent conduire l'ambassade et la charte règle minutieusement les rites qu'ils doivent accomplir en remettant les cadeaux aux destinataires.

« Avant [de se présenter aux deux Rois], ils prendront des fruits du sambuor et s'en savonneront (c'est-à-dire se purifieront). Cela fait, les cadeaux étant placés sur deux lignes, l'un d'eux parlera au nom du roi [du Cambodge] et fera traduire son discours dans la langue du pays, puis il s'assoiera au milieu [entre les cadeaux probablement et entre les deux autres dignitaires], puis il répétera trois fois son discours... Quand il prendra la parole pour présenter les souhaits du roi, on soufflera dans les flûtes grandes ou petites, ensemble, conformément à l'usage jaray. Alors, le principal ambassadeur présentera la lettre royale du... Prah Chau Longvek Krung Kambujâdhipati Sîrîsîrîn Indipat... qui est le maître suprême au-dessus des têtes, puis il énumérera au nom du roi, les cadeaux (*bândakar*) apportés jusqu'au srok Ayanapar. Cela fait, il formera, en nommant le roi de l'Eau et le roi du Feu, *les neveux* à la place de leur oncle [le roi du Cambodge], le souhait qu'ils soient prospères et conservent leurs titres : qu'ils continuent de garder le prah khan et d'habiter le sommet du mont *Oudam prakath*, qu'ils demeurent les *âmmachas* (souverains) de tous les pays *rhadés*, *jaray* et *pnongs* ainsi qu'ils le sont depuis l'antiquité jusqu'à maintenant, *de bien garder les routes et les forêts contre tous les ennemis*, de distinguer ceux qui se présenteront avec de bonnes intentions de ceux qui se présenteront avec des intentions méchantes; qu'ils demeurent en paix, puissants, heureux et prospères; que tous les devatas, les téprakh (génies des forêts), les arakh (génies des villages) leur assurent longue vie, l'abondance toujours et longue autorité ».

Voici, maintenant, la liste des présents envoyés par le roi khmer :

« Deux éléphants mâles ; deux palanquins de couleur rouge avec étoiles pour monter ces éléphants ; soixante buffles ; deux langoutis à brodures ; deux vêtements à rayures ; deux matelas ; deux oreillers ; deux coussins pour aisselles ; deux nattes de Pursat ; deux autres nattes en chichuot (?) ; deux *rideaux* ; deux services à riz ; deux à eau ; deux costumes rouges complets ; deux paires de tambourins ; deux paires de flûtes grandes et petites ; deux parasols à longs manches ; deux bols de cinq couleurs ; cent bols à riz ; cent bols à soupe ; cent serviettes ; cent bols à bord ; deux voitures de sel ; cinq cents lingots de fer ; vingt lingots de plomb ; deux paires de peignes fins et non fins ; quatre ciseaux à bois, à manche cerclé ; deux langoutis de cérémonie de chacun cinq coudées ; deux cents aiguilles ; deux pièces d'étoffe dite *lomtong* ; deux pièces de soie *pour les danseuses*, pour le *prah khan* (qui est l'arme sacrée), pour le *prah rompot* (qui est le rotin sacré) ; deux turbans en soie rouge, longs de cinq coudées, un chapelet de graines de *phti*, long de 20 ampans ; deux petits bols en cuivre ; deux cents petits bols en porcelaine ; deux couteaux dits *kombet préa* ; deux couteaux à nettoyer le rotin ; deux couteaux à débroussailler ; deux éventails en papier ; deux cents bagues en cuivre ; deux cents hameçons ; deux calottes rouges ; dix livres de noix d'arec et de gambier ; dix livres de tabac ; deux monocordes ; deux guitares à trois cordes ; deux autres à trois cordes sur noix de coco ; deux flageolets ; deux plateaux à pied *pour recevoir l'eau du serment* ; deux bols en bambous raisinés avec couvercles posés sur deux plateaux ; deux plateaux en bois avec les ustensiles d'usage pour la chique ; deux ciseaux à arec ; deux pots en cuivre pour la chaux à chiquer ; deux autres plateaux à arec » [1].

Enfin, la charte ajoute :

« Si l'un des deux rois vient à mourir et que l'autre demeure, on enverra sur un éléphant femelle et sur un éléphant mâle, un *prasoda* tout préparé pour la levée du corps ». Et ce *prasoda* doit être conduit « jusqu'au bout » par les trois dignitaires qui, tous les trois ans, apportent les cadeaux aux Sadets.

---

[1] Cette charte a été découverte par M. Adh. Leclère, qui l'analyse et en donne de longs extraits dans les *Comptes rendus de l'Académie des Inscriptions et Belles-Lettres*, 1903, pp. 369-378. Il est regrettable que le texte n'ait pas été publié *in extenso* et il serait intéressant de posséder ce document dont il serait peut-être prudent de contrôler la traduction. Le début de la communication de M. Adh. Leclère commence par des notes un peu fantaisistes sur les tribus moï auxquelles il donne parfois des noms bizarres et parfaitement inconnus (Les « Aray » sont probablement les Jaraï). Enfin, quand il écrit « le ban Dou (ou Darlak) », M. Adh. Leclère commet une erreur grossière, B. Dou est B. Thu. appellation couramment donnée par les Radé au village de B. Don d'après le nom propre du Khun Yonob, qui en est le chef. Ce village, dont j'ai souvent parlé au cours de mes récits, est le dernier hameau du Darlac occidental, au bout de la route basse charretière de Kratié au Darlac.

Tels sont les rites observés pour l'envoi de cet important convoi, qui s'acheminait de Samboc chez les Sadets, au pays appelé par la charte, « Srok Ayonapar »[1].

En retour, les Patau envoyaient un peu d'ivoire, une corne de rhinocéros, et chacun, un pain de cire d'abeille portant l'empreinte de leur pouce droit.

Moura dit que le pain de cire était énorme et que ces cadeaux étaient accompagnés de deux grandes calebasses, l'une pleine de riz et l'autre, de sésame. Et la modicité de ce présent confirme ironiquement ce que dit la légende jaraï, ci-dessus rapportée, à l'occasion du sabre sacré : Pô-Thé avait « recommandé aux Jaraï de vivre en bonne intelligence avec les Cambodgiens, maîtres du fourreau du sabre sacré car le ciel, en donnant le sabre aux Jaraï et le fourreau aux Cambodgiens, avait marqué qu'ils devaient être alliés. Mais, en donnant aux Cambodgiens le fourreau, qui est moindre que le sabre, il a indiqué que les présents échangés régulièrement entre les rois des uns et les rois des autres doivent être plus importants de la part des Cambodgiens ».

Il est vrai que ces produits, de peu de valeur intrinsèque en regard du somptueux cadeau envoyé par le roi khmer, revêtaient, aux yeux de ce dernier, une importance toute particulière ; émanant des chefs sorciers des Jaraï, ils étaient considérés comme renfermant une parcelle de la puissance surnaturelle de ces magiciens sylvestres ; aussi, étaient-ils l'objet de soins très spéciaux.

« Dès que les présents du roi du Feu arrivaient à la capitale du Cambodge, on les livrait aux Brahmes, gardiens de l'épée sacrée des anciens rois khmers, qui les ramassaient avec soin à côté des attributs de leurs souverains. On faisait avec la cire de cette provenance des cierges qu'on brûlait sur divers autels les jours de cérémonie. Dans les temps malheureux, pendant les épidémies, les trop fortes inondations, la guerre, on jetait sur le sol un peu de riz et des graines de sésame, afin d'apaiser la colère des esprits malfaisants »[2].

Un document officiel de la cour cambodgienne confirme ces dires, en nous faisant connaître à quel étrange usage servaient également les cadeaux des Patau :

« Chaque fois que le roi, afin de faire cesser la sécheresse, d'attirer la pluie, décidera de s'adresser aux cinq kshatriyas, protecteurs du royaume — Narayano, Shiva, Ganésa, Kajjayana et Prah Khan — on sortira le morceau d'ivoire, la corne de rhinocéros et le vêtement envoyés par le roi du Feu et le roi de l'Eau et on les arrosera d'eau lustrale, pendant que les quatre Mahachay (Mahajaya) s'accroupiront dessous et pousseront des cris de grenouille »[3].

Malgré les vicissitudes traversées par l'empire khmer, l'ambassade royale ne devait cesser d'être envoyée que vers 1860 et, pendant des siècles, elle s'acheminera, comme

---

[1] Ayonapar est, sans nul doute, la corruption des deux noms Ayun, Apah ; l'Ayun est l'affluent de l'Apah, qui est le nom moï donné au haut S. Ba. Cette appellation d'Ayonapar indique que, dès cette époque, les Sadets habitaient le versant du S. Ba.

[2] Moura, *Le royaume du Cambodge*, vol. I, Paris. Leroux.

[3] Ce document est une sorte de rituel des fêtes à l'usage de la cour. Cité par Adh. Leclère, in *op. cit.* Académie des Inscriptions et Belles-Lettres. *Compte rendus des séances de l'année 1903*, juillet-août, pp. 369-378.

aux siècles défunts, à travers les forêts-clairières, vers les rois sorciers des Jaraï, au pays d'Ayonapar.

A cette époque reculée, l'autorité des Sadets, appuyée sur ce prestige, doit, en outre, s'entourer d'un certain apparat barbare, qui nous est révélé par la qualité de quelques-uns des cadeaux ci-dessus énumérés et dont les échos sont arrivés jusqu'à nous dans la mémoire des anciens du pays.

Les traditions ont, en effet, gardé le souvenir plus ou moins altéré des cérémonies diverses et de la caricature de cour, qui entouraient la personne du Patau Puï.

« Lorsque le Sadet est mort, les jeunes guerriers se réunissent à la maison commune ; pendant leur sommeil, un des anciens interroge subitement : — « Qui sera Bok Redau ? » Tout en dormant, un jeune homme répond « C'est moi ! » — Le lendemain, au réveil, on s'aperçoit qu'il porte au poignet un bracelet de fil de coton attaché par les *Iang* (Génies).

« Pour élire un successeur au *Sadet*, on s'y prend plus simplement que ne le raconte la légende, et le merveilleux n'intervient en rien dans cette élection.

« Les dignitaires qui formaient l'état-major du défunt, se réunissent, tiennent assemblée plénière, et après nombreux discours et aussi abondantes libations, choisissent un homme qui leur paraît réunir les qualités requises. Le fils du mort ne peut lui succéder, car le *Sadet* doit prendre femme dans une famille étrangère, et comme tous les enfants sont réputés appartenir à la famille de leur mère, ils ne peuvent remplir les fonctions de *Bok Redau* qui doivent toujours être l'apanage de la famille des *Xeu*. Il faut donc chercher un frère cadet ou un neveu du Sadet défunt. Lorsque le successeur est choisi et qu'il accepte la charge, un chef de la famille des Kexeur lui attache aux poignets un bracelet de fil de coton. Tout en maintenant dans leurs dignités les sauvages qui formaient la cour de l'ancien féticheur, le nouvel élu se choisit des officiers qui l'accompagnent dans ses tournées, surtout lorsqu'il prélève le tribut dans toute la région du Sud dont les habitants respectaient sa juridiction, c'est-à-dire chez les *Hagou*, les *Geular*, les *Habau*, les *Jaraï*, etc.

« .... Les sorties du grand chef étaient ainsi réglées : un voyage dans l'année de son élection et un autre deux ans après. On laissait ensuite s'écouler deux ans avant la troisième tournée et la quatrième n'avait lieu qu'après un laps de cinq ans. Dès lors, il n'y avait plus rien de fixé, et le Sadet voyageait suivant son bon plaisir.

« Durant ces tournées, voici ce qu'on devait donner. Les habitants des villages visités tuaient un buffle et un cochon dont la viande faisait les frais du sacrifice et du festin. Il fallait en outre offrir une grande marmite en cuivre, un bœuf et un cochon vivants que le Bok Redau emmenait avec lui au lieu de sa résidence. Chaque chef de maison devait apporter aussi soit une piochette de fer, soit un peu de cire, soit des verroteries, le tout représentant une valeur de 20 centimes.

« Lorsque le grand chef ne voyageait pas lui-même et se contentait d'envoyer ses officiers, les frais se réduisaient à un cochon pour le sacrifice, un cochon vivant et une tasse en terre vernissée. Ce tribut était payé par tous les villages et chaque chef de maison donnait encore la valeur d'un *mat* (10 centimes).

« Voici la liste des dignitaires qui forment l'état-major du Sadet ;

« Le plus haut gradé est l'échanson qui verse l'eau dans la jarre où se trouve le grain fermenté, lorsque le chef va boire ;

« Vient ensuite le sauvage qui cuit le riz ;

« Puis les deux cornacs qui conduisent l'éléphant et lui mettent le bât sur le dos.

« Enfin nous trouvons un forgeron qui fabrique le couteau destiné à couper les fils des bracelets, un artiste en vannerie qui confectionne la petite hotte du Sadet ; puis celui qui lie aux poignets du nouvel élu les bracelets en fil de coton. Après sept ans, s'ils ne sont pas usés et rompus, ces bracelets sont coupés et brûlés.

« On voit aussi des femmes parmi ces dignitaires, elles sont au nombre de quatre.

« La première file le coton pour les bracelets ;

« La deuxième tisse le langouti blanc que ceint le *Bok Redau* pour la cérémonie de l'investiture ;

« La troisième confectionne les habits ;

« La quatrième coud le petit sachet d'étoffe qui renferme le tabac à fumer »[1].

Ces rapports du Cambodge avec les Patau jaraï ne sont pas les seuls qui unissent l'empire khmer avec les peuplades de l'intérieur. Du côté du Cambodge et du Laos actuels, les tribus moï descendent alors jusqu'au Mékong, occupant encore, vers le Sud, les bassins entiers du P. Té, du P. Tchlong et, au Nord, ceux des basses Sé San, Sé Khong, Sé Don et Sé Bang-Hien. Si l'empire khmer, déjà au déclin de sa puissance, n'étend plus sa domination effective sur ces secteurs, il ne cesse pourtant pas de les exploiter d'une façon très spéciale, car c'est de là qu'il tire les nombreux esclaves dont, depuis des siècles, il fait une si grande consommation.

De tout temps, en effet, les Cambodgiens ont pratiqué l'esclavage, tant pour s'approvisionner eux-mêmes que pour faire le trafic si rémunérateur de la bête de somme humaine. Le voyageur chinois Tcheou-Ta-Kouan, qui visita la cour d'Angkor en 1296, parle, dans sa relation, des esclaves sauvages qui alimentaient déjà les marchés du pays et de la capitale ; cette chasse à l'homme, pratiquée dès la plus haute antiquité chez les Moï du bassin du Mékong et qui ne devait être abolie que par la domination française, a particulièrement dévasté l'hinterland du Cambodge et, pendant des siècles, malgré leur progressif exode vers l'intérieur, les malheureuses peuplades ne cessent de fournir un terrible tribut à la traite ; celle-ci est favorisée par le magnifique glacis sans relief qui mène du Grand Fleuve dans l'intérieur.

Les Moï de la Sé Khong. — La poussée laotienne. — Mais, déjà, entre en scène un nouveau peuple, le dernier venu dans l'histoire indochinoise, le peuple thaï. Descendu des contrées sud-occidentales de la Chine, il s'avance le long du Mékong où l'un de ses rameaux, les Laotiens, fondent des principautés d'abord vassales du Cambodge, tandis que l'autre branche, les Siamois, descendent vers le Mé-Nam[2].

[1] R. P. Guerlach, *op. cit.*, pp. 186-187.
[2] Les territoires, aujourd'hui peuplés, autour du Mékong, par les populations laotiennes, étaient sans doute, au début de l'histoire indochinoise, occupés par des principautés indigènes. L'invasion thaï, venue des provinces sud-occidentales de la Chine, vint se heurter à ces tribus ; elle se fit d'abord sentir dans le bassin de la Mé Nam, puis déborda dans celui du Mékong, probablement au XIIIe siècle, refoulant dans les forêts les populations indigènes, qui y vivent encore sous le nom de khas.

Les Khmer, attaqués par les Siamois, dès la fin du xiii° siècle, perdent bientôt, avec leur fameuse et somptueuse capitale, Angkor, nombre de leurs provinces frontière ; au Nord, les Laotiens, dont Vien-Tiane est la capitale depuis 1563, en profitent pour envahir les provinces septentrionales du Cambodge. En 1571, leurs armées marchent sur Angkor, mais sont battues ; cette invasion a cependant pour résultat de refouler vers le Sud les Cambodgiens dont l'autorité ne se fait plus sentir, depuis longtemps d'ailleurs, au-delà des chutes de Khone ; ils ont évacué déjà le bassin de la Sé Khong, mais ils occupent encore, à l'embouchure de cette rivière, la ville de Ba Chong, l'actuelle Stung-Treng ; à la suite de cette invasion, elle est abandonnée et la domination cambodgienne sur l'hinterland de la Sé Khong et de la Sé San est définitivement anéantie : les tribus moï font connaissance avec les nouveaux venus.

Ceux-ci semblent s'être répandus en diverses parties de l'intérieur en même temps qu'ils descendaient le Grand Fleuve ; la région d'Attopeu, notamment, paraît avoir été organisée en un muong, qui est peut-être le Muong Ramalac ou Onkam des Annales laotiennes ; celles-ci nous apprennent qu'en 1571, le roi de Vien-Tiane s'y rend en expédition et s'y égare ; elles nous y signalent, en 1579, une grave révolte suscitée par un imposteur ; en 1593, nouvelle expédition [1].

Nous voyons donc que la domination laotienne, à la fin du xvi° siècle, a complètement supplanté, dans le bassin de la Sé Khong, celle des Cambodgiens, qui ont dû se retirer au Sud. Cependant, malgré cette audacieuse pointe, les Laotiens n'occupent pas de façon continue l'hinterland entier et, au Nord de la Sé Khong, sur le bassin de la Sé Bang Hien, ils n'ont pas encore pénétré les Moï, qui continuent à vivre, libres et indépendants dans leurs forêts, « sans autre chef que leur Pho-Ban, leur père, comme ils le nommaient » [2]. Ces Moï, connus sous le nom de Pheng-My, se contentaient de payer à l'Annam un tribut annuel d'éléphants.

La chute de Lovek, la nouvelle capitale khmer, emportée, en 1587, par les Siamois, marque l'irrémédiable ruine du Cambodge ; son roi, Chau Ponha Tan, réfugié à Stung-Treng, chez les Laotiens, reçoit l'aide de deux aventuriers espagnols, Diégo Belloso et Blas Ruiz, qui, avec une poignée d'Européens, traversent la région moï, d'Annam au Laos, et rétablissent sur le trône le fils cadet de Ponha Tan mort en exil [3].

Expédition khmer à Attopeu. — Vers 1621, le roi cambodgien Chey Chettha II semble pourtant avoir voulu rétablir son autorité sur le bassin de la Sé Khong. Il organise, sur la rivière, une expédition forte de « 300 soldats japonais, chinois, malais et cambodgiens » et arrive « à 20 milles au-dessus de Nam Noy, à l'endroit même où

Cf. Mission Pavie, *Etudes diverses*, II. *Recherches sur l'histoire du Cambodge, du Laos et du Siam*, Paris, Leroux, 1898.

[1] Mission Pavie, *Etudes diverses*, II. pp. 96-97.

[2] Damprun, *Monographie de la province de Savannakhet*, in *Bulletin de la Société des études indochinoises de Saïgon*, n° 47, année 1904, 1er semestre.

[3] Maspero, *L'empire khmer*, Phnom-Penh, 1904, p. 60.

Ant. Cabaton, *Notes sur les sources européennes de l'histoire de l'Indochine*, in *Bulletin de la commission archéologique de l'Indochine*, 1911. Voir notamment dans cet article le dramatique récit de ces aventures. Le roi Prahuncar Langara est le Chau Ponha Tan de Maspero.

l'on recueille l'or. Mais l'air y est tellement malsain que 50 hommes à peine revinrent de cette expédition, ne rapportant que bien peu d'or »[1].

Malgré cet échec, le roi khmer reconquiert une partie du fleuve et, en 1641, lorsque le marchand hollandais Van Wusthof remonte jusqu'à Vien-Tiane, le Cambodge s'étend, sur la rive droite, jusqu'au Nord de Bassac, qui a été fondé depuis peu d'années comme poste frontière ; sur la rive gauche, les chutes de Khône marquent la limite entre les deux royaumes. Cependant, dans l intérieur, les Khmer n'ont pas réussi à restaurer leur domination sur les Moï de l'hinterland, qui restent soumis aux Laotiens, leurs nouveaux maîtres ; Attopeu, nous dit Van Wusthof, qui appelle cet endroit Nam-Noy, est habité par les Laotiens ; quelques Cambodgiens y résident encore mais les indigènes paient « par an, 10 cattis d'or au roi de Louwen »[2].

Relations entre Moï et Khmer. — Cependant, tout cet hinterland de la Sé Khong, de la Sé San et de la Srépok, ainsi que celui sis en arrière de la province actuelle de Kratié, continuent à avoir, avec le royaume khmer, des relations commerciales dont nous parle Van Wusthof :

« Sombock est un assez grand bourg, habité par des Cambodgiens, et surtout par des Chinois, qui font le trafic des peaux de cerfs, de la cire et de la gomme gutte. Ils vont acheter ces articles dans l'intérieur du pays, parce que les habitants n'apportent jamais leurs produits au marché. Les Chinois font ainsi, en pirogue ou en char, un long trajet pour aller jusqu'à Nam-Noy, ou vers l'intérieur, jusqu'à Phonough. En char, c'est un voyage de trois mois, aller et retour. Ils échangent dans ces localités du sel, des faïences de Chine, du fer et quelques autres articles de peu de valeur contre des esclaves, de l'or, des cornes de rhinocéros et des dents d'éléphants. Le sel, notamment, est vendu contre un poids égal d'or ; mais les Chinois payent chèrement ce bénéfice par les maladies qu'engendre l'insalubrité du climat et des eaux de cette contrée. Le pays de Phonough est, en partie, tributaire du Cambodge, l'autre partie s'étend du côté du Champa, avec qui le Cambodge est en guerre »[2].

Nous voyons, par cet intéressant document, que le Cambodge entretenait, au XVIIe siècle, et depuis longtemps déjà, des relations avec les tribus moï de son hinterland, pénétrant jusqu'au Darlac, qui doit être le Phonough du voyageur hollandais, car les charrettes peuvent arriver, du Cambodge, jusqu'au cœur de ce Plateau.

§ 6. — ETAT DE L'HINTERLAND MOÏ A LA FIN DU XVIIe SIECLE

L'Indochine au XVIIe siècle. — Nous arrivons, au XVIIe siècle, à une période décisive de l'histoire indochinoise. D'un côté, l'Annam, victorieux des Cham, occupe tout le Centre-Annam et déborde sur ce qui reste du Champa, refoulé dans le Khanh-

---

[1] *Voyage lointain aux royaumes de Cambodge et Laouwen par les Néerlandais et ce qui s'y est passé jusqu'en 1644.* Publié et annoté par Francis Garnier, in *Bulletin de la Société de géographie*, Paris, 1871, septembre-octobre, pp. 249-289.

[2] *Voyage lointain aux royaumes du Cambodge....* pp. 253-254.

139. — Couvertures radé.

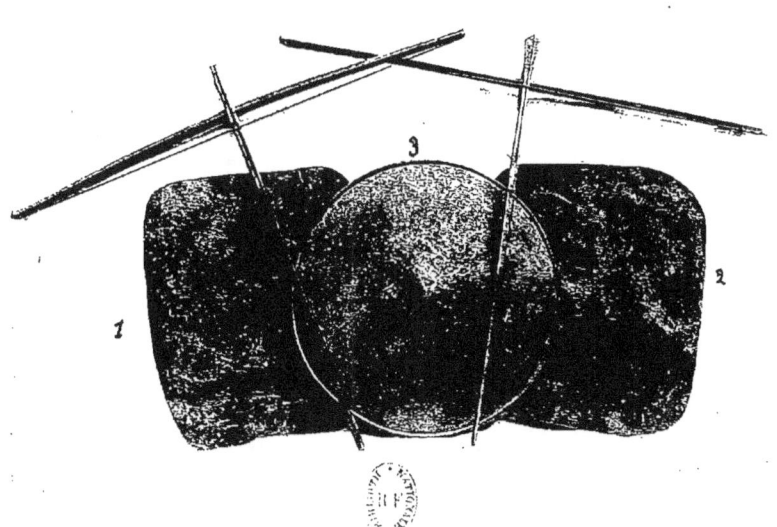

140. — Arbalètes radé. — 1 et 2. Boucliers ktul, en cuir. — 3. Bouclier radé, en bois.

Hoa et dans le Binh-Thuan, qui constituent le Panduranga ; de l'autre, le royaume khmer croule sous les attaques du Siam, qui grandit dans le bassin de la Mé-Nam, tandis qu'au Nord s'organise et s'étend le royaume du Laos. A la faveur de tous ces bouleversements, les populations sauvages de l'hinterland s'isolent de ces turbulents voisins ; les parages les plus inaccessibles sont occupés ; mais, les tribus plus rapprochées de la côte et du fleuve sont bien forcées de rester en relations avec les conquérants dont elles demeurent tributaires pour l'importante question du sel, et, du côté du Grand Fleuve, la chasse aux esclaves continue de les décimer. Depuis 1358, les Sadets sont vassaux de l'Annam ; dans leurs montagnes abruptes, les tribus de la chaîne annamitique vivent leur vie sauvage, nomade, misérable, mais indépendante. D'ores et déjà, les tribus sont marquées par les empreintes indélébiles qu'elles vont se transmettre de génération en génération et les aires d'habitat, les mœurs, les divisions ethnographiques et linguistiques sont phénomènes accomplis ; l'on peut dire que dès le milieu du xviie siècle, l'hinterland moï se présente sous la forme où nous le trouverons deux siècles plus tard. Son évolution est achevée ; la différenciation des tribus est chose faite ; la mosaïque moï, laborieusement élaborée au cours des siècles par les inconscients architectes, tapisse de son carrelage bigarré l'hinterland de l'Indochine méridionale.

D'un côté, la masse des Moï imprégnés de civilisation cham, plus denses, relativement plus civilisés, d'humeur belliqueuse, intelligents, de type fort et bien découplé ; de l'autre, les tribus métissées de khmer, craintives, sans cesse pillées et razziées, ne combattant que par peur, cherchant leur salut dans la retraite au cœur des montagnes ; enfin, plus au Nord, dans l'hinterland du Centre-Annam, des tribus ayant mieux échappé à l'une et à l'autre influence, ayant subi plus légèrement, au gré des jougs passagers et des relations commerciales, des empreintes moins profondes, ayant gardé, grâce à leurs qualités belliqueuses et à leurs repaires inexpugnables, une quasi-indépendance (Sedang, Davak, Kontu, ...).

Pô Romé chez les Radé. — Dès la seconde moitié du xvie siècle, ce qui reste du Champa est vassal de l'Annam et les princes du Panduranga sont feudataires de Hué. Vers le milieu du xviie siècle, Pô Romé (1627-1651), l'avant-dernier et le plus illustre des souverains de cette dynastie vassale, n'ayant pas d'enfants de sa femme « pousse vers le Laos jusque chez les Radé, à la recherche du remède qui lui donnerait un héritier. Ce fut une nouvelle femme qu'il ramena, Bia Thanchan, Radé d'origine »[1].

C'est cette princesse radé, Bia Thanchan[2], qui sauta dans le bûcher sur lequel brûlaient les restes de son royal époux mis à mort par les Annamites et c'est pour honorer cet acte de dévouement conjugal que sa statue est conservée à l'intérieur du temple de Pô Romé, près de Phanrang.

Les Annamites envahissent le Panduranga. A l'arrivée des vainqueurs, deux des généraux de Pô Romé, à la suite de dissentiments avec leur prince, s'étaient retirés chez les Moï, dans les montagnes. A partir de 1654, les seigneurs du Panduranga ne

---

[1] Aymonier, *Légendes historiques des Chames*, in *Excursions et Reconnaissances*, Saïgon, tome XIV, n° 32, pp. 173-176.
[2] Le P. Durand l'appelle Bia Sanchan et la dit être de race koho (in *Le temple de Po Romé à Phanrang*. *B. E. F. E. O.*, 1903, n° 4, note p. 601).

sont plus que de simples chefs nommés directement par Hué [1]. Les Annamites traversent la barrière du Varella, s'infiltrent dans tout le Sud-Annam, refoulant Cham et Moï, s'emparant des meilleures terres.

Relations des Moï et des Annamites à la fin du XVIIᵉ siècle et au XVIIIᵉ siècle. — Quels étaient, au lendemain de ce changement d'hégémonie, les rapports entre les Moï et les nouveaux conquérants ? C'est ce que vont nous apprendre, entre autres documents, les inestimables écrits que nous ont laissés les premiers missionnaires de l'Indochine.

C'est en effet grâce à eux que va se vulgariser cette dénomination même de Moï, aujourd'hui si couramment employée. A vrai dire, elle subira toute une transformation et des vicissitudes d'orthographes diverses. En même temps, nous pouvons constater que ces sauvages jouent un certain rôle dans la vie au moins économique de l'empire d'Annam et que l'hinterland continue, comme au temps des rois cham, à écouler vers la côte les produits précieux de ses forêts.

Le P. Borri, en nous parlant des « Kemoïs », dit que leur pays fournit le fameux bois d'aquila et de calamba « qui est la plus prétieuse marchandise qui se puisse tirer de la Cochinchine pour estre portée aux pays estrangers » [2].

Ce bois d'aigle ou d'aloès, si prisé dans tout l'Extrême-Orient, est connu depuis la plus haute antiquité. Les auteurs anciens, les historiens et écrivains arabes, les voyageurs hindous, persans, européens, s'accordent pour vanter la rareté et la valeur de ce bois précieux entre tous ; et tous, ils sont unanimes à nous dire que la meilleure qualité vient du Champa, qui est le Çenf des Arabes.

Au temps de la puissance des Cham, nous voyons ce bois figurer dans le tribut payé à la Chine ; plus tard, quand les derniers princes du Panduranga sont devenus vassaux de l'Annam, ils doivent acquitter, entre les mains du suzerain, un tribut annuel dont nous ne connaissons ni l'importance ni la composition, mais dans lequel entrait une certaine quantité de bois d'aigle.

De temps immémorial, les Cham se sont donc livrés à la recherche de cette essence et c'est dans les montagnes de la chaîne qu'ils dirigeaient, à cet effet, leurs expéditions, à certaines époques de l'année et suivant des rites plusieurs fois séculaires.

Cette recherche « était faite autrefois par le Pô Gahlung, Gahlao ou Gahlau, « seigneur du bois d'aigle », mandarin cham, chef du village musulman de Palei Balap ou Balam, à 10 kilomètres Nord de Phanrang. Il s'adjoignait une troupe de seize kañi ou kuñi, « chercheurs de bois d'aigle », chargés de surveiller les Urang Glai ou Raglai, « hommes des bois », tribus de sauvages de la montagne parlant un dialecte cham, commandés par leur Pâvak ou chef, qui servaient d'indicateurs et prenaient part à la récolte du bois d'aigle » [3].

---

[1] Cf. R. P. Durand, *La chonique royale*, in *Notes sur les Cham*, B. E. F. E. O., nᵒˢ 3-4, juillet-déc. 1905, p. 378.
Cf. Aymonier, *Légendes historiques des Chames*, in *Excursions et Reconnaissances*, XIV, nᵒ 32, 1890, pp. 151-152.

[2] *Relation de la nouvelle mission des Pères de la Compagnie de Jésus au royaume de la Cochinchine.* Traduite de l'italien du P. Borri par le Père Ant. de la Croix. Rennes, M.DC.XXI, pp. 4 et 27.

[3] Ant. Cabaton, *Nouvelles recherches sur les Chams*, Paris, E. Leroux, 1901, p. 52 (voir aussi pp. 49-54). — Cf. Aymonier, *Les Chams et leurs religions*.

Après divers sacrifices rituels offerts à chacune des divinités des temples cham de la vallée de Phanrang, les chercheurs se mettaient en route sous la conduite du Pô Gahlao et du Pâvak, et le silence le plus strict était observé pendant toute la recherche, Cham et Raglai croyant que « s'ils parlaient, le bois perdrait son parfum ».

La récolte finie, l' « on faisait, sur la montagne, une offrande à Pô Bja Bineun ou Neun, espèce d'hamadryade protectrice du bois d'aigle et à Po Thau, qui en est la divinité gardienne » [1].

Nous trouvons, tant au sujet du bois d'aigle qu'au sujet des autres produits tirés de l'hinterland, et sur les Moï, des renseignements complémentaires dans les relations de voyage des missionnaires. C'est ainsi que, dans sa description du Tonkin et du Laos [2], le P. Mariny Romain commence par nous parler des deux Sadets en ces termes :

« On y conte cinq Princes qui en sont comme les souverains ; et si on veut comprendre de certains peuples qui demeurent sur les montagnes plus reculées et plus sauvages et qui obéissent à deux petits Roys que l'on y appelle, l'un le Roy de l'Eau et l'autre le Roy du Feu, on en trouvera sept » [3]....

« .... Le sixième et le septième sont compris dans *Rumoi*, où demeurent les sauvages, dont une partie obéit aux deux petits Roys du Feu et de l'Eau, comme j'ai di cy-dessus » [4].

Après avoir parlé du trafic rémunérateur des dépouilles de rhinocéros, qui viennent des forêts moï, l'auteur continue :

« L'ébène, la canelle, le *Calambà*, qui est si fort estimé à cause de son odeur et le *Calambuco* de la mesme espèce, mais qui n'est pas si précieux, sont des fruits de ces forests, et principalement de celles qui sont au Midy du côté de la *Cochinchine*, et beaucoup plus au de là encore vers les extrémitez du Royaume, d'où l'on se rend dans le royaume de *Ciampà*, L'ébène n'est pas si noir que celuy de *Mozambique*, ni la Canelle si abondante, ni si fine que la meilleure de *Zeilan*. Néanmoins le *Calambà* qui croist sur les frontières que ie vous ay marquées est le plus cher, et fort estimé par les Japonois [5]....

« Mais quoy que les terres y produisent de si précieuses odeurs, néantmoins il est évident que l'air qui est renfermé et comme étouffé dans ces grandes et épaisses forests, ne s'y corrompt que de l'excez de ces vapeurs et de ces exhalaisons, ou des eaux qui y croupissent : et que les forests qui produisent des arbres de cette espèce, sont autant de lieux infectez et dangereux Cela est si vray que les Idolatres que l'on destine à la coupe de cette sorte de bois, auparauant que d'y mettre la coignée, s'y préparent avec beaucoup de superstition ; et qu'ils offrent mesme un sacrifice aux Dieux tutélaires de ces forests, afin que l'air qui y est contagieux et malfaisant ne les

---

[1] A. Cabaton, *op. cit.*
[2] *Relation nouvelle et curieuse des royaumes de Tunquin et de Lao.* Traduite de l'italien du P. Mariny Romain, par L. P. L. C. C. Paris, Gervais Clouzier, M.D.C.LXVI.
[3] *Id.*, p. 34.
[4] *Id.*, p. 35.
[5] *Id.*, p. 46.

incommode point ; que les eaux qui y sont venimeuses, ne corrompent point le sang dans leurs veines ; et que les bestes farouches qui y sont, et dont le nombre est infini, ne les déuorent point. De celles-cy pourtant ils s'en peuuent garentir assez facilement, parce que pendant la nuit, elles se retirent dans le fort du bois au pied des arbres, où elles font leurs gistes pour s'y reposer ; et que s'ils en rencontrent quelques-vnes le long du jour, ils ont toûjours de quoy se deffendre contre les assauts qu'elles pourroient leur liurer : tellement que le plus grand ennemy qu'ils ont à vaincre en ces occasions c'est la qualité maligne et contagieuse de l'air, et des eaux qui terrassent qui que ce soit de ces gens-là, pour robustes qu'ils soient, qui osent entreprendre ce travail ; et à moins que de se précautionner et d'y porter d'excellens contre-poisons, ils y meurent au pied d'un arbre, ou ils retournent si abattus en leurs maisons, qu'ils n'en releuent jamais.

« Ces mesmes forests fournissent aussi quantité de cordages, qui se font des racines de certains arbres, qui sont grosses comme le doigt, et longues de plusieurs toises, sans aucuns nœuds, bien fortes et bien dures, mais qui se plient très facilement, et qui leur servent de filet, estant simples, et de cables pour arrester les ancres dans la Mer, apres qu'ils en ont uny plusieurs ensemble, et qu'ils les ont bien façonnées... [1].

« Parce que les pasturages sont si amples dans ces grandes et vastes forests, plusieurs bestes farouches, et de différente espèce s'y rendent de tous costez : et ordinairement les plus grandes y font leur retraite, comme les Tygres les Sangliers, les Elephants, les Rinocérots, mais ils n'en sortent plus, et ne s'approchent que bien rarement des lieux qui sont habitez. Il y a beaucoup plus de Tygres en cette partie des forests les plus éloignées vers les montagnes qu'ils nomment *Rumoi*, qui borne d'un costé les deux Royaumes de la dépendance de ce Prince, qui s'appelle le Roy de l'Eau, et le Roy du Feu, qu'en quelque autre endroit que ce soit. De vray, on les void sortir de temps en temps de leurs reposées auec les Ours, qui tous de compagnies vont chercher leurs proyes. Les Loups y paroissent aussi fort souuent, apres des Cerfs, des Chevreüilx, des Lièvres et des Lapins, pour en faire leur curée, et dont il y a une grande quantité, principalement où le terrain est plus éleué » [2].

Ces précieux renseignements nous prouvent qu'à la fin du xviie siècle, les relations commerciales existent entre Annamites et Moï, qui continuent ainsi à fournir aux nouveaux venus les produits précieux qui, grâce à eux, affluaient jadis à la cour du Champa. Nous avons vu, par la chronique du Tiêu Phu-Su', quel était, pour l'hinterland du Centre-Annam, le mode de trafic usité : l'affermage des échanges et de l'impôt à des commerçants patentés qui, seuls, avaient le droit de se livrer à ces opérations dans les marches frontières ; le système, remanié dans ses détails par les différents souverains d'Annam, parviendra tel quel jusqu'à nous ; tel il existait au xvie, au xviie siècle, tel nous le trouverons au xixe et, au point de vue économique, nous répéterons ce que nous avons dit au sujet de l'état politique : moins d'un siècle après la chute du Champa, l'hinterland moï présente la même physionomie et vit de la même vie que

---

[1] *Id.*, pp. 47-48.
[2] *Id.*, p. 48.

quatre siècles plus tard. Des détails seuls varieront au cours de ces quatre cents années, pendant lesquelles l'Europe se transformera de si prodigieuse façon, mais qui, en Indochine, ne verront que le lent développement de civilisations et de physionomies d'ores et déjà cristallisées dans les enveloppes qu'il nous était réservé de broyer au grondement du canon.

§ 7. — ETABLISSEMENT DE L'HÉGÉMONIE ANNAMITE — CHUTE DE LA PRINCIPAUTÉ CHE-MA ET LES MOÏ DE COCHINCHINE. — LES MOÏ DU CENTRE-ANNAM — LES MOÏ DU BINH-THUAN

L'hégémonie annamite, établie sur la péninsule depuis la chute du Champa, ne va cesser de croître pendant tous les xviiie et xixe siècles. Nous avons dit que, dès cette époque, l'histoire de la transformation des Moï est finie : nous n'aurons plus désormais qu'à étudier les faits historiques qui les intéressent et dont ils vont être le plus souvent les victimes.

Dès le début du xviie siècle, les Annamites, de plus en plus nombreux dans le Panduranga en pleine décadence, commencent à s'infiltrer au Cambodge, qui occupe encore toute la Cochinchine actuelle ; l'empire khmer, harcelé par les Siamois, est en ruines. Les armées annamites, après plusieurs campagnes, s'installent définitivement aux bouches du Donnaï ; dix ans plus tard, en 1699, est nommé le premier gouverneur chargé de l'administration des nouvelles provinces conquises, qui prennent le nom de Gia-Dinh[1].

Chute de la principauté Che-Ma. — C'est à cette époque, à la fin du xviie siècle, que les Annamites, dans leur expansion vers le Sud, doivent consommer la ruine de la principauté che-ma ; celle-ci, que nous avons vue établie dans cette zone montagneuse, forestière et marécageuse, étendue entre Binh-Thuan et basse Cochinchine, a échappé, du moins en partie, à la vassalité ; les armées khmer et cham avaient bien traversé, maintes fois, cette zone difficile, mais elles n'y avaient pas séjourné et, victorieuses ou vaincues, les unes et les autres n'avaient pas dû chercher à s'attarder en ce secteur

---

[1] C'est sous le règne de Chey Chetta II 1618(?)-1628(?) que les Annamites obtinrent du Cambodge la permission de fonder des comptoirs dans la basse Cochinchine actuelle, dans la région de Saïgon. En 1658, l'armée annamite pénètre pour la première fois au Cambodge. Les *Annales* disent qu'elle mit 24 jours de marche pour arriver à Môi-Xui (Baria) ; ceci montre que la domination de Hué devait s'arrêter encore à la barrière du Varella et que le Panduranga n'était pas effectivement occupé, formant le Champa d'alors dont nous parlent les premiers missionnaires et voyageurs. En 1654, est nommé directement par Hué le premier chef cham, qui remplace les seigneurs vassaux : cet acte, très important, marque la mainmise de l'Annam sur le Panduranga ; si, en 1658, l'armée annamite met « 24 jours » pour arriver à Baria, elle mettra certainement moins dans la suite, car le Panduranga ne va bientôt plus être qu'une province de l'empire.

sauvage, qui nous est parvenu, aussi impénétrable, aussi boisé, aussi redouté qu'aux siècles défunts.

La conquête de la basse Cochinchine actuelle par les Annamites va modifier cet état de choses. Tant que l'état che-ma s'est étendu entre deux royaumes distincts et ennemis — Cambodge et Champa — il a pu vivre d'autant mieux qu'il formait, pour chacun des deux empires, une marche protectrice, un vestibule de difficile accès. Le Panduranga et les plaines du bas Donnaï tombant entre les mains d'un seul propriétaire, il devient évident que la principauté che ma ne peut plus subsister ; les Annamites, en possession du Panduranga et de la basse Cochinchine, ne peuvent laisser, au milieu de leurs nouveaux domaines, ce carré indépendant, qui les coupe en deux tronçons et interrompt leur ligne de communication, de Hué à Saïgon.

La conquête du pays che ma ne doit être d'ailleurs qu'un épisode très secondaire de leur marche vers le Sud et c'est pourquoi les *Annales* ne nous ont point transmis l'écho de ce fait divers que nous connaissons, assez vaguement d'ailleurs, par les traditions che-ma ; elles l'ont naturellement revêtu de l'ordinaire gangue légendaire et, en même temps qu'elles nous parlent de l'invasion annamite, elles nous apprennent aussi les invasions cambodgiennes, qui avaient dû, à plusieurs reprises antérieures, passer sur le pays.

« Hélas, dit un chant de guerre trao, il y avait un roi de Tioma, il y avait un roi annamite ; le roi annamite enleva les femmes du roi de Tioma, alors ils se firent la guerre. »

Voici d'ailleurs comment les Ma ont conservé le souvenir de ces invasions diverses :

« Jadis, tout le pays, jusqu'aux montagnes de Krontouc, était sous les eaux et la partie qui n'était pas inondée formait un marais inhabitable ; les montagnes étaient désertes. Un jour, arriva du Sud, une tortue portant un homme assis sur son dos ; elle marchait doucement, sondant avec ses pattes ; elle ne put trouver un terrain assez ferme pour s'arrêter que dans les montagnes de Krontouc où l'homme descendit ; c'est lui qui a donné naissance à tous les Traos [1]. La tortue fut plus tard changée en pierre et elle existe encore à deux jours de marche à l'Est de Krontouc... C'est autour de cette tortue et pour sa possession que les Khmers et les Annamites ont fait la guerre aux Traos. Dans un combat, les Khmers parvinrent à s'en rendre maîtres ; mais bien qu'elle soit de petite taille, un homme, puis dix, puis cent, puis mille ne parvinrent pas à l'enlever ; de rage, ils brisèrent un morceau de la partie postérieure de la carapace...

« Le Lu-Mu [2] était autrefois une montagne bien plus considérable ; le sommet, très fertile, était couvert de bananiers donnant des fruits exquis. Tous les habitants de la vallée allaient les cueillir mais un immense géant les saisissait et les mangeait par centaines. Ne sachant comment se défendre, les Traos appelèrent à leur secours les Khmers ; ceux-ci arrivèrent et creusèrent dans la montagne un trou qui allait

---

[1] Nom d'une nombreuse tribu ma qui peuple les cantons forestiers entre la Cochinchine et le Binh-Thuan actuels.

[2] Le Lu-Mu est la montagne qu'arrose, sur sa rive droite, le cours inférieur de la D. Mhré, affluent de la Da Uè.

jusqu'au centre ; ils y accumulèrent du coton et de la poudre, mirent le feu et la montagne éclata en sept morceaux, broyant le géant qui l'habitait. Le Nui Chua-Chang, le Da-Bakna et l'éminence qui se trouve derrière Dong-Ly seraient des fragments de cette montagne » [1].

Une autre légende à reflet historique nous montre encore l'ingérence des Annamites en pays che-ma.

« A la place du Contran-Yang-Yut [2], source du Da Lagna, était une vaste plaine fertile et très habitée ; un jour, il y descendit une aigrette d'une taille gigantesque et cet oiseau monstrueux mangeait tous les habitants. Les Traos firent alors venir, pour combattre le monstre, les Annamites qui forgèrent un grand arc de fer et se couvrirent la tête avec des tams-tams en cuivre pour se défendre contre les coups de bec ; mais ils furent tous tués et dévorés. Yang-Yut se construisit un arc et une flèche en assemblant tous les arbres d'une forêt et tua l'oiseau en lui traversant la tête de sa flèche. L'aigrette tomba et son corps a formé le Contran-Yang-Yut ; l'arbre et la flèche, jetés par Yang-Yut ont formé le Tionlay » [3].

Ces pauvres traditions sont tout ce que nous savons sur les invasions annamites et khmer en pays che-ma ; la principauté, qui n'avait jamais dû être défendue que par la nature difficile de son sol, dut être facilement disloquée sous les chocs et la grande tribu se scinda en familles indépendantes, se morcelant en villages et tombant dans l'anarchie qui désole les autres Moï voisins. En 1881, les explorateurs Néis et Septans rencontraient un certain Patao [4] qui se donnait comme descendant des rois che-ma ; il était encore réellement chef des Traos du moyen Donnaï et possédait quelque autorité sur les autres Traos.

C'est probablement de cette époque que date la construction, par les Annamites, de cette route stratégique et commerciale dont, en 1882, le lieutenant Gautier découvrait les vestiges. Cette route partait de Trian, sur le bas Donnaï. « Depuis ce point, on rencontre à chaque 25 kilomètres environ, une immense clairière de forme quadrangulaire dont les côtés, très nettement tracés, ont de 250 à 300 mètres de longueur. Cette route est aujourd'hui à peu près effacée ; il n'existe pas de sauvages qui puissent l'utiliser et elle aurait bientôt disparu si, par places, les éléphants ne se chargeaient de l'entretien. Ce qui prouve que ce ne sont pas ces animaux qui l'ont tracée, c'est qu'elle est continue et, surtout, qu'elle coupe les courbes du fleuve selon leurs cordes, au lieu d'en décrire les sinuosités. Au confluent de la Da Ouê et du Donnaï, [sur la rive gauche de ce fleuve] se trouve une des clairières dont j'ai parlé plus haut. Celle-ci est très remarquable car c'est un véritable camp retranché. Du côté du Donnaï, l'encaissement du fleuve est considérable et la rive est, en outre, bordée d'un fourré impénétrable d'énormes bambous épineux ; mais du côté de la D. Ouê, la rive est

---

[1] Docteur P. Néis et lieutenant Septans, *Rapport sur un voyage d'exploration aux sources du Dong-Naï*, in *Excursions et Reconnaissances*, n° 10. 1881. pp. 15-80.

[2] Kong-Klang et Yang Yut de mes cartes, gros massif que longe le haut Donnaï en amont de sa boucle.

[3] Néis et Septans, *op. cit.*

[4] A remarquer ce mot, qui en cham, veut dire dire « Roi » et que le possesseur a dû conserver, par ignorance, comme nom de famille.

plate et parfaitement accessible. Un fossé de 5 à 6 mètres de profondeur environ et de 6 à 8 mètres de largeur, a été creusé de main d'homme sur toute la longueur de cette face. Les terres, rejetées vers l'intérieur, forment un véritable retranchement. Sur l'autre face, un fossé plus petit a été creusé, probablement afin de fournir la terre nécessaire pour augmenter le relief de la masse couvrante » [1]. De ce camp retranché, la route devait remonter la vallée de la Da Ouè et pénétrer chez les Ma.

Du confluent du Donnaï et de la Lagna, partait également une route, qui longeait la Lagna jusqu'à Tan-Linh, coupait la chaîne de bordure de l'Annam au Nui Ong et se dirigeait vers le Khanh-Hoa.

L'existence de ces deux artères, et surtout de la seconde, prouve clairement que les Annamites cherchaient à éviter le Panduranga encore mal dompté et prêt à la révolte. Mais, les armées de Hué avaient dû, au préalable, vaincre les Che-Ma et puiser chez eux la main-d'œuvre nécessaire à l'exécution de ces travaux.

C'est sans grande crainte d'erreur que l'on peut assigner, à la chute du royaume che-ma, la fin du xviie siècle ; les Annamites n'ont pu en effet soumettre ces sauvages qu'au cours de leur descente vers la Cochinchine ; or, en 1754, leur installation aux bouches du Donnaï est chose faite puisque, en cette année, Hué nomme le premier vice-roi (Kinh-Luoc) de la basse Cochinchine, avec résidence à Saïgon et juridiction sur le Khanh-Hoa, le Binh-Thuan, Bien-Hoa, Gia-Dinh et Vinh-Long. Cette date marque donc de façon indiscutable la réduction définitive du Panduranga et du pays che-ma en provinces d'Annam.

Les Moï et la conquête de la Cochinchine. — Un autre fait probant est la mention que font les *Annales* du concours, probablement forcé, prêté par les Moï aux armes annamites contre les Cambodgiens, lors de la campagne de 1755 ; ces Moï, levés comme soldats, avaient précédemment abandonné leurs montagnes du Binh-Thuan et étaient allés s'établir au Cambodge.

Ce sont donc des Traos et des Che-Ma, et cet exode n'a pu se produire que quelques années auparavant, à la suite d'un fait très grave, qui n'est certainement autre que la chute de leur principauté. D'ailleurs, l'importance de cet exode est nettement accusé par ce fait, qu'en 1756, le général annamite de la basse Cochinchine, « donna l'ordre aux Moï, habitants d'A-Sam, d'abandonner leurs villages et de venir, avec leurs chariots, se fixer au fort de Binh-Thanh (aujourd'hui Go-Viap). Ceux-ci s'étant mis en mouvement au nombre de plus de 10.000 [2], pour exécuter cet ordre, étaient parvenus au lieu dit Vo-Ta-An lorsqu'ils rencontrèrent l'armée cambodgienne, forte aussi de plus de 10.000 hommes. Les Cambodgiens attaquèrent les Moï, qui, se sentant les plus faibles, se firent, à l'aide de leurs nombreux chariots, des sortes de fortifications passagères.

« Ils firent alors connaître au général en chef Thien dans quelle situation précaire ils se trouvaient, mais ce général, obligé, pour les secourir, de franchir un grand nombre d'arroyos, ne put leur être d'aucune utilité.

[1] Lieutenant A. Gautier, *Exploration au pays des Moï, 1882*, in *Excursions et Reconnaissances*, 1882, n° 13, pp. 219-249, 1 carte.
[2] Il est à remarquer que ces Moï avaient été d'abord attirés par les Cambodgiens, qui les considéraient comme des colons leur appartenant.

« Cependant, le major-général Trinh put se porter à leur secours avec cinq compagnies ; il les dégagea en mettant en fuite les soldats du Cambodge et ramena environ 5.000 Moï, tant hommes que femmes, jusqu'à la montagne Ba-Dia [1], où ils purent s'établir » [2].

Placés à l'avant-garde de l'armée annamite, les Moï continuent à guerroyer contre le Cambodge et entrent, avec leurs alliés, à Cau-Nam et à Nam-Vang (Phnom-Penh) [3].

Ces grands mouvements de Moï doivent avoir intéressé les Che-Ma et leur émigration en si grand nombre, de leurs montagnes du Binh-Thuan dans l'hinterland de la basse Cochinchine — ce qui a dû les forcer à se mélanger aux Stieng limitrophes — n'a pas peu contribué au métissage de ces peuplades dont les descendants ne sont aujourd'hui que des produits dégénérés et informes, courbés sous l'influence annamite, qui les a conduits à la déchéance physique et morale.

Centre-Annam. — Pou-Thaï et Annamites — C'est probablement vers cette époque que se place également la descente, vers le Sud, d'une peuplade thaï, dernière venue de la grande race, plus arriérée que ses branches aînées et connue aujourd'hui sous le nom de Pou-Thaï. Ils venaient, disent-ils, d'un petit royaume appelé « Muong Nam Noï », situé sur le haut Mékong, mais dont ils ne peuvent fixer exactement l'emplacement. Ce royaume était gouverné par un Phaya. Peu nombreux, les habitants devaient se soumettre aux caprices des Ho (Chinois) et des Birmans, leurs voisins, qui exigeaient d'eux des contingents armés. Comme l'état de guerre régnait à peu près en permanence, cette contribution était lourde à supporter et les combats continuels coûtaient cher aux Pou-Thaï; aussi, un jour, décidèrent-ils d'abandonner en masse le royaume. Phaya en tête, ils quittèrent donc leur pays et descendirent le Mékong ; ils s'établirent d'abord à côté des Khas, qui leur fournirent les premiers moyens de subsistance. Ces Khas étaient des Sò, qui occupaient les vallées et les montagnes de la rive gauche du Grand Fleuve ; Sò et Pou-Thaï ne tardèrent pas à se mélanger en partie ; de cette alliance naquit une race mixte que l'on appelle les Sué. Suivant d'autres traditions, transmises chez les plus vieilles familles pou-thaï et conservées dans leurs chartes, ce royaume qu'ils occupaient sur le haut Mékong, dans le désagréable voisinage des Chinois, était gouverné par trois frères, qui, pour fuir l'oppression des mandarins du Céleste Empire, s'en vinrent solliciter la protection du roi de Vien-Tiane. Celui-ci leur donna le « territoire qui s'étend de la Sé Bang-Fay à B. That et qui se trouvait alors occupé par les Khas, dits Pheng-My. Ces Khas habitués à vivre jusque-là dans leurs forêts, libres et indépendants sans autre chef que leur Pho-Ban, leur père, comme ils le nommaient, supportèrent difficilement la tutelle qui leur était imposée et ne tardèrent pas à se révolter. La lutte tourna vite au profit des nouveaux

---

[1] C'est le Nui Baden, ou montagne de Tay-Ninh, à 100 kilomètres environ de Go-Viap, qui est, actuellement, un gros marché sis dans la banlieue immédiate de Saïgon.

[2] G. Aubaret, *Histoire et description de la basse Cochinchine*. Paris, Imprimerie impériale, 1864.

[3] Après cette défaite, le roi du Cambodge cède à l'Annam, en 1757, les territoires de Gocong ; en 1758, les Annamites occupent Chaudoc, se font céder Kampot et organisent Rach-Gia et Camau. La Cochinchine actuelle est désormais province de l'empire d'Annam.

venus et les Khas qui purent échapper aux vainqueurs, durent se réfugier en hâte sur le territoire annamite de Camlô.

« Les trois vainqueurs songèrent alors à se partager le pays pour l'administrer de plus près et plus facilement. Ils se rendirent donc à Vien-Tiane pour obtenir l'agrément de Sa Majesté et des titres de nomination en règle. Le roi, heureux d'avoir rencontré des mandarins sur lesquels il pourrait se reposer de l'administration d'une notable partie de ses domaines, acquiesça à leur demande et nomma l'aîné des frères Chau Muong de Tchépon avec juridiction de la rivière du même nom à Ban That ; le cadet, Chau Muong de Muong Vang, du Phu-Ching-He à la Sé Sangi et à la Sé Nammouk ; le plus jeune, Chau Muong de Muong Phong, de la Sé Nammouk à Ban That.

« Vingt ans après, le Chau Muong de Muong-Phong envoya son beau-fils porter des présents au roi de Vien-Tiane, qui, en échange, créa pour lui, le Muong de Champone. Au même moment, c'est-à-dire au début du xviii° siècle, apparaît, pour la première fois dans l'histoire de la province, l'immixtion du roi d'Annam. S'apercevant que les Khas Pheng-My, qui, de temps immémorial lui payaient un tribut annuel d'éléphants, n'étaient pas venus le porter à Hué depuis leur défaite, la cour envoie un mandarin au roi de Vien-Tiane pour le prier d'imposer la continuation de cette coutume à ses nouveaux Chau Muongs ; le roi accepte et ordonne aux Muongs de Vang, Champone, Tchépone et Phong d'envoyer chaque année un éléphant à la cour de Hué. Cette injonction à un acte de vassalité envers son cousin d'Annam n'eut pas le don de lui attirer les sympathies de ses Chau Muongs ; mais, pour éviter toute difficulté dans une région où ils commandaient surtout à des Khas ou à des Annamites, qui n'eussent pas manqué de repasser la chaîne annamitique au premier signal, ils se décidèrent à céder et à envoyer chaque année à Hué, les présents qui leur étaient si délibérément imposés. Le roi d'Annam ne pouvait manquer de profiter de ces excellentes dispositions. Il s'y emploie aussitôt et c'est ainsi qu'en moins de cinquante ans, de 1735 environ à 1780, on le voit étendre vite son autorité sur le côté occidental de la chaîne et créer successivement, sans soulever de protestations de la part de Vien-Tiane, le Muong-Nong sur la frontière actuelle de Saravan, Phalane entre Muong-Phong et M. Vang, Xieng-Hom et Phabang sur la frontière d'Annam, M. Phine entre Phalane et Tchépone. Il choisit, du reste, très habilement ses chaus, les prenant tous dans la famille des mandarins nommés par Vien-Tiane, obligeant ainsi à l'obéissance, aussi bien les anciens seigneurs du pays que les nouveaux élus. C'est ainsi que M. Nong est attribué au neveu du chau de Tchépone et Xieng-Hom à son beau-fils pendant que le neveu du chau de M. Phong est nommé à Phalane et le gendre du chau de Xieng-Hom à Phabang. Seul, M. Phin est dévolu à un intrus, le nommé Kamahat, ancien esclave du chau de Tchépone dont on a certainement à récompenser des services sur le genre desquels, il est vrai, les Pon Savadas sont universellement muets »[1].

Il est probable que Sô et Pheng-My sont les deux noms d'une même tribu moï, aujourd'hui disparue, et les deux récits s'accordent assez bien. Cependant, les traditions que j'ai recueillies ne parlent pas d'une ère de si parfaite tranquillité. Après

---

[1] Damprun, *Monographie de la province de Savannakhet*, in *Bulletin de la Société des études indochinoises de Saigon*, n° 47, année 1904, 1er semestre.

l'établissement des Pou-Thaï chez les Sô, disent-elles, arriva du Nord la coulée laotienne, fuyant elle-même devant les hordes guerrières du Nord ; refoulés à nouveau vers le Sud, les Pou-Thaï se retirèrent vers les hautes vallées des rivières où ils se mêlèrent et se croisèrent avec les aborigènes ; ce qui restait encore de Sô purs, partirent avec les Pou-Thaï ; une partie traversa le Mékong et alla se fixer dans la province de Melouprey et de Tonle Repou, en face de St. Treng ; ils y sont connus sous le nom de Kué ou Suï [1].

Les Pou-Thaï et leurs descendants métissés, les Sué, occupèrent ainsi [2] les Muongs Tchépon, Vang, Phabang et Phakaya jusqu'à la bordure montagneuse de la chaîne d'Annam : quelques villages allèrent s'établir entre Saravan et Pak-Sé, sur la Sé Don ; sur la rive droite, ils colonisèrent la région d'Oudôn.

De l'aveu même de ce récit, cette dispersion des Pou-Thaï est antérieure à l'établissement des Chaus du bassin de la Sé Bang-Hien et cela expliquerait alors pourquoi les chartes et les traditions de famille des mandarins précités ne mentionnent pas ces faits, qui ont dû précéder leur installation immédiate sur la frontière du Centre-Annam et se confondre avec les incidents de l'émigration initiale. Quoiqu'il en soit, nous voyons la race thaï, à la fin du xviiie siècle, entrer en contact avec les Annamites dans l'hinterland du Centre-Annam. Pou-Thaï et Sué servent d'intermédiaires entre Laotiens et Annamites ; l'influence et l'autorité de ces derniers s'étendent rapidement sur la route du Mékong, sans que la cour de Vien-Tiane essaie de s'y opposer ; la lutte entre Laos et Siam vient en effet de s'ouvrir et le Laos, fortement menacé, cherche à Hué un secours qu'il n'hésite pas à payer par des sacrifices d'amour-propre.

Mais, en même temps que l'Annam étend sa domination en arrière même de sa capitale, il doit brusquement se préoccuper à nouveau des tribus moï plus rapprochées, qui semblaient cependant définitivement soumises.

Les Moï du Qu. Ngai et du Centre-Annam. — Au Quang-Ngai, l'ère de tranquillité traversée par la région moï pendant deux siècles, prend en effet subitement fin au milieu du xviiie siècle et, vers 1750, le caractère belliqueux des tribus se réveille brusquement et des soulèvements éclatent. En 1761, il faut envoyer contre eux une expédition, qui ne semble pas avoir remporté grand succès puisque, en 1766, les villages annamites évacuent le pays, laissant en friche de vastes terrains de la zone frontière ; vers 1770, l'on envoie contre les dissidents le Ky-Luc de Qu. Nam, nommé Khâm-sai-cai-bô pour la circonstance. Les Moï sont vaincus, des postes sont installés et les anciens villages annamites rendus à leurs propriétaires ; les terres sont remises en culture et leurs revenus servent à couvrir les dépenses militaires d'occupation.

L'œuvre de pacification marche à souhait, lorsque, de toutes parts, éclatent, dans l'empire, les troubles les plus menaçants ; les armées tonkinoises marchent sur Hué

---

[1] C'est-à-dire qu'ils allèrent se mélanger aux Kouys, dont Kué et Suï sont les formes laotiennes altérées.

[2] Un gros bloc de Pou-Thaï occupe la province de Savannakhet. Tous ces Pou-Thaï écrivent et parlent le laotien.

Les Sué sont peu nombreux et disséminés un peu partout : on les rencontre dans les provinces de Saravan et de Savannakhet ; leur race disparaît rapidement, car elle se métisse avec les autres aborigènes.

qu'elles emportent, en 1775, tandis que la révolte des Tây-So'n, partout victorieuse, chasse de son trône le seigneur de Hué ; bientôt, l'usurpateur commande à tout l'empire[1]. Les Moï du Qu. Ngai profitent aussitôt de ces troubles pour se soulever, chasser les Annamites et se rendre maîtres du pays jusqu'au port de Cò-luy-Tân. Alors, pour défendre les marches contre les sauvages, les Annamites s'organisent en bandes de partisans ; l'un de leur chefs fut Lê-công-Duyêt, dont les exploits contre les Moï restèrent fameux et qui, grâce à ces hauts faits, devint l'un des principaux auxiliaires de l'usurpateur Nhac.

La région moï du Qu. Ngai, ayant, grâce à l'action de ces bandes, recouvré un semblant de tranquillité, le gouvernement des Tây-So'n croit pouvoir porter l'impôt du nguyên de Dà-Bòng à 1.200 ligatures, somme que les thu'o'ng-hô sont incapables d'acquitter.

C'est sur les limites de l'hinterland du Binh-Dinh, du centre de An-So'n (aujourd'hui An-Khê), alors appelé Tây-So'n, que partirent les rebelles, connus sous le nom de leur lieu d'origine — Tây-So'n. Pour écraser Nguyên-Anh, qui a réussi à remporter, en basse Cochinchine, ses premiers succès, les rebelles tournent par l'intérieur et cherchent à descendre le cours du Mékong ; pour mettre ce dessein à exécution, ils passèrent sans doute par la trouée d'Aï-Lao et l'hinterland de la Sé Bang-Hien, qui leur était soumis, comme nous l'avons vu. Mais, à leur arrivée sur le territoire du Cambodge, ils se heurtèrent à une armée siamoise, qui les força à regagner l'Annam par la même voie[2]. A la défaite définitive, ce qui restait des Tây-So'n s'enfuit dans la région moï et, en 1802, Nguyên-Anh, héritier des Chu'a de Cochinchine, ayant reconquis l'empire, du Cambodge aux frontières de Chine, se fait couronner empereur sous le nom de Gia-Long.

Son règne marque une date importante dans l'histoire des Moï. Tandis qu'en effet il s'occupe de relever les ruines qui se sont accumulées sur l'empire, il élabore un plan d'expansion vers l'intérieur et sa puissance va se faire sentir, par-delà les montagnes, jusque chez les peuplades qui se sont plus ou moins libérées du vasselage à la faveur de la terrible crise.

Dès les premières années du nouveau règne, les relations sont resserrées avec les Moï du Qu. Nam et du Qu. Ngai, chez lesquels l'on retrouve les vestiges des habitations, des jardins et des tombeaux des premiers colons annamites. L'ancienne assiette de l'impôt est rétablie sans retard et, en 1803, l'on supprime un poste de côn-quan et

---

[1] C'est au Binh-Dinh qu'éclata cette révolte des Tây-So'n, qui mit l'empire à un fil de sa perte. En 1773, les trois chefs de la rebellion emportent Quinhon ; de leur côté, les Tonkinois envahissent les provinces du Nord et s'emparent de Hué, en 1775, tandis que les Tây-So'n conquièrent tout le Sud-Annam et entrent à Saïgon. Quelques années plus tard, ayant occupé le Tonkin et Hanoï, ils sont maîtres de l'empire. Ce n'est que grâce à l'appui de Mgr Pigneau de Béhaine que Nguyên-Anh, fils du prince déchu de Hué, peut reconquérir son royaume sur les rebelles. Après avoir maintes fois failli périr, après avoir été réduit à se cacher et à fuir au Siam, il parvient à reprendre la basse Cochinchine (1789) ; après de nombreuses campagnes, connues sous le nom de « guerres de Mousson », il réussit à emporter Quinhon (1799), et, en 1802, maître incontesté du royaume annamite, il se proclame roi sous le nom de Gia-Long.

[2] Bouillevaux, *Voyage dans l'Indochine*, Paris, Victor Palmé, 1858, p. 307.

un poste de cai-quan dans le nguyên de Dà-Bòng; la province moï, ou Trân Man, est créée, en même temps que sont établis cinq *dao* — marches — dans le nguyên de Cù-Bà, quatre dans celui de Phu-Bà, quatre dans celui de Ba-To', soit 13 dao, sur lesquels est réparti l'impôt total des nguyên [1].

Seul, le nguyên de Dà-Bòng n'est pas divisé en dao et conserve son ancien impôt de 600 ligatures.

En même temps qu'est créée la province moï et que l'assiette fiscale est réorganisée, l'on s'occupe d'occuper militairement le pays, qui, primitivement divisé en dix kiên-co', ou zones militaires, est réparti entre six, occupées chacune par un effectif de 400 soldats, distribués dans des postes ou des fortins échelonnés le long des montagnes.

Alors, la colonisation annamite va se poursuivre, plus opiniâtre, procédant par le même système qu'elle a employé depuis la conquête du Champa et que les révoltes moï n'ont pu que temporairement contrarier. Devant les conquérants, les Moï se retirent de plus en plus dans la montagne, cédant aux nouveaux venus plus tenaces, plus travailleurs et surtout plus prolifiques, les vallées qu'ils occupaient encore dans la plaine. « Les coteaux, à peine grattés par le plantoir sauvage, étaient défoncés par la charrue annamite, et, au centre de jardins ébauchés, une case, deux cases, dix cases prenaient racine ; enfin avec l'aisance grandissante, une maison centrale, un *dinh*, donnait un commencement de vie communale à cet embryon de village.

---

[1] Voici cette répartition :

Nguyên de Cù-Bà

Dao de Dai Hà	} 100 ligatures
Dao de Dòng-Thu	
Dao de Chinh-Tràng	} 150 ligatures
Dao de Phu-Ap	et 12 ligatures pour la cannelle
Dao de La-Thu	100 ligatures
	et 8 ligatures pour la cannelle
	370 ligatures

Nguyên de Phu-Bà

Dao de An-Nham	15 ligatures
Dao de An-Nghia	25 —
Dao de Hu'o'ng-Thu.	50 —
Dao de Thanh-Phong	50 —
	140 ligatures

Nguyen de Ba-To'

Dao de Qui-Chành	100 ligatures
Dao de Thanh-Làm	60 —
Dao de Ha-Lu'o'ng	140 —
Dao de Sa-Mai	60 —
	360 ligatures

Soit un total global de 870 ligatures pour les trois nguyêns et de 1470 pour les quatre : c'est donc le maintien de l'ancien impôt.

« Pour protéger ces intéressants colons contre les incursions des Moï, ou contre leurs représailles, les mandarins provinciaux fondaient, dans la région conquise, un poste militaire avancé, une *dôn-diên* qui, lorsque ces accroissements successifs avaient pris quelque importance, devenait le *nha* (tribunal, préfecture) d'un mandarin du septième ou huitième degré, de même grade hiérarchique que les quan-phu, et délégué par la cour sous le titre de Quan-Kinh-Ly.

« Une *Nha-Kinh-Ly* est donc une sorte de préfecture *in partibus*.

« Tout en harcelant sans cesse les Moï et les repoussant toujours plus avant dans la montagne, le Quan-Ly organisait peu à peu le régime civil dans son département nouveau. Chaque groupement, constitué en commune régulière sous le nom de *Thôn-tân-mô*, village de volontaires, méritait à son fondateur le neuvième degré honorifique du mandarinat. L'ensemble de ces communes se formait, puis se divisait successivement en plusieurs cantons, enfin se couronnait par la formation d'une sous-préfecture nouvelle, d'un *huyên* administratif : la Nha-Kinh-Ly perdait son nom pour entrer dans le droit commun »[1].

La fondation de la province moï, ou Trân Man marque le prélude d'organisation du système connu sous le nom de So'n-Phóng et que nous étudierons plus loin.

Ce mode d'administration des Moï, que nous connaissons si bien pour la région du Quang-Ngai actuel, donne une idée très nette de ce que fut la tutelle annamite et il est certain que, tout le ong de la chaîne, l'organisation des tribus fut la même ; organisation surtout fiscale, principalement dans le Sud, car les Moï ne furent jamais véritablement sujets de Hué ; leur vassalité était toute commerciale et se bornait au paiement plus ou moins régulier d'un tribut fixé par la cour et ramassé par les soins de ces fermiers, qui, sous divers noms, opèrent dès le début de la conquête annamite ; contrôlés par divers mandarins de plus en plus nombreux [2], ces fermiers, dont les appellations et les titres ont été remaniés à diverses époques du règne de Gia-Long, sont connus surtout sous la dénomination de cac-lai, ou thuôc-lai, qui devait leur être officiellement donnée en a neuvième année de Minh-Mang (1828). Et encore, faut-il bien ne pas perdre de vue que, à part la région de Qu. Tri, seuls les Moï des versants orientaux, c'est-à-dire les tribus absolument limitrophes de l'Annam, furent assujetties à cet impôt ; jamais es Annamites n'osèrent s'aventurer très avant dans les montagnes.

Dans le Centre-Annam, Gia-Long continue la politique d'expansion de sa dynastie.

[1] E.-M. Durand, *Les Moï du So'n-Phông*, in *Bulletin de géographie historique et descriptive*, 1900, nos 1-2. pp. 284-322

[2] En 1816, Gia-Long créa, pour le nguyên de Dà-Bòng, des fonctions de : vo-giâp-cai-dôi, tiên-nghi-cai-quan, cai-hiêp, còn-quan, giang-quan, thu-hiêp, cai-thuôc et ky-thuôc.

En 1821, Minh-Mang, supprime, pour ce même nguyên, les fonctions de cai-hiêp, cai-thuôc, ky-thuôc et crée, pour chacun des trois autres nguyêns, une fonction de tiên-nghi-dôi-tru'o'ng.

En 1824, le même empereur rée. au Dà-Bòng nguyên, une fonction de thu-ngu', adjoint aux deux tiên-nghi et còn-quan et, pour les trois autres nguyêns, une fonction de thu-ngu'.

En 1828, suppression de la fonction de còn-quan pour le Dà-Bòng nguyên ; dans chaque nguyên, création d'un ou de deux emplois de dich-muc et thuôc-lê.

Nous avons vu qu'à la veille de la révolte des Tây-So'n, l'empire avait rapidement étendu sa domination sur le bassin de la Sé Bang-Hien et fondé successivement les districts de Nong, de Phalane, de Xieng-Hom, de Phabang et de M. Phin ; les mandarins pou-thaï payaient l'impôt. Cette mainmise sur la grande route naturelle d'accès au Mékong, si heureusement et pacifiquement établie au cours du xviiie siècle, est complétée par le nouvel empereur : ses troupes portent leurs drapeaux jusqu'au Grand Fleuve et la domination de Hué s'étend, le long du Mékong, du 16° jusqu'au-delà du 17° latitude Nord, c'est-à-dire sur tout le bassin de la Sé Bang-Hien, sur la région de Savannakhet actuel et sur la Sé Bang-Fay [1]. La Sé Bang-Hien devient l'artère commerciale entre le moyen Laos et la côte et la grande route transindochinoise de Quang-Tri à Kemmarat est très fréquentée. L'organisation administrative de cette région, commencée par Gia-Long, se poursuit jusqu'en 1827, sous le règne Minh-Mang. Les Pou-Thaï et les Tiêm, souche laotienne des Pou-Thaï, furent alors divisés en neuf chaus ou muongs, qui furent :

Nom annamite	Nom laotien
Chau de Lang-Thin	Muong Phin
— Na-Bon	— Tchépone
— Thu'ong-Khè	— Nong
— Vang	— Vang
avec un poste à M. Chang ;	
— Ta-Bang	— Phabang
— Xuong-Thanh	— Xieng-Hom
— Balan	— Phalan
— Nam-Nau	— Bong
— Tam-Bong	— Phong

Quant aux villages moï, ils furent agglomérés en neuf cantons (Song, ou Tong), dépendant du phu de Camlô, qui est, en outre, un gros marché de transit.

Ces cantons sont :

Ogiang	Lang-Ha
Tam-Linh	Lang-Thuân
La Miet (ou Lambui)	Adi
Lang-Sèn (ou Lang Liên)	Tam-Thanh
Viên-Kiêu	

Sous les ordres du phu de Cam-Lô, un huyen est établi d'abord à Na-Bon, puis à Lao-Bao, d'où il sera transféré à Lang-Co. Les neuf cantons comprennent 67 villages (lang) et des hameaux (ấp) [2]. Les Moï doivent dès lors payer, à la cour de Hué, un tribut annuel, qui ne cessera d'être versé qu'à l'invasion siamoise. Les postes de la

---
[1] Doudart de Lagrée, *Voyage d'exploration en Indochine*. Publié par F. Garnier. Paris, Hachette, 1873, 2 vol., 1 atlas.
[2] Lemire, *Le Laos annamite*, Paris, Challamel, 1894.

chaîne annamitique s'occupent en outre de surveiller le commerce des bois coupés dans la montagne et de percevoir les droits considérables qui le frappent.

Le centre même d'Aï-Lao (ou Lao-Bao) sert de bagne aux prisons d'Annam. Une route, large de deux à quatre mètres, relie Cam-Lô au Mékong par Mailanh, Lao-Bao et Na-Bon, d'une part, et par Lambui, Lang-Sèn et Xuong-Thanh, d'autre part.

Plus près du Mékong, les Annamites se bornent à exiger un tribut annuel assez faible, qui consiste, pour le village de Song Khône par exemple, en un éléphant dont chacun paie sa quote part [1].

Nous voyons ainsi s'affirmer cette politique d'expansion de l'Annam, qui ne procède pas par à-coups, mais suit le développement d'un plan méthodique et nettement tracé. La réorganisation administrative des Moï se poursuit parallèlement au Nord, au Centre et au Sud ; elle ne progresse cependant pas partout avec le même bonheur. Si, dans le Centre-Annam, elle ne rencontre pas d'obstacle, ni de la part des Moï ni de celle des Laotiens, il n'en est pas de même au Quang-Ngai, dont les turbulentes tribus, en effervescence depuis 1750, ne cessent d'inquiéter la frontière et nécessitent, pour les tenir en respect, le maintien constant de troupes et de fortins. En 1819, pour en finir, le maréchal Lê-van-Duyet obtient de la cour l'autorisation de construire une muraille destinée à isoler militairement le pays moï ; défendue par un fossé et une haie vive, cette muraille, appelée Trù'o'ng-Lủy, fut construite de la frontière du Binh-Dinh à celle du Qu. Nam où elle s'arrêtait sur la rive droite du S. Tra-Bong ; son développement atteignait 90 kilomètres ; elle fut défendue, sur la face annamite, par une rangée de 115 postes, gardés par 10 hommes chacun et 27 lân, formés par les villages-frontière adjoints aux kiên-co' pour la défense de la frontière. A côté des postes, il y eut des exploitations agricoles dont le paddy servait aux subsistances militaires. En 1832, le nombre des postes fut porté à 117 et celui des lân à 31, ce qui donna un total de 148 postes de défense.

En même temps que l'on construit la muraille, toute la région moï avoisinante du Qu. Nam méridional et du Binh-Dinh septentrional est réorganisée, mais tous ces remaniements vont se poursuivre sans trêve jusqu'à la veille de l'occupation française.

Les Moï du Centre-Annam sont donc définitivement rejetés dans les montagnes et la vague annamite peut déborder la plaine et déferler contre les premières marches montagneuses. Il en est de même tout le long de la chaîne où, partout, les Annamites se heurtent aux sauvages dont ils soumettent les plus rapprochés à l'impôt et à la tyrannie de leurs fermiers.

Les Moï du Binh-Thuân. — Mais, c'est au Binh-Thuân, l'ancien Panduranga, que la domination annamite est, sans contredit, la plus brutale. En ce dernier refuge des Cham, les envahisseurs enveloppent et pressurent de plus en plus les débris de la race vaincue ; nominalement, le Panduranga est encore administré par des chefs cham directement désignés par Hué ; le dernier de ces seigneurs, Pô Cheun Chan, nommé en 1799, reçoit, de Gia-Long, autorité sur les Cham et les Koho de tout pays ; il élève

---

[1] Cf. ce que dit le Dr Harmand, *Rapport sur une mission en Indochine. De Bassac à Hué*, in *Archives des missions scientifiques et littéraires*, 3e série, tome V, 1879, pp. 247-281.

alors une citadelle à Baring (?) et fait faire des reconnaissances jusqu'au pays des Churu Bala (Churu de l'ivoire). Mais le joug annamite s'appesantit sans relâche et, fatigué des luttes, las de l'oppression, Pô Cheun Chan se décide à quitter le Panduranga. Suivi de nombreux partisans, il s'engage dans les montagnes, entre en pays koho et demande libre passage pour se rendre au pays khmer ; les Koho l'attaquent et, pendant quatre mois, les fugitifs doivent livrer combat aux montagnards[1] ; Pô Cheun finit cependant par traverser la région moï et débouche dans le Thbong Khmum où il se rend dans les environs de Peam Chilang — à 85 kilomètres en aval de Kratié —; il descend ensuite sur Phnom-Penh et Tayninh et se fixe d'abord à Pou Prah En, dans l'Est du Thbong Khmum [2], d'où il revient, quelques années plus tard, s'établir à Tayninh.

A Pl. Chanar, au Binh-Thuân, réside, aujourd'hui encore, et achève d'y mourir l'héritière du dernier seigneur du Panduranga, la vieille princesse, que les Moï, ignorants et fidèles, appellent toujours Pô Biâ — la Reine — « gardienne vigilante du « Trésor des Rois », la seule épave sauvée du naufrage de la nationalité cham » [3].

De 1831 à 1834, le mandarin cochinchinois, Nguyen-van-Khoi, se révolte contre

[1] Aymonier, *Légendes historiques des Chames*, in *op. cit.*, pp. 193-205.

[2] Ce village est actuellement Pô Préas En, près de Kong-Kang, à quelque 8 kilomètres au Sud-Est de Kandal Chrum, poste de milice et nouveau chef-lieu du Thbong Khmum. Il est encore peuplé de Cham et on y retrouve les ruines d'une ancienne citadelle annamite, de quelque 100 mètres de côté, datant probablement du règne de Minh-Mang, vestige des expéditions conduites par l'Annam contre les Khmer et les Cham.

Aujourd'hui encore, dans le Thbong Khmum et le long du Mékong, en aval de Kratié, se rencontrent des villages entièrement peuplés de Cham, que l'on confond fréquemment avec les Malais à côté desquels ils vivent en effet le plus souvent.

Aux environs de Po Préas En, ce sont les communes de :

Popel, à 11 kilomètres à l'Est-Nord-Est de Kandal Chrum ;

Kor, sur la route de Peam Chilang à Kandal Chrum, à mi-chemin des deux centres ;

Roka Popram, à 3 kil. 500 au Nord de Kor.

Les autres villages, de moindre importance, peuplés de Cham, dans l'intérieur du Thbong Khmum, sont :

Sambuor et Sès, dans la commune de Kor ;

Phum Thmey, dans la commune de Popel, sur la route de Popel à Kandal Chrum, à mi-chemin de ces deux centres ;

Angkorchéa, à 3 kilomètres au Nord-Ouest de la commune de Sralop. Soit un total de huit villages.

Le long du Mékong, les agglomérations cham sont bien plus nombreuses, notamment dans la région de Krauchmar, Stung-Trang et Peam-Chilang ; en aval de Kompong Cham, au village de Khsech Sòr, province cambodgienne de Muk Kompul, habite encore un descendant de la famille royale, Pô Chip ; des descendants de Pô Cheun existeraient aussi à Sambuor et à Sès.

D'importantes colonies cham sont disséminées au Cambodge, en Cochinchine et au Siam ; elles se sont établies là bien avant la dernière émigration de 1822 et sont probablement les restes de la domination cham en ces contrées ; ces Cham du Mékong et du Ménam sont tous musulmans. Ceux du Binh-Thuân sont, les uns brahmanistes, les autres musulmans, mais tous fort peu orthodoxes. Tous ces divers débris sont au nombre de 60.000 à 80.000 âmes environ.

[3] R. P. Durand, *Note sur les Chams*, in *B. E. F. E. O.*, nos 3-4, juillet-déc. 1903, p. 386.

l'empereur Minh-Mang et ses troupes, un moment victorieuses, mettent à feu et à sang tout l'ancien Panduranga[1] (Phanthiet, Phanri et Phanrang), tandis qu'en 1833, un certain Thava[2], musulman du village de Ram, à Phanrang, très endetté, se sauve chez les montagnards qu'il soulève et amène dans la plaine ; les autorités annamites, effrayées, s'enfuient. Les chefs de cantons cham et la plupart des notables sont massacrés par les rebelles, mais, après huit jours de triomphes faciles, Thava est pris par les renforts annamites et mis à mort. Les Churu et les Koho retournent en toute hâte dans leurs montagnes; alors les Annamites s'en prennent aux malheureux Cham ; ils décapitent ceux qui ont échappé à Thava et réduisent en esclavage les familles de ceux qu'a tués le rebelle.

Les troupes impériales écrasent en même temps la révolte de Ng. v. Khoi et font subir leur rage aux Cham dont plusieurs colonies s'enfuient au Cambodge où ils rejoignent ceux partis avec Pô Cheun ; beaucoup d'autres se réfugient chez les Moï montagnards, emportant avec eux leurs trésors[3]. La persécution ne finit qu'en 1836, mais, désormais la domination annamite au Binh-Thuân ne sera plus qu'une insupportable tyrannie à laquelle n'échapperont pas les tribus moï les plus rapprochées de la plaine.

§ 8. — L'HINTERLAND MOÏ DU MÉKONG AU XIX° SIÈCLE,
A LA VEILLE DE L'OCCUPATION FRANÇAISE

Ruine de la domination cambodgienne. — Nous avons vu que, dès le début du xviie siècle, la domination cambodgienne a disparu de la vallée de la moyenne Sé Khong : Stung-Treng a été évacué, Attopeu est devenu un centre laotien, et les populations sauvages paient l'impôt au roi du Laos. Dès lors, durant tout le xviiie siècle, la coulée laotienne se répand du Nord, pacifique, mais tenace, pénétrant dans l'intérieur par les vallées de la Sé Bang-Hien, de la Sé Don, de la Sé Khong, et refoulant les indigènes, de la plaine dans les montagnes. Elle les suit même dans les districts les plus inaccessibles, ne craignant pas de se croiser avec la race dépossédée. Car, il est à remarquer

---

[1] R. P. Durand et H. Parmentier, *Le trésor des rois Chams,* in *B. E. F. E. O.*, 1905, 1-2, janvier-juin, p. 10,

De précieux renseignements inédits sont donnés sur cette révolte des Cham et des Moï par le *Thiêu Binh-Thuân tinh man phi phu'o'ng lu'o'c phu biên*, 8 chap. en 8 vol. Cité par L. Cadière et P. Pelliot, *Première étude sur les sources annamites de l'histoire d'Annam,* in *B. E. F. E. O.*, tome IV, n° 3, juillet-septembre 1904.

[2] Aymonier, *Légendes historiques des Chames*, in *op. cit.*, p. 481.

[3] Ces trésors, confiés aux Moï par leurs propriétaires, sont encore jalousement gardés par ces fidèles montagnards et c'est tout récemment que l'on a pu dresser l'inventaire de quelques-uns de ces dépôts. Il est probable que, peu à peu, nous arriverons à nous faire montrer ceux qui sont encore cachés par leurs gardiens. Ils constituent, au point de vue historique et archéologique, des collections de grande valeur.

que le Laotien est, de tous les peuples civilisés d'Indochine, celui qui se rapproche le plus du sauvage ; beaucoup moins orgueilleux que le Cambodgien, et surtout que l'Annamite, il ne croit point déchoir en s'unissant à une race semblable à celle qu'il a toujours fréquentée dans les régions du haut Mékong ; homme des bois lui-même, il ne craint pas l'hinterland et le parcourt sans répugnance ; du côté du Mékong, d'ailleurs, l'accès du haut pays est facile ; de magnifiques vallées y mènent, les derniers contreforts de la chaîne annamitique sont brisés par des plateaux et par des plaines ; le Laotien, suivant ces voies naturelles, s'avance et se répand vers le Sud, refoulant les Khmer et les rejetant sur le fleuve que ceux-ci ne tiennent même plus qu'à grand peine ; les guerres civiles et extérieures ensanglantent le Cambodge dont les ruines s'amoncellent de toute part ; attaqué d'un côté par le Siam, de l'autre par l'Annam, il ne peut plus faire face au Nord ; la basse Cochinchine lui est arrachée, les provinces du Grand Lac lui échappent ; les Laotiens ont donc beau jeu pour tranquillement le supplanter dans le bassin de la Sé Khong.

Comme nous l'avons vu, vers la fin du XVIIIe siècle, les tribus moï qui, à cette époque, peuplent toute la vallée de cette rivière, descendant jusqu'au confluent de la Sé San et de la Srépok, sont déjà ravagées par les razzias d'esclaves ; elles sont aussi en relations d'échanges avec les Cambodgiens encore établis le long du fleuve et avec les Laotiens, nouveaux venus. Aujourd'hui encore, les Khas d'entre Sé San et Sé Khong se rappellent parfaitement avoir habité jadis bien plus à l'Ouest, alors qu'ils étaient vassaux des Khmer.

Fondation de Siempang. — Ceux-ci ont cependant laissé derrière eux quelques colonies plus ou moins importantes, qui font, avec les sauvages, commerce d'esclaves et d'échanges. L'une de ces bandes, composée de Cambodgiens des provinces du Sud, sous le commandement de deux chefs, le Ta Sèng et le Ta Pang, s'occupe exclusivement de la chasse à l'homme et, un jour, elle organise, en plein territoire sauvage, sur la rive droite de la Sé Khong, un village qui devient le centre de ses opérations. Ce hameau, prenant le nom de ses deux fondateurs, fut appelé Sèng-Pang dont nous avons fait Siempang [1].

Ces Cambodgiens s'attachèrent au pays, et s'y établirent définitivement avec leurs femmes et leurs enfants, refoulant les Khas vers la région d'Attopeu qu'ils nommaient Ach Kredey (vers 1770-1780).

Les Laotiens dans l'hinterland. — Les Laotiens, lentement mais sûrement épandus du Nord, continuent leur invasion pacifique ; de la Sé Bang-Hien, ils passent dans le bassin de la Sé Don et escaladent le plateau des Boloven, métissant rapidement les familles les plus excentriques, imprégnant de leur langue les dialectes, leur imposant nombre de leurs mœurs et de leurs coutumes. Le long de la Sé Khong, ils ont déjà soumis les Su et autres peuplades riveraines. Des centres sont fondés, et l'organisation administrative pénètre jusque fort avant dans l'hinterland ; cette expansion remarquable correspond à la période de splendeur et de puissance de Vien-Tiane.

Attopeu, qui est alors Muong Lamam, voit s'élever des pagodes, aujourd'hui rui-

---

[1] Cette désignation fautive (Siempang) est toute récente. En 1866, de Lagrée écrit Sieng-Pang : Aymonier lui donne également même ortographe : Seng-Pang,

nées ou disparues ; dans l'Est, l'autorité laotienne s'étend sur les Salang et un chau-muong kha administre tout ce territoire sauvage auquel on a donné le nom de Muong Sathan : B. Hek (P. Kocjong), dans le haut bassin de la Sé San, à 80 kilo-mètres à vol d'oiseau dans l'Est Sud-Est d'Attopeu, à 35 kilomètres seulement du confluent Pekô-Psi, fut la capitale de cette province éphémère; les Laotiens eurent néanmoins le temps d'asseoir leur domination dans tout le pays halang ; des brevets d'investiture, accordés par Vien-Tiane, avaient été distribués et si, depuis longtemps, ils sont devenus la proie des termites, du moins les descendants actuels des manda-rins ont conservé les sceaux. Odend'hal les a vus : « J'ai tenu, nous dit-il, entre mes mains ces gros cachets de cire noire, décorés du griffon ailé, qui sont aujourd'hui un objet de culte pour les administrés émancipés » [1].

Dans l'Est, les Laotiens pénètrent dans la vallée du Pekô et s'installent jusque dans celle du Kr. Bla, dans la plaine de Kontum. Les Bahnar y montrent encore l'em-placement de la dernière de ces colonies, sise en face de Kontum même ; l'on y retrouve d'ailleurs, outre l'emplacement des rizières, « des tombeaux, des socles de pierre et même une statue de bronze malheureusement aujourd'hui brisée attestant qu'il y eut là des centres de civilisation assez avancée » [1].

En 1893, les vieillards bahnar se rappelaient avoir vu ces Laotiens. Suivant les traditions recueillies lors de mon passage à Kontum, ces derniers avaient échelonné leurs villages tout le long du Bla et jusque dans la vallée du Kela, affluent de rive droite ; ces agglomérations formaient même un muong dont le siège était dans la région de Kon Harà et les Sedang prétendent avoir appris de ces étrangers l'art d'extraire le fer.

Les Bahnar ajoutent que cette invasion laotienne aurait été provoquée par le mariage, au Laos, d'esclaves moï qui, revenus dans leur patrie, y auraient entraîné à leur suite les familles de leurs nouveaux alliés.

Dans le Sud de la région halang, des vestiges de cette occupation subsistent encore. Les gens de Dak Redé, P. Jar et P. Khok disent que le chef laotien venu pour sou-mettre ce secteur était un certain Pha Sai : les villages halang conservent encore le *peng*, tical que ce chef leur avait remis pour servir de mesure à l'or qu'ils devaient désormais fournir chaque année contre l'échange d'un buffle. Le P. Kemlin a vu ce *peng* ; il est en cuivre, a la forme d'une boule légèrement aplatie et équivaut à 300 grains de riz. Pour avoir plus facilement raison de la résistance des Moï, les Lao-tiens entourèrent l'histoire du Pha Sai de toutes sortes de légendes et les Halang, interrogés sur ce personnage devenu légendaire, ont bien soin de dire : « Tout ce que nous disons du Pha-Sai, nous l'avons appris des Laotiens » [2].

---

[1] Odend'hal, Rapport daté de Hué, 24 février 1894, sur sa mission dans la région de Kon-tum, d'Attopeu et l'hinterland du Qu. Nam. Il a été publié sous ce titre : *Les routes de l'Annam au Mékong*, in *Revue indo-chinoise illustrée*, 1re série, 4e volume, 1894. No 12, juillet, pp. 131-161 et 1re série, 5e volume, 1894. No 13, août, p. 1-50 — Ce rapport a été réim-primé sous le nouveau titre : *Itinéraires d'Attopeu à la mer*, in *Revue indochinoise*, no 78 (30 mars 1908), no 79 (15 avril 1908), no 80 (30 avril 1908), no 81 (15 mai 1908), no 82 (30 mai 1908) et no 83 (15 juin 1908).

[2] La légende relative à ce Pha-Sai et à l'origine des Halang, telle qu'elle est rapportée

Le Ia Pu. — Vers 1820, un bonze laotien, se disant inspiré, soulève les Khas de la Sé Khong, s'empare du pays, saccage Attopeu, Saravan et Bassac [1] : toute la contrée halang, jusqu'à la moyenne Sé San, est à feu et à sang ; mais, après quelques succès, le rebelle, finalement battu, vient se réfugier au pays brao, entre Sé Khong et Sé San, sur la montagne qui porte encore son nom. Son souvenir est demeuré vivace dans toute la région où on l'appelle Ia Pu (Ia est un mot brao qui veut dire « grand-père », ou « grand'mère » — Pu serait son nom). Sur cette montagne, me dit le P. Kemlin, qui a complété mon enquête sur ce sujet, devait se trouver quelque roche inaccessible, qui lui servait d'abri contre ses ennemis ; il les repoussait en faisant rouler sur eux pierres et rochers ; pendant longtemps, toutes les tentatives faites par les Laotiens pour s'emparer de lui, restèrent vaines ; aussi, la confiance, qu'il inspirait aux sauvages, ne fit que s'accroître ; de fort loin, l'on venait lui offrir du vin de riz et des fruits qu'il montait à l'aide d'une corde ; en échange, il remettait aux Khas un peu d'eau qui, disait-il, était un infaillible talisman contre la maladie et les épidémies. De retour chez eux, les pèlerins construisaient un petit pagodon et y déposaient cette eau sacrée.

Cette agitation grandissante finit cependant par inquiéter les chefs laotiens, qui se décident à en finir ; une nuit, ils escaladent le rocher, s'emparent du bonze et le décapitent.

L'adoration de l'eau du Ia est maintenant tombée en désuétude, sauf au village de P. Rmam, chez la curieuse petite tribu de même nom [2]. Lors de mon passage, j'ai pu constater qu'aujourd'hui encore ce hameau rend un véritable culte à l'eau du Ia, qu'elle conserve dans un cruchon de grès, abrité dans un pagodon rustique ; les indigènes viennent, quand ils sont malades, lui offrir des paquets de fleurs et de bourgeons en lui demandant d'éloigner les maladies et la fièvre et de rendre à leur corps la fraîcheur bienfaisante de l'eau.

Pour bien comprendre cette confiance aveugle mise par les Moï du Centre-Annam dans les rebelles et les imposteurs divers, qui, de temps en temps, soulèvent la région, il faut savoir que ces tribus attendent un messie, qui, suivant leurs traditions, leur ramènera l'âge d'or et les délivrera de tous les oppresseurs. C'est ce qui explique leur empressement à accueillir tous ceux qui se disent envoyés du ciel ; chaque fois, en effet, ces naïves peuplades croient en l'arrivée du Messie désiré [3].

La colonie cambodgienne de Siempang. — C'est vers cette époque qu'arrive, à Siempang, sous la conduite du Panhea Muk, une importante colonie cambodgienne composée, en grande partie, d'habitants de Roméas Hek, qui fuient en masse les exactions de l'archun du Thbong-Khmum dont dépend alors leur province.

---

par Lavallée (in *B. E. F. E. O.*, octobre 1901, pp. 299-301), est donc d'origine laotienne. Jamais les Halang n'ont connu le nom de *Lanka* (Ceylan). Les circonstances fabuleuses, qui entourent la vie de ce chef, ont été inventées par les Laotiens, qui les ont apprises aux Halang.

[1] Doudart de Lagrée, *op. cit.*
[2] V. *suprà*, pp. 240-241.
[3] Cet épisode du Ia Pu devait être suivi de nombreux autres semblables. Vers 1880, un sous-officier français déserteur, arrivait à Kon Hering ; il disparut en apprenant la proxi-

Le Panhéa Muk devient rapidement très influent dans la région ; l'élément khmer, submergé par la descente laotienne et sérieusement affaibli, reçoit de ce renfort un regain de vitalité ; un grand nombre de Cambodgiens, pressés par les Laotiens du côté de St. Treng, viennent se grouper autour de ce noyau et leurs villages s'élèvent sur la rive droite de la Sé Khong.

Mais, déjà, les Siamois, après avoir occupé les provinces de Battambang et d'Angkor (1794), continuant leur lutte sans merci contre le Cambodge, s'emparent des provinces de Melu-Prey, Tonle-Repou et Stung-Treng (1814). Le Panhéa Muk, ayant organisé à Siempang un district indépendant, s'adresse à la cour de Bangkok, qui le nomme chau muong et Siempang devient ainsi, sur la rive gauche du Grand Fleuve, le premier fief vassal du Siam. Le nouveau gouverneur s'entoure de kromakars khmers portant des titres cambodgiens, mais Bangkok lui adjoint un Laotien, Thao Oun, avec le titre d'oupahat.

A la mort du Panhéa Muk, l'oupahat est désigné d'office par Bangkok pour lui succéder dans les fonctions de chau muong ; Thao Oun devait avoir pour héritier son neveu et, à la mort de ce dernier, Thao Khieu, son fils, fut nommé chau muong ; c'est lui qui devait voir l'installation, à Siempang, de l'administration française.

Cependant, malgré le nouvel appoint des Cambodgiens de Roméas Hek, la vallée de la Sé Khong ne peut échapper aux Laotiens. Irrésistibles dans leur poussée lente, ceux-ci, une fois établis à Attopeu, à Bassac et à Khong, inondent l'hinterland proche, se répandant dans la vallée de la Sé Khong, mêlant leurs villages aux hameaux khmers, refoulant les Khas déjà repoussés sur la rive gauche. Au Sud et au Sud-Est, ils arrivent jusqu'à B. Laïa, entre Sé San et Srépok, et à B. Don, sur la moyenne Srémité, à K. Trang, du P. Roger, qui lui avait offert, par lettre, l'hospitalité. Cet aventurier se faisait adorer, forçant les sauvages à ramper sur les genoux pendant quelque 20 mètres avant de l'aborder.

Vers 1890, un Laotien nommé Kham, fugitif du Laos, parcourut encore le pays en se faisant donner poules et cochons ; son imposture fut démasquée par un Annamite.

En 1901, un Annamite idiot, errant dans le pays, fut également considéré comme une incarnation du Messie ; les Moï lui bâtirent un petit temple, à Dak Uang, et s'en vinrent lui offrir poulets et cochons ; le P. Vialleton, alors provicaire de la mission de Kontum, mit fin à ce dangereux état de choses en faisant enlever l'Annamite qu'il renvoya en Annam.

C'est cette croyance en la venue d'un Messie libérateur, représenté en l'occurrence par les Phom-Hin-Bun qui, en 1901, porta les Sedang contre le poste de milice de Psi et déchaîna, sur le Plateau des Bolovens, la terrible révolte difficilement réprimée deux ou trois ans plus tard.

En 1908, enfin, au départ d'un garde principal de poste Robert — nouveau nom du poste du Psi — une civette, apprivoisée par l'Européen, se réfugia au village voisin de Kon Hering ; les Moï jugèrent extraordinaire cette conduite d'un animal sauvage, qui recherchait la compagnie des hommes au lieu de rester dans la forêt ; bien plus, comme elle portait autour du corps la boucle de la corde de fabrication française, qui avait servi à l'attacher, l'on prétendit aussitôt que c'était là le langouti du génie incarné. Pour comble, l'animal apparut en rêve au chef auquel il demanda de lui faire rendre un culte. Aussitôt, toute la région s'empresse de lui apporter cochons, poulets, etc., et on la supplie de rendre, en retour, les récoltes abondantes. Les fables les plus absurdes circulent sur cette bête surnaturelle et le secteur entier est fort surexcité lorsque la civette, ayant un jour volé le riz d'un enfant, reçoit de ce dernier un coup malencontreux, qui l'étend raide sur le sol.

pok ; les Khmer, séparés de leurs compatriotes, adoptent vite les coutumes laotiennes, se métissant avec les nouveaux venus, formant des villages mixtes de Lao-Khmer qui, lors de mon passage, en 1910, seront d'ores et déjà devenus complètement laotiens.

La population sédentaire, en butte aux vexations du chau, qui lève de trop lourds impôts, ne tarde d'ailleurs pas à émigrer sur Bassac, et ce qui reste n'est plus qu'un ramassis de gens sans aveu et de chasseurs d'esclaves ; ils s'unissent aux Laotiens pour mener, contre les sauvages soumis et insoumis, ces razzias odieuses qui, de tout temps, ont alimenté les marchés du Cambodge, puis du Siam. Nous verrons plus loin l'extension que prend dès lors ce honteux et lamentable trafic.

L'invasion siamoise. — Nous avons vu comment, sous le règne de Gia-Long, les armées annamites ont pénétré dans l'hinterland du Centre-Annam, étendant la domination de Hué de la côte au Grand Fleuve et, le long de ce dernier, du 16° au Nord du 17° latitude Nord, c'est-à-dire sur tout le bassin de la Sé Bang-Hien dont les Annamites ont descendu l'admirable voie naturelle.

Or, ces conquêtes ne vont pas longtemps rester entre les mains de Hué ; à peine installés sur les berges du Mékong, les mandarins annamites voient se dresser devant eux l'invasion siamoise, qui va les rejeter vers la mer.

Maîtres de Battambang et d'Angkor, de Melouprey, de Tonle-Repou et de Stung-Treng, le Siam ne tarde pas à poursuivre sa marche conquérante ; tandis qu'au Sud il continue sa politique d'absorption du Cambodge, il se lance, au Nord, en de nouvelles aventures ; en 1827, il attaque le royaume de Vien-Tiane, qui est emporté et démembré [1] ; pour récompenser le cousin du roi de Vien-Tiane de sa trahison envers son prince, la cour de Bangkok crée à son profit le fief héréditaire de Champa-Sak (Bassac).

Maîtres du royaume de Vien-Tiane, les Siamois se jettent aussitôt, sans provocation aucune, sur les territoires annamites de la Sé Bang-Hien, mais ils sont battus et les Annamites les poursuivent jusqu'au fleuve, vis-à-vis B. Mouk. Peu après, cependant, ils reviennent à la charge, se ruent à l'improviste sur toute la contrée, enlevant la population qu'ils transportent sur la rive droite et les Annamites, renonçant à la lutte dans un pays devenu désert, abandonnent la basse Sé Bang-Hien et se retirent dans le haut bassin de la rivière. Affolés, les chau-muongs pou-thaï n'avaient pas osé résister et s'étaient réfugiés en hâte sur le territoire de Cam-Lô, abandonnant maisons, rizières et apanages, devant les khaluongs siamois, qui arrivent jusqu'à Tchépone, Xieng-Hom et Phabang. Jusqu'en 1830, les fugitifs restent ainsi, à Cam-Lô, les hôtes de l'Annam, mais, enfin rassurés, ils reviennent dans leurs muongs et recouvrent en même temps leurs dignités que les Siamois n'ont point songé à leur enlever.

« Il est même assez curieux de noter que, depuis cette époque jusqu'au moment où fut constitué le bas Laos, les Chau Muongs précités n'auraient plus eu à verser à Camlô, au lieu des éléphants de l'ancien temps, que 120 à 150 sapèques par année.

« En la même année 1830, le Khum-Phang-Thala, l'un des principaux kromakans siamois venus sur la rive gauche au début de l'occupation et que la cour de

---

[1] Les *Annales* donnent, comme date d'enlèvement de la ville de Vien-Tiane, le 2 du sixième mois de l'année 1827. V. Mission Pavie, *Etudes diverses*, II. Paris, Leroux, 1898.

Bangkok tenait à récompenser spécialement, reçut en apanage le muong de Song-Khone, créé spécialement pour lui. Elle créa en même temps, par un acte d'extrême habileté, le muong de Sanoumane, qu'elle confia au propre fils du Chau Muong de Champone avec le titre de Pra-Pachou-Chotolong... C'est enfin à la même époque que le Khong de Sapangthong fut distrait de Ban Muk (rive droite) et donné au chef du village de Ban Pong-Bua » [1].

Les Siamois, désormais installés sur la rive gauche du Mékong, imposent leur domination aux Laotiens qu'ils y trouvent et superposent partout leur suzeraineté à la leur.

En même temps qu'ils enlevaient Vien-Tiane, ils avaient dirigé une colonne sur Attopeu ; les Laotiens, pris de panique, s'enfuient chez les sauvages et dans leurs colonies de Kontum. Mais les troupes siamoises ne restent pas longtemps et se retirent après avoir installé un cadre réduit de fonctionnaires ; alors, comme les Pou-Thaï de la Sé Bang-Hien, les Laotiens reviennent, entraînant avec eux tous leurs compatriotes établis sur le Kr. Bla. C'est vers 1830 également que semble s'être produit cet exode. Les Bahnar, qui en furent témoins, l'ont transformé en une légende merveilleuse qui me fut ainsi racontée :

Quand les Laotiens quittèrent le pays, ils lancèrent un immense cerf-volant auquel s'attacha un des leurs afin de voir la plaine vers laquelle ils allaient se diriger ; arrivé à bonne hauteur, le Laotien désigna à ses compagnons les plaines de la Sé Khong, mais la corde cassa et le malheureux alla se broyer fort loin sur le sol.

Désormais établis sur la Sé Bang-Hien, la Sé Don et la Sé Khong, les Siamois vont s'occuper de conquérir tout l'hinterland jusqu'à la chaîne de partage où ils prétendent porter leur frontière ; et c'est cette œuvre qui, patiemment conduite au cours des années postérieures, les amènera en face de la France, devenue protectrice de l'Annam.

Pour commencer, ils bouleversent complètement l'organisation des muongs laotiens ; les fonctions, d'héréditaires deviennent nominatives tandis que nombre d'emplois sont laissés sans titulaires.

Pour se concilier les Laotiens, ils choisissent cependant avec grande habileté leurs chau-muongs, soit chez les descendants des anciennes familles dirigeantes, soit chez les gens riches et influents. Le chau-muong est nommé à vie et le contrôle, théoriquement exercé sur ses actes par la cour de Bangkok, n'étant guère que nominal, il devient ainsi, dans sa province, un véritable vice-roi. Pour assister les chau-muongs, les Siamois recrutent des agents de leur choix dans les familles « thas » du muong. les seules qui puissent prétendre aux fonctions supérieures [2]. Ces agents, appelés interprètes, sont accrédités auprès des chefs de villages et servent à transmettre les ordres des autorités de St. Treng, de Bassac et d'Oubone ; c'est, en effet, de ces autorités que dépend le territoire sauvage, partagé en un certain nombre de circonscriptions [3]. Les autres fonctions du muong sont données au plus offrant.

Un sous-officier et 20 soldats à Saravan, une troupe égale à Attopeu, et une garni-

---

[1] Damprun, *op. cit.*
[2] Odend'hal, *op. cit.*
[3] Cupet, *op. cit.*

son à Siempang, devaient suffire à tenir le pays ; la vallée de la Sé Don, Kham-Tong, Saravan et Ban Pone (dont les Siamois ont fait un petit district particulier) relèvent directement d'Oubone ; à Attopeu seulement se trouve un khaluong — sorte de résident. L'impôt, jadis payé au Laos, est dès lors versé entre les mains des nouveaux maîtres.

« Les soldats étaient des miliciens laotiens levés dans le pays et la plupart d'entre eux astreints à deux ou trois mois de service par an, ne recevaient aucune solde ». La cour de Bangkok percevait « un impôt de quatre ticaux par tête d'inscrits, sauf dans la région de Ban Pone où, à cause de la proximité de la montagne, cette capitation était réduite à deux ticaux. Le chau muong était chargé de la perception ainsi que de celle des tributs des villages sauvages ».

L'impôt se répartissait ainsi :

Muong de Saravan.	2.400 ticaux
District de B. Pone.	160 ticaux
Muong d'Attopeu	970 ticaux d'argent 600 ticaux (en poids) d'or, ce dernier chiffre représentant les redevances des Khas.

L'occupation siamoise sera d'ailleurs purement fiscale et jamais elle ne s'occupera de l'administration ni de l'amélioration du pays.

Une fois l'impôt rentré, les Siamois se bornaient à recevoir quelques cadeaux de leurs subordonnés.

L'impôt des villages moï est basé sur la propriété bâtie et perçu, soit en or, soit en nature, par des kromakans dépendant respectivement de l'un des muongs précités.

Voici, à titre d'indication, quelques exemples de l'impôt versé par case chez les Salang :

Plei Juar	8 grains de riz en poids
P. Tac Nai	5 —
P. Dak-Redé	2 —
P. Semet	5 —

Les sauvages de la Sé Khong acquittent leur impôt en poudre d'or ; la totalité des taxes se monte, dans la région d'Attopeu, à neuf anching d'or (quelque 29.000 fr.) — trois payés par les Laotiens et six par les Khas.

Voici comment les Siamois s'y prennent pour faire rentrer ces sommes.

« Le kromakan laotien arrive vers le mois de février dans le village dont il doit percevoir le revenu, avec des cadeaux dont la valeur est à peu près équivalente à celle de l'impôt demandé ; on tue le buffle et l'on fait la fête comme il convient de la faire chaque fois qu'on conclut quelque marché avec les sauvages, puis ceux-ci vont chercher l'or ou le produit qu'il faut donner en échange et le Laotien habite dans le village et est hébergé par les habitants tant que ceux-ci ne lui ont pas apporté la totalité de ce qu'on leur réclame ; cela dure parfois un mois ou deux.

« Le véritable revenu du fermier du village consiste dans les redevances que lui paient les gens qui y vont faire du commerce — en particulier les marchands d'esclaves — et dans la dîme qu'abandonnent les sauvages sur les marchandises qu'ils viennent échanger au chef-lieu du muong » [1]

Esclavage et commerce. — Puisque nous avons prononcé le mot d'esclavage, il nous faut parler de cette plaie lamentable, qui désole les malheureuses populations sauvages. La domination siamoise, bien loin de la réduire, ne fait que l'aggraver et la chasse à l'homme se pratique alors sur une échelle bien plus considérable.

« Chaque année, les Laotiens organisent, le plus souvent sous la direction d'un mandarin d'un rang assez élevé, le frère du prince de Bassac par exemple, de véritables expéditions qui se dirigent vers le pays des Khas, tantôt sur un point, tantôt sur l'autre. Comme les villages sont clairsemés, composés toujours d'un petit nombre de cases et que les sauvages ne s'en écartent jamais beaucoup, à moins d'absolue nécessité, il est très facile de les cerner pendant la nuit et de les surprendre. Généralement, il n'y a pas lutte sanglante, mais capitulation, obtenue au moyen d'un certain nombre de prisonniers. En outre, les Laotiens se livrent à des sortes de battues pour capturer les hommes isolés qu'ils peuvent saisir dans la forêt.

« Les malheureux captifs sont alors enchaînés, et menés dans l'un des centres des bords du fleuve, où ils attendent l'arrivée de quelques marchands chinois, malais, cambodgien ou siamois qui les emmènent au dehors. Car il en reste assez peu au Laos; on ne garde guère dans l'intérieur du pays que les tout jeunes enfants, qui perdent rapidement tout souvenir de leur première existence, oublient leur langue, leurs coutumes et jusqu'au nom de la tribu à laquelle ils appartiennent, et qui mènent l'existence acceptable de la domesticité laotienne.

« Tous les adultes sont exportés soit sur le Cambodge, soit sur Bangkok, soit aussi peut-être sur la Birmanie. On comprend en effet qu'il doive être impossible, la plupart du temps, de les conserver si près de leur tribu et de leurs familles; ils réussiraient toujours à s'échapper, ou bien les maîtres ne pourraient en tirer que de faibles profits, car ils seraient obligés de les garder à vue dans l'intérieur des palissades, ou de les tenir enchaînés perpétuellement.

« A la suite des expéditions dont j'ai parlé tout à l'heure, les Khâs qui ont pu échapper à la razzia abandonnent en toute hâte les ruines de leur village, et s'enfoncent encore au fond des forêts, avec un ardent désir de vengeance. Qu'ils réussissent à leur tour à surprendre quelque chasseur laotien, et ils seront impitoyables à son égard, le tueront, le garderont en captivité, ou plutôt iront le vendre à quelque tribu voisine.

« Mais en outre, les sauvages eux-mêmes, quand la misère les talonne, quand la faim les poursuit, lorsqu'ils sont sous le coup de quelque malheur imprévu que leur esprit superstitieux attribue toujours aux maléfices du voisin, partent en guerre, attaquent des camps d'autres misérables qui ne leur ont rien fait, qui ne les connaissent pas, et emmènent les captifs, assurés de s'en défaire avantageusement au Laos.

« Il arrive même fréquemment que les Annamites (qui ne pratiquent jamais la

[1] Odend'hal, *op. cit.*

chasse aux sauvages et qui ne se servent pas d'esclaves), bergers, chasseurs, bûcherons, pêcheurs, etc., sont enlevés par les sauvages ; ceux-ci les surprennent, le plus souvent pendant leur sommeil, les enchaînent, leur bandent les yeux, et les transportent ainsi à des distances considérables, pour les vendre aux Laotiens ; M. Pierre en a rencontré, MM. d'Arfeuille et Rheinart également ; moi-même, j'en ai trouvé plusieurs à Muong Cau, dans la rivière Sé-Keman, auprès d'Attopeu. Il avaient été pris dans le Quang-Binh et le Bo-Chinh depuis près de dix années » [1].

Dans la région d'Attopeu, les esclaves, l'or et les diverses denrées de l'hinterland sont échangés aux Moï par les Laotiens contre du sel, du fil de laiton et des cotonnades. Un esclave vaut, à cette époque, de trois à quatre barres d'argent, soit 200 francs environ ; deux enfants se donnent contre une jarre.

Attopeu devient rapidement l'un des principaux centres de la traite.

Les deux plus grands marchés de vente sont Phnom-Penh et Bangkok ; les centres intermédiaires sont Bassac, Khong, et Stung-Treng. A Khong, un esclave est revendu quatre, cinq et six barres d'argent ; à Stung-Treng, la valeur varie de quinze à vingt buffles (en 1869), mais tombera à quatre et trois barres d'argent [2] ; en 1883, un jeune homme ou une jeune fille y vaudra 50 piastres, un homme âgé, environ 20 piastres. Dans l'hinterland de St. Treng, des petites troupes de cinq à six Laotiens, accompagnés parfois de Chinois, tous armés de fusils, font la chasse aux Moï, mais les Laotiens se procurent surtout cet article en achetant aux sauvages eux-mêmes des esclaves que leur procurent des tribus plus guerrières, notamment les Jaraï et les Stieng [3].

Le hameau de La-Tiang, au Nord de Saravan, est un important centre d'échanges entre Moï et Laotiens.

Les Khas d'entre Sé Khong et Sé San relèvent, les uns du roi de Bassac, les autres, d'Oubòn ; des petits mandarins dirigent contre eux les mêmes expéditions et, chaque année, s'achemine vers Bassac le tribut d'esclaves enlevés aux Brao insoumis [4].

Les Cambodgiens et les Laotiens de Siempang s'entendent pour ces razzias et ils s'avancent jusqu'à quatre jours dans l'Est de ce hameau ; dans cette région, un esclave vaut de quatre à cinq buffles.

La région des Brao et des Tiom-Pueun, entre Sé San et Srépok, sera ainsi dévastée par la traite jusqu'à la fin même du xixe siècle, et les malheureux sauvages, traqués comme des bêtes fauves, terrorisés, n'osent plus sortir de leurs villages ou de leurs forêts.

« Une partie des récoltes et des produits du sol s'en vont aux magasins d'Oubòn et de Bassac, sous forme de tribut ; l'achat de sel en absorbe une autre partie, le reste suffit à peine aux besoins journaliers » [5].

Tout ce commerce d'esclaves, de peaux, de cornes, de cire et d'ivoire, est entre les

---

[1] Dr Harmand, *De Bassac à Hué* (avril-août 1877), in *Bulletin de la Soc. de géogr.*, janvier 1879, 1 carte, h. t., pp. 71-104 (pp. 86, 87, 88).

[2] Aymonier, *Voyage dans le Laos*. Paris, Leroux, 1895, 2 vol.

[3] Dr Neis, *Voyage de Kratieh à St. Treng*, in *Bull. Soc. géogr.*, 1883, pp. 308-312 (Lettre de St. Treng, en date du 4 janvier 1883).

[4] Aymonier, *op. cit.*

[5] Cupet, *op. cit.*, p. 256.

mains des colonies chinoises établies à Khong et à Stung-Treng depuis de longues années déjà.

Stung-Treng [1] notamment, grâce à sa merveilleuse situation géographique, sera, jusqu'à notre occupation, le point de concentration de tous ces produits de l'hinterland de la Sé Khong, de la Sé San et de la basse Srépok. C'est là que convergent cornes de cerfs, de buffles, de bœufs, peaux, résines, cire, miel, buffles, esclaves et poudre d'or. En 1869, l'or s'y vend de onze à douze fois son poids d'argent suivant son degré de pureté et la grosseur des grains ; les os de tigre valent 10 ticaux le picul ; les peaux de bœufs, de buffles, les fémurs d'éléphants, les cornes de buffles, de 7 à 8 ticaux le picul ; les peaux d'ours et de tigre, 1 à 2 ticaux ; la résine, de 2 ticaux 1/2 à 3 ; les queues de paon, de 4 à 5 ticaux la pièce ; les peaux de cerfs, 1 tical la pièce ; les peaux de pangolin, un demi-tical la livre chinoise de 600 grammes [2].

En échange, les Moï reçoivent du sel, du poisson sec, du mam, du riz, du fer, de l'acier, du laiton, des perles de verroterie, du tabac, de l'arec, des cotonnades, des marmites. Un picul de laiton vaut de cinq à six buffles ; le sel se vend sur la base de 8 à 10 ticaux le picul, mais il atteint souvent 20 et 25 ticaux.

Le roi de Siam se réserve le monopole de l'ivoire et des cornes de rhinocéros que l'on ne peut échanger ou vendre qu'en contrebande.

Les divers gouverneurs ne se gênent d'ailleurs nullement pour imiter cet exemple ; c'est ainsi qu'à Bassac, où arrivent, en plus des ordinaires produits de l'hinterland, le cardamome et la ramie, le roi ne dédaigne pas de se substituer aux commerçants quand il croit pouvoir faire une opération fructueuse ; témoin cette courte et énergique proclamation qu'il fait afficher, en 1869 :

« *Article premier.* — Les populations sont prévenues que j'achèterai le car-
« damone 11 ticaux le picul et l'ortie de Chine une barre d'argent les trois piculs.
« *Article 2.* — Tout producteur qui vendra à un autre qu'à moi, aura la
« tête tranchée. »[1]

A cette époque, Khong n'est qu'un centre très secondaire de transactions.

Dès 1850, le Siam, cependant, inaugure une politique de violences inouïes dans tout le bassin de la Sé Bang-Hien. Son muong de Kemmarat se charge de la besogne et lance ses bandes jusque dans le bassin de la Sé Tchépôn. Des villages entiers, comme Pak Sé-Tamnok, sont déportés sur la Ménam, aux portes mêmes de Bangkok. Les razzias déciment surtout les Pou-Thaï, et la vallée de la moyenne Sé Bang-Hien se dépeuple : la brousse recouvre les cultures.

Vers 1864, les Siamois se jettent sur Nong-Hong (basse Sé Bang-Hien), siège d'un gros muong sué au temps de la domination annamite ; Nong-Hong est rasé, le poste annamite de Keng-Pham, sur la Sé Kien-Soï est détruit ; le chef-lieu est transporté à

---

[1] Mourin d'Arfeuille, *Voyage au Laos*, in *Revue maritime et coloniale*, 1872, mars, pp. 465-479.
[2] Les monnaies en usage pour les transactions entre Laotiens, Chinois et Cambodgiens étaient le tical, valant 0 fr. 60, la barre d'argent, valant 27 à 28 ticaux (15 à 16 fr.) et des petits losanges de fer venus de la région des Kuy.

Song-Khôn et 200 familles sont déportées au Siam ; Nam Mao subit le même sort [1] et toute la vallée de la basse Sé Bang-Hien devient un véritable désert.

La domination annamite ne s'étend plus guère à l'Ouest de la moyenne Sé Tchépôn et de la haute Sé Bang-Hien dont les villages possèdent cependant encore chacun un chef annamite à côté du chef laotien.

Dans la région de la Sé Tchépôn, les trois muongs pou-thaï de Phin, Tchépôn et Wang sont encore, en 1877, tributaires de l'Annam, mais l'impôt payé est très faible et consiste en argent, en cire, en résine, en ivoire... que, chaque année, un mandarin annamite vient chercher. Les gouverneurs pou-thaï tiennent, en retour, leur cachet et leur brevet de la cour de Hué [2].

Les Pou-Thaï servent ici d'intermédiaires entre Laotiens et Annamites, avec lesquels ceux de la Sé Tchépôn se métissent même dans une forte proportion. Le courant commercial d'Annam est encore assez important ; les Annamites apportent du nuoc-mam, du poisson salé, et surtout des marmites, des sabres, des fers de lances ; ils s'en retournent avec des buffles, des bœufs, des éléphants et les divers produits de la forêt.

Mais, rapidement, ce mouvement d'échanges s'affaiblit : les empiétements du Siam, les razzias des Ta-Hoï, qui pillent les villages et enlèvent les marchands annamites, arrêtent toute transaction. Les derniers postes de l'Annam, dont celui de Lao-Bao ou Aï-Lao est le plus avancé, sont impuissants à ramener la sécurité dans le pays.

État social des tribus Moï. — Cet état d'anarchie, qui, durant toute l'occupation siamoise, désole l'hinterland, se répercute étrangement sur certaines tribus limitrophes. Les trois grandes familles belliqueuses, Ta-Hoi au Nord, Sedang au Centre et Jaraï au Sud, voient leurs instincts pillards singulièrement favorisés par les événements qui se déroulent dans leur voisinage immédiat. L'exemple des Siamois et des Laotiens ne pouvait qu'exciter leur propension naturelle à la rapine et au pillage ; aussi, leurs incursions deviennent-elles de véritables expéditions et, à leur tour, ils se jettent sur les tribus plus faibles, enlevant des esclaves qu'ils vont vendre aux bandes laotiennes et cambodgiennes.

Jaraï et Sedang viennent d'ailleurs de remanier singulièrement à leur profit la carte ethnographique de la Sé San et de la haute Sé Sou. A la fin du XVIIIe siècle, les Jaraï ne dépassaient pas la rive gauche du Bla inférieur et du Kr. Jal ; de ce côté, leur tribu des Arap était limitrophe des Bahnar, qui occupaient toute la magnifique plaine du moyen Kr. Bla. Mais Bahnar et Arap en vinrent aux mains et ces derniers appelèrent à leur secours leurs frères Hedrong ; ceux-ci s'avancèrent par la région de Pl. Dedrop et rejetèrent les Bahnars sur la rive droite du Kr. Bla ; alors, se retournant contre les Arap, les Hedrong les repoussèrent à leur tour dans l'Ouest, derrière la Sé San, où ils se heurtèrent aux Halang et aux Tiom-Pueun ; s'enfonçant comme un coin entre ces deux tribus, les Arap les disloquèrent, rejetant les Halang dans la région

---

[1] De Malglaive, *op. cit.*
[2] Harmand, *Rapport sur une mission en Indo-Chine. De Bassac à Hué*, in *Archives des missions scientifiques et littéraires*. 3e série, T. V, 1879, pp. 247-281.

du Mang-Mrài et dans les districts montagneux de la Sé Sou, entre Sé Khong et Pekô, tandis que les Tiom-Pueun se retiraient loin au Sud-Ouest, entre Sé San et Srépok ; les Arap occupèrent alors toute la rive droite du Kr. Jal, pénétrant jusque dans la vallée du Nam Sathay.

Tandis que les Jaraï procédaient ainsi, dans le Sud, à ces luttes d'expansion, les Sedang ne restaient point inactifs, dans le Nord ; descendant sur le Kr. Bla, ils se jetaient sur les Bahnar qui, pressés au Sud par les Jaraï, étaient voués à une extermination certaine sans l'opportune arrivée des missionnaires. Au Sud-Ouest, les Sedang refoulaient devant eux les Brao, qui se réfugient dans les montagnes d'entre Sé Khong et Sé San, à l'Ouest des Halang.

Toutes ces luttes, toutes ces conquêtes, ne s'effectuèrent pas en un jour ; il n'y eut pas guerre suivie, mais série d'incursions, de razzias, qui durèrent de longues années ; les villages vaincus et dévastés allaient s'établir toujours plus loin, et leur place était prise par les vainqueurs.

Ta-Hoi au Nord, Sedang au Centre, Jaraï au Sud, entrèrent vite en relations avec les trafiquants laotiens, qui leur fournirent rapidement un excellent débouché pour les prisonniers enlevés au cours de ces expéditions ; aussi, assurés d'écouler fructueusement leur butin, ces tribus ne tardèrent pas à étendre l'aire de leurs opérations et, débordant sur la chaîne annamitique, ils vont jusqu'à la frontière et sur la frange de la plaine côtière, enlever des Annamites qu'ils revendent au Laos ; les Sedang écument ainsi la région de Tramy et de Trabong — hinterland du Qu. Nam et du Qu. Ngai ; les esclaves qu'ils y capturent sont revendus à Kon Tong, village du haut Pekô, l'un des principaux centres d'échanges de la région ; là, un esclave adulte se paie de deux à trois barres d'argent [1]. De leur côté, les Jaraï exploitent l'hinterland du Binh-Dinh ; et c'est ainsi que le commerce des esclaves prend une remarquable extension dans tout le bas Laos ; chez les Kon-Tu, le gros village de A-Roc, suzerain d'une grande partie de la tribu, est un important marché à esclaves ; Annamites et Moï, ces derniers en énorme majorité, alimentent ce honteux trafic, qui s'écoule en entier sur les deux grands marchés de Bangkok et de Phnom-Penh.

Mais cette plaie de l'esclavage n'existe pas seulement au Laos et la traite n'enrichit pas exclusivement les courtiers laotiens, siamois et cambodgiens ; l'esclavage existe aussi, et depuis la plus haute antiquité, chez les Moï eux-mêmes.

Chez toutes ces tribus, engagés pour dettes et esclaves formaient, à notre arrivée, la classe la plus nombreuse ; chaque village possédait un certain nombre d'esclaves de prise, Moï, Laotiens ou Annamites. Leur sort n'était cependant pas très dur ; ils faisaient, en effet, rapidement partie de la famille à laquelle ils appartenaient et leurs occupations se bornaient à aider le propriétaire dans ses travaux agricoles ; ils gardaient les cultures, allaient chercher l'eau des jarres et, les jours de fête, battaient les gongs ; il est vrai que cette condition assez douce était celle des esclaves moï et non celle des Annamites qui, souvent, étaient plus rudement traités.

Cependant, dans les procès et les affaires litigieuses diverses, les esclaves mis en cause avaient peu de chance d'obtenir justice. L'arbitre choisi — quand le chef

---

[1] Odend'hal, op. cit.

ne se faisait pas justice lui-même — donnait toujours raison au plus fort et les cas étaient fréquents d'esclaves mis à mort ou vendus dans un village éloigné pour quelque faute réelle ou imaginaire.

A la faveur de l'état d'anarchie qui désole l'hinterland, chaque village devient une unité de plus en plus indépendante et la personnalité de la tribu s'effrite. Chez les Jaraï, l'autorité des Sadets est en rapide décadence ; ce ne sont plus que les descendants déchus des anciens Patau, qui, autrefois, avaient tenu tête aux Cham et avaient été les grands chefs sorciers redoutés et vénérés. Toutefois, ils savent profiter du relâchement de surveillance de Hué pour cesser d'envoyer le tribut qu'ils versaient, depuis 1558, entre les mains des autorités du Phuyen. C'est en 1841 que la rupture a lieu, malgré qu'en cette même année, l'empereur Thieu-Tri leur confère à tous deux les insignes de mandarins militaires du troisième degré. Par contre, les relations avec le Cambodge continuent encore et les importants cadeaux du roi khmer arrivent tous les trois ans au pays jaraï. Cette sympathie séculaire, qui unit les Patau et le Cambodge, se traduit même de façon plus efficace ; vers 1845, le roi Ang-Duong, en guerre contre les Annamites, reçoit, du Sadet du Feu, neuf éléphants que le chef sorcier lui expédie avec ses vœux de succès, et ses regrets de ne pouvoir faire davantage. « Ces éléphants furent conduits par des cornacs et des envoyés de race chréai [1] qui les remirent au gouvernement cambodgien à Oudong même. On célébra une grande fête en l'honneur de ces ambassadeurs sauvages ; on les habilla proprement de pied en cap ; on les traita du mieux qu'on put pendant un mois et ils s'en retournèrent, emportant bon souvenir de leur réception et quelques cadeaux pour leur roi mystique. Mais malheureusement quelques-uns d'entre eux moururent en route de la petite vérole. A la belle saison suivante, le roi sauvage fit réclamer à Ang-Duong les ossements de ses sujets restés sur territoire cambodgien. On ne put rien retrouver de ces malheureux et on arrangea à l'aide de quelques nouveaux présents qui firent, sans aucun doute, plus de plaisir que les dépouilles qu'on attendait » [2].

Cependant, à l'avènement de Norodom (1859), la tradition est rompue et le nouveau roi refuse de continuer l'envoi des cadeaux aux Sadets. Le Patau Puï, « fort surpris de cette façon d'agir, députa, il y a quelques années, auprès du gouverneur cambodgien de Kratié, deux ou trois notables de la forêt pour demander doucement des explications à ce sujet. Le gouverneur rendit compte de cette démarche à Oudong. Le roi Norodom ne répondit rien et ne donna rien et les Chréais s'en retournèrent n'emportant ni présents ni non plus un refus catégorique et humiliant.

« Depuis cette époque les relations ont cessé complètement entre les deux cours » [3].

Suivant Moura, les vieux Chinois de Phnom-Penh racontaient que, dans le temps, les Annamites envahirent le territoire des Radé et les refoulèrent vers le Cambodge. « Les Khmers profitèrent de cette débâcle pour s'emparer de ces malheureux fugitifs qu'ils vendirent comme esclaves. Les femmes, qui étaient presque toutes jolies, furent

---

[1] C'est, dans Moura, le nom donné aux Jaraï.
[2] Moura, *Le royaume du Cambodge.* Paris, 1883, Leroux, vol. Ier, p. 436.
[3] Moura, *op. cit.*, vol. Ier, p. 436.

chèrement vendues et les fils du Ciel ne dédaignèrent pas, paraît-il, de les prendre pour épouses »[1].

Je n'ai pu avoir confirmation de ces dires; cette invasion, qui se serait produite vers 1840, aurait dû laisser quelques souvenirs au Darlac ; je n'en ai trouvé nulle trace ; peut être s'agit-il d'une tribu autre que les Radê, d'une famille quelconque des montagnes du Binh-Thuân ?

Chez les Radê, la situation politique est peu différente de ce qu'elle est chez les Jaraï ; les villages vivent en un état de guerre perpétuel et l'insécurité est absolue ; les vendettas, les razzias d'esclaves désolent la contrée, car les Radê, également fort belliqueux, se livrent aussi à la chasse à l'homme, écoulant leurs prises aux Jaraï, aux Cambodgiens ou les gardant par devers eux. A la faveur de cette anarchie, certains audacieux réussissent à devenir de puissants chefs redoutés ; leur autorité s'étend sur plusieurs villages, qui deviennent, en réalité, leurs vassaux, et leur prêtent main forte pour attaquer les voisins et se défendre le cas échéant. Ces chefs, appelés *mtau*[2] par les Radê, ne sont rien plus que des brigands sans peur et leur prestige, tout local, ne repose que sur la réputation acquise à la pointe des lances ; éléphants, gongs et jarres constituent leurs trésors ; le canton qu'ils régentent se plie à leurs caprices et à leurs rapines ; ce sont, toutes proportions gardées, des barons féodaux.

Par leurs exactions, ils ont singulièrement contribué à compliquer la carte ethnographique de la région moï ; lassées de leurs rapines, des familles entières émigrent, et se réfugient en des secteurs plus tranquilles ; c'est ainsi que, vers 1850, une importante colonie de Radê Kpa abandonne la région de B. Knir et B. Takang — Darlac sud-oriental — traverse le Krong Hana, et va s'établir en pleine zone montagneuse, entre Krong Hana et Krong Knô, au milieu des Pih et des Mnong.

Ce groupe radê, que je découvrais en 1908, se compose d'une dizaine de villages, sans communication aucune avec le reste de leur tribu ; malgré cet exode au milieu de familles étrangères si différentes, ils ont conservé intacts leur dialecte, leur costume et leurs mœurs[3].

Les plus fameux de ces *mtau* furent, dans l'Ouest, les deux anciens chefs de B. Thû — le B. Don actuel — Jau et Hiau. A la tête d'une bande de Laotiens, de Jaraï et de Radê, ils pillent les hameaux de la moyenne Srépok dont ils emmènent en esclavage les habitants, qu'ils vendent aux autres chefs du Darlac, écoulent sur le Laos ou gardent par devers eux ; les cantons plus spécialement éprouvés furent ceux du Ken, du Ndrih et des autres affluents voisins de la Srépok. Et c'est pourquoi, les plaines de ces bassins sont, aujourd'hui, si particulièrement désertes et incultes ; les villages qui s'y rencontraient ont été détruits ou ont fui vers le Sud, dans la zone plus monta-

---

[1] Moura, *op. cit.*, t. I, pp. 426-427.

[2] *Mtau* veut dire « roi, prince » ; c'est le *Patau* des Jaraï. Les deux mots sont d'origine cham.

[3] H. Maitre, *Les régions moï du Sud-Indochinois. Le Plateau du Darlac*, Paris, Plon-Nourrit, 1909, p. 313. Je dis là que l'exode de ces Radê fut provoquée par le manque de terres cultivables dans leur secteur d'origine. C'est la raison qu'ils me donnèrent, mais il est certain qu'une pareille fuite a dû avoir des causes plus sérieuses et je n'hésite pas à la mettre sur le compte des razzias dont se rendaient coupables les *mtau* voisins.

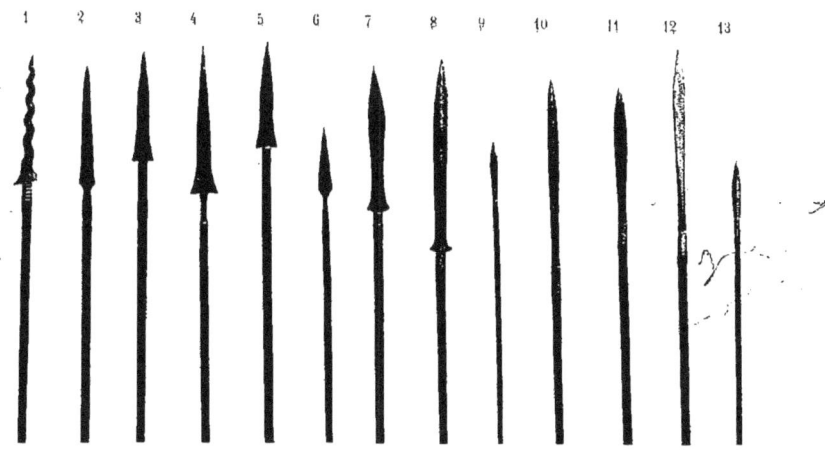

141. — Lances moï.

1. Krek trouvé au Darlac central. — 2 à 7. Lances gar et preng. — 8 à 12. Lances radé et jaraï. — 13. Lance preng.

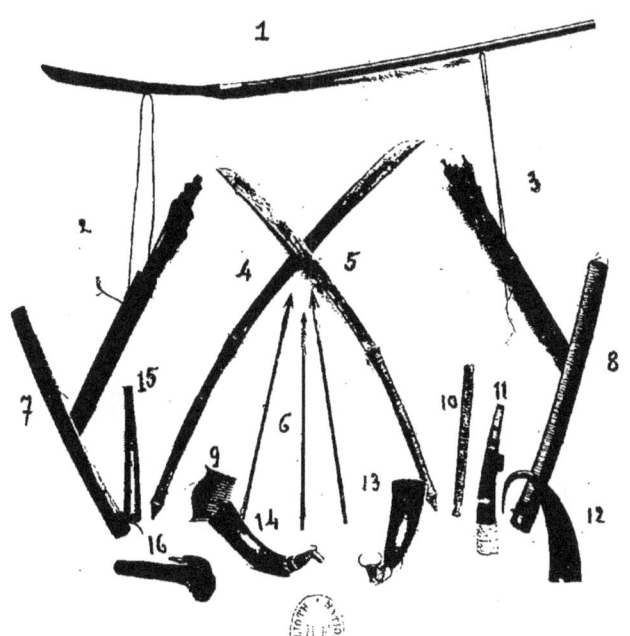

142. — Armes et ustensiles moï.

1. Sabre jaraï. — 2 et 3. Carquois radé. — 4 et 5. Sabres tiom-pueun. — 6. Flèches empoisonnées à bout de cuivre. — 7 et 8. Fourreaux des sabres tiom-pueun. — 9 et 10. Peignes radé. — 11. Kï (sorte d'olifant). — 12 Corne ciselée, provenant de chez les Gar. — 13 et 14. Cornes à libations, à bouts de cuivre travaillé. — 15, Kï en ivoire des Gar. — 16. Corne à libations, en ivoire sculpté, des Gar.

gneuse. Jau et Hiau disparus, leur œuvre fut dignement continuée par Thû, le Khun Yonob actuel de B. Don, métis de Laotien et de Mnong, qui ne cessa ses fructueuses razzias qu'à notre arrivée ; pendant des années, son village de B. Don, refuge des Laotiens trafiquants et esclavagistes, ne fut qu'un repaire de brigands.

Vers 1887, y arrive une troupe de bandits venue du Laos ; elle est composée d'une cinquantaine de Birmans conduits par une sorte d'illuminé, du nom de Kham-Leu, qui se prétend invulnérable. A B. Don, il réunit à sa bande une vingtaine de Laotiens et une centaine de Mnong Perong que lui fournit Thû ; et, à la tête de ces pirates, il descend chez les Pih pour les razzier et les piller ; mais, ceux-ci, prévenus, se réunissent au nombre de 700 à 800 guerriers sous les ordres d'un de leurs chefs les plus énergiques, un nommé Ngeuh, et ils attendent de pied ferme les brigands. Le choc a lieu dans les plaines de B. Phok, en aval de B. Tour. Mnong, Birmans et Laotiens furent mis en pleine déroute ; poursuivis par les vainqueurs, ils subirent encore d'autres pertes dans les collines accidentées, qui se dressent au Nord-Ouest du champ de bataille. Leur chef, Kham-Leu, resta parmi les morts, qui se montèrent à une trentaine environ ; les Pih n'avaient perdu qu'une dizaine d'hommes et avaient capturé l'un des dix éléphants des vaincus. Les Perong, dont les villages occupaient la vallée du Ya Xer, affluent de la Srépok, craignant la vengeance des Pih, qui étaient leurs voisins immédiats, émigrèrent en masse ; les uns se rendirent à une huitaine de jours dans le Nord-Ouest, dans le bassin de la Sé San, les autres se retirèrent dans les montagnes du Sud-Ouest.

L'hinterland du Cambodge. — En 1866, les sauvages insurgés, las des exactions dont ils sont victimes, se soulèvent et brûlent un village laotien au confluent de la Sé San et de la Sé Kong.

C'est vers cette époque que se réfugient dans l'hinterland cambodgien, au Sud de la Srépok et dans le bassin du P. Té, deux groupes moï refoulés du Nord-Est ; les premiers venus, les Krôl, étaient peut être une fraction des Tiom-Pueun fugitifs ; ils s'établissent sur le bas D. Krieng, très près du fleuve, en quelques villages peu nombreux, et ils se métissent partiellement avec les Cambodgiens dont le contact modifie assez profondément leur vocabulaire.

Les autres émigrés sont des Phiet ou, plutôt, un groupe de sauvages indéterminés, peut-être aussi Tiom-Pueun, qui viennent s'établir en pays phiet, car je ne crois pas à une migration générale des Phiet venus du Nord. Ces Moï fuyaient les razzias des Jaraï, qui venaient leur voler leurs enfants pour les vendre ; ils s'établissent donc en arrière de Kratié, à trois ou quatre heures du fleuve, dans l'Est, et se soumettent au roi Norodom ; ils paieront désormais aux mandarins de Samboc et de Sambor un impôt triennal de laque et de cire [1].

Dans cette partie de l'hinterland, les Mnong et, plus au Sud, les Stieng, habitent encore bien plus près du Grand Fleuve et occupent toute la moyenne vallée du P. Tchlong.

Les Mnong se souviennent parfaitement encore de l'époque où ils vivaient à côté du Mékong ; c'est ainsi que le village de B. Njih, actuellement situé à deux jours

---

[1] T. Hamy, *Notice sur les Penongs Piak*, in *Bulletin de la Soc. d'anthropologie de Paris*, 1878 (Voyage du Dr Harmand).

de marche de Kratié, me disait qu'il était autrefois bâti au confluent du P. Té et du D. Phiun, à une journée seulement du Mékong.

En 1833, les Siamois avaient brûlé Sambor et razzié la province ; les Cambodgiens échappés à la catastrophe étaient venus se réfugier à 38 kilomètres en aval, auprès du pauvre village de Roka-Kandal ; ce hameau « ne comptait que quelques maisons et sa pagode n'existait point encore. Ce territoire appartenait alors aux tribus stieng et leurs chefs venaient, tous les ans, sous deux manguiers dont un existe encore au Nord de l'enclos de l'agence des Messageries fluviales, dit le « manguier des Stieng », percevoir les droits qu'ils prélevaient sur les Cambodgiens qui s'étaient établis sur la rive gauche[1] ». Cet établissement, qui va rapidement prendre une certaine importance, est le noyau du gros village de Kratié. Les hameaux mnong, cependant, sont en grande partie soumis au roi khmer ; ils ont pour chefs des individus désignés par le gouverneur de la province cambodgienne la plus voisine. L'impôt global, qu'ils doivent payer tous les trois ans, se monte à 4.000 kilos de stick-laque et à une quantité un peu moindre de cire ; à la fin de cette période, des collecteurs cambodgiens se rendent sur les lieux pour réclamer ce tribut aux chefs, qui en sont responsables.

« Beaucoup de Cambodgiens endettés et sous la vindicte des lois s'enfuient chez les sauvages, où ils se marient et finissent par s'établir »[2].

Ces Moï font, en outre, avec les établissements cambodgiens et surtout chinois du fleuve, le commerce des éléphants, des buffles, des bœufs, de la cire, de l'ivoire, de la laque et des cornes ; ce mouvement d'échanges, déjà constaté par van Wusthof au xviie siècle, n'a jamais cessé, non plus que la traite des esclaves, particulièrement prospère en pays mnong. Un ménage complet, homme, femme et enfant, s'échange couramment contre un éléphant valant, sur place, 500 francs[3]. En 1876, un adulte ne valait plus, à Kratié, que trois barres d'argent, un enfant, une barre ou une demi-barre.

Les Mnong sont en outre en relations avec les Jaraï ; cette dernière tribu, qui nous apparaît décidément comme une famille extrêmement remuante et aventurière, ne se contente pas seulement de la chasse aux esclaves ; ses gens descendent jusque chez les Mnong du P. Té, par la route de B. Don et de Lomphat ; ils viennent échanger contre du bétail mnong les belles lances et les grands sabres à long manche qu'ils fabriquent avec tant de soin et que les acquéreurs ont précieusement transmis à leurs descendants. Une jeune vache était troquée contre un grand sabre et une lance.

Les Stieng, pillards et guerriers, véritables Sedang du Sud, se chargent d'alimenter les marchés de chair humaine ; ils poussent leurs incursions jusque chez les Çop et les Lat du Donnaï ; le Cambodge sud-oriental et la basse Cochinchine sont approvisionnés d'esclaves par leurs soins tandis que, du côté du Mékong, les bandes qui opèrent dans le Thbong-Khmum pénètrent toujours plus avant dans l'intérieur des bassins tributaires.

Du côté du Cambodge, les deux centres les plus actifs du commerce avec l'hinterland sont alors Sambor et surtout Kratié.

---

[1] Ad. Leclère, *Monographie de la province de Kratié*, in *Publications de la Société des Etudes indochinoises*, 1908, IIIe fascicule, p. 54.
[2] Boüillevaux, *op. cit.*, p. 280.
[3] Moura, *op. cit.*, vol. I, pp. 420-421.

Depuis la ruine de Sambor, ce dernier point est devenu le rendez-vous de presque tous les Chinois et Laotiens esclavagistes ; pour chaque tête d'homme, de femme ou d'enfant vendue, le trésor cambodgien perçoit un droit fixe de 6 francs [1].

Chaque année, le roi du Cambodge envoie chez les Moï de l'hinterland 50 ou 60 éléphants chargés d'objets d'échange au moyen desquels les conducteurs doivent se procurer de l'ivoire et des esclaves [2].

« Presque toutes les rivières d'une certaine importance venant se jeter dans le fleuve ont à leur confluent ou au chef-lieu voisin, une douane dite du *chauvai-sroc* (gouverneur). On perçoit un droit de 1/10ᵉ *ad valorem*, en nature ou en argent, sur les produits descendant la rivière, sans préjudice des droits à acquitter aux douanes royales de Phnom-Penh » [3].

A l'embouchure du P. Tchlong, notamment, se trouve une douane tenue par les bonzes d'un monastère voisin ; ils y montent la garde « et font payer un droit de un vingtième seulement. Les produits (argent ou bambous, pirogues, bacs, rotins, résine, torches, cire, etc.) expédiés au chef des bonzes à Pnom Penh, sont répartis par ses soins entre les diverses pagodes, pour la construction et l'entretien des édifices sacrés » [4].

A la faveur de cet état de choses, les bandes de pirates et de rôdeurs infestent tout l'intérieur ; la basse Srépok, qui était, avant l'invasion siamoise, une artère commerciale fréquentée, devient déserte ; le centre cambodgien de Lomphat est abandonné par suite de l'insécurité grandissante ; les anciens habitants, en lutte constante avec les pirates, se sont réfugiés au Cambodge ou rapprochés de Stung-Treng ; plus en aval, B. Srépok est également évacué ; le pays devient un désert absolu et l'on n'y rencontre plus que, de-ci, de-là, les ruines d'un hameau.

Tout le long de l'hinterland du Mékong, la situation est la même ; des bandes de pirates ravagent ce qu'ont laissé les chasseurs d'esclaves ; basse Srépok, basse Sé San, basse Sé Khong sont devenues des repaires de bandits. En 1890 « toute la région comprise entre B. Kham-Po et Siempang est infestée de voleurs et de brigands, pour la plupart Cambodgiens, dont les exploits ont tellement terrorisé les habitants qu'aucun Laotien n'oserait entreprendre isolément le voyage » [5].

Le protectorat français, établi au Cambodge depuis 1864, aux prises avec les difficultés intérieures, ne peut s'occuper des provinces septentrionales et ce ne sera pas avant notre occupation définitive du Laos, en 1894, que nous pourrons commencer à réduire les horreurs de l'esclavage alors que nous aurons définitivement rejeté le Siam sur la rive droite du Mékong.

---

[1] Avant la domination française, les monnaies en usage sur le Mékong étaient :
la barre d'argent, valant environ 100 francs en 1876 ;
le tical siamois, valant de 0 fr. 20 à 0 fr. 25 ;
le losange de fer, fabriqué par les Kuy, long de 15 centimètres, pesant de 250 à 300 grammes et valant environ 0 fr. 40.

[2] Mourin d'Arfeuille, *op. cit.*

[3] Dʳ Harmand, *Voyage au Cambodge*, in *Bulletin de la Soc. de géographie*, octobre 1876, p. 343.

[4] *Id.*

[5] Cupet, *op. cit.*, p. 245.

Les révoltes de Pucombo et de Votha. — Aussi, l'hinterland du Cambodge ne cesse-t-il, durant les premières années de notre installation, d'offrir une retraite assurée à tous les aventuriers et à tous les bandits qui se révoltent contre Norodom. Le premier de ces rebelles est le fameux Pucombo, Kuy d'origine, qui se fait passer pour le prince Pucombo, petit-fils du défunt roi Ang-Chan. En 1865, il apparaît à Kratié, venant, dit-on, du pays radé ; mais cela est peu vraisemblable. Il entraîne tous les gens de la rive gauche, sauf ceux du Thbong-Khmum, et se fait battre à Khanchor d'où il s'enfuit chez les Mnong. En avril, il se rend à Tayninh, mais on réussit à l'interner à Saïgon. En juin 1866, il s'échappe, soulève les Cambodgiens de Tayninh et réunit une troupe de Khmer, d'Annamites, de Cham et de Stieng. L'insurrection s'allume tout le long de la frontière septentrionale de Cochinchine et du Cambodge ; les rebelles envahissent les forêts et menacent la mission catholique de Brelam, fondée en 1857 ; tandis que le missionnaire se hâte d'aller chercher du secours à Thudaumot, les bandes se jettent sur son poste et la mission de Brelam est détruite à tout jamais. Les forêts stieng offrent dès lors à Pucombo un lieu de retraite assuré et une magnifique base d'opérations ; le village de Tchrey-Meang, dans le bassin de la Jermang, fortifié par ses partisans, lui sert de camp retranché et de refuge. C'est là qu'il se retire après sa première défaite, c'est là qu'il reforme ses bandes pour réapparaître, en juillet 1867, puis en novembre de la même année. Définitivement vaincu, il se rend au Kompong-Thom où il est tué, le 1er décembre[1]. Mais ses deux principaux lieutenants, A-Nong et A-Chreng, sont restés chez les Stieng, à l'Est du Thbong-Khmum et, en mars 1868, ils font une incursion dans cette province. En décembre de la même année, A-Chreng écrit au roi Norodom lui demandant grâce pour environ 2.000 anciens rebelles, réfugiés avec lui dans les forêts stieng et sa lettre est accompagnée d'un tam tam et de deux superbes défenses d'éléphant.

Cependant, en avril 1872, à la tête d'une bande composée de 400 individus, ramassis de toutes les races de l'Indochine méridionale, il envahit le Thbong-Khmum ; rejeté dans ses forêts, il ne tarde pas à y mourir ; A-Nong, qui semblait avoir disparu depuis la mort de Pucombo, mais vivait dans la région stieng, se met à la tête des bandes ; en juin 1875, il envahit à son tour le Thbong-Khmum ; repoussé et poursuivi jusque dans ses forêts, il fait alors des propositions de soumission et « moyennant un faible tribut annuel qu'il paya au roi, A-Nong et ses compagnons furent autorisés à rester sur un territoire habité jusque-là par une tribu sauvage tributaire du Cambodge »[2].

Ce territoire, que Moura ne nomme pas, doit être le bassin moyen du P. Tchlong où, dès le début de la révolte, avaient émigré des Cambodgiens de Kompong-Siem et de Baphnom fuyant la guerre civile. C'est à cette époque (1866-1875) qu'il faut donc placer l'envahissement, par l'élément khmer, du moyen P. Tchlong d'où les Stieng et les Mnong se retirent dans l'Est, sur le haut bassin de la rivière. Les nouveaux venus s'établissent en un certain nombre de hameaux dont le plus important et le plus avancé dans l'hinterland est celui de Sré-Ktum. Cet épisode marque la dernière invasion

---

[1] Cf. Schreiner, *Abrégé de l'histoire d'Annam*, 2e édit., Saïgon, 1906, pp. 275-281, 290.
[2] Moura, *Le royaume du Cambodge*. Paris, Leroux, 1883, vol. II, pp. 159-174.

importante que les sauvages aient eu à subir. Les Cambodgiens nouvellement installés le long de la rivière, vont y demeurer, mais ne pousseront pas au-delà de Sré Ktum.

La révolte de Pucombo et de ses lieutenants est à peine apaisée que la région stieng se trouve mêlée dans une nouvelle rébellion. Au milieu de juin 1876, Si-Watha — appelé aussi Votha — frère de Norodom, après s'être enfui de Bangkok [1], réunit des troupes de partisans dans le Melouprey et le Kompong-Soai. Vers le milieu de novembre, cependant, il est réduit à se retirer à Tchrey-Méang, en ce village stieng déjà fortifié par Pucombo et ses lieutenants ; le 5 février 1877, il quitte les forêts et pénètre dans la province de Ba-Phnom ; après la défaite qu'il essuie à Vat-Pachi, il se sauve à nouveau chez les Stieng, presque seul, avec cinq éléphants (23 février).

En mai, ses partisans réapparaissent et font des incursions à main armée sur le territoire cambodgien ; le gouvernement est obligé d'envoyer 400 hommes pour garder la frontière contre ces bandes retranchées dans les forêts stieng.

Le 12 juin, Si-Watha lui-même quitte Tchrey-Méang et envahit le Thbong-Khmum, mais il est obligé de reculer devant les troupes envoyées de Phnom-Penh et, de nouveau, il s'enfonce dans l'hinterland.

Dans les derniers jours de juillet, le prince, fatigué, quitte brusquement les forêts, traverse le Mékong au-dessus de Sambor, et pénètre dans le Kompong-Soai où il se fait ordonner bonze l'année suivante [2].

Ses bandes n'en reparaissent pas moins en janvier 1885, et, en octobre, elles s'avancent jusqu'à Sré-Ki, sur le P. Krieng ; après leur défaite, c'est encore chez les Stieng que s'enfuient les chefs (février 1886) [3], en empruntant la voie du P. Tchlong.

Ce sont les derniers événements politiques de quelque importance auxquels la région moï du Cambodge ait été mêlée.

Vers 1880, l'autorité khmer s'établit, dans l'Est de Kratié, sur la moyenne Tioba — D. Rpâ des Mnong — au village de même nom ; un petit gouverneur y est installé avec le titre de Oknha Thuk Sena [4] ; sa juridiction s'étendait sur tous les Mnong de la Tioba jusqu'à Sré-Ki et il relève d'abord du gouverneur de Samboc, puis de celui de Sambor ; le premier titulaire, Em, étant mort à son poste après une dizaine d'années d'administration, il eut pour successeur un nommé Da, qui, vers 1897 [5], mourut lui aussi à Tioba. Il ne fut pas remplacé.

---

[1] Si-Watha avait déjà fomenté une révolte en 1861. Son général, Snang-Sor, avait occupé, entre autres provinces, celle du Thb. Khmum, puis celle de Ba-Phnom ; la révolte ne put être étouffée qu'à la fin de 1862. Mais Si Watha s'était déjà réfugié au Siam.

[2] Moura, *op. cit.*, vol. II, pp. 174-185.
Cf. A. Schreiner, *Abrégé de l'histoire d'Annam*, 2ᵉ édition, Saïgon, 1906, pp. 408-412, 425, 434-435.

[3] Le prince Votha, abandonné et fugitif, finit par mourir, le 31 décembre 1892, dans l'hinterland de Siemboc.

[4] Tous les renseignements qui suivent sur les gouverneurs de Tioba et de Sré-Ktum m'ont été fournis par quelques vieux fonctionnaires de la province de Kratié ; il est impossible de rechercher, à ce sujet, quoi que ce soit dans les archives royales de Phnom-Penh. Ces archives — ou plutôt ce qui en reste — sont inutilisables. Les seuls documents sûrs sont les souvenirs des vieux mandarins encore en service dans le royaume.

[5] Ses ossements furent transportés à Sréki.

Vers 1884, les colonies cambodgiennes du moyen P. Tchlong furent mises sous la dépendance d'un gouverneur secondaire, quoique indépendant, qui fut installé à Sré-Ktum avec le titre de Oknha Kiri Pouthabat Tchaofaï Sroc Phnom Chœung Préas. Il avait, en effet, pour mission spéciale de rechercher sur la Yumbra — qui est le Chœung Préas des Khmer — l'empreinte du pied de Bouddha qui doit s'y trouver, suivant la tradition d'où vient le nom de la montagne. Les explorations du mandarin restèrent infructueuses; les Stieng, habitant les environs de la montagne, conservèrent leur indépendance et l'autorité du gouverneur ne dépassa jamais les abords immédiats de Sré-Ktum dont ne relevaient que les villages mnong avoisinants.

Le seul gouverneur titulaire fut un nommé Thlay qui, à sa mort, survenue en 1892 [1], ne fut pas remplacé. Il était assisté d'un balat, nommé en même temps que lui, avec le titre de Oknha Bahoul Hèmavan Sena; il s'appelait Koui et quitta Sré Ktum à la mort du gouverneur [2].

L'hinterland de Cochinchine. — Du côté de la Cochinchine, grâce au facile accès de l'hinterland, les Annamites étaient rapidement entrés en relations avec les sauvages; mais, de ce côté, ces derniers ne furent pas aussi maltraités qu'au Laos et au Cambodge. Les relations, entre Annamites de Cochinchine et Moï, furent surtout de nature commerciale; les razzias d'esclaves, élevées, sur le versant du Mékong, à la hauteur d'une véritable institution, n'existèrent jamais en Cochinchine.

D'après le code annamite, l'achat d'un esclave était, en effet, subordonné à des règles fixes et, même quand la transaction avait lieu en territoire sauvage, les choses devaient se passer conformément à la loi; un acte de vente en bonne et due forme était dressé et les autorités communales servaient de témoins si l'esclave n'avait plus ni père, ni mère, ni aucun autre parent.

Cependant, malgré cette législation sévère, de nombreux abus se produisent. Les Moï sont généralement vendus de seconde main par des courtiers qui s'approvisionnent eux-mêmes par l'intermédiaire des Stieng. Beaucoup de marchands enlèvent aussi par ruse des jeunes gens et des jeunes filles qu'ils attirent traitreusement sur leurs barques; et cela, au mépris de la loi annamite, qui punissait sévèrement, en ce cas, marchand et acheteur.

Vers 1840, un esclave bien constitué vaut, en Cochinchine, 500 ligatures [3]; les enfants, de 200 à 300; les femmes ont à peu près la même valeur.

Ces esclaves sont surtout employés au soin des jardins; en plus de ceux que lui fournit l'hinterland stieng, la Cochinchine en reçoit du Binh-Thuan et du Khanh-Hoa [4].

Chargés de sel et de divers autres articles d'échange, les courtiers en esclaves se

---

[1] Il mourut du choléra, à Phnom-Penh.

[2] Il alla s'installer à Thmà-Krê et mourut à Samboc en 1895. Au village de Khsim, près du confluent du Tchlong et du Jermang, un petit gouverneur avait été installé vers 1875; il dépendait du gouverneur de Kratié, et avait le titre d'Oknha Mikrot Kéamaprik Sena. Il s'appelait Kong; son autorité s'étendait exclusivement sur les villages cambodgiens du secteur.

[3] La ligature est composée de dix *tien*; le tien comprend lui-même 60 sapèques et vaut environ 0 fr. 10, en 1876.

[4] *Notes sur l'esclavage*, in *Revue maritime et coloniale*, 1863, pp. 78-80.

rendent dans l'hinterland ; profitant des luttes et des razzias entre Mnong et Stieng, ils achètent aux vainqueurs les prisonniers de guerre.

A notre arrivée en Cochinchine, il y avait un grand nombre d'esclaves moï dans les diverses provinces ; à Sadec, se trouvaient des esclaves mnong ; en 1874, l'on en découvre à Long-Xuyen. Dans les provinces frontières, la traite devait être plus difficile à détruire ; « en février 1865, lors de la colonne de Giao-Loan, quelques traces d'esclavage chez les Moï de Long-Thanh furent observées ; la bande du fils du Quan-Dinh avait avec elle des Moï, qui lui servaient de bêtes de somme et qu'on mettait aux ceps, la nuit. » Vers la fin de 1868, lors de la création du poste de Phuoc-Linh, sur le Song Bé, l'on ne tarda pas « à reconnaître l'existence de l'esclavage partout, qu'il fût perpétuel ou qu'il fût temporaire. Les Annamites des villages forestiers de Bien-Hoa et de Thudaumot détenaient des Moï tributaires, des Moï indépendants et des Cambodgiens en esclavage et ceux ci se faisaient des esclaves entre eux.

« En général, l'on peut dire que, dès qu'on a dépassé une bande de 20 kilomètres de largeur moyenne qui longe le S. Bé, on est dans un pays où l'enfant est une chose. On va à la chasse des enfants comme on va à l'affût du cerf » [1].

Nous avons peu de détails précis sur les relations commerciales entre Moï et Annamites de la basse Cochinchine ; mais l'on peut affirmer qu'elles ne doivent en rien différer de celles établies dans les autres parties de l'Indochine méridionale.

Les tribus moï les plus rapprochées de la plaine, celles en bordure de Bien-Hoa et de Thudaumot, furent, dès la conquête annamite, administrées directement par les vainqueurs ; la limite des tribus soumises s'étendait, en 1830, jusqu'à la montagne Than Mâu (Nui Ba-Kê), au Nord, et à la montagne Tho-so'n au Nord-Ouest. Les trafiquants annamites, qui remontaient le S. Bé jusqu'aux rapides du tram de Sa Tam, se rendaient par terre jusqu'au lieu dit Thué-Truong, où ils vendaient leurs marchandises aux Moï et aux Cambodgiens de l'hinterland.

Dans la province de Baria seulement, étaient établis, dans chaque huyen, des postes de surveillance « afin de se mettre en garde, contre les Moï ou bien contre les voleurs et les brigands [2] ». Dans la partie haute de la province, le marché de Tuân-Truong servait aux transactions avec les Moï d'entre Binh-Thuàn et basse Cochinchine.

Soumis au régime d'administration commune, les Moï les plus voisins furent rapidement pénétrés ; Cambodgiens, Annamites et Moï, à la faveur des guerres et des révolutions, entrechoqués et mêlés, se métissent rapidement et c'est ainsi que se forme cette population hybride, qui occupe les cantons moï de Tayninh et de Thudaumot ; sans caractères ethniques, dégénérée, primitivement stieng, quoique mêlée déjà aux fugitifs che-ma dont nous avons parlé, elle devient de plus en plus méconnaissable, se plie à la discipline annamite, se mélange de Khmer, d'Annamite, voire de Laotien, et entre en cette décadence misérable que nous avons constatée à diverses

---

[1] Rapport de l'administrateur Henry, cité dans le *Rapport sur l'esclavage* par M. Sylvestre, in *Excursions et Reconnaissances*, n° 4, 1880, pp. 95-145.

[2] G. Aubaret, *Histoire et description de la basse Cochinchine*. Paris, Imprimerie impériale, 1864.

reprises. Dans toute la vallée du Canle Cham, du Canle Tru et sur la route de Honquan, se forme cette ceinture de villages, transitoires entre les Annamites de la plaine et les Stieng encore purs de l'intérieur ; en ce secteur, ethniquement indéfinissable, l'on rencontre, mélangées comme les dessins d'une mosaïque, des agglomérations cambodgiennes, annamites, moï, soit métissées entre elles, soit simplement juxtaposées ; la région est exploitée par des commerçants et des bucherons annamites, qui, dès le jour de la conquête, à la fin du xviii° siècle, ont appris à connaître le chemin des forêts précieuses que, depuis lors, ils exploitent sans relâche ; et c'est ainsi qu'ils fréquentent et contaminent les villages, s'avançant toujours plus avant dans l'intérieur, comme des termites au cœur d'une poutre, ne laissant derrière eux que des résidus abâtardis, des produits avariés par l'alcool, les maladies contagieuses et le joug administratif. De ce côté, l'intrusion pacifique des Annamites est plus funeste aux Moï que les brutales razzias des Laotiens et des Cambodgiens ; celles-ci ne faisaient qu'ébrancher et élaguer le tronc resté vivace de la race ; celle-là le ronge et le pourrit jusqu'au cœur.

§ 9. — LES MOÏ DE LA CHAINE ANNAMITIQUE
AVANT L'OCCUPATION FRANÇAISE

Moï du Khanh-Hoa. — Si la domination annamite sur les Moï de Cochinchine est relativement douce, il n'en est pas de même, de l'autre côté de la chaîne, sur les peuplades du Sud-Annam. Au Khanh-Hoa, cependant, les populations sauvages des cantons de Ninh-Hoa et de Nhatrang sont restées plus fières et plus vigoureuses et, dans la province même, l'élément cham est insignifiant. Les autorités annamites comptent encore avec les tribus et les fermiers de l'impôt, qui fonctionne ici comme dans tout le reste de l'empire, ne parviennent souvent qu'avec peine à réunir la moitié du tribut, en rusant et en bataillant toute l'année, sans jamais cependant employer la violence.

Voici quelle est, à notre installation en Annam, la répartition de l'assiette de l'impôt chez les Moï du Khanh-Hoa [1].

Noms des cantons	Nombre de ly	Nombre de sach	Nombre d'inscrits	Répartition de l'impôt	
				I. En deniers	II. En nature
I. Moï de Binh-Nguyên (Huyen de Tân-Dinh)					
1. Moï dit So'n-Mang	»	7	»	»	800 livres de cire affermées au Thù'a-biên de Tru'ó'ng-thanh
2. Moï Hà-Dê	»	2	»	»	
Total	»	9	»	»	
II. Moï de Ninh-Hóa					
1. Moï de Ninh-Hóa	»	2	»	»	
III. Moï de Nhatrang (Phu de Giêng-Khành)					
1. Moï So'ng-Mang	»	21	»	»	25 barres d'argent affermées au Thù'a-biên de Tru'ó'ng-thanh
2. Moï Hà-Dê	»	2	»	»	
Total	»	23	»	»	
IV. Moï de Phanrang (huyen d'An-Phu'ó'c)					
1. Ninh-Gia	3	12	79	59 lig. 8 tien	1 livre de corne de rhinocéros (valeur 125 lig.). 28 livres 2 onces de fer (valeur 15 lig.). 80 livres 12 onces de fer (valeur 45 lig.).
2. Tù-Trà	4	20	159	76 » 6 »	40 livres d'ivoire (val. 120 lig.). 1 livre de corne de rhinocéros (valeur 12 lig.).
3. Trà-Du'o'ng	4	13	14	144 » 1 »	88 livres de fer (valeur 50 lig.)
4. E-Lâm	3	14	176	185 » 5 »	3 livres 5 onces de cire (valeur 30 lig.).
Total	14	59	428	464 lig.	2 liv. cornes rhinocéros. 40 livres ivoire. 3 livres 5 onces de cire. 196 livres 14 onces de fer. (valant 480 lig.)

[1] Tous ces détails administratifs sur les Moï du Khanh-Hoa sont tirés de Brière : *Notice sur les Moï du Binh-Thuan et du Khanh-Hoa*, in *Excursions et Reconnaissances*, XIV, n° 32, 1890, pp. 235-272.

Soit, comme total général de l'impôt du Khanh-Hoa :

	Nombre de cantons	Nombre de ly	Nombre de sach	Nombre d'inscrits	Impôt en deniers		Impôt en nature				Affermage en barres d'argent
					Ligatur.	Tien	Cire	Corne de rhinocér.	Fer	Ivoire	
Binh-Nguyen..	2	»	9	»	»	»	800 l.	»	»	»	»
Ninh-Hoa....	1	»	2	»	»	»	»	»	»	»	»
Nhatrang....	2	»	23	»	»	»	»	»	»	»	25
Phanrang...	4	14	59	428	464	»	3,5	2 livres valant 480 ligatures	196 l. 14	40 liv.	»
Khanh-Hoa...	9	14	93	428	464	»	803,5	2	196,14	40	25 bar.

Voici, maintenant, quelques détails sur la façon dont est alors pratiquée la perception de cet impôt.

Dans la région de Ninh-Hoa, lorsque le fermier a obtenu des Moï tout ce qu'il paraît possible d'en tirer, les mandarins sont prévenus.

« L'un d'eux se transporte en grande pompe et avec un apparat destiné à frapper l'imagination des sauvages, non pas au lieu ordinaire des transactions (Binh-Nguyen, à 13 kilomètres au Nord-Ouest du marché de Ninh-Hoa), mais reste prudemment à 2 kilomètres de ce marché, au lieu dit *Tru'o'ng-Sáp*. Il reçoit les impôts en nature, dont les présents pour les autorités provinciales et leur suite augmentent singulièrement la valeur. Le tout est transporté à la citadelle, et la part qui revient à la cour de Hué est empaquetée, cachetée et dirigée sur la capitale.

« En retour, les Moï sont conviés à un grand festin dont les frais sont supportés par les fermiers, et il se tient au même endroit, pendant quatre ou cinq jours, une sorte de marché franc ou de foire qui donne lieu à de nombreux échanges. Pour se dédommager de tous ces frais, le thu-ngu' [1] laisse à des sous-fermiers le droit de commercer dans telle ou telle région des montagnes, se réservant toujours la faculté d'écouler par leur intermédiaire une certaine quantité de marchandises.

« Fermiers et sous-fermiers entretiennent en outre une population flottante de parasites, qui, sous la dénomination de guides, domestiques, etc., acceptent de transporter en plein pays moï les marchandises du thu-ngu' avec autorisation de se livrer à un petit trafic pour leur compte personnel. Ils se font également les commissionnaires des particuliers et surtout des Chinois. Il s'est ainsi formé aux environs de Binh-Nguyên un véritable repaire de gens sans aveu, adonnés passionnément à

---

[1] La création des thu-ngu' — fermiers des impôts — remonte aux premières années du règne de Gia-Long. Elle date de 1824 pour les cantons moï du Qu. Ngai.

l'opium, capables de tout, et dont la présence n'a pas peu contribué à la réputation d'insécurité et de pays mal famé dont jouit la vallée de Ninh-Hoa.

« Ainsi donc le trafic s'opère, soit directement par les Moï qui viennent avec des chevaux de bât ou des éléphants chargés des produits d'échange, soit par les agents des fermiers qui ne reculent pas devant l'ascension des montagnes et poussent vers l'Ouest jusqu'à sept et dix journées de marche. On assigne généralement à chaque tournée commerciale chez les Moï une durée d'un mois, aller, retour et séjour.

« Les gens du pays prétendent qu'en se dirigeant constamment vers l'Ouest, on arrive après vingt et un jours de marche sur le bord d'un large fleuve qui fait un grand coude vers l'Ouest pour se diriger ensuite vers le Sud. C'est probablement le Mékong aux environs de Kratié » [1].

Ces détails nous montrent que, bien avant l'occupation française, les trafiquants et fermiers annamites de la région de Ninh-Hoa pénétraient chez les Radè du Darlac et y faisaient un important commerce, qui continuera d'ailleurs, mais plus honnêtement, sous notre occupation.

Les principaux produits d'échanges sont, déjà à cette époque, les fameux gongs chinois et tonkinois si prisés des sauvages. Les larges gongs plats chinois — les *knah* des Radè — valent alors environ 25 piastres la pièce. Ceux du Tonkin, renflés au milieu, vendus par jeux de trois — un grand, un moyen, un petit — ont la même valeur qu'un grand gong chinois ; ils sortent des fonderies de Hanoï et de Nam-Dinh. C'est contre ces objets que les fermiers annamites se procurent ivoire, chevaux et parfois aussi des éléphants. Un knah est échangé contre un kilo de bois d'aigle, une corne de rhinocéros, 10 à 14 kilos d'ivoire, un beau cheval ou deux chevaux ordinaires.

Un éléphant adulte vaut de 50 à 80 piastres [2], mais c'est le sel, denrée de première nécessité pour les Moï, qui constitue l'article d'échange le plus courant ; les fermiers le livrent avec un bénéfice de 70 à 100 0/0 ; peu à peu, cependant, les relations commerciales s'établissent entre l'Annam et les établissements étrangers voisins ; les jonques chinoises de Canton, Hongkong et Singapore se mettent à apporter dans les ports d'Annam les cotonnades anglaises que les trafiquants annamites introduisent en région moï et sur lesquelles ils réalisent des bénéfices de 60 à 70 0/0. Sur les perles et les verroteries, le gain est de 100 0/0, de 120 0/0 sur le fil de laiton, de 110 0/0 sur les couvertures de laine teintes, de 150 0/0 sur les porcelaines et les jarres chinoises.

Ces transactions ne tardent cependant pas à profiter surtout aux Chinois de plus en plus nombreux de Ninh-Hoa ; grâce à leurs aptitudes commerciales, ils se trouvent rapidement en mesure d'avancer à crédit aux fermiers et sous-fermiers annamites les marchandises dont ceux-ci ont besoin.

En plus des produits précieux susmentionnés, les thuôc-lai — c'est l'appellation

---

[1] Brière, *op. cit.*, pp. 236-237.
[2] Il faut tenir compte de la valeur de la piastre, qui, à cette époque, était bien supérieure à celle qu'elle a depuis quelques années. La piastre mexicaine était alors la seule employée et valait environ 4 fr. 50.

la plus commune donnée aux fermiers annamites — obtiennent des Moï, porcs, maïs, riz de montagne, rotin, bétel et surtout cire. Les Moï, d'ailleurs, se rendent également dans la plaine, à Binh-Nguyen, apportant notamment, sur des juments et des éléphants de bât, de véritables chargements de graines de ricin.

A Ninh-Hoa, les échanges ont lieu au comptant entre Moï et Annamites.

Les Moï de Nhatrang, plus craintifs, malingres et pauvres, sont déjà moins bien traités que leurs frères plus vigoureux et plus turbulents de Ninh-Hoa ; chez eux, les fermiers et leurs agents se livrent sans impunité aux abus que permet la pauvreté des tribus. En cet hinterland, l'ivoire, la corne de rhinocéros et le bois d'aigle sont très rares et il faut, pour se les procurer, s'enfoncer très avant dans les montagnes, particulièrement épaisses et impénétrables en arrière du Khanh-Hoa méridional ; aussi, les fermiers, appelés ici *thù'a-biên*, doivent-ils faire des avances aux chefs pour les décider à accepter leurs marchandises ; eux et leurs agents en sont réduits à transporter eux-mêmes leur pacotille ; puis, ils reviennent, quelque temps après, chercher les produits que les Moï leur ont promis en échange.

Ici, comme chez les sauvages de Ninh-Hoa, les Moï les plus rapprochés de la plaine acceptent de servir d'intermédiaires entre les fermiers et les tribus éloignées. Jusqu'en 1886, existe, en outre, une catégorie de Moï « dits *Mois trân*, dont l'occupation consistait à approvisionner, moyennant une somme insignifiante et trop souvent gratuite, les mandarins, leurs familles et les employés de la citadelle. Les denrées ainsi réquisitionnées affluaient parfois en telle abondance que le surplus était vendu dans les marchés voisins, au profit des mandarins bien entendu. Un autre village fournissait le charbon de bois, etc. » [1].

Dans la région de Nhatrang, c'est le sel qui constitue le principal produit d'échange ; les thuôc-lai le vendent avec un bénéfice de 50 à 60 0/0 Les cotonnades rapportent du 50 0/0, le fer forgé (haches, serpes, pioches) du 50 0/0, les perles et la verroterie, du 90 à 100 0/0, l'alcool de riz, du 10 à 15 0/0. Les marchandises sont troquées contre des porcs, du bétel, du maïs, du riz, mais surtout des rotins et de la cire. Le bétel est principalement cultivé par les Moï de Ba-Nghoi.

« Quelques hameaux moï travaillent aussi aux rizières pour le compte des Annamites, notamment entre la citadelle [du Khanh-Hoa] et le tram de Hoa-Tan et à Ba-Nghoi, dans le fond de la baie de Camranh » [2].

Depuis 1879 environ, des ordonnances royales prohibent l'exploitation du bois d'aigle, de l'ivoire et des cornes de rhinocéros ; les peines édictées sont des plus sévères, et vont jusqu'à la décapitation avec exposition de la tête ; malgré cette défense, les Moï de Nhatrang et de Camranh, qui ont la bonne fortune de se procurer du ky-nam ou des défenses d'éléphant, voient vite ces riches denrées passer entre les mains des Chinois, qui les expédient clandestinement en Chine.

Moï du Binh-Thuân. — Au Binh-Thuân, le commerce chez les Moï et le recouvrement de l'impôt sont affermés, comme dans tout le reste de l'Annam, aux thuôc-lai, connus ici sous le nom de *tông-dich*, et qui ont seuls le droit exclusif de trafiquer avec

[1] Brière, *op. cit.*, p. 240.
[2] Brière, *op. cit.*, p. 240.

les Moï. Cependant, la cour de Hué a établi dans la plaine des marchés spéciaux, appelés *phu-tru'o'ng*, particuliers au Binh-Thuân, et affermés aux villages sur le territoire desquels ils sont installés. Les Moï n'ont pas le droit d'aller commercer ailleurs.

Les sauvages, qui sont, de ce côté, en relations avec les Annamites, sont les Orang-Glai, les Churu et les Koho (Kahov). Ils paient l'impôt aux autorités annamites, qui les ont placés sous l'autorité directe des tông-dich ; ces fermiers, au nombre de trois au moins pour le Binh-Thuân, résident dans la plaine et sont, en outre, chargés de régler les querelles qui s'élèvent entre les sauvages de leur juridiction.

Voici quelle est, administrativement, l'organisation de l'impôt que doivent acquitter les divers cantons moï.

Noms des cantons	Nombre de ly	Nombre de sach	Nombre d'inscrits	Impôt	
				En deniers	En nature
I. **Moï de Phanthiet** (Phu de Hàm-thuân)					
1. Ngàn-Chu'. .	3	11	138	91 ligatures	30 liv. 12 onces de cire. 20 livres d'ivoire. 1 livre de corne de rhinocéros.
2. Cam-Thang .	3	11	155	80 lig. 8 t.	87 livres de cire.
3. Châu-Tru'ng .	3	12	236	242 ligatures	1 livre de corne de rhinocéros.
4. Khành-Nho'n	»	3	50	437 ligatures	
Total. . . .	9	37	579	850 lig. 8 t.	117 livres 12 onces de cire. 20 livres d'ivoire. 2 livres de corne de rhinocéros
II. **Moï de Phanri** (Huyen de Hoà-Du)					
1. Trà-Nang . .	3	13	168	184 lig. 8 t	
2. Dang-Gia . .	2	7	87	29 lig. 7 t.	2 livres de corne de rhinocéros. 30 livres d'ivoire.
3. Gi-Trang . .	5	19	216	220 lig. 2 t.	50 livres d'ivoire.
4. Bà-Tuôn . .	4	16	152	139 lig. 9 t.	
5. Dinh-Vàn . .	4	17	227	189 lig.	1 livre de corne de rhinocéros. 176 livres 14 onces fer travaillé.
6. Tinh-Tùc . .	4	19	152	150 lig.	1 livre de corne de rhinocéros. 3 livres 14 onces de miel. 7 livres 8 onces de cire.
7. La-Bà. . . .	»	5	45	76 lig. 1 t.	170 livres de potasse.
Total. . . .	22	96	1.047	1.009 lig. 7 t.	176 livres de fer. 50 livres d'ivoire. 37 livres 8 onces de cire. 4 livres de corne de rhinocéros. 170 livres de potasse. 3 livres 14 onces de miel.

Ce qui donne, pour le Binh-Thuân, un total de :

	Nombre de cantons	Nombre de ly	Nombre de sach	Nombre d'inscrits	Impôt en deniers		Impôt en nature					
					Ligat.	Tien	Cire	Ivoire	Cornes rhino.	Fer	Potas.	Miel
Phanthiet .	4	9	37	579	850	8	117,12	20	2			
Phanri. . .	7	22	96	1.047	1.009	7	37,8	50	4	176	170	3,14
Total . .	11	31	133	1.626	1.860	5	156	70	6	176	170	3,14

Les Orang-Glai sont divisés en deux cantons, celui de Tra-Duong ou Moï à bétel (Moï Cathia), et celui de Thang-thua-thuong-lam, comprenant les Moï du faux Varella. Leur impôt, perçu par le sous-chef de canton de Kinh-Dinh, s'élève à 20 ligatures 9 tien.

Les Moï de la vallée de Phanrang forment le canton de Elam, qui va de la rive gauche de la rivière à la mer, en laissant de côté la région du faux Varella. Au Nord-Ouest de ce canton, les tribus sauvages, appelées Moï Be et M. Ila-Luong par les Annamites, dépendent nominalement de Elam, mais trafiquent en réalité avec Nha-trang ; aussi, le tông-dich, n'en pouvant rien tirer, les abandonna, moyennant cinq barres d'argent, à son collègue, le thu'a-biên de Nhatrang.

Entre les cantons de Elam et de Thang-thua-thuong-lam. se trouvent les « Moï du Ky-Nam » (bois d'aigle) ou Moï Huong. Leur impôt est ainsi fixé :

1 livre 8 luong de ky-nam, d'une valeur de . . . . 360 ligatures.
1 livre de tram-hu'o'ng [1], d'une valeur de . . . . . . 15 ligatures.
1 livre d'écorce de ky-nam, ou toc-hu'o'ng, d'une valeur de . 1 ligature 5 tien.

Les Churu forment les cantons de Ninh-Gia et de Thu-Tra ; ils relevaient jadis de Phanri.

Les Koho fournissent les défenses d'éléphant et les cornes de rhinocéros, mais les fermiers ne les obtiennent que par voie d'échanges, car cette tribu, plus éloignée, est aussi plus indépendante.

A toutes ces sommes, il faut en outre ajouter le produit d'affermage des phu-truo'n'g, qui se décompose annuellement ainsi :

Phu de Ninh-Thuân (Phanthiet)

a) Phu-Tru'o'ng de Giang-Nam . . . . 1.000 lig.
b) Phu-Tru'o'ng de Vang-Khê (village de Phu-Lai) . 644 lig.

[1] Ky-Nam inférieur.

Huyen de Hoa-Da (Phanri)

a) Phu-Tru'o'ng de Xuân-Yên . . . . 2.160 lig.
b) Phu-Tru'o'ng de Hoc-Tròm . . . . 720 lig.

Phu de Ninh-Thuân (Phanrang)

a) Phu-Tru'o'ng de Mai-Nuong (village de Dat-Nhom).   906 lig.
b) Phu-Tru'o'ng de Thi-Ni (village de Thai-Giao) . .   704 lig. 4 t. 20 s.
c) Phu-Tru'o'ng de Xich-Hau (village de Thai-Dinh) .   247 lig. 7 t. 50 s.
Soit un total de . . . .   6.382 lig. 1 t. 70 s.

En y ajoutant les autres impôts réguliers précités, l'on obtient donc pour toute la région moï, au Sud du Varella, jusqu'à la Cochinchine [1] :

Désignation des impôts Moï	En deniers			En nature						Affermage en barres d'argent
	Ligatures	Tien	Cire	Cornes rhinocér.	Fer	Ivoire	Potasse	Miel	Bois d'aigle	
			l. o.	l.	l. o.			l. o.		barres
Moï du Khanh-Hoa (y compris Phanrang).	464		803,5	2	196,14	40	»	»	»	25
Moï du Binh-Thuân. .	1.860	5	156	6	176	70	170	3,14	»	»
Moï du Ky-Nam . . .	»	»	»	»	»	»	»	»	val. 376 l. 5 t	»
Impôt des Phu-Truong Orang-Glai de Tra-Duong et Thang-lhua-thuong-tam . .	6 382	1,70	»	»	»	»	»	»	»	»
Moï Be	20	9	»	»	»	»	,	»	»	»
	»	»	»	»	»	»	»	»	»	5
Total	8.727	15,70	959,5	8	372,14	110	170	3,14	376,5	30

Mais, au Thuân-Khanh [2], il faut, en plus de l'impôt, tenir compte d'une autre taxe déguisée, tout à fait spéciale à la province, et qui pèse très lourdement, non seulement sur les Moï et les Cham, mais aussi sur les Annamites. Cette taxe est le système des redevances appelé Hóa-Cò et Hóa-Mãi.

« Le Hón-Cò (louer avec accord) s'applique dans le cas suivant :

« Lorsque les autorités provinciales ont à exécuter des travaux d'une certaine importance, tels que réparation ou construction de maisons des mandarins, jonques de transport, ponts, etc., elles établissent sur un cahier *ad hoc*, le devis estimatif des matériaux, des journées d'ouvriers dont elles auront besoin.

« Une expédition de ce cahier est envoyée au ministère des Travaux publics, qui

---

[1] Tous ces renseignements sont tirés de Brière, *op. cit.*
[2] Le Thuân-Khanh est l'ensemble des deux provinces de Binh-*Thuân* et *Khanh*-Hoa.

la retourne après l'avoir examinée et déterminé la quantité de matériaux, le nombre d'ouvriers à employer, de corvées et de jonques à réquisitionner. Selon les cas, les mandarins font couper les bois directement par leurs hommes ou les font acheter sur le lieu de production.

« Les ouvriers et coolies sont réquisitionnés moyennant la nourriture et un salaire journalier »[1]. Naturellement, Moï et Cham seuls forment la main-d'œuvre ainsi requise.

« Hóa-mãi (acheter avec accord) s'entend de la fourniture des divers produits nécessaires à la cour de Hué pour les fêtes, les réparations du palais, les besoins de la famille royale, etc. Le Ministère des finances envoie dans chaque province une liste des objets à acheter, suivant la production spéciale au pays : ky-nam, tôc-hu'o'ng, paillottes, nattes ou feuilles de latanier, huile de con-rai, résine, nerfs de cerf, peau de rhinocéros, bois d'essence précieuse, etc., etc. »[2]

En 1889, la cour demandait à la région de Phanrang, 160 grosses pièces de bois, 35 livres de tram-hu'o'ng, 33 livres de tôc-hu'o'ng, 7 défenses d'éléphants, 45 livres de peau de rhinocéros, 40 livres d'ailerons de requin.

Pour les régions de Phanri et Phanthiet, étaient exigées diverses quantités de huong-vai, des cornes de rhinocéros, des rotins, des feuilles de latanier blanchi, des paillottes, des torches résineuses, des bois de construction en sao, et des pièces de go.

« Au reçu de l'ordre du ministère, les autorités provinciales font procéder aux achats par les soins des phu et huyen et ces derniers emploient généralement comme intermédiaires soit les thông-dich ou les thu-ngu', soit les chefs des cantons voisins des Moï.

« Le prix des acquisitions est déterminé d'avance et fixé sur une base modérée, de façon à ne jamais dépasser la valeur d'estimation à Hué »[3].

Le hóa-cò et le hóa-mãi étaient ainsi « une sorte de transaction, de trafic entre le gouvernement et ses administrés, opération calculée de telle façon que l'une des deux parties ne soit jamais exposée à un aléa ni à une perte. De plus, les commandes, en passant par les divers intermédiaires, grossissent d'une façon extraordinaire et deviennent un fléau pour les Moï et les Cham. En 1888, le sach moï de Cho-Du, région de Tam-Linh, émigre chez les Moï de Long-Thanh pour échapper à un hóa-mãi écrasant. »

Théoriquement et d'après les règlements de l'administration annamite, les acquisitions de hóa-cò et hóa-mãi devaient être payées aux trois cinquièmes de leur valeur et les deux autres cinquièmes devaient être versés après la réception définitive à Hué. En pratique, jamais aucune rétribution n'était donnée et les hóa-cò, hóa-mãi étaient, en réalité, des impôts additionnels, éminemment vexatoires et ruineux.

La province est, de plus, livrée aux sinistres fantaisies d'une institution spéciale au Binh-Thuân, celle des Hô-Mô, « composés de soi-disants défricheurs de champs, défenseurs jurés de l'empire, prétendus miliciens en permanence », en réalité exonérés d'impôt, ramassis de gens sans aveu, bons à tout faire. Cette institution, organisée

---

[1] Brière, *op. cit.*, p. 247.
[2] Brière, *op. cit.*, p. 248.
[3] Brière, *op. cit.*, p. 248.

vers 1860, était dirigée, à la veille de notre installation, par différents chefs dont le plus important est le quan Tu'o'ng, parent du fondateur ; il commande à cinq grands villages de Hò Mó et à un grand nombre d'hommes de la corporation dispersés dans beaucoup de hameaux. Son principal domicile est chez les montagnards, à deux jours à l'Ouest de Phanrang, aux villages de Tavêk et de Hamœu Barau : c'est lui qui, depuis 1877, avec la complicité des mandarins, fait peser sur les Cham et les Moï de la province le joug le plus odieux, la plus effroyable tyrannie.

Il faut lire dans Aymonier [1], qui visita le Binh-Thuân en 1885, le détail des incroyables abus auxquels se livrent sur les Moï ce potentat éhonté et les fermiers, ses imitateurs : l'on verra quel était le sort des malheureuses populations sauvages, livrées sans défense à la férocité des vainqueurs.

Terrorisée, une partie des Orang Glai s'enfuit dans les montagnes du Nord. Les buffles, les bœufs, les cochons des sauvages passent dans les mains des mandarins et des fermiers ; les Orang-Glai, plus doux et les plus rapprochés de la côte, sont odieusement pressurés, spoliés, emprisonnés, ruinés.

« En 1884, une épidémie fit périr une quantité de buffles des sauvages. Taxant les villages, le quan-Tu'o'ng se fit remettre toutes les peaux ».

La condition des Churu et des Koho n'est pas meilleure ; cornes de rhinocéros, cornes molles de cerfs, porcs, maïs, ortie de Chine (ramie), cardamome sauvage, ivoire, buffles, chevaux, cochons, rotins, paillottes, fer, cire, peaux et cornes diverses, ligatures sonnantes, plastrons de tortue, tout est exigé impitoyablement, aussi bien d'eux que des Orang Glai, sans aucune mesure, par l'arbitraire le plus sauvage ; les esclaves, les gongs, doivent remplacer les articles manquants et encore les malheureux Moï sont-ils le plus souvent, en outre, frappés, emprisonnés et vendus. L'exploitation des marchés — les phu-tru'o'ng — donne lieu à d'autres abus aussi monstrueux ; là, les fermiers tiennent les sauvages par la vente du sel qu'ils ne leur vendent qu'avec la plus grande parcimonie ; aussi, les Moï sont-ils forcés de revenir sans cesse et de sans cesse passer par les exigences des fermiers. « Il y en a qui font 15 à 20 jours de marche pour recevoir le sel d'un mois ou deux. De la part de ces malheureux, ce sont des allées et venues continuelles par des chemins impossibles, dans les forêts infestées de bêtes féroces qui les forcent généralement à passer les nuits sur les branches des arbres. J'ai vu en foule des vieillards, des femmes, des enfants, venus ainsi leur hotte sur le dos, avoir les articulations raidies au possible, criant de douleur pour s'accroupir et se relever » [2].

La vente du sel, en dehors des fermiers, est sévèrement défendue et réprimée ; quant aux denrées qu'apportent les pauvres montagnards, elles sont vendues à des prix dérisoires, imposés par l'intimidation ou la force.

« En janvier 1885, il y eut prohibition momentanée, mais générale de vendre du sel aux Hoi [3] et aux Moï sous prétexte qu'on craignait un mouvement » [4].

[1] Aymonier, *Notes sur l'Annam*, I, *Le Binh-Thuan*, in *Excursions et Reconnaissances*, X, n° 24, juillet-août 1885, pp. 199-340.
[2] Aymonier, *op. cit.*, p. 325.
[3] Nom que les Annamites donnent aux Cham.
[4] Aymonier, *op. cit.*, p. 326.

A la même époque, « les Orang Glai de Nhao, à quatre journées à l'Ouest de Phan-rang, étaient tous en fuite. Trois Annamites du quan Tu'o'ng, sous le prétexte de percevoir le tribut : dix ligatures, un porc, un panier de riz et vingt-cinq paquets de bétel par tête, enlevaient tout, cochons, poules et canards, en y ajoutant le plaisir de raser tous les bananiers des sauvages dont la banane est en quelque sorte le pain quotidien.

« Il en était de même à Choah, village un peu moins éloigné, où une douzaine d'Annamites du même Hô Mô enlevaient tout » [1].

« Selon un ancien mandarin retiré à Man Ri [2], le montant des tributs vendus annuellement par les mandarins aux navires chinois dépassait 1.000 barres d'argent (80.000 fr.). En tenant compte de toutes les dilapidations intermédiaires, les sauvages paient certainement le double de cette somme » [3].

Aux villages moï de Tavek et Hameu, le quan-Tu'o'ng fonda, vers 1880, des postes soi-disant militaires ; il en profite pour s'approprier toutes les rizières des habitants qu'il force à y travailler, les rendant responsables du rendement de la récolte. Ces travaux de défrichement, de labourage, d'irrigation, coûtent la vie à 150 sauvages, excédés de fatigues et de mauvais traitements. Les Orang Glai de Tjadang, qui ne creusaient pas assez vite à son gré, ont leurs greniers brûlés, leur basse-cour, la plus grande partie de leurs troupeaux et de leurs gongs confisqués. Assujettis à la corvée six mois par an, les malheureux ont fui. En 1883, le chef du village de Daruï n'ayant pas amené assez d'hommes pour la corvée, est saisi ainsi que sa femme ; pendant cinq jours, ils sont soumis au supplice du rotin ; la femme, déjà morte, et le mari, respirant encore, sont alors enveloppés de paille et brûlés. « Une foule de sauvages disparurent après ce haut exploit ».

« Abîmés de corvées, de brutalités, décimés par la mort et les fuites, les sauvages se sont enfin cotisés pour aller réclamer à Parik, à la fin de 1884, y conduisant trois esclaves en présent, plus une paire de défenses d'éléphant achetée au prix de trois autres esclaves. Les mandarins de la citadelle, après les avoir retenus quatre mois à Parik, ont accepté leurs présents, ont promis de les délivrer du quan Tu'o'ng, et l'an-sat leur aurait remis un écrit disant que dorénavant ces Orang Glai relèveront de lui et lui porteront un tribut annuel de deux esclaves » [4].

Telle est, au Binh-Thuân, la lamentable situation des malheureux Moï de la chaîne ; elle se prolongera jusqu'à l'occupation effective du pays par l'administration française.

Moï du Phuyen et du Binh-Dinh. — Pour ce qui est des Moï du Phuyen, les détails manquent et nous n'avons pas l'assiette de l'impôt qui existait à notre arrivée; nous savons que les tribus acquittaient un impôt en nature ; les postes frontières étaient, dans cette province : Phuong-Tung, Thach-Bam, Ma-Khiem, Tho-Vân et Tra-Hanh. De ce côté, les cac-lai s'avancent loin dans l'intérieur et atteignent la vallée du Song Ba, soit par la route directe du plateau de Tra-Khê, soit par la vallée même du Song Ba et le poste de Cung-Xon. De ce côté, ils remontent la vallée du Song-Nang et débou-

---

[1] Aymonier, *op. cit.*, p. 330.
[2] Ou Phanri. C'est le Parik des Cham.
[3] Aymonier, *op. cit.*, p. 319.
[4] Aymonier, *op. cit.*, p. 333.

chent dans la région de Mé-Drac où ils se rencontrent avec leurs congénères venus de Ninh-Hoa ; ils ne craignent même pas de s'avancer jusque chez les Radê du Darlac, où ils vont se procurer des chevaux, qui y sont assez nombreux ; chez cette tribu guerrière et turbulente, digne sœur des Jaraï, les trafiquants annamites n'osent guère se livrer à leurs exactions favorites et ce sont eux qui sont parfois victimes des *mtau*, ou grands chefs, sans scrupules et sans loi ; comme chez les Jaraï, les Sedang et les Ta-Hoi, les Annamites paient alors aux sauvages la rançon inconsciente des outrages sans nom que leurs compatriotes font subir aux malheureuses tribus du Binh-Thuân.

Au Binh-Dinh, le centre de An-So'n est le plus gros marché où aboutissent les denrées de l'hinterland. Mais les lois annamites défendent, sous les peines les plus sévères, « aux Annamites de s'établir sur les terres des sauvages, et à ceux ci de dépasser An-So'n, pour entrer en Annam. Les Annamites font, il est vrai, un commerce considérable chez les sauvages dont ils parcourent sans cesse les tribus, mais aucun d'eux ne peut songer à y fixer sa demeure. Les sauvages, de leur côté, descendent pour leurs ventes ou achats jusqu'à An-So'n, sans jamais oser franchir cette limite » [1].

Chez les Bahnar, les mandarins annamites font tenir, vers 1840, à un chef influent, nommé Kiem, un diplôme par lequel le roi de Hué le reconnaît chef des sauvages et le nomme son représentant chez eux. Ce chef, redouté et dévoué aux Annamites, fait avec ceux-ci un important commerce d'échanges et leur facilite l'accès de l'hinterland [2].

Moï du Qu. Ngai. — Chez les Moï du Qu. Ngai, la perception de l'impôt est difficile, et, à tout instant, la cour de Hué doit modifier les taxes, et réprimer les soulèvements et l'agitation de ces turbulentes tribus ; alors, l'organisation militaire entière est remaniée, des impôts nouveaux sont créés, d'autres sont supprimés.

En 1833, les forces militaires des six co' du Qu. Ngai sont placées sous le commandement du lanh-binh de la province, en résidence à Bô-Dê, huyen de Chu'o'ng-Nghiã.

En 1836, à la suite de divers mouvements de troupes distraites de la ligne de défense et envoyées en d'autres parties de l'empire, le nombre des co' est réduit à cinq et leur effectif réparti sur toute la ligne de défense ; chaque co' est alors fort de 400 hommes, sauf le quatrième, qui comprend 500 hommes. Les postes agricoles sont supprimés, et les terres, inscrites au profit des villages ou conservées comme biens domaniaux.

En 1837, une ordonnance royale crée 33 agglomérations, ou communes, avec des immigrants, qui deviennent les auxiliaires des co'.

En 1838, une ordonnance royale impose aux villages moï une taxe supplémentaire de 120 ligatures pour les années à mois intercalaire [3].

[1] P. Dourisboure, *Les sauvages Ba-hnars*, pp. 9-10. V. pp. 417-418.
[2] *Id.*, pp. 29-30.
[3] Ces 120 ligatures se répartissent ainsi :

Nguyên de Dà-Bòng	50 ligatures
Nguyên de Cù-Bà.	30 »
Nguyên de Ba-To'	30 »
Nguyên de Phu-Bà	10 »
	120 ligatures.

En 1839, les autorités provinciales demandent une nouvelle répartition des postes de la muraille afin de protéger plus efficacement les points menacés par les Moï ; le nombre des postes est alors de 116.

En 1842, les Moï sont à nouveau en effervescence. Le lanh-binh Vinh, ayant mis perfidement à mort, sur la place de l'agence commerciale de Binh-An, 33 Moï venus offrir leur soumission, les relations commerciales sont interrompues et l'impôt ne rentre plus que dans quelques dao ; la cour supprime alors les emplois de dich-muc et de thuôc-lê dans les dao des nguyên de Phù-An et de An-Ba [1] et les villages peuvent ainsi verser directement leurs contributions.

En 1844, à la suite d'une expédition heureuse, les milices sont licenciées, la haie vive, qui protégeait la muraille sur sa face occidentale, est détruite, et les postes sont réduits au nombre de 71.

En 1853, nouvelle révolte à la suite de laquelle la cour consent une réduction de l'impôt, qui est abaissé à 1.320 ligatures ; cette mesure ne ramène cependant pas le calme et, en 1855, les relations sont devenues très difficiles ; la rentrée des taxes, laissée aux soins des dich-muc et des thu'o'ng-hô, ne se fait plus que de façon très irrégulière [2].

En 1855, nouvelle expédition militaire ; 500 recrues sont levées dans les villages frontières ; la muraille est consolidée et 80 nouveaux postes sont créés ; mais les Annamites se heurtent sans succès contre les inabordables montagnes de Lang-Y d'où ils sont repoussés par trois fois ; revenant sur ses pas, la nuit, après l'attaque de Minh-Long, la colonne est prise de panique et les soldats s'entretuent.

En 1859, cependant, une autre expédition remporte tout d'abord des succès contre les Moï de Nu'o'c-Tô, mais, suprise par les sauvages, elle est décimée et perd un grand nombre d'officiers et de soldats, ainsi que beaucoup d'armes et de fusils.

En 1863, la situation est devenue telle qu'il faut organiser une importante colonne de répression que l'on confie à un Tiêu-phu-su' ; ce mandarin, ayant rejoint son poste l'année suivante commence par faire supprimer les bureaux de giao-dich (agences commerciales) et accorder la remise de l'impôt pour un an. Les villages annamites de la frontière étaient dévastés, les effectifs incomplets. Ayant réorganisé sa colonne, le maréchal se trouve à la tête de 3.600 réguliers et d'un corps de partisans ; il construit trois fortins, réduit à 47 le nombre des postes et rétablit les stations agricoles sur les terres libres, de chaque côté de la muraille. Ces postes avaient un rôle mixte de police et d'agriculture. Enfin, d'autres points de défense secondaire sont confiés aux villages frontières ; nombre d'entre eux étaient d'ailleurs protégés par des redoutes entourés de fossés et de palissades, et la zone la plus avancée était gardée par les tribus demeurées

---

[1] En 1841, l'empereur Thieu-Tri avait ainsi modifié le nom des trois nguyên :
Dà-Bòng s'appela Thanh-Bòng ; Cù-Bà devint Thanh-Cù ; Phu-Bà devint Phu-An et Ba-To', An-Ba.

[2] Nous passons sous silence toute une série d'actes administratifs d'intérêt très secondaire et portant sur le remaniement des effectifs et des postes, la création et la suppression de charges plus ou moins spéciales ; tous ces actes furent accomplis de 1857 à 1863 et montrent l'incertitude de Hué devant l'audace croissante des tribus moï, de plus en plus encombrantes.

fidèles. Ces mesures prises, le Tiêu-phu-su' entre en campagne et, de 1866 à 1867, il remporte une série de succès, obtient de nombreuses soumissions et réduit la plupart des dissidents ; seules, les tribus Nu'o'c-Tò et Nu'o'c-Xanh, à l'abri dans leurs difficiles repaires, résistaient encore ; le maréchal marche contre elles, en 1868-1869, pénètre dans leur retraite et finit par les soumettre.

La région moï, désormais pacifiée, est alors réorganisée : les postes et les fortins des six co' sont changés d'emplacement ; trois grands postes sont établis en pleine région moï, à Minh-Long-Ban, Y-Xuyên-Bao et Hoàng-Ngu'-Bao (1868); un quatrième sera placé, deux ans plus tard, à Già-Bò-Su', sur le haut plateau de Nu'o'c-Ly ; il prendra le nom de Lê-Nguyên-Bao, et servira de base aux troupes envoyées en reconnaissance.

Enfin, le Tiêu-phu-su' propose à Hué, qui l'approuve, un nouveau système d'impôts, reposant, pour certaines régions, sur l'ancienne assiette. Les tribus soumises sont, en outre, astreintes à une redevance en paddy. Il fut créé deux doi de dich-man ; chaque doi, ayant à sa tête un xuât-doi, devait s'occuper du recouvrement de l'impôt en nature des villages et tribus placés dans sa sphère et en verser le montant au fortin de Tam Dai-Bao; la perception de l'impôt ordinaire fut confiée aux co'.

Le pays, ainsi pacifié et réorganisé, fut donc appelé à payer, chaque année :

En plus de ces redevances, les tribus devaient acquitter un impôt global de 400.000 liens de rotin, plus un autre de 600.000 pour le nguyên de Thanh-Bông. Ces impôts en nature étaient livrables par semestre avec un supplément de 10, 20 ou 30 hôc de paddy, de 1.000, 2.000 ou 3.000 liens de rotins par partie versante, pour remplacer les déchets et les avaries.

Impôt annuel (Giao-Dich-Thuê)

Nguyên de Thanh-Bông	800 ligatures
Nguyên de Thanh-Cù	400 —
1ᵉʳ co'	30 —
2ᵉ co'	30 —
3ᵉ co'	30 —
4ᵉ co'	30 —
5ᵉ co'	30 —
Total	1.350 ligatures

Impôt du paddy

1ᵉʳ co'	230 hôc
2ᵉ co'	300 —
3ᵉ co'	290 —
4ᵉ co'	120 —
5ᵉ co'	40 —
6ᵉ co' (du nguyên de Thanh-Cù) .	220 —
	1.200 hôc

L'impôt des rotins long-dang était aboli. La région restait divisée en six co'.

La création, en 1863, du poste de Tiêu-phu-su' marque l'organisation définitive de l'institution particulière connue sous le nom de So'n Phòng : fonctionnant sous le contrôle direct du gouvernement central, elle s'étend sur tout le Quang-Ngai, sur une annexe de la région moï du Quang-Nam méridional (région de Tra-My ou de la cannelle) et sur tout l'hinterland moï du Binh-Dinh septentrional.

Cette institution fut d'abord exclusivement militaire ; elle avait eu son origine, en 1804, sous le règne de Gia-Long, par l'organisation du gouvernement de Trân-Man, qui était aussitôt devenu l'apanage d'une grande famille terrienne dont le fondateur, Nguyên-công-Toan, avait été le premier titulaire ; après la création du poste de Tiêu-phu-su', donné au descendant direct de Nguyên-công-Toan, et à la suite de ses heureuses campagnes militaires, cette organisation, déjà sans cesse remaniée, est complètement refondue et définitivement réorganisée sur de nouvelles bases. « Son centre administratif dans la province du Quang-Ngai, *huyên* de *Mô-Dú'c*, prend le titre de *Nhú't-Bao*, premier poste militaire, ou encore de Thú', qui, dans le classement des fortifications, occupe un rang un peu plus élevé, ou tout simplement le So'n-Phòng » [1].

Le chef suprême du So'n-Phòng est le *Tiêu-Phu* dont l'état-major est composé d'un *tham-biên* (inspecteur général), d'un *dê-dôc* (commandant supérieur des troupes), de deux *chânh lành-binh* (généraux de division) et de deux *phó lành-binh* (généraux de brigade).

Le territoire est partagé en deux grands commandements militaires, qui sont :

a) le *Nghia-Biên*, garde-frontière du Qu. Ngai, dirigé par un *Chành lành-binh* (général de division), assisté d'un *Phó lành-binh* (général de brigade) de l'état-major du Tiêu-Phu ; ces mandarins commandent à 7 fortins (*bão* ou *dôn*) et à 7 *co'* (régiments) ; chacun de ces co' est commandé par un *Chành quân-co'* assisté de deux officiers subalternes ; chaque co' comprend 7 *dôi*, ou compagnies, à l'effectif, chacune, de 4 *cai* (sergents), 8 *bêp* (caporaux) et 45 *linh-co'* (soldats), sous les ordres d'un *chành suât-doi* (capitaine), assisté d'un *phó suât-doi* (lieutenant).

Cette garde-frontière du Qu. Ngai comprend donc un effectif global de :

2 officiers généraux,
14 officiers supérieurs,
98 officiers subalternes,
588 sous-officiers et caporaux,
2.205 soldats.

b) Le *Dinh-Biên*, garde-frontière du Binh-Dinh. Il comprend les mêmes cadres, mais n'est qu'à l'effectif de trois régiments ou *co'*.

Sa force globale est donc de :

2 officiers généraux,
6 officiers supérieurs,

---

[1] Durand, *op. cit.*

42 officiers subalternes,
252 sous-officiers et caporaux,
945 soldats.

Les fortins occupés par les trois *co'* étaient :
An-Lão (alias thù' de Chi-Dòc, résidence du général),
Lò-Thuc,
Chôc-Ngà.

En 1887 ou 1888, la perception de l'impôt, encore affermée aux thu-ngu', aux thua-biên et aux thông-dich, comme dans les autres provinces, est confiée au So'n-Phòng dont l'organisation militaire est alors complétée par une administration civile, répartie en quatre *châu*, ou sous-préfectures, qui sont :

1° Hà-Tinh Châu, province du Qu. Ngai, auquel est jointe l'importante annexe de Tra-My, huyen de Hà-Dông, Qu. Nam.

2° Nghia-Hanh Châu, huyen de Chu'o'ng-Nghia, Qu. Ngai.

3° Du'c-Phó Châu, huyên de Mô-Dú'c.

4° Hoai-An Châu, phu de Hóai-Nho'n, alias huyen de Bong-So'n, Binh-Dinh.

Ce dernier ne devait être fondé qu'en 1891, par l'adjonction, au thu' de Chi-Doc, des deux cantons de O-Cam et de Qui-Hoa, qui furent réunis en un seul canton sous le titre de Hóai-Hóa Tòng.

Chacun de ces châu est administré par un *tri-châu*, ou sous-préfet, spécialement chargé de son administration particulière et juxtaposé, mais non mêlé, à l'administration préfectorale. Ce tri-châu est secondé par cinq fonctionnaires civils (un assesseur et quatre secrétaires) et dispose, comme force de police, de trois *co'* ou régiments de *linh-lang*, miliciens fournis par les villages frontières, requis suivant les besoins du service. Chaque co' se compose de 3 officiers, 8 sous-officiers et caporaux et 30 linh-lang, soit une force globale de :

9 officiers,
24 sous-officiers et caporaux,
90 linh-lang ou miliciens.

En plus de ces troupes, le tri-châu dispose d'une force spéciale de 30 linh quelconques, chargés du service de guides, d'éclaireurs et d'interprètes dans les expéditions contre les Moï.

Chaque châu se subdivise en cantons montagnards dont les chefs, appelés *Chanh* et *Phó Tông-Nguôn*, remplacent dorénavant les thu-ngu' et les thu'a-biên, établis par les précédents régimes.

En 1887, le dernier huyen formé par l'agglomération des cantons frontières, est celui de Binh-Khê au Binh-Dinh ; il comprend 44 villages, dont 26 nouveaux et 18 détachés du phu de An-Nho'n.

Au point de vue fiscal, « le Tông-Nguôn est sous la direction d'un chef de canton annamite et son siège administratif s'appelle le *So* — le district. Un marché d'échanges, *Tru'o'ng-Thi*, y est souvent annexé, peu fréquenté du reste. Il ne sert guère qu'aux réjouissances variées que le chef de canton, en politique éclairé, doublé d'un commerçant avisé, offre annuellement à ses sauvages tributaires.

« Le tòng-nguòn se divise en deux ou trois circonscriptions à la tête desquelles sont préposés des *Dâu-Muc* moï. Chaque Dâu-Muc commande (quand ceux-ci veulent bien obéir) à plusieurs Sách-Tru'o'ng, ou maires, lesquels gouvernent (s'il plaît à ces derniers de s'y soumettre) un nombre fixe d'inscrits au rôle de l'impôt » [1]. Chacun de ces cantons — ou nguòn — se subdivise en trois circonscriptions — la supérieure, la médiane et l'inférieure — ; chacune d'elles renferme un certain nombre de *sach* ou villages moï, et d'inscrits : ceux-ci paient un double impôt en deniers et en nature ; cet impôt est perçu par les *cac-lai* ou *lai-buôn*, qui sous-louent aux tòng-nguòn la ferme de un ou plusieurs sach moï chez lesquels eux seuls ont, en principe, le droit de commercer moyennant la fourniture de l'impôt.

Ici, comme dans toute la région moï, les transactions entre Annamites et Moï se font par voie d'échanges.

Les articles les plus courants sont :

Les serpes à une lame, les haches à un fer, les piochettes à deux fers, les petits hoyaux, les sabres à lame d'une coudée et demie, les sabres à lame d'une coudée, les couteaux à deux lames, tous articles vendus de 1 à 2 mat, le mat valant une ligature.

Les divers bols de cuivre, les bracelets en laiton de différents modèles, variant, en longueur, de deux tours de brasse à dix brasses, les grelots de différentes grosseurs, presque tous articles vendus 1 mat.

Les boucles d'oreille en argent massif, vendues, la paire, de 10 à 100 mat; les petits cercles en laiton argenté, aux deux extrémités saillant en forme d'ω, accouplés, par 30 et 40, dans l'intérieur du turban moï; la paire en est vendue 1 mat.

Les feuilles d'étain laminées, dont les Moï ornent leur peigne, la poignée du sabre, le sommet des lances et leur bouclier, vendues 1 mat les 10 feuilles, longues de 0 m. 15 sur 0 m. 06 et de l'épaisseur de trois ou quatre feuilles de papier.

Les perles de verroterie, de grandeurs et de couleurs différentes, 1 mat le collier.

Les gongs renflés de grand modèle, par jeux de trois gongs, valent deux buffles le jeu; un buffle vaut un jeu de moyen modèle. Les gongs plats, par jeux de cinq, valent de deux à trois buffles le jeu. Un grand gong plat est échangé contre un beau cheval. Les vieux gongs, qui sont les plus prisés, valent jusqu'à quinze buffles pièce.

Enfin, les jarres sont des articles de prix ; elles se vendent de un à quatre buffles ; certains modèles valent trente buffles, d'autres de 80 à 100 piastres ; d'autres enfin atteignent jusqu'à cent buffles.

Les cotonnades, peu demandées, valent de 1 à 3 mat la brasse ; le sel, 1 mat les dix tasses à riz.

Tous ces articles sont échangés contre du abac, du bétel, de la cire, des rotins, du coton, du cardamome, des cornes de cerf.

La cannelle, dont le commerce a toujours été très important chez les Moï du Qu. Ngai septentrional et surtout chez ceux du Qu. Nam, se vend 3 piastres l'once quand elle est de première qualité ; la qualité ordinaire vaut 2 à 3 ligatures le morceau.

Le bois d'aigle fait aussi l'objet d'un trafic rémunérateur; la première qualité

---

[1] Durand, *op. cit.*, p. 297.

(ky-nam) se vend, en Annam, 3 piastres l'once ; la seconde qualité (tram hu'o'ng), 2 piastres l'once ; la troisième qualité (tôc-hu'o'ng), 1 piastre l'once.

Les défenses d'éléphant sont échangées contre la valeur de cinq à vingt buffles ; elles sont achetées par les Chinois à des prix variant suivant l'état et le poids global de la paire ; une paire de 30 à 40 kilos vaut de 300 à 400 piastres ; une paire moyenne de 15 kilos ne vaut que 100 piastres [1].

Leur exportation en Chine laisse encore, tous frais payés, un bénéfice net du quart, souvent du tiers de la valeur.

La corne de rhinocéros, qui vaut de cinq à dix buffles chez les Moï, se vend, en Annam, 10 à 15 piastres l'once quand son poids total ne dépasse pas 1.500 grammes.

« Au-dessus, le prix monte proportionnellement de 15 à 20 piastres par fraction.

« Une corne de la hauteur d'une coudée, bien régulière et sans aucun défaut, se disputerait entre 300 et 500 piastres ». Il faut, cependant qu'elle soit relativement fraîche.

Moï de la cannelle (Qu. Nam). — Au Quang Nam, l'hinterland moï est en relations très suivies avec la côte grâce au commerce de la cannelle, qui se vend en Chine en grande quantité. Quoique le cannellier se trouve un peu partout dans la chaîne annamitique, il est plus spécialement abondant en arrière du Quang-Nam et cette région, qui produit à elle seule presque toute la cannelle exportée d'Indochine, s'étend depuis les sources de la rivière de Cu-Dê, près de Tourane, jusqu'à la limite méridionale du Quang-Ngai ; cette zone est limitée, à l'Est, par l'aire d'habitat des Annamites et, à l'Ouest, par la chaîne de partage. La précieuse laurinée, qui est cultivée par les Moï, se rencontre également à l'état sauvage et les Moï savent lui donner les soins nécessaires et l'exploiter de façon rationnelle.

Suivant la tradition, ce sont les Chinois qui, au siècle dernier, révélèrent aux Annamites et aux sauvages la valeur du produit que l'on pouvait tirer de cette plante. Durant le règne de Gia-Long, le commerce de la cannelle demeure libre de toute entrave, mais il est probable que les Chinois ont déjà commencé à le monopoliser. Dès son avènement au trône (1820), Minh-Mang donne le monopole de ce commerce à son frère Kiên-An et ce dernier, pour s'assurer la rentrée des produits qu'il comptait en retirer, provoque une ordonnance royale, qui établit les *lãnh-mãi*, les *lái-buón*, les *dich-mau*, etc., qui, depuis cette époque, ont, en fait, le monopole de l'achat de la cannelle chez les Moï. Cette mesure a pour résultat d'arrêter net l'expansion annamite dans la région montagneuse. Cette expansion, énergiquement menée sous Gia-Long, en même temps qu'au Quang-Ngai, avait amené les Annamites à s'établir solidement dans les vallées du Song Thu-Bong et du S. Tan.

Les nouveaux colons annamites étaient des gens peu recommandables et les sauvages se vengeaient de leurs exactions en les venant piller de temps à autre. Les marchés de Tramy et de Phu'o'c-so'n étaient déjà fondés, mais avaient eu gravement à souffrir des

---

[1] La piastre, de valeur variable, vaut alors de 8 à 9 ligatures pour une valeur de 2 fr. 40. Cet ivoire n'atteint jamais les proportions de l'ivoire d'Afrique et les défenses d'un poids supérieur à 30 ou 40 kilos la paire sont très rares. Leur cours est supérieur à celui qu'il atteint en Europe.

mésintelligences entre Annamites et Moï. Prenant prétexte de ces troubles, le gouvernement royal donna le monopole du commerce à des gens connus dans le pays et honnêtes. A ces personnages, fut donné le titre de *lãnh-mãi* (« chargés du commerce ») ; ils furent dorénavant les véritables représentants du prince Kiên-An ; on les choisit parmi les notables des villages déjà constitués ; ils étaient nommés pour une année, moyennant une redevance « de quelques ligatures versées au prince et fort probablement aussi contre certains présents adressés aux personnages alors influents à Hué.

« Les attributions dont ils furent investis leur conféraient le droit de ne laisser franchir la frontière à qui que ce fût, sans une autorisation spéciale qu'eux seuls avaient le droit de délivrer. Selon que les solliciteurs allaient faire le commerce du thé, du bétel ou de la cannelle, la redevance à payer par eux était plus ou moins élevée. Cette taxe acquittée, ils devaient en outre se conformer aux instructions des lãnh-mãi, se rendre à tel village ou dans telle région sans pouvoir s'en éloigner, etc., etc.

« Aux lãnh-mãi seuls était encore dévolu le droit d'acheter les produits apportés à la frontière par les Moï, le devoir de surveiller ces derniers, de ne pas les laisser passer sur le territoire annamite et interdire tout commerce direct entre Chinois et Annamites.

« Enfin, petit à petit, les lãnh-mãi agrandirent encore leur sphère d'action, là surtout où aucune organisation de So'n-Phong ne gênait leur initiative. Ils avaient le devoir de faire des tournées chez les Moï placés sous leur surveillance, de recueillir les plaintes des populations, etc. Le gouvernement annamite leur abandonna, contre une redevance annuelle, la perception de l'impôt dans les villages moïs soumis ; dans d'autres cas, les lãnh-mãi faisaient aux sauvages l'avance de l'impôt et devinrent ainsi les maîtres incontestés de la région où l'influence annamite avait une certaine efficacité.

« Les fonctions de lãnh-mãi furent lucratives ; tous sont devenus riches ou passent pour l'être. La meilleure preuve que la situation procurait de sérieux bénéfices est que tous firent leur possible pour faire renouveler leurs titres de nomination et qu'en fait, ils finirent par obtenir gain de cause. On renouvelait tous les ans les brevets, contre le paiement d'une certaine redevance. A Phu'o'c-So'n, même, les titulaires finirent par s'affranchir de cette servitude et exercent leurs fonctions depuis 25 ans sans qu'aucun nouveau brevet leur ait été délivré.

« Les gens qui obtinrent des lãnh-mãi l'autorisation d'aller commercer chez les sauvages furent appelés *lái-buôn* (« patrons du commerce »). Habitant les villages frontières, connaissant admirablement le pays et parlant les dialectes sauvages, ils devinrent d'autant plus vite les intermédiaires patentés et obligés de tout le commerce, que les lãnh-mãi, peu à peu, se contentèrent de rester dans les villages, vivant des redevances payées par les lái-buôn et de la dîme prélevée sur le commerce exercé par les Moïs venant eux-mêmes aux villages annamites échanger les produits de la montagne contre des objets de troc.

« Une organisation à peu près semblable à celle que nous venons d'indiquer fut établie au Quang-Ngai ; seulement, les chefs grands et petits du So'n Pho'ng furent investis à des degrés divers des fonctions dévolues aux lãnh-mãi et aux lái-buôn. De fait, aujourd'hui, ce sont les *lái-dich-mau*, chefs des postes militaires du So'n-Pho'ng, qui jouent dans cette région le rôle que jouent les lãnh-mãi au Quang-Nam. Basé sur les mêmes principes, adapté à une organisation militaire préexistante, le régime commercial du Quang-Ngai fut identique à celui du Quang-Nam et porta les même funestes résultats.

« Les Chinois, tout d'abord froissés, mais non rebutés par une mesure lésant aussi gravement leurs intérêts, se montrèrent habiles à tourner les difficultés que leur créait le nouvel état de choses.

« Connaissant bien les gens à qui ils allaient avoir affaire, les sachant presque tous nécessiteux, ils surent les circonvenir en flattant les vices des uns et en exploitant les besoins des autres, tant et si bien que les lái-buôn, surtout, devinrent peu à peu, d'agents des lãnh-mãi qu'ils étaient auparavant, de simples agents des Chinois.

« Ceux-ci leur vendant des marchandises d'échange contre des promesses de remboursement en produits de la montagne, ils allèrent chez les Moïs, suivis de bandes de coolies, chargés de gongs, de cotonnades, etc., etc. — Au retour, ils rapportaient de la cannelle, de la cire, de l'indigo, du jute, etc., que leurs commettants chinois taxaient souvent fort au-dessous de leur valeur réelle, leur permettant à peine de couvrir leurs frais.

« Que faire ? Pressés par le besoin, ils finirent presque tous par accepter les propositions de leurs créanciers et leur furent encore reconnaissants de leur ouvrir de nouveaux crédits et de leur offrir peu à peu, des produits rapportés de leurs voyages, un prix plus rémunérateur. Et voilà comment, lorsque l'Administration du Protectorat voulut installer une régie des cannelles, elle découvrit subitement que les lãnh-mãi et les lái-buôn de Tramy devaient 120.000 ligatures et ceux de Phu'ó'c-so'n 50.000 aux commerçants chinois établis sur ces deux marchés ou aux points d'embarquement de Tamky et Faï-Fo.

« Le commerce de la cannelle a lieu surtout du deuxième au quatrième mois annamite ; lorsque cette saison favorable arrive, les maisons de Faïfo envoient des agents et des marchandises dans les marchés de cannelle où les plus importantes sont représentées d'une manière permanente. Chacune d'elles pourvoit un ou plusieurs lái-buôn d'une pacotille d'objets d'échange d'une valeur variant de 100 à 500 ligatures, selon que ceux-ci passent pour être plus ou moins connaisseurs ou imposent plus ou moins de confiance.

« Les lái-buôn constituent alors leur convoi, s'adjoignent un certain nombre de coolies et gagnent le ou les villages que leur a indiqués le lãnh-mãi.

« La route est souvent longue et pénible. Il leur faut faire parfois cinq ou six jours de marche, dans des sentiers à peine frayés, escaladant les rudes montagnes couvertes d'immenses forêts, pliant sous le faix d'objets bizarres qu'on donnera au sauvage en échange de la cannelle, de la cire, etc., etc.

« Arrivés sur les lieux de production, les Annamites s'installent dans les petites maisons que les Moï ont construites à leur usage à la porte du village ; on fait la fête, on abat le buffle amené par le lái-buôn, on boit de l'alcool et on s'enivre conformément au proverbe sauvage qui dit « qu'il faut boire jusqu'à l'ivresse » ; puis on va visiter les plantations. Le lái-buôn, afin de s'assurer de la qualité, enlève à chaque arbre quelques fragments d'écorce : son choix fait, il débat les prix et finalement le marché se conclut entre deux lampées de vin de riz tirées de la grosse jarre vernissée attachée au poteau fétiche et à laquelle toute la population mâle du village sauvage boit à la ronde. Le lái-buồn achète ainsi la récolte des arbres sur pied et paie parfois comptant, mais le plus souvent se contente de donner un acompte, le surplus étant donné à la campagne suivante. La vente faite, les arbres sont immédiatement dépouillés et les écorces mises en paquet remplacent les marchandises d'échange ; puis, le lái-buồn reprend, avec ses coolies, le chemin de la plaine.

« Ces expéditions durent de 15 à 20 jours, quelquefois davantage. Pendant tout ce temps, le village moï a été en fête et parfois l'Annamite a profité de l'ébriété générale de la population pour faire écorcer des arbres non compris dans le marché. Une fois les commerçants partis, le sauvage dégrisé s'aperçoit qu'il a été volé : il prend alors sa lance et son arbalète, s'entoure soigneusement le corps de rouleaux d'étoffes pour se protéger des coups de sabre, et fond la nuit sur le village annamite le plus voisin. Le coup de main est rapidement fait : on entoure une maison isolée sur laquelle on lance un brandon, les habitants sortent affolés et tombent aux mains des sauvages blottis derrière les haies de bambou. En vain des cris sont poussés, le gong d'alarme battu ; en vain, les autres habitants, armés de lances et de coupe-coupe, tentent-ils de suivre les agresseurs. Ceux-ci ont rapidement attaché leurs victimes ; celles qui refusent de marcher ou qui tentent d'appeler à l'aide sont impitoyablement transpercées de coups de lances ; le reste est poussé en avant de la bande, tandis que les deux guerriers d'arrière-garde sèment rapidement le sentier de retraite de ces affreuses petites lancettes en bambou si terriblement effilées qu'elles percent la chaussure la plus solide, et si habilement placées que l'œil exercé de l'indigène ne parvient même pas à les découvrir » [1].

Ces prisonniers étaient vendus au Laos et leur principal centre d'écoulement était Attopeu.

« Le lái-buồn cependant est revenu au marché annamite ; il présente à ses commettants les produits qu'il a pu acheter, en débat le prix avec eux et la différence lui est versée soit en espèces, soit en objets d'échange.

« Si le village moï possède quelque cannellier d'une valeur exceptionnelle, il ne cède sa récolte que contre des buffles, des gongs, des marmites en cuivre ou des jarres. Cet important marché ne se conclut plus alors directement entre le producteur et le lái-buồn ; celui-ci revient accompagné de quelques sauvages, apportant un échantillon du produit qu'il présente au lành-mãi qui débat le prix avec les sauvages, après avoir parfois consulté le Chinois ; l'affaire conclue, les objets d'échange sont immédiatement donnés aux Moïs, avec lesquels le lái-buồn repart pour prendre livraison de l'écorce ainsi achetée.

« Les villages qui ont été trop souvent trompés par le lái-buồn, refusent parfois leur intermédiaire et, dans ce cas, font eux-mêmes leur récolte, qu'ils viennent vendre directement aux marchés, soit aux lành-mãi, soit par leur intermédiaire.

« De même pour les villages complètement indépendants, habités par des popula-

---

[1] Brière. *Culture et commerce de la cannelle*, in *Bulletin économique de l'Indochine*, nouvelle série, VIe volume, 1904, n° 33, pp. 935-950.

tions pillardes que les Annamites désignent sous le nom de Moï-Cao (les sauvages d'en haut) et chez lesquelles ils ne se risquent jamais ; ils y seraient certainement en effet réduits en esclavage. Ces gens descendent eux-mêmes vendre leurs produits sur les marchés annamites : on les voit arriver en longues bandes, tous armés et chaque homme portant sur le dos un fardeau de cannelle. Si ces sauvages n'ont aucune relation directe avec les Annamites, ils ont souvent des amis dans les villages soumis et visités par les lái-buôn. En passant, la bande emmène quelques-uns d'entre eux pour lui servir d'intermédiaire et c'est naturellement au lành-mãi de ces interprètes que l'on s'adresse pour l'écoulement de la marchandise.

« Ceux-ci font bien entendu un fort joli bénéfice sur toutes ces affaires, conclues sans aucun frais ; les Chinois en font de plus gros encore. On prétend qu'ils réalisent parfois des gains de 500 à 600 0/0 ; il y a là sans doute une exagération, mais il est facile de se rendre compte des bénéfices considérables que peut produire un commerce reposant uniquement sur le troc. »

Ici, comme dans le reste de la région moï, les articles d'échange les plus usités sont les buffles, les jarres, les gongs, le sel, les cotonnades, les fils de laiton, les verroteries et les marmites.

Le principal marché de vente est le gros centre de Tramy, dans la vallée du Song Tan. Les autres centres sont Phu'ó'c-So'n, au confluent du S. Tan et du S. Lao (dont la réunion forme le S. Thu-Bong) et où les embarcations peuvent arriver directement de Faïfo ; Tinh-So'n, Phu-Thanh, O-Gia, Lo-Dòng, sont les marchés secondaires.

Au Quang-Ngai, les échanges ne se font guère qu'à Tra-Bòng, Cô-Sau et Dòng-Khê.

Quelques autres marchés, situés dans la montagne, sont surtout fréquentés par les Sedang du Psi et du haut Kr. Bla, qui viennent y apporter la cannelle qu'ils appellent *lang-ngang*.

On distingue généralement trois qualités de cannelle :

Le *Quê-kép*, écorce d'un arbre ayant plus de dix centimètres de diamètre ;

Le *Quê-kiên*, écorce d'un arbre de moindre dimension ;

Le *Quê-thanh*, écorce des branches.

La cannelle extra, reconnaissable à la frisure de son grain, provient des arbres poussés en pleine forêt.

A Tramy, vers 1900, la valeur de la cannelle variait de 80 $ le kilo (cannelle royale ou extra) à 0 $ 25 (rognures de cannelle), la première qualité de cannelle cultivée valant 40 $ le kilo.

Le grand marché d'exportation est Hongkong où s'exporte toute la cannelle d'Annam.

§ 10. — LA MISSION CATHOLIQUE DES BAHNAR. — LA FRANCE ET LE SIAM DANS L'HINTERLAND

Fondation de la mission des Bahnar. — Afin d'échapper aux terribles persécutions qui déciment l'église catholique d'Annam, Mgr Cuénot, vicaire apostolique de la Cochinchine orientale, décide, en 1842, de chercher à s'établir dans l'intérieur pour soustraire ses fidèles à la rage des sicaires de Hué [1]. En conséquence, dès le début de l'année, les PP. Miche et Duclos se mettent en route en partant du Phuyen ; mais ils ont déjà atteint les régions moï quand ils sont saisis par des marchands annamites et livrés aux mandarins. Incarcérés à Hué, ils ne devaient être délivrés que l'année suivante par la corvette française, l'*Héroïne*.

Deux ou trois autres tentatives semblables furent faites, les années suivantes, par le Quang-Nam et le Quang-Ngai, mais elles échouèrent également.

En 1848, un nouvel essai eut lieu par le Binh-Dinh : le diacre annamite Do pénètre, par An-So'n (auj. An-Khê), dans l'hinterland, puis, au cours d'un nouveau voyage, il arrive chez les Jaraï Hedrong, d'où il revient auprès de Mgr Cuénot, ayant échappé aux trafiquants annamites et découvert une sente inconnue, défendue par des montagnes escarpées. Sur ses indications, l'évêque dépêche alors le P. Combes ; guidé par Do, celui-ci part de Tram-Gô, dernier hameau annamite, et atteint l'hinterland, mais, chassé par les pluies et les obstacles de toute sorte, il revient auprès de Mgr Cuénot, qui le renvoie, quinze jours après, avec le P. Fontaine ; après bien des fatigues et des lenteurs, les voyageurs arrivent enfin au village de Kon Pha, où ils font la connaissance de Kiem, ce chef bahnar que l'empereur avait nommé son représentant chez les sauvages. Malgré son dévouement aux Annamites, Kiem fait alliance solennelle avec les missionnaires, qui s'établissent à un jour de marche dans le Sud-Sud-Ouest, près du village de Ko-Lang, en une misérable cabane construite dans la forêt.

Tel fut le début de la mission des Bahnar.

Le 2 janvier 1851, deux autres missionnaires, les PP. Dourisboure et Desgouts, partis du Binh-Dinh le 11 novembre, y arrivent à leur tour, mais, terrassés par la fièvre, blessés par les lancettes de guerre, en butte à l'hostilité des villages voisins et forcés de se cacher des thuôc-lai annamites, les courageux pionniers durent, pendant de longs mois, mener une vie misérable dans leur hutte primitive, avant de pouvoir se faire accepter au village de Ko-Xam, sur le Bla, à un jour de Ko-Lang. Ils y cultivèrent leur premier champ. Plusieurs mois plus tard, ayant enfin vaincu la défiance des Bahnar, ils s'enfoncent encore plus dans l'Ouest et se fixent sur le Bla, au village de Rehai, qui est plus connu sous le nom, devenu presque fameux, du hameau contigu de Kontum. C'est au cours de ce voyage que les PP. Dourisboure et Combes arrivent, premiers Européens, au confluent du Bla et du Pekô.

A la fin de 1851, la mission comprend quatre postes : Pl. Chu, chez les Jaraï, Kon Trang, à l'orée des territoires sedang, Ko-Xam et Rehai, chez les Bahnar. C'est à cette même époque, en 1851, que Mgr Cuénot envoie, plus au Sud, des Pères annamites dans l'hinterland du Phuyen et du Khanh-Hoa ; ils arrivent, probablement après avoir traversé le Darlac, « chez les sauvages Bo-Nong, et dans la partie méridionale de la tribu des Jaraï [2] » et fondent, à Tinh-Ju, une mission, qui ne subsistera pas longtemps. Ce Tinh-Ju devait être situé à la limite septentrionale des Mnong, non loin de la Srépok, probablement dans la région de B. Jen-Drom, mais il est impossible de

---

[1] Pour l'histoire de la mission de Kontum, des débuts à 1871, voir P. Dourisboure : *Les sauvages Bahnars*. Paris, de Soye, 1873.

[2] P. Dourisboure, *op. cit.*, pp. 170-171.

localiser de façon exacte ce village sur lequel nous ne possédons aucun renseignement. En septembre 1851, le P. Bouillevaux, parti de Samboc, y arrive, après neuf jours de voyage effectif à dos d'éléphant et y trouve le P. Lacroix [1]. Le P. Fontaine y est, vers la même époque, envoyé de Kontum, mais la fièvre le contraint à rejoindre le Cambodge. Nous n'avons pas d'autres détails sur cette mission des Bo-Nong (Mnong), qui ne dut pas être occupée pendant longtemps et dont il ne reste pas le moindre vestige.

En 1854, éclate au Binh-Dinh une nouvelle et terrible persécution ; les mandarins annamites ayant appris la présence des missionnaires chez les Moï, envoient contre eux des soldats que les sauvages, gagnés à la cause des Pères, égarent dans les forêts et les montagnes d'où les chasse la fièvre des bois. Une seconde tentative porte les Annamites jusqu'à Kon-Jeri, à un jour de Ko-Xam, mais ils se heurtent à nouveau au refus des Bahnar de les conduire chez les missionnaires, et ils se retirent. Les communications avec la côte, cependant, restaient des plus difficiles et la prise de Saïgon ayant surrexcité les tortionnaires, la situation empire encore ; à la fin de 1860, toute communication est coupée et, au pays bahnar, la mission naissante de Kontum, décimée par les maladies, ne se compose plus que du seul P. Dourisboure. Pendant plus de deux ans, il vécut ainsi, seul, à la manière des moines de l'antique Thébaïde, coupé de tout rapport avec le monde extérieur. De loin en loin, par un thuôc-lai de passage, montait vers lui la clameur des massacres et des incendies, puis, cette rapide vision d'horreur disparaissait et, dans son isolement absolu, le P. Dourisboure pouvait avoir l'hallucination d'avoir seul survécu aux horreurs entrevues. Au traité de juin 1862, la persécution cesse enfin et la mission des Bahnar rétablit ses relations avec la côte ; elle révèle en même temps officiellement son existence que Hué reconnaît. Pendant dix ans, elle avait vécu, ignorée des mandarins ; pendant plus de dix ans, ses prêtres en étaient descendus ou y étaient montés dans le plus grand mystère, usant de mille précautions, voyageant de nuit, par les sentiers les plus scabreux et les plus détournés.

Cependant, si, au point de vue extérieur, la mission entre dans une ère de tranquillité, elle va se trouver aux prises avec des difficultés nouvelles d'ordre intérieur. La petite vérole ravage la région, puis les Sedang marchent sur Rehai ; par trois fois, au nombre de 400 à 500, ils descendent à l'attaque de la mission, mais, chaque fois, effrayés par des présages sinistres, ils rebroussent chemin sans avoir rien tenté. Au Sud, les Jaraï Hedrong pillent sans cesse les villages bahnar limitrophes, les refoulant sur la rive droite du Kr. Bla et leur enlevant des prisonniers qu'ils vont vendre aux Laotiens ; plus de cent hameaux bahnar quittent les terres qu'ils occupaient au Sud du Meteung et du Bla.

Les missionnaires n'en réussissent pas moins à étendre leur influence ; en 1868, le labourage est enseigné aux villages catholiques : l'agriculture et l'élevage se développent sous l'habile direction du P. Dourisboure qui, une fois encore, reste seul debout, victorieux de la fièvre qui a fauché ses compagnons.

De 1870 à 1885, l'histoire de la mission de Kontum n'est qu'une longue suite de

---

[1] C.-E. Bouillevaux, *Voyage dans l'Indochine*, Paris, Palmé, 1858, pp. 263-283.
Id., *L'Annam et le Cambodge*, Paris, Palmé, 1874, pp. 156-157.

démêlés avec les turbulents Jaraï. De nouvelles chrétientés sont fondées et de nouveaux missionnaires viennent reformer les rangs de la vaillante phalange, qui, peu à peu, entame le bloc sauvage dans sa lutte patiente avec les superstitions et les préjugés ataviques.

Le 8 janvier 1883, arrive à Kontum l'homme qui, par sa valeur personnelle, son intelligence, son activité, va jouer un rôle prépondérant et historique et aider puissamment à notre installation en région moï : le R. P. Guerlach.

En ce moment, la France est à la veille de conquérir définitivement l'Indochine. La prise de Saïgon, le 17 février 1859, a marqué son établissement en Cochinchine et le traité du 11 août 1863 lui a donné le protectorat du Cambodge : malheureusement, la politique d'hésitation et d'incertitude, qui précède et suit la chute de Napoléon III, ne nous a pas permis de pénétrer dans l'intérieur ; malgré notre installation aux bouches du Mékong, l'arrière-pays nous échappe complètement et le Siam peut, tout à son aise, empiéter sur la rive gauche du Grand Fleuve et dans le Centre Annam, s'établir dans les bassins de la Sé Bang-Hien, de la Sé Don et de la Sé Khong. La traite des esclaves ravage l'hinterland, de la Cochinchine à l'Annam par le Cambodge septentrional ; les bandes de pirates et de chasseurs d'esclaves parcourent le pays et l'anarchie règne du Grand Fleuve à la chaîne annamitique. Ta Hoï, Sedang, Jaraï Radé et Stieng pillent et razzient à leur aise ; comme un îlot battu par les vagues, la mission de Kontum se maintient, sur la haute Sé San, entre Sedang et Jaraï, avant-garde de l'intervention française, bien lente à se produire.

La révolte des Lettrés. — A la suite de la campagne du Tonkin, notre protectorat est enfin établi sur l'Annam et le Tonkin, par le traité du 6 juin 1884, mais des troubles éclatent en Cochinchine et au Cambodge, et le protectorat est à peine proclamé à Hué, que se déchaîne, sur tout l'Annam, la terrible révolte des Lettrés ; le guet-apens de Hué (nuit du 5 au 6 juillet 1885) et la fuite du roi Ham-Nghi en donnent le signal ; à l'instigation des mandarins et des lettrés, les massacres contre les chrétiens reprennent avec fureur ; de juillet à octobre, huit prêtres français, cinq prêtres annamites, plus de 25.000 catholiques sont massacrés, 225 églises détruites : la mission d'An-Khê, sur la route de Quinhon à Kontum, est du nombre ; les PP. Vialleton, supérieur, Guerlach et Irigoyen, qui sont seuls chez les Bahnar, prévenus, le 16 août, des événements tragiques, ferment aussitôt l'une des deux routes d'accès, ne laissant l'autre ouverte que pour permettre aux chrétiens en fuite de se réfugier sur les plateaux [1]. Les lettrés envoient contre la mission quelques troupes, qui parviennent aux premiers hameaux sauvages, mais ceux-ci refusent de les guider ; alors, le P. Vialleton, à la tête de quelques chrétiens armés de fusils, marche contre eux et ils s'enfuient précipitamment.

Repoussés de ce côté, les lettrés essaient, mais sans plus de succès, d'exciter contre les missionnaires leurs vieux ennemis, les Hedrong.

---

[1] Pour cette partie de l'histoire de la mission de Kontum, voir P. Guerlach, *Chez les sauvages Bahnars*, in *Les missions catholiques*, 1884, 11, 18, 25 janvier.
Du même, *Deux ans de captivité chez les Bahnars*, in *Les missions catholiques*, 1887, 11, 18, 25 novembre, 2, 9 décembre.

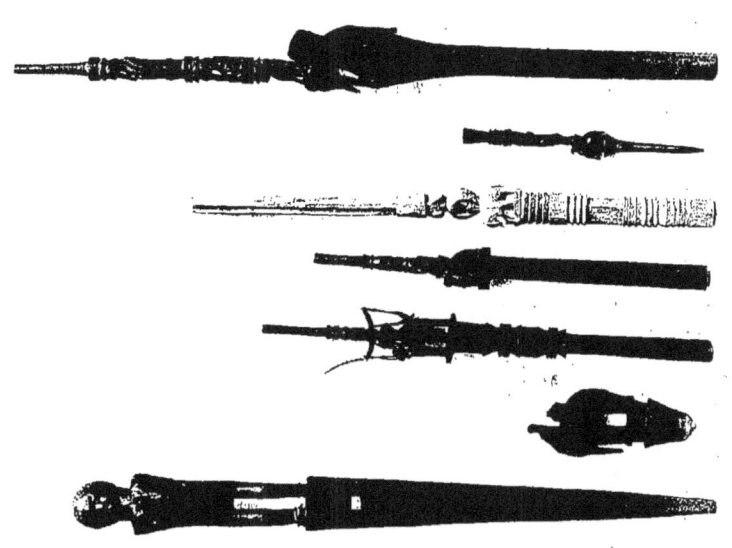

144. — Différents types de pieux sculptés pour jarre, provenant de chez les Pih et les Gar.

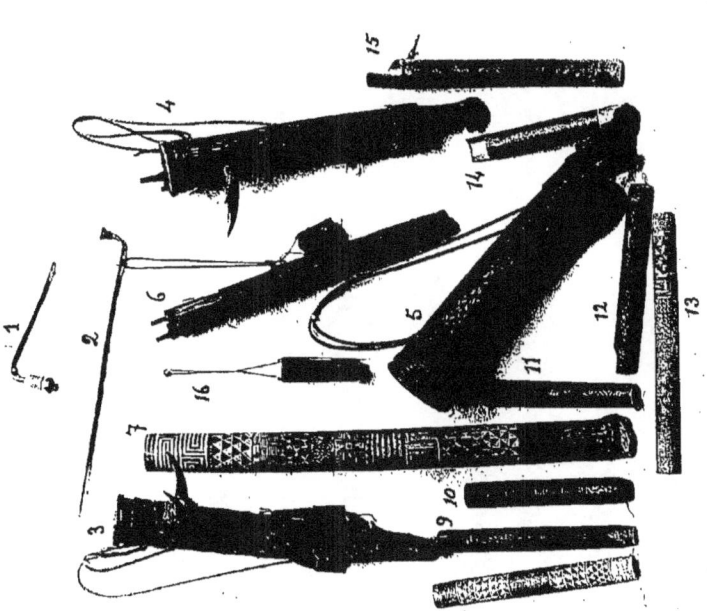

143. — Ustensiles moï.

1. Pipe radé en bambou. — 2. Pipe gar en cuivre. — 3, 4, 5. Carquois pih en sparterie. — Carquois radé en bambou. — 7. Grand tube à libations des Briet. (B. Pé-Prik). — 8 à 15. Tubes à libations radé et mnong (bambous gravés). — 16. Étui à amadou et silex des Phiet.

Forts de leur prestige, singulièrement accru depuis 1862, les Pères ne restent pas inactifs ; ils parcourent toute la région malgré la saison des pluies, courent aux nouvelles, organisent la résistance, et recueillent quelques chrétiens d'Annam échappés aux massacres. Retranchés à An-Khê, qui est devenu l'un de leurs camps principaux, les lettrés, ne pouvant soulever les Moï contre la mission, tentent d'arrêter son ravitaillement en sel ; cependant, comme ils manquent eux-mêmes de riz, ils sont forcés d'en acheter aux Moï, qui ne l'échangent que contre du sel ; ne pouvant ainsi empêcher cette denrée d'arriver aux missionnaires, les lettrés y mêlent des lambeaux de cadavres et des ordures diverses.

Vers la mi-décembre, le P. Guerlach contracte alliance solennelle avec plusieurs chefs sedang, tant pour se protéger du côté du Nord que pour renouer, entre Sedang et Bahnar, les relations rompues à la suite des querelles séculaires.

C'est à la fin de ce même mois que les lettrés s'avancent jusqu'au col de Kon Chorah, mais ils reculent en apprenant l'arrivée du P. Guerlach, qui se dirige contre eux à la tête de 200 chrétiens et Moï armés de fusils et de lances ; franchissant à son tour le défilé, le missionnaire réussit même à capturer un mandarin et son domestique.

Cependant, les communications sont toujours coupées et plusieurs tentatives pour expédier des courriers échouent, tant du côté du Laos que du côté de l'Annam. L'année 1886 se passe ainsi sur le qui-vive et dans l'isolement. Au début de 1887, l'on apprend enfin que les Français se sont emparés d'An-Khê. Le P. Guerlach part aussitôt pour renouer les relations avec l'Annam, mais, le 2 février, au fortin de Toban, il est reçu à coups de fusil par les rebelles, qui y tiennent encore ; une couleuvrine tire à boulets sur la petite troupe, qui riposte et se retire sans perte ; c'est, toutefois, la dernière alerte et la région est, peu après, entièrement occupée par nos troupes ; la mission de Kontum rétablit ses communications avec l'extérieur (fin février 1887).

Au Khanh-Hoa, que la révolte avait également ravagée, des refuges avaient été ménagés, par ordre des mandarins, tant chez les Moï de Nhatrang que chez ceux de Ninh-Hoa. En 1887, enfin, le mouvement insurrectionnel de Gia éclate dans le phu de Ninh-Hoa ; c'est encore chez les Moï, avec leur concours tacite et avoué, qu'il s'est préparé ; sans leur appui, en effet, « les massif de la Mère et l'Enfant et du Diadème n'auraient pu servir de dépôts de ravitaillement ; ils n'auraient pu, en tout cas, offrir aux bandes de rebelles qu'un abri des plus précaires » [1].

Au Binh-Thuân, la révolte des lettrés avait trouvé de précieux auxiliaires dans ces bandes de Hô Mò que nous avons vues pressurer Cham et Moï ; de ce côté, le P. Villaume, menacé par les tortionnaires, s'était réfugié dans les montagnes de la chaîne d'où il avait rejoint la basse Cochinchine en coupant les bassins de la Lagna et du Donnaï.

L'activité siamoise. — L'ordre est à peine rétabli en Annam que la France se trouve en butte, dans tout l'hinterland, aux empiétements siamois qu'ont singulièrement favorisés nos embarras du Tonkin et d'Annam et que l'attitude de l'Angleterre a sans cesse encouragés.

[1] Brière, *Notes sur les Moï du Binh-Thuân et du Khanh-Hoa*, in *Excursions et Reconnaissances*, XIV, n° 32, 1890, pp. 233-272.

Sans arrêt depuis la fin du xviii° siècle, les Siamois ont en effet continué leur politique d'expansion vers l'Est ; en 1794, ils avaient occupé Battambang et Angkor, en 1814, Stung-Treng, Tonle-Repou et Melu-Prey ; en 1827, ils enlèvent Vien-Tiane et débordent sur la rive gauche du Mékong où nous avons vu la rapidité de leur installation et la continuité de leurs agressions.

Dès 1886, leurs prétentions se précisent ; dans le Centre Annam, ils revendiquent comme frontière la ligne de partage des eaux Annam-Mékong jusqu'un peu au Sud du 14° latitude Nord ; de là, la frontière irait rejoindre le Mékong aux environs de Sambor ; la région même de Kontum, le bassin entier de la Sé San, la plus grande partie de celui de la Srépok, étaient ainsi considérés comme territoire siamois.

Tandis que la lutte politique s'ouvre dans le haut Tonkin et au Laos, les Siamois profitent de nos hésitations habituelles, et des difficultés que nous rencontrons en Annam, pour entamer la lutte.

Dès 1884, ils ont rapatrié à Song-Khône une partie des familles qu'ils avaient enlevées et déportées au Siam ; ils veulent ainsi qu'elles servent de base à leur conquête et de liaison avec les vaincus : dans toute la région, le repeuplement se poursuit ainsi, en même temps que le Siam établit un peu partout des fortins : à B. Dan, sur la route de Song-Khône à la Sé Don, à Ban Na Ban Iong, sur la Sé Pong, affluent de la Sé Don, au point de passage de la route de Saravan à M. Phin, à Muong Wapi, sur la Sé Don ; ce dernier point ne tarde pas à devenir un marché d'échanges où viennent s'établir des gens de Bassac, créant ainsi des relations commerciales avec ce poste, qui envoie les produits de la Cochinchine et du Cambodge.

De ce côté, Savaran est le centre d'activité des Siamois, qui se préparent à pousser dans l'Est, sur la rive gauche de la haute Sé Khong, et cette activité atteint toute son intensité à partir de 1886, à la suite de la convention dite de Luang-Prabang ; en 1885, les derniers chaus de la Sé Tchepôn-Sé Bang-Hien ont cessé de payer tribut à l'Annam, obéissant ainsi à l'injonction des Siamois, qui ont commencé à faire circuler des proclamations défendant aux habitants de trafiquer avec l'Annam ; quant aux notables, ils reçoivent l'ordre de faire le recensement en vue de l'impôt et ils devront boire l'eau du serment que leur donneront les chefs de poste siamois [1].

En 1887, un chef de bonze laotien envoyé de Mun-la-pa-mok — Moulapoumok , sur le Mékong, par le commissaire siamois de Bassac, arrive sur la moyenne Sé San ; il est accompagné du chau-muong et d'un certain nombre de familles laotiennes ; sur la rive droite de la rivière, dans un endroit désert, ils fondent un hameau, qui dépendra du roi de Bassac et prend d'abord le nom de Takalan, puis celui de la patrie d'origine — Moulapoumok — aujourd'hui plus officiellement connu sous le nom de B. Veûne-Sai.

En cette même année, les Siamois occupent de façon permanente M. Cao — Attopeu — où ils installent une vingtaine de soldats et un lieutenant. Saravan est tenu

---

[1] Cf. Matgioi (A. de Pouvourville), *L'affaire de Siam* (1886-1896). Paris, Challamel, 1897.
De Malglaive, *Voyages au Centre de l'Annam et du Laos.* Mission Pavie. Tome IV, Paris, Leroux, 1902.
Lemire, *Le Laos annamite,* Paris, Challamel, 1894.

par un détachement de force similaire et Siempang reçoit une garnison ; ce sont, vers le Sud, les postes les plus avancés et, de ce côté de l'hinterland, aucun centre d'occupation ne sera plus fondé.

Cependant, un événement inattendu vient précipiter la crise. A sa fuite de Hué, le roi Ham-Nghi s'était d'abord réfugié sur la Tchepône d'où il avait passé dans les régions montagneuses du Hatinh ; traqué par les troupes lancées à sa poursuite, il n'hésite pas à faire appel à l'étranger. Le 30 janvier 1888, le Résident de Quinhon annonce la capture, au village moï de Buong-Thuy, sur le Bla, de trois réfugiés annamites, envoyés par Ham-Nghi au roi de Siam ; ils sont porteurs de présents et de lettres signées de Ham-Nghi et de certains hauts mandarins de la cour et du Hatinh.

L'affaire Mayréna. — En décembre 1887, les Jaraï ayant pillé un gros convoi de la mission, le P. Guerlach se décide à châtier ces turbulents voisins. Vers la mi-février 1888, il fait appel à tous les Bahnar qui ont eu à souffrir des brigandages jaraï ; il réunit ainsi 1.200 guerriers, à la tête desquels il marche contre les pillards, qui sont mis en déroute et, huit jours plus tard, viennent conclure la paix. Cet événement met le comble au prestige du missionnaire ; jamais, de mémoire de sauvage, l'on n'avait vu pareille multitude obéir à un seul homme et, surtout, jamais les redoutés Jaraï n'avaient été vaincus. Aussi, le bruit se répandit-il rapidement qu'un lang (esprit) habitait le corps du missionnaire autour duquel les flèches étaient tombées sans l'atteindre et dont la nombreuse troupe n'avait pas eu un seul blessé. Le P. Guerlach est dès lors considéré comme un dieu vivant dont les Moï redoutent avec terreur la puissance, et son prestige s'en trouve considérablement accru ; son influence, énorme sur les Bahnar, s'étend jusque sur les tribus voisines où il est craint et respecté.

C'est à ce moment que va se jouer le prélude de la lutte franco-siamoise par l'entrée en scène d'un homme resté célèbre sous le nom de Marie Ier, roi des Sedang.

Aventurier sans scrupule, mais doué d'une haute intelligence, le baron de Mayréna arrive, en avril 1888, chez les Moï du Binh-Dinh ; son but avoué est la prospection des sables aurifères de la région d'Attopeu, mais il est, en réalité, chargé d'une mission plus ou moins secrète par le gouvernement français, qui lui a fourni argent et guides ; il doit, en effet, grouper sous son autorité les diverses peuplades moï indépendantes de l'hinterland et ne s'arrêter qu'à une journée du Mékong; sa responsabilité seule est en jeu ; cependant, s'il réussit, il passera la main à la France. Le 23 mai 1888, il entre à la mission catholique de Kontum en compagnie du P. Guerlach, qui est allé à sa rencontre. Le lendemain même, l'on continue sur les villages du Nord-Ouest et les hameaux traversés signent sans difficulté un traité de soumission ; le 28, Mayréna traverse le Pekô et traite heureusement de même avec les autres chefs sedang du district.

Tout a marché à souhait grâce à l'appui des missionnaires et, le 3 juin, Mayréna établit la constitution du Royaume Sedang que plusieurs chefs signent le jour même.

CONSTITUTION DU ROYAUME SEDANG

« Aujourd'hui, 3 juin 1888, les chefs de tous les territoires qui ont signé un traité avec M. Marie de Mayréna et l'ont reconnu pour chef suprême, se sont réunis avec les hommes de leurs tribus, au village de Kon Gung, et, après traduction et explication, ont déclaré accepter la constitution suivante :

« Article premier. — Les territoires indépendants qui s'allient aujourd'hui, prennent le nom de Confédération moï.

« Art. 2. — Les territoires sedangs étant les plus considérables dans cette Confédération, celle-ci prendra le nom de royaume des Sedangs.

« Art. 3. — M. de Mayréna, déjà chef reconnu, est élu roi des Sedangs.

« Art. 4. — La royauté est héréditaire ; mais le roi, s'il le veut, peut désigner un successeur en dehors de sa famille. Toutefois, les chefs des tribus exigent que ce roi soit agréé par tous les chefs, à la majorité des voix.

« Art. 5. — Le drapeau national sera bleu uni, avec une croix blanche à étoile rouge au centre.

« Art. 6. — Le roi a l'autorité absolue : il commande à tous les chefs civils et militaires et règle les différends qui peuvent naître entre eux.

« Art. 7. — Il décide de la guerre et de la paix, avec l'assistance d'un conseil composé des chefs des tribus.

« Art. 8. — Le roi conduit les hommes à la guerre ou désigne celui qui doit les commander.

« Art. 9. — Les terres ne sont aliénables aux étrangers qu'avec le consentement des Taoules et toute aliénation doit être sanctionnée par le roi.

« Art. 10. — A l'avenir, les sacrifices humains sont interdits.

« Art. 11. — Toutes les religions sont libres dans le royaume sedang.

« Fait à Kon Gung le 3 juin 1888. »

Le P. Guerlach a contresigné et « attesté qu'elle avait été bien et dûment signée par les hautes parties contractantes ».

Enfin, dans un paragraphe additionnel, il déclare que les Sedangs ont, sans aucune contrainte, accepté cette royauté, et que M. de Mayréna « n'a tiré des coups de fusils que sur la demande des sauvages, curieux d'expérimenter sans danger la portée des armes françaises » [1].

De Mayréna fait en outre alliance avec un chef des Keyong auquel les Laotiens ont donné le titre de Phya-Keo ; mais, à son retour, ce phya-keo se fait vertement tancer par le chau-muong d'Attopeu, qui, pour le punir d'avoir reconnu un autre suzerain que le Siam, lui confisque les cadeaux que lui a donnés le Français.

Le 20 juin, celui-ci part pour traiter avec les Hamong de la rive droite du bas Pekô ; de même que les Sedang-Reungao, les Hamong signent la Constitution du nouveau royaume : une troisième tournée, chez les Sedang riverains du Pekô et du Psi, obtient le même succès. C'est en ce moment que le P. Vialleton, supérieur de la mission de Kontum, réussit à persuader aux villages bahnar de se grouper en une Confédération dont un Bahnar influent, Krui, est élu président par tous les Anciens réunis en assemblée plénière à Kontum. La Constitution du royaume sedang une fois

---

[1] *Avenir du Tonkin*, 5e année, 3e série, n° 124, 27 octobre 1888, pp. 8-9.

signée, un traité d'alliance fut conclu entre de Mayréna et cette Confédération bahnar-reungao, qui allait être reconnue officiellement par le Résident général, Rheinart.

En septembre, de Mayréna rentre à Quinhon et les journaux publient sa constitution. Mais alors, l'aventurier, devenu Marie Ier, roi des Sedang, entend rester seul souverain de ses nouveaux domaines et ne parle plus de les remettre à la France ; bien plus, il répand le bruit qu'il a laissé la gérance de ses territoires aux missionnaires, qui sont prêts, dit-il, à prendre les armes à son premier signal. En même temps, il se discrédite par une véritable escroquerie et l'aventure ne tarde pas à finir de lamentable et tragique façon[1] ; ses mensonges ont, en outre, créé autour des missionnaires, qui l'avaient si généreusement assisté, une atmosphère d'équivoque et de méfiance. Les traités passés avec les chefs sedang avaient été rédigés et contresignés par le P. Guerlach, qui avait conclu avec l'aventurier une alliance défensive contre les Jaraï. De tous ces documents, Mayréna s'était servi pour compromettre la mission ; elle n'eut cependant pas de peine à se disculper et M. Rheinart, Résident général de France, se décidant alors à agir, la pria de prêter son concours au Résident de Quinhon, qui va se rendre chez les Moï, pour faire acte d'autorité au nom de la France.

C'est à la fin de mars 1889 que M. Guiomart, Résident de Quinhon, accompagné de M. Simoni et de six miliciens annamites, arrive à Kontum ; à Kon Trang, avaient été convoqués les chefs hamong et sedang-reungao, signataires de la Constitution Mayréna. Le Résident leur signifie la déchéance du « Roi », se fait remettre les drapeaux, insignes et proclamations distribués par l'aventurier, en même temps qu'il invite les chefs à se rallier à la Confédération bahnar reungao, formée par la mission et dont le président, Krui, était reconnu par le gouvernement français. Les chefs se soumettent sans difficulté à cette proposition et signent leur adhésion à la Confédération bahnar-reungao, qui ne devait être dissoute qu'en 1895, à l'établissement définitif de notre autorité.

Cet acte, prélude de notre installation officielle dans l'hinterland, affirme d'ores et déjà, en face des prétentions du Siam, notre prise effective de possession de tout le bassin inférieur des Kr. Bla et Kr. Pekô, où Kontum se dresse ainsi en face de l'avant-garde siamoise d'Attopeu comme la sentinelle avancée de notre puissance ; c'est sur ce

---

[1] A court d'argent, Mayréna fabrique une traite de 50.000 piastres qu'il signe du nom de Mgr van Camelbeke, évêque de la mission, et réussit à faire de nombreuses dupes ; des brevets de son « ordre royal sedang » sont largement distribués et, lorsqu'il se rend à Hong-kong, le *Freidj*, qui le transporte, arbore à son grand mât le guidon du royaume. Revenu en France, de Mayréna s'occupe de recruter le personnel de sa maison royale ; un financier belge avance 200.000 francs ; l'on affrète un vaisseau et plusieurs Belges honorables consentent à partir pour le pays sedang (1889). Mais, à Singapore, a lieu la débâcle : le gouvernement anglais met l'embargo sur le navire pour embauchage et introduction illicite d'armes ; en même temps, le consul de France avertit le « roi » de l'imprudence qu'il commettrait en débarquant en Annam où circulent certains effets d'argent compromettants pour lui. Marie Ier s'enfuit alors et va se réfugier dans l'îlot malais de Tioman, à 60 milles au Nord-Nord-Est de Singapore ; il ne tarde pas à y mourir, de la morsure d'un serpent, disent les uns, d'un coup de kriss, disent les autres.
Cf. J. P. Guerlach, « *L'Œuvre néfaste* ». Saïgon, Imprimerie commerciale, 1906, pp. 129-144.

bastion que viendront s'appuyer les efforts de nos officiers dans la lutte qui s'ouvre contre le Siam, pour la possession de l'hinterland ; les courageux missionnaires qui, seuls, occupent ce point, ne vont cesser d'y offrir à nos officiers, en même temps que l'appui de leurs ressources matérielles, le concours de la grosse influence dont ils jouissent auprès des Bahnar évangélisés et sur les tribus circonvoisines.

LA MISSION PAVIE DANS L'HINTERLAND MOÏ

I. — **Sur la Sé San et la Sré Pok**. — Pour lutter contre les empiètements du Siam, de la frontière de Chine à celle du Cambodge, s'organisent, sous la haute direction de M. Pavie, cette série de reconnaissances topographiques et militaires, conduites par des officiers et des fonctionnaires d'élite ; en même temps qu'ils vont lever la carte de l'Indo-Chine entière, et sillonner d'itinéraires innombrables l'hinterland et le Laos, ces agents vont jouer, sur la rive gauche, vis-à-vis des infiltrations du Siam, un rôle politique de premier ordre malgré les faibles ressources matérielles dont ils disposent, la difficulté du pays et souvent l'hostilité des indigènes.

Tandis que le gros de la mission Pavie opère au Nord, l'un de ses groupes est envoyé dans la région septentrionale du Cambodge ; il essaiera de pénétrer dans l'hinterland par le bassin de la Sé Khong-Sé San-Srépok.

De ce côté, les travaux sont confiés aux capitaines Cupet et Cogniard, au lieutenant Dugast et au chancelier Lugan.

Après avoir opéré au Laos et sur la rive droite du Mékong, le capitaine Cupet arrive à Bassac le 14 novembre 1890. Malgré la mauvaise volonté du commissaire siamois, il réussit à lui soumettre son projet d'itinéraires pour qu'il donne des ordres destinés à en faciliter l'exécution. Un fonctionnaire siamois, commissaire et topographe, le Luong Sakhon, est alors désigné pour « montrer la frontière du côté de l'Annam » ; le 16 décembre, il rejoindra Cupet à Nong-Té, près de la Srépok, d'où ils essaieront tous deux de gagner B. Don.

Le 26 novembre, Cupet quitte Bassac, en route sur Siempang ; le lieutenant Dugast et le chancelier Lugan partent, le 28, pour le même centre où se rendra également le capitaine Cogniard ; ils suivront tous un itinéraire différent. Cupet arrive le 2 décembre à Siempang, où il est rejoint, le lendemain, par Dugast et Lugan : le premier arrive de Moulapoumok (Mékong) et le second, de Khong ; ils en repartent tous, le 4, pour B Laïa, Cupet et Lugan ensemble par Moulapoumok (B. Vœüne-Sai), Dugast par Palassu. Les deux premiers atteignent B. Laïa le 11 décembre où Dugast les rejoint le 12. Trompé par ses guides, il a fait un détour énorme, de Siempang par Sré-Sabu, B. Yeun (Sé-Khong), Palassu (Sé San) et Kebal-Roméas (Srépok) ; tandis qu'il continuera sur B. Kong-Sedam, Cupet et Lugan repartent sur Nong-Té où ils arrivent le 15 ; le lendemain, apparait le Luong Sakhon, escorté de 12 soldats siamois qu'accompagnent 5 éléphants et 130 porteurs. « Alors, commencent, vis-à-vis du capitaine, des procédés qui le mettent dans l'impossibilité de continuer son exploration et le confirment dans l'idée, que les autorités chargées d'organiser sa marche n'ont eu d'autre but que de la faire avorter. Il se décide à gagner le Cambodge [1] ».

Le 19, Cupet et Lugan quittent donc Nong-Té et gagnent Lompat où ils s'embarquent sur la Srépok qu'ils descendent pendant cinq jours jusqu'à Stung-Treng où ils arrivent le 24.

Quant à Dugast, parti le 14 décembre de B. Laïa, il atteint la Sé San à Kebo (Bokkham) où il s'embarque, relevant la rivière jusqu'à Palassu où il reprend la voie de terre, qui le conduit à Stung-Treng, le long de la Sé San et de la Srépok.

Le 29 novembre, le capitaine Cogniard avait aussi quitté Bassac, en route, sur la rive droite, vers Melouprey, puis vers Tonlé-Repou où il traverse le Mékong. De Stung-Treng, il se rend par terre à Kebal-Roméas, en longeant à distance la Srépok sur la rive gauche ; il traverse ensuite la rivière, gagne B. Srépok, puis la Sé San qu'il descend jusqu'à St. Treng.

Le 31 décembre, les trois officiers font leur jonction à Kratié, d'où ils se rendent à Saïgon où ils arrêtent le nouveau plan qui doit, cette fois, leur faire atteindre la chaîne annamitique et leur permettre de s'opposer à l'expansion des Siamois.

Cupet partira de Kratié pour la mission catholique de Kontum, tandis que Dugast et Cogniard, gagnant par mer la côte d'Annam, tenteront de le rejoindre, le premier en partant de Quinhon, le second de Tourane. M. Garnier, inspecteur de milice, sera envoyé de Hué par le Résident supérieur pour aboutir au même rendez-vous, en passant par le col de Sayan. La jonction est fixée, aux environs du 20 février, chez les missionnaires de Kontum.

Le 22 janvier 1891, le capitaine Cupet quitte donc Kratié avec dix miliciens cambodgiens, six éléphants et douze charrettes à bœufs, se dirigeant vers l'Est. Après cinq jours de marche, le convoi atteint B. Pou-Klia, dans le bassin du P. Té, d'où les charrettes, ne pouvant continuer, faute de route, rebroussent chemin sur le fleuve. De Pou-Klia, par les pentes du Lum-Phum, le moyen Plaï et la route haute des forêts-clairières, le capitaine atteint B. Don, le 6 février ; il en repart le surlendemain, longe la lisière nord-occidentale du Darlac, coupe du Sud au Nord la zone des collines septentrionales et arrive chez le Sadet du Feu dont il doit dissiper les préventions et gagner la confiance. Traversant ensuite, en ligne droite, tout le Plateau jaraï, il reconnaît, le 20, le lac sacré du Tenueng et, le lendemain, il arrive à Kontum où le lieutenant Dugast est arrivé la veille, avec le garde principal Bricourt.

Débarqué le 15 janvier à Quinhon, le lieutenant Dugast, en compagnie du garde Bricourt, s'était aussitôt rendu à Cung-Xon, mais les mandarins, quoique prévenus, prétendent ne pouvoir lui trouver des guides. Il avait fini par revenir à Quinhon d'où, reparti le 5 février, il avait gagné An-Khê ; tandis que M. Bricourt se rendait directement à Kontum, le lieutenant avait essayé de rejoindre Cupet chez le Patao Puï ; ses coolies s'enfuient en route ; alors, abandonnant ses bagages, le lieutenant était arrivé

---

[1] Pour toute cette partie, voir Mission Pavie. *Géographie et voyages*, II, *Exposé des travaux de la mission*. Paris, Leroux, 1906, pp. 104-105.
Mission Pavie, Cupet, *op. cit.*

jusqu'à Pl. Maï, sur la rive droite de l'Ayun, à cinq lieues du village du Sadet, chez lequel personne n'avait voulu le conduire ; il avait dû revenir à An-Khê et atteindre la mission par la route ordinaire.

Quant au capitaine Cogniard, arrivé à Tourane le 17 janvier, il s'était aussitôt rendu à Tramy d'où il devait gagner Attopeu et Kontum, mais les mandarins avaient fait preuve d'une telle mauvaise volonté que le capitaine avait dû revenir à Tourane y former son convoi : pressé par le temps, il abandonne l'itinéraire primitivement arrêté, et s'embarque pour Quinhon afin de gagner An-Khê.

Il y trouve une lettre du capitaine Cupet lui fixant, pour le rendez-vous à Kontum, une date plus éloignée ; aussi, pour utiliser le temps dont il dispose, Cogniard envoie à Kontum le gros de son convoi et explore le plateau des Geular.

Cependant, grâce au dévouement du P. Guerlach, Cupet a pu refaire son convoi et obtenir des renseignements précieux ; il a, de plus, rapidement compris l'importance stratégique de cette plaine du Kr Bla, qui commande, d'une part, Attopeu et, de l'autre, le pays jaraï et les accès à la Srépok ; aussi, a-t-il décidé d'en faire la base d'opérations.

Sur ces entrefaites, les bruits les plus alarmants arrivent à Kontum ; les Siamois seraient sur la basse Sé San, en marche sur l'hinterland ; le 2 mars, le capitaine part pour Attopeu, mais, après avoir dépassé le Mang-Mrai, il apprend, par un télégramme du Résident supérieur, qu'une colonne siamoise, dirigée par le Luong Sakhon, est partie de Stung-Treng, le 23 février, se dirigeant sur B. Don pour pénétrer jusqu'à la chaîne de partage. Le capitaine oblique aussitôt au Sud ; ses éléphants, à bout de forces, ont dû être renvoyés à Kontum et il doit employer les porteurs. Le 9, il arrive au poste laotien de P. Pi, installé sur la Sé San pour préparer le ravitaillement des colonnes siamoises ; l'une d'elles, descendue d'Attopeu, est signalée sur le Nam Sathay, à trois ou quatre jours de son confluent dans la Sé San.

Cependant, le 11, à Kebo (Bokkham), le capitaine se rend compte que le gros de l'effort siamois se porte sur B. Don : il faut donc l'arrêter à tout prix ; abandonnant définitivement l'objectif d'Attopeu, Cupet envoie l'ordre à Dugast de se rendre au-devant de la colonne du Nam Sathay et d'installer Bricourt à Pl. Gong-Kouët, sur la grande route de B. Laïa à la chaîne de partage; en même temps, il demande au Gouverneur général l'envoi à Kontum de 60 miliciens de renfort et, résolument, il se met lui-même en marche sur B. Don, résolu à tout tenter pour arriver avant le Luong Sakhon. A travers un pays hostile, n'ayant pour toute escorte que quatre Cambodgiens, il revient au Sud-Ouest en longeant la lisière sud-occidentale du plateau jaraï ; le 18, il est chez le Sadet de l'Eau, le 22, dans la nuit, il arrive à B. Don où il se heurte au camp du Luong Sakhon ; la colonne siamoise est forte de 370 Laotiens, 22 soldats siamois, 14 éléphants et une dizaine de chevaux. Cupet, abandonné par ses porteurs, n'a plus avec lui que quatre hommes, mais, devant sa ferme attitude, le Luong Sakhon hésite ; aucun des villages moï auxquels Cupet a promis la protection française ne lui paiera le tribut ; le capitaine ne le tolérera pas. Le chef siamois se décide à la retraite ; toutefois « avant de partir pour Pak Sathaï, il ira demander le tribut à B. Khaniong, B. Méwam et à deux autres villages voisins de B. Don ». Le 5 avril au soir, la colonne traverse la Srépok, en retraite sur le Nam Sathay par B. Laïa. L'effet produit

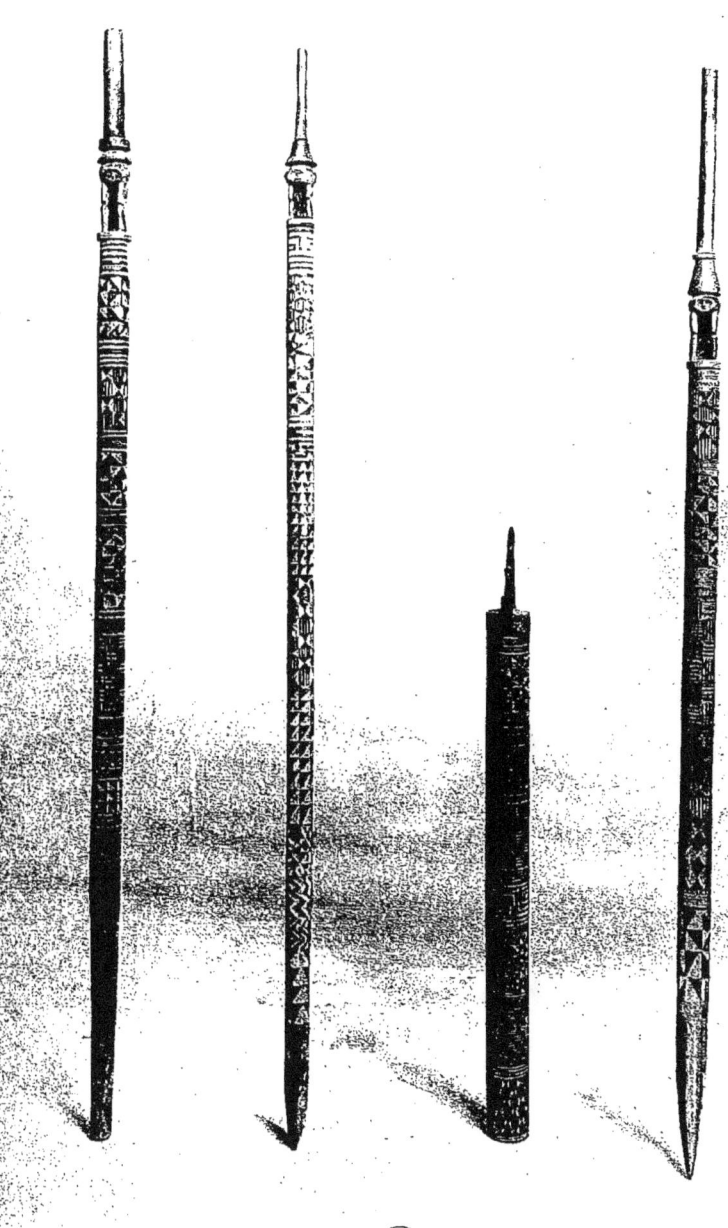

145. — Perches à jarre et tube à libations gravés des Preng.

fut immense sur l'esprit des sauvages ; l'annonce de l'arrivée du roi de Bassac, l'importance des effectifs déployés, la nouvelle, partout colportée, des préparatifs siamois, avaient causé un grand malaise et, en maint endroit, une dangereuse effervescence. La victoire morale de Cupet est d'autant plus grande qu'on y croyait le moins ; alors, le Khun-Yonob, subitement humanisé, fait ses confidences au voyageur.

Il lui apprend entre autres « qu'un chef annamite rebelle, nommé « Ong Tiagne » et habitant chez les Radé a envoyé l'an dernier à Ban Dôn son second « Ong Kham » avec une députation de 30 hommes pour demander aux habitants de le conduire à Bassac. Cette mission emportait des présents destinés au roi de Bang-Kok : quatre paniers de cannelle fine, une boîte inscrutée, de l'or, de l'argent et une très jolie femme.

« Le Koun, les sachant bannis et craignant de se compromettre, se refusa à leur donner des guides ».

Cet individu, probablement l'un des derniers émissaires de Ham-Nghi, avait disparu au premier passage de Cupet. « Il n'avait pas de résidence fixe, mais se tenait plus particulièrement à Mé-Houm où il avait un canon ».

Le 4 avril, arrivent les dix miliciens annamites avec un doï et 20 porteurs, demandés au capitaine Cogniard et, le 6, Cupet se met en marche pour la côte d'Annam ; il traverse tout le Darlac, de l'Ouest à l'Est et, par Mé-Sao, le col du Iok-Kao et Ninh-Hoa, il arrive, le 15 avril, à Nhatrang.

Cependant, si le Luong Sakhon a été repoussé de B. Don, la situation reste tout aussi menaçante sur la Sé San.

Le 2 mars, alors que Cupet se dirige vers l'Ouest, le lieutenant Dugast a, lui aussi quitté la mission ; il parcourt la vallée du Psi d'où il passe dans celle du Pekô qu'il descend par Dak Redé et Pl. Chu ; de ce hameau, sis au confluent du Pekô et du Bla, il revient à Kontum où il apprend l'entrée d'une troupe siamoise dans la région. Il repart aussitôt, rallie Pl. Chu et, par un itinéraire circulaire, gagne la Sé San, au Sud, puis Pl. Bia. « Les renseignements lui apprennent qu'il fait fausse route ; il se rend à Kétoy à l'Ouest puis va au Nord vers Semet. Au cours de sa marche, il reçoit de tous les villages la prière d'arrêter l'invasion qui les menace. Arrivé à Semet, il joint la colonne siamoise, l'invite à se retirer et obtient sa retraite ». Dugast revient alors sur Dak Redé.

Cependant, M. Garnier était en retard au rendez-vous ; à la tête de seize miliciens, et secondé par le garde principal Delingette, il avait quitté Tramy le 8 février et n'était arrivé à Kontum que le 29 mars, après un long et pénible voyage effectué en partie à la boussole. Il y trouvait l'avis laissé par le capitaine Cupet, l'invitant à pousser une reconnaissance au Nord-Ouest, sur Dak Redé ; en même temps, l'on apprenait par les Moï l'arrivée en ce point de la troupe lao-siamoise venue d'Attopeu par le Nam Sathay pour lever l'impôt que les villages refusaient de verser.

Sans tarder, M. Garnier se met en route le 3 avril, accompagné du P. Guerlach, qui a mis à sa disposition les éléphants de la mission. Le lendemain soir, la petite troupe arrive à Dak Redé où elle apprend que les Siamois, terrorisés par l'approche des miliciens, se sont précipitamment retirés, abandonnant le poste qu'ils y avaient fondé.

Le 5 au matin, Garnier se porte sur ce camp, établi à 2 kilomètres de là, sur le D. Çir, et en prend aussitôt possession. Dans la soirée du même jour, arrive le lieutenant Dugast, qui revient de Semet où il a obtenu la retraite de la troupe siamoise. Le lendemain matin 6, celui-ci repart sur Kontum en compagnie du P. Guerlach ; le 7, M. Garnier s'y rend à son tour, laissant Delingette et ses miliciens au poste siamois de Dak Redé, avec mission de surveiller le district. Dès le 8, Delingette se met en route. De Keyong Dak Uang, il marche, le 12, sur Keyong Ek et reconnaît, en route, avant le D. Hanien, la « porte du Siam et Laos, » élevée par les Siamois « pendant les années précédentes ».

Derrière un mince rideau de pins, elle se révèle soudain, barrière étrange, de 80 mètres de longueur. « Le corps en était formé de troncs de pins, pouvant mesurer cinq mètres de hauteur, espacés les uns des autres de dix centimètres ; ils étaient reliés entre eux par de fortes traverses ; l'ouvrage tout entier s'appuyait sur deux gros massifs de bambous ; un passage était pratiqué au milieu de cette palissade où quatre hommes pouvaient passer de front.

« D'après les renseignements... fournis, il y a deux ou trois ans, les Siamois seraient venus en nombre construire cette palissade et déclarer territoire siamois tous les pays s'étendant à l'Ouest de ce point. Ils auraient, paraît-il, à cette occasion, décerné le grade de *Ek* au chef de la tribu des Keuiong, tant en signe d'amitié que pour lui donner un certain prestige aux yeux des autres tribus moïs » [1].

Pendant plusieurs jours, Delingette parcourt tout le district, visitant les villages, qui le reçoivent avec la joie la plus vive, et le supplient de les sauver du joug siamois.

Cependant, le capitaine Cogniard était en train d'explorer le plateau geular quand il reçut, à Pl. Guoï, une lettre du capitaine Cupet lui demandant de l'aide. Cogniard marche aussitôt à la rencontre de son camarade, mais, chez le Sadet de l'Eau, il trouve une seconde lettre arrivée de B. Don ; Cupet lui demande du renfort ; c'est alors que Cogniard lui envoie 10 miliciens et 20 coolies tandis qu'il revient lui-même sur ses pas et se porte rapidement au Nord « pour interdire l'accès du pays à une troupe siamoise qui lui est signalée comme ayant pris cette direction. Arrêté un instant par le chef des Jaraï qui, ne le voyant plus qu'avec cinq hommes, essaye de s'opposer à son passage, il parvient à Pl. Gong-Houëtte où il rencontre M. Bricourt et, apprenant alors que les Siamois sont à proximité, il se rend à Tiarao Louk d'où il fait prévenir leur chef de sa présence ; celui-ci abandonne alors la direction qu'il suivait et M. Cogniard revient à Kontum ».

Il s'y rencontre avec l'inspecteur de milice Odend'hal, qui amène avec lui le garde principal Breugnot et les 60 miliciens annamites de renfort demandés par Cupet au Gouverneur.

Or, au cours de sa tournée, Delingette apprend, le 21 avril, à Pl. Trop, que la colonne du Luong Sakhon, revenant de B. Don, d'où l'a repoussée le capitaine Cupet, est arrivée la veille au hameau et en est repartie ce matin même ; son chef, malgré les

---

[1] A. Delingette, *Relation d'un voyage chez les Moïs*, Paris, Imprimerie Kugelmann, 1895, pp. 22-23.

promesses faites à Cupet, s'est fait remettre par le village, le pavillon français donné par Dugast ; de plus, il a réquisitionné plusieurs piculs de riz, des cochons, des volailles et des porteurs ; coupant au plus court par les montagnes, Delingette regagne au plus vite Dak Redé qu'il trouve occupé par une quinzaine de miliciens commandés par un doï et prudemment envoyés en renfort, pendant son absence, par M. Garnier.

Toute la région halang est en effervescence ; tandis que femmes et enfants se sauvent en forêt, 200 guerriers en armes se massent au poste, prêts à repousser les Siamois qui, retardés par leurs éléphants, marchent avec lenteur ; mais, le 24, alors que l'avant-garde siamoise est déjà signalée, arrivent au poste le P. Guerlach, le capitaine Cogniard, l'inspecteur Odend'hal et le garde principal Breugnot avec 40 miliciens.

Prévenus par deux émissaires de l'arrivée de la colonne siamoise, ils ont réuni en hâte les éléphants de la mission catholique et l'on est parti sans tarder ; à Pl. Kebay, les Français rejoignaient et dépassaient les Siamois, qui n'arrivent à Dak Redé qu'une heure plus tard. Les Halang, très surexcités, ont de la peine à être maintenus et il faut que P. Guerlach use de toute son influence pour les empêcher de tomber sur la colonne siamoise dont la position est critique ; le capitaine Cogniard décide enfin le Luong Sakhon à évacuer définitivement la région ; il se repliera sur Attopeu et promet de ne pas faire acte d'autorité sur les villages qu'il traversera. Dès le lendemain matin, les Siamois battent en retraite et le 26, les officiers français et le P. Guerlach partent à leur tour pour Kontum, laissant à Dak Redé Delingette et 15 miliciens afin de couvrir Kontum et surveiller les agissements siamois.

Trois jours après, sur la route d'Attopeu, le Luong Sakhon, cousin du roi de Siam, et son lieutenant, mouraient en forêt. La colonne, errante, vaincue sans combat, repoussée de B. Don et de Dak Redé, ne pouvait remettre au chau muong que le cadavre de son chef, précieusement rapporté.

L'échec des Siamois était complet ; l'activité de nos officiers, le dévouement du P. Guerlach, l'appui moral et matériel de la mission de Kontum, avaient empêché l'occupation effective de l'hinterland ; les villages moï menacés et prêts à la résistance, voyaient le danger conjuré ; la partie était d'ores et déjà gagnée par la France dont le prestige venait de s'affirmer de façon si éclatante.

La retraite définitive de la colonne siamoise marque la fin de la lutte en hinterland moï de la haute Sé San ; le but atteint, les officiers quittent Kontum.

Le lieutenant Dugast en était d'ailleurs reparti le premier, avant l'arrivée même du Luong Sakhon. A son retour de Dak Redé, il avait en effet trouvé des instructions de Cupet lui prescrivant de ramener à Kratié le convoi d'éléphants dont il avait dû se séparer au début même de sa marche sur B. Don.

Dugast avait donc quitté Kontum le 16 avril : « il traverse des villages en guerre les uns contre les autres qui, pour ce motif, lui refusent des guides ; continuant sa route d'après des renseignements, il voit les chemins, les cours d'eau et les mares couverts de lancettes en bambou qui lui imposent une allure lente pour éviter les blessures aux pieds des éléphants.

« Sortant de cette contrée, il entre dans la région des sources et affluents de droite de la rivière la Drang », descend la vallée de cette rivière et, après un crochet sur B. Laïa, rejoint Takok d'où il pénètre dans les forêts-clairières désertes ; l'un de ses éléphants meurt en route, mais il finit par atteindre Sréki, et le 10 mai, il arrive à Kratié, épuisé de fatigue.

Quant à Cogniard, au reçu de la nouvelle de l'arrivée de Cupet à Nhatrang, il quitte Kontum par la route d'An-Khé, où il arrive le 3 mai.

Delingette, resté seul à Dak Redé, ne cesse de parcourir le district; peu après la retraite du Luong Sakhon, une nouvelle colonne siamoise, forte d'une cinquantaine d'hommes et de sept à huit éléphants, est signalée à Dak Plung, en marche sur Kontum par le Pekô, mais à la seule annonce de l'arrivée du garde principal, elle se retire précipitamment sur Attopeu (3 ou 4 juin).

Le 5 juillet, la contrée paraissant tranquille et la saison des pluies battant son plein, le poste est évacué par ordre supérieur et Delingette rentre à Kontum d'où, le 10, il se met en route sur Quinhon où il arrive le 18.

Alors, les Siamois reprennent courage et, au début de 1892, l'on apprend l'arrivée imminente d'un de leurs commissaires, le Luong Saket, ostensiblement chargé de lever la carte du district. Le Résident de Quinhon, d'Albaret, répond aussitôt en envoyant, sous le même prétexte topographique, l'inspecteur Grosgurin qui, du 1ᵉʳ février au 10 mai 1892, parcourt les bassins du haut S. Ba, de l'Ayun, du Bla, du Pekô, du D. Cer et du Nam Sathay. Les Siamois, intimidés, n'osent avancer et se contentent d'envoyer dans les villages moï des émissaires laotiens chargés de lever un faible tribut et de discréditer la France auprès des naïfs aborigènes.

II. — **Sur la Sé Don et la Sé Bang-Hien.** — Au début de 1889, les Siamois occupent, dans le bassin de la Sé Bang-Hien, une ligne jalonnée par les postes de Muong-Chanh, Tabang et Lang-Trinh; établis depuis 1888 à Phin et à Nong, ils envoient des kromakans, ou notables, pou-thai chez les Leung pour dresser les rôles d'impôts et établir des approvisionnements dans les postes qui leur serviront de base et d'où leurs colonnes partiront vers la ligne de faîte Annam-Mékong; le 8 avril, ils établissent un poste à Na-Bon, au confluent même de la Sé Tchépôn et de la Sé Bang-Hien, en même temps qu'ils s'infiltrent lentement dans tout le pays; une commission militaire, commandée par le capitaine Simon et le lieutenant Marx, est envoyée et, pendant trois semaines, elle parcourt le pays; grâce à l'effet moral obtenu, les Siamois vont se tenir tranquilles jusqu'à la fin de l'année.

Mais, en mars 1890, sur l'ordre du khaluong de Cam-Mon, Phrayot, qui dirige l'action siamoise sur la frontière entière, des détachements nouveaux sont envoyés de la rive droite du Mékong et viennent occuper complètement la basse Sé Tchépôn; à Ho-Sang (ou Houé-San), à trois lieues en aval de Aï-Lao, est établi un poste avancé, fort de 50 soldats et de 20 chevaux. Une reconnaissance, aussitôt envoyée par le Résident supérieur, sous les ordres de l'inspecteur de milice Grosgurin, se rend à Aï-Lao et, de là, à Ho-Sang d'où les Siamois se retirent avant son arrivée. Sur une énergique sommation, véritable ultimatum, de l'inspecteur (28 juillet 1890), les Siamois évacuent même Na-Bon et Thuo'ng-Khé; ce dernier poste avait été fondé, vers la même époque que Ho-Sang, à deux jours au Sud-Ouest de Aï-Lao [1]. Jusqu'en 1892, les Siamois ne se hasardèrent plus dans ce district où ils ont été si sévèrement reçus. D'ailleurs, de ce

---

[1] Cf. Matgioi, *op. cit.*, Lemire, *op. cit.*

côté également, ils sont inquiétés par l'apparition d'un membre de la mission Pavie ; tandis que, plus au Sud, opère le groupe Cupet, dans le Centre Annam, la mission de pénétration et de reconnaissance de l'hinterland a été confiée au capitaine de Malglaive.

Le 26 novembre 1890, le capitaine quitte Hué [1], traverse la chaîne, au Nord du massif de l'Atouat, mais, aux sources de la Sé Khong, il doit reculer devant l'hostilité des naturels et revient à Hué, le 16 décembre, chercher une escorte indispensable ; 20 miliciens lui sont donnés sous la conduite de l'inspecteur Odend'hal. La colonne part le 22, rejoint Dout où de Malglaive a laissé ses bagages ; le 1er janvier 1891, les explorateurs entrent dans le bassin de la Sé Tchépôn et arrivent à Aï Lao. Les Siamois se répandent dans tout le pays et les populations se montrent très inquiètes et mécontentes ; le poste d'Aï-Lao, occupé en 1887, puis évacué par nos troupes, est leur objectif. Ce fortin avait été précédemment construit par l'Annam qui, en 1877, y entretenait une garnison de 15 soldats commandés par un dôi ; à cette époque, inquiets des agissements du Siam, la cour de Hué avait même envoyé des renforts dans la région et fait construire des forts sur les sommets ; le col de Tan-so notamment avait reçu 92 canons qui furent plus tard transportés à Cam-lô. Devant les incursions siamoises et ta-hoi, les Annamites n'avaient pas osé ou pu résister. Le 7 janvier, les deux officiers continuent sur Saravan, par la bordure occidentale du plateau des Ta-Hoï, et arrivent dans le bassin de la Sé Don, mais, le 12, à La Tiang, au pied du plateau des Ta-Hoï, à deux jours de Saravan, le capitaine tourne court ; les khaluongs siamois de Saravan se préparent en effet à pénétrer chez les Kon-Tu de la Sé Khong et de Malglaive a décidé de leur couper le chemin ; les Moï sont enthousiasmés de cet appui qui leur arrive contre les Siamois : aussi, la marche sera-t-elle facile. Les kromakans doué qui forment l'avant-garde siamoise, n'ont pas dépassé B. Siou, sur la Sé Khong. Les Siammois ont fait annoncer leur arrivée à A-Roc, chez les Kon-Tu qui, très mécontents, se préparent à résister. Par la bordure sud-occidentale du plateau Ta-Hoï, Malglaive atteint la Sé Khong un peu avant les Siamois ; le 18, il entre à A-Roc, village principal de la tribu des Kon-Tu et dont le chef, très influent, a déjà reçu, des Siamois, l'ordre de leur ouvrir le chemin de son territoire. Par le ravin de la haute Sé Katam, les voyageurs, par Travé, rejoignent Hué où ils arrivent le 31 janvier.

Tandis que le capitaine Trumelet-Faber s'apprête à marcher de Quang-Nam sur Saravan, de Malglaive repart le 15 février 1891 et va prendre à Quang-Tri la route d'Aï-Lao ; le 27, il arrive au poste siamois de Houé-San dont la garnison a été plus que doublée ; de ce point, il descend la Sé Tchépôn, puis la Sé Bang-Hien jusqu'à Song-Khône où il arrive le 5 mars. De là, il se dirige sur la Sé Don qu'il atteint à Wapi et qu'il remonte ; le 13 mars, il entre à Saravan où vient de s'installer un commissaire siamois, le Luong Kham-Nôn, qui organise une colonne contre les Ta-Hoï. Après s'être refermé sur son itinéraire précédent, l'explorateur revient à Wapi et gagne Kam-Tong, sur la basse Sé Don, d'où il se dirige sur Kemmarat par la rive droite du Mékong ; il repasse ensuite sur la rive gauche et rejoint la Sé Don à Kham-

---

[1] De Malglaive, *op. cit.*, pp. 102-214.

Tong-Nhiai. Il en repart le 2 avril, escalade le plateau des Boloven qu'il traverse du Nord-Ouest au Sud-Est, arrive, le 8, au bord de la Sé Khong et, peu après, à Attopeu (Muong Mai). Son intention est de se relier aux itinéraires Cupet, Cogniard et Dugast et de continuer sur B. Don, mais la retraite des colonnes siamoises du Sud, qui, devant nos officiers, se sont retirées de B. Don et de la Sé San, a augmenté l'hostilité des Siamois ; devant leur mauvaise volonté évidente, de Malglaive doit renoncer à son projet; le 11 avril, il s'embarque sur la Sé Khong et arrive, le 6, à Stung-Treng d'où il regagne Saïgon.

Dans tout l'hinterland, de Malglaive a constaté l'activité des Siamois, qui élèvent des postes, et se préparent à pénétrer effectivement jusqu'à la ligne de faîte ; l'échec de leurs colonnes de Kontum et de B. Don les a un instant déconcertés, mais, encouragés par l'inertie diplomatique qui succède à l'activité de nos officiers, ils ne tardent pas à reprendre courage et, en 1892, ils recommencent de plus belle leur politique d'expansion.

Une reconnaissance, exécutée au début de 1892, par M. David, vice-résident de Dong-Hoï, les trouve indûment installés à Muong-Chanh, avec 1 officier et 30 hommes, à Lang-Trinh avec 1 officier et 12 hommes, à Hoxang, avec 1 officier et 30 hommes, à Nabon, avec 1 officier et 40 hommes, à Thuo'ng-Khê, avec 1 officier et 30 hommes, à Lang-Sen, avec 1 sergent et 12 hommes, à Saphu, avec 1 officier et 30 hommes, et dans la région d'A-Xoc, avec 1 sergent et 55 hommes. Alors, malgré l'apathie du gouverneur, le Résident supérieur d'Annam, Brière, envoie un détachement de miliciens, sous les ordres d'un garde principal, occuper le poste d'Aï-Lao. Maintenus de ce côté, les Siamois ripostent en occupant, au Nord, la route haute de Cam-Lô à la Sé Bang-Hien par Adoa.

Mais, M. Lemire, nouveau Résident de Dong Hoï, entre en scène ; d'août à septembre, il parcourt tout le phu de Cam-Lô, occupe les postes de la route haute que les Siamois avaient d'ailleurs déjà évacués et, plus au Sud, celui de Tabang.

Les Siamois, outrés de colère et de confusion, se vengent en pillant Moï et Pou-Thaï et en doublant les garnisons de Ho-Sang et de Thu'ong-Khê ; en même temps, le gouverneur d'Oubôn fait réoccuper Tabang, d'où les miliciens annamites sont retirés peu après. Bientôt, les postes français et siamois sont dangereusement enchevêtrés sur toute la haute Sé Bang-Hien et les Siamois ont partout relevé les poteaux-frontières jetés bas par M. Lemire ; chassés sur un point, ils reparaissent sur un autre, surgissant à nouveau dès que nos miliciens ont tourné les talons.

Au début de 1893, le Résident supérieur d'Annam envoie l'inspecteur de milice Quénel en reconnaissance armée dans la région Aï-Lao-Axoc-Adoa (haute Sé Bang-Hien) ; celui-ci installe un poste à Adoa, mais de cet enchevêtrement de postes siamois et français, de cette situation mal définie, embrouillée, naissent vite les premiers incidents inévitables que la prudence de l'inspecteur Quénel, chargé de la région depuis mars 1893, empêche seule de prendre des proportions plus sérieuses.

Cette situation cependant ne pouvait durer plus longtemps. En hinterland du Centre-Annam, une crise prochaine était certaine ; l'opinion française commença enfin à s'émouvoir ; « malgré notre désir de temporisation, malgré les efforts faits pour éviter une action directe, l'occupation siamoise en était venue à un point tel, que notre silence allait équivaloir à une renonciation de notre droit et à une acceptation des prétentions siamoises.

« Le dernier délai était dépassé ; il était temps d'agir [1] ».

Intervention de la France. — Le Gouverneur général ayant reçu des ordres dans ce sens, le 31 mars, la résidence supérieure de Hué crée une brigade volante de 750 miliciens, qui est placée sous les ordres de l'inspecteur Garnier : elle a pour mission de marcher sur le Mékong et d'occuper l'hinterland ; tandis qu'elle se forme, les événements se précipitent ; la colonne Bastard-Thoreux s'empare de Stung-Treng le 1er avril, de Khong, le 8, et, malgré quelques incidents [2], le pavillon français flotte définitivement jusqu'en ce point.

Quant à la colonne Garnier, mise à la disposition du vice-résident Dufrénil, qui reçoit pleins pouvoirs pour agir, elle se met en route le 25 avril, de Quang-Tri pour Aï-Lao où elle arrive le 28 ; le 29, elle entre à Ho-Sang que les Siamois abandonnent ; le 2 mai, elle est à Tchépône d'où elle chasse les Siamois sans coup férir ; le 4, elle arrive à Xuong-Thanh, dont le chau-khun, très redouté dans la région où il jouissait d'une réelle autorité, est surpris avant d'avoir pu résister ; le 6, elle entre à Ta-Bang qu'elle trouve évacué ; le 8, elle est à Muong-Chanh ; le 9, à Muong Vang ; le 13, à M. Phinc où est laissé un détachement de 75 hommes sous les ordres d'un garde principal ; le 18, la colonne entre à B. Pong, le 22, à M. Phong, le 23, à Song-Khône d'où les Siamois se sont enfuis en désordre ; le 26 [3], le drapeau français flotte au bord du Mékong, en face même de Kemmarat. Partout, devant notre drapeau, les Siamois se sont retirés ; en deux ou trois endroits, ils ont esquissé des velléités de résistance vite découragés par l'énergique action de MM. Dufrénil et Garnier. Après avoir visité de même la région de la haute Sé Bang-Hien, la colonne rentre le 28 juin à Aï-Lao, ayant laissé aux points importants des détachements de miliciens, tant pour affirmer notre prise de possession définitive que pour rassurer les indigènes inquiets, quoique enthousiasmés, du départ des Siamois. M. Garnier, chargé de l'occupation de la région, remanie les postes, qui sont définitivement constitués à Aï-Lao (50 hommes), Na-Bon (100 hommes), M. Phin (50 hommes), M. Phong (50 hommes), Song-Khône (200 hommes) et les villages en bordure du Mékong (150 hommes). La région est érigée en dao avec Song-Khône pour chef-lieu.

Le traité du 3 octobre 1893 [4], nous reconnait enfin la pleine et entière possession de la rive gauche du Mékong ; l'hinterland moï d'Annam et du Cambodge devient définitivement français.

[1] Matgioi, *op. cit.*, pp. 201-202.

[2] Capture par les Siamois du capitaine Thoreux (7 mai) et investissement du poste de Khône, qui est débloqué par Bastard à la tête d'une colonne de volontaires cambodgiens.

[3] Cf. Dufrénil, *La prise de possession du Laos en 1893*, 1 carte, h. t., in *Revue indochinoise*, 11e année, tome X, no 85, 15 juillet 1908, pp. 11-32 et no 86, 30 juillet, pp. 113-120. Se méfier des dates qui sont faussées par des erreurs typographiques et les contrôler par Matgioi, *op. cit.*

[4] Parallèlement à l'action française sur le Mékong et dans le Centre-Annam, nos colonnes avaient agi dans le Cammon ; mais, le 5 juin, l'inspecteur Grosgurin est traîtreusement assassiné à Keng-Kiec par le khaluong Phrayot, à la tête de 200 Siamois ; c'est alors que la France envoie deux canonnières à l'embouchure du Mé Nam ; le guet-apens de Pak-

§ 11. — ORGANISATION DE L'HINTERLAND — LA RÉGION MOÏ DE 1894 A 1912

Le Bas-Laos. — La signature du traité du 3 octobre 1893 marque la fin de la lutte soutenue par la France pour la possession définitive de ce qui constitue aujourd'hui l'Indochine française. Dès la ratification de l'accord, diverses missions sont envoyées de l'Annam et de la Cochinchine pour reconnaître et organiser provisoirement les territoires de rive gauche du Mékong, territoire dont l'ensemble va former le cinquième pays de l'union indochinoise, le Laos. Dans le Sud, le commandant Tournier, chef des troupes encore stationnées à Stung-Treng, Khong, B. Mouang et Attopeu, est investi des pouvoirs civils sur les districts environnants. Par arrêté du 8 janvier 1894, le Lieutenant-Gouverneur de Cochinchine, provisoirement chargé d'assurer l'occupation civile, charge deux administrateurs de prendre possession, l'un du poste administratif de Khong, l'autre, de celui d'Attopeu.

A la suite de la mission d'organisation confiée au Résident supérieur Boulloche [1], les nouveaux territoires sont groupées en deux zones, jouissant chacune d'une autonomie particulière et chacune administrée par un commandant supérieur (arrêté du 1er juin 1895) en résidence, celui du Haut-Laos, à Luang-Prabang, celui du Bas Laos, à Khong.

Le Bas-Laos comprend tous les territoires situés entre le Mékong et la chaîne annamitique, englobant ainsi la presque totalité de l'hinterland moï, qui se trouve divisé entre les Résidences [2] de Stung-Treng, Attopeu et Saravane (celle-ci, fondée plus tard, en septembre 1895) [3].

L'on se borne cependant tout d'abord à administrer les populations les moins rétives ; l'arrêté du 28 septembre 1895, organisant l'impôt des nouveaux territoires spécifia que chaque Kha inscrit doit payer une taxe personnelle et annuelle de 1 $ 20 qui sera recouvrée « soit en argent, soit en riz, cire et autres denrées, dont la valeur sera calculée d'après le cours commercial au jour du paiement » [4]. Le Kha est en outre astreint, comme le Laotien, à dix jours de corvée par an [5]. « Dans le muong d'Attopeu, l'impôt continuera provisoirement à être perçu suivant la coutume laotienne.

---

nam précipite la crise ; le 13 juillet, les deux canonnières françaises bombardent Paknam, forcent la passe et s'embossent devant Bangkok ; le 25, notre ministre quitte la capitale ; le 27, le blocus de la côte siamoise est officiellement notifié. La cour de Siam se résigne aussitôt à accepter notre ultimatum et l'on aboutit ainsi au traité du 3 octobre 1893.

[1] Par arrêté du 28 mai 1895, afin de « 1º surveiller l'exécution du traité et de la convention de 1893 avec le Siam ; 2º établir pour les territoires de la rive gauche du Mékong une organisation définitive ».

[2] Appelées *commissariats*, du titre de commissaire donné aux administrateurs chargés de la direction des provinces composant le haut et le bas Laos.

[3] Arrêté du Gouverneur Général en date du 23 septembre 1895.

[4] Arrêté du Gouverneur Général en date du 28 septembre 1895. Article 2.

[5] *Id.* Art. 6.

Le montant du rôle restera fixé, jusqu'à nouvel ordre, à 4 kilos 910 grammes d'or »[1].

L'hinterland du Binh-Dinh, c'est à-dire le bassin de la haute Sé San et la région de Kontum, rentrent nominalement sous la dépendance d'Attopeu ; en 1895, la confédération bahnar-reungao, n'ayant plus de raison d'être, est dissoute et, en 1898, le pays est définitivement rattaché à Attopeu. Le commandant supérieur du Bas-Laos demande alors au P. Vialleton, supérieur de la mission de Kontum, d'accepter la direction administrative du pays évangélisé par les missionnaires et où ceux-ci ont rendu de si grands services à la cause française. Le R. P. Vialleton devient ainsi officiellement délégué de Kontum, sous le contrôle du commissaire d'Attopeu[2].

Cependant, l'administration française ne cherche pas à s'étendre sur les populations moï indépendantes ; elle se contente de recueillir l'héritage laotien et siamois sans pénétrer chez les tribus réputées insoumises : aussi, l'esclavage, quoique aboli par notre installation même le long du Grand Fleuve, n'en subsiste-t-il pas moins encore chez les tribus pillardes et rebelles à notre pénétration ; leurs incursions continuent à désoler la frontière annamite; Ta-Hoi, Sedang, Jaraï, Radé et Stieng ne cessent pas de razzier les tribus plus faibles et de s'entrepiller de village à village.

Déjà, lors de la mission Pavie, ces peuplades ont créé mille ennuis à nos officiers, qui ont vu les villages faire le vide devant eux ou les recevoir avec une hostilité mal contenue par la crainte. Le péril siamois écarté, elles se sont à nouveau renfermées chez elles et ne sont pas plus disposées à ouvrir leurs portes aux Français. Et cette attitude est la conséquence logique du caractère moï et de l'horreur innée de cette race pour un joug quel qu'il soit. L'impôt n'est à ses yeux qu'une amende, la corvée, une servitude que son esprit farouchement indépendant ne peut admettre ; un travail, même léger, lui est à charge dès qu'il est commandé par un tiers. Aussi, est-il facile de comprendre que nos premières tentatives d'installation aient été fort mal reçues.

En décembre 1894, le commissaire de St. Treng pénètre jusque chez les Jaraï ; mais, chez le Patau Ia, il est attaqué et repoussé ; en janvier 1897, le même Sadet, enhardi par son précédent succès, accueille de même une nouvelle reconnaissance également conduite par le commissaire de St. Treng ; mais, cette fois, il reçoit une sévère leçon ; son village est livré aux flammes et ses gens subissent de nombreuses pertes. Il quitte alors le versant laotien et va s'établir auprès de son collègue, le Sadet du Feu, sur le versant de l'Ayun, d'où il ne reviendra que quelque temps plus tard. Cette attitude des Sadets est celle de toutes les peuplades Sedang, Jaraï et Radé ; en 1894, le Dr Yersin, au cours de son exploration du Kr. Knô, est attaqué à Péco ; plus tard, la mission Blim sera reçue de façon identique dans les mêmes parages et l'un de ses membres, le lieutenant Péroux, sera grièvement percé d'une quinzaine de coups de lance, chez A-Mai A-Phai, sur le versant du S. Nang.

Les Moï du So'n-Phòng. — Il faut cependant bien se résoudre à faire cesser cet état de choses ; en certains points de la frontière d'Annam, des incursions ont lieu fréquemment et les Sedang descendent contre les villages annamites ; d'autre part, les thuôc-

---

[1] *Id.* Art. 9.

[2] Lettre n° 116 du commandant supérieur du Bas Laos au R. P. Vialleton, en date du 7 mars 1898, in « *L'Œuvre néfaste* », pp. 110-113.

lai commettent de nombreuses exactions chez les tribus plus craintives et moins belliqueuses de la chaîne. Alors, fatigué d'entendre continuellement parler de *sauvages indépendants*, le Gouverneur Général Doumer donne des ordres pour qu'une pénétration effective ait lieu.

Le 28 juillet 1898, un détachement de garde indigène, à l'effectif de 50 gardes, est créé spécialement pour le So'n Pho'ng du Ngãi-Dinh, qui s'étendait du Trabong au S. Lai-Giang. Le Résident supérieur d'Annam, pour compléter l'œuvre commencée, adresse ensuite aux quatre Résidents des provinces du Sud le rapport suivant du Co'-mât, en date du 9 octobre 1898 :

Sire,

« Le onzième jour du cinquième mois du règne de Votre Majesté, le Co'-mât adressait un rapport qui fut approuvé par Elle, tendant à la suppression de tous les obstacles qui pouvaient gêner le commerce avec les Moï. Ce règlement, destiné à développer le commerce, n'a pas été appliqué et il reste entre les Moï et les Annamites, une série d'intermédiaires qui abusent de la crédulité des Moï. Après avoir pris l'avis des résidents des provinces du Sud, le résident supérieur estime qu'il faut réserver la question du So'n Phòng du Ngãi-Dinh, mais qu'on peut dès maintenant régler au moins provisoirement la situation des Moï depuis le So'n-Phòng jusqu'au Binh-Thuân.

« Les principes de cette réforme seront :

« 1º La suppression des redevances en nature :

« 2º La suppression des intermédiaires.

« En conséquence, à dater de l'approbation du présent rapport que nous soumettons à Votre Majesté, sont supprimés les *thân thu* du Binh-Dinh, les *thu ngu'* et *thua bien*, les *thông dich* du Binh-Thuân ; les autorités provinciales et les résidents auront avec les Moï des rapports directs. Si l'on estime que le concours des anciens intermédiaires, considérés comme interprètes, soit nécessaire, les autorités provinciales et les résidents pourront les engager comme interprètes, mais en aucun cas, ils ne pourront plus parler au nom des Moï, ni payer l'impôt en leur nom.

« Il résulte des renseignements recueillis que les Moï du Binh-Dinh et du Phu-Yên peuvent payer un impôt personnel de 1 piastre par individu valide de 18 à 60 ans. Cet impôt sera recueilli par les chefs de villages reconnus par les autorités provinciales et versé, soit au trésor provincial, soit entre les mains du délégué du résident, chargé de surveiller les marchés, dont il sera question plus loin.

« Au Khanh-Hoa, les Moï se subdivisent suivant les vallées qu'ils habitent en trois grandes catégories : les Moï de Nhatrang, les Moï de Phanrang et les Moï de Binh-Nguyen et de Ninh-Hoa. Cette dernière catégorie, *Moï Radé*, verse 800 cân de cire jaune ; jusqu'à nouvel ordre l'impôt en nature restera seul perçu. Les Moï de Nhatrang et de Phanrang, qui sont plus habitués au commerce et par suite à l'usage de l'argent, verseront par les soins de leurs *quan muc* et *dâu muc* un impôt de 1 $ 50 par homme valide de 18 à 60 ans.

« Au Binh-Thuân, où les Moï paraissent tenir à leurs traditions, les *thông dich* seront maintenus comme interprètes auprès des autorités provinciales, avec une solde qui remplacera leurs bénéfices antérieurs. Les Moï des onze cantons paieront par l'intermédiaire des chefs reconnus, et acceptés par le gouvernement un impôt de 1 $ 50 par tête, comme au Khanh-Hoa.

ESSAI D'HISTOIRE 539

« Il est entendu que les Moï devront assurer l'entretien des voies de pénétration et de communication qui seront reconnues sur leurs territoires.

« Les rôles n'ayant pas été refaits depuis l'empereur Minh-Mang, ils devront être revisés avec soin. Le montant en sera perçu par les différents modes indiqués plus haut et versé au trésor provincial. Il sera fait usage de ces recettes : 1º pour payer la solde des *thu ngu'*, *thua biên* et *thông dich* maintenus ; 2º pour conserver avec les Moï les traditions d'hospitalité que pratiquait le gouvernement annamite [1], quand les Moï venaient à la citadelle ; 3º pour installer les marchés périodiques dont la tenue régulière sous la surveillance d'un délégué du résident et d'un fonctionnaire annamite, initiera rapidement les Moï à nos habitudes commerciales. Ces marchés ont donné et donnent de bons résultats au Quang-Nam. Il faut en instituer jusqu'au Binh-Thuân et ne reculer, pour assurer leur succès, devant aucun sacrifice... » [2].

Ce rapport est accompagné de la circulaire suivante, en date du 10 octobre 1898, indiquant la ligne de conduite à suivre vis-à-vis des Moï :

« J'ai l'honneur de vous transmettre le rapport ci-joint sur les Moï, qui, par mes soins, a été adressé à Sa Majesté et qui, approuvé par Elle et visé par le Résident supérieur, devient applicable en Annam. La question des Moï était des plus délicates, il ne fallait pas heurter de front des populations craintives qui, sur certains points, sont si habituées aux abus dont elles souffrent, qu'elles souffriraient plus encore de les voir supprimer.

« Il importait cependant de faire cesser un état de choses préjudiciable au développement du commerce et incompatible avec la dignité d'une administration régulière. Les intermédiaires entre Moï et Annamites, qui ont soulevé tant de réclamations, sont supprimés.

« Comme ils peuvent être utiles, il vous appartient, d'accord avec les autorités provinciales, et sauf à m'en rendre compte, de continuer à les employer, non plus comme intermédiaires ou courtiers, mais simplement comme agents d'exécution ou interprètes. Vous apprécierez la solde qu'il convient de donner à ceux que vous maintiendrez provisoirement dans ces conditions.

« L'impôt sera perçu en argent. Je ne me dissimule pas les difficultés de cette réforme. Dans les cas où vous la jugeriez inapplicable, il vous appartiendra de recevoir les produits en nature et de les faire vendre. Il est certain que si les Moï continuaient à apporter leurs produits aux prix antérieurement fixés, il y aurait avantage pour le trésor à accepter cette combinaison. Mais ce ne sont pas tant des ressources que nous cherchons, que les moyens de faire pénétrer chez les Moï notre influence et nos procédés d'administration. Vous devez donc apporter dans l'établissement de l'impôt une grande modération. Il ne faudrait pas supposer cependant que nous puissions renoncer aux recettes provenant des Moï ; ces recettes devront être calculées par vous de telle façon que le produit net en soit autant que possible égal au montant des redevances précédemment dues... » [3].

---

[1] Nous avons vu ce qu'il faut penser de ces « traditions d'hospitalité », si particulièrement observées au Binh-Thuân.
[2] Trinquet, *Le territoire de Lang-Ri*, in *Revue indochinoise*, nos 89-90, 15-30 septembre 1908, pp 347-348.
[3] Trinquet, *op. cit.*, p. 348.

Les mandarins, cependant, ne voient pas d'un bon œil notre intervention dans les affaires moï et surtout dans l'apanage du So'n-Pho'ng. Aussi, par l'intermédiaire des thuôc-lai, n'hésitèrent-ils pas à fomenter des troubles ; chaque fois qu'un fonctionnaire français passait près de la muraille, des Annamites étaient enlevés ou pillés ; aux environs de Du'c-Phô notamment, l'ancien camp retranché du So'n-Pho'ng, des buffles étaient volés par troupeaux dans la plaine. Sur toute la frontière moï du Quang-Ngai et du Binh-Dinh septentrional, les attentats se multiplièrent comme aux beaux jours des anciennes incursions moï.

Les mandarins annamites n'obtinrent cependant pas le résultat espéré et ces pillages n'aboutirent qu'à une occupation effective de la région par nos miliciens et à l'abolition pure et simple du So'n Pho'ng.

En avril 1900, est, en effet, créé le poste de milice d'An-Lao et cette partie du So'n-Pho'ng est alors administrée directement par le Binh-Dinh. La plupart des postes de la muraille sont supprimés et, seul, est conservé celui de Lô-Thuc, à cause de son importante situation sur la frontière des deux provinces.

En janvier 1901, deux postes administratifs sont créés dans les régions moï du Qu. Nam et du Qu. Ngai, à Mang-Ta et à Ba-To' ; ce dernier est, en mars 1902, transféré à Lang-Ri ; quant au premier, il n'eut qu'une durée très éphémère et fut supprimé en même temps que les postes de Travian et de Tu-Nac. Mais l'on avait réoccupé l'ancien poste du So'n-Pho'ng, à Ba-To'.

Le délégué de Lang-Ri fut chargé de l'administration directe des populations moï du Quang-Ngai. « Les mandarins des trois huyên limitrophes : So'n-Tinh, Nghĩa-Hành et Du'c-Pho, n'eurent plus à s'occuper que de leurs cantons annamites.

« Le délégué eut sous ses ordres immédiats tous les chefs indigènes de la région. En matière fiscale, il devait surtout porter son attention sur la répartition et la perception de l'impôt et principalement s'efforcer de substituer peu à peu la perception en argent à la perception en nature, — ce qui ne put être réalisé qu'en 1905 » [1].

Des postes occupés par la milice, sous les ordres du délégué de Lang-Ri, furent installés à Ba-To' (en 1902), Minh-Long (fin 1905), Nu'o'c-Vàng et Gia-Vuc (vers 1908).

Hinterland du haut Donnaï. — Sous l'active impulsion du Gouverneur Doumer, fut élaboré le plan des chemins de fer indochinois ; la voie ferrée devait, en Cochinchine, couper en écharpe l'hinterland, desservir le Lang-Biang où devait être créé un sanatorium, traverser le Darlac méridional et aller ressortir à Cong-Xon, après avoir tourné l'obstacle côtier du Varella. De nombreuses missions d'études furent aussitôt créées, qui, depuis 1897, sillonnèrent en tous sens la région moï de Bien-Hoa, le Plateau des Ma, celui de Djiring et celui du Lang-Biang ; une brigade étudia le tracé dans le Darlac méridional et oriental et dans le bassin du S. Nang. Alors, fut créée la province du haut Donnaï (arrêté du 1ᵉʳ novembre 1899) ; son chef-lieu était Djiring et son résident, qui relevait de l'Annam, recevait « pour mission spéciale d'aider le service des travaux publics de l'Indochine dans les études et la construction du chemin de fer de l'Annam méridional ».

[1] Trinquet, *op. cit.*

Le même arrêté créait, dans la nouvelle province, un poste administratif à Tan-Linh (basse Lagna) et un autre à Dalat, sur le Plateau du Lang-Biang.

Lorsque les nombreuses missions des chemins de fer eurent reconnu l'impossibilité de faire franchir au rail la formidable muraille de chute de la chaîne sur le versant du Darlac, la province du Haut-Donnaï devint inutile et fut supprimée par arrêté du 11 septembre 1903; Djiring et Dalat furent maintenues comme délégations; la première fut rattachée à la province du Binh-Thuân (Phanthiet); quant à la seconde, elle devait être donnée à la province du Ninh-Thuân (Phanrang); celle de Tan-Linh était supprimée.

Hinterland de la Srépok. — En même temps que l'Annam procède ainsi à l'organisation de sa région moï, le Laos entame l'hinterland méridional ; par arrêté du 31 janvier 1899, un poste administratif est créé à B. Don, sur la Srépok, tant pour asseoir notre domination dans la haute vallée de cette rivière que pour faciliter « les relations commerciales entre le Laos et l'Annam ». Ce poste administratif, placé sous les ordres du commissaire de St. Treng, devait exercer son action sur le bassin de la Srépok et sur les Jaraï dépendant de St. Treng. Quelques mois plus tard, cette délégation était supprimée, pour faire place à la province autonome du Darlac dont le chef-lieu sera B. Mé-Thuot. La nouvelle circonscription relève du Laos [1] (arrêté du 2 novembre 1899).

L'administrateur Bourgois, fondateur de B. Don, réussit à établir pacifiquement notre influence sur les Radé Kpa, mais, en 1900, lorsqu'il veut pénétrer chez les Pih, il se heurte à un véritable soulèvement; groupés autour de leur grand chef Ngeuh, les Pih opposent une vive résistance ; forts de 500 à 600 guerriers et armés de dix fusils à pierre, ils tentent, à B. Tour, de s'opposer à la marche de nos miliciens, mais le village est enlevé et, le même jour (1ᵉʳ mars 1900), B. Trap est emporté et livré aux flammes ; le 3 mars, Bourgois s'avance sur B. Tieuah, village même de Ngeuh. Abrités derrière le Krong Knô, les Pih résistent avec acharnement et il faut enlever le village au milieu d'une grêle de flèches, qui blessent quelques miliciens. Emmenant avec lui 200 partisans et ses fusils à pierre, Ngeuh s'enfuit dans les massifs montagneux de l'Ouest ; Bourgois se lance à sa poursuite, mais, après deux jours de marche, il doit renoncer à l'atteindre.

L'exode était définitif. Les fugitifs avaient emporté avec eux tous leurs biens ainsi que les ossements des ancêtres ; on peut évaluer à 250 environ le nombre des familles, qui se retirèrent ainsi du côté des Mnong. Un mois plus tard, ils reviennent attaquer par deux fois le petit poste de B. Tour, mais, devant l'échec de ces tentatives, ils renoncèrent à toute incursion.

Quelques démonstrations isolées contre les villages récalcitrants radé, jaraï et pih, asseoient définitivement notre administration sur le Plateau du Darlac.

Tandis que se poursuit l'établissement de notre administration, nous mettons enfin un peu d'ordre dans l'anarchie moï. A notre arrivée, en effet, nous avions trouvé

---

[1] Le Haut et le Bas Laos avaient été réunis en un seul pays, le Laos, sous la direction d'un Résident supérieur, par arrêté du 6 février 1899. La capitale fut définitivement installée à Vien-Tiane.

l'hinterland dans l'état lamentable que nous avons exposé plus haut, livré aux fantaisies de quelques grands chefs, qui pillaient le pays pour leur propre compte et s'étaient taillé des fiefs qu'ils régentaient par la terreur.

Au Darlac, le Khun Yonob de B. Don avait vite compris l'inutilité de la résistance et s'était aussitôt rangé de notre côté ; il ne cessera plus d'être l'un de nos plus fidèles auxiliaires ; mais, chez les Radé Kpa, nous nous heurtions à un assez grand nombre de chefs influents, potentats sans scrupules, qui furent généralement assez sages pour accepter notre domination, quelques-uns, cependant, non sans avoir reçu une leçon sévère, mais décisive ; Mé-Wal et Mé-Kheune, les deux plus importants chefs du Darlac central, furent du nombre ; il n'en fut pas de même de Mé-Sao, le plus fameux chef radé, connu dans tout l'hinterland, ainsi qu'au Khanh-Hoa et au Phuyen, sous le nom pompeux de « Roi des Moï ». Son histoire vaut la peine d'être contée, car elle est l'histoire type de tous les mtau et montre quel était l'état de l'hinterland à notre arrivée.

Mé-Sao était un simple habitant de B. Tang, village radé kapa sis à quelque 16 kilomètres au Nord-Est de la résidence du Darlac ; il s'appelait Y-Yène et était fils d'une famille libre, mais pauvre, qui ne possédait, pour toute richesse, qu'un éléphant et un jeu de gongs.

Elle fut un jour pillée par un chef voisin, du nom de Aï-Loa, qui emmena Y-Yène en esclavage. Racheté par sa famille, notre héros alla se fixer à B. Ma-Phi, village de la région de Mé-Yach ; comme il était courageux, il servit à Ma Phi de chef en ses expéditions de pillage contre les villages de la contrée. En récompense de ses services, Y-Yène reçut en mariage la fille de Ma-Phi, mais, à la mort de ce dernier, sa veuve se remaria et le nouveau chef, jaloux des richesses qu'avait rassemblées son beau-fils, les lui confisqua et le chassa du village.

Suivi de quelques hommes déterminés, Y-Yène, qui était déjà connu sous le nom de Mé-Sao, alla s'établir à B. Mé-Oal — qui devint B. Mé-Sao — sur la route du Darlac à Ninh-Hoa, au centre d'une région alors peuplée et riche ; faisant de son village un repaire de brigands, le nouveau chef se mit à rançonner et à piller villages voisins et voyageurs, si bien que tout ce canton, redoutant le pirate, se dépeupla rapidement et devint le désert qu'il est encore actuellement.

Sa première femme morte, Mé-Sao épousa une nommée Ha Gai, qui, pour s'unir au fameux chef, empoisonna son mari ; de cette union naquit une fille, qui devait épouser Mé-Vian, l'un des seconds de Mé-Sao.

Solidement installé à Mé-Oal, à quelque 35 kilomètres à l'Est de la résidence actuelle du Darlac, Mé-Sao se mit en relations avec les commerçants annamites de l'hinterland ; ceux-ci lui procuraient, en échange des esclaves, produits de ses rapines, les marchandises et bimbeloteries de la côte dont il était friand. Ce fut le point de départ de sa fortune (vers 1880). Ces commerçants annamites, ou « thuôc-lai », devinrent vite les intermédiaires entre le chef moï et les mandarins annamites du Phuyen et du Khanh-Hoa, qui reçurent, dès lors, en notoire quantité, la cire, les peaux, les cornes et quelque ivoire, enlevés par Mé-Sao à la faiblesse de ses voisins. La région environnante, sur un rayon parfois fort étendu, était devenu un vrai grenier pour le forban, qui puisait dans les villages au gré de son bon plaisir, massacrant sans pitié ceux qui osaient lui résister. Les caprices de Mé-Sao étaient, de plus, nombreux et fantasques ; la haine, l'intérêt, la vengeance, la cupidité, la cruauté, la débauche et la superstition étaient les seuls mobiles auxquels obéissait le redoutable brigand. Avait-il vu en songe un individu traverser ses rizières ? Le malheureux était certain d'être, à son réveil, saisi et mis à mort ; le même sort attendait ceux qu'il s'imaginait être responsables de la maladie des siens ou des désagréments divers qui traversaient son existence. Variés étaient les supplices infligés par Mé-Sao à ses victimes. Il pratiquait parfois l'épreuve de la résine bouillante ; le patient devait plonger sa main dans la marmite contenant la gomme en ébullition ; retirait-il la main brûlée ? Il était coupable. La main était-elle, par miracle, indemne ? La victime était alors accusée d'être un sorcier du feu et, par conséquent, également dangereux ; dans les deux cas, c'était la condamnation à mort. Un coup de lance dans la poitrine, suivi de la décapitation par le simple coupe-coupe, était la peine ordinaire ; d'autre fois, on enterrait la victime vivante ou on l'abandonnait en brousse, les membres rompus, quand on ne la pendait pas purement et simplement.

L'épouse du pirate était digne de son mari. Cupide et foncièrement cruelle, elle joignait, à ces précieuses qualités, la dépravation d'une Messaline. Rencontrait-elle une résistance chez celui que son caprice voulait lui faire prendre comme amant ? Elle accusait aussitôt le malheureux de l'avoir voulu inciter à l'adultère et c'en était fait du pauvre Joseph ; le même sort attendait d'ailleurs l'amant qui avait cessé de plaire ou celui qui devenait trop compromettant. La vieille était surtout experte en poisons, et elle connaissait certaines herbes qui, réduites en soupe ou plongées dans l'alcool de riz, envoyaient dans l'autre monde ceux dont les biens étaient convoités. Les familles des victimes étaient, de plus, réduites en esclavage. Le produit de ces meurtres était échangé contre les denrées de la côte aux « thuôc-lai » qui fréquentaient la contrée et flattaient la passion du chef dont ils tiraient esclaves, peaux, cire, bétail et chevaux.

Ivrogne invétéré, Mé-Sao s'adonnait au plaisir de la jarre et, sous le plus futile prétexte, sa maison s'emplissait du bruit des gongs et de la foule qu'il conviait à ses libations ; pendant des heures, des chanteurs célébraient les mérites, la puissance et la gloire du bandit, qui, tard dans la nuit, était emporté ivre-mort par ses esclaves. Il s'était également mis à fumer l'opium ; ce vice, qui est d'ailleurs inconnu chez les Moï, lui avait été communiqué par ses amis les « thuôc-lai » et, vers la fin de sa vie, il était complètement intoxiqué ; malheureusement, comme il n'avait, parmi ses gens, personne qui sût préparer les pipes, ne s'était-il pas avisé, en sa candeur de sauvage habitué à voir tout plier devant lui, de demander au Résident du Darlac de lui faire cadeau d'un milicien annamite fumeur, qui serait devenu son esclave et aurait été spécialement chargé de lui confectionner ses pipes.

Lorsque l'administration française commença à s'établir en région moï, Mé-Sao, après quelques tentatives destinées à contrarier nos projets, et poussé en cela par les Annamites, qui ne nous voyaient pas sans appréhension nous immiscer en leur champ d'exactions, comprit vite qu'il ferait mieux de profiter de l'inévitable. Fourbe et rusé, il réussit à merveille et sut tirer un admirable parti des circonstances. A la frontière des hinterlands de l'Annam et du Laos, il joua un jeu de bascule, qui réussit au-delà de toute espérance ; à Cung-Xon, poste administratif du Phuyen (Annam), il allait humblement se plaindre d'avoir été pillé, de voir ses terres ravagées par des incursions de voisins dont il n'osait pas tirer vengeance, mettant ainsi, avec une rare fourberie, sur le compte d'autrui, les méfaits dont il se rendait journellement coupable.

Trompé par les « thuôc-lai », qui représentaient Mé-Sao comme un grand chef auquel ses méchants vassaux ne voulaient point obéir, et enchanté de soutenir le « Roi des Moï » contre le Laos dont ce dernier relevait géographiquement, le Résident du Phuyen ne manquait jamais de prendre fait et cause pour le brigand; aussi, celui-ci ne tarda pas à étendre ses rapines dont le fruit, étalé pompeusement en sa magnifique maison, longue de 215 mètres, porta à son comble la réputation du bandit : bientôt, il acquit, à son insu d'ailleurs, une incompréhensible réputation de chef magnanime et de souverain suprême du Darlac : il fut dès lors connu sous le nom de « Roi des Moï ».

Cette situation ne prit fin qu'en 1905, après le passage du Darlac à l'Annam. Le Résident, M. Besnard, qui connaissait Mé-Sao à sa juste valeur, voulut mettre un terme à ses exploits, mais, celui-ci, se voyant menacé, prit peur, se sauva en brousse et se mit à prêcher la révolte contre nous. Cette attitude le perdit ; las de ses cruautés, ses trois cents esclaves l'abandonnèrent en masse ; ce qui restait autour de lui le livra en janvier 1905 ; deux mois plus tard, il mourait en prison.

Le règlement de sa succession révéla tous ses crimes ; des diverses plaintes recueillies et contrôlées, il résulta que Mé-Sao et sa femme, l'empoisonneuse, avaient commis au moins deux cents assassinats, volé une vingtaine d'éléphants, ainsi qu'une innombrable quantité de bétail, de chevaux, de gongs, de jarres, de marmites, etc.

Cette histoire de meurtres et de sang montre sous son véritable jour les instincts de ce peuple, instincts qui, dans le cas de Mé-Sao, se sont évidemment développés d'une façon exceptionnelle et anormale, mais qui n'en sont pas moins ceux de toute la race. Nombreux sont les chefs qui, sans avoir suivi aussi loin, dans la voie du crime, l'exemple de Mé-Sao, ont assis leur autorité sur la rapine et les cadavres, et il n'y a pas un village, pas une famille, qui ne puisse relater une affaire de vol ou de brigandage dont ils n'aient été ou coupables ou victimes.

Révolte des Boloven. — En 1901, éclate, sur le Plateau des Boloven, dans les provinces de Bassac, Savannakhet, Saravan et Attopeu, un terrible mouvement insurrectionnel, connu sous le nom de révolte des Boloven.

Les causes de cette rébellion sont demeurées obscures et il semble qu'on la doive attribuer aux menées d'agitateurs de la rive droite du Mékong, dont le but était de supprimer les autorités siamoises et françaises, en exploitant la crédulité des populations superstitieuses.

Les fomentateurs, connus sous le nom de Pho-My-Bouns, parcoururent l'hinterland du Bas-Laos, annonçant partout que les temps étaient venus de rejeter les envahisseurs. Ils étaient, disaient-ils, les libérateurs envoyés par les dieux. Les populations avaient pour prescriptions de sacrifier des buffles blancs, des porcs, des canards, des poulets, au Bouddha, au génie, dont la venue était annoncée. Une fois de plus, les Moï, crédules et naïfs, ajoutèrent foi en l'arrivée du Messie; comme en 1820 pour le Ia Pu, ils ne mirent pas en doute un instant la véracité des discours que leur tenaient les imposteurs. Au départ des autorités françaises, disaient ces derniers, les pierres, placées en certains endroits des maisons, devaient se changer en or ; les amulettes, dont la délivrance se faisait dans les pagodes, permettaient enfin de se présenter sans danger devant nos miliciens et nos postes : à leur contact, les balles se changeraient en fleurs de frangipanier.

Alors, rapidement, la révolte éclata, fit la tache d'huile.

Au début de 1901, le Résident d'Attopeu avait établi un poste de milice au confluent du Psi et du Pekô ; sa garnison était formée de miliciens annamites sous le commandement du garde principal Robert ; il avait pour objectif d'assurer le prélèvement de l'impôt dans la région et de couper la route du Sud aux Sedang pillards, qui venaient vendre aux Halang et aux Jaraï les Annamites enlevés sur la lisière de l'hinterland du Quang-Nam et du Quang-Ngai.

Soulevés par les Pho-My-Bouns, les Sedang résolurent d'enlever ce poste, qui, d'ailleurs, les gênait grandement, et vers la fin du mois de mai, le garde principal Robert était averti par le chef de Kon Ketou, village voisin du poste, qu'il allait être attaqué.

« Comme les Sedang ont l'habitude de faire leurs coups pendant la nuit, vers le chant du coq, Robert pensa qu'il serait assailli à ce moment, et prit des mesures en conséquence. Rien d'anormal ne s'étant produit, il crut l'attaque remise à la nuit suivante et prescrivit aux miliciens de travailler aux terrassements. Les sentinelles furent relevées, comme d'habitude, vers sept heures du matin, suivant les prescriptions des règlements en vigueur dans les postes de milice au Laos, et le camp resta ouvert, sans aucun milicien pour surveiller.

« Or, les Sedang avaient été prévenus par les sauvages voisins de Robert, que la nuit les soldats faisaient bonne garde, mais qu'à partir de sept heures, l'entrée du poste était libre et facile. Les ennemis attaquèrent donc le 29, vers neuf heures du matin.

« Robert, assailli par cette bande de démons hurlants, voulut se défendre avec son revolver, malheureusement, l'arme nettoyée par l'ordonnance le matin même, n'avait pas été rechargée. Notre vaillant compatriote fonça au milieu des sauvages, écartant les lances avec ses mains et ses bras. Il put enfin sortir de sa case et descendre à terre. Il courut au magasin d'armes et cria : « *Ralliement, pas gymnastique* ».

« Puis il tomba, et perdit connaissance, épuisé par l'énorme perte de sang qui s'échappait par vingt-quatre blessures. Les plus horribles lui avaient été portées dans le dos par les chefs sedang, pendant qu'il descendait de sa case ; mais les plus mauvaises perforaient la poitrine, le foie et l'estomac.

« Quand notre malheureux compatriote reprit connaissance, les Sedang avaient fui après avoir pillé quelques objets comme trophée ». [1]

Alors, Robert dit au doï (sergent) de le faire porter à la mission de Kontum en lui ordonnant de prendre le commandement du poste. Le doï, terrorisé, refusa de rester et tous les miliciens, ayant fait un brancard, y couchèrent le blessé, abandonnèrent le poste, et se dirigèrent sur Kontum. Le P. Irigoyen, prévenu cette nuit même de l'atta-

[1] J.-B. Guerlach, « *L'Œuvre néfaste* ».

que, était monté à cheval, après avoir informé la mission ; il rencontra Robert en route et le P. Guerlach, accouru à D. Drei, chez le P. Kemlin, y reçut le triste convoi. Robert supplia le missionnaire de le ramener à son poste, mais le P. Guerlach jugeant la gravité des blessures, s'y refusa et l'emmena à Kontum.

Il devait y mourir le 21 juin, malgré les soins qui lui furent prodigués.

Les PP. Irigoyen et Kemlin, aussitôt partis au poste du Psi, réussissent à sauver une partie des objets laissés, notamment une somme considérable en piastres et plusieurs caisses de cartouches. Mais, le 9 juin, les Sedang reviennent et incendient le poste. Alors, tournant leur fureur contre les missionnaires qu'ils accusent *de leur avoir volé des objets qui leur appartenaient par voie de conquête*, ils veulent marcher contre Dak Drei, résidence du P. Kemlin ; les 10, 11 et 12 juin, le missionnaire doit faire des patrouilles et cet état de siège et d'alerte durera du 10 juin 1901 au 13 avril 1902.

Le 24 novembre 1901, le Père est attaqué par 450 Sedang qui sont repoussés, mais pendant les deux mois suivants, il doit faire bonne garde toutes les nuits ; au milieu du jour seulement, il prend quelque repos, soit à Dak Io, soit à Dak Drei et, le matin, à la prime aube, sur le rustique autel où il dit la messe, il pose soigneusement son revolver, prêt à toute éventualité.

En avril 1902, M. Castanier, commissaire d'Attopeu, vient enfin châtier les Sedang. La répression fut dure : les villages flambèrent, des combats furent livrés, des troupeaux entiers furent détruits ; le poste du Psi fut alors rétabli et devint « poste Robert »; à la fin d'avril, les derniers chefs rebelles, traqués et réduits aux abois, font leur soumission.

Tandis que ces événements se déroulaient sur la frontière de Kontum, la révolte avait fait tache d'huile au Nord et à l'Ouest. Savannakhet était attaqué par une bande d'illuminés que l'on repoussait facilement, mais l'administrateur Remy, cerné dans une pagode de la province de Saravan, ne devait son salut qu'à sa décision et à la promptitude avec laquelle il sut se dégager avec le petit nombre de miliciens qui l'accompagnaient.

Il fallut entreprendre une série de colonnes, établir des postes ; le 15 août 1901, sur le plateau des Boloven, alors qu'il se portait au secours du poste de Nong-Poï, le garde principal Henry est foudroyé d'une balle au front ; sur le versant septentrional du Plateau, à Kapeu, à un jour et demi au Sud-Est de Saravan, le garde principal Sicre est tué à la fin de l'été 1901.

La révolte, énergiquement réprimée, était vaincue à la fin de 1902 et les derniers chefs qui tiennent encore la brousse, réduits à se cacher, poursuivis par nos miliciens, ne vont pas tarder à être capturés ou à disparaître.

Hinterland du Binh-Dinh et du Phuyen. — En mars 1900, est fondée la délégation de Cung-Xon, sur le bas Song Ba, dépendant du Phuyen. Elle est chargée de l'administration des Moï de l'Ouest, jusqu'aux frontières du Khanh-Hoa et du Darlac. Ce centre étant trop éloigné des contrées qu'il était chargé d'administrer, fut supprimé en 1904 et remplacé par un nouveau poste administratif, créé à Médrac, en arrière de Ninh-Hoa, sous la direction de la résidence de Nhatrang. Médrac recevait une partie des anciens territoires de Cung-Xon et, notamment, la vallée du Song Hin (arrêté du 19 janvier 1904) [1].

En 1902-1903, les Moï de Thang-Mo', hinterland du Binh-Dinh, se répandent en incursions contre les villages annamites de la frontière ; les villages de Tan-Bao et Chi-Cong sont à peu près détruits et une grande effervescence règne, créée en grande partie par les exactions des commerçants annamites et des thuôc-lai, qui, malgré leur suppression officielle, n'en existent pas moins encore et rançonnent les villages.

La situation devient telle qu'il faut organiser une véritable colonne de police ; sous les ordres de l'inspecteur Vincilioni, elle arrive, en janvier 1904, sur le plateau d'An-Khê où elle crée le poste de Cho-Don ; les Moï, après avoir massacré quelques thuôc-lai, se sont barricadés dans leurs villages, mais la colonne, opérant avec grande modération, obtient assez vite d'excellents résultats ; les Moï, voyant leurs revendications impartialement accueillies, reprennent confiance, et la colonne peut parcourir et relever tout le plateau.

C'est à ce moment que, comme un coup de foudre, arrive la nouvelle de l'assassinat d'Odend'hal.

Chargé d'une mission archéologique, cet administrateur, que nous avons vu déjà explorer l'hinterland avec de Malglaive et au temps héroïque de la mission Pavie, était parti de Phanrang et, après avoir traversé la chaîne annamitique, le Lang-Biang et le Darlac, était arrivé chez le Patau Puï. Effrayé par l'insistance que mettait le voyageur à se faire montrer le fameux sabre sacré, et exaspéré par les agissements de quelques colonnes précédemment envoyées chez lui par le Phuyen, le Sadet complota la mort du Français. Le 7 avril 1904, attiré dans un guet-apens, Odend'hal est massacré ainsi que son interprète annamite, dans la case même du chef-sorcier ; les cadavres, percés de coups de lances, sont portés dans une hutte isolée à laquelle on met le feu. Deux Annamites du convoi sont tués et les cornacs, envoyés par la mission de Kontum, s'enfuient, affolés, chez les missionnaires, tandis qu'un Annamite va prévenir en hâte le poste de milice de Cheo-Reo.

Le 9 mai, le Résident du Darlac, M. Bardin, averti du meurtre, arrive à Pl. Tour avec 34 miliciens et 225 partisans ; le 10, il entre chez le Sadet, dont le village est désert ; dans les décombres de la case incendiée, il recueille les ossements des victimes qu'il remet à l'inspecteur Vincilioni. Celui-ci, dès la nouvelle du meurtre, avait en effet reçu ordre de marcher sur Patau Puï ; il avait aussitôt quitté An-Khê à la tête de 150 miliciens et arrivait, le 11, sur le théâtre du drame.

Tandis que la colonne va parcourir le pays et poursuivre la répression, M. Bardin revient à P. Tour et y fonde le poste de milice actuel. La colonne Vincilioni, de son côté, élève de nombreux postes et occupe effectivement le pays. Son action prend fin en septembre et, le 1er octobre, un arrêté crée un poste de milice à Patau Puï, à l'effectif de 100 miliciens, et relevant du Phuyen.

Ces regrettables incidents font cependant comprendre la nécessité de réorganiser définitivement cet hinterland, encore en pleine anarchie. La province du Darlac, dépendante du Laos, se trouve ridiculement éloignée de sa capitale administrative ;

[1] Arrêté du Résident supérieur d'Annam.

de même que l'hinterland du Binh-Dinh et du Phuyen, le Darlac est une dépendance économique, sinon géographique, de l'Annam ; le mouvement commercial, établi avec la côte en dépit des entraves administratives, le prouve ; aussi, le gouvernement se décide-t-il à remanier les limites territoriales de l'Annam, du Laos, du Cambodge et de la Cochinchine. Par arrêté en date du 22 novembre 1904, la province du Darlac est séparée du Laos et rattachée à l'Annam ; en même temps, la province de Stung-Treng est réintégrée au Cambodge et on lui réincorpore le territoire de Siempang que l'on enlève à la province de Khong (arrêté du 6 décembre 1904).

Quant à l'hinterland du Binh-Dinh, il sera, dès sa pacification, réuni à celui du Phuyen pour former une nouvelle province, qui prend le nom de province de Pl. Kou-Der, créée par arrêté du 4 juillet 1905.

Cependant, les Jaraï, malgré la leçon infligée par la colonne Vincilloni, ne se tiennent pas tranquilles ; des Annamites sont massacrés, et la fréquence des incursions dénote une dangereuse effervescence ; il faut envoyer contre eux une nouvelle colonne, dirigée par l'inspecteur Renard.

Le chef-lieu de la province de Pl. Kou-Der fut tout d'abord installé à Pl. Tay, au Nord de Pl. Tour; son siège définitif devait être porté à Kon Krœuy, mais le bâtiment de la résidence, à peine terminé, fut incendié par la foudre et l'administrateur en fut réduit à errer de poste en poste. Après une administration lamentable, la province de Pl. Kou-Der — communément aussi appelée province de Kontum — fut supprimée par arrêté en date du 25 avril 1907 ; son territoire fut partagé en deux zones administratives, rattachées, l'une, à la province du Binh-Dinh, l'autre, à celle du Phuyen, et respectivement administrées par les délégations de Kontum et de Cheo-Reo, créées toutes deux par arrêtés du 12 juin 1907 et relevant, la première, de la résidence de Quinhon, la seconde, de la résidence de Song-Cau.

Hinterland de la Cochinchine. — La région moï de la Cochinchine a été entamée du côté de Thudaumot ; en 1898, un poste de milice fut établi à Honquan et une délégation y a été installée un peu plus tard ; en 1906, la pénétration de la région moï du Nord-Est se poursuivait par la création, à Budop, d'un poste de milice, qui fut supprimé en 1909.

Hinterland du Cambodge. — Au Cambodge, la région moï fut nettement occupée dès la rétrocession de Stung-Treng ; un poste de milice est installé à B. Vœûne-Sai (1904) et, peu après, une délégation est créée à Siempang ; elle est transférée à B. Vœûne-Sai en 1906.

Un balat a été installé à Bokkham, en septembre 1909, avec un poste de cinq miliciens.

Enfin, l'hinterland moï de Kratié, reconnu et organisé par ma mission, a été mis sous les ordres de la délégation de B. Pou-Srà, fondée par mes soins dès 1909 et officiellement créée par arrêté du 3 septembre 1910.

Plus au Sud, un balat a été installé avec quelques miliciens, à Sré Klum, en 1908.

Etat actuel de la région moï. — Depuis quelques années, cependant, la région moï est délaissée et le gouvernement semble vouloir s'en désintéresser. Des postes créés, des provinces fondées, plusieurs ont disparu.

Au gré des courants politiques, qui agitent les sphères gouvernementales et locales, la région moï a été ballottée, organisée et démembrée tour à tour; certains des postes fondés, souvent à grands frais, rarement occupés par leurs titulaires, ont été abandonnés à un simple détachement de milice.

Cendrillon indochinois, l'hinterland jouit d'une réputation lamentable; mauvais climat, populations belliqueuses, difficiles à manier et pauvres, sol ingrat, ressources nulles : l'on n'a pas voulu lui consacrer les quelques capitaux nécessaires à son développement; l'hinterland ne pouvant pas *rendre* de suite, on l'a abandonné comme une non-valeur encombrante. Alors, livrées à elles-mêmes, les tribus turbulentes ont continué à vivre leur vie nomade et libre, livrées à leurs instincts pillards. Les courageux voyageurs qui ont voulu passer quand même, ont été reçus à coups de flèches ; Péroux, Canivey, ont été grièvement blessés ; Hugo, Robert, Odend'hal, Pâris, Perrin, Mesnard, massacrés; à chacune de ces manifestations de révolte, l'autorité s'est émue, des colonnes ont été envoyées, des mesures prises, mais tout retombe vite dans l'état primitif ; ce que l'on a fait au Darlac, au Kontum, au Cambodge, est le fruit d'efforts éparpillés, sans idée directrice, sans plan général préalablement tracé. A trois jours de Saïgon, j'ai trouvé des esclaves annamites chez les Stieng, des tribus refusant de nous reconnaître, un pays insoumis et inconnu.

Des routes ont été ouvertes ou sont en construction ; pendant quelques saisons sèches, avec des ressources précaires, des crédits dérisoires, l'on exécute, sans le secours des agents techniques, des travaux hâtifs, qui sont emportés par les crues, démolis par les pluies ; pendant quelque temps, l'on essaye de lutter contre les éléments ; mais, un beau jour, tout est abandonné et la route, qui s'annonçait superbe, carrossable, devient un obstacle à la circulation. Où en est la grande route du Darlac, si pimpante en 1907 ? Que sont devenues les routes de Mé-Yach et du lac ? Que deviendront celles de Djiring, du Lang-Biang et de Kontum ? A chaque nouvel administrateur, correspond une nouvelle orientation de la politique provinciale ; la région moï, comprise par celui-ci, n'intéresse pas celui-là.

Et pourtant, cet hinterland est riche ; ses populations, assouplies à notre joug, peuvent nous aider à mettre en valeur ces plateaux splendides, ces savanes immenses, ces forêts vierges et les richesses minières non encore reconnues ; rejetées à l'anarchie par les catastrophes de l'histoire indochinoise, elles peuvent être pour nous ce qu'elles ont été pour les Cham, les fourmis laborieuses et ignorées qui apportent à l'empire les richesses du haut pays.

Seuls, actuellement, les Chinois en tirent quelque profit. Au point de vue administratif, peu de progrès a été accompli. Malgré les propositions de l'ancien Résident du Darlac, les populations de cette province ne paient pas encore l'impôt. La plupart de nos postes se contentent d'occuper le pays sans chercher à l'organiser, sans essayer de pénétrer dans les secteurs inconnus; souvent, d'ailleurs, des ordres supérieurs leur interdisent toute aventure. Alors, les tribus turbulentes et insoumises continuent leurs audacieuses razzias ; les villages soumis, entraînés par l'exemple, dégoûtés par les corvées et les prestations auxquelles échappent les indépendants, font défection ; au moment le plus inattendu, quelques-uns d'entre eux prennent subitement la brousse après avoir attaqué à l'improviste un de leurs voisins ; alors, tout est à recommencer ; un détachement de milice est envoyé contre les dissidents ; quelques miliciens se font blesser par les lancettes de guerre ; les hameaux abandonnés sont livrés aux flammes, mais il est rare que l'on obtienne la soumission des fugitifs. Au Darlac, ces faits se sont renouvelés fréquemment; en 1907, j'ai marché contre les villages mdhur de Me-Leap et ai dû leur infliger une leçon qui les amena à composition ; depuis l'attentat contre Peroux, la contrée n'avait pas été châtiée ; la colonne Dauffès, tardivement envoyée pour venger l'attentat, avait échoué et ce secteur était demeuré insoumis.

De temps à autre, encouragés par cette impunité, conscients de notre inertie qu'ils prennent pour de la faiblesse ou de la peur, les villages commettent des forfaits autrement graves ; en janvier 1908, au Nord d'An-Khé, le colon Pàris est assassiné et les miliciens qui l'accompagnent doivent se retirer précipitamment avec leur garde principal, abandonnant le cadavre de la victime. Une colonne. commandée par l'inspecteur Sauvalle, est envoyée et doit faire une véritable campagne pour capturer les assassins.

A la même époque — décembre 1907, janvier 1908 — le garde principal Berner, de Pl. Tour, mène contre les villages jaraï du Nord-Ouest, une énergique campagne ; les groupes de Pl. Kuèn et Pl. Bong sont enlevés malgré une résistance acharnée et le district est soumis.

Les derniers Jaraï dissidents, cantonnés dans la région de Pl. Rach, sur la rive gauche du Kr. Jal, vont également recevoir une terrible leçon ; pillards incorrigibles, ils viennent, jusqu'au cœur du Plateau, enlever chevaux, bétail et hommes; pour mettre fin à ces incursions continuelles, l'administrateur Guénot marche contre eux et leur inflige une série de défaites éclatantes ; de nombreux Jaraï sont tués, un très important butin est ramassé et un poste de milice est installé à P. Kù pour surveiller le district (1909).

La région des Kon-Tu et des Sedang jouit encore d'une dangereuse indépendance anarchique ; les attentats se succèdent contre les commerçants annamites; en mai 1911, le caporal Perrin et le soldat Mesnard sont massacrés, avec quatre miliciens, sur la haute Sé Pouc, par les Ta-Hoï.

Dans le voisinage même du Cambodge et de la Cochinchine, des secteurs stieng sont absolument indépendants et les villages mnong voisins venaient, à mon passage, réclamer ma protection contre les incursions dont ils souffraient continuellement.

J'ai raconté par ailleurs l'histoire significative de Gor. En un mot, l'hinterland n'est pas organisé ; mal connu, administré de façon intermittente, abandonné à lui-même, il est encore en proie à l'anarchie et au désordre. De nombreux villages, des tribus mêmes refusent de nous reconnaître et se conduisent comme au beau temps de la suzeraineté annamite ou siamoise.

Il est temps de mettre fin à cet état de choses : le seul moyen d'y arriver est de donner à la région moï une direction qui lui manque, une unité d'organisation qui lui a toujours fait défaut ; il faut délimiter enfin les zones d'influence des divers pays de l'union en tenant compte des aires d'habitat des tribus ; il faut surtout donner à ces pays des administrateurs qui les aiment et n'y considèrent pas leur séjour comme un temps d'exil momentané, impatiemment supporté jusqu'au jour du congé libérateur.

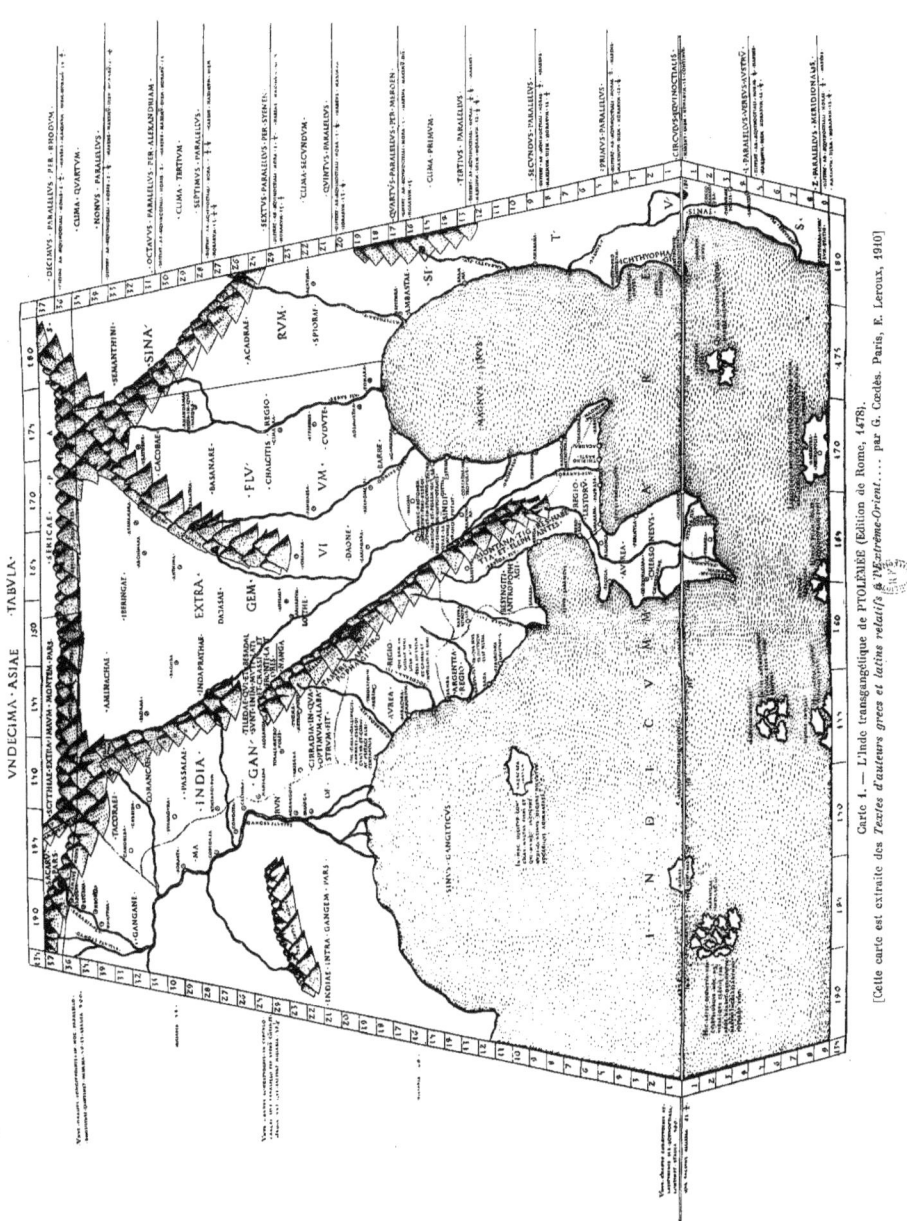

Carte 1. — L'Inde transgangétique de PTOLÉMÉE (Édition de Rome, 1478).

[Cette carte est extraite des *Textes d'auteurs grecs et latins relatifs à l'Extrême-Orient...*, par G. Cœdès. Paris, E. Leroux, 1910]

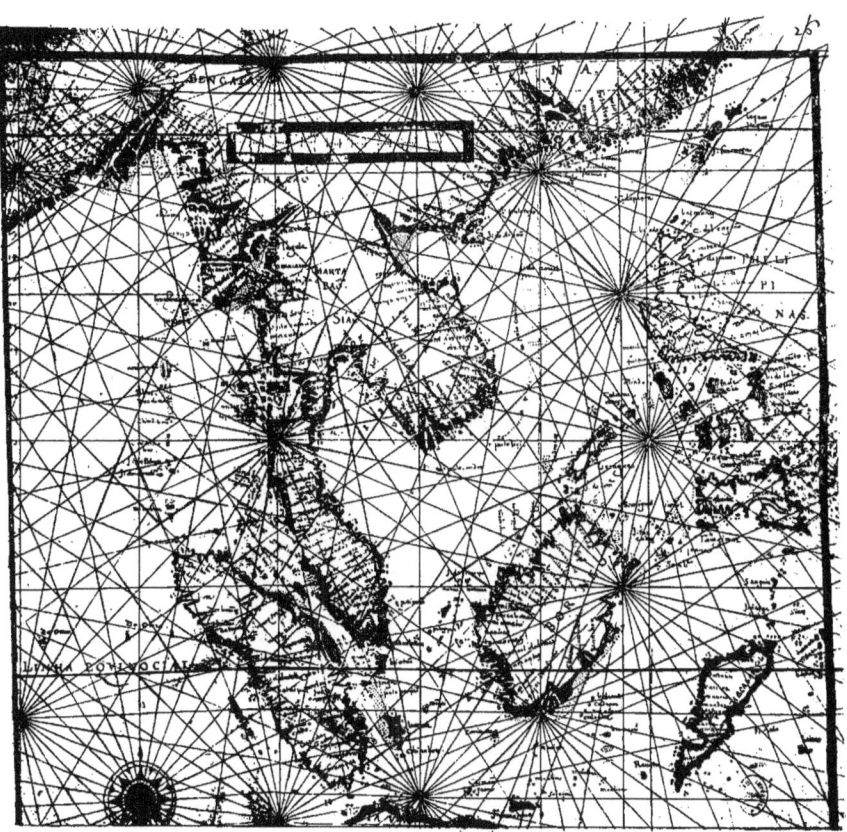

Carte 2. — La péninsule indochinoise suivant l'atlas portugais du XVIe siècle.

Carte 3. — Les Indes orientales de Mercator (Edition de 1607).

§ 12. — LA RÉGION MOÏ ET LA GÉOGRAPHIE

Les très anciennes cartes géographiques de l'Asie ne mentionnent pas les Moï ; c'est à peine d'ailleurs si l'Indochine elle-même est représentée de façon rudimentaire, presque informe ; c'est une vague péninsule appelée *Aurea Chersonesus*, la Chersonèse d'or, coupée par un fleuve au delta démesuré. Les différentes éditions de Ptolémée nous la représentent toutes ainsi et il faut attendre la fin du XVIe ou le début même du XVIIe siècle pour trouver, dans les cartes, une Indochine à peu près conforme à la réalité. La carte du Mercator de 1607 lui donne sa forme générale, mais ne mentionne pas les populations moï de l'intérieur ; le royaume de Champa est indiqué et sa position correspond à notre actuel Binh-Thuân [1].

L'une des premières cartes où l'on trouve le nom des Moï est celle du « Royaume d'Annam, comprenant les royaumes de Tumkin et de la Cocinchine (*sic*). Désigné par les Pères de la Compagnie de Iésus. A Paris, chez Pierre Mariette..... vers 1645 ». Elle porte « Les Kemoys Peuples barbare (*sic*) habitent dans ces Montagnes ».

Une carte contemporaine est celle qui accompagne le livre du P. de Rhodes (1651). Elle porte comme légende : **Regnū Annam**, et ne dépasse pas, au Sud, le 12° latitude Nord ; en arrière des provinces maritimes de *Quinhin, Quanghia, Thoan-Hoa* et *Bo-Chinh*, se trouve une chaîne de montagnes avec cette mention : **Rumoï** ; derrière ces montagnes, la légende : **Laorum pars**. Immédiatement au Sud du 12° latitude, est indiqué le Champa, qui est considéré comme royaume indépendant puisque les territoires qu'il occupe sont laissés en dehors de la carte, qui est celle du « Royaume d'Annam », comme le porte le cartouche.

C'est donc aux missionnaires que nous devons, au point de vue géographique, la découverte des peuplades moï ; il faut cependant mentionner, avant l'établissement des missions d'Indochine [2], le voyage de deux aventuriers espagnols, Blas Ruiz et Diego Belloso, qui, en 1596, avec une quarantaine de Castillans, traversent l'hinterland, probablement de Hué au Mékong par la voie naturelle de la Sé Bang-Hien et se rendent au Laos où ils vont chercher le fils du roi cambodgien défunt pour le rétablir sur le trône [3]. Cette expédition hardie ne nous a malheureusement laissé aucun détail sur les populations moï traversées et il faut attendre l'entrée en scène des missionnaires pour entendre parler de ces peuplades.

Les missions catholiques s'établissent en Cochinchine en 1610, au Cambodge en 1615, au Tonkin en 1625, au Champa en 1630 et au Laos en 1632.

---

[1] *La Sphère de Milan*, 1570, indique déjà le Champa sous le nom de *Syamba*. — Cf. Cabaton, *Mission en Italie*, in *Bulletin de géographie historique et descriptive*, 1911, nos 1-2. pp. 10-11.

[2] Linschotten parle des Kuys du Cambodge qu'il appelle Gueo (1579-1592).

[3] La relation où ces événements sont rapportés va paraître prochainement dans la série des *Documents pour l'histoire de l'Indochine*, publiés par MM. Cordier et Finot, sous le titre suivant : *Breve y verdadera relacion de los successos del Reyno de Camboxa* (Valladolid, 1604, in-4°). Texte et traduction par Ant. Cabaton, Paris, Leroux.

Les premières mentions que nous ayons des Moï se trouvent dans les ouvrages des missionnaires, et notamment dans ceux du P. Borri, du P. de Rhodes et du P. Marini Romain.

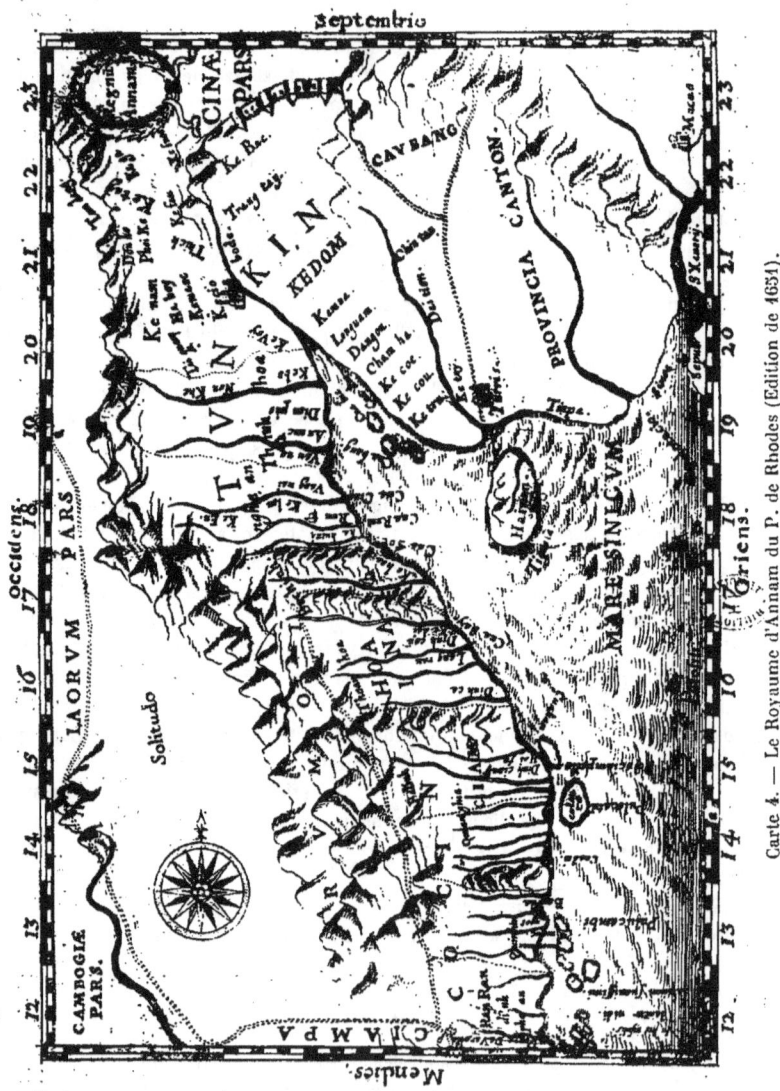

Carte 4. — Le Royaume d'Annam du P. de Rhodes (Edition de 1651).

Le P. Borri désigne ces peuplades sous le nom de Kemoïs « nom qui signifie sauvages : car quoy qu'ils soient cochinchinois, si ne veulent ils recognoistre le Roy, ny

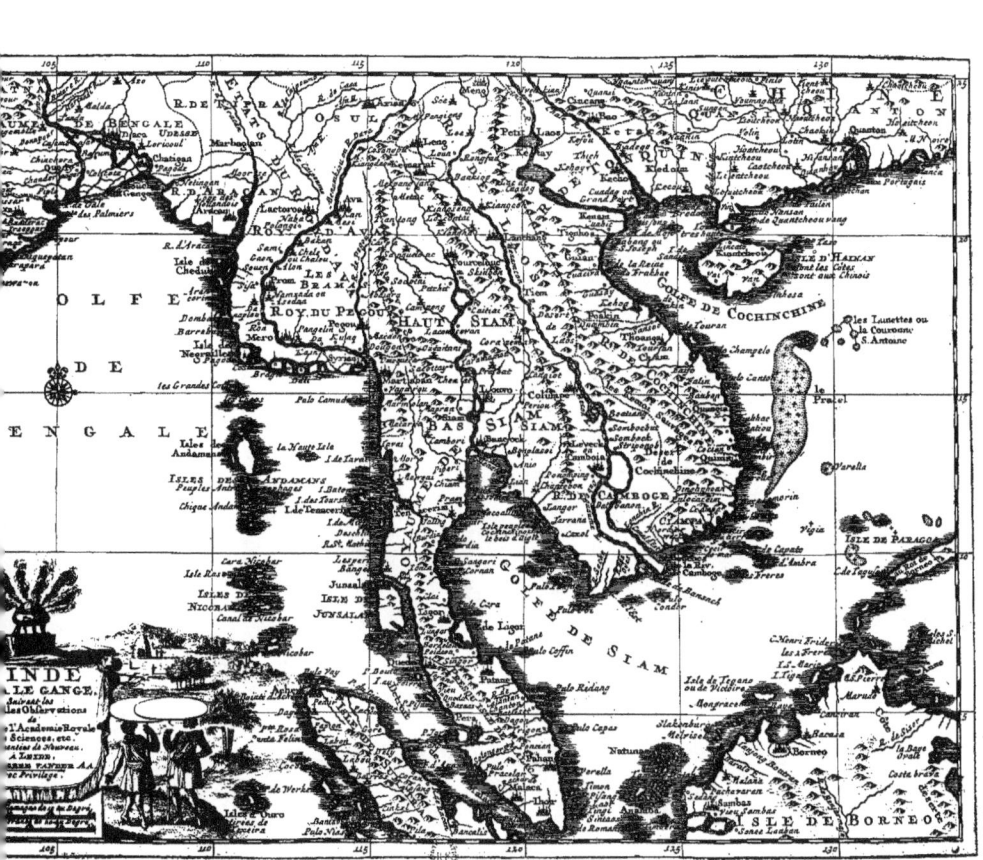

Carte 5. — L'Inde transgangétique de l'Atlas de Leide (chez Pierre van der Aa,... 1695 ?).

luy obéir en chose quelconque, se cantonants et tenants forts dans leurs montaignes presque inaccessibles » [1].

Nous avons vu déjà que le P. Marini Romain donne sur les Moïs d'intéressants renseignements et qu'il est le premier à nous révéler l'existence des deux rois du Feu et de l'Eau, qui « sont compris, nous dit-il, dans le *Rumoï*, où demeurent les sauvages, dont une partie obéit aux deux petits Roys du Feu et de l'Eau, comme j'ai dit ci-dessus [2] ».

Quant au P. de Rhodes, il nous parle de même des Remoi, ou Rumoi, « sauvages » qu'il porte en outre sur sa carte dans les montagnes de la chaîne annamitique.

Pendant tout le xviie siècle et le xviiie, ces renseignements seront cependant à peu près les seuls que nous aurons sur ces tribus de l'intérieur. Les diverses cartes ultérieurement publiées se contenteront de nous indiquer, dans la chaîne annamitique, « les Kemoi Sauvages » au-dessus d'un « désert de Cochinchine » qui est indiqué au Nord du « Ciampa » ; ce dernier état s'étend depuis le Cambodge (basse Cochinchine actuelle) jusqu'à un point situé entre le Cap Varella et la « Baye de Comorin », qui est notre baie de Cam-Ranh. Ces vagues indications se reproduisent de façon monotone et semblable jusque dans les cartes de 1830 ; à cette époque, la carte d'Indochine, datée cependant de 1821, de l'atlas de Brué, ne fournit aucune indication plus explicite ; la chaîne montagneuse d'Annam, rejetée vers l'intérieur, est soulignée par cette légende : « montagnes habitées par les Ke-Moys » et leur partie méridionale, de l'hinterland du Khanh-Hoa au Cambodge, est désignée sous le nom de « monts Tchampawa » ; entre la chaîne et le Mékong, ce simple mot « Désert ». Aucun affluent du grand fleuve n'est porté ; en 1821, les connaissances sur l'Indochine centrale sont ce qu'elles étaient au temps du P. de Rhodes.

Et pourtant, parmi la pléiade des missionnaires, il y avait eu des voyageurs audacieux, qui avaient essayé de pénétrer dans l'hinterland. Le plus intéressant de ces précurseurs fut un jésuite portugais, le P. João de Loureiro qui, en plus de ses belles études botaniques, a laissé de nombreuses notices restées manuscrites sur les provinces indochinoises qu'il avait parcourues. L'une d'elles notamment, intitulée *De nigris Moï et Champanensibus*, doit contenir sur les populations de l'hinterland de très intéressants et curieux renseignements [3], qui ne furent pas connus des cartographes contemporains. Les voyages du P. Lourerio se placent tout au début du xviiie siècle.

---

[1] *Relation de la nouvelle mission des Pères de la Compagnie de Jésus au royaume de la Cochinchine*, traduite de l'italien du Père C. Borri par le Père Ant. de la Croix, Rennes. M. D C. XXI, p. 4.

[2] *Relation nouvelle et curieuse des royaumes de Tonquin et de Lao*. Traduite de l'italien du Père Marini Romain. — Par L.P.L.C.C. Paris, Gervais Clouzier, M.DC.LXVI, pp. 34, 35, 48.

[3] Découverts par M. Cabaton à la Bibliothèque de l'Académie des sciences de Lisbonne, ces papiers feront l'objet de publications du plus haut intérêt et dont nous attendons l'apparition avec la plus vive impatience. M. Cabaton en donne une intéressante bibliographie dans ses *Notes sur les sources européennes de l'histoire de l'Indochine*, in *Bulletin de la Commission archéologique de l'Indochine*, 1911, pp. 23-24. Le P. Loureiro est notamment l'auteur de la *Flora Cochinchinensis*, éditée à Lisbonne en 1781 et, plus tard, à Berlin, en 1793.

La carte de Mgr Taberd (1838) et la première qui donne indication de quelques tribus moï de la chaîne, en même temps qu'elle porte quelques affluents de rive gauche du Mékong ; le cours de ces rivières est encore très fantaisiste cependant et c'est ainsi que le P. Tchlong communique avec les rivières du Binh-Thuân et du Khanh-Hoa.

Du côté du Cambodge, les missionnaires tentent de pénétrer chez les sauvages par la voie naturelle du P. Tchlong ; le premier qui semble avoir remonté la rivière fut le P. Juguet. En 1770, il arrive chez les Stieng après quatre jours de voyage par terre ; il ne séjourne que quelques jours à leur village de Saat au delà duquel il ne peut continuer et d'où il doit revenir au Mékong où il meurt peu après.

En mai 1775, le P. Faulet fonde une mission à Chlong « à l'embouchure du ruisseau du Stieng, dont l'eau a, dit-on, empoisonné M. Juguet »[1]. En septembre, le P. Faulet reçoit l'ordre de se rendre chez les Stieng ; parti de Chlong, il arrive à Saat où il tombe malade et, pendant plusieurs mois, il y mène une vie des plus misérables. Nous apprenons par lui quelques détails sur les mœurs des Stieng chez lesquels il semble avoir séjourné jusqu'au printemps de 1776.

Vers le milieu de janvier 1791, le P. Grillet part de Saïgon et atteint le pays stieng par une route sur laquelle il ne donne pas de renseignements : « Notre voyage fut d'une quinzaine de jours et cependant nous ne fîmes que 50 lieues environ. Jugez combien les chemins sont difficiles ». Comme le P. Faulet, le P. Grillet donne sur les Stieng quelques trop courts et rapides renseignements.

Il est probable que ces diverses tentatives d'établissement chez les Moï de la basse Cochinchine ne furent pas renouvelées ; en tout cas, elles n'ont pas abouti à une installation durable des missionnaires chez les sauvages.

Dans les divers ouvrages de l'époque sur l'Indochine, nous trouvons, de-ci, de-là, mention des sauvages, appelés, soit encore Kemoï, soit Moï ; mais les renseignements qu'ils nous donnent tous sont encore vagues et incomplets. Voici comment de la Bissachère nous parle de ces peuplades :

« Suivant le droit général admis dans tous les pays de la domination de l'empereur, l'homme y naît libre et ne peut perdre sa liberté, excepté chez une horde de sauvages du Laos[2] qui n'a point de lois bien fixes et précises, mais qui tient pour principe qu'on peut vendre comme esclaves les criminels et les débiteurs qui ne paient pas d'abord leurs dettes »[3].

Ces quelques exemples suffisent à donner une idée de ce que l'on sait et raconte des Moï jusqu'à la seconde moitié du xixe siècle. C'est alors que les missionnaires, pressés par les persécutions qui désolent leurs établissements de Cochinchine, cherchent dans l'hinterland un pays où s'établir et mettre leurs séminaires à l'abri des tortionnaires. Nous avons vu comment Mgr Cuénot, évêque de la Cochinchine orientale, fonda la mission des Bahnar ; après de multiples efforts tentés dès 1842, les missionnaires réussirent à s'installer dans le bassin de la haute Sé San, en 1850 ; cette

---

[1] C.-E. Bouillevaux, *op. cit.*, p. 227.
[2] Cette horde s'appelle *Meï* (En note dans l'ouvrage).
[3] De la Bissachère. *Etat actuel du Tonkin, de la Cochinchine et des royaumes de Cambodge, Laos et Lac-Tho*. 2 vol. Paris 1812, chez Galignani, pp. 22, 23, 25, 75, 85, 146, 175, 200, 240, 263, 269-270 (tome Ier) et pp. 20-21, 56-57, 100, 148 (tome II).

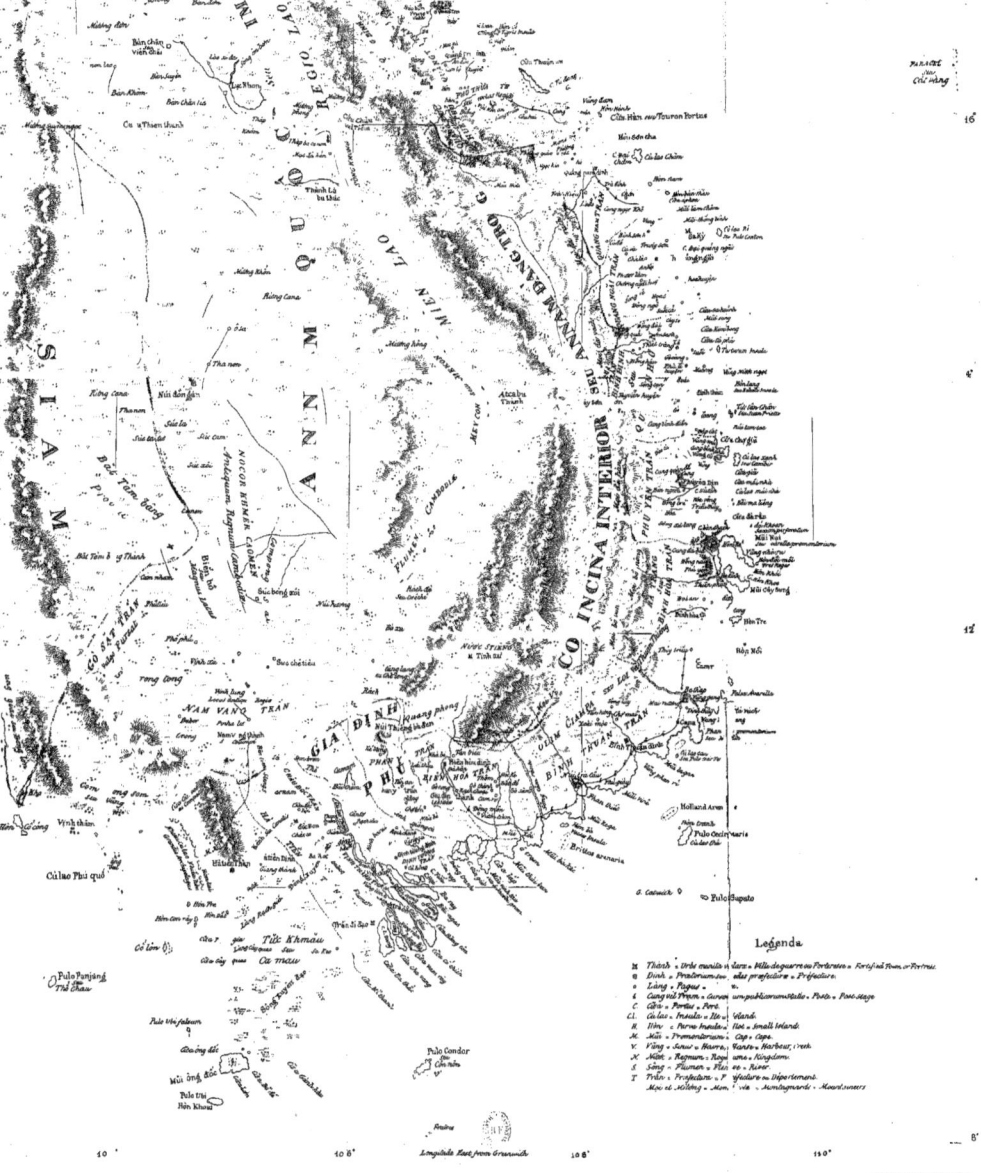

Carte 6. — Annam Dai Quoc Hoa Do, de Mgr Taberd, 1838.

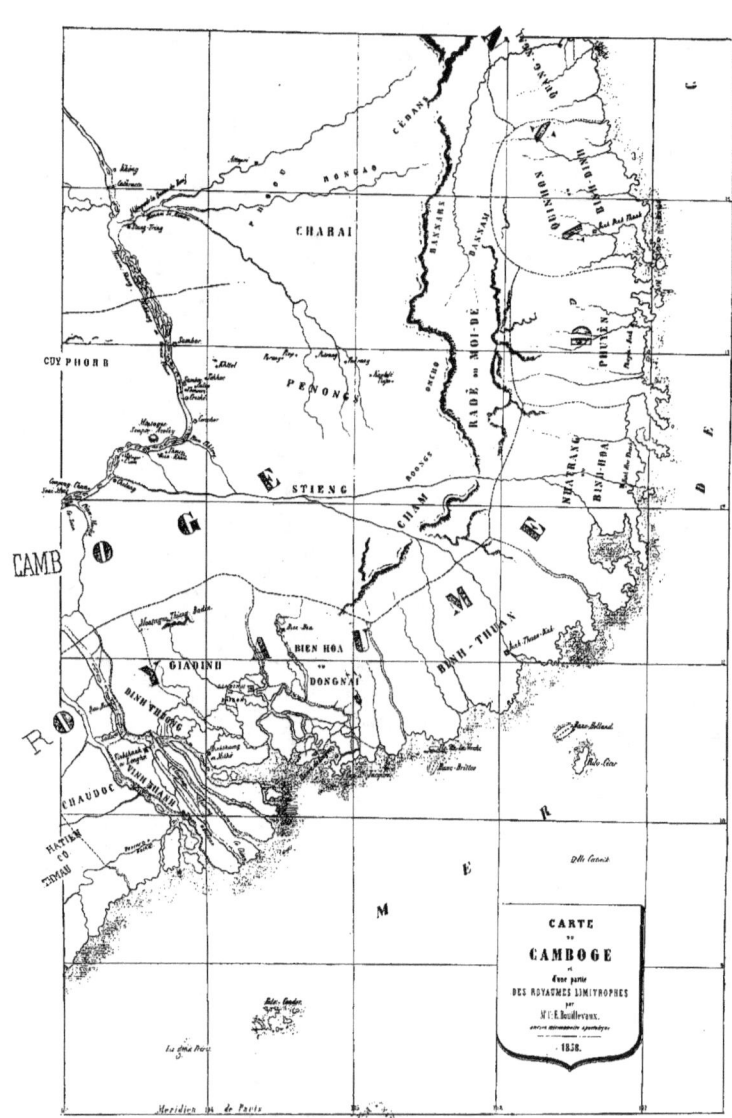

Carte 7. — Carte du Cambodge du P. Bouillevaux, 1858.

mission, dont nous avons par ailleurs raconté l'héroïque histoire, est leur premier établissement en région moï ; malgré les terribles épreuves qu'elle traversera, la mission des Bahnar se maintiendra victorieuse dans la plaine du Kr. Bla.

Vers 1851, des prêtres annamites, venus probablement du Phuyen, fondent chez les Mnong une mission sur laquelle nous n'avons que de très vagues renseignements; nous savons qu'elle était établie au Sud des Jaraï, chez les Mnong, très probablement sur la rive gauche de la Srépok, mais c'est tout ; elle semble n'avoir eu qu'une durée très éphémère. Son centre était au village de Tinh-Ju ; en septembre 1851, le P. Bouillevaux se rend en visite à Tinh-Ju en partant de Samboc ; il met neuf jours de voyage effectif pour atteindre le but où se trouve alors le P. Lacroix. Le P. Bouillevaux a donné de ce voyage un récit succinct tout à fait insuffisant malheureusement pour essayer même de rechercher l'emplacement de Tinh-Ju, mais son ouvrage est accompagné d'une carte, très précieuse au point de vue documentaire ; elle est, en effet, la première à donner quelques noms de tribus moï et l'indication du système hydrographique Sé Khong-Sé San-Srépok. Cette carte est de 1858.

En 1852, suivant le P. Louvet, mais en 1857 seulement, selon Mouhot, Mgr Lefebvre envoie chez les Stieng pour y fonder une mission où pourront se réfugier les missionnaires persécutés ; une chrétienté est établie à Brelam et y subsistera jusqu'en 1867, époque à laquelle elle est détruite par les bandes rebelles de Pucombo; trois missionnaires y avaient usé leur vie sans obtenir de résultats sérieux. L'un d'eux, le P. Azémar, en rapporta cependant un beau dictionnaire stieng, précédé d'une fort intéressante étude sur cette tribu ; ce travail fait pendant au dictionnaire bahnar du P. Dourisboure.

En 1859, le naturaliste Mouhot se rend de Peam Chilang à Brelam où il reste trois mois ; parmi les observations diverses qu'il fait au cours de ce séjour chez les Stieng, il faut citer la détermination astronomique de Brelam (11° 46' 30" latitude Nord et 103° 3' longitude Ouest de Paris).

Cependant, il faut attendre encore quelques années pour obtenir sur l'Indochine centrale les premiers renseignements vraiment révélateurs. En août 1876, le grand explorateur Doudart de Lagrée, chef de la Commission d'exploration du Mékong, quitte le Mékong et remonte la Sé Khong jusqu'à Siempang ; en octobre 1866, la mission reconnait la Sé Don, puis, en novembre, de Lagrée remonte cette rivière jusqu'à la hauteur de Saravan, longe la bordure sud-orientale du plateau des Boloven, atteint la Sé Khong qu'il descend jusque très en aval d'Attopeu, et revient à Bassac après avoir contourné le plateau des Boloven (novembre-décembre 1866).

En février 1867, de Lagrée explore la basse Sé Bang-Hien. Tout le monde connaît les admirables travaux de cette mission, restée fameuse entre toutes ; c'est à elle que nous devons le lever du cours du Mékong et la révélation de l'hinterland indochinois ; elle marque le début de l'ère des explorations scientifiques de l'Indochine ; les voyages antérieurs, reconnaissances fort estimables et fort intéressantes au point de vue documentaire, ne sont que des œuvres de précurseurs. La mission Doudart de Lagrée est la première reconnaissance scientifique et méthodique de l'Indochine centrale.

Pour ce qui est des explorations postérieures, nous nous bornerons à les indiquer rapidement, car elles sont connues et ont laissé, pour la plupart, des documents qu'il est facile de consulter.

En 1869, d'Arfeuille et Rheinart reconnaissent une partie de la Sé Don ; du 19 février au 1er avril 1877, le Dr Harmand se rend de Bassac à la Sé Khong ; d'Attopeu, il remonte le long de la Sé Katam, escalade et traverse, de l'Est à l'Ouest, le Plateau des Boloven ; du 16 avril jusqu'en août, il remonte le Mékong jusqu'à Lakhône d'où il redescend, par terre, sur Song-Khône, remonte, pendant quelque temps, la Sé Bang-Hien et, de Song-Khône, gagne, par terre, Tchepône d'où, par le col d'Ai-Lao, il rejoint Quang-Tri et Hué.

Dans le Sud, le Dr Néis fait, en mai-juin 1880, une excursion chez les Moï de Baria ; de novembre 1880 à janvier 1881, il explore l'hinterland de Baria, le Nui Chua-Chang, la basse Lagna, la D. Uè, le Tionlay, le Plateau des Ma et traverse la chaîne annamitique pour aller déboucher au Binh-Thuân.

De février à avril 1881, en compagnie du lieutenant Septans, il explore la Da Mbré, découvre le Lang-Biang, suit le haut Donnaï jusque chez les Çop dont il coupe tout le pays, du Nord au Sud.

En 1882, de janvier à mars, les lieutenants Septans et Gauroy explorent la région de Brelam d'où ils partent vers le Nord, traversent le P. Té, la Srépok et arrivent à B. Laïa, chez les Jaraï, d'où ils doivent battre en retraite devant l'hostilité des indigènes ; ils regagnent le Mékong à l'embouchure du P. Krieng.

En cette même année, le lieutenant Gautier reconnaît le Donnaï supérieur et la D. Uè, puis revient sur Brelam, explore toute la région environnante du moyen Jermang, et atteint, au Nord-Ouest, le moyen P. Tchlong (février à juin 1882).

En 1884, le lieutenant de vaisseau Humann reconnaît l'hinterland de Bien-Hoa, la haute Da Mbré d'où il remonte aux sources de la Lagna dont il redescend la vallée (février-mars).

En 1889, il repart de Phanthiet, atteint Tam-Linh et, par la haute Lagna, débouche sur le plateau de Djiring, explore le Da Nhim et le haut bassin de la rivière de Phanrang, le plateau du Lang-Biang d'où il descend, premier Européen, sur le moyen Kr. Knô ; un malencontreux accident le force à revenir, grièvement blessé, par la route de Pampei et de Pretaing (janvier-avril 1889).

Mais l'hinterland moï proprement dit n'est scientifiquement exploré que par les divers membres de la mission Pavie dont nous avons vu le rôle politique lors de l'affaire du Siam. En plus de ce rôle politique, les divers officiers qui parcourent l'hinterland en dressent la première carte réellement révélatrice ; les explorations ultérieures ne feront que la compléter. Ces itinéraires se décomposent ainsi :

Pendant novembre et décembre 1890 :

Itinéraire Cupet, de Bassac à Nong-Té, par Siempang et Ban Laïa et reconnaissance de la basse Srépok ;

Itinéraire Lugan, de Khong à Siempang, où il rejoint Cupet ;

Itinéraire Dugast, de Bassac à Palassu, Ban Laïa et Bokkham ; lever de la Sé San de ce point à Palassu ;

Itinéraire Cogniard, de Stung-Treng à Kabal Romeas, par la rive droite de la Srépok ; de là, itinéraire sur Srépok et la Sé San qu'il redescend jusqu'à St. Treng.

De novembre 1890 à avril 1891, le capitaine de Malglaive se rend de Hué aux sources de la Sé Khong, puis de Hué à Aï-Lao, à la Sé Khong, d'où il revient à Hué par les montagnes Kon-tu; enfin, de Qu. Tri il retourne à Song-Khône, Saravan, Kham-Tong et Attopeu, après avoir traversé le plateau des Boloven et parcouru le bassin de la Sé Don. D'Attopeu, le capitaine s'embarque sur la Sé Khong, qui le ramène à St. Treng.

En 1891, les travaux continuent dans les bassins de la Sé San et de la Srépok : le capitaine Cupet se rend de Kratié à B. Don par le versant du P. Té et les affluents de la Srépok; de B. Don, il se dirige sur Kontum d'où il repart vers l'Ouest, atteint la Sé San à Bokkham et redescend sur B. Don d'où il traverse le Darlac pour aller déboucher à Ninh-Hoa (janvier-avril).

Le lieutenant Dugast se rend d'An-Khê à l'Ayun, puis, revenu à An-Khê, se dirige sur Kontum; il rayonne dans la région de D. Redé, P. Chu, Kétoï et Semet et revient à Kontum; il en repart sur Kratié par la haute vallée du Ia Drang, coupe les forêts-clairières et atteint le Mékong, le 10 mai (février-mai).

Le capitaine Cogniard se rend de Tourane à Tramy, puis de Quinhon au plateau des Geular qu'il explore et d'où il atteint le Sadet Loum, remonte sur Pl. Gong-Houet et arrive à Kontum. Il rentre en Annam par An-Khê (janvier-mai).

Il faut citer en outre les reconnaissances des auxiliaires de la mission : Garnier, Odend'hal, Delingette, Grosgurin, Bricourt, Trumlet-Faber, qui lèvent de fort intéressants itinéraires dans la chaîne annamitique du centre Annam et aux environs de Kontum.

En 1893, Odend'hal se rend de Hué à A-Roc et à Saravan d'où il gagne Attopeu par la Sé Khong; il continue sur Kontum par le bassin de la Sé San, le Pekô et le Bla; de Kontum, il revient à Attopeu en contournant le Mang Mrai et en descendant la Sé San. D'Attopeu, il s'engage chez les Kareng, et gagne Tourane après avoir exploré la haute Sé Kaman, le haut Pekô et les montagnes difficiles de la chaîne. Sur le versant annamite, il est attaqué, doit abandonner ses bagages et battre en retraite sur la côte (novembre 1893 à février 1894).

Enfin, les explorations de la mission Pavie sont dignement complétées par les beaux voyages du Dr Yersin.

En 1892, il part de Nhatrang, gagne le Darlac par la route ordinaire, rayonne sur le plateau et atteint St. Treng par Lomphat.

En 1893, il se rend de Saïgon à Phanri par le plateau des Ma et le haut Donnaï puis repart sur Saïgon; il parcourt en tous sens le Lang-Biang et le Plateau des Ma, remonte au Nord, traverse le Kr. Knô, découvre le Tak-Lak et relie ses itinéraires précédents à Mé-Sao d'où il regagne Ninh-Hoa.

Enfin, en 1894, il repart de Saïgon, et, par Phanrang, atteint le Lang-Biang, se dirige sur Péco, le lac Tak-Lak, Mé-Sao, le haut Kr. Bouk, le bassin de l'Ayun et Kontum. De Kontum, il gagne Attopeu d'où il pique sur Tourane où il arrive, après un très pénible voyage à travers une région montagneuse et difficile.

Après Yersin, la série des grands voyages est à peu près close et nous nous bornerons à indiquer, en plus des relations et des cartes publiées, les travaux exécutés par les nombreuses reconnaissances effectuées dans la chaîne annamitique méridionale par les officiers des brigades de chemins de fer, dans la région de Djiring, du Lang-biang, dans le Darlac méridional et oriental et dans le bassin du S. Nang. Ce sont ces itinéraires, restés manuscrits en grande partie, qui m'ont servi de base pour mes travaux cartographiques.

La région moï nous a donc livré la plus grande partie de ses secrets. Quelques secteurs restent encore cependant fermés : parmi eux, il faut citer les cantons stieng du Hoÿt et du bassin sud-oriental du S. Bé et surtout le district benam du haut S. Ba et les régions sedang limitrophes. Leur pénétration ne saurait cependant tarder. Le nouveau Gouverneur général, M. A. Sarraut, est en effet décidé à réduire ces dernières bastilles, refuge de tribus turbulentes et pillardes que, peut-être bientôt, j'aurai l'honneur d'étudier et de soumettre à notre joug, comme j'ai soumis les Mnong du Cambodge, les Çop et les Dip du Donnaï, à la gloire de la plus grande France !

FIN

BIBLIOGRAPHIE

L'on ne trouvera dans cette Bibliographie que les ouvrages traitant des tribus moï et de leur pays. Les ouvrages qui ont spécialement trait à l'histoire indochinoise (Champa, Cambodge, Annam, Laos, etc.), et dont nous nous sommes servis pour notre Essai d'histoire, ont été indiqués à leur place dans les notes qui accompagnent le texte.

Achard (E.-L.). — Rapport sur une mission d'études dans le Sud-Annam, in *Bulletin économique de l'Indo-Chine*, 1902, août, pp. 547-570, 1 carte h. t.
— Annales de la propagation de la foi, 1851, pp. 133-142.
Aymonier (E.). — Recherches et mélanges sur les Chames et les Khmers, in *Excursions et Reconnaissances*, n° 8, 1881, pp. 319-351 et n° 10, 1881, pp. 167-187.
— Notes sur le Laos, in *Excursions et Reconnaissances*, VIII, n° 20, novembre-décembre 1884, pp. 315-386 ; IX, n° 21, janvier-février 1885, pp. 5-152 ; IX, n° 22, mars-avril 1885, pp. 155-348.
— Notes sur l'Annam (le Binh-Thuân), in *Excursions et Reconnaissances*, X, n° 24, juillet-août 1885, pp. 199-340.
— *Id.* (le Khanh-Hoa), in *Excursions et Reconnaissances*, XI, n° 26, mars-avril 1886, pp. 179-248 ; XII, n° 27, mai-juin 1886, pp. 5-30.
— Légendes historiques des Chames, in *Excursions et Reconnaissances*, XIV, n° 32, 1890, p. 145-206.
— Voyage dans le Laos. — Annales du Musée Guimet, 2 vol. in-8. Paris, E. Leroux, 1895, cartes.
— Notes sur les coutumes et croyances superstitieuses des Cambodgiens, in *Excursions et Reconnaissances*, n° 16, pp. 172 et sq.
Aubaret. — Histoire et description de la basse Cochinchine. Paris, Imprimerie impériale, 1864, passim.
Azémar. — Dictionnaire stieng in *Excursions et Reconnaissances*, XII, n° 27, mai-juin 1886, pp. 99-106 ; XII, n° 28, juillet-août 1886, pp. 251-341.
— Les Stiengs de Brólam, in *Excursions et Reconnaissances*, XII, n° 27, mai-juin 1886, pp. 107-160 ; XII, n° 28, juillet-août 1886, pp. 215-250.
B**. — Notes sur le Laos. La rivière d'Attopeu, in *Revue indo-chinoise illustrée*, 1re série, 3e volume, 1900, n° 8, mars, pp. 99-100.
Barthélémy (Marquis de). — En Indo-Chine, 1894-1895. Cambodge, Cochinchine, Laos. Paris, Plon-Nourrit et Cie, 1899.
— Un voyage chez les Moïs-Stiengs vivant au pied de la chaîne du Djambra, in *Revue indo-chinoise*, 2e série, 5e volume, 1901, 8 avril, n° 129, pp. 300-302 ; 2e série, 5e volume, 1901, 15 avril, n° 130, pp. 327-328.
— Au Pays moï. Paris, Plon-Nourrit et Cie, 1903, 17 gr. et 2 cartes.
Baudesson (Cap.). — Deux ans chez les Moïs, in *Tour du Monde*. Tome XII. Nouvelle série, 1906, n° 29 à 32.
Bel. — Mission au Laos et en Annam (Annam, Pays-Khas, Bas Laos), in *Bulletin de la Société de géographie*. Paris, 1898, 3e trimestre, pp. 264-290.
Bernard (Dr Noel). — Les Khâs, peuple inculte du Laos français. Notes anthropométriques et ethnographiques, in *Bulletin de géographie historique et descriptive*, 1904, n° 2.

Besnard (H.). — Les populations moï du Darlac, in *B. E. F. E. O.* Tome VII, 1907, n° 1, janvier-juin, pp. 61-86.

Bissachère (de la). — Etat actuel du Tonkin, de la Cochinchine et des royaumes de Cambodge, Laos et Lac-Tho. Paris, chez Galignani, 1812, 2 vol. v. pp. 23, 25, 75, 85, 146, 175, 200, 240, 263, 269-270 (Tome I) et pp. 20-21, 56-57, 100 et 148 (Tome II).

Bonin. — De Tourane au Mékong, in *Bulletin de la Soc. de Géo.* Paris, 1896, 1er trim., pp. 99-126, 1 carte h. t.

Borri (C.). — Relation de la nouvelle mission des Pères de la Compagnie de Jésus au royaume de la Cochinchine. Traduite de l'italien du P. Borri, par le P. Ant de la Croix. Rennes, M.DC.XXI, passim.

Bouillevaux (C. E.). — Voyage dans l'Indo-Chine (1848-1856). Paris, Victor Palmé, 1858, 1 carte h. t.

— L'Annam et le Cambodge. Voyages et notions historiques. Paris, V. Palmé, 1874, v. pp. 148-149, 151, 153, 156, 157, 506.

Brière. — Notice sur les Moïs du Binh-Thuân et du Khanh-hoa, in *Excursions et Reconnaissances*, XIV, n° 32, 1890, pp. 235-272.

— Culture et commerce de la cannelle en Annam, in *Bulletin Economique de l'Indo-Chine* 7e année, 1904, n° 33. pp. 935-950.

Cabaton (Ant.). — Dix dialectes indo-chinois recueillis par Prosper Odend'hal. — Etude linguistique, in *Journal asiatique*, 1905, mars-avril, pp. 265-344.

— Nouvelles recherches sur les Chams. Paris, E. Leroux, 1901, in-8°.

— Notes sur les sources européennes de l'histoire de l'Indo-Chine, in *Bulletin de la commission archéologique de l'Indo-Chine*, 1911.

Canivey. — Notice sur les mœurs et coutumes des Moï de Dalat, in *Revue d'Ethnographie et de Sociologie*, 1912 (*sous presse*).

Cabrau (P.). — Du commerce et de l'agriculture chez les Moïs, in *Excursions et Reconnaissances*, n° 14, 1882, pp. 270-293.

Céloron de Blainville. — Les Moïs de la région du Song-Ba et du Darlac, in *Revue de géographie*, LIII, 1903, pp. 128-147, 229-253.

Chapman. — Relation d'un voyage à la Cochinchine, imprimé pour la première fois dans l'*Asiatic Annual Register* de l'an 1801 ; traduite de l'Anglais par M. S. L., in *Annales des voyages, de la géographie et de l'histoire*, publiées par Malte-Brun 1809. Tome VII, v. pp. 63 et 65.

Chéon et Mougeot. — Dictionnaire de la langue chrau, in *Bulletin de la Société des Etudes indo-chinoises*, Saïgon, 1890, 2e semestre, fasc. I.

Cottes (Cap.). — De Hanoï à Saïgon par le haut Mékong et la chaîne annamitique, in *La Géographie*, XI, n° 2, 1905, 15 février, pp. 153-157, 1 croquis.

Coussot (A.) et Ruel (H.). — Douze mois chez les sauvages du Laos. Paris, Challamel, 1898, cartes.

Crevost. — Considérations sur le commerce de la cannelle, in *Bulletin Economique de l'Indo-Chine*, 12e année, 1909, n° 77, pp. 150-154.

Cupet (Cap.). — Le Sud de l'Annam, in *Tour du Monde*, 1893, 1er sem., nos 1681 à 1685.

— Voyages au Laos et chez les sauvages du Sud-Est de l'Indo-Chine. — Mission Pavie Géographie et voyages. Tome III, 15 cartes et 50 illustr. Paris, E. Leroux, 1900.

Damprun. — Monographie de la province de Savannakhet, in *Bulletin de la Société des Etudes indo chinoises de Saïgon*, n° 47, année 1904, 1er semestre.

Debay (Cap.). — Itinéraires entre Tourane et le Sékong, in *Société de Géographie*, *Comptes-Rendus*, 1895, n° 11-12, pp. 207-209, 1 croquis.

— L'A-Ta-Ouat et les massifs des hautes rivières de Hué et de Tourane, in *Bulletin Economique de l'Indo-Chine*. Saïgon, 1901, 4e année, n° 41, pp. 983-987, 1 carte.

Delingette (A.). — Relation d'un voyage chez les Moïs. Paris, Imprimerie Kugelmann, 1895, pp. 100.

Doudart de Lagrée. — V. Garnier.

Dourisboure. — Hla mar ina bo'tho to'drong Ba lăng pang to'drong khop. Hongkong (Catéchisme et prières en bahnar).

— Dictionnaire bahnar-français. Hongkong, 1889.

— Les sauvages ba-hnars (Cochinchine orientale). Souvenirs d'un missionnaire. Paris, ancienne maison Douniol. P. Tequi, éditeur, 1904 (la 1re édition est de 1873. Paris, de Soye).

Dufrènil. — La prise de possession du Laos en 1893, in *Revue indo-chinoise*, 11e année. Tome X, n° 85, 15 juillet 1908, pp. 11-32 ; n° 86, 30 juillet 1908, p. 115-120.

Durand (le P.). — Les Moï du So'n-Phòng, in *Bulletin de géographie historique et descriptive*, 1900, n°s 1-2, pp. 284-322.

— Le Temple de Pô-Romé à Phanrang, in *B. E. F. E. O.* Tome III, 1903, n° 4, note, p. 601.

— Les Archives des derniers rois Chams, in *B. E. F. E. O.* Tome VII, 1907, n° 3-4.

Dutreuil de Rhins. — Résumé des travaux géographiques sur l'Indo-Chine orientale, in *Bulletin de la Société de géographie*. Paris, 1880, janvier, pp. 5-33, 1 carte h. t.

Dai nam liệt truyện tiền biên « Collection de biographies du Dai-Nam, section préliminaire », passim.

Eberhardt (Mme G.). — Le futur sanatorium de l'Annam : le Langbiang, in *Tour du monde*. Tome XIV. Nouvelle série, 1908, n° 25.

Frazer. — The golden Bough. London, Mac Millan and Co, 2e édition, 3 vol. (vol. II).

— Le Rameau d'Or. Traduit par Stiébel et Toutain. Paris, Schleicher, 1903, vol. I, pp. 168 et sq.

Garnier (F.). — L'Indo-Chine, in *Tour du monde*, 1871, n°s 548 à 553, 567 à 573 ; 1872, n°s 596 à 599, 618 à 620 ; 1873, n°s 643 à 648.

— Voyage d'exploration en Indo-Chine effectué pendant les années 1866, 1867 et 1868 par une Commission française présidée par M. le Capitaine de frégate Doudart de Lagrée. Publié par les ordres du Ministère de la Marine sous la direction de M. le lieutenant de vaisseau Francis Garnier. Paris, Hachette, 1873, 2 vol. et 1 atlas.

Gautier (Lieut.). — Lettres, in *Société de géographie. Compte-rendus*, 1832, n° 8-9, p. 212-218 ; 1882, n° 16, pp. 354-359.

— Voyage au pays des Moïs, in *Excursions et Reconnaissances*, n° 14, 1832, pp. 219-250, 1 carte h. t.

Gourgand — Les boisements de la vallée du Song Bé, in *Bulletin économique de l'Indo-Chine*, 6e année, 1903, n° 14, pp. 119-129, 1 carte h. t.

Guerlach (J.-B). — Chez les sauvages ba-hnars, in *Les Missions catholiques*, 1884, 11, 18 et 25 janvier, 1, 8, 15 et 29 février, 15, 22 et 29 avril, 5, 12, 19 et 26 septembre.

— Mœurs et superstitions des sauvages ba-hnars, in *Les Missions catholiques*. 1887, 16, 23 et 30 septembre, 7, 14, 21 et 28 octobre, 4 novembre.

— Deux ans de captivité chez les Bahnars, in *Les Missions catholiques*, 1887, 11, 18 et 25 novembre, 2 et 9 décembre.

— Quelques notes sur les Sadet, in *Revue indo-chinoise*, 1905, 15 février, pp. 184-188.

— « L'Œuvre néfaste ». Les Missionnaires en Indo-Chine Assassinat de Robert et d'Odend'hal. Mayrena, Roi des Sedang. Saïgon, Imprimerie commerciale, 1906.

Haguet (H.). — Notice ethnique sur les Moïs de la région de Quang-Ngai, in *Revue indo-chinoise*, 1905, 15 octobre, pp. 1419-1426, 1 carte h. t.

Hamy. — Notice sur les Penongs Piak, in *Bulletin de la Société d'anthropologie de Paris*. 1878.

Harmand (Dr). — Voyage au Cambodge, in *Bulletin de la Société de géographie*. Paris 1876, octobre, pp. 337-367, 1 carte h. t.

— Les îles de Poulo-Condore, le haut Donnai et ses habitants, in *Bulletin de la Société de géographie*. Paris, 1877, mai, pp. 523-534.

— Excursion de Bassac à Attopeu, in *Bulletin de la Société de géographie*. Paris, 1877, septembre, pp. 239-247.
— De Bassac à Hué (avril-août 1877), in *Bulletin de la Société de géographie*. Paris, 1879, janvier, pp. 75-104, 1 carte h. t.
— Rapport sur une mission en Indo Chine. De Bassac à Hué, in *Archives des missions scientifiques et littéraires*, 8e série. Tome V, 1879, pp. 247-281.
— Le Laos et les populations sauvages de l'Indo Chine, in *Tour du Monde*. 1879, 2e sem., nos 965 à 967 ; 1880, 1er sem., nos 1006 à 1010.

Holbé (T. V.). — Les Poisons moï et recherches sur le Cây Vòi-vòi. Montpellier, Imprimerie Serre et Roumegous, 1905.

Humann. — Exploration chez les Moïs, 1888-1889, in *Bulletin de la Société de Géographie*. Paris, 1892, 4e trim., pp. 496-514, 1 carte h. t.
— Excursion chez les Moïs indépendants, in *Excursions et Reconnaissances*, VIII, n° 19, septembre-octobre 1884, pp. 27-42, 1 carte h. t.

Khâm dinh dai nam hôi diên su' lê « Répertoire administratif de l'empire annamite », passim.

Kemlin (le P.). — Les rites agraires des Reungao, in *B. E. F. E. O*. Tome IX, 1909, n° 3, juillet-septembre, pp. 493-522. Tome X, 1910, n° 1, janvier-mars, pp. 131-158.
— Les songes et leur interprétation chez les Reungao, in *B. E. F. E. O*. Tome X, 1910, n° 3, juillet-septembre, pp. 507-538.
— Au pays jaraï, in *Les Missions catholiques*, 1909, 7, 14 et 21 mai.

Lavallée (A.). — Notes ethnographiques sur les diverses tribus du Sud-Est de l'Indo-Chine, in *B. E. F. E. O*. Tome I, 1901, octobre, pp. 291-311, 1 carte h. t.

Leclère (A.). — Un conte pnong : Prang et Iyang, in *Revue des Traditions populaires*, 1898, pp. 445-466.
— Mémoire sur une charte de fondation d'un monastère bouddhique où il est question du roi du Feu et du roi de l'Eau, in *Académie des Inscriptions et Belles-lettres. Comptes-rendus des séances de l'année 1903*, juillet-août, pp. 369-378.
— Légende djaraï sur l'origine du sabre sacré par le roi du Feu, in *Revue indo-chinoise*, 1904, 31 mars, pp. 366-369.
— Les Pnongs, in *Mémoires de la Société d'ethnographie (section orientale et américaine)*, V, n° 19, 1908, pp. 137-208.
— Monographie de la province de Kratié, in *Publications de la Société des études indo-chinoises de Saïgon*, 1908, IIIe fascicule.

Lemarié. — La fertilité des terres du Lang-Bian, in *Bulletin économique de l'Indo-Chine*, 6e année, 1903, n° 17, pp. 325-328.

Lemire. — Les pays des Moïs entre Qui-nhon (Annam) et le Mékong (Cambodge), in *Revue d'ethnographie*, 1889.
— Le Laos Annamite. Paris, Challamel, 1894, 3 cartes h. t.
— Voyage à travers le Binh-dinh jusqu'aux Moïs de Têh Lakong, in *Bulletin de la Société de géographie de Lille*, 1894, juillet.

Louvet (abbé). — La Cochinchine religieuse. Paris, Leroux, 1885, 2 vol.

Maitre (Henri). — Note sur la tour chame du Nam Lieu (Darlac septentrional), in *B. E. F. E. O*. Tome VI, 1906, nos 3-4, juillet décembre. pp 342-344, 1 carte.
— Les régions moï du Sud Indo-chinois. Le Plateau du Darlac. Paris, Plon-Nourrit et Cie, 1909
— Das südliche Indochina, in *Petermanns' Mitteilungen*, 1912, sous presse, 1 carte h. t. et grav.

Malglaive (Cap. de). — Indo-Chine centrale : le pays des Kha, in *Tour du Monde*, 1893, 1er sem., n° 1694.
— Voyages au centre de l'Annam et du Laos. — Mission Pavie. Géographie et voyages. Tome IV, 13 cartes et illus. Paris, E. Leroux, 1902.

Mariny Romain (le P). — Relation nouvelle et curieuse des royaumes de Tunquin et de Lao.

Traduite de l'Italien du P. Mariny Romain, par L. P. L. C. C. Paris, Gervais Clouzier, M.DC.LXVI. passim.

Maspero. — Le royaume du Champa, in *T'oung-Pao*, 1910, 1911 et 1912.

Matgioi. — L'affaire de Siam (1886-1896). Paris, Challamel, 1897.

Mercié. — Voyage de M. E. Mercié en Indo-Chine, in *Société de géographie, Comptes-rendus*, 1895, n° 13, pp. 296-302.

Mougeot (Dr). — Un rapide voyage chez les Moïs, in *Bulletin de la Société des Etudes indochinoises de Saïgon*, 1887, 1er semestre, pp. 29-44.

— Dictionnaire moïs-cham malais, in *Bulletin de la Société des Etudes indo-chinoises*. Saïgon, 1893.

Mouhot (Henri). — Le Siam, le Cambolge, le Laos, in *Tour du monde*, 1863, 2e sem., nos 197 à 204.

— Travels in the Central Parts of Indo-China (Siam), Cambodia and Laos, during the years 1858, 1859 and 1860. London. Murray, 1864, 2 vol.

— Voyage dans le royaume de Siam, de Cambodge et de Laos et autres parties centrales de l'Indo-Chine. Relation extraite du journal et de la correspondance de l'auteur par F. de Lanoye. Paris, Hachette, 1872, VIII, 335 p., carte, grav.

Moulié. — Culture et commerce de la cannelle dans la province du Quang-Nam (Annam), in *Bulletin économique de l'Indo-Chine*, Hanoï, 7e année, 1904, n° 26, février. pp. 168-172.

Moura. — Le Royaume du Cambodge. Paris, E. Leroux, 1883, 2 vol. (vol 1, passim).

Mounin d'Arfeuille. — Voyage au Laos, in *Revue maritime et coloniale*, 1872, mars. pp. 465-479.

Navelle. — De Thi-nai au Bla, in *Excursions et Reconnaissances*, XIII, n° 29, septembre-décembre 1886, pp. 139-160 ; XIII, n° 30, janvier février 1887, pp. 211-342, 7 cartes h. t.

Néis (Dr P.). — Rapport sur une mission scientifique faite chez les Moïs de l'arrondissement de Baria, du 15 mai au 15 juin 1880, in *Excursions et Reconnaissances*, n° 6, 1880, pp. 405-437.

— Rapport sur une excursion faite chez les Moïs, du 1er novembre 1880 au 8 janvier 1881, in *Excursions et Reconnaissances*, n° 10, 1881, pp. 5-15.

— Explorations chez les sauvages de l'Indo-Chine, in *Bulletin de la Sociéét de Géographie*. Paris, 1883, 4e trimestre, pp. 481-504.

— Voyage de Kratieh à Stung-treng, in *Bulletin de la Société de géographie*. Paris, 1883, pp. 308-312.

Néis (Dr P.) et Septans (Lieut.). — Rapport sur un voyage d'exploration aux sources du Dong-nai, in *Excursions et Reconnaissances*, n° 10, 1881, pp. 15-81.

Nouet. — Excursion chez les Moïs de la frontière Nord-Est, du 22 avril au 9 mai 1882, in *Excursions et Reconnaissances*, VIII, n° 19, septembre-octobre 1884, pp. 5-26.

Oddéra. — Vocabulaire français che-ma, in *Revue indochinoise*, nouvelle série, tome XI, janvier 1909, n° 1, pp 1-20.

Odend'hal. — Les routes de l'Annam au Mékong (de Hué à Saravane et à Attopen), in *Revue indo-chinoise illustrée*. 1re série. 4e volume, 1894, n° 12, juillet, pp. 131-161. 5e volume, 1894, n° 13, août, pp. 1-50.

— Itinéraires d'Attopeu à la mer (journal de marche d'Odend'hal), in *Revue indo-chinoise*, 1908, n° 78, 30 mars; n° 79, 15 avril ; n° 80, 30 avril ; n° 81, 15 mai ; n° 82, 30 mai ; n° 83, 15 juin.

Orléans (Prince H. d'). — De Kratié à Nhatrang à travers la province du Darlac, in *La Géographie*, tome IV, n° 9, 15 septembre 1901, pp. 153-161, 1 carte.

Parmentier (H.). — Nouvelles découvertes archéologiques en Annam, in *B. E. F. E. O.*, tome VI, 1906, n° 3-4, juillet-décembre, pp. 344-345.

— Inventaire descriptif des monuments chams de l'Annam. Paris, Leroux, 1909, gr. in-8 (1 volume de planches).

Parmentier et Durand. — Le Trésor des rois chams, in *B. E. F. E. O.*, 1905, n° 1-2, janvier-juin, pp. 1-46.

Patté (Paul). — Hinterland moï. Paris, Plon-Nourrit et Cie, in-16, 1 carte et 26 grav.
Pavie (Mission). — Géographie et voyages. II. Exposé des travaux de la mission (Troisième et quatrième périodes, 1889 à 1895), 8 cartes et 155 illustr. Paris, E. Leroux. 1906, pp. 90-93, 101-108, 162-173 et 179-187
Rhodes (le P. Al. de). — Histoire du royaume de Tunquin. Lyon, 1651, 1 carte h. t.
Roullet. — Notes sur les pins du Lang-Bian, in *Bulletin économique de l'Indo-Chine*, 12ᵉ année, 1909, n° 78, pp. 178-182.
Schreiner. — Abrégé de l'histoire d'Annam. 2ᵉ édition. Saïgon, chez l'auteur, 1906, pp. 275, 281, 290, 408-412, 425, 434-435.
Schrœder. — Chronologie des souverains de l'Annam. Paris, E Leroux, MDCCCCIV, p. 8 et note *t*
Septans et Gauroy. — Reconnaissances dans le Cambodge et le Laos, in *Excursions e. Reconnaissances*, n° 12, 1882, pp. 536-552, 1 carte h. t.
Sylvestre (J.). — Rapport sur l'esclavage, in *Excursions et Reconnaissances*, n° 4, 1880, pp. 95-145.
Taupin. — Huit jours au pays des Braous, in *Bulletin de la Société des études indo-chinoises*, Saïgon, 1888, 2ᵉ semestre, fasc. 2, p. 49.
— Vocabulaire braou, in *Id.*, pp. 49-64.
Thiêu Binh-Thuân tinh man phi phu'o'ng lu'o'c phu bien. 8 chap. en 8 vol.
Tieu-Phu-Su'. — Phu-man-tap-luc, ou notes diverses sur la pacification de la région des Moï, in *Revue indo-chinoise*, 1904, 15 avril, pp. 455-469; 15 mai, pp. 641-648; 31 mai, pp. 706-716; 15 juin, pp. 789-796.
Tournier (Col.). — Notes sur la région Est du Bas-Laos, in *Bulletin Économique de l'Indo-Chine*. Saïgon, 2ᵉ année, 1899, n° 18, pp. 653-658. 3ᵉ année, 1900, n° 19, pp 15-22.
— La province nouvelle du Darlac, in *Bulletin Économique de l'Indo-Chine*, 4ᵉ année, 1901, avril, pp. 285-298.
Trinquet. — Le plateau d'An-Khê, in *Revue indo-chinoise*, 1906, 15 juillet, pp. 1061-1070; 30 juillet, pp. 1162-1165, 2 cartes h. t.
— Notes sur la tribu des Djaraï (partie Sud-Ouest), in *Revue indo-chinoise*, 1906, 30 décembre, pp 1903-1921.
— Le territoire de Lang ri, in *Rev. indo-chinoise*, 15-30 septembre 1908, pp. 346-383, cartes h. t.
Vassal (Mme G.). — Mes trois ans d'Annam. Paris, Hachette, 1912, in-16, v. chap. XII à XVIII.
Verneville (Huyn de). — Notice sur la province de Binh-dinh (Annam), in *Excursions et Reconnaissances*, n° 11, 1882, pp. 287-298.
Villaume (le P. Louis). — Un souvenir de la persécution dans la mission de la Cochinchine orientale. Paris, imprimerie de S. Picquoin, 1889, 61 p.
Van Wusthof. — Voyage lointain aux royaumes de Cambodge et Laouwen par les Néerlandais et ce qui s'y est passé jusqu'en 1644. Annoté par Fr. Garnier, in *Bulletin de la Société de géographie*. Paris, 1871, septembre-octobre, pp. 249-289, 1 carte h. t.
Yersin (Dr). — Les Moïs de la Cochinchine et du Sud-Annam, in *Revue indo-chinoise illustrée*. 1 série, 2ᵉ volume, 1893, novembre, n° 4, pp. 42-51, 1 carte h. t.
— Itinéraire de la côte d'Annam au Mékong. Quelques points géographiques en Annam, in *Société de géographie. Comptes-Rendus*, 1892, n° 15-16, pp. 399-403.
— Voyage de Nhatrang à Stung-Treng, in *Bulletin de la Société de géographie commerciale*, tome XV, 1893, n° 1, pp. 80-86.
— Lettres, in *Société de Géographie, Comptes-Rendus*, 1893, n° 14, pp. 353-355; 1894, n° 6, pp. 147-150; 1894, n° 12, pp. 239-240.
X. — Notes sur l'esclavage, in *Revue maritime et coloniale*, 1863, pp. 78-80.
X. — La question siamoise, in *Revue indo-chinoise illustrée*, 1ʳᵉ année, n° 1, août, 1893, pp. 69-81, 2 cartes h. t.
X. — Les Moïs de Ta-my, in *Revue indo-chinoise illustrée*, 1894, juin, pp. 82-113, 1 carte h. t.
X. — Le Sanatorium du Lang-Bian, in *Bulletin économique de l'Indo Chine*, 2ᵉ année, 1899, n° 15, pp. 483-501.
X. — Etude sur la délimitation des frontières de l'Annam-Laos, in *Revue indo-chinoise*, 2ᵉ série, 3ᵉ volume, 1900, n° 68, 5 février, pp. 151-153; n° 71, 26 février, pp. 212-213.

TABLE DES MATIÈRES

	PAGES
A Monsieur Paul Luce	I
Préface	III

PREMIÈRE PARTIE
LE PLATEAU CENTRAL SUD-INDOCHINOIS

CHAPITRE PREMIER
Du Cambodge au Darlac

De Saïgon à Kratié. — Organisation de la mission. — De Kratié au Darlac 3

CHAPITRE II
Du Darlac aux sources du Plaï et du Song Bé

Les Pih rebelles du bas Krong Knô. — Embuscade de B. Drô. — Les premiers villages mnong. — Le massif du Nam-Lyir. — Soumission de B. Pou-Srà. — Découverte du Plateau Central sud-indochinois. — Reconnaissance des sources du Plaï et du Song Bé. — Le L. Rhù. — Fondation du poste de B. Pou-Srà 15

CHAPITRE III
Vers le Donnaï

LES MASSIFS MONTAGNEUX DU PAYS PRÈH

Le bassin du D. Rtih et ses chutes. — Chez les Preng. — Le Donnaï. — Les massifs montagneux du pays prèh. — La légende du L. Gung. — Chutes et collines. — Trahison de B. B. Daych. — Les hommes sauvages du Nam-Noung 36

CHAPITRE IV
Le Plateau central de l'Indochine méridionale. — Première descente sur la haute Cochinchine

Les pierres du D. Pour. — La source du D. Pour. — Attaque de B. Bu-Rdang. — Les sources de la Rvé, de la Tioba et du Prek Té. — Le haut Hoyt et la source du Prek Tchlong. — Raid sur Sré-Ktum, Budop et Hon-Quan — De Hon-Quan à B. Pou-Noung par la vallée du D. Pam 67

CHAPITRE V
Vers la Cochinchine et le Cambodge par la haute vallée du Song Bé et le pays des Stieng

La vallée du Song Bé — Le piton de la Yumbra. — Chez les Stieng indépendants. — De Hon-Quan à Saïgon. — De Hon-Quan au Mékong par le Thbong-Khmum. . . 94

DEUXIÈME PARTIE
DE KRATIÉ A PHANTHIET. — DE PHANTHIET A KHONG PAR LA FRONTIÈRE ORIENTALE DU CAMBODGE

CHAPITRE PREMIER
De Kratié à Phanthiet

De Phnom-Penh à Khône et retour à Kratié. — Les « beng » du bas Mékong. — De Kratié à B. Pou-Srâ par la vallée du P. Té. — De B. Pou-Srâ au Darlac par les sources du Klau. — De B. Don à Djiring ; les premiers affluents de la moyenne Srépok, les tributaires du bas Krong Knô, le haut D. Rmang. — De Djiring à Phanthiet. 117

CHAPITRE II
De Phanthiet à Kontum

I. — EXPLORATION DU MOYEN DONNAÏ

Le plateau de Djiring. — De Djiring à Kinda. — En haut du Donnaï. — De Kinda à B. Pi-Sop. — La descente du moyen Donnaï. — Chez les Dip. — Le prestige des carabines. — Retraite sur B. Pou-Srâ 156

CHAPITRE III
De Phanthiet à Kontum

II. — LES FORÊTS-CLAIRIÈRES

Opérations contre B. Buk-ruèh. — Les forêts-clairières désertes de la moyenne Srépok. — Les Lu Rehong. — Chasses et camps. — Le long du Ya Liau. — La tour cham du Ya Liau. — Le poste de Pl. Tur et les Sadets. — Chez les Jaraï Hedrong. — Du poste de Pl. Kù à Kontum 184

CHAPITRE IV
De Kontum à Moulapoumok

La région de Kontum et la mission catholique des Bahnars. — Le Jraï-Lî — Le Mang-Mraï et les montagnes du haut D. Hedrey. — Tombeaux et funérailles. — Populations et légendes. — La vallée du Hedrey. — Les sources chaudes de P. Rmam. — B. Vœûne-Saï. 211

CHAPITRE V
De Moulapoumok au Mékong par Attopeu

La région de Moulapoumok. — De Moulapoumok à Attopeu. — La région d'Attopeu. — D'Attopeu à Khong par Siempang. — Khong et les chutes de Khône. — De Khône à Stung-Treng et Kratié. 249

DERNIER JOURNAL
LA BOUCLE DU DONNAI

CHAPITRE PREMIER
De Kratié à Saïgon par B. Pou Srà, le Lang-Biang et Djiring

B. Pou-Srà. — De B. Pou-Srà au Lang-Biang. — Du Lang-Biang à Phanthiet par Djiring. — De Phanthiet à Saïgon 289

CHAPITRE II
La Boucle du Donnaï

Le Plateau des Ma. — Chez les Çop et les Che-Srê. — Mines de cuivre et échanges. — Sur le versant du Song Bé. — Le prisonnier de B. Pé-Ria. — Le haut D. Rtih. — La voie de pénétration de la haute Cochinchine 306

TROISIÈME PARTIE
RÉSULTATS GÉOGRAPHIQUES DE LA MISSION. — GÉOGRAPHIE, ETHNOGRAPHIE, HISTOIRE

CHAPITRE PREMIER
Géographie. — Ethnographie

§ 1er. Structure géographique 327

A. — Orographie

Plateau des Ta-Hoi. 329
Plateau des Boloven 330
Zone montagneuse centrale 331
Plateau d'An-Khê 332
Plateau des Jaraï 333
Plateau du Darlac 335
Zone montagneuse méridionale. 338
Plateau central 343

	PAGES
Plateau du Lang-Biang	346
Plateau des Ma	347
Chaîne annamitique sud-occidentale	349
La plaine du Mékong	352
Glacis cochinchinois	355

B. — Hydrographie

a) Versant côtier

Rivière de Qu. Tri	356
Rivière de Hué	357
Rivière de Qu. Nam	357
Rivière de Qu. Ngai	357
Rivière de Bong-Son	358
Rivière de Binh-Dinh	358
Rivière de Phuyen	358
Song Ba	358
Rivière de Nhatrang	359
Rivière de Phanrang	359
Song Luy	360
S. Cuau	360
Rivière de Phanthiet	360
S. Phan	360
Rivière de La-Gi	360
S. Ray	360
Donnaï	360

b) Versant du Mékong

Sé Bang-Hien	363
Sé Don	364
Système Sé Khong, Sé San, Srépok	364
Sé Khong	365
Sé San	366
Srépok	368
P. Té	379
P. Tchlong	379

C. — Zones de végétation et de peuplement

Forêt épaisse	380
Brousse-taillis	382
Savane et marais	384
Forêt-clairière	386
Zone des pins	390

D. — Voies naturelles de pénétration 391

§ 2. — **Aire de dispersion et classification des tribus moï** 392

TABLE DES MATIÈRES

ZONES D'HABITAT DES TRIBUS MOÏ

Première famille

	PAGES
I. — JARAI :	
Hedrong	398
Habau	398
Arap	398
II. — TRIBUS MI-JARAÏ-MI-RADÉ :	
1° Krung	399
2° Chur	399
3° Mdhur	399
4° Blao	399
III. — RADÉ :	
Kpa	399
Atham	399
Dlé-Rué	399
TRIBUS APPARENTÉES AUX RADÉ :	
1° Ktul	399
2° Drau	399
3° Mun	399
4° Kadung	399
IV. — PIH	400
V. — TRIBUS DE LA CHAINE :	
1° Raglai	400
2° Churu	400

Deuxième famille

a) Groupe de l'Ouest	405
I. — CHE MA :	
Chrau	406
Ma	406
Çop	406
Che-Srè	406
Che-Tò	407
Koho	407
Lat	407
II. — TRIBUS APPARENTÉES AUX MA :	
1° Tulà	407
2° Teulup	407
3° Kayong	407
III. — STIENG	407
BU-DEH	407
IV. — MNONG :	
1° *Mnong de l'Ouest.* — Bhiet	408
Bu-Neur	408
Rehong	408
Kong-Khang	408
Ksèh	408
Nong	408

		PAGES
	Prèh	408
	Ti-Pri	408
	Perong	408
	Bu-Deung	409
2º *Mnong de l'Est.* — Gar		409
	Briet	409
	Kil	409
	Krieng	409
	Kesiong	409
	Rlam	409
V. — Preng		410
Dip		410
VI. — 1º Krol		410
2º Tiom-Pueun		410
3º Rmam		410
4º Brau		410
Pregar		411
Su		411

b) *Groupe de l'Est.* 411

I. — BAHNAR :
    Reungao 411
    Geular 411
    Halong 411
    Hagu 411
    Jeleung 411
    Beneum 411

    Chi Doc 412
    Ta-Lieng 412
    Ta Rê 412
    Ta-Va 412
    Ta-Chòm 412

II. — SEDANG :
    Reungao 412

    Hamong 211
    Dedrah 412
    Keumrang 412

    Heré 412
    Ka-Giong 413

Moï de   Tac-Minh 413
la cannelle   Xa-Giang 413
    Duong-Nu'o'c 413
    Duong-Bò 413

    Halang 414
    Duan 414

III. — BOLOVEN :
    1º Djru 414
    2º Heun 414

TABLE DES MATIÈRES

	PAGES
3° Oy	414
4° Sapuan	414
IV. — Moï du centre Annam :	
Kaseng	414
Alak	414
Veh	414
Kon Tu	414
Ta-Hoi	414
Leung	415
Pou-Thaï	415

CHAPITRE II
Essai d'histoire

§ 1er. — Légendes moï relatives a l'origine du monde et à la dispersion des tribus	417
§ 2. — Les premiers temps historiques de l'Indochine méridionale	425
Le Champa	428
Principauté Ma	431
Principauté Jaraï. — Les Sadets	432
Relations des Cham et des Moï	434
L'épée sacrée	436
§ 3. — La domination cham sur les Moï de l'Indochine sud-orientale	439
Conflits entre Cham et Moï	439
Les Cham dans l'hinterland	440
Démembrement du Champa	444
Les Moï du Panduranga	444
§ 4. — La domination annamite sur les Moï du Centre-Annam	446
Soumission des Moï du Quang-ngai	446
Vasselage des Sadets	448
§ 5. — Relations du Cambodge avec les tribus moï du Centre et de l'Ouest	450
Relations entre les Sadets et le roi du Cambodge	450
Les Moï de la Sé Khong. — La poussée laotienne	454
Expédition khmer à Attopeu	455
Relations entre Moï et Khmer	456
§ 6. — Etat de l'hinterland moï a la fin du xviie siècle	457
L'Indochine au xviie siècle	456
Pô Romé chez les Radé	457
Relations des Moï et des Annamites à la fin du xviie siècle et au xviiie siècle	458
§ 7. — Etablissement de l'hégémonie annamite. — Chute de la principauté che-ma et les Moï de Cochinchine — Les Moï du Centre Annam. — Les Moï du Binh-Thuan	461
Chute de la principauté che-ma	461
Les Moï et la conquête de la Cochinchine	464
Centre Annam. — Pou-Thaï et Annamites	465
Les Moï du Qu. Ngai et du centre Annam	467
Les Moï du Binh-Thuân	472
§ 8. — L'hinterland moï du Mékong au xixe siècle a la veille de l'occupation française	474

	PAGES
Ruine de la domination cambodgienne	474
Fondation de Siempang	475
Les Laotiens dans l'hinterland	475
Le Ia Pu	477
La colonie cambodgienne de Siempang	477
L'invasion siamoise	479
Esclavage et commerce	482
Etat social des tribus moï	485
L'hinterland du Cambodge	489
Les révoltes de Pucombo et de Votha	492
L'hinterland de Cochinchine	494
§ 9. — LES MOÏ DE LA CHAINE ANNAMITIQUE AVANT L'OCCUPATION FRANÇAISE	496
Moï du Khanh-Hoa	496
Moï du Binh-Thuân	500
Moï du Phuyen et du Binh-dinh	506
Moï du Quang-Ngai	507
Moï de la cannelle	513
§ 10. — LA MISSION CATHOLIQUE DES BAHNAR. — LA FRANCE ET LE SIAM DANS L'HINTERLAND	517
Fondation de la mission des Bahnar	517
La révolte des Lettrés	520
L'activité siamoise	521
L'affaire Mayréna	523
La mission Pavie dans l'hinterland moï	526
I. — Sur la Sé San et la Srépok	526
II. — Sur la Sé Don et la Sé Bang-Hien	532
Intervention de la France	535
§ 11. — ORGANISATION DE L'HINTERLAND. — LA RÉGION MOÏ DE 1894 A 1912	536
Le Bas Laos	536
Les Moï du So'n Phòng	537
Hinterland du haut Donnaï	540
Hinterland de la Srépok	541
Révolte des Boloven	544
Hinterland du Binh-Dinh et du Phuyen	546
Hinterland de la Cochinchine	548
Hinterland du Cambodge	548
Etat actuel de la région moï	548
§ 12. — LA RÉGION MOÏ ET LA GÉOGRAPHIE	551
BIBLIOGRAPHIE	559

TABLE DES PLANCHES HORS TEXTE

PLANCHES		PAGES
I. —	1. Route de Kratié au Darlac. Passage du D. Krieng.	2
II. —	2. Halte en forêt-clairière. — 3. Le convoi en forêt-clairière . . .	6
III. —	4. B. Lombaki (moyenne Tioba). — 5. Le Plai au passage de la sente basse charretière de Kratié au Darlac	8
IV. —	6. Camp en forêt-clairière. — 7. En forêt-clairière	8
V. —	8. Camp en forêt-clairière. — 9. Camp en forêt-clairière	10
VI. —	10. Un coin de forêt-clairière. — 11. B. Mé-Thuot. Le camp de la milice.	14
VII. —	12. Panorama du lac Tak-lak, depuis le poste de milice	16
VIII. —	13. Bordure de la poche marécageuse de B. Tiet. — 14. Les marais de B. Tour au pied du poste	18
IX. —	15. Types pih. Le chef de B. Tour et sa femme. — 16. Types pih. Le chef Ma-Yé	20
X. —	17. La terrasse faîtière du Yok Laych (1.010 m. d'altitude). — 18. Yok Laych. Tombe mnong	28
XI. —	19. Le chef de B. Pou-Prong. — 20. Ndjrak-Ot, chef de B. Pou-Srà. — 21. Le village de B. Pou-Srà	30
XII. —	22. Les Lu Ndrung (au sommet, le cairn principal) — 23. D. Deur. Le L. Trap aux basses eaux	70
XIII. —	24. D. Deur. Les grès en aval du L. Trap. — 25. Le Plai à B. Pou-Kroyt (type de cours d'eau en forêt clairière)	74
XIV. —	26. B. Pou-Kroyt. Huttes de raï. — 27. Village mnong de B. Pou-Troum	80
XV. —	28. Type de Mnong Phiet. — 29. Le poste de Sré-Ktum	84
XVI. —	30. Sur le P. Tchlong. Radeaux — 31. Sur le P. Tchlong. Maisons flottantes (*nha-bé*)	112
XVII. —	32. Sur le P. Tchlong. Les *nha-bé*. — 33. Les bords du Mékong. Un coin de berge aux grandes eaux	114
XVIII. —	34. Le hameau de Sré Ueng. — 35. Route de Kratié à B. Pou Srà. — Le camp du Krai	126
XIX. —	36. Bassin du moyen P. Té. Efflorescences granitiques dans la forêt-clairière. — 37. B. Mé-Si. Le *nih-uer*	128
XX. —	38. La moyenne Tioba aux basses eaux. — 39. Village mnong de Poulà.	130
XXI. —	40. B. Poulà. Intérieur d'une hutte. — 41. Poste de B. Pou-Srà. Chantier de colonnes.	136
XXII. —	42. Poste de B. Pou-Srà. Transport de colonnes. — 43. B. Pou-Srà. Feu de brousse	136
XXIII. —	44. Les montagnes de B. Iuk-Jù. La mission dans les abatis de raï. — 45. Montagnes et village du pays prenz.	142

TABLE DES PLANCHES HORS TEXTE

PLANCHES		PAGES
XXIV. —	46. Panorama de Djiring, pris depuis la route de Dalat. — 47. Les rizières de Djiring et le massif du Brèiang, depuis la délégation. — 48. Panorama du Plateau de Djiring, depuis la délégation.	148
XXV. —	49. Djiring. Le village annamite. — 50. Djiring. Le village moï.	150
XXVI. —	51. Route de Djiring à Phanthiet. Vue vers le Sud-Ouest, depuis la section comprise entre Da Troum et Yankar. — 52. Route de Djiring à Phanthiet Les pins et les gorges de la chaîne, depuis la section comprise entre Da Troum et Yankar	154
XXVII —	53. Route de Djiring à Phanthiet. Dans la chaîne annamitique. — 54. Route de Djiring à Phanthiet. Vue d'un village moï dans le ravin, en contrebas de la route	156
XXVIII. —	55. Village che-tò de B. Rlà. — 56. Type de collines débroussaillées pour l'établissement des raï	164
XXIX. —	57. Femmes mnong de B. Pou-Pet. — 58 Le Yok Yang-Rpô, vu depuis le Yok Yang-Bra	192
XXX. —	59. Ruine cham du Ya Liau (angle Nord-Est et porte). — 60. Ruine cham du Ya Liau (côté Sud)	200
XXXI. —	61. Ruine cham du Ya Liau. Ornement du faîtage. — 62. Types jaraï de Pl. Tali	200
XXXII. —	63. Chandeliers atham. — 64. Tombeaux jaraï du Sud (région de Pl. Tali)	208
XXXIII. —	65. Tombeaux jaraï de Pl. Tali — 66. Tombe jaraï du Sud.	220
XXXIV. —	67. Cimetière de Pl. Rlung Un tombeau (à droite, le *bram*). — 68 Tombeau des Jaraï du Sud	232
XXXV. —	69. Cimetière de Pl. Rlung. Pieux sculptés des tombeaux. — 70. Cimetière de Pl. Rlung. Pieux sculptés des tombeaux.	232
XXXVI. —	71. Types de Tiom-Pueun	236
XXXVII. —	72. Chute de Khòne. Un coin de Salaphet.	272
XXXVIII. —	73. Chutes de Khòne	280
XXXIX. —	74. Le chenal de Khòne aux basses eaux	280
XL. —	75. En forêt-clairière sur la route charretière de Kratié à B. Pou-Srà. — 76. Village mnong phiet. B. Chœung-Chéas (route de Kratié à B. Pou-Srà)	288
XLI. —	77. Route charretière de Kratié à B. Pou-Srà. La mare au lotus (Trapéang Bandoé). — 78. Route charretière de Kratié à B. Pou Srà. Passage d'un arroyo	288
XLII. —	79. En forêt clairière. La halte dans un arroyo	290
XLIII. —	80. Halte dans un cours d'eau de la forêt-clairière.	290
XLIV. —	81. Une rivière en forêt-clairière. La Tioba	292
XLV. —	82. Panorama, depuis la terrasse de B. Ong-Yang (Cône du Yok Ndô et, dans le fond, silhouette du Plateau Central). — 83. Le Nam Lyir, vu à travers la forêt-clairière, depuis la sente de B. Pou-Srà à B. Jen-Drom	292
XLVI. —	84. Sur la route de B. Pou-Srà à B. Don. Un arroyo en forêt-clairière	294
XLVII. —	85. Chez les Pih. Le chef de B Trap et sa femme. — 86. Dans les marais du Krong Hana	294
XLVIII. —	87. Les marais de B. Kenaych Au fond, les montagnes d'entre Kr. Hana et Kr. Knô. — 88. Les marais de B. Kenaych aux grandes eaux	296
XLIX. —	89. La poche de B. Dé. — 90. Le Nam-Rèch, depuis la colline de B. Dlé.	296
L. —	91. Chez les Mnong Gar. B. Dé	296
LI. —	92. Le Nam Ka, depuis la sente de B. Dlé à B. Rehhay. — 93. La vallée du Kr. Knò, depuis B. Rehhay	296

TABLE DES PLANCHES HORS TEXTE

PLANCHES		PAGES
LII. —	94. Chez les Mnong Gar. B. Damrong	298
LIII. —	95. Un coin de B. Damrong. — 96. Perche fétiche de B. Damrong. — 97. B. Damrong. Entrée d'une hutte	298
LIV. —	98. En route sur le Lang-Biang. Le passage du Kr. Knô à B. Damrong.	300
LV. —	99. Panorama de la vallée du D. Tong, depuis Yen-Dlé. — 100. Dalat. Le village annamite et, sur le mamelon, la maison du gouverneur général.	300
LVI. —	101. Sur la route de Dalat à Djiring. Les pins et le gradin d'accès au Lang-Biang (haut D. Tam). — 102. Sur la route de Dalat à Djiring. Le Mnil et le Boruns (ce dernier, à gauche)	302
LVII. —	103. Types lat du Lang-Biang (Tram de Pfimnom)	302
LVIII. —	104. Route de Dalat à Djiring. La chute du D. Nhim (L. Khang) . . .	304
LIX. —	105. Grande route de Djiring à Phanthiet. Le tram de Yankar	304
LX. —	106. La délégation de Djiring. — 107. Route de Djiring à Beuko. Chute de la Da Riam	306
LXI. —	108. Sur le plateau des Ma. La forêt de pins à l'Ouest de la Lagna. — 109. Type che-ma de Hankar. Coiffure et boucles d'oreilles. — 110. Type che-ma de Hankar	310
LXII. —	111. Femme çop. — 112. Sur le Plateau central	314
LXIII. —	113. La grand'route de Ninh-Hoa au Darlac dans la chaîne annamitique. — 114. La grand'route de Ninh-Hoa au Darlac dans la chaîne annamitique.	326
LXIV. —	115. Le village de Médrac, vu depuis le poste de milice (à l'arrière plan, le massif du Tieu Ba). — 116. Groupe de Radé	330
LXV. —	117. Abri de branchages chez les Radé Kpa. — 118. Tombeau radé kpa .	338
LXVI. —	119. Chez les Radé Kpa. Préparatifs d'un repas funéraire. — 120 Chez les Radé Kpa Préparatifs d'un repas funéraire	342
LXVII. —	121. Tombeau ktul de B. Aï-Bloum. Les perches fétiches. — 122. Tombeau ktul de B. Aï-Bloum. La maisonnette funéraire	346
LXVIII. —	123. Tombeau ktul de B. Aï-Bloum. Un poteau sculpté. — 124. Tombeau radé atham de B. Mé-Yach	350
LXIX. —	125. Maisonnette funéraire surmontant un tombeau de Mé-Yach. — 126. Tombeau krung	360
LXX. —	127. Village pih de B. Kenaych. — 128 Les rizières de B. Kenaych.	370
LXXI. —	129. Les marais de B. Tour. — 130. Moyenne Srépok. La quatrième cataracte	372
LXXII. —	131. Moyenne Srépok. Le Draé Nour. — 132. Moyenne Srépok. Le Draé Dar	374
LXXIII. —	133. La gorge du haut Kr. Knô, en aval de B. Klong. — 134. Village mnong gar. B. Pampeï-Deung	378
LXXIV. —	135. Chute du haut D. Dong, près de Pretaing. — 136. Village koho de Pretaing	380
LXXV. —	137. 1. Ceinture radé (langouti). 2 et 3. Tuniques radé. — 138. Couvertures radé	424
LXXVI. —	139. Couvertures radé. — 140. Arbalètes radé	456
LXXVII. —	141. Lances moï. — 142 Armes et ustensiles moï	488
LXXVIII. —	143. Ustensiles moï. — 144 Différents types de pieux sculptés pour jarre, provenant de chez les Pih et les Gar	520
LXXIX. —	145. Perches à jarre et tube à libations gravés des Pren	528

TABLE DES FIGURES DANS LE TEXTE

FIGURES		PAGES
1.	Plan du village fortifié de B. B. Glé	30
2.	Plan du village fortifié de B. Pou-Prong	34
3.	Plan du village fortifié de B. Pou-Top	38
4.	Plan d'une hutte nong (B. Ndroung-Ndeung)	40
5.	Plan d'une hutte nong (B. Bouk-Sô)	40
6.	Plan d'une hutte preng (B. Pi-Mour)	44
7.	Plan d'une hutte nong de B B. Daych	49
8.	Plan d'une hutte de B. Pé-Unh	54
9.	Plan d'une hutte prêh de B. Your	57
10.	Bloc principal des Lu Ndam-Grang	72
11.	Coupe d'une hutte stieng	86
12.	Panorama depuis la terrasse faîtière de B. Njiring	165
13.	Tour cham du Ya Liau. Cuve et mukhalinga	199
14.	Silhouette du T. Grong	206
15.	Silhouette du T. A.	206
16.	Silhouette du T. Denong	207
17.	Massif du Mang-Mraï, vu depuis Pl Nhrong	217
18.	Pl. Rlung. — Toit du grand tombeau	227
19.	Pl. Meo. — Maison du chef : encadrement de la porte d'entrée	235
20.	Pl. Jar. — Pieu funéraire représentant, dans sa forme la plus primitive, un être humain	237
21.	Pl. Rmam. — Ornements d'un pignon	240
22.	Cimetière de Pl. Chechoé. — Petite planchette d'angle d'un autel funéraire	245
23.	Cimetière de Pl. Chechoé. — Planchette découpée ornant le faîtage d'un tombeau	245
24.	Huttes brao de S. Po-Thok	255
25.	Hangar précédant les huttes brao	255
26.	Couteau brao	256
27.	Lance brao	257
28.	Violon brao	258
29.	Pierre fétiche de S. Krong-Lak	260
30.	Carte des chutes de Khône	277
31.	Chez les Mnong Gar. — Lit de camp taillé dans un tronc d'*igœur*	298
32.	Plan d'un village che-ma (Beukô)	308
33.	Brelà. — Fragment d'une traverse peinte représentant des crocodiles	312
34, 35 et 36.	Tubes à libations des Radé Kpa, développés suivant un plan vertical et montrant les dessins gravés au couteau	401

37, 38 et 39. — Tubes à libations des Radé Kpa, montrant les dessins gravés au couteau 402
40 et 41. — Tubes à libations des Radé Kpa, montrant les dessins gravés au couteau 403
42. — Tubes à libations des Radé Kpa, montrant les dessins gravés au couteau . . 404
43. — Planche fétiche peinturlurée des Mnong Brie!. 404

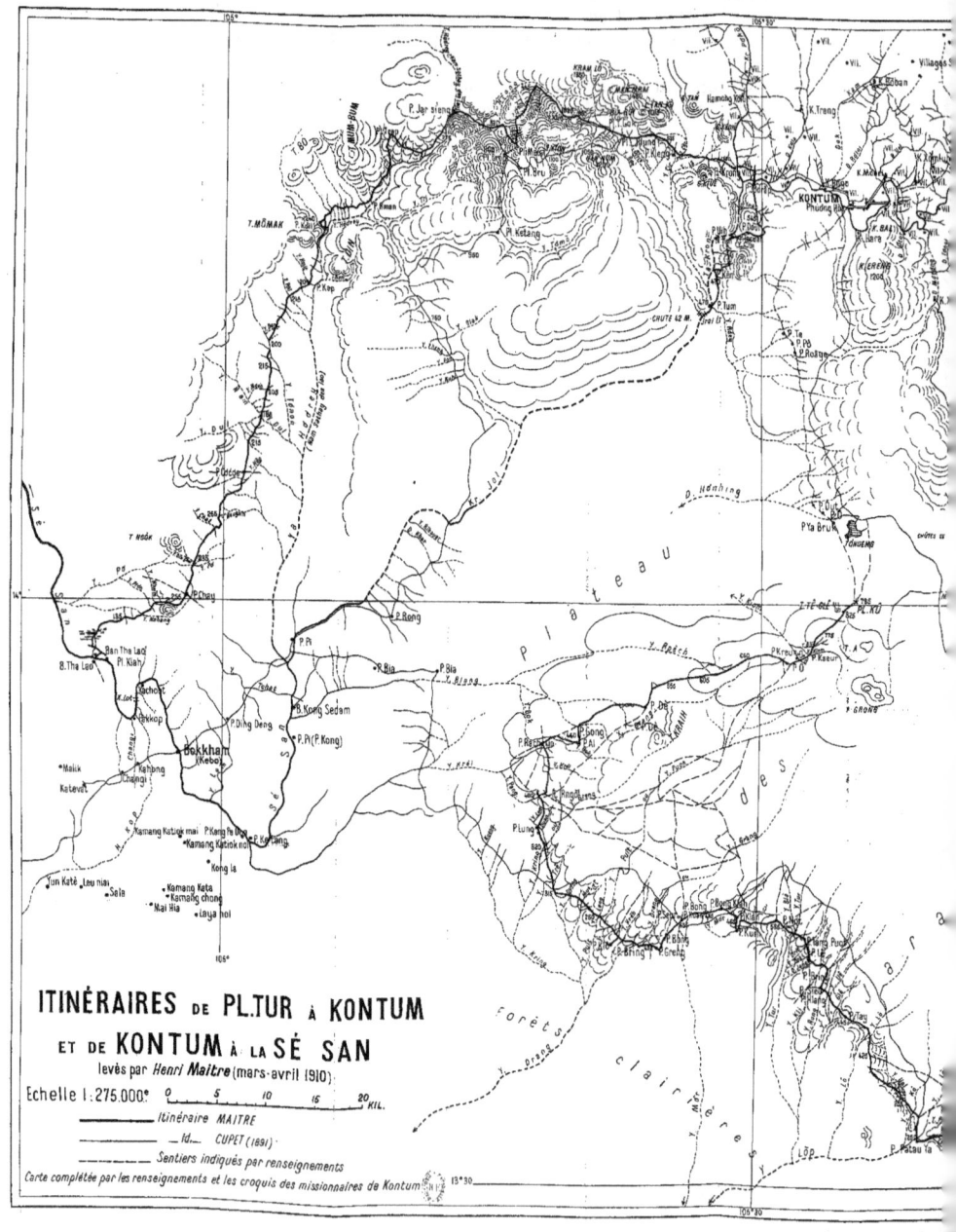

TABLE DES CARTES

	Pages.
Carte 1. — L'Inde transgangétique de Ptolémée (Edition de Rome, 1478)	350
Carte 2. — La péninsule indochinoise suivant un atlas portugais du xvie siècle	350
Carte 3. — Les Indes orientales de Mercator (Edition de 1607)	350
Carte 4. — Le Royaume d'Annam du P. de Rhodes (Edition de 1651)	352
Carte 5. — L'Inde transgangétique de l'atlas de Leide (chez Pierre van der Aa..., 1625?)	352
Carte 6. — Annam Dai Quoc Hoa Do, de Mgr Taberd, 1838	354
Carte 7. — Carte du Cambodge... du P. Bouillevaux, 1858	354
Carte 8. — Itinéraires de Pl. Tur à Kontum et de Kontum à la Sé San	380
Carte 9. — Itinéraire de B. Vœune-Soi à Attopeu	380

LAVAL. — IMPRIMERIE L. BARNÉOUD ET Cie

A LA MÊME LIBRAIRIE

Au cœur de l'Atlas. Mission au Maroc (1904-05), par le marquis de SEGONZAC, préfaces de M. Eug. ETIENNE, vice-président de la Chambre, et du général LYAUTEY, commandant la division d'Oran. *Notes de géologie et de géographie physique*, par Louis GENTIL, maître de conférences à la Faculté des Sciences de Paris (1910). *Ouvrage couronné par l'Académie Française. Prix Montyon.* Un fort vol. in-8°, 177 repr. phot. 15 cart. **20 fr.**

Les Confins Algéro-Marocains, par Augustin BERNARD, professeur à l'Université d'Alger, chargé de cours à la Sorbonne, ouvrage publié sous le patronage de M* JONNART, gouverneur général de l'Algérie et du Comité du Maroc (1911). Un vol. in-8°, photogr. et cartes. **12 fr.**

Les Origines de l'Afrique occidentale. Histoire du Sénégal du XV° siècle à 1870, par P. CULTRU, maître de conférences à la Sorbonne. — 1910. 1 vol. in-8°. . . . . **7 fr. 50**

L'Œuvre de la Troisième République en Afrique occidentale. L'expansion française et la formation territoriale. par A. TERRIER, secrétaire général du Comité de l'Afrique française et Ch. MOUREY, chef de section à l'Office colonial. *Ouvrage couronné par l'Académie française.* — 2° édition, 1912. 1 vol. in-8° avec figures et cartes. . . . . . . *sous presse.*

Etat actuel de nos Connaissances sur la Géologie de l'Afrique occidentale. par Henry HUBERT, docteur ès sciences, administ. adjoint des Colonies : carte géologique au 1 : 5.000.000° et en couleurs, avec notice explicative (1911) . . . . **6 fr.**

Mission scientifique au Dahomey, par Henry HUBERT, docteur ès sciences, administ. adjoint des Colonies. Illustré de 49 reprod. photogr. et accompagné d'une carte géologique (1908), in-8° . . . . . . **15 fr.**

L'Ancien royaume du Dahomey, *Mœurs, Religions, Histoire*, par A. LE HÉRISSÉ, administrateur des Colonies, 23 planches hors texte (1911). Un vol. in-8° . . . . . **12 fr.**

Questions coloniales 1900-1912, par Charles RÉGISMANSET, sous-chef au Ministère des Colonies. Un vol. in-18 . . . . . . **3 fr. 50**

Notre œuvre Coloniale, par A. MESSIMY, député, ancien ministre des Colonies, in-12 de 437 pages, tableaux graphiques statistiques . **5 fr.**

Aux Colonies, *Impressions et Opinions*, par Ch. HOARAU-DESRUISSEAUX, inspecteur général des Colonies (1911). In-18 de 379 pages . **3 fr. 50**

Haut-Sénégal-Niger (Soudan Français). — *Séries d'études publiées sous la direction de M. le Gouverneur Clozel.*

1re SÉRIE : Le pays, les peuples, les langues, l'histoire, les civilisations par Maurice DELAFOSSE, administrateur en chef des Colonies, chargé de cours à l'École Coloniale et à l'École des langues orientales (1912). 3 vol. in-8°, 80 illustrations photog. 22 cartes dont 1 carte d'ensemble au 1/5.000.000, *l'ouvrage complet* . . **25 fr.**

2° SÉRIE : Géographie économique. Voies de communication, faune sauvage, productions forestières, productions agricoles, élevage des bovidés et des ovidés, élevage des équidés, etc. (1912), 2 volumes in-8°, illustrations photogr. cartes documentaires, *l'ouvrage complet* . . **20 fr.**

3° SÉRIE : Territoire militaire du Niger, par Jules BRÉVIÉ . . . . . *en préparation*.

Manuel de Législation Coloniale, par G. FRANÇOIS, sous-chef au Ministère des Colonies, et F. ROUGET, sous-chef au Ministère des Colonies (1909). Un volume in-18 avec 16 tableaux synoptiques et cartes . . . . . . **6 fr.**

Le Budget local des Colonies, par G. FRANÇOIS, sous-chef au Ministère des Colonies, préface de M. Lucien HUBERT, député. — Troisième édition, revue et augmentée et mise au courant de la législation (1908). Un volume in-8° de 330 pages . . . . **6 fr.**

Le Guide des Carrières Coloniales, par G. FRANÇOIS, sous-chef au Ministère des Colonies. Un vol. in-18 de 431 pages . . . . **3 fr. 50**

Les Chemins de fer de Chine, par E. DE LABOULAYE. Préface de Robert DE CAIX, directeur de l'Asie française. Carte des chemins de fer de Chine (1911). Un vol. in-8° . . . **7 fr. 50**

Le Commerce extérieur de l'Indochine, par GAY-LUGNY, docteur en droit (1910), in-8° . . . . **3 fr.**

Minerais et Minéraux du Tonkin, par G. DUPOUY, chimiste au service des Mines de l'Indochine, chef de laboratoire à Haïphong (1909). Un vol. in-8°. . . . . **6 fr.**

L'Assistance médicale en Indochine (1911). Un vol. in-8° . . . . . . **7 fr. 50**

La réforme monétaire du Siam, par DE TOURRIS (1911). Un vol. in-8° . . **3 fr. 50**

Le Régime douanier de l'Indochine, par René FERRY, docteur en droit, rédacteur au Ministère des Colonies ; préface de NOULENS, Député, ancien Ministre (1912) ; in-8° . **6 fr.**

Documents scientifiques de la Mission Tilho (1906-1909).

TOME PREMIER : *Lac Tchad*, notice géographique, notice astronomique, notice météorologique, notice altimétrique, notice magnétique, 69 planches, 53 reproductions photographiques (1910), un volume grand-in-8°. . . . . **20 fr.**

TOME II. — *Pays-Bas du Tchad*, notice géographique ; *Lac Tchad*, supplément à la notice altimétrique ; *Niger-Tchad-Borkou*, notice malacologique ; *Environs du Tchad*, notice météorologique ; *Niger-Tchad-Borkou*, notice cartographique ; *Du Tchad au Niger*, notice historique. Le sel, le natron et les eaux de la région du Tchad. — Conclusion. — 17 planches, 182 repr. phot. (1911). un vol. grand-in-8°. . . **25 fr.**

Cartes. — Première série : 1. Lac Tchad ; 2. Bahrel-Gazal ; 3. Bodeli-Borkou-Bilma. 3 cartes renfermées dans un étui . . . **4 fr. 25**

Deuxième série : 4. *Damagarim, Mounio, Manga* ; 5. *Gober-Maradi-Tessaoua* ; 6. *Adar, Azaoua* ; 7. *Konni Sokoto-Dallols-Niger*. 4 cartes renfermées dans une enveloppe . . . **5 fr.**

Chaque carte est vendue séparément . **1 fr. 25**

Grammaire et Contes Haoussas, par M. LANDEROIN, officier interprète de 1re classe et J. TILHO, capitaine d'infanterie coloniale (1909). Un vol. in-12 . . . . **4 fr. 75**

Dictionnaire Haoussa, comprenant haoussa-français et français haoussa, par M. LANDEROIN et J. TILHO (1910). Un vol. in-12 . . **10 fr. 50**

LAVAL. — IMPRIMERIE L. BARNÉOUD ET Cie.

www.ingramcontent.com/pod-product-compliance
Lightning Source LLC
Chambersburg PA
CBHW070055020526
44112CB00034B/1275